Eisenberg   Kriminologie

Kriminologie

Von Dr. jur. Ulrich Eisenberg
Professor an der Freien Universität Berlin

Carl Heymanns Verlag KG · Köln · Berlin · Bonn · München

CIP-Kurztitelaufnahme der Deutschen Bibliothek

Eisenberg, Ulrich:
Kriminologie / von Ulrich Eisenberg. – Köln, Berlin, Bonn, München: Heymann, 1979.
  ISBN 3-452-18641-5

1979 ISBN 3-452-18641-5
Satz im Offset Satz Studio Klaus H. Loeffel, Köln
Gedruckt im Druckhaus Bayreuth
Printed in Germany

Vorwort

Das vorliegende Buch beruht überwiegend auf Entwürfen zu Einzelproblemen und auf Vorlesungsmanuskripten, die in den Jahren 1973 bis 1978 entstanden sind; im übrigen habe ich die wesentlichen Teile meiner »Einführung in Probleme der Kriminologie« aus dem Jahre 1972 beibehalten. – Als Anliegen des Buches läßt sich das Bemühen verstehen, neben ausgebauten Zugangsmöglichkeiten zum Verbrechen auch andere zu beachten und zu nutzen, die eher verdeckt geblieben sind. Dies erscheint wegen des Zweifels an der Gültigkeit zahlreicher solcher Aussagen angezeigt, die in Wissenschaft und Praxis vorherrschen.

Frau Bettina Bartelt hat das Manuskript mit Verständnis, Sorgfalt und Geduld in Maschinenschrift übertragen. Ihr gebührt Anerkennung und Dank. – Herr wiss. Mitarbeiter Michael Matzke hat nahezu das gesamte Manuskript durchgesehen und förderliche Änderungsvorschläge unterbreitet; auch Herr wiss. Mitarbeiter Peter Mühlbeyer hat förderliche Anregungen gegeben. Die Überprüfung der im Manuskript enthaltenen Zitate haben vorgenommen Herr Matzke, Herr Mühlbeyer, Herr wiss. Mitarbeiter Gerhard Nothacker und Herr cand. jur. Jürgen Peetz (wiss. Hilfskraft). Herr Matzke und Herr Mühlbeyer haben ferner das Gesetzes – und das Namensverzeichnis erstellt. Den genannten Herren danke ich für Mühe und Engagement.

Das Buch wurde im Februar 1979 abgeschlossen.

Berlin – Dahlem, im Juni 1979 *Ulrich Eisenberg*

Inhalt

Vorwort V

Abkürzungen XV

Einleitung   Gegenstand und Aufgabe der Kriminologie 1

§ 1   Gegenstand der Kriminologie 1
    I. Definition der Kriminologie 1
    II. Verständnis der Kriminologie 2
    III. Bestrebungen zur Bildung eines kriminologischen Verbrechensbegriffs 5
    IV. Zur Frage nach der Eigenständigkeit der Kriminologie 8

§ 2   Aufgabe der Kriminologie 12
    I. Verhältnis der Kriminologie zum System strafrechtlicher Tätigkeit 12
    II. Auswahl von Forschungsaufgaben 14
    III. Kriminologische Befunde und kriminalpolitischer Entscheidungsprozeß 17
    IV. Kriminologische Lehre innerhalb der rechtswissenschaftlichen Ausbildung 19

Erster Teil   Wege der Untersuchung des Verbrechens

Erster Titel   Verständnisebenen zum Wesen des Verbrechens

§ 3   Bedeutung von Verständnisebenen 21
    I. Vielgestaltigkeit kriminologischer Aussagen 21
    II. Verständnisebenen, leitende Vorstellungen und Bezugsrahmen 23

Erstes Kapitel   Verständnisebene der Erwartungsverletzung 27

§ 4   Sozialpathologie als leitende Vorstellung 27
    I. Allgemeines 27
    II. Individualisierende Ausgestaltung 27
    III. Interaktionistische Ausgestaltung 29
    IV. Konzept der Überwindung von Verbrechen 29

§ 5   Bezugsrahmen Abweichendes Verhalten 32
    I. Allgemeines 32
    II. Einzelne Formen negativ sanktionierten abweichenden Verhaltens 35
    III. Tragweite 43

Zweites Kapitel   Verständnisebene des Konflikts 46

§ 6 Wert- und Interessenkonflikt als leitende Vorstellung 46

   I. Allgemeines 46
   II. Einzelne Bereiche der Konfliktaustragung 48
   III. Tragweite 54

§ 7 Soziale Desorganisation als leitende Vorstellung 55

   I. Allgemeines 55
   II. Bedeutung 55

§ 8 Bezugsrahmen »Labeling« 57

   I. Allgemeines 57
   II. Einzelne Aussagen 58
   III. Tragweite 60

Drittes Kapitel   Verständnisebene von Funktionen 62

§ 9 Wirtschaftlicher Nutzen als leitende Vorstellung 62

   I. Problemstellung 62
   II. Einzelne Überlegungen 62

§ 10 Gesellschaftliche Stabilisierung als leitende Vorstellung 66

   I. Bezugsrahmen der Bekräftigungs- und Entlastungsfunktion 66
   II. Bezugsrahmen der verdeckten Aggressionsableitung 68
   III. Bezugsrahmen der Stabilisierung der Sozialstruktur 71

§ 11 Sozialer Wandel als leitende Vorstellung 73

   I. Allgemeines und Aussagen 73
   II. Tragweite 74

Zweiter Titel   Methoden der Untersuchung des Verbrechens

Erstes Kapitel   Zielsetzung und Bedingungen kriminologischer Untersuchung 76

§ 12 Möglichkeiten und Grenzen kriminologischer Erkenntnis 76

   I. Allgemeine Probleme kriminologischen Erkenntnisbemühens 76
   II. Erkenntnisstreuung, -wandel und -fortschritt 79

§ 13 Implikationen des Forschungsprozesses 82

   I. Abschnitte des Forschungsablaufs 82
   II. Gelegenheiten zur Konzeptualisierung 83

§ 14 Verhältnis von Gesamt- und Einzelbereich des Verbrechens 86

   I. Wesensmäßige Unterschiede 86
   II. Teilweise Übereinstimmung des Erkenntnisinteresses 88

§ 15 Praxisbegleitende Untersuchungen 89
    I. Allgemeine Voraussetzungen 89
    II. Probleme im Bereich der Generalprävention 90
    III. Probleme im Bereich der Sanktions- und Behandlungsforschung 91

Zweites Kapitel   Methoden der Untersuchung des Gesamtbereichs 93

§ 16 Dunkelfeldforschung 93
    I. Allgemeines 93
    II. Methodische Probleme 94

§ 17 Kriminalstatistische Forschung 98
    I. Allgemeines 98
    II. Polizeiliche Kriminalstatistik 101
    III. Strafverfolgungsstatistik 104
    IV. Allgemeine Erhebungsverfahren in der kriminalstatistischen Forschung 105
    V. Aussagemängel (insbesondere) der Polizeilichen Kriminalstatistik und der Strafverfolgungsstatistik 107

§ 18 Prognose und Messung der Schwere von Kriminalität 111
    I. Prognose der Kriminalität 111
    II. Messung der Schwere von Kriminalität 113

Drittes Kapitel   Methoden der Untersuchung des Einzelbereichs 117

§ 19 Allgemeine Bedingungen der Untersuchungen 117
    I. Erfassungsebenen 117
    II. Verlaufs- und Vergleichsuntersuchungen 120
    III. Einzelprobleme der genauen Erfassung 121

§ 20 Bildung von Typologien 123
    I. Allgemeine Probleme 123
    II. Arten von Typologien 124

§ 21 Prognose des Legalverhaltens von Einzelpersonen 126
    I. Allgemeines 126
    II. Klinische Methode 127
    III. Statistische Methode 128
    IV. Grad der Treffsicherheit 133

Zweiter Teil   Zusammenhänge strafrechtlicher Erfassung von Verhalten

Erster Titel   Gesetzgebung

§ 22 Zum Wesen strafrechtlicher Normen im allgemeinen 135
    I. Besonderheiten strafrechtlicher Normen gegenüber anderen sozialen Normen .. 135
    II. Zur inhaltlichen Verträglichkeit strafrechtlicher Normen 136

§ 23 Prozesse strafrechtlich-legislatorischer Tätigkeit 137
  I. Auswahl von Regelungsproblemen 137
  II. Diskrepanzen zwischen formuliertem und tatsächlichem Gesetzesziel 140
  III. Fragen des formellen Verfahrensablaufs 141
  IV. Probleme der Wirksamkeit 143

§ 24 Einzelne strafgesetzliche Konzeptionen 145
  I. Schuld- und Reduktionsprinzip sowie System der Zweispurigkeit von Rechtsfolgen 145
  II. Sonderregelungen nach Nebenstrafrecht und Ordnungswidrigkeitenrecht 148
  III. Legalitäts- und Opportunitätsprinzip 150
  IV. Bemessung von Strafen 152

§ 25 Sonderregelungen bei jugendlichen (und heranwachsenden) Straftätern 159
  I. Geschichtliche Entwicklung 159
  II. Materiellrechtliche Regelungen 160
  III. Formellrechtliche Regelungen 163
  IV. Bemessung von Rechtsfolgen 168
  V. Mängel erzieherischer Ausgestaltung 173

§ 26 Zum Wesen von Straftatbeständen im besonderen 174
  I. Problemstellung 174
  II. Einzelne theoretische Überlegungen 175
  III. Einzelne empirische Befunde 178
  IV. Zum Verhältnis von Straftatbeständen zu Gruppennormen 179

Zweiter Titel   Verfolgung und Verurteilung

§ 27 Bekanntwerden und Anzeigeerstattung von Verbrechen 184
  I. Übersicht 184
  II. Allgemeine Kriminalität 185
  III. Straßenverkehrskriminalität 190
  IV. Wirtschaftskriminalität 190

§ 28 Einsatz außerjustitieller formalisierter sozialer Regelungssysteme 193
  I. Allgemeines 193
  II. Betriebsjustiz 194
  III. Interne Erledigung von Warenhausdiebstählen 196

§ 29 Tätigkeit der Staatsanwaltschaft und der Polizei 198
  I. Allgemeines 198
  II. Erledigungssystem 203
  III. Einzelne Kriterien der Erledigungsstrategie 207

§ 30 Tätigkeit des Gerichts 211
  I. Allgemeines 211
  II. Rolle des Jugendrichters 223

III. Jugendgerichtshilfe 224
IV. Sachverständiger 227

§ 31   *Untersuchungshaft* 230

   I. Allgemeines 230
  II. Statistische Verteilungen 231
 III. Vollzug 237

Dritter Titel   Rechtsfolgen

Erstes Kapitel   Allgemeine Rechtsfolgen betreffend das Vermögen 239

§ 32   *Geldbuße und vermögensbezogene Auflagen* 239

   I. Geldbuße 239
  II. Vermögensbezogene Auflagen nach Jugendstrafrecht 241
 III. Vermögensbezogene Auflagen nach Erwachsenenstrafrecht 242

§ 33   *Geldstrafe* 244

   I. Ausgestaltung 244
  II. Bestimmung der Höhe des Tagessatzes 246
 III. Vollstreckung 247
  IV. Probleme der Abwälzung der Leistungserbringung 250

Zweites Kapitel   Allgemeine Rechtsfolgen betreffend die persönliche Freiheit 252

§ 34   *Arrest* 252

   I. Jugendarrest 252
  II. Strafarrest 256

§ 35   *Jugendstrafe* 257

   I. Voraussetzungen der Verhängung 257
  II. Dauer 259
 III. Vollzug 261
  IV. Formen der Aussetzung 264

§ 36   *Freiheitsstrafe* 268

   I. Einheitlichkeit und Häufigkeit 268
  II. Dauer 271
 III. Organisation des Vollzugs 275
  IV. Durchführung des Vollzugs 286
   V. Formen der Aussetzung 296

§ 37   *Gefangenengesellschaft und Entlassung* 299

   I. Sozialsystem der Gefangenen 299
  II. Vollzugseinwirkungen 303
 III. Entlassung aus dem Vollzug 308

Inhalt

Drittes Kapitel   Rechtsfolgen betreffend besondere Kontroll- und Sanktionszwecke .. 312

§ 38   Rechtsfolgen nur nach Jugendstrafrecht 312
  I. Rechtsfolgen ohne Freiheitsentziehung 312
  II. Rechtsfolgen unter Freiheitsentziehung 316

§ 39   Rechtsfolgen nur nach Erwachsenenstrafrecht 325
  I. Rechtsfolgen ohne Freiheitsentziehung 325
  II. Rechtsfolgen unter Freiheitsentziehung 327

§ 40   Rechtsfolgen nach Jugend- und Erwachsenenstrafrecht 337
  I. Rechtsfolgen ohne Freiheitsentziehung (außer betreffend Teilnahme am Straßenverkehr) 337
  II. Rechtsfolgen betreffend Teilnahme am Straßenverkehr 339
  III. Rechtsfolgen unter Freiheitsentziehung 342

§ 41   Eintragungen in das Erziehungs- und in das Zentralregister sowie in das Verkehrs- und in das Gewerbezentralregister 346
  I. Eintragungen von Rechtsfolgen des Jugendstrafrechts 346
  II. Eintragungen von Rechtsfolgen des Erwachsenenstrafrechts 347
  III. Eintragungen in das Verkehrs- und in das Gewerbezentralregister 348

Vierter Titel   Ebenen der Wirksamkeitsbemessung

§ 42   Behördenbezogene Wirksamkeit 349
  I. Formelle behördeninterne Handlungsnormen 349
  II. Materielle behördeninterne Handlungsnormen 350
  III. Einschränkungen in der Wahrnehmung 355

§ 43   Generalprävention 359
  I. Allgemeines 359
  II. Einzelne Variablen 360
  III. Einzelne empirische Anhaltspunkte 361
  IV. Aspekte differenzierender Betrachtungsweise 363

§ 44   Spezialprävention 364
  I. Allgemeines 364
  II. Erfolgsmessung 366
  III. Zusammenhänge des Erfolges 370
  IV. Funktion der Bewährungshilfe 372
  V. Befunde bei einzelnen Rechtsfolgen 375

§ 45   Einzelne Reformbestrebungen 383
  I. Allgemeine Reformbestrebungen im Jugendstrafrecht 383
  II. Probleme im Bereich von Jugend- und Freiheitsstrafe 387
  III. Alternativüberlegungen 391

Dritter Teil Zusammenhänge strafrechtlich erfaßten Verhaltens

Erster Titel Gesamtbereich

§ 46 *Registrierte und vermutete tatsächliche Kriminalität* 393
   I. Problemstellung 393
   II. Hinweise der Dunkelfeldforschung 396

Erstes Kapitel Kriminalitätsinterne Zusammenhänge 401

§ 47 *Einzelne Tatgruppierungen* 401
   I. Allgemeine Kriminalität 401
   II. Straßenverkehrskriminalität 410
   III. Wirtschaftskriminalität 421

§ 48 *Einzelne Tätergruppierungen* 426
   I. Alter 426
   II. Geschlecht 436
   III. Strafrechtliche Vorbelastungen 442

§ 49 *Tätergemeinschaften* 448
   I. Allgemeines 448
   II. Situativ bestimmte Tätergemeinschaften 449
   III. Banden Jugendlicher und Heranwachsender 451
   IV. Terroristische Tätergemeinschaften 452
   V. Organisiertes Verbrechen 456
   VI. Staatsführungen als Tätergemeinschaften 458

Zweites Kapitel Kriminalitätsexterne Zusammenhänge 460

§ 50 *Kriminalitätsbelastung und kulturelle Gegebenheiten* 460
   I. Zivilisation, Bildung, Religion 460
   II. Verbrechensdarstellung in Massenmedien 463
   III. Ethnische und minderheitenbezogene Zusammenhänge 466

§ 51 *Kriminalitätsbelastung und wirtschaftliche Gegebenheiten* 474
   I. Allgemeines 474
   II. Einzelne allgemeine Befunde und Erklärungsversuche 476
   III. Konjunkturschwankungen, Inflation und Arbeitslosigkeit 480

§ 52 *Kriminalitätsbelastung und räumliche sowie zeitliche Gegebenheiten* 484
   I. Geographisch und ökologisch verschiedene Gebiete 484
   II. Einzelne Zeiteinheiten 492
   III. Kriegsverhältnisse 494

Zweiter Titel Einzelbereich

§ 53 Probleme der Interpretation von Befunden 498
  I. Allgemeines 498
  II. Hinweise der Dunkelfeldforschung 503

Erstes Kapitel Straftatbezogene Zusammenhänge 507

§ 54 Tatsituation 507
  I. Allgemeines 507
  II. Hinweise zur Tragweite 508

§ 55 Verhältnis zwischen verurteiltem Straftäter und registriertem Opfer 509
  I. Allgemeines 509
  II. Ausgestaltung 510
  III. Merkmalsähnlichkeiten 513

§ 56 Verlaufsorientierte Untersuchungen 515
  I. Delinquenz von Kindern (und Jugendlichen) und Verlaufsformen 515
  II. Tatorientierte Untersuchungen 517
  III. Interaktionistisch orientierte Untersuchungen 518

Zweites Kapitel Straftäterbezogene Zusammenhänge 522

§ 57 Untersuchungen über den verurteilten Straftäter nach einzelnen Tatgruppen .. 522
  I. Mord und Totschlag 522
  II. Verkehrsstraftaten 527
  III. Wirtschaftsstraftaten 529

§ 58 Untersuchungen über den verurteilten Straftäter nach einzelnen Bezugsdisziplinen 531
  I. Soziologisch und sozialpsychologisch orientierte Untersuchungen 531
  II. Psychologisch und psychiatrisch orientierte Untersuchungen 541
  III. Biologisch und medizinisch orientierte Untersuchungen 545

§ 59 Multifaktorielle Untersuchungen über den verurteilten Straftäter 551
  I. Allgemeine Untersuchungen 551
  II. Untersuchungen zur Verlaufsentwicklung 554
  III. Zum Erklärungsgehalt anomischer Syndrome 556

Literaturverzeichnis 559

Gesetzesverzeichnis 617

Namensverzeichnis 629

Stichwortverzeichnis 647

Abkürzungen

AbstrCrim	Abstracts on Criminology and Penology; vor 1969: Excerpta Criminologica. Deventer
ACrim	Acta Criminologica. Etudes sur la conduite antisociale. Studies of Antisocial Behavior. Montreal.
AE-StGB	Alternativentwurf eines Strafgesetzbuches. Allgemeiner Teil. 1. Aufl. Tübingen 1966
AE-StVollzG	Alternativentwurf eines Strafvollzugsgesetzes. Tübingen 1973
AfPsych	Archiv für Psychologie. Organ der Deutschen Gesellschaft für Psychologie. Frankfurt a. M.
AJS	The American Journal of Sociology. Chicago/Ill.
Annals	The Annals of the American Academy of Political and Social Science. Philadelphia
AO	Abgabenordnung
ArchKrim	Archiv für Kriminologie. Monatsschrift f. naturwissenschaftl. Kriminalistik u. Polizeiarchiv; vormals: Archiv für Kriminalanthropologie u. Kriminalistik. Berlin u.a.
ASR	American Sociological Review. Official Journal of the American Sociological Association. New York
BeitrGerichtlMed	Beiträge der gerichtlichen Medizin. Vormals: Beiträge zur gerichtl. Arzneikunde für Ärzte, Wundärzte und Rechtsgelehrte. Wien.
Beitr Sex Forsch	Beiträge zur Sexualforschung. Organ der Deutschen Gesellschaft für Sexualforschung. Stuttgart
BewHi	Bewährungshilfe. Fachzeitschrift für Bewährungs-, Gerichts- und Straffälligenhilfe. Bonn
BewHiSt	Statistisches Bundesamt Wiesbaden (Hrsg.): Fachserie A, Bevölkerung und Kultur, Reihe 9, Rechtspflege, IV. Bewährungshilfe
BGB	Bürgerliches Gesetzbuch
BKA	Bundeskriminalamt
BlAlk	Blutalkohol. Hamburg
BlWohlf	Blätter für Wohlfahrtspflege. Monatsschrift der öffentlichen und freien Wohlfahrtspflege und Jugendhilfe. Stuttgart
BritJCrim	British Journal of Criminology, Delinquency and Deviant Social Behavior. London
BSeuchenG	Bundes-Seuchengesetz
BSHG	Bundessozialhilfegesetz
BwVollzO	Bundeswehrvollzugsordnung
BZR	Bundeszentralregister
BZRG	Bundeszentralregistergesetz
CanadJ	The Canadian Journal of Criminology; vor 1978: The Canadian Journal of Criminology and Corrections; vor 1971: The Canadian Journal of Corrections. Französischer Titel: Revue Canadienne de Criminologie. Montreal

Abkürzungen

CCC	Constitutio Criminalis Carolinae 1532
Crim	Criminology. An Interdisciplinary Journal. Beverly Hills
CrimDel	Crime and Delinquency. National Council on Crime and Delinquency. Vormals: NPPA-Journal. New York
DAR	Deutsches Autorecht. Rechtszeitschrift des Allgem. Deutsch. Automobil-Clubs. München
DE-JHilfeG	Diskussionsentwurf eines Jugendhilfegesetzes, 1973
DRiG	Deutsches Richtergesetz
DRiZ	Deutsche Richter-Zeitung. Organ des Deutschen Richterbundes Bund der Richter und Staatsanwälte in der Bundesrepublik Deutschland e.V.; Köln, Berlin
DSVollZ	Dienst- und Sicherheitsvorschriften für den Strafvollzug
DVJJ	Deutsche Vereinigung für Jugendgerichte und Jugendgerichtshilfen e.V. München
DVollzO	Dienst- und Vollzugsordnung der Länder vom 1.12.1961
DZgerichtlMed	Deutsche Zeitschrift für die gesamte gerichtliche Medizin. Berlin u.a.
EGStGB	Einführungsgesetz zum Strafgesetzbuch
EGGVG	Einführungsgesetz zum Gerichtsverfassungsgesetz
EGWStG	Einführungsgesetz zum Wehrstrafgesetz
FedProb	Federal Probation. A quarterly journal of correctional philosophy and practice. Washington
FortschrNeurPsychiatr	Fortschritte der Neurologie, Psychiatrie und ihrer Grenzgebiete Stuttgart
GA	Goltdammer's Archiv für Strafrecht; vormals: Deutsches Strafrecht. Hamburg
GewO	Gewerbeordnung
GG	Grundgesetz
GVG	Gerichtsverfassungsgesetz
GrKrim	Grundlagen der Kriminalistik. Eine Taschenbuchreihe. H. Schäfer (Hrsg). Hamburg
GZR	Gewerbezentralregister
Hitzigs Annalen	Hitzigs Annalen der dt. und ausl. Criminal-Rechtspflege. Altenburg
HwbKrim	Handwörterbuch der Kriminologie und der anderen strafrechtlichen Hilfswissenschaften (1. Aufl. Berlin, Leipzig 1933/1936), Handwörterbuch der Kriminologie (2. Aufl. Berlin 1966 ff.)
IntJCrimPen	International Journal of Criminology and Penology. London, New York
IntJOffTher	International Journal of Offender Therapy; vormals: Journal of Offender Therapy. London
IPPC	International Penal and Penitentiary Commission
IntJSocPsychiatr	The International Journal of Social Psychiatry. London
IntRevCrimPol	International Review of Criminal Policy. Revue Internationale de politique criminelle. Revista internacional de politica criminal. o.O.

XVI

IssCrim	Issues in Criminology. Berkeley/Cal.
JA	Juristische Arbeitsblätter. Für Ausbildung und Examen. Berlin
JAbnPsych	The Journal of Abnormal Psychology. Boston
JaVollzO	Jugendarrestvollzugsordnung
JCrim	Journal of Criminal Law, Criminology and Police Science (einschl.: The American Journal of Police Science). Chicago/Ill.
JGG	Jugendgerichtsgesetz
JÖSchG	Gesetz zum Schutz der Jugend in der Öffentlichkeit
JR	Juristische Rundschau. Berlin
JRes	Journal of Research in Crime and Delinquency. New York
JStatSoc	Jornal of the Royal Statistical Society; vormals: Journal of the Statistical Society. London
JWG	Jugendwohlfahrtsgesetz
JZ	Juristenzeitung; vormals: Süddeutsche Juristenzeitung und Deutsche Rechts-Zeitschrift, Tübingen
KB	Kriminalsoziologische Bibliographie. Wien
KBA	Kraftfahrt-Bundesamt und Bundesanstalt für den Güterverkehr (Hrsg.): Statistische Mitteilungen, Hefte 1 und 4
KE-StVollzG	Kommissionsentwurf eines Strafvollzugsgesetzes
KO	Konkursordnung
Krim	Kriminalistik. Heidelberg
KrimforWiss	Kriminalistik und forensische Wissenschaften. Beiträge zur Theorie und Praxis der sozialistischen Kriminalistik und der forensischen Wissenschaften. Berlin (Ost)
KrimGegfr	Kriminologische Gegenwartsfragen; vor 1968: Kriminalbiologische Gegenwartsfragen. Stuttgart
KrimJ	Kriminologisches Journal. München
KZfSS	Kölner Zeitschrift für Soziologie und Sozialpsychologie, vor 1955: Kölner Zeitschrift für Soziologie. Köln, Opladen
m.N.; m.w.N.	mit Nachweisen; mit weiteren Nachweisen
MRK	Europäische Konvention zum Schutz der Menschenrechte und Grundfreiheiten
MschrKrim	Monatsschrift für Kriminologie und Strafrechtsreform; von 1937–1953: Monatsschrift für Kriminalbiologie und Strafrechtsreform; vor 1937: Monatsschrift für Kriminalpsychologie und Strafrechtsreform. Köln, Berlin
NJ	Neue Justiz. Zeitschrift für Recht und Rechtswissenschaft. Berlin (Ost)
NJW	Neue Juristische Wochenschrift. München, Berlin
NordTKrim	Nordisk Tidskrift for Kriminalvidenskab. Kopenhagen
ÖffJHi	Statistisches Bundesamt Wiesbaden (Hrsg.): Fachserie 13, Sozialleistungen, Reihe 6, Öffentliche Jugendhilfe
OWiG	Gesetz über Ordnungswidrigkeiten
PatG	Patentgesetz
Polizei	Die Polizei. Zentralorgan für das Sicherheits- und Ordnungswesen. Polizeiwissenschaft, -recht und -praxis. Köln

Abkürzungen

PolSt	Bundeskriminalamt Wiesbaden (Hrsg.): Polizeiliche Kriminalstatistik der Bundesrepublik Deutschland
PolStBaWü	Landeskriminalamt Baden-Württemberg (Hrsg.): Polizeiliche Kriminalstatistik des Landes Baden-Württemberg
PolStHamb	Landeskriminalamt Hamburg (Hrsg.): Polizeiliche Kriminalstatistik des Landes Hamburg
PolStSchlHol	Landeskriminalamt Schleswig-Holstein (Hrsg.): Polizeiliche Kriminalstatistik des Landes Schleswig-Holstein
PsychR	Psychologische Rundschau. Überblick über die Fortschritte der Psychologie in Deutschland, Österreich und der Schweiz. Göttingen
QuadCrim	Quaderni di Criminologia Clinica. Rassegna di studi penitenziari. Rom
RdJ	Recht der Jugend und des Bildungswesens. Zeitschrift für Jugenderziehung und Jugendförderung, für Recht und Verwaltung. Berlin
RE-JhilfeG	Referentenentwurf eines Jugendhilfegesetzes, 1974
RE	Referentenentwurf
RevCrimPol	Revue Internationale de Criminologie et de Police Technique; vormals: Revue de Criminologie et de Police Technique. Genf
RevScCrim	Revue de science criminelle et de droit pénal comparé. Paris
RiPolSt	Richtlinien für die Führung der Polizeilichen Kriminalstatistik (Fassung vom 1.1.1979)
RiStBV	Richtlinien für das Strafverfahren und das Bußgeldverfahren
RKrSt	Reichskriminalstatistik
RL	Richtlinien zum Jugendgerichtsgesetz
RPflSt	Statistisches Bundesamt Wiesbaden (Hrsg.): Fachserie A, Bevölkerung und Kultur, Reihe 9, Rechtspflege (einschließlich III. Strafvollzug, IV. Bewährungshilfe); seit 1975: Rechtspflege, Fachserie 10, Reihe 1, Ausgewählte Zahlen für die Rechtspflege
S.	Satz; Seite
SchweizZfStr	Schweizerische Zeitschrift für Strafrecht. Revue pénale Suisse. Bern
SF	Social Forces. A scientific medium of social study and interpretation; vormals: Journal of social forces. Chapel Hill.
SP	Social Problems. Brooklyn
StBa	Statistisches Bundesamt
StGB	Strafgesetzbuch
StatJb	Statistisches Bundesamt Wiesbaden (Hrsg.): Statistisches Jahrbuch für die Bundesrepublik Deutschland
StatJb-DDR	Staatliche Zentralverwaltung für Statistik (Hrsg.): Statistisches Jahrbuch der Deutschen Demokratischen Republik
StPO	Strafprozeßordnung
StrafSt	Statistisches Bundesamt Wiesbaden (Hrsg.): Fachserie A, Bevölkerung und Kultur, Reihe 9, Rechtspflege, II. Strafverfolgung; seit 1975: Rechtspflege, Fachserie 10, Reihe 3, Strafverfolgung

StrRG	Strafrechtsreformgesetz
StVollstrO	Strafvollstreckungsordnung
StVollzG	Strafvollzugsgesetz
StVollzSt	Statistisches Bundesamt Wiesbaden (Hrsg.): Fachserie A, Bevölkerung und Kultur, Reihe 9, Rechtspflege, III. Strafvollzug; seit 1975: Rechtspflege, Fachserie 10, Reihe 4, Strafvollzug
StVunf	Statistisches Bundesamt Wiesbaden (Hrsg.): Fachserie H, Verkehr, Reihe 6, Straßenverkehrsunfälle; seit 1976: Verkehr, Fachserie 8, Reihe 3.3., Straßenverkehrsunfälle
StVG	Straßenverkehrsgesetz
StVollzVergO	Strafvollzugsvergütungsordnung
StVZO	Straßenverkehrszulassungsordnung
UJ	Unsere Jugend. Zeitschrift für Jugendhilfe in Wissenschaft und Praxis. München, Düsseldorf
UrhG	Urheberrechtsgesetz
UVollzO	Untersuchungshaftvollzugsordnung
UWG	Gesetz gegen den unlauteren Wettbewerb
Vict	Victimology. An International Journal. Washington
Vorgänge	Vorgänge. Zeitschrift für Gesellschaftspolitik. Weinheim
VZR	Verkehrszentralregister
WiSta	Statistisches Bundesamt Wiesbaden (Hrsg.): Wirtschaft und Statistik
WiStG	Wirtschaftsstrafgesetz
WStG	Wehrstrafgesetz
WZG	Warenzeichengesetz
ZblJugR	Zentralblatt für Jugendrecht und Jugendwohlfahrt; vormals: Zentralblatt für Vormundschaftswesen, Jugendgerichte und Fürsorgeerziehung. Organ des Deutschen Instituts für Vormundschaftswesens. Köln, Berlin
ZexPsych	Zeitschrift für experimentelle und angewandte Psychologie. Göttingen
ZfStrV	Zeitschrift für Strafvollzug und Straffälligenhilfe; vor 1975: Zeitschrift für Strafvollzug. Darmstadt
ZRP	Zeitschrift für Rechtspolitik. München, Frankfurt a.M.
ZStW	Zeitschrift für die gesamte Strafrechtswissenschaft. Berlin

Einleitung Gegenstand und Aufgabe der Kriminologie

§ 1 Gegenstand der Kriminologie

I. Definition der Kriminologie

1. Der Begriff Kriminologie leitet sich vom Lateinischen crimen = Verbrechen und vom Griechischen logos = (hier:) Lehre ab. Die ersten schriftlichen Überlieferungen des Begriffs finden sich für das Ende des 19. Jahrhunderts aus dem romanischen Sprachbereich, und zwar von solchen Autoren, für die der einzelne Straftäter im Mittelpunkt des Forschungsinteresses steht (vgl. z. B. »criminologia« als Titel des 1885 erschienenen Werkes von *Garofalo*). Wie auch die gegenwärtige Auseinandersetzung schon zu Fragen der Eigenständigkeit der Kriminologie als Wissenschaftsgebiet (s. u. IV.) ergibt, ist es verständlich, daß gerade aus täterorientierter Sicht die Prägung des einheitlichen Begriffs zustande kam, während seither eher Wortverbindungen wie Kriminalpsychologie, -psychiatrie oder -soziologie verwandt worden waren. Dem entspricht es, daß, außerhalb des positivistisch-anthropologischen Verständnisses, der Beginn von Kriminologie als Wissenschaft schon in der »Klassischen Schule« aus der zweiten Hälfte des 18. Jahrhunderts (s. u. II. 4.) oder aber in der frühen kriminalstatistischen Forschung aus der ersten Hälfte des 19. Jahrhunderts (s. u. § 17 I. 1.) gesehen wird.

2. Eine einheitliche oder auch nur eine vorherrschende Definition des Begriffs Kriminologie besteht bis heute nicht, wie schon die im folgenden angeführten Belege ausweisen, in denen Extremauffassungen ohnehin nicht enthalten sind.
Nach *Exner* (1949, 1) ist Kriminologie »die Lehre vom Verbrechen als Erscheinung im Leben des Volkes und im Leben des Einzelnen«, womit er auf den Unterschied von Gesamt- und Einzelbereich abhebt. Nach *Leferenz* (1974, 28) ist Kriminologie »Erfahrungswissenschaft und Seinswissenschaft – beide Begriffe decken sich nicht vollständig – im Bereich der gesamten Kriminalrechtspflege«. *Sutherland/Cressey* (1974, 3) umschreiben den Gegenstandsbereich der Kriminologie als die »Vorgänge der Entstehung von Gesetzen, der Verletzung von Gesetzen und der Reaktion auf Gesetzesverletzungen«.
Nach der Satzung (§ 2 Abs. 1) der »Deutschen Kriminologischen Gesellschaft« ist Aufgabe der Kriminologie »die empirische, natur- und sozialwissenschaftliche Erforschung der Kriminalität und des kriminellen Menschen, der Verbrechensbegehung, der Verbrechensaufklärung und -bekämpfung sowie der sozialen Verteidigung gegen das Verbrechen«. Nach der Satzung (§ 2 Abs. 1) der »Gesellschaft für die gesamte Kriminologie« (vormals kriminalbiologische Gesellschaft) befaßt sich die Kriminologie mit allen Umständen, »die mit dem

Zustandekommen, der Begehung, der Aufklärung und der Bekämpfung des Verbrechens sowie der Behandlung des Verbrechers zusammenhängen«. Für den »Arbeitskreis Junger Kriminologen« liegt eine einheitliche Definition der Kriminologie nicht vor.

3. Es sind nicht nur, wie es bei anderen Wissenschaften häufig der Fall sein mag, die unterschiedlichen fachlichen Schwerpunkte, die zuvörderst die Vielfalt an Definitionen zur Folge haben. Vielmehr liegt dieser Umstand wesentlich schon in der *Verschiedenheit des Verständnisses* vom Gegenstand *der Kriminologie* begründet, die sich selbst bei Fachvertretern gleicher Herkunftsdisziplin findet; dem entspricht die Heterogenität auch im formalen Aufbau von Lehrbüchern der Kriminologie durch unterschiedliche Autoren.

II. Verständnis der Kriminologie

1. Unterschiedliche Vorstellungen herrschen schon hinsichtlich der Frage, ob, ebenso wie der Täter, auch das Opfer eines Verbrechens, zumindest aus heuristischen Gründen, in den Forschungsgegenstand einzubeziehen ist. Unstreitig bleibt, daß *Täter und Opfer* in der Regel in prinzipiell gleicher Weise in einem Verhältnis zum Verbrechen stehen.

Immerhin hat die Behandlung von Fragen des Opfers einer Straftat (sowie des Verhältnisses zwischen Täter und Opfer), angeregt durch *von Hentig* (1940, 303 ff.; 1967, 383 ff.) und *Mendelsohn* (1956, 95 ff.), im letzten Drittel des 20. Jahrhunderts Eingang in systematische Darstellungen der Kriminologie gefunden (vgl. *Cressey/Ward* 1969, 914 ff.; *Göppinger* 1976, 317 ff.; *Kaiser* 1976, 105 ff.; *Eisenberg* 1972 b, 162 f., 166 ff.).

Die Einbeziehung des Verhältnisses von Täter und Opfer gebietet sich nicht zuletzt im Hinblick auf die Anzeigenerstattung und die Stellung eines Strafantrages als Voraussetzungen formeller strafrechtlicher Reaktion (s. u. § 27 I.) ebenso wie auf Alternativen zu formeller Sanktionierung durch interaktionistische Abläufe zwischen Täter und Opfer innerhalb des Straf- und Rechtsfolgenvollstreckungsverfahrens (vgl. *McDonald* 1976, 31 ff.; s. auch u. § 45 III. 3.).

2. Eine Verschiedenheit des Verständnisses besteht weiter hinsichtlich der Frage danach, ob und gegebenenfalls welche *anderen Erscheinungsformen negativ sanktionierten abweichenden Verhaltens* (s. u. § 5 I. 4., II.) dem Forschungsgegenstand der Kriminologie zugehören. Dabei steht dem Einwand bezüglich des Begriffs des negativ sanktionierten abweichenden Verhaltens, er sei uferlos und vage, die Erwägung gegenüber, es handele sich unter interaktionistischem Aspekt um partiell identische Phänomene (vgl. hierzu auch *Schneider* 1977 a, 9 f., 18).

Gegen die Einbeziehung etwa von Drogenmißbrauch, Selbstmord und (einzelnen) psychopathologischen Auffälligkeiten wird bisweilen eingewandt, diese Erscheinungen bestimmten sich, im Unterschied zum Verbrechen, nicht nach den Kriterien der Verantwortlichkeit oder der Zurechnungsfähigkeit. Ein solcher Einwand kann der erfahrungswissenschaftlichen Analyse schon deshalb nicht entgegenstehen, weil er auf Unterschieden in der dogmatischen Bewertung und zudem auf einem Postulat, demjenigen der Willensfreiheit nämlich, beruht. Andererseits wird eingewandt, der Straftäter verletze durch die Straftat seine Rolle als Mitglied der Gesellschaft und lehne grundlegende Regeln der Gesellschaft ab. Eine solche Argumentation verkennt, daß die Verletzung fundamentaler Rollenerwartungen in Beruf und Familie als den zentralen Funktionsbereichen der modernen Leistungsgesellschaft bei mehreren anderen Erscheinungsformen negativ sanktionierten abweichenden Verhaltens eher schwerwiegender denn geringfügiger ist als bei der Begehung einer Straftat (vgl. *Sack* 1974 b, 320 f.).

3. Ähnlich der Frage nach der Einbeziehung von anderen Erscheinungsformen negativ sanktionierten abweichenden Verhaltens ist diejenige nach der kriminologischen Untersuchung *anderer Erscheinungsformen des Opferwerdens.*

So versteht etwa *Mendelsohn* (1956, 97, 109) unter Viktimologie eher die Beschäftigung mit der durch Verletzung eines Rechtsguts zu Schaden gekommenen Person, das heißt dem »Opfer« schlechthin und wohl unabhängig davon, ob die Verletzung durch Intervention eines Dritten (oder gar eines Straftäters) zustande kommt oder aber durch Selbstverletzung (z. B. Unfall in der Wohnung). Er will den Begriff des Opfers auf den gesamten Komplex menschlicher Verwundbarkeit aufgrund exogener oder endogener Determinanten ausdehnen. Nach dieser Auffassung handelt es sich im Ergebnis nicht nur um eine Ausweitung, sondern um durchaus andere und umfassendere Problemstellungen, die für die Kriminologie zumindest nicht unmittelbar relevant sind. Allerdings erscheint die Annahme plausibel, daß es sich bei Opfern und Opferprozessen durch Straftaten einerseits und bei anderen körperlich, seelisch, wirtschaftlich oder sozial schädigenden Ereignissen einschließlich von Unfällen andererseits um partiell identische Abläufe und Erscheinungen handelt.

4. Ferner zeigen sich Verschiedenheiten des Verständnisses hinsichtlich des Ausmaßes der Einbeziehung oder Zugrundelegung des Systems *strafrechtlicher sozialer Kontrolle*, das heißt von Gegebenheiten des Strafrechts und Strafverfahrensrechts im weitesten Sinne. Dies betrifft die Bereiche der Entstehung (vgl. *Jeffery* 1955, 669 ff.) sowie der Anwendung (vgl. *Mueller* 1969, 578) von Strafrechtsnormen.

Bereits *Morus* (1960, 23 f. [1516]) schloß in seiner utopisch verfremdeten Darstellung eines gerechten Staatswesens (sozial-)kritische Stellungnahmen gegenüber dem englischen Gesetzessystem ein. – In der zweiten Hälfte des 18. Jahrhunderts nahm *Beccaria* (1798 [1764]; s. auch, nahezu gleichzeitig, *Hommel* 1765), angeregt durch Arbeiten *Montesquieus* und *Rousseaus*, zu Formen strafrechtlicher sozialer Reaktion Stellung; im Vordergrund standen bei ihm philosophische und politische Erwägungen, wobei err in § 22 betreffend den Diebstahl das Eigentum als »ein schreckliches und vielleicht nicht notwendiges Recht« bezeichnet. *Bentham* entwickelte (1776; 1780), vom utilitaristischen Prinzip des größten Glücks der größten Zahl von Menschen ausgehend, kriminalpolitische Reformvorschläge zum englischen Gesetzes- und Strafensystem. Während die mit diesen Arbeiten begründete »Klassische Schule« gelegentlich mit dem Etikett »Humanität, aber nicht Wissenschaft« (vgl. *Mannheim* 1972, 1 f.) versehen wird, erkennen andere in ihr den Beginn wissenschaftlicher Kriminologie (zur etwa gleichzeitigen wissenschaftlichen Entwicklung der Strafvollzugskunde s. u. § 36 III. 1. c)).

a) Als Gegenstand und Inhalt sozialer Kontrolle werden die Mechanismen bezeichnet, deren sich die Gesellschaft und soziale Gruppen bedienen, um Gegensätzlichkeiten zu steuern und normkonformes Verhalten anzustreben. Sie sind weithin materiell identisch mit denjenigen der Sozialisation, wobei es insoweit eine Frage der Interpretation ist, ob eine Handlung als Element der Kontrolle oder aber der Sozialisation gilt. Entgegen der mehr äusseren Verhaltenskontrolle soll es sich bei der auf Verinnerlichung sozialer Rollen beruhenden Sozialisation darum handeln, das »zu wollen, was wir sollen, und es schließlich zu tun, ohne es zu merken« (*Popitz* 1967, 6).

b) Während die strafrechtliche soziale Kontrolle nur einen unter mehreren Trägern von Mechanismen sozialer Kontrolle darstellt, besteht bei zunehmender gesellschaftlicher Komplexität (vgl. *Schwartz/Miller* 1964) seit Jahrzehnten eine Tendenz zur Ausdehnung der legislatorischen (s. u. § 26 I. 2.) wie auch der reaktiven (s. u. § 27 II. 1., 2.) strafrechtlichen sozialen Kontrolle in solche Bereiche, die zuvor informeller sozialer Kontrolle oder aber formeller Kontrolle außerhalb des Strafrechts unterlagen. Schon deshalb betrifft die wissenschaftliche Auseinandersetzung jeweils auch Fragen der Sanktionsverteilung und des Sanktionsverzichts (vgl. *Schur* 1973, 143 ff., 166 ff.), wobei sich bezüglich des letzteren das Problem stellt, inwieweit eine Nichtintervention ihrerseits rechtlicher Sicherung bedürfte, etwa zwecks Vermeidung von Selbst- und Prangerjustiz.

c) Eine andere Forschungsfrage befaßt sich mit der Messung der Wirksamkeit von Instrumenten und Institutionen strafrechtlicher sozialer Kontrolle, wozu wiederholt errechnet wurde, daß mit zunehmender Kontrollstärke im Sinne von Kontrolldruck eine zunehmende Veränderung der Verfolgungs- und/oder der Verhaltensstruktur einer (glockenförmigen) Normalverteilung zu der Form einer J–Kurve einhergehe (s. hierzu auch u. § 44 V. 5.).

5.a) Eine Verschiedenheit des Verständnisses von Kriminologie besteht nicht zuletzt auch hinsichtlich der Einbeziehung von geschlossen bleibenden *anderen Fachgebieten*. So zählte und zählt die Österreichische Schule die Kriminalistik zur Kriminologie. Von einzelnen Fachvertretern wird die Kriminologie als Bereich der Gerichtsmedizin oder aber der Forensischen Psychiatrie (vgl. *Bonnet* 1970) verstanden.

b) Meinungsverschiedenheiten gibt es schließlich in der Beurteilung des Verhältnisses zwischen Kriminologie und Kriminalpolitik (vgl. *Vodopivec* 1970; *Christiansen* 1977, 187, 207 f.), wobei zudem die Frage nach der Einbeziehung des normativen Teils der Kriminalpolitik unterschiedlich beantwortet wird. – Hingegen besteht bezüglich der praktischen Kriminalpolitik Übereinkunft darin, daß die Gebiete der Prognose und der Sanktion der Kriminologie zugehören. Prinzipiell wird dies ebenso für Prophylaxe und Prävention (s. *Jeffery* 1971) gelten dürfen. Allerdings sind Interesse und Informationsbreite bezüglich dieser Gebiete der praktischen Kriminologie unterschiedlich verteilt und bevorzugt nur für den Einzelbereich des Verbrechens vorhanden.

6.a) Einigkeit besteht darin, daß Gegenstand der Kriminologie die Untersuchung der Zusammenhänge dessen ist, was als Verbrechen bezeichnet wird. Nahezu einig sind sich die Fachvertreter auch darin, daß das methodische Vorgehen ein *erfahrungswissenschaftliches* zu sein hat. Schließlich wird nach überwiegender Ansicht im In- und Ausland, und zwar kaum minder einheitlich in westlichen als in sozialistischen Staaten (vgl. *Milutinovic* 1973, besonders S. 27 ff.), Kriminologie als angewandte Wissenschaft verstanden. Auf welche Zusammenhänge jedoch konkrete Forschungen gerichtet werden, und auch welchen Bereich der Strafrechtsanwendung sie sich beziehen, unterliegt weithin dem bevorzugten Zugangsweg des jeweiligen Fachvertreters.

b) Unterschiedliche Bedeutung wird dabei dem *internationalen Vergleich* innerhalb der kriminologischen Tätigkeit beigemessen. Eine besondere Aufgabe der Vergleichenden Kriminologie (s. auch *Normandeau/Szabo* 1970) besteht darin, Theorien und Befunde, die innerhalb der Gegebenheiten einer bestimmten Kultur entstanden sind, hinsichtlich ihrer Bedeutsamkeit und Gültigkeit auch für andere Kulturen zu überprüfen, zu ändern oder weiterzuentwickeln. Auch werden vergleichende Untersuchungen dazu angestrebt, inwieweit Verbrechen als Gesamterscheinung sowie hinsichtlich einzelner Deliktsbereiche in unterschiedlichen sozialen und politischen Ordnungen entsprechende Veränderungen und Besonderheiten aufweist (vgl. z. B. *Clinard* 1978).

Auf internationaler Ebene bestehen an Forschungs-Institutionen, die sich zumindest auch mit Vergleichender Kriminologie befassen, unter anderem die Abteilung Verbrechensprobleme beim Europarat (s. dazu *Sveri* 1971), das United Nations Social Defense Research Institute in Rom, der Skandinavische Rat für Kriminologie und das International Center of Comparative Criminology in Montreal.

III. Bestrebungen zur Bildung eines kriminologischen Verbrechensbegriffs

1. Mit dem Wort Verbrechen ist eine grundsätzliche Anknüpfung der kriminologischen Forschung und Lehre an den strafrechtlichen Verbrechensbegriff (in seiner Formaldefinition) gegeben. Dieser Verbrechensbegriff bestimmt als Schlüsselkriterium für Kriminologie und Strafrecht deren jeweiligen Forschungsgegenstand in gleicher Weise (vgl. *Krauss* 1971, 17 f.), wenngleich er für beide Disziplinen unterschiedliche Funktionen erfüllt (*Zipf* 1973, 59 f.).

Damit ist das Gebiet der Kriminologie allerdings nicht entsprechend abgeriegelt. Nach dem Kriterium des strafrechtlichen Verbrechensbegriffs (in seiner Formaldefinition) ist die vergleichende Einbeziehung der Normenentstehung im zeitlichen Längs- und Querschnitt erlaubt und angezeigt. Dies sichert zugleich die Möglichkeit, Tendenzen zu- oder abnehmender normativer Definition von Verbrechen zu untersuchen. Darüber hinaus wird die Auffassung vertreten, »eine entscheidende Aufgabe der Kriminologie« (*Zipf* 1973, 68) liege darin, die Strafbedürftigkeit (bisher) nicht kriminalisierter Verhaltensweisen aufzuzeigen (s. auch u. § 2 II. 5.).

2. Unabhängig von dem Kriterium des strafrechtlichen Verbrechensbegriffs (in seiner Formaldefinition) werden nach ganz überwiegender Auffassung auch das »Vorfeld« von Verbrechen, Fragen des état dangereux (vgl. *Pinatel* 1970, 500 ff.) im Sinne einer kriminellen Prädisposition und der Bereich der Prädelinquenz als Forschungsgegenstand der Kriminologie anerkannt; das gleiche gilt für die Untersuchung der Tätigkeit derjenigen Behörden außerhalb des Strafrechts, die mit den entsprechenden Erscheinungen befaßt sind.

Ergänzungen und Erweiterungen der erläuterten Art werden mitunter als Hinwendung zu einem materiell-kriminologischen Verbrechensbegriff verstanden, der jedoch seinerseits nicht einheitlich definiert ist (s. hierzu auch *Steinert* 1973, 12). Solche Versuche vermögen indes die Anknüpfung an den strafrechtlichen Verbrechensbegriff nicht abzulösen.

3. Die Festlegung auf den strafrechtlichen Verbrechensbegriff (in seiner Formaldefinition) bedingt zugleich eine *Abhängigkeit* kriminologischen Bemühens von der *Relativität* der Strafrechtsnormen. Es besteht mithin die Besonderheit, daß Kriminologie zwar als eine Erfahrungs- und Seinswissenschaft verstanden wird, ihr Gegenstand indes wesentlich durch strafrechtliche Wertungen bestimmt ist.

Um diese unbefriedigende Situation zu überwinden, bemühten und bemühen sich zahlreiche Vertreter der Kriminologie, einen kriminologischen und vor allem beständigeren Verbrechensbegriff zu präzisieren. Dabei standen und stehen Versuche einer Dichotomisierung schwerer oder gefährlicher Verbrechen einerseits und leichter und nicht gefährlicher Verbrechen andererseits im Vordergrund. Diese Versuche entsprechen der Unterscheidung des Laien zwischen »echten Verbrechen« und weniger ernst zu nehmenden (»Kavaliers-«)Delikten. Solche Bemühungen begegnen der methodischen Schwierigkeit, daß schon die Festlegung einer unterschiedlichen Gefährlichkeit oder eines unterschiedlichen Ranges der Rechtsgüter stets bewertend und von nur relativer Gültigkeit ist (vgl. auch die Problematik des § 12 StGB), während allgemeingültige Maßstäbe der Einordnung fehlen. Insbesondere mögen etwa vorgenommene Festlegungen von dem Umstand beeinflußt sein, daß die soziale Typisierung der entsprechenden Straftäter dem jeweiligen Bild vom Verbrecher entsprach und entspricht oder nicht. Diese methodischen Probleme sind dann erhöht, und dies mag bei entsprechenden Versuchen die Regel sein, wenn eine Unterteilung gewachsener Normensysteme ex post vorzunehmen ist. Einer Anlehnung an das positiv gesetzte Recht, etwa unter Bezugnahme auf unterschiedliche Strafarten oder das unterschiedliche Strafmaß, müßten sich diese Bemühungen ohnehin verschließen, sofern deren Zielsetzung nicht aufgegeben werden soll.

a) Im einzelnen hat *Garofalo* (1905, 1 ff.) nach dem Kriterium der Verletzung fundamentaler Gemeinschaftsgefühle eine Kategorie des »natürlichen Verbrechens« (crimen naturale) zu umschreiben versucht. Er hatte zugleich die Vorstellung, daß diese Verbrechen letztlich nicht gesellschaftlichen Normen oder Konventionen, sondern besonderen Qualitäten des Straftäters entstammten, so daß es sich um einen naturwissenschaftlichen Forschungsbereich handele (kritisch dazu schon *Fern* 1896, 41 f.). In jüngerer Zeit hat *Lange* (1961, 435; vgl. auch 1970, 53 ff.) den »elementaren Gegensatz« zwischen dem jeder rechtlichen Regelung vorgegebenen sozialethischen Urbestand von Werten einerseits und dem nur positiv gesetzten Recht andererseits betont.

b) Andere Autoren haben vorgeschlagen, als Merkmal der Straftat die Sozialgefährlichkeit zu setzen (vgl. hierzu *Hurwitz* 1952, 372 m.w.N.), welche Überlegung allerdings den bereits aufgezeigten Schwierigkeiten einer gültigen Bestimmung dessen begegnet, wann Sozialgefährlichkeit vorliegt. Ähnliches gilt für die Gegenüberstellung der Begriffe der Asozialität und Antisozialität (vgl. *Mergen* 1961, 74; ders. einschränkend 1978, 199). Des weiteren dürfte die Ableitung oder gar Gleichsetzung von Sozialgefährlichkeit mit den anthropologisch begründeten Kategorien der temibilità oder des état dangereux (vgl. zusammenfassend *Pinatel* 1970, 500 ff.; s. ferner die Einordnung bei *Mannheim* 1974, 258 ff.) schon wegen des Mangels an zuverlässiger Überprüfung dieser Kategorien ausscheiden.

c) Eine soziologische Definition eines (kriminologischen) Verbrechensbegriffs (s. *Sellin* 1938 [«conduct norms«] und *Mannheim* 1974, 34 f.) ist ähnlichen Einwänden ausgesetzt. – Das System der Theorie des abweichenden Verhaltens (s. o. II. 2., u. § 5) könnte sich insofern zur Anknüpfung anbieten, als es die Eigenschaften der Relativität und Subjektivität von Strafrechtsnormen einzuschränken scheint. Es vermag jedoch gerade zur Bestimmung derjenigen Stufen des – mit gestaffelten Sanktionen bewehrten – Kontinuums, die Straftaten gleichstehen, keine Alternative gegenüber dem positiv gesetzten Recht anzubieten. Zudem ist der Begriff des abweichenden Verhaltens inhaltlich nur schwer zu präzisieren, wie zum Beispiel der im anglo-amerikanischen Rechtskreis verwendetete, vor subjektiven Bewertungen kaum geschützte Begriff der »delinquency« belegt.

So enthalten – untereinander durchaus variierende – Kataloge über »delinquency« Begriffe wie Unverbesserlichkeit, Fortlaufen, Unkontrollierbarkeit durch Eltern, Bösartigkeit, Insubordination, Gehorsamsverweigerung, Verhaltensprobleme in der Schule, Schuleschwänzen, obszöne Sprache oder Telefonanrufe (vgl. *Sack* 1974 b, 325 zum »delinquency«-Katalog von San Francisco).

d) Schließlich wird erwogen, die Definition eines kriminologischen Verbrechensbegriffs nach sozialstrukturell unterschiedlichen Kriterien vorzunehmen. Hierbei würde man mit einem alleinigen Verbrechensbegriff nicht auskommen, sondern ein System von Verbrechensbegriffen zu bilden haben. Ob sich dadurch Elemente der Relativität und Subjektivität reduzieren ließen, bleibt fraglich. Jedenfalls wäre zu bedenken, inwieweit sozialstrukturelle Kriterien dabei als statisch verstanden werden müßten und demgemäß eher für Randgruppen vertretbar sein, im übrigen aber der sozialstrukturellen Mobilität und Dynamik nicht Rechnung tragen könnten.

4. Hiernach ergibt sich, daß die verschiedenen Ansätze zur Bildung eines kriminologischen Verbrechensbegriffs ihrerseits nicht frei von Relativität und Sub-

jektivität oder aber dem angestrebten Zweck inadäquat geblieben sind (vgl. auch *Christiansen* 1977, 188 f., 197, 199 f.). Insbesondere können die an einer (– wie auch immer bestimmten –) Tätereigenschaft orientierten Versuche dazu führen, daß eine Inbezugsetzung zu dem Gesamtsystem von Norm und Normbruch erschwert oder sogar ausgeschlossen wird.

IV. Zur Frage nach der Eigenständigkeit der Kriminologie

1. Wenn der strafrechtliche Verbrechensbegriff (in seiner Formaldefinition) demnach Anknüpfungs-, jedenfalls aber Ausgangspunkt kriminologischer Tätigkeit ist, bestimmt sich das zentrale Forschungsobjekt nach dem Bestand der Strafrechtsnormen. Soweit es sich bei letzterem um einen Teilbereich des allgemeinen Begriffspaares Norm und Sanktion handelt, veranlaßt das die Frage danach, ob die Kriminologie eine eigenständige Wissenschaft sein könne *(Brauneck* 1974, 125 bezeichnet dies als »Scheinproblem«). Denn gerade auch bei Anerkennung von Strafverfolgung als Teil allgemeiner sozialer Kontrolle und von Strafrechtsnormen als Teil allgemeiner sozialer Normensysteme bleibt eine wissenschaftstheoretische Legitimierung dafür aus, daß Kriminologie an dem strafrechtlichen Verbrechensbegriff (in seiner Formaldefinition) anknüpft (s. aber auch *Kürzinger* 1974, 218).

a) Die Frage nach der Eigenständigkeit der Kriminologie scheint zunehmend als durch die faktische organisatorische und institutionelle Existenz dieses Gebietes sowie durch den Bestand von ausschließlich als kriminologisch bezeichneten Veröffentlichungen überholt zu gelten.

b) Allerdings ließe sich der Anspruch einer Autonomie von Kriminologie auch im Sinne einer als Essentialismus bezeichneten Wissenschaftskonzeption interpretieren (vgl. *Peters/Peters* 1972, 246). Für die Annahme nämlich, der kriminologische Forschungsgegenstand könne durch die vorhandenen Bezugswissenschaften nicht erfaßt werden, weil das Phänomen Verbrechen in seiner Komplexität eine eigene, unabgeleitete Wesenheit darstelle, deren »Natur« nur von einer besonderen, interdisziplinären Wissenschaft zu erschließen sei, fehlt es bisher an einer Begründung. Auch wird die Aussage, Kriminologie stelle eine selbständige Wissenschaft dar, nicht dadurch verläßlicher, daß man eine Übereinstimmung in dieser Frage bei etablierten Fachvertretern feststellen zu können glaubt.

2. Die Beantwortung der Frage nach der Eigenständigkeit von Kriminologie hat Bedeutung für das Verständnis von den Möglichkeiten kriminologischer Aussagen und von dem Verhältnis zu ihren Bezugswissenschaften. Dabei ist unstreitig, daß Daten aus den erfahrungswissenschaftlichen Bezugsdisziplinen der Kriminologie eine Grundvoraussetzung dafür sind, im Wege des Vergleichs die Frage nach der Bedeutsamkeit kriminologischer Aussagen beantworten zu können.

Gegenstand der Kriminologie § 1

Als Bezugswissenschaften der Kriminologie lassen sich, vorzugsweise den Gesamtbereich von Verbrechen betreffend, Rechtswissenschaft, Soziologie, Wirtschaftswissenschaft, Politische Wissenschaft und Psychoanalyse nennen. Vorzugsweise bezogen auf den Einzelbereich von Verbrechen zählen hierzu wiederum Rechtswissenschaft und Psychoanalyse, im übrigen aber Sozialpsychologie, Psychologie, Ethologie, Medizin und Psychiatrie.

a) Gelegentlich wird der Kriminologie allein die Aufgabe der Überprüfung und Auswertung verschiedener Theorien und Befunde aus den Bezugswissenschaften zur Übertragung auf den speziellen Bereich kriminologischer Fragestellungen (»clearing«-Zentrale, vgl. schon *Frey* 1951 b, 67) zuerkannt. Ein solches Verständnis einer metadisziplinären Erkenntnisverarbeitung (vgl. hierzu *Mannheim* 1974, 18 f.; *Sack* 1969, 963), das eine Absage an eine Eigenständigkeit bedeutet, könnte insofern angemessen sein, als die Kriminologie bisher keine eigenen Methoden entwickelt hat. Allerdings wird die Ansicht vertreten, die human- und sozialwissenschaftlichen Methoden seien oder würden unter der spezifisch kriminologischen Fragestellung so wesentlich modifiziert, daß man von kriminologischen Methoden sprechen könne (so *Schneider* 1977, 24, unter Hinweis auch auf *Lekschas* 1967, 7 f.). Im übrigen ist zu fragen, inwieweit die Existenz eigener Methoden als Kriterium für eine selbständige Wissenschaft anzuerkennen ist. Jedenfalls ist die Problematik der Übernahme von Erhebungs- und Auswertungsverfahren aus materiell unterschiedlichen Wissenschaftsgebieten nicht auf die Kriminologie beschränkt.

b) Im übrigen bleibt offen, ob die Natur des Forschungsgegenstandes der Kriminologie selbst die Entwicklung eigener Methoden verhinderte. So ließe sich erwägen, ob ein Mangel an eigenen Methoden eher eine Folgewirkung vormaliger gesellschaftlicher Tabuisierung des Forschungsgegenstandes der Kriminologie darstelle. Andererseits könnte dieser Mangel darauf beruhen, daß die jeweiligen Fachvertreter der Kriminologie die Methoden derjenigen Bezugswissenschaft, in der sie ihre Ausbildung erhalten haben, beibehielten und beibehalten, und daß sie zur Entwicklung eigener kriminologischer Methoden um so weniger Anlaß sahen und sehen, als sie, ihren jeweils bevorzugten Interessen folgend, den inhaltlich zwischen den Bezugswissenschaften liegenden Forschungsgegenstand der Kriminologie untereinander aufteilten und aufteilen. Ein Geschehensablauf im Sinne der letztgenannten Möglichkeit würde allgemeinen Formen der Bewältigung rivalisierender Rollenintentionen entsprechen. Auch ist bis in die Gegenwart hinein ein personell, institutionell und insbesondere forschungsstrategisch getrenntes Vorgehen der verschiedenen Fachvertreter der Kriminologie nicht zu bestreiten, welche Situation im Falle grundlegender Meinungsverschiedenheiten gelegentlich befürwortet und für unumgänglich gehalten wird (vgl. *Kaufmann, H.* 1972, 78 ff.).

3. Die Frage nach der Eigenständigkeit der Kriminologie ist nicht zuletzt im Rahmen der finanziellen Förderung von Forschungsvorhaben und damit für die Bedingungen zur Schaffung kriminologischen Wissens von Einfluß.

a) In diesem Zusammenhang sei als eine besondere Ausgestaltung innerhalb der Vorstellungen von Kriminologie als einer eigenständigen Wissenschaft die mikrostrukturell orientierte Zielvorstellung eines integrierten kriminologischen

(Grund-)Wissens genannt. Ein solches (Grund-)Wissen sollte Ergebnis einer integrierten kriminologischen Forschung sein, bei der, jenseits multidisziplinärer Forschung, gewissermaßen eine Harmonisierung der Variabilität von Befunden (gemäß Fachdisziplinen und Untersuchenden) angestrebt wird (vgl. *Göppinger* 1968, 204 ff.; 1970, 73 f.; 1976, 130 f.). Hierzu hat *Leferenz* (1972, 971) klargestellt, daß es zumindest eine Integration der Bezugswissenschaften in der Kriminologie nicht gibt, und daß die Vorstellung einer integrierten Kriminologie bei integrierter Methode – zumindest einstweilen – kaum überzeugen kann. Tatsächlich mag die Ansicht, nur eine »integrierte kriminologische Sichtweise« sei zur Erfassung des Verbrechens in der Lage, dem Einwand ausgesetzt sein, es solle eine wissenschaftliche Analyse nach allgemein anerkannten Vorgehensweisen zurückstehen müssen.

Hingegen war das Konzept einer integrierten Kriminologie in den Jahren 1969 bis 1971 in der Bundesrepublik Deutschland dafür von Einfluß, ob innerhalb des Schwerpunktes »Empirische Kriminologie« der Deutschen Forschungsgemeinschaft kriminologische Forschungsprojekte gefördert wurden oder nicht beziehungsweise in welchem Ausmaß eine Förderung geschah. Als Gegenstand und Ziel dieses Schwerpunktes galt es, »die verschiedenen Wissenschaftsbereiche, die sich mit dem Verbrechen als erfahrungswissenschaftliches Phänomen beschäftigen, in einem Wissenschaftsgebiet zu integrieren«. In diesem Schwerpunkt wurden daher »solche Vorhaben gefördert, die der Vervollständigung (Vertiefung) der Kriminologie als interdisziplinäre Wissenschaft dienen können.«

b) Von der Vorstellung einer integrierten Kriminologie ist das Bestreben nach einer interdisziplinären Kriminologie zu unterscheiden. Unbestreitbar stellt Kriminologie eine multi- oder pluridisziplinäre Wissenschaft dar, wie schon die Tatsache ergibt, daß sie in verschiedenen Fakultäten in Forschung und Lehre betrieben wird. Hingegen ist damit für den Charakter der Kriminologie als einer interdisziplinären Wissenschaft insoweit noch nichts dargetan. So bestehen gegen die Notwendigkeit oder zumindest die Vorteile interdisziplinärer kriminologischer Team-Forschung anhaltende Bedenken, die sowohl die prinzipielle Möglichkeit (vgl. schon *Radzinowicz* 1961 a, 177; zur Einzelkritik *Sack* 1969, 964 f.) als auch die besonderen Belastungen der Anlaufzeit sowie der ständigen Gefahr der Auflösung betreffen. Ein vorsichtiges Verständnis würde die Eigenständigkeit der Beiträge der jeweils beteiligten Bezugswissenschaften garantieren und sich auf eine permanente Durchdringung der Nahtstellen der Zusammenarbeit zu konzentrieren haben.

Vodopivec (1972) hat aufgrund eigener Erfahrungen die Ansicht vertreten, es bedürfe eines Zeitraumes von wenigstens 10–15 Jahren, bis die Mitglieder eines interdisziplinären kriminologischen Forschungs-Teams sich gegenseitig verstehen können, zumal schon der einzelne kriminologische Forscher etwa 10 Jahre benötige, um »in seinem Fach zu stehen«. Hiermit sind die Schwierigkeiten zum Ausdruck gebracht, die sich aus der Berührung und Überschneidung mehrerer Bezugswissenschaften und aus der entsprechenden Verschiedenartigkeit von fachlicher Herkunft und Zugangswegen der Fachvertreter ergeben.

4. Die Bemühungen, eine Eigenständigkeit der Kriminologie zu begründen, entsprechen zum Teil denjenigen zur Bildung eines kriminologischen Verbrechensbegriffs. Bei tatbezogener Betrachtungsweise wird auf – vorwiegend formale – Unterschiede zwischen Strafrechtsnormen und anderen sozialen Normensystemen (s. u. § 22 I. 2.b)) sowie darauf hingewiesen, daß ein Ausschnitt an Deliktsbereichen und -typen universell im wesentlichen einheitlich und zumindest in ähnlicher Weise definiert sei (einschränkend *Sutherland/Cressey* 1974, 20 f.). Mit dieser Argumentation mag sich zwar die Relativität des Forschungsgegenstandes teilweise einschränken lassen, ohne daß jedoch der Nachweis für die Existenz stetiger und homogener Forschungseinheiten erbracht wäre. – Bei täterbezogener Betrachtungsweise wird formell zwar entschieden am Verbrechensbegriff festgehalten, inhaltlich aber davon abstrahiert. Sie beruht auf der Konzeption, es gäbe Täterpersönlichkeiten, die, unabhängig von Kulturkreis und -epoche, und auch bei unterschiedlichem Bestand von Strafrechtsnormen, geradezu unausweichlich zu Straftätern würden. Unter den Anhängern dieser Betrachtungsweise werden »kriminogene« Merkmalsgruppen im körperlichen, psychischen oder sozialen Bereich oder aber in sämtlichen dieser Bereiche vermutet.

Für die genannte Konzeption fehlt es bisher an hinreichenden Belegen (s. näher u. §§ 58, 59), während einzelne der bestätigenden oder verneinenden Forschungsergebnisse in besonderem Maße auf den Einfluß einer vorgegebenen, bisweilen von der Herkunftswissenschaft getragenen Überzeugung hindeuten.

5. Eine andere Möglichkeit, Kriminologie als eigenständiges Wissenschaftsgebiet anzuerkennen, ergibt sich aus dem Verständnis von Kriminologie als angewandte Wissenschaft. Im Rahmen dieser auf kriminalpolitischer Ebene liegenden Begründung von Kriminologie sehen einzelne Fachvertreter die Eigenständigkeit in dem Prinzip der Prävention des Verbrechens (s. hierzu aber u. § 2 II. 7.) und der Hilfe für Idividuum und Gesellschaft vor dem Verbrechen (vgl. *Sack* 1969, 964 f. unter Hinweis auf *Ellenberger* und *Szabo*; vgl. auch *Schneider* 1977 a, 23). Allerdings wird dieses Prinzip im Hinblick auf strukturell-funktionale Erkenntnisse über positive Funktionen von Verbrechen kaum als zureichend angesehen werden können. Diese Einschränkung entfällt bei der bereits von *Exner* (1949, 2) gewählten allgemeineren Formulierung, daß nämlich Kriminologie »eine angewandte Wissenschaft und Gegenwartsbedürfnissen dienen« sei. Neuerdings hat *Leferenz* (1972, 969) vorgetragen, man werde, falls die Vorstellung von einem wissenschaftlichen Fach an sich generell und damit auch für die Kriminologie aufzugeben sei, den Kreis der der Kriminologie zugehörigen Gebiete »auf die praktischen Bedürfnisse ausrichten, die der Kriminologie ihre Daseinsberechtigung verleihen«.

§ 2 Aufgabe der Kriminologie

I. Verhältnis der Kriminologie zum System strafrechtlicher Tätigkeit

1. Die Aussage, Kriminologie als angewandte Wissenschaft habe sich praktischen Bedürfnissen zu widmen, veranlaßt die Frage danach, aus welcher gesellschaftlichen Rolle heraus bestimmt werden soll, welches solche Bedürfnisse sind. Hierbei besteht das Problem darin, wie sich die kriminologische Forschung im einzelnen ausgestaltet.

Während nach ganz überwiegender Auffassung die Notwendigkeit einer Kontrolle gegenüber Verbrechen unabhängig von bestehender Gesellschaftsordnung und vom politischen Verständnis der Kriminologie besteht, meinen Vertreter einer »Kritischen« oder »Polititischen« Kriminologie, praktische Kriminalpolitik trage zu einer Stabilisierung der gegenwärtigen politischen Macht bei. Der Staat definiere durch Gesetz, was er als Schrecken für die soziale oder politische Ordnung ansehe, wobei er sich dieser Definition als einer politischen Waffe bediene, die zum Vorteil derjenigen gebraucht werde, die die Herrschaftsprozesse kontrollierten (vgl. *Quinney* 1970, 40, 43, 135 f.; ders. 1974, 51 ff.). Dieser Ansicht steht der Einwand gegenüber, Kriminologie verenge sich zu einer politischen Ideologie und setze sozialen Protest an die Stelle wissenschaftlichen Erkenntnisbemühens. – Umgekehrt ist zu besorgen, daß Herrschaftsträger in der Tätigkeit von Fachvertretern der Kriminologie einen sozialen Kampf unter der Maske »wissenschaftlicher Forschung« sehen (vgl. auch *Szabo* 1972, 543).

2. Nach rechtssoziologischer Erkenntnis dient jedes Recht der Begrenzung und Aufrechterhaltung von Herrschaft, während sein Begründungszusammenhang stets Legitimationstheorie ist. Für den Fachvertreter der Kriminologie, der in seiner Forschung an Abläufe und Ergebnisse von Strafrechtswirklichkeit anknüpft, mag eine Gefahr darin liegen, eine kritische Distanz zu denjenigen Sektoren seines Forschungsgegenstandes zu verlieren, die Träger von Herrschaft sind (vgl. hierzu *Peters/Peters* 1972, 247; kritisch *Leferenz* 1972, 979). Dies gilt um so mehr, als die einschlägigen Erscheinungsformen des Verbrechens geeignet zu sein scheinen, Unsicherheit und Bedrohung auszulösen. Demgemäß unterliegen sie in erhöhtem Maße dem allgemeinen Reaktionsmechanismus, den die Gesellschaft gegenüber solchen Mitgliedern zeigt, die von der Norm abweichen, nämlich der Isolierung und der Tabuisierung. Diese erschöpft sich nicht allein in der konkreten strafrechtlichen Verfolgung und gegebenenfalls Einweisung in Strafvollzugsanstalten,

sondern sie umfaßt auch einen theoretischen Bereich (vgl. *Sack* 1971a, 270). Eine gedankliche Isolierung und Tabuisierung könnte dann vorliegen, wenn zur Untersuchung der einschlägigen Erscheinungsformen des Verbrechens allein solche Bezugsrahmen gewählt werden, die sich zentral mit dem einzelnen Abweichenden als Individuum befassen. Dies gilt für psychologische, biologische, psychiatrische und weitgehend auch für psychoanalytische Ansätze im Bereich der Kriminologie ebenso wie für die täterorientierte kriminologische Forschung schlechthin. Als zentraler Einwand ließe sich formulieren, es würden bei der Art der Darstellung des Verbrechens als Individualkonflikt interaktionistische Prozesse oder gesellschaftliche Struktur- oder Machtkonflikte verdeckt.

So erlaube es eine verkürzte Übernahme der Psychoanalyse, soziale Schwierigkeiten im Ergebnis als Folge psychischer Deformiertheit zu interpretieren, so daß eine Intervention bezüglich der sozialen Faktoren des jeweiligen Objektbereichs der Praxis unterbleiben könne (vgl. *Peters* 1972, 44 ff.). Der Rückgriff auf intrapsychische Elemente legitimiere die individualisierende Intervention und stärke die »Illusion« des Betroffenen, sein Schicksal hange allein von seiner Beschaffenheit ab (*Peters* 1972, 47 unter Hinweis auf *Adorno*).

Während gelegentlich ein *solidarisches Verhalten* zwischen Strafrecht und (herkömmlicher) klinischer Kriminologie erwähnt wird (vgl. *Pinatel* 1970, V), wird von anderen, unter Hinweis auf stillschweigende Konventionen zwischen Kriminalpsychiatrie und Strafjustiz (vgl. hierzu *Moser* 1971a, 117 ff.; s. auch u. § 30 IV. 3., 4.), insbesondere die Kriminalpsychiatrie als Legitimationswissenschaft dargestellt.

3. Falls Kriminologie als Legitimationswissenschaft von gesellschaftlichen Machtstrukturen oder von solchen der strafrechtlichen Tätigkeit benutzt wird, so würden sich die Aufnahme und Umsetzung von Forschungsergebnissen nicht danach bestimmen, ob diese geeignet erscheinen, die in der praktischen Tätigkeit auftretenden Probleme zu lösen oder doch besser bewältigen zu helfen. Vielmehr würden kriminologische Befunde, zumindest in einzelnen Bereichen, dann und nur dann herangezogen, wenn sie geeignet erscheinen, den Objektbereich und die Handlungsmuster der mit einschlägigen Erscheinungsformen des Verbrechens befaßten Behörden zu legitimieren und zu stabilisieren. Demgemäß würde die Geeignetheit von Forschungsergebnissen auch nicht oder zumindest nicht allein von einem Fortschritt der Wissenschaft oder einem Erkenntniszuwachs abhängen.

Dabei sind mit dem Begriff Praxis vor allem deren Institutionen und Institutionalisierungen gemeint, zumal der Strafrechtspflege schlechthin die Idee der Individualisierung zugrunde liegt. Der einzelne Praktiker wird sich, selbst bei kognitiver Akzeptierung soziologischer Erkenntnisse, von den behördeninternen Institutionalisierungen (s. u. § 42) schwerlich lösen und für seine am einzelnen Probanden orientierte Tätigkeit aus Angeboten etwa soziologischer Theorien und Befunde nur einen kleineren Gewinn ziehen können. Zumindest die traditionellen pädagogischen Theorien scheinen es zudem zu begünstigen, daß sich zum Beispiel im Bereich Sozialarbeit die Kriterien der Praxis für Familienverhältnisse und Erziehungsabsichten wie auch für Definitionen auffälligen Verhaltens schlechthin an einer Ideologie solcher sozio-ökonomisch bestimmbarer Sozialgruppen orientieren, deren Lebensverhältnisse sich strukturell von denjenigen der zahlenmäßig ganz überwiegend betroffenen Personen unterscheiden. Auch werden Sozialarbeiter sich in ihren Zielsetzungen eher kurzfristig als langfristig orientieren und dabei detailliertere Problemlösungsvorschläge eher ablehnen. – In diesem Zusammenhang sei aber auch auf die Vorschläge von *Eberhard/Kohlmetz* (1973, 112) verwiesen, wonach »die Veränderung familiärer Verhältnisse sozialpraktisch und sozialpolitisch eher zu ermöglichen ist als die Veränderung der gesamten Unterschichtsituation«.

4. Die Einsicht in die Möglichkeit, Legitimationsbeiträge zu leisten, wird es der Kriminologie jedoch kaum erlauben können, in Abstraktion von Strafrechtspflege Forschung zu betreiben. Vielmehr erwächst aus dieser Einsicht die Aufgabe, die jeweilige behördliche Praxis daraufhin zu untersuchen, inwieweit sich diese nur oder doch bevorzugt solcher Befunde aus der kriminologischen Forschung oder aus deren Grund- und Bezugswissenschaften bedient, die zur Legitimation ihrer Handlungsstrategie geeignet erscheinen.

Im übrigen werden beispielsweise die Prognose- sowie die Sanktions- und Behandlungsforschung durch eine gewissermaßen systemimmanent vorzunehmende Überprüfung von Wirksamkeit und Austauschbarkeit der Maßnahmen der Strafrechtspflege als legitimiert gelten können. Denn sie liefert dabei Informationen zum Grad der Verwirklichung bestimmter (kriminal-) rechtlicher Grundsätze wie etwa derjenigen der Erforderlichkeit und Verhältnismäßigkeit. Zudem ist gerade zum Zwecke einer rationalen und humanen Strategie eine systementsprechende Persönlichkeits-, Prognose- und Behandlungsforschung unerläßlich.

Da diese Bereiche, auch soweit sie zur Klinischen Kriminologie zählen, in methodisch zeitgemäßer Weise betrieben werden können, erscheint es nicht vertretbar, unter moderner Kriminologie nur solche Strömungen zu verstehen, die sich von dem Bezug auf die rechtsbrechende Persönlichkeit gelöst haben und Fragen des Verbrechens vor allem soziologisch, psychoanalytisch und gesellschaftskritisch erfassen wollen (vgl. aber *Kürzinger* 1974, 219). Auch wurden zumindest soziologische und gesellschaftskritische Zugänge bereits im 18. und 19. Jahrhundert wie auch zu Beginn des 20. Jahrhunderts vertreten.

II. Auswahl von Forschungsaufgaben

1. Die Beantwortung der Frage, welchen Bedürfnissen Kriminologie sich zu widmen habe, hängt von dem Verständnis der Wechselwirkung zwischen Kriminologie und »Wissenschaftlicher« sowie »Praktischer« Kriminalpolitik (vgl. zur Definition *Kaiser* 1976, 57 f.) und konkret davon ab, auf wessen Bedürfnisse es ankommen soll. Hierzu findet sich ein vergleichsweise breites Spektrum von Meinungen.

So wird einerseits die Ansicht vertreten, Kriminologie habe die Aufgabe, Informationen für aktuelle oder auch langfristige Probleme »Praktischer« Kriminalpolitik zu liefern. Dabei liege die Kompetenz zur Bestimmung solcher Probleme ausschließlich bei den mit diesen Problemen befaßten Behörden. – Andererseits wird vorgetragen, Kriminologie könne Bedürfnissen der Kriminalpolitik nur dann nachkommen, wenn sie zunächst Grundlagenforschung betreibe. Bei dieser auf Erkenntnisfortschritt angelegten Tätigkeit müsse sie von Interessen und Bedürfnissen der Kriminalpolitik frei bleiben (*MacNaughton-Smith* 1967, 75; 1974) und allein über Forschungsgegenstand und -methoden entscheiden dürfen. Anderenfalls wäre die Kriminologie zur Erschließung, Formulierung oder gar empirischen Überprüfung von grundlegenden Zusammenhängen und Theorien kaum in der Lage. Zur Erfüllung dieser Aufgabe nämlich bedürfe es einer Forschungstätigkeit, deren kritische Distanz und zeitliche Kontinuität gegenüber den Anliegen der Kriminalpolitik nicht gefährdet ist. Diese Auffassung findet sich sowohl bei Vertretern täterorientierter Konzepte als auch bei solchen, die soziologische Erhebungen zum Gesamtbereich des Verbrechens in der Gesellschaft anstreben. – Nach einer von den vorgenannten Auffassungen unterschiedlichen Ansicht soll die Bestimmung der konkreten Bedürfnisse, über die die Kriminologie Informationen zu erbringen habe, durch die Bevölkerung selbst und dabei bevorzugt von den am meisten betroffenen Sozialgruppen geschehen.

2. In der Regel wird, soweit es sich nicht um unmittelbare Auftragsforschung handelt, den Fachvertretern der Kriminologie selbst die Entscheidungsbefugnis darüber zustehen müssen, welchen Bedürfnissen sie ihre Forschungen widmen wollen, soweit die Grundvoraussetzung der Vertretbarkeit des methodischen Vorgehens erfüllt sind (vgl. *Mannheim* 1974, 87 ff.; *Eisenberg* 1972a, 92). Falls die Anregung zu Forschungen nicht von den Fachvertretern selbst ausgeht, wird es ihnen jedenfalls bezüglich der Auswahl eines spezifischen Forschungsproblems innerhalb eines thematischen Bereichs vorzubehalten sein, ob die Untersuchung der vorgeschlagenen Fragestellung mit ihrem wissenschaftlichen Verständnis in Einklang steht.

3. Im übrigen aber fehlt es an systematischen Aufarbeitungen von Strategie und Prioritätenfolge (vgl. *Houchon* 1970) in der kriminologischen Forschung. Gelegentlich werden Gefahren einer übermäßigen und der Forscherinitiative abträglichen Kontrolle auch in diesem Bereich befürchtet. Demgemäß besteht sowohl zu der Frage, wie breit das Spektrum der Forschungsfragen ist, als auch dazu, inwieweit vorgegebene Faktoren für eine Steuerung der Prioritätenfolge überhaupt noch Raum lassen, wenig Klarheit. Beiden Fragen kommt unter dem Aspekt der Internationalen oder aber der Vergleichenden Kriminologie eine spezifische Bedeutung zu.

4. Einigkeit besteht darin, daß die Durchführung von kriminologischen Forschungen jeweils die Notwendigkeit zu berücksichtigen hat, dem ständigen Wechsel gesellschaftlicher Bedingungen Rechnung zu tragen und Reformen vorzubereiten.

In diesem Zusammenhang ist nicht zu übersehen, daß der Forschungsgegenstand der Kriminologie von den für sie relevanten sozialen Erscheinungen und insofern auch von tatsächlichen Veränderungen der – auf Dauer oder vorübergehend – kriminalisierten oder entkriminalisierten Verhaltensweisen abhängig ist. Deren Veränderungen muß er zumindest in

Grenzen folgen, was schon bezüglich der Entwicklung der Verkehrs- und Drogenkriminalität deutlich wird. Dieser Umstand beeinflußt nicht unerheblich auch die Prioritätenfolge in der kriminologischen Forschung. Das gilt auch insofern, als über Regelmäßigkeiten in der Veränderung beziehungsweise über zeitlose Erscheinungsformen des Verbrechens bisher wenig bekannt ist. Ebenso wie Kriminalistik und Strafrechtspflege verfügt auch die Kriminologie bisweilen über genauere Kenntnisse eines Phänomens erst dann, wenn dieses bereits im Verschwinden begriffen ist.

5. Im Bereich der legislatorischen Festlegung von Verbrechen soll es nach einer »weiten« Auffassung von Kriminologie zu deren Aufgabe gehören, sich neben dem Strafbaren auch mit dem »Strafwürdigen« *(Geerds* 1965, 6 Fußn. 4) zu beschäftigen (s. o. § 1 III. 1.). Dabei sei Kriminologie »ständig zu Vorschlägen über die Neugestaltung der Strafrechtszone aus ihrer Sicht heraus aufgerufen« *(Zipf* 1973, 60). Es sei notwendig, daß das Bedürfnis nach Kriminalisierung wegen Sozialschädlichkeit empirisch untermauert ist, weil nur dann »eine zutreffende Umschreibung der Unrechtsmaterie zu erhoffen« sei. Diese empirische Grundlage soll, im Sinne des kriminalphänomenologischen Ansatzes (vgl. dazu *Geerds* 1965, 11 ff.), darin bestehen, daß bestimmte Verhaltensweisen nach den konkreten Befunden in der Rechts- und Sozialordnung als »strafwürdig« aufgezeigt werden (vgl. *Zipf* 1973, 68). *Tiedemann* (1974, 308 f., s. aber auch S. 310) bezeichnet es als herrschende Auffassung, daß ein »sachliches Bedürfnis für die Inkriminierung einzelner Verhaltensweisen derart bestehen muß, daß die Notwendigkeit des Einsatzes von Strafrecht durch kriminologisch belegte Erwägungen eines realen Gesellschaftsschutzes zu rechtfertigen ist«. Hinzu kommen müsse die Beurteilung, daß das zu schützende Interesse von so hoher Bedeutung sei, daß der Einsatz von Kriminalstrafe als »angemessen« *(Tiedemann* 1974, 309) erscheine.

Hiermit ist die Frage nach den Kompetenzgrenzen der Kriminologie angesprochen. Diesbezüglich läßt sich darauf hinweisen, daß ein Fachvertreter der Kriminologie Aussagen oder Schlußfolgerungen über solche nicht strafbare, aber als »strafwürdig« bezeichnete Verhaltensbereiche qualitativ weniger spekulativ wird abgeben können als ein (Kriminal-)Politiker. Ersterer nämlich wird aufgrund seines Wissens über angrenzende Problembereiche in der Lage sein, auch über eine empirisch (noch) ungeklärte Frage »wissenschaftlich beurteilend« Stellung zu nehmen.

6. Was Bedürfnisse nach kriminologischer Forschung im Bereich solcher Wirkungszusammenhänge angeht, die als die Begehung von Verbrechen fördernd vermutet werden, so handelt es sich zugleich um Aufgabenstellungen auch der allgemeinen Sozialpolitik. Demgemäß sind sowohl Untersuchungen als auch etwaige politische Strategien nur in notwendiger Zusammenarbeit zwischen Kriminalpolitik und allgemeiner Sozialpolitik zu bewältigen. Als Beispiele für Bedürfnisse innerhalb dieses Bereichs straffälligen Verhaltens beziehungsweise der Begehung von Verbrechen werden üblicherweise genannt mangelnde funktionale und namentlich emotionale Stabilität der Familie, Defizite und/oder mangelnde Möglichkeiten der Schul- und Berufsausbildung sowie der beruflichen Leistungser-

bringung, unzureichende Wohnverhältnisse, fremdbestimmte und als destruktiv beurteilte Freizeitgestaltung, mangelnde Widerstandsfähigkeit gegen Verhaltens- und Konsumzwang beziehungsweise -druck durch Werbung und Massenmedien, letzteres auch betreffend potentielle Tatbegehungsartikel.

In diesem Zusammenhang sei ein Hinweis von *Zeisel* (1974, 563) betreffend die USA wiedergegeben, wonach dort 30 Millionen Pistolen auf 70 Millionen Familien kommen sollen. Dabei sei zu beachten, daß die Verletzung durch Pistolen siebenmal häufiger zum Tode führe, als es bei anderen Waffen, vor allem bei Messern, der Fall sei; die Häufigkeit von Pistolen korreliere direkt mit der Häufigkeit von Totschlagsdelikten.

7. Im Bereich der Strafverfolgung besteht weitgehende Einigkeit darin, daß als allgemeines Sanktionierungsziel kaum einheitlich eine Eindämmung oder gar Bekämpfung des Verbrechens durch Individual- und Generalprävention angesehen werden kann. Vielmehr wird von einer Bekämpfung von Verbrechen als Gesamterscheinung im Sinne eines zahlenmäßig meßbaren Fortschritts kaum gesprochen werden können. Statt dessen läßt sich ein permanenter Wechsel der methodischen Anstrengungen feststellen, ohne daß »an die Möglichkeit einer auch nur ins Gewicht fallenden Überwindung der Kriminalität« *(Jescheck* 1959, 2) geglaubt wird. Bedürfnisse innerhalb dieses Bereichs bestehen demnach darin, als optimal beurteilte Verteilungs-, Verwaltungs- und Sanktionierungsstrategien aufzuzeigen (s. hierzu auch *Blau* 1976).

III. Kriminologische Befunde und kriminalpolitischer Entscheidungsprozeß

1. Der kriminalpolitische Willens- und Entscheidungsprozeß bestimmt sich nach vielfältigen Faktoren. Es zählen dazu neben verfassungsrechtlichen und rechtspolitischen Grundsätzen zum Beispiel ökonomische, soziologische, psychologische und auch metaempirische Elemente. Auch ist Kriminalpolitik, auf der Ebene der Gesetzgebung wie auf derjenigen der Gesetzesanwendung, grundsätzlich veranlaßt, der allgemeinen Kulturentwicklung und den darin begründeten sozialpsychologischen Gegebenheiten Rechnung zu tragen. Hiernach kann kriminologischen Forschungsergebnissen allenfalls die Bedeutung von Teilfaktoren im politischen Willensbildungs- und Entscheidungsprozeß zukommen. Schon aus diesem Grunde ist die Einflußnahme kriminologischer Forschung auf Kriminalpolitik begrenzt.

2. Nach allgemeiner Primärerfahrung sind Politiker regelmäßig an kriminologischen Forschungsberichten interessiert, verarbeiten sie aber gemäß allgemeinen Mechanismen sozialer Wahrnehmung, das heißt schon vorhandene Einstellungen werden durch die Berichte in der Regel verstärkt. Bei der konkreten Entscheidung stütze sich der Politiker lieber auf Vorwissen (vgl. *Brauneck* 1974, 128); nach *Szabo* (1972, 545) handele es sich auch um die Reflektion der öffentlichen Meinung.

§ 2 *Aufgabe der Kriminologie*

Somit wäre es, von eventuellen Ausnahmen abgesehen, geradezu abwegig, annehmen zu wollen, kriminalpolitische Entscheidungen würden im Sinne eines linearen Zusammenhangs auf Befunden kriminologischer Forschung beruhen.

3. Hingegen ist der Einwand, Kriminologie verfüge über keinen zureichenden Bestand verläßlichen Wissens, um Kriminalpolitik verantwortlich fördern zu können, kaum (mehr) überzeugend. Ein solcher Einwand nämlich legt an kriminologische Aussagen solche Maßstäbe der Gültigkeit und Verläßlichkeit an, die im Hinblick auf die prinzipiellen Grenzen einer Falsifizierung (und erhöht einer Verifizierung) von Hypothesen nicht angemessen sind. Dies ist umso weniger sachgerecht, wenn solche Maßstäbe gegenüber anderen Informationen, deren sich die Kriminalpolitik bedient, nicht angelegt werden. Im übrigen läßt selbst ein scheinbar eindeutiger Bestand an kriminologischen Befunden Lösungsalternativen zu, zwischen denen entschieden werden muß.

a) Bei der Erörterung des Stellenwertes kriminologischer Befunde im kriminalpolitischen Willensbildungs- und Entscheidungsprozeß ist ferner zu berücksichtigen, daß gelegentlich auch bei identischen kriminologischen Befunden, aber zu unterschiedlichen Zeitpunkten, eine unterschiedliche Einflußnahme möglich sein kann.

Dies läßt sich etwa durch die Formulierungen kennzeichnen, daß »die Zeit« für die Aufnahme und Umsetzung bestimmter Befunde erst »reif« werden müsse, oder aber daß empirische Befunde, insbesondere bei langfristigen Forschungen, »zu spät« gekommen seien. Allerdings ist dem hinzuzufügen, daß der »Zeitgeist« seinerseits jedenfalls teilweise Steuerungs- oder Manipulierungsmechanismen unterlegen sein wird.

b) Im übrigen wird eine Möglichkeit der Einflußnahme durch kriminologische Befunde insoweit vermutet, als angenommen wird, deren Verbreitung wirke mittelbar auf Richtung und Geschwindigkeit der allgemeinen Kulturentwicklung ein. Allerdings scheint eine systematische Beteiligung von Fachvertretern der Kriminologie an der Verbreitung kriminologischer Befunde außerhalb des Wissenschaftsbetriebs, insbesondere im Zusammenhang mit dem politischen Willensbildungs- und Entscheidungsprozeß, weniger stattzufinden.

4. Soweit kriminologische Befunde in die Begründungszusammenhänge kriminalpolitischer Entscheidungen aufgenommen werden, muß dies nichts über deren Stellenwert im jeweiligen kriminalpolitischen Willensbildungs- und Entscheidungsprozeß besagen. Zum einen könnte es sein, daß die kriminalpolitische Entscheidung bereits getroffen war, und erst im nachhinein bestimmte kriminologische Befunde danach ausgewählt worden sind, ob sie zu der getroffenen Entscheidung »passend« sind (»Alibi«-Funktion).

Hierzu ließe sich zur Veranschaulichung das von *Lüderssen* (1972, 3 f.) genannte Beispiel anführen, wonach der Befund eines hohen Dunkelfeldes bei Abtreibung als Argument für Entkriminalisierung, ein entsprechender Befund bei Wirtschaftskriminalität hingegen als Argument für verschärfte Verfolgung verwandt worden sei.

Zum anderen könnte es sich um solche kriminologischen Befunde handeln, die Ergebnis von Auftragsforschungen sind und nicht ohne den Zusammenhang mit Entscheidungen oder zumindest Planungen interpretiert werden können, die anläßlich der Vergabe bereits vorweggenommen wurden.

5. Abschließend sei auf sogenannte Aktions-Forschungen hingewiesen, die eine Form unmittelbarer Beeinflussung von praktischer Kriminalpolitik im Rahmen kriminologischer Forschung darstellen können. Sie zeichnen sich unter anderem dadurch aus, daß die Trennung von Subjekt und Objekt des Forschungsprozesses überwunden werden soll. Im Unterschied zu dem allgemeinen Gebot sozialwissenschaftlicher Forschungstechnik, das Untersuchungsfeld während der Untersuchung nicht zu ändern, nimmt der Forscher durch eigene Einwirkungen an der Bewältigung konkreter individueller oder sozialer Schwierigkeiten teil.

Bei dem Versuch, praktische Tätigkeit mit empirischer Forschung zu verbinden, wird sich die Aktions-Forschung notwendigerweise zunächst und laufend mit Daten aus der herkömmlichen Forschung auseinandersetzen, wenn sie nicht zum Aktionismus werden soll. Das entscheidende Problem bei der Aktions-Forschung hingegen, ob überhaupt in ein und demselben Prozeß erforscht, reflektiert und geändert werden kann, ist kaum gelöst.

IV. Kriminologische Lehre innerhalb der rechtswissenschaftlichen Ausbildung

1. Die Wahlfachgruppe »Kriminologie, Jugendstrafrecht, Strafvollzug« – als Teil der rechtswissenschaftlichen Ausbildung in der Bundesrepublik Deutschland einschließlich Berlin (West) – unterliegt in der Ausgestaltung des Lehrprogramms keinen einheitlichen Richtlinien. So finden sich Meinungsverschiedenheiten schon zum Verhältnis der empirischen oder aber dogmatischen Inhalte innerhalb der Teilgebiete Jugendstrafrecht und Strafvollzug. Einigkeit besteht hinsichtlich der Grenzen der Ausbildung insofern, als schon aus zeitökonomischen Gründen eine Ausbildung zum – wie auch immer definierten – Kriminologen nicht erreicht werden kann. Andernfalls nämlich würde dem Studenten nicht hinreichend Zeit zum Studium anderer, im Examen nicht weniger oder gar mehr ins Gewicht fallender Fächer verbleiben.

2.a) Als eines unter mehreren Ausbildungszielen läßt sich die Fähigkeit des zukünftigen (Straf-)Juristen nennen, zu Methoden und Erkenntnissen der Kriminologie (einschließlich der Tätigkeit von Gutachtern) selbständig Stellung nehmen zu können. Ein solches Lernziel gebietet es, die Heterogenität und gelegentliche Gegensätzlichkeit kriminologischer Verständnisebenen, Hypothesen und Einzelfunde darzulegen. Dies entspricht dem allgemeinen Lernziel sozialwissenschaftlicher Ausbildung von Juristen, »die sehr unterschiedliche, ja kontroverse Deutung und Bewertung der sozialen Wirklichkeit und ihrer Zusammenhänge in den verschiedenen methodischen, politischen und ideologischen Richtungen und Schulen der Sozialwissenschaften« *(Schelsky* 1974, 411) zu erfassen.

b) Dabei ist zu berücksichtigen, daß kriminologischer Lehrstoff keineswegs schlechthin geeignet ist, zu einer Problemsicht für das Spannungsfeld zwischen geisteswissenschaftlicher Orientierung und sozialen Erscheinungsformen zu befähigen. So würde zum Beispiel die Vermittlung ausschließlich solcher Hypothesen und Einzelbefunde, die einer bestimmten Ausgestaltung der Vorstellung von Sozialpathologie (s. u. § 4 II.) folgen, ein traditionell nahezu identisches Vorverständnis zwischen Vertretern dieser Vorstellung und Vertretern maßgebender strafrechtlicher Prinzipien wenig bewußt werden lassen. Hier ist eine Relativierung durch Darstellung anderer Verständnisebenen, Hypothesen und Einzelbefunde vonnöten.

c) Das erläuterte Vorgehen ist mitunter geeignet, die Erwartungen des Studenten zunächst zu verletzen, soweit dieser davon ausgeht, sich an einem bestimmten Modell orientieren zu können. Eine solche Erwartung bringt er nicht nur aus dogmatischen Lehrveranstaltungen mit, sondern deren Vorhandensein mag auch darauf beruhen, daß die Entscheidung für die Wahlfachgruppe »Kriminologie, Jugendstrafrecht, Strafvollzug« mehr unter individueller Anteilnahme und aufgrund persönlicher Überzeugungen geschehen mag, als es beim Studium anderer Fachgebiete der Fall sein mag.

3. Die kriminologische Anleitung zukünftiger Vertreter der Praxis setzt ihrerseits jedoch voraus, daß sie sich sowohl an den Möglichkeiten und Grenzen kriminologischer Erkenntnisse für die Tätigkeit der Praxis orientiert als auch darauf bedacht ist, solche Sichtweisen und Informationen zu vermitteln, die dem zukünftigen Vertreter der Praxis nicht ohnehin als institutionalisierte Normen (s. u. § 42) oder Annahmen vertraut werden. Gerade hierbei aber kommt es auf den Versuch an, sich in der Lehre um Vollständigkeit und Distanz in der Vermittlung von Theorien, Methoden und empirischen Befunden zu bemühen.

Zur Klarstellung sei hinzugefügt, daß es nicht um die Selbstverständlichkeit der Setzung von Akzenten gemäß dem jeweiligen Standort des Dozenten innerhalb der wissenschaftlichen Auseinandersetzung geht. Vielmehr richten sich die Bedenken darauf, daß dem Studenten andere Zugangswege oder Denkstile, wie sie im Bemühen um kriminologische Erkenntnis bestehen, vorenthalten werden.

Erster Teil Wege der Untersuchung des Verbrechens

Erster Titel Verständnisebenen zum Wesen des Verbrechens

§ 3 Bedeutung von Verständnisebenen

I. Vielgestaltigkeit kriminologischer Aussagen

1. Die Zugangswege der Untersuchung von Verbrechen bestimmen sich nach unterschiedlichen Erkenntnisperspektiven. Ebenso wie in anderen Wissenschaften auch, vermag keine dieser Erkenntnisperspektiven einen holistischen Anspruch zu begründen oder gar einzulösen. Vielmehr hat jede der Erkenntnisperspektiven die Tendenz, die »ganze Wirklichkeit« des Verbrechens zu verzerren. Dies gilt prinzipiell für sämtliche Bereiche kriminologischer Tätigkeit, wie zum Beispiel »naive« Beobachtung, Theoriebildung, empirische Überprüfung von Theorien, Anwendung von Erkenntnissen in der Praxis, Ertrags- und Funktionsanalysen. Die Unterschiede der Erkenntnisperspektiven spiegeln sich in der Verschiedenartigkeit kriminologischer Aussagen wider. Innerhalb der unterschiedlichen kriminologischen Tätigkeitsbereiche finden sich regelmäßig sowohl übereinstimmende als auch solche Aussagen, die sich untereinander zusammenhanglos oder auch diametral gegenüberstehen.

Diese Heterogenität läßt sich nicht allein auf die Dichotomisierung in »positivistischer Ansatz« und »interaktionistischer Ansatz« reduzieren. Sie ist auch nicht nur im Sinne eines Paradigmawechsels (vgl. *Kuhn* 1973, 79 ff., 150) als des Sich-Ablösens von Denkstrukturen oder Konzeptionen in Ablauf oder Entwicklung der Kriminologie zu verstehen (s. u. § 12 II.). Schließlich erschöpft sich der genannte Umstand nicht in den Besonderheiten von »Theorien mittlerer Reichweite«, die, als nach Raum und Zeit eingeschränkte Aussagen, sich jeweils nur auf einen bestimmten Ausschnitt des Bereichs Verbrechen beschränken und somit weder miteinander vereinbar sein noch in einem logischen Zusammenhang stehen müssen.

Die umschriebene Heterogenität läßt auch verständlich werden, daß bisher kaum eine Darstellung der Geschichte der Kriminologie vorliegt, der allgemein zugestanden würde, daß sie der Vielfalt der Strömungen oder zumindest den wichtigsten Konzepten und kriminologischen Aspekten einzelner Bezugsdisziplinen gerecht würde. *Leferenz* meint (1972a, 977), eine Geschichte der Kriminologie würde wohl erst dann »sinnvoll geschrieben werden können, wenn man sich über die Abgrenzung dieser Wissenschaft hinlänglich im klaren ist«. Unbeschadet einzelner Werke aus jüngerer Zeit (*Hering* 1966; *Mechler* 1970) gilt bis in die Gegenwart hinein der Satz, daß zumindest »die Geschichte der deutschen Kriminologie... noch nicht geschrieben« *(Radzinowicz* 1961, 33) ist. – Dies mag allerdings nicht zuletzt auch auf der mangelnden Berücksichtigung des Verhältnisses von Geschichte der Kriminologie und Historischer Kriminologie sowie des Einflusses historischer Strömungen der Kriminalpolitik auf die Geschichte der Kriminologie beruhen.

2. Einigkeit besteht darin, daß Kriminologie als Erfahrungswissenschaft (s. o. § 1 II. 6. a)) sich darum zu bemühen hat, nicht nur zuverlässige, sondern auch gültige und bedeutsame Aussagen zu treffen. Hiernach aber ist die Prüfung von Inhalt und Substanz der heterogenen Aussagen und der Unterschiede im Vorverständnis vom Wesen des Verbrechens angezeigt. Dabei wird in dem Bemühen auch um Transparenz des Zustandes der Heterogenität kriminologischer Aussagen gelegentlich versucht, mittels griffiger Kriterien einen qualitativen Unterschied an Verläßlichkeit von Aussagen und Befunden nachzuweisen.

a) Soweit hierbei der Begriff »interdisziplinär« pauschal als Gütesiegel oder jedenfalls als Indikator für höhere Verläßlichkeit kriminologischer Befunde verstanden wird, begegnet dies Bedenken. Zwar mögen »interdisziplinär« vorgehende Untersuchungen in der Regel geeignet sein, ein geringeres Ausmaß an Dominanz dieser oder jener Erkenntnisperspektive zu erreichen. Andererseits kann schon die jeweilige Auswahl der Bezugswissenschaften sehr unterschiedlich sein. Ferner schließen es interne (Macht-)Strukturen innerhalb der Forschungsgruppe nicht aus, daß auch eine interdisziplinäre Forschung sich in Dominanz oder gar Verabsolutierung dieser oder jener Erkenntnisperspektive vollzieht (s. zu Einwänden im übrigen o. § 1 IV. 3. b)).

b) Soweit als Gütesiegel oder jedenfalls als Indikator für höhere Verläßlichkeit kriminologischer Aussagen und Befunde darauf hingewiesen wird, eine kriminologische Tätigkeit sei an dem Verhältnis von strafrechtlicher sozialer Kontrolle und Verbrechen orientiert, so bestehen hiergegen Einwände. Zwar ist die Analyse der Zusammenhänge, Instrumente und Tätigkeiten strafrechtlicher sozialer Kontrolle, von bestimmten Teilbereichen abgesehen, forschungslogisch deshalb unumgänglich, weil sich die Festlegung von Verbrechen als Gesamt- wie als Einzelerscheinung von der Kontrolle her bestimmt und methodisch erschließt. Auch findet das Kontrollgefüge ein notwendiges Korrelat in dem Begehungsgefüge, das heißt in dem tatsächlichen Verhalten, das als Verletzung von Strafrechtsnormen definiert wird. Die Zugrundelegung des genannten Verhältnisses besagt jedoch, für sich allein genommen, wenig über inhaltliche Elemente im Zugangsweg der Untersuchung des Verbrechens. Insofern bietet dieses Kriterium, im Sinne einer eher formalen Gegebenheit, Raum für inhaltlich durchaus unterschiedliche Konzepte. Hierzu sei nur auf die unterschiedlichen Vorstellungen zum Interaktionismus hingewiesen, der seinerseits einen Teilbereich des Verhältnisses von strafrechtlicher sozialer Kontrolle und Verbrechen darstellt.

II. Verständnisebenen, leitende Vorstellungen und Bezugsrahmen

1. Die Analyse unterschiedlicher Verständnisebenen vom Wesen des Verbrechers läßt bereits im Vorverständnis vorhandene *Unterschiede nach Interessen, Erfahrungen und Motivationen* der jeweiligen Fachvertreter erkennen. Das gleiche gilt in differenzierter Weise für diejenigen Kategorien gedanklicher Verknüpfungen, die auf der Grundlage von Verständnisebenen bestehen, und die sich, nach dem Ausmaß an Konkretisierung, in leitende Vorstellungen und Bezugsrahmen unterteilen lassen. Dabei wird unter Bezugsrahmen ein solches Gefüge begrifflicher Elemente verstanden, das die Forschung durch Umgrenzung nach Methode und Inhalt erst sinnvoll werden läßt. Die Verbundenheit mit dieser oder jener Verständnisebene oder leitenden Vorstellung und mit jeweils bestimmten Bezugsrahmen mag sich in dem mehr oder weniger bewußt vertretenen Verständnis von der Gesellschaft oder auch von der Aufgabe von Kriminologie als Wissenschaft widerspiegeln. Für letzteres könnte die erhebliche Heterogenität auch des Fachverständnisses unter den Fachvertretern der Kriminologie ein Indiz abgeben (s. o. § 1 II. 1. – 5., IV.).

a) Für jede kriminologische Tätigkeit sind die zugrunde liegenden Verständnisebenen, leitenden Vorstellungen und Bezugsrahmen aus mehreren Gründen bedeutsam. So sind sie geeignet, von vornherein bestimmte Ergebnisse und Folgerungen zu implizieren. Andererseits vermögen sie bestimmte Alternativen zu verhindern, nicht erkennen zu lassen oder davon zu entheben, ihnen Rechnung zu tragen. Bei einer konkreten empirischen Überprüfung zum Beispiel wirkt sich ein Bezugsrahmen im Sinne einer Konzeptualisierung bei den zahlreichen Entscheidungsprozessen im Ablauf der Forschung aus. Darunter fallen die Festlegung der einzelnen Stufen der Untersuchung, das heißt die Wahl eines thematischen Bereichs und eines spezifischen Forschungsproblems innerhalb dieses Bereichs sowie die Formulierung einzelner Forschungsfragen zu diesem Forschungsproblem einschließlich der Hypothesenbildung. Das gleiche gilt für die bisweilen weniger transparente Auswirkung auf die operationelle Definition zentraler Begriffe, auf die Wahl und Konstruktion von Forschungsinstrumenten und Erhebungstechniken sowie auf die innerhalb von Erhebungs- und Auswertungsverfahren permanent gegebenen Möglichkeiten und auch Notwendigkeiten, jedenfalls aber Gefahren einer selektiven Behandlung anfallender Daten.

b) Wegen des umschriebenen Einflusses auf zu erwartende Forschungsergebnisse haben Verständnisebene, leitende Vorstellung und Bezugsrahmen Bedeutung schon für die Vergabe von Forschungsmitteln und damit für die Möglichkeit, empirische Überprüfungen überhaupt vornehmen und gegebenenfalls Befunde anbieten zu können. Ähnliches gilt für behördliche Strategien der Förderung oder Behinderung bestimmter Forschungsvorhaben (vgl. *Eser/Schumann* 1976). Demgegenüber kann keine kriminologische Aussage per se einer – wie immer verstandenen – Wahrheit näher oder des Kredits für Verläßlichkeit würdiger denn andere kriminologische Aussagen gelten. Auch die Häufigkeit der Bestätigung eines Ergebnisses oder einer Tendenz in der Forschung besagt nichts für deren Richtigkeit. Dies trifft in gleicher Weise auch zu bei erheblichem Gefälle zwischem dem Grad an Institutionalisierung derjenigen leitenden Vorstellungen, innerhalb deren sich die jeweiligen Aussagen finden. Vielmehr besteht Anlaß, auch und gerade bei Fehlen jeglicher Institutionalisierung und mangelnder Organisation der Anhängerschaft einer Aussage deren Gehalt wissenschaftlicher Überprüfung zu unterziehen.

c) Verständnisebenen, leitende Vorstellungen und Bezugsrahmen der Untersuchung von Verbrechen lassen sich zunächst danach unterscheiden, ob sie auf Fragestellungen über Bedingungen des *Ent*stehens (von Ausmaß und Struktur) des Verbrechens gerichtet sind, ober aber ob sie sich mit Fragestellungen über Auswirkungen des *Be*stehens von Verbrechen befassen. Für erstere ist das Verbrechen Endpunkt, für letztere Ausgangspunkt der Betrachtungsweise. – Ferner unterscheiden sich die verschiedenen Zugangswege der Untersuchung von Verbrechen hinsichtlich des Verständnisses vom Wesen des Verbrechens.

2.a) Die *Verständnisebene der Erwartungsverletzung* ist insoweit eine positivistische, als sie die legislatorische und reaktiv definierende Funktion strafrechtlicher sozialer Kontrolle für Umfang, Struktur und Veränderung des Verbrechens als Gesamt- wie als Einzelerscheinung weniger oder nicht berücksichtigt. Erkenntnisziel dieser teils makro-, teils mikrostrukturell orientierten Verständnisebene ist die Beschreibung und Erklärung strafrechtsverletzenden Verhaltens oder der diesem zugrunde liegenden Bedingungen. Kriminalpolitisch wird eine Behandlung oder »(Re-)Sozialisierung« nach täterorientierten Konzepten beziehungsweise die Veränderung dimensional gedachter gesellschaftlicher Mängel empfohlen.

b) Die *Verständnisebene des Konflikts* sieht als zentrales Element (auch für das Entstehen von Verbrechen) die Verwirklichung gesellschaftlicher und individueller Bedürfnisse an; sie ist jeweils makro- und mikrostrukturell orientiert. Während die leitenden Vorstellungen Wert- und Interessenkonflikt sowie Soziale Desorganisation sich wesentlich mit Fragen von Funktion und Wirksamkeit legislatorischer strafrechtlicher sozialer Kontrolle befassen und im übrigen den Verhaltens- oder Begehungsaspekt einbeziehen, stellt sich nach dem Bezugsrahmen »Labeling« das Verbrechen als Ergebnis selektiver Definitionsprozesse dar. Entsprechend unterschiedlich sind die kriminalpolitischen Empfehlungen, die allerdings darin einheitlich sind, daß eine prinzipielle Konfliktlösungsmöglichkeit und gleichbleibende Strategie abgelehnt werden.

c) Die makrostrukturell orientierte *Verständnisebene der Funktionen* von Verbrechen befaßt sich mit (erwünschten) Auswirkungen des Verbrechens auf den inneren Aufbau der Gesellschaft. Das Interesse ist auf Interdependenzen sozialer

Beziehungen im gesellschaftlichen System gerichtet, wobei nicht das juristische Verständnis des Begriffs Funktion (=Ziel, Zweck), sondern das sozialwissenschaftliche Verständnis dieses Begriffs (=Konsequenz, objektive [Neben-]Folge) im Vordergrund steht. Die Untersuchung der Beziehungen von Ursache und Wirkung und damit auch die Technik der Überprüfung des Verhältnisses von unabhängigen und abhängigen Variablen tritt demgegenüber zurück, und damit auch die methodische Schwierigkeit, meist nur retrospektiv vorgehen zu können. Kriminalpolitisch werden, anstelle herkömmlicher Reaktionsformen, eher sozialpolitische Instrumente erwogen, wobei die Auseinandersetzung um Möglichkeiten und Grenzen funktionaler Alternativen sowie um das vertretbare Ausmaß normativer Distanz bedeutsam sind.

3.a) Was das Kriterium der Ergiebigkeit für Kriminologie als angewandte Wissenschaft angeht, so werden im Interesse strafrechtlicher Tätigkeit naturgemäß diejenigen Zugangswege bevorzugt, denen das Begriffspaar Norm und Sanktion zugrunde liegt; dies ist bei der Verständnisebene der Erwartungsverletzung der Fall. Andererseits wird die Suche nach funktionalen Alternativen der strafrechtlichen sozialen Kontrolle (s. auch o. § 2 II. 7.), soweit sie sich mit dem Verhältnis von Partikularinteressen einerseits und gesamtgesellschaftlichen Interessen andererseits auseinanderzusetzen hat, sowohl Elemente des Konfliktverständnisses als auch des Verständnisses von Funktionen nicht außer acht lassen können. In diesem Zusammenhang ist wesentlich, daß sämtliche der zu erörternden Verständnisebenen, leitenden Vorstellungen und Bezugsrahmen auch für diejenigen anderen negativ sanktionierten Verhaltensweisen bedeutsam sein dürften, die ähnlich intensiver – informeller wie formeller – Kontrollen unterliegen, wie es bei dem Verbrechen der Fall ist (vgl. auch *Rubington/Weinberg* 1971; *Robert* 1978, bes. S. 331–333).

b) Die leitende Vorstellung Sozialpathologie in der individualisierenden Ausgestaltung (s. u. § 4 II.) und die systemstabilisierenden Bezugsrahmen auf der Verständnisebene von Funktionen (s. u. § 10) weisen zwei nicht unerhebliche Gemeinsamkeiten auf.

α) Das eine dieser Merkmale betrifft die Auffassung, es handele sich bei dem Verbrechen um eine Erscheinungsform von Minderheiten. Entsprechend dieser Auffassung würde die Einhaltung gewisser Grenzen des *quantitativen* Ausmaßes strafrechtlicher sozialer Kontrolle unerläßlich sein. Soweit die faktische Verbreitung von Verbrechen nicht auf Minderheiten begrenzt ist, bedeutet dies die Notwendigkeit eines partiellen Sanktionsverzichts, um eine Diskrepanz zwischen faktischen und kognitiven Strukturen zu schaffen.

Dies entspricht der kriminalpolitischen Einsicht, derzufolge Strafrechtsnormen auch und gerade durch ihre Nichtgeltung »gelten« (*Popitz* 1968 a, 9), so daß die Beibehaltung eines Dunkelfeldes als funktional erscheint (s. *Schultz* 1974, 242; vgl. ferner *Lüderssen* 1972, 23 ff.). Allerdings ist die Frage nach der Bestimmung der Grenzen der Belastbarkeit von Norm-

und Sanktionssystem, das heißt nach dem insoweit verträglichen Ausmaß des Dunkelfeldes sowohl von Verbrechen insgesamt als auch von einzelnen Delikten oder Deliktsgruppen bisher kaum untersucht.

β) Ein anderes gemeinsames Merkmal der genannten Zugangswege besteht in einer Erhöhung der Solidarität der Majorität der gesellschaftlichen Gruppen. Dabei gilt bezüglich der *qualitativen* Struktur der als Straftäter sanktionierten Minderheiten, daß der Zusammenhalt der Majorität um so größer zu sein scheint, je geringer der soziale Status dieser Minderheiten ist.

c) Wesentlich erscheint, daß jeder der zu erörternden Zugangswege Erkenntnisse ermöglicht hat und ermöglichen wird, auf die unterschiedliche Schwerpunkte und Zielsetzungen kriminologischer Tätigkeit auch zukünftig nicht werden verzichten können.

Gelegentlich hat es den Anschein, als ob einzelne Fachvertreter von Kriminologie aus der ihnen zugeschriebenen Rolle, ein »König ohne Königreich« *(Sellin*, hier zit. nach *Mannheim* 1974, 20) zu sein, eine Unzulässigkeit der Reflektion über ihren Zugangsweg ableiten zu dürfen meinen. Insofern verwundert nicht, wenn exponierte Fachvertreter dieses oder jenes Zugangsweges sich gegenseitig ein arbiträres Vorgehen anlasten.

Für den Regelfall ist davon auszugehen, daß eine Bestimmung des Standortes eines Fachvertreters der Kriminologie auf dem Spektrum von Verständnisebenen, leitenden Vorstellungen und Bezugsrahmen nur selten in idealtypischer Weise wird vorgenommen werden können. Die zahlreichen Verbindungen und Überschneidungen zwischen den verschiedenen Zugangswegen, die der Vielfalt an Nuancen, Akzenten oder Gegensätzen innerhalb derselben entsprechen, erschweren schon eine Abgrenzung der Verständnisebenen, leitenden Vorstellungen und Bezugsrahmen untereinander. Im übrigen wird die Einordnung des einzelnen Fachvertreters weniger im Wege der Selbsteinschätzung, sondern eher durch Fremdeinschätzung vorgenommen werden können.

Erstes Kapitel Verständnisebene der Erwartungsverletzung

§ 4 Sozialpathologie als leitende Vorstellung

I. Allgemeines

1. Der Begriff Sozialpathologie bezeichnet die Vorstellung, die Gesellschaft sei ein Organismus oder entwickle sich zu einem solchen, dessen natürliche Gesundheit sich durch geregeltes Leben bestätige. Etwaige Schwierigkeiten in diesem Ablauf sollen von störenden Elementen herrühren. Diese ließen die Gesellschaft zum Patienten werden und müßten, in Anlehnung an medizinische Modelle, behandelt werden.

Bereits hieraus wird deutlich, daß die Vorstellung einer Sozialpathologie auf einen Sollenszustand projiziert und normativ ausgerichtet ist. Demgemäß waren und sind einem erfahrungswissenschaftlich orientierten methodischen Zugang zu dieser Vorstellung von vornherein enge Grenzen gesetzt.

2. Was die Natur der störenden Elemente und die für diese indizierte Behandlung anbetrifft, so weist die Vorstellung einer Sozialpathologie unterschiedliche Ausgestaltungen auf. Dabei bezieht sich eine individualisierende Ausgestaltung auf den Einzelbereich von Verbrechen, während eine interaktionistische Ausgestaltung ebenso wie das Konzept der Überwindung von Verbrechen für Einzel- und Gesamtbereich gelten. Sämtlichen Ausgestaltungen, insbesondere aber der individualisierenden, ist gemeinsam, daß sie sich bevorzugt an herkömmlicher Allgemeiner Kriminalität orientieren.

II. Individualisierende Ausgestaltung

1.a) Die individualisierende Ausgestaltung der Vorstellung einer Sozialpathologie ist gekennzeichnet durch die Annahme, bei dem umschriebenen Organismus handele es sich um etwas faktisch Bestehendes, das heißt um einen gegebenen Zustand. Sie versteht Verbrechen als eine *sozial isolierbare* Erscheinung, die Ausdruck einer individuellen, organisch gedachten Fehlanpassung an gesellschaftliche Verhaltensregeln sei. In individualisierender Betrachtungsweise begreift sie als störendes Element den Straftäter, der in ihr als »Defektpersönlichkeit« und als »der Andere«, als ein Hilfsbedürftiger oder auch als ein Minderwertiger erscheint.

b) Innerhalb der individualisierenden Ausgestaltung der Vorstellung einer Sozialpathologie findet sich zugleich eine in gewissem Widerspruch zu der Individualisierung stehende Stereotypisierung der als störende Elemente betrachteten Personen. Diese ist bevorzugt an sozioökonomisch unteren Gruppen oder auch an sonstigen Randgruppen der Gesellschaft ausgerichtet.

Insofern läßt sich fragen, inwieweit mit der Sanktionierung einer Person als Straftäter weniger diese Person und deren als Straftat definiertes Verhalten und mehr deren sozialer Herkunftsbereich getroffen werden soll, weil die Verhältnisse eben dieses Herkunftsbereichs das vorgestellte Idealbild einer natürlichen Ordnung der Gesellschaft stören.

2.a) Die individualisierende Ausgestaltung der Vorstellung einer Sozialpathologie ist seit jeher an einer zahlenmäßig vergleichsweise kleinen (Extrem-)Gruppe innerhalb von Strafgefangenen orientiert. Sie wurde und wird wissenschaftlich namentlich von der Forensischen Psychiatrie und von der Klinischen Kriminologie (s. u. § 19 I. 2.b)) gefördert. Trotz des schmalen empirischen Ausgangsmaterials beherrscht sie ganz überwiegend das Verständnis der juristisch ausgebildeten Fachvertreter der Kriminologie.

Über wissenssoziologisch und forschungspsychologisch etwa relevante Merkmale von Anhängern dieser Ausgestaltung sind verschiedene Untersuchungen und Reflektionen vorgenommen worden (vgl. *Mills* 1971 [1943], 253 ff.; dazu *Bend/Vogelfanger* 1971, 273 ff.).

b) Auch innerhalb der Organe der Strafrechtspflege wie auch im Laienverständnis hat die genannte Ausgestaltung der Vorstellung einer Sozialpathologie im Vergleich zu anderen leitenden Vorstellungen der Untersuchung des Verbrechens die größte Anhängerschaft aufzuweisen, und zwar in Vergangenheit und Gegenwart. Dies mag nicht zuletzt darauf beruhen, daß die erläuterte Betrachtungsweise der praktischen Kriminalpolititk die Möglichkeit bietet, höchst unterschiedliche oder auch gegensätzliche Strategien zu legitimieren.

c) Eine moralisierende Polarisierungstechnik betreffend den schlechten, »asozialen« oder unqualifizierten Straftäter und den guten, »sozialen« und qualifizierten »Nicht-Straftäter« scheint im Bereich offizieller sozialistischer Kriminologie jedenfalls nicht weniger verbreitet zu sein als in der Kriminologie anderer Länder. Dabei scheint (gleichfalls) die Annahme charakteristischer, im Unterschied zur Majorität stehender Merkmale zugrunde zu liegen (vgl. zur UdSSR *Minkowskij* 1972, 170; vgl. zur DDR etwa *Hartmann* in: *Buchholz* u. a. 1971, 209 f.; zum Vergleich aus der Bundesrepublik s. *Göppinger* 1970; 1976). – Soweit eine in dieser Grundauffassung liegende, den Straftäter stigmatisierende und moralisierende Tendenz sich auch oder gerade in der Tätigkeit der Institutionen reaktiver strafrechtlicher sozialer Kontrolle niederschlägt, wird dies innerhalb der sozialistischen Staaten gelegentlich kritisiert (vgl. *Buchholz/Dähn* 1968, 84).

III. Interaktionistische Ausgestaltung

1. Die interaktionistische Ausgestaltung der Vorstellung einer Sozialpathologie versteht als störende Elemente Mängel im Verhältnis zwischen Sozialisations- und/oder Kontrollträgern einerseits und der betroffenen Einzelperson oder einer betroffenen Personengruppe andererseits. Der Defekt entstehe insbesondere aus der Ausgestaltung des jeweiligen sozialen Reaktionsprozesses auf ein erwartungwidriges Verhalten (*Lemert* 1951, 76; ferner *Schneider* 1973, 581; ders. 1977 a, 122).

Schon *von Liszt* hatte, neben Persönlichkeits- und Sozialisationsdefekten, auf Mängel der Strafjustiz verwiesen und geäußert: »Wenn ein Jugendlicher oder auch ein Erwachsener ein Verbrechen begeht und wir lassen ihn laufen, so ist die Wahrscheinlichkeit, daß er wieder ein Verbrechen begeht, geringer, als wenn wir ihn bestrafen« (1905 d, 339). Denn unter den Ursachen des Rückfalls »nehmen die Fehler unseres Strafgesetzbuchs, unserer Strafrechtspflege, unseres Strafvollzugs weitaus die erste Stelle ein« (1905 d, 346).

2. Im Einklang mit sozialpolitischen Strömungen konzentriert sich das Interesse bei dieser Ausgestaltung der Vorstellung einer Sozialpathologie insbesondere auf Institutionen und institutionalisierte Normierungen innerhalb der Gesellschaft (s. auch u. § 42). Dabei wird davon ausgegangen, eine Verhütung und Behandlung von Verbrechen sei nur innerhalb der genannten gesellschaftlichen Institutionen und (jedenfalls unter Einbeziehung) von deren Repräsentanten sinnvoll.

3. Endlich läßt sich der Defekt in einem dem öffentlichen Moralbewußtsein abgewendeten Profitstreben solcher Personen sehen, die in Wirtschaft, Industrie und Politik Macht ausüben (s. demgegenüber aber u. § 9 II. 2.).

IV. Konzept der Überwindung von Verbrechen

1.a) Nach vorherrschender Auffassung innerhalb der gegenwärtigen offiziellen Kriminologie mehrerer Staaten Osteuropas (s. demgegenüber aber auch u. § 7 II. 2.) werde Kriminalität im Prozeß des kommunistischen Aufbaus in der Entwicklung der Gesellschaft zunehmend verringert und schließlich ausgemerzt werden; sie habe einen überwindbaren Charakter. Allerdings trägt dieser Grundsatz nur einen Teilbereich der Aussagen und Tätigkeiten innerhalb der offiziellen marxistisch-leninistischen Kriminologie. Dies gilt sowohl für das Vorverständnis wie auch hinsichtlich konkreter Methoden und Inhalte der Forschungen. Es beruht darauf, daß auf zwei Ebenen argumentiert wird, nämlich auf derjenigen gesellschaftlicher Gesetzmäßigkeiten der historischen Entwicklung des Klassenkampfes einerseits und derjenigen konkret gegenwärtiger »Ursachen« oder Zusammenhänge nebst Präventionsbemühungen andererseits (vgl. *Buchholz* in: *Buchholz* u. a. 1971, 96). Dem entspricht das Bestreben, die Diskussion zum Verhältnis von

Verbrechen und Klassenkampf innerhalb sozialistischer Staaten, von Ausnahmen abgesehen, zu vermeiden (vgl. hierzu *Werkentin* 1973, 465).

b) Die Methode des marxistischen Vorgehens folgt dem Ziel, Phänomene nicht in ihrer bestehenden als einer permanenten Form zu untersuchen, sondern die Gesetze ihrer Entwicklung und Übergänge in andere Formen zu erforschen, wobei die Veränderungen als von materiellen Bedingungen – und nicht als durch persönliche Leistungen – getragen verstanden werden. Insofern ist einsichtig, daß ein Grundsatz empirischer Forschung, der nur solche Hypothesen gelten läßt, die empirisch überprüfbar sind, als nicht- oder antisozialistisches Kriterium abgelehnt wird. Tatsächlich ließe sich die These, Kriminalität sei Produkt von Klassengesellschaft, (zumindest einstweilen) empirisch vergleichend kaum überprüfen, weil klassenlose Gesellschaften (zumindest einstweilen) nicht bestehen. – Andererseits läßt sich verstehen, daß Objektivität als konsequente Verfolgung eines Klassenstandpunktes begriffen wird und der Begriff der Objektivität der nicht-sozialistischen Wissenschaft abgelehnt wird.

2. Zur Erklärung des Fortbestandes von Verbrechen auch in solchen Staaten, die sich seit Jahrzehnten zumindest als sozialistische Gesellschaften verstehen, finden sich mehrere, teilweise untereinander divergierende Überlegungen.

a) Ein insbesondere in der UdSSR vertretener Erklärungsversuch versteht Kriminalität zum einen als Folge von Einflüssen verschiedener Überbleibsel des kapitalistischen Denkens (Rudiment-Theorie, vgl. *Herzenson* 1967, 14 unter Hinweis auf *Koslowskij* 1918), und zum anderen als Folge von schädlichen Einflüssen aus dem kapitalistischen oder imperialistischen Ausland (Kontaminations-Theorie, vgl. auch *Friebel* u. a. 1970, 172, 182) mit der Wirkung einer »ideologischen Diversion« (Akademie... 1974, 166). Allerdings wird die Rudiment-Theorie zunehmend in Frage gestellt, da sie weder erklären könne, warum eine Person sich im Banne solcher Überbleibsel befinde, noch warum diese Person dadurch veranlaßt werde, ein Verbrechen zu begehen (vgl. *Sacharow* 1963, 44 ff.; *Melnikova* 1968, 41).

b) Nach einer anderen Überlegung, die sowohl die Rudiment- als auch die Kontaminations-Theorie einbezieht, soll innerhalb der UdSSR im Zeitraum von 1918 bis etwa 1938 (Abschluß der »Säuberungs«-Periode) Kriminalität als *objektive* Spätfolge der Sozial- und Wirtschaftsverfassung des Zarismus verstanden worden sein, wozu etwa auf Auswirkungen der Bürgerkriege und der Zwangskollektivierung, des Analphabetentums, der akuten Wohnungsnot, der mangelnden Jugendfürsorge sowie des durch Not bedingten Alkoholismus hingewiesen wurde.

c) Als nach Jahren der Stabilisierung des Sozialismus die genannten und als kriminogen verstandenen Faktoren objektiv nicht mehr oder nur noch weniger ausgeprägt vorhanden waren beziehungsweise als vorhanden galten, entstand eine zusätzliche Erklärung. Nach dieser sei Kriminalität zunehmend bedingt durch *subjektive* Faktoren im Sinne von Belastungen psychischen Erbes aus der Vergangenheit, das noch wirksam geblieben sei. Hierzu wurde beispielsweise ein ungesundes Streben nach Privateigentum, ein kleinbürgerliches, auf persönlichen Gewinn gerichtetes Denken, sowie Habgier, Hang zum Alkohol oder auch Mißachtung der Würde des weiblichen Geschlechts genannt (s. zur Trennung in objektive und subjektive Faktoren, etwa betreffend die Wirtschaftskriminalität, für die DDR auch *Buchholz/Seidel* 1971, 62 ff.).

d) Seit der politischen Positionsveränderung unter *Chruschtschow* wird verschiedentlich angenommen, daß weder der hohe Lebensstandard noch moderne Methoden der Indoktrinierung und Integration des Menschen in die herrschende gesellschaftliche Ideologie Phänomene wie Kriminalität und andere ähnliche Erscheinungen – und aller Wahrscheinlichkeit nach auch die Entfremdung des Menschen – aufzuheben in der Lage seien (vgl. *Bavcon* u. a. 1968; abstufend *Mackowiak/Ziembinski* 1971, S. 28).

e) Aber selbst diese Position wird nicht uneingeschränkt vertreten. So wird es nach *Streit* (1968, 708) sogar »auch nach der vollständigen Beseitigung der sozialökonomischen Wurzeln der Kriminalität... noch objektive Widersprüche geben, die... bei dem einen oder anderen Bürger zu einer nicht gesellschaftsmäßigen Entscheidung, zur Straftat, führen«. *Kudrjawzew* (1973, 4) hat ausgeführt, daß eine auf Sicherung der Ausmerzung von Kriminalität um jeden Preis gerichtete Forderung vom sozialistischen Staat und Recht nicht zugelassen werden könne. Vielmehr sei nur eine begrenzte Zielsetzung vertretbar, da es neben dem Kampf gegen die Kriminalität andere ebenso wichtige Interessen für Staat und Öffentlichkeit gebe.

3.a) Was die insgesamt geringere Kriminalitätsbelastung in der UdSSR und in der DDR anbetrifft, so mag sie teilweise auf der Ausdehnung rechtlicher Kontrolle über den strafrechtlichen Bereich hinaus mit der Folge beruhen, daß individuelle Freiheitsräume enger sind. Dies würde bedeuten, daß in der sich freiheitlich-demokratisch verstehenden Gesellschaft mehr Freiheit zum Preis höherer Kriminalität, in der sich als kommunistisch oder volksdemokratisch orientiert verstehenden Gesellschaft hingegen weniger Kriminalität zum Preis geringerer Freiheit stehe (zur Verhaltenssteuerung im Sozialismus s. *Mansilla* 1973).

Allerdings wird aus marxistischer Sicht eine größere Freiheit der von Produktionsmitteln freien Personen in der nichtsozialistischen Gesellschaft ohnehin bestritten, denn gerade in dieser sei das Individuum durch die bestehenden Verhältnisse psychisch, intellektuell und sozial einer »Knechtung« anheimgefallen.

Andererseits mag gerade das Defizit an individueller Interessenverwirklichung in den praktizierten Zentralverwaltungswirtschaften als kriminogener Faktor erscheinen, und zwar vor allem auch im Bereich der Kriminalität gegen sozialistisches Eigentum. Jedenfalls gilt das marxistisch-leninistische Dogma von einer Interessenidentität zwischen Individuum und Gesellschaft als weder empirisch belegt noch gar verwirklicht (*Tiedemann* 1974, 337).

b) Speziellere Gründe des politischen Systems für das tendenzielle Sinken könnten mit der starken und relativ einheitlichen Ideologie sowie einem hohen Maß an festem Glauben an diese bei geringem Grad von Artikulierung alternativer Ideale zusammenhängen (vgl. zum folgenden *Andenaes* u. a. 1968). Ein anderer und bewußt geförderter Faktor könnte die kollektive Orientierung darstellen, für die die Konkurrenz von Gruppen – und nicht von einzelnen – typisch ist, mit der Folge der Verantwortung gegenüber der Gruppe sowie positiver oder negativer

Sanktionierung des Ausscherenden oder Nichtangepaßten durch die Gruppe und nicht durch einen – von der Gruppe statusmäßig isolierten oder jedenfalls mit Sanktionsmacht ausgestatteten – einzelnen. Hinzu kommt, daß die kollektive Organisation wesentlich umfassender ist, daß es geradezu ein Netz an Organisationen gibt, in denen der einzelne gleichzeitig Mitglied ist, und die – auch und gerade bei Abweichungen – miteinander zusammenarbeiten (vgl. für die Entwicklung in der DDR die Existenz einer zentralen Arbeitsgruppe »Komplexe Kriminalitätsvorbeugung und -bekämpfung«; s. dazu *Harrland* 1970, 602 ff.).

Als Beispiele sind der schulische, der Wohn- sowie der Arbeitsbereich zu nennen. Nach dem Bericht von *Andenaes* u.a. (1968, 100) soll, bezogen auf die Registrierung bei den Kinderabteilungen der Polizei, bei der für einen Bezirk von etwa 50 000 Einwohnern zuständigen Stelle im Jahre 1966 kein einziges Kind im Alter von unter 18 Jahren wegen irgendwelcher Vergehen registriert worden sein; in einem anderen Bezirk von etwa 60 000 Einwohnern habe die entsprechende Zahl absolut 3 betragen.

§ 5 Bezugsrahmen Abweichendes Verhalten

I. Allgemeines

1. Dem Bezugsrahmen Abweichendes Verhalten *(Clinard* 1974 [1957], 5) liegt die Auffassung zugrunde, menschliches Verhalten sei in Gruppen wie in Gesellschaften und universell an Normen ausgerichtet. Es sei von der Existenz verschiedener sozialer Normen als jeweiligen Verhaltenserwartungen gegenüber Menschen verschiedener Rollen auszugehen. Jedermann setze sich in seiner übergeordneten Rolle als Mitglied der Gesellschaft mit anderen Rollen – etwa als Angehöriger eines bestimmten Berufs, einer bestimmten sozio-ökonomischen Gruppe oder einer bestimmten Konfession – auseinander. Verbrechen spiegele, ebenso wie bestimmte andere Erscheinungsformen abweichenden Verhaltens, solche Verletzungen von Verhaltenserwartungen wider, die negativ sanktioniert werden.

2. Für Verbrechen wie für andere Erscheinungsformen negativ sanktionierten abweichenden Verhaltens gilt in gleicher Weise, daß die normative wie reaktive Definition dem sozialen Wandel unterliegt, und daß, neben der normativen Definition, allein die Tatsache – informeller und/oder formeller – reaktiver Definition die jeweilige registrierte Erscheinungsform prägt und eine gesellschaftliche Repression auslöst.

a) Betreffend psychisch Kranke zum Beispiel macht es einen entscheidenden Unterschied, ob man auf das in Kliniken und Arztpraxen gesammelte Material zurückgreifen soll mit dem Risiko, daß es sich dabei um eine einseitig zustandegekommene Stichprobe handelt, oder ob es zweckmäßiger ist, eine gedachte »wahre Prävalenz« zu untersuchen, die dem tatsächlichen Vorkommen von psychischen Störungen in der Gesellschaft entsprechen würde.

b) In gleicher Weise zeigt sich das weitere Problem der Bewertung, denn die Beurteilung als Krankheitswert ist nicht unabhängig vom sozialen Zusammenhang und nur nach vorgegebenen, jedoch durchaus nicht unumstrittenen psychiatrischen Definitionen möglich. So werden auch, je nach Ausmaß der einbezogenen Bereiche negativ sanktionierten abweichenden Verhaltens und nach Art der verwandten Erfassungsdefinitionen, und bei Berücksichtigung der mehrfachen Überschneidungen, unterschiedliche Gesamtzahlen der betroffenen Personen genannt, die zwischen 1,5 Millionen und 10 Millionen (vgl. *Kaiser* 1976, 234) der Gesamtbevölkerung der Bundesrepublik Deutschland betragen. Ersterer Anteil würde einer mit 2 % angegebenen Quote sozial Verachteter (vgl. *Kleining/Moore* 1968, 547) in etwa entsprechen. Letzterer Anteil würde den Annahmen näher liegen, nach denen schon der Anteil der Armen an der Bevölkerung mindestens 13 % betragen soll (vgl. *Hess* 1972 a, 165) oder etwa 15 % aller Menschen unter psycho-sozial bedingten Störungen leiden sollen (*Strotzka* 1972, 7).

3.a) Inhaltlich sind die Grenzen zwischen Verbrechen und bestimmten anderen Formen negativ sanktionierten abweichenden Verhaltens flüssig. So variiert bei bestimmten Bereichen negativ sanktionierten abweichenden Verhaltens die konkrete Art der vorgelagerten normativen Definition im zeitlichen Längs- und Querschnitt zwischen Strafrechtsnormen und solchen Normen, die eine andere Kategorie negativ sanktionierten abweichenden Verhaltens betreffen (vgl. hierzu auch *Schneider* 1977 a, 9 f., 18). Diese Thematik scheint für Untersuchungen von wechselseitiger legislatorischer Kriminalisierung und Entkriminalisierung einschließlich der jeweiligen Besonderheiten der Ausgestaltung der normativen Definition im zeitlichen Längs- oder Querschnitt ebenso unverzichtbar zu sein wie für Forschungen über ähnliche oder unterschiedliche Funktionen von Verbrechen und anderen Erscheinungsformen negativ sanktionierten abweichenden Verhaltens.

Beim Vergleich unterschiedlicher Gesellschaftssysteme wären etwa die relativ strengen Strafdrohungen der sozialistischen Staaten Mittel- und Osteuropas, und dabei nicht zuletzt der UdSSR und der DDR, gegen »Arbeitsscheu« und asoziales Verhalten einzubeziehen, die in freiheitlich-demokratisch orientierten Gesellschaften insoweit unbekannt sind. – Allerdings läßt sich betreffend die Bundesrepublik Deutschland etwa die Beschränkung der Sozialhilfe bei »Arbeitsscheu« (§ 25 BSHG) als negative Sanktion verstehen. Auch ist zum Beispiel die Schulpflichtverletzung – mit Ausnahme von Hamburg – als Ordnungswidrigkeit strafbewehrt; in einigen Bundesländern sind Verletzungen unter besonderen Umständen als Vergehen konzipiert. So war es im Jahre 1978 möglich, einen Jugendlichen wegen Schuleschwänzens zu Jugendstrafe ohne Strafaussetzung zur Bewährung zu verurteilen (AG Wiesbaden RdJ 1978, 476 f.).

b) Gelegentlich wird vermutet, daß negativ sanktionierende soziale Kontrolle weniger die jeweils unterschiedliche Erscheinung und eher generelle Merkmale allgemeiner Unangepaßtheit zum Anlaß ihres Tätigwerdens nehme. Unterschiede zwischen Rechtsbruch und anderen Erscheinungsformen negativ sanktionierten abweichenden Verhaltens seien primär Ergebnis von sich wandelnden Bewertungen zwischen Strafrecht und Strafverfahrensrecht einerseits und anderen einschlägigen Rechtsgebieten andererseits. Allerdings wird betreffend diese Unterscheidung mitunter auch angenommen, es handele sich um verschiedene Stufen mit unterschiedlichen Ausprägungen sozialer Desintegration und Diskriminierung, wie sie etwa zwischen Verwahrlosung einerseits und Straffälligkeit andererseits deutlich werde.

4. Eine Vergleichsanalyse der Befunde über Verbrechen und andere Erscheinungsformen negativ sanktionierten abweichenden Verhaltens erscheint schon deshalb angezeigt, weil einiges dafür spricht, daß auf diesem Wege ermittelt werde könnte, ob für die jeweiligen unterschiedlichen Erscheinungformen negativ sanktionierten abweichenden Verhaltens einschließlich des Verbrechens spezifische Faktoren der Zusammenhänge auch und gerade der Entstehung vorhanden sind oder nicht. Etwaige Zusammenhänge der Begehung gerade von Verbrechen könnten, im Sinne einer Transparenzfunktion, möglicherweise am ehesten innerhalb von zunächst weithin ähnlich anmutenden allgemeineren Zusammenhängen von Erscheinungsformen negativ sanktionierten abweichenden Verhaltens festgestellt werden.

Bereits die traditionelle Kriminologie hat vielfach angenommen, daß Erscheinungen wie Prostitution, Selbstmord, Alkoholismus, Pauperismus mit Verbrechen zusammenhängen und »öfter auf gleichen Quellen beruhen« *(Exner* 1949, 3). – Im einzelnen hatte *Julius* (1828, CXXXII f.) auf Zusammenhänge von materieller Not und Schwächung familiärer Stabilität und familiären Zusammenhalts mit Selbstmord, Geisteskrankheit und Kriminalität aufmerksam gemacht (teilweise anders *Mittermaier* 1829, 179 f., 359 f.); *Guerry* (1833) hatte eine umgekehrte Proportionalität zwischen Gewaltkriminalität und Suizidhäufigkeit einer Population errechnet. Die Allgemeingültigkeit einer Reziprozität in dem genannten Sinne hat später insbesondere *Durkheim* (1973, 398 ff.) in Frage gestellt, da beide Erscheinungen Ausdruck einer anomischen Störung sein könnten.

In jüngerer Zeit hat *Hellmer* (1972, 74) vorgetragen, daß in Gegenden mit hohen Selbstmordziffern die Tötungskriminalität geringer sei und umgekehrt.

Ferner liegen Anhaltspunkte für einen Rückgang der Häufigkeit desjenigen Ablaufs vor, bei dem einem nicht-fahrlässigen Tötungsdelikt ein Selbstmord des Täters folgt; so ergaben sich in Hamburg als Quoten von Selbstmord der Tatverdächtigen für die Jahre 1950–1955 = 32 %, für die Jahre 1956–1961 = 18 % und für die Jahre 1962–1967 = 13 % (vgl. *Rasch* 1975, 360; zum Verhältnis von (nicht-fahrlässigen) Tötungsdelikten und Selbstmord differenzierend sowie mit Nachw. ders. S. 383–387).

In einer englischen Untersuchung bezüglich des Zeitraums zwischen 1957 bis 1968 wurde errechnet, daß in etwa 25 % aller Fälle die Tatverdächtigen Selbstmord begingen, welche Anteile sich jedoch auf 60,3 % bei den Personen im Alter von 40 Jahren und mehr und auf 21 % bei den Personen im Alter von unter 21 Jahren verteilten (vgl. *Banks/Sapsford* 1975).

II. Einzelne Formen negativ sanktionierten abweichenden Verhaltens

1. Die Erscheinung *Selbstmord* unterliegt universell sozialer Kontrolle, wobei die negative Sanktionierung nicht in allen Kulturkreisen auf legislatorischer Definition des Strafrechts, sondern verschiedentlich auf solcher anderer Rechtsgebiete oder aber allein auf Definitionen von Religion und Moral beruht. Zuverlässigkeit und Vollständigkeit offizieller Selbstmordstatistiken als den nahezu alleinigen einschlägigen Informationsquellen sind schon insofern prinzipiell nicht höher als diejenigen von Kriminalstatistiken (s. u. § 17 V.), als auch hier in der Regel nur eine ex post-Erfassung, das heißt eine Rekonstruktion tatsächlichen Geschehens möglich ist. Insofern wird die Begehungstechnik – wie bei Verbrechen – schon für die Frage der Entdeckung eine – auch quantitativ – hervorragende Bedeutung haben (z. B. Tarnung als natürlicher Tod oder als Unfalltod). Die Intensität einer etwaigen Bemühung um Nichtaufklärung wird von der – sozialstrukturell erheblich divergierenden – Bewertung, Einstellung oder Tabuisierung abhängig sein; diese Dimension mag beim Selbstmord möglicherweise noch mehr und vor allem einheitlicher als bei der im Hinblick auf die Vielfalt der Deliktsgruppen insoweit weniger homogenen Erscheinung Verbrechen Bedeutung haben. – Weiterhin wird der Grad der Anonymität für das Verhalten der Entdeckungsperson wie auch des attestierenden Arztes von Einfluß sein.

Hiernach ergibt sich, tendenziell ebenso wie beim Verbrechen, die Frage, inwieweit die Verteilung des Selbstmordes nach bestimmten Kriterien lediglich ein statistisches Artefakt oder aber zumindest eine gewisse Widerspiegelung der Realität ist. Regelmäßig wird, ebenso wie beim Verbrechen, zu bedenken sein, daß dieselben Faktoren für die tatsächliche Begehung und/oder für die Aufklärung von Selbstmord in gleicher oder aber in gegenläufiger Richtung wirken können (zu Zahlen der WHO für die Jahre 1961 bzw. 1962 s. *Ringel* 1975, 126 f.).

α) Dies wird auch für die zentrale Hypothese *Durkheims* (1973, 231 ff.) gelten, derzufolge die Selbstmordquote mit dem Grad sozialer Integration abnimmt. Bezogen auf eine Gruppe unterscheidet er den »egoistischen Selbstmord« von dem »altruistischen Selbstmord«. Der »anomische Selbstmord« sei von relativer Norm- und Orientierungslosigkeit in der modernen Industriegesellschaft und im Zusammenhang mit wirtschaftlichen Bedingungen oder auch beim Wandel etwa der vollständigen zur unvollständigen Familie gekennzeichnet, während der »fatalistische Selbstmord« bei nahezu totaler Reglementierung und Unfreiheit auftrete.

β) Andere Theorien gehen im Hinblick auf einen »psychologischen Transformationsprozeß« davon aus, Selbstmord sei zumindest auch ein individualpsychologisches Geschehen, das sich durch Persönlichkeitsstrukturen, Motivationsprozesse und charakterologische Merkmale bestimmen lasse.

Nach früher psychoanalytischer Auffassung soll Selbstmord der Endpunkt einer der alternativen Konfliktlösungsmöglichkeiten im Anschluß an den Verlust eines introjizierten Liebesobjekts sein. Von der Annahme eines Lebens- und Todesinstinktes ausgehend wird eine Verflochtenheit von bewußten und unbewußten Selbstmordwünschen einerseits und Mordwünschen andererseits vermutet, die sich gegebenenfalls gegen die diese Wünsche tragende Person selbst richteten. – Neuere psychoanalytische Erklärungen beziehen soziale und kulturelle Unterschiede mit ein.

Unter dem Einfluß psychoanalytischer Konzepte wird zwischen dem Selbstmord im engeren Sinne und dem partiellen oder chronischen Selbstmord unterschieden, wobei bei letzterem etwa Alkoholismus und bestimmte Formen von Drogensucht als Selbstmordersatzhandlungen, die eine bestehende Motivlage in gleicher Weise befriedigen sollen, verstanden werden.

γ) Nach *Opp* (1974, 91 ff.) sei die Wahrscheinlichkeit, daß eine Person (eine bestimmte Art von) Selbstmord begeht, um so höher, je positiver sie Selbstmord im Vergleich zu alternativen Handlungsweisen als problemlösende Möglichkeit beurteilt und je mehr sie (diese bestimmte Art von) Selbstmord als wirksame Handlungsweise wahrnimmt.

b) Bei Zugrundelegung registrierter Daten weist die geographische Verteilung des Selbstmordes Parallelen zu derjenigen des Verbrechens auf (zur Frage einer Reziprozität s. o. I. 4.); anderes gilt hingegen bezüglich der (scheinbar) relativ höheren Resistenz von Katholiken im vergleich zu Protestanten gegenüber dem Selbstmord (s. u. § 50 I. 3. b)). Sozialstrukturell ergibt sich die höchste relative Selbstmordquote für Angehörige sozio-ökonomisch oberer und oberer Mittelschicht-Gruppen in jüngeren Altersgruppen, gefolgt von Angehörigen unterster sozio-ökonomischer Gruppen mit der Dominanz ungelernter Arbeiter. Entgegen dem Verlauf beim Verbrechen steigt die Selbstmordrate mit dem Alter an, wobei sich allerdings erhebliche Unregelmäßigkeiten mit gelegentlichem Anstieg bei Jugendlichen und Jungerwachsenen finden. Bezüglich des Geschlechts wird eine wesentlich höhere Selbstmordquote der Männer gegenüber derjenigen der Frauen ausgewiesen. Einer der am häufigsten bestätigten Befunde besteht in der hohen Selbstmordbelastung von Personen mit geistigen Erkrankungen oder Störungen, und zwar namentlich bei Vorliegen depressiver Ausprägungen (*Ringel* 1975, 130 ff., 157 ff.). Vergleichsweise hoch ist die berechnete Selbstmordquote ferner bei Alkoholikern und bei Narkotikern; bei Entziehungsversuchen von Rausch- oder Suchtmitteln wird von einem geradezu sprunghaften Anstieg berichtet. Hinsichtlich des Familienstandes scheint die Selbstmordanfälligkeit bei Verheirateten beider Geschlechter, relativ betrachtet jedoch insbesondere diejenige des Mannes, geringer zu sein, als es bei Ledigen der Fall ist. Die höchsten Selbstmordraten werden für Geschiedene beider Geschlechter, und die nächsthöheren für Verwitwete mitgeteilt. Eine gewisse Resistenz gegenüber Selbstmord soll für beide Geschlechter bei Vorhandensein von Kindern bestehen, und zwar unabhängig davon, ob die Eltern (noch) zusammenleben oder ein Partner verwitwet ist.

2.a) Die *Prostitution* unterscheidet sich hinsichtlich der sozialen Kontrolle, bei gewichtigen Unterschieden gegenüber der Antike und zum Teil auch dem Mittelalter (zur Geschichte s. *Redhardt* 1977, 313–322), in der Gegenwart in mehrfacher Hinsicht von anderen negativ sanktionierten Erscheinungen. Schon bei der Abgrenzung der Prostitution von anderen Kategorien geschlechtlicher Beziehung (z. B. Geliebte, Konkubine, Ausgehaltene oder HWG-Person) ergeben sich erhebliche Schwierigkeiten.

Strafrechtlich wird die Prostitution nur unter bestimmten Voraussetzungen der Ausübung erfaßt (§§ 184a, 184b StGB); der Betrieb von Bordellen und bordellähnlichen Unternehmen hingegen steht nicht unter Strafe (s. aber § 180a StGB). Gesundheitspolizeilich unterliegen nur die registrierten, nicht jedoch die nichtregistrierten Prostituierten einer Kontrolle. – Eine zivilrechtliche Geltendmachung der Geldforderung von Prostituierten gegenüber den Kunden sowie ein strafrechtlicher Schutz gegenüber der Zahlungsverweigerung durch den Kunden wird versagt. Insofern besteht für die Prostituierte, je nach sonstigen Umständen, die Notwendigkeit, Vorkehrungen zur Durchsetzung ihrer Interessen im

Sinne der Selbsthilfe zu treffen. – Soweit (Akten-)Untersuchungen Befunde über Methoden und Funktion des Zuhälters erbracht haben, ist bezüglich der Frage nach Gewalttätigkeiten des Zuhälters gegenüber der Prostituierten zu beachten, daß die meisten der in Betracht kommenden Delikte nur auf Antrag verfolgt werden (s. hierzu aber auch *Röhr* 1972, 135 f.).

b) Bei der Prostitution ergibt sich eine außergewöhnlich hohe Diskrepanz zwischen offizieller Moral und tatsächlichem Verhalten, wobei es den Anschein hat, als ob die Träger und Institutionen gesellschaftlicher Moral, die auf beiden genannten Ebenen wirksam sind, gegenüber der Prostitution eine ambivalente Einstellung haben. Eine gewisse Bestätigung hierfür mag daraus abgeleitet werden, daß Versuche zur Beseitigung von Prostitution nicht deren Bestand, sondern deren Sichtbarkeit zu beeinflussen scheinen (z. B. statt Bordellprostitution Formen freier Prostitution). Zugleich wird bei der Prostitution neben der Ubiquität eine konstitutiv-funktionale oder auch (makrostrukturell) komplementäre Beziehung zu normgemäßer Sexualbetätigung besonders deutlich. Hierzu wird allgemein davon ausgegangen, daß prostitutive Beziehungen nach Bedeutung und Umfang zunehmen, je mehr die Ehe als allein legitime Form des heterosexuellen Geschlechtsverkehrs an Stabilität verliert und umgekehrt. Dabei wird ein Bedürfnis für ein verläßliches Dunkelfeld von Prostitution vermutet, damit die genannten gesellschaftlichen Funktionen erfüllt werden können.

α) Als zentrale Faktoren zur Erklärung des Ausmaßes an Prostitution gilt demgemäß der Schutz der monogamischen Familienstruktur. Allerdings läßt sich ein solches komplementäres Verhältnis nicht im Sinne eines linearen Zusammenhangs oder einer Ausschließlichkeit verstehen, weil Variablen wie Einstellung zur Sexualität, Bedürfnis nach sexueller Betätigung, Befriedigung durch homo- oder auto-sexuelle Betätigung wie auch Sublimierung, zumindest soweit sie nicht konstant bleiben, Einwirkungsfaktoren darstellen. Zum anderen ist die geschlechtsspezifische Aufteilung sozialer, beruflicher und familiärer Rollen und ökonomischer Chancen relevant.

β) Hinsichtlich des Ausmaßes der Prostitution sind, zumindest für die freie Prostitution, einigermaßen verläßliche Zahlenangaben auch durch Befragungen schon deshalb kaum zu erwarten, weil die Vielgestaltigkeit der Begehungsorte und Tarnungsmöglichkeiten sowie der ständige Wandel auch bezüglich der Techniken der Kontaktanbahnung eine zum Teil nur geringe Sichtbarkeit bedingen. Andererseits sind Forschungsansätze zur Befragung von Männern bezüglich ihrer Kundeneigenschaft schon aus allgemeinen methodischen Bedenken kaum erfolgversprechend.

c) Üblicherweise wird von einem vergleichsweise hohen Anteil solcher Prostituierter berichtet, die aus ländlichen Gebieten in die Stadt gezogen seien und einen »prostitutionsnahen« Dienstleistungsberuf aufgenommen haben sollen. Auf der Ebene registrierter Zahlen ist nahezu regelmäßig ermittelt worden, daß die absolut und relativ höchsten Anteile der Prostituierten aus sozio-ökonomisch unteren und untersten Gruppen stammen sollen. Überrepräsentativ hohe Anteile der Prostituierten seien in zerrütteten Familienverhältnissen aufgewachsen, hätten einen Großteil ihrer Kindheit in Erziehungsheimen verbracht und seien ohne berufliche Ausbildung geblieben. – Nach *Röhr* (1972, 102) hingegen sei »die These von der niedrigen sozialen Herkunft... nicht zu halten...«; innerhalb der von der Autorin untersuchten Probandenauswahl sei die Berufsausbildung im Durchschnitt eine wesentlich bessere gewesen als die der weiblichen Gesamtbevölkerung (zum Karriere-Modell s. *Hess* u. a. 1978; zum psychologischen Aspekt s. *Redhardt* 1977, 322 – 328).

3. Die Erscheinungen des *Drogen- und Suchtmittelkonsums* lassen den Charakter dieser negativ sanktionierten Phänomene als Funktion von – horizontal und vertikal unterschiedlichen – Bewertungen und Situationen deutlich werden, und zwar unbeschadet naturwissenschaftlich feststellbarer Ereignisse.

Während bestimmte Kulturkreise Nikotinismus und Alkoholismus als erwartungsgemäß kennen und nicht sanktionieren, gilt dies in anderen Kulturkreisen zum Beispiel zwar für den Konsum von Opium, nicht aber von Alkohol.- Für die Bundesrepublik Deutschland hat das BetMG aus dem Jahre 1972, das an die Stelle des Opiumgesetzes aus dem Jahre 1929 trat, das Verbot auch auf Marihuana erstreckt, ohne daß seither eine körperliche Abhängigkeit oder ein Übergang zu Heroin, jeweils bei länger anhaltendem Konsum, belegt wäre.

Zum anderen wird eine Vielzahl von Drogen, deren Konsum zur Sucht führen kann, in der medizinischen Praxis verwendet. Dabei stellt etwa bei den sogenannten »Problemlösern« (z. B. Tranquillizer, sedativa) nur die Dosierung oder gar die Tatsache der dem Konsum vorausgegangenen ärztlichen Anordnung einen Unterschied gegenüber der negativ sanktionierten Erscheinung dar. Aber auch bei einer Reihe anderer Drogen oder Suchtmittel ist der ärztlich verordnete gegenüber dem negativ sanktionierten Konsum insbesondere dann nicht eindeutig abgrenzbar, wenn ein anderer oder auch nur ein speziellerer Zweck für ersteren nicht erkennbar ist.

Herkömmliche Drogen und Rauschmittel wie auch zahlreiche Produkte moderner Pharmakalogie werden vielfach als Instrumente sozialer Kontrolle verstanden, denen die Funktion zukomme, sich in die Unterprivilegierung oder Ohnmacht gegenüber der Herrschaft zu fügen (z. B. »Tablettensucht«). Demgegenüber wird bewußtseinserweiternden Drogen bisweilen die Wirkung zugeschrieben, extrem repressive gesellschaftliche Ereignisse und Abläufe ertragen zu lassen und Versuche auszulösen, sich von diesen zu befreien.
– Im Hinblick auf die Relativität der Bewertung des Konsums der jeweiligen Drogen und Suchtmittel läßt sich ein Einfluß wirtschaftlicher und politischer Interessenträger auf den Bewertungsvorgang vermuten. Dabei scheinen auch in diesem Bereich wissenschaftliche Forschungen dieser oder jener Tendenz eingesetzt zu werden (z. B. bezüglich Beeinträchtigung und Folgewirkung des Konsums dieser oder jener Drogen und Suchtmittel auf den weiteren Lebenslauf).

Was das Ausmaß von Drogen- und Suchtmittelkonsum anbetrifft, so erfassen die statistischen Unterlagen in der Regel nur die – etwa aufgrund kriminalpolizeilicher Erfassung oder stationärer oder ambulanter Behandlung – offiziell bekanntgewordenen Betroffenen, während die übrigen für die Organe sozialer Kontrolle unsichtbar bleiben; letzteres gilt erhöht für die nur gelegentlich konsumierenden Personen.

Befunde über das tatsächliche Ausmaß von Drogen- und Suchtmittelkonsum lassen sich auch auf andere methodische Weise so lange kaum erheben, als es an einer einheitlichen und situationsunabhängigen Maßeinheit zur Definition von Drogen- und Suchtverhalten fehlt. So würde die Errechnung des Ausmaßes von Drogen- und Suchtmittelkonsum durch Umrechnungen der verkauften Mengen etwa an Alkohol oder Tabletten auf die Bevölkerung nichts darüber aussagen, zu welchen Anteilen es sich um eine normgemäße oder aber um eine erwartungswidrige Verwendung handelt. Andererseits ließe sich zwar möglicherweise der gesellschaftliche Stellenwert, schwerlich aber das quantitative und qualitative Ausmaß von Drogen- und Suchtverhalten danach bestimmen, ob die Konsumenten den allgemeinen und gruppenspezifischen Rollenerwartungen (noch) entsprechen oder nicht (vgl. hierzu *Sack* 1974 b, 352), da diese Erwartungen nach sozialen Gruppen unterschiedlich sein werden.

Für den Drogenkonsum innerhalb Westeuropas wird seit Ende der 60er Jahre weniger von einem quantitativen und mehr von einem qualitativen Anstieg berichtet, der sich sowohl hinsichtlich der »Rauschmittel-Toten« als auch der »Dauer-Abhängigen« zeige. Zwar sei die Zahl der »Probierer« gesunken, die Zahl der »harten« Konsumenten jedoch gestiegen, ohne daß die Statistiken diese Verschiebung ohne weiteres erkennen ließen (zu familiären Verhältnissen von Drogenabhängigen s. *Bösch* u. a. 1979).

4. Auch *psychopathologische Erscheinungen* lassen die Relativität der Definition negativ sanktionierten abweichenden Verhaltens erkennen, und zwar unbeschadet psychiatrischer und psychologischer Zusammenhänge der Entstehung der jeweiligen psychopathologischen Phänomene. Eingriffs oder Sanktionsformen gegenüber psychopathologischen Erscheinungen sind Vorurteile, Stigmatisierung und stationäre Unterbringung.

Nicht überzeugend ist, daß letztere Sanktion eher als neutral oder ambivalent wirkende Reaktion empfunden werde, wobei der Betroffene, im Unterschied zum Straftäter, in den »sozialen Wartestand« (*von Ferber* 1966, 342) versetzt und für die Dauer der Krankheit »geschont« werde.

Bezüglich des sozialen Reaktionsprozesses scheint festzustehen, daß weithin soziale Bindungen an Bezugspersonen und -gruppen geeignet sind, Schutz gegenüber stationärer Untersuchung und offizieller Erfassung psychopathologischer Erscheinungen zu bieten (vgl. hierzu *Linsky* 1970, 169; s. aber auch *Gove* 1970). Das Ausmaß, in dem dies der Fall ist, wird allerdings interkulturell und – auch innerhalb desselben Kulturkreises – regional unterschiedlich sein.

So werden sich schon auf den informellen Stufen Faktoren der sozialen Einbettung, der Toleranz und der Tabuisierung auswirken. Nach allgemeiner Annahme sind informelle und informell bleibende Sanktionen gegenüber psychopathologisch auffälligen Personen am stärksten innerhalb der Primärgruppe, und dabei wiederum in der Familie und zwischen den Ehepartnern. Die Einbeziehung nicht unmittelbar Beteiligter hingegen scheint die Maßnahmen der unmittelbar Sanktionsberechtigten erheblich zu verstärken (vgl. *Wieser* 1969, 33 f.).

Demgemäß wird angenommen, daß nur ein – innerhalb verschiedener Kulturkreise und Gesellschaften unterschiedlich großer – Bruchteil solcher Personen stationär behandelt wird, die einer psychiatrischen Untersuchung und Behandlung bedürftig sind. Der Anteil (ausschließlich) ambulant behandelter Fälle ist schwer zu erfassen. Methodisch kaum möglich erscheint eine Ermittlung solcher Fälle, die jedenfalls nicht durch offiziell zuständige Institutionen oder Personen behandelt werden. Aus diesen Gründen sind die Fragen nach Umfang und Verteilung von psychopathologischen Erscheinungen innerhalb einer Gesellschaft in ihrem Bestand zu einem bestimmten Zeitpunkt (Prävalenz) oder in ihrem Ausmaß an Neuerkrankungen innerhalb eines bestimmten Zeitraums (Inzidenz) in der Regel nur unter Beschränkung auf registrierte Fälle zu beantworten (vgl. aber *Reimann/Häfner* 1972, 56).

a) Hinsichtlich der Struktur psychopathologischer Erscheinungen liegen Anhaltspunkte für gewisse Regelmäßigkeiten des Inhalts vor, daß etwa die zum Bereich der Neurosen gezählten Auffälligkeiten in erhöhtem Anteil in mittleren und höheren sozio-ökonomischen Gruppen, verschiedene Formen von Psychosen hingegen zu erhöhten Anteilen in unteren sozio-ökonomischen Gruppen auftreten. Dem entspricht der Befund, daß die schwersten geistigen Erkrankungen in den untersten sozialen Schichten relativ am häufigsten seien (vgl. *Hollingshead/Redlich* 1958, 248 f.; s. auch *Reimann/Häfner* 1972, 60 f.). Zumindest insoweit ist auch das Hospitalisierungsrisiko schichtmäßig unterschiedlich verteilt. Hiernach ließe sich insofern eine für die verschiedenen negativ sanktionierten psychopathologischen Erscheinungen einheitliche Tendenz des Inhalts annehmen, daß Angehörige oberer sozio-ökonomischer Gruppen eher zu innerpsychischen Konfliktregelungsmöglichkeiten neigen, während Angehörige unterer sozio-ökonomischer Gruppen eher nach außen verlagerte Aggression und Abreaktion zeigen; dem würde auch die besondere Häufigkeit von Unfällen, Bruchverletzungen und traumatischen Leiden bei den zuletzt genannten sozialen Kategorien entsprechen (vgl. *Sack* 1974 c, 362). – Nicht zuletzt mit der schichtmäßigen Verteilung werden auch die erheblichen Unterschiede des Ausmaßes und der Struktur psychischer Auffälligkeiten zwischen verschiedenen Gebieten innerhalb ein- und derselben Großstadt zusammenhängen; deren Verteilungsbild kann allerdings auch unterschiedlich ausgeprägt sein (vgl. *Levy/Rowitz* 1970, 9 f.; 1971, 27 f.).

b) Was das Verhältnis von geistigen Erkrankungen und Verbrechen angeht, so lassen sozialpsychiatrische Untersuchungen (*Häfner* u. a. 1969, 126 ff. m.w.N.; s. aber auch *Dunham* 1969) die Annahme zu, daß bestimmte psychopathologische Auffälligkeiten unter sozio-ökonomisch und speziell ökologisch ähnlichen Bedingungen überrepräsentiert sind wie Verbrechen. Ferner ist nahezu regelmäßig festgestellt worden, daß das Selbsttötungsrisiko, daß heißt die Eigengefährlichkeit Geistesgestörter deren Fremdgefährlichkeit um ein hohes Vielfaches übersteigt (vgl. auch *Böker/Häfner* 1973, 234 f.). – Hierzu wird auch angenommen, psychiatrisch relevante Störungen seien eher ein problemlösendes Verhalten von Erwachsenen im Sinne einer gegen sich selbst gerichteten Aggression, während delinquentes und kriminelles Verhalten eher ein problemlösendes Verhalten von Jugendlichen und Heranwachsenden sei.

5. Der Begriff der *Verwahrlosung* – hergeleitet wohl aus dem Althochdeutschen waralos = (etwa) achtlos i. S. von unbeachtet – hat wenig eindeutige, äußerlich sichtbare Abgrenzungskriterien aufzuweisen. Verschiedentlich wird versucht, an seiner Stelle den eher deskriptiven Begriff der Dissozialität zu verwenden. Letzterer schließt einen größeren Bereich von Verhaltensauffälligkeiten ein als Verwahrlosung, nämlich auch solche, die zwar gegen Grundregeln des gesellschaftlichen Zusammenlebens verstoßen, die von der Gesellschaft aber noch toleriert und zumindest nicht ausdrücklich verfolgt werden. Demgegenüber bezeichnet die Praxis Verwahrlosung als einen Zustand, der dazu führe, daß für einen Jugendlichen öffentliche Erziehungmaßnahmen unumgänglich notwendig werden.

– Der Begriff erscheint als empirisch unbrauchbar und als rechtspolitisch disponibel.

a) Juristisch wird unter (Jugend-)Verwahrlosung die »nicht nur unerhebliche und vorübergehende Gefährdung der körperlichen, geistigen oder seelischen Entwicklung« (§§ 55, 62, 64 JWG; s. aber auch § 1666 BGB) verstanden. Eine solche Gefährdung soll bei einem Zustand von einiger Dauer vorliegen, in dem der Betroffene »in erheblichem Grade derjenigen körperlichen, geistigen oder sittlichen Eigenschaften ermangelt, die bei einem Minderjährigen unter sonst gleichen Verhältnissen als Ergebnis einer ordnungsgemäßen Erziehung vorausgesetzt werden müssen«. Der genannte Zustand wird, folgt man den häufigsten Gründen für die Einweisung in Fürsorgeerziehung, bei männlichen Jugendlichen namentlich in Diebstahlshandlungen, Herumstrolchen, Gewalttätigkeit und Arbeitsscheu, und bei weiblichen Jugendlichen namentlich in nach Art oder Häufigkeit als ungewöhnlich beurteilter Sexualbetätigung und in Diebstahlshandlungen gesehen (s. hierzu u. § 38 II. 3.b)). Weitere als kennzeichnend beurteilte Verhaltensweisen sind Lügen, Schule- und Lehreschwänzen, unzuverlässiges Arbeiten, zielloses Herumbummeln, häufiger Arbeitsstellenwechsel, zielloses Freizeitbeschäftigung, bisweilen rüpelhaftes Provozieren, darüber hinaus – bereits strafrechtlich relevant – randalierendes und gewalttätiges Handeln, Beschädigen, Unterschlagen, Entwenden von Sachen und Betrügen.

Bemerkenswert ist die schichtunterschiedliche Verteilung verwahrlosungsrelevanter Bedingungen, Situationen und Bewertungen. So sind solche Merkmale wie Arbeitsscheu und häufiger Wechsel des Arbeitsplatzes im Falle des Besuchs eines Gymnasiums kaum möglich. Umgekehrt fragt es sich, inwieweit die Schule insoweit eine institutionelle Immunität gewährleiste, das heißt inwieweit sie Verwahrlosung verbirgt. – Zum anderen werden Merkmale des Geldausgebens Jugendlicher je nach deren Schichtzugehörigkeit unterschiedlich beurteilt, was mit den üblicherweise unterschiedlichen finanziellen Möglichkeiten der verschiedenen Schichten begründet wird. Insofern mag ein Jugendlicher aus einer unteren sozialen Schicht, wenn er in gleicher Weise und Höhe Geld ausgibt wie ein Jugendlicher aus einer mittleren sozialen Schicht, eher in den Verdacht geraten, sich das Geld durch eine strafbare Handlung verschafft zu haben.

b) Zur Interpretation von Befunden über verwahrloste Personen (vgl. *Specht* 1967; *Hartmann/Engelmann* 1966; *Hartmann/Eberhard* 1972; *Munkwitz* 1975, 521–527), die sich in Fürsorgeerziehung befinden, ist zum einen zu berücksichtigen, daß für die Einweisung in erster Linie nicht die Persönlichkeit und Entwicklung des Jugendlichen, sondern negativ sanktionierte Verhaltensweisen maßgebend sind. Dabei können Diskrepanzen zwischen Normensystemen unterschiedlicher sozio-ökonomischer oder altersmäßiger Gruppen dazu führen, daß im Einzelfall (z. B. Sexualverhalten weiblicher Personen) auch dann Verwahrlosung angenommen und Fürsorgeerziehung angeordnet wird, wenn auf der Grundlage der Bezugsgruppe der betroffenen Person eine anhaltende Gefährdung der Entwicklung nicht zu besorgen ist. Auch ist eine Interdependenz zwischen den Voraussetzungen zur Durchführung von Maßnahmen (z. B. Heimplätze usw.) und der Beurteilung von Verwahrlosungserscheinungen nicht zu bestreiten.

In der sozialpädagogischen Literatur wird Verwahrlosung überwiegend negativ zu umschreiben versucht, wobei von Mängeln gegenüber dem Erziehungsziel oder von solchen der Erziehungsaufgabe gesprochen wird; auch sei eine Unterscheidung zwischen Verwahrlosung und Straffälligkeit prinzipiell unbeachtlich. – Aus jugendpsychiatrischer Sicht wird von einigen Autoren ein Einfluß von Fürsorgemängeln auf Verwahrlosung (zur Abgrenzung s. *Munkwitz* 1975, 518–521) im allgemeinen, aber nicht auch auf Jugendkriminalität bejaht; bei Verwahrlosung bestehe eine Neigung zu Aggressivität, Impulsivität (i. S. von Getriebenheit) und Unfähigkeit, Reglementierungen zu ertragen (*Hartmann* 1970, 120 ff.), wobei es sich um Eigenschaften handelt, die auch als Widerstand gegen eine Disziplinierungsfunktion von Verwahrlosungs- oder Verbrechenskontrolle verstanden werden können (s. u. § 10 III. 1. a)).

Das Verhältnis von Verwahrlosung und Verbrechen ist je nach Kultur- und Rechtskreis unterschiedlich. In den USA zum Beispiel fällt ein Teil der als kennzeichnend für Verwahrlosung beurteilten Verhaltensweisen unter den Begriff der »juvenile delinquency«, der wiederum einen – im zeitlichen Längs- und Querschnitt zwar unterschiedlichen, jedoch jeweils – erheblichen Anteil aller abgeurteilten Jugendlichen ausmacht (vgl. *Lunden* 1964, 211 ff.).

6.a) Noch weniger als bei Jugendlichen sind Definition und Abgrenzung der Begriffe bei erwachsenen Verwahrlosten oder *Asozialen* möglich. Die betreffenden Personen werden meist als »gemeinlästig« bezeichnet. Als Merkmale werden überwiegend Arbeitsscheu, Trunksucht, Verletzung der Unterhaltspflicht, Abwälzung der Familienversorgung auf Behörden, ständiger Konflikt mit Ordnungsbehörden und dergleichen genannt; aus psychiatrischer Sicht werden Willensschwäche und geistige Labilität als das »hervorstechendste Merkmal« (*Stumpfl* 1966, 65) angeführt.

Bei verlaufsorientierter Betrachtungsweise lassen sich frühgescheiterte Verwahrloste oder Asoziale, das heißt solchen mit jugendlichen Verwahrlosungssymptomen, von Spätgescheiterten, das heißt solche mit erstmaliger Auffälligkeit im Alter von mehr als 30 Jahren, unterscheiden. Nach der Art der Unterkunft und insofern eher formal werden seßhafte und nichtseßhafte Asoziale unterschieden. Während erstere eher zum Leben in einer Gruppe tendieren, werden Nichtseßhafte eher als Einzelgänger bezeichnet.

Die registrierte kriminelle Belastung der seßhaften und erhöht der nichtseßhaften Asozialen ist quantitativ größer als diejenige der übrigen Bevölkerung; die Delikte ersterer sind allerdings meist weniger schwer.

Nach *Kürzinger* (1970, 416) waren die Verurteilungen einer Untersuchungsgruppe von 157 (66 männlichen und 91 weiblichen) seßhaften Asozialen im Alter von über 14 Jahren wegen Vergehen und Verbrechen während eines 10jährigen Zeitraums (1957–1966) um mehr als das Zweieinhalbfache höher als diejenige einer altersmäßig gleich zusammengesetzten Gruppe der Gesamtbevölkerung, und für die weiblichen Asozialen sogar um mehr als das Elfeinhalbfache. – Eine Untersuchungsgruppe von 100 nichtseßhaften Asozialen (*Kürzinger* 1970, 416) war während eines 10jährigen Zeitraums (1958–1967) durchschnittlich etwa 13 mal häufiger wegen Verbrechen und Vergehen verurteilt worden als eine altersmäßig entsprechende Gruppe der übrigen Bevölkerung.

b) Auch für den Begriff der *Obdachlosen* besteht keine einheitliche Definition. Üblicherweise werden mit diesem Ausdruck formell solche Personen bezeichnet, die, ohne eine Wohnung zu haben, in einer der öffentlichen Hand gehörenden, nur der vorübergehenden Unterbringung dienenden (Not-)Unterkunft untergebracht sind. Die registrierten Zahlen über Obdachlose beruhen auf der Art der behördlichen Unterbringung. Entsprechend den Variationen der Definition des Begriffs der Obdachlosen schwanken auch die Schätzungen über die Zahl tatsächlich Obdachloser.

Seitens der Praxis wird überwiegend versucht, die Gruppe der Obdachlosen dergestalt zu beschreiben, daß sie erheblich abweichende Verhaltens- und Wertvorstellungen aufwiesen und daß ihnen allgemein anerkannte gesellschaftliche Normen nicht bekannt seien. Diese Beschreibungen sind zugleich dazu geeignet, bestimmten Obdachlosen solange keine Wohnung zuzuweisen, bis sie sich »erfolgreich« einem »(Re-)Sozialisierungsprogramm« unterzogen haben.

Nach der Untersuchung von *Höhmann* (1973, 806, 812 Fußn. 21) ergab sich im Zeitpunkt des Wohnungsverlustes kein Unterschied zwischen Obdachlosen und »einem großen Teil der Bevölkerung, der außerhalb der Unterkünfte um sie herum lebt«. Allerdings sollen bei zunehmender und mehrjähriger Dauer der Unterbringung in Unterkünften negative Ausprägungen (z. B. Anstieg des Sonderschulbesuchs und der Kinderzahl, Passivität, Resignation und Apathie) einer Nichtanpassung festzustellen gewesen sein, zu welcher auch Desintegration und Tendenzen der Desorganisation zählten – Umgekehrt sei die »Kultur der Armut« häufig nur als ein zeitlich vorübergehend benötigter Schutz zu verstehen, auf den verzichtet werden könne und der abgelegt werde, sobald sich die Lebensbedingungen positiv veränderten, zumal Obdachlose an den dominierenden Normen der Mittelschicht orientiert blieben (*Iben* 1971, 15; *Haag* 1971, 109).

III. Tragweite

1.a) Der Bezugsrahmen Abweichendes Verhalten verfügt über einen statistisch orientierten, relativ neutralen wie auch präzisen Definitionsgrad. Dem entspricht es, daß er nach Interessen, Erfahrungen und Motivationen eher von Bestrebungen der Forschung als von gesellschaftspolitischen Belangen stimuliert wurde. Fraglich ist, ob sich dieser Bezugsrahmen hinsichtlich des Verständnisses der inhaltlichen Ausgestaltung der Kategorie des abweichenden Verhaltens von der Vorstellung einer Sozialpathologie darin unterscheidet, daß er ein qualitativ weniger wertendes Instrumentarium darstellt. Zwar mag er für eine Tendenz zu sozialer Toleranz im Sinne der Anerkennung sozialer Randgruppen und für eine gewisse Zurückhaltung gegenüber Institutionen reaktiver sozialer Kontrolle stehen. Unabhängig davon jedoch bleibt offen, von welcher Ebene aus von sozialen Normen und abweichendem Verhalten gesprochen und beides definiert oder gemessen werden könnte (vgl. hierzu *Endruweit* 1973, 838). Der zeitliche Quer- und Längsschnittvergleich von Gesamtgesellschaften wie auch von bestimmten sozio-ökonomischen und anderen Gruppen innerhalb ein und derselben Gesellschaft deutet auf eine zumindest partielle Gegensätzlichkeit von Normen auch bezüglich desselben Gegenstandes hin. Diese entspricht der prinzipiellen Vielfältigkeit und Verschiedenartigkeit menschlichen Handelns. Die sich aus dem Gesagten ergebende inhaltliche Relativität sozialer Normen bleibt jedoch außerhalb des Zugangs des Bezugsrahmens Abweichendes Verhalten. Dies gilt insbesondere für die Frage nach strukturellen Unterschieden in der Normverbindlichkeit je nach den jeweilgen Erwartungsträgern und den jeweiligen Normadressaten einschließlich von deren Zugehörigkeit zu einer Minorität oder Majorität.

b) Unabhängig hiervon begegnet es innerhalb dieses Bezugsrahmens methodischen Schwierigkeiten, das Ausmaß einer Verhaltenserwartung oder Normverbindlichkeit festzustellen und zu bestimmen. Diese Schwierigkeiten haben im Hinblick auf Bereiche normativer Unsicherheit auch praktische Bedeutung. Jedenfalls mag sich eine nur eingeschränkte Relevanz des Bezugsrahmens Abweichendes Verhalten für solche Kriminalitätsbereiche ergeben, bei denen es sich schon von der (registrierten) statistischen Zahl her kaum um ein von dem Verhalten der Majorität abweichendes Phänomen handelt (z. B., als Tatgruppe, Verkehrskriminalität, und, als Tätergruppe, Jugendliche). Andererseits kommt es nach der kognitivten Geltungsstruktur von Normen nicht auf das tatsächliche, sondern auf das gedachte Verhalten an, so daß auf dieser Ebene eine Erwartung zur Normeinhaltung auch für die erwähnten Kriminalitätsbereiche bestehen mag.

2. Vom Begehungsaspekt her betrachtet deuten Ergebnisse von Untersuchungen über Entstehungszusammenhänge von Erscheinungsformen negativ sanktionierten abweichenden Verhaltens auf prinzipielle Unterschiede zwischen (registrierten) Straftätern und solchen Personen hin, die wegen anderer Erscheinungsformen negativ sanktionierten abweichenden Verhaltens registriert worden sind. So scheint der weit überwiegende Anteil von Straftätern etwa im Bereich der Vermögenskriminalität sich weniger hinsichtlich der als erstrebenswert anerkannten kulturellen Ziele als vielmehr in der Wahl der zur Erreichung dieser Ziele eingesetzten Mittel von Personen, die nicht als Straftäter registriert worden sind, zu unterscheiden; bei der Prostitution mag es sich insoweit ähnlich verhalten. Demgegenüber scheinen für solche Personen, die nach einzelnen anderen Erscheinungsformen negativ sanktionierten abweichenden Verhaltens registriert wurden, allgemein anerkannte Ziele wie Selbstverwirklichung und soziale Anerkennung weniger verbindlich zu sein (vgl. dazu auch *Sack* 1974b, 320). Dem mögen Diskrepanzen in der altersmäßigen Verteilung entsprechen. So sind Jugendliche nur durch Verbrechen (s. u. § 48 I. 2.), partiell allerdings auch durch Suchtmittelkonsum, absolut und relativ am höchsten belastet. Demgegenüber finden sich beim Selbstmord und überwiegend auch beim Alkoholismus die höchsten Belastungen in solchen Altersgruppen Erwachsener, die bezüglich des Verbrechens' (bereits) unterrepräsentiert sind.

Erwähnt sei die Vorstellung, daß einzelne Personengruppen je nach Altersstufe, Mode oder Strömung während bestimmter Epochen wegen der einen und während anderer Epochen wegen einer anderen negativ sanktionierten Erscheinung auffällig werden. Auch aus diesem Grunde könne die statistische Abnahme der einen und Zunahme der anderen Erscheinung auf einem inneren Zusammenhang beruhen (vgl. zu Rockerdelinquenz und Drogenkonsum *Kreuzer* 1972, 154).

Bezüglich der Geschlechtsverteilung scheint die Überrepräsentierung männlicher gegenüber weiblichen Personen nur bei Verbrechen und Alkoholismus ein Mehrfaches zu betragen, bei anderen der einschlägigen Erscheinungen jedoch weniger ausgeprägt zu sein; soweit es sich bei der Prostitution umgekehrt verhält, beruht dies zunächst auf der definitorischen Konvention, nur den Dienste leistenden Partner, nicht aber den Dienste erkaufenden Partner zu erfassen.

a) Für die meisten der vorgenannten Erscheinungen negativ sanktionierten abweichenden Verhaltens liegen, bezogen auf den registrierten Ausschnitt, Befunde für eine absolut und überwiegend auch relativ deutliche Überrepräsentierung sozio-ökonomisch unterer sozialer Gruppen vor; lediglich beim Selbstmord, und partiell auch beim Suchtmittelkonsum, ergibt sich insoweit ein modifiziertes Bild.

Einheitlich bei sämtlichen der einschlägigen Erscheinungen scheint der Anstieg vom Land zur Stadt sowie innerhalb der Großstadt die Konzentrierung in bestimmten Zwischenbereichen zu sein. Bei sämtlichen der genannten Erscheinungen sind die Betroffenen in hoch überrepräsentierter Weise Angehörige von Randgruppen, wobei es sich vielfach um solche Randgruppen handelt, die eine vergleichsweise hohe räumliche Mobilität aufweisen; zugleich liegt häufig eine vergleichsweise hohe soziale Sichtbarkeit vor (z. B. Sprache, Verhaltensmuster, Kleidung). – Nahezu einheitlich für sämtliche der vorgenannten Erscheinungen bestehen Anhaltspunkte für eine Überrepräsentierung von Defiziten in der Sozialisationsvermittlung (s. zur Problematik aber u. § 58 I. 1. b)). Dabei soll es sich, von Ausnahmen abgesehen, überwiegend um funktional gestörte und strukturell unvollständige Herkunftsfamilien, Heimunterbringung sowie negative soziale Progression auch im schulischen Bereich handeln.

b) Nicht zu verkennen ist, daß extrem negativ sanktionierte Personengruppen (z. B. mehrfach Vorbestrafte, in psychiatrische Anstalten Eingewiesene) innerhalb der vergleichsweise hoch belasteten sozialen Gruppen zum Beispiel des Alters, des Geschlechts oder des sozio-ökonomischen Status nur einen Ausschnitt darstellen oder gar nur einen geringen Anteil ausmachen. Dies muß jedoch keinen Einwand gegen die Relevanz dieser Variablen bedeuten, sondern läßt annehmen, daß zugleich individuellen personalen und sozialen Merkmalen im Interdependenzverhältnis von sozialer Kontrolle beziehungsweise Sozialisation (s. aber u. § 58 I. 1. b)) einerseits und Verhalten andererseits Bedeutung zukommt. In der Komplexität dieser Faktoren mögen die Bedingungen dafür liegen, ob und gegebenenfalls welches negativ sanktionierte abweichende Verhalten auftritt; zudem mögen sich Verschiedenheiten der einzelnen Erscheinungsformen negativ sanktionierten abweichenden Verhaltens untereinander für Gesamt wie für Einzelbereich bisweilen im wesentlichen nur in der Art der Ausgestaltung dieser Erscheinungen selbst und weniger bezüglich der Zusammenhänge von deren Entstehung ergeben.

Zweites Kapitel   Verständnisebene des Konflikts

§ 6 Wert- und Interessenkonflikt als leitende Vorstellung

I. Allgemeines

1. Eine vorzugsweise kriminalsoziologische Betrachtungsweise geht davon aus, daß Grundlage der Existenz von Verbrechen ein allgemeiner Wert- und Interessenkonflikt ist (vgl. *Dahrendorf* 1966, 25 ff.; *Becker* 1966; *Turk* 1969; *Quinney* 1970; ders. 1974). Dieser soll sich daraus ergeben, daß verschiedene Gruppen in der Gesellschaft zumindest teilweise unterschiedliche und im Gegensatz zueinander stehende Werte anerkennen und Interessen verfolgen. Sobald zwei oder mehrere solcher Gruppen bei dem Versuch der Verwirklichung ihrer jeweiligen Werte und Interessen in Konkurrenz miteinander treten, sei ein Konflikt unausweichlich; dabei sei die Form oder der Grad der Sichtbarkeit des eine Konkurrenz bedeutenden Kontaktes unbeachtlich. Diese strukturelle Wert- und Interessendivergenz bedeute, unbeschadet des Wandels der konkreten Inhalte, einen zwar begrenzten, aber permanenten Konfliktzustand (vgl. zur Ideengeschichte *Hobbes* 1965 [1651], 99; s. dazu auch *Freud* 1960, 328 f.).

2.a) Zugleich wird angenommen, die strukturelle Wert- und Interessendivergenz verhindere wegen des ständigen Wandels der Inhalte einheitliche Strategien zur Behebung des Konflikts und von dessen negativ beurteilten Auswirkungen, also auch von Verbrechen. Hieraus wird gelegentlich gefolgert, die leitende Vorstellung Wert- und Interessenkonflikt überlasse die angewandte Kriminologie und insbesondere Täter und Opfer ihren Problemen, ohne Lösungs- oder doch Handlungsstrategien zu empfehlen. Dem ist erkenntnistheoretisch entgegenzuhalten, daß eine leitende Vorstellung, falls sie sich im Vergleich mit anderen leitenden Vorstellungen als wirklichkeitsnäher erweist, nicht deshalb zurückgestellt werden kann, weil sie keine Anweisungen zu kriminalpolitischen Strategien abgibt. Im übrigen ermöglicht die leitende Vorstellung Wert- und Interessenkonflikt sehr wohl kriminalpolitische Empfehlungen. Diese sind durch unterschiedliche Chancen der Durchsetzbarkeit gekennzeichnet. Sie stehen unter dem Prinzip des ständig notwendigen Wandels.

b) Auch derjenige Einwand gegenüber der leitenden Vorstellung Wert- und Interessenkonflikt, sie trage zur Legitimierung von innerhalb des sozialen Reaktionsprozesses bestehenden Selektionen bei, vermag aus dem genannten Grunde erkenntnistheoretisch nicht zu verfangen. Im übrigen begründet diese leitende Vorstellung zwar die Erwartung höherer Belastung mit faktischer Kriminalität in bestimmten gesellschaftlichen Gruppen, zum Beispiel in solchen mit tiefem sozio-ökonomischem Status. Insofern könnte sie auch zur Rechtfertigung einer höheren Verfolgungsintensität gegenüber Angehörigen dieser Gruppen geeignet sein. Einer solchen Legitimationsfunktion wäre durch Bewußtmachung des Gesamtzusammenhangs entgegenzutreten.

c) Eine nicht unerhebliche Bedeutung wird denjenigen Strömungen innerhalb der leitenden Vorstellung Wert- und Interessenkonflikt beigemessen, die zunehmend ein materialistisches Verständnis von Verbrechen in den Vordergrund stellen (vgl. *Turk* 1969; *Quinney* 1970; ders. 1974; *Chambliss/Mankoff* 1976; *Taylor* u. a. 1973; dies. 1975) und Verbrechen primär als politisches Phänomen betrachten (s. hierzu schon o. § 2 I. 1.).

Dem stehen die Überlegungen von *Hess* (1976) über »repressives Verbrechen« nahe, die sich an vermuteter faktischer Kriminalität orientieren. Während nach der leitenden Vorstellung Wert- und Interessenkonflikt Verbrechen meist als Praktizierung *unterlegener* und deshalb inkriminierter Werte und Interessen erscheint, sind »repressive Verbrechen« wesentlich solche Handlungen, die der zusätzlichen Verwirklichung von ohnehin *überlegenen* Werten und Interessen dienen (wegen Beispielen s. *Hess* 1976, besonders s. 1, 13, 17).

d) Unterschiede gegenüber der gegenwärtigen offiziellen Kriminologie mehrerer Staaten Osteuropas (s. z. B. o. § 4 IV.) finden sich bei Betrachtungsweisen einzelner solcher marxistisch-leninistisch orientierter Autoren, die in westlichen Ländern leben. Nach ihnen sei die legislatorische Definition bestimmter Handlungen als kriminelle lediglich ideeller Ausdruck ökonomischer Ungleichheit und bestimmter, unabhängig von diesen Definitionen bestehender sozialer Probleme.

Demgemäß schaffe ein formulierter Straftatbestand keine neuen Delikte, sondern er habe nur die Funktion der Benennung einer spezifischen Form des Verstoßes gegen die Tausch- und Verteilungsbedingungen der Klassengesellschaft (vgl. *Werkentin* u. a. 1972, 249; *Baurmann/Hofferbert* 1974, 183.). Verbrechen sei als eine Umgehung ökonomisch bestimmter und durch gesetzliche Normen bestätigter Verteilungsabläufe kapitalistischer Produktionsbedingungen die einzige Möglichkeit für Nichtbesitzende, an dem Gewinn des von ihnen produzierten gesellschaftlichen Reichtums in größerem Ausmaß teilzuhaben, als es ihre Klassenlage erlaube. Mit der allgemeinen kapitalistischen Akkumulation und der dadurch bewirkten Zunahme von relativer Verarmung und einer psychischen Verelendung (s. hierzu auch *Hess* 1972 a, 168) gehe, verbunden mit zunehmender Entfremdung, ein Anstieg von Verbrechen einher.

α) Ein erster und prinzipieller Einwand gegenüber einzelnen Strömungen der marxistisch-leninistisch orientierten Vorstellung betrifft die Reduktion, Verbrechen im Sinne des ökonomischen Determinismus ausschließlich aus Widersprüchlichkeiten der ökonomischen Verhältnisse in der kapitalistischen Gesellschaft erklären zu wollen (vgl. *Bauman* 1969, 15 f.). Auch ist der Begriff der Entfremdung vergleichsweise unscharf; zudem wird er weithin in Zusammenhang mit – systemneutralen – Folgen entwickelter Arbeitsteilung in der Industriegesellschaft verwandt. Ferner ist die pauschale Bezeichnung Kriminalität anstelle einer Differenzierung nach der Kriminalitätsstruktur, die auch zu Berufs- und Verkehrskriminalität Stellung zu nehmen hätte, wenig überzeugend. Ähnlich verhält es sich mit der pauschalen gedanklichen Gegenüberstellung von Nichtbesitzenden und Besitzenden schon deshalb, weil die Unterschiede in den Lebensbedingungen zwischen sozio-ökonomisch mittleren und unteren gesellschaftlichen Gruppen kaum ein solches Ausmaß haben, als daß sie das erhebliche Auseinanderklaffen der registrierten Kriminalitätsbelastung zwischen diesen Kategorien gesellschaftlicher Gruppen erklären könnten; allerdings wird dies mit dem zusätzlichen Wirken von Klassenrecht und Klassenjustiz (s. u. § 30 I. 1. c)) im Rahmen strafrechtlicher Erfassung von Verhalten erklärt.

β) Zudem wird zu bedenken sein, inwieweit sich die vorgenannten Überlegungen substantiell nicht an die ursprüngliche Anomie-Theorie *Mertons* (1968; s. u. II. 4. a)) anlehnen, ohne Weiterentwicklungen zu berücksichtigen. Als solche wären etwa die Theorie unterschiedlicher Gelegenheiten (vgl. *Cloward/Ohlin* 1960; s. u. II. 4. e)) oder Fragen der unterschiedlichen (familiären) Sozialisation zu nennen.

II. Einzelne Bereiche der Konfliktaustragung

1. Nach der leitenden Vorstellung des Wert- und Interessenkonflikts soll es sich bei dem Bestehen von Strafrechtsnormen ebenso wie bei Änderungen derselben allein um die Folge von – ständig wechselnden – Interessen- und Einflußbereichen gesellschaftlicher Gruppen handeln. Verbrechen lasse sich als eine durch Machtverhältnisse beeinflußte Auswahl aus der Vielzahl solcher Versuche definieren, die innerhalb sozialer Konflikte zu deren Bewältigung stattfinden (vgl. ähnlich *Schumann K. F.* 1974, 83).

Im einzelnen werden, als Voraussetzung zur Durchsetzung von Werten und Interessen und im Sinne einer »Organisations- und Konfliktfähigkeit«, zunächst die Profilierung von Werten und Interessen genannt. Hinzu kommen müßten die Erkenntnis und das Bewußtsein über solche tatsächlichen oder potentiellen Ereignisse, die diese Werte und Interessen verletzen oder verletzen könnten. Schließlich seien – eine modifizierte oder auch verschleierte – Definition der Werte und Interessen sowie Strategien zu deren Durchsetzung und Verfolgung erforderlich. – Diejenigen gesellschaftlichen Gruppen, die die Inkraftsetzung eines Gesetzes erreichen, sicherten sich dadurch zugleich die Unterstützung des Staates in der Auseinandersetzung mit solchen anderen Gruppen, deren in Einklang mit ihren Werten und Interessen stehendes Verhalten unter Strafe gestellt worden sei (vgl. kritisch *Steinert/Treiber* 1978, 94). Hieraus erkläre sich, daß solche Personengruppen eine höhere Verbrechensbelastung aufweisen, die aufgrund politischen und sozialen Machtgefüges in einer schwächeren Position sind.

2. Von wesentlicher Bedeutung bei der leitenden Vorstellung Wert- und Interessenkonflikt sind Fragen der tatsächlichen Identität oder zumindest Affinität der Werte und Interessen innerhalb verschiedener Gruppen. Es seien primär die Methoden zur Verwirklichung dieser Werte und Interessen, nach denen sich die verschiedenen gesellschaftlichen Gruppen unterschieden. So soll die Begehung auch solcher schädigender Handlungen, die auf gleiche oder ähnliche Angriffsziele gerichtet sind, wie sie strafbewehrt sind, allen gesellschaftlichen Gruppen gemeinsam sein. Die Konkretisierung und nuancierte Ausformulierung der allgemein gehaltenen normativen Definitionen von Verbrechenstatbeständen geschehe jedoch dergestalt, daß substantiell schwerer, gleich oder ähnlich schädigende Handlungen von Personen aus denjenigen gesellschaftlichen Gruppen, die im konkreten Wert- und Interessenkonflikt obsiegt haben, nicht darunter fallen. Dies geschehe im Prinzip dergestalt, daß deren Begehungstechniken oder -methoden von dem jeweiligen Straftatbestand nicht umfaßt würden.

Hierzu wird, im Sinne normativer Distanz, betreffend Rechtsgüter wie Leben und körperliche Unversehrtheit, zum Beispiel auf mangelnde Sicherungsvorkehrungen am Arbeitsplatz, an Kraftfahrzeugen oder in der ärztlichen Versorgung hingewiesen. Bezüglich des Vermögensbereichs wird die Versagung von Ansprüchen des Arbeitnehmers – zumal des strafrechtlich Verurteilten – auf »gerechten« Lohn und sicheren Arbeitsplatz, des Verbrauchers auf korrekte Ware und angemessene Preise oder des Wohnungsbedürftigen auf ordnungsgemäße und preislich nicht überhöhte Wohnungen genannt (vgl. zu diesen Beispielen *Schumann* K. F. 1974, 82).

3. Betreffend den Begehungs- oder Verhaltensbereich befaßt sich die leitende Vorstellung Wert- und Interessenkonflikt zunächst mit der Frage, wie es erreicht werde, daß solche sozialen Gruppen, deren Werte und Interessen nicht durchgesetzt werden konnten, gleichwohl die bestehende (Straf-)Rechtsordnung akzeptieren. Es seien, gewissermaßen in Umkehrung üblicher Fragestellungen, Zusammenhänge für normkonformes Verhalten dieser Personen trotz ihrer unterlegenen Position zu untersuchen (vgl. hierzu *Wulff* 1972, 77, der dem Begriff der »Soziopathie« denjenigen einer »Normopathie« gegenüberstellt; vgl. ferner *Hess* 1972 a, 261).

a) Nach Aussagen über Prozesse der Machtbildung mag die Anerkennung einer Machtordnung durch die Unterdrückten darauf beruhen, daß Widerstand gegen einen »permanent übermächtigen Zwang. . . schließlich nicht diesen, sondern sich selbst in Frage« stellt (*Popitz* 1968, 34 Fußn. 3). So rechtfertige der dauernd Erniedrigte seine Konformität, indem er sie als Freiwilligkeit ausgebe, und er »rechtfertigt diese Freiwilligkeit durch die Verbindlichsetzung der Ordnung, in die er sich fügt« (*Popitz* 1968, 34 Fußn. 3); vgl. ähnlich schon *Holbachs* »Priestertrugs-Theorie«, s. dazu *Lenk* 1972, 24).

b) Ferner habe jedes Machtsystem, und zwar zunehmend mit der Dauer seines Bestehens, eine Ordnungssicherheit, die für Angehörige *aller* sozioökonomischer Gruppen einen Ordnungswert darstelle (vgl. *Popitz* 1968, 35), der die Erhaltung des Ertrags der eigenen tagtäglichen Handlungen und Ausrichtungen gewährleiste. Um diesen Ertrag nicht zu verlieren oder auch nur zu riskieren, entstehe ein Interesse an der Aufrechterhaltung der Ordnung,

§ 6 *Wert- und Interessenkonflikt als leitende Vorstellung*

während ein Kampf für eine andere Ordnung mit dem Risiko des Verlusts des Ertrages verbunden sei. So sollen die Genanz, die Mißlichkeit dieser oder jener Lebensbedingungen zuzugeben, ebenso wie die Angst, diese – begrenzte – Mißlichkeit einer totalen Ungewißheit hinsichtlich einer Alternative preiszugeben, das konforme Verhalten der Machtuntergebenen erklären.

4. Im übrigen findet sich für den Begehungs- oder Verhaltensbereich eine Vielzahl vorzugsweise kriminalsoziologisch orientierter Theorien, die als Grundlage der Kriminalität von gesellschaftlichen Randgruppen zum Beispiel des sozio-ökonomischen Status, der ethnischen oder kulturellen Herkunft sowie des Alters einen Konflikt annehmen. Dies gilt etwa für die Anomie-Theorie (*Merton* 1968), die Kulturkonflikt-Theorien (*Sellin* 1938; ders. 1958; *Taft* 1956), die Subkultur-Theorien (z. B. *Cohen* 1961; *Miller* 1974 [1958], 339 ff.) sowie die Theorie der differentiellen Gelegenheit (*Cloward/Ohlin* 1960; ferner *Cloward* 1974).

a) Nach der von *Merton* (1968, 186 ff., 193 ff.) auf der Grundlage strukturell-funktionaler Zusammenhänge entwickelten Anomie-Theorie wird unter Anomie die Tendenz zum Zusammenbrechen von Normen oder zu Normlosigkeit verstanden. Diese Tendenz soll aus dem Spannungsverhältnis von kulturell einheitlich vorgegebenen und verbindlichen Zielen und Wertvorstellungen einerseits (z. B. wirtschaftlicher Erfolg, sozialer Aufstieg bzw. Wohlstand, Macht), die Straftäter ebenso wie »Nichtstraftäter« anstrebten, und den – nach der sozialen Struktur ungleich verteilten – Möglichkeiten zur Erreichung des Erstrebten mit zulässigen Mitteln andererseits folgen. Die Überbrückung dieser Diskrepanz sei durch folgende 5 Formen der »Anpassung« möglich: Konformität, Innovation, Ritualismus, Rückzug, Rebellion. Mit Ausnahme von Konformität führen die Verhaltensweisen nach *Merton* zu abweichendem Verhalten. Dies gilt insbesondere für die Innovation, weniger für Ritualismus.

Unter Innovation soll dabei die Anwendung unerlaubter, aber häufig wirksamer Mittel zur Erreichung kultureller Ziele fallen; dabei sollen entsprechende Verhaltensweisen im Bereich der Wirtschaft einen im Vergleich zu solchen bei unteren sozialen Schichten geringeren Raum einnehmen, das heißt für Angehörige letzterer sei die erwähnte Diskrepanz am stärksten wirksam. – Um Ritualismus soll es sich dann handeln, wenn dominierende kulturelle Ziele aufgegeben werden, gleichwohl aber die Normen betreffend zulässige Mittel zur Erreichung dieser Ziele gewissermaßen »zwanghaft« eingehalten werden. Zur Erklärung dafür, daß Angehörige der (unteren) Mittelschicht eher zu Ritualismus tendieren sollen, werden Unterschiede schichtspezifischer Sozialisation genannt.

Wesentlich für die Anomie-Theorie ist, daß sie ein Spannungsverhältnis innerhalb des Gefüges gesellschaftlicher Normen und nicht im Verhältnis des einzelnen oder einer Gruppe zu gesellschaftlichen Normen oder zur Gesellschaft schlechthin annimmt (zur Möglichkeit einer gewissermaßen kumulierten Ergänzung dieser Theorie mit dem Bezugsrahmen »Labeling« s. *Sack* 1974 b, 334).

Somit vermag diese Theorie eine Erklärung für die Zunahme gerade von Vermögenskriminalität mit zunehmendem Anstieg gesellschaftlichen Wohlstands zu bieten (s. hierzu u.

§ 47 I. 1., 3.; § 51 II. 2., 3.). Ferner ist sie zu einer zumindest partiellen Erklärung für die höhere (registrierte) Kriminalitätsbelastung von Bewohnern der (Groß-) Stadt gegenüber solchen des Landes oder kleinerer Gemeinden wie auch für diejenige männlicher Personen im Vergleich zu derjenigen weiblicher Personen insofern geeignet, als die erwähnte Diskrepanz beziehungsweise das Spannungsverhältnis zwischen den beiden Aspekten der Gesellschaftsstruktur in der (Groß-) Stadt ausgeprägter sein mag als auf dem Land oder in kleineren Gemeinden, und als es den Mann als das (auch weiterhin) mehr berufs- oder erwerbsorientierte Mitglied der Gesellschaft massiver betrifft als die Frau (vgl. *Sack* 1974 b, 332). Des weiteren mag sie ihrerseits zur Erreichung der bei Allgemeiner Kriminalität und teilweise auch bei Verkehrskriminalität registrierten Überrepräsentierung jugendlicher und heranwachsender Straftäter beitragen, als sie Kriminalität als Folge von solchen sozialen Strukturen und Prozessen versteht, die gewissermaßen einheitlich für gesellschaftliche Gruppen wirken, so daß eine individualisierende Erklärung zurücksteht; zudem ist gerade für die genannten Altersgruppen eine Diskrepanz im Sinne des erwähnten Spannungsverhältnisses einschließlich der Schwierigkeiten von dessen Bewältigung nahezu ein Stück Primärerfahrung. Allerdings würde diese Theorie zur Erklärung desjenigen Bereichs von Jugendkriminalität, der keineswegs nutzenorientiert und eher negativistisch erscheint (z. B. Formen des Vandalismus), wenig beitragen können; hierbei nämlich dient die Verletzung von Strafrechtsnormen nicht als Mittel zur Erreichung materieller Vorteile, sondern allenfalls zur Befriedigung psychischer Bedürfnisse. – Schließlich soll die Anomie-Theorie am besten zur Erklärung von Wirtschaftskriminalität geeignet sein (vgl. *Opp* 1975, 77 ff., 140).

Die Theorie *Mertons* ist unter logischen und theoretischen Gesichtspunkten erheblich in Frage gestellt worden (s. schon die Beiträge – einschließlich *Merton* 1964 – bei *Clinard* 1964); ferner sei auf die zirkuläre Verwendung des Kerninhalts der Theorie hingewiesen, die darin bestehe, daß einerseits aus beobachteten Verhaltensphänomenen auf Normen und Werte geschlossen und andererseits diese Normen und Werte als zugrundeliegende Verhaltensbedingungen interpretiert würden. – Aus (neo-)marxistischer Sicht (s. o. I. 2. d)) wird bemerkt, daß es nach dieser Theorie in einer Feudalordnung, in der für jeden Stand und jeweils nur für diesen verbindliche kulturelle Ziele bestünden, kaum zu Verbrechen kommen könnte (vgl. *Ahlheim* u. a. 1971, 68).

b) Unter dem Begriff Kulturkonflikt lassen sich Konflikte der Meinungen und Einstellungen zu kulturellen und sozialen Werten, Zielen und Normen verstehen (vgl. ähnlich *Sellin* 1938, 58 Fußn. 1; ders. 1958; ferner *Taft* 1956, 336 ff.). Es wird angenommen, daß Kulturkonflikte in der Folge sozialen Wandels prinzipiell und unvermeidlich auch innerhalb von (auch geschlossenen) Gesellschaftssystemen entstehen; insofern weisen die Kulturkonflikt-Theorien Überschneidungen zur leitenden Vorstellung Soziale Desorganisation (s. u. § 7) auf. Während *Taft* (1956, 342) eher Kulturkonflikte innerhalb der Gesamtgesellschaft in den Vordergrund rückt, ist *Sellin* (1938) mehr an dem Kulturkonflikt bei Gruppen oder Teilgesellschaften (z. B. Einwanderer, s. hierzu u. § 50 III. 3.) orientiert.

Unterschieden werden Konflikte zwischen einzelnen Personen beziehungsweise Bezugsgruppen von solchen innerhalb einer einzelnen Person oder Bezugsgruppe. Letzteres ist etwa dann der Fall, wenn die einzelne Person oder Bezugsgruppe zwei oder mehreren Kultursystemen verbunden ist oder zum Beispiel unterschiedlichen politischen, sprachlichen, religiösen und ethnischen Minderheiten-Gruppen zugehört. – Die vergleichsweise niedrige

§ 6 *Wert- und Interessenkonflikt als leitende Vorstellung*

(registrierte) Kriminalitätsbelastung weiblicher Personen beruhe darauf, daß Frauen weniger mit der Notwendigkeit konfrontiert seien, divergierende Rollenerwartungen zu erfüllen, als Männer (vgl. *Taft* 1956, 115).

c) Nach der Theorie der Subkultur von *Cohen* (1961, 19 ff.; s. zu Fragen empirischer Überprüfbarkeit auch *Siegel* u. a. 1973, 237 f.) verfügen Bezugsgruppen oder -gesellschaften jugendlicher Delinquenten über ein Normen- und Sanktionensystem, das aber eine andere Ausgestaltung zeigt, als das – ausdrücklich abgelehnte – Normensystem der Gesamtgesellschaft. Die – vielfach mikrostrukturell verstandene – Entwicklung dieser Gruppen geschehe auf der Grundlage des Bewußtseins der Unmöglichkeit, gesamtgesellschaftlich anerkannte Ziele zu erreichen. Die Gruppenmitglieder seien bestrebt, in entsprechenden Ersatzgesellschaften Befriedigung und auch Ansehen zu erringen.

Jugendliche aus unteren sozialen Schichten sollen Ansehen gerade dadurch erlangen, daß sie – nicht ohne Böswilligkeit oder auch Bosheit – solche Ziele und Werte verletzen, deren Versagung die Statusdiskrepanz bedinge; sie seien auf solche Ziele in negativem Sinne geradezu fixiert.

Angemerkt sei, daß betreffend den Anschluß an eine Gruppe oder Bande Jugendlicher, die Straftaten begeht, und ebenso betreffend das Ausmaß der Beteiligung an diesen Straftaten, individuelle und dabei vermutlich auch Persönlichkeitsunterschiede Bedeutung haben (vgl. auch *Kaiser* 1959; *Rosenow* 1962; s. aber auch *Bals* 1962; 78 ff.). Namentlich im Zusammenhang mit Gruppentäterphänomenen stellt sich regelmäßig die Frage einer Abgrenzung danach, inwieweit es sich bei den Straftaten und den Zusammenhängen ihrer Entstehung wie auch bei Verhaltensweisen Verurteilter im Rahmen der Sanktionsdurchführung um Variablen »des einzelnen« oder aber um solche einer Subkultur beziehungsweise einer organisierten oder sonstigen formellen oder informellen Gruppe handelt. Hierzu kommt es methodisch darauf an, Unterschiede der Einstellung und des Verhaltens der Gruppenmitglieder als Einzelpersonen einerseits und als Gruppe andererseits zu erfassen.– Im Hintergrund steht die Frage, inwieweit jedes menschliche Verhalten auf soziale oder kulturelle Faktoren anderer Ebenen wie etwa der Gruppe (oder auch von Institutionen) zurückzuführen ist.

Neben den erwähnten Implikationen ist die Relevanz der Theorie der Subkultur generell in Frage gestellt worden durch die verbreitete Feststellung von Jugenddelinquenz in den mittleren sozialen Schichten (vgl. hierzu die Beiträge bei *Vaz* 1967). Dies führte zu Schwierigkeiten für die bisherige Darstellung der Elemente dieser Theorie, wonach eine Statusverleihung durch Banden sowie ein Ausschluß von der Teilnahme an den Werten und Chancen einer an den kulturellen Mustern der Mittelschichten orientierten Gesellschaft wesentlich sei. – Betreffend die Jugenddelinquenz von Mittelschichtangehörigen soll eine Tendenz bestehen (*Cohen/Short* 1974, 383; *Scott/Vaz* 1963), solchen Verhaltensweisen – in Bereichen der Sexualität, des Alkoholkonsums und der Kraftfahrzeugbenutzung – nachzukommen, die Erwachsenenrollen symbolisierten. Nach anderen (*England* 1960, 538 ff.) sei die Delinquenz der Mittelschicht-Subkultur die Folge einer hedonistisch orientierten Jugendkultur. Andererseits mag es in Fällen einer rasch aufsteigenden sozialen Mobilität sein, daß die nach sozio-ökonomisch bestimmten Kriterien ermittelte Zugehörigkeit von Jugendlichen zur Mittelschicht zwar besteht, daß dem jedoch eine Änderung von Werten, Einstellungen und Verhaltensmustern nicht entsprechen muß, so daß eine Statusinkonsistenz anzunehmen wäre.

d) Nach *Miller* (1974, 341) sei das delinquente Verhalten nicht durch eine Ausrichtung der jugendlichen Angehörigen unterer sozialer Schichten an den von Mittelschichten getragenen Werten bedingt, sondern es ergebe sich aus einer spezifischen und traditionsgetragenen Unterschicht-Kultur (vgl. kritisch *Bordua* 1962, 297 f.; *Gibbons* 1968, 272). Diese erkläre einzelne Verhaltensweisen und Verstöße gegen Wertvorstellungen der Gesamtkultur für adäquat, während die Gesamtgesellschaft sie mit negativen Sanktionen belege (vgl. hierzu auch *Opp* 1968 a, 94–98; kritisch *Sack* 1971, 277). Die Normverletzungen seien jedoch weniger Ausfluß entsprechend motivierter Intentionen als vielmehr (Neben-)Folgen von am System der Unterschicht orientierten Handlungen. Demgemäß komme der »lower-class-culture« ein *absoluter* und nicht nur ein relativer Stellenwert bei der Motivation zur Teilnahme an subkulturellen Handlungen einschließlich dem Verbrechen zu. Insofern wird die *Miller*'sche Theorie als ein besonders deutliches Beispiel solcher Vorstellungen anzusehen sein, die Kriminalität als Ausdruck einer sozialen Beziehung zwischen verschiedenen Gruppen oder Schichten innerhalb einer Gesellschaft verstehen.

Die Kultur des Systems der Arbeiterschicht entstamme einem langfristigen gesellschaftlichen Entwicklungsprozeß, wobei sich Ziele und Werte der Arbeiterschicht gewissermaßen verselbständigt hätten und als autonome Antriebskräfte wirkten. Die Darstellung von Zusammenhängen zwischen kulturellen Elementen und Verbrechen bezieht sich unter anderem auf die Betonung physischer Kraft und Demonstration körperlicher Geschicklichkeit, die in unteren sozialen Schichten eine entscheidende Rolle spiele und die Wahrscheinlichkeit erhöhe, mit dem Gesetz in Konflikt zu geraten. Ferner bestehe die Überzeugung, Glück und Schicksal spielten für den Erfolg im Leben eine größere Rolle als die individuelle Leistung, so daß eine Tendenz bestünde, dem Glück nachzuhelfen. Eine Lebenseinstellung und -führung endlich, die auf unmittelbare Befriedigung und spontanes Erleben ausgerichtet sei, möge vergleichsweise näher an einer Verletzung von Strafgesetzen stehen.

Millers Theorie erscheint als bedeutsam für die Bemühung um subkulturell orientierte Interpretation negativ sanktionierter gesellschaftlicher Erscheinungen, und zwar zur Ergänzung individualisierender Interpretationen. Allerdings fehlt es an einer überzeugenden Auseinandersetzung mit wesentlichen sozial-strukturellen Differenzierungen und Wandlungen. Ferner ist zu fragen, auf welche Weise eine entsprechend ausgeprägte Tradition der Unterschicht entstanden ist und fortbesteht und zugleich, welche (positiven) gesamtgesellschaftlichen Funktionen sie erfüllen mag.

e) Die Theorie der differentiellen Gelegenheit *(Cloward/Ohlin* 1960; vgl. ferner *Cloward* 1974, 314 ff.) läßt sich als eine systematische Verknüpfung der Anomietheorie mit der Subkulturtheorie verstehen. Dabei führen *Cloward/Ohlin* (1960, 146) insbesondere aus, daß auch illegitime Mittel zur Erreichung angestrebter Ziele schichtunterschiedlich verteilt seien, und ferner, daß sie nach Art und Häufigkeit nur begrenzt bestünden. Die Theorie betrifft ferner die Frage nach der (Kontakt-)Richtung, die im Anschluß an die Erkenntnis der Unmöglichkeit zur Erreichung gesamtgesellschaftlicher Ziele eingeschlagen wird. Dabei werden, je nach den örtlichen oder sozialen und individuellen Möglichkeiten, im wesentlichen 3 Wege unterschieden: Anschluß an kriminelle Gruppen, Bildung von Konflikt-Gruppen, oder, wenn beides versagt ist, Rückzug (*Cloward/Ohlin* 1960, 161 ff.).

III. Tragweite

1.a) Der Aussagewert der leitenden Vorstellung Wert- und Interessenkonflikt mag teilweise dadurch eingeschränkt sein, daß nicht jede Konfliktaustragung durch Kampf geschehen muß. Als Alternative könnten, jedenfalls bei Unterstellung eines »Pluralismus der sozialen Kontrolle« (*Noll* 1973, 128 Fußn. 132), Möglichkeiten der Übereinkunft oder des Kompromisses in Betracht kommen.

Im einzelnen meint *Noll* (1973, 128 Fußn. 132), das Freund-Feind-Schema sei schon deswegen falsch, weil es in der zwischenmenschlichen und zwischenstaatlichen sozialen Realität überhaupt nie vorkomme, daß zwei Personen oder Personengruppen sich gänzlich isoliert gegenüber stünden, ohne auf andere Rücksicht nehmen zu müssen.

b) Allerdings würde diese Alternative für den Bereich von Verbrechen schon deshalb nicht mehr als eine partielle Problemlösung versprechen, weil die am schärfsten kontrollierten gesellschaftlichen Gruppen weniger in der Lage sein dürften, an der pluralistischen Auseinandersetzung teilzunehmen. Im übrigen aber steht in Frage, inwieweit andere Kontrollträger nicht im Ergebnis Partei für diese oder jene der in Konflikt befindlichen Gruppen ergreifen. Somit bleibt offen, inwieweit eine Übereinkunft oder ein Kompromiß ohnehin nur dann angenommen werden könnte, wenn die Gruppen einschließlich der ihnen nahestehenden anderen Kontrollträger gleich stark wären. – Zum anderen würde ein Kompromiß wegen der prinzipiell nur begrenzten Homogenität innerhalb gesellschaftlicher Gruppen nur zu einer gleichfalls begrenzten Konfliktbehebung geeignet sein. So würde ein Kompromiß denjenigen Mitgliedern, die innerhalb der beteiligten Gruppen an dem jeweils entfernteren äußeren Rande stehen, kaum mehr erträglich erscheinen und für diese bereits eine Benachteiligung darstellen.

2. Andererseits dürfte die Reichweite der leitenden Vorstellung Wert- und Interessenkonflikt insoweit eingeschränkt sein, als, wie zum Beispiel das Straßenverkehrsrecht zeigt, es Bereiche strafrechtlicher Regelung gibt, bei denen im Gegensatz zueinander stehende Werte und Interessen der genannten Art nicht vorhanden sind. – Als ein anderer Einwand gegenüber einer etwaigen Überbewertung der Ebene legislatorischer Definition von Verbrechen ist zu berücksichtigen, daß der aus unterschiedlichen Werten und Interessen resultierende Normenkonflikt mitunter quer durch die Straftatbestände zu gehen vermag und unter anderem von der konkreten Opfereigenschaft mitbestimmt werden dürfte.

§ 7 Soziale Desorganisation als leitende Vorstellung

I. Allgemeines

1. Die leitende Vorstellung Soziale Desorganisation geht davon aus, es bestehe innerhalb der Gesellschaft ein Mangel an handlungsleitenden Normen sowie an Regelung und Verwirklichung positiver und/oder negativer Sanktionen. Verbrechen sei eine Folge dieses Mangels und wird daher als erwartungsgemäß angesehen. Zentrale Faktoren des Mangels an Normorientiertheit sollen in unterschiedlicher kultureller Entwicklung, in kultureller Phasenverschiebung, auch in kulturellen Konflikten sowie im sozialen Wandel schlechthin liegen.

2.a) Die leitende Vorstellung Soziale Desorganisation hat innerhalb der USA mehrere solcher Untersuchungen geprägt, die sich vorzugsweise auf bestimmte Minoritäten des Alters, des sozio-ökonomischen Status oder der ethnischen Zugehörigkeit konzentrierten (vgl. generell *Elliott/Merrill* 1961 [1934]; s. ferner *Wirth* 1940). Die genannte Vorstellung hatte eine maßgebliche Bedeutung in der (von *Park* und *Burgess* begründeten) Chicago-Schule.

Zu Beginn dieser Schule stammten die meisten der Mitarbeiter aus der Praxis der Sozialarbeit oder aus geistlichen Berufen. Im Vordergrund der Tätigkeit standen konkrete gesellschaftliche Probleme, während methodologische Fragestellungen einen weniger dominierenden Stellenwert einnahmen (vgl. *König* 1974, XI f.). Insofern erscheint es verständlich, daß die leitende Vorstellung Soziale Desorganisation vergleichsweise vage und unbestimmt formuliert wurde (und wird).

b) Anschließende Organisations- (vgl. *Thrasher* 1927) und Strukturanalysen (vgl. *Cohen* 1961; *Whyte* 1964) delinquenter Banden Jugendlicher in den USA ergaben den Befund bestehender Binnennormen nebst einer teilweise erheblichen Rigidität des Drucks auf Normeinhaltung sowie einer gewissen Strukturiertheit (anders *Yablonsky* 1962, 153 ff.; 1969, 190 f.).

II. Bedeutung

1.a) Die generelle Problematik eines Mangels an Verhaltensmaßstäben und Rollen bei Jugendlichen in ihrer Bedeutung für Jugendkriminalität stellt sich weiterhin als ein Beispiel Sozialer Desorganisation dar (vgl. allgemein *Schmidtchen* 1978, 44 f., 51), und zwar als Ergebnis ersatzlosen Verlustes vormaliger (informeller) Sozialisations- und/oder Kontrollsysteme (s. hierzu auch u. § 48 I. 2.b)γ)).

b) Gemäß bestimmten Identitäts-Theorien (*Fréchette* 1970, 34; *Hellmer* 1976; ders. 1978 a; 1979) liegt wiederholter Rückfälligkeit eine mangelnde Identifikations- oder Vereinbarungsfähigkeit mit »dem Anderen« zugrunde. Diese ergebe sich aus einer allgemeinen sozialen Entfremdung, die sich im Verhältnis zu Verwandten wie auch zu anderen sozialen Partnern in besonderem Maße ausdrücke. – Nach *Hellmer* (1976, 577 ff.; 1978 a, 2 f., 1979) sei Straffälligkeit eine Verletzung der Identität mit »dem Anderen«, wozu allerdings das Opfer nur stellvertretend für andere Personen, eine Gruppe oder die Gesellschaft stehe. Diese Verletzung der Identität beruhe auf einer mangelnden Identifizierung mit »dem Anderen« und dieser Mangel wiederum folge aus einem defizitären Identitätsbewußtsein. Verbrechensfördernde Merkmale seien solche, die den Prozeß zunehmender Identifizierung einer Person mit seiner sozialen Umwelt beeinträchtigen, so daß ein Identitätsbewußtsein nicht entstehen könne.

2. Die leitende Vorstellung Soziale Desorganisation liegt gegenwärtig vorzugsweise denjenigen kriminologischen Aussagen zugrunde, die Verbrechen als Auswirkung bestimmter wirtschaftlicher und kultureller Folgen des Wandels der Gesellschaftsstruktur ansehen. Diese Betrachtungsweise vermutet als Ausgangsphänomen für Soziale Desorganisation und damit auch für Verbrechen den vergleichsweise rapiden Wandel der modernen Industriegesellschaft.

Eine vorrangige Bedeutung für Art und Ausmaß der Kriminalitätsentwicklung hat das Verhältnis von sozialer Stabilität und sozialem Wandel. Die moderne Industriegesellschaft ist, illustriert in den Bereichen technischer Entwicklungen und der Mobilität der Bevölkerung, in hohem Maße sozialem Wandel unterlegen. Dieser wiederum begründet ein ähnlich hohes Maß sozialer Instabilität. Eine besondere Relevanz für Verbrechen haben diejenigen Folgen sozialer Instabilität, die sich auf die gesellschaftliche Normkonformität beziehen. Dabei soll in der modernen arbeitsteiligen Gesellschaft die Gefahr besonders groß sein, daß sich die Mitglieder der Gesellschaft voneinander und zugleich von den sozialen Normen entfremden (»Anomie« i. S. von *Durkheim*). Hiernach stellt sich als eine zentrale Aufgabe, um eine Abstimmung zwischen dem prinzipiell erwünschten, jedenfalls aber unausweichlichen sozialen Wandel und der prinzipiell nicht erwünschten, weil Konformität beeinträchtigenden sozialen Instabilität bemüht zu sein. So wird zum Beispiel auch ein außergewöhnlich rasches Sinken von Kriminalität kaum als allein um dieses Zweckes willen erstrebenswert angesehen, weil es sehr wahrscheinlich ist, daß es mit gesellschaftlichen Beeinträchtigungen im Sinne sozialer Instabilität zusammenhängt und zeitlich einhergeht (vgl. schon *Durkheim* 1976 [1895], 161).

3. In einer modifizierten Argumentation findet sich die vorgenannte Überlegung (s. o. 2) auch bei einzelnen Autoren der offiziellen sozialistischen Kriminologie. Diese gehen davon aus, der Prozeß der Entwicklung vom Kapitalismus über den Sozialismus zum Kommunismus sei notwendigerweise mit ständigen strukturellen Veränderungen im wirtschaftlichen und kulturellen Gefüge der Gesellschaft verbunden. Das Fortbestehen von Verbrechen innerhalb dieser Gesellschaften sei von den planmäßig gewollten Veränderungen selbst hervorgerufen.

Dabei scheint auch die Existenz antagonistischer Widersprüche im Sinne eines Konflikts zwischen einzelnen Bürgern und – sich verbessernden – Sozial- und Wirtschaftssystemen nicht ausgeschlossen zu werden, denen eine kriminalitätsfördernde Bedeutung nicht abgesprochen wird. Insofern überschneiden sich die Überlegungen mit der leitenden Vorstellung Wert- und Interessenkonflikt (s. o. § 6).

Der genannte Interessengegensatz wird im Zustand des Übergangs von Sozialismus zu Kommunismus als eine objektive und auch notwendige Tatsache anerkannt. Dabei wird Kriminalität, zumindest für die gegenwärtigen, als Durchgangsstadium verstandenen Entwicklungsstufen der sozialistischen Gesellschaft, nicht nur als Gegebenheit (s. zu dieser Frage auch *Streit* 1968, 707 f.; ferner *Kudrjawzew* 1973, 4), sondern als notwendige und gesetzmäßige Erscheinung (vgl. hierzu *Bavcon* u. a. 1968; 1969, 249 f.) angesehen. In dem genannten Interessengegensatz werden objektive Gründe, die zum Teil erst vom Sozialismus hervorgerufen worden seien, für den Fortbestand von Kriminalität gesehen. Hiermit wiederum werden, wenngleich zumindest in der DDR wohl allein für die Jugendkriminalität, als »Nebenursachen« auch Faktoren genannt, die in der eigenen Gesellschaftsstruktur verankert liegen (vgl. hierzu etwa auch *Buchholz* u. a. 1971, 216 f.).

§ 8 Bezugsrahmen »Labeling«

I. Allgemeines

Das englische Wort »Labeling« (*Becker* 1963, 9) läßt sich übersetzen etwa mit Etikettierung, Stigmatisierung und Abstempelung. Der Bezugsrahmen »Labeling« verlagert die Austragung des Konflikts von dem Verhaltens- oder Begehungsbereich auf die legislatorische Definition von Verbrechen und auf das Feld der Strafverfolgung (zu letzterem s. insbesondere *Sack* 1969; *Keckeisen* 1974). Die Ausgangsüberlegung dieses Bezugrahmens lautet, daß es – auch diesseits legislatorischer Definition von Verbrechen – kriminelles Verhalten per se nicht gebe, sondern daß dessen Existenz – neben legislatorischen – auch von reaktiven Definitionsprozessen abhängig und damit total relativ sei (daher kritisch zu Möglichkeiten empirischer Überprüfung *Gibbs* 1972, 41 ff.). Von mehreren objektiv identischen Verhaltensweisen oder physikalischen Geschehnissen nämlich würden nur einzelne mißbilligt, andere hingegen neutral (oder gar zustimmend) aufgenommen (vgl. hierzu auch *Chapman* 1968, 3 ff.). Dabei ist es nicht so sehr die Tatsache eines selektiven Vorgehens in der Strafverfolgung, auf die sich das Forschungsinteresse des Bezugsrahmens »Labeling« richtet. Vielmehr wird diese Tatsache als ein wesensmäßiges – und möglicherweise positiv-funktionales (s. u. §§ 9–11) – Attribut jedes Systems (strafrechtlicher) sozialer Kontrolle vermutet. Der Bezugsrahmen »Labeling« nimmt hingegen an, daß die *Art der Selektion* dergestalt verlaufe, daß sozio-ökonomisch untere Gruppen der Gesellschaft systematisch überrepräsentiert als Straftäter registriert würden.

II. Einzelne Aussagen

1. a) Im Vordergrund des wissenschaftlichen Interesses des Bezugsrahmens »Labeling« steht die Vorstellung einer Zuschreibung von Straftaten (vgl. zum Rekurs auf *Hart* Hinweise bei *Sack* 1974 a, 466 ff.; kritisch hierzu *Schreiber* 1976, 129 Fußn. 51), die nach institutionalisierten Normen und Maßstäben geschehe. Der registrierte Straftäter zeichne sich nicht so sehr dadurch aus, daß er ein Delikt begangen habe, als vielmehr dadurch, daß bestimmte wahrgenommene oder unterstellte Merkmale seiner Person oder seiner sozialen Umwelt als negativ bewertet worden seien. Es bestehe eine zentrale Bedingung der reaktiven Definition von Verbrechen in der Art der Verknüpfung von physikalischem und nicht interpretiertem Ereignis einerseits, und, namentlich subjektive Tatbestandselemente betreffend, mentalen Eigenschaften und psychischen Vorgängen andererseits, das heißt in der »Transformation von Verhalten in soziales Handeln« (*Sack* 1972, 19 f.).

Würden zum Beispiel bei einem ungelernten Arbeitnehmer Merkmale sozialer Desintegration vorliegen, so sollen die subjektiven Voraussetzungen – etwa Zueignungsabsicht und Vorsatz beim Diebstahl –, weil als naheliegend verstanden, eher für gegeben angesehen werden, als etwa bei einem über einen Ausbildungsabschluß verfügenden, sozial integrierten Beamten.

b) Die Art der genannten Verknüpfung sei im Ergebnis auch makrostrukturell ausschlaggebend, etwa für Abgrenzungen der Tat- und insbesondere der Tätergruppen untereinander wie auch zwischen registrierten Straftätern und solchen Personengruppen, die nach anderen Formen negativ sanktionierter Erscheinungen registriert werden. So werde »zuweilen im Grunde wegen eines Seins und nicht wegen eines Handelns kriminalisiert« (*Endruweit* 1972, 64).

Demgemäß liegt der Schwerpunkt der Analyse nur mittelbar bei dem Tatverhalten, primär jedoch bei den institutionalisierten Normen und sonstigen Bedingungen, unter denen es zur reaktiven Definition von Verbrechen kommt. Im Vordergrund steht insoweit die Vermutung, die Kategorie »kriminell« sei wesentlich eine solche des sozialen Status. Dabei wird von Fachvertretern des Bezugsrahmens »Labeling« gelegentlich übersehen, daß zu den hier gemeinten Bedingungen sehr wesentlich auch personale Merkmale und Eigenschaften der potentiell zu definierenden Person zählen.

2. Eine wesentliche Aussage des Bezugsrahmens »Labeling« besteht in der Annahme, wiederholte Straffälligkeit sei (allein) Folge vorausgegangener Stigmatisierung. Die Tätigkeit der Institutionen reaktiver strafrechtlicher sozialer Kontrolle, und dabei nicht zuletzt auch solcher, die zur Erziehung von Straftätern bestimmt sind (vgl. hierzu auch *McCord* 1968, 314), setze sekundäre Abweichungen und eine zunehmende negative soziale Progression in Gang. Diese entzünde sich an einem primär gegebenen »Makel«, welcher allerdings nicht als Produkt von Stigma-

tisierung verstanden wird; es könne sich dabei auch um weitgehend zufällige Ereignisse handeln (vgl. *Goffman* 1973, 134, der von »Karriere-Zufall« spricht). Auch sei ein Hineindrängen in die Fortsetzung kriminellen Verhaltens keine notwendige oder gar unausweichliche Folge der Definition als Straftäter. Vielmehr handele es sich dabei lediglich um eine Möglichkeit, die unter bestimmten Konstellationen zur Wirklichkeit werde, unter anderen aber nicht (*Becker* 1970, 167; vgl. auch ders. 1973, 32; s. auch *Quensel* 1970, 377 ff.; s. im übrigen u. § 53 II. 2., § 56 III.). Tatsächlich ist nicht zu übersehen, daß ein Anteil der als »kriminell« definierten Personen eine einschlägige »Karriere« abbricht.

a) Im einzelnen wird ausgeführt, das Bekanntwerden einer Person in einem bestimmten Zusammenhang verändere deren Identität in der Wahrnehmung anderer, wobei eine frühere Identität als fälschlich angenommen, die neue hingegen als die von jeher wirkliche gelten und wirken könne (vgl. *Garfinkel* 1974, 79). Es finden sozialpsychologische Überlegungen zu dem allgemeinen Problem korrespondierender Verhaltensmuster der »Stigmatisierten« einerseits und der »Normalen« andererseits ihren Niederschlag (vgl. hierzu grundlegend *Goffman* 1975 [1967]). Sie betreffen die Frage danach, inwieweit und von welchem Zeitpunkt an der »Stigmatisierte« – entsprechend dem Konzept der self-fulfilling prophecy – durch die Erwartungen anderer auf ein – oder sein – bestimmtes Verhalten festgelegt wird und sich mit diesem identifiziert (vgl. auch *Cohen* 1977, 180). Ersteres bezieht sich auf die Beschneidung von Handlungsmöglichkeiten. Bei letzterem würde es sich um eine Identifizierung mit erwartetem Verhalten handeln, was zu Fragen nach Existenz und Wandel von Identität oder auch des Selbstbildes führt.

b) Eine sprachanalytisch und ethnomethodologisch orientierte Strömung innerhalb des Bezugsrahmens »Labeling« stellt in Frage, ob sekundäre Abweichungen tatsächlich entsprechende Eigenschaften oder Zustände enthalten (vgl. *Cicourel* 1976, 328 ff.; ders. allgemein 1970, 300 ff.; *Garfinkel* 1967; *Blum/McHugh* 1975 a [1971], 171 ff., 179 ff.). Sie geht davon aus, es handele sich um nur scheinbar faktoriell festgelegte deviante Karrieren, die definitionstheoretisch erklärt werden könnten, da »Wirklichkeit« eine konstruierte Angabe sei. Die im Wege eines interpretativen Verfahrens und innerhalb von sozialen Zusammenhängen und Situationen sich vollziehende Feststellung einer Straftat soll sich in der Wahrnehmung der Definierenden aufgrund von solchen Bedeutungen strukturieren, die man Merkmalen von Situationen zu geben pflege. Statt reiner Tatsachen oder objektiv vorliegender Handlungen seien Tatsachen oder Handlungen, die wahrgenommen werden, von vornherein symbolisch strukturiert, das heißt sozialkulturell ausgestaltet. Gerade die Abläufe und Zusammenhänge der Konstruktion einschlägiger faktorieller Festlegungen sei Gegenstand des wissenschaftlichen Interesses (vgl. auch *Berger/Luckmann* 1969, 1).

3. Bei der individuell unterschiedlichen Beteiligung des einzelnen Betroffenen an dem Ablauf der Definitionsprozesse sind sowohl Möglichkeiten zu berücksichtigen, Gegengewichte zu stigmatisierenden Elementen zu setzen (»delabeling«) und Techniken der Neutralisierung der Straftat einzusetzen, als auch seinerseits gezielt stigmatisierende Elemente gegen die definierenden Personen und/oder Institutionen zu richten (»relabeling«; vgl. hierzu auch *Schur* 1971, 74). Für beide Möglichkeiten ebenso wie betreffend Fragen eines Identitätswandels scheint die

Berücksichtigung *auch* von Persönlichkeitsmerkmalen oder -eigenschaften unumgänglich.

So wird es zum Beispiel der pseudologischen (oder geltungsbedürftigen) Persönlichkeit vermöge der sie kennzeichnenden Überzeugungskraft im *Ausdruck* (vgl. *Schneider, K.* 1950, 102 ff.; *Weitbrecht* 1973, 96 f.) bei vergleichsweise hoher sozialer Intelligenz in der Regel möglich sein, selbst lebenserfahrene Personen zu täuschen und dadurch eine informelle wie formelle strafrechtliche Erfassung zu verhindern.

III. Tragweite

1. Der Bezugsrahmen »Labeling« befaßt sich mit dem Verhältnis von Sozialstruktur und Verbrechen allein vom Definitionsaspekt aus. Hingegen läßt er die Fragen danach unbeachtet, ob und in welchem Ausmaß die Zugehörigkeit zu unterschiedlichen Gruppen, die sich zum Beispiel nach dem sozio-ökonomischen oder altersmäßigen Status bezeichnen lassen, für den Verhaltens- oder Begehungsbereich relevant sind.

So bleibt zum Beispiel offen, ob das bei Allgemeiner Kriminalität mit zunehmendem Alter zu beobachtende Sinken der Kriminalitätsbelastung, das auch bei Vorbestraften festzustellen ist, allein auf selektiven Definitionsstrategien beruht. Immerhin steht es derjenigen Überlegung entgegen, nach der stigmatisierende Folgen mit steigendem Alter schwerer zu überwinden seien und jedenfalls mit der Häufigkeit von Straffälligkeit zunehmen und umfassender werden müßten.

2. Umstritten ist, ob der Bezugsrahmen »Labeling« die Existenz eines Dunkelfeldes im Sinne von nur vermuteter faktischer Kriminalität anerkennen kann oder deshalb ablehnen muß, weil der Begriff des Dunkelfeldes ein »in Isolierung zueinander« (*Sack* 1969, 1007) stehendes Verhältnis von Verbrechen und sozialer Kontrolle voraussetze. Soweit von Fachvertretern dieses Bezugsrahmens auf Dunkelfeldforschungen verwiesen wird und deren Ergebnisse in die Überlegungen einbezogen werden, scheint die Frage stillschweigend bejaht zu werden. Tatsächlich würde eine Begrenzung auf formell registriertes Verbrechen ein breites Feld faktischer Kriminalität außerhalb der wissenschaftlichen Erörterung belassen, das mit hoher Wahrscheinlichkeit als Verbrechen definiert würde, wenn es bekannt würde. Diesen faktischen, teilweise durch erhebliche Sozialschädlichkeit gekennzeichneten Erscheinungen aber wird zumindest ein solches Verständnis von Kriminologie sich kaum verschließen können, das sich in gesellschaftspolitischer Verantwortung empfindet. Allerdings wird von einigen Fachvertretern des Bezugsrahmens »Labeling« ohnehin angenommen, daß die als konstitutiv gedachte reaktive Definition von Verbrechen nicht nur aufgrund behördlicher institutionalisierter Normen und Maßstäbe, das heißt im Rahmen des formellen sozialen Reaktionsprozesses durch formelle Definitionsmacht möglich sei. Vielmehr sollen auch informelle Definitionen, etwa des Opfers, oder, unter bestimmten Bedingungen, auch Definitionen ausschließlich des unbemerkten Täters selbst (vgl. hierzu *Albrecht G.* 1973, 783, weitergehend S. 790), zu berücksichtigen sein.

3. Kaum überprüft ist, inwieweit die Abschaffung eines offiziellen strafrechtlichen Stigmas *allein* einen höheren Grad der Eingliederung von Betroffenen ermöglicht, das heißt inwieweit eine formelle Entkriminalisierung eine Entstigmatisierung erreichen kann (z. B.

homosexuelles Verhalten, vgl. *Sveri* 1978, 26). – Eine weitergehende Fragestellung richtet sich darauf, inwieweit durch Gesetze (in anderen Rechtsbereichen), die eine rechtliche Gleichstellung festlegen (z. B. betreffend nichtehelich geborene Personen), auch eine informelle Entstigmatisierung erreicht werden könnte.

4. Welche Voraussetzungen im einzelnen erfüllt sein müssen, damit ein Stigmatisierungsprozeß als abgeschlossen angesehen werden könnte, ist seitens des Bezugsrahmens »Labeling« bisher nicht hinreichend konkretisiert worden. Andererseits ist die Vermutung kaum widerlegt, daß sich eine »kriminelle Karriere« auch ohne informelle und formelle Definition und Stigmatisierung entwickeln könne.

5. Gelegentlich wird eingewandt, der Bezugsrahmen »Labeling« erkläre nicht die Frage danach, aufgrund welcher Zusammenhänge es zur ursprünglichen Straffälligkeit, zur »ersten Straftat«, gekommen ist. Indes ist schon fraglich, ob es einer solchen Erklärung bedarf, soweit nämlich eine »erste Straftat« vermutlich von jedermann einmal begangen wird und also normal wäre.

Im übrigen mag dieser Einwand deshalb verfehlt sein, weil Stigmatisierungen durch informelle und semiformelle Träger der sozialen Kontrolle keineswegs erst oder nur durch die Definition »kriminell« vorgenommen werden, sondern auch durch andere Definitionen, die den jeweiligen Bezugsgruppen als adäquat erscheinen. Allerdings würde insoweit eine Abgrenzung danach erforderlich sein, welche Definitionen nebst den jeweiligen Sanktionen und sozialen Auswirkungen ein solches Ausmaß an Stigmatisierung bewirken, das demjenigen der Definition »kriminell« gleichsteht oder gar es überwiegt, und bei welchen Definitionen dies nicht der Fall ist (s. u. § 53 II. 2., § 56 III.).

Drittes Kapitel Verständnisebene von Funktionen

§ 9 Wirtschaftlicher Nutzen als leitende Vorstellung

I. Problemstellung

1.a) Die Auffassung, Verbrechen bewirke einen wirtschaftlichen Nutzen, scheint der Tatsache zuwiderzulaufen, daß Verbrechen, neben physischen, psychischen und sozialen Beeinträchtigungen von Opfer und Täter, erhebliche Kosten für Opfer, Täter sowie den Staat verursacht (*Robert* 1976; *Kunz* 1976).

Zu Kosten des Opfers zählen vorbeugende Schutzmaßnahmen und -vorrichtungen einschließlich Versicherungsprämien, materielle Schäden unter Berücksichtigung des Verhältnisses von Ausgleich durch Versicherungsleistungen und bleibenden Verlusten sowie immaterielle Schäden. – Bei den Kosten des Täters handelt es sich um im Strafverfahren oder in anderen Verfahren auferlegte Leistungen sowie freiwillige Leistungen. Die Fragestellung richtet sich zugleich auf das Verhältnis von Höhe des Gewinns aus der Tatbegehung und Ausmaß an Wahrscheinlichkeit reaktiver Sanktionierung (vgl. auch *McPheters* 1976).

Bezüglich der Kosten des Staates sind Prävention und Prophylaxe, Reaktion in den Ausgestaltungen von kriminalistischer und justitieller Tätigkeit, ambulante und stationäre Vollstreckung sowie Bewährungshilfe und so weiter zu nennen. Dabei sollen sich beispielsweise allein die Gesamtkosten des Strafvollzugs in der Bundesrepublik Deutschland Anfang der 70iger Jahre auf knapp 582 Millionen DM belaufen haben (vgl. *Neu* 1974, 147; s. näher u. § 45 II. 1. a)).

b) Hingegen ist nicht auszuschließen, daß ein Phänomen, das unstreitig Kosten verursacht, gleichwohl in anderer Beziehung von wirtschaftlichem Nutzen ist. Zugleich bleibt offen, ob ein sozialer Nutzen nicht im Ergebnis für die Gesellschaft oder für deren Machtträger die Kosten überwiegen mag.

II. Einzelne Überlegungen

1.a) Im einzelnen ergibt eine Orientierung an Daten über Berufsverteilungen und Wirtschaftszweige, daß Verbrechen die Grundlage der Existenz für zahlreiche

Berufsgruppen und Wirtschaftszweige darstellt (vgl., wenngleich wohl als Persiflage, schon *Marx* 1973, 363 f.).

Zur Veranschaulichung seien nur die mit dem Strafrecht im weitesten Sinne befaßten Berufe sowie die Hersteller von Artikeln zur Begehung und zur Aufklärung von Verbrechen und zum Schutz vor Verbrechen und nicht zuletzt auch das einschlägige Versicherungswesen genannt.

Zwar läßt sich einwenden, es handele sich bei diesen gesellschaftlichen Tatbeständen nicht um strukturelle oder jeder Gesellschaft vorgegebene Bestandteile. Gegenwärtig jedoch werden die gesellschaftlichen und wirtschaftlichen Tatbestände in ihrem Fortbestand durch den permanenten Anfall von Verbrechen garantiert, so daß es naheliegend wäre, wenn die genannten Berufsgruppen und Wirtschaftszweige an dem Fortbestand von Verbrechen interessiert wären. Das gleiche gilt für solche anderen Berufsgruppen, Wirtschaftszweige oder (staatliche) Institutionen, die im Falle einer sich erübrigenden Tätigkeit der ersteren zur Auflösung veranlaßt oder anderweitig beeinträchtigt werden könnten. Während schon ein Absinken von Verbrechen partiell eine existentielle Gefährdung oder Beseitigung zur Folge haben wird, würde ein Ansteigen von Verbrechen sich sogar im Sinne einer existentiellen und organisatorischen Verfestigung und Verbreiterung auswirken (vgl. *Coser* 1974, 25). Auch dieser Aspekt ist bei der Pflicht zum Kampf gegen »die Kriminalität«, bei dem Auftrag, die »Verbrechensbekämpfung zu perfektionieren« (*Herold* 1974a, 74), zu beachten.

Nach *Herold* (1974 b) müsse man sich bezüglich der Daten der PolSt »auf einen jährlichen Anstieg um etwa 8,5 % einrichten. . . Je mehr und je besser die Polizei, desto mehr registrierte Kriminalität«. Der Rückgang im Jahre 1973 scheine »einen gewissen Ohnmachtszustand der Polizei anzudeuten, die nicht soviel aus dem Dunkelfeld herausholen konnte«.

b) Hinweise über die Entwicklung der Personalzahlen der Staats- und Amtsanwaltschaften, der Strafgerichtsbarkeit und der Bewährungshilfe jeweils in der Bundesrepublik Deutschland einschließlich Berlin (West) sowie der Schutz- und Kriminalpolizei in Berlin (West) enthalten die Tabellen 1a, 1b und 2, die zur Veranschaulichung eingefügt werden, ohne daß mangels einschlägiger organisationsstruktureller Untersuchungen eine Interpretation möglich wäre.

2. Darüber hinaus finden sich gelegentlich Annahmen des Inhalts, Verbrechen habe, auch bezogen auf jeder Gesellschaft vorgegebene Bedingungen, wirtschaftlich günstige oder gar notwendige Auswirkungen für die Gesellschaft.

Hierzu sei auf die Arbeit von *Mandeville* (1957 [1714]) hingewiesen, die sich mit dem Wechselverhältnis von Selbstsucht einzelner Personen und gesellschaftlichem Wohlergehen befaßt. Er entwickelte darin ein seit *Hobbes* erörtertes System der Selbstsucht zu einer sozialphilosophischen Theorie, nach der der Egoismus die treibende Kraft von Zivilisation und wirtschaftlichem Fortschritt sei. Diese Überlegungen stellten ein gedankliches Element der klassischen Schule der Nationalökonomie dar, daß nämlich durch Zusammenspiel egoistischer Einzelinteressen ein höchster Gesamtnutzen erzielbar sei.

§ 9 Wirtschaftlicher Nutzen als leitende Vorstellung

Tabelle 1a: Personal der Staats- und Amtsanwaltschaften und der Strafgerichtsbarkeit (Quelle: RPflSt I)

am 1.1. der Jahre	Staats- und Amtsanwaltschaften		Strafgerichtsbarkeit	
	Staats- und Amtsanwälte (nur Staatsanwälte)	sonstige Kräfte = Beamte, Angestellte, Lohnempfänger	Richter = ohne jurist. Hilfsarbeiter und andere Beamte des höheren Dienstes	sonstige Kräfte = Beamte, Angestellte, Lohnempfänger
1959	2 529	761	8 909	8 331
1960	2 607	780	8 957	8 422
1961	2 663	769	9 015	8 469
1962	2 722	775	9 140	8 442
1963	2 785 (2 173)	775	9 218	8 363
1964	2 855	771	9 319	8 321
1965	2 989 (2 392)	769	9 537	8 211
1966	3 028	771	9 595	7 953
1967	3 083 (2.590)	771	9 794	8 323
1968	3 161	774	9 867	8 384
1969	3 202 (2 715)	805	9 799	8 474
1970	3 177	777	9 926	8 822
1971	3 239 (2 709)	792	9 979	8 982
1972	3 381	850	10 090	9 002
1973	3 532 (2 814)	873	10 375	9 044
1974	3 640	872	10 721	9 156
1975	3 744 (2 999)	1 056	10 979	9 270

Tabelle 1b: Personal der Bewährungshelfer (Quelle: RPflSt I)

Jahr	jeweils am	
	1. 1.	31. 12.
1964	496	511
1965	511	518
1966	518	516
1967	516	519
1968	519	524
1969	524	538
1970	538	616
1971	616	717
1972	717	819
1973	819	911
1974	911	1 018

Tabelle 2: Personalbestand der Schutz- und Kriminalpolizei in Berlin (West), wobei die verkehrspolizeiliche Tätigkeit ausschließlich von Beamten der Schutzpolizei vorgenommen wurde (Quelle: Der Polizeipräsident in Berlin, Schreiben vom 15.9.1978)

Jahr	Schutzpolizei	Kriminalpolizei	Stichtag
1967	13 092	1 229	1.10.67
1968	12 764	1 200	1.12.68
1969	12 600	1 227	1.12.69
1970	12 391	1 212	1.12.70
1971	12 349	1 261	1.12.71
1972	12 214	1 301	1.12.72
1973	11 933	1 298	1.12.73
1974	12.318	1 365	1.6.74
1975	12 236	1 488	1.10.75
1976	12 242	1 494	1.10.76
1977	12 230	1 489	1.10.77
1978	12 397	1 505	1.9.78

Inwieweit das einschlägige Verhalten, das als Ausdruck von Selbstsucht verstanden wird, jedoch das Verbrechen im Sinne des strafrechtlichen Verbrechensbegriffs (in seiner Formaldefinition) oder in einer vergleichbaren Bedeutung einschließt, ist nicht hinreichend geklärt. – Ähnliches gilt für diejenige Vorstellung innerhalb der gegenwärtigen Diskussion zum Wirtschaftsrecht, nach der die Existenz von Bereichen des Wirtschaftsunrechts der Preis für wirtschaftlich erwünschte Aktivitäten und volkswirtschaftlichen Gewinn sei. Für die Richtigkeit dieser Vorstellung könnte die Tendenz sprechen, den in Frage stehenden Verhaltensbereich allenfalls sehr eingeschränkt der strafrechtlichen sozialen Kontrolle zu unterstellen.

3. Eine Funktion von Verbrechen für wirtschaftlichen Nutzen könnte sich aber auch aus einzelnen solcher Zusammenhänge ergeben, wie sie zur leitenden Vorstellung Gesellschaftliche Stabilisierung erörtert werden (s. u. § 10 III.). Dies würde namentlich die Überlegung betreffen, mittels Strafrecht werde eine Anpassung im Arbeitsbereich bezweckt.

4. Erwähnt sei schließlich, daß öffentliche Haushalte in ihren Plänen regelmäßig, und zunehmend im Anstieg begriffen, Einnahmen aus solchen Rechtsfolgen, die das Vermögen betreffen (s. u. §§ 32, 33), einplanen.

§ 10 Gesellschaftliche Stabilisierung als leitende Vorstellung

I. Bezugsrahmen der Bekräftigungs- und Entlastungsfunktion

1.a) Der wesentlich auf *Durkheim* (1976 [1895], 157 ff.) zurückgehende Bezugsrahmen einer Bekräftigungs- und Entlastungsfunktion knüpft an die Sanktionierung von Verbrechen an. Indem diese wahrgenommen werde, beweise sich die Existenz von Strafrechtsnormen. Bei diesen handele es sich um essentielle Normen der Gesellschaft, die ständig für die Allgemeinheit bewußt zu machen, im Bewußtsein wachzuhalten und zu bekräftigen seien (*Durkheim* 1977 [1893], 149). Dies sei für den Bestand einer allgemein gültigen Ordnung unerläßlich, um die jedem einzelnen gesetzten Handlungsgrenzen auch bezüglich anderer – und als weniger wichtig geltender – sozialer Normen zu verdeutlichen. Es geschehe durch den Ablauf von Normbruch und anschließender staatlicher Reaktion.

b) Zum anderen sei Verbrechen geeignet, die Gesellschaft hinsichtlich der Unsicherheit gegenüber der Zuverlässigkeit ihrer Ordnung zu entlasten. Die gesellschaftliche Ordnung beruhe konstitutiv auf Normen, deren Vorhandensein aber nur im Konflikt und ihren Verletzungen manifest werde. Die Normen könnten ihre ordnungserhaltende Wirkung nur durch das Bewußtsein von ihrer Geltung entfalten. Dabei würde die Kenntnis von der Gesamtzahl an Verletzungen sozialer Normen das Vertrauen der Allgemeinheit in den Bestand der Ordnung und damit in die Stabilität der Gesellschaft zumindest schwächen. Verbrechen als zentraler Teilbereich aller Normverletzungen sowie dessen Bekämpfung in Form staatlicher Verfolgung erziele jedoch, gewissermaßen stellvertretend für den Gesamtbestand an Normen, ein Bewußtsein der Normgeltung.

c) Wesentlich für diese Zusammenhänge ist ferner die Vorstellung, daß das Verbrechen die übrigen Mitglieder der Gesellschaft »zusammenrücken« (vgl. *Durkheim* 1977 [1893], 144) lasse, daß der Straftäter ein Solidaritätsgefühl unter denjenigen hervorrufe, deren Einstellungen sonst auf divergierende Interessen gerichtet sind. So habe die feindselige Haltung gegenüber dem Straftäter den einzigartigen Vorteil, die Mitglieder einer Gruppe zu einen (*Mead* 1918, 591).

d) Der genannte Bezugsrahmen ist zugleich unmittelbar mit dem Verständnis von der Normalität des Verbrechens verbunden. Dabei wird Normalität nicht im Sinne einer universell positiv-rechtlichen Identität, sondern als von der jeweiligen Gesellschaftsstruktur und von deren rechtlichem und außerrechtlichem Normengefüge inhaltlich bestimmt verstanden.

So weist *Durkheim* (1976 [1895], 156) darauf hin, daß Verbrechen bei allen Gesellschaften aller Systeme anzutreffen sei. Zwar wechsele die Form des Verbrechens, und es seien nicht immer dieselben Handlungen, die so bezeichnet werden. So würde die Toleranzschwelle geändert oder gesenkt, falls bestimmte Erscheinungsformen von Verbrechen nicht mehr begangen würden oder gesamtgesellschaftlich eine höhere Legalbewährung eintrete. Dies würde sich in einer entsprechenden Umgestaltung der legislatorischen Definitionen niederschlagen, wobei Verhaltensweisen, die zu früheren Zeiten entweder nicht begangen wurden oder als bloße Verletzung von Erwartungen der Moral verstanden worden seien, zu Verbrechen aufgewertet würden (*Durkheim* 1976 [1895], 158 f.). »Doch überall und jederzeit hat es Menschen gegeben, die sich derart verhielten, daß die Strafe als Repressionsmittel auf sie angewandt wurde« (*Durkheim* 1976 [1895], 156). – Zur Klarstellung sei erwähnt, daß nach *Durkheim* (1976 [1895], 157) auch sozialpathologische Konzepte der Genese des Verbrechens (s. o. § 4 I. – III.) von mikro- wie makrostrukturellen Konzepten der Normalität des Verbrechens unabhängig sind und sich demgemäß nicht widersprechen müssen (s. hierzu auch *Radzinowicz* 1966, 72 ff.).

Hiernach mißt der Bezugsrahmen der Bekräftigungs- und Entlastungsfunktion dem Verbrechen eine für jedes soziale System notwendige positive Funktion des Inhalts bei, als integrierender Bestandteil der Gesellschaft (vgl. neuerdings auch *Phillipson* 1975, 136; kritisch *Meurer* 1976, 563) deren bestehende Normen- und/oder Sozialstruktur zu bestätigen und zu stärken.

2.a) Wenig überprüft ist die Frage, welche Form der Ausgestaltung von Verbrechen und Sanktionierung erforderlich ist, das heißt inwieweit die Funktionserfüllung neben der Verletzung von positiv gesetztem Strafrecht einer demonstrativen und spektakulären Herausstellung oder einer Symbolik der Sanktionierung bedarf. Dies gilt auch für die Abgrenzung danach, ob informelle Regelungssysteme zureichen oder aber eine behördliche Verfolgung und Sanktionierung erforderlich ist.

Hinsichtlich der strafrechtlichen Sanktionsart und -schwere sei auf die zunehmende Milderung im geschichtlichen Ablauf einschließlich der Verschiebung der Quote von Geldstrafe und Freiheitsstrafe seit dem Ausgang des 19. Jahrhunderts bis zur Gegenwart hingewiesen. Dabei ist allerdings auch zu berücksichtigen, daß sich Richtung und Ausmaß der Sanktionssensibilität ändern. Soweit letztere etwa steigt, soll dieses Steigen ein korrespondierendes Sinken der Sanktionsschärfe zulassen (vgl. *Zipf* 1973, 28), ohne daß ein Verlust an Wirksamkeit auch im Sinne der genannten Funktionen eintreten müßte (vgl. aber *Foucault* 1976).

Zugleich käme es jedoch darauf an, inwieweit strafrechtliche Sanktionen gegenwärtig nach Art und Schwere einschneidender sind, als es für die Wirksamkeit der genannten Funktionen erforderlich wäre.

b) Weitergehend ist die Frage, ob eine Bekräftigungs- und Entlastungsfunktion nicht auch durch positive Sanktionen erreicht werden könnte (vgl. auch u. § 45 III. 2.). Allerdings würde eine positive Sanktionierung der als Straftäter registrierten Personen möglicherweise den Solidarisierungsmechanismus der Majorität der gesellschaftlichen Gruppen aufheben. – Eine positive Sanktionierung der Majorität der gesellschaftlichen Gruppen hingegen, von der die als Straftäter registrierten Personen ausgenommen würden, käme in der sozialen Mißachtung einer negativen Sanktionierung letzterer gleich.

3. Auch die Fragen nach Ausmaß und Struktur strafrechtlich erfaßten Verhaltens zwecks Erfüllung der hier gemeinten Funktionen sind bisher kaum untersucht (s. o. § 3 II. 3. b)).

II. Bezugsrahmen der verdeckten Aggressionsableitung

1.a) Der Bezugsrahmen der verdeckten Aggressionsableitung beruht auf psychoanalytischen Überlegungen zur Psychologie der strafenden Gesellschaft.

Die Psychologie der strafenden Gesellschaft geht davon aus, das Strafverlangen der Gesellschaft sei ein im Unbewußten gegründetes irrationales Phänomen. Es weise Ausmaße auf, die nicht mehr als Reaktion auf eine Straftat erklärt werden könnten. Demgemäß stelle es auch einen unüberwindbaren Widerstand gegen substantielle Reformen im Bereich des Strafrechts und der Strafverfolgung dar. Allein durch Rationalität, das heißt durch Bewußtmachung der Zusammenhänge des Strafverlangens, könne ihm begegnet werden.

b) Wenn von der Psychologie und nicht von der Psychoanalyse der strafenden Gesellschaft gesprochen wird, so liegt dies darin begründet, daß eine kollektive Neurose methodisch nur aus sozialen Symptomen erschlossen und daher weniger verläßlich festgestellt werden könne, als sie durch eine individuelle Analyse möglich sei. Zudem gebe es weder eine direkte Übertragung individualistischer psychoanalytischer Kategorien auf gesellschaftliche Prozesse, noch könnten die Ergebnisse psychoanalytischer Individualuntersuchungen gesellschaftliche Abläufe erklären (vgl. hierzu *Wehler* 1972, 8; *Mitscherlich/Mitscherlich* 1967, 356, nach denen es ein Wagnis bedeute, »von der individuellen direkt auf die Sozialpathologie zu schließen«).

Diese Klarstellung ist um so beachtlicher, als eine methodische Überprüfung nicht nach den allgemeinen Verfahren der Psychologie möglich sein wird. Vielmehr werden die zu erörternden Vorgänge einheitlich für den Bereich des Unterbewußten – und somit anderen Denkgesetzen als denjenigen des Bewußten unterliegend – angenommen. Im einzelnen sind eine Identifizierung des »Nichtstraftäters« sowohl mit der strafenden Gesellschaft als auch mit dem Täter sowie eine Projektion auf den Täter zu unterscheiden.

c) Der Bezugsrahmen der verdeckten Aggressionsableitung geht zum einen davon aus, daß bei Straftätern wie bei »Nichtstraftätern« in gleicher Weise Triebregungen zu gesetzwidrigem Verhalten bestünden (vgl. *Freud* 1973 a, 89). Der durch das Strafrecht abverlangte partielle Triebverzicht führe bei »Nichtstraftätern« zur Verdrängung von Triebbedürfnissen mit der Folge einer Anstauung von Triebenergie. Dem werde durch die Bestrafung anderer Personen, nämlich der Straftäter, abgeholfen. Diese Bestrafung sei Ausdruck von Aggression der »Nichtstraftäter« gegenüber dem Straftäter, indem sich erstere mit der strafenden Gesellschaft identifizierten. Unbeschadet unterschiedlicher normativer Bewertung entspräche sie prinzipiell derjenigen Aggression, die sich in der Straftat zeige. Somit diene die verfolgte Kategorie der Straftäter zur Entladung von Triebenergie beziehungsweise zur Aufrechterhaltung des entsprechenden Triebverzichts (vgl. *Alexander/Staub* 1971, 388, 392 f.).

d) Der Bezugsrahmen der verdeckten Aggressionsableitung nimmt ferner an, daß die (Kenntnis der) Bestrafung einzelner Personen als Straftäter dem Aggressionsstau bei den »Nichtstraftätern« oder innerhalb der Gesellschaft schlechthin nicht zureichend Abhilfe verschaffe. Die zwar verringerten, aber verbleibenden aggressiven Triebregungen führten zu (einer Erhöhung von unbewußten) Schuldgefühlen und daraus sich ergebenden Tendenzen zur Selbstbestrafung. Eine Entlastung hiervon werde durch Identifizierung mit den als Straftäter sanktionierten Personen erzielt, führe jedoch zugleich zu einer Steigerung der Schuldgefühle. Eine Befreiung geschehe durch Projektion eigener Schuld auf die als Straftäter sanktionierten Personen, in deren Rolle die eigene Schuld mitbestraft werde.

Namentlich diese Mechanismen der Projektion eigener Triebregungen zu gesetzwidrigem Verhalten sollen mit einer Verfälschung oder einem Verlust an Realität bezüglich der Projektionsadressaten einhergehen. In individualisierender Taktik werde die Überzeugung von dem Straftäter als einer schlechten oder bösen Kategorie von Mensch entwickelt und die kognitive Beseitigung von Ähnlichkeiten zu angepaßten Mitgliedern der Gesellschaft angestrebt (vgl. auch *Haffke* 1976, 165 f.).

e) Da die – an einzelnen vollzogene – Strafe somit dazu diene, den übrigen der Gesellschaft auf den umschriebenen Wegen von Aggressionen abzuhelfen, komme dem Straftäter eine Sündenbock-Funktion zu (vgl. *Plack* 1971, 301 ff., 337 ff.; *Naegeli* 1969, 49 ff.; *Hochheimer* 1969, 30 f., 39 ff.; *Mechler* 1971, 1 ff.; *Moser* 1971 b, 106).

f) Ferner verschaffe die Bestrafung von anderen Personen als Straftäter zugleich eine Belohnung für eigenes Verhalten. Sie bedeute eine Selbstbestätigung, die ihrerseits als narzißtisches Bedürfnis eine Triebbefriedigung ermögliche. Die erhaltene Befriedigung fördere die wechselseitige Identifizierung sowie die Selbstbestätigung des kollektiven Ichs der sich normkonform verhaltenden Personen und damit zugleich die Solidarität der sanktionierenden Majorität der Gesellschaft. Dieser Vorgang entspreche der allgemeinen Tendenz jeder Gesellschaft, Aggressionsüberschüsse auf Minderheiten zu projizieren (vgl. *Reiwald* 1973 [1948], 248 f.; *Mitscherlich/Mitscherlich* 1967, 98 f., 147 ff.).

2.a) Das Verständnis der Strafe als Instrument zur Ableitung von Triebregungen bei den Nichtbestraften wird der Komplexität strafrechtlicher Sanktionen in ihren Zielsetzungen und Bestandteilen kaum gerecht. Zudem scheint es sich eher auf einen Ausschnitt von Verbrechen, und zwar insbesondere auf Gewalt- und Sexualdelikte herkömmlicher Allgemeiner Kriminalität, zu beziehen (vgl. *Jäger* 1974, 128). Aber selbst innerhalb dieser Einschränkung fehlt es an einer Differenzierung nach Delikts- und Deliktsbegehungsgruppen. Zudem ist zum Beispiel kaum dargelegt, unter welchen Voraussetzungen der – generalpräventiv relevante – Projektionsmechanismus erweitert oder verengt Anwendung finden, das heißt sich der Anteil der (wiederholt rückfälligen) Straftäter verkleinern oder vergrößern könnte, und inwieweit hierbei nach Tat- und/oder Tätergruppen zu differenzieren wäre (vgl. *Jäger* 1974, 133). – Die für den Einzelbereich der Straffälligkeit relevante Kategorie des »Straftäters aus Schuldgefühl« (s. u. § 58 II. 1.b)) jedenfalls, für die die erwartete Strafe als Tatmotiv gilt, ist wegen ihrer zahlenmäßig geringen Bedeutung für die aufgezeigten Fragestellungen nicht weiterführend.

Ebenso könnte eine Differenzierung der Majorität der »Nichtstraftäter« aufschlußreich sein. So ließe sich beispielsweise erwägen, daß das auf Projektion bedachte (unbewußte) Schuldgefühl erhöht bei allen denjenigen Personen vorhanden sein könnte, die im Dunkelfeld – mehrfach – Straftaten begehen. Dies ist (vermutlich) nicht zuletzt in den Bereichen Berufs- und Verkehrskriminalität der Fall.

b) Der Bezugsrahmen der verdeckten Aggressionsableitung erkennt die Tatsache der Stigmatisierung der als Straftäter sanktionierten Personen an. Dabei steht die Frage nach bestimmten Funktionen der Stigmatisierung im Vordergrund, während die Mechanismen der Auswahl der Stigmatisierten weniger erörtert werden.

So scheint schon der soziale Reaktionsprozeß kaum beachtet zu werden, wie sich daraus schließen läßt, daß in der Regel ein potentieller Straftäter einem»wirklichen«Straftäter gegenübergestellt wird, während ein »wirklicher« Straftäter prinzipiell, das heißt unabhängig von Schwere und Häufigkeit der Straftat, wohl jedermann ist, und während vermutlich sehr viele Personen mehrfach Straftaten begangen haben, ohne als Straftäter erkannt oder registriert worden zu sein.

Auch unter diesem Aspekt ist der bereits erwähnte Mangel einer Differenzierung nach Tat- und Tätergruppen zu erwähnen. Soweit Strafrecht als Instrument der Transformation frühkindlicher Abhängigkeit von elterlicher Strafgewalt in gesellschaftliche Strukturen *(Fromm* 1970, 138 f.) betrachtet wird, ließe sich staatliche Strafandrohung und -vollstreckung als Tabuisierung auch von »Besitz- und Herrschaftsordnungen« verstehen, die »die Ordnung der jeweiligen Gruppe garantieren« *(Mitscherlich/Mitscherlich* 1967, 102).

c) Gegenüber dem Bezugsrahmen der verdeckten Aggressionsableitung ließe sich ferner fragen, ob nicht, entgegen einer Gleichheit verbotener Triebregungen, dem Menschen generell angeborene Triebhemmungen eigen sein könnten, die nur bei besonderen Ereignissen und erhöht nur bei einzelnen außer Kraft gesetzt werden. Danach könnte die Repression seitens der Gesellschaft eine (nachfolgende) Abwehr im Sinne instinktiver Reaktion sein. Eine Bereicherung der Diskussion hierzu stellen ethologische Beobachtungen dar, die zugleich die notwendige Differenzierung nach Altersgruppen anzeigen (vgl. etwa *Eibl-Eibesfeldt* 1972, 192 f.).

d) Wegen der Frage, welche Form der Ausgestaltung der Sanktionierung zur Erreichung der benannten Funktionen erforderlich ist, wird auf die Ausführungen im Zusammenhang mit dem Bezugsrahmen Bekräftigungs- und Entlastungsfunktion verwiesen (s. o. I. 2.).

e) Was die von der Psychologie der strafenden Gesellschaft ausgehenden Impulse für eine Liberalisierung des Sanktionensystems angeht, so könnten sie bei einer etwaigen Verwirklichung in den Konflikt geraten, die den Impulsen zugrunde liegenden Theorien selbst in Frage zu stellen (vgl. aber auch die sozialpathologisch orientierte Überlegung von *Haffke* 1976, 174, 176 f.). Dies gilt jedenfalls dann, falls die Grundannahme eines primären Aggressionstriebes (vgl. z. B. *Hacker* 1971) dominieren oder bestätigt werden sollte (s. zur Auseinandersetzung *Horn* 1972, 803 ff., 813 f.; *Plack* 1973). – Verschiedentlich wird ein »Erzeuger-Stop« von Aggression und Verbrechen in der Gesellschaft etwa durch eine Modifizierung der als repressiv beurteilten gegenwärtigen Erziehung des Kindes als Quelle von Schuld angestrebt. Dies würde einem Verständnis von Verbrechen als einer Erwartungsverletzung im Sinne der leitenden Vorstellung der Sozialpathologie (s. o. § 4 II., III.) näher stehen.

3. Die Fragen nach Ausmaß und Struktur strafrechtlich erfaßten Verhaltens zwecks Erfüllung der hier erörterten Funktionen sind bisher kaum untersucht (s. o. § 3 II. 3. b)).

III. Bezugsrahmen der Stabilisierung der Sozialstruktur

Die Vorstellung einer Funktion von Verbrechen für die Stabilisierung der Sozialstruktur geht davon aus, Strafrecht eigne sich mit seiner Möglichkeit, Sanktionen zur Einhaltung von Handlungsnormen festzulegen, als spezifisches und umfassendes Kontrollsystem gegenüber sozial unterlegenen und benachteiligten Personen und Gruppen der Gesellschaft. Soweit zur Begründung von Eingriffen auf Belange des Schuldausgleichs oder auf eine General- und Spezialprävention verwiesen werde, so handele es sich dabei eher um einen Vorwand; die Straftat selbst stelle allenfalls einen Anlaß zum Eingriff dar.

Ein Anhaltspunkt für solche Überlegungen könnte sich daraus ergeben, daß zwischen dem Schaden aus einer Straftat und der Strafe gelegentlich kein Verhältnis mehr zu erkennen ist, so daß zum Beispiel der Straftatbestand des Diebstahls (§ 242 StGB) als »Abschiebebahnhof« erscheinen mag, der die hinter der Sanktionierung stehenden Interessen verdecken solle. – Ferner sei, neben dem von der Sicherungsverwahrung betroffenen Personenkreis, für den das vikariierende System auch weiterhin nicht gilt (§ 67 Abs. 1 StGB), auf die in sozialistischen Staaten bestehenden besonderen Bestimmungen zur Inhaftierung solcher Personen hingewiesen, die (im Sinne der entsprechenden Gesellschaftssysteme) nicht produktiv arbeiten (vgl. auch *Bavcon* u. a. 1969, 254 f.); des weiteren sei die strafrechtliche Erfassung des Schulpflichtigen wegen Schulpflichtverletzung angeführt (s. o. § 5 I. 3 a)).

1. Die wirtschafts- und gesellschaftspolitischen Interessen der Machtträger innerhalb der Gesellschaft richteten sich vorzugsweise darauf, mittels des Strafrechts eine ständige Rollenanpassung und gegebenenfalls -vernichtung in denjenigen gesellschaftlichen Bereichen zu gewährleisten, in denen das Stereotyp des »rückfälligen« Straftäters und erhöht des Gefangenen Defizite aufweist. Es handelt sich insbesondere um eine mangelnde Rollenerfüllung in den Bereichen Arbeit und Familie (vgl. hierzu auch das Prinzip des § 11 des Gesetzes zum Schutz der Jugend in der Öffentlichkeit) als tragende Säulen der modernen Industriegesellschaft. – Zum anderen ermögliche die deutliche Überrepräsentierung sozio-ökonomisch unterer sozialer Gruppen mit Straffälligkeit eine Legitimierung des sozio-ökonomischen Gefälles innerhalb der Gesellschaft.

a) Im einzelnen richte sich die Kontrolle des Verhaltens im Arbeits- und Familienbereich als unmittelbare Adressaten an strafrechtlich Verurteilte und speziell an gefangene Personen (vgl. z. B. § 2 StVollzG; s. u. § 35 III., § 36 IV.), und als mittelbare Adressaten an Personen aus deren Bezugsgruppen. Bezüglich letzterer werde versucht, sie in ihrer Bindung an Beruf und Familie zu halten und zu stärken, indem die Einstellung vermittelt werde, Straffälligkeit sei eine mehr oder weniger zwangsläufige Folge oder zumindest affine Erscheinung von Merkmalen der Desintegration in diesen Bereichen. Hiernach würde Strafrechtspflege die Funktion haben, diejenigen Verhaltensmuster und -merkmale zu sanktionieren, deren Verbreitung die bestehenden wirtschaftlichen und familiären Strukturen stören oder gar gefährden könnte.

b) Was im einzelnen das Interesse an Legitimierung des sozio-ökonomischen Gefälles innerhalb der Gesellschaft anbetrifft, so werde es dadurch verwirklicht, daß die ausgewiesene Eigenschaft, Straftäter zu sein, mit der geringen sozialen Wertschätzung übereinstimme, die die betreffenden Personen ohnehin kennzeichne. Die Verteilung von Art und Ausmaß strafrechtlicher Sanktionen geschehe in Anpassung an die gesellschaftliche Verteilung von Gütern und Handlungschancen, nämlich an die Struktur sozialer Ungleichheit. Hierdurch werde diese Ungleichheit zudem stabilisiert, indem, im Sinne einer ideologischen Kontrolle, die Zusammenhänge so dargestellt werden, als ob den insoweit benachteiligten Personen diese Benachteiligung zu Recht, gewissermaßen aus eigenem Verschulden, widerfahre. Zugleich diene das System strafrechtlicher sozialer Kontrolle dazu, sozialstrukturelle Unterschiede zu verschleiern und bewußt Vorurteile gegenüber Minderheiten von geringem sozio-ökonomischen Status aufzubauen und zu pflegen.

Die Assoziierung oder Gleichstellung von Straftätern mit Personen von geringem sozialen Status sei zugleich geeignet, gesellschaftliche Gruppen von hohem Status vor Angriffen zu verschonen (vgl. hierzu auch *Chapman* 1968, 4). So geschehe eine Legitimation von hohem Status durch den Hinweis auf Konformität, wobei das somit zugeschriebene Wohlververhalten die hohe gesellschaftliche Wertschätzung gegenüber Personen von hohem Status erneut bestätige.

2. Die erörterte Vorstellung, die einer empirischen Überprüfung seither ermangelt (vgl. *Albrecht G.* 1973, 795, 802 Fußn. 117), steht in prinzipiellem Einklang mit dem Bezugsrahmen der Bekräftigungs- und Entlastungsfunktion (s. o. I.) und demjenigen der verdeckten Aggressionsableitung (s. o. II.). Zur Überprüfung der spezielleren Aussage dieser Vorstellung bietet sich ein Mehrebenen-Konzept an (s. auch u. § 14), demzufolge die Wechselverhältnisse zwischen Individuum, Gruppe, Institution (hier: Behörde) und Gesellschaft auf der Grundlage der jeweils handlungsleitenden Normen zu untersuchen wären. Dabei käme insbesondere der Frage Bedeutung zu, in welchem Ausmaß gesellschaftspolitisch effiziente Normen im Ergebnis mit den behördlichen Binnennormen (= institutiona-

lisierte Normen) übereinstimmen, und zwar gegebenenfalls auch entgegen straf(verfahrens)rechtlichen gesetzlichen Bestimmungen (s. hierzu noch u. § 22 I. 1., § 42).

3. Fragen nach Ausmaß und Struktur strafrechtlich erfaßten Verhaltens zwecks Erfüllung der hier genannten Funktionen sind bisher kaum untersucht (s. o. § 3 II. 3. b)).

§ 11 Sozialer Wandel als leitende Vorstellung

I. Allgemeines und Aussagen

1. Die leitende Vorstellung des Sozialen Wandels geht davon aus, daß einzelne Formen von Straffälligkeit oder einzelne Deliktsbereiche in ihrer Gesamtheit ein erster oder ein ergänzender Schritt zur Überwindung bestehender Vorstellungen oder Inhalte von Brauchtum, Sitte und (Straf-)Recht sowie von überlieferten Zuständen in solchen Problembereichen sein könnten, aus denen heraus Straftaten begangen werden (vgl. *Durkheim* 1976 [1895], 160). Für eine Einleitung oder Förderung eines diesbezüglichen Wandels durch abweichendes (zunächst) nicht-straffälliges Verhalten von Nonkonformisten (*Coser* 1974 [1962]; 1970, 124 f.) soll am ehesten dann Raum sein, wenn der (seither) bestehende Zustand tabuisiert ist. Mit zunehmender Häufigkeit dieses Verhaltens und sodann hinzutretender (auch rechtswidriger) Verhaltensweisen durch andere Gesellschaftsmitglieder oder durch gesellschaftliche Gruppen sollen diese durch die Faktizität der Begehung nach und nach legitime Spielarten sozialen Verhaltens (und schließlich entkriminalisiert) werden.

Als ein Beispiel aus der Antike wird das Schicksal des *Sokrates* angeführt, dessen Verhalten nach Athenischem Recht eine Straftat darstellte, die nützlich gewesen sei, weil sie in der Verletzung überlieferter Verhaltenserwartungen bestanden habe, die nicht mehr den sozialstrukturellen Bedingungen entsprochen hätten. Dabei habe *Sokrates* mit seiner Straftat dazu beigetragen, daß neue Werte entstanden seien. »Wie oft ist das Verbrechen wirklich bloß eine Antizipation der zukünftigen Moral, der erste Schritt zu dem, was sein wird« (*Durkheim* 1976 [1895], 160). – So finden sich hinreichend Beispiele dafür, daß Personen, die zunächst (oder zu Lebzeiten) als Nonkonforme, Rebellen oder Revolutionäre informell und/oder formell negativ sanktioniert wurden, später (oder posthum) positive Sanktionen in Form von Ehrungen erfahren.

Als andere Beispiele seien die Geschichte des Streiks oder auch die Problematik des Schwangerschaftsabbruchs genannt. – Ferner sei erwähnt, daß zum Beispiel in den USA eine bestimmte Teilreform des Strafvollzugs erst vorgenommen worden sein soll, nachdem Gefangene nahezu 100 Aufsichtsbeamte getötet haben und zahlreiche Gefangene in den Strafanstalten umgekommen sein sollen (s. hierzu *Mueller* 1972).

2. Die leitende Vorstellung Sozialer Wandel hat insofern Bedeutung auch für die Mikrostruktur des Verbrechens, als sie die Funktion der individuellen Originalität hervorhebt. Dabei sollen marginale Persönlichkeiten eine besonders stark auf Neuerungen gerichtete Motivation besitzen, weil sie strukturell veranlaßt seien, sich von den vorherrschenden Normen zu lösen (vgl. *Coser* 1974 [1962], 34 m.w.N.). Entsprechend einer äußerst geringen Chance zur vollen Beteiligung an den am höchsten bewerteten Aktivitäten ihrer eigenen Gesellschaft könnten sie veranlaßt werden, neue Reaktionsmuster zu schaffen, die von den üblicherweise verwandten abweichen. Da sie den geltenden Normensystemen weniger eng verbunden seien, sollten sie Alternativen wahrnehmen können,»welche der Aufmerksamkeit der insiders entgehen« (*Coser* 1974, 34).

3.a) Als positiv gilt die Vorstellung einer Funktion von Verbrechen für sozialen Wandel schon wegen einer entsprechenden Bewertung der einschlägigen Beeinflussung sozialen Wandels. Die positive Bewertung wird etwa damit begründet, die einschlägige Beeinflussung trage dazu bei, daß das moralische Bewußtsein nicht erstarrte Formen annehme, sondern sich entwickeln könne (vgl. *Durkheim* 1976 [1895], 160).

b) Zum anderen sollen die Mechanismen dieser Funktion die Eigenschaft des langsamen Vorbereitens von – zunehmend notwendiger werdenden – Änderungen haben und größere Konflikte von vornherein verhindern. Dabei sei der soziale Wandel bereits dann vollzogen, wenn das öffentliche Moralbewußtsein entsprechende Normverletzungen als normal und legitim erachtet, auch wenn sie noch nicht legal sind.

II. Tragweite

1. Eine empirische Überprüfung der vorgestellten Funktion von Verbrechen für sozialen Wandel begegnet der Schwierigkeit, nur ex post – und bei räumlich unterschiedlichen Auswirkungen – durchgeführt werden zu können. Umgekehrt ist eine empirische Erfassung von Erscheinungen, die zur Untersuchungszeit einem starken sozialen Wandel unterliegen, darauf angewiesen, »...das Neue mit alten Maßstäben zu messen« (*König* 1965), weil »unser Denken sozial gebunden ist« (*Kaiser* 1976, 174).

2. Es ist anzunehmen, daß die Entfaltung einer Auswirkung von Verbrechen für sozialen Wandel jedenfalls von mehreren anderen und zusätzlichen Voraussetzungen abhängt. Zum einen wird es notwendig sein, daß einschlägig betroffene Wertvorstellungen sich in einem wandlungsfähigen Zustand befinden, das heißt daß die Legitimation der betreffenden (Straf-) Rechtsnorm auch ohne deren Verletzung nebst anschließender Sanktionierung umstritten (geworden) war. Zum anderen werden hinter den mit dem Normbruch verfolgten Interessen solche

Gruppen der Gesellschaft stehen müssen, die diese Interessen tragen und die mit einer gewissen Macht ausgestattet sind. Schließlich wird die Normverletzung von einer gewissen Publizität begleitet sein müssen, wobei es jedoch unbeachtlich sein dürfte, ob diese Publizität von den Straftätern selbst intendiert war oder gar arrangiert wurde.

3. Ergänzend sei auf die Erfahrung hingewiesen, daß bestimmte Arten von Straffälligkeit oder bestimmte Deliktsbereiche als regressiv beurteilte Maßnahmen und Entwicklungen auslösen oder fördern.

Zweiter Titel Methoden der Untersuchung des Verbrechens

Erstes Kapitel Zielsetzung und Bedingungen kriminologischer Untersuchungen

§ 12 Möglichkeit und Grenzen kriminologischer Erkenntnis

I. Allgemeine Probleme kriminologischen Erkenntnisbemühens

1.a) Soweit man sich im Altertum und im Mittelalter mit dem Verbrechen beschäftigte, geschah dies innerhalb von *normativen Wissenschaften*, und zwar insbesondere von Ethik und Rechtswissenschaft. Eine Ausnahme besteht in naturwissenschaftlichen Beiträgen der Legalmedizin (s. u. § 58 III. 1.).

Die Grundlagen erfahrungswissenschaftlich orientierter Kriminologie gehen wesentlich auf den englischen Empirismus sowie auf den späteren französischen Empirismus der Enzyklopädisten zurück. Der Zweifel an der Richtigkeit überlieferter Vorstellungen und das Bekenntnis zum Vorrang eines auf Erfahrung und Induktion ausgerichteten Forschens sind hierfür kennzeichnend (vgl. auch *Staff* o.J.).

Erwähnt sei zum Beispiel die materialistische Auffassung von *La Mettrie* (1909 [1748]), der die göttliche Abstammung des Menschen anzweifelte und die Bedeutung physiologischer Ursachen für Temperament und Verhalten des Menschen betonte; soweit der Forscher das Gebiet mechanischer Notwendigkeit verläßt, beginne die Spekulation. – Auch *Holbach* (1960 [1770]) geht davon aus, die Natur kenne in ihrer Entstehung keine außerhalb ihrer selbst liegenden Ursache; menschliches Verhalten werde durch Beweggründe bestimmt und sei darin ein jeweils notwendiges Verhalten. Um frei handeln zu können, müßte der Mensch ohne Beweggründe wollen oder wählen können, oder er müßte die Beweggründe daran hindern können, auf seinen Willen zu wirken.

b) Beginnend bereits im 18. Jahrhundert, zeigte sich insbesondere im 19. Jahrhundert eine vermehrte Tendenz, in den *Naturwissenschaften* verwandte Methoden (auch) auf das Sozialleben anzuwenden. Solche Versuche betrafen innerhalb der Kriminologie sowohl die Makro- als auch die Mikrostruktur.

Was erstere anbetrifft, so war *Guerry* von der Annahme geleitet, daß die moralischen Tatsachen ebenso wie die physischen unveränderlichen Gesetzen unterworfen seien. *Quetelet*, ein Anhänger des französischen Materialismus, äußerte (vgl. *Wassermann* 1927, 12 Anm. 7): »Quel sera l'autre *Newton* qui imposera les lois de cette autre mécanique céleste (sc. de la mécanique sociale)«. – Bezüglich der Mikrostruktur waren insbesondere *Lombroso* und die Positivistische Schule wesentlich von den Entdeckungen *Darwins* (Hauptwerk 1859) beeinflußt (s. § 53 I. 1. a) α), § 58 III. 2.).

c) Ebenso wie in anderen Sozial- und Humanwissenschaften wird gemeinhin die Gewinnung von Wahrheit oder von »gesichertem Wissen« als Ziel kriminologischer Forschung bezeichnet. Dabei begegnet die Kriminologie zunächst den allgemeinen Problemen der Sozial- und Humanwissenschaften, Erkenntnis zu erbringen. Demgegenüber wäre ein allein naturwissenschaftliches Vorgehen in der Kriminologie, wenngleich für Teilfragen unentbehrlich, nicht adäquat, weil die physikalischen Ereignisse von Verhaltensweisen in der Mikro- wie in der Makrostruktur nur durch Wertung Verbrechen sind.

2.a) Das kriminologische Erkenntnisziel richtet sich ganz überwiegend auf die Erklärung und Voraussage der Definition und Begehung von Verbrechen in der Mikro- wie in der Makrostruktur.

Während die Methode der Beschreibung sich in der Darstellung einzelner oder mehrerer Merkmale erschöpft, bemühen sich Erklärung und Voraussage um die Untersuchung von Zusammenhängen oder Bedingungen bestimmter Erscheinungsformen und Entwicklungen des Verbrechens. Ein Unterschied zwischen Erklärung vergangener und Voraussage zukünftiger Erscheinungen besteht nach der logischen Struktur nicht. Demgemäß bleibt die Prognose jedenfalls innerhalb der Grenzen des Wissensstandes zur Erklärung vergangener Erscheinungen; da zudem zukünftige Bedingungen und Umstände nicht bekannt sind, bleibt die Prognose stets innerhalb der Grenzen von Wahrscheinlichkeitsaussagen (s. näher u. § 1 8 I., § 46 I. 2. bzw. § 21, § 42 III. 2.).

Betreffend den Begehungsaspekt sind Vorstellungen einer Kausalbeziehung ebenso wie solche einer monofaktoriellen Aussagemöglichkeit oder der Existenz prädominanter Faktoren zugunsten von Forschungen über Zusammenhänge, Korrelationen oder Kovarianzen zwischen einer mehr oder weniger faßlichen Menge von Faktoren zurückgetreten; damit ist allerdings die Relevanz der Kausalerklärungen in quantitativ seltenen Einzelfällen etwa pathologischer Phänomene nicht ausgeschlossen. Das wechselseitig wirkende Verhältnis von strafrechtlicher sozialer Kontrolle und Verbrechen erfordert nahezu regelmäßig eine Überprüfung dessen, in welcher Weise erhobene Befunde für Ereignisse der legislatorischen und/oder reaktiven Definition von Verbrechen oder aber für Ereignisse der Begehung von Verbrechen bedeutsam sind.

Der zuletzt genannten Notwendigkeit trägt die Forschungspraxis nicht einheitlich Rechnung. So sind zum Beispiel die meisten der soziologisch und sozialpsychologisch orientierten Hypothesen und Theorien, wie sie bis in die zweite Hälfte des 20. Jahrhunderts hinein namentlich in der US-amerikanischen Kriminologie entwickelt wurden, losgelöst von Gegebenheiten des Strafrechts konzipiert (s. *Jeffery* 1972, 491).

b) Ein anderes Forschungsziel bezieht sich nicht auf das Verhältnis zwischen bestimmten Merkmalen und Wirkungen innerhalb eines Entstehungsprozesses, sondern auf funktionale Elemente des Verbrechens vorzugsweise in der Makrostruktur (s. o. §§ 9 bis 11).

3. Nach einer weithin verbreiteten Ansicht, die als naiver oder ursprünglicher Empirismus bezeichnet werden kann, besteht die Vorstellung, daß durch Sammeln von Fakten »Gesetzmäßigkeiten« der Wirklichkeit gefunden werden können. Ein entsprechendes Vorgehen findet sich gelegentlich bei solchen Fachvertretern der Kriminologie, die eine Eigenständigkeit des kriminologischen Forschungsgegenstandes annehmen (s. o. § 1 IV.). Gegenüber dieser Ansicht erscheint es einleuchtend, daß die Auswahl dessen, was beobachtet, befragt und worüber gegebenenfalls experimentiert wird, durch nicht-rationalisierte Vorstellungen des Forschers im vorhinein bestimmt ist. Dies würde bedeuten, daß nicht der Forschungsgegenstand, sondern der Forscher bestimmend dafür ist, was als Erkenntnis produziert wird. Zugleich wird die Möglichkeit der Verallgemeinerung von auf diesem Wege gewonnenen Daten deshalb als logisch nicht vertretbar angesehen, weil der Forschungsgegenstand nur in räumlich und zeitlich begrenzten Einzelaussagen deskriptiv zu erfassen sei.

4. Verschiedentlich wählten und wählen kriminologische Forscher im Rahmen eines »multifaktoriellen Ansatzes« die ihnen interessant erscheinenden Faktoren zur Erhebung aus, ohne jedoch zu erkennen zu geben, warum sie diese und nicht andere Faktoren ausgewählt haben. Unformulierte hypothetische Gefüge aber erscheinen, in der mikro- wie in der makrostrukturellen Forschung, gefährlicher als formulierte hypothetische Gefüge, »weil die Formulierung größere Möglichkeiten enthält, sie zu kontrollieren« (*Christiansen* 1977, 209). Soweit die für die Auswahl leitenden hypothetischen Gefüge bei den Forschern nur einen vergleichsweise veringen Grad an Bewußtheit haben, mag es sich im Ergebnis um den Verzicht auf eine differenzierte Theorie oder um eine »Anti-Theorie« (*Wilkins* 1964, 37) handeln; dies aber würde Lücken in der Konsistenz und hinsichtlich der empirischen Überprüfbarkeit von Aussagen zur Folge haben.

Soweit nämlich der theoretische Rahmen, innerhalb dessen eine gegebene Beziehung nachgeprüft werden kann, nicht genau festgelegt und formuliert ist, »sind alle Korrelationen, auf die man stoßen kann, entweder völlig ohne Sinn oder bestenfalls Anregungen, denen man vielleicht nachgehen kann, sofern die vorhandene Lehre zeigt, daß dies ein sinnvolles Unterfangen ist« (*König* 1972, 46). Die Feststellung eines Variablensystems, aus dem die logische Ableitung abhängiger Variablen vorzunehmen wäre, scheint jedenfalls nicht möglich. Vielmehr sind Versuche nachträglicher, gewissermaßen improvisierter Verknüpfung von Variablen von den zunächst erhobenen Faktoren abhängig und stellen sich als Spekulation dar.

Hiernach besteht (auch) für die kriminologische Forschung eine Notwendigkeit nicht nur darin, eine Vielzahl von Faktoren in die Untersuchung einzubeziehen, sondern auch darin, daß dies nur im Rahmen einer einheitlichen Theorie geschieht, in der eine Reihe von Variablen in ein System gebracht werden.

5. Allerdings wird sich die Forschung der Kriminologie als angewandter Wissenschaft (s. o. § 1 II. 6. a), IV. 5.) schon deshalb auf nach Raum und Zeit eingegrenzte Aussagen oder auf Wahrscheinlichkeitsaussagen beschränken (müssen), weil sie sich im zeitlichen Querschnitt wie im Längsschnitt unterschiedlichen Vorgegebenheiten des Untersuchungsgegenstandes gegenübersieht. Eine allgemeine, nach Raum und Zeit unbeschränkte Theorie würde demgegenüber beanspruchen, für alle Bevölkerungsgruppen und alle Delikte zutreffende Erklärungen und Prognosen zu ermöglichen. Demgemäß wäre eine Überprüfung einer allgemeinen Theorie auch bei Extremgruppen der Bevölkerung möglich. – Fraglich bleibt, ob eine allgemeine, nach Raum und Zeit unbeschränkte Theorie für solche kriminologischen Fragestellungen möglich sein könnte und anzustreben wäre, die auf überzeitliche Zusammenhänge des Definitions- oder Begehungsaspektes gerichtet wären.

6. Für die sozialwissenschaftlich orientierte Kriminologie besteht der Forschungsprozeß gemäß der Logik der sozialwissenschaftlichen Forschung in einem ständigen Wechselspiel von Hypothesenbildung und Überprüfung. Dabei ist seit *Popper* (1973, 14 ff.) das Konzept der Verifizierung gegenüber demjenigen der Falsifizierung von Hypothesen zurückgetreten. Hiernach heben sich Erkenntnisaussagen von anderen wissenschaftlichen Aussagen dadurch ab, daß bei ersteren die Behauptung ihrer Richtigkeit einstweilen nicht widerlegt ist. Forschungslogisch erlaubten sie es demgemäß, erneut Vermutungen anzustellen und diese zu überprüfen. In dem permanenten Forschungsprozeß seien solche Theorien und Hypothesen die jeweils vergleichsweise besten, die den Bemühungen um Widerlegung ihrer Richtigkeit seither standgehalten haben.

Dieses Konzept verkennt nicht, daß dergestalt gewonnene Aussagen nur eine eingeschränkte Form der Strukturierung von Realität sind. Andererseits bescheidet es sich mit der wissenschafts-methodologischen Auseinandersetzung, und beläßt die (weitere) wissenssoziologische Frage danach, welche von allen möglichen Hypothesen über tatsächliche Verhältnisse formuliert und ausgewählt werden sollen, dem Interesse des einzelnen beziehungsweise der Forscherpsychologie (zum Einwand einer [lediglich] formalen methodenbezogenen Wissenschaftsauffassung vgl. *Habermas* 1970, 44; s. ferner *Holzkamp* 1972, 88).

II. Erkenntnisstreuung, -wandel und -fortschritt

1. Eine andere allgemeine Überlegung betrifft die Frage, ob der permanente Forschungsprozeß auch auf dem Gebiet der Kriminologie sich als ein evolutionär ge-

§ 12 *Möglichkeiten und Grenzen kriminologischer Erkenntnis*

dachter, der Wahrheit stets annähernder Ablauf oder nicht vielmehr als Auswirkung des steten Wechsels von Verständnisweisen im Sinne eines Paradigmas (*Kuhn* 1973) darstellt. Unstreitig ist, daß jede als bedeutsam erfaßte Tatsache theorieabhängig erhoben wird und somit ein »gesichertes Wissen« stets theoriebezogen oder -abhängig ist. Dabei ist zu berücksichtigen, daß eine (teilweise) Verschiedenheit von Verständnisebenen, leitenden Vorstellungen, Bezugsrahmen und Konzepten im zeitlichen Längs- und Querschnitt besteht. Daraus folgt, daß auch die zum jeweiligen Zeitpunkt einstweilen nicht widerlegten wissenschaftlichen Aussagen nicht als Erkenntniseinheit, sondern als Erkenntnisstreuung erscheinen. Wenn aber schon im zeitlichen Querschnitt ein Spektrum von Erkenntnisaussagen zu verzeichnen ist (s. aber zu Fragen einer Paradigma-Übereinkunft *Masterman* 1974), macht dies die Annahme plausibel, daß auch der Forschungsprozeß im zeitlichen Längsschnitt von Elementen beeinflußt ist, die auf den Verifizierungs- und Falsifizierungsprozeß einwirken.

2.a) Soweit davon auszugehen ist, daß ein überzeitlich gültiger Maßstab zur Ermittlung von Wahrheits- oder Erkenntnisgehalt bei verschiedenen Theorien nicht besteht, so fragt es sich, ob der Forschungsprozeß nach Inhalt und Methode der Beliebigkeit ausgesetzt ist. Bejahendenfalls könnte zu besorgen sein, daß Richtung und Ausmaß eines – stillschweigenden oder ausgesprochenen – (kriminal-) politischen Engagements nicht nur dominieren, sondern als Gütekriterium für wissenschaftliche Aussagen gelten würden. Gelegentlich hat es den Anschein, als ob die Anerkennung kriminologischer Forschungsergebnisse nicht oder nicht so sehr von empirischen Belegen und den dafür vorgesehenen Verfahren als vielmehr zumindest auch von »Überzeugungen« abhängt, die von Immunisierungsstrategien umgeben sind (vgl. hierzu o. § 2 III.).

In der Auseinandersetzung zwischen politischer und kriminologischer Legitimierung von Aussagen und Handlungen hat *Kaiser* (1976, 15 f.) geäußert, Objektivität sei »Ausdruck eines bestimmten Stils, wissenschaftlich zu denken und zu handeln, vielleicht auch ein besonderer Ausdruck des Toleranzgedankens, obschon im Rahmen wissenschaftlicher Auseinandersetzung der Irrtum nicht den gleichen Rang wie die Wahrheit beanspruchen . . .« könne. Diese Auffassung scheint indes die Problematik der Objektivität auf solche Kriterien zu verlagern, nach denen die benannten Fragen des Stils oder des Toleranzgedankens in concreto zu beurteilen wären.

b) Eine Beliebigkeit mag sich nur insofern vermeiden lassen, als, im Sinne eines Negativ-Kriteriums, das Vorhandensein von Ideologie überprüft wird. Dabei läßt sich Ideologie als eine unangemessene Verallgemeinerung partiell sinnvoller Aussagen zu einem holistischen Anspruch verstehen. Ein solcher erscheint schon wegen des problembezogenen Charakters der theoretischen Grundlagen der Kriminologie ausgeschlossen (s. hierzu *Krauss* 1971, 25).

Im übrigen könnten forschungspsychologische Erhebungen Anhaltspunkte über das Ausmaß an Beliebigkeit erbringen. Unter Beachtung des Verhältnisses von Selbst- und

Fremdeinschätzung ließe sich überprüfen, welche personalen oder sozialen Merkmale, Motivationen und Interessen mit dem Ausmaß der Anhängerschaft dieser oder jener wissenschaftlichen Richtung zusammenhängen (vgl. hierzu z. B. die Hinweise unter § 4 II. 2. a)).

c) Im Hinblick auf die Abgrenzung zum Strafrecht findet sich innerhalb der Kriminologie vergleichsweise häufig die Auffassung vertreten, man gehe wertfrei vor. Demgegenüber ist nicht zu übersehen, daß bereits der Entschluß, nicht zu werten, eine Wertung darstellt. Ebenso setzt die Entscheidung, eine bestimmte Forschungsfrage mit bestimmten Methoden zu untersuchen, unvermeidbar eine Wertung voraus. Jedoch muß dies die Richtigkeit der Forschungsergebnisse dann nicht berühren, falls davon ausgegangen werden kann, daß die Wertung nur im Entstehungszusammenhang, nicht aber im Begründungszusammenhang von Hypothesen vorkommt (vgl. *Lautmann* 1971, 31 f.).

3.a) Eine Begrenzung von Erkenntnisfortschritt ergibt sich nicht zuletzt aus dem Wandel von Verbrechen unter den geschichtlichen Bedingungen des Zusammenlebens einschließlich der normativen und tatsächlichen Instrumente strafrechtlicher sozialer Kontrolle. Dabei liegt es im Wesen der methodischen Fortentwicklung, daß es für zurückliegende Zeiträume in der Regel an solchen Erhebungsquellen und -instrumenten fehlt, die nach gegenwärtigem Verständnis als notwendig erachtet werden.

Quellen der Historischen Kriminologie sind vorzugsweise schriftliche Überlieferungen (Strafgesetze, strafrechtliche Literatur, Gerichtsbücher, Urteilssammlungen, Gaunerlisten, Stadt- und Blutbücher, Tagebücher und [Auto-]Biographien). Sie erlauben jedoch keine Erhebung zum Beispiel über Umfang, Struktur und Bewegung von Kriminalität vergangener Jahrhunderte (für England s. aber *Radzinowicz* 1948; 1956; 1968; für Frankreich z. B. *Lanhers* 1968; *Abbiateci* u. a. 1971; zusammenfassend für Deutschland *Radbruch/Gwinner* 1951; *Schmidt E.* 1965) auf den Stufen der formellen strafrechtlichen sozialen Reaktion (zum Beginn von Kriminalstatistiken s. u. § 17 I. 1.). Selbst bezüglich bestimmter Gruppen verfolgter Personen wie etwa Juden oder Hexen mangelt es trotz einer Vielzahl von Berichten an hinreichend genauen Daten (vgl. *Bader* 1956, 23 f.).

α) Die Fallsammlungen sind für die Forschung von vornherein dann von nur begrenzter Ergiebigkeit, wenn die Darstellungen ohne den jeweiligen kulturhistorischen Hintergrund geschehen sind. So enthält die wohl erste Fallsammlung, nämlich diejenige *De Pitavals* (1737 ff.), weithin Fallberichte ohne den Versuch einer (psychologischen oder soziologischen) Erklärung; hingegen bemühte sich *Feuerbach* (1970 [1808/11]) in der von ihm verfaßten Fallsammlung um eine mit psychologischen Elementen versehene Darstellung, ohne allerdings die Täterpersönlichkeit gegenüber dem Tatgeschehen und dem Gerichtsverfahren in den Vordergrund zu rücken. Als weitere Fallsammlungen sind, bei erheblich unterschiedlichem Niveau wissenschaftlicher Durchdringung, diejenigen von *Hitzig/Häring* (1842 ff.) und *Frank* u. a. (1907 ff.) zu nennen. Aus jüngerer Zeit sind die Arbeiten von *Jacta* (1963, 1967, 1972) und *Mostar/Stemmle* (1963 ff.) sowie, unabhängig von Fragen der gerichtlichen Tätigkeit, von *Middendorff* (1972) anzuführen.

β) Das Bildmaterial vermag mitunter Aufschlüsse über solche für die Historische Kriminologie bedeutsamen Tatsachen zu vermitteln, die zu der jeweiligen Zeit der Quellenherstellung selbstverständlich waren oder aber zu einem konkreten Anlaß als unerheblich erschienen. Wenngleich das Bildmaterial solche Tatsachen häufig nur in Details erkennen läßt, sind sie aus dem geschriebenen Quellenmaterial oftmals nicht zu entnehmen. Die bildlichen Darstellungen bieten, insgesamt betrachtet, vor allem Informationen zur Auffassung der »strafenden Gesellschaft« und zu Formen der Verbrechensbekämpfung (*Bader* 1956, 30).

b) Zur Veranschaulichung der Problematik sei bezüglich der Mikrostruktur des Verbrechens auf Anhaltspunkte dafür hingewiesen, daß die Vorstellung vom Erscheinungsbild des Straftäters und, dieser entsprechend, die Anzeige- und formelle Verfolgungsbereitschaft und -intensität sich nach gesellschaftlichen Bedingungen bestimmt und demgemäß im Quer- und Längsschnitt unterschiedlich sein kann. Solche Bedingungen könnten zum Beispiel die Gefahren sein, die gesellschaftliche Gruppen als die jeweils bedrohendsten erachten und die sie an bestimmten Personen zu manifestieren sich bemühen (vgl. *Poveda* 1970, 61). – Aus der Sicht des Bezugsrahmens »Labeling« (s. o. § 8) ließe sich zum Beispiel vermuten, daß in einer vergleichsweise stabilen Gesellschaft mit geringem sozialen Wandel bevorzugt physiologische und somatische Unterschiede zur Intensivierung formeller sozialer Reaktion beitragen mögen, während dies in einer dynamischen und von tiefgreifendem sozialen Wandel gekennzeichneten Gesellschaft eher Erwartungsverletzungen betreffend das Rollenverhalten in bestimmten Bereichen sein mögen. So könnten die von *Lombroso* beschriebenen Auffälligkeiten (s. u. § 48 III. 2. a)) zur damaligen Zeit innerhalb der italienischen Strafanstaltspopulationen tatsächlich erheblich häufiger anzutreffen gewesen sein, als es zu anderen Zeiträumen der Fall war oder ist (vgl. hierzu *Sack* 1974, 471); bereits für die damalige Zeit hat *Baer* (1893) innerhalb (nord-) deutscher Strafanstaltspopulationen hingegen abweichende Befunde festgestellt. Auch wird seit Jahrzehnten in gewisser Konstanz und Einheitlichkeit von bestimmten Merkmalen im Familien-und Leistungsbereich berichtet, die bei gefangenen Straftätern überrepräsentiert seien.

§ 13 Implikationen des Forschungsprozesses

I. Abschnitte des Forschungsablaufs

1. Der formale Ablauf (auch) einer kriminologischen Untersuchung ist zunächst gekennzeichnet durch die Festlegung eines thematischen Bereichs, die Auswahl eines spezifischen Forschungsproblems innerhalb dieses Bereichs und die Formulierung einzelner Forschungsfragen aus dem ausgewählten Forschungsproblem. Dem schließt sich die Bildung von Korrelationshypothesen oder von Kausalhypothesen im (eingeschränkten) sozialwissenschaftlichen Sinn an, wobei bei ersterer ein Zusammenhang oder Nicht-Zusammenhang von mehreren Variablen und bei letzterer eine eindeutige Beziehung oder Nicht-Beziehung zwischen unabhängigen und abhängigen Variablen vermutet wird. – Demgegenüber soll es sich bei explorativen Untersuchungen umgekehrt verhalten, indem zunächst ein bestimmtes Phänomen beschrieben wird, und erst nach Beendigung dieser Forschungstätigkeit die Hypothesenbildung einsetze. Allerdings folgt, wie dargelegt (§ 12 I. 3., 4.), bereits die Beschreibung ihrerseits einem hypothetischen Gefüge.

2. Der konkretisierte Forschungsplan setzt, neben Bestimmung und Auswahl von Untersuchungseinheiten, eine Operationalisierung von Begriffen voraus, um das Vorliegen eines bezeichneten Phänomens feststellen zu können. Die Operationalisierung von Begriffen bedeutet eine Reduktion von Aussagen aus einer Theorie oder Hypothese auf einzelne wenige Phänomene. Die damit verbundene Gefahr zunehmender Realitätsferne ist um so größer, als meist möglichst allgemeine Begriffe festgelegt werden, um eine vergleichsweise umfassend geltende Aussage zu erreichen.

a) Soweit als relevant erachtete Merkmale sich nicht unmittelbar messen, das heißt auf Skalen einordnen lassen, bedarf es der Verwendung zusätzlicher, unmittelbarer Variablen, die, im Verbund mit anderen Variablen oder für sich allein genommen, die Ausprägungen der als relevant erachteten Merkmale anzeigen (= Indikatoren).

b) Die Gewinnung unmittelbar wie mittelbar messender Daten muß hinsichtlich des Inhalts eines Merkmals dem Erfordernis der Gültigkeit (Validität) und bezüglich des Erhebungsvorgangs dem Erfordernis der Zuverlässigkeit (Reliabilität) entsprechen. Das Kriterium der Gültigkeit betrifft die Frage, ob tatsächlich das erfaßt wird, was erfaßt werden soll. Das Kriterium der Zuverlässigkeit bezieht sich auf die Frage der Übereinstimmung gewonnener Daten in wiederholten Erhebungsvorgängen. Sofern das Erfordernis der Gültigkeit erfüllt ist, ist dies auch für dasjenige der Zuverlässigkeit der Fall; umgekehrt ist diese zwangsläufige Folgerung nicht möglich.

3. Der Durchführung der Erhebungen und Sammlung des Datenmaterials folgt die Aufbereitung, Analyse und Interpretation der Daten. Die Bemühung um Beantwortung der zu Beginn des Forschungsablaufs gestellten Forschungsfragen bezieht eine Stellungnahme zur Verallgemeinerungsfähigkeit und zum Geltungsbereich der erzielten Ergebnisse ebenso ein wie eine Inbezugsetzung zu bestehenden oder entstehenden Theorien und Hypothesen.

II. Gelegenheiten zur Konzeptualisierung

1. Die benannten Abschnitte des Forschungsablaufs beeinflussen sich nicht nur in der dargestellten formalen chronologischen Richtung, sondern es vermögen, im Sinne eines prozeßhaften Geschehens, auch zeitlich später liegende Abschnitte auf Entscheidungen innerhalb zeitlich früher liegender Abschnitte einzuwirken. So gibt bei der Festlegung über die bevorzugte Verfolgung und Förderung einer Forschungsfrage und der einzubeziehenden Erhebungsbereiche oftmals die jeweilige Auffassung über die Geeignetheit bestehender Erhebungs- und Auswertungsinstrumente den Ausschlag (vgl. ähnlich *Davidovic* 1970, 13 f.).

Es bestehen, insbesondere den Einzelbereich von Verbrechen betreffend, anhaltend Meinungsverschiedenheiten bezüglich der Geeignetheit von Einzelfalldarstellungen oder aber statistisch auswertbaren Einordnungen erhobener Daten. Gegenüber ersterem Vorgehen wird insbesondere der Einwand erhoben, daß eine Zufälligkeit der Ergebnisse nicht auszuschließen sei. Bei letzterem Vorgehen hingegen wird beanstandet, das Erhobene müsse unter vorgegebene Skalierungen subsumiert werden, wodurch oftmals zwar sehr kleine, aber deshalb nicht weniger gewichtige Unterschiede mit möglicherweise spezifischer Bedeutung untergingen.

2. Die Überprüfung der allgemeinen Gütekriterien der Validität und Reliabilität und von Erhebungsverfahren ist in der Kriminologie deshalb in erhöhtem Maße angezeigt, weil der kriminologische Forschungsgegenstand stets auch durch Bewertungen bedingt ist. Diese Überprüfung betrifft die Frage, inwieweit Befunde, unbeschadet formal exakter Anwendung von Erhebungsinstrumenten, Funktion letzterer sein könnten (Artefakte). Umgekehrt ist bei Befunden, die aufgrund formal weniger objektivierbaren Erhebungsverfahren gewonnen wurden, erhöht zu überprüfen, inwieweit sie Funktion von Vorstellungen des einzelnen Untersuchers sein könnten.

3.a) Die Frage des Einflusses von Entscheidungen und Weichenstellungen bei bestimmten Abschnitten des Forschungsablaufs betrifft nicht zuletzt auch den Erhebungsvorgang. Entsprechend den Kriterien der sozialen Wahrnehmung (vgl. *Graumann* 1955/56; *Tajfel* 1969) ist davon auszugehen, daß der Forscher zum einen Merkmale in unterschiedlicher Weise wahrnimmt oder übersieht, und zum anderen, soweit er nicht umhin kann, sie wahrzunehmen, sie in unterschiedlicher Weise einordnet. Sofern er im Bemühen um Neutralisierung gewissermaßen »gegensteuert«, mögen die Ergebnisse dadurch wiederum beeinflußt sein. Stets wird die Wahrnehmung ein Kompromiß zwischen (möglicherweise) objektiv Vorhandenem und subjektiv Erwartetem bleiben, während die Vorstellung einer unverfälschten Wiedergabe der Reizgrundlage sich nicht verwirklichen lassen wird. – Auch bei standardisierten Verfahren, in denen eine Prüfung der Validität und Reliabilität vorgenommen ist, bleiben gewisse Möglichkeiten der Einflußnahme schon im sozialen Ablauf der Erhebungssituation bestehen (vgl. auch die diesbezüglichen Beiträge in *Rosenthal/Rosnow* 1969).

b) Den permanenten Möglichkeiten, Wahrscheinlichkeiten und Gefahren einer selektiven Behandlung anfallender Daten (*König* 1969, 1281) sucht man durch Absicherungstechniken zu begegnen, wozu hinsichtlich solcher Daten, bei deren Erhebung die Wahrscheinlichkeit der Intervenienz subjektiver Untersuchervariablen groß ist, in erster Linie die Prüfung der *Quellen- und Untersucher-Variabilität* zählt.

Die Berücksichtigung der Probleme der Quellen- und Untersucher-Variabilität im Rahmen der Durchführung der Erhebung kann – etwa auch in einer entsprechend aufgeschlüsselten besonderen Spalte innerhalb eines Erhebungsbogens – dergestalt geschehen, daß bei den einzelnen Kategorien jeweils jeder Untersucher für die festgestellte Ausprägung (Position) die Datenherkunft sowie sich als Untersucher vermerkt. Sofern er bei verschiedenen Quellen verschiedene Daten erhebt, mag er darüber hinaus die jeweiligen Daten bei den jeweiligen Quellen eintragen. Wenn sich die Forschergruppe im Anschluß daran in einer gemeinsamen Besprechung jeweils für eine bestimmte Ausprägung (oder auf »ungeklärt«) einigt, so kann diese Eintragung unterschiedlich gekennzeichnet werden, so daß ersichtlich ist, inwieweit die ursprünglich erhobenen Ausprägungen nach Quelle und/oder Untersucher divergieren. Zudem bieten sich umfangreiche Möglichkeiten zur Auswertung der Daten unter dem Gesichtspunkt der Überprüfung der Variabilitätsgrade in der Erhebung.

Zu beachten ist allerdings, daß Widersprüche sowohl auf bewußt falschen Angaben als auch auf fehlender Erinnerung beruhen können. Darüber hinaus dürfte den oder die Untersucher schon insofern eine erhebliche Steuerungsfunktion bei der Verteilung von Widersprüchen treffen, als deren Häufigkeit auch davon abhängt, wie intensiv gefragt beziehungsweise nachgefragt wird, und worauf sich die Fragen beziehen.

c) Die Interessen, Erfahrungen und Motivationen werden den Forschungsablauf im allgemeinen dann weniger einseitig bestimmen können, wenn eine Forschergruppe tätig ist, deren Mitglieder (partiell) unterschiedliche Interessen, Erfahrungen und Motivationen einbringen. Dies ist dann wahrscheinlich, wenn es sich um Fachvertreter unterschiedlicher Herkunftsdisziplin handelt. Jedoch kann zum einen schon die Auswahl der einbezogenen Disziplinen sehr unterschiedlich sein (s. o. § 1 IV. 2.). Zum anderen ist wesentlich, welche der beteiligten Disziplinen und welche – mit diesen etwa verknüpften – Erkenntnisperspektiven nach Anzahl und Machtposition ihrer Vertreter innerhalb einer Forschungsgruppe dominieren, und in welchem Ausmaß und bei welchen Entscheidungen und Weichenstellungen innerhalb des Forschungsablaufs eine Dominanz besteht. Hierzu läßt sich nicht ohne Resignation feststellen, daß selbst eine als »interdisziplinär« bezeichnete Forschung (s. o. § 1 IV. 3. b), § 3 I. 2. a)) in der Regel bestimmte Interessen, Erfahrungen und Motivationen bevorzugt berücksichtigt.

4.a) Was die Auswertungsverfahren anbetrifft, so wird eine gefundene Beziehung zwischen untersuchten Variablen (Korrelation) überlicherweise daraufhin überprüft, ob sie zufällig ist oder als überzufällig (signifikant) angesehen werden kann. Hierzu ist festgelegt worden, eine Irrtumswahrscheinlichkeit, die zwischen $p = 0,1$ (= eine Sicherheit zu 99,9 %, daß es sich nicht um ein zufälliges Ergebnis handelt) und höchstens $p = 5$ (= eine Sicherheit des genannten Inhalts zu 95 %) beträgt, sei geeignet, die Vermutung für eine Zufallsbeziehung auszuschalten. Ein dieser formalen Regelung entsprechendes Ergebnis besagt jedoch nichts zu der Frage, welches der auslösende Faktor innerhalb der Korrelation ist, das heißt ob der Wirkungszusammenhang von diesem oder von jenem Faktor innerhalb der Korrelation ausgeht (vgl. kritisch zur Faktorenanalyse *Kalveram* 1970; *Kempf* 1972).

b) Das Grundprinzip der Korrelationsrechnung besteht darin, lineare Funktionen festzustellen. Dies aber setzt solche Daten voraus, die eine Metrik haben. Dieser Anforderung läßt sich in Längsschnittuntersuchungen, deren Gegenstand als dynamischer Prozeß vermutet wird, nur wenig Rechnung tragen. Hierfür bedarf es multivariater Verfahren, die die Zeitvariable einbeziehen oder nach dieser zu differenzieren vermögen, und die auch bei nichtkontinuierlichen Daten anwendbar sind.

c) Ferner stellt sich die Frage, ob eine als signifikant errechnete Beziehung zwischen zwei Variablen auf einer anderen, diese beiden beeinflussenden intervenierenden Variable beruht, oder ob es sich um eine Scheinkorrelation handelt. Letzteres mag um so eher der Fall sein, je mehr eine Fülle von Variablen ohne offengelegtes hypothetisches Gefüge auf eine Beziehung hin ausgezählt werden. Dabei mag nicht ganz selten gerade auch eine als offensichtlich oder gar als evident erscheinende Schlußfolgerung unrichtig und also ein Trugschluß sein.

Zur Veranschaulichung sei folgendes Beispiel wiedergegeben: Innerhalb einer Untersuchung aus den USA über den Zusammenhang zwischen Kriminalität (= gemessen an der Anzahl der Straftaten je 1 000 Einwohner) und Religionszugehörigkeit (= gemessen nach dem Prozentsatz der Kirchgänger im Alter von mehr als 13 Jahren) wurde ein Korrelationskoeffizient von −0,14 berechnet (*Ogburn,* hier zitiert nach *Moroney* 1971, 66 f.; vgl. hierzu auch *Mannheim* 1974, 686). Hiernach schien es, als gehe Religionszugehörigkeit mit geringer Kriminalitätsbelastung einher. Hingegen soll sich eine positive Korrelation zwischen Kirchenmitgliedschaft und Kriminalität gezeigt haben, sobald man die Altersgruppe der Jugendlichen sowie den Anteil der Einwanderer herausnahm. Somit schien es, als daß es eher Einwanderer mit großer Familie wären, die eine niedrigere Kriminalitätsbelastung hätten, während bei der einheimischen Bevölkerung Kirchenmitglieder eine höhere Kriminalitätsbelastung hätten.

d) Schließlich ergeben sich Bedenken gegen Signifikanztests aus Überlegungen zur Theoriebildung. Da sich Theorien stets auch auf zukünftige Ereignisse beziehen, können aus der unendlichen Grundgesamtheit der Anwendungsfälle der Theorie keine Zufalls-Stichproben gezogen werden. Deren Wesen besteht aber gerade darin, daß jedes Element die gleiche, von Null verschiedene Chance hat, in die Stichprobe aufgenommen zu werden.

§ 14 Verhältnis von Gesamt- und Einzelbereich des Verbrechens

I. Wesensmäßige Unterschiede

1. Der Begriff Verbrechen bezieht sich sowohl auf das Massenphänomen Kriminalität als auch auf das Einzelphänomen einer Straftat. Zwar entbehrt die Unterscheidung zwischen Makro- und Mikrostruktur einer logisch und analytisch zwingenden Abgrenzung und weist fließende Übergänge auf; zugleich finden sich Überschneidungen beider Bereiche. Auch wird von manchen die Ansicht vertreten, die eine Ebene lasse sich vollkommen auf die andere reduzieren. Demgegenüber bestehen erhebliche und teilweise kategoriale Unterschiede des Forschungsgegenstandes zwischen Makro- und Mikrostruktur; dem entsprechen unterschiedliche Forschungsfragen, -methoden und -ergebnisse. Zudem liegen zwischen der Makro- und der Mikroebene zusätzliche, vermittelnde oder auch bedingende Ebenen, wie zum Beispiel diejenigen der Bezugsgruppen und der Institutionen (Mehrebenen-Analyse, s. auch o. § 10 III. 2.).

Die Massenuntersuchung bezieht sich herkömmlicherweise auf die Gesamtheit oder auf Auszüge der in Kriminalstatistiken ausgewiesenen Daten über Taten und Täter. Die Reihenuntersuchung, die maßgeblich dem Einzelbereich zugeordnet wird, bezieht sich auf eine Anzahl von Einzelfällen, die sich nach bestimmten Kriterien entsprechen und bei deren Auswahl man sich überwiegend um Repräsentativität bemüht. Die Einzeluntersuchung wird namentlich in der forensischen Praxis einschließlich des Bereichs der Strafvollstreckung vorgenommen. – Sämtliche dieser Untersuchungsarten bemühen sich bevorzugt um einen Vergleich, wobei die gewählten Vergleichsobjekte oder -phänomene naturgemäß den jeweils verwandten Quellen entsprechen müssen.

2. Was Unterschiede in den Ergebnissen zwischen makro- und mikrostrukturellen Forschungen angeht, so sei nur auf das Verhältnis von Verbrechen und ökonomischem Status hingewiesen. Die Befunde zum Gesamtbereich stimmen nahezu ausnahmslos darin überein, daß intra- wie auch international die Kriminalitätsbelastung in Gebieten mit höherem ökonomischem Status gleichfalls höher ist als in Gebieten mit niedrigerem ökonomischem Status (s. u. § 51 II. 2., 3.). Demgegenüber besagen die Befunde zum Einzelbereich gleichfalls nahezu ausnahmslos, daß der absolute, zumindest aber relativ höchste Anteil von verurteilten Straftätern aus ökonomisch unteren Gruppen innerhalb des jeweiligen Einzugsgebietes stammt (s. u. § 58 I. 1. a)). – Ein ähnlicher Unterschied läßt sich zumindest teilweise für das allgemeine oder elementare Bildungsniveau nachweisen (s. u. § 50 I. 1., 2. beziehungsweise § 58 I. 5.).

3. Hiervon zu unterscheiden sind die begrenzten Möglichkeiten, aus Korrelationen zwischen den Häufigkeitsverteilungen von Eigenschaften bei bestimmten Gebietseinheiten Aussagen über das Verhalten von Einzelpersonen abzuleiten. So läßt sich etwa aus dem statistischen Befund, daß innerhalb bestimmter Gebiete der Anteil einer bestimmten Deliktsgruppe mit abnehmendem Durchschnittseinkommen ansteigt, nicht ohne weiteres schließen, Straftaten der bestimmten Deliktsgruppe würden überrepräsentiert von Einzelpersonen mit geringerem Einkommen begangen (vgl. für einen solchen »ökologischen Trugschluß« *Robinson* 1950, 354). Vielmehr »ist ein Schluß aufgrund der Beobachtung von Merkmalen bei Gebietseinheiten um so eher irrtümlich, je mehr unterschiedliche Kombinationen von Individualmerkmalen mit den Zahlen für die gleichen Gebietseinheiten zu vereinbaren sind« (*Scheuch* 1973, 210).

So könnte es zum Beispiel sein, daß innerhalb der benannten Gebiete Straftaten der bestimmten Deliktsgruppe überrepräsentiert von solchen Bewohnern begangen werden, die über ein vergleichsweise höheres Einkommen verfügen.

4. Die Trennung von Global- oder Aggregatmerkmalen einerseits und Individualmerkmalen andererseits bedeutet jedoch nicht, daß die Frage der Beziehungen zwischen makro- und mikrostrukturellen Eigenschaften ausgeklammert würde.

Vielmehr ist die genannte Trennung Voraussetzung für eine Analyse der Beziehungen der auf unterschiedlichen Ebenen angesiedelten Phänomene. Die Verknüpfung von Global- oder Aggregatmerkmalen mit Individualmerkmalen dient unter anderem dem Versuch, das Vorkommen von Individualmerkmalen als durch (sozialstrukturelle) Global- oder Aggregatmerkmale bedingt zu erklären.

Eine besondere Problematik der Mehrebenen-Analyse betrifft die Fragestellung der Auswirkungen von makrostrukturellen Zielsetzungen und Funktionen strafrechtlicher sozialer Kontrolle auf Befunde über Individualmerkmale bei als Straftäter überführten Personen. Hierbei wird die Notwendigkeit der Einbeziehung der vermittelnden oder auch bedingenden (Zwischen-)Ebenen der Bezugsgruppen und Institutionen besonders deutlich.

II. Teilweise Übereinstimmung des Erkenntnisinteresses

1. Eine teilweise Übereinstimmung zwischen Makro- und Mikrostruktur von Verbrechen besteht bei der Frage nach dem Erkenntnisinteresse. Soweit nicht nur Kriminalität, sondern zunehmend auch die einzelne (faktische) Straftat prinzipiell als normal und ubiquitär angenommen wird, mangelt es für Makro- wie Mikrostruktur an einem Erkenntnis- oder Erklärungsinteresse betreffend die Entstehung von Verbrechen schlechthin. So würde es auch an geeignetem Vergleichsmaterial zur Untersuchung von Kriminalität im Unterschied zu Nicht-Kriminalität sowie von einzelner Straftat im Unterschied zu einzelner Nicht-Straftat fehlen. Hingegen richtet sich das Erkenntnis- und Erklärungsinteresse für Makro- wie Mikrobereich auf Unterschiede des Verbrechens nach Ausmaß, Schwere und Struktur sowie auf solche im Quer- und Längsschnitt. Dabei besteht eine Übereinstimmung beider Bereiche ferner darin, daß der Forschungsgegenstand sowohl dem Dunkelfeld als auch unterschiedlichen Ebenen des sozialen Reaktionsprozesses entnommen werden kann.

2. In der makro- wie in der mikrostrukturellen Forschung begegnet die Anknüpfung an das Dunkelfeld oder an informelle Ebenen des sozialen Reaktionsprozesses dem Einwand, Verbrechen sei kein per se gegebenes Phänomen, etwa im Sinne der Archäologie, sondern stelle sich als Bewertung von Verhaltensweisen dar. Aus diesem Grunde sei es nach Begriff und Inhalt nicht von den zu ihrer Verfolgung und Registrierung offiziell zuständigen Behörden trennbar. Tatsächlich ist nicht zu verkennen, daß das durch Dunkelfelduntersuchungen oder durch Erhebungen auf den Stufen informeller sozialer Reaktion definierte Verbrechen in gleicher Weise Produkt von Bewertungen ist wie das offiziell registrierte Verbrechen; diese Frage betrifft zugleich Probleme der Kompetenzgrenzen kriminologischer Forschung. Die unterschiedlichen Ebenen der Erfassung von Verbrechen mögen partiell unterschiedlichen Bewertungskriterien unterliegen. Dabei ist allerdings nicht ersichtlich, daß die im Wege der Forschung festgelegte Kategorie von

Verbrechen prinzipiell »objektiver« und weniger von Intentionen der Beteiligten gesteuert wäre als die Kategorie des offiziell registrierten Verbrechens.
Der Inhalt des Begriffs Verbrechen hängt zumindest hinsichtlich des Ausmaßes, möglicherweise aber auch bezüglich der Struktur von der Wahl der Bewertungsebene ab. Aus diesem Grunde ergibt sich für die makro- wie für die mikrostrukturelle Untersuchung das Problem der Repräsentativität desjenigen Inhalts von Verbrechen, der durch die jeweils gewählte Bewertungsstufe bestimmt wird.

§ 15 Praxisbegleitende Untersuchungen

I. Allgemeine Voraussetzungen

1. Praxisbegleitende Untersuchungen werden üblicherweise zum Zweck der Überprüfung der Wirkung von Instrumenten strafrechtlicher sozialer Kontrolle durchgeführt. Sie beziehen sich auf Gesetzgebung und Gesetzesanwendung ebenso wie auf generalpräventive und spezialpräventive Zielsetzungen. Voraussetzung solcher Untersuchungen ist die theoretische Darlegung eines als bedeutsam vermuteten Zusammenhangs zwischen Gegebenheit, intervenierender Variable (Instrument strafrechtlicher sozialer Kontrolle) und angestrebtem Ziel. Hierzu ist zunächst eine Definition des angestrebten Ziels einschließlich der Methoden erforderlich, die zur Messung eingetretener Wirkungen erforderlich sind. Ferner bedarf es einer Festlegung der Instrumente strafrechtlicher sozialer Kontrolle, die zur Wirkungsentfaltung als intervenierende Variable eingesetzt werden, und zwar einschließlich der Methoden, die geeignet sind, diese Wirkungsentfaltung zu messen.

2. Im einzelnen ist grundsätzlich zwischen einem gemessenen »Erfolg« und Zusammenhängen eines solchen zu unterscheiden.

So würde im Falle eines neugeschaffenen Straftatbestandes die Feststellung des Sinkens einschlägiger, als sozialschädlich erachteter Verhaltensweisen zwar einen Erfolg bedeuten. Daraus ließe sich jedoch nicht im Sinne eines Zusammenhangs auf die Wirkung des als unabhängige Variable gedachten Straftatbestandes schließen. Vielmehr wären sämtliche Variablen, die die jeweilige Entwicklung herbeigeführt haben könnten, in die Prüfung mit einzubeziehen. Dies gilt gerade auch dann, wenn ein linearer Zusammenhang dem Betrachter als »evident« erscheint, weil in solchen Fällen die soziale Wahrnehmung für andere mögliche Variablen um so eher verschlossen sein mag (vgl. hierzu auch *Opp* 1973, 213 f.).

3. Aus den genannten Gründen bedarf die empirische Absicherung einer praxisbegleitenden Analyse, die bereits die Planung der Ausführung der kriminalpolitischen Entscheidung einbezieht (vgl. auch *Wieland* 1978). Diesen Erfordernis-

sen können die Stellungnahmen seitens der Gesetzesanwendung oder der Ausführung kriminalpolitischer Entscheidungen, auch wenn sie im Sinne einer Berichtspflicht der Praxis über Erfahrungen und Auswirkungen solcher Entscheidungen institutionalisiert würden, nicht Genüge leisten.

II. Probleme im Bereich der Generalprävention

1. Ein besonderes Bedürfnis praxisbegleitender Untersuchungen besteht hinsichtlich derjenigen Zielsetzungen, die auf eine generalpräventive Wirkung gerichtet sind. Soweit Daten über generalpräventive Wirkungen angeführt werden, muß zumindest insoweit, als es sich um kurzzeitige »Experimente« etwa der Steigerung oder Senkung der Verfolgungsintensität handelt, die Möglichkeit von Verzerrungen des Normalgeschehens berücksichtigt werden. So mag es sein, daß einzelne Personen aufgrund des Spannungszustandes zwischen Bürgern und Polizei, der durch einen ungewohnten Ablauf hervorgerufen werden kann, entgegen der Gewohnheit reagieren, und sei es nur durch provokatives Verhalten. Andererseits mögen potentielle Straftäter ihre Delikte während des Zeitraums etwa erhöhter Polizeikontrollen, die regional begrenzt sind, in einem anderen Gebiet begehen. Ferner mag mit dem »Experiment« eine Änderung der Anzeigehäufigkeit einhergehen. Zudem wäre unter dem Begehungs- wie unter dem Kontrollaspekt auch zu überprüfen, inwieweit etwaige Veränderungen nur bei bestimmten Bevölkerungsgruppen auftreten und bei anderen nicht.

2. Hinsichtlich historischer oder retrospektiv gefundener Beispiele für Auswirkungen einer Änderung der Norm oder der Bedingungen ihrer Durchsetzung oder der Sanktionierung ist vorsorglich darauf hinzuweisen, daß sie selbst die einfachsten Voraussetzungen eines Experiments im Sinne der Sozialforschung nicht erfüllen. Ein Rückgang oder eine Zunahme kann erst nach einem gewissen Zeitraum der Kontrolle festgestellt werden. In der Zwischenzeit mögen aber die verschiedensten Faktoren sich geändert haben oder neu hinzugetreten sein, so daß sich ein Zusammenhang zwischen generalpräventiv bestimmten Änderungen und einem Rückgang oder Anstieg kaum verläßlich feststellen läßt (vgl. *Morris/Zimring* 1969, 144 f.; zum Experiment in der Verkehrskriminologie s. *Kaiser* 1970, 415 f.).

Aber auch Vergleichsuntersuchungen über die Kriminalitätsbelastung in Gebieten mit unterschiedlicher generalpräventiver Strategie sehen sich einer kaum eingrenzbaren Vielzahl von möglicherweise bestimmenden Variablen gegenüber.

Schließlich sind Querschnitts- wie Längsschnittsuntersuchungen zur Generalprävention auch insoweit behindert, als sie sich auf Angaben der Kriminalstatistik beziehen und diese zu interpretieren haben. Aussagen sind demnach nur unter den Einschränkungen möglich, die sich aus den Schwierigkeiten der Messung von Kriminalität ergeben. – Aus diesen methodischen Gründen wird verschiedentlich angenommen, empirische Erhebungen zur Generalprävention seien nur durch (massenstatistische) projektive Befragung potentieller Straftäter sinnvoll.

III. Probleme im Bereich der Sanktions- und Behandlungsforschung

1. Nicht minder notwendig erscheinen praxisbegleitende Untersuchungen im Bereich der Sanktions- und Behandlungsforschung. An diesem Bereich wird besonders deutlich, daß solche Untersuchungen nicht erst nach Abschluß der zu überprüfenden Abläufe einsetzen dürfen, sondern daß sie bereits deren Planung und Durchführung in die Analyse einbeziehen müssen. Wenn nämlich zum Beispiel ein statistischer Vergleich keine Unterschiede zwischen einer Behandlung- und einer Kontrollgruppe ergibt, so läßt sich mit diesem Ergebnis wenig anfangen. Ist hingegen die Probanden-Auswahl sowie die Behandlungsstrategie und -durchführung bekannt, so läßt sich im einzelnen darlegen, ob und in welchem Umfang Implikationen bei der Probanden-Auswahl bestanden haben oder logische Fehler der Behandlungsstrategie gemacht wurden oder praktische Mängel der Durchführung vorlagen.

Wenn andererseits ein statistischer Vergleich erhebliche Unterschiede zwischen Behandlungs- und Kontrollgruppe ergibt, so läßt dieses Ergebnis gleichfalls nur wenig Aussagen zu. Es kann zum Beispiel sein, daß als wesentlich angesehene Variablen in keiner Weise beeinflußt oder geändert wurden. Soweit dies nicht durch eine praxisbegleitende Untersuchung überprüft ist, könnte es sein, daß das Ergebnis als Bestätigung der dem betreffenden Projekt zugrunde liegenden Theorie der Zusammenhänge der Deliktsentstehung interpretiert wird. Hingegen mag es gerade zur Falsifizierung dieser Theorie beitragen, indem es darauf hindeutet, daß die ihr zugrunde liegenden – und tatsächlich nicht geänderten – Variablen keine maßgebliche Bedeutung für die Deliktsentstehung haben (vgl. hierzu *Eisenberg* 1974, 1065 f. m.w.N.). – Sinnvoll wäre es, einzelne spezifische Techniken in das Gesamtprogramm einzuführen, und diese dann – als spezifische Ausschnitte des Gesamtprogramms – bezüglich ihres Beitrages zu einer erfolgreichen Sanktionierung und Behandlung zu überprüfen (vgl. *Rabow* 1964, 74).

2. In Durchführung praxisbegleitender Sanktions- und Behandlungsforschung ist es angezeigt, in Zusammenarbeit mit den Praktikern zu versuchen, möglichst diejenigen Bedingungen im Rahmen der organisatorischen Gegebenheiten einzuhalten, die zu einer Ertragsprüfung erforderlich sind. Hierzu ist zunächst die Auswahl der Probanden zu nennen, die zumindest davon abhängt, welche Erfahrung oder welches etwaige Wissen über Zusammenhänge der Deliktsentstehung als Ansatzpunkt für die Intervention zugrunde gelegt wird. Dem folgt die Umschreibung der Interventionsstrategie, das heißt die Art des Vorgehens, mit welchem durch bestimmte variable Voraussetzungen diejenigen Zusammenhänge geändert werden sollen, die als der Deliktsentstehung zugrunde liegend vermutet werden. Diese Strategie muß eine logische Verknüpfung zwischen den vermuteten Variablen der Zusammenhänge der Deliktsentstehung und den intervenierenden Variablen enthalten.

a) Während des Ablaufs des jeweiligen Programms wäre zu überprüfen, ob die Praktiker die Aufgaben erfüllen können, die die Strategie vorsieht. Hierzu zählen auch Probleme des »matching« sowie die Frage, wieviel Zeit zu einer Vertrauensanbahnung zwischen Praktiker und Proband erforderlich ist. Des weiteren wäre eine dynamische Kontrolle darüber erforderlich, ob die zugrunde gelegten Faktoren der Zusammmmenhänge des deliktischen Einzelgeschehens geändert werden und wurden und vor allem, ob dies in Auswirkung der intervenierenden Variablen geschah.

b) Die Messung der Wirkungen intervenierender Variablen begegnet schon wegen der unterschiedlichen Reaktion des einzelnen Probanden auf verschiedene Sanktionierungs- und Behandlungsformen außergewöhnlichen methodischen Schwierigkeiten und müßte bei einer retrospektiven Untersuchung ohnehin scheitern. Das gleiche gilt, insbesondere im Bereich der Behandlung, wegen der vielfältigen Art der Anwendung der Behandlungsformen durch das Personal (vgl. hierzu *Szabo* 1973, 23). Im einzelnen wären die Verhaltensweisen beziehungsweise etwaige Verhaltens- oder gar Persönlichkeitsänderungen der Probanden während des Sanktionierungs- oder Behandlungsablaufs zu erfassen. – Schließlich könnte die Aufgabe bestehen, etwa erzielte Ergebnisse in meßbarer Weise in Beziehung zum Legalkriterium zu setzen.

3. Eine praxisbegleitende Sanktions- und Behandlungsforschung im dargelegten Sinne wird sich schon wegen der Dynamik des Alltags in der Praxis und wegen unvorhergesehener Bedürfnisse nicht zuletzt seitens der Probanden kaum einmal einhalten lassen. Hinzu treten die Schwierigkeiten, die aus den unterschiedlichen Aufgaben und Rollen der Praktiker einerseits und der Forscher andererseits folgen. Erstere müssen sich auf Entscheidungsprobleme des Arbeitsalltags konzentrieren und sehen die Richtigkeit und Wirksamkeit der von ihnen verwandten Methoden tendenziell als durch die allgemeine Überzeugung gedeckt an. Letztere bemühen sich mehr um (scheinbar abstrakte) Probleme der Durchführung einer Ertragsforschung und um die Wahrung methodischer Voraussetzungen. Besonders schwierig mag es für die Forscher sein, sich von einer erkennbaren Identifizierung und Assoziierung, sei es mit dem Personal oder einzelnen Gruppierungen desselben, sei es mit den Probanden, freizuhalten, und eine von allen anderen im Sanktionierungs- und Behandlungsablauf stehenden Rollen unabhängige Rolle einzunehmen (vgl. zur Strafvollzugsanstalt *Giallombardo* 1966, 193 f.).

Zweites Kapitel   Methoden der Untersuchung
des Gesamtbereichs

§ 16 Dunkelfeldforschung

I. Allgemeines

1. Die kriminologische Dunkelfeldforschung bemüht sich um Erkenntnisse über das quantitative und strukturelle Verhältnis zwischen Dunkelfeld und registriertem Verbrechen (s. u. § 46 II.), über Kriterien (unterschiedlicher) strafrechtlicher sozialer Reaktion auf informeller und formeller Ebene sowie um Vergleiche zwischen offiziell registrierten und nicht-registrierten Straftätern (s. u. § 53 II.).

a) Der Begriff Dunkelfeld oder Dunkelziffer bezeichnet die Differenz zwischen der Zahl der auf den Ebenen formeller sozialer Reaktion registrierten Verbrechen und der Zahl der vermutlich tatsächlich begangenen Verbrechen. Eine nähere Abgrenzung unterscheidet diejenigen Fälle, bei denen Tat und Täter offiziell nicht bekannt sind, von solchen, bei denen zwar die Tat, nicht aber der Täter offiziell bekannt ist, und schließlich von denjenigen, in denen Tat und Täter offiziell bekannt sind, ohne daß eine Weiterleitung an die Staatsanwaltschaft erfolgt. – Nach einer anderen Unterscheidung wird zwischen Dunkelfeld oder -ziffer und Grauziffer abgegrenzt (vgl. *McClintock* 1970, 25–27). Hierbei sind als Bestandteil der Grauziffer alle diejenigen Taten und Täter zu betrachten, die zwar der Polizei (und der Staatsanwaltschaft) bekannt wurden, ohne daß es jedoch zu einem positiven Abschluß der Ermittlungen kam. – Weitergehend ließen sich unter Grauziffer alle Verfahren einbeziehen, die nicht mit einer Eintragung in das Bundeszentralregister oder in die Erziehungskartei endeten (vgl. allgemein schon *Exner* 1949, 15). *Ferri* (1896) [1881], 137, 379, s. auch S. 338) unterschied zwischen criminalità reale (= alle wirklich begangenen Delikte), criminalità apparente (= die den Behörden bekannt gewordenen Delikte) und criminalità legale (= die Verurteilungen).

b) Die systematische Dunkelfeldforschung hat in der Geschichte der Kriminologie erst vergleichsweise spät eingesetzt (vgl. die Arbeiten von *Robinson* 1936; *Murphy* u. a. 1946; *Porterfield* 1946). Dies läßt sich allenfalls teilweise auf die traditionsreiche Annahme einer Wahrscheinlichkeit dafür zurückführen, es bestehe ein konstantes Verhältnis zwischen bekanntgewordener und unbekannt gebliebener Kriminalität (vgl. *Quetelet* 1921 [1869], 253 ff.), denn die Frage nach der Konstanz dieses Verhältnisses steht nicht notwendig in Beziehung zu der Frage nach der Repräsentativität bekanntgewordener für unbekannt gebliebene Kriminalität.

2. Als Erhebungsquellen werden üblicherweise Personen aus der Bevölkerung oder auch die Gesamtbevölkerung überschaubarer Gemeinden oder Gebiete darüber befragt, ob die Betreffenden Straftaten begangen haben (Täterbefragung) und/oder ob sie Opfer von Straftaten geworden sind (Opferbefragung) und/oder ob ihnen Straftaten, die von anderen gegenüber anderen begangen wurden, bekanntgeworden sind (Informantenbefragung). Dabei ist die Hinzuziehung von Unterlagen der Behörden der Strafverfolgung (vgl. *Le Blanc* 1971, 122 ff.) einschließlich von Kriminalstatistiken möglicherweise zu Zwecken der Validierung, jedenfalls aber zum Vergleich unterschiedlicher Verfolgungsintensität geeignet. Entsprechendes gilt für die Befragung nach etwaiger zukünftiger Begehung von Delikten und dem späteren Vergleich mit behördlichen Unterlagen (s. *Erickson* 1972). – Inwieweit die kombinierte Erschließung der genannten Erhebungsquellen regelmäßig einer Kontrolle und Reduzierung von Erhebungsproblemen der Einzelquellen oder aber der Wiederholung und Verfestigung bestimmter Erhebungsfehler dienlich ist, bedarf ständiger Überprüfung.

3. Hinsichtlich der Erhebungsverfahren sind verschiedene allgemeine Methoden der empirischen Sozialforschung üblich. Es handelt sich vorzugsweise um solche der Befragung, während Methoden direkter Datenerhebung wie Beobachtung und Experiment (oder Dokumentenanalyse) in der Dunkelfeldforschung weniger anwendbar sind.

Bei einer anonymen Form der Befragung (etwa auf postalischem Wege) besteht ein erhöhtes Risiko der Ablehnung seitens der Adressaten; hier lassen Veröffentlichungen bisweilen Angaben zu Ausfallquoten vermissen. Diese Gefahr ist bei unmittelbarer Gegenüberstellung von Untersucher und Befragtem geringer. Häufig sind Befragungen innerhalb von Institutionen wie zum Beispiel in der Schule durchgeführt worden (vgl. zur Problematik etwa *McDonald* 1969, 62 ff., 75 ff.). Generell läßt sich bisher kaum abschließend klären, ob die Methode, bei welcher der Befragte eine Liste beziehungsweise einen Fragebogen selbst ausfüllt, oder aber das Befragungsgespräch zuverlässiger ist (vgl. hierzu *Hood/Sparks* 1970, 68–74).

II. Methodische Probleme

1. Gegenüber der Dunkelfeldforschung bestehen verschiedene Bedenken bezüglich der Erfragbarkeit von Verbrechen. Sie lassen sich auch durch das höhere methodische Niveau, das einschlägige Untersuchungen gegenüber den ursprünglichen Forschungen inzwischen erreicht haben, kaum als behoben betrachten.

a) Die Bedenken betreffen zunächst Fragen der Auswahl derjenigen Delikte aus der Gesamtmenge von Straftatbeständen, auf die sich die Untersuchung bezieht. Aus technischen Gründen nämlich müssen sich die Befragungen auf einen Ausschnitt sowohl an Straftatbeständen als auch an Begehungsformen innerhalb der Straftatbestände beschränken.

So ist zum Beispiel bei der Interpretation von (hochgerechneten) Befragungsergebnissen und etwaigen Vergleichen mit kriminalstatistischen Angaben stets zu überprüfen, in welchem Ausmaß die ausgewählten Straftatbestände und deren Begehungsformen den in den Kriminalstatistiken erfaßten Straftatbeständen entsprechen oder aber zum Beispiel Formen einer »Prädelinquenz« oder der »delinquency« betreffen. – Auch im übrigen setzen Vergleiche mit Angaben der Kriminalstatistik voraus, daß der örtliche und zeitliche Rahmen sowie der Personenkreis der Befragung in eine vergleichbare Relation mit der Anlage der Kriminalstatistiken gebracht werden kann.

b) Hinsichtlich der verbalen Definition der erfragten Delikte ist, unbeschadet der Verständnisüberprüfung mittels Fallgeschichten, nur teilweise geklärt, ob sich eine Übertragung des in juristischer Fachsprache gehaltenen Wortlauts von Straftatbeständen in die Laiensprache bewerkstelligen lasse, ohne daß dabei Wesentliches verändert oder gar eine interpretierende Aufklärung sich erübrigen würde (vgl. aber *Kürzinger* 1973, 152). Hierbei geht es um die Ausführung von Details des jeweiligen Straftatbestandes, die Berücksichtigung sozialer Umstände innerhalb der Deliktssituation einschließlich des Verhältnisses zwischen Täter und Opfer sowie um ein nach Zugehörigkeit zu unterschiedlichen Gruppen des Alters, des Bildungsniveaus und des sozio-ökonomischen Status unterschiedliches sprachliches und inhaltliches Verständnis von einzelnen Begriffen.

Dabei wird davon auszugehen sein, daß das nivellierende Kriterium einer allgemein verständlichen Sprache der Vielgestaltigkeit der Bevölkerungsstruktur nur begrenzt adäquat ist. So fanden sich nach *Stephan* (1972 a, 276 ff.) positive Zusammenhänge zwischen Niveau der besuchten Schultypen wie auch Lebensalter einerseits und dem Grad des Verstehens von Deliktsdefinitionen andererseits; allerdings ergab sich bei Absolventen aller erfaßten Schultypen und auch bei jüngeren Altersgruppen ein als zureichend festgelegtes Verständnis der formulierten Deliktsdefinitionen.

Zum anderen läßt sich vermuten, daß Verhalten, das sich in der sozialen Gruppe eines Befragten als gewohnt oder zumindest als sozial verständlich darstellt, weniger häufig als kriminell identifiziert wird als anderes Verhalten. Nach *Gold* (1966, 30) war bei detaillierter Befragung der Anteil des Zugebens zufälliger oder unerheblicher Sachbeschädigung unter den Befragten aus einer wohlhabenden Gruppe deutlich höher als unter den Befragten aus einer ärmeren Gruppe. Auch wird verschiedentlich mitgeteilt, Kinder und Jugendliche aus mittleren (und oberen) sozio-ökonomischen Gruppen erhöhten ihre erfragte Delinquenzbelastung dadurch, daß sie häufiger Bagatelldelikte subsumierten, wahrheitsgetreuer und gewissenhafter berichteten, sich genauer erinnerten und mehr der zugesicherten Anonymität vertrauten (vgl. *Brusten* 1974, 43 m.w.N.).

Schwierigkeiten einer juristisch auch nur einigermaßen korrekten Subsumtion der erfragten Delikte mögen insbesondere bei anonymen Befragungen, aber auch bei unmittelbaren Befragungen durch juristisch nicht geschulte Personen bestehen.

Demgemäß verwundert es nicht, daß einzelne Untersuchungen bei nachträglicher (juristischer) Überprüfung eine erhebliche Beurteilungsdivergenz erbrachten (vgl. z. B. *Ennis* 1967, 102 – 107); so schloß *Gold* (1970, 25) für 28 % der als Delikte berichteten Geschehnisse aus, daß sie eine Strafverfolgung hätten veranlassen können.

Hingegen lassen sich Subsumtionsschwierigkeiten bei der unmittelbaren Gegenüberstellung von Befragtem und Untersucher dann verringern, falls dieser juristisch vorgebildet oder gar ausgebildet ist.

c) Im Hinblick auf die Erinnerungsleistung der Befragten besteht ein Kriterium für die Qualität der Befragung darin, inwieweit der Zeitraum oder die Zeiträume, auf die sich die Befragung bezieht, eingegrenzt und deutlich gemacht sind. Die Erfahrung aus bisherigen Untersuchungen zeigt ein erhebliches Ausmaß der »zeitlichen Verschiebung« berichteter Delikte sowie ein Überwiegen von Delikten aus der jüngsten Vergangenheit.

Bezüglich der »Täterbefragung« schlagen *Hood/Sparks* (1970, 71, 74) einen Zeitraum von höchstens einem Jahr vor, während sie bezüglich der »Opferbefragung« eine Beschränkung auf die zurückliegenden drei Monate als optimal ansehen (aaO. S. 32); hingegen haben *Sparks* u. a. (1977) auch für letzteres ein Jahr gewählt.

Die Problematik der Erinnerungslücken, -verfälschung und -abneigung bezieht die Prüfung dessen ein, inwieweit der Befragte eine Deliktsbegehung als normales oder aber außergewöhnliches beziehungsweise als geringfügiges oder aber schädigendes Geschehen gewichtet; so scheinen Bagatelldelikte verhältnismäßig selten angegeben zu werden.

d) Schließlich eignen sich Methoden der Befragung ihrer Funktion nach weniger zur Ermittlung objektiver Gegebenheiten und mehr zur Erhebung von Meinungen und Einstellungen, also von subjektiven Elementen. Hiernach könnte das erfragte Verhalten eher ein Indikator für die Einstellung der Befragten sein (vgl. *Blankenburg* 1969, 808). Wenn aber die Angaben der Befragten von Meinungen und Einstellungen abhängen, so mögen sie im Ergebnis von ähnlichen Bedingungen sozialer Toleranz und sozialer Erwünschtheit getragen sein wie die offizielle Strafverfolgung. Demgemäß könnte die Dunkelfeldforschung nicht in der Lage sein, die Tätigkeit der offiziellen Strafverfolgung als abhängige und überprüfte Variable einzusetzen. Dies gilt um so mehr, als, zumindest hinsichtlich des Bereichs Allgemeiner Kriminalität und bei der »Opfer-« und der »Informanten-Befragung«, die Anzeigequellen mit den Erhebungsquellen der Dunkelfeldforschung weithin identisch sind. Vielmehr würde die Dunkelfeldforschung eher geeignet sein, die Struktur registrierten Verbrechens widerzuspiegeln. Diese Eignung mag um so wahrscheinlicher sein, soweit die Strategien der offiziellen Strafverfolgung ihrerseits soziale Toleranz und Einstellung in der Bevölkerung und damit den Erhebungsvorgang in der Dunkelfeldforschung beeinflussen. Hiernach wären Unterschiede zwischen registriertem und erfragtem Verbrechen erwartungswidrig.

Auch verwundert nicht, daß Vergleiche zwischen (hochgerechneten) Ergebnissen von Opferbefragungen mit Daten der Kriminalstatistiken teilweise eine übereinstimmende Rangordnung der quantitativ bedeutsamsten Delikte erbracht haben (s. hierzu u. § 46 II. 2.), wenngleich, etwa infolge unterschiedlich großen Dunkelfeldes, die Größenordnungen unterschiedlich waren.

Dies gilt in gleicher Weise auch für die Befragung nach etwaiger zukünftiger Deliktsbegehung, so daß eine vergleichsweise hohe Bestätigung durch später erstellte amtliche Unterlagen oder Kriminalstatistiken, für sich allein genommen, nichts für deren Gültigkeit aussagt (s. aber *Erickson* 1972).

Auch aufgrund dieser Überlegungen wird gelegentlich versucht, ».. . die Vorstellung der Befragten darüber, was sie als Verbrechen behandeln. . .« (*MacNaughton-Smith* 1974, 219), in den Mittelpunkt der Untersuchungen zu rücken. Dabei sind nicht etwa Unterschiede des Präzisionsgrades der Definition von Verbrechen im Sinne eines technischen Problems von fachlichem Sprachgebrauch oder ungenügender Rechtskenntnis gemeint. Vielmehr sollen die Befragten sich durch selbst-strukturierte Antworten über Situationen äußern, welche sie als »polizeibedürftig« ansehen. – Diese Forschungen bemühen sich um Befunde darüber, inwieweit offizielle Bewertungskriterien und -tendenzen der Einstellung der Bevölkerung entsprechen.

2.a) Was Einzelprobleme bei »Täterbefragungen« anbetrifft, so berühren diese Verfahren den Bereich des moralischen Bewußtseins. Hierbei geht es um das Verhältnis von Selbst- und Fremdeinschätzung vor dem Hintergrund der vermuteten sozialen Toleranz. Insofern liegen große Fehlerquellen vermutlich in dem Vorgang des Zugebens und Eingestehens beziehungsweise des Verbergens begangener Delikte, wobei dem generellen oder gruppenspezifischen Druck eine maßgebliche Bedeutung zukommen mag. Dem vermag die Anwendung von Lügenskalen nur zum Teil zu begegnen. – Möglicherweise wird die Zugabebereitschaft und -häufigkeit durch die Tatsache einer bereits geschehenen amtlichen Registrierung etwa in dem Sinne gefördert, daß der Befragte Widerstände des Eingestehens überwunden hat.

Als Beispiel für die entsprechende Problematik in einem anderen Bereich tabuisierten Geschehens hat eine Befragung bei Patienten von Ärzten ergeben, daß nahezu ein Drittel – und bei speziellem Nachfragen nahezu ein Viertel – der Besuche nicht berichtet wurden, wobei Erinnerungslücken wegen des kurzen Zeitraums wohl ausschieden (vgl. den Hinweis bei *Biderman/Reiss* 1967, 12).

b) Bezüglich Einzelproblemen bei »Opferbefragungen« (vgl. *Cornil* 1969, 28; *Sveri* 1969, 41) ist zunächst zu erwähnen, daß sämtliche Delikte ausscheiden, die kein unmittelbares Opfer haben, bei denen die Begehung einverständlich geschah oder vom Opfer nicht bemerkt wurde; letzteres dürfte insbesondere bei geringen Schäden sowie bei Delikten gegenüber »anonymen Opfern« wie zum Beispiel dem Staat (etwa bei Steuer- oder Subventionsdelikten) oder generell im Bereich der Wirtschaftskriminalität trotz vergleichsweise schwerer Schäden häufig der Fall sein. Weiterhin werden Fragen der Glaubwürdigkeit in ähnlicher Weise zu berücksichtigen sein, wie dies bei der formellen Strafverfolgung der Fall ist.

Bei der vom *NORC* im Jahre 1966 in den USA bei 10 000 Haushaltungen durchgeführten Untersuchung konnten wegen des Kriteriums Haushaltung alleinstehende Personen, unter denen sozial isolierte und insoweit als Opfer geeignete Personen überrepräsentiert sein dürften, nicht berücksichtigt werden; dadurch trat eine Verzerrung ein, die bei der Interpretation von Einzelergebnissen, etwa betreffend den Mord, zu berücksichtigen ist (s. *Ennis* 1967).

§ 17 Kriminalstatistische Forschung

I. Allgemeines

Die kriminalstatistische Forschung erfaßt Kriminalität von den Bewertungsstufen der formellen strafrechtlichen sozialen Reaktion aus. Dabei bezieht sie sich auf Zahlentabellen über registrierte Straftaten und/oder Straftäter, die von Strafverfolgungs- und Strafvollstreckungsbehörden entsprechend deren Geschäftsanfall zusammengestellt werden. Diese Zahlentabellen bezeichnet man als Kriminalstatistiken. Sie enthalten die umfangreichsten und am meisten systematisierten Daten über registrierte Kriminalität.

1.a) Die Kriminalstatistik hat sich als Teilbereich der Moralstatistik (vgl. schon *Süssmilch* 1977 [1741]) entwickelt. Soweit dabei eine Beziehung zwischen Moralitätsniveau und Kriminalitätszahlen angenommen wurde, dürfte dies zumindest nicht weniger den Kontrollaspekt als den Begehungsaspekt betreffen.

In Frankreich gehen, neben einzelnen Anfängen bereits gegen Ende des 17. Jahrhunderts, amtliche Erfassungen für Kapitalverbrechen bis in die erste Hälfte des 18. Jahrhunderts zurück. – In Deutschland wurden, nach ersten Versuchen gegen Ende des 18. Jahrhunderts, kriminalstatistische Registrierungen zuerst in Bayern und Baden durchgeführt, und zwar zu Beginn des 19. Jahrhunderts. So veröffentlichte zum Beispiel im Jahre 1803 das »Churbayrische Regierungsblatt« eine Anzeige der Kriminalprozesse bei den churfürstlichen Gerichtshöfen in Bayern für das Jahr 1802 (vgl. *Roesner* 1936, 38), während Baden im Jahre 1809 die Veröffentlichung der »Kriminaltabellen« des Justizministeriums einführte.

b)α) Die Herausgabe umfassender kriminalstatistischer Registrierungen begann in Frankreich mit der von *Guerry* im Jahre 1827 (für das Jahr 1825) veröffentlichten Gerichtsstatistik. Dieses Vorgehen wurde zunehmend in anderen europäischen Ländern aufgenommen.

So begannen entsprechende Registrierungen in Österreich im Jahre 1828, während im Großherzogtum Baden im Jahre 1830 eine »Übersicht der Strafrechtspflege während des Jahres 1829« veröffentlicht wurde; in Württemberg wurden vom Jahre 1832 an Beiträge zur Statistik zur Rechtspflege herausgegeben (vgl. *Roesner* 1936, 39; s. auch *Mechler* 1970, 10 f.). In Preußen erschien, von Daten über schwere Verbrechen abgesehen, erst 1854 eine »Statistik der Preußischen Schwurgerichte« (vgl. *Wadler* 1911, 617). In Sachsen, das bereits um 1830 eine »Übersicht der in den öffentlichen Straf- und Versorgungsanstalten befindlichen Personen« herausgegeben hatte, erschien vom Jahre 1860 an eine »Übersicht der Ergebnisse der Zivil- und Strafrechtspflege im Königreiche Sachsen«. – England verfügte darüber hinaus seit 1858 über eine polizeiliche Kriminalstatistik (vgl. *Roesner* 1929, 166).

β) Für Deutschland wurde eine Reichskriminalstatistik erst vom Jahre 1882 an herausgegeben und sodann bis zum Jahre 1940 veröffentlicht (vgl. aber *Blau* 1952, 35). Polizeiliche Kriminalstatistiken gab es in einzelnen Staaten des Deutschen

Reiches bereits zu Beginn des 19. Jahrhunderts (z. B. Preußen), allerdings nur beschränkt auf einzelne Delikte (vgl. auch *Roesner* 1936, 360 f.); regional einheitlich wurde eine Polizeiliche Kriminalstatistik, allerdings inhaltlich begrenzt, erstmals vom Jahre 1936 an herausgegeben, wobei die vollständigen Daten im Zweiten Weltkrieg vernichtet wurden.

So ist es zu erklären, daß die (französischen) »Comptes génerals de l'administration de la justice criminelle« und die entsprechenden (englischen) »reports« im 19. Jahrhundert nahezu regelmäßig als Datenquelle von Arbeiten deutscher Autoren dienten. Sie waren besser ausgebildet und lieferten ein brauchbareres Zahlenmaterial als die oft unvollständigen, unregelmäßig erscheinenden und zum Teil zu begrenzten Statistiken der deutschen Teilstaaten.

2.a) Die Bundesrepublik Deutschland verfügt (seit 1953) über eine PolSt, herausgegeben vom BKA, und (seit 1950) über eine StrafSt, herausgegeben vom StaBA. Darüber hinaus veröffentlicht das StaBA, in Ergänzung zur StrafSt, seit 1961 eine Strafvollzugs- und seit 1963 eine Bewährungshilfestatistik.

Weiterhin sind, gleichfalls herausgegeben vom StaBA, Teile der Statistik der Öffentlichen Jugendhilfe sowie die Straßenverkehrsunfallstatistik Quellen kriminalstatistischer Forschung. Ferner zählen hierzu die statistischen Mitteilungen des KBA insofern, als sie neben sonstigen Angaben Eintragungen über Entscheidungen wegen Ordnungswidrigkeiten im Straßenverkehr (bei Geldbußen von mehr als 40 DM [bis 1972 von 20 DM] oder Fahrverbot nach § 25 StVG), Verurteilungen zu Strafen und Maßregeln wegen Verkehrsstraftaten sowie einschlägige Entscheidungen von Verwaltungsbehörden, jeweils in das VZR, enthalten.

Im Bereich des Gewerberechts werden Bußgeldentscheidungen wegen Ordnungswidrigkeiten im GZR eingetragen, das bei dem BZR eingerichtet ist (§§ 149 ff. GewO, § 1 BZRG); die jahresmäßige Erfassung geschieht nach dem Zeitpunkt des Eingangs in die Datenbank des GZR, nicht nach dem Tatbegehungs- oder dem Entscheidungszeitpunkt.

Aufgrund von Beschlüssen der Justizministerkonferenz (DRiZ 51 [1973], 431 und DRiZ 53 [1975], 19 f.) werden seit 1974 in einer »Bundesweiten Erfassung von Wirtschaftsstraftaten nach einheitlichen Gesichtspunkten«, die auf einer justizinternen Statistik über die staatsanwaltliche Erledigung von Wirtschaftsstraftaten beruht, die während eines Jahres abgeschlossenen bedeutsameren Ermittlungsverfahren zusammengestellt. Dieser Zusammenstellung liegt ein »15 Punkte umfassender Katalog von Wirtschaftsstraftaten zugrunde, in dem neben Betrug, Untreue, Unterschlagung und Wucher vor allem Konkurs- und Steuerdelikte ausgewiesen werden. Da auch sonstige in sachlichem Zusammenhang mit Wirtschaftsstrafsachen stehende Tatbestände benannt werden dürfen, kann das Spektrum. . . der Erfassung vergleichsweise breit sein. . .« *(Berckhauer* 1977, 1024). Allerdings orientiert sich die »Bundesweite Erfassung. . .«, unter Ergänzung durch eine nur bescheidene Anzahl von Variablen, an der strafrechtlichen Subsumtion, die jedoch nicht erkennen läßt, welche Fallgestaltungen sich hinter den Paragraphen und sonstigen Daten verbergen. Hierzu sei nur auf den Straftatbestand des Betrugs (§ 263 StGB) hingewiesen, bei dessen Vorliegen eine Fülle unterschiedlicher Sachverhalte der Subsumtion zugrundeliegen könnten. – Im übrigen ist in der genannten Zusammenstellung die geringe und teilweise auch die mittlere Wirtschaftskriminalität nicht aufgenommen. So werden zum Beispiel Verstöße gegen das Lebensmittel-

und Umweltschutzrecht darin regelmäßig ebensowenig registriert wie etwa Gewerberechtssachen oder Arbeitsschutz- und Arbeitsvermittlungssachen. Die Erfassung deckt demzufolge nur den kleineren, wenn auch als besonders bedeutsam geltenden Teil der Wirtschaftskriminalität ab.

b) Statistiken über Organisation, Personal- und Geschäftsanfall der Strafgerichte sowie die – behördenintern geführten und unterschiedlich aufgebauten – Geschäftsstatistiken der Staatsanwaltschaften und der Polizei zählen nach herkömmlich enger Definition nicht zu den Kriminalstatistiken. Wegen deren Bedeutung insbesondere für Fragen der formellen strafrechtlichen sozialen Reaktion wird man sie jedoch zu Kriminalstatistiken im weiteren Sinne zu zählen haben.

Nicht zu den Kriminalstatistiken gehören allgemeine Sozial- und Wirtschaftsstatistiken, obschon deren Einbeziehung in die kriminalstatistische Forschung unerläßlich ist.

c) Wenngleich eine Rangordnung der verschiedenen erwähnten Kriminalstatistiken kaum möglich ist, und eine kriminalstatistische Aussage regelmäßig des Vergleichs, der Ergänzung oder auch Korrektur durch mehrere der genannten Kriminalstatistiken bedarf, konzentrieren sich kriminalstatistische Forschungen in der Bundesrepublik Deutschland überwiegend auf die PolSt und auf die StrafSt.

3. In der DDR wird eine den Geschäftsanfall von Kriminalpolizei, Staatsanwaltschaft und Strafgerichten zusammenfassende Kriminalstatistik bei dem Generalstaatsanwalt geführt (vgl. *Harrland* u. a. 1968, 31 f.), die jedoch nicht einheitlich veröffentlicht wurde und wird. Auszüge finden sich im StatJb (bis zum Jahre 1970 und sodann wieder ab 1977) und im übrigen im Rahmen von Fachaufsätzen. – Schon wegen der unterschiedlichen Anlage der Kriminalstatistiken in der Bundesrepublik Deutschland und der DDR, darüber hinaus wegen der unterschiedlichen informellen und formellen sozialen Reaktion läßt sich ein Vergleich der registrierten Kriminalität in den beiden Staaten nicht vornehmen. Die Bemühungen (vgl. z. B. *Materialien* 1972, Nr. 442) richten sich auf den Vergleich von Entwicklungstendenzen sowie Regelmäßigkeiten (s. auch *Heinz* 1977 b).

Die wichtigsten, jährlich erscheinenden Kriminalstatistiken der USA sind die Juvenile Delinquency Statistics, herausgegeben vom Children's Bureau, und die Uniform Crime Reports (UCR), herausgegeben vom FBI. Die auf Daten der Polizei beruhenden Uniform Crime Reports registrieren nur die sogenannten Index Crimes, wobei zur ersten Ordnung folgende sieben Delikte gehören: Mord, Vergewaltigung, Raub, schwere Körperverletzung, Einbruch, Diebstahl (im Wert von 50 Dollar und höher), Autodiebstahl.

In der UdSSR wurde die Kriminalstatistik vom Jahre 1935 an für geheim erklärt. Erst aus den 60er Jahren liegen Anhaltspunkte über Erwägungen vor, die seit 1961 bestehende bundeseigene Justizstatistik jedenfalls teilweise zu veröffentlichen (s. die Hinweise bei *Andenaes* u. a. 1968); Auszüge finden sich im Rahmen von Fachaufsätzen.

Was die Zielsetzung einer internationalen Kriminalstatistik angeht, so werden Daten nationaler polizeilicher Kriminalstatistiken beim Generalsekretariat der Internationalen Kriminalpolizeilichen Organisation (Interpol, Paris) zusammengestellt. – Ein unmittelbarer internationaler Vergleich kriminalstatistischer Daten ist schon wegen der unterschiedlichen Ausgestaltung der gesetzgeberischen sowie der (informellen wie formellen) reaktiven strafrechtlichen sozialen Kontrolle wie auch wegen unterschiedlicher statistischer Zählprinzipien nur sehr eingeschränkt möglich (vgl. hierzu *Holle* 1968, 10, 13; *Mannheim* 1974, 138 ff.).

II. Polizeiliche Kriminalstatistik

1. Die PolSt wird auf Bundes- wie auf Landesebene geführt und registriert und veröffentlicht Straftaten und Straftäter. Dabei ist die Registrierung auf einen Ausschnitt der Verbrechen und Vergehen (einschließlich Versuch) gegen die Strafgesetze der Bundesrepublik Deutschland einschließlich Berlin (West), soweit sie in deren Geltungsbereich begangen wurden, begrenzt. Insbesondere sind seit dem Jahre 1963 die Staatsschutz- und Straßenverkehrsdelikte ausgeklammert.

Einzelne Straftatbestände werden nach Begehungsformen unterteilt ausgewiesen. Seit 1971 werden auch einzelne Wirtschaftsdelikte aufgeschlüsselt wiedergegeben.

Die Daten beruhen auf der tatsächlichen und juristischen Beurteilung der nach dem Tatort zuständigen Polizeibehörden (3.2.1. RiPolSt) im Zeitpunkt des Abschlusses des kriminalpolizeilichen Ermittlungsverfahrens – seit 1971 ausschließlich »Ausgangsstatistik« –, wobei die Art der späteren Subsumtion durch Staatsanwaltschaft oder Gericht unberücksichtigt bleibt und grundsätzlich nicht zur Korrektur der kriminalpolizeilichen Registrierung führt.

Straftaten und Straftäter werden auch dann gezählt, wenn es sich um Handlungen Strafunmündiger (z. B. Kinder) oder solcher Personen handelt, die für das (weitere) Strafverfahren einstweilen oder auf Dauer nicht zur Verfügung stehen (z. B. wegen Flucht oder Todes).

Straftaten und Straftäter werden nach der Berichtszeit und nicht nach der – hiervon gegebenenfalls erheblich divergierenden – Tatzeit ausgewiesen.

Soweit (seit 1971) auch die Tatzeit registriert wird, betrifft dies nur diejenigen Straftaten, die in dem jeweiligen Berichtszeitraum verübt wurden und deren Tatzeit zumindest dem Monat nach bestimmbar ist. Bezüglich der übrigen Straftaten ist der Mangel der genannten Divergenz auch deshalb nicht behoben, weil sich aus der (insoweit einheitlichen) Eintragung unter »Tatzeit unbekannt« schwerlich feststellen läßt, ob es sich um zwar im Berichtsjahr verübte, jedoch dem Tatmonat nach nicht erwiesene Straftaten oder aber um solche handelt, die in früheren Berichtsjahren begangen wurden (vgl. *Heinz* 1972 a, 149; 1972 b, 81 Fußn. 38).

Die Eintragung der Daten geschieht (seit 1971) für jeden Vorgang auf einem eigenen Formblatt, das später unmittelbar ausgewertet wird.

Damit wurde das frühere System einer meist monatlichen Übertragung auf einer Strichliste aufgegeben, das eine (jederzeitige) Nachprüfung darauf ausgeschlossen hatte, ob Anzahl und strafrechtlicher Inhalt der Ermittlungsvorgänge richtig gezählt oder gewertet worden waren, und das zugleich die Möglichkeit bot, die Registrierung zu manipulieren.

2. Im einzelnen gilt bezüglich der *Straftaten* als »bekanntgewordener Fall« (seit 1971) »jede im Straftatenkatalog aufgeführte Straftat einschließlich der mit Strafe bedrohten Versuche, der eine polizeilich bearbeitete Anzeige zugrunde liegt« (PolSt 1977, 6), und zwar unabhängig von einem (verbliebenen) Verdacht.

Bis 1971 war Voraussetzung, daß sich bis zur Abgabe des Vorgangs an Staatsanwaltschaft oder Gericht der »dringende Verdacht« einer strafbaren Handlung ergeben hat. Dies hatte es, insbesondere in Verbindung mit dem erwähnten Strichlistensystem, ermöglicht, die Registrierung, etwa mit dem Ziel einer Veränderung der Aufklärungsquote, zu manipulieren.

Als »aufgeklärter Fall« gilt (seit 1971) jede Straftat, für die »nach dem polizeilichen Ermittlungsergebnis ein mindestens namentlich bekannter oder auf frischer Tat ergriffener Tatverdächtiger festgestellt worden ist« (PolSt 1977, 6).

Der mit Strafe bedrohte Versuch wird (seit 1971) für jede Straftat gesondert erfaßt.

Mit besonderen Schwierigkeiten ist die Registrierung strafrechtlicher Konkurrenzen verbunden, wofür folgende Prinzipien gelten (s. hierzu 3.4.1. RiPolSt): Wird durch eine Handlung, die mehrere Strafgesetze verletzt, ein Opfer geschädigt, oder aber werden mehrere Opfer geschädigt und geschieht die Schädigung gleichzeitig und an einem Ort und verletzt die Handlung nur ein Strafgesetz oder Strafgesetze derselben Deliktsart (Tateinheit), so wird (seit 1971) nur ein Fall gezählt (3.4.1.3., 3.4.1.4. RiPolSt; vgl. zu Einwänden schon *Heinz* 1972a, 151).

Hiernach wird bei einem erheblichen Teil der strafrechtsdogmatisch in Idealkonkurrenz stehenden Fallgestaltungen jedes einzelne Delikt registriert. Andererseits begegnet die Regelung, wenngleich beschränkt auf bestimmte Fälle der Schädigung mehrerer Opfer, der Tendenz der Idealkonkurrenz, daß nämlich statistisch stets relativ zu viel schwere Delikte ausgewiesen werden und daß einzelne Erscheinungsformen von Delikten kaum einmal statistisch ausgewiesen werden.

Betreffend einen wesentlichen Teil der strafrechtsdogmatisch in Fortsetzungszusammenhang stehenden Fallgestaltungen (vgl. 3.4.1.2. RiPolSt) ist (seit 1971) eine Einzelzählung mehrerer Delikte immer dann vorzunehmen, wenn ein bestimmter Tatverdächtiger nicht ermittelt ist. Hingegen kommt es auf das (subjektive) Merkmal des einheitlichen Tatentschlusses nicht an, sobald nur ein bestimmter Tatverdächtiger ermittelt ist.

Die erstgenannte Regelung dient einer in der kriminalpolizeilichen Praxis leichteren und vermutlich auch einheitlicheren Handhabung insbesondere bei lediglich bekanntgewordenen Fällen (vgl. zu Einwänden gegenüber der früheren Praxis *Heinz* 1972 a, 152). Betreffend die letztgenannte Regelung sind bei bestimmten Fallgruppen, in denen strafrechtsdogmatisch Fortsetzungszusammenhang angenommen wird, mehrere Fälle auszuweisen und umgekehrt (vgl. zu Beispielen *Heinz* 1972 a, 150).

Werden durch mehrere selbständige Handlungen mehrere verschiedene Straftaten begangen oder wird die gleiche Straftat mehrfach verübt (Tatmehrheit), so wird jede Straftat einzeln erfaßt und gezählt.

Hiernach bedeuten einzelne der seit 1971 geltenden Regelungen sowie Sonderregelungen bei stimmten Deliktsgruppen (3.4.1.5. RiPolSt) eine weitere Entfernung von der strafrechtsdogmatischen Handhabung, wodurch die ohnehin erheblichen Implikationen eines Vergleichs mit Daten der Strafverfolgungsstatistik erhöht sein dürften. Andererseits sind die bisherigen Einwände gegenüber einer nur begrenzten Wiedergabe der Fülle an denselben beziehungsweise verschiedenen

Tatbestandsverwirklichungen seit 1971 zwar verringert, nicht aber beseitigt worden.

3. Bezüglich der *Straftäter* wird nur erfaßt, wer als »Tatverdächtiger« gilt. Das ist jede Person, die aufgrund des polizeilichen Ermittlungsergebnisses »zumindest hinreichend verdächtigt ist, eine mit Strafe bedrohte Handlung begangen zu haben« (PolSt 1977, 7). Bei gemeinsamer Tatbegehung wird jeder Beteiligte (Mittäter, Anstifter, Gehilfe) einheitlich als Straftäter registriert.

a) Werden im Berichtszeitraum mehrere voneinander unabhängige Ermittlungsverfahren gegen denselben Täter abgeschlossen, so geschieht eine Mehrfachzählung. Diese hat zur Folge, daß die Zahl registrierter Straftäter mit den als tatverdächtig bezeichneten Einzelpersonen nicht übereinzustimmen braucht.

Dem Ausmaß der Diskrepanz zwischen den Zahlen für Tatverdächtige und als tatverdächtig bezeichneten Einzelpersonen versucht man, von Schätzungen abgesehen, auf Landes- oder kommunaler Ebene mittels »Täterkarteien« näherzukommen. In diesen wird jede Straftat einer bestimmten Person zugeordnet. Dabei ergaben sich für die Städte Duisburg (vgl. *Velde* 1970, 482) beziehungsweise Mönchengladbach (vgl. *Rosenow/Stöver* 1970, 84) nach Teilergebnissen Überhöhungen der Zahlen der als tatverdächtig bezeichneten Einzelpersonen um ca. 25 % beziehungsweise ca. 30 %. Diese Anteile beruhten quantitativ maßgeblich auf Eigentums- und Vermögensdelikten. Für Schleswig-Holstein wurden Überhöhungen um 24,5 % – bei Diebstahl um 26,1 % – (vgl. PolSt SchlHol 1971, 32–34) und für das Saarland solche um 12,4 % – bei Diebstahl um 33,5 % – (vgl. *Becker P.* 1973, 14) errechnet. – Ferner hat sich ergeben, daß gegen 81 % (Hamburg) bis 87 % (Nordrhein-Westfalen) der als tatverdächtig bezeichneten Einzelpersonen nur *ein* Ermittlungsverfahren durchgeführt wurde, daß aber auf die mehrfach einschlägig registrierten Einzelpersonen ca. 40 % (Hamburg) beziehungsweise 27 % (Nordrhein-Westfalen) aller Verfahren entfielen.

Zusammenfassend wird einstweilen davon auszugehen sein, daß die statistisch ausgewiesene »Insgesamtzahl« der Tatverdächtigen im Vergleich zu den als tatverdächtig bezeichneten Einzelpersonen um einen Mittelwert von etwa 20 % überhöht ist, und daß Überhöhungen nach Tat- und Tätergruppen unterschiedlich häufig sind. Tatgruppenstrukturell scheinen die Überhöhungen vor allem auf Diebstahlsdelikte, zum Teil auch auf Betrug zu entfallen. Tätergruppenstrukturell sollen sich für die Altersgruppen Jugendlicher und Heranwachsender – und zwar insbesondere bei Eigentums- und Vermögensdelikten – unverhältnismäßige Erhöhungen der Tatverdächtigen gegenüber der Zahl von als Tatverdächtige bezeichneten Einzelpersonen ergeben haben. Ferner fielen Überhöhungen häufiger bei männlichen als bei weiblichen Personen auf; allerdings sind überdurchschnittliche Divergenzen auch bei weiblichen Personen zum Beispiel betreffend Diebstahlsdelikte, und zwar bis in die höheren Altersgruppen hinein, festgestellt worden.

Gelegentlich wird versucht, »bereinigte« Tatverdächtigen-Zahlen zu berechnen, etwa zum Zwecke der Ermittlung der tatsächlichen Kriminalitätsbelastung unterschiedlicher Tatverdächtigen-Gruppen (vgl. *Heinz* 1976, 154 f.).

b) Werden einem Tatverdächtigen in einem Ermittlungsverfahren mehrere Delikte nachgewiesen, so wird er dann nur einmal als Tatverdächtiger ausgewiesen, wenn die Fälle derselben Schlüsselzahl (Fälle gleicher Deliktsart) zuzuordnen sind; sind die ihm in einem Ermittlungsverfahren nachgewiesenen mehreren Fälle hingegen verschiedenen Schlüsselzahlen zuzuordnen, so ist er unter jeder Schlüsselzahl einmal zu erfassen (3.4.2.2. RiPolSt).

Diese Regelung ermöglicht eine Wiedergabe sowohl der jeweiligen Kategorien der Verbindungen von Straftaten als insbesondere auch solcher Fallgestaltungen, bei denen der tatsächliche Deliktsschwerpunkt bei einem abstrakt leichteren Straftatbestand liegt. Da die Regelung zugleich und unter Durchbrechung des Grundsatzes einmaliger Zählung je Ermittlungsverfahren zu einer weiteren Mehrfachzählung führt, wird dem dadurch begegnet, daß jeder Tatverdächtige in der nächsthöheren (gemeinsamen) Deliktsuntergruppe nur einmal registriert wird, auch wenn er in Deliktsuntergruppen mehrfach gezählt wurde. Demgemäß muß die Summe der Tatverdächtigen aus den Gruppen der Deliktsuntergliederung mit der Zahl der Tatverdächtigen der jeweils nächsthöheren Gruppe nicht übereinstimmen.

III. Strafverfolgungsstatistik

1. Die StrafSt erfaßt Abgeurteilte in Verbindung mit den Straftaten, soweit es sich um Verbrechen und Vergehen gegenüber Bundes- und Landesrecht handelt. Sie beruht auf Eintragungen in Zählkarten, die die verfahrensrechtlich zuständigen Strafverfolgungsbehörden für jede einzelne rechtskräftig abgeurteilte Person vornehmen.

Abgeurteilte sind strafmündige Personen, gegen die ein Strafverfahren nach Eröffnung eines Hauptverfahrens rechtskräftig abgeschlossen worden ist. Zu den Abgeurteilten zählen neben den Verurteilten solche Personen, gegen die andere Entscheidungen getroffen worden sind. Solche anderen Entscheidungen sind unter anderem Maßregeln der Besserung und Sicherung, Einstellung des Verfahrens, Freispruch.

Eine Registrierung wegen Einstellung des Verfahrens oder Freispruchs erfolgt nicht, wenn sie nur einen Teil der Anklage betreffen, im übrigen jedoch eine Verurteilung ausgesprochen wird. – Innerhalb der verschiedenen Formen solcher anderer Entscheidungen wird eine Registrierung als Freigesprochener auch dann vorgenommen, wenn in einem Strafverfahren wegen einer Tat auf Freispruch erkannt, wegen einer anderen Tat jedoch das Verfahren eingestellt wird.

Hiernach wird nur ein Ausschnitt des gesamten Bereichs formell erledigter strafbarer Handlungen erfaßt, während Verfahrenseinstellungen vor Eröffnung des Hauptverfahrens wie auch durch Unterwerfung bei außergerichtlich abgeschlossenen Verfahren etwa wegen Verletzungen von Steuer- und Zollgesetzen ohnehin nicht registriert werden.

2. Da die Registrierung erst nach Eintritt der Rechtskraft des Urteils geschieht, ist nicht der Zeitpunkt der Tat, sondern derjenige des Eintritts der Rechtskraft ausschlaggebend. Demgemäß kann von der Zahl der Verurteilten nicht auf die Zahl der – in einem Berichtsjahr – entsprechend in Erscheinung getretenen Täter geschlossen werden.

Zudem ist das zeitliche Ausmaß der Divergenz zwischen Berichtszeit und Tatzeit unterschiedlich. Dem darin liegenden Informationsmangel vermag die (seit Mitte der 50er Jahre geltende) Regelung einer zusätzlichen Registrierung dessen, ob die Verurteilung eine »im Verurteilungsjahr«, »im vorausgegangenen Jahr« oder »früher« begangene Straftat zum Gegenstand hat, nur begrenzt zu begegnen, was in besonderem Maße für Verurteilungen wegen realkonkurrierender und fortgesetzter Handlungen gilt.

Zwischen Versuch und Vollendung wird nicht grundsätzlich unterschieden; allerdings wird (seit 1956) die Zahl der wegen versuchter Taten Verurteilten ausgewiesen.

Bei gemeinsamer Tatbegehung wird jeder Beteiligte gezählt; die Art der Beteiligung (Mittäterschaft, Anstiftung, Beihilfe) wird (seit 1960) registriert.

Jeder Abgeurteilte wird im Sinne der Mehrfachzählung so oft registriert, wie innerhalb des Berichtszeitraums in verschiedenen Strafverfahren rechtskräftige Entscheidungen gegen ihn ergehen.

Was das Ausmaß der aus der Mehrfachzählung resultierenden Differenz zwischen der Verurteiltenzahl und der Zahl mehrfach als verurteilt registrierter Einzelperson angeht, so liegen einheitliche Angaben nicht vor.

Bezüglich strafrechtlicher Konkurrenzen wird der Abgeurteilte, wenn er durch ein und dieselbe Handlung mehrere Strafgesetze verletzt hat (Tateinheit), entsprechend der gesetzlichen Regelung nur bei derjenigen Straftat erfaßt, die nach Art und Höhe die schwerste Strafdrohung enthält. Wird der Angeklagte wegen mehrerer selbständiger Straftaten (Tatmehrheit) abgeurteilt, so wird er nur bei derjenigen Straftat gezählt, die nach dem Gesetz mit der höchsten Strafe bedroht ist, und zwar auch dann, wenn tatsächlich die höchste Strafe für eine andere Straftat verhängt worden ist.

Hierbei dürfte eine Verzerrung der tatsächlichen Deliktsschwerpunkte daraus resultieren, daß die Registrierung nicht bei den als am häufigsten verübt festgestellten Delikten, sondern bei dem nach Art und Maß mit der abstrakt schwersten Strafe bedrohten Delikt vorgenommen wird.

IV. Allgemeine Erhebungsverfahren in der kriminalstatistischen Forschung

1. Im Vordergrund der kriminalstatistischen Forschung stehen der strukturelle und der zeitliche Vergleich.

Dabei läßt sich zunächst der *interne* Vergleich, der sich mit dem Verhältnis von Tat- oder Tätergruppen untereinander befaßt, von dem *externen* Vergleich unterscheiden, der sich mit dem Verhältnis zwischen registrierten Tat- oder Tätergruppen und anderen Sozialdaten beschäftigt.

Hinsichtlich der Wahl der Bezugszeiten läßt sich die *statische* von der *dynamischen* Betrachtungsweise trennen.

a) Die statische Betrachungsweise setzt ihren Gegenstand »in Beziehung zu Zuständen des gleichen Zeitpunkts« (*Exner* 1949, 14 f.), zum Beispiel eines (Berichts-) Jahres.

Da man bei dieser Betrachtungsweise, wenn tatsächlich die Daten nur eines Jahres verwandt würden, leicht von außergewöhnlichen oder zufälligen Abweichungen geleitet würde, pflegt man die Durchschnittszahlen mehrerer aufeinanderfolgender Jahre einzusetzen. – Soweit die Ergebnisse durch Schaubilder aufgezeigt werden, geschieht dies meist durch Sektorendarstellung oder durch Säulendiagramm.

b) Die dynamische Betrachungsweise beobachtet die Kriminalität in ihrer Bewegung, zum Beispiel den Verlauf über mehrere (Berichts-) Jahre oder Jahrzehnte. Sie eignet sich weniger für die Kriminalität insgesamt und eher für einzelne Deliktsgruppen und -bereiche. Soweit hierbei, als externer Vergleich, Daten und Entwicklungen aus anderen gesellschaftlichen Bereichen einbezogen werden, bestehen zentrale Probleme hinsichtlich der Wahl von Beginn und Ende des zu analysierenden Zeitraums im kumulierter Weise. So wird häufig eingewandt werden können, daß die Festlegung des Zeitraums das Ergebnis bestimmt habe.

Auch ergibt sich betreffend die Dauer des Zeitraums generell die Schwierigkeit, daß Zahlen für kurze Perioden wenig aussagekräftig sind, während die Zahlen für längere Perioden den komplexen kulturellen und sozialen Änderungen innerhalb der jeweiligen Gesellschaft nur schwerlich in adäquater Weise Rechnung tragen können. – Zur Darstellung der Ergebnisse durch Schaubilder wird vielfach das Frequenz- oder das Treppenpolygon verwandt.

2. Die kriminalstatistische Forschung bevorzugt Verhältniszahlen, da diese eine geeignetere Grundlage für Aussagen abgeben als absolute Zahlen.

a) Dabei bedeutet, betreffend die Polizeiliche Kriminalstatistik, die *Häufigkeitszahl* – gelegentlich auch Straftatenziffer genannt und bis zum Jahre 1970 als Häufigkeitsziffer bezeichnet – die »Zahl der bekanntgewordenen Fälle insgesamt oder innerhalb einzelner Deliktsarten, errechnet auf 100 000 Einwohner (Stichtag ist jeweils die Mitte des Berichtszeitraums)« (RiPolSt 2.7.1.). – Unter *Aufklärungsquote* wird das Verhältnis von aufgeklärten zu je 100 bekanntgewordenen Straftaten im Berichtszeitraum verstanden (RiPolSt 2.7.2.).

Dabei gibt die Aufklärungsquote lediglich das Verhältnis der Zahlen der in einem Berichtszeitraum erfaßten Fälle einerseits und aufgeklärten Fälle andererseits wieder, ohne daß sie sich ausschließlich oder erschöpfend auf die im Berichtszeitraum erfaßten Fälle beziehen würde. Zum einen setzt sie sich also auch aus solchen Fällen zusammen, die bereits in einem früheren Berichtsjahr erfaßt worden sind, und zum anderen läßt sie im Berichtsjahr zwar erfaßte, aber in der Bearbeitung noch nicht abgeschlossene Fälle unberücksichtigt.

Die *Kriminalitätsbelastungsziffer* bezeichnet die Zahl der Tatverdächtigen, errechnet auf 100 000 Einwohner der Wohnbevölkerung insgesamt oder der einzelnen Alters- und Geschlechtsgruppen.

Da sich die der Kriminalitätsbelastungsziffer zugrundeliegende Zahl der Tatverdächtigen gemäß dem Prinzip der Mehrfachzählung (s. o. § 17 II. 3. a)) nicht nach der Zahl als tatverdächtig bezeichneter Einzelpersonen, sondern nach der Zahl der Ermittlungsverfahren bestimmt, gestattet sie keine Schlüsse zur unterschiedlichen Belastung etwa einzelner Altersgruppen mit als tatverdächtig bezeichneten Einzelpersonen. Vielmehr ließe sich gedanklich eine Mehrbelastung der Altersgruppe X gegenüber der Altersgruppe Y nach Tatverdächtigen mit einer Mehrbelastung der Altersgruppe Y gegenüber der Altersgruppe X nach als tatverdächtig bezeichneten Einzelpersonen vereinbaren. – Hieraus folgt zugleich die Frage, inwieweit sich der altersmäßige Verlauf der Kriminalitätsbelastung verändert, wenn statt der Zahlen für Tatverdächtige diejenigen für als tatverdächtig bezeichnete Einzelpersonen eingesetzt werden.

b) Betreffend die StrafSt wird mit *Verurteiltenziffer* die Zahl der Verurteilten bezogen auf je 100 000 der strafmündigen Bevölkerung oder jeweiligen Alters- oder Geschlechtsgruppe bezeichnet.

V. Aussagemängel (insbesondere) der Polizeilichen Kriminalstatistik und der Strafverfolgungsstatistik

1.a) Die kriminalstatistische Forschung ist ferner dadurch beeinträchtigt, daß beide genannten Kriminalstatistiken untereinander weder nach Anknüpfungsbegriffen und Erfassungskriterien noch nach Zeiträumen zureichend integriert sind; die Möglichkeit eines einheitlichen Datenerfassungs- und Auswertungssystems zwischen den beiden genannten Kriminalstatistiken wird seitens der Praxis skeptisch beurteilt (*Gemmer* 1974, 75 f.). So vermag eine verknüpfte Analyse der Daten beider genannten Kriminalstatistiken zum Beispiel keine Angaben darüber zu erbringen, welcher Anteil der bei der Polizei bekannt gewordenen Straftaten zur Aburteilung gelangt und wie sich das Verhältnis der Kurven für Straftaten einerseits und für Aburteilungen andererseits untereinander gestaltet (vgl. aber *Hellmer* 1972, 38 f., der Häufigkeitszahlen und Kriminalitätsbelastungsziffer mit der Verurteiltenziffer vergleicht). Am ehesten lassen sich, abgesehen von Divergenzen bezüglich der verschiedenen (und nicht mit der Tatzeit identischen) Registrierungszeiten, die Zahlen der bekanntgewordenen mit denjenigen der aufgeklärten Taten und die Zahlen der Tatverdächtigen mit denjenigen der Abgeurteilten vergleichen. Allerdings ist auch dies nur eingeschränkt möglich, weil die PolSt Daten zur Straßenverkehrskriminalität, abgesehen von §§ 315, 315b StGB (PolSt 1977, 7), nicht erfaßt, und weil die Angaben der Straßenverkehrsunfallstatistik und des KBA hierfür keinen Ersatz bieten. – Ebenso erlaubt die Statistik der Öffentlichen Jugendhilfe keinen aussagekräftigen Vergleich mit kriminalstatistischen Angaben zur Jugendkriminalität.

Zudem liegen unmittelbare Daten zum Verhältnis von Personalbestand und ausgewiesenen Zahlen auf den einzelnen Stufen des formellen sozialen Reaktionsprozesses kaum vor.

§ 17 *Kriminalstatistische Forschung*

Erwähnt sei, daß das StaBA eine Einzelerfassung des Geschäftsgangs der Staatsanwaltschaften und Gerichte im Bereich der Strafgerichtsbarkeit vorbereitet (hat) (s. hierzu *Kerner* 1973 b, 80).

b) Die genannten Mängel haben zur Folge, daß eine kriminalstatistische Verlaufsforschung über die verschiedenen Stufen des formellen sozialen Reaktionsprozesses hinweg einschließlich der Erfassung von Bewertungsverschiebungen und etwaiger Selektions- und Stigmatisierungsprozesse nur eingeschränkt möglich ist.

Dies dürfte sich auch auf Versuche der Verwirklichung einer longitudinalen Kriminalstatistik oder einer Dynamisierung der Kriminalstatistiken (vgl. Bedenken bei *Gemmer* 1974, 75) auswirken. Hierbei soll die Person des Täters die statistische Einheit bilden und eine Verlaufsanalyse im Längsschnitt Daten zu Beginn des (formellen) sozialen Reaktionsprozesses, zu Art und Dauer von Sanktionen sowie zu Ende, Fortdauer oder Neubeginn der Erfassung durch Behörden formeller strafrechtlicher sozialer Kontrolle erbringen. Zur technischen Verwirklichung käme eine verlaufsorientierte Zählkarte in Betracht.

2.a) Kriminalstatistische Forschungen zum zeitlichen Längsschnitt sind weiterhin durch Änderungen hinsichtlich Erhebungsgegenstand und/oder -art sowie Darstellungsweise oder aber in der Ausgestaltung des materiellen und formellen Strafrechts behindert.

Als Beispiel hierzu zeigt Schaubild 1 eine Gegenüberstellung der Verurteiltenziffern bei Straßenverkehrsdelikten aus den Jahren 1968 und 1969. Die erheblichen Veränderungen insgesamt decken sich weitgehend mit dem Absinken der Verurteilungen wegen Vergehen ge-

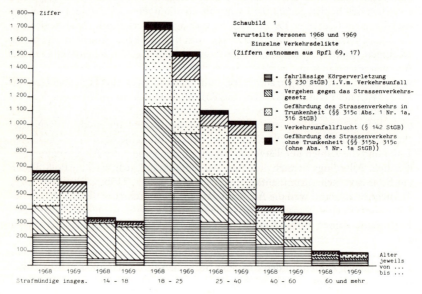

gen das Straßenverkehrsgesetz, was wiederum vorzugsweise in unmittelbarem und mittelbarem Zusammenhang zu einschlägigen Gesetzesänderungen steht. So hat die gesetzliche Neuregelung der Ordnungswidrigkeiten (aus dem Jahre 1968) die partielle Entkriminalisierung des Verkehrsrecht beabsichtigt.

Als weitere allgemeine Beispiele sei auf die Umwandlung von Offizial- in Antrags- oder in Privatklagedelikte wie auch auf Änderungen von außerstrafrechtlichen Gesetzen mit Auswirkungen auf Tatbestandsmerkmale des StGB ebenso hingewiesen wie auf Änderungen in der Auslegung etwa zur Annahme eines öffentlichen Interesses für die Übernahme der öffentlichen Klage oder auf – zur Verfahrenseinstellung führende – Amnestien (*von Hentig* 1964, 7 f.; *Naucke* 1964, 136; s. allgemein auch *von Weber* 1967a).

b) Solche Änderungen technischer wie straf- und strafverfahrensrechtlicher Art sind aus den Veröffentlichungen der Kriminalstatistiken und den jeweiligen Begleittexten nicht immer hinreichend erkennbar. Das gleiche gilt für sonstige Änderungen der Kontrollintensität im Ablauf des informellen und formellen sozialen Reaktionsprozesses. Dabei ist wesentlich, daß Änderungen für unterschiedliche Delikte in unterschiedlicher oder gar entgegengesetzter Richtung verlaufen können.

Nach den Kriminalstatistiken Österreichs (vgl. zu den beiden folgenden Beispielen *Seelig/Bellavic* 1963, 207 f.) erreichten die Verurteilungszahlen wegen Abtreibung im Jahre 1919 einen Tiefpunkt, der – auch relativ in Bezug auf die (ebenfalls gesunkene) Geburtenzahl – unter dem Friedensdurchschnitt lag. Dies mußte umso mehr verwundern, als gerade in diesem Jahr die Rückkehr der Soldaten einen Anstieg der Zahl der Schwängerungen gehabt haben wird und als zudem die schlechte Wirtschaftslage den Wunsch nach Geburten reduzierte. Vom Jahre 1920 an stiegen die Verurteilungszahlen wegen Abtreibung aber deutlich an und erreichten 1923 nahezu das Achtfache des Friedensdurchschnitts. Tatsächlich hatte nach Kriegsende eine Meinungsbewegung die Freigabe der Abtreibung gefordert. In Zusammenhang damit wurden nur erhöht sichtbare Fälle verfolgt, während die Polizei von sich aus ohnehin nicht tätig wurde. Im Jahre 1920 hingegen wurden, im Anschluß an innenpolitische Veränderungen, die Behörden von Staatsanwaltschaft und Polizei zu einer intensiveren Verfolgung der Abtreibung angewiesen. – Ob und inwieweit sich die Begehungshäufigkeit von Abtreibungen während dieser Jahre geändert hat, bleibt offen.

Im Jahre 1934 stieg die Zahl der Verurteilungen wegen Verbrechen gegenüber 1935 um 13 % an, wobei der – mit Abstand größte – Anteil der Verurteilungen wegen Diebstahls jedoch um 4 % abnahm; zugleich ergab sich für die Zahl der Verurteilungen wegen Vergehen ein Anstieg um 57 % und für die Zahl der Verurteilungen wegen Übertretungen ein Sinken um 14 %, wobei der Anteil der Verurteilungen wegen Diebstahls um 15 % abnahm. Tatsächlich waren Polizei und Gerichte im Anschluß an »politische Aufstände« in den Monaten Februar und Juli 1934 vordringlich mit der Verfolgung politischer Delikte befaßt, deren Aburteilung die Gesamtzahlen der Verurteilungen wegen Verbrechen und Vergehen ansteigen ließ, während die Verfolgungsintensität gegenüber Allgemeiner und namentlich gegenüber als geringfügig beurteilter Kriminalität verringert war.

3. Soweit die Kriminalphänomenologie sich um das Verhältnis oder um die Diskrepanz zwischen strafrechtsdogmatischen und »kriminologischen« Deliktsformen bemüht (vgl. hierzu *Geerds* 1965, 11; *McClintock/Avison* 1968, 8), ver-

mag sie hierzu aus den Kriminalstatistiken wenig Nutzen zu ziehen. Als Beispiel sei nur auf das Fehlen kriminalstatistischer Angaben zur Häufigkeit der Begehung durch Unterlassen hingewiesen.

4. Auch die Fragen nach Formen gemeinsamer Tatbegehung sowie nach dem Verhältnis zwischen Täter und Opfer lassen sich auf Grund kriminalstatistischer Angaben nur teilweise untersuchen.

Dabei ist der erstgenannte Aspekt insbesondere jugendkriminologisch bedeutsam, da hier nicht selten angenommen wird, daß mindestens die Hälfte der Straftaten Jugendlicher gemeinsam begangen wird (vgl. *Suttinger* 1966, 419; s. auch *Heinz* 1972b, 819 Fußn. 56; s. noch u. § 49 I. 4. a)). Während jedoch die PolSt (seit 1971) allein handelnde Tatverdächtige gesondert ausweist, fehlt es an einer kriminalstatistischen Registrierung der Zahl der Gruppendelikte, von Ausnahmen (z.B. bezüglich der Gruppennotzucht) abgesehen.

Betreffend den zweitgenannten Aspekt sind Daten über die Ausgestaltung des Verhältnisses zwischen Täter und Opfer sowohl für den sozialen Reaktionsprozeß als auch für Zusammenhänge der Begehung von Verbrechen in der Makrostruktur (wie in der Mikrostruktur) wesentlich. während jedoch die StrafSt zu diesem Verhältnis keine Angaben enthält, sind die (seit 1971) innerhalb der PolSt verzeichneten Daten in mehrfacher Hinsicht nur begrenzt verwertbar (differenzierter hierzu die PolSt Bayerns).

5. Ferner werden Angaben zum Beispiel über Ausbildung und Beruf als Teilindikatoren für den sozio-ökonomischen Status in der bundeseinheitlichen PolSt nicht erfaßt; hierzu finden sich in jüngerer Zeit aber Daten in den PolSten einiger Bundesländer (vgl. z.B. Schleswig-Holstein 1971). Die StrafSt weist diesbezügliche Angaben nur bei den nach Jugendstrafrecht Abgeurteilten aus.

6. Die PolSt wie auch die StrafSt erfassen schon vom Erhebungsgegenstand her und auf Grund der Behandlung strafrechtlicher Konkurrenzen nur einen Ausschnitt derjenigen Kriminalität, die formeller strafrechtlicher sozialer Reaktion unterliegt. Ferner enthalten sie Mängel insofern, als sie bei mehreren innerhalb des Berichtsjahres abgeschlossenen Verfahren gegen ein und dieselbe Person grundsätzlich eine Mehrfachzählung vornehmen, und als sie, wiederum auf Grund der Behandlung strafrechtlicher Konkurrenzen, Tatverdächtige beziehungsweise Abgeurteilte nicht oder nicht zureichend entsprechend deren dominierender Deliktsrichtung zählen.

Soweit es dabei jeweils nur zu einer einmaligen Registrierung kommt, bleibt die Beantwortung der Frage danach offen, inwieweit die Verfolgung wegen mehrerer bestimmter Deliktsbegehungen innerhalb eines Verfahrens häufig oder gar die Regel oder aber seltener ist. So könnte es sein, daß etwa die – ohnehin vergleichsweise häufigen – Diebstahlsdelikte im Vergleich etwa zu Totschlagsdelikten erheblich häufiger verfolgt werden (vgl. schon *Sauer* 1950, 16), als es die Kriminalstatistiken ausweisen. Ergänzend sei angemerkt, daß diese Einwände gegenüber der PolSt (seit 1971) eingeschränkter gelten als gegenüber der StrafSt. gegenüber der StrafSt.

7. Was schließlich die Aussagemöglichkeiten der beiden genannten Kriminalstatistiken untereinander betrifft, so ist die PolSt bezüglich der Richtigkeit der juristischen Subsumtion dem Einwand ausgesetzt, Juristen »allein ... seien in der Lage festzustellen, ob eine Straftat geschehen ist« (kritisch *Hellmer* 1972, 28 f.). Dieser Einwand betrifft Fragen sowohl nach der Kompetenz zur reaktiven Definition von Verbrechen als auch danach, inwieweit es bei der polizeilichen Ermittlungstätigkeit überwiegend um den Nachweis objektiver Tatumstände und weniger um subjektive Elemente geht (vgl. hierzu auch *Kerner* 1973b, 229 Fußn. 106). Demgegenüber weist die PolSt Straftaten und Straftäter (Tatverdächtige) bereits auf der ersten Stufe des formellen sozialen Reaktionsprozesses aus. Daher könnte sich das zwangsläufig selektive Vorgehen formeller sozialer Reaktion als mögliche Verzerrung von vermuteter »Verbrechenswirklichkeit« nur in geringerem Ausmaß ausgewirkt haben. Hingegen mag eine solche Verzerrung im Bereich Allgemeiner Kriminalität in der ganz überwiegenden Zahl der Fälle bereits auf den Stufen der informellen sozialen Reaktion stattgefunden haben. Hierbei wird allerdings danach zu unterscheiden sein, ob eine bestimmte Person als Täter bekannt ist beziehungsweise als solche vermutet wird oder nicht. – Zudem wäre die Frage nach – allerdings offenbar »geringfügigen« – Rückwirkungen der Tätigkeit von Staatsanwaltschaft und Gericht auf die polizeiliche Tätigkeit einzubeziehen.

Die StrafSt beruht demgegenüber auf einer zeitlich späteren Stufe des sozialen Reaktionsprozesses und ist insofern mit dem Einwand behaftet, daß eine mögliche Verzerrung von »Verbrechenswirklichkeit« durch das zwangsläufig selektive Vorgehen der formellen strafrechtlichen sozialen Reaktion stärker ausgeprägt sei. – Als Vorteil der StrafSt wird allgemein angesehen, daß deren Daten auf der Subsumtion durch Juristen beruhen.

§ 18 Prognose und Messung der Schwere von Kriminalität

I. Prognose der Kriminalität

1. a) Die Prognoseforschung zur Entwicklung von Kriminalität ist theoretisch nicht auf Stufen der registrierten Kriminalität festgelegt, sondern nicht minder auf Kriminalität gerichtet, wie sie sich auf informellen Stufen der Erfaßbarkeit darstellt. In der Regel dürften auf kürzere Zeiträume bemessene oder ad hoc-Prognosen schon deshalb weniger Schwierigkeiten bereiten als langfristige, weil man bevorzugt auf die unmittelbar zurückliegende Zeit zurückgreifen kann und Veränderungen nur begrenzt sein werden. Unter dem Gesichtspunkt der Anwendung genießen sie etwa bei gebietsmäßigen beziehungsweise ökologischen (z.B. Anwachsen einer Gemeinde) und arbeitsmäßigen (z.B. Verkürzung der Arbeitstage innerhalb der Woche) Veränderungen eine gewisse Aktualität.

b) Materielle Voraussetzung zur Auswahl von Faktoren, deren prognostische Relevanz geprüft werden soll, ist eine deutliche und homogene Beziehung zur registrierten Kriminalität während bestimmter Zeitperioden. Formelle Voraussetzungen sind zunächst eine gewisse Beständigkeit, um als einigermaßen präzises Instrument geeignet zu sein, und eine quantitative Ausdrückbarkeit sowie die Existenz hinreichender Informationen bezüglich des betreffenden Faktors. Vor allem muß die Wahrscheinlichkeit, jedenfalls aber die Möglichkeit gegeben sein, Voraussagen über den jeweiligen Faktor für die relevante Zeitperiode mit einer größeren Präzision machen zu können, als Voraussagen über die Kriminalität auch ohne diesen Faktor möglich wären.

2. Bisherige Forschungen zur Prognose von Kriminalität sind bevorzugt und gezwungenermaßen von Daten der registrierten Kriminalität ausgegangen. Sie legten einen Vergleich mit Daten der allgemeinen Wirtschafts- und Sozialstatistiken zugrunde. Dies gilt zum Beispiel auch für eine dänische (*Jepsen* 1969) und eine finnische (*Törnudd* 1969) Untersuchung, die im Rahmen der Forschungsplanung des Skandinavischen Rates für Kriminologie durchgeführt wurden. Beide Untersuchungen sind retrospektiver Art und betreffen einen Zeitraum von 5 bis 10 Jahren. Hinsichtlich der verwandten Methoden, der aufgezeigten Fragestellungen und der ermittelten Ergebnisse sind sie recht unterschiedlich. Aufgabe der Untersuchungen war es im wesentlichen, zunächst einmal die Probleme der Voraussage auf dem Gebiet der Kriminalität zu klären.

Hinsichtlich aller einbezogenen Variablen-Kategorien bemängelt *Jepsen* (1969, 98) insbesondere das geringe Informationsangebot an statistischen Daten. Dies gilt namentlich hinsichtlich der sozialen Variablen. Die Ergebnisse nach jeder der angewandten Methoden sind, wie der Autor selbst mitteilt (1969, 96 f.), trotz relativ hoher sozialer Stabilität (vgl. *Christiansen/Jensen* 1972, 82) wenig zufriedenstellend gewesen. Nur in Einzelbereichen konnte eine gewisse Übereinstimmung mit der tatsächlichen Entwicklung erzielt werden. Die Untersuchung von *Törnudd* brachte, wie auch dieser Autor selbst meint, ebenfalls wenig befriedigende Ergebnisse.

Es wäre zu prüfen, inwieweit die als Prädikatoren ausgewählten Variablen mit Kriminalität zusammenhängen. Andererseits handelt es sich bei retrospektiven Prognoseuntersuchungen weniger um Voraussage- als vielmehr um Zusammenhangsforschungen, so daß die mitgeteilten Ergebnisse erhöht auch von dem Wissensstand in letzterem Bereich abhängig sind.

Bezüglich der Abgrenzung zwischen prospektiven und retrospektiven Prognoseuntersuchungen wie auch hinsichtlich der Folgewirkungen von Prognosen sowie der Treffsicherheitsprüfung ergeben sich teilweise ähnliche Probleme wie im Bereich des einzelnen Straftäters (s. u. § 23); allerdings sind die Möglichkeiten der methodischen Bewältigung wegen des gesamtgesellschaftlichen Rahmens grundsätzlich verschieden (vgl. hierzu die bedenklichen Berechnungen von *Kaefer* u. a. 1976, 216 ff.)

II. Messung der Schwere von Kriminalität

1. Ein besonderes Interesse der kriminalstatistischen Forschung betrifft die Frage nach dem Wandel oder der Konstanz der Schwere von Kriminalität. Dabei können Zahl und Schwere von Kriminalität jeweils zugleich zunehmen oder abnehmen. Aber es kann ebenso sein, daß die Zahl der Straftaten ansteigt, deren Schwere aber abnimmt, oder umgekehrt. Dies gilt sowohl für Straftatbestände insgesamt als auch für einzelne Deliktsformen innerhalb von Straftatbeständen.

Hierzu hat *von Weber* (1939, 36 f.) betreffend die Zunahme der Zahl der Aburteilungen wegen einer bestimmten Deliktsform ausgeführt, dies bedeute »nicht notwendig, daß ihre soziale Bedeutung entsprechend wächst und umgekehrt. Gewogen kann der Verlauf einer bestimmten Kriminalität ein ganz anderes Bild bieten, als gezählt«. – Als Beispiel sei auf den vergleichsweise hohen Anteil der Fälle des Diebstahls ohne erschwerende Umstände mit geringer Höhe des Schadens – als eines Faktors zur Bestimmung der Schwere von Kriminalität – hingewiesen (s. PolSt 1977, 81).

Die gesetzliche Ausgestaltung der Straftatbestände ist aus vielfältigen Gründen nur begrenzt als Vergleichsmaßstab zur Bewertung der Entwicklung des Verhältnisses von Umfang und Schwere verschiedenster Deliktsarten untereinander geeignet.

a) Deshalb bemühten sich *Sellin/Wolfgang* (1964) um die Entwicklung eines Index zur Messung der Schwere von Kriminalität. Damit sollten unterschiedliche Schweregrade für unterschiedliche Straftaten beziehungsweise deren Ausgestaltungen festgestellt werden. Zwar legten die Autoren das formelle System der polizeilichen Kriminalstatistiken zugrunde, jedoch könnte das Verfahren prinzipiell in gleicher Weise für solche Daten über Kriminalität angewandt werden, die nicht den Kriminalstatistiken entnommen sind. Der Schwere-Index sollte es ermöglichen, die Bewegung der Schwere von Kriminalität in einem bestimmten Raum und zu bestimmten Zeiten abzulesen. Zugleich sollten dadurch die Voraussetzunren für einen interkulturellen Vergleich geschaffen werden. – Die Bemühungen galten zunächst der Jugendkriminalität, sind jedoch anschließend auf die Kriminalität Erwachsener ausgedehnt worden.

Was das methodische Vorgehen zur Entwicklung des Index anbetrifft, so beruhen die Untersuchungen auf Befragungen, in welchen Gruppen aus der Bevölkerung eine Auswahl an Straftaten oder Ausgestaltungen von Straftaten in Form objektiver Fallmerkmale zur Bewertung der Schwere vorgelegt wurden. Aus den erhaltenen Skalierungen wurden sodann Indizes der Schwere gebildet.

Bezüglich anonymer Befragungen (etwa auf postalischem Wege) ist in diesem Zusammenhang auf den zusätzlichen Nachteil hinzuweisen, daß Absprachen der Befragten mit anderen Personen nicht verhindert werden können.

Zur Bewertung verwandten *Sellin/Wolfgang* zwei Typen von Skalen, nämlich eine (»geschlossene«) Intervall-Skala und eine (»offene«) Verhältnis-Skala. Bei ersterer sind die Intervalle der Schwere vorgegeben, das heißt es wird nicht nur ausgesagt, daß die Handlung 2 schwerer ist als die Handlung 1, sondern es liegt zugleich bereits das Ausmaß des Unterschiedes der Schwere fest. Letztere hingegen versucht eine Verfeinerung der unterschiedlichen Bewertung dadurch zu erreichen, daß der Befragte das Ausmaß des Unterschiedes der Schwere bestimmt. *Sellin/Wolfgang* stellten aufgrund von Vergleichsberechnungen ähnliche Ergebnisse beider Skalen fest und verwandten im Anschluß daran nur die Verhältnisskala (1964, 259 ff., 271 ff.). Neben erheblichen methodischen Bedenken allgemeiner Art setzt diese eine höhere Intelligenz voraus und führt verständlicherweise eher zu logischen Inkonsistenzen als die Intervall-Skala (vgl. zur Zahl der Inkonsistenzen bei Polizeibeamten einerseits und bei Studenten andererseits *Sellin/Wolfgang* 1964, 276). Letzteres ist um so gewichtiger, als es den Befragten nicht erlaubt ist, zum Zwecke etwa des Vergleichens oder der Korrektur, auf bereits zugeteilte Bewertungen zurückzuschauen.

Zur Vermeidung der Verzerrungen, die durch die Zählprinzipien der Polizei bei Konkurrenzen (vgl. zu deren Häufigkeit das Beispiel bei *Wolfgang* 1970, 61; aber auch *Rose* 1970, 48) und generell innerhalb des Ermittlungskomplexes entstehen, strebten *Sellin/Wolfgang* danach, den jeweiligen Komplex als Einheit (Fall oder »Tat«) zugrunde zu legen; dies bereitete hinsichtlich der praktischen Verwirklichung erhebliche Schwierigkeiten (*Wolfgang* 1970, 60). Die Auswahl der Straftaten wurde nach dem Kriterium der vermuteten Häufigkeit der Mitteilung der Deliktsbegehung an die Polizei ausgerichtet. So wurden zum Beispiel einverständliche Delikte deshalb ausgeschieden, weil wegen der ohnehin äußerst geringen Quote der Mitteilungen an die Polizei Veränderungen der Quote des polizeilichen Bekanntwerdens ausschließlich von der Aktivität der Polizei abhängen und somit kaum Rückschlüsse auf die tatsächliche Häufigkeit zulassen sollen. Im Vordergrund standen solche Delikte, die einen Personen- oder Vermögensschaden herbeiführen und von denen man annahm, daß sie mit einiger Wahrscheinlichkeit die Mitteilung durch das Opfer oder andere Personen an die Polizei zur Folge haben.

b) Im Anschluß an die Untersuchung von *Sellin/Wolfgang* sind zahlreiche Reliabilitäts- und Validitätsuntersuchungen sowie Forschungen mit veränderter Fragestellung und Methode durchgeführt worden, und zwar auch außerhalb der USA wie zum Beispiel in Kanada (vgl. z. B. *Akman/Normandeau* 1968, 140 ff.), oder, innerhalb Europas, in Dänemark (vgl. *Christiansen* u.a. 1970).

Bei den letztgenannten wurden vorzugsweise Intervall-Skalen verwandt. Der Hinweis, auf bereits erteilte Bewertungen nicht zurückzuschauen, wurde kaum hinreichend eingehalten. Um dem abzuhelfen, führten die Untersucher, gewissermaßen als Muster, einige Vorfragen ein, damit die Befragten Gelegenheit hatten, sich mit dem Spektrum der Skalen vertraut zu machen; bei der eigentlichen Untersuchung durften sie auf die Bewertungen dieser ursprünglichen Fragen zurückschauen (*Christiansen* u.a. 1970, 14).

Schindhelm (1972) hat in Baden-Württemberg eine entsprechende Überprüfung durchgeführt, wobei er eine repräsentative Auswahl von Studenten und ferner eine »nahezu« repräsentative Auswahl von Polizeibeamten in Gruppensitzungen sowie eine nicht repräsentative Auswahl von Richtern auf postalischem Weg (Antwortquote 66 %) unter Verwendung der Verhältnisskala einbezog. Insgesamt betrachtet wurde – vor allem auch zwischen Studenten und Polizeibeamten – eine relativ breite Übereinstimmung in der Bewertung festgestellt (aaO. 87 f.).

c) Die Anwendung eines erstellten Schwere-Index geschieht in der Weise, daß jedem Ereignis die ermittelten Gewichtspunkte zugeteilt und diese mit der Häufigkeitszahl des Ereignisses multipliziert werden. Es handelt sich also um ein Punktwert-Verfahren, das die verschiedenartigsten Delikte als eine eindimensionale Erscheinung erfaßt.

2. Ein wesentliches Problem besteht in der Frage, nach welchen Kriterien die Gruppe(n) der Befragten ausgewählt werden soll(en). Als Möglichkeit stehen, auch mit Rücksicht auf die Intentionen eines interkulturellen Vergleichs, insbesondere eine Auswahl nur nach solchen Berufsgruppen, die die größte Sachnähe aufweisen (vgl. bezüglich Anklagevertreter neuerdings *Roth* 1978), oder aber eine für die Gesamtgesellschaft repräsentative Auswahl zur Diskussion. *Sellin/Wolfgang* (1964, 249) begründeten demgegenüber die Auswahl ihrer Gruppen (Studenten, Polizeibeamte, Jugendrichter) damit, daß Gesetzgebung und Rechtsanwendung institutionalisierter Ausdruck des Wertsystems der dominierenden Mittelklasse der amerikanischen Gesellschaft seien. Dabei bleibt allerdings das Problem bestehen, wie die Mittelklasse zu definieren ist, und ob sie, unabhängig von dieser oder jener Definition, durch die ausgewählten Gruppen adäquat repräsentiert ist. Dies gilt zumindest im Hinblick auf die Anzahl der Studentengruppen, zumal mindestens fraglich ist, inwieweit Studenten Träger des Wertsystems der Mittelklasse sind; diesbezüglich haben die dänischen Untersuchungen, die unter anderem Studenten der Psychologie auswählten, eher verneinende Ergebnisse erbracht. Andererseits scheint zumindest teilweise die Annahme in Frage gestellt zu sein (vgl. *Kelly/Winslow* 1970, 133; *Rossi* u.a. 1974, 237; *Villmow* 1977, 129 ff.), wonach die Beurteilung von Schwere oder auch Gefährlichkeit einzelner Delikte je nach sozio-ökonomischen und/oder altersmäßigen Gruppen innerhalb der Gesellschaft erheblich unterschiedlich sei. Gleichwohl lassen sich gegen die von *Sellin/Wolfgang* mitgeteilten Grade der Übereinstimmung der Bewertung durch die verschiedenen Gruppen Bedenken erheben (vgl. *Rose* 1970, 35 f.).

a) Darüber hinaus ist, wiederum in den dänischen Untersuchungen, die Frage deutlich geworden, ob bei einem repräsentativen Sample, zumindest in den Extremgruppen, eine gemeinsame Skala überhaupt möglich ist. Zudem müßten die Delikts- beziehungsweise Deliktsbegehungsformen auf möglichst niedrigem Abstraktionsniveau beschrieben werden.

b) Ein weiteres Problem besteht nicht nur in der Umschreibung oder Definition, sondern schon in der Auswahl der einzuschätzenden Straftaten beziehungsweise deren Ausgestaltungen. Dies gilt insbesondere deshalb, weil die Annahme der zur Anwendung wesentlichen Voraussetzung einer weitgehenden Mitteilung der Deliktsbegehungen an die Polizei bei den von *Sellin/Wolfgang* ausgewählten Deliktsbereichen durch Ergebnisse der Dunkelfeldforschung über erlittene Straftaten erheblich erschüttert worden ist.

Wolfgang (1970, 58 f.) meint, daß jährlich erhobene Daten über die Opfereigenschaft den polizeilichen Angaben überlegen sein könnten. Andererseits sieht *Wolfgang* das Auswahlkriterium nicht (mehr) in der Höhe der Quote der Mitteilungen an die Polizei, sondern in der größeren Wahrscheinlichkeit der Konstanz dieser Quote (vgl. zur geschichtlichen Tradition dieser Annahme o. § 16 I. 1. b)). Es soll also nicht (mehr) auf die Divergenz zwischen tatsächlich begangenen und mitgeteilten Delikten ankommen, sondern auf den Grad der Konstanz dieser Divergenz. Unter der Voraussetzung einer hohen Konstanz dieser Quote könnte die Anzahl der der Polizei bekanntgewordenen Delikte sowohl zur Messung von Veränderungen und zu Vergleichen als auch zur Konstruktion und Anwendung eines Schwere-Index geeignet sein. Diese Voraussetzung soll bei den ursprünglich bereits ausgewählten Deliktsbereichen am ehesten gegeben sein.

c) Das Problem der Auswahl der Straftaten betrifft ferner die Frage, inwieweit für einzelne Deliktsbereiche getrennte Verfahren durchgeführt und beibehalten werden sollten, um der nach Deliktsbereichen erheblich unterschiedlichen Kriminalitätshäufigkeit Rechnung zu tragen. Hierdurch könnten Verzerrungen vermieden und Veränderungen innerhalb einzelner Deliktsbereiche deutlich herausgehoben werden.

Hinsichtlich des Ertrages dieser Untersuchungen ist schon wegen des begrenzten Umfangs der polizeilichen Unterlagen eine vollständige Erfassung der kriminellen Aktivität in einer Gesellschaft nicht möglich. Andererseits sind die (intendierten) Aussagen wesentlich weitreichender als diejenigen, die sich aus polizeilichen Kriminalstatistiken ergeben (vgl. z. B. zur Entwicklung des Raubes *Normandeau* 1972, 72 f.). Dies gilt aber nur innerhalb der Grenzen, die jedem Bewertungssystem inhärent sind. Es handelt sich stets nur um relative Messungen der Schwere, die im zeitlichen Querschnitt und Längsschnitt mit unterschiedlichen Einstellungen verschiedener Gesellschaftssysteme zu bestimmten Delikten konfrontiert sind und die keine universell abgegrenzte Grundlage haben. Aus diesem Grunde wäre sowohl abzuklären, ob der Verbrechens-Index »systemneutral oder systemspezifisch anzeigt« (*Kaiser* 1976, 171 f.), als auch, ob er die Kriminalitätsbewegung oder aber die Bewegung gesellschaftlicher Einstellungen mißt, wobei es bezüglich letzterer wiederum auf die Abhängigkeit bekundeter Einstellungen von der Bewertung durch strafrechtliche soziale Kontrolle ankäme. Auch betreffend den letzteren Aspekt erscheinen regelmäßige Anschluß-Untersuchungen unerläßlich, um dem sozialen Wandel hinsichtlich einer Bewegung gesellschaftlicher Einstellung Rechnung zu tragen. – Möglichkeiten (unmittelbarer) interkultureller Vergleiche mittels des Schwere-Index sind wenig gesichert.

d) Abschließend ist auf die relativ breite Verwendung des Index von *Sellin/Wolfgang* in Untersuchungen zur (unterschiedlichen) formellen sozialen Reaktion sowie über Banden delinquenter Jugendlicher wie auch im Rahmen von Dunkelfeldforschungen und ferner bei der Bestimmung von Rückfälligkeit hinzuweisen.

Drittes Kapitel   Methoden der Untersuchung
des Einzelbereichs

§ 19 Allgemeine Bedingungen der Untersuchungen

Allgemeine Erhebungsquellen der mikrostrukturellen Untersuchung des Verbrechens sind der Straftäter, das Opfer, Vertreter der Strafverfolgungsbehörden sowie sonstige über einschlägige Informationen verfügende Personen, ferner die räumliche und soziale Umgebung der genannten Personenkategorien sowie Akten und sonstige schriftliche Unterlagen. Erhebungsmethoden der Untersuchung sind vorzugsweise die Methoden der Befragung, der Exploration, psychologische Testverfahren, medizinische Methoden im weitesten Sinne sowie, bei der Untersuchung anhand schriftlicher Unterlagen, die Verfahren der Inhalts- und Dokumentenanalyse. Daneben können die verschiedenen Formen des Experiments, der Soziometrie, der Beobachtung und gegebenenfalls auch der Gruppendiskussion geeignet sein.

Die Ausgestaltung der Methoden im einzelnen ist in der Spezialliteratur dargestellt (vgl. z.B. zu soziologischen Methoden *Mayntz* u.a. 1974; *Atteslander* 1974; zu psychologischen Methoden *Guilford* 1965; *Herrmann*, T. 1969; zu psychiatrischen Methoden *Weitbrecht* 1973).

Ebenso wie die makrostrukturelle kann auch die mikrostrukturelle Untersuchung des Verbrechens auf unterschiedlichen Ebenen der reaktiven Definition von Verbrechen stattfinden.

I. Erfassungsebenen

1. a) Die Forschungstechnik der Felduntersuchung (vgl. neuerdings *Haferkamp* 1975) bietet gewisse Möglichkeiten, im Wege teilnehmender Beobachtung den Vorgang der Tatbegehung wahrzunehmen. Dabei besteht ein Vorteil darin, daß soziale und gegebenenfalls auch personale Daten, wie sie im Zeitpunkt während sowie unmittelbar vor und nach der Tatbegehung erkennbar waren, erfaßt werden

können. Angaben hierüber wären deshalb besonders verdienstvoll, weil die Bedeutung der Tatsituation in der kriminologischen Forschung seither nur eine vergleichsweise geringe Beachtung gefunden hat (s. näher u. § 54).

Allerdings ist die Felduntersuchung einer Fülle methodischer Einwände ausgesetzt. Zunächst bestehen Bedenken hinsichtlich einer Kompetenzüberschreitung des Forschers, da er (bewertend) selbst darüber entscheidet, ob ein Verhalten eine Straftat darstellt oder nicht. Ferner und ganz allgemein erscheinen die in der Methode teilnehmender Beobachtung liegenden Implikationen, zumal wenn es einen Bereich sozial unerwünschten Verhaltens betrifft, kaum ausräumbar. Hierbei geht es vordringlich um die begrenzte Präsenz- und Wahrnehmungskapazität sowie mögliche Verhaltensverschiebungen als Folge der Eingliederung des Forschers.

b) Die Dunkelfeldforschung vermag Informationen über Deliktsart und -häufigkeit einzelner – formell nicht oder insoweit nur teilweise erfaßter – Straftäter oder Opfer im Lebenslängsschnitt zu erbringen. Auch kommt ihr eine erhebliche Bedeutung für den Vergleich von verurteilten Straftätern und »Nichtstraftätern« beziehungsweise von Opfern einer Straftat und »Nichtopfern« zu.

Ergänzend zu den erläuterten methodischen Problemen (s. o. § 16 II.) ergeben sich bei eher mikrostrukturell orientierten Dunkelfelduntersuchungen, bei denen vergleichsweise breite Interaktionen zwischen Untersucher und Proband stattfinden, etliche Verschiedenheiten. So könnte es sich mit der Tendenz, Einstellungen statt Geschehnisse wiederzugeben, anders verhalten, sofern ein gewisser sozialer Kontakt oder gar eine Atmosphäre der Zusammenarbeit und des Vertrauens besteht. – Allerdings könnten solche Untersuchungsumstände den Verlust der Vorteile der Anonymität bedeuten. Ferner mögen dabei suggestive Momente mit der Folge auftreten, daß der Befragte zuviel Delikte angibt (vgl. *Gibson* 1969, 285). Darüber hinaus mögen Genanz- und Rechtfertigungstendenzen, zumal bezüglich sozial besonders verachteter Delikte, erhöht sein und die Angaben dementsprechend beeinflussen.

c) Andere Untersuchungen betreffen Prozesse der reaktiven Definition von Verbrechen. Sie bemühen sich um die Untersuchung des Vorgehens der Behörden formeller strafrechtlicher sozialer Kontrolle.

2. a) Die ganz überwiegende Zahl mikrostruktureller Untersuchungen von Verbrechen befaßt sich mit verurteilten Straftätern oder Straftätergruppen. Dabei besteht meistenteils eine besonders ausgedehnte Lücke zwischen der Tatzeit und der Untersuchungszeit, so daß unmittelbare Erhebungen hinsichtlich der aktuellen Tatumstände oder der Tatzeit-Gegebenheiten, selbst beschränkt auf die Persönlichkeit und Tatmotivation des Straftäters oder der Straftätergruppe, nur ausnahmsweise nicht möglich sind. Die Art der Befunde, wie sie zur Untersuchungszeit erhoben werden, kann aber, sofern es sich nicht um etwaige konstante Faktoren handelt, erheblich von den jeweiligen Ausprägungen abweichen, wie sie sich zur Tatzeit dargestellt haben mögen. Diese Problematik betrifft, neben Erhebungen sozialer und sozialpsychologischer Daten, die psychologische Testdiagnostik ebenso wie die Exploration.

Allerdings meint *Leferenz* (1973, 934) aus psychiatrischer Sicht, bei der Gewinnung eines Bildes »der Tatzeit-Persönlichkeit« und der Tatmotivation handele es sich um eine der »... vielfach hinreichend sicher lösbaren Aufgaben des Kriminologen...«.

b) Die *klinische* Kriminologie bietet ein besonders typisches Beispiel für den auf die Untersuchung der Persönlichkeit des verurteilten Straftäters konzentrierten Zugang zum Verbrechen (*Debuyst* u. a. 1968; *Pinatel* 1970; *Di Tullio* 1971). Das in der Regel dominierend medizinische und speziell psychiatrische, teilweise anthropologische oder psychologische Vorgehen, das der Beobachtung, Interpretation und Behandlung des Straftäters dient, ist nicht mit der forensischen Tätigkeit gleichzusetzen (vgl. *Ferracuti/Wolfgang* 1964, 407). Bei den Probanden handelt es sich traditionsgemäß und insgesamt betrachtet überwiegend um solche mit psycho(patho)logischen Auffälligkeiten. Dies hat, soweit Vergleichsmöglichkeiten mit anderen Verurteilten fehlten, bisweilen im Ergebnis zu einer eingeengten Sichtweise geführt.

Die methodischen Möglichkeiten zur Erfassung der Persönlichkeit des Straftäters sind im Rahmen der stationären Untersuchung oder Behandlung umfassender als bei solchen Untersuchungen, die auf einen stundenweisen Ausschnitt des Tagesablaufes beschränkt sind. – Dabei ist auch zu beachten, daß die menschliche Persönlichkeit im Liegen (und vor sowie unmittelbar nach dem nächtlichen Schlaf) andere Beobachtungs- und Befragungszugänge und -inhalte anzubieten beziehungsweise aufzuweisen vermag als während des Tagesablaufes im übrigen. Hierzu stellt die aus der Psychoanalyse geläufige Verwendung der »Couch« nur einen spezielleren Ausschnitt dieser Erfahrung dar. – Allerdings ist das Ausmaß der genannten Divergenz entsprechend der Persönlichkeitsstruktur von Proband und Untersucher unterschiedlich.

In der Gegenwart wird die klinische Kriminologie insbesondere in den romanischen oder romanisch beeinflußten Ländern, zum Teil aber auch in Skandinavien und, bevorzugt psychoanalytisch ausgerichtet, in den USA vertreten. Während *Pinatel* (1970, 499 ff.) weiterhin dem Konzept des état dangereux eine grundlegende Funktion beimißt, sind auch bei ihm, mehr aber in der Lyoner Schule und zunehmend auch in Italien, erhebliche soziologische Einflüsse vorhanden.

3. Die mikrostrukturellen Untersuchungen von Verbrechen sind auf den verschiedenen Stufen der Definition von Verbrechen mit Problemen der *Repräsentativität* der Probandengruppen konfrontiert. Repräsentativität setzt eine Auslesefreiheit von Probanden innerhalb der von der Forschungsfrage abhängigen Auswahlkriterien voraus. Bei der Festlegung der *Auslese*kriterien ist ein Ausmaß an Relativierung zu besorgen, demzufolge die Aussagen am Ende einer Untersuchung kaum mehr als repräsentativ angesehen werden können.

So ist es etwa im Rahmen einer Feldforschung naheliegend, daß der Forscher durch Informanten in ein Feld solcher Personen oder Personengruppen gewiesen wird, deren Delikte quantitativ oder qualitativ im Vergleich zu durchschnittlichen Feldern Randerscheinungen sind. – In gleicher Weise ist es im Rahmen einer Auswahl von Gefangenen nicht auszuschließen, daß es sich bei den Probanden im Hinblick auf Abläufe des informellen und formellen

§ 19 *Allgemeine Bedingungen der Untersuchungen*

sozialen Reaktionsprozesses um einen Ausschnitt der Gesamtheit von Straftätern handelt, der nur teilweise oder in gar keiner Weise dieser Gesamtheit entspricht. Demgemäß stellt sich hinsichtlich der Aussagefähigkeit von Befunden, die bei Gefangenen erhoben werden, die Frage, ob sie sich auf Zusammenhänge der *Begehung* von Straftaten oder, eingeschränkt, der Begehung der konkret zugrundeliegenden Straftat beziehen, oder aber ob sie für eine Aussage über die *Verurteilung* wegen einer Straftat, oder, eingeschränkt, wegen der zugrundeliegenden Straftat geeignet sind (s. näher u. § 53).

Repräsentativität setzt ferner eine ausreichend große *Zahl* von Probanden voraus.

Dabei bestimmt sich die Höhe der ausreichenden Zahl auch nach der jeweiligen Fragestellung und den zu erhebenden Merkmalen. Insbesondere sind dabei die Auswirkungen des etwaigen Ausfalls einzelner Daten oder auch nur eines einzelnen Faktors für die Auswertungsverfahren zu berücksichtigen (vgl. auch *Smith/Wilkins* 1968).

4. Informationen über vorausgegangene strafrechtliche Aburteilungen eines Probanden vermitteln das Erziehungsregister (§§ 55 ff. BZRG) und das Zentralregister (§§ 3 ff. BZRG). Einzelangaben über Straftaten sowie über personale und soziale Merkmale enthalten die Strafakten, und zwar auch bezüglich des Anzeigevorgangs, der polizeilichen Vernehmungen, der Anklageschrift der Staatsanwaltschaft sowie der gerichtlichen Tätigkeit.

Was die registrierten Rückfallintervalle anbetrifft, so sind sie allein im Wege eines Vergleichs von Informationen der verschiedenen Gerichtsakten über einen Probanden zu ermitteln, da die zeitliche Reihenfolge der Urteile nicht immer mit der chronologischen Reihenfolge der begangenen Straftaten übereinstimmt. So kann zum Beispiel eine in einem späteren Urteil abgeurteilte Straftat schon vor Verkündung eines früheren Urteils begangen worden sein; auch können sich bei Zugrundelegung verschiedener Urteile und Urteilszeitpunkte im Hinblick auf eine bestimmte spätere Straftat unterschiedliche Rückfallintervalle ergeben.

Angaben über personale und soziale Merkmale von Probanden enthalten ferner, und meist in weiterer Form, unter anderem die Akten des Jugendamtes, und dabei, im Falle der Tätigkeit der Jugendgerichtshilfe, insbesondere deren schriftlicher Bericht. Das gleiche gilt für Akten der Bewährungshilfe im Falle von Strafaussetzung zur Bewährung bei gleichzeitiger Unterstellung unter einen Bewährungshelfer und ferner für Akten der Strafanstalt im Falle der Vollstreckung einer Jugend- oder Freiheitsstrafe.

II. Verlaufs- und Vergleichsuntersuchungen

1. a) Die dargelegten Grenzen der Erfaßbarkeit werden teilweise erweitert durch Untersuchungen des zeitlichen Entwicklungsverlaufs im Leben der Probanden. So sind Längsschnitt-Untersuchungen darauf gerichtet, die verschiedenen Phasen und Bereiche der Kontroll- und/oder Sozialisationsprozesse nachzuzeichnen sowie etwaige Wiederholungen sozialer Schwierigkeiten einschließlich von Strafta-

ten gleicher oder unterschiedlicher Ausgestaltung und deren Verhältnis zu Entwicklungen im psychischen Bereich während der einzelnen Reifungsstufen transparent werden zu lassen.

Dabei richtet sich das straftatbezogene Forschungsinteresse bei eher positivistischem Verständnis auf Untersuchungen »krimineller Verlaufsformen oder -kurven« (s. u. § 56 II.), während interaktionistisch orientierte Untersuchungen sich mit dem Wechselverhältnis von Kontrolle und Verhalten befassen (s. u. § 56 III.); straftäterbezogene Forschungen bemühen sich darum, personale oder soziale Merkmale im Lebenslängsschnitt zu erfassen (s. u. § 59 II.).

b) Während die Untersuchungen des zeitlichen Längsschnitts üblicherweise retrospektiv angelegt sind, verfolgen verlaufsbegleitende Forschungen (vgl. etwa *West* 1969; *West/Farrington* 1973 und 1977) die Entwicklung jeweils in der Gegenwart. Beide Formen sind, wenngleich in unterschiedlicher Ausgestaltung, mit der Problematik des ständigen sozialen Wandels konfrontiert, die die Aussagekraft von Befunden um so mehr beeinträchtigen wird, je langfristiger die Untersuchungen angelegt sind oder durchgeführt werden.

2. Die Untersuchungen über Straftäter oder Straftätergruppen werden häufig auf der Grundlage der Vergleichsgruppenbildung durchgeführt, und zwar sowohl bei Forschungen im Rahmen von Felduntersuchungen (vgl. *Haferkamp* 1975) und Dunkelfelduntersuchungen als auch bei Erhebungen betreffend verurteilte Straftäter beziehungsweise Gefangene. Dabei werden jeweils entweder Straftäter beziehungsweise Gefangene und »Nichtstraftäter« – oder »Nichtgefangene« – oder unterschiedliche Kategorien von Straftätern beziehungsweise Gefangenen untereinander verglichen. Das Vorgehen der Vergleichsgruppenbildung ist ebenso einleuchtend wie gewagt. Regelmäßig wird eingewandt werden können, daß die Auswahlkriterien die Ergebnisse von vornherein in dieser oder jener Richtung beeinflußt haben.

Eine Kombination von Nachuntersuchung und Vergleichsuntersuchung ist seither nur vereinzelt durchgeführt worden (s. u. § 59 II. 1.).

III. Einzelprobleme der genauen Erfassung

1. Im Falle von Widersprüchen zwischen Befunden aufgrund der Akten einerseits und anderen Quellen andererseits kommt den aktenmäßigen Angaben kein höheres Verläßlichkeitsniveau als sonstigen Befunden zu. Zum einen sind sämtliche aktenmäßigen Angaben einschließlich solcher in Gerichtsurteilen Teil behördlicher Stellungnahmen, die jeweils in einem bestimmten Funktions- und Erwartungszusammenhang stehen (s. u. § 42 III.). Zum anderen besagen solche Stellungnahmen als Definitionen sozialer Wirklichkeit grundsätzlich ebensoviel über die der jeweiligen behördlichen Tätigkeit zugrundeliegenden institutionalisierten Normen und über die Person des Behördenvertreters wie über die dargestellte Erscheinung oder

Person selbst. Beide Gründe mögen die Verfälschungslatenz um so mehr erhöhen, je mehr auf Stellungnahmen in anderen Akten Bezug genommen wird. In besonderem Maße ist gegenüber solchen aktenmäßigen Angaben Zurückhaltung geboten, die Wertungen enthalten, und zwar wiederum namentlich dann, wenn diese Wertungen auf Grund von Stellungnahmen anderer Behörden (oder auch von Einzelpersonen) vorgenommen werden.

2. Umgekehrt sind die Motive für unzutreffende mündliche Angaben von Straftätern keineswegs stets ohne weiteres erkennbar, wobei auch Antworten auf scheinbar unwesentliche Fragestellungen gelegentlich unzutreffend sind, ohne daß dies vom Untersucher vermutet werden könnte. Insbesondere bei den verschiedenen Verfahren der Befragung, bei denen der Befragte den Befund steuern kann, besteht regelmäßig eine hohe Wahrscheinlichkeit dafür, daß der Proband die Angaben – bewußt oder unbewußt – verfälscht schon deshalb, weil der Forschungsgegenstand ganz überwiegend sozial nicht erwünschtes Verhalten betrifft.

a) Soweit der Proband zur Zeit der Untersuchung Gefangener ist, läßt schon die Tatsache der ungewöhnlichen Divergenz zwischen dieser konkreten Situation des Probanden im Vergleich zu derjenigen des Untersuchers Möglichkeiten eines adäquaten Zugangs als nur eingeschränkt möglich erscheinen.

Diese Probleme werden teilweise ausgeräumt, teilweise aber auch nur verlagert, falls die Untersuchungen außerhalb von Strafanstalten durchgeführt werden. Sie bestehen jedenfalls dann fort, wenn die Untersucher wissen, daß es sich bei einem bestimmten Probanden um einen Gefangenen handelt.

b) Hinzu kommt die außergewöhnliche individuelle und soziale Beeinträchtigung, die schon die Tatsache der sozialen Isolierung und erhöht die Umstände der Inhaftierung ohnehin bedeuten. Schließlich mögen sich oftmals Schwierigkeiten wegen des Unterschiedes hinsichtlich des sozio-ökonomischen und speziell bildungsmäßigen Status zwischen Untersucher und Proband ergeben, wie er bei Untersuchungen von Gefangenen aus (herkömmlichen) Strafanstalten ganz überwiegend besteht (vgl. auch *Lenski/Leggett* 1959/60, 463 ff.).

c) Unter diesen Umständen hat die ohnehin erhebliche Bedeutung der sozialen Situation einschließlich des Rollenverhältnisses innerhalb von (mündlichen) Befragungen und Explorationen zusätzliches Gewicht.

3. Auch bei Anwendung psychologischer Testverfahren bestehen Verzerrungsmöglichkeiten aufgrund der sozialen Situation im Rahmen des Erhebungsvorgangs und nicht zuletzt im Hinblick auf unterschiedliche Motivationen. – Im übrigen lassen die Befunde aus testpsychologischen Untersuchungen Aussagen stets nur insoweit zu, als sie mit den Befunden bei anderen Probanden oder mit einem für den jeweiligen Test errechneten Mittelwert verglichen werden können. Besondere individuelle Ausprägungen von Eigenschaften, die von dem jeweiligen Test nicht erfaßt werden, können somit nicht in den Befund eingehen. Zudem mag es sein, daß (auch) Testergebnisse lediglich eine solche Sichtweise des Gefangenen von sich und seiner Umwelt widergeben, wie die sozialen Prozesse der Verfolgung und Verurteilung sie ihm vermittelt haben und wie er sie, möglicherweise im Sinne der self-fulfilling prophecy (s. u. § 42 III. 2. b)), zu übernehmen veranlaßt worden sein könnte.

§ 20 Bildung von Typologien

I. Allgemeine Probleme

1. Die Erkenntnis der Verschiedenheit von Straftätern und Straftaten untereinander hat Bemühungen der typologischen Zuordnung zur Folge gehabt, die bis in die Gegenwart anhalten. Stimulierend hierfür war und ist sowohl das Bedürfnis nach Übersichtlichkeit und Systematisierung der vorhandenen Informationen als auch die Überzeugung, daß die Feststellung einzelner, sich nach den jeweiligen Merkmalszusammenhängen möglichst klar gegenseitig ausschließender Typen heuristische Bedeutung habe und neue Erkenntnisse ermögliche (vgl. *Mannheim* 1974, 192 ff.).

a) Von kriminologischen Typen läßt sich nur unter der Voraussetzung sprechen, daß es sich um erfahrungswissenschaftlich festgestellte und zur erfahrungswissenschaftlichen Überprüfung geeignete Realtypen handelt. Ferner wird es als Qualitätskriterium einer Typologie anzusehen sein, daß sie möglichst umfassend ist. Allerdings läßt sich dieses Erfordernis kaum dergestalt verwirklichen, daß alle Straftäter oder Straftaten einbezogen sind; zumindest wird bei diesem Bemühen kaum einmal auf (negativ abgegrenzte) »Restkategorien« verzichtet werden können.

b) Weiterhin besteht das Erfordernis, daß die Typen möglichst zuverlässig identifizierbar sind. Diesbezüglich kommt dem Kriterium der leichten Feststellbarkeit im Rahmen der Angewandten Kriminologie – zum Beispiel bei statistischen Prognoseverfahren oder bei groben, mehr oganisatorischen als kriminalpädagogischen oder -therapeutischen Klassifizierungen – gelegentlich eine entscheidende Bedeutung zu. Demgegenüber sollte im Bereich der Forschung für die Gütekriterien einer Typologie zumindest zunächst nicht die Einfachheit der Handhabung, sondern das Ziel größtmöglicher inhaltlicher Relevanz vorrangig sein.

2. Nutzen und Aussagekraft von (kriminologischen) Typologien sind namentlich aus zwei Gründen stets begrenzt. Der erste betrifft die Anzahl der Typen, der zweite ist ihrem Wesen immanent.

a) Wenn die einzelnen Merkmalskombinationen wenig unterteilt sind, dann sind die einzelnen Typen unmittelbar verständlich; andererseits sind sie zu umfassend, als daß eine Handhabung praktikabel wäre. Trägt man hingegen bei der Zusammenstellung der Typen den Verästelungen in einem möglichst großen Umfang Rechnung, so spiegeln sich in den einzelnen Merkmalskombinationen die jeweiligen Besonderheiten wider; dabei handelt es sich jedoch schwerlich noch um Typen.

b) Die zweite Begrenzung ergibt sich daraus, daß – erfahrungswissenschaftlich festgestellte und zur erfahrungswissenschaftlichen Überprüfung geeignete – Realtypen eine Verallgemeinerung darstellen. Dem entspricht es, daß sie offen sind und die Einbeziehung unbekannter Ausgestaltungen möglich bleibt. Insofern ist eine kriminologische Typologie nicht abgeschlossen oder endgültig. Dieser Umstand wirkt sich, unabhängig von seinen Vorteilen für die weitere Forschung, bezüglich der gegenwärtigen Aussagekraft regelmäßig hinderlich aus.

3. Schließlich ist bei kriminologischen Typologien stets zu berücksichtigen, inwieweit sie der Problematik der Interpretation von Befunden (s. u. § 53) gerecht werden oder zumindest gerecht zu werden sich bemühen. Soweit dies nicht der Fall ist, kann regelmäßig nicht ausgeschlossen werden, daß die Typologien – und zwar namentlich die Tätertypologien – mit Typologien der unterschiedlichen sozialen Kontrolle im Bereich kriminologisch relevanten Verhaltens vermischt sein könnten.

II. Arten von Typologien

1. Kriminologische Typologien wurden häufig (und vorzugsweise von Juristen und Soziologen) nach dem strafrechtlich erfaßten Verhalten entwickelt, wobei spezielle Unterschiede zwischen eher positivistischem beziehungsweise eher interaktionistischem Verständnis zu verzeichnen sind.

a) α) Zum einen wird auf die relativ anhaltende, regelmäßige oder häufigere Verübung eines gewissen Deliktstyps (i.S. der Kriminalphänomenologie, vgl. *Geerds* 1966, 606 f.; *Buikhuisen/Jongman* 1970) abgestellt. Bedenken gegen die Bildung von Typen auf der Grundlage entsprechender strafrechtlicher Erfassung von Verhalten bestehen wegen der Relativität von Strafrechtsnorm und Subsumtionspraxis insofern, als tatsächlich nahezu gleiche Handlungen als verschiedene Straftaten beurteilt werden beziehungsweise als umgekehrt wichtige verhaltensmäßige Unterschiede nicht zum Ausdruck kommen. Die Kategorien der Straftatbestände müßten vielmehr weiter unterteilt und mit personalen und sozialen Faktoren des Straftäters in Zusammenhang gebracht werden (vgl. z.B. für wegen Raubdelikten Verurteilte *McClintock/Gibson* 1961, 46 ff., 96 ff.).

Andererseits besteht die Schwierigkeit der Zusammenfassung von Strafrechtsnormen in einzelnen Kategorien. Diese Aufgabe ist unerläßlich, wenn man anstelle einer Ansammlung von Einzelcharakteristiken zu einer Typologie kommen will. Ferner bereitet eine einheitliche Festsetzung der Meßwerte für die Zuordnung eines Straftäters zu diesem oder jenem Tattyp insofern Schwierigkeiten (vgl. die Versuche bei *Roebuck* 1965), als die Regelmäßigkeit der Begehung gleicher Delikte wie auch die Begehungshäufigkeit bei einzelnen Delikten sehr unterschiedlich ist. So bedeuten zum Beispiel fünf Diebstahlsdelikte von zehn Straftaten insgesamt nicht unbedingt eine besondere Konzentration auf den Deliktstypus

Diebstahl, während dies, wenn man statt Diebstahl Sexualdelikte setzen würde, selbst bei einem ungünstigeren Verhältnis als 5 : 10 hinsichtlich der Sexualdelikte der Fall wäre (vgl. *Hood/Sparks* 1970, 136 f.).

β) Ähnliche Bedenken gelten auch dann, wenn als Grundlage für kriminologische Typologien die statistisch ausgezählte Häufigkeit und Frequenz der Deliktsbegehung verwandt wird, wobei sich teilweise Überschneidungen mit Tätertypen (s. u. 2.a)) ergaben.

Hierzu wird aus täterbezogener Sicht zwischen Ersttäter und Wiederholungstäter einerseits, einmaligem Täter, Gelegenheitstäter (i. S. der gelegentlichen Tatbegehung) und ständigem Rückfalltäter andererseits sowie Täter mit Verschiedenartigkeit und solcher mit Gleichartigkeit der Straftaten (s. hierzu näher u. § 56 II) unterschieden. – Dabei werden namentlich die Begriffe Gelegenheitstäter und Rückfalltäter nicht immer einheitlich angewandt; insbesondere die Abgrenzung zwischen Rückfalltäter und Rezidivist bereitet bisweilen Schwierigkeiten.

Entsprechende statistische Typen sind kriminologisch nur von ergänzender, nicht jedoch von tragender Bedeutung. So kann zum Beispiel eine als Ersttäter ausgewiesene Person mehrfach rückfällig und dabei unentdeckt geblieben sein. Insofern ist die Bezeichnung Erstbestrafter beziehungsweise Vorbestrafter zwar eingeengter, aber auch eindeutiger. – Auch bietet die Einordnung als Ersttäter keinerlei Anhaltspunkte für Fragen der weiteren Entwicklung hinsichtlich des Legalverhaltens.

b) Typologien gemäß dem Verhältnis von Täter und Opfer sind bisher kaum fortentwickelt worden (zu Ansätzen s. u. § 55).

c) Interaktionistisch orientierte Typologien gemäß unterschiedlichen Verlaufsformen sind seither nur vereinzelt vorgelegt worden (s. u. § 56 III. 3.).

2. a) α) Neben den straftatbezogenen Typologien finden sich zahlreiche Versuche zur Bildung von Tätertypologien (vgl. z. B. *von Liszt* 1905a, 165 ff.; *Aschaffenburg* 1923, 231 ff.; *Seelig/Weindler* 1949; betreffend Jugendliche *Würtenberger* 1952). Diesen fehlt teilweise der unmittelbare Bezug zur Kriminologie. Dies gilt insoweit, als sie allgemeine Persönlichkeitstypologien sind, die auf alle Personen anwendbar und deshalb ohne Relevanz für (verurteilte) Straftäter sind, weil die Merkmalskombinationen bei verurteilten Straftätern wie auch bei sonstigen Personen auftreten. Im übrigen fehlte es nahezu regelmäßig an einer hinreichenden Berücksichtigung des Sozialbereichs. Hierzu gehören die Fragen nach der Art der Integration oder aber Nichtintegration des Täters in kleinere oder größere soziale Gruppen sowie nach deren Merkmalen, womit sich unter anderem *Ferdinand* in seiner »Sozialen Typologie« der Delinquenz (1966, 119 ff.) auseinandersetzte. Dem schließt sich die Frage nach Bezugsgruppen und deren Unterstützung des kriminellen Verhaltens oder aber nach der Vorstellung eines »individualisierten Straftäters« an.

β) Ferner sind kriminologische straftäterbezogene Typologien nach Tatmotiven (vgl. *von Liszt* 1905b, 177 ff.) oder Beweggründen gebildet worden. Allerdings werden kaum spezifische Deliktsmotive zu finden sein, das heißt solche, die nicht auch Motive zu anderen Handlungen sein könnten (vgl. zur Problematik auch *Exner* 1949, 256). Ob es andererseits motivlose Taten geben kann (*Herren* 1960, 506 ff.; *Stümper* 1968, 533), oder ob sich bei entsprechenden Verläufen die Motive inhaltlich verselbständigen (*Breland* 1973, 496), oder aber ob sie sich lediglich einer strafrechtlichen Einordnung entziehen, ist bisher wenig geklärt. Im übrigen dürfte es schwierig sein, eine Typologie nach Tatmotiven gegenüber einer Tattypologie abzugrenzen, weil einzelnen Delikten – zumindest tendenziell – bestimmte oder gar ausschließlich mögliche Motive zugrundeliegen. Allerdings würde eine Beschränkung auf die in Strafrechtsnormen enthaltenen Motive wie auch auf die in den schriftlichen Unterlagen der Instanzen der formellen Strafverfolgung enthaltenen Angaben hierzu unzulänglich sein. Ersteres deshalb, weil (menschliches und) soziales Handeln meist mit Motivzusammenhängen, nicht jedoch mit einem einzelnen Motiv in Beziehung steht. Letzteres deshalb, weil die von den genannten Instanzen durchgeführten Erhebungen diesbezüglich kaum auf methodisch adäquatem Wege geschehen und die Angaben des entdeckten Straftäters durch den sozialen Reaktionsprozeß beeinflußt sein mögen, und zwar entsprechend dessen Ablauf in unterschiedlicher Weise (s. auch u. § 35 III.; generell zur gesellschaftlichen Zuschreibung von Motiven s. *Blum/McHugh* 1975 [1971]).

b) Ebenso sind die zahlreichen Ansätze zu Opfertypologien über eine – mitunter willkürlich anmutende – Beschreibung nicht hinausgekommen; sie ermangeln einer erfahrungswissenschaftlichen Absicherung (vgl. etwa *von Hentig* 1967 [1948], 404 ff.). Zusätzliche Bedenken bestehen gegenüber denjenigen Einteilungen, die auf einer dogmatisch bewertenden Ebene liegen (vgl. etwa *Mendelsohn* 1956, 105 f.).

§ 21 Prognose des Legalverhaltens von Einzelpersonen

I. Allgemeines

Die mikrostrukturelle Kriminalprognose befaßt sich mit der Voraussage künftigen (Sozial- und im besonderen) Legalverhaltens eines Straftäters oder einer Gruppe von Straftätern (zur makrostrukturellen Prognose s. § 18 I., § 46 I. 2.).

Zu Fragen der Voraussage von potentieller Opferperson und / oder -gruppe liegen bisher kaum empirische Anhaltspunkte vor.

1. Die Erstellung der Prognose dient der Legitimierung und, verbal oder auch tatsächlich, der empirischen Absicherung von Entscheidungen im Ablauf strafrechtlicher sozialer Reaktion. Dabei besteht ein Mißverhältnis insofern, als die Prognose stets nur Wahrscheinlichkeitscharakter hat, Entscheidungen sich jedoch durch Eindeutigkeit auszeichnen.

Die Entscheidungen lassen sich trennen in vorbeugende Maßnahmen gegenüber potentiellen Straftätern (Frühprognose), Anordnungen beziehungsweise Aussetzungen von Sanktionen gegenüber überführten Straftätern (Urteilsprognose) sowie Entscheidungen zur Durchführung von Sanktionen (Klassifikations- und Behandlungsprognose) und solche zur Entlassung (Entlassungsprognose). Dabei ergeben sich für die beiden zuletzt genannten Prognosefunktionen besondere methodische Schwierigkeiten. Soweit Behandlungsverfahren angewandt werden, sind neben den vorausgehenden Klassifikationsprognosen spezielle und ständig zu überprüfende und gegebenenfalls zu modifizierende Indikationsprognosen erforderlich. Bei der Erstellung von Entlassungsprognosen werden Daten aus der Zeit während der Inhaftierung zu erheben und mit solchen aus der Zeit vor der Inhaftierung zu vergleichen sein.

2. Prognosen werden auf Grund von Erfahrungen gestellt, wobei es sich einmal um die (tradierte) individuelle Erfahrung eines Einzelnen (intuitive oder aber klinische Methode) und zum anderen um ein entsprechend der Häufigkeit aus indizierenden Faktoren zusammengesetztes Instrument handelt (statistische Methode). In der Praxis am meisten verwandt wird die bloße *intuitive Methode*, die als vorwissenschaftlich gilt. Es handelt sich um ein von den Behörden des strafrechtlichen sozialen Reaktionsprozesses einschließlich Bewährungshilfe und Strafvollzug jeweils individuell und für den konkreten Aufgabenbereich entwickeltes Vorgehen. Die wissenschaftliche Analyse dieser Methode richtet sich im Zusammenhang mit Fragen der Treffsicherheit auch auf das Verhältnis zwischen jeweiligen institutionalisierten oder aber individuellen Erwartungen und dem jeweiligen Inhalt der Prognose.

Strafprozessual sei vorsorglich darauf hingewiesen, daß Ergebnisse der wissenschaftlichen Prognosestellung für einen konkreten Fall nur die Funktion eines Hilfsmittels im Rahmen der richterlichen Überzeugungsbildung haben (§ 261 StPO). Sie können die richterliche Prognosestellung, die stets eine intuitive bleibt, lediglich untermauern oder aber in Frage stellen.

3. Sämtlichen Prognosemethoden ist gemeinsam, daß sich bei den Extremgruppen (Vielzahl oder Mangel an negativen Faktoren) am ehesten Aussagen machen lassen. Der Komplexität der Abläufe im Mittelfeld aber vermochten sie bisher nur sehr eingeschränkt näherzukommen.

II. Klinische Methode

1. Im Unterschied zur bloßen intuitiven Prognose wird die klinische Prognose von einem Psychiater oder einem Psychologen oder einem einschlägig ausgebildeten Kriminologen – kaum einmal jedoch von einem ausgebildeten Sozialpsychologen – gestellt. Die Gefahren sind dabei prinzipiell ähnlich wie im Bereich der ärztlichen Diagnose und Prognose.

So ist ein subjektives Element der Steuerung sowohl der Datenerhebung als auch der Entschließung nicht zu übersehen, da die Exploration wie auch die Durchführung verschiedener Testverfahren einerseits die Möglichkeit bieten, einzelne Erhebungsbereiche auszuklammern, und andererseits, vermutete Befunde schließlich zu gewinnen. Entsprechende Vermutungen können aber auf Grund verfehlter und nicht korrigierter Vorstellungen oder auch konkret emotionaler Befangenheit bestehen. Hierzu sei auf die Forschungen zur sozialen Wahrnehmung hingewiesen (vgl. *Graumann* 1955/56; *Tajfel* 1969).

Nach *Leferenz* (1973, 936 f.) ist Grundlage der klinischen Prognose »die verstehende Erfassung der Persönlichkeit des Menschen (hier: des Täters) in seiner Umwelt«. Dabei soll es methodisch ein »Irrweg« sein, Daten in möglichst vollständiger Weise und gemäß ihrer »interfaktoriellen Beziehungen« zusammenzusetzen, um auf diesem Wege ein »Bild« der Persönlichkeit einschließlich ihrer prognostischen Bewertung zu gewinnen. Vielmehr gehe es darum, »anhand von Fakten und Untersuchungsergebnissen einen Persönlichkeitsentwurf mit psychologischer Evidenz zu gewinnen, für deren Richtigkeit nur die Erfahrung und Eignung des Experten bürgt«. – Diese Auffassung mag, anstelle der Prüfung der »Richtigkeit« der Prognose, die Frage nach Kriterien zur Prüfung der Evidenz wie auch von Erfahrung und Eignung des Experten nach sich ziehen.

2. Die Erfahrungsinhalte und Verfahren der klinischen Prognose sind ganz überwiegend durch Untersuchungen an kriminologischen Extremgruppen gewonnen worden, so daß sie für das Mittelfeld der Straftäter weniger aussagekräftig oder verläßlich sind. Dies gilt um so mehr, als es sich meist um zahlenmäßig vergleichsweise kleine und nicht zufällig zusammengesetzte Einheiten von Untersuchungspersonen handelte. Quantitativ betrachtet hat die klinische Prognosemethode für die Praxis schon deshalb nur eine eingeschränkte Relevanz, weil sie wegen des vorausgesetzten Sachverständigenwissens sowie aus Gründen der Prozeßökonomie nur einem Bruchteil der zu treffenden Prognosestellungen vorbehalten bleibt.

III. Statistische Methode

1. a) Die statistische Prognosemethode zeigt demgegenüber das Merkmal der Starrheit beziehungsweise begrenzten Anwendungsfähigkeit. Sie kann naturgemäß weder einen generell seltenen, im konkreten Einzelfall aber wesentlichen Faktor oder die deutliche Abhängigkeit, Überlagerung oder Änderung eines solchen berücksichtigen.

Dies zeigt sich zum Beispiel auch im Hinblick auf Besonderheiten des Verhältnisses von Täter und Opfer bei einer früheren Straftat. Die Überlegung etwa, daß eine Rückfallwahrscheinlichkeit umgekehrt proportional zu der Tatbeteiligung des Opfers an einer früheren Straftat sein könnte, ist kaum einmal einbezogen worden.

b) Darüber hinaus muß sich die statistische Prognose weitgehend auf äußere Symptome beschränken. Zugleich besteht die Schwierigkeit der Subsumtion bei allen »weichen« Fakten; dem kann auch durch etwaige Kommentierungen, insbesondere bei Gebrauch in einem anderen Kulturkreis, kaum begegnet werden. Die Anwendbarkeit einer Prognosetafel setzt ferner eine weitgehende Identität mit den Verhältnissen der zugrundeliegenden Untersuchung voraus, und zwar insbesondere hinsichtlich der Probanden, des Erfolgskriteriums einschließlich des Anlasses der Prognosestellung sowie der regionalen und kulturellen Verhältnisse namentlich des Kataloges von Straftaten. Zudem bedarf die Prognosetafel einer umfassenden und vor allem prospektiven Validierung sowie einer ständigen Überprüfung daraufhin, ob sie unbeschadet des sozialen Wandels noch gültig ist. Schließlich sind die in Prognosetafeln vorgestellten Zahlen häufig mit einer Scheingenauigkeit behaftet, was zur Verschleierung der nicht seltenen sowie breiten und sich überdeckenden Vertrauensintervalle (s. hierzu allgemein *Mayntz* u. a. 1974, 72 ff.) bei den einzelnen Prognosekategorien führt.

Es sei angemerkt, daß für mehrere der statistischen Prognoseverfahren insbesondere in der US-amerikanischen Forschung festgestellt wurde, daß sie in überhöhtem Maße zu einer negativen Voraussage gelangen, das heißt daß sie ungünstiger prognostizieren, als das spätere Legalverhalten sich erweist (vgl. hierzu auch *MacIver* 1967).

c) Zahlreiche neue Prognoseverfahren stehen insofern zwischen den klinischen und den statistischen Prognosemethoden oder bauen auf diesen auf, als sie zwar auf Auszählungen beruhende Erfahrungssätze enthalten, andererseits aber schwerlich ohne geeignete Ausbildung (s. o. II. 1.a.A.) angewandt werden können.

2. Für den Beginn der Entwicklung statistischer Prognoseverfahren ist aus den USA insbesondere die Prognosetabelle von *Burgess* (1928) zu nennen, die nach Vorarbeiten von *Warner* (1923) und *Hart* (1923) veröffentlicht wurde.

Neben den Forschungen von *Glueck/Glueck* zur Frühprognose wie auch zur Rückfallprognose Erwachsener (1965 [1930]; 1937; 1943; 1959, 188 ff.) sind an Prognosearbeiten betreffend jugendliche Straftäter diejenigen von *Kohnle* (1938) sowie von *Frey* (1951a), F. *Meyer* (1956) und vor allem – aus England – von *Mannheim/Wilkins* (1955) anzuführen. Aus dem deutschen Sprachbereich sei weiterhin auf die Prognosetafeln von *Schiedt* (1936), *Schwaab* (1939) und *Gerecke* (1939) hingewiesen, die von *Grosskelwing* (1963), *von Klitzing* (1964), *Klapdor* (1967) und *Höbbel* (1968) überprüft wurden; einzelne der letztgenannten Autoren erstellten ihrerseits Prognosetafeln. Die Prognosetabelle von *G. Brückner* (1958) bezog sich auf den »chronischen« (sicherungsverwahrten) Vermögensverbrecher.

Ein häufiger forschungslogischer Mangel retrospektiver Prognoseforschungen, der sich bei den Interpretationen wiederholte, lag darin, Straffälligkeit oder die Eigenschaft, Insasse einer Strafanstalt zu sein, als Variable einzusetzen, ohne eine zweite Ausprägung zu überprüfen.

3. Die Untersuchung von *Glueck/Glueck* (1968 [1950] an 500 delinquenten und 500 »nicht-delinquenten« Jugendlichen (s. u. § 59 I. 1. b)) hat im Rahmen der Auswertung der Ergebnisse unter anderem auch zur Entwicklung der »Sozialen Prognosetafel« geführt.

Diese enthält die folgenden 5 Faktoren und Ausprägungen (1968, 261) : 1) Erziehung des Jungen durch den Vater (– überstreng oder wechselhaft, – zu weich, – streng, aber liebevoll); 2) Aufsicht der Mutter über den Jungen (– unzureichend, – ausreichend, – gut); 3) Zuneigung des Vaters zu dem Jungen (– gleichgültig oder feindlich, – warm [auch überbesorgt]); 4) Zuneigung der Mutter zu dem Jungen (– gleichgültig oder feindlich, – warm [auch überbesorgt]); 5) Zusammenhalt in der Familie (– nicht vorhanden, – in gewissem Grad vorhanden, – vorhanden).

a) Der Anspruch von *Glueck/Glueck*, Prognosen für alle Kinder im Alter von etwa 6 Jahren stellen zu können, ist, neben dem Einwand der »Paar-Qualifizierung«, auch aus einer anderen Erwägung heraus bedenklich. Das Sample der Ausgangsuntersuchung bestand hälftig aus Delinquenten und »Nicht-Delinquenten«, während der Anteil der entsprechend der *Glueck*schen Definitionen als delinquent zu bezeichnenden Personen in der Gesamtpopulation wohl geringer sein dürfte und sogar auf nur etwa 10 % geschätzt wurde. Da aber auch unter den »Nicht-Delinquenten« die als relevant herausgestellten Faktoren zu einem bestimmten, freilich erheblich geringeren Prozentsatz vorlagen, muß dieser bei Berücksichtigung der Gesamtpopulation ansteigen (vgl. *Hirschi/Selvin* 1967, 244 ff.). *Reiss* (1951b, 118 f.) hat deshalb gemeint, daß für die »Nicht-Delinquenten« errechneten Prozentsätze hätten verneunfacht werden müssen. Die Ansicht wäre, zumindest mit der genannten Begründung, dann nicht zutreffend, wenn damit der Anspruch bestritten werden sollte, Voraussagen über tatsächlich kriminell werdende Kinder machen zu können. Dies nämlich ist unabhängig von dem anteilsmäßigen Verhältnis möglich. Hingegen ist es logisch unausweichlich, daß bei Anwendung der Tafel auf sämtliche Kinder ein erheblicher Anteil der Probanden eine »unrichtige« (negative) Prognose erhält. Anders wäre es nur, wenn *Glueck/Glueck* Faktoren gefunden hätten, die nur bei den Delinquenten vorlagen. Fraglich ist allerdings, inwieweit sich der genannte Einwand im nachhinein dann abschwächen ließe, wenn die Ergebnisse bezüglich der fälschlicherweise in die Vergleichsgruppe einbezogenen »Delinquenten« (vgl. *Glueck/Glueck* 1968a, 49 f.) ausgenommen werden könnten. – Vom Ergebnis her in ähnliche Richtung geht der Einwand eines zu starken qualitativen Kontrastes der Ausgangsgruppen (vgl. *Weis* 1970).

b) Die zahlreichen retrospektiven Überprüfungen (vgl. für die Bundesrepublik Deutschland *Elmering* 1969) haben nur begrenzten Aussagewert. Sie stellen keine Voraussagen dar, sondern das Gegenteil, nämlich »Rückblenden«. Sie lassen offen, inwieweit das überprüfte Prognose-Instrument vor Beginn delinquenten Verhaltens eine Differenzierung gegenüber »Nicht-Delinquenten« erlaubt. Soweit sie nicht zugleich an verschiedenen Tätergruppen durchgeführt werden (z.B., nach deutschem Recht, Jugendarrestanten einerseits und Gefangene von Jugendstrafanstalten andererseits), bleibt auch das Bedenken der beschränkten Bedeutung nur für das untersuchte (extreme) Sample bestehen. Ferner ist es äußerst schwierig, den Grad des Einflusses für die Datenerhebung und Bewertung zu berücksichtigen, der aus der bereits vorhandenen Kenntnis des kriminellen Werdegangs der betreffenden Probanden resultieren dürfte. Schließlich zeigten sich auch bei den retrospektiven Validitätsuntersuchungen der *Glueck*schen Prognosetafel Schwierigkeiten bezüglich der Definition der einzelnen Faktoren.

c) Abschließend sei darauf hingewiesen, daß die Ergebnisse der Ausgangsuntersuchung (1968 [1950]) in einzelnen Forschungen auch aus Staaten anderer Gesellschaftssysteme (vgl. z. B. *Veverka* 1969) durchaus eine gewisse Bestätigung erhalten haben.

Zugleich scheint im Zusammenhang mit der Interpretation der Ergebnisse erwähnenswert, daß die fünf Faktoren eine beachtliche Nähe zu tiefenpsychologischen Konzepten zeigen.

4. Die Anwendung des Minnesota Multiphasic Personality Inventory (MMPI, *Hathaway/Monachesi* 1953; 1963) beruht auf dem Konzept, daß psychopathologische Auffälligkeiten beziehungsweise Persönlichkeitsstörungen bei Delinquenten signifikant häufiger vorliegen als bei »Nicht-Delinquenten«.

a) Dabei drängt sich unmittelbar das Bedenken auf, inwieweit – die Richtigkeit dieser Auffassung einmal unterstellt – damit ein hinreichender Ausschnitt an relevanten Fakten erfaßt werden kann (vgl. *Schrag* 1954 a, 490 f.). Die Interpretationsmöglichkeiten von Ergebnissen, die mit dem MMPI erzielt wurden, erscheinen durch Auslassung anderer Variablen erheblich eingeschränkt. Dies gilt um so mehr, als der sozialisationstheoretische Einwand zu widerlegen ist, daß nämlich die gefundenen psychischen Auffälligkeiten, etwa entsprechend der Pd-Skala (psychopathologische Auffälligkeiten bzw. Persönlichkeitsstörungen), das Ergebnis negativer Erfahrungen seien und nicht umgekehrt. Im übrigen ist seither nicht belegt, daß psychopathologische Anfälligkeiten bei der Gesamtheit der verurteilten Straftäter häufiger auftreten als bei strafrechtlich nicht verurteilten Personen.

b) Einzelne Überprüfungen des MMPI brachten wenig günstige Ergebnisse (vgl. allgemein *Rose* 1967, 9 ff.; *MacIver* 1967, 177), wobei allerdings zu bedenken ist, daß sich das Verfahren noch im Stadium des Experimentierens befand. So ergab zum Beispiel eine Nachuntersuchung an einer repräsentativen Auswahl untersuchter Probanden, daß gleichzeitig durchgeführte Lehrerbefragungen mit dem Ziel einer Voraussage des Legalverhaltens der Schüler namentlich die schweren Fälle von Delinquenz in einem größeren Ausmaß »getroffen« hatten als der MMPI (vgl. *Briggs/Wirt* 1967, 200). *Briggs/Wirt* (1967, 202) haben ferner zur Frage von Zusammenhängen zwischen der von ihnen (nach dem MMPI) ermittelten »kriminellen Geneigtheit« (4, 8, 9 – Profil) beziehungsweise »kriminellen Resistenz« (0, 2, 5 – Profil) sowie der Inzidenz ausgewiesener Delinquenz und bereits vor der ersten ausgewiesenen Delinquenz bestehendem Kontakt der Familie des Betreffenden mit Sozialbehörden (= Instanzen der sozialen Kontrolle) folgendes Ergebnis erzielt. Bei den »Geneigten« betrug der Anteil an Delinquenz bei vorherigem Kontakt (= Bekanntsein) 42 %, bei fehlendem vorherigem Kontakt (= Nichtbekanntsein) 23 %; bei den »Resistenten« betrugen die entsprechenden Zahlen 22 % und 11 %. Andere Untersuchungen kamen zu dem Ergebnis einer geringen Geeignetheit des MMPI zum Ausweis von Rezidivisten innerhalb eines relativ homogenen Samples (vgl. *Mack* 1969) beziehungsweise zu dem Schluß, daß der MMPI zumindest allein, das heißt ohne zusätzliche Verfahren, weder zur Differenzierung noch zur Prognose hinreichend geeignet ist (vgl. *Mandel* u.a. 1965, 66; *Mandel/Barron* 1966, 38; vgl. ferner *Panton* 1962).

c) Insgesamt betrachtet hat der MMPI hinsichtlich psychischer Auffälligkeiten im Vergleich zu anderen Tests mit anderen Methoden einen größeren Beitrag zur Unterscheidung Krimineller von »Nichtkriminellen« geleistet. Hingegen erbringt er vielfach größere Unterschiede innerhalb der delinquenten und der »nichtdelinquenten« Gruppen als zwischen diesen beiden; dies verstärkt Zweifel an der umfassenden kriminologischen Relevanz des MMPI. Selbst hinsichtlich der Pd-Skala fanden *Hathaway/Monachesi*, die einwandfreie Auswahltechniken verwandten, einen geringeren Unterschied als andere Untersuchungen, die zum Teil ohne Zufallsauswahl vorgingen.

Aus der Bundesrepublik Deutschland liegen einzelne Untersuchungen mit dem MMPI vor (vgl. *Baltes* u.a. 1968; *Schmitt/Steigerwald* 1971). Soweit dabei eine gute Trennfähigkeit zwischen Delinquenten und »Nicht-Delinquenten« festgestellt wurde, ist im Hinblick auf die Auswahl der Probandengruppen zu bedenken, daß die inhaltliche Signifikanz teilweise lediglich eine den Auswahlkriterien entsprechende Diskriminanz wiedergeben könnte. Hinzu kommt, daß die Auskunft des Klassenlehrers als hinreichender Nachweis für »Nicht-Delinquenz« angesehen wurde. Ähnliche Bedenken werden von den Autoren selbst auch gegenüber der inzwischen aus dem MMPI-Saarbrücken entwickelten Delinquenzskala und deren beachtlicher Trennfähigkeit erhoben (vgl. *Schmitt/Steigerwald* 1971, 132). Im übrigen bleibt abzuwarten, ob diese Skala einer Überprüfung im Längsschnitt – und (bezüglich der Delinquentengruppe) außerhalb der Haftsituation – standhält. Bei den im anglo-amerikanischen Bereich unternommenen Versuchen zur Entwicklung spezieller Delinquenzskalen des MMPI ist dies seither nicht hinreichend gelungen.

5. a) Erhebliche Bedeutung wird der Vorgehensweise der Strukturprognoseforschung (vgl. *Ballard/Gottfredson* 1963; *Gottfredson/Ballard* 1965; *Unkovic/Ducsay* 1969) beigemessen. Sie beruht auf dem Prinzip der Unterteilung von Gruppen nach demjenigen Merkmal, für das jeweils die stärkste Beziehung zu dem Kriterium der Prognosestellung berechnet wurde. Es handelt sich um eine Methode der sukzessiv-hierarchischen Klassifizierung von Risikogruppen.

Während die gesamte Untersuchungsgruppe einheitlich zum Beispiel danach aufgeteilt wird, ob eine Vorstrafe oder zumindest ein straffreies Intervall bestimmter Dauer vorliegt, werden zur weiteren Unterteilung für jede der beiden erhaltenen Gruppen verschiedene Merkmale verwandt. Dabei ist es im Verlauf der Gruppenbildung allerdings möglich, daß ein besonders gewichtiges Merkmal eine Gruppe dergestalt unterteilt, daß einer ihrer Untergruppen in einen Risikobereich fällt, der zum Beispiel geringer ist als derjenige, in den beide Untergruppen einer solchen Gruppe fallen, die ihrerseits bereits in einem geringeren Risikobereich lag. Dies entspricht dem Ziel, die Risikogruppen auch hinsichtlich der Interdependenzen voneinander abzugrenzen und möglichst homogen zu gestalten.

Für die praktische Anwendung besteht ein Nachteil darin, daß ein kontinuierliches Punktsystem fehlt, mit welchem im konkreten Einzelfall die Wahrscheinlichkeiten ausgezählt werden können. Es kann vielmehr nur vorausgesagt werden, daß der Straftäter zu dieser oder jener Gruppe gehört, und daß die dieser Gruppe Zugehörigen durchschnittlich zu diesem oder jenem Prozentsatz das Erfolgskriterium positiv oder negativ erfüllen. Bisherige Vergleiche zwischen herkömmlichen statistischen Prognoseverfahren und den Strukturtafeln kamen zu dem Ergebnis einer etwa gleich guten Treffsicherheit (vgl. *Babst* u.a. 1968). Um die Vorteile beider Verfahren gleichzeitig nützen zu können, ist man bemüht, namentlich die Mittelgruppen entsprechend dem herkömmlichen Verfahren aufzuschlüsseln (*Babst* u.a. 1968, 79 f.).

b) Eine weiterreichende Bedeutung innerhalb der statistischen Prognosemethode wird gelegentlich der (aus der mathematischen Botanik bzw. der Pflanzen-Ökologie entlehnten) Assoziationsanalyse beigemessen. Bei dieser werden die Straftäter mittels spezieller Prinzipien nach ihrer Ähnlichkeit oder gar Homogenität in Gruppen eingeteilt, wobei man nach möglichst großen Unterschieden zwischen den Gruppen und möglichst kleinen Unterschieden zwischen den Personen innerhalb der Gruppen strebt (vgl. *Wilkins/MacNaughton-Smith* 1964).

Bei diesen Versuchen besteht die Gefahr, daß Assoziationen gebildet werden, die zufällig sind (vgl. *Hood/Sparks* 1970, 124 f.), so daß es erschwert ist, die inhaltliche Bedeutung der Beziehungen innerhalb der einzelnen Gruppen zu interpretieren.

c) Neuere Forschungen mit einer weiterentwickelten statistischen Verfahrenstechnik (vgl. *Van Alstyne/Gottfredson* 1978) haben eine Verbesserung in der Treffsicherheit der Prognosestellung (s. u. IV.) nicht erzielen können.

d) Die Qualität entsprechender Instrumente bleibt primär von der Relevanz des Inhaltes wie auch der Reihenfolge der verwandten Trennungsfaktoren, das heißt also der jeweils (vermuteten oder) berechneten Deliktsträchtigkeit dieser Merkmale abhängig.

IV. Grad der Treffsicherheit

1. Die Frage nach der größeren Treffsicherheit dieser oder jener Prognosemethode ist im allgemeinen schon wegen der unterschiedlichen Eignung des jeweiligen Vertreters der bloßen intuitiven oder aber der klinischen Methode beziehungsweise der verwandten statistischen Verfahren nicht ohne weiteres zu beantworten. Hinzu tritt die Problematik, wie sich die »Richtigkeit« der Treffsicherheit von Prognosen schon im Hinblick auf die sozialen Auswirkungen der Prognosestellung messen lassen könnte (§ 42 III. 2.).

a) Bei einer Überprüfung der Geeignetheit der Prognosestellung ist eine Zäsur zwischen der Datenerhebung und der Ergebnisfindung zu machen. Demgemäß verdient bei der Beurteilung einer größeren Treffsicherheit der klinischen oder der statistischen Prognosemethode oder auch neuerer Prognoseverfahren der Unterschied zwischen den Methoden der Datenerhebung einerseits und denjenigen der Gewichtung oder Berechnung, das heißt der eigentlichen Prognosestellung andererseits besondere Aufmerksamkeit. Der Datenerhebung als dem vorgelagerten Akt kommt für die Qualität der Prognosestellung eine vorentscheidende Bedeutung zu.

Als Abgrenzungskriterium läßt es sich, unbeschadet der fließenden Übergänge vertreten, zur nicht-klinischen Datenerhebung alle diejenigen Verfahren zu zählen, zu deren Anwendung ein einschlägig ausgebildeter Fachmann (s.o. II. 1. a.A.) nicht erforderlich ist.

b) Die vorgenannte Unterscheidung ist ferner namentlich bei der gleichzeitigen Anwendung von verschiedenen Methoden zur Ergebnisfindung in einem konkreten Fall von Bedeutung. Die hier verwandten Bezeichnungen wie ganzheitliche, synthetische oder kombinierte (vgl. *Mannheim* 1975, 89) Prognose erscheinen nicht ganz treffend. Dieses Vorgehen impliziert nämlich, daß – zumindest in Zweifelsfällen – spätestens bei der Entschließung zur prognostischen Aussage eine der Methoden dominiert.

2. Es liegen verschiedene, vorwiegend sekundär-analytische Arbeiten zur Frage größerer Treffsicherheit dieser oder jener Methode vor (vgl. *Meehl* 1963; *Sarbin* u.a. 1960, 238 ff.; *Sawyer* 1966; *Stanfield/Maher* 1968), die jedoch einen nur begrenzten kriminologischen Bezug haben. Verschiedentlich ist nachgewiesen worden, daß die statistischen Verfahren weder absolut gesehen genügend verläßlich noch dem »intuitiven« Vorgehen überlegen oder daß sie nicht einmal treffsicherer als der Zufall seien (vgl. *Höbbel* 1968).

Soweit die Nachprüfung kriminologisch-psychiatrischer Individualprognosen relativ verläßliche Ergebnisse ausweist (vgl. *Leferenz* 1972 a, 1380 f.), ist die Verallgemeinerungsfähigkeit derartiger Befunde auf vergleichbare Extremgruppen der straffälligen Bevölkerung begrenzt.

Wird etwa die Richtigkeit klinischer Prognosegutachten überprüft, so kommt es zudem zum Beispiel darauf an, inwieweit der Gutachter die Prognosen nur im Rahmen von Gutachten, die er zu anderen Fragen erstattet hat, gestellt hat, und inwieweit er dies gegebenenfalls nur dann getan hat, wenn es sich um Fälle außerhalb des »Mittelfeldes« handelte.

Hiernach läßt sich für das Verhältnis zwischen bloßer intuitiver Prognose und den wissenschaftlichen Prognosemethoden seither allenfalls eine sehr begrenzte Überlegenheit letzterer gegenüber ersterer nachweisen. Für das Verhältnis zwischen klinischer und statistischer Prognosemethode fehlt es an Feststellungen eindeutiger Überlegenheit.

3. Es stellt sich immer wieder die Frage, ob eine höhere Treffsicherheit erreicht werden könnte, wenn sich die kriminologische Forschung deterministischer Modelle bedienen würde, wobei die in den »reinen« Naturwissenschaften erzielten Erfolge vor Augen stehen. Zwar fehlt es an einer erfahrungswissenschaftlichen Erkenntnis(-möglichkeit) dazu, ob die Gesamtkomplexe sozialen (und speziell kriminellen) Verhaltens determiniert sind oder nicht. Insofern könnte es logisch erlaubt sein, Forschungen auch auf einem deterministischen Konzept basiert anzulegen. Hingegen verbietet sich dies – zumindest einstweilen – wegen der Besonderheiten des Forschungsgegenstandes beziehungsweise aus Erwägungen der Forschungsergiebigkeit. Die Vielzahl der im kriminologischen Bereich zu berücksichtigenden Fakten und interfaktoriellen Beziehungen wie auch der Umstand, daß zahlreiche der Fakten allenfalls vage umschrieben oder gar nur vermutet werden könnten, schließt die Wahrscheinlichkeit von Fehlern sowohl bei der Datenerfassung als auch bei der Bewertung zwingend ein. Ähnliches gilt angesichts der Notwendigkeit der Einbeziehung von Zufälligkeiten (vgl. *Kudrjawzew* 1968, 162 f.), Formen von rollenkonträrer Reaktion oder aber auch von Spontanverhalten auf unvorhergesehene Ereignisse. Ein deterministisches Modell aber entbehrt der Möglichkeit, solche Fehler von vornherein einzukalkulieren.

Zweiter Teil Zusammenhänge strafrechtlicher Erfassung von Verhalten

Erster Titel Gesetzgebung

§ 22 Zum Wesen strafrechtlicher Normen im allgemeinen

I. Besonderheiten strafrechtlicher Normen gegenüber anderen sozialen Normen

1. Strafrechtliche Normen sind bestimmend dafür, bei welchen Verhaltensweisen strafrechtliche soziale Kontrolle eingreifen soll. Mit der Festlegung von Straftatbeständen gestaltet der Gesetzgeber die qualitative Struktur von Verbrechen. Möglichkeiten und Grenzen der Strafverfolgung bestimmen sich nach den Normen des Strafverfahrensrechts. Diese betreffen unmittelbar das registrierte Verbrechen, wirken sich mittelbar jedoch auch auf die Begehung von Verbrechen aus (s. näher u. § 43). Strafrechtliche und strafverfahrensrechtliche Normen sind ferner für Arten und Durchführung strafrechtlicher Rechtsfolgen bestimmend. Die drei genannten Kategorien von Normen stellen nahezu ausschließlich Gesetze im formellen Sinne dar. Sie werden neben dem Gewohnheitsrecht ergänzt durch behördeninterne Handlungsnormen, die, ebenso wie in anderen Bereichen formell institutionalisierter Rechtsanwendung, der Einheitlichkeit und Arbeitsökonomie und zugleich übergeordneten Interessen dienen (s. u. § 42). Teilelemente dieser behördeninternen Handlungsnormen sind geschlossene Sammlungen von Verwaltungsrichtlinien zu den einzelnen Gesetzen; die empirische Erfassung behördeninterner Handlungsnormen ist durch deren geringe Sichtbarkeit erschwert, zumindest soweit sie im Konflikt zum Gesetz im formellen Sinne stehen.

2. a) Außerrechtliche Normenkategorien werden gemäß soziologischer Systematik üblicherweise in soziale Normensysteme – wie zum Beispiel die Kategorien der Konvention oder des Anstands – und andere Normensysteme – wie etwa diejenigen der Ethik oder der Sittlichkeit – unterteilt. Dabei unterscheiden sich erstere gegenüber letzteren durch den Charakter der Gegenseitigkeit und Konkretheit sowie durch die Verbindlichkeit der Normen, die sich in tatsächlichen sozialen Prozessen bestätigt. – Das Verhältnis dieser soziologisch erfaßten Normenkategorien zu ökonomischen Normenkategorien ist, zumal in der Kriminologie, bisher eher phänomenologisch (s. u. § 51) und weniger analytisch untersucht worden.

b) Trotz zahlreicher Einschränkungen wird es als ein zentraler Unterschied zwischen gesetztem (Straf-)Recht und anderen sozialen Normensystemen gelten können, daß ersteres das Merkmal der Autonomwerdung trägt, das unter anderem durch eine Abstraktion von tatsächlichem Verhalten und durch die formalisierte staatliche Monopolisierung von (Straf-)Rechtssetzung und -anwendung gekennzeichnet ist. Allerdings wird dieser Unterschied bezüglich der Rechtsanwendung und für den ganz überwiegenden Teil Allgemeiner Kriminalität erst relevant, nachdem zuvor im informellen Bereich Anzeige erstattet und erforderlichenfalls Strafantrag gestellt wurde (s. u. § 27 I. 2., 3.).

Im Bereich der Strafrechtsanwendung etwa wird die ausschließliche Interpretationskompetenz in der Existenz von Kriminalstatistiken deutlich, die die Verbindlichkeit von Strafrechtsnormen in einer bei anderen sozialen Normensystemen nicht üblichen Weise darlegt.

c) Die Eigenschaft der Formalisierung von (Straf-)Rechtsnormen bedeutet allerdings nicht, daß andere soziale Normensysteme prinzipiell weniger verbindlich wären, das heißt dem Grad der Formalisierung muß nicht ein entsprechender Grad an Verbindlichkeit entsprechen.

II. Zur inhaltlichen Verträglichkeit strafrechtlicher Normen

1. Es besteht eine empirisch begründete Annahme dafür, daß (auch) strafrechtliche Regelungen nicht aus sich selbst heraus, sondern nur bei inhaltlicher Verträglichkeit mit herrschenden außerrechtlichen Normen tatsächliche Geltung in der sozialen Wirklichkeit haben können (vgl. *Sumner* 1959 [1906], 77; *Ball* u.a. 1962). So steht das (Straf-)Recht in einem Gefüge außerrechtlicher Normenkategorien, die ihm zum Teil nicht nur unter-, sondern auch übergeordnet sind. Demgemäß ist der innovatorische Spielraum für strafrechtlich-gesetzliche Tätigkeit begrenzt. Sie beschränkt sich weitgehend darauf, vorhandene gesellschaftliche Konventionen (straf-)rechtlich zu formalisieren und abzusichern, während das Zustandekommen solcher Konventionen weder in Frage gestellt noch einer legislatorischen Regelungsstrategie zu unterstellen versucht wird (vgl. hierzu *Noll* 1973, 77 m. w. N.; *Hassemer* 1974, 67, 111).

Ob weitergehende Annahmen des Inhalts zutreffend sind, Gesetze seien unnötig, wenn Sitten wirksam seien, oder Gesetze seien nutzlos, wenn Sitten unwirksam seien (vgl. *Sumner* 1959 [1906]) erscheint fraglich (kritisch *Bierstedt* 1974, 231, 248; *Evan* 1965, 285 ff.; *Dror* 1968, 666 ff., 672 ff., im Hinblick auf das Verhältnis des Gesetzes zum sozialen Wandel). Sie würden wohl keinerlei Funktion legislatorischer Definition von Verbrechen für sozialen Wandel anerkennen.

Aus der Bedingung inhaltlicher Verträglichkeit erklärt sich die Beobachtung, daß eine legislatorische Definition von Verbrechen um so eher vorgenommen wird, je mehr die zu kriminalisierende Verhaltensweise anderen (bereits) negativ beurteilten oder gar als Straftat bewerteten Handlungen entspricht (vgl. hierzu auch *Opp* 1975, 161). Dies gilt namentlich auch bezüglich der Art des Schadens, wobei vielfach angenommen wird, Schaden werde generell um so negativer bewertet, je sichtbarer er ist. Allerdings ist wenig erforscht, in welchen historischen Epochen von welcher Rangfolge in der Bewertung des Schadens ausgegangen wurde, und wie es sich insoweit in der Gegenwart verhält.

2. Gleichfalls im Sinne der Bedingung inhaltlicher Verträglichkeit wird sich der Umstand auswirken, daß eine gesetzliche Neuregelung in einem bestimmten Bereich wegen der Verzahnung der verschiedenen Rechtsgebiete und rechtsanwendenden Behörden untereinander die Anpassung von Normen und Aufgabenverteilungen in anderen Bereichen um so eher und umfassender erfordern würde, je mehr sie eine Neuregelung im Sinne eines sozialen Wandels darstellen würde.

§ 23 Prozesse strafrechtlich-legislatorischer Tätigkeit

I. Auswahl von Regelungsproblemen

1. a) Die Erörterung von Prozessen strafrechtlich-legislatorischer Tätigkeit betrifft zunächst die Frage danach, auf welche Weise bestimmte gesellschaftliche Gegenstände oder Phänomene als einschlägige Regelungsprobleme ausgewählt und anerkannt werden und Eingang in diese Prozesse finden. Dabei ist davon auszugehen, daß die Entscheidung zur Setzung oder Nichtsetzung positiver strafrechtlicher Normen von denjenigen Gruppen und Institutionen getroffen wird, die hierzu die erforderliche Macht besitzen, und daß sie in Beziehung zu ökonomischen wie ideologischen Strukturen steht (vgl. auch *Berk* u.a. 1977). Andererseits kann der Gesetzgeber, von etwaigen Ausnahmen abgesehen, formalrechtlich nicht zur Regelung eines Problembereiches gezwungen werden.

Dies eröffnet solchen Einwänden Raum, die gesetzgeberische Willkür und Beeinflussung durch Interessen schon bei der Entscheidung über das Vorliegen oder Nichtvorliegen eines Problembereiches oder, bejahendenfalls, über dessen vorhandene oder fehlende Regelungsbedürftigkeit betreffen. Bei solchen Einwänden geht es zunächst darum, auf welche Weise solche Problembereiche, die gesamtgesellschaftlich (z. B. Friedenssicherung oder Umweltschutz) oder für einzelne soziale Gruppen relevant sein mögen, wahrgenommen werden und in die öffentliche Meinung Eingang finden könnten. Ferner handelt es sich um die Frage, ob und gegebenenfalls auf welche Weise solche Einflüsse auf die zu treffenden Entscheidungen, die allein Partikularinteressen dienen, einzugrenzen oder zumindest offenzulegen sind.

b) Um feststellen zu können, welche gesellschaftlichen Gegenstände oder Phänomene bei einer – einmal als möglich unterstellten – »neutralen« Betrachtungsweise als strafrechtliche Regelungsprobleme erscheinen, und welche Priorität ihnen dabei zukommt, wären Forschungen zur Erfassung innergesellschaftlicher Konflikte erforderlich.

Diese Tätigkeit könnte eine Aufgabe Wissenschaftlicher Kriminalpolitik sein, welcher zugleich eine Orientierungs- und Kontrollfunktion gegenüber den Bewertungen durch den Gesetzgeber zukäme.

Die Festlegung der Prioritätenfolge hat in der Praxis wegen der zeitlich begrenzten Arbeitskapazität der Gesetzgebungsorgane und, im Falle von zur Verwirklichung des Gesetzes erforderlichen Kosten, wegen der Kostendeckung erhebliche Bedeutung. Dabei wird die Prioritätenfolge auch im Sinne einer Technik des Widerstandes gegen ein Gesetz und unbeschadet formal bekundeter Befürwortung eingesetzt.

2. a) Andererseits erscheint es als fraglich, ob sich eine solche Regelung der Prozesse strafrechtlich-legislatorischer Tätigkeit verwirklichen ließe, die pluralistischen Intentionen und einer gleichen Berücksichtigung von unterschiedlichen Interessen dient. Soweit es informell darauf ankommen würde, daß ein Gesetzesentwurf von der öffentlichen Meinung getragen würde, so betrifft dies Techniken der Schaffung oder aber Unterbindung von *Erwartungen*. Dieser Fragenbereich ist für Zusammenhänge der strafrechtlich-legislatorischen Tätigkeit vorrangig, da die gesetzgeberischen Akte zumindest in ihrer dauerhaften sozialen Wirksamkeit von dem Erwartungsstand abhängig sind (s. auch o. § 22 II. 1.).

b) Ein Bewußtsein der öffentlichen Meinung für ein Vorhandensein oder Nichtvorhandensein eines Regelungsproblems und für dessen vorhandene oder fehlende Regelungsbedürftigkeit mag sich im Wege der Steuerung durch Macht und unabhängig von tatsächlichen Gegebenheiten herbeiführen lassen. Dabei mögen Partikularinteressen zunächst etwa durch die Institutionen der »veröffentlichten Meinung« artikuliert werden.

Für den Bereich von Wirtschaft und Gewerbe zum Beispiel wird angenommen, daß auch solche Verhaltensweisen, die Allgemeininteressen vergleichsweise schwer schädigen, nur in restriktiver Tendenz als Strafnormen im engeren Sinne ausgestaltet würden. Es gäbe »Mechanismen im Gesetzgebungsprozeß«, die die »Kriminalisierung einzelner Bereiche, denen ein Höchstmaß an Sozialschädlichkeit innewohnt, blockieren und verhindern« (*Herold* 1974a,11). Hierzu wird vermutet, wirtschaftlich mächtige Gruppen konzentrierten sich, vorzugsweise unter Wahrung einer Anonymität, in erster Linie auf Definition, Verbreitung und allgemeine Durchsetzung von Erfolgszielen im Sinne eines Wertsystems als entscheidende Funktion der »Bewußtseinsindustrie«. Dem sei ein als sozialpsychologisch wirksam gedachtes Leitbild förderlich, das durch primäre und sekundäre Sozialisation errichtet wird und von dem sozialen Prestige der Gruppen mit sozio-ökonomisch höchstem Status ausgeht. Hiermit seien Identifizierungsprozesse verbunden, die geeignet seien, von der Ausbildung kritischer Reflexion abzulenken. – Allerdings wird gerade bezüglich des Wirtschaftsunrechts bezweifelt, ob eine Ausdehnung von Strafrechtsnormen im engeren Sinne überhaupt erstrebenswert sein kann (s. hierzu auch o. § 2 II. 5.). Schon wegen der Ungewißheiten bezüglich General- und Individualprävention (s. hierzu u. §§ 43, 44) mag es wegen des Grundsatzes, daß das Strafrecht nur ultima ratio sein dürfe (vgl. *Tiedemann* 1974b, 322), angezeigt sein, andere Instrumente rechtlicher und außerrechtlicher Kontrolle einzusetzen. Im übrigen wird jeweils zu berücksichtigen sein, daß eine Vermeidung legislatorischer Definition von Verbrechen oder aber eine fehlende Reaktionsbereitschaft auf der Befürchtung beruhen könnte, die Folge einer Strafbewehrung und gegebenenfalls -durchsetzung würden weiterreichende und gesamtgesellschaftlich relevante Nachteile sein.

Ein anderes Beispiel dafür, daß Strafrechtsnormen nur einen Teil der unter dem Gesichtspunkt des Schadens einschneidensten Ereignissen des gesellschaftlichen Zusammenlebens erfassen, ergibt sich aus statistisch registrierten Angaben über Verletzungen von Personen. Von 380.000 im Monat April 1966 in der Bundesrepublik Deutschland durch Unfall verletzten Personen sind 37 % durch Arbeitsunfall und nur etwa 15 % im Straßenverkehr verletzt worden (WiSta 1968, 235). Im Oktober 1970 wurden von den unfallverletzten Personen (ohne Soldaten) ca. 34,1 % durch Arbeitsunfall – 29,6 % an der Arbeitsstätte und 4,4 % auf dem Weg zur Arbeitsstätte – und 16,7 % durch Straßenverkehrsunfall verletzt (WiSta 1972, 575 nebst Sektoren-Schaubild S. 576).

c) Auf der formellen Ebene ist davon auszugehen, daß der Parlamentarier, von einem Fraktionszwang einmal abgesehen, verpflichtet ist, (einseitig) die Interessen seiner Wähler zu vertreten. Insofern würde eine – einmal als möglich unterstellte – »neutrale« Betrachtungsweise des Parlaments eine solche Zusammensetzung desselben voraussetzen, die für Bevölkerung und Sozialstruktur repräsentativ ist.

3. Bemühungen um Auswahl und Anerkennung von Regelungsproblemen werden gelegentlich durch solche Einzelprobleme beeinträchtigt, denen eine symbolische Bedeutung zugeschrieben wird (*Gusfield* 1963). Es handelt sich bei letzterem meist um bestimmte, das öffentliche Moralbewußtsein bewegende Regelungsprobleme, deren Bewältigung von Bedeutung für Bestand von Nation oder Kulturkreis sein soll (z. B. Frage der Strafbarkeit der Abtreibung). Solche Einzelprobleme sind geeignet, die öffentliche Meinung von anderen Regelungsproblemen gewissermaßen abzulenken und Zeit und Energie der zuständigen Institutionen abzuziehen oder zu binden, so daß diese für andere der Regelung harrende Probleme verloren sind.

Ferner haben symbolische Regelungsprobleme unter anderem die Eigenschaft, möglicherweise auch die Aufgabe, innerhalb anderweitiger Interessengruppen Konflikte zu schaffen. Auf der Grundlage solcher Konflikte aber mag es umso eher gelingen, Partikularinteressen etwa ökonomischer Art durchzusetzen.

Hierfür mögen solche Aussagen über allgemeine Prozesse der Machtbildung, die das Interesse der überlegenen Minorität an Trennung oder Spaltung der unterlegenen Majorität betreffen, bedeutsam sein. So werde die Bildung von Gegenkoalitionen seitens der Majorität verhindert, indem zum einen eine bestimmte Gruppe oder Fraktion von der Majorität dadurch abgezogen werde, daß ihr relative und eher individuelle Vorteile angeboten würden. Von noch größerer Bedeutung sei es, aus der Majorität eine solche Gruppe zu lösen, die sich als »neutrale« soziale Einheit empfinde und gewissermaßen in einem Wartestand verharre (vgl. zum Ganzen *Popitz* 1968, 23 ff., insbes. S. 26).

II. Diskrepanzen zwischen formuliertem und tatsächlichem Gesetzesziel

1. Vorrangige Interessen lassen sich mitunter aus den formulierten Gesetzeszielen, wenn überhaupt, so doch kaum zureichend ermitteln. In solchen Fällen ist von einer *verdeckten Diskrepanz* der formulierten Gesetzesziele einerseits und der tatsächlich vorrangigen, im Gesetzestext weniger und nicht unmittelbar zum Ausdruck gelangenden Ziele andererseits auszugehen.

a) Dies gilt etwa dann, wenn eine Aussage des Inhalts als Tatsache verbreitet wird, die beabsichtigte strafrechtliche Bestimmung diene den Interessen der Allgemeinheit, während sie tatsächlich primär bestimmte Gruppen- oder Partikularinteressen begünstigt.

Eine geläufige Technik soll hierbei sein, betreffend ein von jedermann anerkanntes Ziel zu behaupten, dessen Erreichung setze die Verwirklichung eines anderen Zieles voraus, wobei die Behauptung von denjenigen aufgestellt werde, die von diesem anderen Ziel begünstigt würden (vgl. *Noll* 1973, 144 f.). – Nach einer anderen Technik würden allgemein als notwendig erachtete Unterstützungs- oder Schutzmaßnahmen dergestalt verwirklicht, daß zugleich und in größtem Umfang solche Personen unterstützt oder geschützt werden, die dieser Unterstützung oder dieses Schutzes nicht bedurft hätten.

b) Weiterhin läßt sich von einer solchen Diskrepanz sprechen, wenn die dogmatische Konstruktion und die systematische Einordnung einer gesetzlichen Bestimmung oder aber deren Wortlaut oder inhaltliche Transparenz eine solche Wirkungsentfaltung von vornherein verhindern, wie sie das formulierte Ziel erwarten ließe.

Ferner sind komplizierte Gesetze, deren tatsächliche Voraussetzungen und Rechtsfolgen wenig durchschaubar sind, objektiv geeignet, die Position derjenigen Personen zu festigen, die eine Vertretung durch besonders qualifizierte juristische Experten finanzieren können.

c) Schließlich mögen vorrangige Ziele selbst hinter solchen formulierten Zielen zur Wirksamkeit gelangen, wie sie sich in prinzipiellen Wertvorstellungen wie etwa dem Prinzip des Schuldstrafrechts (s. hierzu u. § 24 I. 1.) darstellen.

2. *Offene Diskrepanzen* zwischen formulierten und tatsächlichen Zielen gesetzlicher Bestimmungen liegen dann vor, wenn der Gesetzgeber die zu lösende Problematik erkennbar nicht bewältigt hat. Dabei mag er, meist auf Grund von politischen Motivationen, nur vorgeben, den Gesetzeszweck erreichen zu wollen, oder er mag ihn nur bedingt verfolgen, oder aber es mag sich um Gesetze handeln, in denen ihm nur ein Kompromiß gelang.

a) Im einzelnen mögen Gesetze auf Grund verbleibender Lücken des materiellen Rechts sowie insbesondere verfahrensrechtlicher (Kontroll-)Möglichkeiten eher als Anreiz denn als Hindernis zu solchen sozialschädlichen Verhaltensweisen wirken, die in die jeweiligen Lücken passen (vgl. hierzu aus der Diskussion über die Wirtschaftskriminalität *Tiedemann* 1972, C 1 – 106). – So läßt die Verwendung von leerformelhaften normativen Tatbestandsmerkmalen wie zum Beispiel »wirtschaftliche Not« (§ 283a Nr. 2 StGB), »Zwangslage«, »Unerfahrenheit«, »Mangel an Urteilsvermögen«, »erhebliche Willensschwäche« und »auffälliges Mißverhältnis« (§ 302a Abs. 1 StGB) mehrdeutige Beurteilungsmaßstäbe zu (*Berckhauer* 1977). Die mangelnde Bestimmtheit des Gesetzes mag dazu geeignet sein, potentielle Wirtschaftsstraftäter zu veranlassen, von eindeutig strafbaren Verhaltensweisen auf solche auszuweichen, bei denen Strafwürdigkeit, nicht aber Strafbarkeit vorliegt.

Weiterhin sind, besonders für das Wirtschaftsrecht, Gesetze zu erwähnen, die als Ergebnis unentschiedener politischer Machtkämpfe entstehen und kaum wirksame Kompromisse darstellen. Dabei mag es zum Beispiel nur unter der Voraussetzung des Verzichts auf adäquate Sanktionsmöglichkeiten zur Gesetzesentstehung gekommen sein. – Im Bereich der Steuerkriminalität zum Beispiel bestand bis zum Jahre 1968 die Möglichkeit, eine Erledigung auch nach amtlicher Mitteilung der Eröffnung des Verfahrens im Wege eines Unterwerfungsverfahrens und auf Grund eines Unterwerfungsbescheides durch das Finanzamt zu erreichen. Zugleich mit dem Wegfall des Unterwerfungsverfahrens wurden wesentliche Vorschriften der AO, die zuvor Vergehen waren (z.B. die fahrlässige Steuerhinterziehung ebenso wie die Fälschung von Belegen zum Zwecke der Steuerhinterziehung), in Ordnungswidrigkeiten umgewandelt, weshalb die Zahl von Aburteilungen wegen Verstöße gegen die AO sich nicht wesentlich änderte.

b) In anderen Fällen zeigt sich ein Kompromiß in der Verwendung ungeklärter Begriffe, mit denen der Gesetzgeber die Lösung des Problems den rechtsanwendenden Institutionen überläßt, wozu als Beispiel auf die Formulierung *»Verteidigung der Rechtsordnung«* (§§ 47 Abs. 1, 56 Abs. 3, 59 Abs. 1 Nr. 3 StGB) hingewiesen sei. Dieses Vorgehen ist geeignet, auftretende Konflikte in weniger sichtbarer Weise innerhalb der Praxis austragen zu lassen, als es bei einer einheitlichen gesetzlichen Regelung der Fall wäre.

Bei dem genannten Begriff handelt es sich nur um einen Teilaspekt aus dem weiteren Begriff der Generalprävention. Er wird von der Rechtsprechung restriktiv – und ohne Berücksichtigung allgemeiner Strafzwecke – ausgelegt. Es soll darauf ankommen, ob »andernfalls eine ernstliche Gefährdung der rechtlichen Gesinnung der Bevölkerung als Folge schwindenden Vertrauens in die Funktion der Rechtspflege zu besorgen wäre« (BGHSt 24, 40 [45 f.]; kritisch schon *Blei* 1970, 397 ff., insbes. S. 464; s. aber auch *Blei* 1977, 353; s. aber auch *Zipf* 1973, 99 f.). Bedenken gegen das genannte Kriterium bestehen auch deshalb, weil es ohne nähere Überprüfung eine generalpräventive Wirkung durch Verhängung der Strafe unterstellt (s. hierzu aber u. § 43).

III. Fragen des formellen Verfahrensablaufs

Auf der Ebene rechtlich formalisierter Prozesse strafrechtlich-gesetzgeberischer Tätigkeit ist zu unterscheiden zwischen denjenigen Personengruppen und Institutionen, die Gesetzesentwürfe ausarbeiten andererseits, und dem Parlament andererseits.

§ 23 *Prozesse strafrechtlich-legislatorischer Tätigkeit*

1. a) Dabei wird das Parlament als das formelle Gesetzgebungsorgan in frühen Stadien der Vorbereitung des Gesetzesentwurfes, in denen Gelegenheit zur Artikulierung grundsätzlicher Alternativen bestehen könnte, häufig nicht zur Stellungnahme veranlaßt.

Zu erwägen wäre daher, inwieweit eine Möglichkeit zu schaffen wäre, im Stadium der Konzept- oder »Leitlinien«-Fassung eine Entscheidung des Parlaments über mehrere Alternativen herbeizuführen. In diesem Stadium nämlich könnte es sein, daß ein vergleichsweise größerer Anteil von Abgeordneten auch ohne Fachkenntnisse noch verstünde, worüber er inhaltlich abstimmt. Allerdings wird gegen eine in dem genannten Sinne zeitlich früh gesetzte Zäsur eingewandt, daß es vielfach erst bei der Regelung im Detail zu Kontroversen komme. Soweit das Parlament allein über Annahme oder Ablehnung eines Gesetzesentwurfes entscheidet, kann es jedenfalls vorkommen, daß ein Abgeordneter als Mitglied des formellen Gesetzgebers an der Abstimmung beteiligt ist, ohne über den Inhalt des konkreten Gesetzesentwurfes hinreichend informiert zu sein.

b) Andererseits verlangt die stete Zunahme von Komplexität und Differenziertheit gesellschaftlicher Phänomene im allgemeinen und strafrechtlicher Regelungsprobleme im besonderen die Einsetzung solcher Personengruppen und Institutionen, die Gesetzgebungsentwürfe vorbereiten. Dabei richtet sich ein zentrales Bedürfnis auf Gewinnung, Aufarbeitung und Reduktion von Informationen über tatsächliche Verhältnisse. Dies gilt nicht zuletzt auch für den Bereich der Kriminalwissenschaften, in welchem zunehmend heterogene Meinungen und Befunde aus den verschiedensten Sozial- und Humanwissenschaften angeboten werden, so daß der nach Information Suchende sich teilweise selbst widersprüchlichen Aussagen gegenüber sieht. – Demgemäß hat das Verhältnis von empirischen kriminologischen Befunden und kriminalpolitischen Entscheidungen (s. allgemein o. § 2 I., III.) Bedeutung auch in der gesetzgeberischen Tätigkeit.

2. a) Für die Entscheidungen des Gesetzgebers besteht jedoch – im Unterschied zur rechtsanwendenden Tätigkeit des Richters – weder eine Pflicht zur Wahrheitsermittlung (s. aber u. § 24 I. 1.c)) der zugrundegelegten Tatsachen (vgl. *Ossenbühl* 1976, 458 ff. [466 ff.]) oder eine Beweisführungspflicht für die Eignung des Gesetzes zu dem angestrebten Zweck noch eine Begründungspflicht (vgl. *Noll* 1973, 46).

So kann der Gesetzgeber frei darüber entscheiden, ob er überhaupt Tatsachen erheben will, und ferner darüber, auf welche Weise, das heißt mit welchem methodischen Verläßlichkeitsgrad, und zu welchen Fragestellungen er Tatsachen gegebenenfalls ermitteln will. Insofern mag es, sofern nicht organisierte Interessen in Rede stehen, gelegentlich dem Zufall überlassen sein, ob relevante Tatsachen in den Meinungs- und Entscheidungsbildungsprozeß Eingang finden. Dies wird in erster Linie zu Lasten von nicht-organisierten gesellschaftlichen Gruppen gehen (für das StVollzG s. *Wieland* 1978).

b) Die Aufnahmebreite der Informationssuche und die Überprüfung der Richtigkeit erhaltener Informationen hängt nicht unerheblich von der Struktur der mit der Vorbereitung und Ausarbeitung von Gesetzesentwürfen befaßten Personengruppen und Institutionen ab. Dies gilt insbesondere für die Bearbeitung der technischen Inhalte und der Details der Entwürfe.

Eine rechtssoziologische Annahme geht davon aus, die genannten Funktionsträger würden dergestalt ausgewählt und bestimmt, daß eine Bekräftigung des status quo, verbunden mit einem Mangel an normativer Distanz, zu erwarten sei. Tatsächlich setzen sich Sachverständigenkommissionen regelmäßig aus solchen Personen zusammen, für deren eigene Berufsausübung in Praxis oder Wissenschaft die Art der gesetzlichen Regelung Bedeutung hat. Insbesondere zählen hierzu Vertreter der rechtsanwendenden Institutionen. Diese werden in ihrer Stellungnahme jedenfalls auch ein Gruppeninteresse an Begründung und Ausgestaltung der beruflichen Tätigkeit vertreten, dem Interessen der Allgemeinheit gelegentlich entgegenstehen mögen.

Soweit die Interessengruppen von den parlamentarischen Ausschüssen angehört werden, befinden sie sich in bevorzugter Position dann, wenn sie über Spezialkenntnisse aus dem jeweiligen Sachgebiet verfügen. Dabei bestehen gelegentlich keine Kontrollmöglichkeiten der Ausschüsse schon dazu, ob ihnen Spezialkenntnisse gewissermaßen »objektiv« angeboten werden, oder ob sie zum Nutzen der jeweiligen Interessengruppen bereits verzerrt vorgetragen werden. Dies gilt in erhöhtem Maße, wenn die Interessengruppen untereinander Absprachen treffen.

IV. Probleme der Wirksamkeit

1. Die Überprüfung der Wirksamkeit von strafrechtlichen Normen und Rechtsfolgen (s. u. §§ 42 – 44) ist im Hinblick auf die kriminalpolitischen (und strafrechtlichen) Prinzipien der Subsidiarität und der Effizienz wesentlich. Im Hintergrund steht die Überlegung, es könnte funktionale Alternativen oder Äquivalente strafrechtlicher oder außerrechtlicher Art geben, die bei geringerem Eingriff und Aufwand das angestrebte Ziel in gleicher Weise erreichen. Zwar soll für die Tauglichkeit eines Gesetzes, sofern verläßliche Erfahrungen fehlen, so lange eine Vermutung sprechen, bis feststeht, daß die Verwirklichung des beabsichtigten Zwecks mit Hilfe dieses Gesetzes ausgeschlossen sei. Jedoch trifft den Gesetzgeber auch nach Erlaß des Gesetzes die Verpflichtung, gegebenenfalls für eine möglichst baldige Überprüfung zu sorgen (BVerfGE 43, 291 [321]; BVerfG NJW 1977, 1525 [1531]).

Die gesetzgeberische Tätigkeit erschöpft sich in der Regel darin, bereits bestehende Normensysteme zu ergänzen und zu verbessern oder sie dem sozialen Wandel anzupassen und diesen zu sichern (s.o § 22 II.). Auch mögen die mit der reaktiven Kontrolle des jeweiligen sozialen Geschehens befaßten Institutionen aus vielfältigen Zusammenhängen heraus mitunter die Tendenz aufweisen, ein soziales Geschehen von vornherein als ein permanentes zu betrachten und in ihrer Tätigkeit eher zu modifizieren als zu beenden (vgl. generell *Etzioni* 1971, 27 ff.).

a) Als funktionale Alternativen oder Äquivalente für Straftatbestände und angedrohte Sanktionen werden einerseits Moralisierungen genannt, soweit sie mit einem entsprechend intensiven Normdruck ausgestattet sind. Andererseits wird auf zwar positiv gesetzte, jedoch nicht strafrechtliche Normen hingewiesen; hierzu geben die Auseinandersetzungen um die Einordnung von Bereichen des Verkehrsunrechts (Verwaltungsunrecht, Versicherungsunrecht) oder des Wirtschaftsunrechts Beispiele.

Zumindest für einzelne Deliktsbereiche ist nicht auszuschließen, daß eine Entkriminalisierung die tatsächliche Verbreitung einschlägigen Verhaltens nicht erhöhen muß. So ergab sich zum Beispiel in Dänemark für den Bereich der Herstellung und des Gebrauchs pornographischer Literatur ein zunehmender Anstieg bis zum Jahre 1967. Bereits zwei Jahre nach Aufhebung der diesbezüglichen Verbotsbestimmungen (1967) zeigte sich ein rapides Sinken von Herstellung und Gebrauch der genannten Artikel, das auf einem Sättigungsprozeß beziehungsweise darauf beruhen mag, daß die »Neugierde« befriedigt war (vgl. hierzu *Kutschinsky* 1973, 221). Allerdings wäre, neben gewissen methodischen Bedenken, zu fragen, inwieweit nicht ein anderes Instrument sozialer Kontrolle zu der mitgeteilten Eindämmung beigetragen hat, wobei etwa an gewerbepolizeiliche Maßnahmen zu denken wäre.

b) Beide Fragen haben für die Kriminologie eine unmittelbare Bedeutung insofern, als es sich um die Verteilung und Steuerung von Kriminalität als Produkt der jeweiligen Struktur der sozialen Kontrolle und damit auch um die Festlegung des Umfangs von Kriminalität handelt. Allerdings ist bezüglich etwaiger funktionaler Alternativen oder Äquivalente im außerrechtlichen Bereich wegen der Vielgestaltigkeit sozialer Normensysteme innerhalb einer Gesellschaft davon auszugehen, daß außerrechtliche soziale Normensysteme nicht geeignet wären, die strafrechtliche soziale Kontrolle in *einheitlicher* Weise zu entlasten.

2. a) Aussagen über die Wirksamkeit strafrechtlicher Normen beziehen sich nicht nur darauf, ob das soziale Geschehen in der beabsichtigten Weise beeinflußt wird, sondern auch darauf, ob und inwieweit unbeabsichtigte Nebenwirkungen eintreten. Dabei bestehen Schwierigkeiten, solche Nebenwirkungen zu berücksichtigen, die erst vergleichsweise spät und nach längerer Zeit der Wirkungsentfaltung erkennbar werden. Diese Problematik ist um so gewichtiger, als es sich bei den zu beeinflussenden Variablen in der Regel nicht um Ursachen sozialen Geschehens, sondern allein um Indikatoren oder Symptome solcher Ursachen handeln dürfte.

b) Bei der Untersuchung unbeabsichtigter und gegebenenfalls schädigender Nebenwirkungen kommt insbesondere der Frage danach Bedeutung zu, inwieweit sie Auswirkungen solcher behördeninterner Handlungsnormen (s.u. § 42) sind, die nur begrenzt in Einklang oder gar in Widerspruch zu dem Gesetz stehen.

§ 24 Einzelne strafgesetzliche Konzeptionen

I. Schuld- und Reduktionsprinzip sowie System der Zweispurigkeit von Rechtsfolgen

1. a) Das deutsche Strafrecht beruht auf dem Prinzip der Schuld eines Menschen als Voraussetzung der Strafbarkeit; dieses Prinzip leitet sich aus dem Postulat der Willensfreiheit (vgl. *Engisch* 1965) des Menschen ab. Hiernach handelt der Straftäter grundsätzlich schuldhaft, sofern seine Schuldfähigkeit nicht auf Grund besonderer seelischer Gegebenheiten als ausgeschlossen gilt (§ 20 StGB, § 12 Abs. 2 OWiG). Im Hinblick auf das (seitherige) Unvermögen des empirischen Nachweises der Willensfreiheit wird gelegentlich vorgeschlagen (§ 2 AE-StGB 1966; *Roxin* 1974; s. aber auch *Jakobs* 1976), das Schuldprinzip nicht zum Nachteil, sondern nur zum Vorteil, das heißt zur Limitierung der Rechtsfolgen, zu verwenden.

Nach der Rechtsprechung wird »mit dem Unwerturteil der Schuld dem Täter vorgeworfen, daß er sich nicht rechtmäßig verhalte, daß er sich für das Unrecht entschieden hat, obwohl er sich rechtmäßig verhalten, sich für das Recht hätte entscheiden können« (BGHSt 2, 194 [200]).

α) Das Schuldprinzip hat durch dessen Begründung im Rechtsstaatsprinzip den Rang eines Verfassungsgrundsatzes (BVerfGE 20, 323 [331]). Diese Auffassung besagt bezüglich der Problematik eines Monismus oder aber einer realen Vielfalt des Gewissens (Art. 4 Abs. 1 GG), es gebe nur ein Gewissen, das durch Anspannung gefunden werden könne. Abweichungen scheinen allenfalls bei *religiös* begründeter Gewissensentscheidung anerkannt zu werden und zum Ausschluß der Schuld führen zu können (BVerfGE 23, 133; bes. BVerfGE 32, 108 f.); hierbei wird es sich zudem wohl nur um Unterlassungstaten handeln.

Nach dem Konzept der Neutralisierung von *Sykes/Matza* (1974 [1957], 361; s. auch *Matza/Sykes* 1961, 712 ff.; *Matza* 1964, 60 ff.) sollen die meisten der jugendlichen Delinquenten ein Unrechtsbewußtsein haben. Da jedoch eine generelle Normenflexibilität bestehe, komme es zu Straftaten, deren von Unrechtsgehalt gekennzeichnete Begehung durch unterschiedliche Techniken neutralisiert (oder auch rationalisiert) werde. – Schon *Cressey* (1952, 49 ff.) äußerte für den Bereich der Wirtschaftskriminalität die Möglichkeit, der Straftäter nehme eine Einschätzung seines Verhaltens vor, die es ihm erlaube, seine Tat als etwas anderes denn als eine Straftat zu definieren.

β) Eine Ablösung des Schuldprinzips gilt auch im Bereich des Wirtschaftsstrafrechts als nicht vertretbar (vgl. *Tiedemann* 1976a, 254). Ebenso ist eine Strafverfolgung gegenüber einer Organisation grundsätzlich ausgeschlossen (vgl. aber § 30 OWiG; zum ausländischen Recht vgl. m. Hinw. *Schaffmeister* 1976, 300).

b) Die Konzeption des Schuldvorwurfs hat individualisierenden Charakter und bezieht sich auf den innerpsychischen Bereich. Die gemeinten Abläufe sind sozial nicht sichtbar; einer empirischen Untersuchung sind sie nach ganz überwiegender Auffassung nicht zugänglich.

Vielfach wird eine Freiheit des Menschen zumindest bezüglich der Wahl der Motive aus dem Befund gefolgert, daß in seinem Denken auch solche Inhalte vorkommen, die dem strafrechtlich erfaßten Verhalten entgegenstehen. Allerdings bleibt zumindest zweifelhaft, ob es im Belieben des Menschen steht, solche Denkinhalte abzurufen und/oder sie wirkungskräftiger werden zu lassen als diejenigen, die auf das strafrechtlich erfaßte Verhalten gerichtet sind.

c) Die Tat als Grundlage strafrechtlicher Entscheidung wird nicht im Sinne eines komplexen personalen und sozialen Geschehens, sondern, unter partiellem Verzicht auf Realität, bewußt als ein gegenüber seiner Komplexität reduziertes Ereignis verwandt (s. hierzu und zum folgenden *Krauss* 1975, 10 ff.). So werden einzelne psychische Elemente wie Vorsatz, Fahrlässigkeit und Absicht verkürzt und als Kategorien überprüft, während eine Unendliche anderer psychischer Elemente, die im Zusammenhang mit der Tatbegehung relevant sein können, nicht den Rang von Grundelementen der Straftat genießen, sondern allenfalls im Bereich der Strafzumessung berücksichtigt werden. Die Tatsache der nahezu uneingeschränkten Reduktion von Komplexität durch strafrechtliche Tätigkeit mag in dem verfahrensrechtlichen Grundsatz begründet sein, demzufolge Ziel der Beweisaufnahme die (subjektive) Gewißheit des Richters, nicht aber eine nach natur- oder sozialwissenschaftlichen Kriterien zu beurteilende »objektive Wahrheit« der Angaben ist (§ 261 StPO).

Dieser Grundsatz wiederum mag sich aus dem Ziel derjenigen »inhaltlichen Legitimität« (*Krauss* 1975, 16 ff.) strafrechtlicher Entscheidungen herleiten, die der Vergeltungscharakter ausfüllt, der die gesamte Verfahrensstruktur weithin bestimmt.

2. Die Strafe (auf der Grundlage des Schuldprinzips) muß bei der Erfüllung präventiver Aufgaben mitunter versagen. Dies ist zum einen dann der Fall, wenn eine gefährliche, das heißt auch in Zukunft zu rechtswidrigen Handlungen neigende Person schuldunfähig (§ 20 StGB; vgl. auch § 3 JGG) handelt, so daß deren Bestrafung unzulässig ist. Es gilt zum anderen dann, wenn der Täter zwar schuldhaft handelt, eine am Schuldmaß orientierte Strafart und/oder -dauer aber, auch unter Berücksichtigung spezial- und generalpräventiver Gesichtspunkte, für die Erzielung einer Präventionswirkung ungeeignet ist. Aus diesem Grunde wird bei den strafrechtlichen Rechtsfolgen zwischen *Strafen und Maßregeln* der Besserung und Sicherung unterschieden.

Soweit Strafe und Maßregel zugleich verhängt werden, begegnet dies logisch-begrifflichen Bedenken im Hinblick auf antithetische Aspekte des Verhältnisses von Schuld und Gefährlichkeit, wie sie etwa in der Gegenüberstellung von § 48 StGB einerseits und § 65 StGB andererseits anschaulich werden. Dieser Einwand würde behoben, wenn Strafen und Maßregeln durchgängig nur alternativ verhängt würden (s. betreffend den Vollzug die unter d) a.E. erwähnte Tendenz), sofern das System der Zweispurigkeit beibehalten werden soll.

a) Das Prinzip der Anordnung von Maßregeln neben der Verhängung von Strafe hatte *Stooss* im Jahre 1893 für den schweizerischen Vorentwurf eines Strafgesetzbuches fortentwickelt. Im deutschen Strafrecht wurde es durch das Gesetz gegen Gewohnheitsverbrecher vom 24.11.1933 eingeführt (zur Geschichte der Sicherungsmaßnahmen gegen gefährliche Verbrecher seit der CCC s. *Rietzsch* 1938, 25 ff.).

b) Voraussetzung zur Anordnung von Maßregeln der Besserung und Sicherung ist eine rechtswidrige Tat sowie eine vom Täter ausgehende Gefahr für die Allgemeinheit. Ein schuldhaftes Handeln des Täters ist nur für die Unterbringung in der Sicherungsverwahrung sowie, was die zukünftige Rechtslage angeht, für die Unterbringung in einer sozialtherapeutischen Anstalt (§ 65 Abs. 1 und 2, nicht jedoch Abs. 3 StGB) vorausgesetzt. Hiernach ist, von den genannten Ausnahmen sowie von der Führungsaufsicht (§§ 68 ff. StGB) abgesehen, auch eine selbständige Anordnung von Maßregeln der Besserung und Sicherung möglich (§ 71 StGB).

c) α) Bei der Bemessung von Maßregeln kommt dem Grundsatz der Verhältnismäßigkeit eine ähnliche Begrenzungsfunktion zu (§ 62 StGB), wie sie bei der Strafzumessung (s. u. IV.) im Erwachsenenstrafrecht durch das Schuldprinzip gewährleistet ist. Dabei muß eine Verhältnismäßigkeit zur begangenen Tat und zusätzlich zu den zu erwartenden Taten und außerdem zum Gefährlichkeitsgrad bestehen. Auch bei Nachentscheidungen (etwa der Entlassung aus stationärer Maßregeldurchführung) gilt der Verhältnismäßigkeitsgrundsatz.

Die Voraussetzung, daß durchgehend die Gefahr erheblicher Straftaten gefordert wird, ist, ebenso wie die Möglichkeit der Aussetzung, Ausdruck des Prinzips der Verhältnismäßigkeit; das gleiche gilt für den Grundsatz, daß unter mehreren zulässigen und geeigneten Maßregeln (§ 72 Abs. 1 StGB) diejenige anzuordnen ist, die den Täter am wenigsten beschwert.

β) Während bei der Strafzumessung die Ahndung der Tatschuld mit prognostischen Überlegungen verknüpft wird, kommt es bei der Bemessung von Maßregeln ausschließlich auf die prognostische Ausrichtung an. Ein inhaltlicher Maßstab zur Verhängung von Maßregeln soll sich dabei, im Rahmen der gesetzlichen Voraussetzungen, nach Präventionsbedürftigkeit und -zugänglichkeit des Täters bestimmen. Wie jedoch der Rahmen der »Verhältnismäßigkeit« im einzelnen auszufüllen ist, ist kaum hinreichend geklärt oder auch nur erörtert worden (vgl. *Zipf* 1973, 102).

Was künftige »zu erwartende Taten« sowie die vom Täter »ausgehende Gefahr« anbetrifft, so verlangt das Gesetz eine Gesamtwürdigung des Täters und seiner Taten daraufhin, ob sich danach die Gefahr erheblicher rechtswidriger Taten ergibt (§§ 63 bis 66, 70 StGB). Hierzu bedarf es einer Gefährlichkeitsprognose.

d) Wird neben der Verhängung von Freiheitsstrafe die Maßregel der Unterbringung in der Sicherungsverwahrung angeordnet, so handelt es sich tatsächlich um eine Doppelbestrafung (§ 67 Abs. 1 StGB, s. auch u. § 39 II. 2.; anders Art. 42 Nr. 1 StGB-Schweiz; vgl. schon *Kohlrausch* 1924, 21 [33], der unter Bezugnahme auf *Schwandner* von »Etikettenschwindel« sprach; s. ferner *Hanack* 1972, 77 f.). Im Falle der Anordnung einer der übrigen mit Freiheitsentziehung verbundenen Maßregeln neben der Verhängung einer Freiheitsstrafe wird erstere grundsätzlich vor der Freiheitsstrafe vollzogen (§ 67 Abs. 1 StGB; s. jedoch auch § 67 Abs. 2, 3 StGB), wobei die Zeit des Vollzugs der Maßregel auf die Strafe angerechnet wird (§ 67 Abs. 4 StGB, *vikariierendes System*; s. hierzu *Marquardt* 1972). Eine weitgehende Nivellierung des Verhältnisses von Freiheitsstrafe und mit Freiheitsentziehung verbundener Maßregel findet sich insoweit, als ein zu Freiheitsstrafe verurteilter Gefangener in den (Maßregel-)Vollzug einer sozialtherapeutischen Anstalt verlegt werden kann, und zwar auch ohne Zustimmung des Vollstreckungsgerichts und allein aufgrund des Einverständnisses des Leiters der sozialtherapeutischen Anstalt (§ 9 Abs. 1 S. 1 StVollzG).

II. Sonderregelungen nach Nebenstrafrecht und Ordnungswidrigkeitenrecht

1. a) Bei der Einteilung strafrechtlicher Normen des geltenden Rechts wird üblicherweise zwischen einem Hauptstrafrecht (auch Grund- oder Kernstrafrecht genannt) und einem Nebenstrafrecht unterschieden. Da die Einschätzung in der Bevölkerung wie auch die Anzeige- und Verfolgungsformen tendenziell bei Straftaten des Hauptstrafrechts anders ausgebildet sind als bei solchen strafrechtlicher Nebengesetze, bedarf die Zuordnung von strafrechtlichen Normen in das Haupt- oder aber in das Nebenstrafrecht einer Legitimierung.

b) Hinsichtlich der Abgrenzungsbemühungen zwischen beiden Kategorien strafrechtlicher Normen besteht Einigkeit allenfalls darin, daß zum Hauptstrafrecht als grundlegend beurteilte Strafvorschriften zählen, während die Bestimmungen des Nebenstrafrechts spezieller Natur seien. Unterschiedliche Auffassungen liegen jedenfalls dazu vor, wo jeweils die Grenze zwischen Haupt- und Nebenstrafrecht zu ziehen sei.

α) Die Abgrenzung nach dem jeweiligen Standort im Gesetz überzeugt nicht, da die Ansiedlung einer Regelung im StGB oder in strafrechtlichen Nebengesetzen zufällig sein kann und inhaltlich keinen Aussagewert enthält (vgl. *Tiedemann* 1964, 64).

β) Bezüglich der materiellen Unterscheidungsversuche begegnet die Ansicht Bedenken, das Hauptstrafrecht enthalte »natürliches« Recht, das eine beständige, allgemeine Geltung entfalte, während das Nebenstrafrecht (nur) »gesetztes« Recht darstelle, das zeitlich beschränkt gelte. Schon Wegfall oder Hinzunahme von Strafvorschriften im StGB lassen die begrenzte Tragweite dieser Ansicht erkennen. Ferner sind auch im Nebenstrafrecht Tatbestände enthalten, bei denen eine Parallelität zu sittlichen Normen gegeben ist; auch sollen die Vorschriften des Nebenstrafrechts fast ausnahmslos dem Rechtsgüterschutz oder zumindest dem Schutz der Funktionsfähigkeit des Staates als Träger der Daseinsfürsorge dienen.

2. a) Nach allgemeiner Auffassung zählen zu den Strafrechtsnormen *im weiteren Sinne* auch die Vorschriften des Ordnungswidrigkeitsrechts (vgl. zur Gesetzgebungskompetenz des Art. 74 Nr. 1 GG betreffend Strafrecht BVerfGE 27, 18).

Nicht zum Ordnungswidrigkeitenrecht gehören Rechtsnormen betreffend die behördliche Anordnung von – präventiven – Zwangs- oder Beugemaßnahmen (Zwangsgeld und

-haft); diese Maßnahmen entfallen, wenn das erwünschte Verhalten eintritt. Das gleiche gilt für die Vorschriften, die die Verhängung von Ordnungsgeldern vorsehen, da das Ordnungsgeld, anders als die Geldbuße, eine selbständige Sanktion neben der Kriminalstrafe darstellt (vgl. Art. 5 ff. EGStGB).

Disziplinarmaßnahmen werden nicht als Kriminalstrafen angesehen, weil sie nicht an die Verletzung eines materiellen Rechtsgutes anknüpfen, sondern nur die Verletzung von Dienst- und Treuepflichten betreffen; darüber hinaus würden sie ausschließlich der Erziehung (und nicht der Vergeltung oder Übelszufügung) dienen (BVerfGE 21, 391 ff. [403]).

b) Fragen nach einer materiellen Unterscheidbarkeit zwischen Straftaten *im engeren Sinne* und Ordnungswidrigkeiten stellen sich schon deshalb, weil Verfahren und Rechtsfolgen des Strafrechts im engeren Sinne einerseits und des Ordnungswidrigkeitenrechts andererseits unterschiedlich sind (s. zu § 315 Abs. 3 Nr. 2 StGB BGH NJW 1978, 2518).

α) Eine Abgrenzung des Strafrechts im engeren Sinne vom Ordnungswidrigkeitenrecht auf der Grundlage der ethischen Bewertung des Rechtsbruchs wird legislatorisch durch Verwendung unterschiedlicher Abgrenzungsmerkmale objektiver oder subjektiver Art innerhalb des jeweiligen Tatbestandes versucht (vgl. *Erbs/Kohlhaas* 1978, 13). Nach der Rechtsprechung umfaßt der Bereich der Ordnungswidrigkeiten solche Gesetzesübertretungen, die nach allgemeinen gesellschaftlichen Auffassungen wegen geringeren ethischen Unwertgehalts nicht als »kriminell« gelten. Erst von einer differenzierenden Bewertung des Unwertgehaltes der verschiedenen Straftaten her werde die Abstufung der strafrechtlichen Sanktionen verständlich und sachlich gerechtfertigt. Sie liege auch der Unterscheidung zwischen Straftaten und Ordnungswidrigkeiten zugrunde (BVerfGE 27, 18 [28 f.]). – Das Kriterium des ethischen Unwertgehalts eines Rechtsbruchs als materielles Abgrenzungskriterium leuchtet in Extrembereichen unmittelbar ein (z. B. Mord gemäß § 211 StGB im Vergleich zu Belästigung der Allgemeinheit gemäß § 118 OWiG). Für das breite Mittelfeld von Strafnormen jedoch ist die Tragweite dieses Kriteriums ebenso fraglich wie die Behauptung, es bestehe ein wesensmäßiger (qualitativer) – und nicht nur ein gradueller (quantitativer) – Unterschied zwischen beiden Kategorien von Normverletzungen.

β) Nach überwiegender Ansicht in der Literatur soll das Wesen der Ordnungswidrigkeit im Gegensatz zur Straftat im bloßen Ungehorsam gegenüber der Verwaltungsbehörde (vgl. *Tiedemann* 1964, 70 f.) beziehungsweise einer verwaltungsrechtlichen, »künstlichen«, die Aufgaben des Staates ermöglichenden Ordnung (vgl. als Beispiele §§ 23 f. StVG) bestehen. Nach eher quantitativ und am Schaden orientierter Auffassung sollten schwerere sozialschädliche Verhaltensweisen dem Strafrecht, geringere dem Ordnungswidrigkeitenrecht zugehören (*Baumann* 1972 a, 1 ff.).

c) Im Ordnungswidrigkeitenrecht sind die Verwaltungsbehörden in gleicher Weise gegenüber Jugendlichen wie gegenüber Erwachsenen zuständig, das heißt der Gesetzgeber hat davon abgesehen, Verfahren gegenüber Jugendlichen von vornherein auf die Jugendgerichte zu übertragen. Jedoch gelten für das behördliche Vorgehen die Bestimmungen des JGG weitgehend (§§ 16 Abs. 1 und 6, 12 Abs. 1 OWiG), nicht aber hinsichtlich der Rechtsfolgen, bezüglich derer es auch gegenüber Jugendlichen bei der Geldbuße bleibt (s. hierzu jedoch u. § 32 II. 4. a)); erst das Vollstreckungs- (§ 98 OWiG) oder das Einspruchsverfahren (§ 78 Abs. 3 i.V.m. § 98 Abs. 1 OWiG) bieten eine gewisse Auswahl an jugendbezogenen Rechtsfolgen.

III. Legalitäts- und Opportunitätsprinzip

1. a) Nach dem Legalitätsprinzip (§§ 152 Abs. 2, 160 Abs. 1, 163 StPO) haben Staatsanwaltschaft und Polizei alle strafbaren Handlungen zu verfolgen. Dabei besteht in der Praxis allerdings ein umfangreicher, nicht genau überprüfbarer Beurteilungsspielraum, und zwar namentlich hinsichtlich der Bewertung subjektiver Elemente des Tatgeschehens. – Eine gesetzliche Ausnahme vom Legalitätsprinzip besteht nach dem Ordnungswidrigkeitenrecht (§ 53 Abs. 1 OWiG).

Demgegenüber ist es nach dem Opportunitätsprinzip, das unter anderem in europäischen Nachbarländern gilt, in das Ermessen der Behörden gestellt, ob und in welchen Fällen sie die Strafverfolgung betreiben.

b) Aus arbeitsökonomischen Gründen wird das Legalitätsprinzip tatsächlich ständig unterlaufen, wobei wegen Überlastung der Strafverfolgungsorgane insoweit ein Sanktionsverzicht eintritt. Diese Durchbrechung wird überwiegend als kriminalpolitisch sinnvoll angesehen, weil die Selektion innerhalb der Strafverfolgung eine notwendige Voraussetzung für die Funktionsfähigkeit der Tätigkeit der Organe strafrechtlicher sozialer Kontrolle sei. Vielmehr gelte es, die optimale Sanktionierungsrate herauszufinden, die »sowohl der Norm ihre Geltungskraft wie auch der Sanktion ihre Stigmatisierungswirkung beläßt« (*Zipf* 1974 b, 498).

2. a) Die Staatsanwaltschaft hat mehrere gesetzliche Möglichkeiten, das Verfahren einzustellen. Was die Einstellung wegen Geringfügigkeit (§ 153 StPO) angeht, so ist diese an die wertende Überprüfung des Vorliegens von »geringer Schuld« (zum relativen Schadensbegriff s. u. § 29 II. 1. a)) und »öffentlichem Interesse« gebunden. Die Stellungnahme der Staatsanwaltschaft ist, auch bei etwa gegebener Zustimmungsbedürftigkeit des Gerichts, weitgehend maßgebend für die Einstellung.

b) In Fällen der Einstellung wegen eines Mangels an hinreichenden tatsächlichen Anhaltspunkten (§ 170 Abs. 2 StPO) ist ungeklärt, ob die objektiven und subjektiven Voraussetzungen einer Straftat erfüllt sind. Das Gericht erfährt im Falle der Einstellung nichts von dem Verfahren. Allerdings kann das Opfer, das die Straftat angezeigt hat, durch systematischen und organisierten Einsatz gesetzlicher Reaktionsmittel gegenüber einer diesbezüglichen Einstellung (§§ 171 f. StPO) auf die Erledigungspraxis der Staatsanwaltschaft einwirken.

c) Nach § 153a StPO besteht die für jeden Beschuldigten – formell – gleiche Chance, sich einen Sanktionsverzicht zu erkaufen (vgl. hierzu *Schmidhäuser* 1973, 529 ff.). Dabei kann eine Freiwilligkeit der Zustimmung des Betroffenen kaum einheitlich angenommen werden. Vielmehr wird der Betroffene auch dann zur Leistungserbringung bereit sein, wenn er unschuldig ist, aber davon ausgeht, der Staatsanwalt halte ihn für schuldig. Zudem ähnelt das Verfahren (bei »Kleinkriminalität«) insofern wesensgemäß Formen des gemeinrechtlichen Inquisitionsverfahrens, als es als ein geheimes schriftliches Ermittlungsverfahren durchgeführt wird und Anklage- und Urteilsfunktion bei einem – weisungsgebundenen und austauschbaren – Staatsanwalt liegen (vgl. näher *Schmitt* 1977).

Die Erledigungsstrategie des § 153a StPO enthält zivilprozessuale Elemente, wie sie etwa der Aufbau des Strafprozesses in den USA kennt. In den USA geschieht bei dem Tauschgeschäft aus Anlaß des staatlichen Strafanspruchs (»plea bargaining«) ein Interessenausgleich derart, daß der Beschuldigte sich bereit erklärt, einzugestehen, ein geringeres als das tatsächlich begangene Delikt begangen zu haben, wenn der Ankläger seinerseits verspricht, den Strafantrag niedriger anzusetzen (»plea copping«; vgl. in deutscher Sprache hierzu *Herrmann* 1971, bes. S. 161 ff.). – Nur am Rande sei bemerkt, daß hierdurch zusätzlich Aussagemöglichkeiten einer Verurteiltenstatistik eingeschränkt werden (vgl. *Sutherland/Cressey* 1974, 35 f.), was wiederum bedeutet, daß Einwände gegenüber entsprechenden Kriminalstatistiken der USA weniger für deutsche Kriminalstatistiken zutreffen müssen.

d) Liegen die Voraussetzungen des Absehens von Strafe vor (§ 60 StGB, s. auch u. IV. 3.a)), so kann die Staatsanwaltschaft mit Zustimmung des Gerichts von der Erhebung der öffentlichen Klage absehen; ist die Klage bereits erhoben, so kann das Gericht mit Zustimmung der Staatsanwaltschaft und des Angeschuldigten bis zum Beginn der Hauptverhandlung das Verfahren einstellen (§ 153b StPO).

e) Ferner besteht die – seit 1.1.1979 erweiterte (»beträchtlich«) – Möglichkeit der Einstellung des Verfahrens wegen als unwesentlich bewerteter (Neben-)Delikte (§§ 154, 154a StPO).

Dieses Vorgehen trägt zu der kriminalstatistischen Diskrepanz zwischen Tatverdächtigen-Ziffer und Verurteiltenziffer einerseits und tatverdächtigen beziehungsweise verurteilten Einzelpersonen andererseits bei.

f) Im Bereich der Steuerkriminalität kann sich der Steuerpflichtige von vornherein durch eine Selbstanzeige regelmäßig für leichtfertige – und grundsätzlich auch, wenngleich unter erschwerten Bedingungen, für vorsätzliche – Steuerverkürzung Straffreiheit beziehungsweise Bußgeldfreiheit verschaffen (§§ 395, 404 Abs. 3 AO), wenn er unter anderem die als hinterzogen festgestellten Beträge nachzahlt. Dies gilt unabhängig von der Höhe des hinterzogenen Steuerbetrages. Der Betroffene verliert die genannte Möglichkeit jedoch, sobald ihm die Eröffnung eines Verfahrens von Amts wegen mitgeteilt worden ist. Insofern wird derjenige Betroffene im Vorteil sein, der rechtzeitig davon Kenntnis erlangt, daß Ermittlungen gegen ihn laufen. Verfahrensrechtlich bemerkenswert ist, daß das Finanzamt jede Steuerprüfung rechtzeitig ankündigen und den Termin auf Wunsch des Betroffenen verschieben muß (§ 197 AO). – Im übrigen wird im Bereich der Steuerkriminalität das Verfahren eingestellt, wenn »die Schuld des Täters als gering anzusehen« (§ 398 AO) ist.

3. a) Die gesetzliche Verpflichtung des Staatsanwalts, gemäß dem Legalitätsprinzip bei hinreichendem Tatverdacht Anklage zu erheben (§ 152 Abs. 2 StPO),

151

ist im Jugendstrafverfahren zusätzlich dadurch eingeschränkt, daß der Jugendstaatsanwalt unter bestimmten Voraussetzungen von der Verfolgung absehen kann (§ 45 JGG). Was dabei die Fälle des in der Praxis vergleichsweise häufigen formlosen richterlichen Erziehungsverfahrens angeht, so bestehen im Hinblick auf Selektionsprozesse – und auf die Fragwürdigkeit inhaltlicher Richtigkeit von Geständnissen – erhebliche Bedenken hinsichtlich der Voraussetzung, daß der Beschuldigte »geständig ist« (s. § 45 Abs. 1 S. 1 JGG). – Im einzelnen ist besonders auf die (nach Möglichkeit mündlich zu erteilende) bloße Ermahnung (§ 45 Abs. 1 S. 1 a. E. JGG) hinzuweisen, die seitens des Beschuldigten eher als neutrale Sanktion oder auch änlich einem Freispruch empfunden werden mag (vgl. zu diesen Fragen *Pfohl* 1973).

Bezüglich der Möglichkeit des Absehens von der Verfolgung vor Befassung und auch ohne Zustimmung des Jugendrichters (§ 45 Abs. 2 JGG) ist Voraussetzung, daß bereits eine Maßnahme angeordnet ist, die das Kontrollbedürfnis erfüllt. Bei dieser Maßnahme muß es sich nicht um eine solche seitens Institutionen formeller (z.B. Polizei, Vormundschaftsgericht, Jugendgerichtshilfe) oder semiformeller (z.B. Schule, Lehrherr, Heim) Institutionen strafrechtlicher sozialer Kontrolle handeln (s. RL Nr. 4 zu § 45, »... kann z.B. ...«), sondern die Voraussetzung könnte möglicherweise auch bei Maßnahmen informeller Institutionen (strafrechtlicher) sozialer Kontrolle (z.B. Eltern) erfüllt sein. Dies erscheint, wiederum unter dem Aspekt von Selektionsprozessen, als bedeutsam, zumal als erzieherische Maßnahme wohl auch insoweit bloße Ermahnungen als geeignet anerkannt werden mögen.

Unabhängig von diesen Möglichkeiten kann der Jugendstaatsanwalt in solchen Fällen, in welchen eine vergleichsweise weniger schwere Rechtsfolge zu erwarten ist (s. im einzelnen §§ 76 S. 1, 78 Abs. 1 S. 2 JGG), die Durchführung eines vereinfachten Jugendverfahrens (§§ 76 – 78 JGG) beantragen.

b) Im Jugendstrafrecht ist die öffentliche Klage um die – im pflichtgemäßen Ermessen des Staatsanwalts liegende – Verfolgung von Privatklagedelikten erweitert, »wenn Gründe der Erziehung oder ein berechtigtes Interesse des Verletzten, das dem Erziehungszweck nicht entgegensteht, es erfordern« (§ 80 Abs. 1 S. 2 JGG); die Privatklage ist im Jugendstrafverfahren ausgeschlossen (§ 80 Abs. 1 JGG, §§ 374, 376 StPO; s. auch § 25 III. 4.). Auf diese Form der öffentlichen Verfolgung des Privatklagedelikts sei nicht zuletzt deshalb hingewiesen, weil sie eine Erweiterung formeller jugendstrafrechtlicher sozialer Kontrolle darstellt und mitunter gerade den Zwecken von Schutz, Förderung und Integration der Jugend weniger Rechnung tragen mag.

IV. Bemessung von Strafen

Die einzelnen Strafnormen des Besonderen Teils des StGB wie auch diejenigen des Nebenstrafrechts verstehen strafrechtlich relevante Formen von Unrecht und

Schuld als in unterschiedlichem Ausmaß möglich. Aus diesem Grunde sehen sie nicht einheitlich für jedes strafrechtlich relevante schuldhafte Unrecht jeweils ein und dieselbe Rechtsfolgenart und -höhe vor.

Hinsichtlich der Schuld zeigen sich Abstufungen schon in den Formen von Vorsatz und Fahrlässigkeit wie auch, innerhalb der letzteren Schuldform, von leichter und grober Fahrlässigkeit. Das Verständnis unterschiedlichen Ausmaßes von Schuld erklärt ferner die Schuldminderungsgründe (z.B. vermeidbarer Verbotsirrtum, § 17 S. 2 StGB, oder verminderte Schuldfähigkeit, § 21 StGB).

1. a) Da unterschiedliche Werte des Ausmaßes von Unrecht und Schuld nur quantitativ unterscheidbar sind, beschränken sich die strafgesetzlichen Bestimmungen, von Ausnahmen mit absoluter Strafandrohung (z.B. § 211 StGB) abgesehen, auf die Angabe von Strafart und -rahmen (= Höchst- und Mindeststrafe); innerhalb dieses Strafrahmens überlassen sie die konkrete Bemessung im Einzelfall dem Gericht (vgl. § 267 Abs. 3 StPO). Soweit die ausdrückliche Bestimmung der Mindest- oder aber der Höchstgrenze im Tatbestand der Strafnorm fehlt, wird die Bestimmung nach allgemeiner Regelung (§§ 38, 40 StGB) vorgenommen.

Allerdings müssen die gesetzlichen Definitionen nicht nur des Tatbestandes, sondern auch der Rechtsfolge möglichst weitgehend festgelegt sein, damit eine Strafe verhängt werden darf (Art. 103 Abs. 2 GG). Die Entscheidung über Weite oder Enge eines Strafrahmens stellt regelmäßig einen Kompromiß zwischen diesem Bestimmtheitserfordernis und der praktischen Notwendigkeit eines Spielraums dar. Hierzu wird bei zahlreichen Strafrahmen ein Mangel darin gesehen, daß sie zu weit seien und daher zu erheblicher Unsicherheit führten.

b) α) Eine Differenzierung soll durch gesetzliche Definitionen der Strafmilderung und -schärfung geschehen.

Allerdings zeichnen sich allgemeine Milderungsvorschriften für »minder schwere Fälle« (etwa §§ 249 Abs. 2, 250 Abs. 2 StGB) ebenso wie allgemeine Strafschärfungsvorschriften bei »schweren« oder »besonders schweren Fällen« (etwa § 266 Abs. 2 StGB) durch den Mangel einer Konkretisierung dessen aus, wann ein milder oder schwerer zu beurteilender Fall vorliegt; demgemäß stellen sie faktisch Erweiterungen des Strafrahmens dar. Bezüglich allgemeiner Milderungsvorschriften ist festgestellt worden (vgl. schon *Exner* 1931, insbes. S. 82 ff.), daß sie sich dahingehend ausgewirkt haben, daß die gesetzlich festgelegten Strafrahmen für Ausnahmen angewandt wurden. Gegenüber allgemeinen Strafschärfungsvorschriften liegt ein besonderes Bedenken mangelnder Bestimmtheit darin, daß der Unterschied hinsichtlich eines Eingriffs zwischen einer Nichtbestrafung und einer Bestrafung als Normalfall geringer sein mag als derjenige zwischen einer Bestrafung als Normalfall und einer solchen als besonders schwerer Fall. – Andere allgemeine Milderungsmöglichkeiten setzen einen speziellen Hinweis auf ihre Anwendbarkeit voraus (vgl. § 49 Abs. 1, 2 StGB; s. aber auch § 50 StGB), während einzelne andere allgemeine Strafschärfungsvorschriften eher konkretisiert sind (vgl. z. B. § 235 Abs. 2 S. 2 StGB).

β) Als besondere Milderungsvorschriften werden die gesetzliche Umschreibung minderschwerer Fälle (z.B. § 213 StGB) oder privilegierte, unselbständige Abweichungen vom Grunddelikt (z. B. § 247 StGB) oder aber mildere Sonderdelikte (z.B. § 217 StGB) bezeichnet (zum Absehen von Strafe s. u. 3. a)). Um besondere Strafschärfungsvorschriften handelt es sich bei solchen Definitionen, die für bestimmte Straftatbestände durch Umschreibung bestimmter Umstände des Verhaltens des Täters schwere Fälle mit schweren Strafrahmen darstellen, und zwar entweder innerhalb eines einzelnen Straftatbestandes (z.B. §§ 185 f. StGB oder § 246 StGB) oder in der Formulierung als qualifizierte Delikte (z.B. § 244 StGB zu § 242 StGB oder §§ 224 ff. StGB zu § 223 StGB) und schwerer Sonderdelikte (z.B., wenngleich dies umstritten ist, § 211 StGB).

2. a) Die allgemeine strafschärfende Rückfallvorschrift des § 48 StGB, die (erst) im Jahre 1969 eingeführt wurde, mag als Ausdruck einer modifizierten und abgemilderten Vorstellung eines »gefährlichen Gewohnheitsverbrechers« (§ 20a StGB a.F.) erscheinen (vgl. auch *Baumann* 1977, 671 ff.). Aus dogmatischer Sicht allerdings soll die Strafschärfung nicht wegen besonderer Gefährlichkeit, sondern wegen erhöhter Tatschuld angenommen werden (zur Verfassungsmäßigkeit s. BVerfG JZ 1979, 224 ff.).

Aus diesem Grunde wird ein innerer Zusammenhang zwischen Rechtsgut, Begehungsmodalitäten und -motiven bei den verschiedenen Taten vorausgesetzt, weil der erhöhte Schuldvorwurf darin bestehe, daß der Täter die neue Tat trotz Warnung durch die früheren Verurteilungen begangen habe.

Soweit im einzelnen mindestens zwei (rechtskräftige) Vorverurteilungen vorausgesetzt sind (§ 48 Abs. 1 Satz Nr. 1 StGB), so soll es bezüglich des Verhältnisses dieser beiden Vorverurteilungen untereinander zureichend sein, daß die zweite Tat nach der ersten Verurteilung begangen worden ist, auch wenn die erste Verurteilung bei Begehung der zweiten Vortat noch nicht rechtskräftig gewesen ist (BGHSt 26, 387). Hiergegen lassen sich insofern Bedenken erheben, als sich der Täter im Rechtsverkehr zur Zeit der Begehung der zweiten Vortat als nicht vorbestraft bezeichnen durfte (vgl. § 4 BZRG).

b) Die Vorschrift des § 48 StGB läßt in besonderem Maße das Verhältnis von Schuld- und Reduktionsprinzip (s.o. § 24 I. 1.) und komplexer Wirklichkeit deutlich werden. Soweit von »Ungehorsamszuschlag« gesprochen wird, mag dies den besonderen *Interaktionismus* zwischen Justiz und Vorverurteiltem wie auch erhöhte Legitimationsbedürfnisse ersterer erkennen lassen.

Im übrigen bestehen Bedenken gegenüber der Bestimmung des § 48 StGB insofern, als dabei offenbar von der Annahme ausgegangen wird, dem Strafvollzug komme in der Regel eine die Legalbewährung fördernde Funktion zu; hierfür fehlt einstweilen jeder Beleg (s.u. § 44 V. 2. b)).

Insofern sind auch strafvollzugskundliche Überlegungen des Inhalts bedenklich, daß der »kleine« Rückfalltäter unter Freiheitsentziehung nicht ausreichend lange »re-sozialisierend« beeinflußt werden könne, wenn ihm gegenüber nicht eine Freiheitsstrafe von mindestens sechs Monaten Dauer verhängt werden könnte (s. hierzu auch u. § 36 II. 1.).

c) Die kriminalpolitische Bedeutung der Rückfallvorschrift des § 48 StGB besteht unter anderem in der Anhebung der Mindestfreiheitsstrafe auf sechs Monate; im übrigen (insbesondere hinsichtlich der Obergrenze) verbleibt es bei dem zur Anwendung kommenden Strafrahmen der einzelnen verwirklichten Strafvorschrift (§ 48 Abs. 1 S. 2 StGB).

Tatsächlich dürfte es sich bei denjenigen Verurteilten, auf die § 48 StGB anwendbar ist, vielfach um solche Personen handeln, die auch zur Einweisung in eine sozialtherapeutische Anstalt in Betracht kämen (§ 65 Abs. 2 StGB); insofern könnte die erstgenannte Bestimmung partiell die Funktion haben, die letztgenannte Bestimmung in der praktischen Anwendungshäufigkeit auszuhöhlen.

3. Andere gesetzliche Regelungen betreffen das Absehen von Strafe, den Einsatz kurzzeitiger Freiheitsstrafe nur als ultima ratio, die Strafbemessung bei mehreren Gesetzesverletzungen und die (vollstreckungsrechtliche) Frage der Anrechnung von Untersuchungshaft (oder einer anderen Freiheitsentziehung).

a) Eine Besonderheit innerhalb des Strafzumessungsrechts stellt die Möglichkeit der Verurteilung unter *Absehen von Strafe* dar (BGHSt 16, 399 [401] für einen Fall des Ordnungswidrigkeitenrechts); vielfach wird sie (auch) als besondere Rechtsfolge des Strafrechts verstanden (vgl. *Jescheck* 1978, 691; s. auch u. § 40 I. 2.). Der Verurteilte ist nicht vorbestraft, und deshalb wird die Verurteilung auch nicht in das Zentralregister eingetragen. Allerdings hat er die Kosten des Verfahrens zu tragen (§ 465 Abs. 1 S. 2 StPO).

Ein Absehen von Strafe ist neben den Fällen mit Bagatellcharakter (s. hierzu *Jescheck* 1978, 690 ff.) gemäß § 60 StGB mangels Strafbedürfnisses dann möglich, wenn solche – vom Täter verursachten – Folgen der Tat, die den Täter selbst getroffen haben, »so schwer sind, daß eine Strafe offensichtlich verfehlt wäre«. Diese Möglichkeit ist ausgeschlossen, »wenn der Täter für die Tat eine Freiheitsstrafe von mehr als einem Jahr verwirkt hat«.

b) Gemäß gesetzlicher Regelung (§ 47 StGB) ist anstelle einer als angemessen beurteilten Freiheitsstrafe von unter sechs Monaten eine Geldstrafe zu verhängen, sofern Freiheitsstrafe nicht aus spezialpräventiven Gründen oder »zur Verteidigung der Rechtsordnung« (s. hierzu o. § 23 II. 2. b)) unerläßlich erscheint. Dabei soll eine Unerläßlichkeit dann nicht mehr angenommen werden können, wenn Zweifel daran bestehen (OLG Celle NJW 1970, 872). – Aus empirischer Sicht werden die Voraussetzungen einer Unerläßlichkeit – zumindest in der eher generalpräventiv orientierten Alternative – ohnehin kaum jemals angenommen werden können. Allenfalls ließe sich von einer relativen, auf die gegenwärtig herrschende Wertordnung und gesellschaftliche Sensibilität bezogenen Unerläßlichkeit sprechen. Auch dann aber bliebe der Nachweis aus, daß die betreffende Sanktion das einzige geeignete Instrument zur Verwirklichung des genannten Zieles ist.

c) Gegenüber den Vorschriften über die Strafbemessung bei mehreren Gesetzesverletzungen (§§ 52 f. StGB) bestehen aus kriminologischer Sicht vielfältige Bedenken, da die Differenzierungen in Konkurrenzen (= Gesetzeseinheit, Tateinheit, Tatmehrheit, fortgesetzte Tat und natürliche Handlungseinheit) im Sinne einer funktionsorientierten Strafzumessung als wenig sachgerecht erscheinen.

Im einzelnen werden Gesetzeseinheit und Tateinheit in der praktischen Rechtsanwendung nahezu gleich behandelt; die Gesamtstrafenbildung bei Tatmehrheit läuft Aufgaben der Strafzumessung partiell entgegen und die Strafzumessung bei der fortgesetzten Tat erscheint insofern als inadäquat, als sich die serienmäßige Begehung von Straftaten in demselben Strafrahmen, der auch für die isolierte Tatbegehung besteht, kaum zureichend erfassen läßt.

Gegenüber der gesetzlichen Differenzierung hatte § 64 AE-StGB das Prinzip der Einheitsstrafe vorgesehen, wie es in ähnlicher Weise im Jugendstrafrecht gilt (s. o. IV.).

d) Soweit der Verurteilte aus Anlaß der Tat, die Gegenstand des Verfahrens ist oder gewesen ist, Untersuchungshaft oder eine andere Freiheitsentziehung (z.B. gemäß §§ 81, 126a, 127 Abs. 2 StPO) erlitten hat, so wird sie in der Regel auf zeitige Freiheitsstrafe und auf Geldstrafe angerechnet (§ 51 Abs. 1 S. 1 StGB). – Die Anrechnung einer vorläufigen Entziehung der Fahrerlaubnis (§ 111a StPO) oder einer anderen Maßnahme zur Sicherstellung des Führerscheins (§ 94 StPO) auf das Fahrverbot (§ 44 StGB) ist in gleicher Weise vorgesehen (§ 51 Abs. 5 StGB).

Wegen des obligatorischen Charakters der Anrechnung handelt es sich dogmatisch um eine gesetzliche Strafvollstreckungsregelung; auch bei Anwendung der Ausnahmebestimmung des § 51 Abs. 1 S. 2 StGB liegt nicht ein richterlicher Strafzumessungsakt, sondern eine richterliche Vollstreckungsentscheidung vor, da Art und Höhe der Strafe bereits vor Prüfung der Frage der Anrechnung bestimmt sein müssen (vgl. *Jescheck* 1978, 719).

Gegenüber der teilweisen Berücksichtigung des Verhaltens des Verurteilten im Verfahren (§ 51 Abs. 1 S. 2 StGB) bestehen im Einzelfall gelegentlich Bedenken im Hinblick auf die Gefahr tatsächlicher Beeinträchtigung der verfahrensrechtlichen Garantien im Instanzenzug.

4. Maßgeblich für die konkrete Rechtsfolgenbestimmung (= Ergebnis der Bestimmung von Art und Höhe der Rechtsfolge) soll die Beurteilung des Verhältnisses der Strafzwecke untereinander sein. Als Strafzwecke gelten allgemein Schuldausgleich, Generalprävention (s. u. § 43) und Individualprävention (s. u. § 44). Die Erörterung der Erwägungen, die für Auswahl und Höhe von Sanktionen bestimmend sind, stellt eine Verknüpfung von Sanktionszwecken und einschlägig bedeutsamen Tatsachen dar. Dabei sollen die Strafzwecke nach Möglichkeit im Sinne einer Vereinigung in ein ausgewogenes Verhältnis gebracht werden. Die Belange der genannten Strafzwecke können prinzipiell erheblich divergieren; insbesondere mag die Bedeutung ein und derselben Tatsache je nach unterschiedlichem zugrundegelegtem Strafzweck variieren oder gar entgegengesetzt sein (vgl. u. 5. a.E.). Im Falle des Konflikts zwischen den Strafzwecken setzt sich der Strafzweck des Schuldausgleichs insoweit durch, als die Strafe sich von ihrer Bestimmung als gerechter Schuldausgleich »weder nach oben noch nach unten inhaltlich lösen« darf (BGHSt 24, 132 [134]; OLG Hamm NJW 1977, 2087).

a) Grundlage für Auswahl und Zumessung der Strafe ist die Schuld des Täters (§ 46 Abs. 1 S. 1 StGB). Da die Strafe insoweit nach dem Maß der Schuld zu bestimmen ist, wäre zuvor dieses Maß festzustellen. Hierzu wird zwar von der Bedeutung der Tat für die durch sie verletzte Rechtsordnung und von dem Grad der persönlichen Schuld des Täters ausgegangen (RGSt 58, 106 [109]; BGHSt 3, 179). Jedoch sind Möglichkeiten einer genauen und einheitlich überprüfbaren Bestimmung des Maßes an Schuld hieraus nicht ersichtlich.

Nach der von der Rechtsprechung entwickelten sogenannten »Spielraumtheorie« sollen innerhalb der Grenzen der schon und der noch schuldangemessenen Strafe die anderen Strafzwecke berücksichtigt werden (BGHSt 7, 28 [32]; BGHSt 16, 351 [353]; BGHSt 20, 264

[267]; hiervon sowie untereinander unterscheiden sich die Theorie der »Punktstrafe« (s. *Jescheck* 1978, 705 m.w.N.) sowie die »Stellenwert-« oder »Stufentheorie« (s. kritisch *Roxin* 1978).

b) Die Begrenzungsfunktion der Schuld soll dazu gereichen, von »umfassender« Würdigung der Persönlichkeit des Täters abzusehen, damit der Gefahr begegnet wird, bezüglich der Schuldprüfung zu moralisieren und die Vergangenheit des Betroffenen, etwa soweit er bereits als Straftäter verurteilt gewesen ist, als schulderhöhend anzusehen (vgl. *Stratenwerth* 1972). Ferner soll der Richter gehindert sein, eine Annahme des Inhalts zu verwirklichen, die Voraussetzungen für eine günstige Prognose könnten erst durch eine den Schuldgehalt überschreitende längere oder schwerere Strafe geschaffen werden.

Allerdings ist fraglich, ob es sich bei der Begrenzungsfunktion nicht tatsächlich eher um eine Orientierung an bisherigen und vorhersehbaren zukünftigen Strafzumessungen in vergleichbaren Fällen handelt (s. u. § 42 II. 2.c); vgl. aber auch u. 5. a.E.).

5. Der für alle Strafvorschriften geltende gesetzliche Richtlinienkatalog zur Strafzumessung (§ 46 Abs. 2 S. 2 StGB) beschränkt sich darauf, Beispiele für Kriterien zu nennen. Die Reihenfolge der aufgeführten Kriterien ist zumindest insoweit bedenklich, als sie keine Aussage für die inhaltliche Prioritätenfolge trifft.

a) Der Katalog bleibt insoweit unverbindlich, als er mangels Berechnungs- oder Gewichtungsskala, die geeignet wäre, negative und positive Ausprägungen einigermaßen verläßlich abzuwägen, keinerlei Anhaltspunkte dafür enthält, welche Bedeutung die positive oder negative Besetzung wie auch die Ausprägung innerhalb einer positiven oder negativen Besetzung für den jeweiligen konkreten Fall der Strafzumessung haben soll. Dies gilt auch insofern, als bei jedem der angeführten Faktoren zu prüfen ist, ob und bejahendenfalls inwieweit er den Schuldgehalt der Tat oder aber Fragen der General- oder Individualprävention betrifft. So mag es sein, daß einzelne Kriterien sich dergestalt auswirken, daß sie einerseits die Schuld erhöhen und zugleich das Bedürfnis nach Individualprävention senken oder aber umgekehrt.

Als Beispiel für erstere Möglichkeit seien Beweggründe genannt, die als besonders verwerflich beurteilt werden, die jedoch einer einmaligen Situation entsprungen waren. Letztere Möglichkeit könnte etwa bei besonders negativen Ausprägungen von Faktoren betreffend das »Vorleben des Täters« bestehen. – Was die Formulierung »Vorleben des Täters« angeht, so zählen zu diesem Begriff auch Vorstrafen, soweit sie für den Schuldgehalt der abzuurteilenden Tat oder die Präventionsbedürftigkeit des Täters von Bedeutung sind. Allerdings ist die Berücksichtigung oder strafschärfende Verwendung schon getilgter oder tilgungsreifer Vorstrafen bei der Strafzumessung ausgeschlossen (§ 49 BZRG; s. BVerfG NJW 1974, 179 [180]; s. kritisch *Zipf* 1973, 105).

Ein bedeutsamer Mangel des Kataloges besteht in der Verwendung von vagen und moralisierenden oder auch ambivalenten, jedenfalls aber pönalisierenden Kriterien (z.B. »Gesinnung« oder Nachtatverhalten), die geeignet sind, über die Vorstellungen von der Tatschuld hinauszugehen, und die erfahrungswissenschaftlich kaum zugänglich sind.

b) Der Katalog stellt insofern einen gewissen Gewinn dar, als er, durch einzelne der angeführten Kriterien und zumindest implizit, die Bedeutung des Lebenslängsschnitts festlegt. Andererseits fällt auf, daß tatsituative Kriterien kaum ausdrücklich aufgeführt sind.

Betreffend solche Kriterien, die Umstände des Verhaltens nach der Tat (a. E. des Katalogs) betreffen, sei auf die methodische Schwierigkeit hingewiesen, deren Vorliegen nicht nach dem Verhalten des Beschuldigten im Verfahren einschließlich etwaigen anhaltenden »Leugnens« der Tat beurteilen zu dürfen, zumal der Angeklagte verfahrensrechtlich zu einer Förderung des Prozesses nicht verpflichtet ist (§ 136 Abs. 1 S. 2 StPO; vgl. hierzu auch § 59 Abs. 1 S. 3 AE-StGB).

c) Für die Handhabung in der Praxis scheint der Faktor »verschuldete Auswirkungen der Tat« den wichtigsten Gesichtspunkt der Strafzumessung darzustellen. Inwieweit dabei regelmäßig dem Wortlaut des Gesetzes gemäß nur der *verschuldete* Erfolg berücksichtigt wird, ist allerdings fraglich.

d) Hiernach ergibt sich abschließend, daß es der Praxis weiterhin an einem Instrument fehlt, das eine einigermaßen einheitliche und verläßliche Überprüfung kriminologisch relevanter Gesichtspunkte der Strafzumessung gewährleisten würde.

6. Was die zentrale Frage nach der Gerechtigkeit der Strafzumessung im einzelnen konkreten Fall angeht, so liegen Konventionen zur Vermeidung deutlicher Mißverhältnisse zwischen Straftat und Strafverhängung vor.

So wären etwa die Verhängung der Höchststrafe des gesetzlichen Strafrahmens für eine geringfügige Ausprägung des betreffenden Straftatbestandes oder die Verhängung der Mindeststrafe des gesetzlichen Strafrahmens für eine besonders schwere Ausprägung des betreffenden Straftatbestandes ungerechte und unzulässige Strafen.

Im übrigen jedoch ist kein Anhaltspunkt dafür gegeben, ob es sich bei der durch den Richter jeweils bestimmten Strafe um eine für eine bestimmte Straftat allein richtige Strafe handelt oder nicht. Eine etwa im Sinne naturwissenschaftlicher oder mathematischer Methoden durchzuführende genaue Berechnung einer gerechten Strafe erscheint als nicht möglich (s. hierzu aber *Haag 1970; von Linstow 1974*).

Der Gleichheitsgrundsatz (Art. 3 GG) verlangt, daß bei der Strafzumessung keine willkürlichen Unterscheidungen gemacht werden. Die Rechtsprechung ist in der Anerkennung von Verstößen gegen den Gleichheitsgrundsatz zurückhaltend. So soll Voraussetzung sein, daß sich das Vorliegen sachfremder Erwägungen aufdrängt, da der Angeklagte nur Anspruch auf die Einhaltung des gesetzlichen Strafrahmens habe (BVerfGE 4, 1 [7], BGHSt 1, 183 [184]; BGHSt 7, 86 [89]). Die unterschiedliche Strafzumessungspraxis verschiedener Gerichte und verschiedener Kammern innerhalb desselben Gerichts wie auch ein Wechsel der Strafzumessungspraxis derselben Kammer wird nicht als Verletzung des Gleichheitsgrundsatzes angesehen (BVerfGE 1, 332 [345 f.]; BayVerfGH GA 1964, 151 [153]; 1970, 184 [185 f.]).

§ 25 Sonderregelungen bei jugendlichen (und heranwachsenden) Straftätern

Nach geltendem deutschen (Jugend-)Strafrecht finden die materiell- und formellrechtlichen Bestimmungen des allgemeinen Straf- und Strafprozeßrechts nur insoweit Anwendung, als jugendstrafliche Sonderregelungen nicht vorliegen (§ 2 JGG, § 10 StGB); dies betrifft auch das System der strafrechtlichen Folgen des Verbrechens (s. hierzu u. §§ 32-40). Demgemäß gelten hinsichtlich der dogmatischen Bewertung sowie der Erscheinungsformen einer Straftat die Regelungen des allgemeinen Strafrechts.

Dem zuletzt genannten Umstand kommt gleichwohl eine spezifische Bedeutung für Jugendstrafrecht und Jugendkriminologie und für die relativ hohe Kriminalitätsbelastung Jugendlicher (und Heranwachsender) zu. So mögen bestimmte Straftatbestände Allgemeiner Kriminalität mit hoher sozialer Sichtbarkeit den Status, den Entwicklungsstand und die Verhaltensmuster Jugendlicher (und Heranwachsender) mehr beruhren, als es betreffend Erwachsener der Fall ist (s. o. § 24 IV. 3.).

I. Geschichtliche Entwicklung

1. Während sich ein Jugendstrafrecht als selbständiger Bereich des Strafrechts erst im 20. Jahrhundert herausgebildet hat, fanden sich in früheren Jahrhunderten nur Sonderregelungen (wie etwa in der Carolina von 1532), die bei nichterwachsenen Straftätern das Absehen von Strafe oder Strafmilderung zuließen (vgl. hierzu *Schaffstein* 1977, 24 f.). Die Aufklärung hatte vergleichsweise wenig spezielle Auswirkungen auf Sonderbestimmungen zur strafrechtlichen Behandlung Jugendlicher. Im 19. Jahrhundert ergaben sich zwei unterschiedliche Konzepte zur Frage einer absoluten oder nur bedingten (oder relativen) Strafmündigkeit und Strafunmündigkeit. Dabei kannten die deutschen Partikulargesetze eine absolute Strafmündigkeit von zuletzt 14 Jahren – im bayerischen StGB von 1813 betrug sie 8 Jahre –, wobei für die Altersgruppe bis zu 16 und zuletzt bis zu 18 Jahren Strafmilderung vorgesehen war. Demgegenüber ließ der Code pénal (1810) die Strafmündigkeit mit Vollendung des 16. Lebensjahres eintreten, wobei jüngere Täter bedingt strafmündig waren, nämlich nur bei Vorliegen des »discernement« von Recht und Unrecht; Preußen (1851) und Bayern (1861) übernahmen dieses System. Das RStGB (1871), das allein in §§ 55, 57 Bezug auf Nichterwachsene nahm, trug beiden Konzepten Rechnung, indem es einerseits ein absolutes Strafmündigkeitsalter bei Vollendung des 12. Lebensjahres festsetzte, andererseits aber bei der Tätergruppe im Alter von 12 bis 18 Jahren die Strafbarkeit vom Vorliegen der zur Erkenntnis der Strafbarkeit erforderlichen Einsicht bei Tatbegehung abhängig machte und darüberhinaus für den Fall der Strafbarkeit eine Strafmilderung vorschrieb. – Besondere Straf- oder Strafvollzugsarten waren nicht vorgesehen.

2. Die Vorstellungen der – unter Führung *von Liszts* (vgl. schon »Marburger Programm«, 1882) stehenden und von der IKV unterstützten (vgl. speziell *Appe-*

lius 1892) – »modernen Schule« der Strafrechtswissenschaft gegen Ende des 19. Jahrhunderts waren auf eine Änderung der strafrechtlichen Behandlung Nichterwachsener gerichtet. Gefördert durch die »Jugendgerichtsbewegung« sowie durch ein allgemeines Erkenntnisinteresse von Psychologie und Soziologie an Kindheit und Jugend und angeregt zum Beispiel durch die – mit dem ersten Jugendgericht von 1899 in Chicago begonnene – Bildung besonderer Jugendgerichte in den USA kam es zur (faktischen) Herausnahme Jugendlicher aus der allgemeinen Strafrechtspflege.

Im Jahre 1908 wurden, innerhalb bereits bestehender Gerichte und allein auf der Grundlage der Geschäftsverteilung, in Frankfurt/Main, Köln und Berlin besondere Jugendgerichte gebildet (zur Entwicklung des Jugendstrafvollzugs s. u. § 35 III. 1. a)).

3. Im Bereich der Reformpläne zur Gesetzgebung entwickelten sich zwei gegensätzliche Richtungen, deren eine für jede Form jugendlicher Dissozialität und unabhängig von dem Charakter einer Straftat ein einheitliches Erziehungsrecht, deren andere aber ein Jugendstrafrecht neben einem Recht betreffend »nur« verwahrloste Jugendliche vorsah. Die letztere Tendenz setzte sich durch. Das JWG (1922) stellte Schutzaufsicht und Fürsorgeerziehung als vormundschaftsgerichtliche Maßnahmen bei Verwahrlosung Jugendlicher auf eine einheitliche gesetzliche Grundlage und konstituierte die Jugendämter. Das JGG (1923) löste unter Aufhebung der §§ 55, 57 RStGB und unter Legalisierung der Jugendgerichte – woraus sich, zugleich im Einklang mit der dargestellten Entwicklung, die besondere Bezeichnung Jugend*gerichts*gesetz erklärt – das Strafrecht gegenüber Jugendlichen aus dem StGB heraus. Es hob ferner das Alter zum Eintritt von Strafmündigkeit auf 14 Jahre an und führte als Voraussetzung zur Bestrafung ein, daß neben der geistigen auch die sittliche Reife gegeben sein muß (zu Einzelheiten des JGG von 1923, des RJGG von 1943 sowie des JGG von 1953 s. *Schaffstein* 1977, 30 f.).

II. Materiellrechtliche Regelungen

Das geltende deutsche (Jugend-)Strafrecht geht davon aus, das für die strafrechtliche Verantwortlichkeit erforderliche Unterscheidungsvermögen zwischen Unrecht und Recht sei bei Kindern noch nicht vorhanden, während es bei Jugendlichen generell und bei Heranwachsenden gelegentlich noch im Stadium der Herausbildung begriffen sei.

Tatsächlich befinden sich Jugendliche (und Heranwachsende) in besonderen biologisch-sexuellen wie psychischen Wandlungen und zugleich in einem Übergangsstadium im Sozial-, Leistungs- und Freizeitbereich. Diesen Umständen entspricht ein im Vergleich zu Erwachsenen größeres Ausmaß an Plastizität bei Jugendlichen. Einzelne Befunde deuten darauf hin (s. auch u. § 56 I. 3., ferner u. § 29 I. 3. b) g)), daß von den als Straftäter abgeurteilten Jugendlichen nur ein Anteil von zwischen 20 % und 30 % auch im Alter von über 25 Jahren weiterhin gravierend straffällig wird (*Frey* 1951a, 70, 72, 76; *Matza* 1964, 22; *Meyer-Wentrup* 1966, 314; ähnlich *Robins* 1966, 296), während die registrierten Straftaten Jugendlicher im übrigen als Episode verstanden werden.

1. Demgemäß sind Kinder (= Personen unter 14 Jahren) nach geltendem Recht strafunmündig (§§ 1 Abs. 2 JGG, 19 StGB). Allerdings ist die Staatsanwaltschaft gehalten, bei einer Strafanzeige gegenüber einem Kind »in geeigneten Fällen« den Vormundschaftsrichter in Kenntnis zu setzen und zu prüfen, »ob die Schulbehörde(n) oder andere Stellen zu benachrichtigen sind und ob gegen den Aufsichtspflichtigen einzuschreiten ist« (RL Nr. 2 zu § 1 JGG). Für den Vormundschaftsrichter wiederum mag die Straftat Anlaß zur Anordnung von Erziehungsmaßnahmen sein.

2. a) Ein Jugendlicher (= Person von 14 bis unter 18 Jahren, § 1 Abs. 2 JGG) ist bedingt strafmündig, nämlich nur dann, wenn er zur Zeit der Tat nach seiner »sittlichen und geistigen Entwicklung reif genug ist, das Unrecht der Tat einzusehen und nach dieser Einsicht zu handeln« (§ 3 S. 1 JGG); hiermit besteht ein spezieller Schuldausschließungsgrund (s. jedoch § 3 S. 2 JGG) neben der Regelung des allgemeinen Strafrechts (§ 20 StGB). So soll ein Jugendlicher zwar gemäß § 3 JGG strafrechtlich nicht verantwortlich, aber gemäß § 21 StGB vermindert schuldfähig sein können (BGHSt 26, 67).

Zur Beantwortung der Frage nach der Verantwortungsreife hat *Stutte* (1953) zwischen solchen psychischen Entwicklungsrückständen unterschieden, die als ausgleichsfähig vermutet werden, und anderen, die nicht oder nur mangelhaft ausgleichsfähig sind; erstere sollen unter § 3 JGG, letztere unter §§ 20 f. StGB fallen. Hingegen nimmt *Schaffstein* (1977, 41 f.) bei nicht oder nur mangelhaft ausgleichsfähigen psychischen Entwicklungsrückständen eine Konkurrenz zwischen § 3 JGG und § 20 StGB an, wobei das Jugendgericht die Wahl zwischen vormundschaftsgerichtlichen Maßnahmen nach § 3 S. 2 JGG und der Unterbringung in einem psychiatrischen Krankenhaus nach §§ 7 JGG, 63 StGB habe. *Lempp* (1973, 15 ff.) sieht bei der Frage nach der Verantwortungsreife gemäß § 3 JGG keine über die im Rahmen der Prüfung der §§ 20 f. StGB hinausgehenden Schwierigkeiten und nimmt in der Regel ein alternatives Verhältnis zwischen § 3 JGG und § 20 StGB an (*Lempp* 1973, 25); dabei komme § 3 JGG der Vorrang schon deshalb zu, weil bei Verneinung der Voraussetzungen des § 3 JGG die Anwendung von Strafrecht ausscheide.

Was die Frage der Erfaßbarkeit der Verantwortungsreife mittels Testverfahren angeht (vgl. *von Uslar* 1970, 136), so bedarf die Überprüfung der Validität solcher Verfahren besonderer Untersuchungen darüber, inwieweit die Testergebnisse lediglich gängige behördlichen Beurteilungsmaßstäbe (s. auch u. § 42) wiedergeben.

b) Voraussetzung der Verurteilung eines Jugendlichen ist stets, daß die Schuldfähigkeit positiv festgestellt wurde und im Urteil begründet wird, wobei es nicht auf den Eindruck während der Hauptverhandlung, sondern auf den (nach dem Gesetz allein maßgebenden) Zeitpunkt der Tat ankommt.

Nach dem Diskussionsentwurf eines Jugendhilfegesetzes (1973) sollte, unbeschadet der Möglichkeit der Gewährung von Erziehungshilfen bei Tätern im Alter von 14 bis 15 Jahren, die relative Strafmündigkeit und damit die Möglichkeit der Verhängung von Jugendstrafe erst mit Vollendung des 16. Lebensjahres eintreten (vgl. § 11 DE).

3. **Heranwachsende** (= Personen von 18 bis unter 21 Jahren, § 1 Abs. 2 JGG) sind, unbeschadet der Ausschließungsgründe des allgemeinen Strafrechts (§ 20 StGB), strafmündig. Jedoch kann materielles Jugendstrafrecht auf Heranwachsende unter bestimmten Voraussetzungen angewandt werden (§ 105 JGG; für Soldaten der Bundeswehr § 112a JGG). Hierfür muß entweder die Gesamtwürdigung der Persönlichkeit des Täters bei Berücksichtigung auch der Umweltbedingungen ergeben, daß er zur Zeit der Tat nach seiner sittlichen *oder* (BGH NJW 1956, 1408 entgegen dem »und« im Gesetzestext) geistigen Entwicklung noch einem Jugendlichen gleichstand (§ 105 Abs. 1 Nr. 1 JGG), oder es muß sich die Tat nach Art, Umständen und Beweggründen als eine Jugendverfehlung darstellen (§ 105 Abs. 1 Nr. 2 JGG). – Ist keine der Voraussetzungen gegeben, so bestehen gleichwohl einzelne Milderungsmöglichkeiten gegenüber den Rechtsfolgen des allgemeinen Strafrechts (§ 106 JGG).

a) Was die erstgenannte Voraussetzung angeht, so soll sie nicht an einem »durchschnittlichen Jugendlichen«, sondern individuell daran überprüft werden, ob der Heranwachsende sich »noch in der Reifeentwicklung« befindet und solche Eigenschaften, Merkmale und Wesenszüge nicht aufweist, die für die Erwachsenenreife charakteristisch seien. Allerdings bereitet es bei einer solchen Überprüfung Schwierigkeiten, die Grenzen von 18 oder 21 Jahren anzuerkennen, da diese sich gegenüber dem Ablauf der Entwicklungsphasen als willkürlich oder sachfremd ausnehmen. Zudem begegnet die Ermittlung und Bewertung der genannten Kriterien insofern Schwierigkeiten, als die ermittelnden und bewertenden Personen regelmäßig einer altersmäßig anderen und ganz überwiegend auch einer sozio-ökonomisch anderen gesellschaftlichen Gruppe zugehören als formell erfaßte Straftäter der genannten Altersgruppe.

So erwähnen die »jugendpsychologischen Richtlinien zu § 105 JGG« (*Deutsche Vereinigung für Jugendpsychiatrie* 1954, 283 [284]) als für die Erwachsenenreife charakteristische Züge unter anderem »eine gewisse Lebensplanung, Fähigkeit zu zeitlich überschauendem Denken, Fähigkeit zu selbständigem Urteilen und Entscheiden, ernsthafte Einstellung zur Arbeit«, während als für Jugendliche charakteristische Züge unter anderem und gewissermaßen spiegelbildlich »im Augenblick leben, naiv-vertrauensseliges Verhalten, starke Anlehnungsbedürftigkeit, spielerische Einstellung zur Arbeit« angeführt werden. Demgegenüber ist für eine valide und reliable Feststellung solcher Merkmale wenig Verbindliches dargetan.

b) Was die zweitgenannte Voraussetzung anbetrifft, so ist sie gegenüber der erstgenannten jedenfalls insoweit einfacher zu überprüfen, als sich verallgemeinernd sagen läßt, es handele sich wesensmäßig um eine von dem Stadium der Jugend gekennzeichnete Tat. Der engere Anwendungsbereich der zweitgenannten Voraussetzung, der eher auf die Bedeutung des Verlaufs der Entwicklung des konkreten Täters für die Tat abstellt, erfordert hingegen Erhebungen über die Reife des Täters. Hierbei geht es jedoch nicht um eine Gesamtwürdigung der Persönlichkeit, sondern darum, ob Art, Umstände und Motivation der Tat von einer Unreife des Täters gekennzeichnet waren oder ob die Tat sich als eine »aus den Antriebskräften der Entwicklung entspringende Entgleisung« (BGH NJW 1955, 1606) darstellt, auch wenn das äußere Einwirkungsbild der Begehungsweise von Straftaten durch Erwachsene entspricht.

c) Im Hinblick auf die Ungewißheiten hinsichtlich der Subsumtion der Voraussetzungen des § 105 JGG läßt sich diejenige Praxis schwerlich kontrollieren, die Anwendung von Jugendstrafrecht oder aber Erwachsenenstrafrecht auf Heranwachsende auch von anderen Kriterien wie zum Beispiel der Art und Schwere des Delikts oder der vermuteten Geeignetheit von Sanktionsmöglichkeiten und nicht zuletzt von Erwägungen der Verfahrensökonomie abhängig zu machen. So sind zum Beispiel das Strafbefehlsverfahren (§§ 407 ff. StPO) – und die Verhängung von Geldstrafe – nur zulässig, wenn materielles Erwachsenenstrafrecht angewendet wird (§§ 109 Abs. 2 S. 1, 105, 79 Abs. 1 JGG, s. u. III. 1.a) β); dies ist insbesondere für den Bereich der Verkehrsdelikte von erheblicher Praxisrelevanz. Allerdings bestehen gegenüber der Berücksichtigung einer im Zeitpunkt der Aburteilung vermuteten Geeignetheit dieses oder jenes Rechtsfolgensystems Bedenken schon deshalb, weil maßgebend für das Vorliegen der genannten Voraussetzungen der Zeitpunkt der Tat ist, womit auch die Anerkennung einer geminderten Schuld zum Ausdruck kommt. – Insofern erscheint es fraglich, inwieweit Überlegungen zur vermuteten Geeignetheit von Sanktionsmöglichkeiten in Fällen von nicht zu großer Dauer des Zeitraums zwischen Tat und Aburteilung zur »Kontrolle der bereits vorausgegangenen Diagnose des Reifezustandes« (*Schaffstein* 1977, 48) zulässig sein könnten; die Durchführung einer solchen Kontrolle nämlich könnte zur Einwirkung auf die noch nicht kundgegebene Diagnose geeignet sein.

Seit Einführung des § 105 JGG ist dessen Anwendungshäufigkeit erheblich angestiegen. In der Handhabung des § 105 JGG zeigen sich ein Nord-Süd-Gefälle (vgl. schon *Sieverts* 1958, 50) ebenso wie ein Stadt-Land-Gefälle (vgl. zu Befragungsergebnissen *Pfeiffer* 1977, 385) und zugleich Verschiedenartigkeiten von Ort zu Ort (vgl. schon *Schaffstein* 1959, 27) in regional vergleichbaren Einheiten und auch an demselben Ort (vgl. *Eickmeyer* 1963, 22 ff.). Hierbei hat auch die Deliktsstruktur, und zwar namentlich die Verteilung von Eigentumsdelikten – mit tendenziell hoher Anwendungsquote von Jugendstrafrecht – und von Straßenverkehrsdelikten – mit tendenziell hoher Anwendungsquote von Erwachsenenstrafrecht – Bedeutung; zugleich ist eine Zunahme der Anwendung von Jugendstrafrecht mit der *Schwere des Delikts* zu erkennen. So wird zum Beispiel bei Raub und Erpressung wie auch bei schwerem Diebstahl jeweils in mehr als 80 % der Fälle, bei einfachem Diebstahl in etwa 2/3 der Fälle, bei fahrlässiger Körperverletzung in etwa 30 % der Fälle, bei Straßenverkehrsdelikten in etwa 25 % der Fälle, hingegen bei fahrlässiger Tötung nur in etwa der Hälfte der Fälle Jugendstrafrecht angewandt.

III. Formellrechtliche Regelungen

1. a) Für Strafverfahren gegenüber Jugendlichen sind, von Ausnahmen (§§ 102 ff. JGG) abgesehen, die Jugendgerichte zuständig (§ 33 Abs. 1 JGG).

α) Verfahren gegen Personen, die zur Zeit der Tat Heranwachsende waren, sind grundsätzlich vor den Jugendgerichten durchzuführen (§§ 107, 108 JGG); sie übertreffen zahlenmäßig diejenigen gegen Jugendliche. Jedoch gelten für Verfahren gegen Heranwachsende die Vorschriften des allgemeinen Strafverfahrensrechts, soweit das Gesetz nicht die Anwendung von Vorschriften des Jugendstrafverfahrensrechts (§ 109 Abs. 1 S. 1 JGG) oder, wie den Ausschluß der Öffentlichkeit (zusätzlich zu den Gründen der §§ 171a, 172 GVG, s. § 48 JGG) betreffend, speziell zum Verfahren gegen Heranwachsende (§ 109 Abs. 1 S. 4 JGG) bestimmt.

Im einzelnen verlangt es die Entscheidung über die Anwendung materiellen allgemeinen Strafrechts oder aber Jugendstrafrechts (§ 105 Abs. 1 Nr. 1 JGG, s. hierzu o. II. 3.), daß im Verfahren gegen Heranwachsende diejenigen jugendstrafrechtlichen Verfahrensvorschriften gelten, die eine Gesamtwürdigung der Täterpersönlichkeit gewährleisten sollen (§§ 109 Abs. 1 JGG i.V.m. 43, 73 JGG sowie 107 Abs. 1 und 109 Abs. 1 i.V.m. §§ 38, 50 Abs. 3 JGG).

β) Andere jugendstrafrechtliche Verfahrensvorschriften gelten nur im Falle der Anwendung von materiellem Jugendstrafrecht (§ 109 Abs. 2 JGG). – Umgekehrt sind einzelne Regelungen des allgemeinen Strafverfahrens gegen Heranwachsende nur bei Anwendung des materiellen Erwachsenenstrafrechts zulässig (§ 109 Abs. 2 S. 1 JGG i.V.m. §§ 79, 81 JGG; s. o. II. 3. c)). Allerdings muß der Staatsanwalt vor Stellung des Antrags auf Strafbefehl und gegebenenfalls auch der Richter vor Erlaß des Strafbefehls Ermittlungen darüber durchführen, ob nicht materielles Jugendstrafrecht anzuwenden sei (§ 105 Abs. 1 JGG) und ein Strafbefehl damit unzulässig wäre. Die Notwendigkeit dieser Ermittlungen steht dem Zweck des Strafbefehls entgegen, das Verfahren zu vereinfachen und zu beschleunigen. In der Praxis scheint aus verfahrensökonomischen Gründen eine gelegentlich pauschal anmutende Ablehnung der Anwendung von Jugendstrafrecht im Interesse von Ahndungen durch Strafbefehl im Vordergrund zu stehen.

b) Eine nach allgemeinem Strafrecht gegen Heranwachsende und Erwachsene bis unter 24 Jahren verhängte Freiheitsstrafe darf in der Jugendstrafanstalt vollzogen werden (§ 114 JGG). Umgekehrt kann eine Jugendstrafe an Heranwachsenden unter der Voraussetzung der Nichteignung der Betroffenen für den Jugendstrafvollzug im Erwachsenenstrafvollzug vollstreckt werden (§ 92 Abs. 2 S. 1 JGG). – Zur Abgrenzung von Heranwachsenden und Erwachsenen bei der Einweisung in Strafanstalten, wofür in allen Fällen das Alter zur Zeit des Vollzugs und nicht zur Zeit der Tat maßgebend ist, gilt von den Fällen des § 92 Abs. 2 (vgl. hierzu auch *von Klitzing* 1964) und Abs. 3 JGG abgesehen, im einzelnen folgendes (vgl. RL Nr. 2 und 3 zu § 114 JGG): Zu Freiheitsstrafe verurteilte Personen im Alter von unter 21 Jahren werden in der Regel in Jugendstrafanstalten eingewiesen. Demgegenüber sollen zu Freiheitsstrafe verurteilte Personen im Alter von 21 bis unter 24 Jahren regelmäßig in die Erwachsenenstrafanstalt eingewiesen werden, falls nicht der Leiter dieser Anstalt den Insassen als für den Jugendstrafvollzug geeignet hält.

2. Das Jugendstrafverfahren wird entsprechend dem allgemeinen Strafprozeß durch den Jugendstaatsanwalt mit dem »Vorverfahren« eingeleitet (zu den Einstellungsarten s. § 24 III. 2. und speziell 3.). In diesem Prozeßabschnitt soll »sobald wie möglich« (§ 43 Abs. 1 S. 1 JGG) damit begonnen werden, Informationen über die Persönlichkeit des Täters einschließlich des Leistungs-, Sozial- und Freizeitbereichs zusammenzutragen. Hierzu bedient sich der Jugendstaatsanwalt neben der Kriminalpolizei als Hilfsorgan vor allem der Jugendgerichtshilfe (s. hierzu u. § 30 III.).

Als Informationsquellen sind aktenmäßige Unterlagen (vormundschaftsrichterliche Akten, Akten über Vorstrafen, Personalakten von Fürsorgeerziehungs- und Jugendstrafvollzugsanstalten) und Aussagen etwa zu befragender Personen (Erziehungsberechtigte, gesetzlicher Vertreter, Lehrer, Lehrherr, gegebenenfalls Bewährungshelfer oder Leiter einer Erziehungsanstalt; § 43 Abs. 1 S. 2 und 3 JGG) sowie – vom Gesetz wenig in den Vordergrund gerückt – die Vernehmung des Beschuldigten (§ 44 JGG) vorgesehen.

3. Das Jugendgericht kann nach Einreichung der Anklage seinerseits von den Möglichkeiten des *Absehens von der Verfolgung* (§ 47 Abs. 1 JGG) Gebrauch ma-

chen. Dies ist auch noch in der Hauptverhandlung (§ 47 Abs. 2 S. 2 JGG) und auch im Berufungs- und Revisionsverfahren möglich (*Schaffstein* 1977, 145).

Bei hinreichendem Tatverdacht kann das Jugendgericht vorläufige Anordnungen über die Erziehung des Jugendlichen treffen (§ 71 JGG; s. u. § 38 I. 1.).

4. Im Hauptverfahren gegenüber Jugendlichen sind solche Verfahrensarten des allgemeinen Strafverfahrensrechts ausgeschlossen, die eine Würdigung der Persönlichkeit des Beschuldigten von vornherein nur unzureichend ermöglichen (s. § 79 JGG) oder bei denen zu besorgen ist, daß der Verletzte als Ankläger in Durchsetzung eigener Interessen erzieherische Erwägungen außeracht läßt (§§ 80 Abs. 1 u. 3, 81 JGG; s. hierzu aber auch § 80 Abs. 1 S. 2 JGG; vgl. o. § 24 III. 3. b)).

Einzelne der besonderen Regelungen des Jugendstrafverfahrens (§§ 43 – 81, 109 JGG), deren Abweichung von den grundsätzlich geltenden allgemeinen strafverfahrensrechtlichen Vorschriften (§ 2 JGG) mit den Zielen von Schutz und Erziehung der Jugend begründet wird, stellen eine Einschränkung rechtsstaatlicher Grundsätze des Strafprozesses dar.

a) In dem *vereinfachten Jugendverfahren* (§§ 76 – 78 JGG) darf »zur Vereinfachung, Beschleunigung und jugendgemäßen Gestaltung des Verfahrens ... von Verfahrensvorschriften abgewichen werden, soweit dadurch die Erforschung der Wahrheit nicht beeinträchtigt wird« (§ 78 Abs. 3 S. 1 JGG). Im Unterschied zum allgemeinen Jugendstrafverfahren entfallen der Eröffnungsbeschluß und damit das »Zwischenverfahren« (vgl. § 47 JGG) sowie die Pflicht des Staatsanwalts zur Teilnahme an der Verhandlung (§ 78 Abs. 2 S. 1 JGG). – Dieses Verfahren wird mit einer (vermuteten) erzieherischen Wirksamkeit der Beschleunigung begründet. Es ist in der Praxis von regional unterschiedlicher Anwendungshäufigkeit gekennzeichnet (vgl. die Nachw. bei *Schaffstein* 1978, 320).

b) Ferner ist die *Öffentlichkeit* grundsätzlich *ausgeschlossen* (§ 48 Abs. 1 JGG; beachte aber § 48 Abs. 3 JGG). Dies soll zum einen dazu dienen, ein Bekanntwerden des betreffenden Jugendlichen als Angeklagter und eine daraus folgende Stigmatisierung zu verhindern. Zugleich soll der Ausschluß der Öffentlichkeit etwaigen verzerrenden Einflüssen des »Publikums« während der Vernehmung zuvorkommen.

Ergänzt sei, daß diese Regelungen nach der Rechtsprechung auch dann gelten sollen, wenn der Angeklagte von mehreren Taten einige als Jugendlicher und einige als Heranwachsender begangen hat (vgl. BGHSt 22, 21 f.; BGHSt 23, 178).

c) Was zum anderen die Regelungen über die *Anwesenheit des Angeklagten* anbetrifft (§§ 50 f. JGG), so kann von dessen Anwesenheit nur unter Voraussetzungen abgesehen werden, die gegenüber der Regelung des allgemeinen Strafverfahrens erhöht sind (§ 50 Abs. 1 JGG). Für die Dauer solcher Erörterungen jedoch, »aus denen Nachteile für die Erziehung entstehen können« (§ 51 Abs. 1 S. 1 JGG), soll der Vorsitzende den Angeklagten von der Verhandlung ausschließen. Hiermit ist die Möglichkeit, ohne Angeklagten zu verhandeln, gegenüber der Regelung des allgemeinen Strafverfahrens erweitert.

Offen bleibt, aus welchen Erörterungen Nachteile für die Erziehung entstehen können. Hierzu wird in der Regel etwa an Darlegungen über die Herkunft des Angeklagten und dabei insbesondere über dessen Eltern sowie über die Sozial- und Legalprognose des Jugendlichen zu denken sein; als gegebenenfalls abträglich sei nur auf den – (zumindest) hinsichtlich seiner Tragweite umstrittenen – Mechanismus einer »self-fulfilling prophecy« hingewiesen. Inwieweit jedoch Aussagen etwa von Jugendgerichtshelfern, die deren weitere Betreuungs- und Kontrolltätigkeit gerade gegenüber dem anwesenden Angeklagten beeinträchtigen könnten, dessen Ausschluß begründen dürften, erscheint fraglich (dafür *Schaffstein* 1977, 147).

Ferner ist ein zeitweiliger Ausschluß von Angehörigen sowie Erziehungsberechtigten und gesetzlichem Vertreter möglich (§ 51 Abs. 2 JGG).

Bedenken gegen deren Gegenwart bestehen zum Beispiel dann, wenn deren Anwesenheit die Aussagen des Angeklagten oder der Zeugen beeinträchtigen oder aber für diese Personen belastend sein könnte.

d) Was das Urteil angeht (§ 267 StPO), so werden einzelne Urteilsgründe dem jugendlichen Angeklagten nicht mitgeteilt, »soweit davon Nachteile für die Erziehung zu befürchten sind« (§ 54 Abs. 2 JGG).

In diesem Zusammenhang fragt es sich, wie sich feststellen läßt, ob diese zuletzt genannte Befürchtung begründet ist. Immerhin ist der Einwand nicht von vornherein zu widerlegen, daß die Möglichkeit, sich von der Verpflichtung zur Mitteilung der Urteilsgründe zu befreien – und zudem gerade die hierfür etwa gegebene Begründung erzieherischer Nachteile –, tatsächlich zu einer Verschleierung etwa solcher Intentionen dient, eine reibungsloser und raschere Disziplinierung mittels Strafverfahren zu erreichen. Auch mag nicht auszuschließen sein, daß die Verpflichtung zur Mitteilung der Urteilsgründe mitunter aus zeitökonomischen Erwägungen heraus verneint werden könnte.

e) Hinsichtlich der Verfahrens- und Auslagenkosten kann (entgegen § 465 StPO) von der Auferlegung gegenüber einem Jugendlichen abgesehen werden (§ 74 JGG).

Entsprechend einem allgemeinen Grundsatz der Rechtsfolgen des Jugendstrafrechts wird empfohlen, einem Jugendlichen die genannten Kosten nur dann aufzuerlegen, wenn er sie aus eigenen Mitteln begleichen kann und wenn die Auferlegung aus erzieherischen Gründen angebracht ist (vgl. RL Nr. 1 zu § 74 JGG). – Für die Anordnung von Erziehungsmaßregeln und Zuchtmitteln entstehen keine Gerichtsgebühren.

5. Die Einschränkungen des *Rechtsmittelverfahrens* des allgemeinen Strafverfahrensrechts werden wiederum mit dem Interesse an einer Verfahrensbeschleunigung zwecks möglichst baldiger Sanktionierung im Sinne einer erzieherischen Einwirkung begründet; zum anderen sei zu besorgen, daß das Rechtsmittelverfahren des allgemeinen Strafverfahrensrechts der pädagogischen Autorität wie auch

der Verantwortungsfreudigkeit des Jugendgerichts oder des -richters erster Instanz abträglich sein könnte (s. hierzu auch u. § 42 I.).

a) Das Rechtsmittelverfahren des Jugendstrafrechts ist zum einen von dem Grundsatz bestimmt, daß jeder Anfechtungsberechtigte nur ein Rechtsmittel einlegen kann (§ 55 Abs. 2 S. 1 JGG). Zum anderen können alle Entscheidungen, bei denen nicht auf Fürsorgeerziehung oder Jugendstrafe erkannt wurde oder bei denen die Auswahl und Anordnung von Erziehungsmaßregeln dem Vormundschaftsrichter überlassen worden ist, nur in der Schuldfrage, nicht aber wegen Umfang und Art dieser Maßnahme von den Prozeßbeteiligten angefochten werden (s. § 55 Abs. 1 JGG, s. zur Problematik jedoch *Schaffstein* 1977, 151 m. N.).

b) Wie im allgemeinen Strafrecht (§§ 331 Abs. 1, 358 Abs. 2 S. 1 StPO) gilt auch im Jugendstrafrecht das *Verbot der reformatio in peius* (vgl. § 2 JGG). Was die betreffend dieses Verbot wesentlichen Fragen angeht, welche Rechtsfolgen gegenüber anderen als schwerere gelten, so wird unter den Erziehungsmaßregeln und Zuchtmitteln als am schwersten die Fürsorgeerziehung und als am nächstschwersten der Dauerarrest zu beurteilen sein, während für die übrigen dieser Rechtsfolgen eine Abstufung wohl eher nur nach dem jeweiligen Einzelfall und dem Ausmaß von Eingriff und Auswirkung innerhalb desselben vertretbar erscheint (vgl. *Dallinger/Lackner* 1965, vor § 55 Rdnr. 26; *Schaffstein* 1977, 152 f.).

Im einzelnen ist fraglich, ob die Aussetzung der Verhängung der Jugendstrafe generell als gegenüber allen Erziehungsmaßregeln und Zuchtmitteln schwerer zu beurteilen ist. Umstritten ist, ob statt einer Jugendstrafe, deren Vollstreckung zur Bewährung ausgesetzt ist, auch Fürsorgeerziehung oder Jugendarrest angeordnet werden kann, obgleich deren Vollstreckung nicht zur Bewährung ausgesetzt werden kann. Diese Frage wird verschiedentlich mit der Begründung bejaht (so OLG Düsseldorf NJW 1961, 891; *Dallinger/Lackner* 1965, vor § 55 Rdnr. 23; a. A. *Brunner* 1978, § 55 Rdnr. 26; *Potrykus* 1967, 185), daß das Verbot der reformatio in peius zwar im Verhältnis von Erziehungsmaßregeln und Zuchtmitteln untereinander entsprechend gelte, nicht jedoch im Verhältnis dieser Rechtsfolgen und Jugendstrafe. Betreffend das Verhältnis von Jugendstrafe bestimmter Dauer und Jugendstrafe unbestimmter Dauer soll es nach überwiegender Ansicht auf das Höchstmaß letzterer ankommen, während bei Gleichheit des Höchstmaßes zwischen beiden Formen der Jugendstrafe das Verbot der reformatio in peius auch durch Erhöhung des Mindestmaßes verletzt werden könne, sofern diese nicht mit gleichzeitiger Herabsetzung des Höchstmaßes einhergehe (vgl. OLG Hamburg NJW 1960, 1970 f.; *Dallinger/Lackner* 1965, vor § 55 Rdnr. 23; *Potrykus* 1955, § 55 Bem. 10). Nach von anderen geäußerter Ansicht (vgl. *Grethlein* 1963, 67 ff.; *Brunner* 1978, § 55 Rdnr. 33; *Bachmann* 1973, 1030) sei die bestimmte Jugendstrafe hinsichtlich ihrer tatsächlichen Vollzugsdauer annähernd gleich unbestimmt und ungewiß (§ 88 JGG) wie die Jugendstrafe von unbestimmter Dauer. Hingegen werde letztere entsprechend dem Gesetz geradezu als Regel in eine unter ihrem Höchstmaß liegende bestimmte Jugendstrafe umgewandelt (§ 89 Abs. 1 und 2 JGG). Daher müßte die bestimmte Jugendstrafe deshalb unter dem Höchstmaß der Jugendstrafe von unbestimmter Dauer bleiben, weil die tatsächliche Vollzugsdauer, je nach festgelegter Höhe im einzelnen, bei der bestimmten Jugendstrafe in der Regel faktisch länger sei. Für diese Auffassung fehlt es allerdings an überzeugenden Berechnungsmaßstäben. Schließlich wäre für das Verhältnis von Jugendstrafe bestimmter Dauer und Jugendstrafe unbestimmter Dauer zu erwägen, inwieweit nicht letztere wegen der Eigenschaft der Unbestimmtheit eine inhaltlich größere Schwere gegenüber ersterer hat.

c) Eine dritte Besonderheit des im Jugendstrafverfahren gegenüber dem allgemeinen Strafverfahren verkürzten Rechtsmittelverfahrens besteht darin, daß im Falle einer Verurteilung wegen mehrerer Straftaten zu einer Einheitsstrafe das Rechtsmittelgericht vor der Hauptverhandlung das Urteil für einen *Teil der Strafe* als *vollstreckbar* erklären kann, sofern bestimmte gesetzliche Voraussetzungen vorliegen (§ 56 Abs. 1 JGG). Dies soll einer raschen erzieherischen Einwirkung der Sanktionierung dienlich sein.

IV. Bemessung von Rechtsfolgen

1. Für die Bemessung von Rechtsfolgen im Jugendstrafrecht ist der – vom Gesetz (ausdrücklich nur) für die Jugendstrafe formulierte – Grundsatz (§ 18 Abs. 1 S. 3 JGG) bestimmend, daß die – nach der Schwere der Tat abgestuften – Strafrahmen des allgemeinen Strafrechts (s. u. § 24 IV. 1.)) nicht gelten. Allerdings bestehen für die Auswahl und Bemessung der jugendstrafrechtlichen Rechtsfolgen gesetzlich festgelegte Regelungen und einheitliche Bemessungsrahmen, die jedoch nicht für Straftatbestände, sondern für die einzelnen Rechtsfolgen bestimmt und überwiegend nach Merkmalen des *Täters* orientiert sind. Dabei verlangt die Stellungnahme zu Merkmalen der Person des Beschuldigten wie auch zu der erwarteten Wirkung dieser oder jener Rechtsfolge von dem Jugendrichter regelmäßig eine Prognosestellung, die vom Gesetz allerdings nur teilweise ausdrücklich und ansonsten nur mittelbar erwähnt ist.

2. a) Soweit im übrigen auch im Jugendstrafrecht eine Ausrichtung an Merkmalen der Tat stattfindet, so entspricht dies rechtsstaatlichen Erfordernissen einer Verhältnismäßigkeit des als erzieherisch gedachten oder bezeichneten Eingriffs zur Schwere der Tat und zudem, und zwar insbesondere bei vergleichsweise schweren Eingriffen, einer Legitimation des Eingriffs. Liegen die tatsächlichen Voraussetzungen zur Anordnung unterschiedlicher Rechtsfolgen vor, so ist in der Regel diejenige Rechtsfolge anzuordnen, bei der eine höhere Wahrscheinlichkeit zur Förderung der Legalbewährung des Jugendlichen angenommen wird, beziehungsweise die den geringeren Eingriff in den Persönlichkeitsbereich des Jugendlichen darstellt (§§ 5 Abs. 2, 17 Abs. 2 JGG).

So kann zum Beispiel im Hinblick auf Dauer und soziale Sichtbarkeit der Sanktion die Anordnung von Fürsorgeerziehung oder auch von Erziehungsbeistandschaft (§§ 9 Nr. 2 und 3, 12 JGG) und unter Umständen auch von bestimmten Weisungen (§§ 9 Nr. 1, 10 JGG) wohl nur dann als zulässig erachtet werden, wenn einzelne der jeweils zeitlich kürzeren Eingriffe der Zuchtmittel nicht ausreichen.

b) Besondere Bedeutung hat die Problematik der Berücksichtigung von Aspekten »gerechter Tatvergeltung« bei Bemessung der Jugendstrafe von bestimmter Dauer. Zum einen kann es im Sinne des Vorrangs des Erziehungsgedankens vorkommen, daß wegen erzieherischer Erforderlichkeit eine solche Strafhöhe als angezeigt erscheint, die deutlich über einer nach der Tatschwere einzuschätzenden Strafhöhe oder gar über dem im allgemeinen Strafrecht vorgesehenen Höchstmaß der für die betreffende Tat angedrohten Strafe liegt (vgl. BGH MDR 1955, 372; ferner *Dallinger/Lackner* 1965 § 18 Rdnr. 6; *Riedel* 1965 § 18 Rdnr. 4; kritisch hingegen *Miehe* 1964, 118 f.; *Brunner* 1978, § 18 Rdnr. 15; verneinend *Schaffstein* 1977, 99).

Als Beispiel einer schuldüberschreitenden Sanktion wegen Ausrichtung am Erziehungszweck (§ 18 Abs. 2 JGG) sei die Verurteilung eines Jugendlichen wegen Mundraubes zu neun Monaten Jugendstrafe erwähnt, bei dem erhebliche »schädliche Neigungen« als vorhanden angenommen wurden (LG Hamburg MDR 1959, 511).

Zur Begründung dieser Ansicht wird gelegentlich dahingehend argumentiert, bei der Jugendstrafe wegen »schädlicher Neigungen« handele es sich nicht um eine Kriminalstrafe, sondern um eine »reine« Besserungsmaßnahme, deren alleiniger Maßstab der Strafbemessung das Erziehungsbedürfnis sei (vgl. *Zipf* 1969, 145 ff.). Dies würde allerdings bedeuten, daß die Jugendstrafe bei Bezugnahme auf »schädliche Neigungen einerseits und auf Schwere der Schuld« andererseits aus zwei wesensmäßig verschiedenen Rechtsfolgen bestehen würde. Vor allem aber ist zu bedenken, daß die Ungewißheit irgendeiner Wirksamkeit erzieherischer Bemühungen erfahrungswissenschaftlich einstweilen nicht ausgeräumt ist. Demgemäß besteht zu der Begrenzungsfunktion der Tatschuld jedenfalls gegenwärtig keine Alternative.

Zugleich erscheint es allerdings als bedenklich, wenn dem Gericht, falls es von dem Erfordernis einer erzieherischen Einwirkung von längerer Dauer überzeugt ist, in solchen Fällen die Möglichkeit der Anordnung von Fürsorgeerziehung verbleibt (bejahend *Schaffstein* 1977, 99).

c) Zum anderen wird die Auffassung vertreten, daß generalpräventive Gesichtspunkte nur bei der *Verhängung* der Jugendstrafe ausgeschlossen seien, daß sie jedoch die *Bemessung* einer Jugendstrafe beeinflussen könnten (s. *Schaffstein* 1977, 99; ebenso *Dallinger/Lackner* 1965 § 18 Rdnr. 10; a.A. *Hinrichsen* 1957, 74). Dagegen und für eine grundsätzliche Nichtberücksichtigung generalpräventiver Erwägungen im Jugendstrafrecht könnte allerdings sprechen, daß der für das Erwachsenenstrafrecht bestehende Grund, die Aussetzung der Vollstreckung der Freiheitsstrafe zu versagen, »wenn die Verteidigung der Rechtsordnung sie gebietet« (§ 56 Abs. 3 StGB), im Jugendstrafrecht nicht besteht.

3. a) Was die gesetzliche Regelung der Zulässigkeit und Unzulässigkeit von Verbindungen verschiedener jugendstrafrechtlicher Rechtsfolgen angeht (§ 8 Abs. 1 und 2 JGG), so schließt das Gesetz bezüglich Fürsorgeerziehung und Jugendarrest (nur) die *gleichzeitige Anordnung* dieser beiden Rechtsfolgen aus.

§ 25 Sonderregelungen bei jugendlichen (und heranwachsenden) Straftätern

Während nach dem Grundsatz der Einheitlichkeit der freiheitsentziehenden Rechtsfolgen im Jugendstrafrecht eine Verbindung von Jugendarrest oder Fürsorgeerziehung einerseits und Jugendstrafe andererseits nicht zulässig ist (§ 8 Abs. 2 JGG), muß dies nicht ohne weiteres auch für eine Verbindung der erstgenannten Rechtsfolgen mit einer gleichzeitigen Aussetzung der Verhängung einer Jugendstrafe (§ 27 JGG) gelten. Hierzu kommt es vielmehr darauf an, ob die Regelung, daß neben Jugendstrafe nur Weisungen und Auflagen erteilt und die Erziehungsbeistandschaft angeordnet werden kann (§ 8 Abs. 2 S. 1 JGG), auch bei Aussetzung der Verhängung der Jugendstrafe gilt. Betreffend die Fürsorgeerziehung wäre eine Verbindung jedoch jedenfalls dann kaum zulässig, wenn, was in der Regel der Fall sein dürfte, mit der Bejahung der Voraussetzungen zur Anordnung der Fürsorgeerziehung auch die Zweifel betreffend das Vorhandensein und den Umfang »schädlicher Neigungen« ausgeräumt wären (vgl. *Dallinger/Lackner* 1965, § 27 Rdnr. 20; *Schaffstein* 1977, 117; OLG Frankfurt NJW 1955, 603; a.A. *Brunner* 1978 § 27 Rdnr. 16). – Hinsichtlich des Jugendarrests wird einerseits die Ansicht vertreten, daß eine Verbindung zu einer Doppelbestrafung führen könnte, wenn nach Verbüßung des Jugendarrests gleichwohl noch ein Strafausspruch betreffend Jugendstrafe ergehen würde. Andererseits ist die Anordnung eines Zuchtmittels nur dann zulässig, wenn Jugendstrafe nicht geboten ist (§ 13 Abs. 1 JGG), welche Bedingung gerade in Frage steht. Hinzu kommt, daß die gedanklichen Zwecke von Jugendarrest einerseits und Jugendstrafe andererseits auf derart unterschiedliche Tätergruppen abzielen, daß entweder nur die eine oder aber nur die andere Rechtsfolge angezeigt sein kann und demgemäß eine Verbindung ausgeschlossen sein müßte. Zudem mag im Falle der Aussetzung der Verhängung der Jugendstrafe eine Einwirkung auf den Betroffenen in anderer Weise (§§ 29, 23–25 JGG) erzielt werden (für diese Auffassung, wenngleich mit unterschiedlichen Begründungen, BGHSt 18, 207; *Dallinger/Lackner* 1965 § 27 Rdnr. 19). *Schaffstein* (1977, 116 f.), der sich de lege lata dieser Auffassung anschließt, spricht sich de lege ferenda allerdings für eine Verbindung der beiden Rechtsfolgen aus, wobei eine Doppelbestrafung dadurch vermieden werden könne, daß ein etwa bereits verbüßter Jugendarrest auf die Vollstreckung der Jugendstrafe angerechnet werden könnte. Nach anderer Auffassung wird, insbesondere bezüglich Gruppendelikten, hervorgehoben, daß solche Täter, bei denen es zur Aussetzung der Verhängung der Jugendstrafe kommt, insoweit erheblich weniger belastet würden als andere Täter, bei denen das Vorliegen »schädlicher Neigungen« verneint und deshalb Jugendarrest verhängt wird; eine solche Diskrepanz habe erzieherisch eher abträgliche Auswirkungen (KG NJW 1961, 1175; *Grethlein* 1957, 1462; ders. NJW 1962, 1606).

b) In Fällen einer *gleichzeitigen Aburteilung* mehrerer Straftaten desselben Täters, von denen ein Teil nach Jugendstrafrecht und ein anderer nach allgemeinem Strafrecht zu beurteilen wäre, könnten Durchführung und Auswirkungen der unterschiedlichen Rechtsfolgen widersinnig sein. Aus diesem Grunde ist (gemäß § 32 S. 1 JGG) einheitlich Jugendstrafrecht anzuwenden, wenn das »Schwergewicht bei den Straftaten liegt, die nach Jugendstrafrecht zu beurteilen wären«. Ist dies nicht der Fall – oder läßt sich dies nicht eindeutig bejahen (vgl. BGHSt 12, 129 [134])–, »so ist einheitlich das allgemeine Strafrecht anzuwenden« (§ 32 S. 2 JGG). Diese Regelung, die vom Wortlaut her Fälle der Realkonkurrenz betrifft, wird analog auch auf Dauerdelikte und fortgesetzte Handlungen angewandt (vgl. BGHSt 6, 6).

Bei der Interpretation des Kriteriums »Schwergewicht« bieten sich zum einen die Anzahl der Taten unter Berücksichtigung von deren – strafrechtsdogmatisch beurteiltem – äußeren und innerem Unrechtsgehalt an. Zum anderen und im Sinne einer kriminologisch orientierten Beurteilung würde es auf die Stellung der Straftaten im Lebenslängsschnitt des Täters ankommen. Je nach Wahl dieser oder jener Interpretationsebene mögen sich bisweilen unterschiedliche Entscheidungen ergeben. Was die letztgenannte Interpretationsebene anbetrifft, so dürfte aus der Sicht des Verhältnisses von strafrechtlicher sozialer Kontrolle und Verbrechen der »ersten Straftat« prinzipiell ein höheres Gewicht beizumessen sein als etwaigen Folgetaten im Sinne einer eventuellen sekundären Abweichung. Ferner dürfte wesentlich sein, ob die Straftaten im Hinblick auf das Verhalten im Leistungs-, Freizeit- und Sozialbereich eher als erwartungsgemäß oder aber -widrig und in erhöhtem Maße situativ bestimmt erscheinen. Allerdings mögen diesbezügliche Unterschiede auch auf der Interpretationsebene von der Tat her berücksichtigt werden, und zwar bei Beurteilung des inneren Unrechtsgehalts. Vor allem aber ergeben sich zur Prüfung solcher Unterschiede erhebliche methodische Probleme insofern, als eine Prüfung nur ex post möglich ist und auch die als Maßstab genannte Erwartungshaltung nur ex post – und damit von den zwischenzeitlichen Abläufen beeinflußt – inhaltlich ausgefüllt werden kann.

α) Im Falle einer Aburteilung mehrerer Straftaten desselben Täters in *getrennten* Verfahren wird einerseits Jugendstrafrecht und andererseits allgemeines Strafrecht mit deren jeweiligen Rechtsfolgen, die gleichzeitig oder in Abfolge vollstreckt werden, angewandt (BGHSt 10, 100 f.; BGHSt 14, 287; a.A. teilweise *Dallinger/Lackner* 1965 § 32 Rdnr. 5). Dies erscheint aus kriminologischer Sicht unbefriedigend.

β) Soweit jedoch ein Heranwachsender wegen eines Teils der von ihm begangenen Straftaten nach allgemeinem Strafrecht verurteilt worden ist und – zum Beispiel im Falle der Aussetzung der Strafvollstreckung zur Bewährung während der Bewährungszeit – vor Erledigung dieser Strafe nunmehr wegen eines anderen Teils von ihm begangener Straftaten nach Jugendstrafrecht verurteilt wird, so wird unter Einbeziehung der früheren Strafe einheitlich auf jugendstrafrechtliche Rechtsfolgen erkannt, falls eine solche Einbeziehung aus erzieherischen Gründen zweckmäßig ist (vgl. §§ 105 Abs. 2 i.V.m. 31 Abs. 2 S. 1, Abs. 3 JGG).

c) Bei Aburteilung eines Täters wegen mehrerer Straftaten gilt im Jugendstrafverfahren, statt der Bestimmungen des allgemeinen Strafrechts über tateinheitliche oder tatmehrheitliche Konkurrenzen (§§ 52 ff. StGB), das Prinzip der *einheitlichen Maßnahme* (§ 31 JGG, gelegentlich verengend als »Einheitsstrafe« bezeichnet). Nach diesem Prinzip werden die verschiedenen vom Täter begangenen Delikte und deren Konkurrenzverhältnis zwar im Urteilsspruch festgestellt, die Rechtsfolge jedoch in gleicher Weise wie bei Aburteilung nur eines Deliktes bestimmt.

Im einzelnen ergibt sich dieses Prinzip betreffend Idealkonkurrenz (§ 52 StGB) bereits daraus, daß die Strafrahmen des allgemeinen Strafrechts im Jugendstrafrecht dogmatisch ohne Bedeutung sind (s. o. 1.), während betreffend Realkonkurrenz (§ 53 StGB) die ausdrückliche Regelung des § 31 JGG besteht.

Das Prinzip der »einheitlichen Maßnahme« schließt auch eine nachträgliche Gesamtstrafenbildung (§ 55 StGB) aus, das heißt dieses Prinzip gilt auch bei durch verschiedene Gerichte vorgenommenen Aburteilungen (§ 31 Abs. 2 JGG; vgl. hierzu zudem § 105 Abs. 2 JGG; s. ferner aber auch § 66 JGG), wobei die in einem früheren Urteil ausgesprochene Rechtsfolge durch das neue Urteil rückwirkend beseitigt wird. Jedoch »kann« der Jugendrichter von der nachträglichen Einbeziehung absehen, wenn »es aus erzieherischen Gründen zweckmäßig« ist, wobei er, zur Vermeidung einer Kumulation und namentlich einer Zweispurigkeit von in verschiedenen Urteilen angeordneten und dabei insbesondere freiheitsentziehenden Rechtsfolgen, Erziehungsmaßregeln und Zuchtmittel für erledigt erklären kann, wenn er auf Jugendstrafe erkennt (§ 31 Abs. 3 JGG).

Allerdings sind »erzieherische Gründe« als Voraussetzung einer Nichteinbeziehung in der Regel nicht gegeben, wenn in verschiedenen Entscheidungen festgelegte und formell getrennt gebliebene Rechtsfolgen jeweils derselben Art wie Jugendarrest und Jugendstrafe in ihrer Aneinanderreihung tatsächlich eine Überschreitung der gesetzlichen Höchstgrenze derselben Rechtsfolgen (Jugendarrest oder Jugendstrafe) ergeben würden. Fraglich ist hingegen, ob eine solche Überschreitung nicht ausnahmsweise dann »aus erzieherischen Gründen zweckmäßig« sein könnte, wenn anderenfalls eine bereits vorgenommene Verurteilung des Täters zum Höchstmaß an (Jugendarrest oder) Jugendstrafe gewissermaßen einen »Freibrief« zur Begehung anderer Straftaten abgeben könnte (bejahend *Schaffstein* 1977, 62; offengeblieben in BGHSt 22, 21 ff. [24]).

d) Was die Frage nach *Anrechnung der Untersuchungshaft* oder anderer wegen der Tat erlittener Freiheitsentziehung (§§ 71 Abs. 2 S. 1, 73 Abs. 1 S. 1 JGG) angeht, so ergeben sich Unterschiede zwischen Jugendarrest und Jugendstrafe (s. §§ 52 f. JGG). Bezüglich des Jugendarrests wird in erheblichem Maße auf einen etwa erreichten erzieherischen Zweck abgestellt (§ 52 JGG), so daß der Richter gegebenenfalls aussprechen kann, daß der Jugendarrest nicht vollstreckt wird. Im Falle der Verurteilung zur Jugendstrafe (von bestimmter Dauer) hingegen wird die jeweilige Freiheitsentziehung grundsätzlich angerechnet (§ 52a Abs. 1 S. 1 JGG). Durch diese Regelung wird die Mindestdauer der Jugendstrafe von sechs Monaten (§ 18 Abs. 1 JGG) häufig verkürzt. Allerdings kann der Jugendrichter unter anderem dann anordnen, daß die Anrechnung ganz oder zum Teil unterbleibt, »wenn bei Anrechnung der Freiheitsentziehung die noch erforderliche erzieherische Einwirkung auf den Angeklagten nicht gewährleistet ist« (§ 52a Abs. 1 S. 3 JGG). Demgegenüber ergeben sich aus kriminologischer Sicht wiederum erhebliche Bedenken, weil der Jugendstrafvollzug eine positiv zu beurteilende Einwirkung kaum zu verzeichnen hat (s. u. § 44 V.2.a)). – Bei Jugendstrafe von unbestimmter Dauer gilt eine besondere Regelung (§ 52a Abs. 2 JGG). Bezüglich § 52a Abs. 2 S. 2 JGG dürften die Erwägungen des § 52a Abs. 1 S. 2 und 3 JGG zu berücksichtigen sein.

V. Mängel erzieherischer Ausgestaltung

1. Das Jugendstrafrecht als Teil des Jugendrechts soll den allgemeinen sozialpolitischen Zielen von Schutz, Förderung und Integration der Jugend entsprechen. Da der begriffliche Inhalt dieser Ziele wie auch deren Verwirklichung von der Majorität der Erwachsenengesellschaft bestimmt wird, müßte es verwundern, wenn sie in einheitlicher Weise den Interessen der betroffenen Minorität der Jugendlichen (und Heranwachsenden) entsprechen würden (vgl. zum Ausland *Platt* 1972; *Dahl* 1974). Vielmehr wäre es plausibel, wenn die Majorität der Erwachsenengesellschaft auch im Bereich des Jugendstrafrechts andere, nicht allgemein bekundete Zwecke verfolgen würde. Hierzu sei auf das Erziehungsziel »rechtschaffener Lebenswandel« (vgl. §§ 19 Abs. 1 a.E., 21 Abs. 1 S. 1 a.E., 88 Abs. 1, 89 Abs. 1, 91 Abs. 1 JGG) sowie auf das Attribut »rechtschaffener Mensch« (vgl. § 97 Abs. 1 JGG) hingewiesen. Diese Begriffe ermangeln nicht nur hinreichender Bestimmtheit, sondern werden hinsichtlich ihrer Relevanz für zukünftige Legalbewährung angezweifelt.

2. Gemäß den vorgenannten allgemeinen jugendrechtlichen Zielen sowie dem Vorrang des Erziehungsgedankens im Jugendstrafrecht wäre es angezeigt, daß die am Jugendstrafverfahren Beteiligten über einschlägige Qualifikationen verfügten. Demgegenüber hat der Gesetzgeber lediglich bezüglich Jugendstaatsanwalt und Jugendrichter eine Sollvorschrift betreffend deren erzieherische Begabung und Befähigung (§ 37 JGG), und bezüglich der Vollzugsbediensteten eine Mußvorschrift betreffend Eignung und Ausbildung für die Erziehungsaufgabe (§ 91 Abs. 4 JGG) erlassen. Sämtliche anderen Verfahrensbeteiligten wie Polizei, Jugendgerichtshelfer, Jugendverteidiger, Erziehungsbeistand und Bewährungshelfer unterliegen keinem einschlägigen gesetzlichen Qualifikationserfordernis.

3. Die praktische Handhabung des Jugendstrafrechts wird den erzieherischen Intentionen nur unter erheblichen Einschränkungen gerecht. Dies liegt zunächst daran, daß solchen, teilweise auf empirischen Erkenntnissen beruhenden Bestrebungen zum Wohl der betroffenen Jugendlichen (und Heranwachsenden) andersartige Interessen innerhalb der Gesellschaft entgegenstehen. Diese sind, ähnlich dem Erwachsenenstrafrecht, zumindest auch auf Eingriffe und repressives Vorgehen gegenüber den betroffenen Jugendlichen bedacht (vgl. auch *Kaufmann, H.* 1974, 900; s., wenngleich wohl als Extrembeispiel, AG Wiesbaden RdJ 1978, 476 f.). So ergibt sich, daß das Jugendstrafrecht in der sanktionierenden Praxis in vielerlei Hinsicht dem Erwachsenenstrafrecht gleichkommt, und zwar insbesondere im Bereich der – vergleichsweise häufig angewendeten – Untersuchungshaft (s. hierzu u. § 31 III.) sowie in demjenigen der freiheitsentziehenden Rechtsfolgen (s. bes. u. §§ 34, 35).

§ 26 Zum Wesen von Straftatbeständen im besonderen

I. Problemstellung

1. Die Entstehung von Straftatbeständen geht im Längs- wie Querschnitt mit grundsätzlichen Interessen und Wertvorstellungen der Gesellschaft oder einzelner Gruppen derselben einher.

Dies läßt sich veranschaulichen an denjenigen beiden Normenkomplexen, die das Phänomen Kriminalität zur Massenerscheinung geraten lassen, nämlich den Bestimmungen zum Schutz des Eigentums und des Straßenverkehrs. So entspricht der verhältnismäßig breite Bestand einschlägiger Straftatbestände der zentralen Bedeutung, die dem Eigentum oder erworbenen Besitzstand einerseits und der einschlägigen technischen Entwicklung des Straßenverkehrs innerhalb der Gesellschaft andererseits beigemessen wird.

Ein vorrangiges Forschungsinteresse richtet sich auf die Frage danach, wann Verhaltensweisen in einem solchen Ausmaß als unerwünscht erscheinen, daß eine strafrechtliche Erfassung und Verfolgung festgelegt wird (s. zum Auswahlprozeß allgemein o. § 23 I. 1.). Diese Frage ist um so grundsätzlicher, als davon ausgegangen wird, daß der konkret auszufüllende Verbrechensbegriff danach bestimmt wird, wie eine Reaktionsbereitschaft zuvor festgelegt worden ist (*Nagel* 1969, 121 ff., 126; s. besonders aber auch *Stratenwerth* 1976, 18 f.). Dabei könnte es sein, daß in die konkrete legislatorische Bestimmung von Verbrechen auch solche Bedingungen eingehen, die außerhalb der zur Strafbewehrung ausgewählten Verhaltensweisen liegen. Soweit dies der Fall sein sollte, wäre bereits auf der Ebene der Gesetzgebung festgelegt, unter welchen spezielleren Bedingungen zukünftige Straftaten und -täter bevorzugt zu finden wären.

Ähnliche Fragestellungen folgen daraus, daß Straftatbestände auch festlegen, welche im sozialen Leben geschädigte Personen Vorteile und Schutz als Opfer einer Straftat genießen. Es liegen Anhaltspunkte dafür vor, daß die legislatorischen Möglichkeiten zur Definition von Verbrechen mit zunehmender Anonymität des Verhältnisses zwischen Täter und Opfer sinken (vgl. *Kaiser* 1976, 109).

Hierzu sei, unter Hervorhebung der vergleichsweise hohen und irreparablen Schäden, auf Bereiche von Straßenverkehrs- und Wirtschaftskriminalität hingewiesen. – Andererseits werden Bedenken gegen eine strafrechtliche Verfolgung gelegentlich dann geäußert, wenn natürliche Personen als Opfer nicht vorhanden sind (vgl. hierzu *Schur* 1965), wie es zum Beispiel auch bei Delikten gegen Verbände oder juristische Personen der Fall ist.

2. a) Die Bedeutung von Straftatbeständen betrifft auch Tendenzen der Vermehrung oder Verringerung von (formeller) strafrechtlicher sozialer Kontrolle im Vergleich zu informellen Strukturen der Verhaltenskontrolle. Dabei scheint es, als ob zunehmende Komplexität und Anonymität gesellschaftlicher Verhältnisse mit einer Ausdehnung formeller Kontrolle auch im Bereich des Verbrechens einhergehe. Diese Entwicklung wird (im Bereich legislatorischer Tätigkeit) als »Über-

kriminalisierung« bezeichnet (vgl. betreffend vorausgegangene Zeitabschnitte schon *Seuffert* 1901, 11; für die USA s. *Schur* 1965; *Ross* 1973, 71 ff. für den Bereich des Verkehrsstrafrechts). Diese Tendenz veranlaßt eine Entlastung außerstrafrechtlicher und eine Überlastung strafrechtlicher Kontrollsysteme und führt zu einer Erweiterung der (potentiellen) Straftäter sowie – entsprechend verringerter Durchsetzbarkeit von Sanktionsandrohungen – des Dunkelfeldes.

Ferner bietet die (legislatorische) »Überkriminalisierung« unüberschaubare Möglichkeiten des Eingriffs, wobei die Subsumierung unter die Definitionen umso eher auch von solchen »kontingenten Erwägungen« abhängen könnte, »die der Gesetzeswortlaut unterschlägt« (*Sack* 1969, 987), wenn eine Tendenz zur Ersetzung des tatorientierten strafrechtlichen Systems sozialer Kontrolle durch dasjenige des täterorientierten Gesellschaftsschutzes besteht.

b) Hiervon zu unterscheiden sind epochal begrenzt geltende Straftatbestände. Diesen wird, wegen der plötzlich einsetzenden Veränderung des strafrechtlichen (und sozialen) Kontrollsystems, die Wirkung beigemessen, die Begehung anderer Straftaten mittelbar zu fordern.

So hat etwa die deutsche Kriegswirtschaftsordnung im Ersten Weltkrieg zu einer Fülle von Verbotsbestimmungen geführt. Dabei sollen gegenüber solchen Personen, die Rationierungsvorschriften verletzt hatten, Erpressungen begangen worden sein, während der Lieferungsschwindel zur Beamtenbestechung geführt haben soll und die hohen Preise des »Schleichhandels« zum Anreiz für Diebstahlsdelikte geworden sein sollen (vgl. hierzu *Exner* 1949, 108 f.). – In ähnlicher Weise hat die Prohibitionspolitik (und anschließende einschlägige Kriminalität) in den USA die Entwicklung eines Berufsverbrechertums gefördert und neben Schädigungen der Gesundheit durch unreine Produkte zum Beispiel die Beamtenbestechung gefördert.

II. Einzelne theoretische Überlegungen

1. a) Zur Frage der Zusammenhänge der Entstehung von Straftatbeständen geht die klassische Theorie (vgl. hierzu und zum folgenden *Sutherland/ Cressey* 1974, 8 m.w.N.) davon aus, daß sich Strafrechtsnormen im Anschluß an Schädigungen gegenüber Individuen zum *Zweck der Wiedergutmachung* herausgebildet haben. Dabei soll eine stufenweise Entwicklung dazu geführt haben, daß die Gruppe oder Gemeinschaft sich selbst als geschädigt verstand. – Wenngleich diese Theorie bezüglich einzelner Strafrechtsnormen zutreffend sein mag, so ist sie, insgesamt betrachtet, schon deshalb inadäquat, weil sie von der Priorität des Individuums gegenüber der Gruppe ausgeht. Demgegenüber wird vermutet, daß in frühen Gesellschaften gewisse Verletzungshandlungen als gegenüber der Gruppe begangene angesehen wurden, wobei es sich insbesondere um solche handelte, die als für die Gesellschaft unmittelbar gefährlich galten. Darüberhinaus besteht ein Mangel dieser Theorie darin, daß sie den genannten transformierenden Entwicklungsprozeß nur unzureichend zu beschreiben vermag.

b) Eine zweite Theorie besagt, daß Strafrechtsnormen ein Ergebnis von Überlegungen im Prozeß des Zusammenschlusses zu einer Gesellschaft seien und dem Willen des Volkes oder aber dem gesellschaftlichen Bewußtsein entsprechen würden. Der Gesellschaft sei die Aufgabe der *Regulierung eingetretener Schädigungen* und der *Verhinderung von* Wiederholungen solcher *Schädigungen* übertragen worden. Dabei könne die Schaffung eines Gesetzes allerdings auch ein Ausdruck von Emotion im Anschluß an aufsehenerregende Ereignisse sein und tatsächlich allein zur Beruhigung der Emotionen der Bevölkerung dienen.

Die Intensität der Bedrohung soll von der Häufigkeit des gefährdenden Verhaltens oder der Begehung sowie von dem Ausmaß des für das betroffene Objekt bestehenden Bedarfs oder von dessen Begrenztheit abhängen (vgl. *Hassemer* 1973 b, 147 ff.; s. auch S. 158 f.). – Allerdings wird ein gesellschaftliches Bewußtsein nur selten einheitlich, häufig jedoch nach sozialen Gruppen unterschiedlich sein. Dabei ergeben sich Schwierigkeiten schon in der Bestimmung von Kriterien zur Beurteilung von Existenz und Ausmaß von Bedrohung.

Nach anderer Ansicht soll maßgebendes Element für strafrechtlichen Rechtsgüterschutz die Funktion der Sicherung der Bedingungen menschlichen Zusammenlebens sein, die darin bestehe, einer Verhinderung der Lösung von Systemproblemen entgegenzuwirken (*Amelung* 1972, 361). Das System selbst sei durch das Grundgesetz bestimmt; dabei seien dem (Straf-)Gesetzgeber nur fundamentale Organisationsprobleme des Zusammenlebens vorgegeben, deren Lösung »eine Frage der politischen Entscheidung« sei. Konkret müsse die generelle Geeignetheit zur Desorganisation über die Schädlichkeit eines Verhaltens entscheiden (*Amelung* 1972, 388), was im wesentlichen erst bei unkontrollierbarer Häufigkeit dysfunktionaler Handlungen der Fall sei. – Allerdings ist die Sicherung der Bedingungen menschlichen Zusammenlebens jedem Funktionsträger im System sozialer Kontrolle aufgegeben, so daß die spezifische Funktion des Strafrechts nicht erkennbar wird. Auch bliebe die Tragweite positiver Funktion von Verbrechen (s. hierzu o. §§ 9 ff.) einzubeziehen. Schließlich verhält es sich in der Praxis der Setzung von Straftatbeständen (wie auch bei der Entkriminalisierung) oftmals gerade der vorerwähnten Annahme entgegengesetzt, das heißt bei unkontrollierbarer Häufigkeit von Straftaten oder von schädigenden Verhaltensweisen besteht eine Tendenz zur Ent- oder Nichtkriminalisierung (z.B. Straßenverkehrsdelikte).

c) Nach einer dritten Theorie entstehen Strafrechtsnormen als eine *Kristallisation von Brauchtum und Sitte* (vgl. zur Problematik schon *Sumner* 1959 [1906], insbes. S. 55 ff.; *Malinowski* 1948, insbes. S. 53 ff.; ferner etwa *Hoebbel* 1968 [1954]; kritisch *Diamond* 1973, 319 f., der einen grundlegenden Gegensatz zwischen Brauchtum und Sitte einerseits und Recht andererseits annimmt). Zur Überprüfung der umfassenden Vertretbarkeit dieser Theorie wäre zu untersuchen, ob die Beurteilung der Allgemeinheit von hochgradigen Verstößen gegen Brauchtum und Sitte sich mit den Strafrechtsnormen deckt. Allerdings wäre dabei die Frage einzubeziehen, inwieweit die Tatsache des Kriminalisiertseins rückwirkend die Beurteilung beeinflußt. – Diese Theorie ist zumindest insofern inadäquat, als sie die Entstehung von Gesetzen aus jüngerer Zeit namentlich in den Bereichen Wirtschaft und Verkehr nicht erklären kann (vgl. ähnlich *Fuller* 1942; ferner *Jeffery* 1956); allerdings werden auch in solchen Gesetzen die generellen Wertvorstellungen größtenteils von der Sitte übernommen, während die konkreten Ausgestaltungen neu sind. Die Theorie ist insofern außergewöhnlich fruchtbar, als sie die grundsätzliche Frage veranlaßt, ob sich – unabhängig von formalen Merkmalen – Kriterien feststellen ließen, die, entsprechend einer Kristallisation, mit dem Übergang von Normen von Brauchtum und Sitte zu Normen des Strafrechts einhergehen.

d) Nach dem Konflikt-Modell sind Strafrechtsnormen ein *Ergebnis von Machtkämpfen konkurrierender Gruppen* innerhalb der Gesellschaft (s. hierzu o. § 6 II., insbes. 1., 2.). Als Träger von Gruppeninteressen sollen unmittelbar der bevorzugte potentielle Täterkreis und der bevorzugte Opferkreis und unmittelbar gesellschaftliche Teilgruppen im übrigen in Betracht kommen. Ausschlaggebend sei in der Regel, welches Interesse von der öffentlichen Meinung vertreten wird. Das Ausmaß des Einflusses auf die öffentliche Meinung wiederum bestimme sich im wesentlichen nach den Variablen Macht und Status und im einzelnen nach denjenigen des Organisiertseins, der Fähigkeit zur Konfliktaustragung sowie quantitativer (z. B. Majorität) und qualitativer (z. B. Wissens- und Argumentationsmonopol oder -dominanz) Ressourcen. Wesentlich seien ferner Existenz und Ausmaß der Verflechtung von Interessenträgern oder Betroffenen des zu regelnden Problembereichs mit Mitgliedern des informellen und/oder formellen Gesetzgebers (s. u. § 23 III. 1.).

Die Überlegungen des Konflikt-Modells setzen nicht notwendigerweise eine Inkonsistenz zwischen ranghohen Normen von Sitte und Brauchtum einerseits und dem positiv gesetzten (Straf-)Recht andererseits voraus. Vielmehr wäre zu fragen, inwieweit bereits die Inhalte von Brauchtum und Sitte ihrerseits Ergebnisse des Kampfes zwischen Interessengruppen darstellen (s. aber *Sutherland/Cressey* 1974, 9). – Zur Untersuchung des angedeuteten Problems erscheint die Einbeziehung der Stellung des Rechts im Zusammenhang der sozialen Normensysteme (*König* 1967 b, ferner aber auch 1963a, 1965b; s. auch o. § 22 I. 2., II.) wie auch der Befunde zur (delinquenten) Subkultur (s. o. § 6 II. 4. c)) geeignet.

e) Endlich mag die Entstehung von Strafrechtsnormen auf dem Interesse an gesellschaftlicher Stabilisierung (s.o. § 10 III.) beruhen, und zwar im Zusammenwirken mit Interessen von Justiz und Verwaltung (s.o. § 9 II. 1., 4.; s.u. § 42).

2. Den angeführten theoretischen Überlegungen ist gemeinsam, daß sie alle nur einen Ausschnitt von Strafrechtsnormen beziehungsweise der Prozesse ihrer Entstehung zu erklären vermögen. Daher stellt sich die Frage, wie der in der Regel spezifische historische und kulturelle Hintergrund legislatorisch strafbewehrter Rechtsgüter zustande kommt. Diese Frage erweist sich als um so schwieriger zu beantworten, als diejenigen sozialen Normensysteme, die als Unterbau von Rechtsnormen gelten, das heißt die »sich zum Kultursystem des Rechts verdichten« (*König* 1958, 235), in gleicher Weise von einer entsprechenden Relativität gekennzeichnet sind.

Des weiteren bleibt die Ausgestaltung der Interessen verschiedener sozialer Gruppen an der Setzung von strafrechtlichen Normen unbeschadet dessen relevant, ob es sich um ein von allen Gruppen als schützenswert beurteiltes Rechtsgut handelt. Dabei wird sich das Interesse wegen der sozialstrukturellen Gegebenheiten nicht hinreichend erschließen lassen, wenn man von der Vorstellung »identischer Rechtsgüter« für alle sozialen Gruppen ausgeht. Im übrigen könnte es nicht auf Widerspruch oder Einklang, sondern auf unterschiedliche Methoden oder Verhaltensweisen der Erreichung und der Verletzung einheitlich anerkannter Werte und Interessen ankommen. Im letzteren Fall wäre zu vermuten, daß jede Interessengruppe tendenziell solche Formen von Verletzungen allgemein anerkannter Werte und Interessen strafbewehrt sehen möchte, die nicht oder jedenfalls nicht dominierend ihren eigenen sozialstrukturell und kulturell bedingten Verhaltensmustern entsprechen.

Schließlich ist zu beachten, in welchem Ausmaß in der Rechtsanwendung jedem der genannten Interessen Genüge getan wird. Es mögen Straftatbestände, soweit sie einheitlich (auch) die Majorität und eine privilegierte Minorität betreffen, insoweit zugleich auf eine weitgehende Nichtanwendbarkeit angelegt sein, welche jedoch auch aus der Sozialstruktur heraus garantiert sein mag (vgl. zu ähnlichen Fragen *Aubert* 1967). Nicht der abstrakte Inhalt einer Strafrechtsnorm, sondern erst die Untersuchung von deren Geltung unter Einbeziehung auch der verfahrensrechtlichen Abläufe läßt erkennen, welche gesellschaftlichen Gruppen tatsächlich von welchen Straftatbeständen begünstigt beziehungsweise benachteiligt werden (s. auch o. § 23 II.).

III. Einzelne empirische Befunde

Hall (1952 [1935]) untersuchte, ausgehend von einem Fall aus der englischen Rechtsgeschichte vom Jahre 1473, die Entwicklung der zum Schutze des Eigentums gesetzten Strafbestimmungen. Er zeigte einen parallelen Verlauf zwischen Erweiterung des Handels und Industrialisierung einerseits und der Entwicklung der Straftatbestimmung des Diebstahls andererseits auf.

Eine andere Untersuchung, die sich mit der Genese von Strafrechtsnormen im Kontext der Sozialstruktur befaßt, betrifft die Landstreicherei in England und den USA (*Chambliss* 1969; 1969b).

Hiernach entstanden die genannten Bestimmungen in England im Jahre 1349, und zwar zeitlich in der Folge einer erheblichen Verringerung der Zahl an Arbeitskräften durch die Pest und zusammenfallend mit dem Beginn der Aufhebung der Leibeigenschaft. Der Autor interpretiert diesen Sachverhalt dahingehend, daß die Kriminalisierung der Landstreicherei nur den einen Zweck gehabt habe, den Grundbesitzern zu billigen Arbeitskräften zu verhelfen. Ferner sollen zum Beispiel die Verschärfungen des Gesetzes im Jahre 1530 mit dem Wachstum von Handel und Industrie einhergegangen sein und dem Schutz der Kaufleute gedient haben.

Für den mitteleuropäischen und deutschen Bereich wären etwa die Entstehung der Vagantengesetzgebung sowie die Entwicklung der als Gaunertum definierten Phänomene (s. hierzu die Hinweise bei *Geerds* 1971, 1410 f.) oder, als markante deliktsstrukturelle Besonderheit, der Holzdiebstahl (*Marx* 1956; *Blasius* 1976, 103 ff., 150) zu nennen.

Die Hinweise der Untersuchungen namentlich von *Hall* und *Chambliss* vermögen Anhaltspunkte zur weiteren Überprüfung des Konflikt-Modells (s. II. 1. d)) zu geben (s. zudem die Untersuchung von *Thompson* 1975). Ähnliches gilt für die gegenwartsbezogene Untersuchung von *Becker* (1973 [1963], 121 – 132) bezüglich der Marihuana-Steuer-Gesetze. Ferner ist, auch in diesem Zusammenhang, eine Untersuchung über das norwegische Hausangestelltengesetz vom Jahre 1948 (*Aubert* 1967) zu erwähnen.

Demgegenüber ergeben die Darlegungen von *Sutherland* (1950; 1969) zur Frage der in verschiedenen Staaten der USA – beginnend 1938 in Illinois – erlassenen »Sexual-Psychopathen«-Gesetze, daß in nahezu sämtlichen Fällen die Kriminalisierung einigen wenigen dramatischen und durch Massenmedien dramatisierten kriminellen Angriffen im Zusammenhang mit dem Sexualtrieb folgte. Es wird insoweit von »affektiv besetzten Reflexhandlungen« der für die Gesetzgebung zuständigen Organe gesprochen.

Aus neuerer Zeit sind, bezüglich strafrechtlicher Rechtsfolgen, für Österreich gewisse Entsprechungen zwischen dem Anstieg des Wirtschaftswachstums und solchen Reformen beobachtet worden, die freiheitsentziehende Sanktionen reduzierten (*Pilgram/Steinert* 1975).

IV. Zum Verhältnis von Straftatbeständen zu Gruppennormen

1. Innerhalb einer Gesellschaft läßt sich nur in begrenztem Umfang von einem einheitlichen rechtlichen und außerrechtlichen Normensystem sprechen. Vielmehr besteht, vermutlich erhöht in der modernen arbeitsteiligen Gesellschaft, eine Vielfalt von unterschiedlichen Normensystemen, deren Träger verschiedenen Gruppen innerhalb einer Gesellschaft zugehören. Gruppennormen werden in der Regel weniger rigide mit den Grundsätzen der Gleichheit sowie der Rechtssicherheit belastet sein. Soweit sie Verhaltenserwartungen auf die Person und deren Rolle individualisieren, mögen sie in stärkerem Maße als offizielle Rechtsnormen geeignet sein, zu differenzieren und Ungleichheiten zu tolerieren (vgl. *Noll* 1973, 151 Fußn. 200). Allerdings weisen die unterschiedlichen außerrechtlichen Normensysteme unterschiedliche Grade an Verselbständigung auf. Jedoch bedeutet deren Existenz, daß die innerhalb einer Gesellschaft bestehenden Teilsysteme sozialer Kontrolle nach Lebensbereichen, gesellschaftlichen Gruppen und Situationen erheblich divergieren. Hieran geknüpft ist die legislatorische Bevorzugung oder Benachteiligung von Gruppen innerhalb der Gesellschaft. Daher müßte eine Analyse allein unter Bezugnahme auf das (Straf-)Recht und unter Außerachtlassung anderer sozialer Normensysteme verkürzt erscheinen (s. hierzu auch o. § 22 II.).

2. Zur Erfassung informeller, von strafrechtlichen Normen unterschiedener Gruppennormen innerhalb einer Gesellschaft kommt dem Subkultur-Konzept Bedeutung zu. Der Begriff der Subkultur (kritisch *Atteslander* 1974) besagt, daß eine Teilgruppe einer Gesellschaft über eigene – und für ihre Mitglieder verbindliche – Normen verfügt, die im Gegensatz zu (Straf-)Rechtsnormen einer Gesellschaft stehen können, wobei letztere den Mitgliedern der Subkultur zwar bekannt sein mögen, für diese aber relativ unverbindlich sind.

a) Was die theoretische Konstruktion des Subkultur-Konzeptes angeht, so wird angenommen, daß ein – etwa kriminelles – Verhalten einer Person von (sub-)kulturellen Normen bestimmt und von dieser Person selbst trennbar sei. Das würde bedeuten, daß eine Wiederholung der Straftat durch andere Personen derselben Subkultur wahrscheinlich wäre, und daß eine gegen den einzelnen Handelnden gerichtete Sanktion fragwürdig bleiben müßte. Eine isolierte Zurückführung des Verhaltens auf den Handelnden würde – im Unterschied zu dem Konzept der individuellen Schuld (s. § 24 I. 1.) – ebenso ausscheiden wie die Auffassung, daß dieser »der Andere« (s. hierzu bes. o. § 4 II.) sei.

Diese Folgerungen mögen bestimmend dafür sein, daß das Subkultur-Konzept um so weniger vertreten wird, je stärker die verletzten Normen oder Kollektivgefühle institutionalisiert und tabuisiert sind oder eine kulturelle Identität zwischen Forscher und Forschungsobjekt besteht (vgl. hierzu *Sack* 1971a). – Hinzu tritt die Überlegung, inwieweit die Gesellschaft ihrerseits die partielle Unwirksamkeit von strafrechtlichen Normen bei Angehörigen bestimmter Subkulturen durch bestimmte Mechanismen fördert.

Das Subkultur-Konzept ist in der Kriminologie bisher ganz überwiegend nur in der US-amerikanischen Forschung und nur begrenzt auf Jugenddelinquenz und delinquente Gangs verwandt worden (vgl. o. § 6 II. 4. c); s. auch § 49 III. 1.).

b) Bezüglich der Tragweite des Subkultur-Konzepts ist davon auszugehen, daß eine linear gedachte subkulturell-normative Wirkungsentfaltung sich dann bestätigen ließe, wenn Existenz und Wirkungsentfaltung anderer Faktorenträger, die gleichfalls bestimmend für das konkrete Verhalten sein könnten, ausgeschlossen werden könnten. Dies scheint zum Beispiel bei solchen Verhaltensweisen, die als Ausdruck von Spontaneität oder Reaktion auf unvorhersehbare Ereignisse zu bezeichnen sind, kaum möglich. Allerdings ließe sich annehmen, daß diese Verhaltensweisen von solchen überindividuellen, kulturell geprägten Verhaltensregeln bestimmt sein könnten, die allein die Art kurzfristiger situativer Anpassung regeln und sich dabei etwa darauf beschränken, lediglich bestimmte, nicht äquivalente Verhaltensalternativen auszuschließen (vgl. hierzu und zum folgenden *Sack* 1971a). Diese etwa bestehende Kategorie von Verhaltensregelungen wird sich allerdings ungleich schwerer bestätigen lassen, weil solche Verhaltensregelungen mit der Situation gleichsam wieder zu entrücken scheinen (vgl. *Sack* 1969, 991) und sich somit (einstweilen) einer systematischen Erfassung entziehen.

Die Möglichkeit der Existenz der letztgenannten Kategorie subkultureller Verhaltensnormen dürfte sich nachhaltig auf Sozial- und Kriminalpolitik auswirken. So werden zum Beispiel subkulturell orientierte Bemühungen im Bereich der Prävention nach Vorgehensweise und potentieller Einwirkung gänzlich unterschiedlich ausfallen müssen je nachdem, ob zu beeinflussende Variablen Bestandteil dieser oder aber der erstgenannten Kategorie von Verhaltensregeln sind.

c) Anhaltspunkte für überindividuelle Verhaltensregeln sind ferner bezüglich der Bedeutsamkeit der Dimension der *Situation* für die Zusammenhänge der Begehung von Straftaten wesentlich. Bezogen auf die Frage einer Nichtbeeinflussung sozialen Geschehens durch Strafrechtsnormen bedeutet dieser Aspekt, daß generell davon auszugehen ist, daß es auf Grund spontan oder situativ demonstrierten Verhaltens stets zur Entwicklung auch von nur vorübergehenden, geradezu als zufällig erscheinenden Gruppennormen kommen kann.

Zur Veranschaulichung sei ein hiermit verwandtes Beispiel (vgl. *Noll* 1973, 153 f.) wiedergegeben: Ist an einer Baustelle auf der Autobahn eine Geschwindigkeitsbeschränkung vorgeschrieben und fahren nahezu alle Kraftfahrer etwa einheitlich mit höherer Geschwindigkeit, so wird derjenige, der sich an die vorgeschriebene Beschränkung hält, von den anderen Kraftfahrern sanktioniert. Hieraus folgt, daß eine Adressatengruppe spontan Gegennormen entwickeln kann, deren Verbindlichkeit in der konkreten Situation gegenüber derjenigen der gesetzlichen Normen dominiert.

3. Das Ausmaß der Wahrscheinlichkeit für den einzelnen, von einem bestimmten Straftatbestand erfaßt zu werden, hängt davon ab, in welchem Ausmaß die ihm gemäßen *Verhaltensmuster* im jeweiligen *normrelevanten Bereich* liegen. Diese Verhaltensmuster fallen, von anderen Variablen abgesehen, mit seiner Zugehörigkeit zu bestimmten Gruppen innerhalb der Gesellschaft zusammen.

Bezüglich *Allgemeiner Kriminalität* scheinen sich bevorzugt Minderheiten des *Alters* (wie Jugendliche, Heranwachsende, Alternde) und des vergleichsweise niedrigen *sozio-ökonomischen Status* in normrelevanten Situationen zu bewegen. Die beiden genannten Minderheiten sind durch geringes Machtpotential gekennzeichnet; mindestens erstere zudem dadurch, daß die Einzelpersonen in zentralen gesellschaftstragenden Bereichen wie Arbeit und Familie weniger integriert sind.

a) Was im einzelnen die Minoritäten des Alters angeht, so ist in zahlreichen Lebensbereichen von grundsätzlich anderen Verhaltensformen als derjenigen der altersmäßigen Majoritätsgruppe auszugehen. Dies gilt auch für solche Lebensbereiche, bei denen Strafrechtsnormen intervenieren. Insoweit wäre eine überrepräsentative Kriminalitätsbelastung der genannten altersmäßigen Randgruppen Funktion dessen, daß Besonderheiten der betreffenden Phasen des Lebenslängsschnitts nicht durch besondere strafrechtliche Normierungen Rechnung getragen wird.

Zur Veranschaulichung des generellen Problems altersunabhängiger normativer Definition negativ sanktionierten abweichenden Verhaltens sei etwa auf Prügeleien (Mutproben) von Jugendlichen oder auch bestimmte Kategorien von Auffälligkeiten (z. B. im Sexualbereich) bei alternden Menschen hingewiesen.

Es liegen aus dem Vergleich zu früheren Epochen empirische Anhaltspunkte des Inhalts vor, daß im Industriezeitalter, das von umfassendem sozialen Wandel gekennzeichnet ist, spezifische Erwartungsvorstellungen etwa der Jugend oder alternder Menschen ständig an ausdrücklicher Anerkennung einbüßen (vgl. etwa die Hinweise bei *König* 1963b, 351). Dieser Verlust an Anerkennung mag zugleich eine gewisse Unsicherheit hinsichtlich der Normgeltung und eine auch tatsächliche Erhöhung von Straftaten der betreffenden Altersgruppen fördern.

Letzteres könnte dergestalt zu erklären sein, daß entsprechende altersmäßige Randgruppen wie etwa die Jugend im Bestreben nach – von der Majorität wie auch von anderen Altersgruppen verweigerter – Anerkennung der für sie gültigen Erwartungsvorstellungen verstärkt zur Integration mit Gleichaltrigen und zur Herausbildung eigener Normen und Moralvorstellungen gelangen. Bei alternden Menschen mögen demgegenüber besonders soziale Isolierung und Orientierungslosigkeit erhöht werden.

Weiterhin mag ein tatsächlicher Anstieg von als kriminell bezeichneten Verhaltensweisen wiederum zu einer Erweiterung und zugleich zu einer Legitimierung der Einbuße an Anerkennung führen. Das mag dadurch geschehen, daß die Toleranzgrenze der altersmäßigen Majoritätsgruppen sinkt und zugleich ihre Erwartung (oder ihr besonderes Interesse) wächst, Angehörige altersmäßiger Randgruppen als Straftäter zu sehen.

b) Was die Minoritäten des vergleichsweise niedrigen sozio-ökonomischen Status angeht, so ergibt sich zunächst die Frage, inwieweit die Organe der strafrechtlichen sozialen Kontrolle teilweise solche Funktionen übernehmen, die zumindest zugleich den Ordnungs- wie auch Sozialhilfebehörden obliegen.

Im einzelnen wären als Betroffene etwa »Gemeinlästige« zu nennen, wobei es sich bei den Delikten namentlich um solche handelt, die »auf der Straße« begangen werden (etwa Formen des Diebstahls oder Hausfriedensbruchs z. B. in Bahnhofsgebäuden, Nichterfüllung von Auflagen bezüglich der Unterkunft usw.). Im weiteren Sinne würden weite Bereiche der vergleichsweise geringfügigen Diebstahls- und Betrugsdelikte einzubeziehen sein.

Ferner soll betreffend Gewalt- und Sexualdelikte von Bedeutung sein, daß mit Fortschreiten des Zivilisationsprozesses und speziell in der modernen Industriegesellschaft eine Zunahme an Sensibilität betreffend die körperliche Integrität der Person (vgl. *König* 1963 b, 346 f.) in Gruppen von sozio-ökonomisch mittlerem und gehobenem Status vorherrsche. – Diese Erscheinung allerdings wird sich mehr im Bereich des sozialen Reaktionsprozesses und weniger in demjenigen der Setzung von Straftatbeständen auswirken.

Zudem mag sich die Überrepräsentierung von Gruppen mit vergleichsweise niedrigem sozio-ökonomischem Status (gerade auch) bei Gewalt- und Sexualdelikten teilweise damit erklären lassen, daß die Verteilung von intrapunitiver Aggression mit steigendem sozialem Status, diejenige von extrapunitiver Aggression hingegen mit sinkendem sozialem Status zunehmen soll. – Betreffend Sexualdelikte mag ferner eine nach Schichten bedingte Variabilität des Geschlechtslebens von Bedeutung sein, soweit daraus unter bestimmten Voraussetzungen ein Rückschluß auf eine unterschiedliche Bewertung möglich sein könnte.

c) Relevant für beide genannten Kategorien von Minoritäten könnte diejenige auf Gewaltdelikte bezogene Unterscheidung zwischen psychischer und physischer Gewaltanwendung sein, nach welcher Angehörige solcher altersmäßiger oder sozio-ökonomischer Gruppen, die im (engeren oder weiteren) sozialen Bereich mit einer gewissen Macht ausgestattet sind, tendenziell eher psychische Gewalt ausüben. Hingegen soll physische Gewalt eine eher von Jugendlichen, Heranwachsenden und Jungerwachsenen sowie allgemein von Angehörigen unterer sozio-ökonomischer Gruppen geübte Entäußerung oder Aggressionsbetätigung sein. Hiernach ließe sich verallgemeinernd annehmen, daß die eher den sozio-ökonomisch mittleren und gehobenen Gruppen entsprechenden Methoden der Gewaltausübung von einem Straftatbestand verschont bleiben (vgl. hierzu auch *Sack* 1974 c, insbes. S. 53 ff.). Allerdings läßt die Rechtsprechung Tendenzen zu einer Ausweitung des zunächst nur im Sinne der physischen Einwirkung verstandenen Gewaltbegriffs auch auf psychische Zwangseinwirkung erkennen (BGHSt 18, 329 f.; 23, 126).

Gleichwohl scheint es, als ob eine Vielzahl sozial schädigender Verhaltensweisen etwa von Eltern gegenüber Kindern oder von Lehrern gegenüber Schülern zumindest der Reflexion über eine Strafbewehrung de lege ferenda bedürfte. Zwar ist in den genannten, vom Verhältnis der Über- und Unterordnung gekennzeichneten Beziehungen die Anwendung physischer Gewalt unter bestimmten Voraussetzungen unter Strafe gestellt, wogegen ein Schutz gegen in der Regel anhaltendere und mitunter folgenschwere psychische Gewalt kaum besteht (vgl. allenfalls § 170d StGB) oder zumindest nicht hinreichend konkretisiert ist (vgl. § 223b Abs. 1 StGB: ». . . quält oder roh mißhandelt. . .«).

Zweiter Titel Verfolgung und Verurteilung

§ 27 Bekanntwerden und Anzeigeerstattung von Verbrechen

I. Übersicht

1. Der Weg bis zum Abschluß des staatsanwaltschaftlichen Ermittlungsverfahrens und in erhöhtem Maße bis zur strafgerichtlichen Aburteilung einer Person ist von einem – nach der Tatbegehung liegenden – komplexen sozialen Geschehen der Reaktion auf ein strafrechtlich relevantes oder auf ein als strafrechtlich relevant bezeichnetes Verhalten abhängig. Hierzu gehören neben dem Verhalten des Täters insbesondere Handlungen des Opfers und/oder anderer Personen sowie die Tätigkeit der zuständigen Behörden strafrechtlicher sozialer Kontrolle. Innerhalb des Ablaufs dieses sozialen Reaktionsprozesses wird die Anzahl der zu verfolgenden Fälle und Personen zunehmend kleiner.

Auf der Stufe der Wahrnehmung und Beobachtung von strafrechtlich relevantem Verhalten ist es zweifelsfrei, daß nur ein Teil aller Straftaten überhaupt bekannt werden kann. Dies liegt in der Unmöglichkeit einer totalen Erfassung allen Sozialverhaltens begründet. Hinzu kommt, daß oftmals das Tatgeschehen zwar bemerkt, es aber nicht als Straftat erkannt wird. Dies gilt für weite Deliktsbereiche der Allgemeinen Kriminalität ebenso wie, vermutlich zu insgesamt höheren Anteilen, für Verkehrs- und für Wirtschaftskriminalität.

Soweit nur der Täter von seiner Tat weiß, wird er sich in der Regel bemühen, Spuren zu verwischen und Chancen der Entdeckung und Aufklärung auszuschließen oder zu erschweren. Neben dem Gewicht der Straftat selbst sowie sonstigen Kriterien hängt es wesentlich von den sozialen, psychischen und wirtschaftlichen Ressourcen des Täters oder des als Täter Verdächtigten ab, ob es zu einer Verfolgung und Ahndung kommt oder nicht. Wenn sämtliche Straftäter die Möglichkeit hätten, sich im Sinne der Verhinderung einer Aufklärung und Verurteilung optimal zu verhalten, wozu insbesondere auch die Ausschöpfung aller zur Verfügung stehender prozessualer Möglichkeiten zählt, dann hätten die Strafverfolgungsbehörden, so wird begründet angenommen, nur bei einem geringen Teil der gegenwärtig verurteilten Straftäter die Chance der Überführung.

2. Das Anzeigeverhalten in privater oder amtlicher Eigenschaft als die erste nach außen hin sichtbare Stufe reaktiver Definition von Verbrechen ist unmittelbar bestimmend für Umfang und Struktur registrierten Verbrechens im Gesamt-

wie im Einzelbereich. Es setzt die Kenntnis, Vermutung oder Fingierung eines strafrechtlich relevanten Verhaltens voraus.

Die Entscheidung, Anzeige zu erstatten oder nicht zu erstatten, hängt bei Privatpersonen wie Behördenvertretern im allgemeinen von der Einstellung der Gesellschaft oder von deren unterschiedlichen sozialen Gruppen gegenüber Verbrechen schlechthin und insbesondere gegenüber einzelnen Deliktsgruppen und -begehungsarten ab. Diese Einstellungen unterliegen prinzipiell einem sozialen Wandel, der deliktsstrukturell unterschiedlich und zudem von der allgemeinen Sozialentwicklung wie auch von regionalen Besonderheiten abhängig ist. Aus diesem Grunde ist nicht eine Konstanz, sondern ein Wandel registrierter Kriminalität erwartungsgemäß.

Soweit die Institutionen strafrechtlicher sozialer Kontrolle hinter dem sozialen Wandel gesellschaftlicher Normvorstellungen zurückbleiben und etwa eine Entkriminalisierung eines nicht mehr als verboten bewerteten Verhaltens verzögern, wird in der Regel nur eine geringere Anzeigebereitschaft zu verzeichnen sein.

In Staaten mit vergleichsweise rigider allgemeiner sozialer Kontrolle und vergleichsweise eingeschränkten Freiheitsrechten sowie unverhältnismäßiger Härte der Strafandrohung mag die Anzeigebereitschaft, nicht zuletzt auch wegen des Ausmaßes der Behördenscheu, im Sinne einer Inkongruenz von informeller und formeller Kontrolle reduziert sein (vgl. schon *Mittermaier* 1830, 201 f.). Dieser Gesichtspunkt ist bei der Interpretation vergleichsweise niedriger Zahlen registrierter Kriminalität in totalitären Staaten mit zu berücksichtigen.

3. Neben der Strafanzeige kommt der Bereitschaft des Geschädigten zur Stellung eines Strafantrags (§§ 77 – 77d StGB) Bedeutung für die informelle soziale Reaktion bei denjenigen Straftaten zu, die als Prozeßvoraussetzung einen solchen Antrag verlangen. Es handelt sich um Delikte, bei denen wegen der verhältnismäßig geringen kriminellen Bedeutung oder wegen des mit dem Strafverfahren verbundenen Eingriffs in persönliche Lebensbeziehungen der Beteiligten oder jedenfalls des Geschädigten selbst eine Strafverfolgung von Amts wegen nicht eintritt. Hierunter fallen zu erheblichem Anteil Delikte, die im sozialen Nahraum und auf der Grundlage einer bereits vor der Tat bestandenen sozialen Tangierung zwischen Täter und Opfer begangen wurden.

Der hierin liegenden Tendenz entsprechen allgemeine Strategien der Strafverfolgungsbehörden bezüglich Delikte im sozialen Nahraum (vgl. *Kürzinger* 1978, 159, 241; für die USA *Arzt* 1978, 180 m.w.N.) oder auch innerhalb vergleichsweise homogener Gruppen zum Beispiel des Alters, des Status oder der ethnischen Herkunft.

II. Allgemeine Kriminalität

1. Bezüglich Allgemeiner Kriminalität ist ganz überwiegend die private Anzeige Anlaß zur strafrechtlichen Verfolgung (nach *Blankenburg* u.a. 1978, 120 – deliktsunterschiedlich – zwischen 94 % und 97 %). Insofern kommt der Einstellung

von Privatpersonen eine maßgebliche Bedeutung für die Strukturierung registrierter Kriminalität zu.

Als ein Beispiel für die Beeinflussung der Anzeigebereitschaft sei auf die seit Mitte der 60er Jahre dieses Jahrhunderts anhaltende öffentliche Diskussion über Gewalt und Gewalt- oder auch Aggressionsdelikte hingewiesen. Dabei scheint nach Umfrageergebnissen Kriminalität am ehesten als mit Gewaltkriminalität verbunden und letztere in der Häufigkeit erheblich überhöht (vgl. *Engler* 1973, 171) und als ständig ansteigend gedacht zu werden. Somit ließe sich vermuten, daß der Anstieg registrierter Kriminalität der einschlägigen Deliktsgruppen jedenfalls auch in einer im Zuge der erwähnten öffentlichen Diskussion gewandelten höheren Anzeigebereitschaft begründet liegt.

Hinzu trete der Aspekt zunehmender Vereinsamung in der modernen Gesellschaft. Der Umstand, daß sich Personen weniger »nahe kommen«, führe etwa dazu, daß zum Beispiel eine Körperverletzung viel eher als Eindringen in privateste Bereiche verstanden werde. Demgegenüber habe bei größerer Häufigkeit und Intensität von physischem Kontakt ein Nährboden für eine »von allen Beteiligten, Austeilenden wie Empfängern, sozial akzeptierte Prügelei« (*Schüler-Springorum* 1974, 146) bestanden.

Bezüglich eines kurzzeitigen, gewissermaßen spontanen Aspekts gewandelter Anzeigebereitschaft findet sich gelegentlich eine Welle von Anzeigen, die, ähnlich einer Kettenreaktion, vom Bekanntsein der formellen Verfolgung eines (einzigen) Falles einschlägiger Delikts- oder Deliktsbegehungsart im Sinne einer Signalwirkung ausgelöst erscheint (vgl. hierzu schon *Seuffert* 1901, 67).

Andererseits läßt sich zum Beispiel vermuten, daß für den Bereich der Sexualdelikte eine geradezu gesamtgesellschaftliche Übereinkunft bestehe, etwa Notzucht, unzüchtige Handlungen mit Kindern und Blutschande nur in sehr reduziertem Verhältnis offiziell bekanntwerden zu lassen. Dabei besteht allein für die Notzucht eine gewisse Wahrscheinlichkeit vergleichsweise hoher Anteile amtlicher Registrierung. – Im übrigen gibt der Sexualbereich auch hinsichtlich regionaler Unterschiede besonderen Einblick in Verschiedenartigkeiten von innerhalb einer Gesellschaft bestehenden Normen und Traditionen (vgl. z.B. *König* 1963b, 342).

2. a) Auswirkungen der allgemeinen gesellschaftlichen Entwicklung auf die private Anzeigebereitschaft bestehen hinsichtlich der Verminderung informeller Kontrolle im erweiterten häuslich-familiären und nachbarschaftlichen Bereich. Diese Einbuße steht in Zusammenhang mit Tendenzen zunehmender Anonymität und Segmentierung des gesellschaftlichen Lebens sowie der Ausdehnung urbaner Kontaktstrukturen auch auf kleinere Städte und Gemeinden. Sie führen in der modernen Industriegesellschaft dazu, daß bestehende Konflikte weniger sozial sichtbar sind und gelöst werden. Hiermit steht die allgemeine Annahme in Einklang, daß das Ausmaß von Institutionen formeller strafrechtlicher sozialer Kontrolle dem Grad der arbeitsteiligen Organisation einer Gesellschaft entspricht (vgl. *Sack* 1969, 985 m.w.N.). Die Bürokratisierung und Strukturierung gesellschaftlichen Zusammenlebens und die zunehmende Erwartung gegenüber dem Einzelnen, weniger als Individuum und mehr als Rollenträger zu handeln, lassen auch die Möglichkeit informeller Beteiligung an einer Konfliktaustragung sinken. So mag

die Anzeigeerstattung als Ersatz für in Wegfall geratene informelle Sanktionsmechanismen verstanden werden.

Ein Anstieg der Anzeigebereitschaft mag sich auch aus diesem Grunde bei einzelnen Delikten betreffend den Schutz der Person oder des Vermögens (z.B. Sachbeschädigung und unbefugte Ingebrauchnahme von Kraftfahrzeugen) erwarten lassen.

b) Hinsichtlich Vermögensdelikten geschieht die Anzeige häufig zwecks Erlangung von Versicherungsleistungen; in diesen Fällen vermag die (neu eingeführte) Regelung, Diebstahl und Unterschlagung geringwertiger Sachen grundsätzlich nur auf Antrag zu verfolgen, die Strafverfolgungsbehörden nur insoweit zu entlasten, als die Versicherungen nur Strafanzeige, aber keinen Strafantrag verlangen. Zwischen den Zahlenreihen von Aburteilungen wegen Diebstahls und Unterschlagung und den Prämieneinnahmen der Sachversicherungsunternehmen bestehen hochgradig kovariante Beziehungen (vgl. Kaiser 1976, 112 f.). – Ferner werden zum Beispiel von Großfirmen formularmäßig und als Masse Betrugsanzeigen gegen säumige Schuldner erstattet (vgl. *Herold* 1974c, 24 [27]).

3. Was allgemeine Gründe fehlender Anzeigebereitschaft angeht, so ist danach zu unterscheiden, ob nur das Opfer oder auch andere Personen von der Straftat wissen. Das Opfer kann verschiedene Gründe dafür haben, die Tat weder anderen Personen noch der Polizei zur Kenntnis bringen zu wollen. Hierzu gehören zunächst die Fälle, in denen eine individuelle Buße oder Wiedergutmachungsabsprache zwischen Täter und Opfer zustande kommt; diesbezüglich haben vermögende Personen eher die Möglichkeit, sich – oder ihre Angehörigen – durch finanzielle Leistungen etwa zwecks Schadensausgleichs vor einer Strafanzeige zu schützen. Im übrigen wird die Anzeigebereitschaft nach allgemeinen Erfahrungen in erster Linie dadurch beeinträchtigt, daß die Erstattung einer Strafanzeige mit zeitlichen, finanziellen und nicht zuletzt personalen Mühen verknüpft ist.

a) Nach einer vom *NORC* im Jahre 1966 in den USA durchgeführten (Dunkelfeld-)Untersuchung (vgl. *Ennis* 1967) von 10.000 Haushaltungen unter anderem zu der Frage, wieviele Personen Opfer von Straftaten geworden sind, ergab sich, daß die Hälfte der in der Untersuchung erfragten Delikte der Polizei nicht bekanntgeworden war. Als Grund für Nichtanzeigen gaben die Opfer im einzelnen zu 55 % an, nach ihrer Meinung habe eine Anzeige ohnehin keinen Erfolg; 34 % erklärten, daß sie den Täter decken oder aber die Angelegenheit als eine private betrachten und nicht bekannt werden lassen wollten; 2 % befürchteten Nachteile, sei es durch Freunde des Täters oder durch Verluste etwa gegenüber Versicherungen; 9 % scheuten den Zeitaufwand oder die Schwierigkeiten, mit der Polizei in Kontakt zu treten, oder sie waren unentschlossen, ob sie die Polizei benachrichtigen sollten. – Zum Teil ähnliche Ergebnisse erbrachte die in Schweden durchgeführte Untersuchung von *Sveri/Karlsröm* (Sveri 1969, 30 f.).

b) α) Nach den Ergebnissen einer in Stuttgart durchgeführten Dunkelfeldforschung (*Stephan* 1975), bei der durch Interviews von 1.073 Personen die innerhalb des zurückliegenden Jahres eingetretenen Opfersituationen von 1.645 Personen erfaßt wurden, ergab sich, insgesamt betrachtet, eine gegenüber registrierter Kriminalität um das Zehnfache höhere tatsächliche Kriminalitätsbelastung, wobei sich allerdings, im Einklang mit Befunden aus anderen Untersuchungen, beachtliche Unterschiede je nach Deliktsart zeigten. 54 % der erfragten Delikte wurden der Polizei nicht mitgeteilt (und auch nicht anderweit bekannt). Als Gründe für die Nichtanzeige gaben – in deutlichem Unterschied zu Ergebnissen partiell vergleichbarer US-amerikanischer Untersuchungen (s. o. a)) – 40 % an, der Schaden sei zu gering gewesen. 25 % der Befragten nannten als Grund für die Nichtanzeige eine zu geringe Erfolgsaussicht, die sie aber überwiegend anscheinend nicht in Mängeln der polizeilichen Tätigkeit begründet sahen. Während nämlich 85,4 % der Befragten mit der polizeilichen Tätigkeit zufrieden waren und nur 4,6 % diese Tätigkeit als schlecht befanden, beliefen sich die entsprechenden Anteile betreffend die gerichtliche Tätigkeit auf 44,4 % und 25,6 %. Zur Interpretation dieser Anteile ist allerdings hinzuzufügen, daß sich 30 % der Befragten über die gerichtliche Tätigkeit nicht äußerten, während der entsprechende Anteil für die polizeiliche Tätigkeit nur 10 % betrug. – Nach *Stephan* (1975) unterscheiden sich Personen, die Anzeige erstatten, von (anderen) Personen, die keine Anzeige erstatten, vor allem durch individuelle psychische Merkmale; Merkmale des Geschlechts, des Alters und der Schicht würden demgegenüber zurücktreten.

β) In der Dunkelfeld-Opferbefragung von *Schwind* u.a. in Göttingen (1975) und in Bochum (1978) ergaben sich gleichfalls Unterschiede zu den oben genannten Ergebnissen einer US-amerikanischen Untersuchung (*Ennis* 1967). Die Gründe für eine Nichtanzeige lauteten unter anderem zu 36,6 % und 31 % »Schaden zu gering«, zu 16 % und 11,5 % »keine Erfolgsaussichten«, zu 2,8 % und 4,8 % »kein Interesse«, und zu 1,1 % und 1,4 % »bei Gericht doch erfolglos« (*Schwind* u.a. 1978, 207).

4. Eine maßgebliche Bedeutung für das private Anzeigeverhalten kommt dem Umstand zu, daß das »Wissen« und auch Vorstellungen sowie Wünsche betreffend Kriminalität mit der Zugehörigkeit zu sozialen Gruppen des Alters, des sozio-ökonomischen Status und des Geschlechts variiert. Mit dem Sinken von Ausbildungsniveau und beruflichem Status nebst Einkommen sowie mit der Zunahme des Alters sollen sich die Einschätzungen von Kriminalität von den offiziellen Definitionen entfernen und Intoleranz und rigide oder repressive Einstellungen gegenüber Straftäter, Strafzwecken und Instrumenten der Verbrechenskontrolle zunehmen (*Engler* 1973, 172). Nach *Kürzinger* (1978, 78) sinkt die Einschätzung der Verbrechensentwicklung als gefährlich und das Gefühl des Bedrohtseins durch Kriminalität mit steigendem Sozialstatus (s. auch u. § 50 II. 1. b)).

a) Was den letztgenannten Aspekt anbetrifft, so scheint er sich in Äußerungen – und unter anderem auch in der Erstattung von Strafanzeigen – bevorzugt gegenüber solchen Personen niederzuschlagen, zu denen nur eine geringe sozialstrukturelle Distanz besteht. Es mag möglicherweise berechtigte Sorge um die drohende informelle und formelle Herabsetzung durch Gleichstellung mit Personen von ähnlichem Sozialstatus sein, die eine vergleichsweise geringe Toleranz und eine Abgrenzung der eigenen Situation von der Situation bereits sozial verachteter Personen unter Hervorhebung von Unterschieden zu letzteren veranlaßt. Diese Sorge aber wiederum ist bei Personen mit niedrigerem sozio-ökonomischem Status und/oder bei Personen zunehmenden Alters am ehesten vorhanden oder jedenfalls berechtigt. Dabei mögen wirtschaftliche Krisenerscheinungen, wie sie etwa zu Beginn der 70er Jahre zu verzeichnen waren, das Bedürfnis oder die Notwendigkeit nach entsprechender Abgrenzung erwartungsgemäß erscheinen lassen.

Hiernach läßt sich vermuten, daß jedenfalls diejenigen durch Straftaten geschädigten Opfer, die Strafanzeige erstatten, überwiegend ebenso den sozio-ökonomisch unteren Gruppen angehören wie die Täter, deren Tat sie zur Anzeige bringen. Im Hinblick auf die formelle Reaktion und die Aufklärungsquote wäre dem die Frage hinzuzufügen, ob etwa die als »geklärt« angezeigten Straftaten, das heißt bei denen Tatablauf und Täter bekannt sind, vorzugsweise Personen aus sozio-ökonomisch unteren Gruppen betreffen.

b) Die Auffassung, die meisten Strafanzeigen stammten von Personen mit niedrigem sozialem Status, scheint jedoch nur nach den absoluten Zahlen zuzutreffen. Legt man Relativzahlen zugrunde, so sollen Personen mit höherem sozialen Status sogar deutlich häufiger Anzeige erstatten als Personen mit niedrigem sozialem Status (vgl. *Kürzinger* 1978, 146 f.). Gelegentlich finden sich Hinweise dafür, daß Angehörige sozio-ökonomisch mittlerer Gruppen deshalb vergleichsweise eher zur Polizei gehen als Angehörige unterer Gruppen, weil letztere etwa eine größere Abneigung gegenüber Behörden haben und die Rücksichtnahme auf den Täter eine größere Rolle spielen soll. Soweit dies zutrifft, könnten solche Delikte, die gegenüber Angehörigen sozio-ökonomisch mittlerer Gruppen häufiger begangen werden (etwa Diebstahl und Sachbeschädigung), auch eher zur Kenntnis der Polizei gelangen als solche anderen Delikte, die als typisch für die Begehung innerhalb sozio-ökonomisch unterer Gruppen (etwa Körperverletzung) gelten (vgl. *Schwind* u. a. 1975, 147 f., 209).

Nach der Untersuchung von *Schwind* u.a. (1975) waren die Motive der Nichtanzeige je nach sozialer Schicht der Befragten unterschiedlich strukturiert. Ähnliches läßt sich aus der Untersuchung von *Kürzinger* (1978) entnehmen, demzufolge Personen mit niedrigem sozialen Status die Strafanzeige auch im sozialen Nahbereich unmißverständlich als Instrument zur Durchsetzung persönlicher Ziele und gegenüber Angehörigen der eigenen Sozialgruppe benutzen, während Angehörige der Mittelschicht andere Reaktionsmuster zeigten.

5. Als erwiesen kann angesehen werden, daß es den anzeigeerstattenden Personen keineswegs immer auf die Ahndung einer Straftat ankommt (vgl. *Weis/Müller-Bageh!* 1971, 185). So können Anzeigen zum Beispiel Ausdruck persönlicher Zwistigkeiten sein. Nach den Opfer-Befragungen von *Biderman* u.a. (1967) und von *Reiss* (1967) in den USA sollen unter anderem die Enge der persönlichen Beziehung zwischen Täter und Opfer, der Grad der allgemeinen sozialen Distanz

zwischen den Beteiligten sowie deren »rassische« Zugehörigkeit (»race«) von Bedeutung für die Anzeigehäufigkeit gewesen sein; demgemäß würde im Verhältnis zwischen Täter und Opfer dem Kriterium der sozialen Tangierung (vgl. *Eisenberg* 1971b, 168, 178) Bedeutung zukommen.

Nach einer anderen Überlegung mag, etwa bei Formen von »aggressiver Sexualdelinquenz«, auch die Art des sozialen Verhaltens innerhalb der Elemente der Tatbegehung und dabei auch etwa der Grad der Wahrnehmung und Berücksichtigung der Situation des Opfers von ausschlaggebender Bedeutung für die Frage sein, ob das Opfer Anzeige erstattet oder nicht (vgl. hierzu auch *Kaiser* 1976, 113 f.).

III. Straßenverkehrskriminalität

Im Bereich der Straßenverkehrskriminalität hat die private Anzeigeerstattung, statistisch-quantitativ betrachtet und abgesehen vom Unfallbereich, nur eine vergleichsweise geringe Bedeutung. Demgegenüber kommen Anzeigen überwiegend aufgrund von Wahrnehmungen der Polizei selbst zustande. Dies gilt insbesondere für den dominierenden Bereich der Ordnungswidrigkeiten, die im Wege des behördlichen Bußgeldverfahrens geahndet und registriert werden.

Im einzelnen liegen Befunde darüber vor, daß sich die Anzahl registrierter Verkehrsverstöße verdoppelt, wenn die Polizei Maßnahmen der Verkehrsüberwachung (z.B. Radarkontrollen) verdoppelt. Eine solche nahezu lineare Beziehung wäre in der Kategorie Allgemeine Kriminalität kaum möglich.

Hieraus folgt zugleich, daß ein Sinken oder Ansteigen registrierter Verkehrskriminalität weitgehend auf behördeninternen Dienstanweisungen etwa des Inhalts beruhen könnte, strukturell oder gar insgesamt weniger oder aber mehr Anzeigen zu erstatten.

IV. Wirtschaftskriminalität

1. a) Bei der Wirtschaftskriminalität (zur Definition s. u. § 47 III. 1. a), b)) handelt es sich überwiegend um Straftaten des Nebenstrafrechts, die häufig als Organisationsdelikte begangen werden. Es ist meist eine vergleichsweise geringe Sichtbarkeit der Straftaten und gelegentlich eine geschäftsmäßige Verflechtung von Interessen des Opfers mit denjenigen des Täters sowie die Gefahr von Repression im Falle der Anzeigeerstattung gegeben.

Die Begehungsformen sind überwiegend abstrakt und verlaufen entsprechend den legalen Geschäftspraktiken ab; zudem läßt sich aus einem einzelnen Vorgang oftmals nicht auf eine dahinterstehende Begehungsstrategie schließen. Die Erkennbarkeit ist erhöht erschwert, soweit es sich um unmittelbare Formen der Berufskriminalität handelt; dies gilt namentlich in den Fällen indirekter Begehungsform, das heißt wenn ein Dritter ein- oder zwischengeschaltet ist, der berufliches und soziales Ansehen genießt.

Berufskriminalität ist durch formal erwartungsgemäße, inhaltlich aber erwartungsverletzende Handlungen in Ausübung des Berufes gekennzeichnet; diese Konstellation läßt die soziale Sichtbarkeit der Tatbegehung häufig auf den Nullpunkt sinken.

b) Andererseits spielt bei der Wirtschaftskriminalität und im speziellen bei der Weiße-Kragen-Kriminalität der Unterschied zwischen der Erkennung eines bestimmten Verhaltens als Straftat und der sozialen Reaktions- oder Definitionsbereitschaft eine hervorragende Rolle. Dieser Umstand beruht darauf, daß entsprechende Verhaltensweisen vielfach als zum Bestand geschäftlicher Spielregeln gehörend eingestuft werden. Dem würde es entsprechen, daß Delikte der Wirtschafts- und Profitkriminalität, wiederum in deutlicher Abhebung von Begehungsformen Allgemeiner Kriminalität, eine Sog- und Spiralwirkung (*Zirpins/Terstegen* 1963, 32, 98; s. aber u. § 47 III. 3. a)) haben sollen.

Die Vorstellung, es handele sich um akzeptierte Spielregeln, berührt zugleich die Verständnisebene des Konflikts (s. o. § 6 II. 1., 2.) insofern, als zu fragen ist, inwieweit ein solcher Bereich als sozialstrukturell einheitlich oder nicht vielmehr als nach sozio-ökonomischen Gruppen unterschiedlich empfunden wird.

2. Andere Bedingungen der vergleichsweise geringen informellen Verfolgungsbereitschaft und -intensität gegenüber Wirtschaftsstraftaten mögen sich daraus ergeben, daß die Täter überwiegend sozio-ökonomisch (mittleren oder) höheren Gruppen zugehören oder zugerechnet werden.

a) Gemäß Modellen der Legitimation sozialer Ungleichheit (s. auch o. § 10 III. 1. b)) mag Mitgliedern der »sozialen Oberschicht« angesonnen werden, sie würden die jeweils gültigen Werte und auch Moralvorstellungen der Gesellschaft am reinsten vertreten und befolgen, ganz im Gegensatz etwa zu Angehörigen sozio-ökonomisch unterer sozialer Gruppen (vgl. *König* 1963a, 40 f.).

Demgemäß werde einem etwaigen normverletzenden Verhalten einer der »sozialen Oberschicht« zugehörigen Person von vornherein eine größere Toleranz entgegengebracht. Diese soll sich allerdings bei Überschreiten bestimmter Grenzen nach Qualität und Dauer der Normverletzung aufheben (vgl. *König* 1963a, 42). Da zu einem solchen Überschreiten jedoch eine gewisse Sichtbarkeit der Normverletzung vorausgesetzt ist, mag es die meisten Formen gerade der Weiße-Kragen-Kriminalität schon deshalb kaum betreffen, weil eine weitgehende Institutionalisierung führender wirtschaftlicher Aktivitäten in Verbänden oder sonstigen Organisationen zu verzeichnen ist. Diese sind zudem nicht nur zur Erweiterung unmittelbarer Interessen und insbesondere Ideologien, die diese Interessen nicht zuletzt in der allgemeinen oder öffentlichen Moral rechtfertigen, sondern auch zum Zweck der Abschirmung gegenüber der Öffentlichkeit geeignet.

Insbesondere mögen berufsständische Kammern und ähnliche Institutionen betreffend freiberufliche Tätigkeit (z.B. Architekt, Apotheker, Steuerberater, Rechtsanwalt, Arzt) einen Zugang der formellen sozialen Reaktion erschweren und, ähnlich außerjustitiellen Regelungssystemen (s. u. § 28), möglicherweise teilweise entbehrlich machen. – Für den Bereich der Kaufleute und Gewerbetreibenden wäre allerdings zu untersuchen, ob und inwieweit die Funktion von Zünften und Gilden nunmehr durch andere Institutionen (z.B. Industrie-, Handels-, Handwerkskammern, Innungen) ausgefüllt wird oder aber die jeweiligen Verwaltungsbehörden (s. u. 3.) diese Funktion teilweise mit übernommen haben.

b) Andererseits soll die Verfolgungsbereitschaft gegenüber Wirtschaftsstraftaten tendenziell höher sein als gegenüber Straßenverkehrsdelikten. Dies würde teilweise damit zu erklären sein können, daß die Vorstellung vom Wirtschaftsstraftäter als Angehörigem einer sozio-ökonomisch entfernt hohen Gruppe diesen eher als »den Anderen« erscheinen lasse, während Verkehrsstraftäter nahezu jedermann und zumindest auch ein Angehöriger von sozio-ökonomischen Majoritätsgruppen sein könne (vgl. *Kaiser* 1976, 304 f.).

3. a) Im Bereich des Wirtschaftsstrafrechts werden die Ermittlungen vielfach durch Ordnungsbehörden oder besondere Polizeibehörden (z. B. Gewerbeaufsichtsamt, Finanzamt und Steuerfahndungsstellen, Bahnpolizei, Forst-, Jagd- und Fischereischutzbehörden) durchgeführt. Diese Behörden erlassen bei Ordnungswidrigkeiten in eigener Zuständigkeit Bußgeldbescheide (zur selbständigen Ermittlungs- und Einstellungskompetenz z. B. der Finanzbehörden auch im übrigen bei Verletzung ausschließlich steuerbezogener Strafgesetze s. §§ 386, 399 AO).

Allerdings sind die Ausmaße des Dunkelfeldes zumindest in einzelnen Bereichen des Wirtschaftsstrafrechts erheblich. So wird etwa berichtet, daß Betriebsprüfer jährlich nur einen kleineren Anteil aller Betriebe kontrollierten, wobei Großbetriebe etwa nur jedes fünfte bis jedes sechste Jahr, Mittelbetriebe nur etwa jedes zehnte bis jedes elfte Jahr und Kleinbetriebe nur selten einmal betroffen würden (vgl. die Berechnungen von *Mönch* 1979, 69). Im übrigen würden Betriebsprüfer nur einen geringeren Anteil der in dem jeweiligen Unternehmen zu kontrollierenden Vorgänge untersuchen, wobei bei einer »großen Firma« 1 % »schon viel« wäre; auch handele es sich bei den überprüften Vorgängen um die vergleichsweise transparenteren und weniger gewichtigen Fälle (*Terstegen* 1976, 70).

b) Eine etwaige Tätigkeit der Justizorgane hängt davon ab, ob die mit einschlägigen Unrechtsvorgängen befaßten Verwaltungsbehörden Anzeige bei der Staatsanwaltschaft erstatten oder, soweit rechtlich zulässig (z.B. § 400 AO), ihrerseits bei dem Gericht den Erlaß eines Strafbefehls beantragen. Nach Erhebungen über die Tätigkeit der Staatsanwaltschaft ist errechnet worden, daß nur 7 % aller bearbeiteten Fälle von Wirtschaftskriminalität durch die Opfer selbst angezeigt worden waren (vgl. *Blankenburg* u.a. 1978, 283), die übrigen Anzeigen hingegen auf der Überwachungstätigkeit der spezialisierten Polizei und des Wirtschaftskontrolldienstes beruhen.

Bezüglich Delikten bei Kreditsubventionen (= Zinsverbilligung als Subventionsfunktion) wird berichtet, daß Banken und sonstige Vergabestellen nur selten Anzeige erstatteten, zumal zivilrechtliche Widerrufs- und Rücktrittsvorbehalte sowie ein System von Strafzinsen »den Schutz durch das Kriminalstrafrecht offenbar faktisch entbehrlich machen« (*Tiedemann* 1976, 231 [238]).

c) Nach Auffassung der einschlägig befaßten Verwaltungsbehörden scheint, auch in Fällen ohne gesetzlichen Geheimnisschutz, eine umfassende Anzeigepflicht des genannten Inhalts als zu weitgehend angesehen zu werden. Hierfür werden Belange einer allgemein geübten Amtsverschwiegenheit angeführt. Neben Befürchtungen einer Erschütterung allgemeiner gesellschaftlicher Strukturvorstellungen dürfte auch die unmittelbare Verknüpfung von Bereichen der Wirtschaftskriminalität mit Prinzipien des herrschenden Wirtschafts- und Sozialsystems als Grund für eine verhaltene strafrechtliche soziale Kontrolle gegenüber Wirtschaftsstraftaten maßgebend sein (s. auch o. 2. a)).

Im einzelnen könnte zum Beispiel im Bereich der Steuerkriminalität die Staatsanwaltschaft das Verfahren jederzeit an sich ziehen (§ 386 Abs. 4 AO). Jedoch erfährt sie von solchen Verfahren in aller Regel nichts, soweit die Finanzbehörde das Steuergeheimnis wahrt (§ 30 AO). Eine Offenlegung wird unter anderem für solche Ausnahmefälle als zulässig erklärt (§ 30 Abs. 4 Nr. 5 AO), die »geeignet sind, die wirtschaftliche Ordnung erheblich zu stören oder das Vertrauen der Allgemeinheit auf die Redlichkeit des geschäftlichen Verkehrs ... erheblich zu erschüttern«. – Nach Berechnungen von *Mönch* (1979, 69 f. m.N.) entfielen in den Jahren 1972 bis 1974 im Bereich einer süddeutschen Oberfinanzdirektion etwa 20 % der durch Institutionen formeller Kontrolle abgeschlossenen Steuerstraf- und Bußgeldverfahren auf die Justiz.

d) Kriminalpolitisch wird erwogen, in Anlehnung auch an Vorbilder in Österreich und in den Niederlanden, eine gesetzliche Verpflichtung von Verwaltungsbehörden (z.B. Vergabebehörden, Lebensmittelaufsichtsbehörde) einzuführen, im Falle des hinreichenden Verdachts von Wirtschaftsdelikten den Strafverfolgungsbehörden Anzeige zu erstatten. Zu bedenken ist in diesem Zusammenhang, daß zum Beispiel im Subventionswesen die Interessen von Vergabestellen und Empfängern erheblichen Verfilzungen unterliegen dürften. Auch findet sich, insbesondere bezüglich des Kreditwesens, die Strategie, gemäß der Vorstellung einer »Selbstreinigung« der Wirtschaft verwaltungsrechtlichen Maßnahmen den Vorzug zu geben und diese auch als ausschließliche formelle Kontrollmaßnahmen zureichend sein zu lassen.

§ 28 Einsatz außerjustitieller formalisierter sozialer Regelungssysteme

I. Allgemeines

Soweit Straftaten neben dem Opfer auch anderen Personen bekannt werden und dennoch nicht zur Anzeige bei den strafrechtlichen Ermittlungsbehörden kommen, ist weiter danach zu unterscheiden, ob anstelle der staatlichen Behörden der Strafrechtspflege eine andere Sanktionsinstanz tätig wird. Ist dies nicht der Fall, so mag der Anzeigeverzicht neben solchen Gründen, die für das entsprechende Verhalten des Opfers entscheidend sind (s. o. § 27), auf die besonderen Normensysteme und Strukturen der jeweiligen Bezugsgruppen zurückzuführen sein.

1. Wenn jedoch eine andere Sanktionsinstanz tätig wird, so handelt es sich zum Teil um die bewußte Bemühung eines anderen sozialen Regelungssystems anstelle der behördlichen sozialen Kontrolle.

a) Es fallen hierunter zum Beispiel Sanktionierungen innerhalb der Familie.

So wird berichtet, daß in Kulturkreisen oder Gebieten mit starkem Familienzusammenhalt und demgemäß breiter interner Regelung die Zahlen registrierter Kriminalität, verglichen mit anderen Gebieten, verhältnismäßig niedrig sind (vgl. z.b. generell »china towns« in bestimmten US-amerikanischen Großstädten [s. aber neuerdings *Takagi/Platt* 1978], oder, deliktsspezifisch, aggressive Sexualdelikte in Süditalien).

b) Ferner zählen hierzu interne Sanktionierungen bei Schul- oder Sozialbehörden sowie verbands- und betriebsinterne Ahndungen. Weiterhin sind Sanktionierungen sonstiger Gruppen mit vergleichsweise starker Kohäsion oder Abschirmung nach außen hin wie etwa »Vorbestraften-Vereine« oder »Zuhälter-Vereine« (jedenfalls in der ersten Hälfte des 20. Jahrhunderts), die Ärzteschaft, die Polizei oder auch die Bundeswehr zu nennen.

c) Was im einzelnen die Bundeswehr anbetrifft, so sei erwähnt, daß wehrpflichtige Rekruten nahezu ausschließlich denjenigen Altersgruppen angehören, die generell am höchsten kriminalitätsbelastet sind. Der Disziplinarvorgesetze gibt eine Strafsache an die Strafverfolgungsbehörde ab, »wenn dies entweder zur Aufrechterhaltung der militärischen Ordnung oder wegen der Art der Tat oder der Schwere des Unrechts oder der Schuld geboten ist« (§ 21 Abs. 2 WehrdisziplinarO).

2. Als Gründe für derartige Handhabungen sind etwa zu nennen Anspruch auf Priorität, größere Wirksamkeit, Solidarität mit dem Täter oder das Bemühen, die »weiße Weste« der Gruppe zu wahren oder sonstige Nachteile abzuwenden, die der Gruppe beziehungsweise dem Betrieb durch die Verurteilung einer ihr zugehörigen Person entstehen könnten. Eine formelle Strafverfolgung wird hingegen dann eingeleitet werden, wenn die außerjustitiellen Sanktionsinstanzen das jeweilige interne soziale System bedroht oder das ökonomische Interesse gefährdet sehen.

II. Betriebsjustiz

Was die Betriebsjustiz angeht, so verfährt sie nach dem »betrieblichen Opportunitätsprinzip«. Sie wird, mehr als das staatliche System der Verbrechensbekämpfung (s. hierzu auch u. § 42), von Gesichtspunkten des Zeit-Mittel-Verhältnisses und der Kosten-Nutzen-Analyse bestimmt.

In entscheidendem Unterschied zu staatlich kontrollierten Konflikts- und Gesellschaftsgerichten etwa der DDR handelt es sich bei der Verbands- oder Betriebsjustiz um Erscheinungsformen einer solchen pluralistischen Gerichtsbarkeit, die das staatliche Rechtsprechungsmonopol zu unterlaufen und das Rechtsstaatsprinzip zu gefährden geeignet sein mögen. – Nicht zuletzt deshalb hat der Entwurf eines Gesetzes zur Regelung der Betriebsjustiz (*Arbeitskreis deutscher und schweizerischer Strafrechtslehrer* 1975) eine eindeutige Regelung zu betrieblichen Verbrechenskontrollen vorgeschlagen. Hierbei wurde auch berücksichtigt, daß nach bisherigen Anhaltspunkten die deutlich überwiegende Mehrzahl der Arbeitnehmer gegenüber der schon bisher praktizierten innerbetrieblichen Verbrechenskontrolle »positiv eingestellt« sein soll (vgl. *Metzger-Pregizer* 1974, 167, 170).

1. Hinsichtlich der Deliktsstruktur ist für die registrierte Betriebskriminalität wiederholt ein überwiegender Anteil von Eigentumsdelikten ermittelt worden, der gelegentlich bis nahe 90 % reichte (vgl. *Feest/Metzger-Pregizer* 1972, 83, 85). – Täterstrukturell sollen Gehaltsempfänger gegenüber den Lohnempfängern unterrepräsentiert sein, welcher Unterschied allerdings auch durch die Art der Kontrollmaßnahmen bedingt sein mag.

2. a) Die Sanktionsschwere ist bei der Betriebsjustiz in der Regel gelinder als bei der staatlichen strafrechtlichen sozialen Kontrolle. Gegenüber identifizierten Tätern wird entweder auf Sanktion verzichtet, eine innerbetriebliche Sanktionierung durchgeführt oder eine außerstrafrechtliche Maßnahme wie etwa Entlassung angeordnet.

Nach *Feest/Metzger-Pregizer* (1972, 83, 89) soll die Entlassung die häufigste privatrechtliche Reaktion gewesen und in über 50 % dieser Fälle vorgenommen worden sein. Bei Kameradendiebstählen finde die Entlassung nahezu regelmäßig statt.

H. Kaufmann (nach *Feest* 1971d, 1140, 1143 f.) hat von zwei generell sanktionsbestimmenden Faktoren berichtet. Wenn der Straftäter »wichtig und tüchtig« sei, so sei die Sanktion geringfügig, wenn er hingegen »ständig Ärger mache«, so werde er entlassen; ferner sei die Wirtschaftslage (z.B. Zeiten der Rezession oder aber des Personalmangels) von Einfluß. Hiernach scheinen Nützlichkeits- anstelle von Gerechtigkeitserwägungen (vgl. hierzu auch *Sarfert* 1972, 102 f.) im Vordergrund zu stehen.

b) In der Regel wird nur ein geringer Anteil der identifizierten Täter – es wird von höchstens einem Drittel oder von durchschnittlich 10 % bis 15 % (*Sarfert* 1972, 103, aber auch S. 116 f.) berichtet – der Polizei gemeldet. Dabei soll es sich überwiegend um solche Personen handeln, die zugleich entlassen wurden.

Nach *Feest/Metzger-Pregizer* (1972, 83, 90) geschehe dies bei etwa der Hälfte derjenigen Täter, die entlassen werden. – Nach *Sarfert* (1972, 27) sei die Entscheidung über eine Anzeige bei der Polizei oder Staatsanwaltschaft von durchaus heterogenen Faktoren wie »Häufigkeit des Delikts, Stellung, Alter, Betriebszugehörigkeit und Ersetzbarkeit des Täters, Person des Entdeckers oder Verhalten des Täters nach Bekanntwerden der Tat« abhängig.

Die Anzeigewahrscheinlichkeit ist deliktsstrukturell unterschiedlich. Dabei soll eine höhere Anzeigebereitschaft und eine Quote von etwa 50 % am ehesten bei Sexualdelikten sowie bei Eigentumsdelikten mit einem Schadensbetrag von mehr als 100 DM bestehen (vgl. *Feest* 1973, 1125, 1138, 1150).

Teilweise unterschiedlich gegenüber den Befunden zur Betriebsjustiz scheinen entsprechende Daten bei internen Ahndungen durch staatliche Unternehmen einschließlich Bundespost (vgl. *Neuhoff* 1957) und Bundesbahn und andererseits auch innerhalb der Polizei (*Cohen* 1972, 54, besonders S. 60 ff.) zu lauten.

3. Nach bisherigen Anhaltspunkten bestehen auch im Bereich der Betriebsjustiz Zuschreibungs- oder Definitionskriterien, wie sie für den Bereich der staatlichen strafrechtlichen sozialen Kontrolle bekannt sind (s. hierzu u. § 29 I. 2. a), 3. b), II. 2., 3., § 30 I. 1.b), 3. b), § 42 I., II.). Dies gilt schon insoweit, als auch bezüglich der innerbetrieblichen Kriminalität ein Dunkelfeld besteht.

III. Interne Erledigung von Warenhausdiebstahl

1. Das Verfahren interner Erledigung von Diebstählen in Kaufhäusern oder Selbstbedienungsläden ist zwar, im Vergleich zu den 50er und 60er Jahren, seltener geworden, jedoch gleichwohl auch gegenwärtig von Bestand. Über die tatsächliche Häufigkeit des Warenhausdiebstahls, der das Merkmal der Anonymität trägt, liegen durchaus unterschiedliche Schätzungen und Vermutungen vor (vgl. z.B. *Stephani* 1968, 59 ff.; *Blankenburg* 1969, 805, 810 f.). Innerhalb der überhaupt bemerkten Warenhausdiebstähle soll es sich bei den amtlich angezeigten Fällen, bezogen auf die Bundesrepublik Deutschland, bis Mitte der sechziger Jahre vor allem um solche mit größeren Sachwerten oder um bereits wiederholt gefaßte Täter gehandelt haben. In der Folgezeit gingen Warenhäuser zunehmend dazu über, Diebstähle der Polizei bekanntzugeben, was sich auf die Zahlen der PolSt ausgewirkt hat (s. Schaubild 2).

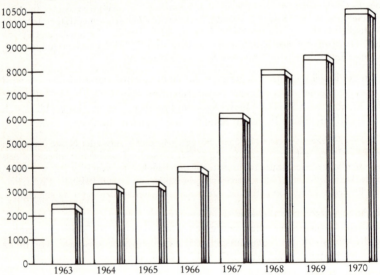

Schaubild 2: Diebstahl aus Kaufhäusern und Selbstbedienungsläden (Quelle: PolSt Hamburg 1970, 30)

Die als Beispiel gewählten Angaben für Hamburg entsprechen der allgemeinen Entwicklung (vgl. *Rangol* 1971a, 224, 226, Schaubild 3). Hiernach machte die Zunahme der amtlich bekanntgewordenen Fälle des Diebstahls aus Kaufhäusern und Selbstbedienungsläden gegenüber 1963 im Jahre 1969 = 247,0 % und im Jahre 1970 = 323,5 % aus; dabei stieg die Aufklärungsquote von 95,7 % im Jahre 1963 mit 98,6 % und 98,8 % in den Jahren 1969 und 1970 an. Daraus läßt sich erkennen, daß nahezu stets zugleich die Tatverdächtigen benannt werden; anders ließe sich die außergewöhnlich hohe Aufklärungsquote wohl kaum erklären.

In den folgenden Jahren nahm der nach der PolSt erfaßte Warenhausdiebstahl zunächst weiterhin zu, fiel im Jahre 1974 auf den Stand von 1972 zurück, und stieg sodann bis zum Jahre 1977 weiterhin an. Die Aufklärungsquote belief sich in den Jahren 1976 und 1977 auf 91,7 und 91,8 %, welcher Anteil im Vergleich zur Aufklärungsquote bei Diebstahl im übrigen weiterhin außergewöhnlich hoch ist.

2. a) Nach dem Entwurf eines Gesetzes zum Ladendiebstahl (*Arbeitskreis deutscher und schweizerischer Strafrechtslehrer* 1974) soll eine Ahndung des Ladendiebstahls bei Deliktsbeträgen von nicht mehr als 500 DM durch eine »Aktivierung des Zivilrechts« im Gesamtsystem rechtlicher Kontrolle erreicht werden; dies sei, unter generalpräventivem Aspekt, gemäß der Einsicht in weitgehende Austauschbarkeit auch strafrechtlicher durch zivilrechtliche Reaktionsmechanismen vertretbar. Hiernach soll der Geschädigte den doppelten Ladenpreis des gestohlenen Artikels, jedenfalls aber 50 DM erhalten, daneben aber keinen Ersatz mehr für Kosten der präventiven oder reaktiven Tatbekämpfung verlangen können. Um Wiederholungstäter zu identifizieren, auf die das Strafrecht dann anzuwenden sei, wenn sie in einem Zeitraum von zwei Jahren schon mindestens einschlägig registriert worden sind, soll ein zentrales »Bagatellregister« geführt werden. – Hierbei erscheint zunächst die Grenzziehung bei 500 DM kaum mehr eine Gleichheit mit der Ahndung von außerhalb von Warenhäusern begangenen Diebstahlsdelikten zu ermöglichen. Auch ist schwer verständlich, warum der Täter bei einem Deliktsbetrag von 5 DM einen zehnfachen Bußbetrag, nämlich 50 DM, bei einem Deliktsbetrag von 25 DM jedoch nur den doppelten Bußbetrag, nämlich gleichfalls 50 DM zahlen sollte.

b) Wegen der Erörterung rechtlicher Reaktionsmöglichkeiten gegenüber dem Ladendiebstahl wird im übrigen auf die Beiträge von *Naucke* (1976) und *Geerds* (1976) verwiesen.

§ 29 Ermittlungstätigkeit der Staatsanwaltschaft und der Polizei

I. Allgemeines

1. Nach verfahrensrechtlicher gesetzlicher Regelung (§ 160 Abs. 1 StPO) ist die Staatsanwaltschaft beauftragt, »Herrin des Vorverfahrens« zu sein. Ihr ist dabei jedenfalls auch diejenige Funktion auferlegt, die Einhaltung rechtlicher Garantien während der Ermittlung zu überwachen.

In der Praxis werden Ermittlungen in der Regel von den Polizeidienststellen durchgeführt. Selbständige Ermittlungshandlungen des Staatsanwalts (außer Anforderung von Straflisten sowie Auskunftersuchen) stellen eher eine Ausnahme dar.

Bei einzelnen besonderen Anlässen wie etwa einem Antrag auf Erlaß eines Haftbefehls oder auf richterliche Vernehmung ist die Polizei auf die Mitarbeit der Staatsanwaltschaft angewiesen. Im übrigen geschieht die Ermittlungstätigkeit der Polizei, sieht man von bestimmten Gewaltdelikten wie Tötung oder Raub ab, geradezu isoliert von der Staatsanwaltschaft. So reicht die Staatsanwaltschaft auch Anzeigen, die etwa bei ihr eingehen, ohne Ansätze einer Bearbeitung an die Polizei weiter. Sie versteht sich weithin (nur) als Anklage-, nicht (auch) als Ermittlungsbehörde.

a) Auch die Ermittlungen gegenüber Straftaten Jugendlicher (und Heranwachsender) werden von der Polizei vorgenommen, so daß sich die Sollvorschrift der erzieherischen Begabung und Befähigung des Jugendstaatsanwalts (§ 37 JGG) zumindest in diesem Verfahrensabschnitt nicht auswirkt. Bezüglich der polizeilichen Verfolgung von Jugendstraftaten fehlt es an allgemeingültigen Bestimmungen über die Organisation einschlägiger Dienststellen. Allerdings werden, zumindest in Großstädten, in der Regel jugendkriminalpolizeiliche Abteilungen gebildet; daneben bestehen polizeiliche Jugendschutzstellen.

Aus der Gesamtheit der Tatverdächtigen hat die Polizei zunächst diejenigen Fälle auszuscheiden, in denen die Täter strafunmündig sind. Dabei übersendet sie gegebenenfalls Unterlagen an das Jugendamt oder an das Vormundschaftsgericht. Diese enthalten die Mehrzahl der für das Jugendamt erheblichen Informationen für »Betreuungs-, Gefährdungs- und Verwahrlosungsfälle«, wobei die Begehung von Straftaten wesentlicher Anlaß vormundschaftsgerichtlichen Vorgehens ist (s. näher z.B. u. § 38 II. 3.b)). – Nach *Traulsen* (1974a, 23 f.) sah die weibliche Kriminalpolizei im allgemeinen von einer Meldung an das Jugendamt ab, wenn die Familienverhältnisse geordnet waren, die Schule eine gute Beurteilung des Kindes abgab und die Tat geringfügig war.

b) Für Wirtschaftsstrafsachen sind Schwerpunkt-Staatsanwaltschaften beziehungsweise Staatsanwaltschaften mit Wirtschaftsabteilungen (und Wirtschaftsstrafkammern bei den Landgerichten) zuständig, »soweit zur Beurteilung des Falles besondere Kenntnisse des Wirtschaftslebens erforderlich sind« (§ 74c Abs. 1 Satz 1 Nr. 6 GVG, kritisch hierzu *Tiedemann* 1976a, 231, 235).

Gegenüber dieser Formulierung bestehen insoweit Bedenken, als sich nur anhand des Einzelfalles und nur nachträglich feststellen läßt, ob das genannte Erfordernis vorliegt, gemäß verfassungsrechtlicher Garantie aber abstrakt und von vornherein feststehen muß, vor welchen Richter ein Verfahren kommt (Art. 101 Abs. 1 S. 2 GG). In der Praxis scheint eine eher kriminaltaktisch orientierte Beurteilung zu dominieren. Hierbei können auch mögliche strategische oder Kapazitätsinteressen der Staatsanwaltschaften nicht ausgeschlossen werden; nach vorläufigen Daten werden bei den nicht-spezialisierten Behörden nur 35 % der Verfahren total eingestellt, während es bei den Schwerpunktstaatsanwaltschaften 57 % sind (vgl. *Berckhauer* 1977, 1015, 1028, 1039; s. noch u. III. 4.).

Die Angaben über den Ermittlungsanteil der Staatsanwaltschaft (gegenüber Polizeidienststellen) im Bereich der Wirtschaftskriminalität sind unterschiedlich (vgl. *Fabelje* 1974, 346, der von 75 % spricht; einschränkend *Berckhauer* 1977, 1015, 1022 ff.).

2. In der Regel wird die Staatsanwaltschaft erst nach Niederschrift des polizeilichen Schlußberichts überhaupt benachrichtigt, so daß sie, mangels Kenntnis von einem Verfahren, zuvor keine Möglichkeit hat, sich an den Ermittlungen zu beteiligen. Dieser Umstand hat besondere Bedeutung für die Frage der Bereitschaft zur Entgegennahme einer Strafanzeige sowie für Fragen der strafrechtlichen Subsumtion.

a) Zum einen handelt es sich um das Problem, wie die amtliche Stellungnahme zu dem Begriff »zureichende tatsächliche Anhaltspunkte« (§ 152 Abs. 2 StPO) zustandekommt. Dabei ist zwischen schriftlichen Anzeigen einerseits und solchen Anzeigen andererseits zu trennen, die im Wege unmittelbarer sozialer Interaktion zwischen Anzeigeerstatter und Polizeibeamten entstehen.

Verschiedene ausländische Opfer-Befragungen (im Rahmen der Dunkelfeld-Forschung) haben eine erhebliche Diskrepanz zwischen den Zahlen polizeilich ausgewiesener Delikte und – nach Angaben der Befragten – der Polizei mitgeteilter Delikte ergeben; es handelt sich hierbei unter anderem um die Problematik einer Steuerung der Aufklärungsquote (*Skolnick* 1975, 164 – 181). Allerdings sind Ergebnisse aus Untersuchungen des Auslandes und im besonderen der USA, namentlich soweit sie das Verfahren der polizeilichen Registrierung betreffen (vgl. *Hood/Sparks* 1970, 37 f.), nicht ohne weiteres auf die Verhältnisse in der Bundesrepublik Deutschland übertragbar.

Im einzelnen geht es darum, ob die Polizei gemäß behördeninternen Handlungsnormen (s. u. § 42) eine nach der Deliktsstruktur und/oder nach Merkmalen von Täter und Opfer unterschiedliche Bereitschaft zeigt, eine Anzeige überhaupt aufzunehmen. Dabei beziehen sich die Erhebungen unter anderem auf die (unterschiedlichen) Bemühungen des Polizeibeamten, die Gesprächssituation von Anfang an oder während des Verlaufs zu steuern, Fragen dieser oder jener Art zu stellen und Informationen zu erlangen oder zu unterbinden.

α) Nach einer Untersuchung der Anzeigesituation auf der Polizeiwache einer südbadischen Mittelstadt (vgl. *Kürzinger* 1978, 236) war die Verfolgungsintensität bei Anzeigen wegen Delikten gegen die Person geringer als bei Anzeigen wegen Delikten gegen Eigentum und Vermögen. Zugleich war die Erfolgsaussicht des Bemühens um Aufnahme einer Anzeige – neben anderen Gründen – unterschiedlich danach, welcher Schicht der Anzeigeerstatter angehörte. Hierzu sei erwähnt, daß die Fähigkeit, die genannte soziale Interaktion zu seinen Gunsten zu gestalten, gleichfalls mit steigender Schichtzugehörigkeit des Anzeigerstatters zunehmen dürfte; dies mag um so mehr Bedeutung haben, als nach *Kürzinger* (1978, 171 f.) Polizeibeamte um so ablehnender waren, je höher ihr Dienstgrad und -alter waren. Im Ergebnis habe zwar eine tatsächliche Benachteiligung von Personen mit niedrigem sozialem Status und eine tatsächliche Begünstigung von Personen mit einem hohen sozialem Status vorgelegen; dies beruhe jedoch weniger auf unterschichtsbenachteiligenden Handlungsmustern der Polizei als vielmehr auf strukturell unterschiedlichen Elementen.

β) Nach Untersuchungen über die Verfolgungstätigkeit gegenüber Schwarzen in den USA (*Black/Reiss* 1967) soll die erheblich höhere Belastung (s. u. § 50 III. 2. a)) nicht so sehr auf »Kontakten« mit der Polizei als vielmehr auf dem Verhalten der Anzeigeerstatter (oder »Kläger«) beruhen. Während die Polizei gegenüber schwarzen wie weißen Jugendlichen gleiche Verhaltensmuster zeige, ergebe sich der Unterschied im Ergebnis der polizeilichen Tätigkeit aus Unterschieden im Verhalten der Bürger (*Black/Reiss* 1967, 71 f.), wobei gerade die schwarzen Betroffenen auf scharfe Verfolgung drängen sollen. Was diesen letztgenannten Aspekt der intrafarbigen Verhaltensmechanismen angeht, so sollen unter den von weißen Polizisten »brutal behandelten Bürgern« 33 % Schwarze gewesen sein, während unter den von schwarzen Polizisten »brutal behandelten Bürger« 71 % Schwarze gewesen sein sollen (vgl. *Reiss*, hier zit. nach *Hagan* 1972, 158).

In den Fällen, in denen bei dem Zusammentreffen von Polizei und jugendlichen Tätern kein Anzeigeerstatter (oder »Kläger«) beteiligt ist, sinke die Differenz in der Mehrbelastung der Schwarzen gegenüber Weißen von 14 % auf 10 %, während die Zahlen ansonsten 21 % zu 8 % lauten sollen. So sollen auch die Zahlen des polizeilichen Einschreitens gegenüber Weißen und Schwarzen gleich groß sein (*Black/Reiss* 1967, 68; vgl. aber auch *Dolan* 1973). Andererseits sollen die Polizeibeamten gegenüber Schwarzen verbal deutlich voreingenommen sein, was dazu führen könnte, daß sie in dem sozialen Geschehen des Anzeigens und Drängens auf Verfolgung die Betroffenen dann ermuntere, wenn der Täter Schwarzer ist. Hierbei würde es sich um ein Beispiel der Rückwirkung formeller Kontrolltätigkeit auf informelle Kontrolltätigkeit, hier durch Anzeige, handeln.

b) An der Grenze zwischen amtlicher Kenntniserlangung von einem Geschehen und amtlicher Subsumtion dieses Geschehens unter einen Straftatbestand besteht, selbst im Rahmen des Legalitätsprinzips, ein gewisser Wertungsspielraum. Soweit die Erfüllung eines Straftatbestandes bejaht wird, ist es hinsichtlich der juristischen Einordnung möglich, daß die Polizei die Delikte – im Vergleich zur Subsumtionspraxis der Justiz – als weniger schwer einstuft (vgl. bezüglich des Raubes *McClintock/Gibson* 1961, 5; s. auch u. § 47 I.2.a)); hingegen liegen – zumindest für einzelne Deliktsbereiche – eher tendenziell gegenteilige Anhaltspunkte vor (vgl. *Rangol* 1971a, 224, 227 f.).

Zur Veranschaulichung der Problematik sei etwa auf bestimmte Begehungsformen von Tötungsdelikten hingewiesen, bei welchen – ähnlich wie beim Selbstmord – trotz gleicher tatsächlicher Geschehnisse alternative Subsumtionsmöglichkeiten einschließlich derjenigen eines natürlichen Todes praktiziert werden mögen. Dabei scheint der Begriff der Fehldiagnose hierfür schon deshalb zu vereinfachend und zu eng zu sein, weil die soziale Situation und die Konstellation der Umstände mitbestimmend für die Tendenz der Diagnose sein mögen (vgl. *König* 1963b, 338).

Von den Tatverdächtigen wegen versuchten Mordes und Totschlags wird nur ein Anteil von etwa 10 % auch wegen des Versuchs dieser Delikte verurteilt, so daß, zumindest für diesen Deliktsbereich, zu vermuten wäre, daß die Polizei strafrechtlich relevantes Verhalten als schwerer subsumiert und definiert als es bei der Verurteilung geschieht, die eher wegen Körperverletzungsdelikten ausgesprochen wird.

3. Bezüglich der als Straftaten erfaßten Ereignisse gelingt der Polizei nur bei einem bestimmten Anteil dieser Fälle die Tataufklärung, das heißt die Ermittlung im Sinne einer vorläufigen Überführung des Täters.

a) Die Aufklärungsquote in den einzelnen Bundesländern ist unterschiedlich hoch, wobei die Quote in den süddeutschen Ländern, mit Ausnahme des Saarlandes, über 50 %, in den nördlichen Ländern hingegen ohne Ausnahme unterhalb 50 % liegt (vgl. Tab. 3). Diese Verteilung dürfte weitgehend von einer entsprechenden Verteilung der – von besonders niedriger Aufklärungsquote gekennzeichneten – Diebstahlskriminalität bestimmt sein. Allerdings zeigt sich eine Zunahme der Aufklärungsquote in den südlichen Ländern nicht nur bei der Allgemeinen Kriminalität ausschließlich des Diebstahls, sondern auch bei der Diebstahlskriminalität allein. Inwieweit sich daraus auf eine »unduldsame« Einstellung der Bevölkerung schließen läßt (so *Hellmer* 1972, 84), bleibt einstweilen ohne näheren Beleg.

Tabelle 3: Verteilung von Straftatenziffer und Aufklärungsquote der Allgemeinen Kriminalität in den Bundesländern im Jahre 1970 (Quelle: RPflSt 1970, 11)

Bundesland	Straftatenziffer (= bekanntgewordene Straftaten auf 100 000 Einwohner)	Aufklärungsquote
Berlin (West)	8 305	42,1
Bremen	7 900	46,0
Hamburg	7 462	48,7
Schleswig-Holstein	4 650	43,8
Hessen	4 147	43,5
Nordrhein-Westfalen	3 884	45,8
Niedersachsen	3 554	42,3
Bayern	3 474	61,5
Rheinland-Pfalz	2 957	52,7
Baden-Württemberg	3 289	51,2
Saarland	2 890	44,3
Bundesgebiet einschließlich Berlin (West)	3 976	48,3

Allerdings würde ein Einwand des Inhalts, die Anzeigebereitschaft sei nicht unterschiedlich verteilt, kaum zureichend sein, da sich Anzeigebereitschaft und Mithilfe bei der amtlichen Aufklärungstätigkeit nicht gleichsetzen lassen. Insbesondere liegen Erfahrungen dazu vor, daß häufig zwar Anzeige erstattet wird, eine weitere Mithilfe oder »Zugesellung« zur Polizei jedoch abgelehnt wird.

Auch bestehen deliktsstrukturelle Unterschiede. Im einzelnen waren zum Beispiel bei 360 Fällen von Bankraub in der Bundesrepublik Deutschland in 35,8 % der Fälle ausschließlich polizeiliche Ermittlungen unmittelbar ursächlich für die endgültige Tataufklärung, während in 14,7 % der Fälle die Beschreibung durch Tatopfer zum Erfolg führte. In 9,4 % der Fälle erhielt die Polizei Hinweise durch Tatbeteiligte, und in 15,6 % der Fälle erhielt sie Informationen aus der Bevölkerung (vgl. *Schubert/May* 1972, 92 Tab. 52).

b) α) Zum Verhältnis zwischen amtlich bekanntgewordenen gegenüber den aufgeklärten Straftaten kommt der Frage danach besondere Bedeutung zu, zu welchem Anteil die aufgeklärten Straftaten bereits als »geklärt« zur Anzeige gebracht werden und der Täter bekannt ist.

Hierzu sei auch die Frage danach erwähnt, ob und inwieweit die Aufklärungsquote bei Jugendlichen vielfach deshalb höher liegen dürfte als bei Erwachsenen, weil erstere leichter überführbar sind oder aber weil, entgegen der Tendenz zu informeller Kontrolle gegenüber Jugendlichen, Delikte Jugendlicher erhöht nur dann angezeigt werden, wenn sie bereits »geklärt« sind (s. auch u. § 48 I. 2. c)). – Im Bereich der Wirtschaftskriminalität soll die Aufklärungsquote bei nahezu 100 % liegen; es komme in der Regel zu Ermittlungen nur in Fällen, in denen der Täter »mitgeliefert« wird.

β) Für den Bereich der Schutzpolizei (»Streife«) sind Beobachtungen über Strategien des Verdachts getroffen und als Beispiele für eine selektive Verfolgungstätigkeit interpretiert worden (*Skolnick* 1975; *Black/Reiss* 1970; *Feest* 1971b; zur Organisationsstruktur s. *Waldmann* 1978). Als Kriterien des Verdachts sollen dabei schlechthin abweichende beziehungsweise auffällige Merkmale geeignet sein, sofern sie in der überwiegenden öffentlichen Meinung allgemeiner Verachtung unterliegen. Dabei sollen im einzelnen selbst der Kleidung, der äußerlich sichtbaren formalen Geordnetheit sowie insbesondere dem Verhalten in der Konfrontation mit den Behördenvertretern Bedeutung zukommen; für Jugendliche in den USA ist arrogant-provozierendes Verhalten ebenso wie devotes Verhalten als die Verfolgungsintensität fördernd beobachtet worden (vgl. z.B. *Piliavin/Briar* 1964).

Soweit die Schutzpolizei sich bei Kontrollen auf »verdächtiges« Aussehen und Benehmen konzentriert, besteht für Angehörige mit niedrigem sozialen Status, statistisch betrachtet, eine größere Wahrscheinlichkeit, in Verdacht zu geraten.

Die registrierten Angriffe jugendlicher Angehöriger von sozialen Gruppen mit vergleichsweise hohem sozialen Status sollen »bezeichnenderweise ... schlagartig zugenommen« haben, »als diese aus modischen und provokatorischen Gründen begannen, sich in ihrem Äußeren das Flair der Verwahrlosung zuzulegen« (*Herold* 1974 c, 24, 28).

In diesem Zusammenhang sei darauf hingewiesen, daß – von dem Konzept der individualisierenden Ausgestaltung des Bezugsrahmens Sozialpathologie (s. o. § 4 II.) aus betrachtet – bezüglich entlassener Gefangener bemerkt wird, es sei weniger die Tatsache der Bestrafung als vielmehr der Lebens*stil* der Straftäter, gegen den die Gesellschaft sich wehre und den sie nicht toleriere (vgl. *Göppinger* 1976, 316; *Hartmann* in: *Buchholz* u.a. 1971, 210).

γ) Nach einer US-amerikanischen Aktenuntersuchung (*Wolfgang* u.a. 1972) über 9.945 männliche – und zu 29 % Nicht-Weiße – Jugendliche des Geburtenjahrgangs 1945 waren 35 % (abs. 3.475) mindestens einmal, und von diesen 54 % mehrfach wegen insgesamt 10.214 delinquenter Taten polizeilich registriert; innerhalb des zuletzt genannten Anteils waren 627 »chronische Delinquente« mit mehr als vier Polizei-«Kontakten«, die 51,9 % der 10.214 Taten begangen hatten. – Eine entscheidende Korrelation mit polizeilich registrierter Delinquenz bestand bei den Variablen Rasse und sozialer Status (*Wolfgang* u.a. 1972, 55, 244 ff.). Diese beiden Variablen überdeckten sämtliche zusätzlich einbezogenen Variablen. Eine Häufung dieser beiden Variablen mit anderen – von ihnen überdeckten – Negativ-Variablen war mit ansteigender Tendenz am gewichtigsten unter anderem bei den mehrfach registrierten Personen und den »chronischen Delinquenten«, bei zunehmender Schwere der Taten nach Art und Gefährlichkeit, bei zunehmender Art der Reaktion auf die Taten, wobei die Art der Reaktion mehr hinsichtlich der Variable Rasse und weniger hinsichtlich derjenigen des sozialen Status selektiv war.

Bei den nur einmal registrierten Personen lagen 3/4 der Taten im nichtkriminellen Bereich von »delinquency«. Bei 2/5 der Diebstähle lag der Schaden unter 10 Dollar, wobei der Schaden bei Weißen durchschnittlich 34 Dollar, bei Nicht-Weißen dagegen nur 10 Dollar betrug (*Wolfgang* u.a. 1972, 84 f.). Bei Gewaltdelikten wurden für Nicht-Weiße höhere Werte verzeichnet als für Weiße. – Die Zahl der Täter und der Taten stieg, besonders bei Gewalttaten, mit dem Alter an, und zwar unabhängig von Rasse und Schicht. Dabei begannen Nicht-Weiße früher mit Polizei-«Kontakten«; ab dem Alter von 17 Jahren fielen die Zahlen von Tätern und Taten wieder ab. Die Schwere der Taten nahm, abgesehen von Körperverletzungen, mit der Rückfallhäufigkeit kaum zu (vgl. aber u. § 56 II. 1.). Hingegen zeigte sich mit ansteigender Rückfallhäufigkeit eine Verkürzung der Rückfallintervalle. Da hiernach die Delinquenz im wesentlichen und ohne Steigerung der Schwere im Alter von 14 bis 16 Jahren sich ereignete, sei die Bedeutung von Frühkriminalität für spätere Straffälligkeit weniger unumstritten als gelegentlich angenommen wird (*Wolfgang* u.a. 1972, 169); allerdings ist dem hinzuzufügen, daß sich dieses Ergebnis nicht speziell auf die mit dem Begriff Frühkriminalität üblicherweise assoziierten Extremgruppen bezieht (s.o. § 25 II. a.A.; s.u. § 56 I. 3.).

Bei 46 % (55 % der Weißen, 34 % der Nicht-Weißen [vgl. *Wolfgang* u.a. 1972, 172]) fand nur einmal ein Polizei-«Kontakt« statt, das heißt es kam insoweit nicht zu einer delinquenten oder kriminellen Verfestigung aufgrund dieses Polizei-«Kontaktes«. Von denjenigen, die zweimal Polizei-«Kontakt« hatten, wurde bei 35 % keine weitere Straftat polizeilich registriert (*Wolfgang* u.a. 1972, 162 ff., 250). – Gemäß einer Statistik der Sanktionsschwere erfuhren solche Betroffene, denen gegenüber bereits bei vorheriger Ahndung eine vergleichsweise schwere Sanktion verhängt worden war, bei der nächsten Ahndung wiederum eine vergleichsweise schwere Sanktion, und zwar unabhängig davon, ob es sich um eher leichtere oder um eher schwerere Taten handelte (*Wolfgang* u.a. 1972, 237).

II. Erledigungssystem

1. Die Staatsanwaltschaft hat insoweit eine zentrale Steuerungsfunktion im Ablauf des sozialen Reaktionsprozesses inne, als die Entscheidung über Einstellung

oder Anklageerhebung (s. hierzu o. § 27 III.) sowie darüber, bei welchem Gericht und gemäß welcher Verfahrensart gegebenenfalls Anklage zu erheben ist, bei ihr liegt.

a) Die Einstellungsmöglichkeiten (vgl. o. § 24 III. 2.) beziehen sich im wesentlichen auf die Beurteilung der Tat und Täterschuld (§§ 153 ff. StPO, weitergehend § 45 JGG) sowie der Beweismöglichkeiten (§ 170 Abs. 2 StPO); letztere stehen quantitativ deutlich im Vordergrund. Einstellungen aufgrund unterschiedlicher Auffassung zum Beispiel über das Vorliegen einer Straftat oder von Rechtfertigungs- oder Schuldausschließungsgründen scheinen vergleichsweise selten zu sein (vgl. *Sessar* 1975, 1033, 1047, 1049); dies ist im Hinblick auf Fragen der Subsumtionstendenzen zwischen Polizei einerseits und Staatsanwaltschaft andererseits bedeutsam.

Was im einzelnen die Einstellung wegen Geringfügigkeit (§ 153 StPO) angeht, so wird ein *relativer Schadensbegriff* zugrunde gelegt, der an den Durchschnittsverstößen gegen dieselbe Strafbestimmung gemessen wird. Dabei steigt der »durchschnittliche Schaden«, der eine Einstellung wegen Geringfügigkeit noch erlaubt, mit dem Schaden, der durch dieses Delikt im allgemeinen verursacht wird. Demgemäß wurden für Ladendiebstahl 24 DM und für Unterschlagung 1264 DM (vgl. *Blankenburg* u.a. 1978, 111), hingegen für Wirtschaftsstraftaten 50.000 DM und 250.000 DM zugrundegelegt (s. auch die Zahlenangaben bei *Kunz* 1979, 41, der eine einschlägige Relevanz unterschiedlicher Beweislage vermutet).

b) Bezüglich einer Anklageerhebung hängt es von der Beurteilung des Ausmaßes des Unrechtsgehalts der Tat und der zu erwartenden Sanktionierung ab, ob die Durchführung einer Hauptverhandlung oder der Erlaß eines Strafbefehls beantragt wird, und ob Anklage vor dem Kollegialgericht oder vor dem Einzelrichter erhoben wird (§§ 407 f. StPO, §§ 24 f., 28, 74 GVG).

Von dem Antrag auf Erlaß eines Strafbefehls soll die Staatsanwaltschaft absehen, falls ein Einspruch des Beschuldigten zu erwarten ist. Hieraus ergibt sich, daß das Strafbefehlsverfahren gerade auf diejenigen Fälle zugeschnitten ist, in denen ein Einspruch – und eine anschließende mündliche Verhandlung – nicht folgen wird. Demgemäß läßt sich das schriftliche und geheime Wesen des Strafbefehlsverfahrens auch nicht unter Hinweis darauf legitimieren, der Betroffene habe die Möglichkeit, eine mündliche Verhandlung zu erzwingen (s. hierzu *Schmitt* 1977, 643 m. Hinw. auf Nr. 175 Abs. 3 RiStBV).

2. Zur Vorbereitung ihrer Entscheidungen kann die Staatsanwaltschaft, nach Eingang des polizeilichen Schlußberichts, Nachermittlungen anstellen. Mit der Durchführung von Nachermittlungen beauftragt die Staatsanwaltschaft nahezu regelmäßig wiederum die Polizei oder aber andere Behörden beziehungsweise Sachverständige.

a) Soweit die Staatsanwaltschaft von der Möglichkeit der Nachermittlungen Gebrauch macht, scheint es, im Unterschied zum Ermittlungsziel der Polizei, seltener um die Behebung eines Mißverhältnisses zwischen mangelnder Aufklärung und bestehender Beweisschwierigkeiten einerseits und angenommener Anklagebedürftigkeit andererseits zu gehen. Vielmehr finden Nachermittlungen häufiger in bereits »aufgeklärten« als in beweisschwierigen Fällen statt, und zwar möglicherweise mit dem Ziel der Absicherung oder Präzisierung der Begründung einer vorgesehenen Entscheidung. – Es ist berechnet worden, daß der Anteil der durch die Staatsanwaltschaft veranlaßten Nachermittlungen mit der zunehmenden Schwere der Art der Vorstrafen wie auch mit steigender Schadenshöhe zunimmt (vgl. *Sessar* 1975, 1033, 1045); die Quote soll bei Betrugsdelikten 40 %, bei Diebstahlsdelikten hingegen 8 % betragen (*Blankenburg* 1978, 264).

b) Die Frage der Vorstrafenbelastung scheint weithin bereits innerhalb des Ermittlungsverfahrens und vor Entscheidung über die Frage der Anklagefähigkeit eines Verfahrens erfaßt zu werden. Inwieweit diese Entscheidung von der Kenntnis über eine Vorstrafenbelastung beeinflußt wird, ist kaum geklärt.

Nach der Untersuchung von *Sessar* (1975, 1033, 1053) zum Beispiel soll die Staatsanwaltschaft in 70 % aller Verfahren, in denen ein Tatverdächtiger benannt war, einen Strafregisterauszug angefordert haben; bei diesem Anteil habe es sich um erheblich mehr Fälle gehandelt, als später angeklagt worden seien.

Die Frage der Vorstrafenbelastung ist bei anklagefähigen Verfahren insoweit verfahrensrechtlich bedeutsam (§ 160 Abs. 2, 3 StPO), als von den Vorstrafen die Wahl der Anklageart und des Spruchkörpers abhängen kann und als Vorstrafen zudem für die Rückfallberechnung wesentlich sind (§ 48 StGB; s. auch RiStBV Nr. 18).

3. Über den zahlenmäßigen Anteil der Einstellungsquote bei allen von der Staatsanwaltschaft zu erledigenden Fällen von Verbrechen und Vergehen, der jedenfalls mehr als 50 % betragen soll, differieren die Angaben unter anderem wegen Unterschieden des verwendeten Datenmaterials (vgl. *Kerner* 1973b, 118; *Sessar* 1975, 1033, 1043 f.; *Steffen* 1976, 288; zur Allgemeinen Kriminalität s. auch Tab. 4).

a) Nach den Erhebungen von *Ritter* (1960, 39; vgl. hierzu auch *Kerner* 1973 b, 120 f.) ergaben sich bei Verfahren wegen Raub und Erpressung (§§ 249 – 256 StGB) Einstellungsanteile von null Prozent; die entsprechenden Anteile betrugen bei Sachbeschädigung und gemeingefährlichen Delikten (§§ 303 – 330c StGB) 77,5 %, bei Diebstahl (§§ 242 – 245a StGB) 66,5 %, bei Delikten gegen die Sittlichkeit (§§ 173 – 184b StGB) 54,1 %, bei Eidesdelikten (§§ 153 – 163 StGB) 51,6 %. Bei den übrigen Deliktsgruppen lag der Anteil an Einstellungen unter 50 % (*Ritter* 1960); im einzelnen betrug er bei Verfahren wegen Unterschlagung und Untreue (§§ 246, 266 StGB) 45,5 %, bei Betrug (§§ 263, 265a StGB) 45,4 %, bei Delikten gegen das Leben (§§ 211 – 222 StGB) 43,9 %, bei Urkundenfälschung (§§ 276 – 281 StGB) 33,3 %, bei Verfahren bezüglich strafrechtlicher Nebengesetze 25,1 % und bei Verfahren wegen Begünstigung und Hehlerei (§§ 257 – 262 StGB) sowie wegen Verstößen gegen das Gesetz über Unedle Metalle jeweils 1,4 %. – Nach *Warkentien/Osterhaus* (1969, 419) ergab sich bei 856 Fällen von Gewalttätern eine Einstellungsquote durch die Staatsanwaltschaften von knapp 58 %.

Tabelle 4: *Tatverdächtigenziffer, Angeklagtenquote und Verurteiltenziffer (je 100000 strafmündige Einwohner der gleichen Personengruppe) bei Allgemeiner Kriminalität*
(Quelle: StatJb 1974, 116 ff.; 1977, 314 ff.; StrafSt 1970 – 1975, Tab. 1)

Jahr	Tatverdächtige				Abgeurteilte in Prozent der Tatverdächtigen				Verurteilte; jeweils in ( ) Prozentanteile wegen Diebstahls*) Verurteilter			
	Jugendl.	Heranw.	Erw.	Insg.	Jugendl.	Heranw.	Erw.	Insg.	Jugendl.	Heranw.	Erw.	Insg.
1970	4315	5150	1636	1997	41,0	40,6	42,3	41,9	1446 (68,5)	1755 (45,3)	583 (31,2)	701 (34,8)
1971	4358	5380	1563	1948	41,9	42,9	45,2	44,4	1479 (65,8)	1942 (44,4)	597 (32,3)	726 (36,9)
1972	4475	5526	1607	2005	40,7	44,2	45,0	44,3	1457 (64,4)	2044 (42,7)	617 (31,9)	747 (37,9)
1973	4080	5084	1597	1951	43,4	45,7	46,5	45,9	1369 (63,1)	1923 (42,1)	626 (31,7)	745 (37,2)
1974	3953	5150	1665	2011	44,0	45,4	47,3	46,6	1338 (61,6)	1918 (39,9)	661 (30,7)	775 (35,8)
1975	4041	5534	1740	2110	40,7	40,5	43,8	42,9	1251 (61,4)	1814 (40,3)	635 (34,0)	742 (38,3)

*) §§ 242 bis 244 StGB

b) Nach einer auf Durchschnittszahlen bezogenen Übersicht von *Blankenburg* (1973; vgl. im übrigen aber auch *Sessar* 1975, 1053), die unter dem Vorbehalt möglicher erheblicher Abweichungen bei verschiedenen Staatsanwaltschaften steht, enthielt die Erledigungsstatistik der Staatsanwaltschaft für das Jahr 1971 insgesamt 74 % solcher Erledigungen, die vor Anklageerhebung durchgeführt wurden; hinsichtlich der verbliebenen 26 % an Erledigungen durch Erhebung öffentlicher Klage ergaben sich Anteile von 16 % für das Strafbefehlsverfahren und von 10 % für das Hauptverfahren.

III. Einzelne Kriterien der Erledigungsstrategie

1. a) Was die Frage nach regionalen Unterschieden (z.B. Nord-Süd-Gefälle, Stadtstaat-Flächenstaat- oder Stadt-Land-Verhältnis) der Erledigungsstrategie angeht (vgl. kritisch *Sessar* 1975, 1038 f.; s. auch § 30 I. 3. a), § 52 I. 4.), so setzt sie die Einbeziehung von Variablen sowohl der Behördengröße und -struktur als auch der Deliktsstruktur voraus. Soweit Tendenzen etwa im Verhältnis von Einstellungs- und Anklagequote zwischen »großen« und »kleinen« Staatsanwaltschaften bestehen (s. auch u. 4.), scheinen sie nicht nur auf einer unterschiedlichen Belastung der Staatsanwaltschaften, sondern wesentlich auch auf unterschiedlichen Ausprägungen der Deliktsstruktur zu beruhen. Dies gilt insbesondere für die hohen Ausmaße des erheblichen Anteils des Diebstahls in großstädtischen Ballungsräumen, bei denen wegen des außergewöhnlich hohen Anteils unbekannter Täter ein vergleichsweise deutlich höherer Anteil an Einstellungen zu verzeichnen ist.

Dies betrifft teilweise auch die beträchtlichen regionalen Verschiebungen, die sich bezüglich des Verhältnisses von Verdächtigen- und Abgeurteiltenziffer ergeben. Den höchsten Anteil Abgeurteilter unter den Tatverdächtigen weist Niedersachsen auf, das von einer sehr niedrigen Kriminalitätsbelastungsziffer gekennzeichnet ist; dem folgen Nordrhein-Westfalen, Rheinland-Pfalz, Bayern und Baden-Württemberg, während die Stadtstaaten und Schleswig-Holstein den niedrigsten Anteil haben (s. u. § 30 I. 3. a), Tab. 6).

Nach Einzelangaben wurde für Hamburg der Anteil an Einstellungen wegen Geringfügigkeit auf 24 % bei Diebstahl und 42 % bei Betrug berechnet, während die entsprechenden Zahlen für Hechingen sich auf 3 % und 12 % beliefen; für andere in die Erhebungen einbezogene Staatsanwaltschaften wurden zwischen 13 % und 19 % bei Diebstahl und zwischen 17 % und 33 % bei Betrug gezählt (vgl. *Blankenburg* 1978, 264).

b) Im übrigen lassen sich prinzipiell unterschiedliche Erledigungsstrategien vermuten, und zwar auch ohne erkennbaren Zusammenhang etwa zur Deliktsstruktur.

So besteht zum Beispiel eine erhebliche Diskrepanz zwischen den Verhältnisziffern der ermittelten und der verurteilten jugendlichen Täter innerhalb der Bundesrepublik Deutschland. Während die Ziffern der Ermittelten im Jahre 1961 in Hamburg 4.621, in Baden-Württemberg 3.931 und in der Bundesrepublik Deutschland insgesamt 4.048 betrugen (RPflSt 1961, 13), lauten die Ziffern der wegen Straßenverkehrsdelikten Verurteilten in der gleichen Reihenfolge 27,4, 687,7 und 389,8 (RPflSt 1961, 24).

Die Verhältnisziffern für ermittelte und verurteilte Täter zeigen auch innerhalb verschiedener Altersgruppen regional erhebliche Diskrepanzen. Deutliche Unterschiede scheinen sowohl zwischen einzelnen Bundesländern jeweils einheitlich für alle Altersgruppen als auch innerhalb einzelner Bundesländer bezüglich verschiedener Altersgruppen zu bestehen (Tab. 5); hierzu sei das Verhältnis zwischen verdächtigten und verurteilten Jugendlichen und Erwachsenen in Hamburg einerseits und Berlin (West) hervorgehoben.

Abgesehen von beträchtlichen Unterschieden auf Landesebene liegen nicht weniger eindrückliche Zahlen bezüglich unterschiedlicher Sanktionierung selbst in benachbarten Gerichtsbezirken vor (vgl. zum Ausland die Übersicht bei *Hood/Sparks* 1970, 146 – 147).

2. Hinsichtlich spezieller Kriterien (für die Entscheidung gemäß § 160 Abs. 1 StPO) sind regelmäßig die Vorstrafenbelastung sowie die – relative – Schwere des Delikts ermittelt worden.

a) So hat sich bei einer Unterteilung der von der Staatsanwaltschaft erledigten Fälle in solche »ohne Vorstrafen«, solche mit »Geldstrafe als Vorstrafe« und solche mit »Freiheitsstrafe als Vorstrafe« ein Anstieg der Anklagequote über diese Kategorien hinweg gezeigt. Umgekehrt ausgedrückt haben Einstellungen mangels Beweises und wegen Geringfügigkeit über diese Kategorien hinweg abgenommen: von 12 % auf 3 % beim Ladendiebstahl, von 40 % auf 12 % beim Einbruchdiebstahl, von 41 % auf 26 % beim Betrug im Geschäftsverkehr und von 50 % auf 30 % bei der Unterschlagung (vgl. *Sessar* 1975, 1033, 1053). – Eine ähnliche Entwicklung ist auch mit steigendem Schaden beobachtet worden, wobei die Einstellungen

Tabelle 5: Täterziffer und Verurteiltenziffer (je 100 000 der jeweiligen Altersgruppe) der Allgemeinen Kriminalität in einzelnen Bundesländern im Jahre 1969 (in den Jahren 1969 – 1973 im Durchschnitt) (Quelle: RPflSt 1969 – 1973)

Land	Jugendliche		Heranwachsende		Erwachsene	
	Verdächt.	Verurteilte	Verdächt.	Verurteilte	Verdächt.	Verurteilte
Bundesgebiet	4 082	1 400	4 701	1 695	1 635	594
	(4 262)	(1 430)	(5 168)	(1 872)	(1 607)	(603)
Bayern	3 668	1 312	4 919	2 030	1 682	683
	(3 755)	(1 330)	(5 104)	(2 141)	(1 671)	(692)
Berlin	7 201	2 202	8 031	1 822	3 494	769
	(10 272)	(2 121)	(10 284)	(2 067)	(3 508)	(814)
Hamburg	7 801	801	8 136	1 436	2 469	757
	(8 593)	(1 028)	(9 698)	(1 670)	(2 644)	(755)
Nordrhein-Westfalen	4 283	1 572	4 411	1 568	1 313	543
	(4 264)	(1 522)	(4 801)	(1 708)	(1 333)	(545)

(sowohl nach § 153 StPO als auch nach § 170 Abs. 2 StPO) mit steigendem Schaden abnehmen (vgl. *Sessar* 1975, 1033, 1053); diese Tendenz bestand allerdings nur in den Grenzen der am relativen Schadensbegriff orientierten Vorgehensweise (s. o. II. 1. a)).

Zur Interpretation dieser Entsprechungen ist davon auszugehen, daß Vorbestrafte – trotz (oder auch wegen) geringerer Aussage- und Geständnisbereitschaft und vermutlich wegen einer als geringer bewerteten Glaubwürdigkeit – eine vergleichsweise nur geringere Chance zur Einstellung des Verfahrens mangels hinreichenden Tatverdachts haben als Nichtvorbestrafte. Soweit demgemäß eine Anklage gegenüber Vorbestraften erwartungsgemäß trotz vorhandener Beweisschwierigkeiten eher erfolgreich sein wird als gegenüber Nichtvorbestraften, mag die Eigenschaft, Vorbestrafter zu sein, die Anklagefähigkeit eines Verfahrens mitbegründen (vgl. hierzu *Sessar* 1975, 1054 m.w.N.). – Bei Entscheidungen nach §§ 153 f. StPO soll der Faktor Vorstrafe jedoch gegenüber »bagatellisierungsförderlichen« Umständen durchaus in den Hintergrund treten können (*Kunz* 1979, 42 f.).

b) Was die – relative – Schwere angeht, so besteht eine Besonderheit bezüglich der Fälle des Ladendiebstahls insofern, als die Staatsanwaltschaft Einstellungen nach §§ 153 f. StPO oder nach § 170 Abs. 2 StPO – trotz Zugrundelegung eines relativen Schadensbegriffs (s. o. II. 1. a)) – vergleichsweise sehr selten vornimmt. Dies mag wesentlich darauf zurückzuführen sein, daß die zur weiteren Verfolgung notwendigen Informationen und Beweismittel bei der Anzeigeerstattung meist mitgeliefert werden. Ferner dürfte von Einfluß sein, daß überwiegend eine erhebliche Anzahl von Fällen in einem einheitlichen Akt zur Anzeige gebracht wird, so daß eine Selektion ohne weiteres bemerkt würde.

Zum anderen mögen die dahingehenden Einwirkungen der Warenhäuser auf die öffentliche Meinung, der einzelne Verbraucher werde geschädigt, weil der Verlust auf den Preis umgelegt werde, eine Verfolgung trotz Geringfügigkeit fördern. Die Firmenverbände haben die Meinung, die Gefährdung durch Ladendiebstahl sei vergleichsweise hoch, nachdrücklich in die öffentliche Meinung hineingetragen, so daß wegen der Häufigkeit des registrierten Ladendiebstahls ein öffentliches Interesse an der Strafverfolgung angenommen wird. Nicht zuletzt mag eine Beschwerdemacht der Anzeigeerstatter von Einfluß sein, wobei eher die Möglichkeit formloser Beschwerde als das – in diesem Bereich nur weniger wahrgenommene Beschwerderecht im Sinne des Klageerzwingungsverfahrens – in Rede steht.

Die Anklagen bei Ladendiebstahl sind in 85 % der Fälle auf einen Strafbefehl und in 15 % auf Eröffnung des Hauptverfahrens gerichtet.

3. Demgegenüber sind Merkmale des sozio-ökonomischen und des altersmäßigen Status im Rahmen der staatsanwaltschaftlichen Erledigungsstrategie eher strukturell relevant. Soweit unterschiedliche Deliktsgruppen auf verschiedene sozio-ökonomische oder altersmäßige Gruppen unterschiedlich verteilt sind, beruht dies hinsichtlich des Begehungsaspekts auf unterschiedlichen normrelevanten Verhaltensmustern oder Zugangschancen (s. o. § 26 IV. 3.). Bezüglich des Aspekts reaktiver Definition ergibt sich diese unterschiedliche Verteilung aus zeitlich vorausgegangenen Unterschieden in der Anzeigeerstattung, -aufnahme und -bearbeitung und in der Einlassung und Verteidigung des Beschuldigten sowie aus tendenziell unterschiedlichen Beweismöglichkeiten und -anforderungen. So wird zum Beispiel beim Diebstahl von den objektiven Tatbestandsvoraussetzungen eher auf das Vorliegen auch der subjektiven Tatbestandsvoraussetzungen geschlossen, als es zum Beispiel beim Betrug der Fall ist. Aus den genannten Grün-

den ist auch die Vorstrafenbelastung bei Personen mit niedrigerem sozio-ökonomischen Status, statistisch betrachtet, regelmäßig höher.

Blankenburg u.a. (1975, 36) fanden aufgrund einer Untersuchung der Akten von acht Staatsanwaltschaften in der Bundesrepublik Deutschland – außer Verfahren gegen Hausfrauen und in Ausbildung befindliche Personen – die allgemeine Annahme einer schichtunterschiedlichen Verteilung von Delikten bestätigt. So ergab sich bei Diebstahlsdelikten eine Überrepräsentierung von Angehörigen unterer Schichten, und zwar durch Personen mit manuellen Berufen; bei Kfz.-Diebstahl und Einbruchdiebstahl traten Täter aus der Schichtkategorie »Sozial Verachtete« erheblich in den Vordergrund, während sie bei Ladendiebstahl nur geringe Belastungen aufwiesen. Demgegenüber gehörten die Täter bei Betrug und Unterschlagung eher mittleren Schichten an; bei der Unterschlagung gegenüber dem Arbeitgeber zeigte sich eine vergleichsweise deutliche Überrepräsentierung von Angestellten und Beamten (vgl. *Blankenburg* u.a. 1975, 36 ff.). Einstellungen mangels Beweises (§ 170 Abs. 2 StPO) waren bei allen Diebstahlsformen seltener als bei Betrugs- und Unterschlagungsdelikten, ohne daß *unmittelbare* schichtspezifische Unterschiede in der Einstellungspraxis festgestellt worden wären. Bei den Einstellungen wegen Geringfügigkeit hingegen ergaben sich im unteren Schadensbereich, das heißt bis unter 100 DM, bei Diebstahlsdelikten geringe und bei Betrug deutliche Schichtunterschiede; dieser Einstellungsgrund lag bei Diebstahlsdelikten und insbesondere bei Einbruchdiebstahl (ohnehin) vergleichsweise selten, bei Betrug hingegen häufig vor (s. auch *Blankenburg* 1978, 265 f.).

Ferner haben die Autoren berechnet beziehungsweise interpretiert, daß das Kriterium einer Vorstrafenbelastung bei einfachem Diebstahl und bei Betrug ausschlaggebender für die Art der Erledigung war als die Variable der Schichtzugehörigkeit, da bei einer Kontrolle der Schichtvariablen mit der Vorstrafenbelastung sich die Schichtunterschiede verringerten oder sogar aufhoben (vgl. aber auch *Steffen* 1976, 293 f.); eine Ausnahme bildete hier der Einbruchdiebstahl.

4. Was im besonderen *Wirtschaftsstraftaten* anbetrifft, so ist die Erledigungsstrategie davon beeinflußt, daß Tatbegehungsformen in besonderer Häufigkeit und unter Ausnutzung dogmatischer Auslegungen und Interpretationen als noch legal behauptet werden (s. hierzu und zum folgenden auch o. § 23 II. 2. a)); andererseits ist der Nachweis der Straftat – im Hinblick auf die dem (vermutlichen) Straftäter zur Verfügung stehenden Mittel – vergleichsweise aufwendig. Soweit im Wirtschaftsleben nicht Einzelpersonen, sondern Unternehmen durch ihre Organe handeln, besteht die Schwierigkeit, durch den Organisationsaufbau hindurch einen – gerade auch in subjektiver Hinsicht – lückenlosen Beweis zu finden. Dabei mögen als Täter bevorzugt solche Unternehmensangehörige erscheinen, die auf unterer Ebene und auf Anweisung handeln. Hinzu tritt die mangelnde Praktikabilität einzelner Tatbestände des Wirtschaftsstrafrechts; in diesem Zusammenhang werden zum einen die subjektiven Erfordernisse des Tatbestandes als zu weit angesehen, andererseits wird das Ausmaß der Konkretheit objektiver Tatbestandsmerkmale beanstandet.

Einzelne Hinweise zur Erledigungspraxis bei Wirtschaftsstraftaten haben sich aus den Daten der »Bundesweiten Erfassung ...« (vgl. zum folgenden *Berckhauer* 1977, 1015, 1019; s. auch o. § 17 I. 2. a)) ergeben. Diese gelten jedoch nur unter der Einschränkung, daß diese Datensammlung keine Tabellen für alle Wirtschaftsstraftaten enthält und daß solche auch nicht erstellt werden können, weil aus dem statistischen Material namentlich zum Betrugstatbestand des § 263 StGB die Wirtschaftsstraftatbestände sich nicht ausscheiden lassen; allenfalls durch eine vertiefte Aktenuntersuchung ließe sich die Struktur des § 263 StGB entsprechend aufteilen.

a) Bezüglich der Häufigkeit, mit der im Ermittlungsverfahren überprüfte Tatbestände schließlich angeklagt werden, habe sich ergeben, daß typische wirtschaftsdeliktische Tatbestände eine vergleichsweise geringe Anklagequote aufweisen. So habe die Anklagequote beim betrügerischen Bankrott (§ 239 KO a.F.) nur 18 %, bei der strafbaren Werbung (§ 4 UWG) 22 % und beim Wucher (§§ 203a bis 302f StGB a.F.) 36 % betragen. Steuer- und Zolldelikte hingegen würden, vermutlich wegen der Vorauswahl anklagefähiger Verfahren durch Finanz- und Zollbehörden, vergleichsweise häufig angeklagt. – Bei Tatbeständen mit einem oder mehreren konkretisierungsbedürftigen Elementen sei die Einstellungshäufigkeit eineinhalbmal größer als bei einem Fehlen derartiger Merkmale.

Diese Ergebnisse sollen aber nicht uneingeschränkt für alle Staatsanwaltschaften gelten. Vielmehr würden durch die nichtspezialisierten Staatsanwaltschaften auch bei konkretisierungsbedürftigen Tatbeständen in mehr als der Hälfte der Verfahren Anklagen vorgenommen, während Schwerpunkt-Staatsanwaltschaften zu einer Anklage nur noch in einem Drittel der Fälle gelangten. Kleine und mittlere Staatsanwaltschaften ließen ebenfalls nur geringe Unterschiede in der Behandlung von konkretisierungsbedürftigen Tatbeständen und nichtkonkretisierungsbedürftigen Tatbeständen erkennen.

b) Insgesamt betrachtet wurde vermutet, daß als Kriterien für den Ausgang des Ermittlungsverfahrens zunächst *Art und Umfang* (= Zahl der Einzelfälle und Schadenshöhe) des *Delikts* bedeutsam seien, wobei die Wahrscheinlichkeit der Anklageerhebung mit der Größe des Verfahrensgegenstandes zunehme; mit zunehmender Anzahl der Beschuldigten steige hingegen die Wahrscheinlichkeit der Einstellung. Als zweites Kriterium seien *Art* (= Spezialisierung und innerbehördliche Konzentration) *und Größe der Staatsanwaltschaft* relevant, wobei die Wahrscheinlichkeit der Einstellung mit Größe und Spezialisierung der jeweiligen Behörde ansteige; allerdings soll es sich hierbei teilweise um eine von der unterschiedlichen Deliktsstruktur abhängige Variable handeln.

§ 30 Tätigkeit des Gerichts

I. Allgemeines

1. Der informelle und auch der formelle strafrechtliche soziale Reaktionsprozeß, der vor Befassung des Strafgerichts abläuft, engen dessen Entscheidungsbereich – verglichen mit der Gesamtheit vermuteten faktischen Verbrechens – erheblich ein. Darüber hinaus ist auch bei einer – isoliert gedachten – Analyse allein der Tätigkeit der Strafgerichte eine Ungleichmäßigkeit der Rechtsprechung unstreitig (vgl. schon *Exner* 1931). Zwar wird man, von Fehlurteilen abgesehen, davon auszugehen haben, daß sich die Selektionsproblematik auf der Ebene gerichtlicher Tätigkeit in einem hohoren Maße auf Fragen »reiner Rechtsanwendung« (vgl. auch *Zipf* 1973, 81) bezieht. Dies geschieht jedoch weithin innerhalb derjenigen Schranken sozialer Wahrnehmung, die die zuvor tätig gewesenen Institutionen errichtet haben (s. u. § 42 III.).

§ 30 Tätigkeit des Gerichts

Hieraus folgt, daß die Vorstellung, eine Strafbemessung finde nur und erst durch das Gericht statt, nicht vertretbar ist (vgl. *Stratenwerth* 1972, 37). Als Beispiel sei nur auf die Voraussetzung der »geringen Schuld« zur Einstellung wegen Geringfügigkeit (§ 153 StPO, s. hierzu o. § 24 III. 2. a)) hingewiesen, deren Vorliegen im Sinne des Strafbemessungsrechts zu prüfen ist. Zugleich bestehen Bedenken gegenüber demjenigen (traditionellen) Verständnis, nach dem strafgerichtliche Tätigkeit geeignet sei, eine (verabsolutierte) Gleichheit oder Gerechtigkeit durchzusetzen.

Andererseits stellen die Existenz des Dunkelfeldes, die Verlagerung der Sanktionierung auch auf außerjustitielle soziale Regelungssysteme (s. o. § 28) sowie die faktische Schwerpunktbildung der Ermittlungsbehörden keinen prinzipiellen funktionellen Mangel dar, weil zur Wirksamkeit sozialer Normensysteme eine umfassende Sanktionierung der Verletzung solcher Normen nicht tauglich ist (s. hierzu auch o. § 3 II. 3. b)); vielmehr scheint es auf eine jeweils optimale Sanktionierungsrate anzukommen, die die Geltungskraft einer Norm sicherstellt. Insofern wäre nicht das Selektionsproblem schlechthin, sondern die Art und Weise der Durchführung der Selektion zu überprüfen, damit »insbesondere eine sachwidrige Ungleichbehandlung innerhalb der Strafverfolgung« (*Zipf* 1973, 85) ausgeschlossen oder doch eingeschränkt wird.

a) Wenn aber strafgerichtliche Tätigkeit eine (verabsolutierte) Gleichheit und Gerechtigkeit nicht erbringen kann, so liegt ein Bedürfnis nach Legitimation dieses Verfahrens nahe. Insbesondere läßt der für das strafgerichtliche Verfahren betriebene gesellschaftliche Aufwand in finanzieller, personeller und vor allem ritueller Hinsicht darauf schließen, daß die strafgerichtlichen Entscheidungen anderer Absicherungen bedürftig seien als derjenigen nach den Kriterien von Wahrheit oder Unwahrheit (*Sack* 1972, 19 f. unter Hinweis auf *Garfinkel* 1956, 420 ff.; s. auch o. § 10. I. 2. a)).

α) *Luhmann* (1975, 20) hat das gerichtliche Verfahren im Sinne einer funktional-strukturellen Systemtheorie dahingehend interpretiert, daß es eine Funktion für Legitimation der Entscheidungen habe (dazu kritisch *Esser* 1970, 206 ff.; *Rottleuthner 1971; Naucke* 1972, 57 f.). Dies geschehe auf dem Wege einer (Um-)Strukturierung von Überzeugungen und Erwartungen des Inhalts, daß eine Bereitschaft bestehe, – auch inhaltlich noch unbestimmte – gerichtliche Entscheidungen innerhalb bestimmter Toleranzgrenzen als verbindlich anzunehmen und als auch für das eigene Verhalten gültig zu übernehmen. Die Frage nach der Legitimation sei verkürzt, »wenn sie auf die ›Überzeugung‹ von der Richtigkeit der Werte, Rechtfertigungsprinzipien oder Inhalte der Entscheidungen abstellt«, da sie auf die »Legitimation von Entscheidungen aus einem institutionalisierten Lernprozeß« (*Luhmann* 1975, 36) zu verstehen sei. Die Legitimation der Entscheidungen durch das Verfahren geschehe zugunsten der Sicherung und Stabilisierung des sozialen Systems, wobei Ablehnungen, Proteste oder Widerstände gegen Entscheidungen ohne soziale Resonanz bleiben müßten.

β) Rechtssoziologische Untersuchungen haben sich wiederholt mit der Besonderheit (juristischer und) richterlicher *Sprachgebräuche* befaßt. Die Fragestellungen nach dem Sprachverhalten von Gerichten läßt deutlich werden, daß Richter insofern ein Monopol innehaben, als allein sie zur Interpretation von gesetzlichen Bestimmungen des Straf- und Strafverfahrensrechts zuständig sind. Dabei ist wesentlich, daß diese Kodifizierungen keine erschöpfenden Anwendungsregeln für die richterliche Praxis enthalten; diese Funktion wird vielmehr von institutionalisierten Normen, zu denen als Teilelement zum Beispiel die RiStBV zählen, übernommen (s. hierzu u. § 42). – Hinsichtlich der Interessenstruktur wird gefragt, inwieweit die spezifische Fachsprache, deren Existenz mit der Intention möglichst objektiver Maßstäbe begründet wird, nicht tatsächlich optimale Möglichkeiten dazu gewährleiste, die rechtsschöpferische Tätigkeit des Richters zu verbergen oder auch zu verheimlichen (vgl. hierzu *Geiger* 1970). Auch seien gerichtliche Sprachgebräuche geeignet, einem etwa bestehenden Interesse des Inhalts zu dienen, das erwähnte Monopol im Sinne eines intellektuellen Verfügungsgutes aufrechtzuerhalten (vgl. *Sawer* 1965, 125).

b) Innerhalb der gesellschaftspolitisch orientierten Untersuchungen zur richterlichen Tätigkeit geht eine wesentliche Überlegung davon aus, daß die Ausprägung von Merkmalen des sozialen Standorts, der Ausbildung und der Persönlichkeit des Richters einen Einfluß auf den richterlichen Entscheidungsprozeß haben.

Nach mehreren Erhebungen über die schichtmäßige Herkunft der Richter hat sich ergeben, daß etwa 60 % aus der oberen Mittelschicht, hingegen nur etwa 1 % aus der unteren Unterschicht stammen (vgl. *Richter* 1973, 18 f.). Andere Befunde sprechen für eine relativ hohe soziale Homogenität dieser Berufsgruppe, die auf eine relative Festlegung zahlreicher Strukturen von Einstellungen, Werthaltungen und Überzeugungskriterien schließen lasse.

Wenig geklärt ist dabei die Frage, ob und auf welche Weise sich die mitgeteilten Faktoren auf die Entscheidungstätigkeit von Richtern auswirken (vgl. *Richter* 1973, 27 ff.); hierzu fehlt es bislang an zureichend konkretisierten Hypothesen.

Soweit etwa ausschließlich die Schichtvariable und eine zwangsläufige Abhängigkeit zwischen sozialer Herkunft, bestimmten Ideologien und bestimmten Handlungskriterien zugrundegelegt wurde, erscheint dies als eindimensional und verkürzt. Auch soll ein erheblicher Anteil derjenigen Autoren, die einen solchen Zusammenhang annehmen, eine ähnliche schichtmäßige Herkunftsstruktur aufweisen wie die Richterschaft (vgl. *Noll* 1973, 33 f.). – Gelegentlich wird vermutet, daß Richter gerade aus höheren sozialen Schichten eher in der Lage sein könnten, sich von den Vorstellungen ihrer Bezugsgruppen freizumachen und eine größere Bereitschaft zu abweichender Meinung und zu Selbständigkeit gegenüber Präzedenzentscheidungen zu erreichen (vgl. *Richter* 1973, 33 f.; *Weiss* 1971, 106).

α) Am ehesten lassen sich strukturell bedingte, den Beteiligten verborgen bleibende Mechanismen vermuten, die als Elemente institutionalisierter Normen (s. u. § 42) zu unterschiedlichem Rechtshandeln führen. Sie werden, entgegen direkt wirkenden Mechanismen, auch bei subjektiv bestem Bemühen der Persönlichkeit des Richters um Einsicht durch ihn selbst nicht zu beheben sein, so daß er eine selektive Funktion seiner Tätigkeit als Rollenträger auch nicht zu ändern vermag.

β) Soweit Personen, deren Arbeits- und Familienbereich sozialer Stabilität ermangelt, als eher zu Straffälligkeit neigend beurteilt werden als andere Personen, könnten Merkmale sozialer Ungleichheit eine strafrechtliche Ungleichbehandlung zur Folge haben. Gerade hierbei dürfte der Frage Bedeutung zukommen, ob der Richter die Verhältnisse in Mittelschichten selbst erfahren hat, es ihm hingegen an Informationen über Verhältnisse und Gewohnheiten in bestimmten Sektoren unterer Schichten mangelt. Im letzteren Fall verwundert es nicht, wenn die Befolgung von Verhaltenserwartungen aus solchen Sektoren durch einen Angeklagten dem Richter als fremd und erwartungswidrig erscheint, und er aufgrund eines solchen Verhaltens zu der Erklärung gelangt, es liege ein individueller personaler oder sozialer Defekt vor (vgl. hierzu o. § 4 II.). Umgekehrt ist es verständlich, wenn der Richter das Verhalten des Angeklagten im Ergebnis nach solchen Erfahrungen, Zielvorstellungen und Erwartungen beurteilt, die diesem statusfremd sind und deren Einhaltung ihm kaum oder nicht möglich ist.

Der Richter auf Lebenszeit mag erhebliche Schwierigkeiten haben, zum Beispiel eine der Gegenwart zugewandte Konsumorientierung und mangelnde Planung eines ungelernten Arbeiters zu verstehen, soweit solches etwa als Ausdruck von Zukunftsangst betreffend Krankheit und sozialen Abstieg zu erklären ist. – Darüber hinausgehend und wesentlich umfassender mögen auch allgemeine Verhaltensmuster, zumindest in bestimmten Situationen, strukturell unterschiedlich festgelegt sein (s. auch o. § 26 IV.).

γ) *D. Peters* (1973) beobachtete 51 Einzelrichterverhandlungen über Diebstahls- und Unterschlagungsdelikte an zwei großstädtischen Amtsgerichten; ferner wertete sie eine Befragung von 98 Richtern über deren kriminalpolitische Einstellung aus. Sie bemühte sich um den Nachweis, daß ein solches Verständnis von Kriminalität, das Legitimationsfunktionen (s. o. § 10 III. 1. b)) erfülle, innerhalb der Richterschaft verbreitet sei. Die Untersuchung hat teilweise Belege dafür erbracht, daß die Überrepräsentierung von Angehörigen unterer sozio-ökonomischer Gruppen vor Gericht (noch) ausgeprägter sei als bei der Polizei; dies ist jedoch eher auf die Tätigkeit von Staatsanwaltschaft und Polizei als auf das Bewußtsein von Richtern zurückzuführen.

c) Gemäß marxistischer Gesellschaftstheorie wird die politische Funktion richterlichen Handelns durch den Begriff »Klassenjustiz« gekennzeichnet. Während gerichtliche Tätigkeit an der Oberfläche verselbständigt und als den Interessen aller Individuen dienend erscheine, sei sie tatsächlich ein – mystifiziert ausgestaltetes – Instrument zur Garantie von Ausbeutungsverhältnissen in der Klassengesellschaft.

Dabei bezieht sich der Begriff »Klassenjustiz«, dessen Prägung *Liebknecht* zugeschrieben wird, auf die Rechtsanwendung und ist zu unterscheiden von dem Begriff des »Klassenrechts«, der sich auf die Gesetzgebung bezieht. Die Frage nach dem Wesen der Klassenjustiz richtet sich auf deren Erklärung unter staatstheoretischem Aspekt, die Frage nach der Erscheinung von Klassenjustiz betrifft demgegenüber die Beschreibung gerichtlicher Tätigkeit unter verhaltenstheoretischem Aspekt, das heißt sie befaßt sich mit tatsächlichen Abläufen des Alltags im Rechtshandeln.

2. Untersuchungen der Hauptverhandlung unter Gruppenaspekten richten sich auf Fragen der Verteilung von Autorität und Einfluß in der Gruppe sowie auf die Kommunkations- und Rollenstruktur; dabei wird danach zu unterscheiden sein, ob als Gruppe ein Kollegialgericht oder aber alle am Verfahren Beteiligten verstanden werden.

a) Im allgemeinen wird die Rolle des Vorsitzenden als »Gruppenführer« (vgl. auch *Wassermann* 1970, 148 f.) bezeichnet. Dies beruht nicht zuletzt darauf, daß ihm die Verhandlungsleitung obliegt (§ 238 Abs. 1 StPO), und daß er Kenntnis von den Verfahrensakten hat; bezüglich des Kollegialgerichts gilt als wesentlich, daß bei ihm die Kompetenz zur dienstlichen Beurteilung der übrigen Richter liegt.

Hiernach beruht die Rolle des Vorsitzenden als »Gruppenführer« weniger auf Unterschieden zwischen den individuellen Verfahrensbeteiligten als vielmehr auf solchen der strukturell verschiedenen Verfahrenspositionen.

b) Was die innerhalb des *Kollegialgerichts* ablaufenden Prozesse der Entscheidungsbildung angeht (§ 263 StPO, §§ 194–197 GVG), so finden sie in sozialen Interaktionen zwischen den Mitgliedern des Kollegialgerichts statt, das heißt sie werden insoweit sozial sichtbar, und zwar im Unterschied zu Prozessen der Entscheidungsbildung durch den Einzelrichter, welche im verborgenen bleiben. Andererseits sind wegen des Beratungsgeheimnisses (§§ 45 Abs. 1 S. 2, 43 DRiG) Erhebungen zu diesen sozialen Interaktionen nicht möglich. Dies betrifft auch die wesentliche Frage nach dem Einfluß des Berichterstatters.

Nach *Zeisel* (1974, 561, 564) sollen, bezogen auf die USA, Geschworene im wesentlichen schon vor der Beratung das Urteil gefunden haben, das dann in der Beratung, ähnlich einem »exponierten Film«, entwickelt werde.

Bei Entscheidungen des Kollegialgerichts wird gelegentlich ein geringeres Ausmaß der persönlichen Verantwortlichkeit jedes einzelnen Mitglieds für die Entscheidung vermutet, da diese als von dem Organ Kollegialgericht getragen erscheint und damit mit einer gewissen Anonymität behaftet ist. Soweit davon ausgegangen wird, daß (gerichtliche) Entscheidungen, die in der Gruppe des Kollegialgerichts zustandekommen, Einzelauffassungen weniger regelmäßig zulassen, sondern eher eine Tendenz zum Kompromiß in sich tragen würden (vgl. auch *Schreiber* 1976, 117, 159), wird es hierbei gerade darauf ankommen, ob oder inwieweit die Tendenz zum Kompromiß nicht tatsächlich einen Konformismus zu den Intentionen des Vorsitzenden darstellt; auch ist zu besorgen, daß eine Verdrängung von Einzelauffassungen durch das Kollegialgericht, namentlich im Bereich der Rechtsmittelverfahren, vorrangig als Ausdruck erhöhter Konformität zu behördeninternen Handlungsnormen (s. u. § 42) geschieht.

c) α) Was die Frage nach Prozessen innerhalb derjenigen Gruppe umfaßt, die *alle Beteiligten* einbezieht, so ist bevorzugt die Rolle des Angeklagten, und zwar namentlich im Verhältnis zu derjenigen des Vorsitzenden, erörtert und untersucht worden. Zum einen erscheine der Richter dem Angeklagten als dessen Gegner, weil er sowohl ermittelt als auch schließlich eine Aburteilung vornimmt.

Hinzu kommt, daß schon der Eröffnungsbeschluß eine überwiegende Wahrscheinlichkeit der Verurteilung voraussetzt (§ 203 StPO), so daß die institutionalisierte Rolle des Richters – und nicht etwa dessen individuelle Einzelperson – partiell befangen sein könnte. Auch hieraus haben sich Reformvorschläge dazu entwickelt, den Eröffnungsbeschluß abzuschaffen, und die Staats- und die Rechtsanwaltschaft mehr an der Beweiserhebung zu beteiligen. – Eine Aufschiebbarkeit des Verfahrens bei Richterablehnung wegen individueller Befangenheit hat die am 1.1.1979 in Kraft getretene Neufassung des § 29 StPO gebracht; eine faktisch teilweise Verlagerung der Zurechenbarkeit einer vorschriftswidrigen Besetzung des Gerichts (Art. 101 GG) auf den Angeklagten stellt die Neuregelung der §§ 222a und b StPO dar (vgl. § 338 Nr. 1 StPO).

Zum anderen wurde, in Anlehnung an Vorstellungen zur Disziplinierungsfunktion und zur Legitimationsfunktion für soziale Ungleichheit (s.o. § 10 III.), eine »heimliche Theorie des Verfahrens« vermutet, nach der durch Beteiligung des Angeklagten dessen Persönlichkeit eingefangen, umgebildet und zur Hinnahme von Entscheidungen motiviert (vgl. *Calliess* 1974, 103) oder dessen Rolle innerhalb der Gruppensituation vernichtet (vgl. *Rottleuthner* 1971, 60, 85) werde.

Empirische Belege für diesen Zusammenhang sind seither nur teilweise erbracht worden. So haben zum Beispiel *Tausch/Langer* (1971, 284, 302) berichtet, das Verhalten von Richtern werde »teilweise als erniedrigend, verletzend und geringschätzig empfunden«. Dieser Aussage liegt die Beobachtung von je zwei Hauptverhandlungen in Strafsachen von 18 Richtern zugrunde. – Empirische Anhaltspunkte für die nur begrenzte Eignung der Rollentheorie für den hier gemeinten Zusammenhang hat *Dürkop* (1977) vorgelegt.

Nach der Untersuchung von *Kaupen/Rasehorn* (1971, 497 f.) über die Einstellung der Bevölkerung zur Rechtspflege bezeichneten diejenigen Befragten, die schon einmal in ein Strafverfahren verwickelt waren, den »typischen Richter« in größerem Maße als »unfreundlich, voreingenommen, abweisend und unsachlich«.

β) Hiervon zu unterscheiden ist die Zielvorstellung eines Konsenses innerhalb des strafgerichtlichen Verfahrens, welcher auch von der Überlegung geleitet wird, Möglichkeiten der Vorbereitung zukünftiger Legalbewährung nicht zu zerstören oder auch nur zu behindern. Allerdings kommt hierbei den Problemen der Existenz unterschiedlicher Wahrnehmungen und Interpretationsregeln etwa des Angeklagten einerseits und des Vorsitzenden andererseits (s. auch u. § 42 III.) bezüglich der sozialen Abläufe und Geschehnisse Bedeutung zu (vgl. auch *Sack* 1974 a, 465 ff.). Zudem wird in Frage gestellt, ob der Vorsitzende zwischen dem Bemühen um Konsens einerseits und um Legitimations- und Ordnungsfunktion andererseits, unter Einbeziehung seiner eigenen Rolle und bei Aufgabe richterlicher Distanz, eine »herrschaftsfreie« Erörterung etwa gemäß der »client-centered« Therapie (s. hierzu auch u. § 39 II.1.c)δ)) oder eine »therapeutische« oder »problemlösende Gemeinschaft« (s. hierzu u. § 39 II.1.c)ε) anstreben darf oder sollte. Dies gilt selbst für die Tätigkeit des Jugendrichters (s.u. II.).

γ) Unstreitig verhält es sich im Bereich Allgemeiner Kriminalität dergestalt, daß ganz überwiegend Angehörige eines vergleichsweise höheren sozialen Status (s.o. 1.b)) über Angehörige eines vergleichsweise niedrigen sozialen Status richten. Als unstreitig gilt weiterhin, daß nicht nur besonders sozialschädliche Personen, sondern zu einem hohen Anteil solche Personen die Quote der zu Freiheitsstrafe Verurteilten stellen, denen es an Ausdrucksvermögen, Geschick oder Möglichkeiten fehlt, sich selbst oder mit Hilfe von Rechtsanwälten und Sachverständigen einer solchen Sanktion zu entziehen *(Herold* 1974 c, 28). Im einzelnen soll sich bereits aus Kontaktschwierigkeiten im Auftreten und im Ausdruck eine gewisse »Sperre« von Angehörigen unterer sozialer Schichten gegenüber dem Gericht (vgl. *Rasehorn* 1973, 18) wie auch gegenüber dem Rechtsanwalt ergeben, wobei die Umgangssprache der oberen Mittelschicht sowie die juristische Fachsprache (s. o. § 1. I. 1. a)β)) einerseits und der Dialekt andererseits sich kaum ohne Beeinträchtigung vereinbaren ließen.

Allerdings ist bisher wenig geklärt, in welcher Weise sich die genannten Diskrepanzen auf die Gruppenaspekte auswirken; hierzu werden auch sozio-linguistische Erhebungen erforderlich sein (zur allgemeinen Kommunikationsproblematik s. *Kühne* 1978, bes. S. 88 ff.).

d) Im Bereich der Reformvorstellungen wird eine Zweiteilung des Hauptverhandlung erwogen.

α) Hierzu wird zum einen dahingehend argumentiert, de lege lata sei zu besorgen, daß präventionsrelevante Feststellungen (z. b. betreffend Vorstrafen, Leumund, Sozialisation) sich bereits bei der Beweiswürdigung zur Tat- und Schuldfrage (zum Nachteil des Angeklagten) auswirkten. Auch soll es auf Grund der Unschuldsvermutung und wegen des allgemeinen Persönlichkeitsrechts nicht zulässig sein, daß der Betroffene seine Intimsphäre offenlegt, solange nicht nachgewiesen ist, ob er die Straftat begangen hat. Tatsächlich unterliege der Betroffene, auch wenn das gerichtliche Verfahren mit einem Freispruch endet, gleichwohl einer »öffentlichen Blamage«; dies betreffe auch die »mittelbare Öffentlichkeit« (z. B. Massenmedien, öffentliche Meinung). – Diese Überlegungen sind nur eingeschränkt bedeutsam insoweit, als die Sozial- und Legalanamnese zum Beispiel vorbestrafter Personen, zumal in regional überschaubaren Verhältnissen, bei Gericht und in der Öffentlichkeit bekannt sind. – Im übrigen bestehen Überlegungen, Belastungen für den Betroffenen, die sich aus dem Öffentlichkeitsprinzip herleiten, einzugrenzen (vgl. *Zipf* 1973, 93; s. ferner §§ 48 Abs. 1, 109 Abs. 1 S. 4 JGG, und hierzu o. § 25 III. 4. b)).

Zum anderen wird vorgetragen, bei einer Zweiteilung könnten innerhalb der zweiten Phase des Verfahrens personale und soziale Umstände detaillierter einbezogen werden, als es de lege lata der Fall sei. Eine diesbezügliche Vertiefung sei im Interesse der Bemessung von Rechtsfolgen angezeigt.

β) Gegen die Vorstellung einer Zweiteilung des Hauptverfahrens wird eingewandt, daß hierdurch eine Verfahrensverzögerung eintrete, da die beiden Teilabschnitte des Verfahrens in einer Vielzahl von Fragen kaum eindeutig und ohne Nachteile voneinander zu trennen seien, und tatsächlich Verfahrensabläufe zweifach stattfinden würden. Dem versuchen differenzierende Vorschläge zum Schuld- und zum Tatinterlokut Rechnung zu tragen (empirische Anhaltspunkte bringt *Dölling* 1978).

3. a) Bei regionaler Betrachtungsweise richterlicher Bemessung strafrechtlicher Rechtsfolgen ergeben sich erhebliche Unterschiede in der Verteilung der Verurteilungs-, Einweisungsquote sowie Gefangenenziffern (s. Tab. 5a, Schaubild 3). Diese Verteilung, die im einzelnen auch Besonderheiten nach der Alters- und Ge-

§ 30 Tätigkeit des Gerichts

Tabelle 5a: *Verteilung von Anklagequote (ohne Straßenverkehrsdelikte), Verurteilungsquote und Einweisungsquote (der Kriminalität insgesamt) sowie Gefangenenziffer in den Bundesländern im Jahre 1970 (Quelle: RPflSt 1970, 12, 24)*

Bundesland	Anklagequote = Abgeurteilte in % der Tatverdächtigen	Verurteilungsquote = Verurteilte in % der Abgeurteilten	Einweisungsquote = Eingewiesene in % der Verurteilten	Gefangenenziffer = Strafgefangene und Verwahrte am 31.3.1970 auf 100 000 der strafmündigen Einwohner
Niedersachsen	50,7	88,8	7,6	70,4
Nordrhein-Westfalen	46,7	86,3	9,7	85,6
Rheinland-Pfalz	45,5	88,2	7,8	74,6
Bayern	44,0	88,6	9,2	69,5
Baden-Württemberg	39,9	90,5	10,0	60,1
Saarland	38,4	86,4	12,3	63,5
Hessen	37,2	88,0	6,0	57,9
Hamburg	36,5	74,2	9,6	118,8
Schleswig-Holstein	36,0	87,1	8,6	60,3
Bremen	30,9	83,4	12,8	119,1
Berlin (West)	29,9	81,7	14,8	107,8
Bundesgebiet einschließlich Berlin (West)	41,9	87,1	9,3	75,2

218

Tätigkeit des Gerichts § 30

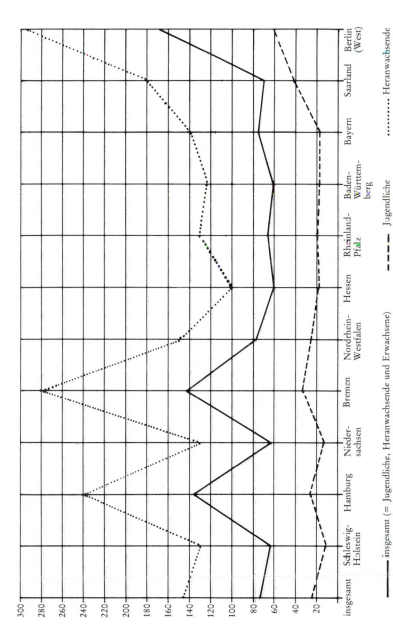

Schaubild 3: *Gefangenenziffer in den Ländern der Bundesrepublik Deutschland einschließlich Berlin (West) am 31. 3. 1976 (Quelle: RPfSt 1976, 37)*

schlechtsstruktur enthält, läßt neben Unterschieden der Behördenorganisation und der Deliktsstruktur auf unterschiedliche Bemessungsstrategien schließen, wozu auch auf das Verhältnis der Zahlen *zwischen* den Stadtstaaten hingewiesen sei (s. auch o. § 29 III.1.b), Tab. 5).

b) Untersuchungen zum Verhältnis zwischen unterschiedlicher richterlicher Bemessung von Rechtsfolgen und personalen Merkmalen sowie Einstellungen von Richtern haben bisher keine verallgemeinerungsfähigen Ergebnisse erbracht (vgl. zur Problematik *Hood/Sparks* 1970, 146 ff.; ferner *Naucke* 1972, 11 f., 53 f.).

Wheeler und andere (1968) stellten bei Jugendrichtern (s. hierzu näher u. II.) in den USA fest, daß diejenigen Richter schärfere Strafen verhängt haben, die sich gesellschaftspolitisch fortschrittlich zeigen, freiheitlich eingestellt sind und sich mit kriminologischen Fragen befassen.

Opp/Peuckert (1971, 52 f.) fanden in einer auf postalischem Weg durchgeführten Befragung bayerischer Richter über fiktive Entscheidungen die Hypothesen, daß Richter unter anderem desto härter bestrafen, je autoritärer sie sind, und daß Richter um so milder bestrafen, je liberaler sie sind, nicht bestätigt. Hingegen ergab sich bei dieser Untersuchung, daß konservative Richter Täter aus der Unterschicht härter bestraften als Täter aus der Oberschicht, und daß liberale Richter Täter aus der Oberschicht härter bestrafen als Täter aus der Unterschicht. Die Erhebung hat, nicht zuletzt wegen der Verwendung fiktiver Entscheidungen, die methodische Diskussion über Untersuchungen in diesem Bereich stimuliert. So wurde zum Beispiel eingewandt, auf dem Gebiet der Strafzumessung und des Verfahrensrechts könne auf dem Wege fiktiver Entscheidungen eine Wirklichkeit nur sehr unvollkommen erfaßt werden. Ferner habe die Untersuchung Stereotype in einer gewissen Verallgemeinerung verwandt.

Generell ist zu fragen, in welchem Ausmaß aus Erhebungen über einzelne Aspekte der Persönlichkeit von Richtern auf Gesamtstrukturen geschlossen werden kann. Dabei sei, speziell auf Einstellungsbefragungen bezogen, auf die Schwierigkeiten der Erfassung der einzelnen Bestandteile des Begriffs der Einstellung, die zudem untereinander entgegengesetzt ausgerichtet sein mögen, nur am Rande hingewiesen.

α) Bei der Fragestellung nach unterschiedlicher richterlicher Bemessung von Rechtsfolgen aufgrund von Merkmalen der Betroffenen wird besonders der (unterschiedlichen) Schicht- oder Minderheitenzugehörigkeit von Täter und Opfer Bedeutung beigemessen (vgl. *Green* 1961; *Peters, D.* 1970, 210, 224; *Opp/Peuckert* 1971, z.B. S. 54–57; *Le Blanc* 1971; *Schumann/Winter* 1971, 136, 141; *White* 1972; *Del Olmo* 1973). Auch bei diesbezüglichen Untersuchungen lassen die bisher vorliegenden Ergebnisse eindeutige Interpretationen kaum zu, und zwar schon wegen der begrenzten Auswahl der in die Überprüfung einbezogenen Variablen. Jedenfalls dürfte die alleinige Berücksichtigung von sozialen und personalen Variablen unter Auslassung der konkreten deliktischen Erscheinungen unergiebig sein, weil dadurch das den letzteren zuerkannte Gewicht (vgl. *Le Blanc* 1971) ausgespart bliebe (s. zu Verfahrenseinstellungen *Ahrens* 1978, 191 f.).

Vielfach besteht eine dahingehende Vermutung, die Bemessung von Strafen und Maßregeln benachteilige Minderheiten ohne Machtausstattung. Hierbei dürften

Tätigkeit des Gerichts § 30

zentrale Indikatoren wiederum in geringem sozio-ökonomischem Status sowie, oftmals sich damit überdeckend, bei den Altersgruppen der Nicht- oder Jungerwachsenen liegen. Allerdings ist fraglich, ob diese Indikatoren nicht bereits in der Subsumtionsphase so sehr ihren Niederschlag finden, daß sie in der Phase der Straf- oder Maßregelbemessung keine Bedeutung mehr haben.

β) *Rolinski* (1969, 105) stellte eine »ausgeglichene Verteilung... auf Angeklagte..., bei denen einzelne Merkmale wie angesehener oder nichtangesehener Beruf... eine Bevorzugung oder Benachteiligung verstehbar gemacht hätten«, fest. – Es wäre dabei nicht auszuschließen, daß Taten solcher Personen, die mit den genannten Indikatoren ausgestattet sind, von vornherein, beginnend bei der (Kriminal-)Polizei, unter jeweils schwerer bestrafte Tatbestände subsumiert werden, was im Rahmen der Beweiswürdigung bestätigt oder abgesichert werden mag. Dies würde zwar nicht innerhalb der Tatbestände, aber im Verhältnis der Tatbestände untereinander zu einer höheren Strafe führen. Gegenüber einer solchen, dem Bezugsrahmen des »Labeling« entsprechenden Vermutung ist allerdings nicht auszuschliessen, daß innerhalb der genannten Minderheiten ohne Machtausstattung (auch) faktisch ein Mehr an schwerer zu bestrafenden Tatbeständen verwirklicht wird.

Hingegen wurde in Untersuchungen über Verkehrsstrafsachen beobachtet, daß Strafrichter eine selektive Verfolgung gegen Angehörige unterer sozialer Schichten ihrerseits noch verstärken. Angeklagte aus unteren sozialen Schichten wurden danach, verglichen mit Angeklagten aus den mittleren sozialen Schichten, eher mit Freiheitsstrafe und Entziehung des Führerscheins sanktioniert und das Verfahren endete bei ihnen seltener mit Freispruch oder Einstellung *(Schumann/Winter* 1971, 136, 142; *Lewrenz* u.a. 1968, 32, 35, 39, 48). Hierbei handelt es sich um statistische Tendenzen, die sich nicht ohne weiteres verallgemeinern lassen. Zudem beruht die Untersuchung von *Schumann/Winter* (1973, 180 ff.) auf der Beobachtung von (nur) 30 Verhandlungen in Verkehrsstrafsachen an drei süddeutschen Amtsgerichten.

γ) Nach einer kanadischen Untersuchung von *Hogarth* (1971) betonten Richter, insgesamt betrachtet, aus der Fülle angebotener Informationen besonders solche, die die Tat betreffen, und unter den den Täter betreffenden Merkmalen weniger persönlichkeitsbezogene als vielmehr solche, die Verhältnisse des sozio-ökonomischen Hintergrundes zum Inhalt hatten. Allerdings achteten Richter, die eine »re-sozialisierungsfreundliche« Einstellung hatten, mehr auf die Tat und suchten auch von sich aus nach diesbezüglichen Informationen. *Hogarth* stellte insgesamt eine selektive Informationsauswahl, namentlich auch die Gerichtshilfeberichte und die Zusammenarbeit mit Bewährungshelfern betreffend, fest, die sich in erster Linie nach individuellen Inhalten der Persönlichkeit des Richters bestimme: »Die Richter tendierten dazu, solche Informationen zu suchen, die mit ihrer vorgefaßten Meinung oder der Basis ihrer Einstellung übereinstimmten. Zugleich tendierten sie dazu, Informationen zu vermeiden, die möglicherweise ein Täterbild ergaben, das ihren Erwartungen widersprach« (1971, 244). So lasse sich beinahe sagen, daß Richter weniger nach einer für die Tat passenden Strafe suchen, als aufgrund selektiver Interpretation nach einem Täterbild, für das die Strafe passe *(Hogarth* 1971, 299).

Nach der Untersuchung von *D. Peters* (1973), die sich allein auf Verfahren wegen Eigentumsdelikten bezog, werde eine schärfere Sanktion nicht bei entsprechender Schichtzugehörigkeit, sondern indirekt bei Vorliegen solcher schichtspezifischer Merkmale verhängt, die in Mittel- und Oberschichten nur gelegentlich vorkommen, nämlich nicht geordneter Arbeits- und Familienleben. Die entsprechende Kategorie, die der Variable »Geregeltheit der

§ 30 Tätigkeit des Gerichts

Lebensführung« ähnlich ist, sei die wichtigste Anwendungsregel bei der Festsetzung des Strafmaßes, während Vorstrafen einen geringeren Einfluß hätten. – Im übrigen soll auch die Überlegung eine Rolle spielen, daß eine Freiheitsstrafe für einen ungelernten Arbeiter »nicht so schlimm« sei, weil sie in dessen Schicht häufiger vorkomme, während sie etwa für einen Akademiker »etwas ganz außergewöhnliches« sei.

Zu teilweise anderen Ergebnissen kam *Genser-Dittmann* (1975, 28 ff.) aufgrund der Daten aus Beobachtungen von 62 Strafgerichtsverfahren betreffend Eigentums-, Körperverletzungs- und Sexualdelikten vor sechs verschiedenen Amtsgerichten Süddeutschlands mit anschließender Richterbefragung mittels Fragebogen. Nach dieser Untersuchung haben die Variablen »geordnete Lebensführung« und »einschlägige Vorstrafen« einen gleichgewichtigen Einfluß auf das Strafmaß. Demgegenüber hatten die Variablen »Zahl der abgeurteilten Fälle«, »Deliktsschwere«, »Rückfallwahrscheinlichkeit« und »Anzahl der Anklagepunkte« einen geringeren Einfluß auf das Strafmaß. Im Unterschied zu der Arbeit von *D. Peters* (1973) waren für die meisten derjenigen Merkmale, die die Variable »Geregeltheit der Lebensführung« des Angeklagten bestimmten sollten, keine Informationen oder Angaben zu erhalten. – Zur Interpretation der insoweit unterschiedlichen Ergebnisse könnte eine Prüfung der Korrelation der beiden hinsichtlich ihrer Relevanz umstrittenen Variablen weiterführen. So ist zum Beispiel nicht auszuschließen, daß bei Eigentumsdelikten die »Geregeltheit der Lebensführung«, bei anderen Delikten hingegen »einschlägige Vorstrafen« in der Praxis größere Bedeutung haben. Ferner wäre zu untersuchen, inwieweit die Angeklagten beider Untersuchungen überwiegend unterschiedlichen Altersgruppen zugehörten.

δ) Im Anschluß an eine Untersuchung über den Faktor ethnischer Zugehörigkeit bei Verurteilungen zu Freiheitsstrafen in den USA hat *Bullock* (1961) gefolgert, die Eigenschaft Schwarzer oder aber Weißer korrespondiere üblicherweise mit einer unterschiedlichen Strafart. Dabei seien Strafart und auch Strafmaß gegenüber Schwarzen meist höher als gegenüber Weißen. Allerdings sei letzteres nicht ausschließlich der Fall. So schienen Schwarze zum Beispiel für Mord kürzere Strafen zu erhalten als Weiße, während für Einbruchdiebstahl das Gegenteil der Fall gewesen sei. – Hierbei mag sich erneut die Bedeutung der Schicht- beziehungsweise der ethnospezifischen Erwartungen zeigen, die entsprechend dem zuerkannten Status bestehen (s. hierzu allgemein auch u. § 42 II. 2.b)).

Wesentlich scheint die Analyse *Greens* (1961) über die verhältnismäßig schärfere Bestrafung von (einzelnen) Delikten Schwarzer gegenüber Weißen im Vergleich namentlich zur Sanktionierung bei Begehung zwischen Scharzen untereinander zu sein, wonach es sich um »... a function of intrinsic differences between the races in patterns of criminal behavior« handelt (1961, 358). Sinngleich äußert *Normandeau* (1972, 84): »Negro-white robberies are legally more serious than Negro-Negro ones, ...«. Aufschlußreich könnten ergänzende und vertiefende Vergleichsanalysen bezüglich der von Weißen gegenüber Schwarzen begangenen Straftaten sein; allerdings wird sich hierzu für einzelne Delikte kaum zureichendes Urteilsmaterial finden lassen (vgl. zum Raub *Normandeau* 1972, 57 ff., Tab. 16).

Thornberry (1973, 90 ff.) hat auf der Grundlage der Daten aus der Untersuchung von *Wolfgang* u.a. (1972) empirische Anhaltspunkte dafür geliefert, daß ethnische (»rassische«) und soziale Unterschiede bei der Intensität oder Strenge der jeweiligen jugendstrafrechtlichen Sanktion Bedeutung haben, und zwar unabhängig von den Rahmenkriterien »Schwere der Tat« und »Zahl der Vorstrafen« .

II. Rolle des Jugendrichters

1. Die gesetzlich vorgesehenen Aufgaben des Jugendrichters stehen in gewissem Gegensatz zu sonstigen Prinzipien strafrichterlicher Tätigkeit.

Jugendrichter (und Jugendstaatsanwalt) »sollen . . . erzieherisch befähigt und in der Jugenderziehung erfahren sein . . .« (§ 37 JGG; ebenso für Jugendschöffen § 35 JGG, §§ 13 f. JWG, §§ 31 f. GVG). Allerdings fehlt es in der Bundesrepublik Deutschland bisher an einer speziellen Ausbildung für Jugendstaatsanwälte und Jugendrichter. – Soweit an Landgerichten (mit geringerem Anfall von Jugendstrafsachen) bei der Geschäftsverteilung einer bestimmten Strafkammer sowohl Jugendstrafsachen wie allgemeine Strafsachen zugewiesen werden, ist dies als mit § 37 JGG vereinbar erklärt worden (BGHSt 21, 70); anders liegt es jedoch wohl dann, wenn an solchen Landgerichten sämtliche Strafkammern im Wege der Geschäftsverteilung zu Jugendkammern erklärt werden (vgl. aber BGH NJW 1958, 639).

Eine dem Erziehungsgedanken des Jugendstrafrechts Rechnung tragende Rollenerwartung gegenüber dem Jugendrichter liegt innerhalb des Spektrums von Sozialisations- und/oder Kontrollinstanzen zwischen elterlicher Erziehungsperson an dem einen und Strafrichter an dem anderen Extrem. Dies betrifft neben der Verfahrensleitung insbesondere auch die erforderliche Selbständigkeit und die Bereitschaft, sich von vorgeschriebenen Sanktionsinhalten zu lösen, wozu etwa die Ausgestaltung von Weisungen (§ 10 JGG; s. auch u. § 38 I.3.) erwähnt sei; diese Bereitschaft setzt eine gewisse Fähigkeit zu »normativer Distanz« (*Noll* 1973) voraus. Ein diesbezügliches Engagement des Jugendgerichts mag auf dem Hintergrund sonstiger Prinzipien strafrichterlicher Tätigkeit allerdings als erwartungswidrig und abweichend beurteilt und entsprechend sanktioniert werden. So liegen Anhaltspunkte dafür vor, daß die jugendgerichtliche Tätigkeit, zumindest seitens der Jugendlichen, teilweise aber auch seitens der Jugendrichter selbst, weniger als Erziehungshilfe und mehr als schematische, tatorientierte Vergeltung verstanden wird (vgl. *Kaufmann* 1974, 900; s. auch o. § 25 V.).

2. a) Der aus dem Gesetz ableitbaren Rollenerwartung gegenüber dem Jugendrichter entspricht es, daß dieser nach Möglichkeit zugleich Vormundschaftsrichter sein soll (§ 34 Abs. 2 S. 1 JGG), um eine Integration erzieherischer Maßnahmen innerhalb richterlicher Funktionen zu ermöglichen.

Ein Vorteil einer solchen Personalunion von Vormundschaftsrichter und Jugendrichter liegt darin, daß ein und dieselbe Richterperson aufgrund langjähriger Kenntnisse der Entwicklung bestimmter Jugendlicher über Erfahrung und Übersicht zwecks optimaler erzieherischer Einwirkungen verfügen mag. Allerdings besteht zugleich eine Gefahr des Inhalts, daß die Richterperson bestimmte Jugendliche bereits aus ihrer Funktion als Vormundschaftsrichter kennengelernt und aktenkundig gemacht hat, und später in ihrer Eigenschaft als Jugendrichter etwaige Verfehlungen der betreffenden Jugendlichen um so eher als Bestätigung ihrer früheren Kontrollausübung verstehen mag.

b) Außerhalb gerichtlicher Ermittlungstätigkeit obliegt dem Jugendrichter – wiederum im Unterschied zum Strafverfahren gegenüber Erwachsenen (§ 451 Abs. 1 StPO) – die Vollstreckungsleitung (§ 82 Abs. 1 JGG), und beim Jugendarrest zusätzlich die Vollzugsleitung (§ 90 Abs. 2 S. 2 JGG).

Zu den Vollstreckungsmaßnahmen gehören auch materielle, das vorausgegangene Urteil gegebenenfalls ergänzende und modifizierende Entscheidungen (§§ 83, 86, 87 Abs. 3, 88, 89 JGG), die ohne mündliche Verhandlung durch Beschluß ergehen.

III. Jugendgerichtshilfe

Den allgemeinen jugendrechtlichen Zielen von Schutz, Förderung und Integration des Jugendlichen soll die Institution der JGH dienen (§§ 38 Abs. 1-3, 43 Abs. 1, 107, 109 Abs. 1 JGG; §§ 50 Abs. 3, 93 Abs. 3 JGG). Sie hat dabei eine Doppelfunktion als Ermittlungs- und Überwachungsinstanz einerseits und als Betreuungshilfe für den Jugendlichen andererseits zu erfüllen. Besondere Voraussetzungen bezüglich der erzieherischen Qualifikation des Jugendgerichtshelfers stellt das Gesetz nicht auf.

Im Unterschied zum Sachverständigen (s. u. IV.), der dem Gericht vorträgt, was es aufgrund mangelnder Fachkenntnisse selbst nicht ermitteln kann, soll der JGH-Vertreter dem Gericht solche Daten und Fakten nennen, zu deren Ermittlung es nur eingeschränkt besonderer Fachkenntnisse bedarf. Diese Ermittlungsaufgabe der JGH läßt sie in der Nähe der StA erscheinen; während die StA aber die Tat (i. S. d. § 264 StPO) in den Mittelpunkt stellt (s. aber auch § 160 Abs. 3 S. 1 StPO), soll es Anliegen der JGH sein, die erzieherischen, sozialen und fürsorgerischen Belange im Jugendstrafverfahren zur Geltung zu bringen. Um die Erfüllung dieser Aufgaben zu gewährleisten, werden ihr bestimmte Rechte zuerkannt, nämlich Mitwirkungsrecht am gesamten Verfahren (§ 38 Abs. 3 JGG), umfassendes Verkehrsrecht mit dem verhafteten Beschuldigten (§ 93 Abs. 3 JGG), Recht auf Anwesenheit in der Hauptverhandlung (§ 50 Abs. 3 JGG), Recht auf Äußerung zu den zu ergreifenden Maßnahmen (§ 38 Abs. 2 JGG), Recht und Pflicht zu nachgehender Überwachung und Fürsorge (§ 38 Abs. 2 JGG). Ein Verstoß gegen diese Rechte kann eine Beeinträchtigung der gerichtlichen Aufklärungspflichten darstellen.

Unbeschadet weitreichender Vorzüge der Institution JGH bestehen im einzelnen vielfältige Schwierigkeiten.

1. a) Die Doppelfunktion der JGH führt in der Praxis zu Spannungen und Konflikten. Diese beruhen auf der Divergenz zwischen der Strafverfolgung als einem Angriff gegen den Jugendlichen und der Hilfeleistung als einem Schutz für den Jugendlichen, einer Divergenz, die in dem Vertreter der JGH gewissermaßen ihre Personifizierung findet. Die Hilfeleistung setzt voraus, daß der Jugendliche sich helfen lassen will, wozu eine gewisse Vertrauensbasis unerläßlich ist. Der Vertreter der JGH kann aber ein Vertrauen kaum erwarten, da er im Rahmen der Ermittlungstätigkeit für das Gericht zur objektiven Wahrheit verpflichtet ist und gegebenenfalls auch solche Angaben des Jugendlichen mitteilen muß, die ihm im Rahmen der Betreuungsfunktion bekanntgeworden sind. Bei der Vernehmung als Zeuge vor Gericht steht ihm ein Zeugnisverweigerungsrecht nicht zu.

Insofern ist nicht nur fraglich, inwieweit der Beschuldigte und dessen Erziehungsberechtigte und gesetzliche Vertreter oder aber »die Schule und der Lehrer oder der sonstige Leiter der Berufsausbildung« (§ 43 Abs. 1 S. 2 JGG; s. aber auch § 43 Abs. 1 S. 3 JGG) wie auch Nachbarn oder sonstige Bezugs- oder Kontaktpersonen dem jeweiligen Jugendgerichtshelfer gültige Informationen vermitteln. Vielmehr mag auch eine – möglicherweise in der Doppelfunktion begründete – Abneigung seitens des Jugendlichen oder Heranwachsenden gegen eine anhaltende Betreuung bestehen.

b) Ferner ist die Ermittlungs- und Betreuungstätigkeit der JGH durch deren relativ hohe Arbeitsbelastung beeinträchtigt. So soll der einzelne JGH-Vertreter jährlich zwischen 250 und 300, in Extremfällen sogar bis 450 Fällen zu bearbeiten haben (vgl. *Ullrich* 1970, 40 ff.); seitens der Praxis wird empfohlen, die Obergrenze bei 200 Fällen pro Jahr anzusetzen. In der Praxis wird die JGH im Jugendstrafverfahren erst dann tätig, wenn Anklage erhoben wird. Erhebungen zur Person des Beschuldigten werden während der Untersuchungshaftzeit wohl eher nur selten vorgenommen. Ein gewisser Anteil von Jugendstrafverfahren findet sogar ohne Mitwirkung von JGH-Vertretern statt (vgl. *Möller* 1974, 394 ff.).

Aus Gründen der Arbeitsbelastung ist es auch nicht möglich, dem einzelnen JGH-Vertreter solche Fälle zuzuweisen, für die er von seiner Person und seinen Fähigkeiten her besonders geeignet erscheint. Dies wäre namentlich auch für die Betreuungsfunktion wesentlich (zum »matching« s. auch u. § 39 II.1.b) sowie § 44 IV.2.), die in der Praxis allerdings ohnehin weitgehend zurücktritt. Insbesondere nimmt die JGH eine solche Tätigkeit auch während der Untersuchungshaft (s. u. § 31 II.1.a)) und besonders nach Ablauf des Vollzugs von Rechtsfolgen und dabei namentlich der Jugendstrafe (§ 38 Abs. 2 S. 6 JGG) wohl weniger vor (s. auch u. § 37 III.a)α)). Die Behörde der JGH ihrerseits erwartet oder überprüft auch weniger, ob oder inwieweit der einzelne Vertreter Betreuungsfunktionen erfüllt.

3. In der Praxis dominieren in den schriftlichen Stellungnahmen der Jugendgerichtshelfer gelegentlich nicht Tatsachen, sondern Eindrücke und (subjektive) Bewertungen. Nicht selten finden sich, etwa im Zusammenhang mit Fragen nach dem Reifegrad des jugendlichen Beschuldigten (§§ 3, 105 Abs. 1 Nr. 1 JGG), kompetenzüberschreitende Äußerungen bezüglich fachpsychologischer oder -psychiatrischer Kategorien. Vor allem aber sind Ermittlungstätigkeit und -bericht in kumulierender Weise (s. u. b)) von selektiven Schranken gekennzeichnet.

a) Zur Erstellung des (schriftlichen) Ermittlungsberichts für das Gericht soll die JGH Erhebungen über die Persönlichkeit des Jugendlichen, über die Lebens- und Familienverhältnisse, den Werdegang, das bisherige Sozialverhalten und über alle weiteren Umstände durchführen, die zur Beurteilung der seelischen, geistigen und charakterlichen Eigenschaften des Jugendlichen dienen können (§ 43 Abs. 1 S. 1 JGG); hierzu sollen die Vertreter der JGH nach Möglichkeit Gespräche mit dem Jugendlichen und seinen Eltern führen, Stellungnahmen der Schule oder des Lehrherrn einholen und auch am Arbeitsplatz und bei Bezugs- oder Kontaktgruppen des Jugendlichen Informationen sammeln (§ 43 Abs. 1 S. 2 JGG). In der Praxis greifen die Vertreter der JGH insbesondere (auch) auf etwa vorhandene Akten des Jugendamts oder anderer Behörden zurück. Hiergegen bestehen schon deshalb Bedenken, weil die Persönlichkeit und die sozialen Umstände des Jugendlichen zur Zeit der Tat festgestellt werden sollen, wobei die Verwendung bereits vorhandener Akten die soziale Wahrnehmung nicht unerheblich beeinträchtigt.

Quellenmäßiger Schwerpunkt der Ermittlungstätigkeit der JGH müßte vielmehr die unmittelbare Interaktion mit dem Jugendlichen und seiner Umgebung sein.

b) Bezüglich der Frage der Ausgewogenheit und Vollständigkeit der Angaben innerhalb des schriftlichen Ermittlungsberichts unterliegt die JGH in besonderem Maße behördeninternen Handlungsnormen (s. u. § 42), nämlich solchen der eigenen Behörde als auch solchen des Gerichts. Die JGH-Vertreter scheinen dazu zu tendieren, solche Umstände, die hinsichtlich der Beweisbarkeit Bedenken begegnen und die außerhalb der Regel liegen, nach Möglichkeit nicht in den Bericht aufzunehmen. Andernfalls könnten sie in ihrer Rolle als Prozeßbeteiligte vor Gericht geschwächt werden und an Anerkennung verlieren, so daß sie bei der Durchsetzung von anderen, ihnen wesentlicher erscheinenden Aspekten beeinträchtigt wären. Demgegenüber müßten gerade solche Informationen in den Mittelpunkt des Vortrags der JGH gestellt werden, die die persönliche Situation des Jugendlichen herausstellen, zum Beispiel Hintergrundfakten, Querverbindungen zwischen Bezugs- oder Kontaktgruppen, Interdependenzen zwischen Leistungs-, Sozial- und Freizeitbereich. Hierbei aber wird es sich in der Regel um Befunde handeln, die sich nur unter großem Zeit- und Arbeitsaufwand würden beweisen lassen.

c) Darüberhinaus ist anzunehmen, daß der JGH-Vertreter selbst bei den beweisbaren Fakten eine Auslese vornimmt. Um den Erwartungen des Gerichts Rechnung zu tragen, muß er diesem nach Möglichkeit ein geschlossenes Bild des Jugendlichen vermitteln, womit das Gericht in die Lage versetzt wird, den Jugendlichen ohne weiteres einzuordnen. Würde sich aus dem Ermittlungsbericht hingegen eine ambivalente Darstellung der Persönlichkeit und der sozialen Umstände des Jugendlichen ergeben, so würde dies die Arbeit des Gerichts (z.B. auch bezüglich der Rechtsfolgen) erschweren.

d) Bedenken bestehen hinsichtlich einer Beeinträchtigung des Grundrechts des rechtlichen Gehörs (Art. 103 Abs. 1 GG). Während ein schriftlicher Ermittlungsbericht dem Gericht in der Regel vollständig vorliegt – justizintern vielfach »goldenes Blatt« der Akte genannt –, wird er dem Jugendlichen nicht übermittelt (betreffend Akteneinsicht eines – etwa tätigen – Verteidigers gilt § 147 StPO).

Zwar ist wegen der Grundsätze der Unmittelbarkeit und Mündlichkeit (§ 250 StPO) eine Verlesung des Ermittlungsberichts in der Hauptverhandlung in der Regel nicht zulässig, sondern die relevanten Angaben des Berichts müssen durch Vernehmung zum Gegenstand der Verhandlung gemacht werden (§ 261 StPO). Dies geschieht jedoch weniger im Rahmen der Vernehmung des Angeklagten und der vom Jugendgerichtshelfer befragten Personen als Zeugen, sondern vorzugsweise durch Vernehmung des Jugendgerichtshelfers selbst (so *Dallinger/Lackner* 1965 § 38 Bem. 36–38; zur strafprozessualen Problematik s. BGHSt 17, 382; OLG Stuttgart NJW 1972, 67). Dabei hängt die Frage danach, welche Angaben relevant und demgemäß in den auszugsweisen mündlichen Vortrag aufzunehmen sind, primär von einer Bewertung der JGH-Vertreter ab. Im übrigen ist der in der Hauptverhandlung anwesende JGH-Vertreter in einer Vielzahl der Fälle schon deshalb nicht in der Lage, als (unmittelbarer) Zeuge auszusagen, weil er, im Rahmen des zeitökonomischen Systems der »Gerichtsgeher«, den Verfasser des Berichts nur vertritt.

IV. Sachverständiger

1. a) Dem Sachverständigen (§§ 72 – 93 StPO) darf im Strafverfahren keine selbständige Rolle zukommen. Er gilt vielmehr im Rahmen der richterlichen Pflicht zur Wahrheitsermittlung (§ 244 Abs. 2 StPO) als Wahrnehmungsorgan des Richters (BGHSt 9, 292 f.). Dies beruht darauf, daß der Beweis der jeweils zur Begutachtung anstehenden Tatsachen letztlich von richterlicher Überzeugungsbildung (§ 261 StPO), nicht aber von dem Befund des Sachverständigen abhängen soll (s. auch o. § 24 I.1.b) a.E.). Demgemäß müssen die Methoden, mit denen der Gutachter zu Ergebnissen kommt, nachprüfbar sein, und zwar nach Möglichkeit durch die Verfahrensbeteiligten selbst, zumindest aber durch andere Sachverständige.

In diesem Sinne hat der BGH (Beschluß vom 14.5.1975, hier zitiert nach *Händel* 1976, 167 f.) ausgeführt, daß ein psychologischer Gutachter auch solche von ihm selbst entwickelten Methoden, die er verwandt hat, darlegen muß, die er später noch veröffentlichen möchte. Tue er dies nicht, so habe das Gericht einen weiteren Sachverständigen beizuziehen, um die Ergebnisse des Gutachtens des Erstgutachters überprüfen zu lassen.

Unbeschadet prinzipieller Vorzüge der Tätigkeit von Sachverständigen im Rahmen strafgerichtlicher Erfassung von Verhalten kann sie im einzelnen zu Bedenken Anlaß geben.

b) Die Wahrnehmungs- und Übermittlungsaufgabe des Sachverständigen bezieht sich auf solche Tatsachen, die dieser nur aufgrund seiner Sachkunde erkennen kann (Befundtatsachen, BGHSt 9, 293); nur Aussagen des Sachverständigen über solche Tatsachen darf das Gericht ohne weitere Beweisaufnahme seiner Urteilsbegründung zugrundelegen, allerdings auch dieses nur unter selbständiger Beweis*würdigung*. Hingegen ist es nicht Aufgabe des Sachverständigen, Erhebungen und Angaben auch über solche anderen Tatsachen zu liefern, die auch das Gericht mit dem ihm zur Verfügung stehenden Beweismitteln und Erkenntnismöglichkeiten feststellen könnte (Zusatztatsachen, BGHSt 18, 108); bezüglich solcher anderer Tatsachen darf das Gericht demgemäß eine Verwertung nur vornehmen, wenn es eine etwa vom Sachverständigen benutzte Auskunftsperson oder den Sachverständigen selbst als Zeugen vernimmt (§ 261 StPO). – Soweit die Ausführungen des Sachverständigen auch allgemeine Erfahrungssätze aus seiner Wissenschaft sowie Schlußfolgerungen aus den von ihm vorgenommenen Tatsachenfeststellungen enthalten, ist die Problematik der Verwertbarkeit durch das Gericht auf der Grundlage selbständiger Beweiswürdigung deshalb erhöht, weil diese beiden Kategorien von Ausführungen, vom Bereich exakter Naturwissenschaften abgesehen, primär von unterschiedlichen Verständnisebenen, leitenden Vorstellungen und Bezugsrahmen (s. o. § 3 sowie u. 3. und 4.) des Sachverständigen beziehungsweise der von ihm bevorzugten Strömung innerhalb seiner Wissenschaft abhängen.

2. a) Auswahl und Bestimmung der Anzahl von Sachverständigen geschehen durch den Richter (§ 73 Abs. 1 S. 1 StPO). Andere Verfahrensbeteiligte können dafür zwar Vorschläge machen, an die das Gericht jedoch nicht gebunden ist; allerdings kann der Beschuldigte, wenn der Richter den von ihm benannten Sachverständigen ablehnt, diesen selbst laden lassen (§§ 220, 38 StPO) und so dessen Vernehmung in der Hauptverhandlung erzwingen (§ 245 StPO). – Ferner hat der Richter, soweit es ihm erforderlich erscheint, die Tätigkeit des Sachverständigen zu leiten (§ 78 StPO). Auch kann er, wenn er das Gutachten für ungenügend erachtet, eine neue Begutachtung durch denselben oder durch andere Sachverständige anordnen (§ 83 Abs. 1 StPO). Die Möglichkeit schließlich, dem Sachverständigen Akteneinsicht zu gestatten (§ 80 Abs. 2 StPO), birgt eine Gefahr der Beeinflussung und sollte daher – entgegen verbreiteter Praxis – auf das Notwendigste beschränkt werden (vgl. zur Problematik *Sarstedt* 1968).

b) Bei dem Sachverständigen im Jugendstrafverfahren, der namentlich zu Fragen der Anwendung von Jugendstrafrecht (§§ 3, 105 Abs. 1 JGG) Stellung zu nehmen hat, soll es sich nach dem Gesetzeswortlaut nach Möglichkeit um eine »zur kriminalbiologischen Untersuchung von Jugendlichen« befähigte Person handeln (§ 43 Abs. 3 S. 2 JGG). Zur Vorbereitung eines Gutachtens über den Entwicklungsstand des Beschuldigten kann der Jugendliche unter bestimmten Voraussetzungen (§ 73 Abs. 1 – 3 JGG) bis zur Dauer von sechs Wochen zur Beobachtung in eine »zur kriminalbiologischen Untersuchung Jugendlicher geeigneten Anstalt« (§ 73 Abs. 1 S. 1 JGG) untergebracht werden. – Zwar wird nicht jeder Psychologe oder Psychiater als zur Untersuchung Jugendlicher geeignet anerkannt werden können, so daß die besondere Ausbildung zur Untersuchung von Jugendlichen als erforderlich anzusehen ist. Hingegen ist die Charakterisierung als »kriminalbiologisch« zumindest bedenklich, weil, von Einzelfällen oder aber ideologischer Interpretation abgesehen, kaum Belege dafür vorliegen, daß die zu beantwortenden Fragen im wesentlichen mit kriminalbiologischen Erkenntnissen oder Vorstellungen zusammenhängen (zum Begriff »Jugendarzt« s. § 28 Abs. 3 S. 2 RJGG).

Unabhängig davon wird es die richterliche Aufklärungspflicht (§ 244 Abs. 2, 4 StPO) gebieten, daß bei speziellen Deliktsbereichen (z.B. Sexualdelikte) ein einschlägig ausgewiesener Sachverständiger beauftragt wird (vgl. BGHSt 23, 176, 182 ff.).

c) Kosten für Gutachten können dem Angeklagten auferlegt werden (§ 465 Abs. 1, 2 S. 1 StPO; kritisch *Naucke* 1972, 46 Fußn. 49; *Hassemer* 1973a, 651 ff.).

3. a) Für die Frage nach der normativen Eingebundenheit des Sachverständigen in das System der Strafrechtspflege könnte es aufschlußreich sein, zu ermitteln, inwieweit die Zusammenarbeit zwischen Gericht und Sachverständigem etwa im Sinne einer Kontinuität dadurch gewährleistet ist, daß besonders häufig dieselben und besonders selten andere Sachverständige hinzugezogen werden. Nicht weniger bedeutsam könnte die Feststellung der Kriterien sein, nach denen entschieden wird, wann ein Sachverständiger und welcher Sachverständige hinzugezogen wird. Für die Wahl des Sachverständigen käme es sowohl darauf an, welcher

Fachdisziplin er angehört, als auch, welche Schulrichtung er innerhalb seiner Fachdisziplin vertritt.

In diesem Zusammenhang ist die Erwägung von *Peters* (1967, 777) wesentlich, der Gutachter solle jeweils auch aussagen, zu welchen Ergebnissen er gelangt sein würde oder könnte, wenn er einer anderen Schulrichtung gefolgt wäre; inwieweit ein Sachverständiger hierzu in der Lage sein könnte, ist allerdings fraglich. *Maisch* (1973, 196) hat vorgeschlagen, das Gutachten solle in Anlage und Durchführung dem Gericht auch das Funktionsverständnis des jeweiligen Sachverständigen darlegen.

b) Die vorgenannten verfahrensrechtlichen Regelungen begründen, namentlich im Bereich der Persönlichkeitsuntersuchung und unabhängig von zusätzlichen Bedenken (s. u. 4.), häufig eine Erwartungshaltung des Gerichts gegenüber dem Beitrag des Sachverständigen. Umgekehrt geschieht es nicht selten, daß der Sachverständige seine Funktion im Rahmen des formellen sozialen Reaktionsprozesses auf die Rolle des Richters hin ausrichtet.

Gelegentlich wird von einer (Über-)Identifizierung des Sachverständigen mit der Rolle des Richters (*Maisch* 1973, 191) gesprochen, die auch Grundlage von Stil und Inhalt von Gutachten sein könne. Hierzu wird etwa die Kategorie des »Verdammungsurteils« (*Rasch* 1967, 57) im Falle der Begutachtung der Persönlichkeit des Angeklagten zu nennen sein. Generell ist zu fragen, ob eine (Über-)Identifikation dazu führt, daß die notwendige Reduktion des jeweiligen Persönlichkeitsgefüges der zu begutachtenden Person auf normativ festgelegte Typisierungen hin zugeschnitten wird. Dies würde bedeuten, daß die Gutachtertätigkeit auch zur Bildung von Stereotypen beiträgt. Zugleich würde es die Annahme nahelegen, daß auch der Gutachter internen Handlungsnormen der Behörden strafrechtlicher sozialer Kontrolle (s.u. § 42) folgt.

4. a) Bezüglich der Probleme der Schuldfähigkeit oder der verminderten Schuldfähigkeit (s. auch o. § 24 I. 1.) ist fraglich, ob ein Sachverständiger, der Begriffe wie Schuld, Schuldfähigkeit, Vorwerfbarkeit oder persönliche Verantwortlichkeit als außerhalb seiner erfahrungswissenschaftlichen Kompetenz liegend ablehnt (»Agnostiker« im Gegensatz zum »Gnostiker«), aus verfahrensrechtlichen Gründen die gesetzlich festgelegte Gehilfenfunktion (s. o. 1.) überhaupt ausfüllen kann (verneinend *Schmidt, E.* 1962, 266 f.). Zwar würde der Sachverständige bei einer Aussage über die Schuldfähigkeit des Angeklagten nicht mehr Tatsachen, Erfahrungsregeln oder Schlußfolgerungen mitteilen, sondern eine rechtliche Würdigung vornehmen, die allein der Zuständigkeit des Gerichts unterliegt. Jedoch ist umstritten, inwieweit es sich nicht auch schon bei den zur Ermöglichung einer rechtlichen Würdigung über diese Begriffe zu treffenden gutachtlichen Aussagen um dogmatisch-zweckgerichtete Konventionen zwischen Sachverständigem und Gericht handelt. Dies gilt auch für die Verwendung des empirisch wenig eindeutigen Begriffs der Krankheit sowie für den »juristischen Krankheitsbegriff« wie auch für den »Krankhaftigkeitsbegriff« (BGHSt 11, 306 ff.; 14, 32; BGH NJW 1970, 523 ff.).

Der zuletzt genannte Begriff besagt, daß seelische Abartigkeiten für die Frage des Ausschlusses oder der Verminderung der Schuldfähigkeit nur insoweit bedeutsam seien, als sie Krankheitswert haben. Insbesondere dient er als Instrument dazu, die Relevanz von Psychopathien und sexuellen Triebstörungen für die §§ 20, 21 StGB (s. hierzu o. § 24 I.) einzugrenzen.

b) Bei den Stellungnahmen von Sachverständigen zur Frage der Schuldfähigkeit dürfte eine partielle Rollenidentität zwischen Richter und Sachverständigen (vgl. hierzu *Moser* 1971a; s. für die USA *Szasz* 1967) schon deshalb nicht unwahrscheinlich sein, weil eine gar zu häufige Bejahung des Ausschlusses oder auch nur der Verminderung der Schuldfähigkeit die Legitimation gegenwärtiger strafrichterlicher Tätigkeit zunehmend in Frage stellen müßte. Insofern handelt es sich bei dieser Kategorie von Sachverständigengutachten um eine solche, die von existentieller und funktionaler Bedeutung für die Institution Strafjustiz ist.

§ 31 Untersuchungshaft

I. Allgemeines

1. a) Die Funktion der Untersuchungshaft besteht darin, durch Anwesenheit des Beschuldigten im Strafverfahren (§ 112 Abs. 2 Nr. 1, 2 StPO) die Tatsachenermittlung durch Strafverfolgungsorgane (§ 112 Abs. 2 Nr. 3 StPO) für das Erkenntnisverfahren zu sichern (zur Sicherung der Strafvollstreckung s. § 457 StPO). Voraussetzungen der Anordnung von Untersuchungshaft sind gemäß § 112 Abs. 1 S. 2 StPO dringender Tatverdacht und ein besonderer Haftgrund, wobei als funktionskonforme Haftgründe Flucht oder Fluchtgefahr sowie Verdunkelungsgefahr bestimmt sind; daneben bestehen als Haftgründe die »Schwere der Tat« sowie die »Wiederholungsgefahr« (s. hierzu u. § 40 III.1.).

Die Anordnung von Untersuchungshaft ist im Jugendgerichtsverfahren (s. aber u. II.2 sowie III.3.) nur unter erschwerten Voraussetzungen möglich (§ 72 JGG); dies gilt jedoch nicht im Verfahren gegenüber Heranwachsenden (§ 109 Abs. 1 S. 1 JGG).

b) Die Untersuchungshaft wird in der Regel auf Freiheits- und Jugendstrafe sowie Geldstrafe angerechnet (§ 51 Abs. 1 S. 1 StGB, § 52 a Abs. 1 S. 1 JGG; s. jedoch § 51 Abs. 1 S. 2 StGB, § 52 a Abs. 1 S. 2 JGG; vgl. auch § 52 JGG). Dabei können Untersuchungshaftgefangene die Untersuchungshaftzeit dadurch verlängern, daß sie Rechtsmittel einlegen. Hierdurch sind Fälle nicht selten, in denen, insbesondere bei späterer Aussetzung des Strafrestes zur Bewährung, die tatsächliche Strafzeit derart verkürzt wird oder gar sich aufhebt, daß selbst Vorbereitungen zur Eingliederung für den Zeitraum nach der Entlassung, insbesondere soweit diese unmittelbar aus der Untersuchungshaft geschieht, nur eingeschränkt möglich bleiben. Dies trifft auch für Jugendliche zu, zumal die durchschnittliche Dauer der Untersuchungshaft von Jugendlichen bei zwei bis vier Monaten liegen soll (*Krause* 1971, 110; *Zirbeck* 1973, 27).

2. Die Ausgestaltung der Bestimmungen über die Untersuchungshaft fördert im Hinblick auf tatsächliche Gegebenheiten die Verfolgungsintensität gegenüber *Vorbestraften*. Dies gilt für die Frage nach dem Verdacht (§ 112 Abs. 1 S. 1 StPO). ebenso wie für die Prüfung dessen, ob »der Beschuldigte flüchtig ist oder sich verborgen hält« (§ 112 Abs. 2 Nr. 1 StPO), oder ob »Fluchtgefahr« (§ 112 Abs. 2 Nr.

2 StPO) angenommen wird. Gleiches gilt, trotz der partiellen Liberalisierung des Haftrechts im Jahre 1964 und auch wegen erneuter Verschärfung des Haftrechts im Jahre 1972, gegenüber Minoritäten des *sozio-ökonomischen Status* wie etwa wohnsitz-, berufs- und arbeitslose Gruppen der Stadt- und Landstreicher. Generell werden unterschiedliche Verfolgungsstrukturen im Zusammenhang mit der Untersuchungshaft nicht zuletzt im Rahmen der Möglichkeit der Aussetzung des Vollzugs des Haftbefehls (§ 116 Abs. 1 Nr. 1 – 4 StPO) bestehen.

a) Schon die Beantwortung der Frage nach der allgemeinen Situation des Verdachts einer strafbaren Handlung (§§ 112 Abs. 1 S. 1, 160 Abs. 1, 152 Abs. 2 StPO; s. auch o. § 29 III.1.b)β)) wird möglicherweise nicht ganz selten von Art und Ausmaß der Beschwerdemacht des Betroffenen mitbestimmt. Was die Feststellung angeht, »daß der Beschuldigte flüchtig ist oder sich verborgen hält« (§ 112 Abs. 2 Nr. 1 StPO), so läßt sich nicht ausschliessen, daß im Einzelfall tatsächlich vorliegende Formen von Kontaktscheu gegenüber (einschlägigen) Behörden, wie sie bei Vorbestraften oder Angehörigen sozio-ökonomisch unterer sozialer Gruppen häufiger sein dürften, zur Annahme gereiche, der Betreffende sei bemüht, nicht erreichbar zu sein (vgl. *Wolff* 1975, 17, 20). Hinsichtlich der Feststellung der »Fluchtgefahr« (§ 112 Abs. 2 Nr. 2 StPO) mögen solche Umstände von Bedeutung sein, die bei Angehörigen sozio-ökonomisch unterer Gruppen häufiger gegeben sind (z.B. weniger konstante und gesicherte Arbeits- und Wohnverhältnisse).

b) Zur Überprüfung eines vermuteten selektiven Vorgehens bei »arrests« verglich *Green* (1970, 476 ff.) soziale Merkmale von etwa 3200 wegen Verbrechen und Vergehen in einer mittleren Stadt der USA (Südost-Michigan) verhafteten Personen. Läßt man Kriterien der sozialen Stellung außer acht, so ergab sich – entsprechend den offiziellen Kriminalstatistiken der USA – eine Überrepräsentierung des schwarzen Bevölkerungsanteils. Hinsichtlich der überprüften Merkmale zeigte sich unter anderem, daß zwar Arbeitslose oder Unterbeschäftigte, Zuwanderer aus anderen Gebieten und ansonsten (noch) nicht (oder nicht mehr) in das soziale Gefüge integrierte Personen generell in erheblich erhöhtem Ausmaß an den als Tatverdächtige verhafteten Personen beteiligt waren, daß aber, teilt man nach der Kategorie »Arbeitslosigkeit« auf, die Bevölkerung der Schwarzen teilweise deutlich besser abschnitt als die in sozial vergleichbarer Lage lebenden weißen Einwohner.

II. Statistische Verteilungen

1. a) α) Am Stichtag des 1.1.1977 befanden sich in Untersuchungshaft insgesamt 14.181 Personen (95,2 % männliche und 4,8 % weibliche), darunter 734 Jugendliche (davon 92,5 % männliche und 7,5 % weibliche), 2.033 Heranwachsende (davon 92,3 % männliche und 7,7 % weibliche), und 11.414 Erwachsene (davon 95,9 % männliche und 4,1 % weibliche) (StVollzSt 1977, 16 f.). – Hiernach betrug der Untersuchungshaftgefangenenquotient (= Anzahl der Untersuchungshaftgefangenen bezogen auf 100.000 Einwohner) am Stichtag des 1.1.1977 in der Bundesrepublik Deutschland 23,1 %.

Nach früheren Berechnungen hat sich für 1961 ein Quotient von 26,9 % und für 1969 ein solcher von 19,5 % (vgl. *Krümpelmann* 1970, 1056 mit Quellennachweisen) ergeben. Dies wurde als Beleg für die Wirksamkeit der Reform des Untersuchungshaftrechts aus dem Jahre 1964 angesehen.

β) Was die Häufigkeit der Einweisung in Untersuchungshaft angeht, so eignen sich die vollzugsinternen Daten über Zu- und Abgänge hierzu allenfalls mittelbar, da sie – ähnlich wie entsprechende Zahlen über Strafgefangene – auch Verlegungen und andere Vorgänge umfassen (StVollzSt 1977, 16 f.). Nach den – erstmals – für das Jahr 1976 in der StrafSt ausgedruckten Zahlen über diejenigen Fälle von Untersuchungshaft, bei denen es im Berichtsjahr zum Abschluß des Verfahrens durch Aburteilung gekommen ist, handelte es sich um 42.004 Vorgänge (StrafSt 1976, R 3, 46).

b) Hiernach stellt die Untersuchungshaft quantitativ eines der bedeutsamsten Instrumente reaktiver strafrechtlicher sozialer Kontrolle dar. Während sich im Anschluß an die gesetzliche Verschärfung der Voraussetzungen für die Annahme von Flucht- und Verdunkelungsgefahr im Jahre 1964 die Anordnungshäufigkeit verringerte, stieg sie insbesondere in den Jahren 1972 bis 1974 außergewöhnlich an (vgl. Tab. 6). Dieser Anstieg beruhte zum einen auf der gesetzlichen Lockerung der vorgenannten Voraussetzungen im Jahre 1972, und zum anderen läßt sich der Anstieg dahingehend interpretieren, daß die Untersuchungshaft teilweise eine Komplementärfunktion zur Reduzierung der Freiheitsstrafe (s. u. § 36 II.1.; s. auch u. § 45 II.3.a)) eingenommen hat. Auf die vergleichsweise hohen Quoten der Verhängung von Untersuchungshaft auch gegenüber Jugendlichen und Heranwachsenden sei ausdrücklich hingewiesen (Tab. 6).

2. Bei einem Vergleich der 42.004 im Jahre 1976 mit Aburteilung beendeten Verfahren, in deren Verlauf es zu Untersuchungshaft gekommen war, mit den übrigen 797.615 Aburteilungen (vgl. zum folgenden auch die Analyse von *Kerner* 1978, 553 ff.) ergeben sich unterschiedliche Verurteilungsquoten, nämlich von 97,1 % (abs. 40.788) bei der ersteren und von 82,6 % (abs. 658.551) bei der letzteren Kategorie (StrafSt 1976, R 3, 46, 28). Aber nicht nur die Sanktionierungsquote, sondern insbesondere die Quotenverteilungen hinsichtlich einzelner Rechtsfolgen sind unterschiedlich. Während die Verurteilungen in den Fällen der erstgenannten Kategorie zu 83,8 % auf Jugend- (für diese allein: 14,2 %) und Freiheitsstrafe (für diese allein: 69,6 %) und davon in 60,1 % bei der Jugend- und in 65,3 % bei der Freiheitsstrafe ohne Aussetzung der Strafvollstreckung zur Bewährung lauteten, beliefen sich die entsprechenden Zahlen bei der letzteren Kategorie auf 12,4 % (für Jugendstrafe allein: 1,8 %, für Freiheitsstrafe allein: 10,6 %) und auf 32,8 % bei der Jugend- und auf 25,6 % bei der Freiheitsstrafe (StrafSt 1976, R 3, 46, 68, 92).

An allen Aburteilungen des genannten Berichtsjahres stellten die 42.004 Fälle nur einen Anteil von 5 %, hingegen betrafen sie 29,4 % an den verhängten Jugend- und Freiheitsstrafen und 50,2 % an denjenigen ohne Aussetzung der Strafvollstreckung zur Bewährung (StrafSt 1976, R 3, 28, 46, 68, 92).

Untersuchungshaft § 31

Tabelle 6: Gefangene der Untersuchungshaft sowie des Jugend- und Freiheits*-strafvollzugs 1963 bis 1977
(Quelle: StVollzSt 1963 – 1977)

Jahr	Kriterium	Untersuchungshaftgefangene				Gefangene des Jugend- und Freiheitsstrafvollzugs			
		insg.	davon in %		Anteil in % an allen Gefangener	insg.	davon in %	Anteile in %	
			Jugendliche	Heranwachsende			Jugendstrafv.	Jugendliche	Heranwachsende
1963	Bestand am 1.1.	13799	4,9	15,9	25,3	40780	16,5	–	–
	Zugänge	103009	4,9	14,0	30,0	240872	6,7	–	–
	Abgänge	102902	5,2	14,3	30,0	240782	6,9	–	–
	Bestand am 31.12.	13906	4,1	13,0	25,4	40888	15,0	–	–
	Bestand am 31.3.	–	–	–	–	47074	–	1,9	10,5
1964	Bestand am 1.1.	13884	4,1	13,0	25,4	40841	14,9	–	–
	Zugänge	102149	4,6	12,3	29,1	249090	6,0	–	–
	Abgänge	102772	4,6	12,5	29,3	248438	6,2	–	–
	Bestand am 31.12.	13271	4,0	11,4	24,2	41493	13,6	–	–
	Bestand am 31.3.	–	–	–	–	46583	–	1,9	9,1
1965	Bestand am 1.1.	13313	4,3	11,4	24,3	41537	13,9	–	–
	Zugänge	79296	4,3	11,6	26,2	223866	5,7	–	–
	Abgänge	81304	4,3	11,6	26,3	227258	6,0	–	–
	Bestand am 31.12.	11305	4,1	11,1	22,9	38145	12,6	–	–
	Bestand am 31.3.	–	–	–	–	48143	–	1,8	8,0
	Bestand am 1.1.	11303	4,1	11,1	22,9	38148	12,6	–	–
	Zugänge	86181	4,9	12,3	27,8	224099	6,0	–	–
	Abgänge	84398	4,9	12,4	–	–	–	–	–

233

§ 31 Untersuchungshaft

Jahr									
1966	Bestand am 31.12.	13 084	4,4	10,5	24,8	39 766	12,8	—	7,4
	Bestand am 31.3.	—	—	—	—	44 438	—	1,6	—
1967	Bestand am 1.1.	13 089	4,4	10,5	24,8	39 781	12,8	—	—
	Zugänge	97 961	5,0	13,0	—	—	—	—	8,0
	Abgänge	97 471	5,0	13,0	29,0	—	6,3	—	—
	Bestand am 31.12.	13 579	4,3	10,2	24,7	239 011	13,2	—	—
	Bestand am 31.3.	—	—	—	—	41 369	—	1,8	—
1968	Bestand am 1.1.	13 578	4,2	10,3	24,7	46 679	13,2	—	—
	Zugänge	91 410	5,2	13,0	29,2	41 375	7,4	—	8,1
	Abgänge	92 830	5,1	12,8	29,5	221 488	7,4	—	—
	Bestand am 31.12.	12 158	5,0	11,5	23,0	222 086	12,8	—	—
	Bestand am 31.3.	—	—	—	—	40 778	—	1,9	—
1969	Bestand am 1.1.	12 158	5,0	11,5	23,0	47 295	12,8	—	—
	Zugänge	85 120	5,5	14,9	33,3	40 776	9,8	—	7,9
	Abgänge	86 139	5,5	14,7	32,7	170 422	9,7	—	—
	Bestand am 31.12.	11 139	5,6	12,6	24,7	177 221	14,0	—	—
	Bestand am 31.3.	—	—	—	—	33 977	—	1,9	—
1970	Bestand am 1.1.	11 138	5,6	12,6	24,7	45 656	14,0	—	—
	Zugänge	90 148	6,5	17,3	38,2	33 969	12,0	—	9,0
	Abgänge	88 248	6,5	17,3	36,8	145 961	11,6	—	—
	Bestand am 31.12.	13 083	5,8	13,4	31,3	151 256	16,4	—	—
	Bestand am 31.3.	—	—	—	—	28 671	—	2,1	—
1971	Bestand am 1.1.	13 080	6,1	13,4	31,4	35 209	16,5	—	—
	Zugänge	100 377	7,0	18,3	38,5	28 574	11,8	—	10,2
	Abgänge	98 968	7,0	18,2	38,5	160 457	11,8	—	—
	Bestand am 31.12.	14 489	6,3	14,5	32,0	158 302	16,0	—	—
	Bestand am 31.3.	—	—	—	—	30 729	—	2,2	—
	Bestand am 1.1.	14 384	6,3	14,5	31,9	32 513	16,2	—	—
	Zugänge	108 473	7,6	18,4	38,1	30 728	12,9	—	—
	Abgänge	107 355	7,7	18,3	38,2	175 988	12,6	—	—

Untersuchungshaft § 31

1972	Bestand am 31.12.	15 502	5,8	15,3	32,0	33 051	17,0	–	–
	Bestand am 31.3.	–	–	–	–	32 936	–	2,4	10,1
1973	Bestand am 1.1.	15 501	5,8	15,2	32,0	33 048	17,0	–	–
	Zugänge	102 908	7,0	17,7	36,0	184 895	12,6	–	–
	Abgänge	103 295	7,0	17,9	35,3	184 942	12,7	–	–
	Bestand am 31.12.	15 943	5,7	14,0	32,6	33 001	16,7	–	–
	Bestand am 31.3.	–	–	–	–	35 629	–	2,6	10,6
1974	Bestand am 1.1.	15 943	5,7	14,0	32,5	33 044	16,6	–	–
	Zugänge	102 908	6,6	17,5	34,4	196 247	11,9	–	–
	Abgänge	103 295	6,5	17,5	34,5	196 021	12,0	–	–
	Bestand am 31.12.	15 556	5,9	14,4	32,0	33 227	16,3	–	–
	Bestand am 31.3.	–	–	–	–	36 387	–	2,4	9,9
1975	Bestand am 1.1.	15 556	5,9	14,4	32,0	33 178	16,4	–	–
	Zugänge	100 065	6,2	17,6	33,7	197 143	11,7	–	–
	Abgänge	100 848	6,2	17,6	33,9	196 842	11,7	–	–
	Bestand am 31.12.	14 773	5,8	15,0	30,6	33 528	16,4	–	–
	Bestand am 31.3.	–	–	–	–	34 271	–	2,4	9,9
1976	Bestand am 1.1.	14 773	5,6	14,4	30,6	33 528	16,4	–	–
	Zugänge	96 111	6,0	17,3	32,2	202 123	11,8	–	–
	Abgänge	96 703	6,1	17,3	32,4	201 375	11,8	–	–
	Bestand am 31.12.	14 181	5,2	14,3	29,3	34 276	16,3	–	–
	Bestand m 31.3.	–	–	–	–	37 559	–	2,2	10,0
1977	Bestand am 1.1.	14 181	5,2	14,3	29,3	34 276	16,3	–	–
	Zugänge	96 185	6,6	17,4	28,9	236 279	11,7	–	–
	Abgänge	96 214	6,6	17,4	29,1	234 918	11,7	–	–
	Bestand am 31.12.	14 152	5,3	14,2	28,5	35 508	15,9	–	–
	Bestand am 31.3.	–	–	–	–	39 647	–	2,0	9,4

*) Bis 1969: Zuchthaus, Gefängnis, Einschließung und Haft

235

Betreffend den erstgenannten Anteil waren für die Jahre 1964 und 1968 in Bayern und Nordrhein-Westfalen (Oberlandesgerichtsbezirke) Anteile von insgesamt 6,48 % und 4,71 %, das heißt ein Sinken um mehr als 25 % berechnet worden (vgl. *Krümpelmann* 1970, 1061). In den späteren Jahren verblieb der Anteil in Nordrhein-Westfalen bei etwa 4 %, während er in Bayern im Jahre 1970 auf 6 % und im Jahre 1974 auf 7 % (als höchstem Wert seit 1956) anstieg (vgl. *Krümpelmann* 1976, 49).

3. a) Hinsichtlich der Haftgründe ergeben sich nach der genannten Datenquelle (StrafSt 1976, R 3, 46 f.), die Mehrfachbegründungen enthält, Insgesamtanteile von 94,2 % des Haftgrundes Flucht- oder Fluchtgefahr (§ 112 Abs. 2 Nr. 1, 2 StPO) und von 5,0 % für den Haftgrund der Verdunkelungsgefahr (§ 112 Abs. 2 Nr. 3 StPO; s. im übrigen u. § 40 III. 1.).

Deliktsstrukturell weisen die Anordnungen von Untersuchungshaft eine relative Rangfolge auf (StrafSt 1976, R 3, Tab. 4), die im wesentlichen allgemeinen Kriterien der Schwere des Delikts entspricht, wobei der Anteil der hiernach meistbelasteten Delikte – wegen deren quantitativ vergleichsweise geringen Bedeutung – an allen einschlägigen Fällen vergleichsweise gering bleibt. So machen zum Beispiel die Anordnungen von Untersuchungshaft wegen Einbruchdiebstahls (§ 243 Abs. 1 Nr. 1 StGB) 23,0 % und diejenigen wegen Mordes 0,75 % aller Anordnungen aus, während umgekehrt in 87,7 % aller Aburteilungen wegen Mordes, aber nur in 27,8 % der Aburteilungen wegen Einbruchdiebstahls (§ 243 Abs. 1 Nr. 1 StGB) Untersuchungshaft angeordnet wurde.

b) α) Was die Frage nach der Dauer der Untersuchungshaft anbetrifft, so betrug die Dauer (StrafSt 1976, R 3, 46) in 36,4 % bis einschließlich 1 Monat, in 28,7 % mehr als 1 Monat bis einschließlich 3 Monate, in 20,1 % mehr als 3 Monate bis einschließlich 6 Monate, in 11,2 % mehr als 6 Monate bis einschließlich 1 Jahr und in 3,6 % mehr als ein Jahr. – In 5,5 % war die Untersuchungshaft länger, in 89,5 % war sie kürzer als die erkannte Strafe (hier einschließlich Maßregeln, Freispruch usw., bei Geldstrafe gemäß der Anzahl der Tagessätze), während sie in 4,9 % der Fälle der erkannten Strafe entsprach.

Angaben zum Unterschied zwischen »ursprünglicher« und »Rechtsmittelhaft« enthält die hier verwandte Quelle (StrafSt) nicht.

Nach Berechnungen von *Vöcking* (1977, 232) für Nordrhein-Westfalen kommt der Anteil an langer Untersuchungshaft überwiegend durch »Rechtsmittelhaft« zustande; bei einer Dauer von mehr als 12 Monaten seien 65,8 % »Rechtsmittelhaft« und nur 3,9 % Untersuchungshaft während des Ermittlungsstadiums gewesen.

β) In Bayern und Nordrhein-Westfalen (drei Oberlandesgerichtsbezirke) war in den Jahren von 1964 bis 1968 der Anteil der Untersuchungshaft von einer Dauer bis zu drei Monaten von zusammen 68,3 % auf 60,5 % gesunken, derjenige von einer Dauer zwischen drei und sechs Monaten hingegen von zusammen 22,4 % auf 27,1 % und derjenige von einer Dauer über sechs Monaten von 8,2 % auf 9,4 % angestiegen (vgl. *Krümpelmann* 1970, 1104; 1976, 50); der letztere Anteil stieg im

Jahre 1974 für Bayern allein auf 14 % (vgl. *Krümpelmann* 1976, 50). Diese Entwicklung ist eingetreten, obwohl mit der Einführung des oberlandesgerichtlichen Prüfungsverfahrens (§ 121 StPO) eine Verkürzung der Haftdauer erreicht werden sollte, wobei die langfristige Überlastung eines Gerichts nicht als wichtiger Grund im Sinne des § 121 StPO anerkannt wird (BVerfGE 36, 264).

4. a) Vielfach hat die Untersuchungshaft auch im Ausland zunehmend eine entsprechende besondere Bedeutung erlangt (s. auch u. § 45 II.3.a)). Ihr soll zum Beispiel in Frankreich und in der Schweiz eine Art von »Denkzettel« – Funktion beigemessen werden mit der Folge, daß im Anschluß daran eher Geldstrafe verhängt oder die Vollstreckung einer Freiheitsstrafe zur Bewährung ausgesetzt werden könne.

b) Zur Frage der übermäßig häufigen Anordnung der Untersuchungshaft in den USA hat eine Untersuchung des *Vera Institute for Justice* (hier zitiert nach *Zeisel* 1974, 562 m.w.N. auch über eine Parallel-Studie über die Untersuchungshaft in Österreich) ergeben, daß die Richter durch zu hohe Kaution mehr Beschuldigte in Haft beließen, als es nötig sei. Personen, die (nach Durchführung einer Sozialanamnese und der Überprüfung der »Verankerung am Wohnort«) auf Empfehlung der Untersucher an den Richter aus der Untersuchungshaft entlassen wurden, seien zu 97 % zur Gerichtsverhandlung erschienen.

III. Vollzug

1. Die Eingriffsrechte sowie die Rechte des Untersuchungshaftgefangenen bestimmen sich nach § 119 StPO. Jede Maßnahme gegen den Untersuchungshaftgefangenen muß durch § 119 Abs. 3 StPO gedeckt sein. Innerhalb dieses Rahmens geschieht die rechtliche Durchführung der Untersuchungshaft gemäß der Untersuchungshaftvollzugsordnung (UVollzO vom 12.2.1953 i.d.F. v. 15.12.1976); es handelt sich um eine bundeseinheitliche Verwaltungsanordnung.

Die Untersuchungshaft darf wegen der Unschuldsvermutung nicht als Strafhaft ausgestaltet sein. Untersuchungshaftgefangene sind von anderen Gefangenen getrennt unterzubringen (§ 119 Abs. 1 S. 1, 2 StPO); häufig bestehen Untersuchungshaftanstalten als getrennte Abteilungen von Strafanstalten. Der Untersuchungshaftgefangene ist nicht zur Arbeit verpflichtet (arg. § 119 StPO; s. aber auch § 93 Abs. 2 JGG); übt er (gleichwohl) eine ihm »zugewiesene« Tätigkeit aus, so erhält er ein Arbeitsentgelt (§ 177 StVollzG). Eine Ausdehnung »re-sozialisierender« Strategien des Strafvollzugs auf Untersuchungshaftgefangene ist nicht zulässig.

2. a) Soweit der Vollzug der Untersuchungshaft gegenüber Jugendlichen und Heranwachsenden »erzieherisch gestaltet werden...soll« (§§ 93 Abs. 2, 110 Abs. 2 JGG), so fragt es sich, ob eine Legitimation hierfür vorhanden ist. Gemäß der Unschuldsvermutung des Art. 6 Abs. 2 MRK nämlich ist der Gefangene für das schwebende Verfahren so zu behandeln, als wäre er unschuldig. Auch mögen bezüglich Jugendlicher Bedenken im Hinblick auf Art. 6 GG, und (namentlich) hinsichtlich Heranwachsender solche gemäß Art. 2 Abs. 1 GG bestehen.

b) In der tatsächlichen Ausgestaltung steht die Untersuchungshaft gegenüber Jugendlichen dem Erziehungsgedanken (s. auch § 93 Abs. 1 – 3 JGG) in besonderem Maße entgegen (vgl. *Zirbeck* 1973, insbes. S. 44 ff.). Unter den Bedingungen bei kleinen und mittleren Gerichten ist häufig weder eine Trennung von anderen dort einsitzenden Gefangenen noch eine erzieherische Ausgestaltung möglich (vgl. zum folgenden *Schaffstein* 1977, 154). Der Mangel an erzieherischer Ausgestaltung bleibt in denjenigen größeren (Jugend-)Strafanstalten bestehen, in denen jugendliche Untersuchungshaftgefangene, von jugendlichen Strafgefangenen getrennt, untergebracht werden. Dies erklärt sich daraus, daß zur Verfügung stehendes Erziehungspersonal für den Kontakt mit Strafgefangenen eingesetzt wird. Diese organisatorische Tendenz wird unter anderem damit gerechtfertigt, daß Informationen über Tat, Aufenthaltsdauer und personale wie soziale Merkmale von Untersuchungshaftgefangenen einstweilen weniger vorliegen oder zugänglich gemacht würden. – Ferner findet eine Betreuung durch die JGH (§§ 38, 93 Abs. 3 JGG, § 79 UVollzO; s. auch o. § 30 III.1.b)) wohl nur weniger statt (vgl. *Zirbeck* 1973, 105 ff.).

Bezüglich der Sollvorschrift über die erzieherische Ausgestaltung der Untersuchungshaft (§ 93 Abs. 2 JGG) wird nach Untersuchungen berichtet (vgl. *Krause* 1971, 132 ff.; *Zirbeck* 1973, 55 – 64), sie sei in der Praxis weder in den Bereichen des Unterrichts oder der Arbeit noch in demjenigen der Freizeitgestaltung verwirklicht.

Als Beispiel für Betreuungsprogramme sei auf gesprächspsychotherapeutische Bemühungen und verhaltenstherapeutisches Training sozialer Verhaltensweisen während der Untersuchungshaft in Freiburg hingewiesen (vgl. *Blumenberg* 1978); auch finden seit 1970 einschlägige sozialpädagogische Bemühungen in einer besonderen Abteilung des Gerichtsgefängnisses Uelzen statt.

c) Als Alternativen kämen für Jugendliche Unterbringungen in bestimmten Heimen in Betracht (§§ 71 Abs. 2 bzw. 72 Abs. 3 JGG); dem wehren Heimleiter vielfach, unter anderem um eine heiminterne und -externe Beeinträchtigung ihrer anderen Insassen zu vermeiden. Für Heranwachsende scheiden diese Alternativen ohnehin aus (§ 109 Abs. 2 JGG).

Als Beispiel für ein spezielles Alternativheim ist das »Haus Kieferngrund« in Berlin (West) zu nennen (vgl. *Barasch* 1975, 160 ff.).

3. Nach allgemeiner Auffassung bedeutet eine längere Untersuchungshaft selbst mit anschließendem Freispruch in der Hauptverhandlung für den Beschuldigten eine erhebliche und bleibende Verminderung seiner sozialen Anerkennung sowie der Gefahr, einer kriminellen Rollenerwartung nicht wehren zu können (vgl. *Hink* 1967, 523 ff.). – Die Selbstmordhäufigkeit ist während der Untersuchungshaft um ein Vielfaches größer als während der Strafhaft. Es wurde berechnet, daß nahezu die Hälfte der Selbstmorde bereits im ersten Monat der Untersuchungshaft begangen werden (vgl. *Thole* 1976, 110, 112; s. ferner *Ringel* 1975, 148 f.).

Dritter Titel   Rechtsfolgen

Erstes Kapitel   Allgemeine Rechtsfolgen betreffend das Vermögen

§ 32 Geldbuße und vermögensbezogene Auflagen

Sämtliche auf Geldzahlungen gerichteten strafrechtlichen Folgen des Verbrechens begegnen dem Problem der Abwälzung der Leistungserbringung in prinzipiell gleicher Weise, wie es bei der Geldstrafe der Fall ist (s. u. § 33 IV., s. aber § 15 Abs. 2 JGG).

I. Geldbuße

1. Das Wesen der Geldbuße besteht für den Betroffenen in der zwangsweisen Zahlung einer Geldsumme als repressive Unrechtsfolge für eine tatbestandsmäßige, rechtswidrige und vorwerfbare Handlung (vgl. § 1 Abs. 1 OWiG). Sie gilt jedoch nicht als Unwerturteil zum Zwecke der Vergeltung, sondern soll durch einen Pflichtenappell oder als Mahnung an den Betroffenen dem Rechtsgüterschutz dienen. Während die Geldstrafe in das Zentralregister eingetragen wird, geschieht dies bei der Geldbuße nicht (§ 4 Nr. 1 BZRG, vgl. aber auch § 30 Abs. 2 Nr. 5a BZRG).

Das *Verwarnungsgeld* (vgl. §§ 56 ff. OWiG) wird zur Ahndung geringfügiger Ordnungswidrigkeiten in einem vereinfachten, nicht dem förmlichen Bußgeldverfahren entsprechenden Verfahren »angeboten« (§ 56 Abs. 2 S. 1 OWiG) und dient damit der Entlastung insbesondere der Verwaltungsbehörden. Falls der Betroffene die Zahlung verweigert, kommt es zu einem ordentlichen Bußgeldverfahren mit der eventuellen Festsetzung einer Geldbuße, so daß insofern auch das Verwarnungsgeld repressiven Charakter hat.

Die Geldbuße gegenüber einer juristischen Person oder einer Personengemeinschaft ist als Nebenfolge ausgestaltet (§ 30 Abs. 1 OWiG).

2. Die Zahlen des VZR über Eintragungen von Bußgeldentscheidungen sind in den Jahren 1969 bis 1977, bei gewissen Schwankungen, tendenziell erheblich angestiegen, wobei sich im Jahre 1977 gegenüber 1976 eine Zunahme um 13,2 % ergab; dieser Anstieg war bei dem regelmäßig unter 5 % liegenden Anteil gerichtlicher Bußgeldentscheidungen (= Einspruchsfälle und Fälle von bei Strafverfahren geahndeten Ordnungswidrigkeiten) tendenziell ähnlich wie bei den behördlichen Bußgeldentscheidungen. Demgegenüber sind die gerichtlichen Verurteilungen wegen Straßenverkehrsdelikten zunächst, im Zusammenhang mit gesetzlichen Änderungen namentlich betreffend das Ordnungswidrigkeitenrecht von 1968 und das erste Strafrechtsreformgesetz von 1969, gesunken, und sodann, bei Schwankungen, tendenziell angestiegen. Dies spiegelt eine zunehmende Intensivierung der Kontrolltätigkeit der Bußgeldbehörden im Vergleich zum Bereich strafgerichtlicher Kontrolle von Straßenverkehrsdelikten wider.

3. Was die Häufigkeit der im GZR (Quelle: Nichtveröffentlichte behördeninterne Statistik) für das Jahr 1977 eingetragenen Bußgeldentscheidungen anbetrifft, so betrug sie 27.230. Davon entfielen 26.624 auf Entscheidungen gegen natürliche Personen, wobei 25.434 von Verwaltungsbehörden und 1.190 (= 4,46 %) von Gerichten getroffen wurden. Nur ein Anteil von 606 (= 2,22 %) aller Entscheidungen betraf juristische Personen und Personenvereinigungen, wobei 596 von Verwaltungsbehörden und 10 von Justizbehörden getroffen wurden.

Von den 26.624 gegen natürliche Personen verhängten Bußgeldentscheidungen wurden 6.389 von Behörden des Bundes, und hierbei namentlich von Arbeitsämtern und der Bundesanstalt für den Güterfernverkehr, getroffen (zur Bußgeldbemessung s.u. § 42 II. 2. c)β) Tab. 22).

Tabelle 7: *Eintragungen von Bußgeldentscheidungen im VZR und gerichtlichen Verurteilungen wegen Straßenverkehrsdelikten (Quelle: KBA 1971 – 1978, R; RPflSt 1969 – 1976)*

Jahr	Bußgeldentscheidungen					Verurteilungen durch Gericht
	insgesamt	von Bußgeldbehörden		von Gerichten		
		absolut	Anteil von allen	absolut	Anteil von allen	
1969	760937	722885	94,9 %	38052	0,50	285634
1970	1122762	1079588	96,1 %	43174	0,38	308088
1971	1196089	1150252	96,1 %	45837	0,38	322166
1972	1318251	1268684	96,2 %	49567	0,37	330062
1973	1302334	1253261	96,2 %	49073	0,37	335635
1974	1524523	1466410	96,2 %	58113	0,38	317000
1975	1464190	1396731	95,4 %	67459	0,46	297275
1976	1539409	1466544	95,2 %	72865	0,47	310572
1977	1742508	1663299	95,4 %	79209	0,45	–

II. Vermögensbezogene Auflagen nach Jugendstrafrecht

1. Im Jugendstrafverfahren ist unter bestimmten gesetzlichen Voraussetzungen ein Absehen von der weiteren Verfolgung unter Auferlegung bestimmter Pflichten möglich (§§ 45 Abs. 1 S. 1, 47 Abs. 1 Nr. 1, 109 Abs. 2 JGG). Zu diesen Pflichten zählen auch die Zahlung eines Geldbetrages oder die Wiedergutmachung etwa durch Vermögensleistungen (vgl. RL Nr. 1 zu § 45 JGG i.V. m. RL zu § 15 JGG). Kommt der Jugendliche den gemäß § 45 JGG angeordneten Auflagen nicht nach, so prüft der Jugendstaatsanwalt, ob das Verfahren fortzusetzen ist (RL Nr. 3 zu § 45 JGG). Die Erfüllung der gemäß § 47 angeordneten Auflagen kann dadurch überwacht und nahegelegt werden, daß die Einstellung nur »zur Bewährung« geschieht (vgl. *Brunner* 1978, Anm. 11 zu § 47 JGG).

Bei Ordnungswidrigkeiten kann die Verwaltungsbehörde als Verfolgungsbehörde (§ 35 Abs. 1, 2 OWiG) das Verfahren auch gemäß § 45 JGG einstellen, solange es bei ihr anhängig ist (§ 46 Abs. 1, 47 Abs. 1 OWiG; s. dazu auch BVerfGE 27, 18); hierbei ist das Problem der Leistungsabwälzung (s. u. § 33 IV.) erhöht, sofern § 15 Abs. 2 Nr. 1 JGG nicht angewandt wird (vgl. § 98 OWiG).

2. Im Bereich der Zuchtmittel findet sich die detaillierte gesetzliche Verankerung der beiden (bereits genannten) vermögensbezogenen Auflagen, nämlich, »einen Geldbetrag zugunsten einer gemeinnützigen Einrichtung zu zahlen« (§ 15 Abs. 1 Nr. 3 JGG) und »nach Kräften den durch die Tat verursachten Schaden wiedergutzumachen« (§ 15 Abs. 1 Nr. 1 JGG).

Wie alle Zuchtmittel nach dem JGG haben diese Auflagen (auch) ahndenden Charakter (§ 13 Abs. 1 JGG). Sie sind nur dann angebracht, wenn zu erwarten ist, daß der Jugendliche zu der Einsicht kommen wird, »daß er strafbares Unrecht begangen hat und dafür einstehen muß« , und wenn zugleich zu erwarten ist, daß er »sich künftig ordentlich führen wird« (RL Nr. 1 zu § 13 JGG). Die Auflagen begründen nicht die Anwendung von strafrechtlichen Rückfallvorschriften (§ 13 Abs. 3 JGG); sie werden nur unter den Voraussetzungen des § 5 Abs. 2 BZRG in das Zentralregister, andernfalls in das Erziehungsregister (§ 56 Abs. 1 Nr. 2 BZRG) eingetragen.

Aus erzieherischen Gründen kann das Gericht nachträglich von der Erfüllung der Auflage befreien (§ 15 Abs. 3 S. 1 JGG). Bei schuldhafter Nichterfüllung der Auflage droht, sofern eine Belehrung über die Folgen schuldhafter Zuwiderhandlung erfolgt war, die Verhängung von Jugendarrest (§§ 15 Abs. 3 S. 2, 11 Abs. 3 JGG). Nach Vollstreckung von Jugendarrest kann der Richter Auflagen mit der Begründung ganz oder zum Teil für erledigt erklären (§ 15 Abs. 3 S. 3 JGG), daß die durch die Auflage erstrebte Bewußtmachungs- und Ahndungsfunktion durch den Arrest erreicht sei.

3. Die angeführten vermögensbezogenen Auflagen nach Jugendstrafrecht können auch bei den Formen der Aussetzung einer Jugendstrafe bezüglich der Verhängung (§§ 27, 23 Abs. 1 JGG) sowie bezüglich der Vollstreckung vor Straf-

antritt (§ 23 Abs. 1 JGG) oder hinsichtlich des Restes einer Jugendstrafe (§§ 88 Abs. 5 S. 2, 23 JGG; §§ 89 Abs. 3, 88 Abs. 5, 23 Abs. 1 JGG) angeordnet werden (s. hierzu u. § 35 IV.4.).

4. a) Die jugendstrafrechtliche Rechtsfolge der Geldauflage in der Form des Zuchtmittels (s. o. 2.) stellt teilweise einen Ersatz für die (im Jugendstrafrecht unzulässige) Geldstrafe des allgemeinen Strafrechts dar. Im Unterschied zu dieser (s.u. § 33) – und zur Geldauflage im Erwachsenenstrafrecht (§ 56b Abs. 2 Nr. 2 StGB, § 153a Abs. 1 Nr. 2 StPO; s. u. III.) – kann Empfänger jedoch nur eine »gemeinnützige Einrichtung« sein. Ferner soll die Geldauflage nur unter bestimmten Bedingungen verhängt werden, die wesentlich darauf abzielen, eine Abwälzung der Leistungserbringung zu vermeiden (§ 15 Abs. 2 JGG).

Die Geldauflage als Zuchtmittel stellt die *häufigste* jugendstrafrechtliche Rechtsfolge von Straftaten überhaupt dar; die Zahlen betrugen in den Jahren 1971 bis 1976, bei gewissen Schwankungen, 39.845, 40.062, 41.696, 40.406, 36.980 und 39.912 (s. auch Schaubild 4).

b) Die Auflage der Wiedergutmachung, bei der es wesentlich auf den »guten Willen« und nicht unbedingt auf die volle Wiedergutmachung ankommen soll, kann im Ergebnis in bloßer Geldleistung bestehen. In diesen Fällen betrifft sie den Konflikt zwischen Erziehungsbelangen einerseits und Interessen des Geschädigten andererseits.

Nach herrschender Meinung ist von der Anordnung abzusehen, wenn ein zivilrechtlicher Anspruch nicht besteht oder streitig ist, wenn der Schaden im Innenverhältnis mehrerer Schuldner im Ergebnis von einem anderen zu tragen ist, oder wenn eine Haftpflichtversicherung den Schaden erstattet (vgl. *Dallinger/Lackner* 1965 § 15 Rdnr. 6). – Unabhängig hiervon aber mag die Anordnung im Interesse des Verletzten die gegenüber Jugendlichen oftmals nicht mögliche Vollstreckung eines zivilrechtlichen Schadensersatzanspruchs zu ersetzen geeignet sein.

III. Vermögensbezogene Auflagen nach Erwachsenenstrafrecht

1. Den §§ 45, 47 JGG entsprechend kann auch im Erwachsenenstrafverfahren, sofern die Schuld als gering anzusehen wäre, unter bestimmten gesetzlichen Voraussetzungen von der weiteren Verfolgung unter Auferlegung bestimmter Pflichten abgesehen werden (§ 153a StPO; s. auch o. § 24 III.2. c)). Zu diesen Pflichten zählen die Wiedergutmachung, etwa durch bestimmte Vermögensleistungen (§ 153a Abs. 1 Nr. 1 StPO), die Zahlung eines Geldbetrages (§ 153a Abs. 1 Nr. 2 StPO) sowie die Erbringung von Unterhaltsleistungen (§ 153a Abs. 1 Nr. 4 StPO; gemäß § 56c Abs. 2 Nr. 5 StGB als Weisung konzipiert); bezüglich der Wiedergutmachung ist eine Auferlegung »nach Kräften« nicht zulässig (vgl. aber § 56b Abs. 1 Nr. 1 StGB und § 15 Abs. 1 Nr. 1 JGG). Die Erfüllung der Auflagen wird

Geldbuße und vermögensbezogene Auflagen § 32

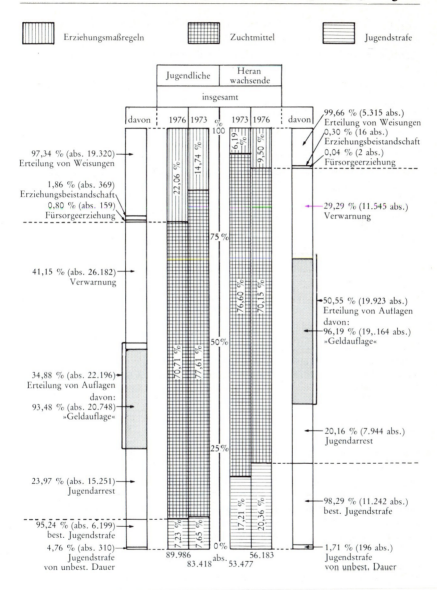

Schaubild 4: Rechtsfolgen bei den im Jahre 1973 und 1976 nach Jugendstrafrecht Verurteilten (StrafSt 1973, 13, 156, 157; 1976, R 1, 30, R 3, 92), auch soweit nebeneinander angeordnet

seitens der Staatsanwaltschaft (§ 153a Abs. 1 StPO) beziehungsweise des Gerichts (§ 153a Abs. 2 StPO) dadurch überwacht und nahegelegt, daß das Verfahren zunächst nur vorläufig und erst nach der Auflagenerfüllung endgültig eingestellt wird.

Soweit die Finanzbehörde das Ermittlungsverfahren führt und den Antrag auf Erlaß eines Strafbefehls stellen kann (§§ 399 Abs. 1, 400 AO), kann auch sie, mit Zustimmung des Gerichts, gemäß § 153a Abs. 1 StPO verfahren.

2. Die angeführten vermögensbezogenen Auflagen nach Erwachsenenstrafrecht können, in gewisser Modifizierung (vgl. § 153a Abs. 1 Nr. 2 StPO zu § 56b Abs. 2 Nr. 1 StGB sowie § 153a Abs. 1 Nr. 4 StPO [Auflage] zu § 56c Abs. 2 Nr. 5 StGB [Weisung]), auch bei den Formen der Aussetzung der Vollstreckung einer Freiheitsstrafe vor Strafantritt (§§ 56b, 56c StGB) oder bezüglich des Restes einer Freiheitsstrafe (§§ 57 Abs. 3, 56b, 56c StGB) angeordnet beziehungsweise erteilt werden (s. hierzu u. § 36.V.3.).

§ 33 Geldstrafe

Die Verhängung von Geldstrafe machte im Jahre 1882 nur etwa 22 % aller strafgerichtlichen Verurteilungen zu Hauptstrafen aus. Im Jahre 1930 belief sich dieser Anteil auf 67 %, im Jahre 1969 auf 70 % und im Jahre 1976 auf 83,2 % (s. auch u. § 36 I. 2. a)).

I. Ausgestaltung

1. a) Die Ausgestaltung der Geldstrafe erfolgt (seit 1.1.1975) durch Verhängung in Tagessätzen (Tagesbußensystem, § 40 StGB). Dabei ist die Festlegung der Anzahl der Tagessätze von der Bestimmung von deren Höhe zu unterscheiden. Bei ersterem handelt es sich um den Bereich der Strafzumessung (s. hierzu o. § 24 IV.). Letzeres hingegen stellt einen Vorgang der Anpassung an die persönlichen und wirtschaftlichen Verhältnisse (§ 40 Abs. 2 StGB) und insbesondere an die wirtschaftliche Leistungsfähigkeit des Verurteilten dar und dient ausschließlich der Berücksichtigung ungleichmäßiger Einkommensverhältnisse, um eine in etwa gleiche Strafwirkung nicht von vornherein in Frage zu stellen.

Die Regelung, die bis 31.12.1974 bestanden hatte (§ 27 StGB a.F.), berücksichtigte die wirtschaftlichen Verhältnisse des Verurteilten bei der einheitlichen Festlegung der Geldstrafe. Sie führte zu ungleichen Geldstrafen bei gleichem Schuldgehalt der Straftat, so daß aus der festgelegten Geldstrafe der Unrechtgehalt nicht entnommen werden konnte. Vielmehr konnte es sich jeweils entweder um eine schwere Tat einer finanziell schwachen Person oder um eine leichte Tat einer wohlhabenden Person handeln. Demgegenüber stellt der Tagessatz eine objektiv gleiche Bemessungsgrundlage dar.

b) Einzelne kriminalpolitische Forderungen nach differenzierterer Ausgestaltung der Geldstrafe sind auf eine Verbindung mit Auflagen, Weisungen und Bewährungsaufsicht gerichtet. Diese würde allerdings sowohl die Anonymität der Geldstrafe als auch den Reingewinn des Staates durch Geldstrafe (s. auch o. § 9 II.4.) beeinträchtigen. Zudem ist fraglich, ob oder zu welchen Anteilen bei Personen, die von der Geldstrafe betroffen sind, ein Bedürfnis für solche Maßnahmen überhaupt besteht.

c) Anders verhält es sich insofern, als in der Praxis zunehmend zum Beispiel die Nebenstrafe Fahrverbot oder die Maßregel der Entziehung der Fahrerlaubnis neben Geldstrafe verhängt werden. Bedenken bestehen insbesondere im Straßenverkehrsrecht schon gegenüber der Geeignetheit der Geldstrafe (und der Geldbuße) (s. u. § 45.III.4; u. Näheres u. § 40.II.)

Die Möglichkeit kumulativer Verhängung von Geldstrafe neben Freiheitsstrafe (bei »Gewinnsuchtstaten« gemäß § 41 StGB) erscheint schon deshalb als mit dem Konzept des Tagessatzsystems schwer vereinbar, weil der Verurteilte während des Freiheitsentzuges in der Regel kaum Einkünfte hat und ein Konsumverzicht oder eine Lebensstandardbeschränkung über die Situation im Strafvollzug hinaus kaum erreicht werden kann (s. daher auch § 459d StPO). Im übrigen ist bei Aussetzung der Vollstreckung einer Freiheitsstrafe zur Bewährung die Auflage einer Geldleistung möglich (56b Abs. 2 Nr. 2 StGB; s. näher u. § 36.V.3.). Außerdem besteht neben der Rechtsfolge der Einziehung (§§ 74 ff. StGB) die Möglichkeit der Gewinnabschöpfung durch das eigenständige Rechtsinstitut des Verfalls (§§ 73 ff. StGB; s. u. § 40.I.1.), so daß auch insofern auf die erwähnte Ausnahme (§ 41 StGB) möglicherweise hätte verzichtet werden können.

2. Die Geldstrafe ist, soweit keine abweichende Regelung getroffen wird, nach Rechtskraft in einem Betrag voll zu bezahlen.

Allerdings hat das erkennende Gericht unter bestimmten gesetzlichen Voraussetzungen Zahlungserleichterungen zu gewähren (§ 42 StGB); nach Rechtskraft ist für solche abweichenden Regelungen die Vollstreckungsbehörde (§ 459a StPO) beziehungsweise die Gnadeninstanz zuständig.

Soweit vorgeschlagen wurde, daß die Geldstrafe als »Laufzeitgeldstrafe« (§§ 49 ff. AEStGB) stets die Wirkung einer Teilzahlungsbewilligung (§ 42 S. 1 StGB) haben sollte, hätte dies für einen über ein Girokonto verfügenden Verurteilten allein den Unterschied erbracht, daß er statt Vornahme einer Einzelüberweisung einen Dauerauftrag erteilen würde. Zudem würde ein finanziell schwacher Verurteilter eine Ratenzahlung stets als Vergünstigung empfinden, während ein wohlhabender Verurteilter den Zinsvorteil begrüßen würde. Immerhin wäre eine »Laufzeitgeldstrafe« möglicherweise geeignet gewesen, Tendenzen des Inhalts zu begegnen, daß die Geldstrafe auch weiterhin zunächst als Endsumme festgelegt und erst im Anschluß daran formell in Tagessätze aufgeteilt wird. Ob dies hingegen dadurch erreicht werden könnte, daß – entgegen § 40 Abs. 4 StGB – im Urteilstenor nur die Anzahl der Tagessätze anzugeben und die Höhe des einzelnen Tagessatzes in einem selbständigen Beschluß zu bestimmen wäre (so *Zipf* 1974a, 541), erscheint fraglich.

II. Bestimmung der Höhe des Tagessatzes

1. Was die Bestimmung der Höhe des einzelnen Tagessatzes angeht (vgl. neuerdings *Grebing* 1978, 98 ff.), so liegt eine Bemessungsregel etwa im Sinne einer Beschreibung des Einwirkungszieles der Geldstrafe nicht vor. Schon aus diesem Grunde können erheblich ungleiche Maßstäbe der Bemessungspraxis nicht ausgeschlossen werden. Zwar sagt das Gesetz, daß in der Regel von dem Nettoeinkommen ausgegangen wird, das der Täter durchschnittlich an einem Tag hat oder haben könnte (§ 40 Abs. 2 S. 2 StGB). Hingegen ist ungeklärt, wie die Formulierung »unter Berücksichtigung der persönlichen und wirtschaftlichen Verhältnisse« ausgefüllt werden soll. Es ließen sich darunter sowohl eine »zumutbare Einbuße«, eine Beschränkung auf notwendigen Unterhalt oder der Verbleib der »lohnpfändungsfreien Beträge als Existenzminimum« (§ 49 Abs. 2 S. 2 AE-StGB) verstehen.

a) Unstreitig ist die Auffassung, daß sämtliche Unterhaltspflichten bei der Festsetzung der Höhe der Tagessätze angerechnet werden müssen (BayObLG JZ 1977, 353 [355]; OLG Düsseldorf NJW 1977, 260). Dabei wird der Abzug der Hälfte des Nettoeinkommens als Unterhalt für die einkommenslose Ehefrau teils vorgenommen (OLG Hamm NJW 1976, 722 [723]; OLG Frankfurt NJW 1976, 2220 [2220 f.], teils als zu weitgehend abgelehnt (OLG Düsseldorf NJW 1977, 260; OLG Celle JR 1977, 382).

Bei Personen, die keine eigenen Einkünfte besitzen (z.b. nichtberufstätige Hausfrauen, Arbeitslose, Studenten) soll der auf sie entfallende Unterhaltsbetrag beziehungsweise das Stipendium oder der Wechsel zugrunde gelegt werden; Einkünfte eines Studenten aus Ferienarbeit oder Nebenbeschäftigung sollen nur berücksichtigt werden, wenn sie tatsächlich erzielt worden sind (OLG Frankfurt NJW 1976, 635; OLG Köln NJW 1976, 636).

b) Umstritten ist, ob und gegebenenfalls in welchem Umfang auch vorhandenes Vermögen des Täters berücksichtigt werden kann (vgl. statt vieler *Grebing* 1976, 409 ff.).

2. a) Die Würdigung aller Umstände, die für die Höhe des Tagessatzes zu berücksichtigen sind, bleibt Sache des *Ermessens* des mit der Strafzumessung befaßten Richters (BGH NJW 1977, 1459 [1460]; OLG Celle JR 1977, 382 [383]). Die Erfassung der persönlichen und wirtschaftlichen Verhältnisse kann das Gericht, soweit Beweismittel ihm nicht zur Verfügung stehen, durch Schätzung vornehmen (§ 40 Abs. 3 StGB).

Dieses Vorgehen entspricht namentlich dem (summarischen) Strafbefehlsverfahren (§§ 407 ff. StPO). – Demgegenüber hatte der AE ausdrücklich Ermittlungen des Gerichts auch über Einkünfte und Vermögen des Verurteilten einschließlich der Möglichkeit der Aufhebung von Bank- und Steuergeheimnis vorgeschlagen.

b) Von dem Verständnis des Einwirkungszieles der Geldstrafe hängt es ab, ob bei der Bestimmung der Tagessatzhöhe eher eine individuelle Anpassung an die Verhältnisse des jeweiligen Verurteilten oder aber eine schematische Bemessung (entsprechend der skandinavischen Praxis) angezeigt erscheint, wobei bei letzterem Verfahren etwa eine Geldstrafentabelle die jeweils gestaffelten Tagessätze (unter Berücksichtigung insbesondere von Nettoeinkommen und Zahl unterhaltsberechtigter Personen) vorsehen würde. Zur Verdeutlichung des Problems sei nur auf die Frage hingewiesen, wie der unterschiedlichen Art der Verplanung der Einkünfte – zum Beispiel einerseits die Abzahlung für eine wertbeständige Anschaffung, andererseits das Sparen für eine Urlaubsreise – Rechnung zu tragen ist.

III. Vollstreckung

1. Für die Vollstreckung der Geldstrafe (§§ 459 ff. StPO sowie die Vorschriften der Justizbeitreibungsordnung vom 11.3.1973, zuletzt geändert am 14.12.1976, und diejenigen der Strafvollstreckungsordnung vom 15.2.1956 i.d.F. vom 1.1.1978) ist die Staatsanwaltschaft zuständig (§ 451 StPO, § 4 Abs. 1 StVollstrO; s. aber Art. 315 EGStGB). Auf Anordnung der Vollstreckungsbehörde wird anstelle der Geldstrafe eine Ersatzfreiheitsstrafe in denjenigen Fällen vollstreckt, in denen die Geldstrafe nicht eingebracht werden kann oder – insbesondere mangels Masse, nicht aber im Falle des § 459 d StPO – unterbleibt (§ 43 S. 1 StGB, § 459e Abs. 1, 2, 459c Abs. 1, 2 StPO), es sei denn, die Vollstreckung der Ersatzfreiheitsstrafe wäre eine unbillige Härte für den Verurteilten (§ 459f StPO).

2. Im Falle der Umwandlung der Geldstrafe in eine Ersatzfreiheitsstrafe wird je Tagessatz ein Tag Freiheitsstrafe berechnet (§ 43 S. 2 StGB), wobei das Mindestmaß der Freiheitsstrafe – entgegen der allgemeinen Regelung (§ 38 Abs. 2 StGB) – einen Tag beträgt. Hierin besteht ein Widerspruch zu der ultima-ratio-Klausel kurzzeitiger Freiheitsstrafen (§ 47 StGB; s. näher u. § 36 II. 1.).

Dieser Umwandlungsmaßstab wird aus der Sicht des Schuldstrafrechts deshalb kritisiert (vgl. zum folgenden *Tröndle* 1974, 575 ff.), weil die Ersatzfreiheitsstrafe eine »echte« Freiheitsstrafe sei (BGHSt 20, 13 [16]) und daher dem Unrechtsgehalt der Tat und der Schuld entsprechen müsse (§ 46 Abs. 1 S. 1 StGB). Aus diesem Grunde müsse ein Tag Ersatzfreiheitsstrafe für mehrere Tagessätze zureichen; da hierbei kurzzeitige Freiheitsstrafen zu besorgen wären, müßte die Höchstzahl der Tagessätze (§ 40 Abs. 1 S. 2 StGB) gegebenenfalls erhöht werden.

3. a) Die Regelung über die Ersatzfreiheitsstrafe (§ 43 StGB) stellt deshalb nicht darauf ab, ob die Uneinbringlichkeit der Geldstrafe verschuldet oder unverschuldet ist, um das Gericht umfangreicher – und nicht selten erfolgloser – Ermittlungen zu dieser Verschuldensfrage zu entheben.

Auch der AE sah von dem Verschuldensprinzip ab; dies geschah allerdings aus anderen Gründen. Nach dem AE sollte dem Verurteilten ein Wahlrecht zwischen Zahlung der Geldstrafe und Erbringung »gemeinnütziger Arbeit« gegeben werden, wobei letzteres insbesondere für den Fall der Uneinbringlichkeit relevant gewesen wäre und nur mit Zustimmung des Verurteilten sollte vollstreckt werden dürfen. Die gemeinnützige Arbeit hätte ohne Kasernierung und im Bereich der Sozialarbeit stattfinden sollen, wobei der Verurteilte von seinen Einkünften lediglich den Mindestbetrag hätte abführen sollen. Erst als letztes Mittel, das heißt nur, falls der Verurteilte keine dieser Möglichkeiten verwirklichte, sah der AE eine Ersatzfreiheitsstrafe vor (§ 52 AE-StGB). Wäre nur bei unverschuldeter Uneinbringlichkeit eine Strafaussetzung erfolgt, so hätte sich diese auch auf die »gemeinnützige Arbeit« erstrecken müssen.

b) Hiernach ergibt sich, daß allein die Mittellosigkeit des Verurteilten Anlaß zur Einweisung in die Strafanstalt sein kann, das heißt, daß an ihm eine andere –

und ihrer Natur nach einschneidendere – Qualität von Strafe vollzogen wird, als ihm gegenüber durch Urteil verhängt wurde. Dabei läßt sich nach empirischen Anhaltspunkten begründet annehmen, daß häufig wegen Nichtarbeit angeordnet und vollstreckt wird; dies würde den Vorstellungen entsprechen, wonach die Geldstrafe von vornherein weniger für wiederholt und wegen vergleichsweise geringfügiger (Vermögens-)Delikte verurteilte Personen angezeigt erscheine. Dabei wird davon ausgegangen, daß bei diesen Personen die Uneinbringlichkeit der Geldstrafe ebenso wahrscheinlich ist wie die mangelnde Möglichkeit der Abwälzung auf etwa vorhandene Angehörige.

α) Hieraus mag sich zugleich ein Bedenken gegenüber Erwägungen zur Einführung der Strafaussetzung zur Bewährung von Geldstrafe ergeben, da im Falle der Uneinbringlichkeit auch die Voraussetzungen der Strafaussetzung zur Bewährung weniger vorliegen werden und somit die am meisten betroffenen Verurteiltengruppen nicht entlastet würden.

β) Nicht zuletzt die hierin deutlich werdende Frage nach sozialer Gerechtigkeit von Strafrecht dürfte aber auch maßgebend dafür gewesen sein, daß die Strafvollzugskommission einen Verzicht auf die Ersatzfreiheitsstrafe zugunsten der Möglichkeit der Aussetzung der Geldstrafe vorgeschlagen hat (*Strafvollzugskommission*, Tagungsberichte Bd. I., 146 f., 148; ebenso *Tiedemann* 1974, 338). Hiergegen wurde eingewandt, ein solcher Verzicht würde zur Erhöhung der Zahl rückständiger Geldstrafen um ein Vielfaches führen.

γ) Was die Ermächtigung der Landesregierungen angeht, die Tilgung uneinbringlicher Geldstrafen durch freie Arbeit zu ermöglichen (Art. 293 EGStGB), so sind landesrechtliche Vorschriften bisher in Hamburg und in Berlin erlassen worden. In der kriminalpolitischen Diskussion ist die hier genannte Möglichkeit als ungerecht abgelehnt worden, weil der Betroffene den Geldbetrag bis auf den Mindestsatz sparen würde, während ein anderer Verurteilter, der seiner bisherigen Arbeit nachgehe, die gesamte Geldstrafe zu bezahlen habe.

4. Die Ersatzfreiheitsstrafe ist »echte« Freiheitsstrafe. Allerdings geschieht die Umwandlung von Geldstrafe in Ersatzfreiheitsstrafe stets nur insoweit, als der Verurteilte einsitzt. Für den verbleibenden Strafrest behält die Geldstrafe ihre Eigenständigkeit. Demgemäß würde bei vorzeitiger Entlassung aus der Inhaftierung wegen Ersatzfreiheitsstrafe der verbliebene Rest der Geldstrafe ohne Ersatzfreiheitsstrafe fortbestehen. Eine Aussetzung (einer Geldstrafe oder) einer »Restgeldstrafe« zur Bewährung aber kennt das geltende Recht nicht. Auch ein Erlaß der »Restgeldstrafe« als Folge einer Aussetzung der Vollstreckung des Restes der Ersatzfreiheitsstrafe ist nicht möglich, da die Ersatzfreiheitsstrafe vom Bestand der Geldstrafe abhängig ist und nicht umgekehrt (vgl. § 459e Abs. 2, 4 StPO). Aus Gründen der Billigkeit wird gleichwohl – in systemwidriger Handhabung – eine Aussetzung des Restes der Ersatzfreiheitsstrafe nach § 57 StGB befürwortet (OLG Zweibrücken NJW 1976, 155; OLG Koblenz GA 1977, 222; a.A. OLG Celle MDR 1977, 65; ferner schon AG Tiergarten NJW 1972, 457). Andernfalls nämlich würde ein Täter, der wegen minderer Strafwürdigkeit und geringerer Schuld (ursprünglich) nur zu einer weniger einschneidenden Strafart, nämlich zu Geldstrafe

verurteilt wurde, nunmehr schlechter gestellt als ein wegen schwererer Schuld zu Freiheitsstrafe verurteilter Täter.

5. a) Was die Häufigkeit der vollzogenen *Ersatzfreiheitsstrafe* an allen auf Geldstrafe lautenden Urteilen angeht, so läßt sich seit Ende der 60er Jahre ein Anstieg vermuten (zu früheren Daten s. *Seelig/Bellavic* 1963, 374). Nach einer Übersicht für Nordrhein-Westfalen wurden für das Verhältnis der im jeweiligen Zeitraum festgestellten Zahlen der vollzogenen Ersatzfreiheitsstrafen zu den in demselben Zeitraum entstanden Gesamtzahlen der Verurteilungen zu Geldstrafen 1,035 % für das Jahr 1970, 2,25 % für das Jahr 1971 und 2,45 % für den Zeitraum vom 1.4.1971 bis 31.3.1972 berechnet (*Tröndle* 1974, 548 Fußn. 23). Nach *Payer* (1971, 1) ergab sich betreffend die Umwandlung von Geldstrafen in Ersatzfreiheitsstrafen ein Anteil von 4,5 %, wovon jedoch nur zwei Drittel tatsächlich vollstreckt worden seien.

Nach einer Stichprobe von 1.340 Strafakten des Landes Baden-Württemberg aus dem Jahre 1972 (vgl. *Albrecht/Kupke*, hier zitiert nach *Jescheck* 1978, 632 f.) wurde Ersatzfreiheitsstrafe in 12,6 % der Fälle von Geldstrafe angeordnet. Etwa 3 % aller zu Geldstrafe verurteilten Personen verbüßten die Ersatzfreiheitsstrafe vollständig, 1,7 % verbüßten sie teilweise, indem sie den Rest der Geldstrafe bezahlten. 7,2 % bezahlten die Geldstrafe auf die Ladung zum Antritt der Ersatzfreiheitsstrafe hin.

b) Auch die Häufigkeit der vollstreckten Ersatzfreiheitsstrafen an allen auf Geldstrafe allein lautenden Urteilen ist angestiegen. In den Jahren 1972 und 1976 zum Beispiel betrug dieser Anteil in der Bundesrepublik Deutschland einschließlich Berlin (West) 4,1 % und 5,6 % (StrafSt 1972, 13, 1976 R 1, 30; StVollzSt 1972, 21, 1976, 25).

6. a) Mit dem Anstieg der Häufigkeit der Verhängung von Geldstrafe (s. auch o. vor I.) ist auch ein Anstieg des *Anteils* der *Ersatzfreiheitsstrafe* an allen Freiheitsstrafen eingetreten. Am 1.1.1974 und am 31.12.1974 betrugen die Anteile der Ersatzfreiheitsstrafen an allen im Bundesgebiet einschließlich Berlin (West) vollzogenen Freiheitsstrafen 3,52 % und 4,14 % (StrVollzSt 1974, 23), während diese Anteile an den entsprechenden Stichtagen des Jahres 1977 auf 4,55 % und 4,96 % lauteten (StrVollzSt 1977, 17).

b) Die absoluten Zahlen der Zu- und Abgänge zur Vollstreckung einer Ersatzfreiheitsstrafe betrugen in den Jahren 1971 bis 1977 im einzelnen 18.217 und 18.063 (im Jahre 1971), 20.478 und 20.229 (im Jahre 1972), 22.525 und 22.458 (im Jahre 1973), 27.588 und 27.405 (im Jahre 1974), 26.903 und 26.900 (im Jahre 1975), 27.469 und 27.318 (im Jahre 1976) und 27.850 und 27.675 (im Jahre 1977; jeweils nach StVollzSt, Tab. 4 bzw. 2).

Der Anteil der Zu- und Abgänge bei Vollstreckung von Ersatzfreiheitsstrafen an allen Zu- und Abgängen liegt erheblich über dem Anteil der Ersatzfreiheitsstrafen an allen Freiheitsstrafen. In den Jahren 1974 und 1977 zum Beispiel lauteten die

Anteile der Zugänge wegen Ersatzfreiheitsstrafe 15,96 % und 13,34 %, betreffend die Abgänge beliefen sich die entsprechenden Anteile auf 15,88 % und 13,33 % (StVollzSt 1974, Tab. 4, 1977 Tab. 2).

IV. Probleme der Abwälzung der Leistungserbringung

Das Leistungsobjekt der das Vermögen betreffenden Rechtsfolgen ist ein unpersönliches und austauschbares. Demgemäß bestehen verschiedene Möglichkeiten einer Abwälzung der Leistungserbringung.

Zwar gilt die Bezahlung der Geldstrafe durch einen Dritten als Strafvereitelung (§ 258 StGB). Dies soll jedoch nicht der Fall sein bei einer Hilfe, die dem Verurteilten materiell die Geldstrafe vor der Zahlung abnimmt (BGHZ 41, 223 [230], a.A. *Jescheck* 1978, 625 Fußn. 11); es soll ferner nicht gelten bei einem Darlehen oder einer nachträglichen Entschädigung (BGHZ 23, 222 [224]), es sei denn, daß dem Verurteilten der spätere Ersatz vor der Zahlung der Geldstrafe zugesagt worden ist (zur Problematik der Begünstigung gemäß § 257 StGB a.F. s. schon *Stree* 1964, 588 ff. m.w.N.). – Bei Zahlung der Geldbuße durch einen Dritten liegt ohnehin keine Strafvereitelung vor; auch fehlt im Ordnungswidrigkeitenrecht eine dem § 258 StGB entsprechende Bestimmung.

Umgekehrt läßt sich nicht erzwingen, daß der Verurteilte und nur dieser selbst – und nicht auch oder allein ein Dritter – die Zahlungen leistet.

Insofern bleibt fraglich, inwieweit zum Beispiel die Geldstrafe, deren Vollstreckung in den Nachlaß des Verurteilten ausscheidet (§ 459c Abs. 3 StPO, vgl. auch § 101 OWiG; anders § 30 StGB a.F.), tatsächlich eine höchstpersönliche Natur hat und geeignet ist, die Person des Verurteilten selbst zu treffen.

1. Eine häufige Form der Abwälzung der auf Vermögen gerichteten Rechtsfolgen besteht in deren »Streuwirkung« auf Angehörige und Familienmitglieder, und zwar insbesondere dann, wenn der Verurteilte für deren Unterhalt aufkommt. Soweit das Familienleben als Konsumgemeinschaft ausgestaltet ist, ist es kaum möglich, daß nur das formell bestrafte Mitglied die Beeinträchtigung des wirtschaftlichen Lebensstandards zu spüren bekommt. Dagegen mögen die genannten Personen in ihren Konsummöglichkeiten ebenfalls eingeschränkt werden, und zwar entweder zu ähnlichen Anteilen wie der Verurteilte, oder aber sie allein, während der Verurteilte seinen üblichen Konsum beibehält. Andererseits mag es jedoch, je nach den gegebenen Verhältnissen, so sein, daß der Verurteilte von den genannten Personen informell, etwa durch Vorwürfe, sanktioniert wird, und insofern ein anderes Strafübel erfährt. – Eine ähnliche Form der Abwälzung, und zwar mit besonderer Bedeutung für den Bereich der Wirtschaftskriminalität, besteht in der Möglichkeit, daß Gewerbetreibende oder Geschäftsleute die zu zahlenden Beträge faktisch in mehr oder weniger großem Umfang auf Preise und Betriebskosten umlegen.

Schließlich bedingt das Leistungsobjekt Geld die Möglichkeit, die zu zahlenden Beträge aus solchen Einkünften zu entrichten, die aus Straftaten stammen. So mag die Geldstrafe kriminogener Anreiz dafür sein, andere Straftaten zu begehen, um die Mittel zur Bezahlung der Geldstrafe zu beschaffen (z.B. Diebstahl, Erpressung, Steuerhinterziehung).

2. Durchschlagende Möglichkeiten, den verschiedenen Formen der Abwälzbarkeit oder auch der kriminogenen Bedeutung von Geldstrafe zu begegnen, bestehen seither nicht.

Für Fälle einer zu befürchtenden Abwälzung der Geldstrafe, die die Angehörigen in besonderer Weise belasten würde, kämen Anordnungen in Betracht, die sich auf die Ordnung der wirtschaftlichen Verhältnisse oder die Erfüllung von Unterhaltspflichten beziehen (vgl. zu einem ähnlichen Anwendungsgebiet § 42 Abs. 2 Nr. 8 AE-StGB). Auch ist gelegentlich erwogen worden, eine Tilgung durch gemeinnützige Arbeit (s. hierzu im Falle der Nichteinbringlichkeit der Geldstrafe o. III.), und zwar auch gegen den Willen des Verurteilten, anzuordnen.

Zweites Kapitel Allgemeine Rechtsfolgen betreffend die persönliche Freiheit

§ 34 Arrest

I. Jugendarrest

Der Jugendarrest, durch Verordnung vom 4.10.1940 eingeführt, ist Freizeit-, Kurz- oder Dauerarrest (§ 16 Abs. 1 JGG). Eine Verbindung der verschiedenen Arrestarten ist nicht möglich (zur Vollstreckung s. §§ 86 ff. JGG). Im Unterschied zum Dauerarrest soll der Freizeitarrest, der für die Zeit von der Beendigung der Arbeit am Ende der Woche bis zum Beginn der Arbeit in der nächsten Woche verhängt wird (vgl. § 16 Abs. 2 JGG), negative Auswirkungen insbesondere auf den Arbeits- und Ausbildungsbereich des Betroffenen vermeiden. Das gleiche gilt für den Kurzarrest, der aus erzieherischen Gründen ersatzweise »statt des Freizeitarrestes« (§ 16 Abs. 3 S. 1 JGG) verhängt wird. Fraglich ist, inwieweit bei Freizeit- und Kurzarrest negative Auswirkungen auf den Sozialbereich vermieden werden können; jedenfalls werden sie geringer sein als beim Dauerarrest.

1. a) Der Jugendarrest als Rechtsfolge des Jugendstrafrechts soll dem Verurteilten durch eine zeitlich möglichst unmittelbare und vergleichsweise kurzbefristete Freiheitsentziehung bewußt machen, daß er durch Verletzung von Straftaten im Ergebnis selbst Nachteile und Schaden ertragen muß (»Denkzettel-Funktion«).

In der (gegenwärtigen) Praxis ist zum einen ein zeitlich rascher Eintritt der Durchführung dieser Sanktion nur eingeschränkt gegeben; dies beruht zum Teil auf allgemeinen verwaltungsmäßigen Tätigkeiten zwischen Anordnung und Beginn der Vollstreckung, und ferner auf Verzögerungen und Aufschub infolge von Überfüllung der Unterbringungsmöglichkeiten (s. zum Beispiel die Berechnungen von *Nolte* 1978).

Beschränkungen für die Vollstreckung des Jugendarrestes (vgl. schon § 87 Abs. 3 S. 2 JGG) ergeben sich aus erzieherischen Gründen dieser Rechtsfolge zum Beispiel bei zu langem Zeitablauf seit Eintritt der Rechtskraft des auf Arrest lautenden Urteils (§ 87 Abs. 4 JGG).

b) Zum anderen soll der Jugendarrest zwar nur für »im Grunde gut geartete« Täter angezeigt und geeignet sein, bei denen der Appell an das »Ehrgefühl«, der »Zwang zur Selbstbesinnung«, und die erzieherische Betreuung während des Vollzuges noch erfolgversprechend sind (vgl. RL Nr. 1 zu § 16 JGG; s. auch BGHSt 18, 207 [209]) und bei denen man annimmt, daß es einer zeitlich längeren Einwirkung nicht bedürfe; diese Annahme sei nicht vertretbar bei »Verwahrlosten«, bei bereits in Fürsorgeerziehung untergebrachten oder untergebracht gewesenen Straftätern (unbeschadet des § 5 Abs. 2 JGG) oder bei »Frühkriminellen«.

Gleichwohl aber wurde (und wird, s. aber u. d)) Jugendarrest, nicht zuletzt wohl wegen des mit sechs Monaten vergleichsweise hohen Mindestmaßes von Jugendstrafe (§ 18 Abs. 1 JGG), auch über solche als »arrestungeeignet« geltenden Personen verhängt. Dies soll, wie nicht zuletzt im Anschluß an empirische Untersuchungen berechnet wurde, zu Anteilen von zwischen etwa 30 % und 45 % geschehen sein (s. zusammenfassend *Schaffstein* 1970, 877 ff.; *Kaiser* 1977b, 163). Demgemäß wurden (und werden) Erwägungen darüber angestellt, die gesetzlichen Bestimmungen zum Jugendarrest zu konkretisieren und insbesondere die Vorstellungen über eine »Arrestungeeignetheit« zu präzisieren, um eine Anwendung dieser Rechtsfolge auf als »arrestungeeignet« geltende Personen zu beheben. Allerdings fehlt es an Möglichkeiten einer überzeugenden Definition, Abgrenzung und Erhebung der Indikation »arrestungeeignet«, so daß empfohlen wurde, sich diesbezüglich weithin an Kriterien der Tat einschließlich Situation und Gestaltung zu orientieren (vgl. BGHSt 18, 207 [210]; *Dallinger/Lackner* 1965 § 16 Rdnr. 23).

c) Fraglich ist, ob der Jugendarrest in der Regel dann wirkungslos ist, wenn gegenüber dem Täter eine freiheitsentziehende strafrechtliche Rechtsfolge bereits vollzogen worden ist (bejahend *Schaffstein* 1977, 90) oder gegenwärtig vollzogen wird (vgl. hierzu aber § 90 Abs. 2 S. 3 JGG). Weiterhin ist umstritten, ob eine wiederholte Verhängung von Jugendarrest, namentlich in der Art von Dauerarrest, in der Regel verfehlt sei und, abgesehen insbesondere von Fahrlässigkeitsdelikten, zugunsten einer zeitlich längerdauernden freiheitsentziehenden Rechtsfolge zurückzustehen habe.

Soweit Untersuchungen über die Legalbewährung Jugendlicher nach Verbüßung einer Jugendstrafe (von unbestimmter Dauer) bei einer Aufteilung der Probanden dieser Extremgruppe nach der Anzahl von zuvor bereits vollstreckten Jugendarresten einen parallelen Anstieg dieser Anzahl mit Rückfälligkeit erbrachten (vgl. etwa *Meyer* 1956, 105), so besagt dies nichts darüber, ob eine wiederholte Verhängung nicht bei anderen und zahlenmäßig überwiegenden Gruppen »wirksam« gewesen sein mag. Darüber hinaus läßt sich selbst für die erwähnte Extremgruppe nicht belegen, daß die wiederholte Verhängung von Jugendarrest einen abträglichen Einfluß gehabt habe (a.A. *Schaffstein* 1977, 90). So ist nicht auszuschließen, daß die Entwicklung der Betroffenen, wären sie früher zu Jugendstrafe verurteilt worden, noch ungünstiger verlaufen wäre.

Nach der (unveröffentlichten) behördeninternen Übersicht bezüglich der Zugänge in Jugendarrestanstalten und Freizeitarresträumen im Bundesgebiet einschließlich Berlin (West) in den Jahren 1975 und 1976 war bei 3.309 und 3.708 der Jugendarrestanten vorher bereits Jugendarrest vollstreckt worden; 447 und 829 waren zuvor bereits zu Jugendstrafe oder Freiheitsstrafe verurteilt gewesen. Inwieweit diese Zahlen auf einer Mehrfachzählung bei Freizeitarrest beruhen und zu welchen Anteilen es sich um Personen handelt, bei denen die Arrestanordnung und -vollstreckung nur ersatzweise geschah (§§ 11 Abs. 3, 15 Abs. 3 JGG), läßt sich aus der Übersicht nicht erkennen.

d) Was die Häufigkeit der Verhängung von Jugendarrest angeht, so haben Belange der Behörden, möglicherweise auch die empirische begründeten Warnungen vor einer inflationären Anwendung des Jugendarrests wie auch die mit steigenden Einkünften jugendlicher und heranwachsender Personen (scheinbar) wachsende Alternative, auch bei altersmäßig vergleichsweise jungen Straftätern (Geld-)Auflagen anzuordnen, ein erhebliches Absinken der Häufigkeit der Anordnung von Jugendarrest zugunsten der Verwarnung und besonders der (Geld-)Auflage und möglicherweise auch der Jugendstrafe seit der zweiten Hälfte der 60er Jahre herbeigeführt (s. Tab. 8).

Tabelle 8: Relative Häufigkeit der Rechtsfolgen Dauerarrest, Freizeitarrest und (Geld-)Auflage auf 1.000 nach Jugendstrafrecht Verurteilte (RpflSt Tab. 4, seit 1975 Tab. 3. 8.)

Jahr	1965	1966	1967	1968	1969	1970
Dauerarrest	198,0	197,3	189,4	173,9	154,7	122,6
Freizeitarrest	210,7	206,5	205,9	196,2	172,1	146,1
(Geld-)Auflage	307,2	303,6	299,2	324,9	356,3	405,8
Jahr	1971	1972	1973	1974	1975	1976
Dauerarrest	110,7	112,8	102,2	97,3	94,2	89,2
Freizeitarrest	126,9	119,9	111,8	106,0	107,2	110,9
(Geld-)Auflage	410,2	404,1	427,7	467,9	407,4	393,0

α) Bei insgesamt 107.185 Verurteilungen nach Jugendstrafrecht im Jahre 1976 betrug die absolute Zahl der angeordneten Jugendarreste 23.195. Innerhalb der drei Formen von Jugendarrest (§ 16 Abs. 1 JGG) wird Kurzarrest deutlich am seltensten angewandt; die absoluten Zahlen der Verhängung im Jahre 1976 lauteten für Freizeitarrest 11.886, für Kurzarrest 1.752 und für Dauerarrest 9.557.

Bezogen auf Altersgruppen wurde im Jahre 1976 Jugendarrest in 15.251 Fällen gegenüber Jugendlichen und in 7.944 Fällen gegenüber Heranwachsenden verhängt; dabei handelte es sich bei Jugendlichen in 8.925 Fällen um Freizeit-, in 5.200 Fällen um Dauer- und in 1.126 Fällen um Kurzarrest, während die entsprechenden Zahlen – in gleicher Folge – bei Heranwachsenden 2.961, 4.357 und 626 lauteten (StrafSt 1976, R 1, 30).

β) Ein strukturell erheblich unterschiedliches Bild ergibt sich aus der (unveröffentlichten) behördeninternen Übersicht bezüglich der *Zugänge* in Jugendarrestanstalten und Freizeitarresträumen im Bundesgebiet einschließlich Berlin (West); hier betrugen in den Jahren 1975 und 1976 die Zahlen Heranwachsender (und älterer Personen) 15.082 und 16.789, diejenigen der 16- bis unter 18-jährigen 11.988 und 12.968, und diejenigen der 14- bis unter 16-jährigen 4.628 und 4.974. Diese Verschiebung beruht ganz überwiegend auf der Mehrfachzählung bei Freizeitarrest, und nur zu einem kleineren Teil auf der Anordnung von Beugearrest (§ 11 Abs. 3 JGG); so war der Freizeitarrest mit 20.200 und 22.736 Vollstreckungen am häufigsten, während die Zahlen für Dauerarrest mit 9.645 und 10.012 nur vergleichsweise gering über derjenigen der (ursprünglichen) Verhängung lagen.

2. Grundlage des Vollzugs des Jugendarrestes ist im Rahmen des § 90 JGG die Jugendarrestvollzugsordnung, eine (auf § 115 Abs. 1 und 2 JGG beruhende) Rechtsverordnung aus den Jahren 1943 beziehungsweise 1966 (BGBl. I., 505, i.d.F. vom 18.8.1976 [BGBl. I., 2349]). Der Jugendarrest ist in gesonderten Jugendarrestanstalten oder in Freizeitarresträumen (meist bei bestimmten Amtsgerichten) zu vollziehen; letztere Unterbringung ist nur bei Freizeitarrest oder Kurzarrest bis zu zwei Tagen vorgesehen (§ 1 Abs. 2 JAVollzO).

Gemäß dem gesetzlich festgelegten Vollzugszweck (§ 90 Abs. 1 JGG) soll die erzieherische Einwirkung durch Jugendarrest offenbar unter der Annahme geschehen, daß Ehrlosigkeit und Straftat des Jugendlichen zusammenhängen würden; dem entsprechen in der Vollzugsdurchführung im Ergebnis gewisse Ähnlichkeiten zu dem »Auburn'schen System« (s. hierzu u. § 36 III.1.c)). Zur Erreichung des Vollzugszwecks ist der Jugendliche bei Nacht in Einzelhaft in einem Arrestraum unterzubringen (§ 6 Abs. 1 JAVollzO); in der Praxis finden sich allerdings auch Doppel- und Mehrfachbelegungen. Während des Tages soll der Jugendliche bei der Arbeit und bei gemeinschaftlichen Veranstaltungen mit anderen Jugendlichen zusammen untergebracht werden, im Freizeit- und Kurzarrest bis zu zwei Tagen kann er auch während des Tages allein untergebracht werden (§ 6 Abs. 2 S. 1 und 2 JAVollzO).

a) Wegen vielfältiger, nach Ausgestaltung und Häufigkeit von Arrestanstalt zu Arrestanstalt unterschiedlicher Mängel und Unregelmäßigkeiten in der Vollstreckung sowie wegen der Verhängung von Jugendarrest auch gegenüber als »arrestungeeignet« geltenden Personen wurde (und wird) der Jugendarrest gelegentlich als inhaltlich einer kurzzeitigen Freiheitsstrafe vergleichbar bezeichnet.

Was die Verlaufszeit des Jugendarrests anbetrifft, so hat eine Erhebung über etwa 100 Arrestanten aufgrund von Tagebüchern, Fragebogen und gezielten Aussprachen ergeben, daß die (gedankliche) Beschäftigung mit den Beziehungspersonen in der Mitte der Arrestzeit vorübergehend absinke, vor der Entlassung jedoch wieder erkennbar ansteige (vgl. *Möller* 1972, 47; vgl. zu entsprechenden Befunden einer U-Kurve auch u. § 37 II.1.a)).

Umfassende Einwände gegenüber dem Jugendarrestsystem hat die Untersuchung von *Eisenhardt* (1977) erbracht, wobei dem Freizeit- und Kurzarrest, von Ausnahmen abgesehen, eine erzieherische Funktion abgesprochen wird; auch seien schon bei mehrmaligem Freizeit- oder Kurzarrest Gewöhnungserscheinungen feststellbar gewesen. Insgesamt könne es, ähnlich wie beim Strafvollzug, bei erzieherischen Bemühungen nur darum gehen, negative Einflüsse abzuschwächen (zum Vergleich mit [britischen] »detention centers« s. *Schüler-Springorum* 1975).

b) Eine an der Wirksamkeit orientierte Bestimmung des Zeitraumes des Dauerarrests (§ 16 Abs. 4 JGG) wird sich wegen der jeweiligen personalen und sozialen Besonderheiten des Betroffenen sowie der Vollzugsbedingungen kaum von vornherein einheitlich bestimmen lassen. Aus diesem Grund hat der mit der Vollzugsleitung befaßte Jugendrichter die Möglichkeit, nach Verbüßung eines Teils des Dauerarrestes von der Vollstreckung des Restes abzusehen, wenn dies aus Gründen der Erziehung geboten ist (§ 87 Abs. 3 S. 1 JGG).

Nach der (nichtveröffentlichten) behördeninternen Übersicht über die Abgänge aus dem Jugendarrestvollzug im Bundesgebiet einschließlich Berlin (West) nach Absehen der weiteren Vollstreckung des Restes (§ 87 Abs. 3 JGG) beliefen sich die Zahlen in den Jahren 1975 und 1976 auf 1.831 und 1.956.

II. Strafarrest

1. Der Strafarrest ist eine den Besonderheiten des Wehrdienstverhältnisses angepaßte freiheitsentziehende Kriminalstrafe mit einem Mindestmaß von zwei Wochen (§ 9 Abs. 1 WStG), die nur gegen Personen verhängt werden darf, die zur Zeit der Tat Soldaten sind. Sie wird als »Besinnungsstrafe« (vgl. *Schwenck* 1973, 132, 150) verstanden und soll »kriminell nicht anfälligen« Soldaten, insoweit ähnlich dem Jugendarrest, einen »Denkzettel« geben. Der Strafarrest gilt gegenüber der Freiheitsstrafe der Art nach als milder (BGH NJW 1959, 444).

Zur Begründung der besonderen Sanktionsart nach Wehrstrafrecht wird auf das erhöhte Pflichtverhältnis hingewiesen, in dem der Soldat stehe, und das zur Folge habe, daß er in weiterem Umfang als im Zivilleben Strafvorschriften unterliege. Allerdings soll der Anteil der Wehrstrafsachen an den Gesamtverurteilungen von Soldaten nur etwa 25 % betragen; ferner soll nur in etwa 15 % der Verurteilungen auf Strafarrest erkannt werden (vgl. die Angaben bei *Schwenck* 1973, 218 f.).

2. Was das Mindestmaß der Dauer des Strafarrestes von zwei Wochen angeht, so kommt Strafarrest von weniger als einem Monat allerdings – im Unterschied zu § 47 StGB – nur dann in Betracht, wenn Freiheitsstrafe zur Wahrung der Disziplin gemäß § 10 WStG geboten ist. Außerdem mögen die allgemeinen Bedenken gegenüber der kurzzeitigen Freiheitsstrafe bei Strafarrest insoweit verringert sein, weil der Strafarrest an Soldaten gemäß Art. 5 EGWStG von Behörden der Bundeswehr vollzogen wird und insofern einem besonderen Vollzug unterliegt.

Der Strafarrest wird, ebenso wie die Jugendstrafe oder Freiheitsstrafe an Soldaten, in zum Bereich der Bundeswehrverwaltung gehörenden militärischen Anlagen und Einrichtungen vollzogen (§ 3 Abs. 1 i.V.m. § 1 BwVollzO). Der Soldat erfährt im Arrestvollzug eine Einzelunterbringung (vgl. § 3 Abs. 2 BwVollzO) und bleibt in ständigem Kontakt mit anderen Soldaten einer militärischen Einheit oder Dienststelle (vgl. §§ 3, 10 BwVollzO).

3. Für die Aussetzung der Vollstreckung des Strafrestes besteht eine Ermessensfreiheit insofern, als sie nur dann möglich ist, »wenn nicht die Wahrung der Disziplin die Vollstreckung gebietet« (§ 14a Abs. 1 WStG).

§ 35 Jugendstrafe

I. Voraussetzungen der Verhängung

1. Jugendstrafe wird zum einen verhängt, wenn wegen »schädlicher Neigungen, die in der Tat hervorgetreten sind«, Erziehungsmaßregeln oder Zuchtmittel zur Erziehung als nicht ausreichend angesehen werden (§ 17 Abs. 2, 1. Altern. JGG). Hiernach ist die Verhängung von Jugendstrafe wegen vorhandener »schädlicher Neigungen« nicht zulässig bei solchen Straftaten, die auf diese Neigungen nicht hinweisen.

a) Soweit der Formulierung des § 17 Abs. 2, 1. Altern. JGG die Vorstellung zugrundeliegt, eine Erziehung durch die Jugendstrafe sei generell möglich, fehlt es an empirischen Belegen hierzu (s. u. § 44 V. 2. a)). Zudem begegnet die Umschreibung »schädliche Neigungen« erheblichen Bedenken hinsichtlich einer Bestimmtheit und empirischen Erfaßbarkeit. Nach überwiegender Ansicht soll es sich um Mängel handeln, die ohne Intervention die Gefahr der Begehung weiterer solcher Straftaten in sich bergen, die nicht nur »gemeinlästig« sind oder den Charakter von Bagatelldelikten haben; auf die Entstehungszusammenhänge solcher Mängel komme es hingegen nicht an (vgl. BGHSt 11, 169 [171]. Hierzu ergibt sich zunächst, daß sogenannte Gelegenheits-, Konflikt- oder Notdelikte (allein) nicht auf »schädliche Neigungen« hinweisen (BGHSt 11, 169 [170]; 16, 261; RL 1 zu § 19); gleichwohl wird für die Subsumtion bezüglich »schädliche Neigungen« auf Merkmale der Tat wie zum Beispiel auf deren Schwere nicht verzichtet.

b) Was die Abgrenzung des Begriffs »schädliche Neigungen« von demjenigen der »Verwahrlosung« (als Voraussetzung für die Anordnung der Fürsorgeerziehung, s. u. § 38.II.3.b)) anbetrifft, so soll ersterer enger sein als letzterer. Danach soll »Verwahrlosung« regelmäßig vorliegen, wenn »schädliche Neigungen« gegeben sind, aber nicht umgekehrt. Dies würde dem funktionalen Verständnis des Begriffs »schädliche Neigungen« entsprechen, wonach dieser inhaltlich einer negativen Rückfallprognose für erhebliche Straftaten gleichsteht. Eine im Tatsächlichen überzeugende und überprüfbare Abgrenzung zwischen »Verwahrlosung« und »schädlichen Neigungen« ist allenfalls in Ausnahmefällen möglich (s. hierzu o. § 5.II.5., s. ferner u. § 38 II.3.a)).

2. Jugendstrafe wird zum anderen verhängt, wenn wegen »Schwere der Schuld« Strafe als erforderlich angesehen wird (§ 17 Abs. 2, 2. Altern. JGG). Diese Voraussetzung soll sich, unter Einbeziehung des Komplexes der Tatmotivation, in erster Linie nach der jeweiligen Form der (Einzeltat-)Schuld und dem Grad der Schuldfähigkeit bestimmen.

Die jugendstrafrechtlichen Erläuterungen zum Begriff »Schwere der Schuld« sind unterschiedlich und erscheinen gelegentlich als nicht konsistent. Einigkeit besteht jedenfalls hinsichtlich derjenigen Erläuterung, daß ein vom allgemeinen Strafrecht erheblich abweichender Maßstab anzulegen sei und insofern das Schwergewicht »mehr auf den subjektiven und persönlichkeitsbegründeten Beziehungen des Täters zu seiner Tat als auf deren äußerer Schwere« (*Dallinger/Lackner* 1965 § 17 Rdnr. 18) liegen solle. Dabei sei generell der »Grad der Schuldfähigkeit« zu beachten. So sollen im einzelnen zum Beispiel solche Besonderheiten, die eine Minderung der Schuldfähigkeit (§ 21 StGB) begründen, auch bei vorsätzlich verursachten schweren Tatfolgen die »Schwere der Schuld« ausschließen können (*Schaffstein* 1977, 96). Ferner sei bei Jugendlichen auch diesbezüglich der Grad der geistigen oder sittlichen Reife des Täters zu berücksichtigen. Diese könne im einzelnen zum Beispiel »zwar gerade noch vorhanden sein (§ 3 JGG), aber doch so sehr an der unteren Grenze der Verantwortlichkeit liegen« (*Schaffstein* 1977, 96), daß »Schwere der Schuld« entfalle.

3. Die beiden Voraussetzungen der Verhängung von Jugendstrafe, nämlich »schädliche Neigungen« oder »Schwere der Schuld«, weisen in ihrer Gegenüberstellung auf die *Zweckdivergenz zwischen Erziehung und Schuldausgleich* hin. Diese Zweckdivergenz wird dann besonders deutlich, wenn die Tatschuld – im Unterschied zu der weit überwiegenden Zahl der Fälle – nicht als ein Symptom »schädlicher Neigungen« des Täters gewertet wird. Dabei nämlich kommt es darauf an, ob eine Verhängung wegen »Schwere der Schuld« allein erforderlich scheint oder gar als dem Wohle des Jugendlichen abträglich beurteilt wird. Die Beantwortung dieser Frage mag zugleich eine Stellungnahme dazu bedeuten, ob es im – vom Vorrang des Erziehungsgedankens gekennzeichneten – Jugendstrafrecht eine »echte« Kriminalstrafe, die gegebenenfalls auch allein die Funktion hat, dem Täter als Vergeltung schuldhaften Unrechts ein Übel zuzufügen, überhaupt geben kann.

Der BGH läßt die Verhängung von Jugendstrafe wegen »Schwere der Schuld« nur dann zu, wenn dies auch aus erzieherischen Gründen erforderlich ist (BGHSt 15, 224; deutlicher BGHSt 16, 261 [263]; s. aber auch BGH NJW 1972, 693); der Erziehungsgedanke dürfe gegenüber dem Sühnegedanken nicht soweit außer acht gelassen werden, daß die Jugendstrafe zu einer reinen Schuldstrafe werde, sondern es seien vielmehr stets der Erziehungsgedanke und das Wohl des Betroffenen zu beachten (vgl. auch die bei *Brunner* 1978, Fußn. 1 zu § 17 zitierten unveröffentlichten Urteile). Diese umstrittene Auffassung (vgl. dazu *Schaffstein* 1977, 97 m.w.N.) scheint dem Wortlaut des § 17 Abs. 2 JGG entgegenzustehen, indem sie der Voraussetzung der »Schwere der Schuld« eine alternative und selbständige Bedeutung gegenüber der Voraussetzung der »schädlichen Neigungen« versagt; andererseits spricht für die Auffassung des BGH die Bestimmung des § 18 Abs. 2 JGG.

Nach *Schaffstein* (1977, 96) soll die Verhängung von Jugendstrafe wegen »Schwere der Schuld« nur dann erforderlich sein, »wenn bei Berücksichtigung der Tat einerseits, des Entwicklungsstandes des Täters andererseits, ein Absehen von Strafe zugunsten von Erziehungsmaßregeln oder Zuchtmitteln in unerträglichem Widerspruch zum allgemeinen Gerechtigkeitsgefühl stehen würde«.

4. Seit dem Jahre 1966 ist ein Anstieg der Häufigkeit der Verhängung der Jugendstrafe insgesamt zu verzeichnen (vgl. für die Jahre 1973/76 Schaubild 4 bei § 32 II.4.). In den Jahren 1972 bis 1976 betrug der Anteil der Jugendstrafe innerhalb der wegen eines Verbrechens oder Vergehens nach Jugendstrafrecht Verurteilten 15,4 %, 16,0 %, 16,1 %, 16,5 % und 16,7 %. Demgegenüber ist der Anteil der Jugendstrafe von unbestimmter Dauer an Jugendstrafen insgesamt rückläufig; er betrug im Jahre 1955 noch 22 %, im Jahre 1966 schon weniger als 11 % und belief sich in den Jahren 1972 bis 1976 auf 5,2 %, 3,9 %, 3,4 %, 3,1 % und 2,8 %. Diese rückläufige Tendenz mag auf der Kenntnis der Jugendgerichte von den Schwierigkeiten beruhen, während des Vollzugsablaufs eine aus erzieherischer Sicht angezeigte Haftdauer festzulegen.

II. Dauer

1. a) Das Mindestmaß der Jugendstrafe beträgt sechs Monate (§ 18 Abs. 1 S. 1 JGG). Bezogen auf das Verhältnis von Vollzugsdauer und Wirksamkeit der Jugendstrafe wird ganz überwiegend angenommen, daß eine Jugendstrafe von weniger als sechs Monaten Dauer eine geringere Wirksamkeit habe als eine Jugendstrafe von sechs Monaten Dauer und mehr; darüber hinaus sei eine nachhaltige erzieherische Einwirkung erst bei einer Vollzugsdauer von einem Jahr an zu erreichen. Für diese Annahmen fehlt es hingegen an empirisch verläßlichen Belegen. Es ist nicht auszuschließen, daß das Zustandekommen der erwähnten Erfahrungen der Vollzugspraktiker von dem Bestreben beeinflußt wurde, einen möglichst reibungslosen und von ständiger Fluktuation der Gefangenen weniger strapazierten Vollzugsalltag zu erreichen (s. auch u. § 36 II. 1. b)).

Demgemäß besteht eine deutliche zeitliche Lücke zu dem Höchstmaß des Dauerarrestes (§ 16 Abs. 4 S. 1 JGG). Eine hierfür etwa gegebene Begründung des Inhalts, daß die (gedanklich) unterschiedlichen Zwecke von Jugendarrest einerseits und Jugendstrafe andererseits einen entsprechend großen zeitlichen Abstand zur Folge haben müßten, mag für den Jugendrichter kaum überzeugend sein, zumal die Voraussetzungen zur Verwirklichung der genannten Zwecke kaum in überzeugender Weise vorgegeben zu sein scheinen. Zudem ist es außergewöhnlich, daß der zur Beeinflussung sozialen Verhaltens allgemein geltende Grundsatz durchbrochen wird, unter Differenzierung nach Tätergruppen ein – auch hinsichtlich der Einwirkungsdauer – kontinuierliches Instrumentarium zu verwenden.

§ 35 *Jugendstrafe*

b) Das Höchstmaß der Jugendstrafe von bestimmter Dauer ist im Grundsatz auf fünf Jahre festgelegt (§ 18 Abs. 1 S. 1 JGG), weil vermutet wird, eine längere Strafdauer sei auf keinen Fall mehr erzieherisch sinnvoll. Was das bei bestimmten schweren Verbrechen Jugendlicher und generell bei Heranwachsenden festgelegte Höchstmaß von zehn Jahren Jugendstrafe angeht (§§ 18 Abs. 1 S. 2, 105 Abs. 3 JGG), so scheint dieses in Widerspruch zum Erziehungsgedanken zu stehen und auf Elementen der Tatvergeltung sowie des Sicherungsbedürfnisses der Allgemeinheit (vgl. hierzu auch o. I. 3.) zu beruhen.

c) Auf die Jugendstrafe von bestimmter Dauer in Höhe von sechs Monaten, von 6 Monaten bis einschließlich 9 Monaten, von 9 Monaten bis einschließlich 1 Jahr sowie von 1 Jahr bis einschließlich 2 Jahren entfielen von den 17.441 im Jahre 1976 verhängten Jugendstrafen (von bestimmter Dauer) 3.351 (= 19,2 %), 3.811 (= 21,9 %), 5.436 (= 31,2 %) sowie 3.560 (= 20,4 %). Die Anteile der Aussetzung der Vollstreckung zur Bewährung betrugen, in der gleichen Folge, 81,9 %, 79,0 %, 73,7 % sowie 20,5 % (StrafSt 1976, 92 f.).

Nähere Differenzierungen zwischen den verschiedenen Zeitkategorien betreffen zum einen diejenigen Anteile, in denen die Vollstreckung zur Bewährung ausgesetzt wurde, und zum anderen die tatsächliche Vollzugsdauer, das heißt die Häufigkeit vorzeitiger Entlassung.

2. a) Eine Verurteilung zu Jugendstrafe von unbestimmter Dauer setzt voraus, daß als Höchstmaß eine Strafe von nicht mehr als vier Jahren geboten ist, daß sich aber zur Zeit des Urteilsspruchs noch nicht voraussehen läßt, welche Zeit zur Erziehung erforderlich ist (§ 19 Abs. 1 JGG). Demgemäß ist sie aus Gründen der Zweckmäßigkeit und zu Lasten der Prinzipien der Gerechtigkeit und der Rechtssicherheit (im Jahre 1941) eingeführt und im (JGG 1953) beibehalten worden.

Allerdings kann das Gericht ein sechs Monate Dauer (§ 18 Abs. 1 S. 1 JGG) überschreitendes Mindestmaß und/oder ein vier Jahre unterschreitendes Höchstmaß festlegen (§ 19 Abs. 2 S. 2, 3 JGG; vgl. auch RL Nr. 4 zu § 19 JGG). Daher kann sich der erwähnte Zweckmäßigkeitsaspekt nur innerhalb des gesetzlichen Mindest- und Höchstmaßes auswirken.

b) Entgegen der Vollzugspraxis bei Jugendstrafe von unbestimmter Dauer ist es in der kriminologischen Sanktions- und Behandlungsforschung nahezu anerkannt, daß pädagogische und therapeutische Bemühungen unter Freiheitsentzug kaum sinnvoll sein können, wenn und solange die Probanden sich in Ungewißheit hinsichtlich des Entlassungszeitraums befinden. Darüber hinaus ist die Vorstellung, der Erzieher und/oder der Anstalts- sowie der Vollstreckungsleiter seien aufgrund ihrer Ausbildung und Erfahrung in der Lage, einen tatsächlichen Integrationsprozeß der Gefangenen von einer Scheinanpassung zu unterscheiden, nur eingeschränkt vertretbar. Das Erkenntnisproblem wird zusätzlich dadurch verschärft, daß ein Integrationsprozeß betreffend formeller Anstaltsnormen in keiner Weise mit einem solchen betreffend allgemeiner gesellschaftlicher Normen und Wertvorstellungen identisch zu sein braucht. Insofern muß es sich in Fällen des Irrtums nicht einmal um eine mangelnde Qualifikation der genannten Bediensteten oder Richterperson handeln.

Jugendstrafe § 35

III. Vollzug

1. a) Schon das RStGB kannte eine Soll-Vorschrift zur Trennung jugendlicher von erwachsenen Gefangenen. Hingegen fand tatsächlich, und zwar insbesondere bei kurzzeitigen Freiheitsstrafen, nahezu regelmäßig eine gemischte Unterbringung statt, wobei Gefangene beider Altersgruppen nicht selten auch in dieselben Zellen oder Schlafräume eingewiesen wurden. – Das erste deutsche Jugendgefängnis wurde nach US-amerikanischem Vorbild und unter Einfluß der Jugendgerichtsbewegung im Jahre 1912 in Wittlich/Mosel gegründet. Bereits kurze Zeit darauf und vor Inkrafttreten des JGG (1923) wurde die Trennung von jugendlichen und erwachsenen Gefangenen im Strafvollzug durch Errichtung zahlreicher anderer Jugendstrafanstalten verwirklicht. Das JGG (1923) nahm eine Herauslösung aus dem allgemeinen Strafvollzug vor und benannte den Erziehungszweck als allgemeine Aufgabe des Jugendstrafvollzugs.

b) Für die Durchführung des Jugendstrafvollzugs gelten im Rahmen der §§ 91, 92 JGG und neben Einzelbestimmungen des StVollzG (z.B. §§ 176, 178) die am 1.1.1977 in Kraft getretenen bundeseinheitlichen Verwaltungsvorschriften zum Jugendstrafvollzug (VVJug) und im übrigen noch immer die Jugendstrafvollzugsordnung vom 1.9.1944; letztere ist allerdings in Nordrhein-Westfalen mit Ablauf des 31.12.1976 gegenstandslos geworden (JMBl. NW 1977, 5). Ein Reformgesetzentwurf für den Jugendstrafvollzug wird von einer vom BJM eingesetzten und seit Herbst 1976 tagenden Kommission vorbereitet (vgl. zu Schwerpunkten *Schüler-Springorum* 1977; zu Fragen innovatorischer Widerstände s. o. § 23 III. 2.b).

2. a) Von der räumlichen Organisation her ist die Jugendstrafe in der Regel in besonderen Jugendstrafanstalten zu vollziehen (§ 92 Abs. 1 JGG; s. aber §§ 92 Abs. 2 S. 1 JGG und 114 JGG). In Bundesländern, die über mehrere Jugendstrafanstalten verfügen, wird verschiedentlich eine Trennung des Vollzugs der Jugendstrafe von bestimmter und der Jugendstrafe von unbestimmter Dauer durch Zuweisung in verschiedene Anstalten vorgenommen. – In der Praxis wird vielfach schon die räumliche Beschaffenheit der Jugendstrafanstalten als ungeeignet bezeichnet; nur gelegentlich finden sich kleinere Anstalten unter baulicher Verwirklichung der Voraussetzungen des Wohngruppen-Systems (vgl. *Böhm* 1977, 160f.).

b) Die gesetzlich vorgesehene Möglichkeit, den Vollzug »in geeigneten Fällen weitgehend in freien Formen« (§ 91 Abs. 3 JGG) durchzuführen, ist nur eingegrenzt verwirklicht. In einigen Bundesländern (z.B. Nordrhein-Westfalen oder Niedersachsen) bestehen offene oder halboffene »Jugendlager«, die – unter der Voraussetzung einer günstigen Prognosestellung – zum Vollzug der Jugendstrafe an altersmäßig vergleichsweise jungen Erstbestraften oder auch an sogenannten »Gestrauchelten« eingerichtet wurden. Die räumliche Ausgestaltung im Jugendlagervollzug (z.B. Falkenrott [s. hierzu *Wiesbrock* 1971, 14 ff.] oder Staumühle [vgl. *Deimling* 1969, 185 ff.; *Friedrichs* 1975]) soll schon deshalb teilweise nachteiliger sein als im herkömmlichen Jugendstrafvollzug, weil in ersterem nur oder überwiegend Groß-Schlafräume vorhanden und daher Machtausübung (auch durch sexuelle Betätigungsformen) häufiger seien als im Jugendstrafvollzug im übrigen (vgl. *Busch* 1969).

3. Nach dem Gesetzeswortlaut (§ 91 Abs. 2 S. 2 und 3 JGG) sind die beruflichen Leistungen des Verurteilten zu fördern und Lehrwerkstätten einzurichten.

§ 35 Jugendstrafe

Man geht davon aus, daß eine abgeschlossene Berufsausbildung Bedeutung für die künftige Sozial- und Legalbewährung auch insofern habe, als sie zur Steigerung des Selbstwertgefühls beitrage (vgl. *Böhm* 1973, 159 f., 161 f.; *Deimling* 1973, 130 ff.). – In der Praxis des Jugendstrafvollzugs hat der Bereich der schulischen Ausbildung zwar einen höheren Stellenwert als im Erwachsenenstrafvollzug (vgl. z.B. *Arndt* 1976, 105 f.), und das Angebot an Lehrbetrieben ist in der Mehrzahl der Jugendstrafanstalten relativ umfassender als im Erwachsenenstrafvollzug. Jedoch werden diese Einrichtungen als kaum zureichend beurteilt (s. Anhaltspunkte bei *Sohns* 1973, 98; *Hellmer* 1973, 51). Insbesondere besteht nur selten die Möglichkeit einer Kontinuität in der Art der Berufsausbildung und/oder Arbeit zwischen der Außengesellschaft und dem Vollzug (s. hierzu *Matzke* 1979), so daß auch unter diesem Gesichtspunkt der Status des »Freigängers« von Bedeutung ist.

4. a) Hinsichtlich der Deliktsstruktur der am Stichtag des 31.3.1977 wegen Jugendstrafe (einschließlich Freiheitsstrafenvollzug gemäß § 114) einsitzenden 6.088 Gefangenen betrug – bezogen auf alle Straftaten nach dem StGB außer im Straßenverkehr (= 5.493) – der Anteil der wegen Diebstahlsdelikten (§§ 242, 243 Abs. 1 Nr. 1 – 6, 244 Abs. 1 Nr. 1 – 3 StGB) Verurteilten 59,7 % (abs. 3.278). Hiernach ergibt sich, daß der auf Diebstahlsdelikte entfallende Anteil bei den wegen Jugendstrafe einsitzenden Gefangenen (noch) höher ist als bei den wegen Freiheitsstrafe Einsitzenden (s.u. § 36 IV.1.a)). - Die Anteile der wegen Delikten gegen das Leben (§§ 211 – 222 StGB) beziehungsweise der wegen Körperverletzung (§§ 223 – 233 StGB) Verurteilten machten 6,2 % beziehungsweise 6,0 % (abs. 343 und 331) aus. Bezogen auf alle Straftaten nach dem StGB und dem StVG (= 5.585) betrug der Anteil der wegen Straßenverkehrsdelikten Verurteilten unter den Gefangenen 1,6 % (abs. 92) (StVollzSt 1977, 24 – 31).

b) α) Was die altersmäßige Gefangenenstruktur im Jugendstrafvollzug angeht, so befanden sich am Stichtag des 31.3.1977 im Jugendstrafvollzug (einschließlich Freiheitsstrafenvollzug gemäß § 114 JGG) im Alter von 14 Jahren absolut 5, von 15 Jahren 1,2 % (abs. 77), von 16 Jahren 3,9 % (abs. 238), von 17 Jahren 8,0 % (abs. 493), von 18 Jahren 14 % (abs. 857), von 19 Jahren 19,8 % (abs. 1.207), von 20 Jahren 22 % (abs. 1.345) und von 21 bis unter 25 Jahren 30,4 % (abs. 1.849) Personen (StVollzSt 1977, 19) (vgl. auch u. § 36 IV. 1. b)).
Inwieweit ein Schwanken oder auch ein Anstieg des Anteils einzelner Altersstufen Jugendlicher an den Gefangenen in Zusammenhang mit der geringen Anordnungshäufigkeit von Fürsorgeerziehung (s. u. § 38 II.3.b)) beziehungsweise damit zusammenhängt, daß der Anwendungsbereich der Jugendstrafe wegen »schädlicher Neigungen« auch auf solche Verurteilte ausgedehnt werde, bei denen unter anderen organisatorischen oder rechtlichen Voraussetzungen (Jugend-) »Verwahrlosung« (s. hierzu o. § 5.II.5.) angenommen würde, ist ohne nähere Untersuchung nicht abschließend zu klären. – Nach *Böhm* (1974, 142 ff.) sollen die Jugendstrafanstalten insbesondere mit den jüngeren Jugendlichen innerhalb des Vollzugs Mühe haben, weil sie schwerpunktmäßig nicht auf diese Altersgruppe eingerichtet seien.

β) Was die Geschlechtsstruktur anbetrifft, so ist – entsprechend der Tendenz bei Gefangenen des Freiheitsstrafvollzuges – nach jahrelangem Sinken erst in jüngster Zeit ein Anstieg des Anteils der weiblichen Personen an allen wegen Jugendstrafe Einsitzenden zu verzeichnen (s. Tab. 9).

Tabelle 9: Geschlechtsverteilung der wegen Jugendstrafe Einsitzenden (Stichtag jeweils 31.3.)
(Quelle: St VollSt 1977, 18 (Tab. 3))

Jahr	männl. %	weibl. %	Summe %	abs.
1961	97,0	3,0	100	7095
1963	97,2	2,8	100	6639
1965	97,5	2,5	100	5602
1967	98,3	1,7	100	5292
1969	98,0	2,0	100	5249
1971	98,1	1,9	100	4899
1973	98,1	1,9	100	5729
1974	97,7	2,3	100	5644
1975	97,1	2,9	100	5431
1976	96,9	3,1	100	5967
1977	95,9	4,1	100	6088

γ) Der Anteil der Vorbestraften an den 6.088 Gefangenen des Jugendstrafvollzugs betrug am genannten Stichtag 43,8 % (abs. 2.671), wovon wiederum 34 % (abs. 909) bereits mehr als einmal vorbestraft waren (StVollzSt 1977, 23).

Innerhalb der 20,1 % (abs. 1.227) erneut Eingewiesenen unter den Gefangenen waren, unterteilt nach dem Wiedereinlieferungsabstand, 64,5 % (abs. 792) im ersten Jahr nach der Entlassung, 24,4 % (abs. 300) im zweiten, 10,6 % (abs. 130) im dritten bis fünften und absolut 5 im sechsten Jahr nach der Entlassung wieder eingewiesen worden (StVollzSt 1977, 22 f.).

5. a) Die Durchführung des Vollzugs der Jugendstrafe ist insofern erschwert, als die Funktion der Jugendstrafe sowohl Übelzufügung als auch Erziehung sein soll (s. auch o.I.3.), wobei sich die genannten Zwecke nur dann vereinbaren liessen, falls diese Rechtsfolge als Teil einer Erziehungsstrategie innerhalb einer pädagogischen Konzeption ausgestaltet wäre.

Nach *Peters* (1966, 56) verdeckt das Wort Erziehungsstrafe einen wichtigen Sachverhalt, indem es nicht deutlich macht, daß es nicht schlechthin um die Anwendung von Strafe, sondern um den Gebrauch der *Kriminalstrafe* geht, also einer Strafe, die in ihrer Zielrichtung auf den Sozialvorwurf und die Minderung der Sozialstellung gerichtet ist. Die Kriminalstrafe begründet damit eine Einstellung gegenüber dem Delinquenten, die einem pädagogisch aufgefaßten Verhältnis von vornherein widerspricht.

Der (geschlossene) Jugendstrafvollzug wird als in vielfältiger Hinsicht dem Erwachsenenstrafvollzug ähnlich bezeichnet (vgl. *Hofmann* u.a. 1975). Kriminalpädagogische oder psychologische oder psycho analytische Programme finden nur vereinzelt statt (vgl. z.B. *Quensel/Quensel* 1975; *Christ* 1978).

b) Vergleichsweise häufig finden sich in der Durchführung des Jugendstrafvollzuges Elemente eines Stufenstrafvollzuges, der vielfach als Progressivvollzug (vgl. zur geschichtlichen Entwicklung und zu frühen Einwänden u. § 36 III. 1. d)) bezeichnet wird.

Diese Vollzugsgestaltung wird unter anderem damit zu begründen versucht, es sollten Erziehungsmängel durch ein zeitlich gedrängtes (erneutes oder nachträgliches) Durchlaufen verschiedener Entwicklungsphasen, in denen die Erziehung von totaler Führung bis zu möglichst umfangreicher eigener Entscheidungskompetenz reiche, ausgeglichen werden.

Im einzelnen werden als erste Stufe der Eingangsvollzug in strenger Trennung in Einzelhaft, als zweite Stufe die Gemeinschaftshaft mit der Möglichkeit, Vergünstigungen zu erhalten, und als dritte Stufe ein Spektrum eventuell zu treffender Vollzugslockerungen und die Möglichkeit des Freiganges unterschieden (s. aber auch *Schalt* 1977, 24 f.). – Einige Jugendstrafanstalten verfügen für Verurteilte mit vergleichsweise langzeitigen Strafen und bei vermuteter besonderer Vertrauenswürdigkeit über eine zusätzliche Vollzugsstufe in Form von Außenstellen als offener oder halboffener Vollzug.

IV. Formen der Aussetzung

1. a) Die gesetzlichen Voraussetzungen der *Aussetzung der Verhängung einer Jugendstrafe zur Bewährung* bestehen darin, daß das Gericht Zweifel daran hat, ob schädliche Neigungen in einem Ausmaß vorliegen, daß Erziehungsmaßregeln oder Zuchtmittel nicht ausreichen (§ 27 JGG; vgl. *Böhm* 1977, 173 f.; *Dallinger/Lackner* 1965, § 27 Rdnr. 6; s. aber auch *Schaffstein* 1977, 114).

α) Wird während der Bewährungszeit der Zweifel, der Anlaß zur Aussetzung der Verhängung der Jugendstrafe war, zum Nachteil des Betroffenen ausgeräumt, so erkennt das Gericht aufgrund einer neuen, allein die Voraussetzungen des Strafausspruchs und die Bemessung der Strafe betreffenden Hauptverhandlung auf diejenige Jugendstrafe, »die es im Zeitpunkt des Schuldspruchs bei sicherer Beurteilung der schädlichen Neigungen des Jugendlichen ausgesprochen hätte« (§ 30 Abs. 1 S. 1 a.E. JGG). Hiernach gilt es als unzulässig, die schlechte Führung des Jugendlichen und/oder eine etwaige erneute Straffälligkeit während der Bewährungszeit, welche letztere einer getrennten Aburteilung unterliegen, zum selbständigen Strafgrund zu machen (so *Schaffstein* 1977, 116); hingegen soll es zulässig und vermutlich auch geboten sein, solche zwischenzeitlich eingetretenen Umstände zur Beurteilung der Persönlichkeit des Betroffenen einzubeziehen.

β) Im Falle der nachträglichen Verhängung einer Jugendstrafe kann deren Vollstreckung nicht zur Bewährung ausgesetzt werden (§ 30 Abs. 1 S. 2 JGG); dies soll wegen des Analogieverbotes (Art. 103 Abs. 2 GG, § 1 StGB) nicht gelten, wenn in einem neuen Verfahren bei Einbeziehung des Schuldspruchs eine Einheitsstrafe gebildet wird (LG Duisburg MDR 1972, 802; OLG Schleswig NJW 1978, 2107 f.; *Dallinger-Lackner* 1965 § 31 Rdnr. 35 und 41; a.A. *Brunner* 1978, Anm. 9. c) zu § 30).

b) Fraglich ist, ob die Aussetzung der Vollstreckung der Jugendstrafe zur Bewährung (s. u. 2.), bei welcher der Betroffene das Maß der eventuell zu vollstreckenden Strafe bereits kennt, oder aber ob die Aussetzung der Verhängung der Jugendstrafe, bei welcher der Betroffene im Unklaren darüber ist, welches Maß eine etwa zu verhängende und sodann zu vollstreckende Strafe haben wird, hinsichtlich der erzieherischen Einwirkung eher geeignet ist (s. hierzu u. § 44.V.3.a)). Dabei ist davon auszugehen, daß die gerichtliche Feststellung des in Frage stehenden Umfanges »schädlicher Neigungen« zusätzlich belastende Auswirkungen auf den Jugendlichen (etwa im Sinne der »self-fulfilling prophecy«) haben kann.

Die Dauer der Bewährungszeit von höchstens zwei Jahren (§ 28 JGG) bei der Aussetzung der Verhängung der Jugendstrafe ist wegen der Belastung hinsichtlich der zukünftigen jugendgerichtlichen Entscheidung aus rechtsstaatlichen Gründen kürzer als bei der Aussetzung der Vollstreckung der Jugendstrafe. – Ob hingegen die Prüfung der Frage, in welchem Umfang »schädliche Neigungen« vorhanden sind, eines vergleichsweise kürzeren Zeitraums bedarf, als er benötigt würde, wenn auf erzieherische Belange im allgemeinen abgestellt würde, erscheint zweifelhaft (vgl. aber *Schaffstein* 1977, 115).

c) Was die Anwendungshäufigkeit der Aussetzung der Verhängung einer Jugendstrafe zur Bewährung angeht, so wird verschiedentlich angenommen, sie müsse schon deshalb vergleichsweise gering bleiben, weil der Jugendrichter verfahrensrechtlich verpflichtet ist, umfangreiche Erhebungen über personale und soziale Merkmale durchzuführen, so daß Zweifel betreffend den Umfang von »schädlichen Neigungen« dadurch in der Regel ausgeschlossen werden könnten (s. *Schaffstein* 1977, 115 m.w.N.). Demgegenüber ist nicht zu verkennen, daß die Feststellung, ob »schädliche Neigungen« überhaupt vorliegen und welchen Umfang sie haben, aus empirischer Sicht nur selten mit hinreichender, Zweifel ausschließender Sicherheit wird beantwortet werden können, und zwar unabhängig von der Ausführlichkeit der genannten Erhebung.

Unmittelbare statistische Angaben über die Häufigkeit der Aussetzung der Verhängung einer Jugendstrafe liegen nicht vor; solche finden sich jedoch im Zusammenhang mit den Zugängen bei der Bewährungshilfe. Hierfür beliefen sich die Zahlen in den Jahren 1972 bis 1975 auf 1.272, 1.391, 1.285 und 1.421 (BewHiSt 1972 bis 1975, jeweils Tab. 2.).

2. a) Die *Aussetzung der Vollstreckung der Jugendstrafe zur Bewährung* ist nach Jugendstrafrecht als Regel bei der Verurteilung zu einer bestimmten Jugendstrafe von nicht mehr als einem Jahr möglich, sofern eine günstige Prognose sowohl hinsichtlich eines Warnungseffekts schon durch die Verurteilung als auch hinsichtlich einer zukünftigen Legalbewährung »auch ohne die Einwirkung des Strafvollzugs« vorliegt (§ 21 Abs. 1 S. 1 JGG; s. auch u. zu § 56 Abs. 1 S. 1 StGB). Hierbei geht der Gesetzeswortlaut von der Vorstellung aus, die Vollstreckung einer Jugendstrafe sei generell geeignet, eine zukünftige Sozial- und Legalbewährung – von der Haftzeit abgesehen – positiv zu beeinflussen; für eine solche Annahme fehlt es an empirischen Belegen (s. u. § 44.V.2.a)). – Auf die immanenten Mängel der kriminologischen Prognosemethoden wird verwiesen (s. hierzu § 21 sowie § 42 III.2.).

Als eingeschränkte Möglichkeit kann die Vollstreckung auch einer bestimmten Jugendstrafe von bis zu zwei Jahren Dauer ausgesetzt werden (§ 21 Abs. 2 JGG). Dieser erweiterte Anwendungsbereich soll im Jugendstrafrecht in größerem Maße als im Erwachsenenstrafrecht (§ 56 StGB) Ausnahmecharakter (vgl. BGHSt 24, 360 [362])haben und in der Regel wohl nur bei Verhängung von Jugendstrafen wegen »Schwere der Schuld« relevant sein; wenn nämlich die Verhängung von Jugendstrafe mit einer Dauer von mehr als einem Jahr wegen »schädlichen Neigungen« geschieht, so dürfte es an einer günstigen Prognose fehlen.

§ 35 Jugendstrafe

α) Bei der besonderen Regelung, daß die Anordnung der Aussetzung der Vollstreckung der Jugendstrafe zur Bewährung nicht nur im Urteil, sondern – im Unterschied zum Erwachsenenstrafverfahren (§§ 260 Abs. 4 S. 4, 268a Abs. 1 StPO) – auch nachträglich durch Beschluß (§ 57 Abs. 1 S. 1 JGG) getroffen werden kann, liegt die Wahl dieser oder jener Möglichkeit im Ermessen des Gerichts (BGHSt 14, 74); als Rechtsmittel allein gegen die Entscheidung der Ablehnung der Aussetzung ist bei beiden Formen der Entscheidung nur sofortige Beschwerde möglich (§ 59 Abs. 1 S. 1, 2 JGG). Die zweitgenannte Möglichkeit mag in solchen Fällen sinnvoll sein, in denen für die Entscheidung zusätzliche Informationen oder Erkenntnisse erlangt werden müssen, die nach der Hauptverhandlung noch nicht vorliegen. Hingegen dürften prinzipielle pädagogische Bedenken dagegen bestehen, die Aussetzung nur deshalb noch nicht im Urteil anzuordnen, um dem Jugendlichen zunächst eine zusätzliche Warnung zu vermitteln oder ihn im unklaren zu lassen, ob Vollstreckung oder Aussetzung der Vollstreckung eintreten wird. – Zur Einleitung des nachträglichen Beschlußverfahrens von Amts wegen ist der Richter verpflichtet, wenn im Urteil die nachträgliche Entscheidung vorbehalten wurde oder aber wenn zur Frage der Aussetzung nicht Stellung genommen worden ist.

β) Was die Dauer der Bewährungszeit angeht (§ 22 Abs. 1 JGG), so beruht die im Vergleich zum Erwachsenenstrafrecht (§ 56a StGB) kürzere Höchstfrist auf der Überlegung, daß eine über den Zeitraum von drei Jahren hinausgehende Dauer erzieherisch nicht mehr wirksam, sondern eher abträglich sein würde (vgl. jedoch auch § 22 Abs. 2 S. 2 JGG).

b) Der Anteil der Verurteilungen zu bestimmter Jugendstrafe, deren Vollstreckung zur Bewährung ausgesetzt wurde, hat sich seit dem Jahre 1953 nahezu verdoppelt. Diese Tendenz entspricht zwar vordergründig nur der Entwicklung bei der Freiheitsstrafe (s. u. § 36.V), ist aber insofern unterschiedlich, als der Anteil von Jugendstrafe an allen jugendstrafrechtlichen Verurteilungen vom Jahre 1970 an angestiegen ist, während bezüglich der Freiheitsstrafe eine entgegengesetzte Entwicklung zu verzeichnen ist. Der Anstieg der Aussetzungen der Vollstreckung der Jugendstrafe zur Bewährung an allen jugendstrafrechtlichen Verurteilungen hat sich nahezu verdreifacht.

Im einzelnen ist im Jahre 1976 bei der Jugendstrafe bis zu sechs Monaten in 81,9 % (abs. 2.744 von 3.351), bei der Jugendstrafe von mehr als sechs bis zu neun Monaten in 78,9 % (abs. 3.009 von 3.811), bei der Jugendstrafe von mehr als neun Monaten bis zu einem Jahr in 73,6 % (abs. 4.002 von 5.436) und bei der Jugendstrafe von mehr als einem Jahr bis zu zwei Jahren in 20,5 % (abs. 725 von 3.560) der Fälle die Vollstreckung zur Bewährung ausgesetzt worden (StrafSt 1976, R 3, 92 f.).

3. a) Die *Aussetzung der Vollstreckung des Restes einer Jugendstrafe von bestimmter Dauer* (§ 88 JGG) setzt voraus, daß eine günstige Prognose vorliegt und daß mindestens sechs Monate und bei Jugendstrafe von mehr als einem Jahr mindestens ein Drittel der Strafe vollstreckt worden ist; vor Vollstreckung von sechs Monaten Dauer ist die Aussetzung nur aus »besonders wichtigen Gründen« möglich (§ 88 Abs. 1, 2 JGG). – Fraglich ist, ob die im Vergleich zum Erwachsenenstrafrecht weiterreichenden Aussetzungsmöglichkeiten auch

dann durch Aspekte der Tatvergeltung oder des Sicherungsbedürfnisses der Allgemeinheit eingeschränkt werden können, wenn die gesetzlichen Voraussetzungen zur vorzeitigen Entlassung erfüllt sind (so wohl *Schaffstein* 1977, 100).

b) Was die *Aussetzung des Restes einer Jugendstrafe von unbestimmter Dauer* angeht (§ 89 JGG), so entscheidet – ebenso wie bei der bestimmten Jugendstrafe – der Vollstreckungsleiter über die Beendigung (§§ 89 Abs. 3, 88 Abs. 3 S. 1 JGG); er wandelt die Jugendstrafe von unbestimmter Dauer in eine bestimmte Jugendstrafe um und setzt gleichzeitig die Vollstreckung des Strafrestes zur Bewährung aus, sofern das Mindestmaß vollstreckt ist und eine günstige Prognose vorliegt (§ 19 Abs. 3 i. V. m. § 89 Abs. 1, 2 JGG). – In besonderen Ausnahmefällen kann auf die Aussetzung des Strafrestes verzichtet und sofort die endgültige Entlassung angeordnet werden, wobei wiederum die Jugendstrafe von unbestimmter Dauer in eine Jugendstrafe von bestimmter Dauer umgewandelt wird (§ 89 Abs. 4 JGG).

c) Die Verhältniszahlen der bedingten Entlassungen gemäß §§ 88, 89 JGG sind – bezogen auf die Zahlen der Abgänge aus dem Jugend- und Freiheitsstrafenvollzug – in den Jahren 1970 bis 1975 geringfügig angestiegen (Grundzahlen im folgenden nach Mitteilungen des Statistischen Bundesamtes, hier zitiert nach Heinz 1977a, 301). Sie beliefen sich auf 4,3 % (abs. 3.125 von 71.618), 4,69 % (abs. 3.068 von 65.398), 4,78 % (abs. 3.196 von 66.853), 5,65 % (abs. 3.822 von 67.573), 5,47 % (abs. 3.888 von 71.030) und 5,18 % (abs. 3.552 von 68.555). Zu berücksichtigen ist, daß die Verhältniszahlen der bedingten Entlassungen aus Jugend- und Freiheitsstrafenvollzug im Wege der Gnade in diesen Jahren tendenziell entsprechend gesunken sind.

4. a) Bei sämtlichen Formen der Aussetzung wird der Jugendliche der Aufsicht und Betreuung eines Bewährungshelfers unterstellt (§§ 29, 88 Abs. 5 S. 1, 89 Abs. 3 JGG). Dessen Tätigkeit vermag aus vielfältigen Gründen (s. u. § 44 IV.) den besonderen, auch alterbedingten Bedürfnissen jugendlicher Probanden nur bedingt Rechnung zu tragen.

Auch die sonstigen rechtlichen Möglichkeiten zur Ausgestaltung der verschiedenen Formen der Aussetzung sind, mit Ausnahme der Dauer der Bewährungszeit bei der Aussetzung der Verhängung von Jugendstrafe (§ 28 JGG), einheitlich (§§ 29 S. 2, 23, 88 Abs. 5 S. 1, 89 Abs. 3 JGG).

α) Das Gericht »soll« (§ 23 Abs. 1 S. 1 JGG; vgl. demgegenüber § 56c Abs. 1 S. 1 StGB) in der Regel Weisungen erteilen; inhaltlich handelt es sich bei den Weisungen um solche im Sinne der Erziehungsmaßregeln (§§ 9 Nr. 1, 10 JGG). Bei den Auflagen, die das Gericht erteilen »kann« (§ 23 Abs. 1 S. 2 JGG), handelt es sich um solche im Sinne der Zuchtmittel (§§ 13 Abs. 2 Nr. 2, 15 JGG).

β) Soweit das Gesetz den Jugendrichter anhält, in der Regel dann von Weisungen oder Auflagen vorläufig abzusehen, wenn »der Jugendliche Zusagen für seine künftige Lebensführung« macht oder »er sich zu angemessenen Leistungen, die der Genugtuung für das begangene Unrecht dienen« (§ 23 Abs. 2 JGG), und wenn die Erfüllung der Zusagen oder des Anerbietens zu erwarten ist, so ist diese Regelung aus erzieherischer Sicht darin begründet, daß eine freiwillige Anstrengung größeren Erfolg erwarten läßt als eine gerichtlich auferlegte. Andererseits dürfte kaum zu bestreiten sein, daß die genannte Regelung eine Benachteiligung solcher Verurteilter mit sich bringt, die nicht über geeignete Einstellungen oder sozio-ökonomische Bedingungen verfügen, um entsprechende Erklärungen abzugeben und zu verwirklichen.

b) Bei Verstößen gegen Bewährungsweisungen und/oder -auflagen wird die Aussetzung der Strafvollstreckung zur Bewährung – vor Strafantritt ebenso wie bezüglich des Strafrestes – nur dann widerrufen (zur Häufigkeit s. u. § 44.V.3.a)), wenn es sich um besonders schwere Verstöße handelt (§§ 23 Abs. 1 S. 4, 26 Abs. 1, 88 Abs. 5, 89 Abs. 3 JGG) und die Möglichkeiten nach § 26 Abs. 2 JGG nicht auszureichen scheinen. Für einen Widerruf wegen einer Straftatbegehung während der Bewährungszeit soll es zureichend sein, daß die Begehung der Tat zur Überzeugung des Gerichts feststeht (s. zur Problematik auch u. § 36 V. 3.), wobei es nicht erforderlich sei, daß wegen dieser behaupteten Straftat bereits ein Urteil ergangen (OLG Hamm NJW 1973, 911) oder daß ein ergangenes Urteil rechtskräftig ist (OLG Celle MDR 1971, 778); nach einschränkender Auffassung soll das Gericht »tunlichst« bis zur Rechtskraft eines neu ergangenen Urteils zuwarten (OLG Karlsruhe GA 1974, 156 [157]). – Ferner ist Voraussetzung, daß die Straftat darauf hingewiesen hat, daß der Proband die der Aussetzung der Vollstreckung zur Bewährung zugrunde gelegene Erwartung nicht erfüllt hat; dies wird dann kaum der Fall sein, wenn das während der Bewährungszeit begangene Delikt als vergleichsweise geringfügig beurteilt wird, und mitunter auch dann, wenn es ein solches ist, das mit derjenigen Straftat, die zur Verurteilung geführt hat, weder von der Tatgestaltung noch von den Tatgegebenheiten der Ähnlichkeiten aufweist.

§ 36 Freiheitsstrafe

I. Einheitlichkeit und Häufigkeit

1. a) Seit 1969 besteht eine einheitliche Freiheitsstrafe (anstelle der vorherigen unterschiedlichen Freiheitsstrafen: Zuchthaus, Gefängnis, Einschließung, Haft). Inwieweit die Einführung einer einheitlichen Freiheitsstrafe – gelegentlich als Einheitsfreiheitsstrafe bezeichnet – allerdings das Ziel zu verwirklichen vermag, sich im Strafvollzug ausschließlich an den verschiedenen Präventionsinteressen und »Re-Sozialisierungsbedürfnissen« zu orientieren, erscheint fraglich. Zwar hat der Wegfall etwa des Stigmas »Zuchthäusler« extern, das heißt gegenüber der Außengesellschaft, möglicherweise zur Aufhebung zusätzlicher, eine Legalbewährung erschwerender Angriffspunkte geführt. Dies hat jedoch intern, das heißt in dem aktuellen Lebensraum des Gefangenen, möglicherweise andersartige zusätzliche Belastungen zur Folge gehabt.

So sollen zum Beispiel in die Vollzugsanstalt Bruchsal, ein ehemaliges Zuchthaus, besonders negativ selektionierte Gefangene eingewiesen worden sein, wobei es sich häufig auch um körperlich oder psychisch beeinträchtigte Personen gehandelt haben soll; diese angebliche Praxis haben im Jahre 1971 in Gesprächen mit dem Verfasser besonders solche Gefangene bedauert, die zu lebenslanger Freiheitsstrafe verurteilt worden waren, weil sie nun nicht

Freiheitsstrafe § 36

mehr so sehr mit anderen »Zuchthäuslern« als mit anderweit extrem »Prestigelosen« zusammenleben würden.

b) Wenngleich die vom Gericht verhängte Freiheitsstrafe nicht mehr formell unterschiedlich benannte Kategorien von Strafanstalten zur Einweisung festlegt, ist faktisch weiterhin eine Kategorisierung zu verzeichnen, und zwar auf der Grundlage des Vollstreckungsplans (§ 152 StVollzG). In dessen Rahmen bestimmen die Landesjustizverwaltungen die sachliche und örtliche Zuständigkeit der Vollzugsanstalten »im übrigen« nach »allgemeinen Merkmalen« (§ 152 Abs. 3 StVollzG). Ein wesentliches Kriterium ist dabei, neben räumlichen Faktoren, die Vollzugsdauer, die sich wiederum wesentlich nach Vorstrafen und nach der letzten Straftat bestimmt. Dem entsprechen Klassifikationen von Verurteilten, die teilweise in erster Linie Intentionen einer nach dem Sicherungsbedürfnis und den Prinzipien eines reibungslosen und kostensparenden Vollzugsablaufs vorgenommenen Staffelung der Gefangenen folgen.

α) Eine speziellere Verteilungsfunktion haben, vorzugsweise für Verurteilte mit einer relativ langen Strafdauer, die Auswahl- und Einweisungsanstalten (§ 152 Abs. 2 StVollzG). Deren Arbeitsweise ist unterschiedlich; die Möglichkeiten für eingehende Persönlichkeitsuntersuchungen sind begrenzt (s. aber u. β)). In der Praxis werden auch hier vor allem Vorstrafen sowie die Art insbesondere der letzten Straftat wesentlich berücksichtigt.

Wie zum Beispiel die AV des Justizministeriums von Baden-Württemberg vom 21.6.1971 (Die Justiz 20 [1971], 253 f.) ergibt, soll die Einweisungskommission bei der Vollzugsanstalt Stuttgart, die mit der Klassifizierung von Gefangenen befaßt ist, als primäres Kriterium das Ergebnis einer Prognosestellung zugrundelegen. Die Prognoseforschung ihrerseits jedoch erachtet Vorstrafen und Art auch der letzten Strafe als Indikatoren für die Beantwortung der Frage nach künftiger Legalbewährung. Im übrigen stehen gemäß der benannten AV dem Kriterium der Prognose Kriterien wie »Gefährlichkeit« und »Gemeinschaftsunfähigkeit« gegenüber, die zu Extremgruppierungen (»Star«- und »Auswurf«-Anstalten) führen könnten.

Nicht auszuschließen ist, daß andere Klassifizierungskriterien auch einem Bedürfnis nach möglichst gewinnbringender Verteilung der Gefangenen, je nach dem Arbeitsbedarf in verschiedenen Anstalten, Rechnung tragen.

β) Soweit Klassifikationen nach Möglichkeit gemäß kriminalpädagogischer oder -therapeutischer Zielrichtung vorgenommen werden (vgl. für zwei Auswahlanstalten in Nordrhein-Westfalen kritisch schon *Thole* 1975, 264), so stehen ihnen Einwände der kriminologischen Forschung gegenüber (vgl. *Kaufmann, H.* 1976, 592; *Rüther* 1978, 116). Diese beziehen sich insbesondere auf die statistischen Eigenschaften, die jeder Klassifikation innewohnen und die bereits mit der Klassifizierung eine (zusätzliche) negative oder aber positive Zuschreibung bewirken.

2. a) Das Verhältnis der Anteile von Freiheitsstrafe und Geldstrafe hat sich (in Deutschland) ausweislich kriminalstatistischer Anhaltspunkte (s. zum Beginn o. § 17.I.1.) innerhalb

§ 36 *Freiheitsstrafe*

*Tabelle 10: Anteile der Hauptstrafen in den Jahren 1970 bis 1976
(Quelle: RPflSt 1970 – 1973, Tab. 5; 1974 Tab. 11; StrafSt 1975 und 1976, Tab. 6)*

Jahr	absolut	Freiheitsstrafe		Geldstrafe
		ohne Auss. d. Vollstr. zur Bewährung in %	Auss. d. Vollstr. zur Bewährung in %	in %
1970	553 692	7,6	8,5	83,9
1971	571 423	7,6	9,0	83,4
1972	591 719	7,1	9,3	83,6
1973	601 419	6,5	9,6	83,9
1974	599 368	6,9	10,7	82,4
1975	567 605	6,4	10,3	83,3
1976	592 154	6,2	10,6	83,2

eines knappen Jahrhunderts umgekehrt. Während im Jahre 1882 noch 76,8 % der Hauptstrafen auf Freiheitsstrafe und 22, 2 % auf Geldstrafe entfielen (RKrSt 1928, 65, 69), betrugen die Anteile der vollstreckten Freiheitsstrafen – einschließlich der Fälle des Widerrufs der Aussetzung der Strafvollstreckung zur Bewährung und derjenigen der Ersatzfreiheitsstrafe (s. o. § 33 III.) – Mitte der 70er Jahre dieses Jahrhunderts etwa 12 % und diejenigen der Geldstrafe – abzüglich der Fälle der Ersatzfreiheitsstrafe – etwa 80 %.

*Tabelle 11: Prozentuale Verteilung der schwersten Strafe (sowie bezüglich der Freiheitsstrafe jeweils der Strafaussetzung zur Bewährung) im Jahre 1976
(Quelle: StrafSt 1976, 56 f., 68)*

Deliktsgruppierung	Geldstrafe	Freiheitsstrafe			
		bis 6 Mon.	mehr als 6 bis 9 Mon.	mehr als 9 Mon.	insgesamt
Straßenverkehrsdelikte	91,1	7,3 (80,9)	1,2 (65,4)	0,4 (52,1)	8,9 (77,3)
Diebstahlsdelikte (§§ 242, 243 Abs 1, 244 Abs. 1 StGB)	75,9	7,1 (67,4)	7,9 (53,4)	9,0 (28,2)	24,0 (48,1)
Straftaten insgesamt außer Straßenverkehrs- und Diebstahlsdelikten	75,7	9,3 (77,1)	6,8 (71,6)	7,5 (38,1)	23,6 (63,1)

b) Es bestehen jedoch deliktstrukturell erhebliche Unterschiede hinsichtlich der Verteilung von Freiheitsstrafe und Geldstrafe, und zudem innerhalb der Verurteilungen zu Freiheitsstrafe hinsichtlich der Anteile der Strafaussetzungen zur Bewährung. Dabei läßt sich bei einer Grobeinteilung erkennen, daß das Ausmaß des Eingriffs bei Straßenverkehrsdelikten besonders gelinde, bei Diebstahlsdelikten hingegen besonders schwer ist.

II. Dauer

Die Freiheitsstrafe ist stets dann, wenn das Gesetz nicht lebenslange Freiheitsstrafe androht, eine zeitige mit dem Mindestmaß von einem Monat und dem Höchstmaß von 15 Jahren (§ 38 Abs. 1, 2 StGB). Während das Mindestmaß im Falle der Ersatzfreiheitsstrafe (§ 43 S. 3 StGB, s. o. § 33 III.2.) unterschritten werden kann, gilt das Höchstmaß auch für die aus zeitigen Freiheitsstrafen gebildete Gesamtstrafe (§ 54 Abs. 2 S. 2 StGB). Hingegen enthalten Straftatbestände häufig ein höheres Mindestmaß und ein geringeres Höchstmaß. Dies entspricht der in der kriminalpolitischen Entwicklung (in Teilen) des Auslandes bestehenden Tendenz zur Kompression der Freiheitsstrafe, das heißt zur zunehmenden Aufhebung der kurzen wie der langen Dauer.

1. a) Freiheitsstrafe von unter sechs Monaten Dauer darf (seit den Reformgesetzen aus dem Jahre 1969) nur dann verhängt werden, wenn dies aus den im Gesetz näher bezeichneten Gründen als »unerläßlich« erscheint (§ 47 Abs. 1 StGB; Grundsatz der ultima ratio).

Dies gilt sowohl für die Fälle, in denen ein Straftatbestand die Wahl zwischen Freiheitsstrafe und Geldstrafe beläßt (§ 47 Abs. 1 StGB) als auch für solche, in denen das Gesetz nur Freiheitsstrafe androht oder Freiheitsstrafe mit Geldstrafe kumuliert (vgl. § 47 Abs. 2 StGB); dabei ist zum Beispiel Geldstrafe auch dann zu verhängen, wenn deren Einbringlichkeit oder Durchsetzbarkeit fraglich ist, oder aber wenn der Strafzweck durch eine Freiheitsstrafe (angeblich) besser erreicht werden könnte. – Mit Bezug auf Formen der Aussetzung (s. u. V.) sei bemerkt, daß die Vollstreckung auch solcher kurzzeitiger Freiheitsstrafen, die mit der Begründung verhängt werden, sie seien »zur Verteidigung der Rechtsordnung unerläßlich« (§ 47 Abs. 1 StGB), zur Bewährung ausgesetzt werden kann (§ 56 Abs. 1 S. 1 StGB); die Ausnahmevorschrift des § 56 Abs. 3 StGB betrifft nur Freiheitsstrafen von sechs Monaten Dauer und mehr.

In gewissem Gegensatz zu der Entwicklung in der Bundesrepublik Deutschland zeigt sich zum Beispiel in den Niederlanden seit den sechziger Jahren der Versuch, durch eine kurzfristige Freiheitsstrafe von auch unter einem Monat eine »Schockwirkung« zu erzielen (vgl. die Hinweise bei *Schaffmeister* 1978, 331, 337 f.).

b) Die Zurückdrängung kurzzeitiger Freiheitsstrafen wurde damit begründet, eine kurze Freiheitsstrafe schade in spezialpräventiver Hinsicht in der Regel mehr als sie nütze. Während der Verurteilte wie bei der längerfristigen Freiheitsstrafe aus seiner sozialen Umwelt herausgenommen und durch Stigmatisierung und Kontakt mit anderen Gefangenen gefährdet werde, fehle es an der notwendigen Zeitdauer im Strafvollzug für eine »re-sozialisierende« Einwirkung. An empirischen Belegen für diese oder jene Auswirkung kurzzeitiger Freiheitsstrafe fehlt es, und zwar selbst bezüglich Erstbestrafter (vgl. auch schon *Quensel* 1967, 295; vgl. auch *Friday/Peterson* 1973, 287). – Hingegen bereiten kurzzeitige Freiheitsstrafen der Vollzugsverwaltung im Verhältnis zu längerfristen Freiheitsstrafen, statistisch betrachtet, ungleich mehr Arbeitsaufwand.

Eine höhere spezialpräventive Auswirkung kurzzeitiger Freiheitsstrafen auf Straftäter aus sozio-ökonomisch mittleren und höheren Gruppen soll deshalb bestehen, weil »die Aufrüttelungswirkung an die Stelle der (nicht erforderlichen) Sozialisation« (*Tiedemann* 1974, 336) trete. Ein »sozial angepaßter« Wirtschaftsstraftäter, so wird vermutet, reagiere auf eine kurzzeitige Freiheitsstrafe möglicherweise gänzlich anders als ein »sozial unangepaßter« Straftäter herkömmlicher Allgemeiner Kriminalität. Nach *Cramer* (1975, 228 Fußn. 10) erfordere »eine Therapierung dissozialen Verhaltens im Kernbereich der Kriminalität und eines groben Fehlverhaltens im Verkehrsbereich . . . unter Umständen gegensätzliche Mittel. Die kurzzeitige Freiheitsstrafe . . . hätte – gerade bei der Trunkenheit am Steuer- im Verkehrsbereich in Gestalt einer Schockstrafe eine durchaus sinnvolle Funktion zu erfüllen, . . .« , und ihre Effizienz liege über derjenigen einer Geldstrafe.

2. a) Während verschiedene Straftatbestände eine lebenslange Freiheitsstrafe androhen (vgl. die Darstellung bei *Jescheck* 1978, 616 f.), wird sie in der Praxis ganz überwiegend wegen Mordes (§ 211 StGB) verhängt.

α) Diesbezüglich widerspricht es dem Charakter der lebenslangen Freiheitsstrafe als einer absoluten Strafe, daß die Bewertung eines zum Tod eines Menschen führenden Delikts als Mord oder aber als eine andere Straftat von Ungewißheit gekennzeichnet ist. Diese Ungewißheit beruht zum einen auf strafrechtsdogmatisch unbestrittenen Implikationen der Abgrenzung zwischen Mord und Totschlag, wobei es zudem wegen der Unmöglichkeit einer Strafzumessung durch den Richter bei der absoluten Strafandrohung der lebenslangen Freiheitsstrafe sein mag, daß in systemwidriger Weise die Subsumtion danach ausgerichtet wird, daß eine als »gerecht« empfundene Relation zwischen Unrecht und Schuld auf der einen Seite und Straftatfolge auf der anderen Seite hergestellt wird. Ferner liegen Anhaltspunkte dafür vor, daß bei Morddelikten seit Mitte der 50er Jahre relativ häufiger auf verminderte Schuldfähigkeit erkannt und seit Mitte der 60er Jahre bei Heranwachsenden relativ häufiger Jugendstrafrecht angewandt wird (vgl. *Kreuzer* 1977, 51). Im übrigen dürften außerhalb der Tatbegehung liegende Kriterien und Tendenzen unterschiedlicher Zuschreibung im Ablauf des gesamten sozialen Reaktionsprozesses von Bedeutung sein.

β) Diese und andere Umstände sind auch bei der Interpretation der Zahlen über die Anwendungshäufigkeit der lebenslangen Freiheitsstrafe zu berücksichtigen, die sich in den Jahren 1969 bis 1976 insgesamt (bzw. bei Heranwachsenden) auf 59(0), 70(3), 58(1), 46(0), 47(2), 85(2), 69(2) und 71(0) beliefen (StrafSt 1969 – 1974 Tab. 3.3., 1975 und 1976 R 1 Tab. 3.7.). – Die absoluten Zahlen der zu lebenslanger Freiheitsstrafe verurteilten Gefangenen insgesamt (bzw. für weibliche Personen) betrugen in den Jahren 1961 bis 1977 – jeweils am Stichtag des 31.3. – 859(120), 901(123), 902(120), 887(123), 966(123), 999(126), 1.028 (124), 1.064(119), 1.084(110), 1.072(91), 1.038(81), 994(64), 963(57), 936(55), 945(47), 977 (45) und 989(44); der Anteil von weiblichen gegenüber männlichen wegen lebenslanger Freiheitsstrafe einsitzenden Gefangenen betrug demnach im Jahre 1975 nur 4,44 % gegenüber noch 13,97 % im Jahre 1961 (StVollzSt 1977 ,18).

b) Nach (noch) geltendem Recht ist eine Entlassung von zu lebenslanger Freiheitsstrafe Verurteilten nur auf dem Gnadenweg möglich. Allerdings hat das Bundesverfassungsgericht, das die lebenslange Freiheitsstrafe im übrigen als verfassungsgemäß beurteilt hat, dem Gesetzgeber auferlegt, die Möglichkeit der bedingten Entlassung durch Richterspruch einzuführen (BVerfG NJW 1977, 1525 [1529 f.]); s. ähnlich schon § 48 Abs. 2 Nr. 2 AE-StGB; umfassend zur Problematik *Röhl* 1969; *Jescheck/Triffterer 1978*); der Gnadenweg bleibt weiterhin bestehen.

α) Die Begnadigung ist nahezu ausschließlich Sache der Bundesländer (§ 452 S. 2 StPO); im Unterschied zur Delegierung des Gnadenrechts im allgemeinen an Justizminister oder Vollstreckungsorgane hat sich der jeweils höchste politische Repräsentant des Landes die Begnadigung von zu lebenslanger Freiheitsstrafe Verurteilten vorbehalten, wenngleich er in seiner Entscheidung meistens dem Vorschlag des Justizministers folgt, der sich wiederum dem Vorschlag der Staatsanwaltschaft anzuschließen pflegt. – Während eine befürwortende Stellungnahme am häufigsten von der Strafanstalt abgegeben wird, neigen die übrigen vorgeschalteten Instanzen in stärkerem Maße zu ablehnenden Entscheidungen. Dies dürfte wohl auch darauf zurückzuführen sein, daß letztere sich betreffend tatsächliche Anhaltspunkte überwiegend auf das Aktenstudium stützen. Dieses bringt ihnen die Tat in Erinnerung, ohne eine gegenwärtige Anhörung und einen (erneuten) persönlichen Eindruck des Verurteilten ersetzen oder vermitteln zu können.

β) Was die Frage nach Kriterien der Gnadenpraxis angeht, so wurden Begnadigungen bis 1965 überwiegend nach Änderungen der Rechtslage durchgeführt (Aufhebung der VO Nr. 47 der Militärregierung i.V.m. Gesetz Nr. 10 des Kontrollrats durch VO Nr. 23 vom 1.9.1951; 3. StrÄnderungsG vom 4.8.1953; JGG vom 4.8.1953); bevorzugt sollen solche Täter begnadigt worden sein (vgl. Deutscher Bundestag, Protokoll der 7. Sitzung des Sonderausschusses vom 9.2.1966, Anlage 5, S. 62), die vor Inkrafttreten des JGG von 1953 zu lebenslanger Freiheitsstrafe verurteilt wurden und nach dem inzwischen geltenden Recht als Heranwachsende wahrscheinlich milder bestraft worden wären; ferner Täter, deren Verurteilung rechtlichen Zweifeln begegnete, weiterhin Täter, die zu ihrer Tat durch die außergewöhnlichen Umstände vor und nach dem Zusammenbruch von 1945 verleitet worden waren und schließlich Täter, bei denen sonstige besondere Gründe wie lange Haftdauer, hohes Alter und Krankheit vorlagen.

Die Gnadenpraxis ist – auch bezüglich der Vorläufigkeit beziehungsweise der Setzung von Bedingungen (vgl. *Röhl* 1969, 44 ff.) – bis zur Gegenwart regional äußerst uneinheitlich geblieben. Nach Auffassung der meisten der Landesjustizverwaltungen ist es nicht möglich, allgemeine Empfehlungen für die Erwägung von Gnadenerweisen bei zu lebenslanger Freiheitsstrafe Verurteilten festzulegen, da Entscheidungen hierüber zu sehr von den Umständen des Einzelfalles abhängen würden. Die wiederholte Anregung des Sonderausschusses, eine Übereinkunft zu generellen Richtlinien zu erzielen, um eine einigermaßen einheitliche Praxis zu gewährleisten, wurde von einigen Ländern zurückgewiesen (vgl. aber *Hoppe* 1970, 212). Auch soweit überlicherweise hohes Lebensalter und schlechte gesundheitliche Verfassung als wesentliche Gründe berücksichtigt werden, wird eine schematische Handhabung der Begnadigung – etwa nach einer bestimmten Vollzugsdauer und bei Erreichen eines bestimmten Lebensalters – abgelehnt. – Hinsichtlich der methodisch schwierig zu beantwortenden Frage nach der tatsächlichen Haftdauer ergab die Analyse der Gnadenpraxis von Niedersachsen seit dem Jahre 1965 eine Streuung der Haftdauer von 13 bis 25 Jahren bei einem Median von 21 Jahren, nach welchem bei 44 % der wegen lebenslanger Freiheitsstrafe Einsitzenden die Begnadigung bereits unterhalb einer Haftdauer von 21 Jahren stattfand (vgl. *Albrecht, P.A.* 1973, 202; s. aber auch 1977a, 143 Fußn. 36).

c) α) Empirische Anhaltspunkte über die zukünftige Legalbewährung von aus lebenslanger Freiheitsstrafe Entlassenen für die Bundesrepublik Deutschland deuten unabhängig von einer Minderung der Aufwärtsmobilität und der sozialen Bindungen bei erheblichen sozialen Haftfolgebelastungen, auf eine vergleichweise geringe Rückfallgefahr hin (vgl. z.B. *Albrecht, P.A.* 1973, 203; 1977a, 143 ff.; 1977b, 399 ff.). Allerdings können sich entsprechende Untersuchungen notwendigerweise nur auf denjenigen Teil der jeweiligen Verurteilten- oder Gefangenengruppen beziehen, der gemäß den Kriterien der Prognosestellung oder denjenigen der (jeweiligen) Gnadenpraxis ausgewählt worden ist. Daher bedürfen die Befunde hinsichtlich der Validität einer Interpretation im Zusammenhang mit den genannten Kriterien sowie mit der Variable des jeweiligen Lebensalters bei Entlassung.

Soweit Daten über die Legalbewährung nach Entlassung von Jugendlichen und Heranwachsenden, die wegen Mordes nach Jugendstrafrecht verurteilt worden sind, vorliegen (vgl. hierzu *Kerner* 1974, 91 f.), sind diese für die Frage der Rückfallgefahr nach Entlassung aus lebenslanger Freiheitsstrafe nur bedingt bedeutsam. Zum einen war der Haftzeitraum erheblich kürzer als derjenige auch einer verkürzten lebenslangen Freiheitsstrafe, da die Höchststrafe zehn Jahre beträgt (§§ 18 Abs. 1 S. 2, 105 Abs. 3 JGG). Zum anderen ist anzunehmen, daß eine Vielzahl wesentlicher Gegebenheiten bei Jugendlichen und Heranwachsenden gegenüber Erwachsenen schon im Hinblick auf Motivation und erzieherische und allgemeine Entwicklungsmöglichkeiten generell unterschiedlich ausgestaltet sind.

β) Soweit Daten zur Legalbewährung nach Entlassung von Untersuchungen aus dem Ausland vorliegen, ist eine Verallgemeinerung schon wegen unterschiedlicher Systeme strafrechtlicher sozialer Kontrolle und im besonderen der begrifflichen Definition der einschlägigen Delikte wie auch der Verhängung und des Vollzugs der einschlägigen Sanktionen nur bedingt möglich. So kommt es etwa darauf an, ob in dem jeweiligen Ausland die Todesstrafe gilt und angewandt wird. Ferner ist wesentlich, wie es sich mit der tatsächlichen Haftdauer bei zu lebenslanger Freiheitsstrafe Verurteilten verhält; gerade hierzu ergibt sich, daß im Ausland ganz überwiegend die tatsächliche Haftdauer wesentlich begrenzter ist als in der Bundesrepublik Deutschland (vgl. hierzu *Anttila/Westling* 1965; IntJOff 1973, 213 – 215; ferner *Ullrich* 1965, 258 ff.; *Röhl* 1969, 59 ff.; *Künkeler* 1972, 31 f.). Schließlich sind Angaben aus solchen Untersuchungen, bei denen Kriterium der Probandenauswahl die Inhaftierung wegen Verurteilung wegen Mordes, nicht aber die Verurteilung zu lebenslanger Freiheitsstrafe war (vgl. *National Council* . . . 1964, 108 f.; *Stanton* 1969; *Sheppard* 1971; vgl. auch *Waldo* 1970), nur eingeschränkt auf die hier erörterte Problematik übertragbar.

Nach der Untersuchung von *Anttila/Westling* (1965) betrug die allgemeine Rückfälligkeit der wegen Totschlags verurteilten und entlassenen Personen 38 %, während diejenige der wegen Mordes i.e.S. einschließlich wegen Raubmordes Verurteilten unter 30 % blieb. Von 288 Entlassenen wurden 10 einschlägig als Mörder rückfällig, nachdem schon während der Haft 11 weitere Mordfälle vorgekommen waren (*Anttila/Westling* 1965, 26 ff.); was die 10 einschlägigen Rückfälle (= Tötungsdelikte) angeht, wurden 8 davon innerhalb der ersten fünf Jahre nach Entlassung begangen. Die Rückfälligkeit war besonders gering unter den Nichtvorbestraften, und besonders hoch unter denjenigen, die mit zwei oder mehr Freiheitsstrafen vorbestraft waren. – Die Rückfälligkeit nahm, insgesamt errechnet, mit der Haftdauer zu. Von den bis zum 10. Haftjahr Entlassenen wurden 22,2 % rückfällig, von den nach 11 bis 13 Haftjahren Entlassenen waren es 25,7 %, und von den nach dem 14. Haftjahr Entlassenen 45 %. Dieser Anstieg könnte damit zusammenhängen, daß die Anpassung in der Außengesellschaft umso schwerer fallen dürfte, je länger die Haftzeit war; wahrscheinlicher aber scheint es zu sein, daß die zu lebenslanger Freiheitsstrafe Verurteilten mit schlechterer Prognose länger in den Anstalten belassen wurden. Allerdings wies die Prognose hinsichtlich einschlägiger Rückfälligkeit nur eine geringe Treffsicherheit auf, da von den 10 Rückfallmördern nur drei länger als 14 Jahre eingesessen hatten.

III. Organisation des Vollzuges

1. a) Während im Altertum und Mittelalter schon wegen des privatrechtlichen Verständnisses von Strafrecht wie auch wegen der vergleichsweise bevorzugten Verhängung von Strafen gegen Leib und Leben ein staatlich durchgeführter Strafvollzug nicht bestand, kannte die Peinliche Gerichtsordnung Karls des V. (CCC von 1532), neben Lebens- und Leibesstrafen, die Gefängnisstrafe bereits als regelmäßige Sanktion (s. *von Hippel* 1928, 9). Soweit die Freiheitsstrafe, von zeitlich noch früheren Einzelansätzen abgesehen, bereits vom 13. Jahrhundert an in verschiedenen Stadtrechten eingeführt war (*Mittermaier* 1954, 16), wird es sich im Hinblick auf die Art der Durchführung hingegen eher um eine abgewandelte Form der Leibesstrafe gehandelt haben (vgl. *von Hentig* 1955, 159 ff.; *Schmidt, E.* 1965, 65).

b) Erst seit Ende des 16. Jahrhunderts entwickelte sich im Zusammenhang mit Veränderungen des Wirtschaftslebens einerseits und religiöser Überzeugungen andererseits das System des Strafvollzugs. Dabei lassen sich diese beiden Einflußbereiche sowohl in der historischen Entwicklung wie auch in der praktischen Konkretisierung kaum eindeutig voneinander abgrenzen. So liegen Anhaltspunkte über Zusammenhänge zwischen der jeweiligen Wirtschafts- und Sozialstruktur und Änderungen der Vollzugspraxis beziehungsweise der Verwendbarkeit von Gefangenen als Arbeitskräfte, zur Deportation oder auch zum Verkauf vor (vgl. *Mittermaier* 1954, 16; *Rusche/Kirchheimer* 1974 [1939]; *Berger* 1973, 264; vgl. aber auch *Steinert/Treiber* 1978). Auf der Ebene ideeller Interessen traten fürsorgerische und religiöse Überlegungen hervor (s. *Schmidt, E.* 1965, 187).

Als die ersten modernen Strafanstalten in Kontinentaleuropa (*Schmidt, E.* 1965, 190) werden die Amsterdamer Zuchthäuser bezeichnet; 1595 war dort zunächst ein Zuchthaus für Männer gegründet worden, dem 1597 ein Spinnhaus für Frauen folgte. Die Zielgruppe waren Bettler, Landstreicher, Diebe, »ungeratene Kinder« und ganz allgemein Arbeitsunwillige (*Rusche/Kirchheimer* 1974 [1939], 62 ff.), während als Zweck des Vollzugs Erziehung und Besserung durch Arbeit genannt wurden (vgl. *Sieverts* 1967, 44 f.). Im Zuge des Merkantilismus trat vom 17. Jahrhundert an zunehmend die Verwendung der Gefangenen als billige Arbeitskräfte in den Vordergrund (vgl. *Schmidt, E.* 1965, 192; *Rusche/Kirchheimer* 1974 [1939], 36 ff.). – In der Folgezeit erlangte die Zuchthausstrafe wieder eine der Leibesstrafe (s.o. 1.) angenäherte Funktion (*Rusche/Kirchheimer* 1974 [1939], 156 ff.).

c) Unter dem Einfluß der Aufklärung wurde eine grundlegende Reform begonnen (vgl. *Howard* 1780; *Wagnitz* 1791; *Julius* 1828). – Gegen Ende des 18. Jahrhunderts entwickelte sich innerhalb Nordamerikas das (von Quäkern geprägte) »Pennsylvanische System«, das durch strenge tägliche und nächtliche Isolation ohne jede Arbeit mit dem Ziel der Buße gekennzeichnet war; 1829 entstand der strahlen- oder sternförmige Flügelbau des Eastern Penitentiary (Philadelphia). Dem »Pennsylvanischen System« entgegengesetzt war das »Auburnsche System«, das 1823 mit der Errichtung einer Anstalt in Auburn (Staat New York) begann. Es behielt die nächtliche Isolierung bei, und führte die Arbeit in der Gemeinschaft ein, wobei jedoch, zur Gewähr fortgesetzter »innerer« Isolierung, kein Gespräch erlaubt war (vgl. *Mittermaier* 1954, 26).

Unter der Vorherrschaft der absoluten Straftheorien hingegen, die in der Philosophie von *Kant* und *Hegel* begründet waren, verschwanden Versuch oder auch Anspruch einer Hilfe für den Gefangenen während des Strafvollzuges. Gemäß dem Strafzweck der Vergeltung bei Respektierung des Straftäters als sittliche Person traten zunehmend Sicherheitsinteressen in den Vordergrund. Dies entsprach dem Umstand, daß Arbeitskräftemangel kein gesellschaftliches Problem mehr war.

d) Innerhalb Deutschlands zeigte sich seit Ende des 19. Jahrhundert (vgl. *von Liszts* »Marburger Programm« 1905a [1882]) eine erneute Strömung zugunsten des Vollzugsziels der Erziehung, und damit einhergehend eine Tendenz der Zurückdrängung von Freiheitsstrafen.

Betreffend Erwachsene entwickelte sich eine breite Diskussion zum Stufen-Strafvollzug, die Ansätze des »Englischen Progressiv-Systems« (vgl. *Kriegsmann* 1912, 34 ff.; *Koch* 1972, 26 ff.) sowie des »Irischen Systems« (vgl. *Kriegsmann* 1912, 49 ff.; *Koch* 1972, 31 ff.) aufgriff und Klassifikationsbemühungen gemäß dem Verhalten intra muros einbezog. Bei Anpassung an das jeweilige Vollzugsziel sollte der Gefangene zunehmend mehr Vergünstigungen und Entfaltungsmöglichkeiten erhalten, wobei die Vollzugseinheit gegen Ende der Haftzeit den Voraussetzungen eines offenen Vollzuges entsprechen sollte (vgl. zu der Strafanstalt Untermassfeld *Krebs* 1967; s. allgemein *Koch* 1972, 19). – Hierzu wurde und wird neben Bedenken hinsichtlich des statischen Charakters darauf hingewiesen, daß das Vergünstigungssystem zu Manipulation und Scheinanpassung führe und seine Funktion im Ergebnis in der anstaltsinternen Disziplinierung finde.

e) Die Durchführung und Ausgestaltung des Strafvollzugs in der Bundesrepublik Deutschland einschließlich Berlin (West) beruht seit dem 1.1.1977 auf dem »Gesetz über den Vollzug der Freiheitsstrafe und der freiheitsentziehenden Maßregeln der Besserung und Sicherung – Strafvollzugsgesetz (StVollzG) –«; Einleitung und Ende des Strafvollzugs bestimmen sich nach §§ 449 bis 463 StPO (einschließlich der Strafvollstreckungsordnung).

Was das spätere Inkrafttreten einzelner Bestimmungen des StVollzG anbetrifft, so sei auf die verschiedenen Termine der §§ 198, 201 Nr. 2 StvollzG verwiesen. Im übrigen bedürfen mehrere Bestimmungen des StVollzG eines besonderen Bundesgesetzes, um in Kraft zu treten (§ 198 Abs. 3 StVollzG), wobei eine zeitliche und inhaltliche Bindung zum Erlaß eines solchen Gesetzes für den Gesetzgeber nicht besteht.

Das StVollzG wird ergänzt durch die »Europäische Konvention zum Schutze der Menschenrechte und Grundfreiheiten«, die als einfaches Bundesrecht gilt. Die »Einheitlichen Mindestgrundsätze für die Behandlung der Gefangenen« des 1. Kongresses der UNO über Verbrechensverhütung und Behandlung Straffälliger (Genf 1955) sind kein formelles Gesetz.

2. Die Landesjustizverwaltungen sind verpflichtet, Justizvollzugsanstalten in bestimmten Formen räumlicher Größe und Beschaffenheit bereitzustellen (§§ 139 ff., bes. §§ 143 f. StVollzG; s. aber die de facto-Wirkung des § 201 StVollzG). Diesbezüglich sind Belastungen für Vollzugsziele und -geschehen daraus entstanden, daß die Anzahl der Justizvollzugsanstalten zumindest seit Beginn der 60er Jahre dieses Jahrhunderts im Bundesgebiet insgesamt sowie in den Flächenstaaten zunehmend verringert worden ist (Tab. 12, vgl. auch *Matzke* 1979, 118). Diese Entwicklung hat in den genannten Bezugskategorien zu einer durchschnittlich höheren Belegungszahl der Anstalten geführt (Tab. 13; vgl. hierzu § 143 Abs. 3 StVollzG). In den Stadtstaaten ist eine gegenläufige Entwicklung zu verzeichnen. – Hiernach ist verständlich, daß ein wesentliches Reformziel auf bauliche Veränderungen zur Gewinnung kleinerer räumlicher Einheiten gerichtet ist. Dieses Ziel betrifft nicht nur die einzelnen Zellen, sondern auch die Anstaltsgröße insgesamt.

a) Die Strafe soll im offenen Vollzug vollstreckt werden, soweit dem keine in der Person des Verurteilten liegenden Umstände entgegenstehen (§ 10 StVollzG). Bei der Zuteilung werden statische Komponenten im Vordergrund stehen, soweit auf die Variablen Deliktsart, Alter und Vollzugsdauer abgestellt wird. Das zentrale Interesse der Praxis besteht darin, solche Täter auszuwählen, die als ungefährlich gelten (vgl. *Rüther* 1978, 109 ff.); diesbezüglich ist die Bedeutung der Vorstrafenbelastung allein in Frage gestellt worden *(Rüther/Neufeind* 1978, 372).

b) Hinsichtlich der räumlichen Unterbringung der Gefangenen besteht eine Trennung zwischen Strafanstalten für männliche und solche für weibliche Personen; allerdings sind aus besonderen Gründen getrennte Abteilungen für Frauen in Strafanstalten für Männer zulässig (§ 140 Abs. 2 StVollzG). Kinder können, soweit sie noch nicht schulpflichtig sind, unter bestimmten Voraussetzungen in der Vollzugsanstalt untergebracht werden, in der ihre Mutter einsitzt (vgl. §§ 80, 142 StVollzG; zu den gleichlautenden Vorschriften des RE-StVollzG s. *Krebs* 1975; für die Schweiz s. *Haesler* 1966, 283).

Strafanstalten für Frauen sind, und zwar unabhängig davon, ob sie solchen für Männer angeschlossen sind, wegen ihrer geringeren Kapazität sowohl hinsichtlich der Ausbildungs- und Arbeitsbedingungen als auch betreffend die Eignung des Personals vergleichsweise un-

§ 36 Freiheitsstrafe

Tabelle 12: *Anzahl der Justizvollzugsanstalten in der Bundesrepublik Deutschland (einschließlich Berlin [West]) (Quelle: RPflSt 1961 – 1976, Tab. 4.1.; StVollzSt 1977, Tab. 1)*

Gebietseinheit	1961	62	63	64	65	66	67	68	69	70	71	72	73	74	75	76	77
Schleswig-Holstein	10	11	11	11	11	11	11	11	9	6	7	5	5	5	5	5	5
Hamburg	10	10	10	10	10	10	10	6	7	8	8	9	9	9	9	9	10
Niedersachsen	53	54	53	53	54	54	47	47	34	37	37	36	37	37	18	18	19
Bremen	4	4	4	4	4	4	4	5	5	5	5	5	5	5	5	5	5
Nordrhein-Westfalen	66	64	64	64	64	58	58	59	43	38	33	32	32	32	33	33	37
Hessen	30	28*	28*	28*	28*	28*	29*	27	22	17	14	14	12	12	12	12	12
Rheinland-Pfalz	40	38	38	38	38	38	25	22	12	13	8	8	8	8	8	9	9
Baden-Württemberg	81	78	78	78	78	78	60	51	33	32	32	28	28	29	29	30	22
Bayern	58	58	59	59	58	58	47	44	42	42	39	39	39	39	39	39	38
Saarland	5	5	5	5	6	6	6	6	5	6	5	5	4	4	4	4	4
Berlin (West)	5	5	5	5	5	5	5	5	6	7	7	6	6	6	6	6	6
Bundesgebiet	362	355	355	355	356	350	302	283	218	211	195	187	185	186	168	170	167

* Einschl. 2 Übergangsanstalten für jugendliche Straffällige

Freiheitsstrafe § 36

Tabelle 13: *Gefangenen- und Verwahrtenquote der Justizvollzugsanstalten in der Bundesrepublik Deutschland (einschließlich Berlin [West]);– Stichtag 1.1. (Quelle: wie Tab. 12; StVollzSt 1961 – 1976, Tab. 4; StVollzSt 1977, Tab. 2)*

Gebietseinheit	1961	1963	1965	1967	1969	1971	1973	1975	1977
Schleswig-Holstein	170,0	177,9	172,7	153,9	207,8	184,4	344,6	349,4	351,2
Hamburg	330,2	321,0	322,2	279,1	440,0	304,9	299,9	258,8	331,4
Niedersachsen	109,9	107,8	108,1	116,2	172,1	115,8	133,5	268,1	274,7
Bremen	279,5	261,3	264,8	247,3	224,4	157,2	204,4	209,2	250,2
Nordrhein-Westfalen	260,1	271,3	277,4	297,9	370,2	386,9	460,9	477,3	466,8
Hessen	150,2	166,7	159,9	141,3	180,7	221,4	301,0	330,9	375,5
Rheinland-Pfalz	70,0	70,1	74,2	114,5	243,3	287,6	315,0	328,5	325,8
Baden-Württemberg	95,9	91,3	86,6	112,7	203,9	169,0	219,3	213,2	302,2
Bayern	161,4	149,0	151,8	182,5	218,1	185,2	216,9	221,0	264,1
Saarland	142,8	141,4	138,3	134,6	152,6	126,0	206,5	212,5	188,8
Berlin (West)	655,8	672,2	709,0	712,2	508,8	387,4	535,0	530,3	599,2
Bundesgebiet	158,9	159,4	160,1	181,8	250,8	220,2	269,7	298,5	343,0

279

günstig ausgestattet (vgl. *Einsele* 1975, 641 f., 647). Dies ist um so belastender, als weibliche Gefangene im Vergleich zu männlichen Gefangenen als eine erhöht selektionierte (Extrem-) Gruppe erscheinen (vgl. für die USA auch *Glueck/Glueck* 1971 [1934], 193 ff.); allerdings weist die Deliktsstruktur, von Ausnahmen abgesehen, bei weiblichen Gefangenen wesentlich weniger schwere Delikte auf.

c) Bezüglich der Frage gemeinsamer oder getrennter Unterbringung geht das StVollzG für die Tageszeit von einer gemeinsamen und für die Nachtzeit von einer getrennten Unterbringung aus, ohne davon abweichende Anordnungen auszuschließen (§§ 17 f. StVollzG; s. aber auch § 201 Nr. 2 und 3 StVollzG).

3. Den Landesjustizverwaltungen obliegt ferner die Pflicht, die Justizvollzugsanstalten mit dem erforderlichen Fachpersonal auszustatten (§ 155 Abs. 2 StVollzG). Das Personal innerhalb der Strafanstalt läßt sich nach seiner Funktion in den Verwaltungsdienst, den allgemeinen Vollzugsdienst (nach der DVollzO noch Aufsichtsdienst genannt), den Werkdienst und den Sozialdienst trennen. Formal gliedert sich das Personal auf in – Anstaltsleiter, – Bedienstete der Verwaltung, des Werkdienstes und des Sozialdienstes, – Beamte des allgemeinen Vollzugsdienstes.

Zwischen den Bedienstetengruppen zeigen sich nahezu regelmäßig erhebliche Kommunikationsbarrieren, die bisweilen zur Entfremdung einzelner Gruppen untereinander führen.

Zur Nivellierung der Hierarchie an der Spitze des Personals hatte § 22 AE-StVollzG eine dreiköpfige Anstaltsleitung, bestehend aus einem Juristen mit Befähigung zum Richteramt, einem Diplom-Psychologen und einem Diplom-Soziologen oder einer ähnlichen Fachkraft, vorgesehen; nach geltendem Recht ist lediglich die Möglichkeit gegeben, bestimmte Aufgabenbereiche des Anstaltsleiters der Verantwortung anderer Vollzugsbediensteter oder zu gemeinsamer Verantwortung zu übertragen (§ 156 Abs. 2 S. 2 StVollzG). – Im übrigen sollten nach den Vorschlägen des AE-StVollzG – im Rahmen einer behandlungsorientierten Personalstruktur – insbesondere Psychologen, Pädagogen und Sozialarbeiter nicht hauptamtlich als Vollzugsbeamte tätig sein. Dies sollte zum einen ermöglichen, daß die genannten Funktionsträger der pauschalen Gegenüberstellung von Insassenschaft und Personal enthoben und aus der Sicht der Insassen als weniger befangen angesehen würden; zum anderen sollte es den genannten Bediensteten die Möglichkeit eröffnen, ihre Tätigkeit innerhalb des Strafvollzugs durch Erfahrungen und Vergleiche aus ihrer beruflichen Tätigkeit außerhalb des Strafvollzugs zu bereichern (zur eingeschränkten Verwirklichung in der Praxis s. u. d) α), δ)).

Generell zeichnen sich Strafvollzugsanstalten durch einen erheblichen personellen Mangel aus. Dies gilt neben dem allgemeinen Vollzugsdienst insbesondere für den Bereich des Sozialdienstes. Zwar ist das zahlenmäßige Verhältnis von Mitgliedern des Sozialdienstes zur Zahl der Gefangen seit etwa Mitte der 60er Jahre geringfügig verbessert worden. Jedoch dürften die relativen Anteile derjenigen Gefangenen, die etwa wegen – häufiger – strafrechtlicher Vorbelastungen der Tätigkeit des Sozialdienstes in besonderem Maße bedürfen, im Zusammenhang mit der

Zurückdrängung der kurzzeitigen Freiheitsstrafe angestiegen sein (vgl. *Einsele* 1974, 37; s. auch u. IV. 1. b) γ)).

Einzelerhebungen haben bezüglich des zahlenmäßigen Verhältnisses von Gefangenen zu Sozialarbeitern eine Verteilung von 1 : 289 *(Callies* 1970, 21 f.) und von 1 : 500 *(Müller-Dietz/Würtenberger* 1969, 52) ergeben.

a) α) Die Aufgabe des *Anstaltsleiters* und der *Bediensteten der Verwaltung* betreffen in erster Linie die Verwaltungstätigkeit mit den Schwerpunkten Personalfragen, Fragen der Wirtschaftsverwaltung sowie Arbeitsverwaltung beziehungsweise Anstaltsbetriebe. Daneben ist der Anstaltsleiter unter anderem für die Anordnung besonderer Sicherheitsmaßnahmen (§ 91 StVollzG) zuständig. Was die anstaltsinterne Sanktionierungskompetenz des Anstaltsleiters gegenüber Gefangenen anbetrifft, so soll er sich (nur) bei schweren Verstößen mit den an der Behandlung des jeweiligen Gefangenen mitwirkenden Personen besprechen (§ 106 Abs. 2 S. 1 StVollzG).

Für eine vertiefte Kommunikation mit Gefangenen bleibt dem Anstaltsleiter, auch im Rahmen der obligatorischen Sprechstunden, kaum Zeit. Auch der persönliche Kontakt mit Beamten des allgemeinen Vollzugsdienstes wird als zu gering angesehen (vgl. *Calliess* 1970, 24 ff.).

β) Als zentrale Aufgabe der Verwaltung im Arbeitsbereich gilt es, eine Nichtbeschäftigung und zugleich eine »unproduktive« und »abstumpfende« Arbeit zu vermeiden (vgl. § 82 Abs. 3 AE-StVollzG).

Hinsichtlich der Organisation der Gefangenenarbeit kennt die Verwaltung zum einen *Eigenbetriebe*, in welchen die Strafanstalt als Unternehmer handelt. Hierzu zeigte sich tendenziell eine vergleichsweise geringe wirtschaftliche Beweglichkeit hinsichtlich Investition und Organisation, so daß diese Form zunehmend in den Hintergrund getreten ist; in zentralisierten Betrieben ist sie zur Deckung von anstaltseigenem Bedarf an Waren oder Dienstleistungen zu finden. Gelegentlich handelt es sich dabei auch um Außenbeschäftigung (§ 11 Abs. 1 Nr. 1 StVollzG), und zwar entweder während kürzerer Zeiträume in »Arbeitskommandos« oder für längere Zeit auf Außenstellen oder Außenbetrieben, die den Strafanstalten untergliedert sind. – Die Außenbeschäftigung läßt sich als zwischen geschlossenem und halboffenem Vollzug stehend einordnen.

Zum anderen und (gegenwärtig) zu mehr als zwei Driteln innerhalb der Gesamtzahl von Anstaltsbetrieben bedient sich die Verwaltung im Arbeitsbereich der *Fremdunternehmerbetriebe*. Bei dieser Kategorie von Anstaltsbetrieben sind die Gefangenen – überwiegend innerhalb der Strafanstalten und unter Aufsicht, im übrigen in Außenarbeit – für Unternehmer oder Auftraggeber beschäftigt, die mit der Strafanstalt nicht identisch sind. Gerade bei dieser Form hat sich häufig eine erhebliche Abhängigkeit von Konjunkturschwankungen mit der Folge einer Gefährdung der Aufgabe der Arbeitsbeschäftigung gezeigt (vgl. *Calliess* 1970, 87 f.).

b) Die zentrale Funktion der *Bediensteten des allgemeinen Vollzugsdienstes* ist es, Sicherheit und Ordnung innerhalb der Anstalt zu garantieren. Schon deshalb sind sie auf Respektierung bedacht und bestrebt, sich von persönlichen Kontakten mit Gefangenen möglichst frei zu halten (zu Ausprägungen von Ängstlichkeit s. *Hohmeier* 1973, 43).

§ 36 Freiheitsstrafe

Nach einer Einzeluntersuchung aus zurückliegender Zeit soll die Motivation von Aufsichtsbeamten für die einschlägige Berufswahl bei etwa 80 % krisenbedingt und bei mehr als 40 % (auch) durch das Ziel sozialer Sicherheit bedingt gewesen sein; insgesamt sei der Anteil derjenigen Aufsichtsbeamten, für die diese Tätigkeit einen Zweitberuf darstellt, vergleichsweise hoch (vgl. *Däumling* 1970, 31 ff.).

Da die Beamten des allgemeinen Vollzugsdienstes den unmittelbarsten und häufigsten Kontakt mit Gefangenen haben, würde ihnen in einem behandlungsorientierten Vollzug ein in erster Linie betreuender oder sozialer Dienst zukommen; der AE-StVollzG hatte die Kategorie des Aufsichtspersonals aufheben wollen und stattdessen einen speziell ausgebildeten Gruppenbeamten als Vorstufe zum Co-Therapeuten oder zum Sozialassistenten vorgeschlagen (§§ 16 ff.).

α) Aufgrund von Befragungen wird angenommen, das Interesse der Aufsichtsbeamten an einem Behandlungsvollzug sei – erwartungsgemäß – begrenzt (vgl. *Hohmeier* 1973, 8 ff., 48 ff.; s. aber auch *Schüler-Springorum* 1974a, 21).

Berücksichtigt man, daß ein Teil der Gefangenen vor ihrer Inhaftierung einen Lebensstandard innehatte, den mancher Aufsichtsbeamte nicht kennengelernt hat und nach Selbsteinschätzung auch nicht kennenlernen wird, so wird verständlich, daß den Aufsichtsbeamten gelegentlich Qualitäten wie Neid und Unterlegenheitsgefühle gegenüber Gefangenen oder gar die Sorge vor mangelnder Anerkennung durch Gefangene zugeschrieben werden. – Im übrigen scheint es, als ob die weit überwiegende Anzahl der Gefangenen, aus welchen Gründen auch immer, karitative Impulse bei Bediensteten schlechthin verlache (s. hierzu auch u. § 37.I.2.).

β) Fraglich ist, ob eine zurückhaltende Tendenz seitens der Aufsichtsbeamten durch eine umfassende Neubestimmung der Berufsrolle und eine adäquate Ausbildung veränderbar sein könnte. So ist zu besorgen, daß Vollzugsbedienstete eine etwa erhaltene psychologische Ausbildung gemäß Kriterien behördenbezogener Wirksamkeit (s. u. § 42) dazu verwenden könnten, solches Verhalten von Gefangenen zu verändern, das ein reibungsloses Funktionieren des Anstaltsgeschehens stört (so wohl auch *Steller/Berbalk* 1974, 101, 103).

c) Die *Bediensteten des Werkdienstes* haben zum einen die Funktion, die Arbeitsbetriebe sowohl im technischen Bereich zu leiten und zu überwachen, als auch für die Erbringung der erwarteten Arbeitsleistungen Sorge zu tragen (Nr. 13 DSVollz). Zum anderen haben sie die Aufgabe, die Gefangenen in ihre Arbeit einzuführen, sie in ihrer Arbeit aus- und weiterzubilden, sie bei ihrer Arbeit zu beaufsichtigen und ihre Arbeitsleistung zu beurteilen.

γ) Gemäß § 37 Abs. 3 StVollzG (zum Inkrafttreten s. § 198 Abs. 2 Nr. 1 StVollzG) »soll . . . geeigneten Gefangenen . . . Gelegenheit zur Berufsausbildung, beruflichen Fortbildung, Umschulung . . . gegeben werden«. Dieses Ziel ist bisher nur eingeschränkt verwirklicht. Auch kommt es vor, daß Gefangene mit abgeschlossener beruflicher Ausbildung oder zumindest mit einer gewissen beruflichen Qualifikation mangels einschlägiger Beschäftigungsmöglichkeiten im Vollzug dort nur als ungelernte Hilfskräfte tätig werden oder jedenfalls nicht eine andere berufliche Ausbildung durchlaufen können. – Bezüglich Gefangenen mit vergleichsweise kürzerer Strafdauer (vgl. hierzu o. II. 1.) wird in der Praxis schon der Beginn einer Berufsausbildung gelegentlich mit der Begründung abgelehnt, die wenigen vorhandenen Ausbildungsplätze dürften nicht zum Nachteil von Gefangenen mit vergleichsweise längerer Strafdauer besetzt gehalten werden, da die Ausbildung ohnehin nicht abgeschlossen werden könne.

β) Auch in Zusammenhang mit verbesserter Ausstattung der Arbeitsplätze werden bauliche Veränderungen angestrebt (s. im übrigen o. 2.). Allerdings könnten zum Beispiel bei der Einrichtung moderner Werkhallen in Strafanstalten auch fiskalische Überlegungen eine Rolle spielen. Andererseits ist davon auszugehen, daß die Arbeitsbedingungen in Strafanstalten – möglicherweise gemäß einem funktionalen Prinzip gesellschaftlicher Stabilisierung (vgl. o. § 10 III.; s. schon *Rusche/Kirchheimer* 1974 [1939], 210 ff.) – unter dem Niveau der sozio-ökonomisch unteren Gruppen von Erwerbstätigen in der Außengesellschaft liegen. – Nur am Rande sei auf die Spärlichkeit gewerkschaftlicher Aktivitäten zum Arbeitsbereich von Gefangenen (vgl. die Beiträge bei *Lüderssen* u.a. 1978; s. hierzu schon *Schumann* 1975, 237) hingewiesen.

γ) Die Zusammenarbeit zwischen Bediensteten des Werkdienstes und Gefangenen scheint relativ reibungslos abzulaufen und relativ wenig mit Gefährdungen für die Sicherheit innerhalb der Anstalt belastet zu sein (vgl. *Waldmann* 1968, 84 ff.; *Calliess* 1970, 35 f.). Dies mag zum einen darauf beruhen, daß der Werkmeister, im Unterschied etwa zum Beamten des allgemeinen Vollzugsdienstes, eine gewisse Autorität aufgrund fachlicher Fähigkeiten gewinnen kann. Im übrigen liegt eine gewisse Interessenidentität insoweit vor, als auch Gefangene, zwecks Gewinn etwa im Rahmen von Akkord-Zulagen, eine hohe Leistungserbringung anstreben.

d) α) Die Aufgaben des *Lehrers* bestehen darin, »geeignete(n) Gefangene(n)«, die keinen Hauptschulabschluß haben, Unterricht in den zum Hauptschulabschluß führenden Fächern oder in einer der Sonderschule entsprechenden Ausgestaltung zu erteilen (§ 38 Abs. 1 S. 1 StVollzG, Sollvorschrift). In Fällen der beruflichen Ausbildung oder Umschulung innerhalb der Strafanstalt muß die Möglichkeit zu berufsbildendem Unterricht bestehen (§ 38 Abs. 1 S. 2 StVollzG). Was die Attraktivität des Unterrichts für Gefangene angeht, so »soll (Unterricht) während der Arbeitszeit stattfinden« (§ 38 Abs. 2 StVollzG).

Eine Schwierigkeit und zugleich Einschränkung ergibt sich – ebenso wie beim Werkdienst für Gefangene mit vergleichweise kurzer Strafdauer – dann, wenn der Zeitraum für den Unterricht zu kurz ist, um zu einem Abschluß gelangen zu können. Wird gleichwohl mit dem Unterricht begonnen, so beeinträchtigt die Fluktuation die Homogenität und Kontinuität der Schulgruppen.

Die Vermittlung der Lehrinhalte geschieht vorzugsweise in Anlehnung an Ziele und Techniken der Erwachsenenbildung und ist vorrangig auf berufliche Ausbildung und konkrete Probleme der Konfliktbewältigung der Gefangenen gerichtet (vgl. zu »lebenspraktischen« Unterrichtsinhalten *Moers* 1969, 93 ff.). – Ein Vorteil

§ 36 *Freiheitsstrafe*

der Bedienstetengruppe der Lehrer dürfte darin liegen, daß sie im Strafvollzug häufig nur in Nebentätigkeit beschäftigt sind; dies mag verhindern, daß sich die Unterrichtsinhalte zu sehr von den Verhältnissen in der Außengesellschaft abheben und allein von situativ geprägten Belangen der Gefangenen bestimmt werden.

Neben dem Fachunterricht sind, insoweit ähnlich den Verhältnissen in der Außengesellschaft, Lernprogramme (etwa auch durch Fernkurse) zu nennen.

β) Aufgabe des *Sozialarbeiters* im Strafvollzug ist es, solche Formen sozialer Hilfe zu leisten, die die anderen Vertreter des Sozialdienstes nicht erbringen. Dies betrifft zum einen Bemühungen um Lockerung des Anstaltsalltags etwa durch Einrichtungen der Freizeitgestaltung. Es betrifft zum anderen und vorzugsweise Kontakte zur Außenwelt, welche Tätigkeit besondere Bedeutung auch für die Vorbereitung auf die Entlassung hat. Erschwerend wirkt sich aus, daß beide Aufgaben nicht unbedingt miteinander zusammenhängen. Zudem läßt sich die Funktion des Sozialarbeiters gemäß den umschriebenen Aufgaben als Gegenkraft zu destruktiven Auswirkungen des Strafvollzugs während und nach dessen Ablauf verstehen.

Hiernach liegt nahe, daß der Sozialarbeiter in seiner Rolle vergleichsweise häufig in erheblichem Maße von anderen Bedienstetengruppen isoliert ist. Zudem bietet er, da er sich tendenziell am meisten für Gefangene engagiert, auch diesen nicht unerhebliche Angriffsflächen.

Zum einzelnen haben sich die Aufgaben im Bereich der Freizeitgestaltung (auch innerhalb des Strafvollzugs) durch die zunehmende Reduzierung der Zahl der wöchentlichen Arbeitsstunden erhöht. Die Freizeitbeschäftigung soll zum einen helfen, sowohl negative Hafteinwirkungen zu mindern als auch Bedürfnissen der Entfaltung der Persönlichkeit des Gefangenen nachzukommen. Zum anderen soll sie einen Beitrag zu den Bemühungen um Legalbewährung nach der Entlassung leisten. Es fehlt jedoch schon wegen der Tatsache der Inhaftierung, und zusätzlich in räumlicher und sachlicher Hinsicht, an Voraussetzungen zu selbstbestimmter Freizeitgestaltung. Soweit auf Mängel in der Freizeitgestaltung von Gefangenen (s. zusammenfassend *Moers* 1969, 17) hingewiesen wird, wäre jeweils auch zu berücksichtigen, inwieweit es sich um Verhaltensweisen handelt, die in bestimmten altermäßigen oder sozialen Gruppen der Außengesellschaft erwartet werden (s. ferner u. IV. 3.). – Einen Schwerpunkt sollten die Bemühungen des Sozialarbeiters auch in der Regelung wirtschaftlicher Probleme der Gefangenen haben. Als Beispiel seien Fragen der Unterhaltszahlung, Fragen nach (etwa) erworbenen Versicherungs- und Rentenansprüchen einschließlich deren Wahrung sowie Vermittlung gegenüber Gläubigern betreffend Zahlungsansprüche genannt.

γ) Aufgabe des *Psychologen* ist es, an der Persönlichkeitsuntersuchung, dem Vollzugsplan, der Freizeitgestaltung, der Aus- und Fortbildung anderer Bediensteter sowie an Formen einer Behandlung der Gefangenen mitzuwirken (vgl. § 115 StVollzG; funktionserweiternd waren §§ 16, 22 AE-StVollzG gedacht); mitunter ist er durch Aufnahmeprüfungen für Bewerber für den Vollzugsdienst beansprucht.

δ) Die Aufgaben des *Arztes* in der Strafanstalt betreffen insbesondere die Untersuchung im Aufnahmeverfahren (§ 5 Abs. 3 StVollzG), die Sorge für die körperliche und geistige Gesundheit der Gefangenen (§ 56 StVollzG, vgl. auch § 101 StVollzG) und die Überwachung der Verpflegung (§ 21 StVollzG).

Die vom Arzt vorgenommene Krankschreibung und insbesondere die Aufnahme in eine Krankenabteilung oder die Verlegung in ein Vollzugs-Zentralkrankenhaus hat eine gewisse Abwechslungs- und Entlastungsfunktion gegenüber der Reglementierung des Anstaltsgeschehens. Diese besteht darin, daß der Gefangene mit anderen Personen zusammenkommt und schon hinsichtlich Essen, Kleidung und Arbeit anderen – und überwiegend privilegierenden – Regelungen unterliegt. Selbst die bloße Krankmeldung und der Gang zum Arzt bedeuten eine Abwechslung des Anstaltsalltags, und zwar unabhängig vom Ergebnis der ärztlichen Untersuchung. Gelegentlich wird auf den Aspekt des Warentauschs etwa auch durch Medikamente hingewiesen.

Die Krankenpflege »soll« von staatlich geprüften Krankenpflegern (§ 158 Abs. 2 S. 1 StVollzG; zwingend sah dies § 105 Abs. 3 AE-StVollzG vor) ausgeübt werden. Solange solche Personen nicht zur Verfügung stehen, kann diese Tätigkeit auch anderweitig einschlägig ausgebildeten Bediensteten übertragen werden; verschiedentlich sind (vorgebildete oder) angelernte Gefangene als Pflegehelfer tätig.

Dem Personalmangel auch der Ärzte in der Strafanstalt wird, ähnlich wie bezüglich der Lehrer, häufig durch eine Beschäftigung im Vollzug als Nebentätigkeit begegnet.

ε) Was die Funktion des *Pfarrers* in der Strafanstalt angeht, so sollte er, neben seiner engeren Aufgabe als Seelsorger (§§ 53 Abs. 1, 54, 157 StVollzG; eher eingrenzend waren §§ 101 ff. AE-StVollzG gedacht), an Persönlichkeitserforschung, Durchführung des Vollzugsplans, Freizeitgestaltung sowie sozialer Fürsorge beteiligt sein. Tatsächlich hat er häufig insbesondere im letztgenannten Bereich ein breites Betätigungsfeld. Ähnlich der Situation des Sozialarbeiters besteht auch für ihn die Gefahr einer gewissen Isolation gegenüber anderen Bedienstetengruppen, soweit er sich aus seiner Sicht der Interessen von Gefangenen engagiert annimmt.

Der Besuch des Gottesdienstes hat im Zuge der Auflockerung des Vollzugsalltags an Bedeutung als (ausschließliche) Kontaktmöglichkeit eingebüßt; nach einer Einzelinformation für eine größere Strafanstalt sollen nur 10 % der Gefangenen den Gottesdienst besuchen (vgl. *Scheu* 1971, 37).

4. Was die rechtliche Ausgestaltung der Fragen des Arbeitsentgelts und der sozialen Sicherung anbelangt, so sind die verbalisierten Grundsätze für die Durchführung des Vollzuges (§ 3 StVollzG; s. auch unten IV.4.) nur sehr eingeschränkt verwirklicht.

a) Der Anspruch auf ein Arbeitsentgelt ist gemäß der Übergangsregelung (§ 200 StVollzG) auf einen Anteil von 5 % der »Eckvergütung« (§ 43 Abs. 1 S. 2 StVollzG) reduziert. Ein Gefangener, der aus Gründen beruflicher Förderung von der Arbeitspflicht freigestellt ist, erhält eine Ausbildungsbeihilfe, soweit ihm anderweitig keine Ansprüche zustehen (§ 44 StVollzG). Bedürftigen Gefangenen, die weder über Arbeitsentgelt noch über Ausbildungsbeihilfe verfügen, wird ein angemessenes Taschengeld gewährt (§ 199 Abs. 2 Nr. 1 StVollzG; s. auch § 46 StVollzG).

Das Arbeitsentgelt, das sich aus Grundlohn und Leistungszulagen (§§ 1 f. StVollzVergO) zusammensetzt, wird zu zwei Dritteln als Hausgeld den Gefangenen zur Verfügung gestellt; mit dem Rest wird zur Behebung finanzieller Not nach der Entlassung ein Überbrückungsgeld gebildet (§ 51 StVollzG), soweit eine in § 51 Abs. 1 StVollzG näher bezeichnete Höhe nicht erreicht ist. – Das Hausgeld dient unter anderem zur Befriedigung persönlicher Bedürfnisse während der Haftzeit wie Einkauf von Genußmitteln oder Körperpflegemitteln.

Wegen der geringen Höhe des Gesamtentgelts ist der Zweck der Schadenswiedergutmachung kaum einmal erreichbar; vielmehr sind von dem genannten Betrag oftmals auch Ratenzahlungen und, bei höheren Schadenssummen, selbst die Verzugszinsen nicht zu bestreiten. Ebenso ist die Aufbringung etwaiger Unterhaltszahlungen an Kinder der Gefangenen nur in kleinerem Rahmen möglich.

b) α) Was das System der sozialen Sicherung anbelangt, so ist lediglich die Einbeziehung derjenigen Gefangenen in die Arbeitslosenversicherung abgeschlossen, die Arbeitsentgelt, Ausbildungsbeihilfe oder Ausfallentschädigung (§ 45 StVollzG; s. hierzu aber § 198 Abs. 3 StVollzG) erhalten (§ 194 Nr. 5 StVollzG). Zwar nehmen die Gefangenen weiterhin an Leistungen der gesetzlichen Unfallversicherung teil, sind aber im übrigen – von Fällen freiwilliger Weiterversicherung abgesehen – bis auf weiteres von dem übrigen System sozialer Sicherheit (Kranken- und Rentenversicherung) ausgeschlossen (§§ 198 Abs. 3, 191 – 193 StVollzG). Allerdings werden den Gefangenen für den Vollzugszeitraum seitens der Vollzugsanstalt Gesundheitsfürsorge (§§ 56 – 66 StVollzG) und Mutterschaftsbeihilfe (§§ 76 – 78 StVollzG) gewährt.

β) Nach den Vorschriften über die Soziale Hilfe (§§ 71 – 75 StVollzG) hat der GefangeneAnspruch nicht nur auf Hilfe zur Bewältigung äußerer Schwierigkeiten wie Vermittlung von Arbeit, Unterkunft, existenznotwendigen Gegenständen und Ausweisen, sondern auch auf Hilfe in persönlichen Schwierigkeiten, verknüpft mit dem Prinzip der »Hilfe zur Selbsthilfe« (§ 71 S. 2 StVollzG).

IV. Durchführung des Vollzuges

1. a) Hinsichtlich der *Deliktsstruktur* der am Stichtag des 31.3.1977 wegen Freiheitsstrafe einsitzenden 33.559 Gefangenen betrug – bezogen auf alle Straftaten nach dem StGB außer im Straßenverkehr (= 28.823) – der Anteil der wegen Diebstahlsdelikten (§§ 242, 243 Abs. 1 Nr. 1 – 6, 244 Abs. 1 Nr. 1 – 3 StGB) Verurteilten 40,8 % (abs. 11.772), während die Anteile der wegen Delikten gegen das Leben (§§ 211 – 222 StGB) beziehungsweise der wegen Körperverletzung (§§ 223-233 StGB) Verurteilten 9,0 % beziehungsweise 4,5 % (abs. 2.603 und 1.290) ausmachten. Bezogen auf alle Straftaten nach dem StGB und StVG (31.600) betrug der Anteil der wegen Straßenverkehrsdelikten Verurteilten unter den Gefangenen 8,8 % (abs. 2.777) (StVollzSt 1977, 24 – 31).

Freiheitsstrafe § 36

b) α) Hinsichtlich der *Täterstruktur* der wegen Freiheitsstrafe Einsitzenden bietet Tab. 14 einen Überblick zur *altersmäßigen* Verteilung. Innerhalb des darin erfaßten Zeitraums hat sich eine Entlastung der Altersgruppen bis 25 Jahre sowie 60 Jahre und mehr ergeben.

Tabelle 14: Altersverteilung der wegen Freiheitsstrafe* Einsitzenden (Stichtag jeweils 31. 3.) in % (in absoluten Zahlen) (Quelle: StVollzSt 1965, 28 [Tab. 8]; 1967, 30 [Tab. 5]; 1969, 30 [Tab. 5]; 1971, 22 [Tab 5]; 1973, 24 [Tab. 5]; 1975, 26 [Tab. 5]; 1977, 19 [Tab. 4])

Altersgruppe von ... bis unter ... Jahren	1965		1967		1969		1971	
18 – 21	1,3	(550)	1,3	(542)	1,0	(391)	1,4	(389)
21 – 25	20,6	(8770)	16,6	(6850)	14,3	(5794)	14,6	(4030)
25 – 40	57,7	(24538)	62,5	(25861)	64,4	(26003)	62,8	(17329)
40 – 60	18,3	(7798)	17,7	(7329)	18,4	(7445)	19,4	(5368)
60 und mehr	2,1	(885)	1,9	(805)	1,9	(774)	1,8	(498)
Summe	100	(42541)	100	(41387)	100	(40407)	100	(27614)

Altersgruppe von ... bis unter ... Jahren	1973		1975		1977	
18 – 21	1,3	(381)	0,9	(273)	0,9	(310)
21 – 25	16,3	(4878)	16,3	(4702)	15,1	(5057)
25 – 40	62,6	(18702)	61,7	(17804)	61,5	(20641)
40 – 60	18,3	(5470)	19,6	(5657)	21,2	(7123)
60 und mehr	1,5	(463)	1,4	(404)	1,3	(428)
Summe	100	(29894)	100	(28840)	100	(33559)

* Bis einschließlich 1969: Zuchthaus, Gefängnis, Einschließung und Strafarrest, Haft; jeweils einschließlich Jugendstrafe, die gemäß § 92 JGG vollzogen wird.

§ 36 *Freiheitsstrafe*

β) Was die *Geschlechtsstruktur* anbetrifft, so ist der Anteil der männlichen Strafgefangenen – verglichen mit der Geschlechtsverteilung in der Gesamtbevölkerung – unverhältnismäßig hoch (s. Tab. 15). Dabei fällt auf, daß dieser Anteil innerhalb des erfaßten Zeitraums seit Beginn der 60er Jahre zunehmend angestiegen beziehungsweise der ohnehin geringe Anteil weiblicher Personen zunehmend gesunken ist; erst in den Jahren 1976 und 1977 hat sich eine entgegengesetzte Tendenz gezeigt.

Tabelle 15: Geschlechtsverteilung der wegen Freiheitsstrafe* Einsitzenden (Stichtag jeweils 31.3.) (Quelle: StVollzSt 1977, 18)

Jahr	m %	w %	Summe %	abs.
1961	93,7	6,3	100	39 098
1963	94,2	5,8	100	40 435
1965	94,9	5,1	100	42 541
1967	95,8	4,2	100	41 387
1969	96,2	3,8	100	40 407
1971	96,9	3,1	100	27 614
1973	97,3	2,7	100	29 894
1974	97,2	2,8	100	30 743
1975	97,4	2,6	100	28 840
1976	96,9	3,1	100	31 592
1977	97,0	3,0	100	33 559

* Bis einschließlich 1969 Zuchthaus, Gefängnis, Einschließung und Strafarrest, Haft. Jeweils einschließlich Jugendstrafe, die gemäß § 92 JGG vollzogen wird.

γ) Hinsichtlich des Anteils *Vorbestrafter* ergibt sich nach Zahlen für den Stichtag des 31.3.1974 (StVollzSt 1977, 22), daß von den 33.559 wegen Freiheitsstrafe einsitzenden Personen 26.771 (= 79,8 %) als Vorbestrafte galten. Unbeschadet der Berechnungsproblematik und der Angaben im einzelnen (s. u. § 48.III.) ist unstreitig, daß sich die Strafanstaltspopulationen nur in begrenztem Umfang austauschen und es sich bei der breiten Fluktuation in erheblichem Ausmaß um einen Rücklauf handelt. Dieser Umstand hat sich seit Einführung der engeren Voraussetzungen zur Verhängung von Freiheitsstrafe Ende der 60er Jahre und mit dem damit verbundenen Anstieg der Vorbestraftenquote innerhalb der Strafanstaltspopulation erhöht.

2. a) Der Vollzugsablauf ist durch eine Vielzahl von Kontroll- und Sanktionierungsinstrumenten gekennzeichnet.

α) Disziplinarmaßnahmen (früher »Hausstrafen« genannt) können auf Grund eines schuldhaften Verstoßes gegen dem Gefangenen auferlegte Pflichten verhängt werden (§ 102 Abs. 1 StVollzG). Bei den Sanktionen handelt es sich vor allem um die zeitlich befristete Beschränkung allgemeiner Rechte des Gefangenen (§ 103 Abs. 1 Nr. 2 - 8 StVollzG) sowie um Arrest bis zu vier Wochen (§ 103 Abs. 1 Nr. 9 StVollzG), wobei letzterer zahlreiche Rechte des Gefangenen aussetzt (§ 104 Abs. 5 StVollzG).

In der früheren Praxis sollen aus dem Katalog der Hausstrafen der DVollzO – und im Unterschied zu Regelmäßigkeiten bei der Rechtsfolgenbemessung in der Verwaltungs- und Justizpraxis im allgemeinen (s. u. § 42 II.2.c)) – unverhältnismäßig häufig die schweren Sanktionen verwandt worden sein (vgl. *Gündisch* 1967, 107). So ergab sich aus der Untersuchung einer Auswahl von Strafanstalten in Nordrhein-Westfalen (*Calliess* 1970, 63), daß der verschärfte Arrest, der gemäß § 185 Abs. 5 DVollzO eine Ausnahme darstellen sollte, einen Anteil von 47,59 % aller verhängten Hausstrafen ausmachte; es folgten mit 20 % der Entzug des Hausgeldes, mit etwa 11 % das harte Lager und mit etwa 7 % der Verweis. – Zur Interpretation dieser Zahlen wäre zu überprüfen, inwieweit weniger schwere Hausstrafen aktenkundig gemacht wurden oder aus anderen Gründen in der genannten Untersuchung möglicherweise nicht erfaßt werden konnten.

β) Die Rechte des Gefangenen dürfen insoweit auch über die im einzelnen bestimmten gesetzlichen Eingriffsgrundlagen des StVollzG hinausgehend beschränkt werden, als dies »zur Aufrechterhaltung der Sicherheit oder zur Abwendung einer schwerwiegenden Störung der Ordnung der Anstalt unerläßlich« (§ 4 Abs. 2 Satz 2 StVollzG) ist. Gefährliche Gefangene dürfen in eine sichere Anstalt verlegt werden (§ 85 StVollzG). Bei einem erhöhten Maß an Gefährlichkeit stehen besondere Sicherungsmaßnahmen zur Verfügung, die – dem Bestimmtheitsgrundsatz entsprechend – im Gesetz abschließend genannt sind (§ 88 StVollzG).

b) Was den Rechtsschutz des Gefangenen anbetrifft, so sind für die gerichtliche Überprüfung von Justizverwaltungsakten auf dem Gebiet des Erwachsenenstrafvollzuges Strafvollstreckungskammern zuständig (§ 78a Abs. 1 Nr. 2 GVG, § 109 StVollzG; s. hierzu auch §§ 462a, 463 StPO). Das Verfahren ist nach Art der möglichen Anträge und Entscheidungen dem allgemeinen verwaltungsgerichtlichen Verfahren ähnlich. – Die gerichtliche Überprüfung von Maßnahmen auf dem Gebiet des Vollzugs der Jugendstrafe, des Jugendarrestes und der Untersuchungshaft sowie des Vollzugs von Maßregeln außerhalb des Justizvollzugs geschieht jedoch (weiterhin) nach der bisherigen Regelung (§§ 23 ff. EGGVG).

Eine faktische Einschränkung des Rechtsschutzes mag sich daraus ergeben, daß die Strafvollstreckungskammer, entgegen dem sprachlichen Verständnis, in der Besetzung mit einem Richter entscheidet, lediglich in den Fällen, in denen die Angelegenheit besondere Schwierigkeiten rechtlicher Art bietet oder grundsätzliche Bedeutung hat, kann der Einzelrichter die Entscheidung der Kammer (drei Richter) übertragen (§ 78b Abs. 1 Nr. 2 GVG). Im übrigen wird die Entscheidung ohne mündliche Verhandlung getroffen (§ 115 Abs. 1 StVollzG); sie kann, falls es die Fortbildung des Rechts oder die Sicherung der Rechtseinheitlichkeit erfordert, innerhalb eines Monats mit der Beschwerde angefochten werden (§§ 116 – 118 StVollzG), die revisionsentsprechend ausgestaltet ist.

3. a) Was die Ziele des Strafvollzugs anbetrifft, so soll darauf hingewirkt werden, daß der Gefangene fähig wird, »künftig in sozialer Verantwortung ein Leben ohne Straftaten zu führen« (§ 2 S. 1 StVollzG); diese Aufgabe ist als »Vollzugsziel« bezeichnet.

Das Gesetz hat sich zu der Frage, mit welchem genauen Inhalt und auf welchem methodischen Wege das »Vollzugsziel« erreicht werden sollte, nicht festgelegt. – Dies wäre dann angemessen, wenn auch für den Strafvollzug die allgemeine Annahme gelten würde, daß gesellschaftliche Sozialisationsziele deshalb ständigem sozialen Wandel unterworfen sind, weil soziale Systeme zu ihrer Selbsterhaltung der ständigen Veränderung bedürfen. Fraglich ist jedoch, inwieweit diese Annahme für eine totale Institution und insbesondere für eine Strafanstalt gilt.

Bei der Beurteilung dieses »Vollzugsziels« kommt der tatsächlichen Haftdauer der Gefangenen erhebliche Bedeutung zu. Es bleiben nämlich kaum 50 % der Verurteilten länger als ein Jahr in der Strafanstalt. Im übrigen wird etwa die Hälfte der gesamten Haftzeit in Untersuchungshaft verbracht, während welchen Zeitraums für Behandlungsbemühungen ohnehin kein Raum ist. Diese Quotenverteilung der Haftdauer entlastet die Landesjustizverwaltungen von vornherein in erheblichem Ausmaß von der verbaliter geläufigen Bildungs- und Sozialisationsfunktion der Strafvollzugsanstalten.

α) Soweit das Gesetz in Zusammenhang mit zukünftiger Legalbewährung von einem Leben »in sozialer Verantwortung« (vgl. ähnlich BVerfGE 35, 202 [235]; zur Problematik *Blau* 1969, 385 ff.; *Peters, K.* 1972; *Eser* 1974) spricht, mag hierin eine Legitimierung für den Versuch liegen, »den Verurteilten zu einem tadelfreien Bürger zu erziehen« (Begründung zu § 2 AE-StVollzG, S. 57). Demgegenüber steht auch der Strafvollzug unter den Grundsätzen der Subsidiarität und des Übermaßverbotes, so daß seine Tätigkeit nicht weiter gehen darf, als es für ein Leben ohne Straftaten unerläßlich ist (vgl. zur Problematik BVerfGE 22, 180, 218 ff.). Zugleich fragt es sich, nach welchen Wert- und Interesseninhalten welcher gesellschaftlicher Gruppen der Begriff »in sozialer Verantwortung« ausgefüllt werden könnte (ähnlich wie hier *Stratenwerth* 1979, 907).

β) Was gegenwärtige Vorstellungen einer »Re-Sozialisierung« anbetrifft, so begegnen diese mehreren Einwänden. Nach empirischen Anhaltspunkten haben Gefangene von Strafanstalten soziale Normen und Wertvorstellungen bezüglich tragender Rechtsgüter wie Eigentum, Freiheit, persönliche Unversehrtheit in der Regel internalisiert. Was die Nichteinhaltung von (statistisch vorherrschenden) sozialen Normen des Verhaltens im Leistungs-, Sozial- und Freizeitbereich angeht, so bleibt, unbeschadet einer Plausibilität, die Annahme einer spezifischen Relevanz für die Legalbewährung fraglich.

Bei Straftätern aus den Bereichen der Wirtschaftskriminalität (s.o. § 47 III.) oder des Organisierten Verbrechens (s.o. § 49 V.) wie auch von Staatsführungen als Tätergemeinschaften (s.o. § 49 VI.) zum Beispiel scheint sich zu zeigen, daß Straffälligkeit nicht prinzipiell mit

Mängeln der Sozialisation (in den zuletzt genannten Bereichen) zusammenhängt und es demgemäß zur Zielsetzung künftiger Legalbewährung nicht prinzipiell einer »Re-Sozialisierung« bedarf. – Im übrigen ist unstreitig, daß innerhalb der Gesellschaft unterschiedliche altersmäßige und sonstige soziale Gruppen mit unterschiedlichen Wert- und Interessensystemen sowie Verhaltensmustern bestehen. So mag es sein, daß ein Gefangener innerhalb seiner Bezugsgruppe sozialisiert ist, er den Bediensteten der Strafvollzugsanstalt aber als »re-sozialisierungsbedürftig« erscheint und demgemäß eine Änderung von ihm erwartet wird. Demgegenüber kann der Anspruch einer Sozialisierung an Normen anderer altersmäßiger oder sozio-ökonomischer Gruppen wohl nur als überhöht bezeichnet werden.

Soweit bei einem Teil der Gefangenen von Sozialisationsdefiziten auszugehen ist, kommt es nicht auf eine Wiederherstellung, sondern auf eine Nachholung von Sozialisation an; die Bestimmung von Sozialisationsdefiziten setzt allerdings ihrerseits eine Bewertung voraus.

γ) Für die ganz überwiegende Mehrheit der Strafgefangenen läßt sich lediglich feststellen, daß die von ihnen gewählten Methoden zur Erreichung allgemein erstrebter Ziele illegal waren, und daß die Anwendung dieser Methoden strafrechtlich verfolgt wurde.

Die Behandlungsstrategie hätte sich demgemäß, bei konflikt-orientiertem Verständnis (s. o. §§ 6 ff.), zum einen darauf zu konzentrieren, die Unergiebigkeit der gewählten Methoden darzulegen (s. aber auch *Kunz* 1976); dies allerdings würde eine tatsächlich hohe Entdeckungswahrscheinlichkeit bei einem etwaigen Rückfall voraussetzen, woraus folgen würde, daß so verstandene Behandlung ohne reaktive Kontrollintensität inadäquat wäre. Zum anderen aber wären Verhaltenstechniken aufzuzeigen, die den Entlassenen nach Möglichkeit vor solchen Risikofaktoren und -situationen bewahren, die für die Auseinandersetzung mit der bestehenden Gesellschafts- und Sozialordnung konfliktträchtig sind. Hier besteht allerdings das Problem, zu erkennen, welche Verhaltensweisen eine Bedeutung für die Entstehung des kriminellen Verhaltens haben und welche (allein) im konviktologischen Zusammenhang (s. o. §§ 27 – 30) bedeutsam sind. – Beide Aufgaben lassen sich nicht dadurch ersetzen, daß zwecks Angleichung der Lebenschancen der Katalog von Straftatbeständen ausgewechselt würde; dadurch würde nur die insoweit konfliktträchtige Population verändert, nicht jedoch die Existenz einer deliktsträchtigen Minderheit behoben. Anders wäre es im Falle einer Entkriminalisierung beziehungsweise eines Sanktionsverzichts.

Im übrigen ist davon auszugehen, daß Verhalten als Methode zur Erreichung von Zielen oder zur Verwirklichung von Interessen wesentlich auch von Einstellungen abhängig ist. Einstellungen ihrerseits ändern sich (nur), wenn sich das Bewertungssystem verschiebt oder entwickelt. Letzteres aber ist bevorzugt oder gar ausschließlich dann möglich, falls andere (positive) soziale Erfahrungen gemacht werden. Aus diesem Grunde ist eine wirksame Behandlungsintervention kaum zu erwarten, solange der Gefangene aus der Gesellschaft genommen wird und Möglichkeiten, soziale Belohnung zu erhalten, auf die Anstaltssituation beschränkt bleiben, zumal Reglementierung und Beschneidung von Handlungschancen innerhalb des Vollzugsgeschehens eine soziale Bestrafung bedeuten. – In diesem Zusammenhang ist auch die Notwendigkeit zu sehen, dem Gefangenen die Möglichkeit zu geben, »die Sanktion, die er auf sich nehmen muß, als im Interesse der Gesamtheit begründet zu begreifen und zu akzeptieren« (*Stratenwerth* 1979, 918), soweit eine solche Begründetheit gegeben ist.

b) Der Strafvollzug »dient«, im Sinne eines gleichfalls spezialpräventiven Strafzwecks, auch dem »Schutz der Allgemeinheit vor weiteren Straftaten« (§ 2 S. 2 StVollzG) während des Vollzugszeitraums. Die Verschiedenartigkeit dieser Intention gegenüber der eingangs genannten (§ 2 S. 1 StVollzG) spiegelt den prinzipiellen Widerspruch zwischen Eingliederungs- und Sicherungskonzept wieder. Dabei besteht in der Praxis, unbeschadet der Anerkennung der Pluralität von Vollzugsaufgaben, ein weiter Spielraum für die tatsächliche Ausgestaltung des Vollzugsgeschehens zugunsten des hier gemeinten Strafzwecks durch behördeninterne Handlungsnormen (s.u. § 42); dem würde es entsprechen, wenn auf Seiten der Vollzugsverwaltung die Funktionsfähigkeit einer Strafanstalt überwiegend nach der Zahl der Entweichungen und weniger nach etwaigen Erfolgen der (Wieder-)Eingliederung beurteilt würde und wird (§ 2 Abs. 1 AE-StVollzG hatte eine Pluralität der Vollzugsziele ausgeschlossen).

So enthalten die VVStVollzG keine Bestimmungen zu den §§ 2 – 4, 155 und 160 StVollzG, wohl aber Einschränkungsbestimmungen zum Beispiel zum offenen Vollzug, zu Vollzugslockerungen und zum Urlaub.

Tatsächlich ist der Strafvollzug in geschlossenen Anstalten auch in der Gegenwart dem Bestreben nach Sicherheit und Ordnung unterstellt. Demgegenüber stehen Bemühungen um »Re-Sozialisierung«, abgesehen von vergleichsweise geringfügigen Einzelmaßnahmen (zu Behandlungsverfahren s.u. § 39 II.1. c) α)), durchaus im Hintergrund. Allerdings gilt dies weniger für die Sozialgruppe (s.o. § 36 III. 3. d)) und auch für den Werksdienst (s.o. § 36 III. 3. c)), die primär andere Ziele verfolgen als der allgemeine Vollzugsdienst. Wenngleich es insofern zu Rollenkonflikten kommt, würde es einer Überbewertung gleichkommen, wollte man für den Bereich tatsächlich Vollzugsgeschehens generell von einem Zielkonflikt zwischen Belangen von Sicherheit und Ordnung einerseits und denjenigen von Behandlung andererseits ausgehen (s. hingegen u. d)).

Die Einrichtung der offenen und halboffenen Anstalten (vgl. § 10 StVollzG; vgl. *Loos* 1970) bedeutet eine Fortentwicklung, soweit diese Anstalten durch eine Aufhebung von Deprivation und Reglementierung zugunsten von Selbstverantwortung der Gefangenen gekennzeichnet sein sollen. Allerdings liegen auch Anhaltspunkte dafür vor, daß auch im halboffenen Vollzug Sicherheit und Ordnung vorherrschen und andere Ziele gegenwärtig nicht verwirklicht werden können (vgl. *Reinert* 1972, 64 ff., unter Bezugnahme auf Erhebungen aus den Jahren 1968 – 1970).

c) Als ein drittes Vollzugsziel mag sich das Vergeltungsbestreben auswirken, wie es als Teilelement auch in die richterliche Strafzumessung Eingang findet (§ 46 Abs. 1 S. 1 StGB). Soweit es in den Vollzugszeitraum hineinreicht, mag dies Ausdruck einer »Disfunktionalität des Strafrechtssystems« (*Hassemer* 1971, 54) sein (vgl. aber auch *Blau* 1977; ferner *Quensel* 1977).

Ferner wird vorgetragen, die Aufgabe von Strafvollzug sei nicht auf eine »Integration« der Täter im Hinblick auf eine Anpassung von deren Sozialverhalten an bestimmte Normen und Werte gerichtet, sondern sie habe »tendenziell‹ liquidatorischen Charakter (*Baurmann/Hof-*

ferbert 1974, 168 f.). Sie sei »bestimmt durch die Notwendigkeit, die Sphäre der Reproduktionsmechanismen der Gesellschaft notfalls zu ›isolieren‹ gegenüber Individuen, die sich den abstrakten Imperativen der kapitalistischen Gesellschaft nicht beugen«.

Verschiedentlich wird berichtet, daß, bezogen auf die USA, Gefangene – teils auf freiwilliger Basis, teils ohne ihre Zustimmung – zu medizinischen Experimenten, die mitunter lebensgefährliche Risiken aufwiesen (*Der Spiegel* 48/1970), gedient haben sollen.

d) Unabhängig von den vorgenannten gesetzlichen oder kriminalpolitischen Vollzugszielen besteht innerhalb der Gefängnisgesellschaft, das heißt bei Personal wie Gefangenen, ein tatsächlicher Zielkonflikt im Verhältnis von Sicherheit und Ordnung einerseits und reibungslosem Vollzugsablauf andererseits. Trotz der zwischen Bediensteten- und Gefangenengruppen bestehenden beiderseitigen Zurückhaltung oder auch (gruppengetragenen) Abneigung zwingt der Anstaltsalltag zu einem Arrangement.

Ob es sich dabei um ein Anwendungsbeispiel einer (angeblich) allgemeinen Erfahrung für hierarchisch aufgebaute Organisationen handelt, derzufolge »Fraternisieren« mit Untergebenen eines der besten Mittel sein soll, Disziplin und hierarchische Ordnung zu bewahren (vgl. *Steinert* 1972, 154 f.), ist im Hinblick auf das informelle Verhältnis zwischen Gefangenen und Aufsichtsbeamten (s. hierzu auch u. § 37. I. 1) allerdings fraglich.

Ohne eine gewisse Flexibilität der Bediensteten läßt sich die Anstaltsordnung kaum aufrechterhalten. Eine gar zu rigide und jeder Elastizität entbehrende Reglementierung müßte zwangsläufig die Interessen der Gefangenen übermäßig verletzen und in der weiteren Folge Streitigkeiten vor allem der Gefangenen untereinander hervorrufen. Dies wiederum würde die Aufgabe der Bediensteten und speziell der Aufsichtsbeamten erschweren, und zwar umso mehr, als die Gefangenen – entsprechend ihrer erzwungenen Unterordnung – das Verhalten der Bediensteten vergleichsweise genau beobachten und Ungerechtigkeiten registrieren.

Somit ließe sich auf intrainstitutioneller Ebene ein (viertes) Vollzugsziel in dem Bestreben der Mitglieder der Gefängnisgesellschaft sehen, ein Arrangement zwischen rigider Einhaltung der Regeln über Sicherheit und Ordnung einerseits und Aufrechterhaltung einer Flexibilität des sozialen Verhaltens zwischen Personal und Gefangenen andererseits zu erreichen.

4. Für die Ausgestaltung des Vollzugs sollen die Grundsätze der Angleichung des Lebens im Vollzug »soweit als möglich« an allgemeine Lebensverhältnisse (§ 3 Abs. 1 StVollzG), des Schutzes vor schädlichen Folgen des Freiheitsentzuges (§ 3 Abs. 2 StVollzG) sowie der Ausrichtung auf Entlassung und Eingliederung (§ 3 Abs. 3 StVollzG) maßgebend sein. Diesem Bestreben folgend wird, nach der Vorstellung des Gesetzgebers, für jeden Gefangenen auf der Grundlage einer Behandlungsuntersuchung (§ 6 StVollzG) ein Vollzugsplan aufgestellt (§ 7 StVollzG; vgl. demgegenüber §§ 45, 53 AE-StVollzG). Bezüglich einer Behandlung sowie zur Erreichung der als »Vollzugsziel« bezeichneten Aufgabe (s.o. 3 a)) geht der Gesetzgeber von der Notwendigkeit einer Mitwirkung des Gefangenen aus (§§ 4 Abs. 1, 6 Abs. 3 StVollzG).

Nicht unerhebliche Bedeutung kommt der Pflicht zum Tragen der Anstaltskleidung (§ 20 Abs. 1 S. 1 StVollzG) zu, einer Regelung, die dem Angleichungsgrundsatz widerspricht (s. daher anders § 3 Abs. 2 S. 1 AE-StVollzG).

a) Unter der Voraussetzung gegenwärtiger personeller und ökonomischer Gegebenheiten wird ein Vollzugsplan nicht um Individualisierung, sondern nur um Klassifizierung bemüht sein können. Um dabei den Bedenken gegenüber den statischen Komponenten jeder Klassifizierung Rechnung zu tragen, wird bevorzugt auf eine Orientierungs- oder Beobachtungsphase unmittelbar nach der Einweisung hingewiesen. Unabhängig davon aber kommt es gerade darauf an, ob als Kriterium für die Bildung von Gruppen Behandlungsbedürfnisse oder aber nicht viel mehr Vollzugsbedürfnisse verwandt werden. Seither beziehen sich solche Klassifizierungen innerhalb der Strafanstalten (s. zur Klassifizierung im Rahmen des Vollstreckungsplans o. § 36 I. 1. b)), neben dem Beitrag eines Psychologen, auf allgemeine und greifbare Merkmale wie etwa Alter, Geschlecht, Art und Häufigkeit von Vorstrafen sowie die Beurteilung von Gefährlichkeit und Gemeinschaftsfähigkeit. Gerade bewertende Merkmale wie Gefährlichkeit und Gemeinschaftsfähigkeit aber werden in der Praxis oftmals in die aufgrund einer Prognosestellung ergehende Entscheidung eingewoben, obgleich sie zumindest primär die Sicherung des reibungslosen Ablaufs des Vollzugsalltags betreffen.

b) Wenngleich das StVollzG einen Stufenstrafvollzug nicht kennt, hat es den Vollzugsablauf in verschiedene Abschnitte gegliedert. Im übrigen besteht zum Beispiel hinsichtlich der Vollzugslockerungen (§ 11 StVollzG) und des Urlaubs aus der Haft (§ 13 StVollzG) ein Ermessen der Vollzugsbehörde, so daß Mechanismen des Stufenstrafvollzugs anhaltend wirksam bleiben könnten; auch mag die Anwendung der formellen Sanktionsmöglichkeiten (s. o. 2.) als Komplementärform einer Regelung des Stufenstrafvollzugs wirken. Die Handhabung formeller Kontrollmöglichkeiten hat insbesondere auch Bedeutung im Zusammenhang mit den Voraussetzungen einer vorzeitigen Entlassung (s. u. V.).

c) α) Während das geordnete Zusammenleben in der Strafanstalt nicht auf Zwangsmaßnahmen, sondern auf der Verantwortung der Gefangenen selbst beruhen soll (§ 81 Abs. 1 StVollzG), beschränkt sich das Gesetz hinsichtlich der Selbst- und Mitverantwortung der Gefangenen auf eine sehr allgemeine und eher restriktive Regelung (§ 160 StVollzG). Soweit in der Reformdiskussion die Übernahme von Mitverantwortung von Gefangenen durch Beteiligung an offiziellen Entscheidungen gefordert wird, begegnet dies unter anderem dem Problem, inwieweit die für die Entscheidung zuständigen Bediensteten durch eine von Gefangenen getroffene Entscheidung vertreten werden können. Es handelt sich hierbei sowohl um Fragen der dienstlichen Pflichten gegenüber der vorgesetzten Behörde als auch um solche der (Amts-)Haftung. Ferner ist bei Versuchen zur Mitverantwortung zu überprüfen, ob es sich bei den gewählten Vertretern der Gefangenengemeinschaft um informelle Führer oder zumindest um Personen des Vertrauens der Gefangenen handelt, oder aber ob die Gewählten nicht tatsächlich auf der Seite der Bediensteten stehen und ohne inhaltliche Legitimation durch die Gefangenengruppe handeln.

β) Verschiedentlich wird angestrebt, Gefangene untereinander, Aufsichtsbeamte und andere Bedienstete untereinander sowie Gefangene und Bedienstete zu Gruppengesprächen zusammenzuführen. Dies soll zugleich ein Verständnis der Mitglieder der Gefängnisgesellschaft für die unterschiedlichen Rollen fördern sowie der Vermeidung oder Bewältigung bevorstehender oder gegenwärtiger Konflikte dienen. So hatte der AE-StVollzG die Einrichtung von Wohn- beziehungsweise Behandlungsgruppen mit je einem Gruppenbeamten vorgesehen (§§ 9, 17, 19; s. demgegenüber aber § 7 Abs. 2 Nr. 2 StVollzG).

Im einzelnen wird dem group-counselling bei Aufsichtsbeamten Bedeutung zur Minderung von sozialer Distanz gegenüber Gefangenen einerseits und Vorgesetzten oder auch therapeutischem Personal andererseits beigemessen (vgl. zu den Erfahrungen in der Anstalt Grendon *Marcus* 1969, 272 ff.; zu Fragen der Zusammenarbeit von Gefangenen und Aufsichtsbeamten gegen die [Behandlungs-]Gruppe s. *Schüler-Springorum* 1969, 219 f.). Das Verhältnis der Bediensteten untereinander wird auch deshalb einbezogen, weil nicht selten einzelne Bedienstete sich entgegenwirken, zum Beispiel bei Kompetenz- oder Meinungsstreit etwa zwischen Psychologen und Pfarrer oder zwischen Beamten des allgemeinen Vollzugsdienstes und Sozialarbeiter. Solche Differenzen vermögen die Gefangenen zu benutzen, um die betreffenden Bediensteten gegeneinander auszuspielen.

5. Dem Gefangenen ist ein Recht auf Kontakt mit der Außenwelt garantiert; für die Vollzugsanstalt besteht eine Pflicht zur Förderung dieses Kontakts (§ 23 StVollzG), der allerdings vielfältig eingeschränkt werden kann (§§ 24 ff. StVollzG).

a) An Möglichkeiten zu unmittelbaren Außenkontakten (und zur stufenweisen Rückführung des Gefangenen in die Außengesellschaft) im einzelnen ist zunächst der Freigang (§ 11 Abs. 1 Nr. 1 StVollzG) als regelmäßige Beschäftigung außerhalb der Anstalt ohne Aufsicht eines Vollzugsbediensteten zu nennen, wobei der Gefangene für die Freizeit sowie die Nachtruhe in die Strafanstalt zurückkehrt. Andere unmittelbare Kontakte zur Außengesellschaft ergeben sich bei der (beaufsichtigten) Ausführung (§ 11 Abs. 1 Nr. 2 StVollzG), dem (unbeaufsichtigten) Ausgang (§ 11 Abs. 1 Nr. 2 StVollzG) sowie vor allem im Regelurlaub (§ 13 StVollzG) und schließlich bei Urlaub, Ausgang und Ausführung aus wichtigem Anlaß (§ 35 StVollzG).

Wenngleich im Anschluß an spektakuläre oder spektakulär dargestellte Tatbegehungen während eines Urlaubs in der öffentlichen Meinung und bei einzelnen Strafverfolgungsbehörden die Vorstellung einer besonderen Gefährdung der Sicherheitsinteressen (§ 2 S. 2 StVollzG) durch Urlaub von Gefangenen vorherrscht, liegen verallgemeinerungsfähige Angaben über die Quote solcher Gefangener, die im Urlaub erneut straffällig werden, nicht vor. – Was die Frage danach angeht, zu welchem Anteil Gefangene nicht (rechtzeitig) aus dem Urlaub zurückkehren, so weisen vollzugsinterne Berechnungen eine Quote von ca. 6 % aus (vgl. *Grunau* 1977, 54; *Kerner* 1977, 314 f.).

b) Weiterhin sind die zur Vorbereitung auf die Entlassung bestehenden Möglichkeiten des Sonderurlaubs (§ 15 Abs. 3, 4 StVollzG; s. auch § 126 StVollzG) sowie der Verlegung in eine offene Anstalt oder Abteilung (§ 15 Abs. 2 StVollzG) oder aber in (etwa vorhandene) spezielle Einrichtungen des Übergangsvollzuges (§ 147 StVollzG; Sollvorschrift) zu nennen.

Bezüglich letzterer wird eine solche Ausgestaltung angestrebt, die sich nach Belegungszahl wie insbesondere auch hinsichtlich sozialer Binnenormen nicht mehr (sichtbar) von »unauffälligen« Häusern und Bewohnergruppen in der Außengesellschaft unterscheidet (vgl. hierzu §§ 7 Abs. 1 Nr. 4, 66, 67, 69 Abs. 3 AE-StVollzG; als Beispiele gelten das »Moritz-Liepmann-Haus« in Hamburg oder das »Theodor-Fliedner-Haus« in Castrop-Rauxel).

V. Formen der Aussetzung

1. Nach geltendem Erwachsenenstrafrecht wird, bei Vorliegen der übrigen gesetzlichen Voraussetzungen, die Vollstreckung von Freiheitsstrafen unter sechs Monaten Dauer, sofern sie überhaupt verhängt werden (§ 47 StGB), stets ausgesetzt (§ 56 Abs. 1 StGB). Bei Freiheitsstrafen von sechs Monaten bis zu einem Jahr Dauer kann die Aussetzung, bei Vorliegen der übrigen gesetzlichen Voraussetzungen, nur dann nicht erfolgen, wenn die »Verteidigung der Rechtsordnung« (s. hierzu o. § 23. II. 2. b)) die Vollstreckung gebietet (§ 56 Abs. 1, 3 StGB). Bei Freiheitsstrafen von mehr als einem Jahr und bis zu zwei Jahren Dauer darf die Vollstreckung nur als Ausnahme zur Bewährung ausgesetzt werden (§ 56 Abs. 1, 2 StGB).

Was die übrigen gesetzlichen Voraussetzungen anbetrifft, so geht der Gesetzeswortlaut von der Annahme aus, die Einwirkung des Strafvollzuges sei generell der zukünftigen Legalbewährung dienlich; hierfür fehlt indes jeder Beleg (s.u. § 44 V. 2. b)). – Nach allgemeiner Auffassung hat das Gericht bei der Prognosestellung ein vertretbares Risiko zu verantworten (vgl. statt vieler *Jescheck* 1978, 676).

Entgegen der alternativen Regelung im Jugendstrafverfahren (§ 57 Abs. 1 S. 1, 2 JGG; s.o. § 35,IV.2.a) α)) kann die Aussetzung der Vollstreckung nur im Urteil selbst ausgesprochen werden (§ 260 Abs. 4 S. 4 StPO). Ein besonderer Beschluß ergeht lediglich über die vom Gericht anzuordnenden Auflagen und Weisungen, der aber mit dem Urteil zu verkünden ist (§ 268a StPO); hiermit wird für die Anfechtung dieser Entscheidungen der selbständige Beschwerdeweg eröffnet (§ 305a StPO). Ob das Verbot der reformatio in peius (§ 331 StPO) bei Einlegung eines Rechtsmittels gegen das Urteil für diesen getrennten Beschluß gilt, ist streitig (bezüglich Auflagen bejahend OLG Koblenz NJW 1977, 1074, verneinend OLG Hamm NJW 1978, 1596 f.).

a) Die gesetzlichen Voraussetzungen zur Aussetzung der Strafvollstreckung zur Bewährung können deshalb nicht befriedigen, weil sie vom Strafmaß abhängig bleiben, das seinerseits ganz überwiegend von der Tatschuld (§ 46 Abs. 1 S. 1 StGB; s. auch o. § 24 IV.) bestimmt wird. So vermögen von der Aussetzung der Strafvollstreckung zur Bewährung solche Verurteilte nicht erfaßt zu werden, für die eine Freiheitsstrafe in besonderem Maße schädlich ist und für die daher die Aussetzung der Strafvollstreckung zur Bewährung das Mittel der Wahl wäre.

b) Die Aussetzungshäufigkeit ist, entsprechend der gesetzlichen Regelungen, erheblich unterschiedlich danach, welche Dauer die verhängte Freiheitsstrafe hat.

Freiheitsstrafe § 36

Darüberhinaus ergeben sich unverhältnismäßige Unterschiede nach der Deliktsstruktur (s. zum Überblick Tab. 11, § 36 I. 2. b)) beziehungsweise nach anderen, bisher kaum hinreichend untersuchten Variablen. – Hinsichtlich der Tätergruppenstruktur wurde aus Einzeluntersuchungen über Anhaltspunkte für eine Überrepräsentierung von weiblichen Personen gegenüber männlichen Personen (vgl. *Sydow* 1963, 20 f., 25 f.; *Wittig* 1969, 15 ff.) und für einen vergleichsweise hohen Anteil Vorbestrafter berichtet; letzterer Befund könnte darauf zurückzuführen sein, daß ein wesentlicher Anteil der Vorbestraften ohne die Tatsache des Vorbestraftseins voraussichtlich nur zu Geldstrafe verurteilt worden wäre.

2. Nach Vollstreckung von zwei Dritteln der verhängten Strafe, mindestens jedoch von zwei Monaten wird, bei Vorliegen der übrigen gesetzlichen Voraussetzungen, die Vollstreckung des Strafrestes zur Bewährung ausgesetzt (§ 57 Abs. 1 StGB). Schon nach Vollstreckung der Hälfte der verhängten Strafe, mindestens jedoch von einem Jahr, darf die Vollstreckung des Strafrestes nur als Ausnahme zur Bewährung ausgesetzt werden (§ 57 Abs. 2 StGB); hierbei hat das Gericht neben der Spezialprävention auch andere Strafzwecke zu berücksichtigen (OLG Hamm MDR 1974, 55; OLG Karlsruhe JR 1975, 295). – Fraglich ist, ob, soweit mehrere Freiheitsstrafen nacheinander zu vollstrecken sind, die Einzelstrafen zusammenzurechnen sind (so OLG Hamm MDR 1976, 65, 159) oder ob die Voraussetzungen des § 57 StGB für jede Einzelstrafe gesondert zu prüfen sind (so OLG Bremen NJW 1975, 2031 ff.; OLG Karlsruhe, Die Justiz 1976, 173); letzteres würde dem Umstand Rechnung tragen, daß die verschiedenen Strafen eine unterschiedliche Beurteilung erfordern können.

a) Nach allgemeiner Auffassung hat das Gericht bei der Prognosestellung, ebenso wie bei derjenigen zu § 56 StGB, ein vertretbares Risiko zu verantworten (vgl. statt vieler *Jescheck* 1978, 684); hierfür ist, wegen der *eingeschränkten Erhebungsmöglichkeiten*, eine häufigere Heranziehung von Sachverständigen erforderlich (a.A. wohl KG NJW 1972, 2228 f.; KG NJW 1973, 1420 f.).

b) Die Zahl der bedingten Entlassungen (gemäß § 57 StGB) ist im Zeitraum zwischen 1967 und 1975, von Schwankungen abgesehen, ständig angestiegen; dabei ist unter anderem allerdings zu berücksichtigen, daß die Gesamtzahlen der bedingten Entlassungen im Wege der Gnade nach Allgemeinem Strafrecht wie nach Jugendstrafrecht im gleichen Zeitraum erheblich gesunken sind (vgl. zu Zahlenangaben *Heinz* 1977a, 301).

3. Für die Ausgestaltung der Aussetzung der Vollstreckung der Freiheitsstrafe beziehungsweise des Restes derselben gelten weitgehend einheitliche Regelungen (§§ 56a – 56g, 57 Abs. 3 StGB), wobei im Falle der Aussetzung des Strafrestes die Bewährungszeit dessen Dauer nicht unterschreiten darf (§ 57 Abs. 3 S. 1 a.E. StGB).

a) α) Die im Rahmen der Ausgestaltung der Aussetzung der Strafvollstreckung zur Bewährung möglichen und nach ihrer Art abschließend geregelten *Auflagen* (§§ 56b, 57 Abs. 3 S. 1 StGB; Kannvorschrift) haben pönalen Charakter; sie stehen unter dem Verbot unzumutbarer Anforderungen an den Verurteilten.

297

§ 41 Abs. 1 AE-StGB sah die Erteilung von Auflagen mit pönalem Charakter als obligatorisch für jede Aussetzung der Strafvollstreckung zur Bewährung vor; dem entspricht, daß der AE die Anwendung der Aussetzung im übrigen erweitert gefaßt hatte.

Die Auflage, den Schaden wiedergutzumachen (§ 56b Abs. 2 Nr. 1 StGB; s. auch o. § 32 III.2.), bedeutet wegen der Sanktion des Widerrufs der Strafaussetzung bei gröblichem oder beharrlichem Verstoß (§ 56f Abs. 1 Nr. 3 StGB) eine Durchsetzungsform zivilrechtlicher Schadensersatzpflichten. – In der Praxis am häufigsten ist die Geldauflage (§ 56b Abs. 2 Nr. 2 StGB). Sie unterscheidet sich von der Geldauflage im Jugendstrafrecht (§ 15 Abs. 1 Nr. 3 JGG) dadurch, daß Empfänger auch der Staat sein kann.

Bemerkenswert ist, daß das Gericht »in der Regel von Auflagen vorläufig« absieht, wenn der Verurteilte sich zu »angemessenen Leistungen« erbietet, »die der Genugtuung für das begangene Unrecht dienen« , und wenn die Erfüllung dieser Leistungen zu erwarten ist (§ 56b Abs. 3 StGB). Während die Ansicht vertreten wird, hiermit solle eine Aktivierung seitens des Verurteilten im Sinne einer »Re-Sozialisierung« gefördert werden, läßt sich auch der Einwand erheben, daß der über Vermögen verfügende Verurteilte sich von der Auferlegung und Bestimmung von Auflagen durch das Gericht befreien könne.

β) Die im Rahmen der Ausgestaltung der Aussetzung der Strafvollstreckung zur Bewährung vorgesehenen *Weisungen* (§§ 56c, 57 Abs. 3 S. 1 StGB; bedingte Mußvorschrift) sollen als Instrumente pädagogischer Beeinflussung wirken; der im Gesetz aufgeführte Katalog an Weisungen ist nicht abschließend, so daß der Grundsatz der Bestimmtheit (von strafrechtlichen Rechtsfolgen) gefährdet sein mag (vgl. demgegenüber Begründung zu § 42 AE-StGB). Die Entscheidung lastet, auch für die konkrete Beurteilung des Verbotes unzumutbarer Anforderungen an die Lebensführung des Verurteilten (§ 56c Abs. 1 S. 2 StGB; vgl. entsprechend für die Auflagen § 56b Abs. 1 S. 2 StGB), auf dem Richter. Die einschneidendste Weisung für die Lebensführung des Betroffenen ist die Unterstellung unter Aufsicht und Leitung eines Bewährungshelfers (§ 56d StGB; zur Bewährungshilfe s. u. § 44 IV.). Sie ist anderen Weisungen gegenüber subsidiär (§ 56d Abs. 1 S. 1 StGB: »angezeigt«). Sie ist jedoch in der Regel zu erteilen bei Personen, die noch nicht 27 Jahre alt sind und zu einer Freiheitsstrafe von mehr als neun Monaten verurteilt werden (§ 56d Abs. 2 StGB) ebenso wie bei denjenigen Verurteilten, die mindestens ein Jahr ihrer Strafe »verbüßt« haben (§ 57 Abs. 3 S. 2 StGB).

Auch bei den Weisungen kann eine freiwillige Zusage des Verurteilten dazu führen, daß von der Erteilung von Weisungen vorläufig abgesehen wird (§ 56c Abs. 4 StGB; s. hierzu auch o. α) a.E.).

b) Der Widerruf der Aussetzung der Strafvollstreckung zur Bewährung ist ultima ratio (vgl. §§ 56f Abs. 2, 57 Abs. 3 S. 1 StGB).

Was den – nur bedingten – Widerrufsgrund der Begehung einer Straftat in der Bewährungszeit (§ 56f Abs. 1 Nr. 1 StGB) angeht, so ist fraglich, wonach sich bestimmt, ob eine Straftatbegehung als Widerrufsgrund feststeht (s. zur Problematik auch o. § 35 IV.4.b)). Allgemein wird angenommen, daß eine (rechtskräftige) Verurteilung nicht erforderlich ist, wohl aber, daß das Gericht aufgrund zweifelsfreier Tatsachen die Überzeugung erlangt hat und erlangen durfte, daß der Betreffende die Tat begangen hat; allerdings könne ein vorheriger Widerruf gegebenenfalls nicht tunlich sein (OLG Karlsruhe MDR 1974, 245; OLG Hamm NJW 1974, 1520). Bei dieser Frage zeigt sich ausschnitthaft die Problematik der Kompetenz zur Feststellung von Straftaten auf den verschiedensten Stufen des strafrechtlichen Reaktionsprozesses.

Wird innerhalb der Bewährungszeit kein Widerruf vorgenommen, so erläßt das Gericht die Strafe (§ 56g Abs. 1 S. 1 StGB; zur Eintragung in das BZRG s. §§ 14 Abs. 1 Nr. 4, 32 Abs. 1 Nr. 1b BZRG).

§ 37 Gefangenengesellschaft und Entlassung

I. Sozialsystem der Gefangenen

1. Über die Ausgestaltung des Zusammenhaltes innerhalb der Gefangenengesellschaft liegen unterschiedliche Befunde vor (vgl. *Fry* 1976, 127 ff.). Aus US-amerikanischen Untersuchungen wurde verschiedentlich von Solidarität der Gefangenen untereinander berichtet. Für europäische Verhältnisse ist demgegenüber eine bloße Geschlossenheit beobachtet worden, was sich durch eine ständige Zensurbereitschaft der Gefangenen gegenüber dem Personal bestätige (vgl. *Galtung* 1958, 133; *Mathiesen* 1965; *Houchon* 1969, 274 f.; s. einschränkend für Strafanstalten in der Bundesrepublik Deutschland auch *Hoppensack* 1969, 70 ff.; *Scheu* 1971, 79).

Ferner liegen Anhaltspunkte dafür vor, daß entgegen Konzepten oppositioneller Geschlossenheit, positive Beziehungen von Gefangenen untereinander durchaus mit solchen zu Bediensteten vereinbar seien, sofern das eine nicht sogar eine Funktion des anderen sein könne (*Schwartz* 1973, 253). Auch die Annahme totaler Polarisierung im Verhältnis von Gefangenen und Aufsichtsbeamten ist in Frage gestellt worden (vgl. *Hohmeier* 1973 mit Hinweisen zur mangelnden Repräsentativität auf S. 17 ff., 72 ff.). Nach einer mittels Einstellungsindizes durchgeführten Untersuchung (*Reinert* 1972, 110 ff., 118) soll es keine bedeutende solidarische Gegnerschaft der Gefangenen gegenüber der Anstaltsleitung und ihren Zielen – sogar generell nicht einmal ein Überwiegen von oppositioneller Haltung – geben.

2. a) Die Rollengestaltung und -verteilung innerhalb der Gefangenengesellschaft bestimmt sich vorrangig nach deren informellen Normensystem, das sich regelmäßig von den formellen Regelungen und Zielvorstellungen der Bediensteten beziehungsweise der offiziellen Anstaltsorganisation unterscheidet und oftmals im Widerspruch hierzu steht. Dieses informelle Normensystem gilt als vergleichsweise konstant, und zwar unabhängig vom Ausmaß der Fluktuations- und Rücklaufquoten (s. hierzu o. § 36 IV. 1. b)) der Gefangenen.

§ 37 Gefangenengesellschaft und Entlassung

α) Die Befolgung der Normen der Gefangenen sowie die Einstellung zu den Bediensteten und deren Vorschriften sind vorrangiges Kriterium für die Unterscheidung einzelner Gefangenenrollen oder -positionen; nicht zu übersehen ist, daß dieses Kriterium in umgekehrter Weise partiell auch für die Rollengestaltung und -verteilung des Personals relevant ist. Die Art der begangenen Delikte hingegen hat für die Gefangenenrollen nur eine geringere Bedeutung (vgl. *Hoppensack* 1969, 94 ff.; *Harbordt* 1972, 54; *Lehner* 1973, 156); allerdings ließen sich etwaige Schlüsse daraus ableiten, daß zum Beispiel erwartete körperliche Aggression mit Gefürchtetheit korrelieren soll (s. hierzu *Grossmann* 1969, 571 ff.).

β) Andere Kriterien zur Unterscheidung einzelner Gefangenenrollen ergeben sich aus der Versorgung mit wirtschaftlichen Gütern (z.b. Tabak, Drogen) oder aus der Verteilung und Ausgestaltung (homo-)sexueller Kontakte.

Die beiden zuletzt genannten Kriterien sollen, zumindest in Frauenstrafanstalten, zu einer Art ersatzweisen Familiensystems führen können (vgl. *Ward/Kassebaum* 1965; *Giallombardo* 1974, 16; eingeschränkter *Heffernan* 1972, 87 ff.); diese Erscheinung soll in deutschen Strafanstalten für weibliche Personen nur in Einzelfällen auftreten, dann allerdings einen gewissen Sozialisationseffekt haben können (vgl. *Einsele* 1973, 229).

b) α) Die Beschreibungen und Klassifizierungen von Gefangenenrollen im einzelnen sind nicht einheitlich (vgl. *Clemmer* 1958 [1940], 113 ff.; *Schrag* 1954; ders. 1961, 346 ff.; *Sykes* 1958, 84 ff.; *Sykes/Messinger* 1970 [1960], 403 ff.; zusammenfassend *Harbordt* 1972, 52 ff.; vgl. ferner *Hoppensack* 1969, 94 ff.).

Schrag (1961, 347) hatte zur Beschreibung von vier Sozialen Typen von Gefangenen (prosozial, antisozial, pseudosozial und asozial) anstelle einer isolierten Betrachtung von Gefangenenrollen jeweils auch den kulturellen oder sozialen Hintergrund vor der Inhaftierung berücksichtigt, während *Irwin/Cressey* (1964) die Unterscheidung zwischen krimineller Subkultur und Gefängniskultur als zur Erklärung der sozialen Rollen der Gefangenen erforderlich ansahen und von der Existenz mehrer Subkulturen in der Strafanstalt ausgingen. In Weiterführung der Untersuchungen von *Schrag* hat *Hohmeier* (1971a, 4 ff.) prosoziale, pseudosoziale, asoziale und antisoziale Insassen auch für die Verhältnisse in der Bundesrepublik Deutschland festgestellt. *Heffernan* (1972, 41) hat Berufskriminelle (»cool«), gewohnheitsmäßige (»life«) und in der Außengesellschaft angepaßte (»square«) Gefangene genannt.

β) Besonderes Ansehen genießen diejenigen Gefangenen, die eindeutig und nur auf der Seite der Gefangenengemeinschaft stehen, andere Gefangene nicht ausnutzen und ihnen gegenüber zuverlässig sind; da sie meist offene Streitigkeiten vermeiden, sind sie auch den Bediensteten des allgemeinen Vollzugsdienstes angenehmer als andere Gefangene. Weniger angesehen sind solche Gefangene, die sich den Aufsichtsbeamten unterordnen. Abgelehnt werden diejenigen, die, um Vorteile zu erlangen, andere Gefangene denunzieren. Eine gewisse Zwitterstellung nehmen die Kalfaktoren (calefactor = Heizer) ein; sie sind von den Aufsichtsbeamten beziehungsweise der Anstaltsleitung mit bestimmten Aufgaben innerhalb der Strafanstalt betraut, wodurch sie gewisse Vorteile wie etwa Zugang zu bestimmten Räumen, mehr Bewegungsfreiheit und Möglichkeiten zur Eigeninitiative erhalten (vgl. *Scheu* 1971, 103 ff.). Sie vermögen bisweilen Gefangene und Aufsichtsbeamte untereinander sowie gegenseitig auszuspielen. – Die Zuteilung bevorzugter und privilegierter offizieller Funktionen durch die Anstaltsleitung kann gegebenenfalls auch informell positive Rollen begründen (vgl. *Lehner* 1973; ähnlich wohl auch *Hoppensack* 1969, 98 ff.).

c) Die jeweilige Rollenübernahme und die ihr zugrundeliegenden Verhaltensformen werden in der Regel zu Beginn der Haftzeit herausgebildet und scheinen für den weiteren Vollzugsablauf meist beibehalten zu werden.

Mit Eintritt in die Strafanstalt wird der Verurteilte mit den Normensystemen sowohl des Personals als auch der Gefangenengemeinschaft konfrontiert. Dies geschieht, während dem neueingewiesenen Gefangenen ein neuer Status auferlegt wird. An die Stelle freier Entscheidung tritt die nahezu vollständige Reglementierung, begleitet von dem Verlust der Verfügungsmöglichkeit über Kleidung und private Gegenstände. Möglichkeiten zu sozialen und sexuellen Kontakten sind erheblich eingeschränkt oder aufgehoben (s. zum ganzen *Hohmeier* 1971b, 130 ff.).

3. a) Zur Frage nach Zusammenhängen zwischen dem Sozialsystem der Gefangenen und dem formellen Anstaltssystem wird gemäß einer *Theorie der kulturellen Übertragung* angenommen, das Normen- (und Wert-)System der Gefangenen sei in substantiell gleicher Ausgestaltung auch außerhalb der Strafanstalten als System einer kriminellen oder nichtkriminellen Bezugsgruppe oder Subkultur vorhanden (vgl. *Irwin/Cressey* 1964, 244) und werde in die Strafanstalt gewissermaßen hineingetragen (neuerdings zur Problematik *Klingemann* u.a. 1978). Hierzu wird auch die Unterscheidung zwischen latenter (extra muros) und »manifestierter« (intra muros) sozialer Identität und Rolle (vgl. *Gouldner* 1957, 284) sowie Kultur (vgl. *Becker/Geer* 1960, 308 f.) von Straftätern beziehungsweise Gefangenen verwandt. Demgemäß sollen auch Unterschiede der Einstellung und Zukunftsvorstellung in verschiedenen Strafanstalten oder innerhalb verschiedener Gefangenengruppen ein und derselben Strafanstalt mehr von den vorausgegangenen sozialen Abläufen der jeweiligen Gefangenen und weniger von den unterschiedlichen Interaktionsmustern abhängen, die die Strafanstalten oder Strafanstaltsabteilungen untereinander charakterisieren (vgl. zur Problematik *Messinger* 1969, 133 ff.; *Harbordt* 1972, 113). – Hinsichtlich der Verhaltensformen weiblicher Gefangener haben Untersuchungen ergeben, daß deren Herausbildung nicht allein von der Haftsituation, sondern zugleich und primär von der vorausgegangenen Sozialisation sowie Zugehörigkeit zu bestimmten Bezugsgruppen abhängig sei (so übereinstimmend *Ward/Kassebaum* 1965, 56 ff.; *Giallombardo* 1974, 15; *Heffernan* 1972; ebenso die Erfahrungen von *Einsele* 1973, 230).

Sollte die Theorie der kulturellen Übertragung richtig sein, so würden »re-sozialisierende« Maßnahmen im Strafvollzug zusätzlich (s. im übrigen schon o. § 36 IV.3.) insofern zweifelhaft, als eine Änderung der Normen der Subkultur(en) des Gefängnisses teilweise nur durch Änderungen entsprechender Normen außerhalb der Strafanstalt möglich wäre. Demgemäß hat die Frage nach der Richtigkeit dieser Überlegungen unmittelbare Bedeutung für Zielsetzung, Strategie sowie Möglichkeiten und Grenzen der Behandlung von Gefangenen. – Bereits *Garebadian* (1970 [1963], 495) wies darauf hin, daß offizielle Behandlungsprogramme nur für bestimmte Typen von Gefangenen akzeptabel sein können, während andere Typen von Gefangenen von vornherein nur solche Behandlungsprogramme akzeptieren und sich an ihnen beteiligen könnten, die von der Gefangenengesellschaft unterstützt werden.

b) Andere Vorstellungen verstehen die Gefangenenkultur als *Reaktion auf die Deprivationen des Strafvollzugs (Sykes* 1958, 106; *Wheeler* 1961) sowie als Ausdruck eines Bindungsbedürfnisses. Die Gefangenenkultur sei ein »endemisches« Phänomen der totalen Institution Strafvollzug, das heißt sie bestehe und entstehe nur unter deren Bedingungen; ferner sei der Grad der Opposition und Abweichung der Gefangenenkultur vom formellen Anstaltssystem proportional der Betonung der Sicherheitsvorschriften und der Härte der Haftbestimmungen. Bei einer formellen Anstaltsstruktur ohne entsprechende Merkmale müsse eine informelle Gefangenenkultur nicht bestehen (vgl. auch *Hohmeier* 1971b, 132f; zur halboffenen Erwachsenenstrafanstalt Hamburg-Vierlande s. *Steinhagen* 1976; zum »Vertrauensvollzug« in der offenen Strafanstalt Saxerriet Schweiz s. *Korth* 1976).

α) Nach den Ergebnissen einer Untersuchung in mehreren skandinavischen Strafanstalten mit unterschiedlich abgestuften Haftbeschränkungen zeigten sich keine Anhaltspunkte dafür, daß das Ausmaß der negativen Einstellung gegenüber dem Personal in direkter Beziehung zu dem Grad der Haftbeschränkungen (*Cline/Wheeler* 1968, 182) stehe. – Dabei ist allerdings zu bemerken, daß als Kriterium für die Haftbeschränkung im wesentlichen nur der Bereich der sozialen Kontaktmöglichkeiten zur Außenwelt wie auch innerhalb der Anstalt gewählt wurde. Darüber hinaus lassen sich sowohl zur Probandenauswahl dieser Untersuchung als auch zum Erhebungsvorgehen selbst, das durch Schätzung von Fremdeinstellungen (anderer Gefangener) geschah, Bedenken vorbringen.

Aber auch unabhängig davon müssen diese Ergebnisse kein Hinweis für die Richtigkeit der Theorie der kulturellen Übertragung (s.o. a)) sein. Vielmehr liegen Anhaltspunkte dafür vor, daß die Tatsache des erzwungenen Freiheitsentzuges in einer Strafanstalt bereits eine zur Herausbildung einer Gefangenenkultur zureichende Beschränkung darstellt, und daß daneben Erleichterungen oder Erschwerungen des Vollzugsalltags nur sekundäre Bedeutung haben.

β) Andererseits haben verschiedene Untersuchungen in den USA (vgl. z.B. *Grusky* 1959; *Berk* 1966; vor allem aber *Street* u.a. 1966, 249 ff.) zum Verhältnis von formellem und informellem Anstaltssystem ergeben, daß Normen und namentlich Wertbegriffe der Gefangenenkultur teilweise in Abhängigkeit zu der organisatorischen Ausgestaltung der Strafanstalt stehen. Es zeigte sich, daß Einstellungen der Gefangenen in eher »re-sozialisierungsorientierten« Anstalten weniger stark gegen die Anstaltsführung gerichtet waren als Einstellungen der Gefangenen in Anstalten mit eher repressivem Charakter; zugleich ergab sich in letzteren zum Teil eine Zentralisierung der Macht seitens der Gefangenen auf nur einzelne wenige Personen, während in ersteren eine ungleich größere Zahl als informelle Führer galten. – Bei der Interpretation dieser Ergebnisse ist zum einen zu beachten, daß es sich bei den Anstalten vorzugsweise um solche für Jugendliche und Heranwachsende handelte, weshalb eine Verallgemeinerung nicht ohne weiteres möglich ist. Zum anderen ist zu berücksichtigen, daß Gefangene überlicherweise entsprechend einer angenommenen kriminellen »Geneigtheit« in unterschiedlich ausgerichtete Anstalten eingewiesen werden. Dabei aber wäre nicht auszuschließen, daß die berichteten Unterschiede der Einstellung auf einer unterschiedlichen kriminellen »Geneigtheit« beziehungsweise der Zugehörigkeit zu kriminellen Subkulturen beruhen. Ferner dürften für das Verhältnis zwischen Anstaltszielen und -struktur einerseits und bestimmten Einstellungen von Gefangenen wie auch von Aufsichtsbeamten andererseits bezüglich der Gefangenen die Haftdauer und bezüglich der Aufsichtsbeamten deren Selbstverständnis von ihrer Rolle erheblich sein (vgl. hierzu auch *Hohmeier* 1973).

γ) Nach Ergebnissen einer anderen Untersuchung (vgl. *Akers* u.a. 1973/74), die methodisch in Form einer Art von Informantenbefragung der Gefangenen durchgeführt wurde, soll der Grad des homosexuellen beziehungsweise drogensüchtigen Verhaltens mit dem Grad der Behandlungsorientierung zunehmen. Soweit die Autoren überwiegend keine Korrelation zwischen dem Ausmaß der beiden genannten Erscheinungsformen (negativ sanktionierten) abweichenden Verhaltens und sozialen Faktoren aus der Vergangenheit der Gefangenen feststellen konnten (*Akers* u.a. 1973/74, 418), muß dies deshalb nicht gegen die Theorie der kulturellen Übertragung sprechen, weil die zur Erhebung der zurückliegenden sozialen Abläufe verwandten Methoden als vergleichsweise wenig geeignet erscheinen.

c) α) Nach *Schwartz* (1971) hat sich in einer Untersuchung (in Glenn Mills, nahe Philadelphia) ergeben, daß einzelne Variablen des Verhaltens der Gefangenen in jeweils unterschiedlicher Form teilweise sowohl auf außer- oder vorinstitutionelle Erfahrungen als auch auf situationsbezogene Einflüsse des Vollzugszeitraums zurückführbar sind. Im einzelnen korrelierten situationsbezogene Bedingungen (z.B. »Beziehungen zum Stab«) hoch mit »Konformität mit dem Insassencode« und »Orientierung an kriminellen Werten«, während vorinstitutionelle Merkmale besonders mit der abhängigen Variable »Identifikation mit anderen Gefangenen« in Beziehung stand; diese Variable betrifft Elemente von Identität und Selbstbild. Insgesamt sollen die Merkmale des sozialen Hintergrundes beziehungsweise der Sozialanamnese größere Bedeutung haben als die Zugehörigkeit zu auch engeren Gruppen innerhalb der Strafanstalt (vgl. *Schwartz* 1971, bes. S. 541; s. 1973). – Bezüglich der Tragweite dieser Ergebnisse ist einerseits zu betonen, daß es sich um jugendliche Gefangene handelte, und andererseits, daß die (zur Untersuchung ausgewählte) Anstalt sich durch die Betonung von Erziehung und Ausbildung auszeichnet (vgl. *Schwartz* 1971, 534).

β) *Faine* (1973) hat bei solchen Gefangenen, deren Selbstbild bei Strafantritt eine Bindung an »legitim-soziale Identitäten« (*Faine* 1973, 583 ff.) zeigte, ein Verbleiben außerhalb krimineller Bezugsgruppen (auch) während des Strafvollzugs ermittelt. Demgegenüber seien Gefangene, die bei Strafantritt ein insoweit abweichendes Selbstbild aufgewiesen haben sollen, während des Strafvollzugs erhöht kriminell anfällig geworden; bei solchen Gefangenen, deren Selbstbild bei Strafantritt als unstabil beurteilt wurde, sei in der mittleren Haftphase die stärkste Ausrichtung auf kriminelle Bezugsgruppen eingetreten.

II. Vollzugseinwirkungen

Bezüglich der Frage nach den Vollzugseinwirkungen auf den Gefangenen, wie sie wesentlich auch durch Normen, Einstellungen (vgl. *Hoppensack* 1969, 152 ff.; kritisch *Scheu* 1971) und Wertvorstellungen der Gefangenengemeinschaft ausgelöst werden, führte *Clemmer* (1958 [1940] 298 f.) den Begriff der »*Prisonisation*« ein. Dabei muß es sich nicht um Persönlichkeitsänderungen handeln, sondern es wird auch die Gewöhnung an äußere Merkmale des Vollzugsalltags einbezogen. Gleichwohl kommt der Frage nach etwaigen anhaltenden Auswirkungen des Vollzuges für das Leben nach der Entlassung, insbesondere im Verhältnis zwischen Haftdauer und Rückfälligkeit, eine wesentliche Bedeutung zu.

§ 37 Gefangenengesellschaft und Entlassung

Bei der Untersuchung von Vollzugseinwirkungen ist zu berücksichtigen, daß Phänomene, die zu einer bestimmten Zeit und in einem bestimmten Raum in gleicher Weise zu beobachten sind, möglicherweise auf gänzlich verschiedenen Bedingungen beruhen (vgl. *Hoppensack* 1969, 161 f.). So werden Ausmaß und Verlauf der Anpassung jedenfalls auch von personalen oder sozialen Merkmalen des einzelnen Gefangenen abhängen, wobei der Zeitraum des Lebens in Freiheit ebenso relevant sein mag wie derjenige der Haftzeit (s. die Befunde o. I. 3.). Es ist anzunehmen, daß sich Zusammenhänge zwischen bestimmten Verhaltensweisen und Formen der Konfliktbewältigung, wie sie bereits vor der Inhaftierung und der Übernahme bestimmter Rollen in der Strafanstalt (s.o. I. 2.) gegeben waren, in unterschiedlichen und zugleich speziellen Verläufen der Gefängnisanpassung oder -prägung fortsetzen (vgl. *Harbordt* 1972, 116). Die Untersuchungen zum Verhältnis zwischen Gefangenenrollen und Folgewirkungen der Haftzeit sind jedoch schon deshalb wenig ergiebig geblieben, weil eine (einheitliche) Gruppierung aller Gefangenen nach rollenspezifischen Verhaltensmustern Schwierigkeiten bereitet (vgl. *Garrity* 1961) und zudem die Haftdauer unterschiedlich ist (vgl. zu langzeitiger Strafvollstreckung *Banister* u.a. 1973).

1. Für die Untersuchung unterschiedlicher Phasen der Vollzugseinwirkungen wird der Konformität zwischen Gefangeneneinstellung oder auch -verhalten und offiziellen Anstaltsnormen Bedeutung beigemessen.

a) *Wheeler* (1961) erfragte die Einstellungen der Gefangenen zu vorgegebenen Konfliktsituationen zwischen Gefangenen untereinander sowie zwischen Gefangenen und Bediensteten. Es ergab sich, daß Gefangene mit einer verbüßten Strafzeit von unter sechs Monaten eine Tendenz zur Konformität zeigten. Eine solche Tendenz war bei Gefangenen mit einer bereits verbüßten Strafzeit von sechs Monaten und mehr und einer noch zu verbüßenden Strafzeit von sechs Monaten und mehr nicht vorhanden. Gefangene mit einem Strafrest von bis zu sechs Monaten hingegen schienen die Tendenz der erstgenannten Gruppe zu wiederholen (*Wheeler* 1961, 706). Diesem U-förmigen Verlauf entsprachen auch die Angaben der Befragten zum Selbstwertgefühl. Diese Ergebnisse sollen unabhängig davon gewesen sein, ob es sich um Ersteingewiesene oder um Gefangene mit Anstaltserfahrungen handelte, und ferner davon, ob die Gefangenen untereinander enge soziale Beziehungen unterhielten oder nicht. – Zur Erklärung der Erscheinung dieses U-förmigen Verlaufs sind zahlreiche Überlegungen angestellt worden. Einleuchtend dürfte sein, daß es sich um eine »fingierte« Konformität handeln kann. Ferner könnte es sich um eine Folge der Änderung der Orientierungsgruppen aufgrund des Haftverlaufs handeln, wobei die Gefangenen zu Beginn und Ende der Haftzeit eher auf die Außenwelt ausgerichtet sind; diese Überlegung würde allerdings teilweise sowohl den anstaltsspezifischen Charakter der Gefangenenkultur als auch eine weitgehende Kongruenz von formellen Anstaltsvorschriften und gesamtgesellschaftlichen Normvorstellungen implizieren. Weiterhin läßt sich aus (geänderten) Einstellungen kaum in linearer Weise auf (geändertes) Verhalten schließen, wobei selbst bei etwaigem parallelen Verlauf die Beziehung zwischen Einstellung und Verhalten untereinander nicht geklärt ist. Endlich wäre zu erwägen, ob es sich bei dem U-förmigen Verlauf nicht um ganz allgemeine Erscheinungen einer jeden Anpassung (auch in Freiheit) handelt, wenngleich es bei

Strafanstalten zu Besonderheiten kommen mag (vgl. hierzu auch o. § 34 I. 2. a) zum Jugendarrest).

b) *Atchley/McCabe* (1968) haben die vorgenannten Ergebnisse eines U-förmigen Verlaufs in einer eigenen Untersuchung, die nach der gleichen Fragestellung angelegt war, jedoch in einer anderen Strafanstalt durchgeführt wurde, im Gesamtergebnis in keiner Weise bestätigt gefunden. Allerdings waren die Gefangenen dieser anderen Strafanstalt zu einem hoch überrepräsentierten Anteil wegen Kraftfahrzeug-Diebstahls und damit in Zusammenhang stehender Delikte verurteilt worden. Bei einzelnen Verhaltenstypen fanden auch *Atchley/Mc Cabe* einen U-förmigen Verlauf, nicht aber bezüglich des Selbstwertgefühls.

c) Nach Angaben von *Garebadian* (1970 [1963], 488 ff.) soll sich ein U-förmiger Verlauf nur bei einzelnen Gefangenengruppen, und zwar entsprechend bestimmter Gefangenenrollen zeigen, bei anderen hingegen nicht (s. bestätigend zur U-Kurve, aber mit Differenzierungen, *Wellford* 1967; s. aber auch *Hoppensack* 1969, 152 ff.; verneinend bezüglich halboffener Anstalt *Reinert* 1972, 181 ff.).

2. Besondere Probleme der Vollzugseinwirkungen stellen sich bei zu lebenslanger Freiheitsstrafe verurteilten Gefangenen.

a) α) Bei dem Verlauf der Haftzeit dieser Gefangenengruppe werden üblicherweise drei Phasen unterschieden, deren jeweilige Dauer und zeitliche Abgrenzung untereinander allerdings nicht einheitlich festgelegt werden konnte. Die erste Phase soll von der Einweisung an ein bis drei (oder gar sechs) Haftjahre dauern, und die dritte Phase soll nach acht (oder zehn) bis 15 Haftjahren beginnen (vgl. allgemein *Ohm* 1964, 91 ff.). Dieser Phasenablauf soll sich nach Ermittlungen zum Persönlichkeitsbereich und zum Sozialverhalten der zu lebenslanger Freiheitsstrafe verurteilten Gefangenen einschließlich deren Einstellung zu Tat, Urteil, Strafvollzug und Zukunft (nach einer etwaigen Entlassung) bestimmen lassen.

Im einzelnen soll die erste Phase durch eine erregte Anspannung sowie durch depressive Züge unter dem Eindruck der Tat und der Verurteilung zu lebenslanger Freiheitsstrafe gekennzeichnet sein. Ohne daß bereits eine persönliche Auseinandersetzung mit der Tat und Fragen von Schuld eingetreten wäre, komme es mangels Rücksichtnahme leicht zu erheblichen Disziplinschwierigkeiten sowie einem sogenannten »Zuchthausknall«. – Die zweite Phase stelle den Versuch eines Neubeginns und eines Widerstandes gegen die totale Institution Strafanstalt dar, wobei die Gefangenen gewissermaßen vor der Wirklichkeit ausweichen und sich der Hoffnung hingeben würden, in absehbarer Zeit wieder in Freiheit zu gelangen. Neben einem Bedürfnis nach Wiedergutmachung würden die Verurteilten während dieser Phase im Arbeitsbereich oftmals »sehr Positives« leisten. – Die dritte Phase schließlich zeige sich durch ein Nachlassen von Energie und eine Reduktion auf intellektuellem und affektivem Gebiet zugunsten von Resignation und Gleichgültigkeit des Verurteilten und gehe unter anderem mit einer deutlichen Verringerung der Teilnahme an Freizeitveranstaltungen (z.B. Religion, Musik, Vorträge) einher. Es handle sich hierbei um persönlichkeitsschädigende Auswirkungen, die unabhängig vom Lebensalter auftreten und, nach einem Verlauf von 12, 20 oder 20 bis 25 Jahren zu einer Lebensuntauglichkeit führen würden. In dieser dritten Haftphase sei die Tat vergessen oder verarbeitet; der zu lebenslanger Freiheitsstrafe Verurteilte habe inzwischen ein solches Ausmaß an Demütigung, Verzweiflung und Isolierung erlebt, daß seine Tat für ihn zunehmend geringer werde und schließlich verblasse. Auch werde mit dem Beginn dieser Phase, entsprechend der angedeuteten Entwicklung, die Aussicht auf eine »Re-Sozialisierung« und Bewährung zunehmend geringer.

β) Zuverlässige Aussagen zur Frage entsprechender Abläufe und Änderungen würden Längsschnittuntersuchungen jedes einzelnen Probanden über die gesamte Haftdauer hinweg voraussetzen. Demgegenüber sind Bemühungen eines Gruppenvergleichs, in dem versucht wird, die Gesamtheit der zu lebenslanger Freiheitsstrafe Verurteilten nach relevanten Merkmalen wie etwa Haftdauer und Lebensalter zu untergliedern, zwar praktikabler, jedoch ist der Erkenntniswert von Aussagen, die auf diesem Wege gewonnen werden, nicht wesentlich über dem Niveau von Tendenzen und von Erklärungen im Sinne einer Plausibilität einzustufen.

b) Was im einzelnen die Annahme einer »Persönlichkeitszerstörung« durch den Vollzug lebenslanger Freiheitsstrafe angeht, so sind verschiedene Untersuchungen, die hierzu für den deutschen Sprachbereich namentlich aus der Zeit vor dem Zweiten Weltkrieg vorliegen, schon insofern in ihrer Aussagekraft äußerst eingeschränkt, als sie sich von vornherein auf psychopathologische Auffälligkeiten oder gar schon von der Probandenauswahl her auf solche zu lebenslanger Freiheitsstrafe Verurteilte beschränkten, die psychopathologische Auffälligkeiten aufwiesen. Davon abgesehen fragt es sich, ob es sich bei den erwähnten Anhaltspunkten um Persönlichkeitsveränderungen oder aber um bloße Änderungen in der Ausprägung bestimmter Persönlichkeitszüge und sozialer Verhaltensweisen handelt. Soweit von solchen durch die Haft ausgelösten Syndromen berichtet wird, deren Entstehung durch gewisse Dispositionen begünstigt werde, wäre auch zu überprüfen, ob die Auslösung solcher Syndrome nicht erst im Anschluß an eine (erste) Ablehnung eines Gnadengesuchs aufgetreten ist, das heißt ob solche Syndrome Folge des Nichteintretens der Entlassung nach der errechneten Haftzeit, nicht aber Folge der Haftdauer sein könnten; nach allgemeiner Auffassung besteht nämlich das bedrückendste Faktum für diese Gefangenengruppe in der Ungewißheit darüber, ob und wann eine Entlassung eintritt. Schließlich werden auch für diesen Bereich Fälle genannt, in denen nach einer Begnadigung und Entlassung zuvor festgestellte psychotische Erscheinungen verschwunden gewesen seien.

α) Die Auffassung, die lebenslange Freiheitsstrafe sei ohne Aussicht auf Entlassung geeignet, die Persönlichkeit des Gefangenen zu zerstören, ist von *Goemann* (1977) in Frage gestellt worden. Die Autorin untersuchte 70 Fälle von zu lebenslanger Freiheitsstrafe verurteilten Personen, die im Wege der Begnadigung entlassen worden waren und die wenigstens vier Monate und zum Teil schon mehr als sechs Jahre in Freiheit waren. Allerdings hat sie dabei nur mit 33 Begnadigten ein persönliches Gespräch geführt, und dies in der Form eines »Offenen Interviews«, aber thematisch strukturiert (*Goemann* 1977, 57 ff.). Diese Methode ist von einem Dritten nicht nachvollziehbar, so daß die Validierung der Befunde allein von der Richtigkeit der Einschätzung durch die alleinige Beobachtungsperson abhängig ist. Zudem hat die Autorin Beurteilungen und Diagnosen nicht nur aufgrund eigener Eindrücke, sondern auch solcher Eindrücke vorgenommen, die andere Personen wiedergegeben hatten, und die in der Veröffentlichung nicht im einzelnen dargelegt werden.

Ohne die Implikationen der fehlenden Aussicht auf Entlassung im einzelnen überprüft zu haben, hat auch *Rasch* (1978, 37 f.) vorgetragen, »in der Regel« keine einschlägigen Schädigungen festgestellt zu haben. Dabei hat er sich auf Erhebungen über diejenigen 53 der insgesamt 92 zu lebenslanger Freiheitsstrafe Verurteilten und in der Strafanstalt Berlin-Tegel einsitzenden Personen bezogen, die zu einer Beteiligung an der Untersuchung bereit waren (= 57,6 %). Von diesen sei die Hälfte nicht oder nur unwesentlich vorbestraft gewesen, während die längste Haftzeit bei dieser Teilgruppe 16 Jahre und 9 Monate betragen habe; im Hinblick auf die Gnadenpraxis in Berlin (West) sei die Erwartung auf Entlassung nach etwa 16 Jahren Haft durchaus realistisch (*Rasch* 1978, 30, 40). Der Verfasser äußert, es habe »sich gezeigt«, daß die untersuchte Teilgruppe »in ihrer Gesamtheit abnorm ist« (*Rasch* 1978, 35), und nach Testergebnissen sei der Wert für »Ichschwäche, emotionale Labilität und Unreife weiterhin weit im Abnormen« (*Rasch* 1978, 36) geblieben; die untersuchte Teilgruppe sei »weiterhin als hochgradig unbeständig, unzuverlässig, rücksichtslos, fordernd und ungeduldig« zu bezeichnen (*Rasch* 1978, 36), und »die Persönlichkeiten bleiben weiterhin gestört« (*Rasch* 1978, 38). Hierbei bestehen neben Fragen bezüglich der Validität und Zuverlässigkeit auch der verwandten Testverfahren) Bedenken dahingehend, ob oder inwieweit die vorgetragenen Auffälligkeiten »geblieben« beziehungsweise »weiterhin« vorhanden oder aber nach (einem gewissen Zeitraum der) Inhaftierung entstanden sind (s. auch u. § 39 II. d)α), sowie zu dem [individualisierenden] sozialpathologischen Konzept o. § 4 II.); die Mitteilung über partielle Abschwächungen der Auffälligkeiten bei längerer Haftzeit ist hierfür wohl keine geeignete Begründung.

Nach einer für diesen Zusammenhang nur teilweise relevanten psychiatrischen und testpsychologischen Untersuchung an 43 Gefangenen im Alter von mehr als 60 Jahren, von denen die Hälfte der 11 Erstbestraften und ein kleiner Teil der 32 mehrfach Vorbestraften wegen Mordes oder Totschlags zu einer langjährigen beziehungsweise zu lebenslanger Freiheitsstrafe verurteilt worden waren, ergab sich im Vergleich zur Normalbevölkerung eine deutliche Verminderung der mnestischen Funktionen (vgl. *Sluga* u.a. 1973, 51 f.). Eine psychische Vulnerabilität habe wider Erwarten nicht festgestellt werden können; auch sei keine akute Haftreaktion diagnostiziert worden (*Sluga* u.a. 1973, 56).

β) Hiernach kann seither verläßlich nichts darüber ausgesagt werden, ob und inwieweit sich die Haftdauer auf Persönlichkeit, Einstellung und Verhaltensweisen von zu lebenslanger Freiheitsstrafe Verurteilten auswirkt. Eher zugänglich könnte demgegenüber die Frage sein, ob der Anteil derjenigen innerhalb der zu lebenslanger Freiheitsstrafe Verurteilten, bei denen bestimmte Abläufe oder Änderungen auftreten, überrepräsentiert ist, und ob sich für den Eintritt solcher Abläufe und Änderungen eine bestimmte Haftdauer festlegen läßt, wobei insbesondere auch das Verhältnis zum Lebensalter zu berücksichtigen wäre. Auch bezüglich der Selbstmordhäufigkeit bei zu lebenslanger Freiheitsstrafe Verurteilten ist zu trennen danach, ob der Selbstmord als unmittelbare Folge auf das begangene Verbrechen, auf die Verhaftung oder auf die Spannungssituation während der Untersuchungshaft oder aber während des Vollzuges – möglicherweise nach Ablehnung eines Gnadengesuchs – begangen wurde.

c) Die Anpassung der zu lebenslanger Freiheitsstrafe Verurteilten an offizielle Anstaltsnormen scheint, insgesamt betrachtet, häufiger und weitreichender zu sein als bei zu zeitiger Freiheitsstrafe Verurteilten (vgl. *Röhl* 1969, 99 ff. m.w.N.);

soweit bei jüngeren zu lebenslanger Freiheitsstrafe Verurteilten ein weniger angepaßtes Verhalten zu überwiegen scheint, mag dies auch mit dem Fehlen früherer Hafterfahrung im Vergleich zur Majorität der Gefangenen zusammenhängen. Andererseits scheinen zu lebenslanger Freiheitsstrafe Verurteilte (noch) weniger in Gemeinschaft zu leben als andere Gefangene (vgl. hierzu auch Fälle bei *Unkovic/Albini* 1969); gerade hierzu ist auf die Konfrontation der zu lebenslanger Freiheitsstrafe Verurteilten mit der ständigen Fluktuation der zu zeitiger Freiheitsstrafe Verurteilten hinzuweisen (wegen Anhaltspunkten für einen U-kurvenförmigen Verlauf auch hier s. *Rasch* 1978, 37).

Im übrigen variieren die Befunde betreffend die Anpassung von zu lebenslanger Freiheitsstrafe Verurteilten erheblich, wobei sich Daten aus Untersuchungen an wegen Tötungsdelikten oder auch ausschließlich wegen Mordes verurteilten Personen, besonders soweit sie im Ausland erhoben wurden, nicht ohne weiteres auf zu lebenslanger Freiheitsstrafe Verurteilte übertragen lassen.

α) Die zuletzt genannten Einschränkungen gelten wohl nicht für die Untersuchung *Wolfgangs* (1961, 616) über die Anstaltsanpassung von 44 der 621 Personen einer früheren Forschung *(Wolfgang* 1958). Die Ergebnisse erreichten bei der Merkmalsausprägung »Lebensalter über 35 Jahre« die höchste Signifikanz; als gleichfalls mit Formen der Anpassung korrelierende Merkmalsausprägung stellte der Verfasser das Kriterium »verheiratet oder verheiratet gewesen« fest. Zugleich schien ein Zusammenhang zwischen den drei Variablen untereinander zu bestehen. – Auch zwischen den Merkmalsausprägungen »frühere Hafterfahrung« und Anpassung ergab sich eine statistisch signifikante Korrelation, und zwar unabhängig vom Lebensalter (*Wolfgang* 1961, 614 ff.).

β) Nach einer in Japan durchgeführten Untersuchung von *Hashimoto* u.a. (1970) ergab sich bei der Überprüfung des affektiven Symbolismus im Sinne von Antworten aus dem Rorschach-Test eine starke Feindseligkeit (»hostility«), Unzufriedenheit und eine Tendenz, sich selbst zu isolieren. Dabei soll das Merkmal Feindseligkeit unmittelbar nach Eintritt in die Strafanstalt wie auch vor der Entlassung stark gewesen, in der Zwischenzeit jedoch gesunken sein (U-kurvenförmiger Verlauf).

III. Entlassung aus dem Vollzug

An einer speziellen gesetzlichen Regelung zur Bewältigung von Problemen und Konflikten des Übergangs aus dem Strafvollzug in die Außengesellschaft fehlt es.

1. a) α) Zur Einzelhilfe für Entlassene sind staatliche Behörden, abgesehen von gelegentlichen Bemühungen im Rahmen allgemeiner Sozialhilfe (z.B. Erziehungshilfe, § 5 Abs. 1 Nr. 7, 8 JWG, Gefährdetenhilfe, § 72 BSHG) durch Jugend- und Sozialämter, nur im Falle der Unterstellung unter Bewährungshilfe oder Führungsaufsicht tätig. Hinsichtlich des Verhältnisses zum Bewährungshelfer wird vielfach eine Kontinuität des Kontaktes von der Vollzugszeit her angestrebt (vgl. auch § 64 AE-StVollzG).

β) Die vorübergehende Wiederaufnahme in die Vollzugsanstalt auf Wunsch der Entlassenen ist – gewissermaßen als Privileg – nur für solche Personen vorgesehen, die aus sozialtherapeutischen Anstalten entlassen wurden, und nur unter zusätzlichen bestimmten Voraussetzungen (§ 125 StVollzG). – Demgegenüber hatten § 68a KE-StVollzG und § 69 AE-StVollzG die Möglichkeit einer Wiederaufnahme nach Entlassung auf freiwilliger Grundlage für den Strafvollzug insgesamt vorgeschlagen.

b) Eine betreuende Tätigkeit für Entlassene wird vor allem durch Vereine für Straffälligenhilfe vorgenommen; für Verbände der freien Wohlfahrtspflege gilt dies nur insofern, als sie Entlassene ebenso wie andere hilfsbedürftige Personen unterstützen.

Die meisten der genannten Vereine und Verbände wie auch andere einschlägig engagierte Institutionen haben sich seit 1953 im »Bundeszusammenschluß für Straffälligenhilfe« (Bad Godesberg) organisiert. Diese Organisation erhält, ebenso wie auch einzelne der Vereine, Verbände und sonstigen einschlägigen Institutionen, neben privaten Spenden Geldbußen sowie Zuschüsse aus Bundes- beziehungsweise Landesmitteln.

c) Formen der Selbstorganisation von Entlassenen in Gefangenengewerkschaften, über die aus dem Ausland berichtet wird (vgl. zu »KROM« in Skandinavien *Mathiesen* 1974; zu »PROP« in England *Mintz* 1974, 36 f.), scheinen in der Bundesrepublik Deutschland seither weniger dauerhaft ausgebildet worden zu sein.

d) Ergänzend sei auf Bemühungen um Gemeindearbeit zwecks »Wieder«-Eingliederung (vgl. *Atthowe* 1973, 86 ff.) hingewiesen.

Hierbei mögen sich, entsprechend der Zugehörigkeit der beteiligten Gruppen zu unterschiedlichen sozialen Schichten, Divergenzen der Einstellungen und Reaktionsweisen herausstellen, die ansonsten in der Anonymität struktureller Konflikte der strafrechtlichen sozialen Kontrolle bleiben.
Gelegentlich wird über Versuche zur Bildung von Wohnkollektiven, die sich aus jugendlichen Entlassenen, Lehrlingen sowie Studenten zusammensetzen, berichtet (vgl. z.B. *Haaser* 1971, 73 f.).

2. a) Als zentrale Aufgabe der Betreuung gilt die Beschaffung von Wohnung und Arbeitsstelle einschließlich sonstiger konkreter Lebenshilfe für die erste Zeit nach der Entlassung.

Im einzelnen zählen hierzu Mittel für Miet- oder Versicherungsverträge wie auch Arbeitskleidung oder -geräten. Während als Voraussetzung für diese Leistungen regelmäßige Arbeit gilt, wird Bargeld nur für den dringendsten Bedarf ausgehändigt.

b) Speziell den finanziellen Bereich betreffend geht es darum, die Entlassenen bei Verhandlungen über Tilgungspläne gegenüber Gläubigern, zu denen nicht zuletzt auch Sozialämter zählen, zu vertreten. Entsprechende Bemühungen sind deshalb von wesentlicher Bedeutung, weil in der ganz überwiegenden Zahl der

§ 37 Gefangenengesellschaft und Entlassung

Fälle finanzielle Belastungen im Vordergrund der Schwierigkeiten einer Legalbewährung von Entlassenen stehen.

Bei Entlassung erhält der Gefangene, und zwar gegebenenfalls neben Fahrkarte und Reiseverpflegung, ein Überbrückungsgeld, das Anfang der Siebziger Jahre durchschnittlich zwischen 50 und 75 DM betragen haben soll. – Demgegenüber soll die Schuldenhöhe bei Entlassenen durchschnittlich zwischen 6.000 DM und 10.000 DM betragen.

Soweit eine volle Schuldenbegleichung, und dies gilt für die meisten Fälle, nicht mehr möglich ist, wird ein Kompromiß zwischen Gläubiger und Entlassenem in Gestalt von Tilgungsplänen angestrebt, bei welchem der größte Teil der Schulden aufgrund eines Vergleichs erlassen wird.

Der AE-StVollzG hatte diesbezüglich staatliche Vergleichsverhandlungen vor dem Vollstreckungsgericht vorgeschlagen, wobei dem Gericht bei fehlender Einigung der Beteiligten notfalls ein Zwangsvergleich möglich sein sollte (§ 96).

c) Im Bereich immaterieller Unterstützung handelt es sich um Aussprache, Beratung und Betreuung. Gerade hier soll die Tätigkeit freiwilliger Helfer wirksam sein; ob dies allerdings bevorzugt dann gilt, wenn ein Kontakt mit dem Probanden bereits während des Vollzugszeitraums begonnen und nach der Entlassung weiterverfolgt wird, läßt sich generell nicht beantworten.

3. Gemäß allgemeiner Primärerfahrung lassen sich Schwierigkeiten für eine Sozial- und Legalbewährung des Entlassenen am meisten in solchen Bereichen vermuten, bezüglich derer negative Auffälligkeiten über ihn behauptet oder ihm nachgewiesen worden sind. Dabei wirkt sich erschwerend aus, daß gegenüber Entlassenen eine erhöhte informelle wie auch formelle Kontrolle bei Unregelmäßigkeiten jedweder Art stattfindet. Die Chancen auf soziale Anerkennung (außerhalb negativ sanktionierter Randgruppen) werden nur mit Zeitablauf und bei geringerem Ausmaß allgemeiner sozialer Kontrolle innerhalb zentraler Lebensbereiche des Entlassenen ansteigen, kaum jedoch zu einer Gewißheit der Überwindung der sozialen Mißachtung führen.

a) Schwer festzustellen ist, in welchem Ausmaß das Verhalten von Bezugspersonen etwa aus dem Sozial- und Leistungsbereich auslösender Anlaß einer etwa gescheiterten sozialen Anpassung und von erneuter Straffälligkeit nach der Entlassung ist. Dabei kommt es insbesondere darauf an, zu überprüfen, inwieweit berichtete und als negativ beurteilte Geschehnisse im Arbeits-, Freizeit- und Sozialbereich untereinander im Verhältnis von unabhängigen zu abhängigen Variablen stehen.

α) Auch wird für einen Zeitpunkt nach etwa zwei Monaten seit Entlassung berichtet, es würden häufig soziale Schwierigkeiten insbesondere bei Angehörigen und am Arbeitsplatz, begleitet von aggressiven Tendenzen, auftreten. Ein solches »Adaptationssyndrom« sei mit Neigungen zu dem bisherigen Milieu verbunden und habe möglicherweise Bezug zu bestimmten Regelkreis-Funktionen (*Kremer, H.*, mündliche Mitteilung 1972). – Bemerkens-

Gefangenengesellschaft und Entlassung § 37

wert ist in diesem Zusammenhang, daß etwa drei Monate nach der Entlassung ein vergleichsweise hoher Anteil an Rückfälligkeit registriert wird.
Ferner wird von Beobachtungen eines auffallend hohen Anteils von Todesfällen oder zumindest von Erscheinungen geschwächter (biologischer) Widerstandskraft nach der Entlassung berichtet (vgl. *Sluga* 1972).

β) In einem Projekt zur Bewährungshilfe Entlassener in Baltimore (Maryland, USA) wurden die Entlassenen durch Los in vier Gruppen eingeteilt, wobei die erste Gruppe für die Dauer von einem Jahr je Woche 60 Dollar erhielt, die zweite Gruppe einen Arbeitsplatz vermittelt erhielt, die dritte Gruppe sowohl einen Arbeitsplatz als auch 60 Dollar je Woche erhielt, die vierte Gruppe jedoch nichts erhielt. Nach einem für die vier Gruppen gleichen Zeitraum waren die jeweiligen Rückfallraten nahezu vollkommen identisch (vgl. *Zeisel* 1974, 563 unter Bezugnahme auf *Lenihan*); allerdings kann diese Angabe ohne Berücksichtigung anderer Merkmale kaum als aussagekräftig gelten.

b) Was im einzelnen den Leistungsbereich angeht, so hängt die Bereitschaft von Betrieben, Entlassene einzustellen, in erster Linie von der wirtschaftlichen Konjunktur ab. Darüber hinaus besteht eine Tendenz zur generellen Ablehnung insbesondere dann, wenn der Entlassene in der Vergangenheit häufig Stellen gewechselt und/oder mehrfach in Strafanstalten eingewiesen war; dabei bleibt gelegentlich unüberprüft, ob ein häufiger Arbeitsplatzwechsel zum Beispiel in Zeiten wirtschaftlicher Rezession stattfand oder nicht.

α) Nach einer Untersuchung über das Arbeitsverhalten von 201 nach unbestimmter Jugendstrafe aus der Strafanstalt entlassenen Personen (vgl. *Wachter* 1966, 94 f.) wurde für 33 Entlassene Nichtarbeit, für 35 Entlassene »Arbeitsscheu« und für 30 Entlassene ständiger Wechsel der Arbeitsstelle ermittelt, während 50 Entlassene in angepaßter Weise eine Arbeitsleistung erbracht haben. Die letztgenannte Gruppe habe sich auch hinsichtlich der Lebensführung im übrigen von den drei vorgenannten Gruppen unterschieden.

β) Nach Untersuchungsergebnissen gleichfalls aus den USA (vgl. hierzu *Glaser* 1964, 362 ff., 388 ff.) standen 58 der Entlassenen nach durchschnittlich fünf Monaten seit Entlassung wieder in Kontakt mit früheren Mitgefangenen. Die Rückfallgefährdung sei umso größer, je weniger sich der Entlassene sozial integrieren könne (vgl. *Glaser* 1964, 368, 378 ff.). – Bei zur Bewährung entlassenen Personen ergab sich, daß innerhalb derjenigen, die drei Monate an ihrem Arbeitsplatz aushielten, 49 % eine Legalbewährung aufwiesen; demgegenüber waren innerhalb derjenigen, die rückfällig wurden, nur 23 % während des genannten Zeitraums an ihrer Arbeitsstelle verblieben (*Glaser* 1964, 322).

Nach einer in der UdSSR durchgeführten Untersuchung haben 25,9 % der rückfällig gewordenen Entlassenen zum Zeitpunkt der erneuten Inhaftierung gearbeitet. Unter ihnen hatten 40 % weniger als drei Monate, 23,3 % zwischen drei und sechs Monaten, 17,1 % zwischen sechs Monaten und einem Jahr, und 19,6 % (!) mehr als ein Jahr gearbeitet (vgl. *Kussnezow* u.a. 1969). – In diesem Zusammenhang wird allerdings auch erwähnt, daß nach einer anderen Untersuchung 89 % der Entlassenen keine Beschäftigung finden konnten, die ihrer Ausbildung beziehungsweise ihrer in der Anstalt erreichten Qualifikation entsprach.

Drittes Kapitel Rechtsfolgen betreffend besondere Kontroll- und Sanktionszwecke

§ 38 Rechtsfolgen nur nach Jugendstrafrecht

I. Rechtsfolgen ohne Freiheitsentziehung

1. Das Jugendgericht kann gemäß § 71 Abs. 1 S. 1 JGG bei hinreichendem Tatverdacht bis zur Rechtskraft des Urteils vorläufige Anordnungen über die Erziehung des Jugendlichen treffen, und zwar gegebenenfalls auch schon vor Anklageerhebung (vgl. *Brunner* 1978 Rdnr. 6 zu § 71). Solche Anordnungen können sich etwa auf die Annahme einer Lehrstelle oder den Wechsel des Arbeitsplatzes beziehen.

   2. Soweit im Jugendstrafverfahren unter bestimmten gesetzlichen Voraussetzungen ein Absehen von der weiteren Verfolgung unter Auferlegung bestimmter Pflichten möglich ist (§§ 45 Abs. 1 S. 1, 47 Abs. 1 Nr. 1 JGG), so bestehen die im Rahmen von Auflagen (§ 15 JGG) möglichen Ausgestaltungen, ferner die im Rahmen von Weisungen mögliche Pflicht (§ 10 Abs. 1 Satz 3 Nr. 4 JGG), Arbeitsleistungen zu erbringen, und weiterhin die Möglichkeiten, die Teilnahme des Jugendlichen an einem polizeilichen Verkehrsunterricht anzuordnen oder ihm eine Ermahnung auszusprechen (vgl. RL Nr. 1 zu § 45 JGG).

   3. Die als Erziehungsmaßregeln bezeichneten *Weisungen* (§ 10 JGG) sind allein aus erzieherischen Gründen legitimiert. Sie sind zur Regelung der Lebensführung auf die Zukunft ausgerichtet und sollen auf Dauer gelten. Allerdings fehlt einzelnen der Weisungen (z.B. § 10 Abs. 1 Nr. 3, Nr. 6 JGG) ein Dauercharakter; diese könnten, wäre ein ahndendes Element enthalten, eher als Auflagen einzuordnen sein.

   a) Das Jugendgericht ist hinsichtlich Inhalt und Ausgestaltung der Weisungen (§§ 10 ff., 112a Nr. 3 JGG) nicht auf die vom Gesetz genannten Möglichkeiten beschränkt.

§ 38

Mit der nur beispielhaften Aufzählung von Weisungen (§ 10 Abs. 1 S. 3 JGG) ist eine Unbestimmtheit gegeben, die unter dem Aspekt der Rechtssicherheit bedenklich erscheint. Hierzu kommt es weniger auf die Rechtsnatur einer Rechtsfolge und mehr auf das tatsächliche Ausmaß des Eingriffs an. Die im Gesetz aufgezählten Weisungen aber greifen keineswegs unerheblich in die Lebensführung des Betroffenen ein. Rechtliche Grenzen ergeben sich, von den Grundrechten (namentlich Art. 2, 4 und 12 GG) und dem Verhältnismäßigkeitsprinzip sowie sonstigen Rechtsnormen abgesehen, aus dem Verbot unzumutbarer Anforderungen (§ 10 Abs. 1 S. 2 JGG). Unzulässig sind des weiteren solche Weisungen, die erzieherisch nicht vertretbar oder hinsichtlich der Befolgung in keiner Weise kontrollierbar sind (vgl. § 10 Abs. 1 S. 1 JGG). – Nach überwiegender, wenngleich umstrittener Ansicht darf das Jugendgericht Weisungen auch gegen den ausdrücklichen Willen der Erziehungsberechtigten verhängen, denn es mag sein, daß letztere ihre Sozialisationsfunktion unzulänglich erfüllt haben und die jugendrichterliche Weisung gerade verfehlte Maßnahmen seitens der Erziehungsberechtigten ersetzen soll.

b) Eine besondere Form der Unbestimmtheit ergibt sich daraus, daß eine Änderung der angeordneten Weisungen nachträglich möglich ist (§ 11 Abs. 2 JGG), wobei Garantiefunktionen der Rechtskraft gegenüber dem Erziehungsgedanken zurückstehen. Die Änderungsmöglichkeit schließt nach überwiegender Auffassung auch die Befugnis des Jugendgerichts ein, eine härtere als die ursprüngliche Weisung anzuordnen.

c) Das Recht einer Einwirkung auf die Lebensführung eines Probanden durch Anordnungen hat allein das Gericht, ohne daß das Gesetz eine Möglichkeit der Delegierung auf Dritte enthalten würde. Demgemäß bestehen Bedenken gegenüber derjenigen Praxis, pauschale Weisungen des Inhalts zu erteilen, den Anordnungen des Bewährungshelfers Folge zu leisten. Zudem würde eine solche Delegierung den Bestimmtheitsgrundsatz verletzen, das heißt sie könnte mißbräuchlich verwandt werden, ohne dem Probanden zureichende Schutzmöglichkeiten einzuräumen.

d) Was die Weisung angeht, »sich einer heilerzieherischen Behandlung durch einen Sachverständigen ... zu unterziehen« (§ 10 Abs. 2 S. 1 JGG), so wird das Jugendgericht regelmäßig nur nach Anhörung eines Sachverständigen – in der Regel eines psychotherapeutisch ausgebildeten Psychiaters oder Psychologen – feststellen können, ob die Weisung indiziert ist oder nicht (vgl. RL Nr. 8 zu § 10 JGG). Was die Durchführung dieser Weisung angeht, so bestehen erhebliche Schwierigkeiten sowohl wegen des Mangels an geeigneten Fachkräften als auch betreffend die Kostentragung der Behandlung (zur restriktiven Anwendung in der Praxis s. *Mückenberger* 1971, 294). – Letzteres gilt ähnlich für die Weisung, »sich ... einer Entziehungskur zu unterziehen« (§ 10 Abs. 2 S. 1 a.E. JGG).

e) Zur zwangsweisen Durchsetzung der Befolgung von Weisungen besteht die Möglichkeit der Verhängung von Arrest (§§ 11 Abs. 3 S. 1, 65 JGG), die jedoch ein schuldhaftes Nichtbefolgen (§ 3 JGG, § 20 StGB) voraussetzt. Die Vollstreckung des Arrestes befreit nicht von der Befolgung von Weisungen.

f) Was die Häufigkeit der Weisungen insgesamt angeht, so liegen die Zahlen, im Vergleich etwa zu den Zuchtmitteln der Geldauflage (s.o. § 32 II., 2.–4., Schaubild 4) und der Verwarnung, deutlich niedriger; sie sind jedoch vom Jahre 1974 an in außergewöhnlichem Ausmaß angestiegen. Sie beliefen sich in den Jahren 1971 bis 1976 auf 13.942, 14.298, 14.846, 16.415, 20.321 und 24.635.

4. Die Zuchtmittel der *Verwarnung* und der *nichtvermögensbezogenen Auflagen* haben, wie alle Zuchtmittel, (auch) ahndenden Charakter (§ 13 Abs. 1 JGG). Sie sind nur unter bestimmten Erwartungen angezeigt (RL Nr. 1 zu § 13 JGG) und haben nicht die Rechtswirkungen einer Strafe (§ 13 Abs. 3 JGG).

Der Auflagenkatalog ist im Gesetz abschließend geregelt (§ 15 JGG). Allerdings bestehen Bedenken dahingehend, daß in der Praxis dem nicht immer Rechnung getragen wird; so scheinen solche Sanktionsinhalte, die eher dem Charakter von Auflagen entsprechen, gelegentlich in die Form von »Weisungen« gekleidet zu werden, soweit sie nicht einen ausschließlich ahndenden Charakter haben.

Zur Sanktionsmöglichkeit im Falle der Nichterfüllung von Auflagen gilt das in Zusammenhang mit den Weisungen Ausgeführte (s. o. 3. e)).

a) α) Soweit in der Praxis das Zuchtmittel der Verwarnung innerhalb zu ahndender Straftaten nur bei vergleichsweise leichteren Verfehlungen angewandt wird, ist dies im Hinblick auf solche Fallgestaltungen nicht unbedingt überzeugend, in denen eine Verwarnung als pädagogisch angezeigte Reaktion auch unabhängig davon ausreicht, welchen Grad der Schwere die Verfehlung hatte.

Umstritten ist, ob und gegebenenfalls inwieweit die Verwarnung über die – formlos ausgesprochene und zur Einstellung des Verfahrens führende – Ermahnung (§ 45 Abs. 1 S. 1 JGG) hinausgeht. Der Ausspruch der Verwarnung bedarf jedenfalls einer pädagogisch begründeten Form.

β) Die Verwarnung (Schaubild 4) ist nach der Geldauflage (s. o. § 32 II., 2.–4.) die zweithäufigste jugendstrafrechtliche Rechtsfolge. Die Zahlen beliefen sich in den Jahren 1971 bis 1976 auf 37.315, 37.520, 35.887, 36.670, 34.746 und 37.727. In der Anwendungshäufigkeit finden sich regional beziehungsweise getrennt nach Bundesländern erhebliche Unterschiede, wie sich aus einem Vergleich zwischen Nordrhein-Westfalen und Berlin (West) ergibt. Dabei ist auffallend, daß die Verwarnung in Nordrhein-Westfalen bei Jugendlichen am häufigsten und bei Heranwachsenden am zweithäufigsten, in Berlin hingegen nur in äußerst geringer Zahl angewandt wurde.

b) Die Auflagen außerhalb der Geldauflage nehmen hinsichtlich der Häufigkeit im Vergleich zu dieser einen äußerst niedrigen Stellenwert ein; dieser ist vom Jahre 1975 an abrupt gesunken, während die Häufigkeit der Weisungen angestiegen ist (s. o. 3. f.). Hierbei ist zu beachten, daß die statistischen Angaben über sonstige Auflagen zudem nicht erkennen lassen, zu welchem Anteil sich darunter Wiedergutmachungsauflagen befinden, die vermögensbezogen sind. Die Zahlen für Auflagen außerhalb der Geldauflage beliefen sich in den Jahren 1971 bis 1976 auf 6.518, 6.407, 6.064, 6.308, 2.508 und 2.207.

Tab. 16: *Verhältnis der angeordneten Zuchtmittel in Nordrhein-Westfalen und Berlin (West) im Jahre 1973 (Quellen: Statistische Berichte: Die Strafverfolgung in Nordrhein-Westfalen 1973, 314; Berliner Statistik, Sonderheft: Die rechtskräftig abgeurteilten Personen in Berlin [West], 1973, 59)*

Art der Zuchtmittel	Nordrhein-Westfalen 1973		Berlin (West) 1973	
	Jugendl.	Heranw.	Jugendl.	Heranw.
Jugendarrest	4 874	2 165	508	219
Wiedergutmachung	259	134	12	6
Geldauflage	5 678	5 561	299	466
Verwarnung	7 956	4 037	20	6

5. Voraussetzung zur Anordnung der *Erziehungsbeistandschaft* (§§ 9 Nr. 2, 12 JGG, § 55 JWG) ist, daß die geistige, leibliche oder seelische Entwicklung eines minderjährigen Täters gefährdet oder geschädigt ist, und daß die Anordnung der Maßnahme zur Abwendung der Gefahr oder zur Beseitigung des Schadens geboten und ausreichend erscheint.

Hiernach hat die Erziehungsbeistandschaft die Funktion, in leichteren Fällen einer möglicherweise drohenden Verwahrlosung (s. hierzu o.: § 5 II. 5.) des Betroffenen diesen unter Bereitstellung öffentlicher Erziehungshilfe und Kontrolle in seiner sozialen und räumlichen Umgebung zu belassen, falls die Erziehungsberechtigten sich um die Erziehung bemühen. Der Erziehungsbeistand hat – unter Einschränkung des Grundrechts auf Unverletzlichkeit der Wohnung (Art. 13 Abs. 1 GG) – ungehinderten Zutritt zu dem Minderjährigen (§ 58 Abs. 1 S. 4 JWG); ferner kann er vom Arbeitgeber, Lehrherr, Lehrer und von solchen Personen, bei denen sich der Minderjährige aufhält, Auskunft über diesen verlangen. Da der Erziehungsbeistand nur eine beratende und unterstützende, nicht aber eine bestimmende Funktion hat, ist die Wirksamkeit seiner Tätigkeit von Fähigkeit und Bereitschaft des Jugendlichen wie der Erziehungsberechtigten zur Zusammenarbeit abhängig.

Aus diesem Grunde ist im Jugendwohlfahrtsrecht die angeordnete Erziehungsbeistandschaft gegenüber der vom Jugendamt auf Antrag der Personensorgeberechtigten gewährten »freiwilligen Erziehungsbeistandschaft« subsidiär. Dies ist im Jugendstrafrecht jedoch nicht der Fall (§ 12 S. 2 JGG); gleichwohl wird der Jugendrichter eine Erziehungsbeistandschaft in der Regel nur dann anordnen, wenn er zuvor ein Einverständnis der Erziehungsberechtigten eingeholt hat oder ein solches begründet vermuten kann.

a) Der Erziehungsbeistand, der vom Jugendamt bestellt wird (§§ 56 f. JWG) und von diesem in seiner Tätigkeit beraten und unterstützt wird (§ 60 JWG), hat eine Doppelfunktion insofern inne, als er dem Jugendamt oder auch dem Gericht auf Verlangen – und im übrigen im Falle des Eintritts eine Bedürfnisses nach weiterreichenden Maßnahmen – Bericht erstatten muß (§ 58 Abs. 2 JWG).

b) Die Beendigung der Erziehungsbeistandschaft tritt mit Volljährigkeit (§ 61 Abs. 1 JWG) oder durch Aufhebung (§ 61 Abs. 2 JWG) ein.

Zur Aufhebung ist – auch bei Anordnung durch das Jugendgericht – das Vormundschaftsgericht zuständig (§ 61 Abs. 2 JWG). Eine Aufhebung kann bei der Anordnung durch das Jugendgericht dann geschehen, wenn der Erziehungszweck eingetreten oder in anderer Weise (z.B. durch private Erzieher oder Heimunterbringung) verfolgt wird.

c) Was die Häufigkeit der Anordnung von Erziehungsbeistandschaft angeht, so standen am 31.12.1974 insgesamt 7.254 Minderjährige unter Erziehungsbeistandschaft. Von diesen war die Anordnung bei 4.638 auf Antrag des Personensorgeberechtigten, bei 1.185 auf Anordnung des Vormundschaftsgerichts und bei 1.431 durch das Jugendgericht geschehen; dabei handelte es sich bei der letztgenannten Kategorie für Hamburg und für das Saarland um nur absolut je eine Person (vgl. ÖffJHiSt 1974, 30 f.). Die vergleichsweise seltene Anordnung der Erziehungsbeistandschaft durch die Gerichte mag vorzugsweise darauf zurückzuführen sein, daß die zuständigen Jugendämter (§§ 56 ff. JWG) geeignete Erziehungsbeistände nicht oder nicht hinreichend zur Verfügung gestellt haben sollen.

d) Die für Soldaten der Bundeswehr (im Jahre 1957) eingeführte »Erziehungshilfe durch den Disziplinarvorgesetzten« (§§ 112a Nr. 2, 112b JGG) hat eine Überwachung und Betreuung auch außerhalb des Dienstes zum Inhalt.

II. Rechtsfolgen unter Freiheitsentziehung

1. Das Jugendgericht kann im Rahmen vorläufiger Anordnungen (§ 71 Abs. 1 JGG; s. o. I. 1.) auch die Unterbringung in einer Familie oder in einem Heim beschließen.

Ist Jugendstrafe zu erwarten, so kann das Jugendgericht – auch ohne die Voraussetzungen eines Haftbefehls – die einstweilige Unterbringung in einem geeigneten Erziehungsheim anordnen, soweit dies »geboten« ist, um einem »Mißbrauch der Freiheit zu neuen Straftaten entgegenzuwirken oder um den Jugendlichen vor einer weiteren Gefährdung seiner Entwicklung zu bewahren« (§ 71 Abs. 2 S. 1 JGG).

In der Praxis ist diese Möglichkeit (vgl. auch § 72 Abs. 3 JGG) schon wegen der geringen Bereitschaft geeigneter Erziehungsheime, solche Personen aufzunehmen, von geringerer Bedeutung geblieben.

2. Die *Weisung* des Inhalts, bei einer Familie oder in einem Heim zu wohnen (§ 10 Abs. 1 Satz 3 Nr. 2 JGG), beschneidet den Betroffenen in seiner persönlichen Freiheit. Wegen des Wesens, der Durchführung und der Sanktionsmöglichkeit im Falle der Nichtbefolgung gilt das oben (I. 3.) Gesagte.

3. Die als Erziehungsmaßregel eingeordnete Rechtsfolge der *Fürsorgeerziehung* (§§ 9 Nr. 2, 12 JGG, §§ 64 ff. JWG) stellt eine öffentliche Ersatzerziehung für minderjährige Straftäter dar. Sie darf allein wegen des Erziehungsinteresses des Betroffenen, nicht aber wegen Belangen der Ahndung oder der Schuld, angeordnet werden.

Die Kosten der Fürsorgeerziehung sind von dem Minderjährigen und seinen Eltern zu tragen, soweit ihnen das nach ihrem Einkommen und Vermögen zuzumuten ist. Subsidiär hat der Träger der öffentlichen Jugendhilfe, das heißt bei Ausführung durch das Landesjugendamt das betreffende Bundesland, die Kosten aufzubringen (§ 81 JWG).

Allerdings ist empirisch ungeklärt, ob die Fürsorgeerziehung eine erzieherische Wirksamkeit hat, und vor allem, ob eine solche nur bei zeitlich längerem Freiheitsentzug möglich ist, oder aber ob nicht vielmehr Zwecke einer Disziplinierung (s. o. § 10 III. 1.a)) im Vordergrund stehen. Daher fehlt es an einem Beleg dafür, ob die genannte rechtliche Legitimation dieser Erziehungsmaßregel überhaupt vertretbar ist. Diese Frage hat deshalb erhöhte Bedeutung, weil die Fürsorgeerziehung, neben der Jugendstrafe, diejenige jugendstrafrechtliche Rechtsfolge mit dem stärksten Eingriff in den Individualbereich des Betroffenen darstellt (vgl. auch § 55 Abs. 1 S. 2 JGG). Wegen ihrer unbestimmten Dauer wird sie gelegentlich sogar als eine gegenüber der Jugendstrafe von bestimmter Dauer schwerere Rechtsfolge beurteilt.

a) Voraussetzung der Anordnung ist eine drohende oder bereits bestehende Verwahrlosung (s. hierzu o. § 5 II. 5.) des Minderjährigen, zu deren Verhütung oder Beseitigung die genannte öffentliche Ersatzerziehung erforderlich erscheint.

Eine drohende Verwahrlosung soll dann anzunehmen sein, wenn »bestimmte Tatsachen vorliegen, aus denen sich die nahe Wahrscheinlichkeit ergibt, daß der Minderjährige in den Zustand der Verwahrlosung geraten wird« (*Schaffstein* 1977. 76).

α) An einer Erforderlichkeit der Anordnung der Fürsorgeerziehung fehlt es, wenn mildere Eingriffsmittel, zu denen auch Jugendarrest zählen kann (a.A. *Riedel* 1965a § 64 Bem. 10), erzieherisch zureichend sind. Andererseits liegt eine Erforderlichkeit auch bei als »schwersterziehbar« beurteilten Personen vor, bei denen nur geringste Aussicht auf erzieherische Wirksamkeit besteht (s. dazu *Piecha* 1959; *Miehe* 1966, 5 ff., 34 ff., 64 ff.); eine Beurteilung von Jugendlichen als völlig unerziehbar hingegen ließe sich nur unter erheblichen methodischen Schwierigkeiten und Ungewißheiten vornehmen.

β) Da Fürsorgeerziehung als ein zeitlich vergleichsweise langdauernder erzieherischer Vorgang verstanden wird, der bei einer (rechtlich begrenzten) Dauer von nicht mehr als einem Jahr als von vornherein nicht wirksam erachtet wird, ist (seit Herabsetzung des Volljährigkeitsalters auf 18 Jahre) eine Anordnung von Fürsorgeerziehung auch bei 17-jährigen Personen nicht (mehr) möglich (§ 64 JWG). Nur wenn schon vor Vollendung des 17. Lebensjahres vorläufige Fürsorgeerziehung angeordnet war, kann endgültige Fürsorgeerziehung solange noch angeordnet werden, bis der Betroffene das 18. Lebensjahr noch nicht vollendet hat (§ 67 Abs. 4 JWG). Dies bedeutet, daß für die Altersgruppe der 17-jährigen bei Annahme des Vorliegens von (Jugend-)Verwahrlosung als Sanktion unter Freiheitsentziehung eher Jugendstrafe, gegebenenfalls unter Aussetzung der Vollstreckung zur Bewährung, verhängt werden mag (s. auch o. § 35 III. 3. b)).

b) Der Anteil der Zugänge in endgültige Fürsorgeerziehung beruht nur zu einem vergleichsweise geringen Anteil auf jugendgerichtlichem Urteil; dieser Anteil belief sich zum Beispiel in den Jahren 1974 bis 1976 – bei 1.843, 1.626 und 1.503 Zugängen insgesamt – auf 170, 188 und 164, wobei Nordrhein-Westfalen mit 38, 35 und 21, Baden-Württemberg mit 33, 29 und 28, und Bayern mit 23, 26 und 29 an der Spitze lagen, und das Saarland mit 2,5 und 2, Bremen mit 4,4 und 9 und Berlin (West) mit 7, 16 und 9 die geringsten Zahlen aufzuweisen hatten (ÖffJHiSt 1974, 40 f.; 1975, 42 f.; 1976, 46 f.). Jedoch bedeutet dies nicht, daß sich die jugendstrafrechtliche Relevanz der Fürsorgeerziehung in diesen Zahlen erschöpft. Vielmehr kommt es darauf an, zu welchem Anteil auch die Anordnungen durch das Vormundschaftsgericht »anläßlich« von (vermuteter) Straffälligkeit geschehen.

α) So herrschen unter den Gründen für eine Einweisung bei Jungen Diebstahl, Herumstrolchen, Gewalttätigkeit und »Arbeitsscheu«, und bei Mädchen »sexuelle Verwahrlosung« (s. hierzu auch §§ 1, 12 JÖSchG) und Diebstahl vor (*Pongratz/Hübner* 1959, 96 ff.; *Haferkamp/Meier* 1972, 105 ff.; vgl. auch die Aufzählung relevanter Gründe bei *Eberhard* 1969, 60 ff., 109 ff.).

Nach *C. Schumann* (1974, 95f.) scheinen als Anordnungsgründe der Fürsorgeerziehung und der FEH – neben oder innerhalb der Kategorien »verwahrlost« und/oder »erziehungsgeschädigt«, »schwererziehbar« und/oder durch Fehlverhalten der Eltern »erziehungsgeschädigt«, »retardiert« bis schwachsinnig – Delinquenz und Armut schlechthin vorrangige Kriterien zu sein. Während betreffend Delinquenz der Diebstahl dominiert und der einschlägige behördliche Eingriff mit der sozialen Stereotypisierung »jugendliche Diebe« gerechtfertigt wird, liegt die erhöhte Berücksichtigung von Armut darin begründet, daß das Jugendamt unter dieser Voraussetzung eine angemessene Erziehung für am wenigsten gewährleistet ansieht.

β) Es bestehen Bedenken gegenüber der jugendstrafrechtlichen Empfehlung des Inhalts, eine vormundschaftsgerichtliche Anordnung der Fürsorgeerziehung auch dann anzustreben (s. §§ 45, 47, 53 JGG), wenn eine Straftat »den Anstoß« (*Schaffstein* 1977, 74) zu ihrer Anordnung gibt; hier wird das Problem deutlich, in welchem Ausmaß die Unterscheidung in »verwahrloste« und »kriminelle« Jugendliche eine institutionelle und von der gewählten Reaktionsart abhängige ist. Zwar könnte ein Verständnis der Anordnung der Fürsorgeerziehung als erzieherische Maßnahme und nicht als jugendstrafrechtliche Sanktion möglicherweise als für die erzieherische Einwirkung relevant anzusehen sein. Eine formelle verfahrensmäßige Verlagerung vom Jugendgerichtsverfahren zum Vormundschaftsgerichtsverfahren wird jedoch kaum dazu geeignet sein, ein solches unterschiedliches Verständnis zu erreichen. Zudem würden durch eine Verlagerung rechtsstaatliche Prinzipien des Jugendstrafverfahrens durch das formlose, allerdings auch vergleichsweise beschleunigte Verfahren der freiwilligen Gerichtsbarkeit ersetzt.

c) Die Fürsorgeerziehung wird unter weitgehendem Ausschluß des (Erziehungsrechts des) Personensorgeberechtigten durchgeführt (§ 12 JGG, § 64 JWG).

Die Regelung der Durchführung der Fürsorgeerziehung im einzelnen unterliegt (im Rahmen der §§ 69 – 73 JWG) der Gesetzgebung der Bundesländer und ist durchaus unterschiedlich ausgestaltet.

Für Entscheidungen betreffend die Durchführung (§ 69 JWG) ist nicht das Vormundschaftsgericht, sondern das Landesjugendamt (unter Beteiligung der jeweiligen örtlichen Jugendämter) zuständig. Nicht unbedenklich ist, daß diese Zuständigkeit des (Landes-)Jugendamtes auch für die Entscheidung darüber besteht, ob Fürsorgeerziehung als Familien- oder als Heimerziehung durchgeführt werden soll (§ 71 JWG) sowie darüber, ob im Rahmen der Durchführung ein Wechsel aus Heimerziehung in Familienerziehung zwecks eines die Beendigung der Fürsorgeerziehung vorbereitenden Übergangs angezeigt ist oder nicht; ähnliche Bedenken bestehen bezüglich des Entscheidungsrechts zur Auswahl und Verteilung innerhalb des Spektrums an Heimen.

d) Bei der Entscheidung, ob Familien- oder Heimerziehung durchgeführt werden soll, hat die Frage nach den jeweiligen Möglichkeiten zur Berufsausbildung Bedeutung. Nicht weniger kommt es darauf an, ob eine Familie gefunden werden kann, die sowohl im allgemeinen wie auch für den jeweiligen bestimmten Betroffenen zur Erziehung geeignet erscheint. Hierbei dürften generell Variablen des Wertsystems und der Verhaltensmuster wie auch solche der Einstellung und des (Erziehungs-) Verhaltens zu berücksichtigen sein; das Gesetz nennt zur Frage der Geeignetheit zur Durchführung der Fürsorgeerziehung ausdrücklich nur »Grundsätze« der »Kirche, Religionsgesellschaft oder Weltanschauungsgemeinschaft« (§ 71 JWG). Nicht unerhebliche Bedeutung dürfte die Tatsache haben, daß die Kosten der Unterbringung in Familienerziehung wesentlich niedriger sind als diejenigen der Heimunterbringung (vgl. ÖffJHiSt 1974, 8; s. im übrigen Tab. 17.).

Was das zahlenmäßige Verhältnis zwischen Familien- und Heimerziehung innerhalb der Fürsorgeerziehung angeht, so waren die Anteile im Jahre 1955 ungefähr gleich groß; bis zum Jahre 1968 jedoch ist der Anteil der Familienerziehung auf nahezu ein Drittel gesunken, während derjenige der Heimerziehung auf nahezu zwei Drittel angestiegen ist. Allerdings bestehen (auch insoweit) zwischen einzelnen Bundesländern erhebliche Unterschiede. In der Praxis findet Heimerziehung vor allem bei als in besonders hohem Maße »verwahrlost« geltenden Betroffenen statt.

Am 31.12.1974 befanden sich von den 7.479 in Fürsorgeerziehung Untergebrachten 61% in Erziehungsheimen und 32% in Familienerziehung.

e) Hinsichtlich der Heimunterbringung verlangt das Gesetz eine hinreichende Differenzierung der jeweiligen Anstalten (§ 72 JWG) zum Zwecke größerer Geeignetheit für unterschiedliche Probandengruppen. Ähnlich dem Strafvollzug wird auch hier ein Spektrum unterschiedlicher Organisationsformen angestrebt, das von Kinderdörfern für leichtere Fälle bis zu erhöht an Sicherheitsvorkehrungen orientierten Anstalten für als schwererziehbar bezeichnete Betroffene reicht und im übrigen auch heilpädagogische Heime einbezieht. Hierzu waren (und sind) die Landesjugendämter um eine Differenzierung der einschlägigen Heime nach der Konfessionszugehörigkeit, nach Alter und Geschlecht sowie nach pädagogischen Kriterien bemüht. Tatsächlich aber sind diese Aufgaben nur teilweise und, wie es scheint, am ehesten in Stadtstaaten zu verwirklichen. Ähnlich verhält es sich hinsichtlich des allgemeinen organisationssoziologischen Ziels, zahlenmäßig vergleichsweise kleinere Erziehungsheime einzurichten.

Es hat sich gezeigt, daß die jeweilige Ausgestaltung der Heime weniger nach der vom Landesjugendamt zu leistenden Erziehungsaufgabe und mehr nach verschiedensten, zwischen den einzelnen Trägergruppen unterschiedlichen Interessenlagen und Bedingungen orientiert war, wobei auch Ausprägungen unterschiedlicher weltanschaulicher Positionen hervortraten. Demgegenüber würde der Forschungsstand einschlägiger Disziplinen die Einhaltung zumindest methodischer Grundvoraussetzungen in Diagnose und Therapie erlauben (vgl. auch *Kraus* 1976, 14 m.w.N.).

α) Mehr als zwei Drittel der Fürsorgeerziehungsheime sind solche außerhalb der öffentlichen Hand (wie etwa diejenigen kirchlicher Wohlfahrtsverbände); die Heime der öffentlichen Hand unterteilen sich in staatliche und kommunale. Die weltanschaulich unterschiedlichen Standorte der verschiedenartigen Träger der Heime bestimmen die inhaltliche Ausrichtung der erzieherischen Bemühungen einschließlich der jeweiligen Heimatmosphäre wesentlich mit. Aus der Praxis wird hinsichtlich erzieherischer Qualifikationen wie auch vorhandener Ausbildungsbedingungen von erheblichen Unterschieden berichtet. Die höchsten Kosten entstehen bei der Unterbringung in Heimen der öffentlichen Hand (ÖffJHiSt 1974, 8; s. auch Tab. 17).

Im übrigen zeigen sich bei der Problematik anstaltsinterner Sanktionen und Sicherheitsvorkehrungen, der Bildung von Betroffenengruppen im Rahmen erzieherischer Bemühungen sowie dem Versuch einer gleichgestellten, Hilfe anbietenden Beziehung zwischen Erzieher und Betroffenem Ähnlichkeiten zum Bereich des Strafvollzugs, wenngleich Abstufungen vorliegen.

β) Hinsichtlich der in Erziehungsheimen Untergebrachten handelte es sich bei 74% um Einrichtungen der Träger der Freien Jugendhilfe, und bei 23% um Erziehungsheime der öffentlichen Hand; die übrigen waren in Heimen privater gewerblicher Träger untergebracht.

Die Verteilung nach der Art der Erziehungsheime ist regional unterschiedlich, wobei die Konfessionsstruktur erhebliche Bedeutung zu haben scheint. Während

Rechtsfolgen nur nach Jugendstrafrecht § 38

die Zahlen der in Heimen der öffentlichen Hand und in Heimen der Träger der Freien Jugendhilfe im Bundesgebiet 1.046 und 3.296 betrugen, beliefen sie sich in Bayern auf 32 und 945, in Schleswig-Holstein hingegen auf 322 und 43 (ÖffJHiSt 1974, 46 f.).

f) Die absolute und relative Häufigkeit der (vorläufigen und endgültigen) Fürsorgeerziehung ist, bei Ansteigen der Zahlen für andere Heimkategorien wie auch für Jugendstrafgefangene (StatJb 1976, 140; 1978, 334), in den Jahren von 1970 bis 1974 erheblich zurückgegangen. Am Jahresende 1964 und 1967 betrugen die absoluten Zahlen noch 25.992 und 23.200 (ÖffJHiSt 1974, 12). Jeweils am Jahresende 1972 bis 1975 betrugen die absoluten Zahlen 18.901, 15.906, 12.967, 10.772 und 7.849, und die relativen Zahlen (auf 1.000 Minderjährige) 2,8, 2,5, 2,2, 2,1 und 1,8 (ÖffJHiSt 1974, 8, Tab. 6).

α) Regional betrachtet lauteten die relativen Zahlen (= bezogen auf 1.000 Minderjährige nach dem Bevölkerungsstand vom 31.12.1973) der am 31.12.1974 insgesamt in endgültiger Fürsorgeerziehung befindlichen 7.849 Personen für Schleswig-Holstein 0,8, für Niedersachsen 0,6, für Bayern 0,5, hingegen für Rheinland-Pfalz und Baden-Württemberg 0,3 und für Berlin (West) 0,2, während sie in den übrigen Bundesländern der Zahl von 0,4 für das Bundesgebiet insgesamt entsprachen. – Der Anteil männlicher Personen belief sich insgesamt auf 62,5%; regional betrachtet betrugen deren Anteile in Prozent im Saarland 82,4, in Bremen 74,4, in Bayern 57,2 und in Schleswig-Holstein 57,5, während sie sich in den übrigen Bundesländern, ähnlich dem Anteil des Bundesgebietes von 62,5, zwischen 61,8 in Rheinland-Pfalz und 65,9 in Berlin (West) bewegten (vgl. ÖffJHiSt 1974, 42, 43).

Tabelle 17: *Unterbringung der Minderjährigen in Fürsorgeerziehung im Jahre 1974 und entstandene Kosten (Quelle: ÖffJHiSt 1974, 7 [Tab. 7])*

		Art der Unterbringung bzw. Entstehung der Kosten									
			Erziehungsheime						Familien		
	Einheit	Minderjährige bzw. Kosten insgesamt	zusammen	der öffentl. Handhilfe	Heime der Träger der freien Jugend	privater gewerbl. Trägerheime	Beobachtungs- und Auffangheime	sonstige Heime	zusammen	eigene Familie	fremde Familie	Sonstige Stellen bzw. sonstige Kosten
Untergebrachte Minderjährige¹	Anzahl	7479	4463	1046	3296	121	25	228	2382	1773	609	381
	%	100	59,7	14,0	44,1	1,6	0,3	3,0	31,8	23,7	8,1	5,1
männlich	Anzahl	4716	2912	796	2030	86	10	126	1423	1141	282	245
	%	100	61,7	16,9	43,0	1,8	0,2	2,7	30,2	24,2	6,0	5,2
weiblich	Anzahl	2763	1551	250	1266	35	15	102	959	632	327	136
	%	100	56,1	9,0	45,8	1,3	0,5	3,7	34,7	22,9	11,8	4,9
Bruttokosten²	Mill. DM	116,2	104,1	28,6	72,9	2,7	–	5,3⁴	2,7⁵	–	–	4,1
	%	100	89,6	24,6	62,7	2,3	–	4,6	2,3	–	–	3,5
Kosten je untergebrachten Minderjährigen³	DM	13136	21106	25039	19938	19486	–	17017	879	–	–	7759

1 Am Ende des Berichtsjahres. Nicht untergebracht waren am Jahresende 370 Minderjährige
2 Reine Kosten (Bruttokosten abzüglich Einnahmen an Kostenbeiträgen und übergeleiteten Ansprüchen) 1974 = 107,0 Mill. DM
3 Ermittelt nach dem Jahresdurchschnittsbestand der untergebrachten Minderjährigen
4 In Bremen einschl. der Kosten der Unterbringung in Familienpflege sowie einschl. sonstige Kosten
5 Ohne Bremen

β) Aufschlußreich ist das Verhältnis der Altersgruppen einschließlich der Geschlechtsverteilung bei den in Fürsorgeerziehung überwiesenen Personen.

Tabelle 18: Angaben zur Alters- und Geschlechtsverteilung der im Jahre 1974 in Fürsorgeerziehung Eingewiesenen nach einzelnen Gebietseinheiten *(Quelle: ÖffJHiSt)*

Altersgruppen u. Anteile männl. Minderj.	Bundes-gebiet	Schles-wig-Holstein	Hambg.	Rheinl.-Pfalz	Bayern	Saar-land	Berlin (West)
10 bis unter 15 Jahren davon männl. Minderj. in Prozent	846	61	27	59	131	26	6
	62,2	55,7	70,4	61,0	51,9	61,5	50,0
15 bis unter 18 Jahre davon männl. Minderj. in Prozent	1 047	116	64	50	115	20	16
	53,4	52,6	50,0	58,0	56,5	50,0	75,0

g) Was die Formen der Aufhebung und Beendigung der Fürsorgeerziehung anbetrifft (§ 75 JWG), so kann die Bedingung, daß »ihr Zweck erreicht oder anderweitig sichergestellt ist« (§ 75 Abs. 2 S. 1 JWG), auch durch Intervention auf informeller Ebene erfüllt werden. – Wenngleich die Annahme einer Unerziehbarkeit (seit dem Jahre 1961) kein gesetzlicher Beendigungsgrund mehr ist, hat die Rechtsprechung, begrenzt auf Ausnahmefälle, eine solche Begründung als zulässig erachtet (vgl. LG Kassel RdJ 1968, 248; OLG Saarbrücken NJW 1968, 455 f.).

Nach einer Einzeluntersuchung soll bei einer Extremgruppe von als »unerziehbar« bezeichneten Betroffenen in 30 % der Fälle eine erfolgreiche spätere Sozialbewährung eingetreten sein (vgl. *Piecha* 1959, 35).

α) Hinsichtlich der Dauer der Fürsorgeerziehung bestehen regional erhebliche Unterschiede.

§ 38 *Rechtsfolgen nur nach Jugendstrafrecht*

Tabelle 19: Dauer der Heimerziehung bei den im Jahre 1974 endgültig aus Fürsorgeerziehung Entlassenen nach ausgewählten Gebietseinheiten (Quelle: ÖffJHiSt)

Dauer	Bundes-gebiet	Schleswig-Holstein	Baden-Württbg.	Bayern	Saar-land	Berlin (West)
bis 6 Monate	467	26	37	34	12	3
über 6 Monate bis 1 Jahr	691	25	46	47	8	12
über 1 Jahr bis 2 Jahre	1 189	65	88	121	13	13
über 2 Jahre bis 3 Jahre	875	79	87	139	23	6
über 3 Jahre bis 5 Jahre	727	83	80	116	23	5
über 5 Jahre bis 10 Jahre	486	25	53	79	12	7
über 10 Jahre	152	1	10	30	8	1

β) Mit der Dauer der Heimerziehung ergab sich eine Zunahme der Anzahl der Heime, in denen die betreffenden Minderjährigen untergebracht waren.

Tabelle 20: Anzahl der Heime, in denen die im Jahre 1974 endgültig aus Fürsorgeerziehung Entlassenen untergebracht waren (Quelle: ÖffJHiSt)

Dauer der Heimerz.	absolut	1 Heim in %	2 Heime in %	3 Heime in %	4 u. mehr Heime in %
bis 6 Monate	467	90,1	8,4	1,1	0,4
über 6 Monate bis 1 Jahr	691	78,7	17,8	2,3	1,2
über 1 Jahr bis 2 Jahre	1 189	70,5	22,8	5,4	1,3
über 2 Jahre bis 3 Jahre	875	60,0	26,7	9,1	4,1
über 3 Jahre bis 5 Jahre	727	43,6	33,4	15,8	7,2
über 5 Jahre bis 10 Jahre	486	38,1	34,6	17,5	9,9
über 10 Jahre	152	21,1	36,8	24,3	17,8

§ 39 Rechtsfolgen nur nach Erwachsenenstrafrecht

I. Rechtsfolgen ohne Freiheitsentziehung

1. Soweit im Erwachsenenstrafverfahren, sofern die Schuld als gering anzusehen ist, unter bestimmten gesetzlichen Voraussetzungen und unter Erteilung von *Auflagen* von der weiteren Verfolgung abgesehen werden kann (§ 153a StPO), ist als Auflage unter anderem die Wiedergutmachung eines immateriellen Schadens (s. im übrigen o. § 24 III. 2.c)) sowie die Erbringung gemeinnütziger Leistungen möglich (§ 153a Abs. 1 Nr. 3 StPO).

2. Als strafrechtliche Folge des Verbrechens ließe sich im weiteren Sinne auch das Absehen von Strafe (§ 60 StGB; s. näher o. § 24. IV. 3.a)) verstehen.

3. Innerhalb der nur gegenüber Erwachsenen möglichen Rechtsfolgearten durch Aburteilung stellt den geringfügigsten Eingriff die *Verwarnung mit Strafvorbehalt* dar (§§ 59 ff. StGB). Diese Sanktion ist eher als Ausnahmeregelung ausgestaltet; neben einer günstigen Prognose setzt sie besondere Umstände voraus, deretwegen die Ausnahme angezeigt ist. Sie ist ausgeschlossen, wenn die »Verteidigung der Rechtsordnung« (s. hierzu o. § 23 II. 2.b)) Strafe gebietet (§ 59 Abs. 1 Nr. 3 StGB). – Die verwirkte Strafe kann nur Geldstrafe bis zu 180 Tagessätzen sein.

a) Die Verwarnung mit Strafvorbehalt vermeidet für den Straftäter von vornherein und im Unterschied zur Aussetzung der Vollstreckung einer Freiheitsstrafe zur Bewährung den Makel, vorbestraft zu sein.

Zwar wird eine Eintragung in dem BZR durchgeführt (§ 4 Nr. 3 BZRG). Diese wird aber nicht in ein Führungszeugnis aufgenommen (§ 30 Abs. 2 Nr. 1 BZRG), das heißt der Verwarnte kann sich als nicht vorbestraft bezeichnen.

Die Verwarnung mit Strafvorbehalt unterscheidet sich von der Aussetzung der Vollstreckung einer Freiheitsstrafe zur Bewährung auch darin, daß zwar die Erteilung von Auflagen, nicht aber von Weisungen zulässig ist (§§ 59a Abs. 2, 56b, 56e StGB).

b) Gegen die Verwarnung mit Strafvorbehalt wird eingewandt, sie verwische die Grenzen zwischen Geldstrafe und Aussetzung der Vollstreckung zur Bewährung (vgl. *Zipf* 1974a, 535); auch fördere sie ein Gefälle zum Sanktionensystem des Ordnungswidrigkeitenrechts, das diese Rechtsfolge nicht kennt. Was die Vermeidung des Strafmakels angeht, so könne stattdessen die Regelung darüber, daß Geldstrafen bis zu 90 Tagessätzen nicht in das Führungszeugnis aufzunehmen sind, auf Geldstrafen bis zu 180 Tagessätzen erweitert werden (vgl. § 30 Abs. 2 Nr. 5a BZRG).

4. Die Maßregel des Berufsverbots (§ 70 StGB; zum vorläufigen Berufsverbot s. § 132a StPO) soll die Allgemeinheit vor solchen Personen schützen und sichern, die ihren Beruf oder ihr Gewerbe mißbräuchlich oder unter grober Verletzung der damit verbundenen Pflichten zur Begehung von rechtswidrigen Taten benutzt haben und bei denen die Gefahr weiterer erheblicher Taten der bezeichneten Art besteht; wegen der Bedeutung des Grundrechts der freien Berufsausübung (Art. 12 Abs. 1 S. 1 GG) kommt dem Merkmal der Erheblichkeit besondere Bedeutung zu.

Was die Formulierung ». . . . Verletzung der mit ihnen verbundenen Pflichten« angeht, so ist eine restriktive Auslegung im Sinne von »in Ausübung seines Berufs« geboten (BGHSt 22, 144 [146]); allerdings erwachse die Pflicht nur kraft des Berufs, das heißt wenn dieser vom Täter schon tatsächlich ausgeübt wird. – Wie sich aus der – betreffend die Prognose gewählten – Formulierung »Gefahr . . . erhebliche(r) rechtswidrige(r) Taten« ergibt, wird auch für die Anlaßtat eine erhebliche Bedeutung schon deshalb vorausgesetzt werden müssen, weil anderenfalls schwerlich eine solche Prognose gestellt werden könnte. Auch soll das Berufsverbot nur dann erforderlich sein, wenn nicht nur die Möglichkeit, sondern die Wahrscheinlichkeit weiterer Straftaten besteht (BGH GA 1955, 149 [151]).

Ein Verstoß gegen die Anordnung des Berufsverbots ist strafbewehrt (§ 145c StGB).

Gemäß dem Prinzip des geringstmöglichen Eingriffs darf das Berufsverbot nicht verhängt werden, wenn schonendere Eingriffe wie zum Beispiel Untersagung nur eines Teils der Berufstätigkeit oder Verpachtung des Gewerbebetriebs ausreichen (zur Pflicht der genauen Bezeichnung des konkreten Maßregelinhalts s. § 260 Abs. 2 StPO).

Zum Verhältnis des strafgerichtlich angeordneten Berufsverbots zu dem Berufsverbot durch die Verwaltungsbehörde (zum Beispiel §§ 34, 58 f. GewO, § 38 BSeuchenG, §§ 15 ff. GaststättenG) gibt es nur teilweise Regelungen (z.B. § 35 GewO), so daß Justiz und Verwaltung im übrigen untereinander nicht gebunden sind (vgl. aber BVerwGE 15, 282 [288]).

5. a) Betreffend die gesetzlich vorgesehenen Nebenfolgen – und nicht Nebenstrafen – des *Verlustes* der *Amtsfähigkeit* und der *Wählbarkeit* (§ 45 Abs. 1 StGB) sowie die Kannvorschriften bezüglich des Verlustes dieser Fähigkeiten (§ 45 Abs. 2 StGB) wie des Verlustes des *Stimmrechts* (§ 45 Abs. 5 StGB) sind repressive Elemente nicht zu verkennen (zur Dauer bei freiheitsentziehender Sanktion s. § 45a Abs. 2 StGB). Überwiegend wird angenommen, die allgemeinen Strafzumessungsregeln (§ 46 StGB) seien anwendbar. Dabei sollen jedoch in erster Linie general- und spezialpräventive Gesichtspunkte zu berücksichtigen sein, während das Gericht weniger streng an das Schuldprinzip gebunden sei (vgl. *Jescheck* 1978, 638). Zu erwähnen ist, daß der AE-StGB die Aufnahme diesbezüglicher Regelungen in präventiver, die Frage zukünftiger Funktionen und Gefährlichkeit des Verurteilten zugrundelegender Ausgestaltung vorgesehen hatte (vgl. jedoch auch § 45b StGB).

b) Die *Urteilsbekanntgabe* ist nicht im Allgemeinen Teil, sondern im Besonderen Teil des StGB (§§ 103 Abs. 2 S. 1, 164 f., 165 Abs. 2, 200 StGB) geregelt. Wie sich aus der Voraussetzung dieser Nebenfolge ergibt, daß nämlich wegen der Straftat »auf Strafe erkannt« sein muß, sind auch hierbei Elemente eines Strafcharakters enthalten; für einen bloßen Schadensersatz würde Rechtswidrigkeit der Tat zureichend sein.

Während die Rechtsfolge der Urteilsbekanntgabe im Hauptstrafrecht neben der Genugtuung für den Verletzten auch dem ideellen Schadensersatz dient, ist sie im Bereich des Nebenstrafrechts (§ 23 Abs. 1 UWG, § 111 S. 1 UrhG, § 49 Abs. 3 S. 1 PatG, § 14 Abs. 3 S. 1 GeschmMG, § 30 Abs. 2 S. 1 WZG) nicht nur wegen ihrer häufigen Anwendung, sondern auch deshalb bedeutsam, weil die aus dieser Nebenfolge sich ergebenden wirtschaftlichen Auswirkungen den Verurteilten eher treffen mögen als die Sanktion selbst.

Mit der auf Antrag des Verletzten anzuordnenden Nebenfolge der Urteilsbekanntgabe steht im Bereich des Zivilrechts die Möglichkeit einer Widerrufsklage des Verletzten in Konkurrenz.

II. Rechtsfolgen unter Freiheitsentziehung

1. Das Inkrafttreten der Bestimmungen über die *Unterbringung in einer sozialtherapeutischen Anstalt* (§ 65 StGB) ist bis zum 1.1.1985 hinausgeschoben worden (Gesetz vom 22.12.1977, BGBl I., 3104).

a) Die Maßregel der Unterbringung in einer sozialtherapeutischen Anstalt ist für vier durchaus unterschiedliche Tätergruppen vorgesehen (§ 65 Abs. 1 Nr. 1, Nr. 2, Abs. 2, Abs. 3 StGB; kritisch *Einsele* 1971, 151). Gemeinsam ist für sämtliche dieser Tätergruppen eine negative Prognose des Inhalts, daß die Gefahr besteht, daß der Täter weiterhin erhebliche rechtswidrige Taten begehen wird beziehungsweise – im Fall des § 65 Abs. 2 StGB – »daß er sich zum Hangtäter entwickeln wird« (§ 65 Abs. 2 Nr. 3 StGB).

Für die Praxis wird die Prüfung der Frage, ob die inhaltlichen Kriterien zur Einweisung vorliegen oder nicht, erhebliche Schwierigkeiten bereiten. Anderseits bestehen Bedenken dagegen, regelmäßig oder auch nur häufig Sachverständige mit einer Stellungnahme zu dem Vorliegen dieser Kriterien zu beauftragen. – Im übrigen besteht die Möglichkeit, zu einer Prüfung der Eignung eines Gefangenen aus dem Strafvollzug zur Unterbringung in einer sozialtherapeutischen Anstalt eine Voruntersuchung mit einer Dauer von drei Monaten vorzuschalten (§ 9 Abs. 2 StVollzG).

Die Durchführung der Maßregel bestimmt sich nach §§ 124 bis 128 StVollzG und im übrigen nach den allgemeinen Bestimmungen dieses Gesetzes. – Eine Aussetzung der Vollstreckung zur Bewährung ist als gegebenenfalls möglich vorgesehen bereits bei der Unterbringungsanordnung durch das erkennende Gericht (§ 67b StGB), im Falle der vorweg vollzogenen Freiheitsstrafe (§ 67c StGB) sowie nach bisherigem Vollzug dieser Maßregel (§ 67e StGB); bei den beiden zuletzt genannten Formen bestehen besondere Schwierigkeiten zur Erstellung der Prognose. (s. auch o. § 36 V. 2.a)).

α) Bezüglich des Zwecks dieser Maßregel stand ursprünglich die Verwirklichung humanitären Denkens gegenüber einer etwaigen Wirksamkeit im Sinne der Legalbewährung nach der Entlassung im Vordergrund; hiergegen wurden unter anderem Bedenken des Inhalts vorgetragen, es handele sich nur um eine zeitgemäßere und effektivere Form sozialer Kontrolle sowie um ein Alibi zur Verschleierung wachsender Herrschaft auch im Bereich der strafrechtlichen sozialen Kontrolle.

Auch wurde seitens der Betroffenen in Gesprächen mit dem Verfasser gelegentlich vorgetragen, eine freiwillige Zurückmeldung aus einer sozialtherapeutischen Einrichtung oder Anstalt in den Regelstrafvollzug führe zu einer derart negativen Beurteilung, daß im Falle einer etwaigen neuen Verurteilung nach der Entlassung der Proband gegebenenfalls eher mit der Anordnung der Sicherungsverwahrung zu rechnen habe.

β) Was das Effizienzprinzip anbetrifft, so läßt sich trotz der Tendenz bisheriger Ertragsanalysen, die eine Wirksamkeit zumindest in Frage stellt (s. u. § 44 V. 4.), von einer Unwirksamkeit sozialtherapeutischer Versuche schon deshalb nicht ausgehen, weil sowohl die Systematik sozialtherapeutischer Bemühungen im allgemeinen als auch die Gegebenheiten der analysierten Projekte im einzelnen jeweils von erheblichen Mängeln gekennzeichnet waren.

b) Wenig geklärt ist die Frage, wodurch sich im einzelnen *Sozialtherapie* von anderen Formen der (Psycho-)Therapie unterscheidet. Gelegentlich wird die Ansicht geäußert, um Sozialtherapie handele es sich nur dann, wenn der therapeutische Prozeß von den Betroffenen getragen werde. Ein zentraler Unterschied zwischen herkömmlichem Strafvollzug und Sozialtherapie wird in der Art des Verständnisses von Behandlung liegen, wobei Begriffe wie Erziehung, Korrektur oder Besserung, die ein Über-/Unterordnungsverhältnis implizieren, zugunsten eines Angebots von Hilfe zurücktreten. Hiernach würde »das qualitativ Neue« nicht darin liegen, daß vermehrt auf Behandlung abgezielt wird (so *Stratenwerth* 1971, 122).

α) Zahlreiche vollzugserfahrene Therapeuten bescheiden sich bezüglich der Sozialtherapie mit dem Ziel, diejenigen Beeinträchtigungen für Einstellungen und Sozialverhalten, die frühere Anstaltsaufenthalte hinterlassen haben (sollen), aufzuheben oder jedenfalls zu mildern. Es werden in diesem Zusammenhang (– neben dysphorischen und depressiven Abläufen, deren Diagnose und Genese allerdings umstritten sind –) besonders Tendenzen des Mißtrauens, der Isolierung und der »Flucht«, aber auch der Manipulation betont. Bereits dieses Ziel läßt sich jedoch intra muros, unter der ständigen Bestätigung der Situation des Ausgeschiedenseins, nur eingeschränkt erreichen. Dies gilt umsomehr, als Befunde über emotionale Labilität, Impulsivität, Gehemmtheit und Nervosität vorliegen.

Generell läßt der Erfahrungsstand über Möglichkeiten gezielter Beeinflussung und Prägung etwa im Sinne von Lernprozessen auch innerhalb des »Mittelfeldes« der Probanden nur geringe Erwartungen vertretbar erscheinen. Regelmäßig wird die zentrale Aufgabe darin bestehen, aus dem Kreis etwa relevanter Verhaltensbereiche (vgl. auch o. § 36 IV. 3.a)) diejenigen anzugehen, die eine positive Beeinflussung nicht von vornherein ausschließen. Daneben kommt den Problemen der Behandlungsbedürftigkeit, -fähigkeit und -willigkeit Bedeutung zu. Ob hingegen ein Leidensdruck für eine wirksame Behandlung erforderlich ist, ist umstritten.

β) Die Behandlungsmethode hängt in ihrer Verwirklichung weitgehend von der Person des Behandelnden ab. Demgemäß wird in der Behandlungsorganisation wie auch in der wissenschaftlichen Sanktions- und Behandlungsforschung zunehmend die Überprüfung der Geeignetheit des Therapeuten oder Erziehers angestrebt. Es geht dabei zunächst sowohl um die Erfassung von Persönlichkeitsstruktur und Verhaltensdispositionen in ihrer Auswirkung auf zu behandelnde Einzelpersonen oder Gruppen schlechthin, als auch um die Auswirkung auf verschiedene Einzelpersonen und Gruppen im Sinne der Möglichkeiten und Voraussetzungen der »Paarung« (»matching«). In diesem Zusammenhang ist auch wesentlich, daß eine weitgehend freie Auswahl des Therapeuten Voraussetzung dafür sein mag, sich ihm anvertrauen zu können. Der prozeßhafte Charakter des Behandlungsablaufs und die Vielgestaltigkeit der Übertragungs- und Gegenübertragungsvorgänge im Verhältnis der zum Zwecke der Behandlung zusammengeführten Personen macht die Bedeutung der Problematik erkennbar. Dies gilt um so mehr, soweit Anhaltspunkte über personale und soziale Schwierigkeiten auch der Therapeuten bestehen. Zum anderen handelt es sich um die Aufgabe der Supervision der gesamten Gruppe der Behandelnden. Dabei wird eine Supervision in aller Regel auf die behandelnden Personen konzentriert und von einem insoweit »an der Sache selbst unbeteiligten Dritten« (*Einsele* 1971, 155) durchzuführen sein.

Die Bedeutung der interpersonalen Gegebenheiten zwischen Therapeut und Probanden beruht ferner darauf, daß die Probanden eines gewissen persönlichen Angenommenseins bedürfen, um den Anstrengungen der Behandlung standhalten zu können. Dies gilt umsomehr, als es vorrangig einer Mitarbeit des Probanden bedarf. Hinzu kommt, daß Verhaltensformen, die etwa anzugehen sind, dem Probanden ebenso vertraut und folglich auch ebenso schwer zu beheben sein mögen, wie es bei »Nichtkriminellen« mit diesen gewohnten Verhaltensformen der Fall ist.

γ) Wesentliche Unterschiede zwischen herkömmlichem Strafvollzug und stationär durchgeführter Sozialtherapie sind im Bereich der Organisationsstruktur unabdingbar. Als eine der Voraussetzungen hierzu wird eine Verminderung der verschiedenen Kommunikationsbarrieren innerhalb der Anstalt angesehen. Solange eine informelle Kommunikation von vornherein als verdächtig vermutet wird, nehmen sich sozialtherapeutische Ansätze als verfehlt aus.

Soweit ein mehr oder weniger weitgehender Abbau des hierarchischen Systems innerhalb des Personals für notwendig (und möglich) erachtet wird, so bedeutet dies nicht, daß Verantwortung und Befugnisse der einzelnen Bediensteten verlagert werden. Es geht vielmehr darum, einzelne Bediensteten-Gruppen wie zum Beispiel die Therapeuten einerseits und – etwa beibehaltene – Aufsichtsbeamte andererseits aus ihrer alleinigen Zuständigkeit zu lösen, um das Mißverhältnis zu beenden, daß die Probanden sich gegenüber den verschiedenen Bediensteten-Gruppen unterschiedlich zu verhalten haben. Zugleich könnte dies eine bessere Beziehung zwischen dem höheren und dem unteren Dienst erbringen, was wiederum die soziale Distanz zwischen den Angehörigen des letzteren und den Probanden verringern könnte.

Als eine weitere organisationsstrukturelle Voraussetzung für stationäre Sozialtherapie ist ein gewisser Grad von Mitverantwortung der Probanden zu nennen (s. zur Problematik aber

o. § 36 IV. 4.c) α)). Hierzu empfiehlt sich etwa die Wahl von Ausschüssen, die entweder von Bediensteten und Gefangenen gemeinsam oder aber ausschließlich von Gefangenen besetzt sind. Solche Ausschüsse bleiben allerdings wenig sinnvoll, sofern es sich bei den gewählten Personen um nur formelle Repräsentanten handelt. Diese Schwierigkeit auszuräumen, ist bisher selbst in »Vorbild-Anstalten«, die solche Gefangenen-Komitees eingeführt haben, nicht gänzlich gelungen. Zugleich sind Gefangenen-Ausschüsse nur als ein Teilstück innerhalb verschiedenster Bemühungen zur Entwicklung sozialtherapeutischer Bedingungen einzustufen. Dabei mag die Gefahr darin liegen, daß durch die (bloße) Bildung von Gefangenen-Vertretungen Forderungen nach einer »Demokratisierung« Rechnung getragen wird, ohne daß Anstrengungen zur Ermöglichung eines therapeutischen Milieus unternommen werden. – Andererseits wurde beobachtet, daß Probanden mit einer Entscheidungs- oder Beratungsfunktion in Gruppenausschüssen bei internen Verstößen anderer Probanden schärfere Sanktionen vorschlagen, als es der Tendenz der Anstaltsleitung entspricht.

c) Stationäre kriminaltherapeutische Behandlung findet innerhalb Europas in zahlreichen Anstalten statt (vgl. zur Übersicht *Eisenberg* 1969; ders. 1970; *Kaufmann* 1977, 160 ff.). Innerhalb der Bundesrepublik Deutschland einschließlich Berlin (West) wird eine praktische sozialtherapeutische Tätigkeit in einigen Strafvollzugseinrichtungen mit kleiner Belegungszahl durchgeführt, die vom Jahre 1969 an, zur Vorbereitung der Errichtung sozialtherapeutischer Anstalten, bereitgestellt wurden (Berlin-Tegel, Düren, Erlangen, Bad Gandersheim, Hamburg-Bergedorf, Hohenasperg, Ludwigshafen [für Jugendliche und Erwachsene], Lübeck [für weibliche Personen]). – Für das Jahr 1977 wurden – ohne Berlin (West) und Hamburg – Zugänge von 102 und Abgänge von 987, und ein Bestand von 130 für den 1.1. und ein solcher von 163 für den 31.12. registriert (StVollzSt 1977, 17).

α) Die Analyse der in den Jahren seit 1971 vorgenommenen Bestandsaufnahmen (vgl. *Bundeszusammenschluß* 1973; ders. 1977; *Rehn* 1977; *Böhme* u.a. 1978, 180 ff.) und Erfahrungsberichte (z. B. *Rasch* 1977; s. aber auch *Kremer* 1976) ergibt, daß ein nach Struktur und Behandlungsmethoden einheitliches oder gar einheitlich angewandtes Konzept nicht vorliegt. Dem entsprechen Ergebnisse, die Erhebungen in therapeutisch orientierten Strafvollzugsanstalten oder -abteilungen der Niederlande, Dänemarks, Österreichs und Italiens unter Einbeziehung von Informationen über solche in Schweden, Großbritannien und Frankreich erbracht hatten (vgl. *Colin* u.a. 1970). – Darüber hinaus scheint die für den Bereich der Strafvollzugseinrichtungen festgestellte Verschiedenartigkeit der Behandlungspraxis eine gewisse Bestätigung innerhalb von (multidisziplinär besetzten) Forschungen zu finden, die sich wesentlich mit Fragen der Anpassung von Delinquenten befassen. Dies gilt insofern, als auch von Seiten der Forschung, abgesehen von gewissen Grundvoraussetzungen, prinzipiell kein Behandlungskonzept nach Theorie und Durchführungstechniken als anderen überlegen anerkannt ist.

β) Der Mangel an Systematik von Kriminaltherapie ist in erster Linie in der Komplexität der bestehenden Voraussetzungen begründet, die wiederum durch die Heterogenität sowohl der Probandengruppen als auch der Ausgestaltung von Sanktionen und Zielvorstellungen gekennzeichnet ist. Bisher besteht Einigkeit lediglich in allgemeinen Fragen wie etwa darin, daß schulische und berufliche Ausbildung ebenso wie Bemühungen zur Freizeitbeschäftigung und auch religiöse

Veranstaltungen sich nicht unmittelbar auf die Behandlung beziehen, sondern dieser nur beigeordnet oder, unter optimalen Verhältnissen, mit dieser koordiniert sein können. Hingegen bleibt die weitaus überwiegende Zahl der innerhalb der Kriminaltherapie verwandten Verfahren, unbeschadet verschiedener Modifizierungen, der allgemeinen Psychotherapie entlehnt. Deren Eignung zur Behandlung von Gefangenen ist wegen wesentlicher Unterschiede der Patientenkreise der allgemeinen Psachotherapie und Gefangenen von vornherein (zumindest) teilweise in Frage gestellt.

Solche Unterschiede ergeben sich zum Beispiel auch daraus, daß Gefangene überwiegend aus unteren und untersten sozialen Schichten stammen. Ebenso sind Therapeuten oder Pädagogen gerade auch wegen dieser Schichtunterschiede einschließlich der damit verbundenen Kommunikationsschwierigkeiten insofern nur eingeschränkt zur Behandlung von Gefangenen geeignet.

Anders verhält es sich bei den teilweise speziell zur Behandlung von (jugendlichen) Straftätern entwickelten Verfahren (s. hierzu z.B. u. § 45 I. 3. a), b)).

γ) Schließlich ist das Fehlen einer Systematik auf den Mangel an praxisbegleitenden Forschungen (s.o. § 15 III.; s. auch u. § 44 II., III.) zurückzuführen. Im übrigen wirft schon die Verwendung des Wortes Therapie zahlreiche Bedenken auf. So könnte zum Beispiel der Eindruck erweckt werden, als handele es sich nach Anlaß und Eingriff um ein der ärztlichen Tätigkeit entsprechendes Feld. Hierzu sei, ohne Einzelmaßnahmen chirurgischer (Kastration) oder medikamentöser (Pharmako-Therapie) Ausgestaltung zu übersehen, auf die in der Regel engen Grenzen der Einflußnahme hingewiesen.

Zugleich wird in Anlehnung an die Trennung in autoplastische und alloplastische Versuche zur Bewältigung eines psychosozialen Konflikts auf die Grenzen ersterer schon in der Psychotherapie verwiesen, da innerhalb der psychischen Struktur Änderungen nur bis zu einem gewissen Plastizitätsgrad möglich erscheinen und zudem an iatrogene Verschlechterungen des Zustandes zu denken ist.

δ) Die herkömmlichen allgemeinen Behandlungsverfahren lassen sich danach zusammenfassen, ob sie primär die Einzelperson des Probanden, eine Gruppe oder die (soziale und ökologische) Umgebung beziehungsweise das Milieu betreffen.

Innerhalb der Verfahren zur Einwirkung auf die Einzelperson sind Methoden tiefenpsychologischer Ausrichtung, die client-centered-Therapie, Ausgestaltungen einer Realitätstherapie einschließlich solcher, die wesentlich die Anamnese berücksichtigen, sowie verhaltenstherapeutische Verfahren zu nennen. – Bezüglich der Gruppe werden die Gruppentherapie im engeren Sinne, guided-group interaction sowie das group-counselling unterschieden. Die Gruppenpsychotherapie ist wesensmäßig eine Form der Individualtherapie, die aber in einer Gruppengemeinschaft durchgeführt wird. – Die Wirkungsmöglichkeiten durch das Milieu betreffen im Bereich der stationären Behandlung in erster Linie das Klima des Zusammenlebens innerhalb der Anstalt sowie deren räumliche Ausgestaltung und Lage. Hinzu kommen Arbeitstherapie und Kontaktpflege zur Außenwelt, wobei letzteres sowohl zur

Gewinnung von Bezugspersonen als auch zur Beeinflussung seitheriger enger Bezugspersonen wie etwa von Angehörigen (bifokale Therapie) dient.

ε) Als wesentliche Aufgabe innerhalb der sozialtherapeutischen Einrichtungen gilt für manche Autoren die Schaffung der Voraussetzungen zur Entwicklung einer therapeutischen Gemeinschaft, wie sie *Jones* (1968, 85 ff.; vgl. auch *Ploeger* 1972), teilweise mit speziell kriminologischem Bezug (*Jones* 1968, 118 ff.; vgl. dazu auch *Bandini/Gatti* 1970; ferner zur »problemlösenden Gemeinschaft« *Quensel/Quensel* 1971, 166 f.), empfohlen hat. Es wäre verfehlt anzunehmen, eine optimale Wirkungsweise einer therapeutischen Gemeinschaft ließe sich innerhalb kurzer Zeit – wenn überhaupt jemals – erreichen; selbst »Vorbild-Anstalten« mit langjährigen diesbezüglichen Bemühungen sehen sich hierbei stets mit Schwierigkeiten konfrontiert, was vielfach schon dadurch zu erklären sein wird, daß solche Probanden, die »gereift« sind, in Bälde entlassen werden. Darüber hinaus werden an die Vorstellung einer therapeutischen Gemeinschaft bisweilen auch hinsichtlich der zentralen Frage nach den Implikationen, die aus den unveränderten Machtverhältnissen innerhalb der Institution folgen, überhöhte Erwartungen geknüpft (vgl. kritisch *Wilson/Snodgrass* 1969; *Outerbridge* 1968, 383 f.; ferner aus der [Sozial-]Psychiatrie *Basaglia* 1973, 125 ff., 137 und *Schittar* 1973, 170 ff.).

Inwieweit eine therapeutische Gemeinschaft eine gegenseitige Hilfe oder Therapie ermöglicht, ist wenig geklärt. Soweit bei anderen Formen abweichenden Verhaltens dahingehende Erfahrungen gemacht wurden, daß sich die zu behandelnden Gruppenmitglieder innerhalb der Gemeinschaft namentlich auch gegenseitig behandeln können (vgl. *Jones* 1968; *Yablonsky* 1965; *Karen/Bower* 1969; *Coché/Coché* 1971), ist schon wegen unterschiedlicher äußerer Bedingungen gegenüber einer pauschalen Übertragung auf Straftäter Zurückhaltung geboten (vgl. auch *Sternberg* 1963).

d) Die in- und ausländischen Konzepte (der Kriminaltherapie oder) der Sozialtherapie mit Gefangenen beruhen nahezu einheitlich und unbeschadet erheblicher Divergenzen untereinander auf der Verständnisebene der Erwartungsverletzung (s. o. § 3 II. 2a), §§ 4, 5; s. schon *Eisenberg* 1974; vgl. auch *Kaufmann* 1977, 199 ff.). Dies ist deshalb wesentlich, weil im Rahmen der Therapie eine Minderbeachtung oder Einschränkung rechtlicher Schutznormen des Betroffenen zu besorgen ist, die bei anderen strafrechtlichen Folgen von Verbrechen nicht tangiert werden. Für den Probanden ist Freiheitsentzug prinzipiell unabhängig davon, ob der Aufenthalt in einer Strafanstalt herkömmlicher Art oder in einer sozialtherapeutischen Einrichtung oder Anstalt stattfindet. Auch die bestgemeinte Behandlung bleibt Ausübung von Macht, solange sie in ihren äußeren Voraussetzungen auf der Inhaftierung aufbaut. Zudem liegen Anhaltspunkte dafür vor, daß erhöht individualisierende Formen des Strafvollzugs eine Tendenz zur Förderung von Ungerechtigkeit und Heuchelei haben können, und daß gutgemeinte Intentionen zu sublimem Terror des Therapeuten zu führen vermögen. Eine Sozialtherapie, die sich entsprechenden Erfahrungen verschließt, könnte zu einer Institutionalisierung janusköpfiger Gewaltausübung werden.

α) Nach der Perspektive der Behandlung »krankhafter« Persönlichkeitsstörungen besteht die Auffassung, daß sämtliche Tätergruppen des § 65 StGB eine solche Diagnose voraussetzen (oder voraussetzen sollten), die sich dem »Krankhaften« zumindest annähert. Diese Persönlichkeitsstörung erweise sich unter anderem in schwerer neurotischer Deformierung,

Ich-Schwäche, emotionaler Unreife, geringer Frustrationsfähigkeit sowie in einer Unfähigkeit, Spannungen ertragen zu können. – Hinsichtlich der räumlichen oder baulichen Ausgestaltung sozialtherapeutischer Einrichtungen sei entsprechend diesem Konzept eine absolute Trennung von Strafanstalten des Regelvollzugs erforderlich. Darüberhinaus wird die Vermutung vorgetragen, das kriminelle Verhalten der zu behandelnden Probanden sei durch die Persönlichkeitsstörung bedingt, wobei eine der Vorstellungen dahingeht, die Legalbewährung könnte sich gewissermaßen als Nebenwirkung einstellen, sobald die Persönlichkeitsstörung erfolgreich behandelt sei (vgl. ähnlich *Rasch* 1971, 119). – Nach der Perspektive der Behandlung »krankhafter« Persönlichkeitsstörungen soll die Tätergruppe des § 65 Abs. 2 StGB der Sozialtherapie nur dann zugeführt werden, wenn auch hier ein abnormer psychischer Zustand oder Ansätze zu einer abnormen psychischen Entwicklung vorliegen. Dieser Auffassung steht entgegen, daß die Tätergruppe des § 65 Abs. 2 StGB erst in der 116. Sitzung des Sonderausschusses für die Strafrechtsreform am 9.10.1968 (Niederschriften, 116. Sitzung, S. 2281 ff.) in die Maßregel der Unterbringung in einer sozialtherapeutischen Anstalt einbezogen wurde. Zuvor war für sie die besondere Maßnahme der vorbeugenden Verwahrung und später diejenige der Erziehungsverwahrung vorgesehen gewesen; dieser ursprünglichen Konzeption trägt die Aufnahme auch Jugendlicher innerhalb der sozialtherapeutischen Einrichtung Ludwigshafen Rechnung (vgl. *Schmitt, G.* 1978). Demgemäß hatten auch die vorausgegangenen Erörterungen über das Behandlungskonzept in der Begründung zum AE-StGB, in den Niederschriften der Strafvollzugskommission und des Sonderausschusses sowie in anderen Veröffentlichungen überwiegend unter Trennung der Täterkreise im Sinne des § 65 Abs. 1 StGB, das heißt der Täter mit einer schweren Persönlichkeitsstörung und der Sexualtriebtäter einerseits und des – späteren – § 65 Abs. 2 StGB, das heißt der sogenannten Jungtäter, andererseits stattgefunden. Schließlich hebt sich der Wortlaut des § 65 Abs. 2 StGB von den Bezeichnungen der übrigen Tätergruppen gerade dadurch ab, daß für diese Tätergruppe eine psychische Auffälligkeit nicht vorausgesetzt ist. Hierbei mag berücksichtigt worden sein, daß Sekundäranalysen über Durchführung und Ergebnisse der Anwendung psychologischer Testverfahren bei Straftätern keinen generellen Nachweis signifikanter Unterschiede zwischen verurteilten Straftätern und strafrechtlich nicht verurteilten Personen haben erbringen können (vgl. aus den USA *Schuessler/Cressey* 1950; *Waldo/Dinitz* 1967; s. näher u. § 58 II 1.a)).

β) Nach der Perspektive des »sozialen Trainings« beruht jedes kriminelle Verhalten auf Lernstörungen im Sozialisationsprozeß. Ebenso sollen kriminelle Verhaltenstendenzen prinzipiell durch ergänzendes Lernen und durch Verlernen sozial sinnvoll veränderbar sein. Demgemäß könne stationäre Sozialtherapie sinnvoll nicht in solchen Strafvollzugseinrichtungen durchgeführt werden, die vom Regelstrafvollzug losgelöst sind. Anderseits sei eine Beschränkung nur auf solche Gefangene, die als »Defektpersönlichkeiten« (vgl. *Bundeszusammenschluß* 1973, 101) klassifiziert würden, wegen des einseitigen Aufwandes auch sozialpolitisch kaum zu rechtfertigen. – Dieser organisatorische Weg würde von der Schwierigkeit entheben, in welcher Weise Erfahrungen aus den derzeit bestehenden sozialtherapeutischen Einrichtungen (s. o. c) a.A.) für größere Anstalten übernommen werden könnten; bei Stellungnahmen hierzu wird gelegentlich schon der Faktor unterschiedlicher Anstaltsgröße mit dessen Folgen für Organisationsstruktur und Interaktionsbreite außer acht gelassen sen.

2. Die Maßregel der Unterbringung in der *Sicherungsverwahrung* (§ 66 StGB) wird neben Freiheitsstrafe verhängt. Zweck dieser Maßregel ist es, die Allgemein-

heit vor solchen Straftätern zu sichern, bei denen die übrigen strafrechtlichen Sanktionsarten sich als unzureichend erwiesen haben (§ 66 Abs. 1 StGB = Täter mit mehreren Vorstrafen) oder als unzureichend erscheinen (§ 66 Abs. 2 StGB = Täter mit mehreren Vortaten), und die unter bestimmten, im Gesetz genannten Kriterien (§ 66 Abs. 1 Nr. 3 StGB) als besonders gefährlich beurteilt werden.

Als Freiheitsstrafe im Sinne des § 66 Abs. 1 StGB zählt auch die Jugendstrafe (zur Besonderheit des § 31 JGG s. BGH St 26, 152 [154 f.]). – Bedeutsam ist, daß die Möglichkeit der Anordnung unter der zweitgenannten Voraussetzung, daß heißt wenn die übrigen strafrechtlichen Sanktionsmittel als nicht zureichend erscheinen, nur als Kannvorschrift besteht (§ 66 Abs. 2 StGB); sie soll den Zugriff gegenüber einem Serientäter erlauben, dem es bisher gelang, Bestrafungen zu entgehen.

Die Prognosestellung bezüglich der vom Gesetz geforderten Gefährlichkeit (§ 66 Abs. 1 Nr. 3 StGB) hat auf den Zeitpunkt der Urteilsfindung und ohne Einbeziehung etwaiger Wirkungen des Strafvollzugs abzustellen; eine eventuelle Korrektur nach Strafverbüßung geschieht gemäß § 67c StGB. Was die Voraussetzung im einzelnen angeht, so muß sich die Prognose auf einen »Hang zu erheblichen Straftaten« stützen, dessentwegen der Täter »für die Allgemeinheit gefährlich ist«.

Zwar hat der Gesetzgeber in diesem Zusammenhang Befunde empirischer Untersuchungen berücksichtigt (s. z.B. u. c)). Diese förderten die Auffassung, ein einschlägiges Kontrollbedürfnis liege nur dann vor, wenn ein schwerer wirtschaftlicher Schaden entstehe oder ein irreparabler körperlicher oder auch ein dauernder psychischer Schaden sich einstelle. Fraglich ist aber, ob mit diesen Begriffen dem Bedürfnis nach Bestimmtheit Genüge geleistet worden ist. Dabei ist wesentlich, daß die vom Gesetz genannten Kriterien für Erheblichkeit nur als Beispiele (»namentlich«) angeführt sind.

a) Was den Begriff des Hanges angeht, so könnten dessen Voraussetzungen sowohl bei planmäßig fortgesetzter verbrecherischer Tätigkeit als auch bei passiven, haltlosen und willensschwachen Personen, die gewissermaßen von einer Straftat in die andere »hineinfallen«, gegeben sein. Bei dem Begriff des »Hangtäters« handelt es sich um eine nur juristische Klammer, die tatsächlich gänzlich Heterogenes umfaßt.

Eine Erheblichkeit soll auch dann vorliegen, wenn der Schweregehalt der einzelnen Taten zwar gering, deren Häufigkeit jedoch groß ist (vgl. BGH NJW 1971, 1323; a. A. *Lackner* Anm. 5a) bb) zu § 66). Welche Delikte im übrigen »erhebliche Straftaten« (§ 66 Abs. 1 Nr. 3 StGB) sind und welche Straftaten der »mittleren Kriminalität« einen »hohen Schweregrad« aufweisen (BGHSt 24, 153 [154]) oder den »Grenzbereich mittlerer Kriminalität« überschreiten (OLG Celle NJW 1970, 1200), ist wenig geklärt.

Ferner ist umstritten, ob die schwere seelische oder körperliche Schädigung des Opfers oder die Anrichtung des schweren wirtschaftlichen Schadens nach objektiven Kriterien etwa im Sinne der Lebensumstände eines Durchschnittsbürgers, oder unter Berücksichtigung individueller Verhältnisse des einzelnen Opfers oder schließlich nach der Lebenshaltung der von den jeweiligen Straftaten hauptsächlich betroffenen Bevölkerungsgruppen zu bestimmen sei.

b) Auch für die Anordnung der Unterbringung in der Sicherungsverwahrung gilt das Prinzip des geringstmöglichen Eingriffs, so daß zu prüfen ist, ob schonendere Maßnahmen wie etwa Überwachung durch die Polizei, Unterbringung in einer Entziehungsanstalt oder Familienbetreuung ausreichend und durchführbar sind. Dem kommt bei dieser Maßregel deshalb erhöhte Bedeutung zu, weil es bezüglich der Voraussetzungen zur Unterbringung in der Sicherungsverwahrung an einer vergleichsweise eindeutigen Abgrenzung hinsichtlich der Person des Täters wie auch bezüglich der Begriffe der Erheblichkeit, der schweren Schädigung sowie der Gefährlichkeit fehlt. Sämtliche der genannten Begriffe sind rechtspolitisch disponibel.

c) Kriminologische Befunde zur Maßregel der Unterbringung in der Sicherungsverwahrung liegen vorzugsweise für die Verhältnisse des vormals geltenden Rechts (§§ 42e, 20a StGB a. F.) vor, so daß deren Relevanz für die gegenwärtigen Voraussetzungen zumindest begrenzt ist (vgl. jedoch *Binnewies* 1970; *Steinhilper* 1971; zu Art. 42 StGB-Schweiz s. *Brückner* 1971). Hinzu kommt, daß die Forschungen sich nahezu ausschließlich auf Aktenauswertungen stützen, was gerade in diesem Bereich an vergleichsweise enge methodische Grenzen der Aussagemöglichkeit stößt.

α) Die früheren Untersuchungen haben ganz überwiegend ergeben, daß in Sicherungsverwahrung zu einem unverhältnismäßig großen Anteil eher »gemeinlästige« Täter und vergleichsweise selten solche Personen einsaßen, die zu Gewaltdelikten neigten; die Verteilung nach Deliktsgruppen zeigte einen Anteil von etwa 70% der Vermögens- und Eigentumstäter. – Es bleibt der zukünftigen Forschung vorbehalten, zu überprüfen, in welchem Ausmaß sich insoweit Änderungen ergeben haben.
Im einzelnen zeigten nach den von *Lotz* (1939, 37) untersuchten Sicherungsverwahrten 76,5% als Hauptdeliktsrichtung Vermögensstraftaten. Aufgrund einer Untersuchung von 140 Sicherungsverwahrten, die nach 1945 eingewiesen wurden und bis 1959 entlassen worden waren, meinte *Schachert* (1963, 44), für etwa 75% sei die Bezeichnung «gefährlicher Gewohnheitsverbrecher« von der Schwere der begangenen Taten her gesehen als unzutreffend zu bezeichnen; es habe sich meist um eine Reihe geringfügiger, oft sinnlos anmutender Taten gehandelt, die in den seltensten Fällen eine ansehnliche Beute eingetragen hätten. *Hellmer* (1961, 24 f.) hat im Anschluß an eine differenzierte Untersuchung die Mehrzahl der Sicherungsverwahrten als auf der Grenze zwischen Gemeingefährlichkeit und Gemeinlästigkeit stehend bezeichnet.

β) Diesem Bild entsprechen die gleichfalls in den empirischen Untersuchungen ermittelten erheblichen Quoten an Vorstrafen wie auch an Rückfälligkeit nach Entlassung aus der Sicherungsverwahrung; bezüglich der Altersstruktur der Sicherungsverwahrten war nur ein verschwindend geringer Anteil unter 30 Jahren alt.

d) Die Sicherungsverwahrung wird *nach* der Freiheitsstrafe vollstreckt, das heißt ein Vikariieren ist ausgeschlossen (§ 67 Abs. 1 StGB; s. o. § 24 I. 2. d)).
Der AE hatte vorgeschlagen, vor Durchführung einer Sicherungsverwahrung eine sozialtherapeutische Behandlung von vier Jahren stattfinden zu lassen (§ 70 Abs. 1, 3 AE-StGB).

Die Vollstreckung der Unterbringung kann gegebenenfalls zur Bewährung ausgesetzt werden, und zwar entweder nach dem Vollzug der Freiheitsstrafe (§ 67c Abs. 1 StGB) oder nach einer Teilvollstreckung der Maßregel (§ 67e StGB). In beiden Fällen ergeben sich besondere methodische Probleme der Datenerhebung zur Prognosestellung (s. auch o. § 36 V. 2. a)).

Bei der Vollstreckung der Sicherungsverwahrung tritt das Ziel einer »Re-Sozialisierung« gegenüber dem Sicherungszweck zurück, scheidet jedoch nicht aus (§ 57d Abs. 2 StGB, §§ 129, 134 StVollzG). Die Durchführung des Vollzuges geschieht, von einzelnen Sondervorschriften abgesehen (§§ 129 ff. StVollzG), nach den für den Vollzug der Freiheitsstrafe geltenden Bestimmungen.

Diese Regelung wird damit begründet, daß in anderer Weise Ordnung innerhalb der Anstalt nicht zu verwirklichen sei (vgl. auch BVerfGE 2, 118 [120]). Da jedoch allein zum Zweck der Sicherung des Schutzes der Allgemeinheit an der kumulativen Verhängung und Vollstreckung festgehalten wird, wäre demgegenüber ein »Hotelvollzug« die gebotene Konsequenz (vgl. § 70 Abs. 4 AE-StGB). Anregungen zur Vollzugsausgestaltung könnten möglicherweise solche Anstalten des Auslandes geben, die nach außen über ein festes Sicherungssystem, im inneren aber über eine innerhalb dieser Grenzen vergleichsweise größere Freiheit verfügen sollen (vgl. etwa Vacaville/Kalifornien).

e) Während die Häufigkeit der Sicherungsverwahrung im Jahre 1934 bei 3.723, im Jahre 1939 bei 1.827 und im Jahre 1940 bei 1.916 lag, wurde die Zahl 200 in den Jahren 1945 bis 1960 nur zweimal überschritten, und zwar im Jahre 1958 mit 208 und im Jahre 1959 mit 230 (vgl. zum ganzen *Hellmer* 1961a, 16f.; 1961b, 545). Im Anschluß an das 1. StrRG (aus dem Jahre 1969) hatte sich bereits im Jahre 1970 die Zahl der Verhängungen von Sicherungsverwahrung auf 110 verringert; in den Jahren 1971 bis 1976 betrugen die Zahlen der Verhängungen 116, 114, 84, 69, 52 und 60. – Am 31.3. der Jahre 1970 bis 1977 befanden sich insgesamt 718, 502, 382, 376, 376, 337, 301 und 271 Personen in Sicherungsverwahrung (StVollzSt 1970–1977, Tab. 5).

Die Schwankungen in der Häufigkeit der Anordnung von Sicherungsverwahrung lassen teilweise auf das Ausmaß der Unbestimmtheit der Voraussetzungen dieser Maßregel in der früheren und in der gegenwärtigen Fassung schließen.

§ 40 Rechtsfolgen nach Jugend- und Erwachsenenstrafrecht

I. Rechtsfolgen ohne Freiheitsentziehung (außer betreffend die Teilnahme am Straßenverkehr)

1. a) Die Vorschriften über Verfall (§§ 73 ff. StGB) und Abführung des Mehrerlöses (§§ 8 ff. WiStG) sollen dem Täter die Vermögensvorteile seiner Tat entziehen. Es handelt sich dabei nicht (mehr) um eine Nebenstrafe, sondern um eine Maßnahme (vgl. § 11 Abs. 1 Nr. 8 StGB) zur Beseitigung einer ungerechtfertigten Bereicherung im Sinne des § 812 BGB. Dem entspricht es, daß Voraussetzung eine rechtswidrige Tat ist, ohne daß es auf die Schuld des Täters ankommt. – Ein Schadensersatzanspruch des Verletzten darf durch den Verfall nicht beeinträchtigt werden (§ 73 Abs. 1 S. 2 StGB) und ist jedenfalls in Abzug zu bringen, weil andernfalls ein Vermögenszuwachs des Staates auf Kosten des Verletzten eintreten würde. Dies bedeutet für die Praxis, daß der Verfall bei Vermögensdelikten wegen des Vorrangs des Verletzten in der Regel nicht angeordnet werden kann. – Im übrigen unterbleibt der Verfall, wenn die Anordnung für den Betroffenen eine unbillige Härte bedeuten würde (§ 73a Abs. 1 StGB).

Soweit die Anordnung des Verfalls gegen einen Dritten gerichtet werden kann (§ 73 Abs. 3 StGB [§ 822 BGB]), gilt dies dann nicht, wenn Dritter eine juristische Person oder eine Personenvereinigung ist und gegen diese eine Geldbuße festgesetzt ist (§ 30 Abs. 5 OWiG, lex specialis). Diese Geldbuße als die speziellere Sanktionsart dient nämlich auch dem Zweck, unrechtmäßig erlangte Gewinne abzuschöpfen, so daß die Gefahr einer doppelten Sanktion auszuschließen war. Gemäß §§ 30 Abs. 3, 17 Abs. 4 OWiG kann durch diese Geldbuße die ungerechtfertigte Bereicherung vollständig abgeschöpft werden.

b) Die Vorschriften über die *Einziehung* (§§ 74 ff. StGB; entsprechend §§ 22 ff. OWiG) haben keine einheitliche Rechtsnatur (s. aber § 11 Abs. 1 Nr. 8 StGB); sie dienen jedenfalls, und zwar auch in den beiden Fällen mit strafähnlichem Charakter (§§ 74 Abs. 2 Nr. 1, 74a StGB), (zugleich) allgemeinen Zwecken von Schutz und Sicherung der Allgemeinheit.

α) Aus diesem Grunde unterliegt die Einziehung nicht den allgemeinen Bemessungsprinzipien (§ 46 StGB), sondern (nur) dem Grundsatz der Verhältnismäßigkeit (§ 74b StGB). Für zahlreiche Fälle ist jedoch, sowohl nach Bestimmungen des Besonderen Teils des StGB als auch nach solchen des Nebenstrafrechts, festgelegt, daß die Einziehung nicht dem Ermessen des Gerichts unterliegt, sondern stattzufinden hat (vgl. z.B. §§ 150, 285b S. 1 StGB).

β) Die Einziehung richtet sich auf unmittelbar durch die Tat hervorgebrachte Gegenstände (= *producta sceleris*) sowie auf die zur Tatvorbereitung oder -begehung gebrauchten oder bestimmt gewesenen Gegenstände (= *instrumenta sceleris*). Außer diesen Gegenständen können als erweiterte Einziehung (s. § 74 Abs. 4 StGB) auch solche erfaßt werden, auf die sich die Tat »bezieht« (z.B. §§ 92 b Nr. 2, 101 a Nr. 2, 132 Abs. 4, 264 Abs. 5 S. 2, 325 a Nr. 2 StGB).

Die Möglichkeit der ersatzweisen Einziehung des Wertes des Einziehungsgegenstandes (§ 74c StGB) hat von allen Formen der Einziehung am deutlichsten Strafcharakter; ein Geldbetrag nämlich stellt kaum eine Gefährdung der Allgemeinheit dar. Demgegenüber ist die

Einziehung und Unbrauchbarmachung von Schriften und anderen Darstellungen (§ 74 d StGB), ebenso wie die »unterschiedslose« Einziehung gemäß § 74 Abs. 2 Nr. 2 StGB, eine Sicherungsmaßnahme; in beiden Fällen kommt es daher auf die Schuld des Täters nicht an (vgl. im einzelnen *Jescheck* 1978, 645 ff.).

2. Die Maßregel der Führungsaufsicht (§§ 68 ff. StGB) stellt den Versuch dar, beaufsichtigende Kontrolle und helfende Betreuung in einem Instrument praktischer Kriminalpolitik zu vereinigen. Ein wesentlicher Einwand gegenüber diesem Kontrollinstrument besteht darin, daß weder abstrakt noch hinsichtlich der Verwirklichung eine Integration der beiden genannten Zwecke gelingen zu können scheint. Inwieweit dem die These oder Erfahrung seitens der Praxis abzuhelfen vermag, wonach die Überwachung eines Probanden am wirkungsvollsten durch Betreuung gewährleistet wird, erscheint fraglich. Hinzu tritt die Problematik der Zweigleisigkeit (oder Überbetreuung) in der Zusammenarbeit von Führungsaufsichtsstelle (s. hierzu Art. 295 EGStGB) und Bewährungshilfe (s. hierzu *Brusten* 1978, 208 ff.). Insofern sind Ausgestaltung und erwartete Einwirkungsmöglichkeiten dieser Maßregel vergleichsweise vage.

Die Führungsaufsicht findet unter durchaus unterschiedlichen Voraussetzungen für nicht minder unterschiedliche Tätergruppen Anwendung.

Zu unterscheiden ist die Kannvorschrift der Anordnung der Führungsaufsicht nach Strafverbüßung (vgl. § 68 Abs. 1 StGB; bezüglich § 68 Abs. 1 Nr. 2 StGB s. §§ 129a Abs. 7, 181b, 228, 239c, 245, 256, 262, 325 StGB) von der kraft Gesetzes eintretenden Führungsaufsicht im Zusammenhang mit einer freiheitsentziehenden Rechtsfolge (§ 68 Abs. 2 StGB).

Während die erstgenannte Gruppe von Fallgestaltungen eine Prognosestellung voraussetzt, kommt es bei der zweitgenannten Gruppe auf eine solche nur insofern an, als die Maßregel der Führungsaufsicht durch gerichtliche Anordnung entfallen kann (§ 68 f. Abs. 2 StGB). Ferner ergeben sich erhebliche Unterschiede hinsichtlich der Art des im Zusammenhang mit der Führungsaufsicht stehenden Freiheitsentzuges, so daß auch insofern unterschiedliche Techniken, Methoden sowie sächliche und personelle Voraussetzungen zur Durchführung dieser Maßregel geschaffen werden müßten.

a) Wesentlich für das Verständnis der kriminalpolitischen Intentionen, die hinter der Einführung der Maßregel der Führungsaufsicht gestanden haben, ist ein Verhütungsinteresse betreffend potentielle künftige Straftaten; insofern dürfte diese Maßregel primär nicht etwa gegenüber sogenannten »gemeinlästigen« Personen Anwendung finden. In den Fällen der (sofortigen oder späteren) Aussetzung einer freiheitsentziehenden Maßregel (§§ 68 Abs. 2 i.V.m. 67b Abs. 2, 67c Abs. 1 S. 2 StGB) hat die Führungsaufsicht hingegen eher eine Schutzfunktion zugunsten des Betroffenen und kommt der Aussetzung der Strafvollstreckung zur Bewährung nahe.

b) Was die für die Dauer der Führungsaufsicht oder für eine kürzere Zeit möglichen Weisungen angeht (§ 68b StGB), so ist der gesetzliche Katalog, im Unterschied zu demjenigen der im Rahmen der Aussetzung der Strafvollstreckung zur Bewährung möglichen Weisungen (§ 56c Abs. 2 StGB), vielgestaltiger gefaßt; jedoch ist auch er nicht abschließend (s. § 68b Abs. 2 S. 1 StGB; zur Unzumutbarkeit s. § 68b Abs. 3 StGB). Die Schwierigkeit bei den hier gemeinten Weisungen liegt darin, daß sie genau bestimmt werden müssen (§ 68b Abs. 1 S. 2 StGB), da die Weisungen des § 68b Abs. 1 StGB strafbewehrt sind (§ 145 a StGB).

Gegen eine Kriminalstrafe wegen Weisungsverstoßes bestehen gemäß dem Verhältnismäßigkeitsprinzip allerdings Bedenken, wenn eine Strafe oder Maßregel bereits voll verbüßt ist (vgl. *Jescheck* 1978, 667 m.w.N.). Soweit noch eine Reststrafe oder -maßregel zu vollstrecken ist, habe § 145a StGB ohnehin keine praktische Bedeutung (vgl. *Jescheck* 1978, 667 Fußn. 7).

II. Rechtsfolgen betreffend Teilnahme am Straßenverkehr

1. a) Das *Fahrverbot* (§ 44 StGB, § 25 StVG) als Spezialsanktion für Kraftfahrer ist die einzige Nebenstrafe des geltenden Rechts; es kann also nur zugleich mit einer anderen Strafe verhängt werden (anders § 55 AE-StGB mit Begründung S. 109 f.). Die wesentliche Funktion des Fahrverbots ist die Sanktionierung solcher Fahrzeugführer, die vergleichsweise schwere Verkehrsdelikte (vgl. §§ 315 ff. StGB) schuldhaft begangen haben, ohne daß ihre generelle Eignung zur Teilnahme am Straßenverkehr in Frage stünde. Dabei ist, im Unterschied zur Anordnung der Maßregel der Entziehung der Fahrerlaubnis (§§ 69 ff. StGB, s. u. 2.), eine negative Prognose nicht erforderlich. Demgemäß beeinträchtigt das Fahrverbot die Fahrerlaubnis dem Grunde nach nicht, das heißt nach Ablauf der Verbotsfrist braucht letztere nicht erneut erworben zu werden.

α) Die amtliche Verwahrung des Führerscheins durch die Vollstreckungsbehörde – beziehungsweise bei ausländischen Führerscheinen ein Vermerk (§ 44 Abs. 3 S. 1 StGB) – dient demgemäß allein der Sicherung des Verbots. – Bezieht sich das Fahrverbot nur auf eine bestimmte Art von Fahrzeugen, so muß dem Verurteilten ein beschränkter Ersatzführerschein ausgestellt werden.

Im einzelnen meint der Wortlaut »bei . . . Führen eines Kraftfahrzeuges« Straßenverkehrsdelikte, während der Wortlaut »im Zusammenhang mit dem Führen eines Kraftfahrzeuges« solche Taten erfaßt, bei denen das Kraftfahrzeug zur Begehung eines anderen Delikts, nicht unbedingt eines Straßenverkehrsdelikts, verwandt wurde. Hiernach kann die Fahrerlaubnis auch dann entzogen werden, wenn es zumindest primär nicht um den Schutz der Verkehrssicherheit geht. In diesen Fällen ist Fahrverbot keine spezifisch verkehrsrechtliche Rechtsfolge.

β) Der Vergleich zwischen einem sogenannten Sonntagsfahrer und einem auf das Kraftfahrzeug angewiesenen Berufsfahrer läßt Bedenken gegenüber der Sanktion des Fahrverbots erkennen, die den Grundsatz der Opfergleichheit berühren. Handelt es sich nämlich um einen Täter, der etwa aus beruflichen Gründen auf das Kraftfahrzeug angewiesen ist, so kann diese Sanktion erhebliche berufliche und damit auch soziale Nachteile für den Täter haben (s. zur Berufsverteilung der Betroffenen ausführlich KBA 1978, E 7 f.).

γ) Zeiträume einer behördlich veranlaßten Anstaltsverwahrung werden in die Verbotsfrist nicht eingerechnet (§ 44 Abs. 4 S. 2 StGB), da dies die einzige Möglichkeit darstelle, das Fahrverbot auch in solchen Fällen effektiv werden zu lassen. Jedoch erwachsen dem Fahrverbot dadurch insoweit Elemente einer zeitlichen Kumulation von Rechtsfolgen. Es bedeutet eine zusätzliche Belastung des zur Freiheitsstrafe ohne Aussetzung der Vollstreckung zur Bewährung Verurteilten, im Vergleich etwa zu solchen Personen, die zu Geldstrafe oder zu Freiheitsstrafe unter Aussetzung der Vollstreckung zur Bewährung verurteilt worden sind, wobei diese zusätzliche Benachteiligung von der Hauptstrafe her nicht gedeckt ist.

b) α) Als Nebenstrafe wird das Fahrverbot nach den allgemeinen Strafzumessungsregeln behandelt (s. o. § 24 IV.), wenngleich gewisse Einschränkungen des Strafzumessungsermessens des Gerichts bestehen (§ 44 Abs. 1 S. 2 StGB, § 25 Abs. 1 S. 2 StVG).

β) Bei Verstößen gegen das Fahrverbot (§ 21 StVG) kann ein Fahrverbot auch erneut verhängt werden.

2. a) Die Maßregel der *Entziehung der Fahrerlaubnis* (§§ 69 ff. StGB; zur vorläufigen Entziehung s. § 111a StPO) dient der Gewährleistung der Verkehrssicherheit. Im Unterschied zur Nebenstrafe des Fahrverbots (§ 44 StGB, s. o. 1.) stellt sie auf die Ungeeignetheit zum Führen von Kraftfahrzeugen ab und setzt lediglich eine rechtswidrige Straftat voraus. Die Maßregel der Entziehung der Fahrerlaubnis, die unter dem Strafschutz des § 21 StVG steht, ist auch hinsichtlich des Eingriffs deshalb weitreichender als das Fahrverbot, weil ein größerer zeitlicher Spielraum besteht und, vor allem, weil die Fahrerlaubnis verlorengeht und nach Ablauf der Sperrfrist neu verliehen werden muß.

Weiterreichend als die strafrechtlichen Eingriffsmöglichkeiten ist die Regelung der Entziehung der Fahrerlaubnis durch die Verwaltungsbehörden (§ 4 StVG, §§ 3, 15b StVZO). Diese ist insbesondere für solche Fälle der Ungeeignetheit vorgesehen, die noch nicht zu einer Verkehrsstraftat geführt haben (zur Sperr- und Feststellungswirkung eines Strafverfahrens für die Verwaltungsbehörde s. § 4 Abs. 2 und 3 StVG).

b) Wegen der Voraussetzungen einer bestimmten Beziehung der rechtswidrigen Straftat zum Führen von Kraftfahrzeugen gilt das zum Fahrverbot Gesagte (s. o. 1.) Die Prüfung der Frage, ob sich »aus der Tat« eine Ungeeignetheit zum Führen von Kraftfahrzeugen »ergibt«, bereitet in der Praxis erhebliche Schwierigkeiten, und zwar auch bei Berücksichtigung aller relevant erscheinenden personalen und sozialen Umstände. Das Strafgericht verfügt über Informationen nur aus einem Ausschnitt des Persönlichkeitsbildes des Täters, so daß es zu einer abschliessenden Beurteilung der Fahrtauglichkeit oftmals nicht in der Lage ist. Insofern haben die Regelbeispiele einer Ungeeignetheit (§ 69 Abs. 2 StGB), die eine Einschränkung des Ermessens des Gerichts hinsichtlich der Annahme der Ungeeignetheit darstellen, eine Hilfs- und zugleich Begrenzungsfunktion für die Rechtsprechung. Eine solche Begrenzung ist umso mehr angezeigt, als für diese Maßregel – im Unterschied zu allen anderen Maßregeln – eine Prognose über die drohende Gefahr nicht erforderlich ist; anders verhält es sich nur im Falle der lebenslangen Sperrfrist (§ 69a Abs. 1 S. 2 StGB). Zudem bedarf es einer Prüfung der Verhältnismäßigkeit der Entziehung der Fahrerlaubnis nicht (§ 69 Abs. 1 S. 2 StGB), weil angenommen wird, daß das Vorliegen der genannten Ungeeignetheit bei der Eigenart des Straßenverkehrs stets eine vom Täter ausgehende Gefahr für die Verkehrssicherheit darstelle und insofern eine Unverhältnismäßigkeit ausschließe (zu § 42 m StGB a.F. BGHSt 5, 168 [174 f.]; BGHSt 7, 165 [168]; zum Vorschlag de lege ferenda, z.B. bei Berufskraftfahrern die Entziehung gegebenenfalls auf das private Führen von Kraftfahrzeugen zu beschränken, vgl. *Rebmann* 1978, 301).

Die Anordnung der Entziehung der Fahrerlaubnis ist davon unabhängig, ob die Vollstreckung der Strafe zur Bewährung ausgesetzt (zu §§ 42 m, 23 StGB a. F. BGHSt 15,316 [319 ff.]) oder ob von Strafe abgesehen worden ist (BayObLG DAR 1972, 215).

3. a) Die Häufigkeitsanteile der Verhängung des Fahrverbots an allen Verurteilungen wegen Straßenverkehrsstraftaten sind wesentlich geringer als diejenigen der Entziehung der Fahrerlaubnis (s. Tab. 21, allerdings mit Verzerrungen wegen der unterschiedlichen Bezugsgrößen).

Tabelle 21: Fahrverbot und Verurteilungen, Entziehung der Fahrerlaubnis und Aburteilungen (abzüglich Freisprüche und Einstellungen des Verfahrens ohne Maßregeln*, jeweils bei Straßenverkehrsstraftaten (Quelle: StrafSt 1970 – 1976, Tab. 2, 3)

Jahr	Verurt. insg.	Verhängung von Fahrverbot		Entziehung d. Fahrerlaubnis		Aburt. abzügl. s.o.*
		insg.	in % von Verurt.	insg.	in % von Aburt.	
1970	308 088	12 216	4,0	130 276	42,0	311 057
1971	322 166	12 574	3,9	137 295	42,1	325 868
1972	330 062	13 319	4,0	150 223	45,0	333 887
1973	335 635	13 929	4,1	156 495	46,0	340 037
1974	317 401	15 437	4,9	151 327	47,0	322 049
1975	297 275	16 487	5,5	154 465	51,0	302 861
1976	310 572	20 142	6,5	163 609	51,4	318 109

Diese Häufigkeitsverteilung mag darauf beruhen, daß der für das Fahrverbot vorgesehene Zeitraum von höchstens drei Monaten (44 Abs. 1 S. 3 StGB) als zu kurz beurteilt wird; vielfach wird eine Bemessung des Fahrverbots nach Jahren einschließlich der Möglichkeit der Aussetzung zur Bewährung vorgeschlagen (vgl. auch *Rebmann* 1978, 300 f.).

Für die vorgenannte Überlegung könnte sprechen, daß bei den Entziehungen hinsichtlich der Dauer der Sperre (§ 69 StGB) die längeren gegenüber den kürzeren Fristen überwiegen.

So war bei den gerichtlichen Entziehungen gegenüber Heranwachsenden und Erwachsenen insgesamt zum Beispiel in den Jahren 1974 bis 1976 in 64,6%, 64,5% und 66,0% eine Frist von zwischen sechs Monaten und zwei Jahren und in 32,1%, 32,8% und 31,1% der Fälle eine solche von bis zu sechs Monaten angeordnet worden (StrafSt 1974–1976, Tab. 2); der Anteil an Fällen mit einer Sperrfrist von bis zu sechs Monaten ist seit Mitte der 60er Jahre gesunken.

b) Bezüglich der gerichts- und behördeninternen Anwendungsregeln von Fahrverbot und Entziehung der Fahrerlaubnis läßt sich tendenziell eine generalisierte Trennung in »Alkoholstraftäter« und »Nichtalkoholstraftäter« feststellen. So lag den gerichtlichen Entziehungen der Fahrerlaubnis (der Klassen 1–5) wegen Straßenverkehrsstraftaten zum Beispiel im Jahre 1977 in 94,9% Trunkenheit am Steuer zugrunde (KBA 1978, E 11). Unter den wegen Straßenverkehrsstraftaten gerichtlich verhängten Fahrverboten gemäß § 44 StGB war das zwar nur in 36,4% (KBA 1978, E 27), bei den gemäß § 25 StVG gerichtlich verhängten Fahrverboten jedoch in 82,7% (KBA 1978, E 29) der Fall; was endlich die verwaltungsbehördlich wegen Straßenverkehrsstraftaten angeordneten Fahrverbote gemäß § 25 StVG angeht, so lag in 78,3% (KBA 1978, E 29) Trunkenheit am Steuer zugrunde.

Gegenüber dem Ausmaß der Dominanz dieses Kriteriums läßt sich einwenden, daß es kaum generell als gegenüber bestimmten personalen oder sozialen Merkmalen relevanter angesehen werden kann, zumal ein nicht unerheblicher Anteil der Straßenverkehrsstraftaten, und darunter auch solcher mit Todesfolgen, ohne einen nachweisbaren Alkoholeinfluß der Kraftfahrzeugführer geschieht. In diesem Zusammenhang sei erwähnt, daß es – nach Zahlen bis Ende 1973 (KBA 1974, V 2) – zum Beispiel bei 22,3% der Vielfachtäter (= sieben und mehr Eintragungen im VZR) noch nie zu einer rechtswirksamen Entziehung der Fahrerlaubnis gekommen war. – Im übrigen ist die generelle Geeignetheit dieser Rechtsfolgen gegenüber Trunkenheit im Straßenverkehr ohnehin in Frage gestellt (vgl. auch *Kunkel/Menken* 1978)

III. Rechtsfolgen unter Freiheitsentziehung

1. a) α) In erweiterter Auslegung oder aber in Umdeutung des Funktionsverständnisses der Untersuchungshaft (s. o. § 31 I. 1.) ist als Haftgrund auch die »Schwere der Tat«, (vgl. § 112 Abs. 3 StPO) vom Gesetz vorgesehen; er gilt als verfassungsrechtlich vertretbar, sofern zusätzlich, und zwar in nur geringerer Intensität als ansonsten erforderlich, Flucht oder Fluchtgefahr oder Verdunkelungsgefahr gegeben sind (BVerfGE 19, 342 [350]).

β) Darüber hinaus kennt das Gesetz einen Haftgrund der »Wiederholungsgefahr« (§ 112a StPO), dessen Funktion es ist, die Begehung weiterer erheblicher Straftaten gleicher Art oder die Fortsetzung einer Straftat durch den Tatverdächtigen vor rechtskräftiger Aburteilung zu verhindern, daß heißt der Haftgrund erschöpft sich in der Sicherung der Allgemeinheit. Dieser Haftgrund kommt, neben zusätzlichen Voraussetzungen, nur in Betracht, wenn der Tatverdacht Sittlichkeitsdelikte (§ 112a Abs. 1 Nr. 1 StPO) oder bestimmte andere Straftaten unterschiedlicher Deliktsgruppen (Gewalt-, Vermögens- und Rauschgiftdelikte sowie gemeingefährliche Straftaten, § 112a Abs. 1 Nr. 2 StPO) betrifft. Bezüglich der Sittlichkeitsdelikte gilt dieser Haftgrund, ohne daß eine Vorstrafe wegen dieser Delikte vorausgesetzt ist (Umkehrschluß aus § 112a Abs. 1 S. 2 StPO).

γ) Während sich bei den Haftgründen der Flucht oder Fluchtgefahr und der Verdunklungsgefahr die richterliche Prognose auf Verstoß gegen prozessuale Pflichten bezieht (s. o. § 31 I. 1. a)), muß bei dem Haftgrund der Wiederholungsgefahr eine Prognose bezüglich (weiterer) Straftaten gestellt werden.

Der erstgenannte Haftgrund (§ 112 Abs. 3 StPO) und der Haftgrund der Wiederholungsgefahr betreffend Sittlichkeitsdelikte (§ 112 Abs. 4 StPO a.F., § 112a Abs. 1 Nr. 1 StPO n.F.) wurden durch Strafprozeßänderungsgesetz vom 19.12.1964, der Haftgrund der Wiederholungsgefahr betreffend bestimmte andere Straftaten durch Änderungsgesetz vom 7.8.1972 eingeführt.

Die verfassungsrechtlichen Bedenken beziehen sich unter anderem auf das persönliche Freiheitsrecht (Art. 2 Abs. 1 S. 2 GG) und auf das Prinzip der Verhältnismäßigkeit. Soweit dieses Prinzip zugunsten der »Effektivität der Verbrechensbekämpfung« zurücktreten müsse, bedürfe diese Begründung eines Beleges des Inhalts, daß andernfalls eine mangelnde Effektivität der Strafverfolgungsbehörden bestehe, und daß dieser Mangel auf dem Fehlen dieser Haftgründe beruhe (vgl. *Krümpelmann* 1976, 47 f.).

b) Betreffend die Wiederholungsgefahr handelt es sich bei den Deliktsgruppen der Körperverletzung und des Diebstahls (s. § 112a Abs. 1 Nr. 2 StPO) um solche, die in besonderem Maße von einer Überrepräsentierung sozio-ökonomisch unterer sozialer Gruppen unter den (registrierten) Tätern gekennzeichnet sind. Ferner betreffen einige der in § 112a Abs. 1 Nr. 1 StPO und sämtliche der in § 112a Abs. 2 StPO genannten Taten zu einem nicht unerheblichen Anteil Gruppendelikte (einschließlich solcher, die von Rocker- und Schlägergruppen begangen werden), wobei die Beteiligten oder Zugehörigen sich überwiegend aus Angehörigen sozio-ökonomisch unterer Gruppen rekrutieren. Hiernach dürfte, was die Frage unterschiedlicher Verfolgungsintensität angeht, eine Folge dieser beiden gesetzlichen Haftgründe in der Erhöhung der (mittelbaren) Bedeutung sozio-ökonomischer Merkmale liegen.

c) α) Zur zahlenmäßigen Bedeutung dieser beiden Haftgründe im Vergleich zu den übrigen Haftgründen (s. o. § 31 II.) ergaben sich in Niedersachsen für das Jahr 1966 folgende Anteile (vgl. *Krümpelmann* 1970, 1063): Fluchtgefahr = 91,0%, Verdunkelungsgefahr = 3,6%, Wiederholungsgefahr = 3,8%, Tatschwere (Tötungsverbrechen) = 1,7%. Hiernach betrugen die Haftgründe der Tatschwere (Tötungsverbrechen) und der Wiederholungsgefahr 5,5% der Gesamthaftzahl. – Zwischen 1964 und 1968 ist der Verhaftungsquotient des Haftgrundes gemäß § 112a Abs. 1 Nr. 1 StPO gesunken (vgl. *Krümpelmann* 1970, 1094). Der berichtete Anstieg des Haftquotienten in Bayern mag auch auf die Erweiterung der Möglichkeiten zur Subsumtion des Haftgrundes der Wiederholungsgefahr im Jahre 1972 zurückzuführen sein. Ergänzt sei, daß nach früheren Befunden bei der überwiegenden Zahl der Fälle neben der Wiederholungsgefahr ein anderer Haftgrund bestanden habe (vgl. *Krümpelmann* 1970, 1094).

β) Nach den erstmals im Jahre 1976 in der StrafSt ausgedruckten bundeseinheitlichen Zahlen (s. hierzu o. § 31 II. 1.) ergaben sich Anteile von 1,15% des Haftgrundes »Schwere der Tat« (§ 112 Abs. 3 StPO), von 1,14% des Haftgrundes »Wiederholungsgefahr« bei Sittlichkeitsdelikten (§ 112a Abs. 1 Nr. 1 StPO) und von 1,81% des Haftgrundes »Wiederholungsgefahr« bei anderen Delikten (§ 112a Abs. 1 Nr. 2 StPO. – Während im einzelnen die 485 Fälle des erstgenannten Haftgrundes zu knapp 4/5 Mord und Totschlag betrafen, waren von den 764 Fällen des Haftgrundes »Wiederholungsgefahr« bei Nicht-Sittlichkeitsdelikten (§ 112a Abs. 1 Nr. 2 StPO) 42,7% (abs. 326 Fälle) solche des Einbruchdiebstahls (§ 243 Abs. 1 Nr. 1 StGB) und 6,02% (abs. 46 Fälle) solche der gefährlichen Körperverletzung (§ 223a StGB).

2. Voraussetzung der *Unterbringung in einem psychiatrischen Krankenhaus* als einer freiheitsentziehenden Maßregel der Besserung und Sicherung ist, daß eine Person wegen Schuldunfähigkeit (§ 20 StGB) nicht oder wegen verminderter Schuldfähigkeit nur unter Zubilligung einer Milderung (§§ 21, 49 StGB) bestraft werden kann, sie jedoch wegen von ihr zu erwartender erheblicher rechtswidriger Taten für die Allgemeinheit gefährlich ist (§ 63 Abs. 1 StGB). – Soweit auch die Voraussetzungen zur Unterbringung nach allgemeinen landesrechtlichen Regelungen vorliegen (vgl. aber Art. 104 GG), besteht eine Konkurrenz zu dieser Maßregel.

Zweck der strafrechtlichen Maßregel der Unterbringung in einem psychiatrischen Krankenhaus ist die Sicherung des Schutzes der Allgemeinheit durch Isolierung; zugleich soll eine »Re-Sozialisierung« (§§ 63 Abs. 2, 65 Abs. 3 StGB) des Täters angestrebt werden. Dem Prinzip des geringstmöglichen Eingriffs, das sich aus dem Verhältnismäßigkeitsgrundsatz ableitet (§ 62 StGB), kommt bei dieser Maßregel deshalb besondere Bedeutung zu, weil bei einem Großteil der Betroffenen die Unterbringung in einem psychiatrischen Krankenhaus als wenig geeignet gilt. Es handelt sich um solche Tätergruppen, bei denen psychiatrische Behandlungsmethoden nicht angezeigt erscheinen, und die andererseits eine erhebliche Belastung für den Anstaltsablauf darstellen. Als weniger eingreifende Maßnahmen bieten sich unter anderem gegebenenfalls an die Familienbetreuung (vgl. RGSt 69, 12 [13]; BGH NJW 1951, 450), die Einrichtung einer Vormundschaft (BGH LM § 42b Nr. 18, OLG Saarbrücken NJW 1964, 1634), die freiwillige psychotherapeutische Behandlung (vgl. zum ganzen *Jescheck* 1978, 653 f.).

a) Der Vollzug der Maßregel, der in Anstalten der Gesundheitsverwaltung stattfindet, richtet sich im wesentlichen nach anderen landes - oder bundesrechtlichen Bestimmungen als denjenigen des StVollzG (§§ 136, 138 StVollzG).

b) Bei den Möglichkeiten zur Aussetzung der Vollstreckung der Maßregel der Unterbringung in einem psychiatrischen Krankenhaus zur Bewährung ist zu unterscheiden zwischen der Aussetzung der Vollstreckung bei der Unterbringungsanordnung durch das erkennende Gericht (§ 67b Abs. 1 S. 1 StGB) und der Aussetzung der Vollstreckung im Falle einer vorweg vollzogenen Freiheitsstrafe durch die Strafvollstreckungskammer (§ 67c StGB) sowie der Möglichkeit der Aussetzung nach bisherigem Vollzug dieser Maßregel (§ 67e StGB); in beiden zuletzt genannten Fällen bestehen besondere Schwierigkeiten zur Erstellung der Prognose.

c) Was die Häufigkeit der strafrechtlichen Maßregel der Unterbringung in einem psychiatrischen Krankenhaus anbetrifft, so wurde sie in den Jahren 1971 bis 1976 im Rahmen von Aburteilungen gegen 375, 390, 392, 399, 336 und 410 Personen angeordnet; sie liegt demgemäß insoweit gegenwärtig um ein Mehrfaches über der Häufigkeit der Maßregel der Unterbringung in der Sicherungsverwahrung (s. o. § 39 II. 2. e)).

3. Voraussetzung der Anordnung der *Unterbringung in einer Entziehungsanstalt* als einer freiheitsentziehenden Maßregel der Besserung und Sicherung ist gemäß § 64 Abs. 1 StGB zunächst, daß eine Person den »Hang« hat, alkoholische Getränke oder andere berauschende Mittel zu sich zu nehmen, und wegen einer rechtswidrigen Tat, die sie im Rausch begangen hat oder die auf den genannten Hang zurückgeht, verurteilt worden ist oder nur deshalb nicht verurteilt worden ist, weil sie schuldunfähig ist oder ihre Schuldunfähigkeit nicht auszuschließen ist (§ 64 StGB). Des weiteren muß die Gefahr bestehen, daß die Person infolge ihres »Hanges« weitere erhebliche rechtswidrige Taten begehen wird.

Neben dieser Maßregel sind Unterbringungsmaßnahmen nach Polizeirecht in weiterem Sinne und zum Schutz der Allgemeinheit wie auch des Betroffenen möglich, ohne daß eine Straftat vorliegen muß (vgl. aber Art. 104 GG).

Zweck der Maßregel der Unterbringung in einer Entziehungsanstalt soll primär die Besserung durch Behandlung des Betroffenen sein (vgl. § 64 Abs. 2 StGB); demgegenüber soll der Zweck der Sicherung des Schutzes der Allgemeinheit zurücktreten. So kommt es weder darauf an, daß der Betroffene für die Allgemeinheit gefährlich ist (§ 64 Abs. 1 a.E. StGB im Unterschied zu § 63 Abs. 1 a.E. StGB), noch ist die Anordnung zulässig, sofern eine »Entziehungskur von vornherein aussichtslos erscheint« (§ 64 Abs. 2 StGB); schließlich darf die Dauer der Unterbringung zwei Jahre nicht übersteigen (§ 67d Abs. 1 StGB). – Allerdings ist umstritten, ob sowohl bezüglich der Wahrscheinlichkeit als auch der Erheblichkeit zukünftiger rechtswidriger Taten (§ 64 Abs. 1 a.E. StGB) im Hinblick auf den vorrangigen Besserungszweck geringere Anforderungen zu stellen sind als bei der Unterbringung in einem psychiatrisches Krankenhaus (vgl. hierzu *Jescheck* 1978, 655 m.w.N.).

Was die Voraussetzungen des genannten »Hanges« angeht, so lassen sie sich wegen der mangelnden empirischen Erfaßbarkeit dieses Begriffs (vgl. hierzu §§ 65 Abs. 2 Nr. 3, 66 Abs. 1 Nr. 3 StGB) nicht eindeutig bestimmen. – Die Einbeziehung solcher Straftaten, die auf den

Hang »zurückgehen«, richtet sich auf den Bereich der sogenannten Beschaffungskriminalität.

a) Die Unterbringung wird in Anstalten der Gesundheitsverwaltung vollzogen, und zwar in der Regel in geschlossenen Abteilungen psychiatrischer Krankenhäuser; die Zuständigkeit der jeweiligen Anstalten ergibt der Vollstreckungsplan (§§ 53 Abs. 1, 22 Abs. 1 StVollstrO). Der Vollzug der Unterbringung richtet sich im wesentlichen nach Landesrecht (§ 138 StVollzG).

b) Wegen der Formen der Aussetzung der Vollziehung gilt das für die Maßregel der Unterbringung in einem psychiatrischen Krankenhaus Ausgeführte (s. o. I. 2. b)) entsprechend. Die Frist zur Überprüfung, ob die weitere Vollstreckung der Unterbringung zur Bewährung auszusetzen ist, beträgt sechs Monate (§ 67e Abs. 2 StGB).

c) Was die Häufigkeit der Maßregel der Unterbringung in einer Entziehungsanstalt anbetrifft, so wurde sie in den Jahren 1971 bis 1976 im Rahmen von Aburteilungen in 194, 191, 162, 183, 286 und 404 Fällen angeordnet.

§ 41 Eintragungen in das Erziehungs- und in das Zentralregister sowie in das Verkehrs- und in das Gewerbezentralregister

I. Eintragungen von Rechtsfolgen des Jugendstrafrechts

Die Bestimmungen über die Registrierung von Rechtsfolgen sind im Jugendstrafrecht gemäß dem Erziehungsgedanken weniger belastend oder stigmatisierend für den Verurteilten als im Erwachsenenstrafrecht, während sie andererseits die Existenz hinreichender Unterlagen für eine zukünftige richterliche Beurteilung des jugendlichen Straftäters sicherstellen.

1. Es werden im Zentralregister aus dem Bereich des Jugendstrafrechts nur die Jugendstrafe, Maßregeln der Besserung und Sicherung sowie die Aussetzung der Verhängung einer Jugendstrafe zur Bewährung eingetragen (§ 4 Nr. 1, 2, 4 BZRG), hingegen Erziehungsmaßregeln, Zuchtmittel, Nebenstrafen und Nebenfolgen nur dann, wenn sie mit den vorgenannten Rechtsfolgen verbunden werden (§ 5 Abs. 2 BZRG; im übrigen s. u. 2.). Die Feststellung fehlender Verantwortlichkeit gemäß § 3 S. 1 JGG wird nicht eingetragen (§ 12 Abs. 2 BZRG).

a) Bei Erteilung eines Führungszeugnisses (§§ 28 ff. BZRG) sind die Einschränkungen des Grundsatzes, nach dem in das Strafregister eingetragene strafgerichtliche Verurteilungen aufgenommen werden (§ 30 Abs. 1 BZRG), für nach Jugendstrafrecht verurteilte Personen weitreichender als für nach Erwachsenenstrafrecht verurteilte Personen (§ 30 Abs. 2 Nr. 2 – 4 BZRG). – Diese Besserstellung betrifft allerdings nicht das Verhältnis zu den Behörden der strafrechtlichen sozialen Kontrolle (§ 39 Abs. 1, s. aber Abs. 2 BZRG).

b) Auch was die Fristen zur Tilgung von Registereintragungen angeht, so bestehen Unterschiede für die nach Jugendstrafrecht verurteilten gegenüber den nach Erwachsenenstrafrecht verurteilten Personen (§ 44 Abs. 2 Nr. 1c) bis f), 2c) BZRG). – Über die Regelungen namentlich die Tilgung betreffend geht die für besondere Fälle geltende Institution der »Beseitigung des Strafmakels« (§§ 97 ff. JGG; s. auch §§ 15 Abs. 1 Nr. 5, 30 Abs. 2 Nr. 4 BZRG) noch hinaus. Dabei bestehen für den Fall der auch auf Antrag möglichen Beseitigung (§ 97 JGG) insofern Bedenken, als der Verurteilte die Überzeugung vermittelt haben muß, ein »rechtschaffener Mensch« zu sein (s. hingegen auch § 100 JGG).

2. Andere Entscheidungen der Jugendstrafgerichte werden in das Erziehungsregister eingetragen (§ 56 BZRG). Betreffend diese Eintragungen besteht nur eine begrenzte Auskunfts- (§ 57 BZRG) und Offenbarungspflicht (§ 59 BZRG).

Was § 58 BZRG betreffend die Entfernung dieser Eintragungen angeht, so sind in Abs. 1 durch Art. 24 Nr. 36a und Art. 326 Abs. 4 EGStGB mit Wirkung vom 1.1.1985 an folgende Sätze 2 und 3 eingefügt: »Die Eintragung über eine Fürsorgeerziehung wird erst nach Ablauf des 30. Lebensjahres entfernt. Über sie wird nach Ablauf des 24. Lebensjahres nur den Strafgerichten und Staatsanwaltschaften für ein Strafverfahren gegen den Betroffenen Auskunft erteilt«. – Diese Neufassung wird damit legitimiert, daß eine einmal angeordnete Fürsorgeerziehung von besonderer Bedeutung für die spätere Beurteilung der Persönlichkeit des Verurteilten sei.

II. Eintragungen von Rechtsfolgen des Erwachsenenstrafrechts

In das Zentralregister werden alle strafgerichtlichen Entscheidungen nach Erwachsenenstrafrecht eingetragen, durch die auf Strafe erkannt, eine Maßregel angeordnet oder eine Verwarnung mit Strafvorbehalt ausgesprochen wurde (§ 4 BZRG), ferner die Aussetzung der Vollstreckung einer Strafe oder Maßregel zur Bewährung, die Anordnung der Bewährungshilfe und das Ende der Sperrfrist bei der Entziehung der Fahrerlaubnis (§§ 8 f. BZRG). Hinzu treten die nachträglichen Entscheidungen nach allgemeinem Strafrecht (§ 14 BZRG).

1. Auskünfte aus dem Zentralregister werden entweder in Form eines Führungszeugnisses (§§ 28 ff. BZRG) oder in Form einer unbeschränkten Auskunft (§§ 39 ff. BZRG) erteilt.

a) Was das Führungszeugnis anbelangt, so werden im Interesse der Rehabilitation des Betroffenen bestimmte Eintragungen von vornherein (§ 30 Abs. 2 BZRG), teils nach Fristablauf (§§ 31, s. aber § 36 Abs. 1 BZRG), nicht in das Führungszeugnis aufgenommen. In diesen Fällen darf sich der Verurteilte als unbestraft bezeichnen (§ 51 Abs. 1 Nr. 1 BZRG).

b) Unbeschränkte Auskunft erhalten nur bestimmte Behörden (insbesondere die obersten Bundes- und Landesbehörden, Gerichte und Staatsanwaltschaften sowie die Kriminalpolizei) unter Angabe eines bestimmten Zwecks und unter Beschränkung auf denselben (§ 39 Abs. 1, 4 BZRG).

c) Ferner kann der Generalbundesanwalt unter bestimmten Voraussetzungen anordnen, daß Verurteilungen nicht in das Führungszeugnis aufgenommen werden (§ 37 BZRG).

2. Alle Eintragungen werden nach Ablauf bestimmter Fristen aus dem Register getilgt (§ 43 ff. BZRG); ausgenommen sind Verurteilungen zu lebenslanger Freiheitsstrafe und die Anordnung der Unterbringung in der Sicherungsverwahrung oder in einem psychiatrischen Krankenhaus (§ 43 Abs. 3 BZRG).

Die abgestuften Fristen betragen fünf, zehn und fünfzehn Jahre (§ 44 BZRG). – Ferner besteht unter bestimmten Voraussetzungen die Möglichkeit der Tilgung auf Anordnung des Generalbundesanwalts (§§ 46 f. BZRG).

Nach Tilgung oder eingetretener Tilgungsreife (s. § 43 Abs. 2 S. 1 BZRG) hat der Verurteilte das Recht, sich gegenüber jedermann, auch gegenüber Gerichten und bei eidlicher Vernehmung, als unbestraft zu bezeichnen (§ 51 Abs. 1 Nr. 2 BZRG). Ferner dürfen die Tat und die Verurteilung dem Betroffenen im Rechtsverkehr nicht mehr vorgehalten und nicht zu seinem Nachteil verwertet werden (§ 49 Abs. 1 BZRG, s. aber § 50 BZRG).

III. Eintragungen in das Verkehrs- und in das Gewerbezentralregister

1. Verwaltungsbehördliche und strafgerichtliche Entscheidungen wegen Strassenverkehrsdelikten werden im VZR eingetragen (§§ 28 ff. StVG, §§ 13 ff. StVZO sowie ergänzende Verwaltungsvorschriften).

2. Rechtskräftige Bußgeldentscheidungen wegen einer im Rahmen gewerblicher oder unternehmerischer Tätigkeit begangenen Ordnungswidrigkeit werden in das beim BZR geführte GZR eingetragen (§ 149 Abs. 2 Nr. 3 GewO).

In das GZR werden ferner solche Verwaltungsentscheidungen eingetragen, durch die die Ausübung eines Gewerbes untersagt oder eine Erlaubnis versagt oder zurückgenommen worden ist.

Die zentrale Erfassung dieser genannten Verwaltungs- und Bußgeldentscheidungen dient dem Zweck, den zuständigen Behörden Informationen für gewerberechtliche Entscheidungen betreffend Gewerbeerlaubnis oder -erteilung sowie Maßnahmen gegen unzuverlässige Gewerbetreibende zur Verfügung zu stellen. Der Registrierte kann, im Unterschied zu § 40 Abs. 1 S. 1 BZRG, uneingeschränkt Auskunft verlangen (§ 150 Abs. 1 GewO).

Vierter Titel   Ebenen der Wirksamkeitsbemessung

§ 42 Behördenbezogene Wirksamkeit

I. Formelle behördeninterne Handlungsnormen

Die Tätigkeit der Behörden formeller straftrechtlicher Reaktion unterliegt deren jeweiligen organisationsbedingten, institutionalisierten Binnennormen. Diese sind wesentlich umfassender und zugleich differenzierter sowie regional unterschiedlicher als zum Beispiel die RiStBV, wenngleich letztere Ausdruck ersterer sind. Die einzelnen Behördenvertreter haben ihr Verhalten und ihre Arbeitsweise den behördeninternen Handlungsnormen anzugleichen, falls sie die Kooperationsmöglichkeit mit anderen Behörden des strafrechtlichen Kontrollsystems und vor allem die Unterstützung von Vorgesetzten und Kollegen der eigenen Behörde nicht verlieren wollen. Hierbei ist auch wesentlich, daß die genannten Behörden hierarchisch organisiert und, wenngleich bezüglich der Gerichte in erheblich modifizierter Form, mit Aufstiegs- und Überwachungsnormen ausgestaltet sind. Gemäß allgemeiner Primärerfahrung wird angenommen, daß hierarchische Kontrolle in der Regel dazu führt, daß die kontrollierten Personen oder Rollenträger sich am status quo ausrichten und innovatorische Versuche zur Rollenbewältigung eher scheuen. Die verfestigte Konformität von Behördenvertretern den behördeninternen Handlungsnormen gegenüber, die eine Reflexion über außerbehördliche, mikro- oder makrostrukturelle Auswirkungen oder Funktionen dieser Normen kaum zuläßt, ist gelegentlich als Form von Ritualismus interpretiert worden (vgl. *Cohen* 1975, 135).

1. Eine zentrale behördeninterne Handlungsnorm betrifft die Erwartung, *effektiv* im Sinne der jeweiligen Behörde zu arbeiten. Dabei ist fraglich, inwieweit diese Effektivität an der Intensität und Qualität der Tätigkeit in jedem einzelnen Fall oder aber an der Zahl der Fälle gemessen wird, die der Behördenvertreter während der Dienstzeit zum Abschluß bringt.

a) Die Behörden als bürokratische Institutionen haben ein Interesse daran, das ihnen zugewiesene Aufgabengebiet möglichst reibungslos zu bewältigen. Diese sachlichen Zwecke verlangen in gewissem Maße eine individuell unbeteiligte Tätigkeit. Demgemäß entwickeln sich in der Praxis Reduktionsregeln, denen zufolge aus der Komplexität und Individualität jedes Falles nach Möglichkeit einzelne wenige, nahezu regelmäßig wiederkehrende Fakten herausgegriffen werden. – Diese Technik hat rechtspolitisch den Vorteil einer gewissen Rechtssicherheit.

b) Die Behörden sehen ein Kriterium für Effektivität darin, Entscheidungen so zu treffen und zu begründen, daß sie als kaum angreifbar erscheinen, und zwar auch nicht durch Erwartungsträger außerhalb der Verfahrensbeteiligten (z.B. Medien, bestimmte Organisationen, Interessengruppen). Dies ist am ehesten dann der Fall, wenn die Verfahren routinemäßig ablaufen und abgeschlossen werden. Jede außergewöhnliche Entscheidung macht es demgegenüber erforderlich, diese durch einen Mehraufwand an Zeit zu begründen, worunter die Effektivität im Sinne der Behörde zu leiden hätte.

c) Darüber hinaus entfalten sich im Zuge solcher Sachzwecke Regeln im Sinne einer Spiel- und Rollentheorie, die den Ablauf des formellen sozialen Reaktionsprozesses in der Mehrzahl der Fälle voraussehbar werden lassen. Dies gilt nicht zuletzt für die Hauptverhandlung (s. o. § 30 I. 2.), an deren Ausgang alle behördlicherseits Beteiligten in der ganz überwiegenden Zahl der Fälle ein ähnliches oder gar gleiches Interesse haben, und in welcher insoweit eine Interessenkumulierung verschiedener Rollenträger stattfindet.

2. An Beispielen für Kriterien der (notwendigen) Selektion in der Strafverfolgung ergibt sich, daß der zur Bearbeitung eines Falles durchschnittlich erforderliche Zeitaufwand berücksichtigt wird; ferner hat die Erwartung hinsichtlich einer Bestätigung der Stellungnahme oder Entscheidung durch die jeweils nachgeschaltete Behörde Bedeutung. Ausdruck hiervon mag etwa die Eignungsbeurteilung nach bestimmten negativen Effektivitätskriterien (z.B., gemäß internem Jargon, Zahl der »Aufheber-Fälle« oder aber der »Liegenbleiber-Fälle«) ebenso sein wie die Tendenz, solche Entscheidungen zu bevorzugen, bei denen der unmittelbare Dienstvorgesetzte nicht abzeichnen muß. Hinzu kommen Verfolgungsinteresse und -macht des Opfers. Schließlich scheint das Verfolgungsinteresse der »mittelbaren Öffentlichkeit« Bedeutung zu haben, wie es sich in der generellen Orientierung an der Schwere oder Strafwürdigkeit der Tat und auch in der vermutlich geringeren Verfolgungsintensität bei Delikten im sozialen Nahraum und innerhalb vergleichsweise homogener sozialer Gruppen (z.B. Minderheiten) niederschlägt; auch die unterschiedlichen Verfolgungsstrategien nach den Variablen Geschlecht (s. u. § 48 II.) und Alter (s. u. § 48 I.) sind in diesem Zusammenhang anzuführen.

II. Materielle behördeninterne Handlungsnormen

1. a) Die anzuwendenden Strafrechtsnormen sind keine abgrenzbaren Größen im Sinne exakter Naturwissenschaften. Vielmehr handelt es sich in der Regel um ein von erheblichem Abstraktionsniveau gekennzeichnetes »Destillat aus oft sehr vielen geltenden, vergangenen oder für die Zukunft angestrebten nicht kodifizierten Sozialnormen« (*Endruweit* 1973, 854). Hieraus erklärt sich, daß eine Kenntnis von den inhaltlichen Grenzen der Geltung der Rechtsnormen nur eingeschränkt möglich sein kann. Diese nur eingeschränkt mögliche Grenzziehung setzt als Entscheidungshilfen prinzipiell notwendige inhaltliche Anwendungsregeln voraus. Sie erscheinen, auf der Grundlage von Plausibilität oder »Alltagstheorien«, als materielle behördeninterne Handlungsnormen. Deren Wirkungsweise dürfte generell bei den subjektiven Tatbestandsmerkmalen und nicht zuletzt im Bereich der Beurteilung der Motivationsstruktur und deren Verhältnis zur Handlung am intensivsten sein; in diesem Bereich nämlich sind die Voraussetzungen zur Subsumtion weniger transparent und auch durch intensivierte methodische Bemühungen kaum zugänglich, so daß auf ihr Vorliegen mittelbar geschlossen wird.

b) Die materiellen behördeninternen Handlungsnormen bezwecken zum einen eine Legitimierung der Stellungnahmen und Entscheidungen, die gemäß formellen behördeninternen Handlungsnormen getroffen werden. Zum anderen ist zu vermuten, daß materielle behördeninterne Handlungsnormen mit den Interessen gesamtgesellschaftlicher Machtträger harmonieren; so mag im Sinne eines Mehrebenensystems eine Kooperation zwischen Behörden und gesellschaftlichen Machtträgern bestehen, und zwar gegebenenfalls auch praeter oder contra legem. Den materiellen behördeninternen Handlungsnormen ist gemeinsam die Erwartung, bei der Verfolgungs- und Ermittlungstätigkeit auch solche Merkmale einzubeziehen, die von dem Tatgeschehen unabhängig sind. – Aus diesen Gründen läßt sich vermuten, daß die Einbeziehung solcher anderer behördeninterner Handlungsnormen, wie sie bei gesellschaftlichen Erscheinungen behördlicher Belobigung und positiver Sanktionierung gelten, eine stimulierende (Kontrast-)Wirkung für die Analyse materieller behördeninterner Handlungsnormen im Bereich strafrechtlicher sozialer Kontrolle haben könnte.

c) Gewisse Schwierigkeiten bereitet die Abgrenzung materieller behördeninterner Handlungsnormen von Alltags- oder Plausibilitätstheorien insofern, als das Kriterium der Sanktionierung von Normeinhaltung beziehungsweise -verletzung wegen deren nur teilweisen Transparenz kaum zureichend überprüfbar ist. Im übrigen bestehen hinsichtlich der Verallgemeinerung und des Vergleichs von vorhandenen Forschungsergebnissen auch in diesem Bereich Bedenken insoweit, als materielle behördeninterne Handlungsnormen vorrangig von kulturellen Ausprägungen, den jeweiligen Besonderheiten der untersuchten Behörde und der Tat- oder der Tätergruppe abhängig sind.

2. a) Die weitreichendste allgemeine materielle behördeninterne Handlungsnorm besagt, daß eine Straftat bei demjenigen, der bereits vorbelastet oder vorbe-

straft ist, wahrscheinlicher ist als bei einem Nicht-Vorbestraften. Diese Norm beruht auf der Plausibilitätserwägung, daß Personen sich in neuen Situationen ebenso verhalten wie in früheren Situationen (vgl. *Schumann, C.* 1974, 89 f.).

So ist es zum Beispiel eine explizite Aufgabe des polizeilichen Erkennungsdienstes, namentlich in Unbekanntsachen einen Verdacht gegenüber denjenigen Personen zu überprüfen, die in polizeilichen Unterlagen wegen früherer Vorgänge bereits erfaßt sind.

b) Eine andere allgemeine materielle behördeninterne Handlungsnorm besagt, daß eine Straftat bei demjenigen, der eine geringe soziale Konformität aufweist und zugleich eine geringe soziale Wertschätzung genießt, wahrscheinlicher ist als bei einer Person, die frei von diesen beiden Umständen ist. Dieser Norm liegt die allgemeine Auffassung zugrunde, daß Personen mit vergleichsweise geringer individueller Anpassungsfähigkeit und -bereitschaft eher Straftaten begehen als andere Personen. – Demgegenüber könnte es sich dergestalt verhalten, daß erstere am ehesten der Gefahr ausgesetzt sind, von Bezugs- oder Kontaktgruppen aufgegeben und, im Wege gruppendynamischer Prozesse, wegen Normverletzungen (auch) strafrechtlicher Art verdächtigt und verfolgt zu werden (vgl. *Goffman* 1975, 172 ff.). Es liegen Anhaltspunkte dafür vor, daß diese Norm eine Verfolgungsintensivierung zu legitimieren und die Beweiswürdigung und richterliche Überzeugungsbildung zu beeinflussen vermag (vgl. *Endruweit* 1973, 844 ff.; s. auch o. § 30 I. 1. b)). Allerdings läßt sich dies schon deshalb nur erschwert belegen, weil in der überwiegenden Zahl der Fälle zugleich bereits eine Vorbelastung (s. o. 2. a)) gegeben ist.

α) Im Sinne dieser allgemeinen materiellen behördeninternen Handlungsnorm lassen sich auch Anhaltspunkte dafür verstehen, daß gleiche Delikte unterschiedlich intensiv verfolgt und sanktioniert werden, sofern die Täter einen unterschiedlichen sozio-ökonomischen Status haben. Dabei soll die Verfolgungsintensität bei einzelnen Delikten gegenüber Tätern aus Mittelschichten größer sein als gegenüber Tätern aus Unterschichten (vgl. etwa *Le Blanc* 1971, 137 – 140), ohne daß das Kriterium des Grades der sozialen Sichtbarkeit eine zureichende Erklärung hierfür abgeben könnte. Hieraus wäre zu schließen, daß die Art der Delikte je nach Statuszugehörigkeit des Täters in unterschiedlicher Weise als strafwürdig empfunden wird. Dies könnte darauf beruhen, daß die soziale Toleranz von einem (nicht zuletzt) entsprechend der sozio-ökonomischen Schicht vorgesehenen oder zumindest vorgestellten Zugriffsfeld der einzelnen Strafrechtsnormen ausgeht. Dabei könnte es sich um einen speziellen Anwendungsbereich der allgemeinen (soziologischen) Überlegung handeln, nach welcher jeder soziale Status seinen eigenen Bestand an erwartetem Verhalten hat, wobei allerdings mehrere Status teilweise dieselben Erwartungen teilen können (vgl. *Merton* 1971, 824).

β) Im einzelnen wird zum Beispiel berichtet, daß innerhalb der wegen Unterschlagung erhobenen Anklagen die Quote derjenigen Verfahren, die durch eine Hauptverhandlung und nicht durch einen Strafbefehl erledigt werden, bei Angehörigen der Mittelschicht höher als bei Angehörigen unterer sozialer Schichten war; allerdings wird dies jedenfalls teilweise auf der Besonderheit der normativen Definition einer erhöhten Strafdrohung bei Veruntreuung (innerhalb des § 246 StGB) beruhen, da hierfür die »Zugangschancen« für Angehörige unterer sozialer Schichten geringer sind (vgl. *Sessar* 1975, 1059 f.). – Einer höheren Wahrscheinlichkeit normrelevanter Situationen von Angehörigen der mittleren Schichten würde es entsprechen, daß bei Betrug und Unterschlagung der Anteil der Aussage – und Geständnisverweigerung bei Angehörigen mittlerer Schichten größer ist als bei Angehörigen unterer sozialer Schichten. Allerdings wird auch von einer – je nach dem sozioökonomischen Status des Beschuldigten – unterschiedlichen Relevanz unter anderem eines Geständnisses für die Entscheidung nach §§ 153, 153a StPO berichtet (*Kunz* 1979, 44 f.).

c) Als Ausdruck des allgemeinen behördlichen Bemühens um Erledigung läßt sich die materielle Norm verstehen, bei der Bemessung von Rechtsfolgen im unteren Bereich des Strafrahmens zu bleiben. Sie wird unterstützt von der Tendenz, die Bemessung auf bestimmte, prägnante Zahlen hin auszurichten (vgl. zur gerichtlichen Strafzumessung *Rolinski* 1969), wodurch Angriffsflächen durch individualisierende Bemessungsweise vermieden werden.

α) Hinsichtlich der Bußgeldpraxis in Verkehrssachen zeigt sich, daß der Rahmen des Bußgeldkataloges nicht ausgeschöpft wird, sondern die Verwaltungsbehörden dazu tendieren, in der Nähe der unteren Grenze zu bleiben (KBA 1973, Heft 1, R 4). Ferner ist die Bemessungspraxis auch regional sehr unterschiedlich (KBA 1972, Heft 1, R 8).

β) Bezüglich der Bußgeldpraxis in Gewerbeangelegenheiten ergibt sich ausweislich der im GZR für 1977 eingetragenen Bußgeldentscheidungen gegen natürliche Personen gleichfalls eine Tendenz, im unteren Bereich des Strafrahmens zu bleiben (s. Tab. 22). Allerdings ist auch hierbei die vermutlich regional unterschiedliche Einhaltung der Mitteilungspflicht an das GZR, zumal kurze Zeit nach Errichtung dieser Behörde, zu beachten. Im Hinblick auf die Höhe der Geldbußen sei erwähnt, daß noch im Jahre 1977 das Bundeskartellamt Mitteilungen nicht vorgenommen haben soll. – Was die Höhe der Bußgeldbemessung der im GZR für das Jahr 1977 eingetragenen Entscheidungen angeht, so lassen sich in der Bemessung durch Bundesbehörden Unterschiede danach erkennen, ob es sich bei den Betroffenen um Deutsche oder um Ausländer handelte; inwieweit dies auf unterschiedliche Schweregrade der jeweils begangenen Ordnungswidrigkeiten, auf die Staatsangehörigkeit der Täter oder auf andere Umstände zurückzuführen ist, läßt sich aus den statistischen Angaben des GZR nicht entnehmen. Bei den gegenüber Deutschen getroffenen Bußgeldentscheidungen fielen 58 % in die Kategorie zwischen 200 bis 300 DM und 35 % in die Kategorie 301 bis 1.000 DM; bei den Staatsangehörigen aus anderen EG-Ländern betrugen die entsprechenden Anteile, gewissermaßen in Umkehrung des Verhältnisses, 30,5 % und 56,6 %.

γ) Nach allgemeiner Erkenntnis neigen auch Gerichte, beginnend schon kurze Zeit nach Inkrafttreten des StGB, bei der Bemessung von strafrechtlichen Folgen des Verbrechens dazu, den gesetzlichen Strafrahmen nicht in dem vorgesehenen Maße auszuschöpfen (vgl. *Exner* 1931, 76 ff., 81 ff.; s. zur Geldstrafe neuerdings *Albrecht, H -J* 1978, 181) Zugleich weist die Gerichtspraxis, ebenfalls schon seit dem genannten Zeitabschnitt, eine Tendenz zu schematisierender Betrachtungsweise auf (*Rolinski* 1969).

Entsprechende Anhaltspunkte liegen für die staatsanwaltschaftliche Bemessung von Auflagen gemäß § 153a StPO vor (vgl. *Kunz* 1979, 42).

§ 42 Behördeninterne Wirksamkeit

Tabelle 22: Bußgeldentscheidungen gegen natürliche Personen nach GZR 1977
(Quelle: Nichtveröffentlichte behördeninterne Statistik)

Entscheidungen durch Behörden von	insg.	Höhe der Geldbußen von ... bis ... DM					
		200-300	301-1000	1001-5000	5001-20000	20001-50000	ab 50001
Bund	6389	3277	2592	470	48	2	–
Baden-Württemberg	2513	1422	898	170	21	2	–
Bayern	3403	1930	1263	197	13	–	–
Berlin (West)	1924	963	719	228	14	–	–
Bremen	140	77	42	20	1	–	–
Hamburg	305	184	91	28	2	–	–
Hessen	1568	827	538	181	19	1	2
Niedersachsen	1653	910	623	110	10	–	–
Nordrhein-Westfalen	7374	3585	2853	855	75	5	1
Rheinland-Pfalz	566	276	210	68	11	1	–
Saarland	79	40	28	10	1	–	–
Schleswig-Holstein	710	380	274	53	3	–	–
alle Behörden	26624	13871	10131	2390	218	11	3

III. Einschränkungen in der Wahrnehmung

1. Die Wahrnehmungen der Behördenvertreter innerhalb des sozialen Reaktionsprozesses unterliegen als soziale Wahrnehmungen den Einschränkungen durch eine Vielzahl von Faktoren. Ein zentraler Faktor ist dabei die *Internalisierung* von materiellen behördeninternen Handlungsnormen (s. o. II.). Soziale Wahrnehmung ist von einer Tendenz zur Vereinheitlichung, Generalisierung und Kategorisierung (einschließlich der Bildung von Stereotypen) gekennzeichnet; diese wirkt sich unabhängig davon aus, inwieweit es sich bei den von dem jeweiligen Behördenvertreter wahrgenommenen Umständen (zunächst) nur um Teilinformationen handelt. Hinzu kommt die Tendenz, (zunächst) wahrgenommene Inhalte, beispielsweise Eindrücke betreffend eine Person, als permanente Faktoren und Eigenschaften dieser Person zu verstehen; hierdurch wird von vornherein der Möglichkeit weniger Rechnung getragen, daß es sich bei den Umständen, die den ersten Eindruck geprägt haben, um nur situativ vorhanden gewesene und durchaus vorübergehende oder zeitlich punktuelle gehandelt haben mag. Strafrechtlich relevant kann das Handeln von Behördenvertretern, vorbehaltlich subjektiver Tatbestandsvoraussetzungen, dann werden, wenn auf Grund entsprechender Steuerung der Sachverhalt verfälscht oder nicht aufgeklärt wird (§ 336 StGB).

a) Da die verschiedenen formellen und semi-formellen Institutionen strafrechtlicher sozialer Kontrolle jeweils auch eigene materielle behördeninterne Handlungsnormen befolgen, ist deren jeweilige Wahrnehmungsfähigkeit und -bereitschaft unterschiedlich. So mag zum Beispiel der JGH-Vertreter einen Schulbericht anders interpretieren, als dessen Verfasser selbst es getan hätte, oder der Richter mag die schriftliche Stellungnahme eines Psychologen anders gewichten, als es dessen Befunden entsprochen hätte. Diese behördenunterschiedliche Wahrnehmung muß teilweise zu einer progressiven Distanzierung des Akteninhalts von der sozialen Wirklichkeit führen.

Auch bestehen Anhaltspunkte dafür, daß bei bestimmten Informationsbeiträgen mehr die (behördliche) Macht des Informanten als der Inhalt der Information gewichtet werden. Einheitliche Befunde zu der Frage, welche Informationsquellen den größten Einfluß auf die zu treffende Stellungnahme oder Entscheidung haben, liegen nicht vor.

Hinsichtlich der Gültigkeit und Zuverlässigkeit schriftlicher behördlicher Stellungnahmen oder Entscheidungen wird man davon ausgehen können, daß sie zumindest ebensoviel über deren Verfasser aussagen wie über den Gegenstand der Stellungnahme oder Entscheidung (s. schon o. § 19 III. 1.; vgl. auch *Garfinkel* 1967, 186 ff.). Dabei ist auch zu berücksichtigen, daß der Verfasser in seiner Rolle von einer Vielzahl von Erwartungsträgern beeinflußt ist.

b) Die Wahrnehmung wird im Ablauf des sozialen Reaktionsprozesses in der Regel von Behörde zu Behörde zunehmend eingeschränkter, und zwar aufgrund der Vermittlung bestimmter Informationen durch die Vertreter der vorgelagerten Behörden. So werden *Strafurteile* nicht über die Person des Straftäters, sondern *aufgrund von Informationen* getroffen, die das Gericht über den Straftäter erhalten oder eingeholt hat. Diese Informationen aber werden, bevor sie vermittelt werden, geordnet und systematisiert, wobei zudem einzelne Teile des zunächst (noch) wahrgenommenen Sachverhalts ausgelassen und andere besonders hervorgehoben werden. Dabei mag es sein, daß die Informanten den jeweiligen Vertretern der im Verfolgungsablauf nachgeschalteten Behörden mitunter vorzugsweise solche Angaben zuleiten, auf die diese Wert legen.

2. Bei Beantwortung der Frage, ob ein Täter (erneut) straffällig wird oder nicht, muß man sich grundsätzlich darauf beschränken, ob er (erneut) als Straftäter ausgewiesen wird oder nicht. Demnach wird die Richtigkeit der Prognose nicht nach dem tatsächlichen Geschehen der Deliktsbegehung beurteilt. Sofern bereits die Prognose nicht auf jedes (zukünftige) Delikt gerichtet ist, sondern sich – bewußt oder unbewußt – auf entdeckte oder verurteilte Fälle beschränkt, ist diese Überprüfungsmöglichkeit adäquat. Sofern die Prognose jedoch allein auf die tatsächliche Entwicklung nur hinsichtlich der Tatbegehung gerichtet ist, ist eine adäquate Überprüfung oftmals nicht möglich (*Eisenberg* 1971a, 14).

a) α) Im ersteren Fall würde es sich bei Stellung wie Überprüfung der Prognose um einen gebietsimmanenten Kompromiß handeln. Soweit etwa Prognosetafeln auf Grund einer Untersuchung an verurteilten Straftätern aufgestellt werden, ist zum einen zu vermuten, daß etwaige deliktsfördernde Faktoren speziell solcher Täter, die oder deren Straftaten in aller Regel unentdeckt bleiben, nicht enthalten sind; zum anderen ist zu vermuten oder zumindest nicht auszuschließen, daß solche Faktoren, die mit einer Entdeckung und Ahndung von Tätern und/oder Taten in Zusammenhang stehen, berücksichtigt sind. Hinsichtlich der Überprüfung ist es nicht unwahrscheinlich, daß es sich bei den berücksichtigten Faktoren nicht nur um solche handelt, die für eine (erneute) Deliktsbegehung stehen, sondern auch um solche, die für eine (erneute) Überführung und Verurteilung stehen (s. näher u. § 53). Hingegen wäre anzunehmen, daß *entdeckungs- oder überführungsresistente Merkmale* von Tätern und/oder Taten in den Prognosetafeln nicht aufgenommen sind.

Dies würde bedeuten, daß eine aufgrund einer solchen Tafel konkret gestellte Prognose nicht unbedingt darauf angelegt und dazu geeignet ist, eine Deliktsbegehung schlechthin vorauszusagen, sondern daß sie sich auf solche Deliktsbegehungen beschränkt, die entdeckt werden und zu einer Überführung und Verurteilung des Täters führen. Also wäre das zugrunde gelegte Kriterium nicht zukünftige Deliktsbegehung, sondern zukünftige Deliktsbegehung plus Verurteilung.

β) Demgemäß würde es sich bei der Überprüfung der Richtigkeit von Prognosen zum einen darum handeln, ob eine regelmäßige Entdeckung des Täters beziehungsweise dessen Tat oder aber eine regelmäßige Nichtentdeckung sich wiederholte. Zum anderen würde es sich um die Bestätigung dessen handeln, daß neben deliktsfördernden Faktoren auch die in die Prognosestellung bereits eingegangenen Faktoren, die für die informelle und formelle Reaktion der sozialen (und speziell der Verbrechens-)Kontrolle – wenngleich in unterschiedlicher Intensität – maßgebend sind, wiederum zur Wirkung kamen beziehungsweise deren Nichtvorliegen eine Überführung und Verurteilung verhinderte. Diese Fragestellung berührt nicht zuletzt auch die als gesichert geltende prognostische Bedeutsamkeit der Vorstrafe.

Je früher eine strafmündige Person zum (registrierten) Straftäter wird, und je höher die Zahl der Vorstrafen ist, als um so größer ist die Wahrscheinlichkeit der (ausgewiesenen) Rückfälligkeit ermittelt worden (*Frey* 1951a; *Mannheim/Wilkins* 1955, 145; *Braunecle* 1961, 39; *Höbbel* 1968, 80; s. auch o. § 25 II. a.A. sowie u. § 56 I. 3.). Darüber hinaus ist eine unmittelbare Beziehung zwischen der Anzahl der Vorstrafen und der Dauer des (ausgewiesenen) Rückfallintervalls festgestellt worden (vgl. *Göppinger* 1976, 340).

Bei der Stellung von klinischen Prognosen wird es seltener vorkommen, daß der Gutachter in seiner Entschließung zugleich die Fragen der Entdeckung, Verfolgung und Verurteilung einbezieht. Allerdings mag dies der Fall sein, wenn er Tests verwendet, die er bei verurteilten Straftätern entwickelt hat, oder wenn er aus pragmatischen Erwägungen heraus der Ansicht ist, es komme ohnehin nur darauf an, ob der Proband (erneut) als Straftäter ausgewiesen werden wird oder nicht.

b) Eine Überprüfung der Richtigkeit einer Prognose ist ohne Berücksichtigung der Art der anschließenden Sanktion nicht möglich. Allerdings bereitet die Einbeziehung der Frage, in welchem Maße die Durchführung der im Anschluß an eine Prognose getroffenen Entscheidung das weitere Legalverhalten des Probanden beeinflussen wird (§ 46 Abs. 1 S. 2 StGB), besondere methodische Schwierigkeiten.

α) So ist zum Beispiel das Konzept der »Eigendynamik gesellschaftlicher Voraussagen« (self-fulfilling prophecy) zu beachten, wonach eine unrichtige Einschätzung einer Sachlage oder einer Entwicklung Folgen nach sich ziehe, die diese Einschätzung zur richtigen oder wirklichkeitsgetreuen werden läßt. Allerdings ist zu bedenken, daß diese Überlegungen ursprünglich für den gesamtgesellschaftlichen und den Bereich der Wirtschaft entwickelt wurden, und daß eine Übertragung auf den Einzelbereich nicht automatisch vertretbar ist (s. o. § 14; vgl. aber schon *Merton* [1965, 146] selbst). Darüber hinaus ist fraglich, inwieweit sich allgemeine Erfahrungssätze über soziale Abläufe pauschal auf den kriminologischen Forschungsgegenstand übernehmen lassen, bezüglich dessen auf der Kontroll- wie auf der Begehungsebene gewichtige und vielschichtige Besonderheiten vorliegen.

Im einzelnen soll es sich bei dem genannten Mechanismus zum einen darum handeln, daß die negative Prognose unmittelbar auf den Probanden dergestalt einwirkt, daß er sich ihr entsprechend verhält. Zum anderen geht es um Interaktionsmechanismen, welche den Probanden in Form einer (negativen) »sozialen Progression« zunehmend oder gar erst beginnend in eine delinquente Rolle hineindrängen (vgl. *Grygier* 1965; 1966). Beide Spielarten könnten auch unabhängig davon, ob für den betreffenden Straftäter eine konkrete Prognose gestellt wird, bereits durch die Allgemeinaussage einer Rückfälligkeitsquote von zum Beispiel »nicht unter 60 %« ausgelöst werden.

Die befürchteten Auswirkungen dieser Mechanismen werden häufig als Einwand insbesondere gegenüber der Stellung von Frühprognosen im Kindesalter genannt. Dabei ist die Einlassung, daß die Kinder von der Prognosestellung nichts zu erfahren brauchten, allenfalls hinsichtlich des erstgenannten Wirkungszusammenhangs vertretbar.

β) Das erwähnte Konzept ist insofern einleuchtend, als zum Beispiel positive Prognosen sowohl unmittelbar als auch durch Interaktionen mit Bezugspersonen durchaus entsprechende positive Auswirkungen für den Einzelnen haben könnten. Andererseits ist es ebenso möglich, daß sich eine negative Prognose warnend auswirkt und Kräfte mobil werden läßt, die die Voraussage zerstören (suicidal prophecy, *Merton* 1965, 161 Anm. 1). Allerdings bleibt dabei offen, ob dieser gegenläufige Mechanismus bereits ausgelöste Prognosefolgen noch aufzuhalten vermag. Hierfür dürfte die Existenz und Einstellung etwa vorhandener Bezugspersonen mitbestimmend sein.

Die letztgenannten Implikationen bedürfen einer dahingehenden Einschränkung, daß entsprechende Einflüsse von der Ausprägung bestimmter Persönlichkeitszüge sowie der Prägbarkeit der Betroffenen abhängig sein dürften. Immerhin bleibt, solche Einwirkungen einmal unterstellt, die Möglichkeit nicht ausgeschlossen, daß die Prognosestellung an sich in manchen Fällen jenseits von richtig und falsch ist, ihre Auswirkungen jedoch im Nachhinein oftmals ihre Richtigkeit bestätigen. Im übrigen jedoch ist die Reichweite dieses Einwandes schon deshalb begrenzt, weil es sonst nicht das erwähnte und bisher methodisch kaum zugängliche breite Mittelfeld geben könnte.

c) Hiernach vermögen die einschlägig befaßten Behörden die ihnen vom Gesetzgeber auferlegte Prognosestellung nur mit unbekannter Fehlergrenze zu leisten. Zwar mag in den Extrembereichen, in denen Straffälligkeit als Rollenverhalten erscheint, eine vergleichsweise hohe Voraussagbarkeit und Treffsicherheit bestehen. Im Bereich des »Mittelfeldes« aber kann dies schon wegen Möglichkeiten der Autoregulation und von Spontanmechanismen weniger der Fall sein (s. schon o. § 21 I. 3.).

Gleichwohl dienen Prognosen zur Legitimierung von Entscheidungen. Gelegentlich wird ihnen die Eigenschaft beigemessen, einen strafrechtlichen Eingriff methodisch und rechtsstaatlich abzusichern.

3. Die einschlägige Einschränkung in der Wahrnehmung wirkt sich nicht zuletzt bei der Mitarbeit von Behördenvertretern in Gremien und Ausschüssen zur Vorbereitung gesetzlicher Regelungen aus. Es handelt sich darum, daß eine Orientierung an behördenbezogener Wirksamkeit von erheblichem Einfluß auf die Entscheidungen über das Ob und das Wie legislatorischer strafrechtlicher Erfassung von Verhalten ist (s. o. § 23 III. 2. b)).

§ 43 Generalprävention

I. Allgemeines

1. Mit Generalprävention ist die Vorbeugung vor inkriminierten Handlungen bei der »Gesamtheit der Rechtsgenossen« (*Jescheck* 1978, 53) durch Maßnahmen der Strafrechtspflege im weitesten Sinne gemeint. Die Vorbeugung soll einerseits durch Abschreckung potentieller Täter »im Sinne einer bewußten oder unbewußten Hemmung des kriminellen Verhaltens zwecks Vermeidung einer Strafe« (*Hood/Sparks* 1970, 177), andererseits durch Stärkung sozialer Wertbegriffe im Rechtsbewußtsein der Rechtsgemeinschaft erreicht werden (vgl. *Bruns* 1974, 197).

Die Überlegungen zur Generalprävention beziehen sich generell auf die Strafandrohung der Strafrechtsnormen (= abstrakte Androhungsfunktion des Strafgesetzes), auf das Strafurteil (= Teilzweck des jeweiligen gerichtlichen Ausspruchs) sowie auf die Sanktionsdurchführung (= Nebenzweck [oder Teilzweck] von Strafvollstreckung).

2. Die Erforschung der Generalprävention kann nur auf dem Hintergrund des Gesamtsystems sozialer Kontrolle, soweit es für den Bereich des Verbrechens von Einfluß ist, geschehen. Dies ergibt sich schon aus der Annahme, Strafrechtsnormen seien zu ihrer Durchsetzung auf die Unterstützung anderer Normensysteme angewiesen (s. o. § 22 II.), und sie könnten ihrerseits keine eigenständige moral- oder sittenbildende Funktion erfüllen. Darüberhinaus umfaßt die Thematik die Art des bedrohten Verhaltens, die »Glaubwürdigkeit« der Androhung, den Umfang und die Art der angedrohten Rechtsfolgen, die personale und soziale Struktur und Ausrichtung der Bevölkerung, die Art der Information über die Androhung und die Merkmale der die Drohung verwirklichenden Behörden (vgl. *Morris/Zimring* 1969, 143 ff.). Die hieraus erkennbare Komplexität der Problematik dürfte ein zentraler Grund dafür sein, daß die kriminologische Literatur zur Generalprävention über empirische Anhaltspunkte seither im wesentlichen nur bezüglich der Todesstrafe sowie des Verkehrsstrafrechts und dabei namentlich der Trunkenheitsdelikte verfügt.

Jedoch ist bislang keine Möglichkeit gefunden worden, einen empirisch begründeten Nachweis einer generalpräventiven Wirksamkeit zu führen. Zwar liegt es außerhalb jedes Zweifels, daß Normen und soziale Kontrolle und im besonderen Strafrechtsnormen und Strafverfolgung für geregeltes soziales beziehungsweise gesellschaftliches Zusammenleben unumgänglich sind. In der modernen Industriegesellschaft gibt es wohl keinen Staat, der auf das Strafrecht als ein einheitlich kontrollierbares Mittel sozialer Kontrolle verzichtet (vgl. *Andenaes* 1966, 981; *Teevan* 1972, 68 ff.). Damit ist jedoch weder die der Generalprävention zugeschriebene Wirksamkeit noch der Prozeß der Wirkungsentfaltung empirisch hinreichend belegt.

Dabei ist dieses Problem um so gewichtiger, als es sich bei einer etwaigen Wirkung nicht allein um eine Abschreckungs- oder Drohungsfunktion gegenüber kriminellem Verhalten handeln soll, sondern als ebenso eine Erziehungs- und Eingewöhnungsfunktion insofern behauptet wird, als die formale und machtbetonte Verhaltensanweisung soziale Wertbegriffe stärke (vgl. *Morris/Zimring* 1969, 139 f.). Zum anderen ist das Problem, unabhängig von den Fragen nach ethischen Grenzen des Abschreckungsgedankens, wegen der Legitimationsfunktion des Begriffs Generalprävention im Strafrechtssystem (s. hierzu auch o. § 24 IV. 4.) bedeutsam (vgl. auch die Beiträge bei *Grupp* 1971b, 117 ff.).

II. Einzelne Variablen

1. Eine Schlüsselfunktion für die Wirksamkeit strafrechtlicher Normen und Sanktionen wird der Informiertheit der Normadressaten über die Geltung der jeweiligen Strafrechtsnormen, der inhaltlichen Verträglichkeit der jeweiligen Strafrechtsnormen mit anderen sozialen Normen sowie insbesondere der erwarteten Wahrscheinlichkeit negativer Sanktionierung (vgl. *Silbermann* 1976) im Falle der Nichtbefolgung beigemessen.

a) Für die Ausprägung der Variable der Informiertheit ist der Grad der Verbreitung des Gesetzes sowie die Verständlichkeit des Gesetzestextes (vgl. hierzu auch *Aubert* 1967, 287, 293 f.) von Bedeutung. Methodisch bereitet die Erfragung dieser Variablen deshalb besondere Schwierigkeiten, weil sie auf normbesetztes Verhalten bezogen ist.

b) Betreffend die Variable des Verhältnisses der jeweiligen Strafrechtsnormen zu anderen sozialen Normen liegen empirische Anhaltspunkte dafür vor, daß nicht ein gesetzliches Verbot, sondern die negative Bewertung unerwünschten Verhaltens durch die soziale Umwelt das wirksamere Instrument sei (vgl. hierzu *Walker/Argyle* 1964, 577 ff.; *Berkowitz/Walker* 1967). Allerdings käme es hierbei im einzelnen darauf an, für welche Teile der Deliktsstruktur dies gelten soll. So müßte es diesen Anhaltspunkten zumindest nicht entgegenstehen, daß allein aus der Tatsache normativer Definition von Verbrechen herrührende Beeinflussungen in solchen Regelungsbereichen wie etwa in Ausschnitten des Straßenverkehrsrechts möglich sein werden, die durch kulturelle Normen nicht konkret geprägt oder ausgefüllt sind. Ob darüber hinaus allein die Tatsache normativer Definition von Verbrechen eine akzeptierte moralische Autorität darstellen kann, läßt sich zumindest mit solchen Regelungsbereichen nicht belegen, in denen das Gesetz oder die gesetzliche Bestimmung mit den Interessen von Normadressaten identisch und letzteren dies bewußt ist, weil hierbei eine Verträglichkeit der strafrechtlichen Bestimmung mit herrschenden kulturellen Normen vorliegen würde.

c) Das Ausmaß der erwarteten Sanktionswahrscheinlichkeit wird von den Bedingungen des sozialen Reaktionsprozesses bestimmt, die jedoch ihrerseits, nicht zuletzt im informellen Bereich, mit dem Verhältnis des Gesetzes oder der konkreten gesetzlichen Bestimmung zu anderen sozialen Normen (s. o. b)) zusammenhängen werden.

Im Hinblick gerade auch auf die Sanktionsart und -schwere sei Art. 183 des mexikanischen Strafgesetzbuchs aus dem Jahre 1871 erwähnt, der ein Beispiel für eine gesetzlich anerkannte desuetudo bildet: »Kein Strafgesetz ist als in Geltung anzusehen, wenn es nicht in den letzten zehn Jahren zur Anwendung gelangt ist, sofern während dieser Zeit mehr als fünf Fälle der

Art vorgekommen und in keinem derselben die in dem betreffenden Gesetz vorgeschriebene Strafe zur Anwendung gelangt ist, sondern eine andere, davon abweichende«.

Für die USA wird in dem vorerwähnten Zusammenhang auf eine geringe Einhaltung etwa der Gesetze gegen die Rassendiskriminierung hingewiesen, weil hierbei nicht nur eine geringe Sanktionshäufigkeit, sondern auch eine geringe Sanktionsschwere zu bestehen scheine (vgl. hierzu *Noll* 1973; s. im übrigen u. § 50 III. 2. a.A.).

Bezüglich des Einflusses der Sanktionswahrscheinlichkeit (vgl. auch *Pontell* 1978; *Deutsch* 1978) kommt es jedoch nicht nur auf die tatsächlichen Gegebenheiten an, sondern zumindest auch auf deren Einschätzung durch potentielle Straftäter (*Bailey/Lott* 1976, 101 ff.).

Um die Behauptung der Unwirksamkeit der bloßen Strafandrohung zu verdeutlichen, ist wiederholt auf das Beispiel des Geldfälschers hingewiesen worden, der unter anderem gerade auch denjenigen Aufdruck nachahmt, der die Strafandrohung im Falle der Geldfälschung betrifft. – Bezüglich der begrenzten Wirksamkeit der Sanktionierung wurde das Beispiel des (Taschen-)Diebs referiert, der anläßlich der öffentlichen Hinrichtung eines Diebes die Zuschauer bestahl.

2. Die genannten Variablen gründen sich, zumindest teilweise, auf unterschiedliche Bezugseinheiten wie Einzelpersonen, die Allgemeinheit oder soziale Normensysteme. Zudem bedürften sie einer Differenzierung unter anderem auch dahingehend, daß nach unterschiedlichen Personen- und Deliktsgruppen (einschließlich Deliktsbegehungsarten) zu untergliedern wäre.

Als Beispiel sei betreffend die Variable Informiertheit erwähnt, daß etwa in Bereichen der Berufskriminalität (s. hierzu auch u. III. 4.) oder bei bestimmten Steuerdelikten eher eine entgegengesetzte Beziehung des Inhalts plausibel wäre, daß nämlich die Gesetzesverletzung umso häufiger ist, je höher der Informiertheitsgrad ist.

Versuche zur Untergliederung und Ergänzung der drei genannten Variablen im Sinne eines hierarchischen Modells (s. hierzu *Brauer* u.a. 1975) begegnen allgemeinen methodischen Schwierigkeiten eines additiven Charakters solcher Variablen, die (nahezu) dasselbe messen.

III. Einzelne empirische Anhaltspunkte

1. a) Eine Untersuchung betreffend die zweimalige, jeweils über mehrere Jahre sich erstreckende gesetzliche beziehungsweise faktische *Abschaffung der Todesstrafe* im 19. Jahrhundert in Sachsen ergab weder eine Zunahme des Mordes während dieser Zeiträume noch eine Abnahme des Mordes nach diesen Zeiträumen (vgl. *Exner* 1929; s. aber 1949, 104 m.N. zur Bejahung der Todesstrafe, weil sie eine [positive] persönlichkeitsgestaltende Umweltwirkung habe).

Nach verschiedenen Erhebungen in einzelnen ausländischen Staaten zu der Frage, ob die Abschaffung oder zeitweilige Aussetzung der Todesstrafe einen unmittelbaren Einfluß auf den Zuwachs von Kapitalverbrechen habe, ergibt sich eine verneinende Antwort (*Morris/Zimring* 1969, 143; vgl. auch *Schuessler* 1971 sowie, teilweise abweichend, *van den Haag* 1969, 142 f., 146 f.; dazu aber *Bedau* 1970).

Verschiedentlich wird sogar berichtet, daß die betroffenen Delikte nach Abschaffung der Todesstrafe zahlenmäßig (noch) weiter zurückgegangen seien.

Zur Beurteilung dieser Angaben wäre zunächst zu überprüfen, inwieweit die Todesstrafe zu der Zeit, als sie noch bestand, auch angewandt wurde; sofern dies nicht der Fall gewesen ist, könnte die Aufhebung nur »deklaratorische« Bedeutung gehabt und folglich kaum eine erhebliche Minderung einer etwaigen Abschreckung ausgelöst haben. Aber auch bei Angaben zu der umgekehrten Fragestellung, inwieweit nämlich durch die Einführung der Todesstrafe die Zahl der damit bedrohten Verbrechen nachläßt beziehungsweise nicht nachläßt, ist stets im einzelnen zu überprüfen, worauf sich eine Abschreckungswirkung gründen könnte (*Sellin* 1967, 239 ff.). Schließlich sind Angaben zur generalpräventiven Wirkung oder Nichtwirkung der Abschaffung oder Nichtabschaffung der Todesstrafe für das Gesamtproblem der Generalprävention schon deshalb wenig aussagekräftig, weil die in Frage stehende Sanktion üblicherweise nur auf Straftäter und -taten aus Extrembereichen angewandt wird.

b) Bezüglich Notzuchtverbrechen in Philadelphia ergab sich im Anschluß an eine deutliche Erhöhung der angedrohten Mindest- und Höchststrafen, die von intensiven Informationen durch Massenmedien begleitet wurde, keine Änderung in der registrierten Häufigkeit dieses Delikts (vgl. *Schwartz* 1968, 511).

2. a) Wegen der Bedeutung für *Allgemeine Kriminalität* im übrigen sei auf die Verhältnisse im Jahre 1944 in Dänemark hingewiesen, nachdem die deutsche Besatzungsmacht die dortige Polizei verhaftet oder jedenfalls aufgelöst hatte. Die Deliktsquote stieg innerhalb kurzer Zeit sehr stark an, obgleich die Strafandrohungen in gleicher Weise fortbestanden und die tatsächlich verhängten Strafen verschärft wurden. Ob dabei zu dieser Erhöhung der Quote (auch) im übrigen gesetzestreue Personen beitrugen, konnte nicht geklärt werden (vgl. *Andenaes* 1966, 962). – In diesem Zusammenhang ist ferner auf die Entwicklung hinzuweisen, die dem Anstieg des Fahrraddiebstahls um das Dreifache im Jahre 1942 in Kopenhagen folgte (vgl. *Andenaes* 1966, 979 f.). Nachdem die Polizei wie auch die Publikationsorgane sich besonders der Verhütung gerade dieses Delikts zuwandten, sank die Quote beträchtlich. Welche Bedingungen im einzelnen zu diesem Ergebnis führten, wurde jedoch nicht festgestellt.

b) Innerhalb der Stadt Nürnberg ist berechnet worden, daß durch massiv verstärkten Polizeieinsatz ein Rückgang der registrierten Kriminalität insgesamt sowie besonders der Delikte Einbruchdiebstahl und Kfz-Diebstahl erreicht worden sei, während Delikte gemäß § 316 StGB kurzfristig angestiegen seien (vgl. *Steiner* 1973, 6).

3. a) Eine Analyse der Kontrollstrategien im *Verkehrsstrafrecht* ergab bezüglich der Auswirkungen der verschärften Strafandrohung bei einzelnen Delikten und der Einführung weiterer Straftatbestände durch das (am 1.1.1965 in Kraft getretene) Zweite Straßenverkehrssicherungsgesetz, daß in den ersten Monaten nach Inkrafttreten des Gesetzes, insgesamt gesehen, trotz der Zunahme der Verkehrsteilnehmer und des Kraftfahrzeugbestandes, die Deliktsbegehungshäufigkeit zurückzugehen schien, bereits nach einem halben Jahr jedoch die Begehungshäufigkeiten der entsprechenden Verkehrsdelikte kaum noch unter den Zahlen des entsprechenden Monats des Vorjahres lagen (vgl. *Kaiser* 1970, 384 f.). – Dabei bleibt fraglich, ob eine vorübergehende generalpräventive Wirkung bestand, oder aber ob der vorübergehende Rückgang nicht mit anderen Umständen in Zusammenhang gestanden hat.

b) Andere Untersuchungen aus dem Bereich des Verkehrsstrafrechts haben einen Einfluß deutlich unterschiedlicher Sanktionspraxis bei Trunkenheitstätern beziehungsweise alkoholbedingten Verkehrsunfällen verschiedener Gerichtsbezirke auf Rückfälligkeit beziehungsweise Zunahme dieser Delikte verneint. Allerdings lassen sich hieraus entsprechende Folgerungen zur generalpräventiven Wirkung unter anderem deshalb nicht ohne weiteres ableiten, weil die Art der Handhabung der Möglichkeit der Entziehung der Fahrerlaubnis durch die einzelnen Gerichte nicht berücksichtigt wurde (vgl. *Kaiser* 1970, 400 ff., sowie wegen Nachweisen zur Praxis in England und Wales S. 399).

4. Einzelne Anhaltspunkte zur Generalprävention bei (potentiellen) *Wirtschaftsstraftätern* deuten – bei aller Einschränkung wegen mangelnder Repräsentativität der Tat- und Täterstruktur – auf eine Korrelation zwischen hohem sozio-ökonomischen Status und Abschreckung durch vollzogene Kriminalstrafen hin; dabei ließe sich vermuten, daß bei diesem potentiellen Täterkreis überwiegend solche Persönlichkeitsmerkmale vorliegen, die planerisches Verhalten sowie die Vermeidung des Risikos für einen Statusverlust bedingen (vgl. *Zimring/Hawkins* 1973, 92 ff.).

Nach einer US-amerikanischen Untersuchung soll, bezogen auf (potentielle) Steuerstraftäter, eine subjektive oder soziale Motivation zur Übernahme von strafbewehrten Normen in das eigene Wertsystem erschwert sein, so daß am ehesten generalpräventive Elemente wie etwa die Furcht vor strafrechtlich relevanten Rechtsfolgen eine Rechtstreue ermöglichen (vgl. *Schwartz/Orleans* 1967).

Nach *Breland* (1974, 230 ff.) sollen bei (potentiellen) Straftätern auf den Gebieten der Steuer- und der Subventionskriminalität nicht informelle, sondern nur formelle soziale Reaktionen im Sinne strafrechtlicher und verwaltungsmäßiger Sanktionen begehungshindernd wirken. Darüber hinaus sollen aus diesem formellen Sanktionsspektrum weder Geldstrafen von erheblicher Höhe noch zur Bewährung ausgesetzte mehrmonatige Freiheitsstrafen, sondern allein die Angst vor tatsächlichem Freiheitsentzug und vor Beeinträchtigung der wirtschaftlichen Existenz eine generalpräventive Wirkung der genannten Art erzielen. – Dem steht in gewisser Weise die allgemeine Annahme gegenüber, nach der die Publizität einer Strafverfolgung bei Berufskriminalität wirksamer sei als eine strafrechtliche Verurteilung (s. hierzu *Breland* 1974, 235 Fußn. 1).

IV. Notwendigkeit differenzierter Betrachtungsweise

Bei der empirischen Untersuchung der Generalprävention wird man allgemeinverbindliche Ergebnisse nicht erzielen können. Vielmehr hängen Existenz und Ausmaß einer generalpräventiven Wirkung von den konkreten Bedingungen des jeweiligen Straftatbestandes einschließlich potentieller Normadressaten sowie von deren jeweiligen räumlichen und zeitlichen Umgebung ab. Dies entspricht der Heterogenität von Straftaten und potentiellen Straftätern einschließlich von deren Bezugsgruppen sowie der unterschiedlichen Gesellschaftsordnungen, Verfolgungsprinzipien und Graden der Einheitlichkeit der Strafzumessung sowie der Sanktionswahrscheinlichkeit.

1. Bezüglich der Straftaten ist etwa einleuchtend, daß affekt- beziehungsweise rational nicht gesteuerte Delikte weniger generalpräventiv zu hemmen sind als rational gesteuerte Delikte. – Sofern gegenüber leichteren Delikten ein erhöhter Verfolgungsdruck dazu führte, daß die strafrechtliche Verurteilung geläufig würde, dürfte dies eine generalpräventive Wirksamkeit einschränken. Dem im Ergebnis entsprechend besteht eine Vermutung dafür, daß eine generalpräventive Wirkung, wenn überhaupt, eher bei den schweren Straftaten erreicht wird. Allerdings werden Straftaten, die nach Sitte und Brauchtum ohnehin eindeutig abgelehnt oder verachtet werden, weniger einer generalpräventiven Wirkung bedürfen als solche Straftaten, denen Sitte und Brauchtum neutral gegenüberstehen. Dies entspricht teilweise der Unterteilung in delicta mala per se und delicta mere prohibita (s. auch o. § 1 III. 3. a)).

2. a) Es ist ferner hervorzuheben, daß die Strafandrohung grundsätzlich nur ein Element der Strafsanktion ist. Der Makel, ein (bestimmtes) Delikt begangen zu haben sowie die sozialen Folgen, die auch ohne formelle Reaktion eintreten können, mögen je nach Bezugsgruppen des Betroffenen gewichtiger sein als eine gerichtliche Verurteilung. Hieraus bestätigt sich, daß die Untersuchung der Generalprävention allgemein und ohne Relativierung bezüglich einzelner potentieller Straftätergruppen nicht möglich ist.

b) Dies betrifft auch die Fragen danach, inwieweit eine generalpräventive Wirkung bei den (kriminalitäts-)belasteten Gruppen (vgl. hierzu *Zimring/Hawkins* 1968) nicht zu bestehen scheine, und ob sich eine unterschiedliche Wirksamkeit einer eher internen – »moralischen« – Kontrolle bei Nichtbestraften und einer eher externen Kontrolle bei Bestraften feststellen lasse.

§ 44 Spezialprävention

I. Allgemeines

Bei den Entscheidungen zur Bemessung von Rechtsfolgen wird vom Gericht in der Regel eine Prognose verlangt (s. hierzu o. § 21). Was dabei die Frage nach Wirkungen der Rechtsfolgen angeht, so bezieht sie sich neben den allgemeinen Problemen der Effektivitätsmessung im speziellen auf Fragen der Auswirkung von nach Art und Ausmaß unterschiedlichen Rechtsfolgen (s. hierzu o. § 42 III. 2.).

1. Für einen Großteil der (verurteilten) Straftäter besteht mindestens eine erhebliche Wahrscheinlichkeit dafür, daß die Sanktionsart (und im speziellen die Art einer Erziehung oder Behandlung) für das weitere Legalverhalten unbeachtlich ist. Dies gilt zunächst für diejenigen Straftäter, die nur gering rückfallgefährdet sind.

Unbeachtlich soll die Art und Höhe der Rechtsfolge ferner auch für solche Straftäter sein, bei denen mit größter Wahrscheinlichkeit angenommen wird, daß sie ohnehin rückfällig werden.
Die genannte Wahrscheinlichkeit hat zu der Hypothese der *Austauschbarkeit von Rechtsfolgen* geführt. Diese besagt, daß die Erfolgschance hinsichtlich der Legalbewährung, das heißt das Risiko der Rückfälligkeit, stets etwa gleich groß ist, und zwar unabhängig davon, welcher Art die Rechtsfolge im einzelnen ist. Dabei gilt hinsichtlich der erstgenannten Gruppe der Grundsatz, daß die Vielfalt der Rechtsfolgemöglichkeiten um so größer ist, je geringer das Gewicht der Rechtsfolge ist, daß mildere Rechtsfolgen also eher austauschbar sind als schwerere.

a) In diesem Zusammenhang ist neben dem Phänomen der »Selbstbesserung« (self-correctors) auf die Problematik der Strategie einer langsam ansteigenden Schwere der Ahndung im Längsschnitt hinzuweisen, wie sie namentlich im Jugendstrafrecht vorherrscht.

Darüberhinaus gewinnt die Frage an Bedeutung, inwieweit im Rahmen der Sanktionsdurchführung bestimmte Straftätergruppen bevorzugt werden (*Chapman* 1968; *Rüther* 1978), während besonders unterstützungsbedürftige Straftäter mit konventionellen Strafmitteln sanktioniert werden. Es würde sich dabei um eine Fortsetzung unterschiedlicher sozialer Reaktion (s. o. § 29 I. 2. a), 3. b), II. 2. b), III. 2., 3., § 30 I. 1. b), 3. b), § 42 I., II.) auf der Vollzugsebene handeln.

b) Die Konsequenzen einer (etwa erwiesenen) Austauschbarkeit sind vielfältig. Zum einen wären bevorzugt solche Rechtsfolgen anzuwenden, die einerseits ohne Freiheitsentzug vollstreckt werden und andererseits (weitere) soziale Diskriminierungen vermeiden. Bei einer Überstellung in den Bereich solcher sozialpädagogisch orientierter Institutionen, die – ambulant oder stationär – auf Hilfe, Erziehung, Ausbildung oder schlechthin Sozialisation ausgerichtet sind, ist allerdings die Gefahr sozialer Diskriminierungen kaum von vornherein beseitigt.

Zum anderen wäre eine übermäßige Individualisierung kaum zu vertreten. Dem entspricht es, daß von kriminalpolitisch engagierten Kriminologen (beispielsweise in den skandinavischen Ländern) zunehmend eine »gleiche« Sanktionsverhängung, die unabhängig von der Täterpersönlichkeit bleibt, gefordert wird (vgl. etwa *Anttila* 1971). – Ähnliche Tendenzen enthält zum Teil ein in den USA zu verzeichnender Trend zur Rückkehr zum Jugendstrafrecht an Stelle eines einheitlichen Jugendhilferechts (vgl. *Hess* 1967, 279 ff.; *Lerman* 1969, 289 f.).

2. Neben den beiden umschriebenen Extremgruppen, die sich – trotz aller Einschränkung bezüglich der Prognosemethoden (s. o. § 21 und u. § 42 III. 2.) – einigermaßen zuverlässig feststellen lassen, besteht jedoch ein »Mittelfeld«, bei dem sowohl die Prognose als auch die Wahl der Sanktionsart erhebliche Schwierigkeiten bereitet. Letzteres ist um so gewichtiger, als Anzeichen dafür bestehen, daß bezüglich der Straftäter dieser Gruppe Strafart und -maß (wie insbesondere die Behandlungsart) die Rückfälligkeit verringern könnten (vgl. hierzu die Ergebnisse etwa von *Berntsen/Christiansen* 1965); Möglichkeiten der »Re-Sozialisierung« sind allerdings auch bei den Tätern dieses Bereiches bisher kaum erwiesen. Vielmehr läßt sich begründet annehmen, daß innerhalb dieses »Mittelfeldes« eine neu-

trale Sanktion oder ein Verzicht wirksamer oder zumindest ebenso wirksam seien wie Bewährungshilfe oder gar Freiheitsentzug. Dies betrifft die Majorität Nichtvorbestrafter wie auch Rückfälliger, und zwar unabhängig vom Alter.

II. Erfolgsmessung

Zur Beantwortung der Frage nach dem Erfolg kommt der Wahl des Erfolgskriteriums eine ausschlaggebende Bedeutung zu. Dabei wird von Erfolg dann gesprochen, wenn die jeweilige Zielsetzung innerhalb eines Feldes praktischer Kriminalpolitik erreicht worden ist.

Ob es sich dabei um einen »ursächlichen Zusammenhang« (*Leferenz* 1973, 937; vgl. auch u. III.) zwischen durchgeführter Sanktionsstrategie und Ergebnis handelt, oder aber ob die Zielsetzung aufgrund anderer Variablen erreicht worden ist, könnte hingegen methodisch nur im Rahmen praxisbegleitender Untersuchungen festgestellt werden.

1. Legt man die *Legalbewährung*, das heißt die Frage nach der Rückfälligkeit oder Nichtrückfälligkeit zugrunde, so bringt dies verschiedene Einschränkungen mit sich. Deren Ausmaß bestimmt sich zum Teil auch danach, ob zur kriminologischen Untersuchung eine Feststellung durch Behörden der formellen strafrechtlichen Sozialkontrolle (mit dem Ergebnis einer gerichtlichen Verurteilung) vorausgesetzt wird, oder aber ob dies als methodisch unrichtig oder zumindest als entbehrlich erscheint.

a) Zum einen fehlt es an der Möglichkeit, von einer erneuten Deliktsbegehung zuverlässig Kenntnis zu erlangen, da jedenfalls nicht auszuschließen ist, daß die entdeckten und geahndeten Delikte auch bei – vermutlich einer stärkeren sozialen Kontrolle und speziell behördlichen Verfolgungsintensität ausgesetzten – Vorbestraften nur ein Ausschnitt aller begangenen Straftaten sind. Es läßt sich danach also nicht die Frage der Nichtrückfälligkeit, sondern nur diejenige der Rückfälligkeit plus Verurteilung beantworten.

b) Darüber hinaus besteht Uneinigkeit darüber, ob jede erneute Verurteilung, unbeschadet der näheren Umstände sowie der Schwere, in gleicher Weise als Mißerfolg gezählt werden soll. Verschiedentlich wird innerhalb der erneut Verurteilten nach dem Rückfallintervall sowie danach unterschieden, ob es sich um »ausnahmsweise« oder um ständige Rückfälligkeit handelt.

Schaffstein (1968, 70) teilt unter Zugrundelegung der Schwere und Häufigkeit der Delikte in vier (bzw. fünf) Gruppen ein. *Glaser* (1964) hat innerhalb der Rückfälligen wie auch der Nichtrückfälligen jeweils zwischen eindeutigen Fällen und Grenzfällen getrennt und Nachprüfungen entsprechend durchgeführt. – Bei diesen Versuchen besteht regelmäßig das Problem der Festlegung von Kriterien zur Bestimmung der Schwere des (erneuten) Delikts. Wenngleich hierzu üblicherweise der gerichtlich ergangene Strafausspruch verwandt wird, wird ebenso versucht, Skalen zur Einstufung der Schwere unterschiedlicher Delikte zu verwenden (vgl. *Scott, P.* 1964).

c) Weiterhin verschließt sich das Kriterium der Legalbewährung der Möglichkeit, Sofortergebnisse zu messen. Aber auch bezüglich des Dauererfolges muß eine Nachkontrolle zu einem Zeitpunkt ausscheiden, der nach (therapeutischen oder pädagogischen) Methoden der Behandlung zu bestimmen wäre. Vielmehr ist eine Überprüfung schon im Hinblick auf den von den Behörden strafrechtlicher Sozialkontrolle bis zur Verurteilung benötigten Zeitaufwand erst nach einer gewissen Zeitspanne möglich. Diesbezüglich haben zahlreiche Untersuchungen das Ergebnis erbracht, daß ein Zeitraum von fünf Jahren am sichersten ist.

Bei den Berechnungen des Erfolges von Maßnahmen im Rahmen der Strafaussetzung zur Bewährung oder der bedingten Entlassung ist danach zu unterscheiden, ob sie sich auf den Zeitraum bis zum Ablauf der Bewährungszeit oder aber auf einen erst vom Ablauf der Bewährungszeit an bemessenen Zeitraum erstrecken. Der Anteil an Rückfällen, die erst nach diesem Zeitpunkt auftreten, ist erfahrungsgemäß nicht so gering, als daß er bei einer Erfolgsbilanz ausgelassen werden könnte. Zudem können Fälle mit Konflikten innerhalb der Bewährungszeit nach deren Ablauf durchaus erfolgreich sein. Andererseits kommt der erfolgreichen Beendigung der Bewährungszeit insbesondere dann eine erhebliche Bedeutung zu, wenn sie etwa in einer kriminell besonders belastenden Entwicklungsphase liegt.

α) Der Widerruf der Aussetzung zur Bewährung ist als Mißerfolgskriterium schon insofern Bedenken ausgesetzt, als es sich bei dem Widerruf nicht um eine Handlung des Probanden, sondern um eine solche des jeweiligen Behördenvertreters handelt. Neubegangene Straftaten und Auflagenverstöße können zwar, sie müssen aber nicht zum Widerruf führen (s. o. § 35 IV. 4. b, § 36 V. 3. b)). Insbesondere in Fällen der Unterstellung unter einen Bewährungshelfer ist nicht zu übersehen, daß die Kriterien eines Bewährungserfolges oder -mißerfolges von den regional und auch am selben Ort unterschiedlichen Maßstäben der Bewährungshelfer, der Bewährungshilfe-Verbände sowie der Gerichte abhängig sind.

Nach Einzeluntersuchungen betreffend § 20 JGG a.F. wurde bei 41,5 % (*Nerlich* 1966, 49) beziehungsweise bei 43,6 % (*Vogt* 1972, 131) trotz während der Bewährungszeit begangener Straftaten ein Widerruf nicht vorgenommen.

β) Bei den Unterstellungen nach Jugendstrafrecht wurden im Falle der Aussetzung der Vollstreckung ohne vorherigen Vollzug bis zu 95 % (vgl. *Meyer-Wentrup* 1966, 228; vgl. *Nerlich* 1966, 180; *Vogt* 1972, 124) und bei bedingter Entlassung bis zu 80 % (*Müller* 1969, 136) der Widerrufe innerhalb von zwei Jahren vorgenommen. – Hinsichtlich des Zeitraums zwischen Aussetzung der Strafvollstreckung zur Bewährung und Widerruf nach Erwachsenenstrafrecht wurde berechnet, daß 35,7 % (*Sydow* 1963, 57), 40,3 % (*Wittig* 1969, 74) und 55 % (*Ruge* 1966, 48) der Widerrufe innerhalb der ersten 12 Monate, und 61,4 % (*Sydow* 1963, 57), 71,9 % (*Wittig* 1969, 74) und etwa 75 % (*Ruge* 1966, 48) bis zum Ablauf von zwei Jahren stattfinden.

d) Jedenfalls aber ergibt sich im Hinblick auf die Vielschichtigkeit der Faktoren und dabei namentlich auch solcher, die bis zu dem Zeitpunkt der Erfolgsprüfung (entsprechend dem Legalkriterium) etwa neu hinzugetreten sind, eine grundsätzliche Schwierigkeit. Es läßt sich nämlich kaum verläßlich von einem – einmal unterstellt – positiven Ergebnis in linearer Weise oder auch nur im Sinne eines lockeren Zusammenhangs auf einen Erfolg der Bemühungen schließen.

2. Um über die Wirkungsweise der speziellen Interventionsstrategie oder zumindest zur Beantwortung der Frage nach den Zusammenhängen des Erfolges (s. u. III.) verläßliche Angaben machen zu können, ist daher ein komplexes Meßinstrument erforderlich. Allerdings weist auch eine Erfolgsprüfung unter Zugrundelegung empirischer beziehungsweise den empirischen Methoden des »Re-Sozialisierungsbemühens« entsprechender Kriterien Mängel der Verläßlichkeit auf. Es handelt sich dabei zunächst um ein allgemeines und nicht nur die angewandte Kriminologie betreffendes Problem.

So sei auf die Schwierigkeiten der Effektivitätsmessung im Bereich der Psychotherapie (vgl. *Cremerius* 1962; *Biermann* 1969, 1157 ff.; *Mintz* 1972) und der Medizin (*Pribilla* 1969, 53 ff.; *Fuchs* 1969, 49 ff.) hingewiesen. – Zu ergänzen ist, daß die Erfolgsmessung psychoanalytischer Bemühungen aus konzeptimmanenten methodischen Gründen in prinzipiell anderer Weise geschieht (vgl. hierzu *Dührssen/Jorswieck* 1965, 167).

a) Allerdings dürfte sich ein spezifisch kriminologisches Problem auch in diesem Zusammenhang aus der Komplexität des Gegenstandes ergeben (vgl. *Bailey* 1966; ferner die in einer Besserungsanstalt für Jugendliche entwickelten Verfahren von *Eynon* u.a. 1971); so werden etwa soziale Merkmale oder speziell solche bezüglich sozialer Beziehungen allein in einer Persönlichkeitsuntersuchung nicht überprüft werden können.

Soweit man durch die Messung von Einstellungen und Wertvorstellungen bei Beginn sowie nach einiger Zeit während eines Sanktionierungs- oder Betreuungsprozesses wie auch bei dessen Abschluß oder auch eine gewisse Zeit danach sich bemüht, etwaige positive oder negative Änderungen festzustellen, bleibt die Frage bestehen, inwieweit die gewählten Indikatoren einen unmittelbaren oder auch nur mittelbaren Schluß auf die Frage des Erfolges zulassen. Dies gilt nach einem allgemeinen Erfahrungssatz schon insofern, als bei wiederholter Verwendung des gleichen Meßinstruments die Probanden sich an ihre erstgemachten Angaben erinnern und/oder von diesen beeinflußt sein könnten, während bei einem Austausch der zugrundelegten Kategorien die inhaltliche Identität abzusichern wäre. Darüber hinaus besteht die Schwierigkeit, scheinbare oder sogar vorgetäuschte Änderungen von tatsächlichen zu unterscheiden. Diese Einwände werden allerdings bei differenzierteren Testverfahren teilweise ausgeschaltet. – Eine tägliche Erfahrung der Praxis ist es, daß ein ganz erheblicher Teil und bisweilen mehr als 50 % der nach der Entlassung rückfällig gewordenen Personen während des Aufenthaltes in einer Strafanstalt keinerlei Konflikte mit der Folge einer Verhängung einer »Hausstrafe« gehabt zu haben scheinen.

b) Ein anderes Bedenken bezieht sich darauf, inwieweit etwa festgestellte Änderungen allein von der Vollzugs- oder Bewährungssituation abhängig und nach der Entlassung alsbald aufgegeben sein können. Jedenfalls scheinen sich auch Testverfahren zur mehrdimensionalen Erfassung von Zustand und Veränderung der Persönlichkeit bisher nicht hinreichend zur Messung von Behandlungsergebnissen bewährt zu haben.

Auch die Testverfahren des California Personality Inventory sowie des *Jesnes*-Inventory, die beide zur Messung von Haltungsänderungen verwandt werden, ermöglichen bezüglich des Ergebnisses einer Behandlung klare und eindeutige Aussagen seither nicht (*Hood/Sparks* 1970, 184).

c) Andererseits sind diese Bedenken keineswegs als grundsätzlicher Einwand dagegen zu verstehen, eine Erfolgsprüfung an solchen Merkmalen auszurichten, die bezüglich der Sanktionierungsstrategie und der Prognose relevant erscheinen. Es handelt sich dabei im wesentlichen um Merkmale der »sozialen Stabilität« (*Hood/Sparks* 1970, 183) wie etwa geordnete Arbeit und Wohnung, unauffällige Freizeitgestaltung, geregelte soziale Beziehungen und so weiter. Dabei legt die kriminologische Erfolgsuntersuchung die Kriterien selbst fest und ist bei der Einordnung eines Erfolges oder Mißerfolges von der Entscheidung der jeweils zuständigen Behörde unabhängig (vgl. *Glueck/Glueck* 1940, 152 ff.).

3. Zur Beantwortung der Frage danach, ob ein Erfolg überhaupt erzielt werden konnte, wird man kaum davon absehen können, die Beurteilung eines Erfolges oder Mißerfolges (auch) unabhängig von der Entscheidung der jeweiligen Institution strafrechtlicher sozialer Kontrolle einschließlich der Bewährungshilfe vorzunehmen. Dies folgt schon aus der allgemeinen Erfahrung regional und selbst am gleichen Ort unterschiedlicher Ausprägungen von Kontrollintensität und -strategien. Aus interaktionistischer Sicht ließe sich sogar fragen, ob eine unterschiedliche oder auch selektive Normenanwendung für entsprechende Institutionen nicht weniger charakteristisch sein könnte, wie es eine unterschiedliche oder selektive Normeinhaltung für Straftäter sein mag (vgl. mit der ausdrücklichen Einschränkung hinsichtlich der Frage interkultureller Vergleichbarkeit *Takagi/Robison* 1969, 85 f. a.E.). Ähnliche Vorbehalte könnten im Prinzip selbst dann gelten, wenn die Erfolgs- oder Mißerfolgsbeurteilung ex post und von Mitgliedern des Sanktionierungs- oder Betreuungspersonals vorgenommen werden.

Allerdings besteht Unklarheit hinsichtlich der Ausdehnung der Prüfung auf Begriffe wie »Lebensbewährung« oder »psychisches Wohlbefinden« und deren moralisierende Inhalte (vgl. zur Problematik *Kaiser* 1969, 20; *Blau* 1969, 385 ff.). Adäquater wären insofern, wie oben angedeutet, Kriterien der Überprüfung (der Bewährung) im Leistungs- und Sozialbereich im engeren Sinne (vgl. hierzu, unter Verknüpfung mit dem Legalkriterium, schon *Pongratz/Hübner* 1959), wobei dem Freizeitbereich besondere Bedeutung zukommen dürfte. Darüber hinaus bleibt festzuhalten, daß die Entfernung vom Legalkriterium dazu führt, daß in die juristische Entscheidung Elemente und Tendenzen des jeweiligen Wissensstandes – und zwar auch hinsichtlich des Prüfverfahrens – einfließen. Dies impliziert eine gewisse Machtposition des Pädagogen, Therapeuten oder Überprüfenden.

III. Zusammenhänge des Erfolges

1. a) Die Problematik der Zusammenhänge von Erfolg oder Mißerfolg ergibt sich aus der Einsicht, daß ein linearer Zusammenhang etwa zwischen spezieller Behandlungsmethode und -ergebnis kaum anzunehmen ist. Die Untersuchung der Zusammenhänge eines – einmal als eingetreten unterstellten – Erfolges setzt im Prinzip die Überprüfung sämtlicher sozialer, umgebender wie auch personaler Variablen voraus, die geeignet erscheinen, Einfluß auf das Ergebnis zu nehmen.

Ein gesteigertes Bedürfnis hiernach besteht bei solchen Versuchen, die darauf gerichtet sind, Straftäter entsprechend der Sanktionsart zu klassifizieren und geeignete Sanktionsdurchführungsarten zu entwickeln. Dabei ist zusätzlich die Konsistenz zwischen Sanktionierungsstrategie und Klassifizierungssystem sowie die Frage nach den Auswirkungen der jeder Klassifizierung immanenten statischen Elemente auch hinsichtlich positiver oder (neuerlicher) negativer Zuschreibungen zu überprüfen.

b) Ferner bestehen für eine Erfolgsmessung der Tätigkeit einer bestimmten Institution über mehrere Jahre hinweg technische Schwierigkeiten schon insofern, als sich die Struktur der von dieser Institution kontrollierten Straftäter aufgrund gesetzlicher oder verwaltungsmäßiger Veränderungen innerhalb schon einiger Jahre häufig verschiebt (vgl. betreffend stationär-therapeutische Behandlung in der Van der Hoeven-Kliniek *Jessen* 1969). Eine Effektivitätsüberprüfung setzt jedoch voraus, daß solche Verschiebungen berücksichtigt werden. Dies ließe sich in methodisch einwandfreier Form nur dadurch bewerkstelligen, daß die Untersuchung auf alle ähnlichen Institutionen ausgedehnt wird, innerhalb deren Verschiebungen stattfinden.

2. Zum Vergleich der Wirksamkeit verschiedener Sanktionsarten besteht das Problem, »gleiche« Gruppen zu finden. Wenn man etwa die Rückfälligkeit nach Freiheitsstrafe, Strafaussetzung zur Bewährung und Geldstrafe vergleicht, so wird das Ergebnis nicht zuletzt davon abhängen, daß die Probanden in der genannten Reihenfolge weniger »kriminell verfestigt« sind und folglich auch mit geringerer Wahrscheinlichkeit rückfällig werden. Zur Berücksichtigung dieser Verschiedenheit im Vergleich stehen einzelne Möglichkeiten zur Verfügung.

a) Das beste Verfahren ist eine Zufallsverteilung, wie sie im »Youth center research project« in Stockton (Kalifornien) vorgenommen wurde; hier bestand die Besonderheit darin, daß die zufällige Verteilung zeitlich nach der Untersuchung und Entscheidung durch die zuständige Behörde (CYA) geschah, so daß mögliche Kriterien einer Vorauswahl ausgeschlossen waren (vgl. *Eidt* 1972, 273 f. m.N.). Die Vergleichsgruppen unterschieden sich demnach nur in der Ausprägung der Variable »Art und Ausgestaltung des Behandlungsprogramms«.

Inwieweit die Voraussetzungen einer Zufallsverteilung auch dann als gegeben angesehen werden könnten, wenn den Behörden eine Beeinflussung der Zuweisung in die Experimental- und/oder Kontrollgruppe verbleibt, ist fraglich. Dies gilt deshalb, weil schwerlich zu ermitteln ist, in welcher Häufigkeit und in welchen konkreten Fällen die Behörden die Verteilung dadurch dirigieren, daß sie zumindest beim Strafausspruch oder bei der Festlegung von Bewährungsauflagen die Voraussetzungen der Einweisung (in diese oder jene Anstalt) oder der Betreuung oder Unterstellung (in dieser oder jener Form) schaffen oder aber vorenthalten.

Andererseits ist das Kriterium der Freiwilligkeit der Probanden, an dieser oder jener Sanktionsdurchführungsart teilzunehmen, zu beachten. So könnte es zum Beispiel bei stationärer Sozialtherapie sein, daß Probanden der daran teilnehmenden Gruppen schon wegen der mit der Freiwilligkeit der Teilnahme zusammenhängenden Faktoren auch dann etwaige günstigere oder aber ungünstigere Erfolgsquoten erzielt haben würden, wenn sie im Regelstrafvollzug geblieben wären. – Im übrigen sei darauf hingewiesen, daß in therapeutisch orientierten stationären Einrichtungen die Gefangenenzahl in der Regel wesentlich geringer ist als in Strafanstalten des Regelvollzuges. Aus diesem Grunde mögen abträgliche Vollzugseinwirkungen (s. o. § 37 II.) bei ersterer Kategorie von Einrichtungen wesentlich geringer sein; dabei ist nicht auszuschließen, daß hierauf etwaige Erfolge maßgeblich beruhen könnten (s. auch u. V. 4.).

b) Ein anderes Vorgehen zur Schaffung vergleichbarer Gruppen besteht darin, Personen mit verschiedenem Strafausspruch aufgrund der individuellen Ähnlichkeit hinsichtlich solcher Merkmale, die als für die Behandlung beziehungsweise Rückfälligkeit bedeutsam angesehen werden, zu »paaren« (s. z.B. *Börjeson* 1968a; 1968b). Diese Methode hat den Nachteil, daß sich eine zwanglose »Paarung« oftmals nicht bewerkstelligen läßt, und ferner, daß wenig Einigkeit bezüglich der Frage besteht, ob die einbezogenen Faktoren tatsächlich die (oder alle) bedeutsamen sind.

Ferner werden Tafeln der statistischen Prognoseforschung (»Grund-Erwartungs-Tafeln«) angewandt, um die Rückfallwahrscheinlichkeit der – verschiedenen Sanktionsarten unterstehenden – Probanden zu bestimmen. Anschließend werden die tatsächlichen Ergebnisse mit den erwarteten, oder besser, vorausgesagten Ergebnissen verglichen. Dieses Verfahren übernimmt die Mängel der jeweiligen statistischen Prognosetafeln (s. o. § 21 III.); darauf aufbauende Vergleiche werden demgemäß oftmals relativ ungenau bleiben (vgl. zu neueren Verfahren *Harris/Moitra* 1978).

Bei beiden letztgenannten Versuchen besteht die Schwierigkeit, daß eine Unbekannte gegenüber zwei Unbekannten eingetauscht werden könnte, indem zur Unzulänglichkeit der Erfolgsmessung diejenige der Prognosestellung tritt.

3. Im einzelnen kommen als tatsächlich wirksame intervenierende Variablen – neben speziellen Einzelmaßnahmen – allgemeine und allen Sanktionierungsstrategien gemeinsame Bedingungen wie etwa diejenigen in Betracht, inwieweit die Sanktionsart und -durchführung zu einer (weiteren) Stigmatisierung, sozialen Isolierung oder Abweisung des Probanden geführt hat.

Für den Bereich stationären Strafvollzugs könnte allein maßgebend sein, daß nach der Strafentlassung eine größere Aufnahmebereitschaft durch Bezugsgruppen des Probanden im Leistungs-, Sozial- und Freizeitbereich deshalb vorhanden ist, weil bekannt ist, daß der

Proband aus einer als »erfolgreich« eingestuften ambulanten oder stationären Behandlung kommt. Weiterhin könnte das positive Ergebnis wesentlich nicht durch eine etwa vorausgegangene stationäre Behandlung, sondern durch eine Nachbehandlung oder -betreuung bewirkt worden sein (s. auch o. § 37 III.).

Bezüglich des zuletzt genannten Gesichtspunktes wird nach Erfahrungen namentlich aus dem Ausland angenommen, daß während der Haftzeit selbst eine eigentliche Einflußnahme auf Persönlichkeit und Sozialverhalten der Probanden auch in überwiegend behandlungsorientierten Anstalten nur sehr begrenzt möglich sein dürfte. Dies ist schon in der Tatsache des Freiheitsentzuges mit seinen notwendigen Folgen begründet. – Im Falle spezieller therapeutischer Bemühungen hingegen erscheine es als wichtig, daß solche besonderen Anstalten sich um eine Kontinuität der Behandlung beziehungsweise Betreuung dergestalt bemühen, daß die Probanden auch nach der Haftzeit in engstem Kontakt zu der jeweiligen Anstalt bleiben (s. auch o. § 37 III. 1. a)β)).

IV. Funktion der Bewährungshilfe

1. a) Die Tätigkeit des Bewährungshelfers unterliegt einer fachlichen Weisungsgebundenheit durch den Richter (§ 25 JGG); »im Einvernehmen« mit diesem »überwacht« er »die Erfüllung der Weisungen, Auflagen, Zusagen und Anerbieten« (§ 24 Abs. 2 S. 2 JGG). Er »berichtet über die Lebensführung des Jugendlichen in Zeitabständen, die der Richter bestimmt« (§ 24 Abs. 2 S. 3 JGG); zugleich soll er dem ihm Unterstellten »helfend und betreuend zur Seite« (§ 24 Abs. 2 S. 1 JGG) stehen. Entsprechendes gilt für die Funktion des Bewährungshelfers im Erwachsenenstrafrecht (§ 56 d Abs. 3 – 5 StGB).

Zur Hilfe- und Betreuungsleistung wäre jedoch ein Mindestmaß an Vertrauen seitens der Betroffenen erforderlich. Hieran fehlt es vielfach deshalb, weil diese (und deren Bezugspersonen) die Doppelfunktion des Bewährungshelfers kennen und diesen als Vertreter der Behörden strafrechtlicher sozialer Kontrolle wahrnehmen.

b) Tatsächlich muß der Bewährungshelfer sich mit dem Gericht arrangieren und demzufolge auch seine Stellungnahmen dergestalt abfassen, daß sie dem Gericht geeignet erscheinen, will er nicht jede Einwirkungsmöglichkeit verlieren. Im übrigen hat der Bewährungshelfer zwar gegenüber anderen Personen und Behörden, insbesondere auch gegenüber der Polizei und der Staatsanwaltschaft, Verschwiegenheit zu bewahren (vgl. § 203 Abs. 3 Nr. 5 StGB; Sozialarbeiter), während die im pflichtgemäßen Ermessen liegende Mitteilungspflicht gegenüber dem Richter die Informierung über erhebliche neue Straftaten des Unterstellten wohl einschließt.

2. Eine spezifische Ausbildung zum Bewährungshelfer ist nicht gegeben; Voraussetzung zur einschlägigen Tätigkeit ist eine abgeschlossene Ausbildung als Sozialarbeiter (zur Supervision im Ausland vgl. *Klockars* 1972). Die persönliche und fachliche Eignung des Bewährungshelfers ist insbesondere die Art der Zuteilung oder »Paarung« (»matching«, s. hierzu auch o. § 39 II. 1. b)β)) scheint für die Wirksamkeit seiner Tätigkeit von erheblicher Bedeutung zu sein. Sofern er mit den kulturellen, sozialen und altersgemäßen Bedingungen der Lebensführung der unterstellten Personen nicht zumindest vertraut ist, ist die Chance einer adäquaten

Betreuung gering. Aus diesem Grunde ist wiederholt empfohlen worden, im Rahmen der ehrenamtlichen Bewährungshilfe solche Personen wirken zu lassen, die ähnliche Wertsysteme und Verhaltensmuster aufweisen wie die Unterstellten selbst (zu Widerstandstechniken hiergegen vgl. *Mounsey* 1973; s. aber auch *Makkowiak/Ziembinski* 1971; 29 f.).

a) Was die Tätigkeit des Bewährungshelfers im einzelnen angeht, so betrifft die Einzelfallbetreuung einerseits dringende existentielle Probleme bezüglich Schule, Ausbildung, Arbeitsplatz, Unterkunft, Schuldentilgung, Umgang mit Behörden, und andererseits beratende persönliche Gespräche sowie Gruppenbetreuung. Letzteres gilt auch für die im Rahmen des Betreuungsvorganges (als abschließende Phase) gedachte Hilfe zur Selbsthilfe mit dem Ziel der Loslösung vom Bewährungshelfer.

Private Bewährungshilfevereine, die Geldbeträge sowohl aus Geldbußen als auch – und meist zweckgebunden – von staatlichen Stellen erhalten, führen Sach- und Geldzuwendungen durch und sind an der Errichtung von Probandenheimen beteiligt.

b) Da ein allgemeines Weisungsrecht des »Bewährungshelfers« gegenüber den Betroffenen nicht besteht und auch nicht aufgrund einer richterlichen Weisung entstehen kann, müssen die Anordnungen des »Bewährungshelfers« im Rahmen seiner Aufsichts- und Leitungsfunktion (§ 24 Abs. 1 S. 1 JGG; § 56 d Abs. 1 StGB) inhaltlich begrenzt sein und als im Rahmen der genannten Funktionen unumgänglich erscheinen.

3. a) Innerhalb der aufgezeigten Grenzen ergeben sich weitere Belastungen durch Personalknappheit der Bewährungshelfer. So lag die Zahl der einem Bewährungshelfer zugewiesenen Verurteilten in der Bundesrepublik Deutschland in den Jahren seit 1963 kaum unter 55 bis 60 (RPflSt 1976, 40). Am 31.12.1975 gab es insgesamt 1.118 hauptamtliche Bewährungshelfer, die für 61.532 Probanden tätig waren; dies entspricht einem Verteilungsschlüssel von etwa 1 : 55 (RPflSt 1975, 40).

In den Niederlanden soll am 1.1.1970 ein diesbezügliches Verhältnis von 1 : 22,4 bestanden haben (vgl. *Dippelhofer* 1973, 200).

b) Die gesetzliche Neuregelung der Unterstellungsvoraussetzungen aus dem Jahre 1969 hat, neben Änderungen in der Probandenstruktur, zu einem erheblichen Anstieg der Neuzugänge an Probanden geführt. Dabei ist die Zahl der nach allgemeinem Strafrecht unterstellten Neuzugänge vergleichsweise noch mehr als diejenige der nach Jugendstrafrecht unterstellten Neuzugänge angestiegen. Gleichwohl überwiegen zahlenmäßig auch weiterhin die nach Jugendstrafrecht unterstellten Probanden (vgl. Schaubild 5).

c) Im einzelnen waren unter den am 31.12.1970 beziehungsweise am 31.12. 1975 der Bewährungshilfe unterstehenden 39.503 beziehungsweise 61.532 Pro-

§ 44 *Spezialprävention*

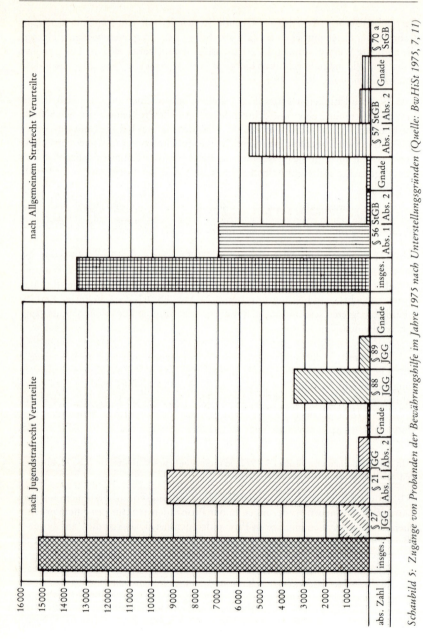

Schaubild 5: Zugänge von Probanden der Bewährungshilfe im Jahre 1975 nach Unterstellungsgründen (Quelle: BwHiSt 1975, 7, 11)

banden 8.298 beziehungsweise 11.642 Jugendliche, 14.877 beziehungsweise 22.567 Heranwachsende – von denen 13.645 beziehungsweise 20.958 nach Jugendstrafrecht und 1.232 beziehungsweise 1.609 nach Erwachsenenstrafrecht verurteilt worden waren – und 16.328 beziehungsweise 27.323 Erwachsene (RPflSt 1976, 40).

4. Verallgemeinerungsfähige Aussagen über die Funktion und Wirksamkeit der Institution Bewährungshilfe lassen sich schon deshalb nicht machen, weil Ausgangssituation und Probandenstruktur danach divergieren, ob es sich um eine Strafaussetzung zur Bewährung ohne oder aber nach vorherigem Strafvollzug handelt. Dabei ergeben sich auch unterschiedliche Anteile je nachdem, ob Unterstellungen nach Jugend- oder aber nach allgemeinem Strafrecht einbezogen werden. Während nämlich seit etwa 1968 mehr als 50 % der Zugänge nach allgemeinem Strafrecht solche Probanden betreffen, die bedingt aus dem Strafvollzug entlassen wurden, entfallen die Zugänge nach Jugendstrafrecht zu 65 % bis 85 % auf unmittelbare Unterstellungen ohne vorherigen Strafvollzug. Andererseits lassen sich aus den Angaben der Bewährungshilfestatistik über Unterstellungen und Beendigung (z.B. durch Widerruf) nur bedingt Schlüsse auf die Wirksamkeit der Tätigkeit der Bewährungshilfe ziehen.

Zum einen bestehen schon Bedenken dagegen, die Angaben über »Beendigung der Unterstellung durch Widerruf« als (negatives) Erfolgskriterium zugrundezulegen (s.o. II. 1. c) γ)). Im übrigen besagt die gemäß den (jährlichen) Angaben der Bewährungshilfestatistik errechnete Widerrufsquote lediglich, wieviel Widerrufe auf die Gesamtzahl der innerhalb eines Berichtsjahres beendeten Unterstellungsfälle entfielen. Demgegenüber ist diese Gesamtzahl aber nicht mit der Gesamtzahl der innerhalb eines Berichtsjahres begonnenen Unterstellungsfälle identisch (vgl. *Heinz* 1977a, 303 ff.). Somit ist es rechnerisch unausweichlich und tatsächlich nicht unwahrscheinlich, daß, bei Gleichbleiben der wirklichen Widerrufshäufigkeit, in Berichtsjahren des Anstiegs der Unterstellungsfälle der (nach Berichtsjahren) errechnete Anteil an Widerrufen sinkt, oder umgekehrt.

Jedenfalls ist davon auszugehen, daß der regelmäßige Befund einer vergleichsweise hohen Widerrufsquote bei Jugendlichen und Heranwachsenden ebenso wie bei strafrechtlich Vorbelasteten (und namentlich bei ehemaligen Bewährungshilfe-Probanden, vgl. *Kerner* 1977a, 294) auch Ausdruck unterschiedlicher Kontrollintensität der Institution Bewährungshilfe ist (s. aber auch *Rehn/Jürgensen* 1979).

V. Befunde bei einzelnen Rechtsfolgen

1. a) Nach mehreren Untersuchungen (vgl. zusammenfassend für frühere Arbeiten *Kaiser* 1969, 23 ff.; *Schaffstein* 1970, 855 ff.; s. auch *Böhm* 1977, 138 f.) wurde berichtet, daß die Anzahl der rückfälligen Jugendarrestanten – die Rückfälligkeit insgesamt soll bei etwa 60 % bis 70 % liegen (s. *Schaffstein* 1970, 60 ff. m.w.N.) –

§ 44 *Spezialprävention*

um so geringer sei, je enger die Auswahl bei der Verhängung des Jugendarrestes vorgenommen worden ist. So soll die Rückfälligkeitsquote derjenigen Probanden, die als »arrestgeeignet« gelten, nach einem Zeitablauf von etwa vier bis fünf Jahren nach Entlassung aus dem Dauerarrest knapp über 50 % liegen. Als vergleichsweise hoch wird der Anteil der als »arrestungeeignet« geltenden Personen gegenüber den als »arrestgeeignet« geltenden Personen besonders innerhalb derjenigen Rückfälligen bezeichnet, bei denen die Rückfalltaten oder die auf diese ergangenen Sanktionen eine erhebliche Schwere aufwiesen. – *Klosterkemper* (vgl. 1971, 24) berichtet für letztere Kategorie von 41 % Rückfälligen, welcher Anteil nach Dauerarrest von drei und vier Wochen nur 30,7 % betragen habe. *Arndt* (1970, 119) hingegen berechnete bei »Arrestgeeigneten« 50,7 % und bei »Arrestungeeigneten« 78,7 % Rückfälle. Nach *Nolte* (1978, 139 f.) betrugen die Rückfallquoten bei Jugendlichen 78,2 %, bei Heranwachsenden 53,7 % und insgesamt 69,2 %; in der Kategorie der als »verwahrlost und schwer gefährdet« eingeordneten Probanden betrug die Quote 82,1 %, in derjenigen der »nicht oder nicht nennenswert Gefährdeten« 43,1 % (1978, 142). – Nach *Eisenhardt* (1977) ergab sich eine Rückfallquote von 31,5 %, die sich jedoch um die – nicht einbezogenen – Eintragungen in die Erziehungskartei erhöht.

Hinsichtlich der Effizienz der Vollzugsausgestaltung als intervenierender Variable bestehen, ähnlich wie im Bereich der Behandlungsprojekte (s. u. 4.), Ungewißheiten. Es wird zum Beispiel von einer Jugendarrestanstalt mit Gemeinschaftshaft und vielfältigem Freizeitangebot berichtet, deren Entlassene zu 63,3 % rückfällig geworden seien (*Arndt K.* 1970, 114), während die entsprechende Quote bei zwei Anstalten mit Einzelhaft mit 62,3 % nahezu gleich gewesen sei (vgl. *Schneemann* 1970, 60).

b) Bezüglich der Sozialbewährung ehemaliger von Fürsorgeerziehung Betroffener liegen zahlreiche Untersuchungen vor (s. insbes. *Piecha* 1959), die erhebliche Unterschiede der verwendeten Methoden einschließlich derjenigen der Erfolgsmessung aufweisen. Tendenziell sollen etwa 60 % aller von Fürsorgeerziehung betroffen gewesenen Probanden im späteren Lebensverlauf sozial angepaßt gewesen sein (vgl. berichtend *Schaffstein* 1977, 79). – Nach *Traulsen* (1978, 389 f.) wurden von absolut 40 einschlägig betroffenen Probanden im weiteren Verlauf 70 % strafrechtlich verurteilt, wobei 25 % »leichter« und 45 % »schwerer« bestraft worden sind.

2. Bezüglich der Jugend- und der Freiheitsstrafe ist unbestritten, daß ihr eine Sicherungsfunktion insofern zukommt, als der Gefangene während der Vollzugsdauer außerhalb der Strafanstalt keine Straftaten begehen kann. Insofern besteht eine spezialpräventive Funktion von Freiheitsstrafe darin, die Begehung von Straftaten während des Vollzugszeitraums zu verhindern (§ 2 S. 2 StVollzG). Ihr Zweck ist dabei nicht die Verhütung von Rückfälligkeit, sondern die Verschiebung der Möglichkeit von Rückfälligkeit.

Andererseits wird für die überwiegende Zahl der Fälle angenommen, daß Jugend- und Freiheitsstrafe eine erzieherische oder spezialpräventive Funktion im Sinne der Formung eines »rechtschaffenen Menschen« (s. o. § 25 V. 1.) oder einer »Re-Sozialisierung« nicht hat. Als Beleg für diese Annahme sind Rückfallstatistiken allerdings nur unter Einschränkungen verwertbar.

Üblicherweise werden Rückfallquoten dergestalt statistisch berechnet, daß der Prozentanteil derjenigen Gefangenen zugrunde gelegt wird, die bereits Vorbestrafte sind. Hiergegen besteht zumindest ein Einwand insoweit, als auch solche Gefangene als »vorbestraft« erfaßt werden, die sich noch niemals im Vollzug befunden haben. Im übrigen folgt die Ermittlung des prozentualen Anteils der bereits vorbestraften Gefangenen an der Gesamtzahl der Gefangenen meist der einmal jährlichen Erfassung an einem bestimmten Stichtag (= jeweils 31.3.). Hiergegen bestehen deshalb Einwände, weil die Erfassungswahrscheinlichkeit für einen bestimmten Gefangenen durch das Stichtagverfahren von seiner Verweildauer abhängt, wobei die Quote wegen unterschiedlich langer Freiheitsstrafen nach oben verzerrt wird. Das bedeutet, daß »Langstrafige« überproportional erfaßt werden. Da aber »Langstrafigkeit«, von Kapitaldelikten abgesehen, tendenziell mit Vorstrafenbelastung gleichzusetzen ist, sind Vorbestrafte überrepräsentiert (*Höfer* 1976, 709 f.). Hiernach variiert die Maßzahl, die man bei der Relation der Anzahl der vorbestraften Gefangenen zur Gesamtzahl der Gefangenen erhält, unabhängig von der Anzahl rückfälliger Strafentlassener. Daher vermag sie über die wirkliche Rückfallquote bei Strafentlassenen nichts auszusagen.

a) Verschiedene Aktenanalysen zur Rückfälligkeit nach *Jugendstrafe* von bestimmter Dauer haben ergeben, daß die Rückfälligkeitsquote (nach einem meist auf fünf bis sechs Jahre festgesetzten Zeitraum seit Entlassung) insgesamt betrachtet kaum einmal unter 60 % lag (vgl. näher *Klapdor* 1967, 78 f.; *Schaffstein* 1968, 66 ff.; ders. 1977, 101 ff.). Für die Legalbewährung der nach Verbüßung von einer Jugendstrafe von unbestimmter Dauer Entlassenen hat sich hingegen, unter im übrigen gleichen Kriterien, eine Mißerfolgsquote von etwa 65 % ergeben (vgl. *Schaffstein* 1977, 105). Hierzu ist, neben den pädagogischen Einwänden gegenüber der zeitlichen Unbestimmtheit (s. o. § 35 II. 2. b)), zu berücksichtigen, daß die Jugendgerichte Jugendstrafe von unbestimmter Dauer (zunehmend) nur in vergleichsweise schweren Fällen, das heißt gegenüber einer vergleichsweise ungünstig beurteilten Extremgruppe zu verhängen scheinen.

Die Widerrufsquote bei Aussetzung der Vollstreckung des Restes der Jugendstrafe zur Bewährung ist höher als bei der Aussetzung der Vollstreckung ohne vorherigen Vollzug (s. u. 3. a) β)). So soll das Verhältnis von Erfolg zu Mißerfolg bei ersterer Gruppe etwa 2 : 3, bei letzterer Gruppe hingegen etwa 3 : 2 sein (vgl. *Abel* 1970, 135). Zur Interpretation läßt sich zum einen anführen, daß der Jugendstrafvollzug die ohnehin schwierigeren Fälle erfaßt; zum anderen fragt sich, inwieweit die höhere Mißerfolgsquote mit abträglichen Folgen des Vollzugsaufenthaltes (s. o. § 37 II.) zusammenhängt. – Zum Verhältnis der Widerrufsanlässe untereinander nach Entlassung zur Bewährung aus Jugendstrafe von unbestimmter Dauer wurden für erneut begangene Straftaten beziehungsweise Auflagenverstoß Anteile von 37,0 % gegenüber 27,0 % (vgl. *Wachter* 1966, 96 f.) und von 56,2 % gegenüber 22,4 % (*Müller* 1969, 135) berechnet.

α) Hinsichtlich der Rückfälligkeit nach Jugendstrafe von *unterschiedlicher Vollzugsdauer* wird aufgrund mehrerer Untersuchungen berichtet, daß bei bestimmter Verurteilung die Mißerfolgsquote der Entlassenen bei einer tatsächlichen Haftdauer von unter einem Jahr wesentlich höher ist als bei einer tatsächlichen Haftdauer von mindestens einem Jahr; hingegen soll die Rückfallhäufigkeit im Anschluß an die Jugendstrafe von unbestimmter Dauer bei 9 bis 18 Monaten tatsächlicher Strafdauer größer und bei 6 bis 9 Monaten tatsächlicher Dauer kleiner sein als bei der Jugendstrafe von bestimmter Dauer des jeweils entsprechenden Zeitraumes (vgl. zusammenfassend *Schaffstein* 1968a, *Miehe* 1969, 81 ff.; s. ferner *Lange* 1973).

Bei der Interpretation dieser Angaben ist zu bedenken, daß nicht auf den einzelnen Verurteilten abgestellt, sondern allein von der Vollzugsdauer ausgegangen wird. Dies könnte unzulänglich sein, weil nicht selten gerade schwere Straftaten von solchen Jugendlichen begangen werden, die kaum oder überhaupt nicht »kriminell verfestigt« sind, während andererseits »kriminell verfestigte« Jugendliche häufig vergleichsweise leichte Delikte begehen. Während erstere auch und insbesondere wegen der »Schwere der Schuld« (§ 17 Abs. 2 JGG) besonders lange Strafen erhalten, werden letztere zumindest wegen der vergleichsweise geringen Schwere der Schuld häufig zu niedrigeren Strafen verurteilt. Somit könnte die geringere Mißerfolgsquote bei bestimmten Jugendstrafen mit einer tatsächlichen Haftdauer von einem Jahr und mehr zum Teil darauf beruhen, daß sich unter den betreffenden jugendlichen Straftätern eine gewisse Anzahl solcher befindet, die »kriminell weniger verfestigt« war und blieb.– Zudem müßte beachtet werden, daß die Jugendstrafe von mehr als einem Jahr eine Wirkung schon wegen der längeren Sicherung hat, während welchen Zeitraums eine entwicklungstypische kriminelle Phase teilweise verstreichen mag. Dem würde allerdings die vergleichsweise schlechtere Bewährung der »Langstrafigen« mit Jugendstrafe von unbestimmter Dauer widersprechen. Allerdings ist für Jugendstrafe von unbestimmter Dauer allein die »... schädlichen Neigungen des Jugendlichen, die in der Tat hervorgetreten sind« (§ 19 Abs. 1 JGG), ausschlaggebend, nicht jedoch die Schwere der Schuld. Schließlich ist zu bedenken, ob bei »Kurzstrafigen« seltener, bei »Langstrafigen« hingegen häufiger ein Strafrest zur Bewährung ausgesetzt wird, so daß bei letzteren ein erhöhter Anreiz zu guter Führung während der Bewährungszeit bestehen könnte (vgl. ähnlich *Miehe* 1969, 83, 2. Sp.).

Allerdings hat sich auch nach einer schwedischen Untersuchung über 421 Heranwachsende (*Börjeson* 1968), in welcher nur Probanden mit gleichen als prognostisch relevant festgestellten Merkmalsausprägungen einbezogen wurden, ergeben, daß diejenigen Personen mit einer Strafdauer von sieben Monaten und mehr weniger rückfällig geworden sind als diejenigen mit einer Strafdauer bis unter sieben Monaten (am wenigsten aber diejenigen ohne Freiheitsentzug).

Jedoch kann nicht als gesichert angenommen werden, daß eine vergleichsweise kürzere Vollzugsdauer mit einer vergleichsweise höheren Rückfälligkeit in bedingendem Zusammenhang stehe.

β) Bezüglich der Rückfälligkeit nach Verbüßung einer Jugendstrafe im *geschlossenen* Vollzug wird aufgrund von Aktenanalysen ganz überwiegend von einer Rückfallquote zwischen 60 % und 80 % ausgegangen (vgl. *Schaffstein* 1968 m. N.); als Ausnahme hat *Bellon* (1966, 136) jedoch eine Quote von nur 46,4 % berechnet. Demgegenüber beliefen sich die berechneten Rückfälligkeitsziffern nach Entlassung aus dem *offenen* Jugendvollzug eher auf zwischen 40 % und 65 % (vgl. *Wiesbrock* 1971, 106; *Schalt* 1977, 83 f.). Dieser Unterschied ist schon aus Gründen der Auswahl von Verurteilten für den offenen Vollzug (§ 91 Abs. 3 JGG) und wegen unterschiedlicher sozialer Nachwirkungen erwartungsgemäß.

b) α) Bezüglich der Rückfälligkeit nach *Freiheitsstrafe* von unterschiedlicher Dauer haben Untersuchungen insbesondere aus dem Ausland ergeben, daß nach längeren Anstaltsaufenthalten auch bei »re-sozialisierungsorientiertem« Vollzug keine niedrigeren Verurteilungsquoten erzielt wurden als nach kürzeren Anstaltsaufenthalten (vgl. die Nachweise bei *Hood/Sparks* 1970, 196 f.).

Die Untersuchungen von *Berntsen/Christiansen* (1965) sowie von *Sandhu* (1964) über kurzzeitige Freiheitsstrafen (in Verbindung mit Behandlungsbemühungen und kontinuierlicher Betreuung durch Sozialarbeiter von der Vollzugszeit an) vermochten nur teilweise einen Beleg für deren Wirksamkeit zu erbringen; dies gilt zumindest wegen Umfang und Auswahl der Probanden sowie, bezüglich der letzteren Untersuchung, aufgrund des ausschnitthaften Charakters der Erfolgsprüfung (s. hierzu o. III.). – Auch Untersuchungen aus dem deutschen Sprachbereich lassen wegen ihres ausschnitthaften Charakters keine allgemeinen Schlüsse zu. Nach *Ramm* (1968, 51) wurden von 200 Probanden, die als Heranwachsende zu kurzen Gefängnisstrafen verurteilt worden waren, innerhalb einer Beobachtungszeit von rund sechs bis neun Jahren 77 % erneut verurteilt. Andere Autoren berechneten eine vergleichsweise hohe Rückfälligkeitsquote in den ersten Monaten nach Entlassung aus kurzem Freiheitsstrafvollzug (vgl. *Stenner* 1970, 69; *Knaus* 1973, 93).

β) Nach überwiegender Annahme soll sich gegenüber der üblicherweise pauschal genannten durchschnittlichen Rückfallquote von etwa 60 % (*Steierer* 1968, 103; vgl. für die USA schon *Glaser* 1964) bei »prognostisch ungünstigerer« Population ein Anteil von 80 % ergeben (vgl. hierzu auch *Schüler-Springorum* 1970, 35 f., 97 Fußn. 32; *Uhlitz* 1971, 282, 2. Sp. spricht von 70 %); bezüglich Probanden des offenen und des »gelockerten« Vollzuges wurde – nach einem Zeitraum von (nur) bis zu drei Jahren – eine einheitliche Quote von 44 % errechnet (*Rüther/Neufeind* 1978, 367, 371 f.).

Was die Wirkung von Freiheitsstrafen auf alkoholisierte Verkehrsstraftäter angeht, so hat *Buikhuisen* (1971, 37) darauf hingewiesen, daß in den Niederlanden der Prozentsatz der verhängten Freiheitsstrafen zwar stetig gestiegen sei (1960 = 35 %, 1968 = 71 %); eine vergleichende Analyse lasse jedoch vermuten, daß die Verschärfung der Strafe kaum Einfluß auf das Fahrverhalten der Betroffenen gehabt habe. – Nach der niederländischen Untersuchung von *Steenhuis* (1972, 288) zum Vehältnis von Strafmaß und Rückfälligkeit bei Verkehrsstraftätern, die wegen Alkohol am Steuer verurteilt wurden, ergab sich, daß die Strafhöhe – aber auch die Entziehung der Fahrerlaubnis – keinen Einfluß auf die Rückfälligkeit zu haben scheint.

γ) Bezüglich der Rückfälligkeit nach vorzeitiger Entlassung zur Bewährung wurden nach *Rehn/Jürgensen* (1979, 56) – innerhalb von allerdings nur 3 Jahren seit Entlassung und beschränkt auf Rückfälligkeit mit Freiheitsstrafe – von den (absolut) 159 Entlassenen, die einem Bewährungshelfer unterstellt waren, nur 29 % im genannten Sinne rückfällig, während der entsprechende Anteil bei den (absolut nur) 30 Entlassenen, die nicht einem Bewährungshelfer unterstellt worden waren, 40 % betrug; dabei weisen die Autoren darauf hin, letztere Gruppe habe tendenziell eine günstigere Prognose gehabt.

c) Als Ergebnis der Analyse einer spezialpräventiven Funktion von Jugend- und Freiheitsstrafe ergibt sich nach dem bisherigen Wissensstand, daß eine solche Funktion in der überwiegenden Zahl der Fälle lediglich im Sinne der Sicherung der Allgemeinheit während des Vollzugszeitraums (§ 2 S. 2 StVollzG) geleistet wird. Diesbezüglich wird jedoch – wiederum für die überwiegende Zahl der Fälle – angenommen, daß diese Sicherung im Hinblick auf die zu erwartende Schwere eines etwaigen Rückfalls bedenklich sei. – Bestehen bleibt der Bereich negativer sozialer Folgen der Inhaftierung auch für Angehörige der Gefangenen (vgl. *Morris* 1965; *Gibbs* 1971; ferner etwa *Martin/Webster* 1971, 74 ff., 91 ff.; *van Nuland* 1969/1970).

α) Zur Begründung der in der überwiegenden Zahl der Fälle fehlenden Wirksamkeit von Jugend- und von Freiheitsstrafe wird gelegentlich darauf hingewiesen, daß allein die Tatsache der Einweisung in Strafanstalten, von Ausnahmen abgesehen, ein Eingeständnis dafür sei, daß eine »Re-Sozialisierung« nicht (mehr) in Frage komme. Dies wiederum könne Wirkungen im Sinne einer »self-fulfilling prophecy« (s. o. § 42 II. 2. b)) auslösen, und zwar sowohl bei den Verurteilten als auch im Sinne erhöhter informeller und formeller Kontrolle nach deren Entlassung.

Nach Berichten aus der Vollzugspraxis wird gelegentlich angenommen, daß für etwa 10 % der Gefangenenpopulation ein Behandlungsvollzug nicht in Frage komme, weil für diese ein Sicherungsvollzug notwendig sei. Es gebe bestimmte Persönlichkeiten (»fixierte, destruktive, asoziale«), die zwar prinzipiell behandlungsbedürftig seien, deretwegen aber eine gewisse Toleranzgrenze nicht überschritten werden könne. Bei der genannten Minderheit innerhalb der Gefangenen seien derart massive Abwehrstrategien gegen Behandlungsbemühungen vorhanden, daß es sich nicht vertreten lasse, dasjenige Übermaß an therapeutischen Kräften einzusetzen, das diese Personengruppe aufzehren würde.

β) Zur Erklärung der überwiegenden Unwirksamkeit des Jugend- und auch des Erwachsenenvollzuges ist ferner die spektakuläre Überrepräsentierung solcher Gefangener zu berücksichtigen, bei denen – teilweise mit Freiheitsentziehung verbundene – frühere Einwirkungen seitens der verschiedensten Kontrollbehörden vorliegen. Dieser Umstand läßt die Vermutung zu, daß Mängel innerhalb des Systems formeller strafrechtlicher sozialer Kontrolle zunächst und maßgeblich schon innerhalb des Bereichs des Jugendhilferechts (oder Jugendwohlfahrtsrechts) und besonders bei dessen Maßnahmen unter Freiheitsentzug liegen mögen.

Andererseits sollen, nach Erfahrungen aus dem Ausland, offene Arbeitskolonien weder spezialpräventiv noch generalpräventiv »erfolgreicher«, wohl aber mit weniger Kosten und weniger Nachteilen für die Angehörigen verbunden sein als geschlossene Gefängnisse (vgl. *Uusitalo* 1972, 218 ff., 225 f.).

Spezialprävention § 44

3. a) α) Bezüglich der *Aussetzung der Verhängung der Jugendstrafe* zur Bewährung wurden Widerrufsanteile von 32,3 % (vgl. *Meyer, K.* 1963, Anh. D. 46), 26,5 % (*Gütt* 1964, 3) und 34,8 % (*Meyer-Wentrup* 1966, 221) errechnet. Demgemäß wäre anzunehmen, daß der Widerrufsanteil geringer gewesen ist als derjenige bei Aussetzung der Vollstreckung der Jugendstrafe zur Bewährung (s. u. β)).

β) Was die Widerrufsquote bei *Aussetzung der Vollstreckung der Jugendstrafe* zur Bewährung ohne vorherigen Strafvollzug angeht, so ist nach einer Vielzahl von Reihenuntersuchungen davon auszugehen, daß sie bei 40 % bis 45 % der Fälle liegt (vgl. die Angaben bei *Schaffstein* 1977, 108; s. aber *Rohnfelder* 1974, 87 Fußn. 328). Dabei ist der Anteil an Widerrufen bei solchen Jugendstrafen, die wegen »schädlicher Neigungen« verhängt worden waren, größer als bei anderen, die wegen »Schwere der Schuld« verhängt worden waren.

Hinsichtlich des Verhältnisses der Widerrufsgründe »erneut begangene Straftat«, »Auflagenverstoß« und »erstere beiden plus sonstige Gründe« wurden Anteile von 64,4 % und 36,6 % (*Nerlich* 1966, 12; letzte Kategorie unbesetzt), 70,7 %, 8,0 % sowie 21,3 % (*Schünemann* 1971, 154) und 32,9 %, 7,9 % sowie 59,2 % (vgl. *Vogt* 1972, 115 ff.) errechnet.

Verschiedene Untersuchungen haben Häufungen widerrufsträchtiger Merkmale aus den Bereichen der Deliktsstruktur, der Altersphasen sowie der sozialen Gegebenheiten festgestellt (vgl. *Suttinger* 1960, 76 ff., 82; *Breuning* 1960, 114 ff.; s. aber teilweise abweichende Angaben bei *Bindzus/Carter* 1968, 186 f.).

b) Was die *Aussetzung der Vollstreckung der Freiheitsstrafe* zur Bewährung ohne vorherigen Strafvollzug anbetrifft, so gilt insbesondere hierfür, daß eine Bewährungsstatistik nicht besteht, während die Bewährungs*hilfe*statistik sich nur auf einen Ausschnitt der Fälle dieser Aussetzungsart bezieht (s. auch o. § 44 II. 1. d)). Nach einzelnen Reihenuntersuchungen betrugen die Widerrufsquoten 37,2 % (*Sydow* 1963, 48), 30,7 % (*Zugehör* 1964, 101) und 28,6 % (*Wittig* 1969, 61). Dabei ergaben sich, in der genannten Folge dieser Untersuchungen, Anteile von 54,3 %, 33,3 % und 40,4 % für Widerrufe wegen erneut begangener Straftat und von 45,7 %, 52,7 % und 49,1 % für Widerrufe wegen Auflagenverstoßes.

4. Nach allen bisher vorliegenden Ertragsuntersuchungen zur Feststellung einer Wirksamkeit von »Re-Sozialisierungsbemühungen« im Rahmen spezieller Behandlungsprojekte ergibt sich folgende Regelmäßigkeit: Je umfassender die Überprüfungen durchgeführt werden, um so größer ist die Wahrscheinlichkeit eines Mangels an Ertrag oder eines allenfalls geringen Ertrages (vgl. *Szabo* 1973, 23; s. ferner *Lipton* u.a. 1975). Allerdings sind nahezu sämtliche dieser Ertragsuntersuchungen ohne praxisbegleitende Behandlungsforschung (s. o. § 15 III.) durchgeführt worden. Schon deshalb erscheint eine Abkehr von Behandlungsbemühungen als voreilig, zumal sich die Behauptung einer erwiesenen Erfolglosigkeit als Vorwand für solche veränderten gesellschaftsstrukturellen Bedingungen verstehen läßt, die einem Behandlungstrend entgegenstehen (vgl. *Scull* 1977).

Die verstreut zu findenden Angaben aus dem In- wie Ausland über Erfolge in experimentierenden Projekten oder Anstalten können schon wegen der Verschiedenheit des gewählten Erfolgskriteriums und des Lebensalters der Probanden bei Entlassung sowie der Tatsache, daß es sich bei den Probanden oftmals um Extremgruppen handelt, nicht allgemeinverbindlich sein (s. auch o. III. 2. a)).

a) α) Für die Van der Hoeven-Kliniek hat *Jessen* (1969) die Entwicklung der in den Jahren 1955 bis 1959 in die Anstalt aufgenommenen 191 männlichen Probanden überprüft. Von diesen waren am 1.1.1969 insgesamt entlassen worden 68, und 3 befanden sich noch in der Anstalt; die übrigen 120 Probanden waren in andere Einrichtungen überwiesen worden, wodurch der Anteil an Aggressions- und Sexualtätern zum Nachteil desjenigen an Vermögenstätern erheblich anstieg. Von den 68 Entlassenen waren (nur) 16 rückfällig geworden. – Der Vergleich der Rückfälligen mit den Nicht-Rückfälligen habe nur bei drei Variablen signifikante Unterschiede zwischen beiden Gruppen ergeben, nämlich betreffend (schlechtes) Verhalten in der Anstalt, Straffälligkeit des Vaters sowie Anzahl der Vorstrafen.

β) *Ward/Kassebaum* (1972) haben die Wirkungen von vier unterschiedlichen Behandlungsprogrammen (group counselling, spezielles group counselling, therapeutische Gemeinschaft, alle Behandlungsformen außer den drei vorgenannten) untersucht, die in einer »correctional institution« in Kalifornien angewandt wurden, wobei die Probanden nach einem Zufallsverfahren ausgewählt worden waren. Betreffend die weitere Entwicklung über einen Zeitraum von 24 Monaten ergab sich, auf der Grundlage von 70 % der untersuchten Probandenauswahl, daß bei 43 % der Probanden Rückfall vorlag, bei 26 % kein Rückfall vorlag und bei dem Rest geringfügigere »Probleme mit der Justiz« vorgekommen waren. Ein Unterschied nach der Art der vorausgegangenen Behandlung war jedoch nicht festzustellen (*Ward/Kassebaum* 1572, 306 f.; wegen verschiedener methodischer Bedenken s. *Mann* 1972; *Szabo* 1973).

γ) Auch jugendpädagogische Projekte speziell mit Gemeinschaftsbezug haben keine überzeugenden Ergebnisse erbracht (s. u. § 45 I. 3. a), b)).

b) Als Beispiel aus der Bundesrepublik Deutschland ergibt eine Zusammenstellung über sozialtherapeutische Bemühungen im Vollzugskrankenhaus Hohenasperg, daß von den zwischen dem 9.3.1957 und 13.7.1970 entlassenen 63 Personen 32 (= 50,8 %) straffrei geblieben sind (*Engell* 1972, 282). – Ausführliche Angaben finden sich über die (Vorgehens- und) Wirkungsweise in der sozialtherapeutischen Modellanstalt Düren (*Rasch/Kühl* 1978).

5. Bei der Interpretation der Ergebnisse zur Frage einer Spezialprävention strafrechtlicher Erfassung von Verhalten haben Zielkonflikte zwischen dem Einsatz erzieherisch oder »re-sozialisierend« gedachter Bemühungen und der – etwa intensivierten – Tätigkeit von Kontrollbehörden eine maßgebliche Bedeutung. So ist bisher wenig geklärt, inwieweit der Befund einer J-Kurve in der täterstrukturellen Verbrechensverteilung auf eine unterschiedliche Normeinhaltung und/oder auf eine unterschiedliche Kontrollintensität zurückzuführen ist (vgl. auch u. § 48 III. 3. a)).

Es ist zum Beispiel geläufig, daß gegenüber wiederholt vorbestraften Personen eine erhöhte und zum Teil gezielte Kontrolle stattfindet, wobei sich die einschlägigen Behörden untereinander Mitteilung etwa über den Zeitpunkt der Entlassung oder über Änderungen des

Wohnsitzes machen. Entsprechendes mag in der praktischen Auswirkung zu unmittelbaren Konflikten zwischen der betreuenden Tätigkeit von Bewährungshelfern einerseits und den Bemühungen der Polizei um strafrechtliche Erfassung von Verhalten einschließlich der kontrollierenden Tätigkeit von Bewährungshelfern andererseits führen.

Hiernach ist von einem prinzipiell vorhandenen Diskrepanzpotential zwischen behördenbezogenen Wirksamkeitskriterien (s. o. § 42) und spezialpräventiven Belangen auszugehen.

§ 45 Einzelne Reformbestrebungen

I. Allgemeine Reformbestrebungen im Jugendstrafrecht

1. Reformbestrebungen seit den 60er Jahren des 20. Jahrhunderts bemühten sich *erneut* (s. o. § 25 I. 3.) um eine Vereinheitlichung von Jugendhilferecht (oder Jugendwohlfahrtsrecht) und Jugendstrafrecht in Gestalt eines entkriminalisierten Jugendhilferechts.

Dies geschah bisher unter Aussparung des Jugendschutzrechts. Das angestrebte Jugendhilferecht sollte für alle diejenigen Verhaltensweisen und Gefährdungen Jugendlicher gelten, die als formeller jugendrechtlicher sozialer Kontrolle bedürftig erachtet wurden, also unabhängig davon, ob sie zum Beispiel als Verwahrlosung oder Straffälligkeit definiert wurden. Diese Vereinheitlichung sollte sowohl getrennte und nicht-koordinierte Kontrollausübung als auch die Möglichkeit zur Verhängung repressiver strafrechtlicher Sanktionen aufheben oder doch einengen.

Demgegenüber läßt das Spektrum oder die Struktur der als kontrollbedürftig erachteten Verhaltensweisen und Personen bleibende Probleme der Kontrollstrategie und -tätigkeit erkennen, deren Existenz von einer begrifflichen und organisatorischen Vereinheitlichung kaum berührt wird, es sei denn durch Formen eines »Etikettenschwindels«. Ferner ist nicht zu übersehen, daß auch für ein Jugendhilferecht ein gegenüber dem formlosen Verfahren der freiwilligen Gerichtsbarkeit (vor dem Vormundschaftsgericht) strenger formalisiertes und kontrollierbares rechtsstaatliches Gerichtsverfahren jedenfalls dann als unerläßlich erscheint, wenn vergleichsweise erheblich eingreifende Maßnahmen in Betracht kommen würden.

a) Im einzelnen sollten nach dem »Diskussionsentwurf eines Jugendhilfegesetzes« (DE, *Bundesministerium für Jugend, Familie und Gesundheit* 1973) die nach Sozialisationsdefiziten als am schwersten belastet und als erhöhter Kontrolle bedürftig erachteten Personen weiterhin dem Jugendstrafrecht unterliegen. Ferner wurden mit Haft bis zu vier Wochen erzwingbare Rechtsfolgen als »Jugendhilfe« verstanden (§ 49), während eine anstelle der Jugendstrafe geplante Institution trotz offenbar zumindest auch vorhandenen Sicherungscharakters als »sozialtherapeutisches Jugendzentrum« bezeichnet wurde.

b) Der »Referentenentwurf eines Jugendhilfegesetzes« (RE, *Bundesministerium für Jugend, Familie und Gesundheit* 1974) behielt eine Trennung von Jugendhilferecht (oder Jugendwohlfahrtsrecht) und Jugendstrafrecht bei und beschränkte sich betreffend das JGG, unter Erweiterung der Jugendgerichtshilfe, auf einzelne Neuerungen. So sollten die Erziehungsmaßregeln (§ 9 JGG) als Erziehungshilfen umbenannt sowie umgestaltet und erweitert werden (neben Weisungen wurden vorgesehen Erziehungskurs, Erziehung in einer anderen Familie, Wohngemeinschaft, Heimerziehung, »sozialtherapeutisches Jugendheim«). Soweit eine Weisung als nicht zureichend erscheine und nur andere der Erziehungshilfen in Betracht kommen würden, so sollte das Jugendgericht nur den Schuldspruch fällen, während Auswahl und Bestimmung der Erziehungshilfen durch das Jugendamt oder, falls der Jugendliche oder dessen Personensorgeberechtigte dies ablehnen, durch das Vormundschaftsgericht geschehen sollte. Zugleich sollte zur Vorbereitung der Entscheidung über Erziehungshilfen, mit Ausnahme der Erteilung von Weisungen, eine »psychosoziale Diagnose durch Fachkräfte« (§ 55 Abs. 2 RE; vgl. im geltenden Recht § 43 Abs. 3 JGG) stattfinden. Diesbezüglich bestehen allerdings sowohl hinsichtlich der Methoden und Aussageinhalte und -möglichkeiten als auch hinsichtlich der Überprüfbarkeit und Gleichbehandlung der Betroffenen erhebliche Bedenken. – Der zweite Referentenentwurf (1977) hielt an der genannten Trennung fest und schränkte die erwähnten Neuerungen ein.

c) Die amtlichen Reformentwürfe haben sich um die Mängel im Bereich von Untersuchungshaft gegenüber Jugendlichen und von Jugendstrafvollzug – das heißt für diejenigen Eingriffsbereiche, die gerade die üblicherweise als erhöht negativ beurteilten Extremgruppen von jugendlichen Straftätern betreffen und deren Institutionen offensichtlich Mängel aufweisen – weniger intensiv bemüht.

2. Einzelne Reformbestrebungen sind darauf gerichtet, die strafrechtliche Behandlung Heranwachsender zu vereinheitlichen und an das Jugend- oder aber an das allgemeine Strafrecht (vgl. *Bresser* 1975, 330 f.) auszugleichen. Im Rahmen der ersteren Alternative kommt bezüglich §§ 109 Abs. 2, 79 Abs. 1 JGG solchen Erwägungen Bedeutung zu, die die Einführung eines jugendrichterlichen Strafbefehls gegenüber Heranwachsenden unter der Voraussetzung anregen, daß das Jugendgericht – entgegen der Regelung im allgemeinen Strafbefehlsverfahren (§ 408 Abs. 2 StPO) – von den durch die Staatsanwaltschaft beantragten Rechtsfolgen abweichen kann (vgl. *Schüler-Springorum* 1964, 11; DVJJ 1977, 60 f.). – Daneben wird die Einführung eines Jungtäterrechts für Personen im Alter (von 16 bis 21 Jahren oder aber) von 18 bis 24 Jahren erörtert (vgl. aus jüngerer Zeit *Asbrock* 1977, 193 ff.; kritisch *Kreuzer* 1978, 3).

3. Im Bereich modifizierter Formen freiheitsentziehender Rechtsfolgen einschließlich Aussetzungen der Vollstreckung zur Bewährung sind zahlreiche Reformversuche durchgeführt worden; soweit es sich dabei um das Ausland handelt, unterscheiden sich die rechtlichen Voraussetzungen, unter denen die Projekte stattfanden, von den nach dem JGG möglichen Formen.

a) Zum einen lassen sich kriminalpädagogische Bemühungen bei minderjährigen Straftätern in den USA (z.B. Highfields, Provo, Silverlake) nennen, die an dem Konzept der peer-group orientiert waren. Bei der Durchführung dieser Projekte blieb die Verbindung zur Außenwelt weitgehend erhalten, wobei zwischen den einzelnen Reformversuchen Unterschiede bezüglich stationärer und ambulanter Behandlung sowie hinsichtlich Freigang und Wochenurlaub bestanden; gewisse Parallelen zu diesen Projekten finden sich innerhalb Europas in der niederländischen Anstalt »De Corridor« (vgl. *Colin* u.a. 1970, 20 - 23).

Bei dem einschlägigen Konzept steht die Änderung der Gruppe selbst im Mittelpunkt der Behandlung. Man geht davon aus, daß die einzelnen Probanden delinquentes Verhalten durch eine entsprechende Gruppe überwinden können. Deshalb soll erreicht werden, daß die Probanden aus der Gruppe heraus mit ihren eigenen Konflikten konfrontiert werden. Der einzelne wird von der Gruppe in erster Linie nach seinem Verhalten außerhalb der Anstalt beurteilt. Dabei hat die Gruppe selbst Entscheidungsbefugnis etwa auch über zu gewährende Vorteile. Die selbständige Bestimmung und Verantwortung der Gruppe soll im Verlaufe des Behandlungsprozesses eine Anti-Einstellung zur Leitung herabsetzen und aufheben (vgl. *Rabow/Elias* 1969, 10 f., 15). Die Zielvorstellung ist, daß die Probanden sich innerhalb delinquenter Gruppen anti-delinquent verhalten oder anti-delinquente Gruppen bilden. Diese Strategie, bei der die delinquente Gruppe selbst im Einsatz der Behandlung steht, hat zugleich den Vorteil, die verbale Auseinandersetzung zwischen Pädagogen und Probanden einzuschränken. Dies ist schon deshalb wichtig, weil kriminalpädagogische Ansätze üblicherweise erhebliche Schwierigkeiten der Verwirklichung dann haben, falls die Pädagogen nicht in der Lage sind, zwanglos mit Angehörigen aus den unteren und untersten sozialen Schichten zu sprechen.

b) α) Das in Kalifornien im Jahre 1961 begonnene »Community Treatment Project« (CTP, *Warren* 1969; dies. 1973 [1970]; *Palmer* 1971) hat, ebenso wie andere Reformbemühungen im Bereich der Jugenddelinquenz (vgl. *Jesness* 1971; *Sealy/Banks* 1971), das Konzept und die Skala des Interpersonalen Reife-Niveaus (*Sullivan* u.a. 1957) zugrunde gelegt; zentrale Kriterien sind der Grad der Wahrnehmung der Umwelt, des Erkennens von Wahrnehmungen und Reaktionen anderer sowie das Selbstbild. – Die mitgeteilten Untergruppen zu der Skala sind, im Unterschied zu dieser, nach durchaus verschiedenen Dimensionen aufgebaut (vgl. *Warren* 1969, 52 f.; s. auch *Jesness* 1971, 50 f.); zudem ist es fraglich, inwieweit die Untergruppen inhaltlich mit der Reife-Skala im Zusammenhang stehen (s. schon *Eisenberg* 1971a, 14).

Der Grad Interpersonaler Reife bestimmt sich nach Art und Ausmaß einer einheitlich gedachten Sozialisation; demgegenüber ist davon auszugehen, daß Sozialisationsziele und -abläufe innerhalb gesellschaftlicher Gruppen variieren. Zugleich geschieht die Bewertung der Interpersonalen Reife durch Forscher oder Betreuer notwendigerweise nicht ohne Beeinflussung durch deren eigene Sozialisationsmerkmale. Aus diesen Gründen mag zum einen zu besorgen sein, daß eine Zuordnung in Stufen höherer Reife bevorzugt für solche Probanden in Frage kommt, die bisher in ähnlichen gesellschaftlichen Gruppen gelebt haben wie die Forscher oder die Betreuer selbst. Dies aber würde auf eine Legitimationsfunktion (s. auch o. § 10 III. 1. b)) der Skala des Interpersonalen Reife-Niveaus wie auch des CTP hindeuten. – Unabhängig hiervon mag es sein, daß allgemeine soziale oder ethnische Variablen gegenüber den für die Interpersonale Reife-Skala als charakteristisch angeführten Variablen vorrangig sind (vgl. zum folgenden *Beker/Heyman* 1972, 27 ff., 49 ff. m.w.N.). So sollen Probanden, die in höhere Reife-Stufen klassifiziert wurden, tendenziell intelligenter und älter gewesen sowie aus Familien mit höherem sozio-ökonomischen Status gestammt haben. Ferner sollen Hinweise dafür bestehen, daß zum Beispiel bei Schwarzen ein Anstieg an Interpersonaler Reife entsprechend der Skala nicht zu einer Reduzierung von deren delinquentem Verhalten führte. – Schließlich ließe sich vermuten, daß die Interpersonale Reife-Skala nicht minder bedeutsam für das Verhalten tatverdächtiger Personen gegenüber den Vertretern der Behörden reaktiver strafrechtlicher sozialer Kontrolle ist; insofern könnte es sein, daß diese Skala eher zur Einstufung unterschiedlicher Resistenzen gegenüber der weiteren Verfolgung statt solcher der Tatbegehung geeignet ist.

Gelegentlich mitgeteilte Erfolgsbilanzen sind in ihrer Aussagekraft schon insoweit eingeschränkt, als es sich um projektabhängige Daten und nicht um solche einer praxisbegleitenden Behandlungsforschung (s. hierzu o. § 15 III.) handelt. Auf Selektionen im Auswahlverfahren sowie methodische Mängel des Aufteilungsverfahrens auf die einzelnen Gruppen (vgl. *Beker/Heymann* 1972, 14 f.; *Cross/Tracy* 1971, 14; *Lerman* 1975) wie auf die Problematik, inwieweit die »Erfolgs-« beziehungsweise »Mißerfolgsquoten« bei Experimental- und Kontrollgruppe von der (zeitlich verschobenen) Kontrolldauer und -intensität abhängen, sei verwiesen; darüber hinaus ist zu vermuten, daß die jeweiligen Betreuungs- und Kontrollpersonen das Verhalten der Probanden je nach ihrer Zugehörigkeit zur Experimental- oder aber zur Kontrollgruppe unterschiedlich beurteilten.

β) Die dem CTP nicht ganz unähnliche »Preston Typology Study« erbrachte, bei Zugrundelegung des Kriteriums der Legalbewährung nach der Entlassung, kaum günstige Ergebnisse (vgl. *Jesness* 1971, 45–48, 51 f.); dies gilt für Zeiträume von 15 Monaten wie auch von zwei Jahren. Anders verhielt es sich bei der Überprüfung mittels Testverfahren und entsprechend den Kriterien der Behandlungsmethode. Hinsichtlich der Untergruppen zeigten sich (erwartungsgemäß) erhebliche Unterschiede gegenüber Ergebnissen (der Experimentalgruppe) im CTP.

c) Das seit Anfang 1978 bestehende Münchener Projekt »Brücke«, das teilweise durch das englische Community Service Order-System angeregt wurde (vgl. *Pfeiffer* 1978, 345 f.), ist von der Intention getragen, Umfang und Ausgestaltung von Arbeitsauflagen gegenüber Jugendlichen zu steigern und zu differenzieren. Ein zentrales Anliegen ist es, die Einwirkung freiheitsentziehender Rechtsfolgen und namentlich des Jugendarrests zu vermeiden. Das Projekt, das von Vertretern der Wissenschaft initiiert wurde und unmittelbar betreut wird, ist durch die Zusammenarbeit zwischen Behörden, Betroffenen und Arbeitgebern (z.B. Bayerisches Rotes Kreuz, Behinderteneinrichtungen, Bayerischer Jugendring) gekennzeichnet.

4. Kommunale Umgebungsprogramme sind bemüht, eine Verbesserung der sozialen Organisation und Integration von Straftätern zu erreichen, indem regionale Betreuungs- und Unterstützungszentren (unabhängig von Sozialbehörden) eingerichtet werden. Hierbei werden häufig »nicht-kriminelle« Personen aus der Bevölkerung als Kontaktpartner (vgl. zu deren Funktionen insgesamt *O'Leary* 1969) beteiligt. Eine überörtliche, etwa auf Landesebene organisierte Durchführung ist meist weniger in der Lage, die sozio-kulturellen Strukturen entsprechend den jeweiligen örtlichen Verhältnissen der Gemeinde oder innerhalb verschiedener Gebiete einer Gemeinde zu berücksichtigen. Die Ausgestaltungen im einzelnen sind unterschiedlich und reichen von Nachbarschaftszentren, in welchen ausschließlich Gebietsansässige Zutritt haben, bis zu Versuchen zur Angliederung und Beeinflussung von Banden Jugendlicher.

Bekanntgeworden ist zum Beispiel aus den USA das »mobilization for youth«-Projekt in einem Teil von New York City (vgl. *Gibbons* 1977, 533 f.). Es umfaßt 30 getrennte Aktionsprogramme in verschiedenen Bereichen. Dabei sollten, in Anlehnung an die Theorie von *Cloward/Ohlin* (s. o. § 6 II. 4. e)), bessere Möglichkeiten unter anderem der Arbeit und Weiterbildung angeboten werden. – Allerdings setzen diese Bemühungen voraus, daß die Jugendlichen auf Berufe vorbereitet werden, die angemessen bezahlt sind und auf absehbare Zeit fortbestehen, das heißt daß sie an die Gesamtbeschäftigungsstruktur angepaßt sind.

Den kommunalen Umgebungsprogrammen sind Maßnahmen zur Freizeitgestaltung und Kontrolle von Jugendlichen etwa während längerer Ferienzeit verwandt. *Kudrjawzew* (1968, 160) berichtete – allerdings ohne nähere Belege – von entsprechenden Versuchen in Leningrad, die zur Verringerung von Verbrechen der betreffenden Personengruppen in einem vergleichbaren Zeitraum geführt haben sollen.

Kommunale Umgebungs-, Arbeits-, Sozial- und Freizeitprogramme finden verschiedentlich auch in der Bundesrepublik Deutschland einschließlich Berlin (West) statt, ohne daß dies stets durch Veröffentlichungen in einschlägigen Zeitschriften bekannt würde. Es handelt sich vielfach um Initiativen auf privater, behördenunabhängiger Grundlage, wenngleich öffentliche Stellen bei der finanziellen Förderung beteiligt sind.

II. Probleme im Bereich von Jugend- und Freiheitsstrafe

1. Kriminalpolitische Bestrebungen richten sich an den Prinzipien der Subsidiarität und der Effizienz aus. Dabei stehen Jugend- und Freiheitsstrafe wegen der besonderen Schwere des Eingriffs und der – überwiegend berechtigten – Zweifel an einer general- und/oder spezialpräventiven Wirksamkeit (s. o. §§ 43, 44) im Vordergrund, zumal die Kosten vergleichsweise hoch sind.

a) Die Gesamtkosten des mit Freiheitsentziehung verbundenen Straf- und Maßregelvollzuges setzen sich zu mehr als der Hälfte aus Personalkosten, ferner aus Lebenshaltungskosten der Gefangenen, Verwaltungs- und sonstigen ständigen Kosten wie Kosten für bauliche Investitionen zur Neuerrichtung und Instandhaltung einschließlich der Anbringung technischer Einrichtungen zusammen. Sie vermindern sich um die Einnahmen, die nahezu ausschließlich auf die Gefangenenarbeit zurückgehen, deren Ertrag abzüglich des Arbeits- und Leistungsentgelts der Staatskasse zufließt. Dieser Ertrag setzt sich zu einem kleineren Teil aus Gewinnen der Eigenbetriebe und zu einem weit überwiegenden Anteil aus der Gefangenenarbeit in Unternehmerbetrieben zusammen (s. näher o. § 36 III. 3. a)β)).

Auf der Grundlage der Haushaltspläne der Landesjustizverwaltungen für das Jahr 1973 wurden die Gesamtausgaben für den Strafvollzug in Höhe von fast 724 Millionen DM berechnet; dieser Betrag machte 0,6 % des Gesamthaushaltes aller Bundesländer aus (*Neu* 1974, 147). Von diesen Ausgaben wurden, gleichfalls für das Jahr 1973, Einnahmen in Höhe von etwa 117 Millionen DM in Abzug gebracht.

Bei einem durchschnittlichen Bestand von 48.200 Gefangenen und Verwahrten – darunter rechnerisch 36.150 Strafgefangene und Verwahrte – im Jahr 1972 soll sich je Gefangener und Tag ein Zuschußbetrag von 33 DM und, bei Berechnung nur für die Strafgefangenen und Verwahrten, ein solcher von etwa 30 DM ergeben haben (*Neu* 1974, 147 f.).

Was zusätzliche Kosten im Zusammenhang mit etwaigen Reformbestrebungen angeht, so hat die Bundesregierung im Jahre 1972 die voraussichtlichen einmaligen Mehrkosten, die den Ländern bei Verwirklichung des Referentenentwurfs eines Strafvollzugsgesetzes für die

Länderhaushalte entstehen würden, auf 300 Millionen DM, und die laufenden Mehrkosten auf jährlich zwischen 40 und 50 Millionen DM geschätzt (*Bundesminister der Justiz* [RE-StVollzG] 1972, 71).

Die Kosten für sozialtherapeutische Einrichtungen (s. o. § 39 II. 1.) werden, abgesehen von etwaigen baulichen Investitionen, generell deshalb höher liegen, weil nach der Einkommensstruktur der Bediensteten der Anteil des höheren und gehobenen Dienstes höher als im Regelstrafvollzug ist.

b) Die Kosten würden bei einer Intensivierung der Berufsausbildungsmöglichkeiten steigen. Dabei würde die Anzahl derjenigen Gefangenen zurückgehen, die alsbald im Arbeitsbetrieb produktiv eingesetzt werden könnten; im Idealfall würde sie sich auf diejenigen – eine Minderheit darstellenden – Gefangenen beschränken, die bereits eine abgeschlossene und auch für gegenwärtige Anforderungen des Arbeitsmarktes zureichende Ausbildung besitzen. Demgegenüber würde die Majorität der Gefangenen zugunsten theoretischer und praktischer Ausbildung für den produktiven Arbeitsbetrieb ausfallen und gegebenenfalls zudem eine Ausbildungsbeihilfe erhalten.

Inwieweit diese zunächst erhöhten Kosten im Ergebnis etwa dadurch verringert werden könnten, daß die ausgebildeten Gefangenen nach ihrer Entlassung voll berufstätig sein und regelmäßig Steuern zahlen würden, ist fraglich, weil über das Verhältnis von zwischenzeitlich vermittelter beruflicher Ausbildung und Legalbewährung allgemeingültige Befunde nicht vorliegen.

2. Dem aufgezeigten Mißverhältnis versucht man anhaltend durch Reformen des Vollzuges abzuhelfen. Reformbemühungen treffen jedoch regelmäßig auf Widerstand, und zwar außerhalb wie innerhalb der Gefängnisgesellschaft.

a) Außerhalb der Gefängnisgesellschaft wird zum Beispiel darauf hingewiesen, daß man ohnehin nicht wisse, welche Reformen der »Re-Sozialisierung« dienlich seien, daß Reformen regelmäßig mit Kosten verbunden seien, daß der Strafvollzug zu »weich« werde. Diesen Äußerungen läßt sich, in entsprechender Reihenfolge, folgendes entgegenhalten: Einerseits kann die »Richtigkeit« von Reformen nur in der Anwendung gefunden und der kriminologische Erkenntnisstand aus der Grundlagenforschung nur im Verbund mit der Sanktions- und Behandlungsforschung überprüft werden. Andererseits ist das Ausmaß an Einsparungen, die bei etwaigen »Re-Sozialisierungserfolgen« erreicht werden könnten, im Hinblick auf sich erübrigende Fahndungen und weitere Anstaltsunterbringungen beträchtlich. Schließlich unterscheidet sich ein »Re-Sozialisierungsvollzug« von einem »weichen« Strafvollzug; wenngleich sich in der äußeren Ausgestaltung gewisse Ähnlichkeiten ergeben, so bringt ein »Re-Sozialisierungsversuch« Anstrengungen mit sich, die dem herkömmlichen Strafvollzug fremd sind. Hiernach hat es den Anschein, als ob die angeführten Argumente weithin Rationalisierungen für (unausgesprochene) politische Zielsetzungen darstellen.

b) Innerhalb der Gefängnisgesellschaft lassen sich bei Bediensteten wie bei Gefangenen Widerstände finden (vgl. *Mathiesen* 1967; *Cressey* 1977, 500 ff., 509 ff.).

α) Auf der Seite der Gefangenen handelt es sich um mehr oder weniger eingeschliffene Abwehrmechanismen, die sich auch als regressiv umschreiben lassen;

diese richten sich verschiedentlich auch gegen empirische Forschungen innerhalb der Strafanstalten (vgl. *Rühmkorf* 1973, 217). Ferner mag es für Gefangene angenehmer sein und es ihnen auch sinnvoller erscheinen, eine Straftat »abzusitzen«, als sich den Anforderungen eines »Re-Sozialisierungsvollzuges« zu stellen. Darüber hinaus genießen Gefangene im derzeitigen Vollzugsgeschehen einen gewissen Schutz insofern, als Rechte und Pflichten verhältnismäßig deutlich abgegrenzt sind (*Mathiesen* 1967, 161). Reformen vermöchten hingegen einzelnen Bediensteten einen größeren Spielraum gewähren. Zugleich würden sie Verschiebungen und Verluste in der Rollen- und Machtstruktur der Gefangenen erwarten lassen.

β) Ein Widerstand seitens der Aufsichtsbeamten ist unmittelbar verständlich. Sie sind diejenige Gruppe innerhalb der Bediensteten, deren Funktion der Aufrechterhaltung des reibungslosen Vollzugsablaufs durch Reformen am meisten betroffen wird. Auch ließen etwaige Verschiebungen in der Rollen- und Machtstruktur der Gefangenen erhöhte Spannungen innerhalb der Gefangenengemeinschaft erwarten. Ferner wären Aufsichtsbeamte möglicherweise veranlaßt, sich ergänzend ausbilden zu lassen; dieser Aspekt ist um so gewichtiger, als der berufliche Werdegang der Aufsichtsbeamten, insgesamt betrachtet, Abweichungen von der Normalverteilung aufzuweisen scheint (s. o. § 36 III. 3. b)).

Auch die Aufgaben des Sozialarbeiters oder des Psychologen würden sich bei Reformen ändern. Während letzterer im herkömmlichen Vollzugsgeschehen eher mit diagnostischer Tätigkeit betraut ist (s. o. § 36 III. 3. d)), könnte er bei einem »Re-Sozialisierungsprogramm« etwa mit Fragen des Erfolgs verantwortlich befaßt werden.

c) Auf der Seite der Bediensteten sind bestimmte Techniken der Behinderung von Reformen zu beobachten. Zum einen können Neuerungen nach und nach inhaltlich dergestalt abgeändert werden, daß sie in das bisherige Vollzugsgeschehen passen, wobei bisweilen allein die Bezeichnung der Reform erhalten bleibt. Andererseits vermögen abfällige Bemerkungen, deutliche Zurückhaltung oder ein ausgedehnter Zeit- und Kräfteaufwand bezüglich einer Reform deren Scheitern zur Folge haben. Gelegentlich soll es zu strategischen Fusionen zwischen Aufsichtsbeamten und Gefangenen kommen, mit dem Ziel, Bemühungen von Therapeuten aufzulösen. Gerade auch in diesem Zusammenhang wird die Bedeutung entgegengesetzter Tendenzen innerhalb der Gesamtgruppe der Bediensteten deutlich. Schließlich können solche Bedienstete, die Reformen durchsetzen wollen, im Sinne einer Absorption mit gewichtigen, aber anderen Aufgaben betraut werden, wodurch sie voll ausgelastet sind.

3. Eine andere kriminalpolitische Zielsetzung besteht in der Reduzierung der Verhängung und der Vollstreckung von Jugend- und Freiheitsstrafe bei gleichzei-

tiger Ersetzung durch funktionale strafrechtliche Alternativen (s. *Council of Europe* 1976).

a) Was die Häufigkeitsverteilung der Rechtsfolgen anbetrifft, so ist der Anteil derjenigen Verurteilten, die zum Antritt einer Kriminalstrafe eingewiesen wurden (= Einweisungsquote), in den Jahren 1963 bis 1976 von 25,7 über 25,5, 23,8, 23,4, 22,3, 18,7, 12,8, 9,3 bis auf jeweils 9,0 in den Jahren 1971 und 1972 und auf 8,8 im Jahre 1973 gesunken, während sie sich in den folgenden Jahren auf 9,1, 9,6 und wiederum 9,1 belief. – Diese Entwicklung geht unter anderem, und zeitlich teilweise entsprechend, mit einer häufigeren Anordnung der Untersuchungshaft einher (s. o. § 31 II.).

Die Gefangenenziffer (Gefangene des Jugend- und des Freiheitsstrafvollzuges einschließlich Sicherungsverwahrte ohne Untersuchungshaftgefangene auf 100.000 der Wohnbevölkerung) betrugen am 31.3. der Jahre 1968 bis 1975 in der Bundesrepublik Deutschland 80,6, 76,8, 59,2, 53,9, 54,0, 58,5 und 55,3 (StVollzSt 1971, 5; 1975, 7).

Ein Vergleich der Gefangenenziffer etwa zwischen den Niederlanden einerseits und den USA und der DDR andererseits zeigt außergewöhnliche Diskrepanzen; für die genannten Staaten wurden für das Jahr 1972 betreffend Strafgefangene Zahlen von 11,1 für die Niederlande, von 144,0 für die USA sowie von 179,7 für die DDR genannt (*Kaiser*, in *Kaiser* u.a. 1977, 27 m.N.). Diese Diskrepanzen lassen sich offenbar auch nicht allein oder gar in linearer Form aus einer gewissen Parallelität zum Grad der Industrialisierung oder aus einem ungleichen Verhältnis von kurzzeitigen Freiheitsstrafen erklären.

b) α) Zur weiteren Reduzierung der Anwendungshäufigkeit (von Untersuchungshaft sowie) von Jugend- und Freiheitsstrafe bieten sich deliktsstrukturell namentlich die Eigentums- und Vermögensdelikte an. Hier stehen bei einem überwiegenden Anteil der Gefangenen verursachter und befürchteter Schaden in einem Mißverhältnis zur Eingriffsintensität und zu Kosten des Vollzuges. Allerdings spricht einiges für die Annahme, daß die noch immer ausgedehnte Anwendung (der Untersuchungshaft und) der Jugend- und der Freiheitsstrafe funktional für gesellschaftliche Ziele ist (s. o. §§ 9 – 11), deren Erreichung die finanziellen Aufwendungen für den Vollzug lohnt.

Anstelle der Vollstreckung von Jugend- und Freiheitsstrafe käme insbesondere eine (noch) häufigere Aussetzung der Vollstreckung zur Bewährung ohne vorherigen Vollzug in Betracht. Bezüglich Jugendlicher empfiehlt sich zudem eine häufigere Anwendung der Aussetzung der Verhängung der Jugendstrafe zur Bewährung; so lange nämlich der in Frage stehende Umfang »schädlicher Neigungen« (§ 27 JGG) nicht jugendgerichtlich festgeschrieben ist, kann ein erhebliches Ausmaß an Stigmatisierung vermieden werden.

β) Berichtet wird über ein Experiment aus Massachusetts (USA), in dem bestimmte Vollzugsanstalten (training schools) geschlossen worden seien, wobei die einschlägig betroffenen Jugendlichen durch private Einrichtungen, Gemeindegruppen und -organisationen betreut werden (vgl. *Miller/Ohlin* 1976, 154 ff.; s. auch die Analyse von *Blau* 1976 über kustodiale und antikustodiale Tendenzen in den USA).

III. Alternativüberlegungen

1. Wesentliche Reformüberlegungen (– im Rahmen der individualisierenden Ausgestaltung der leitenden Vorstellung Sozialpathologie (s.o. § 4 II.) –) gingen und gehen von der geistigen Bewegung der *défense sociale* aus. Die ursprüngliche Konzeption (vgl. *Gramatica* 1965, 21, 73 ff.) war bestrebt, ein (strafrechtliches) Rechtsfolgensystem des Verbrechens als einheitliches Maßnahmenrecht, das heißt ohne Verschuldensbegriff und Erfolgsdenken, einzuführen; dies geschah unbeschadet der Bejahung der Willensfreiheit (*Gramatica* 1965, 232; s. hierzu ebenso *Ancel* 1954, 101, 107).

Diese Vorstellungen nahmen bereits seit dem Dritten Internationalen Kongreß der Gesellschaft der défense sociale eine substantiell veränderte Entwicklung. Im Vordergrund der Zielsetzungen der »neuen défense sociale« stehen eher die Umgestaltung des Strafverfahrens und des Rechtsfolgensystems, wobei die Persönlichkeitsuntersuchung des Straftäters in den Strafprozeß integriert werden soll und, wie von anderen auch, die Zweiteilung des Strafprozesses empfohlen wird (*Ancel* 1970, 233, 235). Zudem nimmt die »neue défense sociale«, insoweit ähnlich der Internationalen Kriminalistischen Vereinigung, zur legislatorischen Erfassung von Verbrechen nicht Stellung. Soweit sie demnach die vorentscheidende Funktion des strafrechtlichen Verbrechensbegriffs (in seiner Formaldefinition) als Instrument strafrechtlicher Kontrolle in ihrer Bedeutung auch für das Rechtsfolgensystem nicht als Problem behandelt, mag im Vergleich zu der ursprünglichen Substanz der geistigen Bewegung der défense sociale ein Verlust eingetreten sein.

2. Andere Alternativerwägungen zur Anreicherung oder Entlastung gegenwärtiger strafrechtlicher Rechtsfolgen von Verbrechen richten sich auf positive Sanktionen im Falle der Befolgung des Gesetzes. Hiergegen bestehen insofern Bedenken, als dabei die Nichtbelohnung dann einer negativen Sanktion gleichkommen würde, wenn die Nichtbelohnten eine Minderheit darstellen würden. Dieser Einwand stünde hingegen der Einführung positiver Sanktionen für den Fall der formellen Feststellung einer Straftat nicht entgegen; Voraussetzung hierfür wäre, daß eine solche Feststellung bereits eine informelle soziale Stigmatisierung auszulösen und insofern einen Nachahmungsmechanismus zu verhindern vermag. Eine zusätzliche Benachteiligung, wie sie die formell verhängte Sanktion mit deren vielfältigen Folgen darstellt, könnte dadurch vermieden werden (vgl. auch o. § 10 I. 2. b)).

Unter ökonomischen Aspekten wird die Möglichkeit erörtert, bestimmten Tätergruppen nach wiederholter und anhaltender Strafzeit einen Anspruch auf Unterstützung einzuräumen. Erfahrungswissenschaftlich läßt sich hierzu bisher wenig beitragen (vgl. *Littauer/Kjaergaard* 1971).

3. Unter Bezugnahme auf Verbrechen als soziales Geschehen zwischen Täter und Opfer erscheint das System strafrechtlicher Erfassung von Verhalten insoweit als inadäquat, als es Machtausübung von Behörden gegenüber einer isoliert kontrollierten Täterperson zum Gegenstand hat. Hierdurch wird seitens des Staates

§ 45 *Einzelne Reformbestrebungen*

eine soziale Realität geschaffen, die das ursprüngliche soziale Geschehen gelegentlich nur als Anlaß erscheinen läßt. Dem stehen Vorschläge entgegen, die auf eine Verfahrens- und Rechtsfolgenorientierung am Täter-Opfer-Verhältnis abzielen (vgl. z.B. *McDonald* 1976; *Schafer* 1976; *Hellmer* 1979). Diese Vorstellungen mögen auf Widerstand treffen, soweit eine Gefährdung gesamtgesellschaftlicher Funktionen (s. o. §§ 9 – 11) des gegenwärtigen Systems strafrechtlicher Erfassung von Verhalten besorgt werden könnte.

Im einzelnen wird zum Beispiel von unterschiedlichen Projekten aus den USA berichtet (vgl. zum folgenden *McDonald* 1976, 36 ff.), die auf dem Prinzip des sozialen Kontaktes zwischen Täter und Opfer beruhen. In einem Versuch des Minnesota Restitution Center (innerhalb des Departement of Corrections von Minnesota) betreffend wegen Eigentumsdelikten verurteilte Gefangene werde bei bedingter Entlassung ein Wiedergutmachungsvertrag zwischen Täter und Opfer abgeschlossen, wobei die Verhandlungen in persönlichem Kontakt stattfinden. Ein Programm zum Ausgleich des rechtlichen und sozialen Verhältnisses zwischen Täter und Opfer *vor* der gerichtlichen Verhandlung finde in Tucson (Arizona) statt; von unmittelbarer Konfrontation und Auseinandersetzung zwischen Täter und Opfer wird auch für das »Suffolk-project« berichtet.

4. Im Bereich der strafrechtlichen Folgen von Straßenverkehrsdelikten bestehen, neben Einzelvorschlägen zur Reform (s. auch o. § 40 II. 2. b), 3. a)), prinzipielle Bedenken gegenüber einer positiven Beeinflußbarkeit des Verhaltens nicht nur bezüglich der Geldstrafe (s. o. § 33 IV.), sondern auch betreffend Fahrverbot und Entziehung der Fahrerlaubnis. Hinsichtlich letzterer wird auf Anhaltspunkte dafür hingewiesen, daß eine unterschiedliche Länge oder Entzugsart keinen unterschiedlichen Einfluß auf die Rückfallwahrscheinlichkeit hat (vgl. *Steenhuis* 1972, 288; *Kunkel* 1978 m.w.N.). Bezüglich Trunkenheitsdelikten werden ohnehin spezielle Reformen der Rechtsfolgen als notwendig erachtet (vgl. *Kunkel/Menken* 1978). Im übrigen werden Reformvorschläge unter anderem betreffend solche Bereiche des Verkehrsunrechts unterbreitet (vgl. auch *Rebmann* 1978, 299 ff.), in denen dem Täter mangels hinreichenden Erfahrungswissens das Bewußtsein vom Verbotensein einer Tat fehle. In entsprechenden Fällen seien nur solche Rechtsfolgen sinnvoll, die auf eine Verbesserung der fahrerischen Kenntnisse, Erfahrungen und Fähigkeiten abzielen oder aber darauf, den Täter vom Verkehr auszuschließen, wenn seine fahrerische Leistungsfähigkeit derart begrenzt ist, daß er eine ständige Gefahr für die Allgemeinheit im Straßenverkehr darstellt (vgl. *Cramer* 1975, 228).

Erwogen wird auch, etwa bei alternden Kraftfahrern, medizinische und psychologische Begutachtungen regelmäßig durchführen zu lassen; ferner wird insbesondere bezüglich Anfängern angeregt, die Teilnahme an zusätzlichen Verkehrsschulungen anzuordnen und ihnen gegenüber bis zu einer gewissen Fahrpraxis Geschwindigkeitsbeschränkungen aufzuerlegen (vgl. *Cramer* 1975, 230 ff.).

Dritter Teil Zusammenhänge strafrechtlich erfaßten Verhaltens

Erster Titel Gesamtbereich

§ 46 Registrierte und vermutete tatsächliche Kriminalität

I. Problemstellung

1. Untersuchungen über Entstehungszusammenhänge des Verbrechens in der Makrostruktur sind nahezu ausschließlich auf diejenigen Stufen strafrechtlicher Erfassung beschränkt, die zu kriminalstatistischer Registrierung geführt haben. Dabei ist die diesbezügliche kriminologische Forschung dem prinzipiellen Einwand ausgesetzt, die Kriminalstatistiken als ihre zentralen Datenquellen seien allein zum Nachweis behördlicher Tätigkeit oder des Geschäftsanfalls geeignet, und sie spiegelten lediglich Struktur und Intensität des sozialen Reaktionsprozesses wieder. Hingegen seien sie keine geeigneten Instrumente zur Erfassung vermuteter tatsächlicher Kriminalität, da es ihnen insoweit an den Voraussetzungen gültiger (valider) und zuverlässiger (reliabler) Messung fehle. – Soweit ein Vergleich der Tatgruppen- und der altersbezogenen Tätergruppenstruktur nach Daten der PolSt einerseits und der StrafSt andererseits tendenziell weitreichende Übereinstimmungen ergibt, besagt dies gemäß allgemeinen methodischen Erkenntnissen nichts über die Frage der Validität der Angaben. Entsprechendes gilt für die Annahme, daß schwere Delikte »wirklichkeitsgetreuer« erfaßt würden als leichtere Delikte, weil bei ersteren die Anzeigebereitschaft höher sei und zugleich die Bestimmungen zur kriminalstatistischen Erfassung bei Konkurrenzen (s. o. § 17 II. 2., III. 2) eine verstärkte Registrierung begründeten.

Insofern bestehen Bedenken auch gegenüber der Verwendung von Kriminalstatistiken als Steuerungsinstrumente des polizeilichen Einsatzes oder als Hintergrundinformation für Entscheidungen der Justiz, soweit die Grenzen von deren Aussagemöglichkeiten nicht berücksichtigt werden. – Allerdings lassen sich etwa für die Drogenkriminalität und die Abtreibung Anhaltspunkte dafür finden, daß zumindest die PolSt Entwicklungstendenzen tatsächlicher Kriminalität in partiell gültiger Weise nachzuzeichnen vermag (vgl. *Kerner* 1973b, 184 ff.).

a) Der PolSt wird zwar bei statischer Betrachtungsweise (o. § 17 IV. 1. a)) unter verschiedenen Einschränkungen die Ermöglichung gewisser Aussagen zur Struktur vermuteter tatsächlicher Kriminalität beigemessen werden können. Dies wird jedoch unter anderem nicht gelten können bei Delikten mit hoher Entdeckungsimmunität von Taten und/oder zugehörigen Tätern sowie bei außergewöhnlichen Verfolgungserschwernissen und bei einzelnen solcher Delikte, bei denen die Gesellschaft einen sozialen Reaktionsprozeß hemmt. Hierzu sei zum einen auf die unterschiedliche Sichtbarkeit oder gar Erkennbarkeit von Straftaten (z.b. Berufskriminalität, s. o. § 47 III. 1. β)) hingewiesen, bei welcher der objektive Ablauf der Tatbegehung sich von legalen Tätigkeiten äußerlich nicht abhebt (s. hierzu auch § 26 II. 2.). Zum anderen dürfte dem Grad der Übereinstimmung zwischen Strafrechtsnormen und Sitte und Brauchtum eine erhebliche Bedeutung zukommen (s. hierzu o. § 22 II.).

b) Bei dynamischer Betrachtungsweise (s. o. § 17 IV. 1. b)) bestehen in erhöhtem Maße Interpretationsmöglichkeiten des Inhalts, eine Veränderung der registrierten Kriminalität sei in erster Linie eine Folge veränderter gesellschaftlicher Bewertungsvorstellungen oder auch der kriminellen Reizbarkeit und zugleich der Verfolgungsintensität. Darüber hinaus mag die Gefahr bestehen, tatsächliche Veränderungen in den Erscheinungsformen und der Begehungshäufigkeit einzelner Deliktsgruppen oder Delikte von vornherein auszuschließen.

Bezüglich des allgemein beobachteten Anstiegs ausgewiesener Gewaltkriminalität seit Ende des 2. Weltkrieges (s. hierzu u. § 47 I. 2.) äußerten zum Beispiel *McClintock* u.a. (1963, 73) im Anschluß an eine Untersuchung über alle zwischen 1950 und 1957 in London registrierten Gewaltdelikte, es sei verfehlt, anzunehmen, daß der größte oder auch nur ein großer Teil des ausgewiesenen Anstiegs auf einen tatsächlichen Anstieg gewalttätigen Verhaltens zurückzuführen sei. Vielmehr hatten sich aus Äußerungen von Anzeigeerstattern Anhaltspunkte für eine angestiegene öffentliche Besorgtheit oder Empfindlichkeit mit der Folge einer erhöhten Registrierungswürdigkeit ergeben. Hierzu teilten *McClintock* u.a. (1963, 67) die Stellungnahme eines älteren Polizeibeamten mit, wonach bestimmte Gewalthandlungen«. . . used to be regarded as part of every-day life; these things were not recorded as crimes« (zum Anstieg registrierter Gewalt innerhalb der Familie s. *McClintock* 1978). – Auch wird es auf eine personell und sächlich verbesserte Ausstattung der Polizei zurückgeführt, daß in New York in den 50er Jahren binnen kürzester Zeit die Zahl der kriminalpolizeilich ausgewiesenen Raubüberfälle um 400 % und diejenige der Einbruchdiebstähle um 1.300 % anstieg (s. aber auch u. II. 2. b)), wozu jedoch auch auf Änderungen in der Registrierungsmethode hinzuweisen ist (vgl. *Kerner* 1973b, 180 ff. m.N.).

2. Systematische Untersuchungen zur Prognose der Entwicklung der Kriminalität als Gesamterscheinung liegen bisher kaum vor (zu Methoden vgl. o. § 18 I.; s. speziell auch *Council of Europe* 1974 c).

a) α) *Guerry* (1833; 1864) und *Quetelet* (1921 [1869] 253 ff.), hatten eine weitgehende Konstanz kriminalstatistischer Daten im Sinne einer nahezu mechanischen Regelmäßigkeit der Quoten registrierter Kriminalität im zeitlichen Längsschnitt festgestellt. Dem trat später aufgrund von zeitlich umfassenderen kriminalstatistischen Untersuchungen *Ferri* (1896 [1891], 149 ff.) unter Hinweis auf außergewöhnliche Oszillationen der Kriminalität entgegen, die er in Zusammenhang mit – zeitlich entsprechenden – politischen, meteorologischen oder Agrarkrisen stehend vermutete. Er folgerte, daß sich Kriminalität verändere, daß aber die quantitative Beziehung zwischen gesellschaftlichen Ereignissen und Bedingungen einerseits und Kriminalität andererseits konstant sei; in Anlehnung an chemische Prozesse entwickelte er die Vorstellung einer »kriminellen Sättigung«. – *Sack* (1968) hat sowohl eine Konstanz als auch einen konstanten Anstieg der Kriminalität verneint. Vielmehr betont er einen periodischen Anstieg und Rückgang; diese Erscheinung erklärt er mit einem jeweils schnell erfolgenden gesellschaftlichen Wandel, dem das eher statische Normensystem sowie die Instanzen der formellen sozialen Kontrolle hinterherhinkten. Im Anschluß an einen Vergleich der Kriminalstatistiken verschiedener Länder hat er ferner die Hypothese in Frage gestellt, wonach die Kriminalität proportional mit der Industrialisierung ansteige (s. auch u. § 51 I. 1., II.). Wenngleich die ausgewiesene Kriminalitätsquote in weniger industrialisierten Staaten niedriger ist, so sei dies eher die Folge einer anderen Rechtsordnung und Ausgestaltung der sozialen Kontrolle (vgl. hierzu aber auch *Wolf* 1971, 110 ff.). Dieser Interpretation von Daten über eine (horizontale) West-Ost-Wanderung der Kriminalität dürfte, wenngleich in modifizierter Form, auch für die Annahme einer (vertikalen) Süd-Nord-Wanderung der Kriminalität Bedeutung zukommen. Bezüglich der letztgenannten Annahme ist hervorzuheben, daß, innerhalb der nördlichen Hälfte der Erdkugel, die Zahlen registrierter Kriminalität im südlichen Gürtel sinken, im nördlichen Gürtel hingegen steigen (vgl. *Lopez-Rey* 1970).

β) Es besteht eine Vermutung für die Abhängigkeit der Kriminalitätsentwicklung von der Sozialstruktur. Darauf deutet neben der unterschiedlichen Quantität auch die unterschiedliche Qualität der Kriminalität in verschiedenen Staaten beziehungsweise Gesellschaftssystemen hin.

Dabei ist zu bedenken, daß das Bewußtsein von einer bestimmten Kriminalitätsquote oder -richtung die Sozialstruktur und die gesellschaftliche Toleranz gegenüber dem Ausmaß der Kriminalitätsquote in dieser oder jener Richtung beeinflussen könnte. Dieses Bewußtsein wiederum könnte seinerseits politisch gesteuert werden, etwa durch Art und Häufigkeit der Darstellung der Kriminalität oder einzelner Tat- oder Tätergruppen oder auch Verbrechensarten, wobei etwa den Massenmedien (s. hierzu u. § 50 II.) ein gewisser Einfluß gegeben ist. Dies gilt im Sinne der Informationsvermittlung wie auch -unterbindung beziehungsweise der Überzeichnung wie auch des Herunterspielens (vgl. zur Problematik *Sutherland* 1974 [1940] für das Beispiel der white-collar-Kriminalität).

b) Als eine zentrale Unbekannte für eine Prognose von Kriminalität wäre demgemäß die in Form von Strafrechtsnormen festgelegte »herrschende« Auffassung von kriminalisierungsbedürftigem Verhalten zu nennen. Eine andere Unbekannte stellt das Ausmaß und die Intensität der für Konfliktsituationen bestimmenden personalen, sozialen und ökonomischen Faktoren dar. Zur Voraussage der Entwicklung der *registrierten* Kriminalität tritt als dritte Unbekannte die Intensität und Effektivität der informellen und formellen sozialen Kontrolle hinzu. Für den Bereich der registrierten Kriminalität dürfte der letztgenannten Unbekannten eine weit größere Bedeutung zukommen als der vorgenannten, die die Dynamik der vermuteten tatsächlichen Kriminalität an sich betrifft (vgl. *Vodopivec* 1970, 37 m.w.N.). Insgesamt betrachtet erscheint als wichtigste Frage diejenige nach der Bestimmbarkeit der Stabilität des Sozialsystems.

c) Entsprechend der Konzeption von der schrittweisen Ausmerzung der Kriminalität im Laufe des Prozesses des kommunistischen Aufbaus (s. o. § 4 IV.) kommt der Prognose der Kriminalität eine existentielle Bedeutung zu. So verwundert es nicht, daß bereits 1918 versucht wurde, Variablen einer wissenschaftlichen Prognose der Kriminalität zu ermitteln (vgl. *Herzenson* 1967, 14 unter Hinweis auf *Sawrassow*). In jüngerer Zeit wird zu der Frage, wie der Umfang der Kriminalität vorausgesagt werden soll, hervorgehoben, daß die Existenz eines gesetzmäßigen Zusammenhangs zwischen den jeweiligen Entwicklungsstufen des Systems zu einer Voraussage noch nicht ausreiche, weil man jedenfalls genau wissen müsse, wie groß die Kriminalität im gegenwärtigen Zeitpunkt ist. Dies sei anhand der Unterlagen der Kriminalstatistik nur mangelhaft möglich (vgl. *Kudrjawzew* 1968, 157).

II. Hinweise der Dunkelfeldforschung

Fragen nach Ausmaß und Struktur des Dunkelfeldes von Verbrechen (zum Begriff s. o. § 16 I. 1.) sind für die Kriminologie aus heuristischen ebenso wie aus kriminalpolitischen Gründen von anhaltendem Interesse. Im Sinne der Plausibilität wird allgemein angenommen, das Ausmaß des Dunkelfeldes sei nach Tat- und Tätergruppen ebenso wie nach einzelnen Deliktsgestaltungen innerhalb derselben Tat- und Tätergruppen unterschiedlich groß. Demgemäß könne eine registrierte Zunahme eines Deliktes zum Beispiel auf einem vergleichsweise geringen Anstieg einer Deliktsform mit geringem Ausmaß des Dunkelfeldes beruhen und trotz eines hohen Sinkens einer Deliktsform mit vergleichsweise großem Dunkelfeldausmaß zustandekommen.

Aufgrund von Erfahrungen und Schätzungen (vgl. kritisch *Opp* 1969) aus der Praxis wird vermutet, die Rate der registrierten Straftaten betrage, von Ausnahmen abgesehen, kaum einmal mehr als 50 % der tatsächlich begangenen Straftaten, und sie erreiche bei der Mehrzahl der weniger schweren Straftaten nicht einmal 10 % (vgl. *von Weber* 1939, 7 ff.; *Meyer* 1941; *Wehner* 1957, und dazu auch *Kerner* 1973b, 45). Insbesondere ist auch bei Tötungsdelikten schon im Hinblick auf pseudo-natürliche Todesursachen und auf das erhebliche Reservoir nicht-natürlicher Todesursachen, die als Selbstmord, Unfall, Unglück oder als »Vermißtenfälle« (s. hierzu *Mätzler* 1969; *Dotzauer/Jarosch* 1971, 59 – 76) registriert werden, das Ausmaß des Dunkelfeldes nicht zu unterschätzen (zurückhaltend aber *Rasch* 1975, 362 f.). Nach der Todesursachenstatistik für das Jahr 1974 (StatJb 1977, 357) wurden von insgesamt 727.511 registrierten Sterbefällen 13.046 als Selbstmord und Selbstbeschädigung, 14.242 als tödliche Kraftfahrzeugunfälle und 32.756 als Unfälle und Vergiftungen registriert. Demgegenüber wurden nach der PolSt (1974, 10, 13) für das gleiche Jahr insgesamt 789 Fälle vollendeten Mordes und Todschlags, 763 Fälle fahrlässiger Tötung und 187 Fälle von Körperverletzung mit tödlichem Ausgang registriert (PolSt 1974, Tabellenanhang S. 5, 7).

1. Wesentliche Einschränkungen gegenüber bisherigen Dunkelfelduntersuchungen zur Tätereigenschaft ergeben sich daraus, daß sie ganz überwiegend nur über Jugendliche durchgeführt wurden und schon aus diesem Grunde einseitig sind. Zudem ist kein repräsentativer Querschnitt der Kategorie Jugend erfaßt

worden; so sind Kinder oder Jugendliche aus untersten sozio-ökonomischen Gruppen oder gar Heimkinder oder Sonderschüler, Kinder ausländischer Arbeitnehmer oder vorzeitige Schulabgänger bisher nicht oder kaum einmal befragt worden.

Untersuchungen zur Opfereigenschaft unterliegen diesen Einschränkungen in der Regel dann weniger, wenn sie sich als Repräsentativerhebungen der – erwachsenen und in Freiheit lebenden – Bevölkerung darstellen. Diese Untersuchungen haben bezüglich des Gesamtumfanges erfragter Kriminalität Anhaltspunkte dafür erbracht, daß nur die Hälfte, ein Drittel oder gar nur ein Zehntel tatsächlicher Kriminalität behördlich erfaßt werde (s. näher u. 2. a), b)).

2. Was Befunde der Dunkelfeldforschung zu Ausmaß und *Tatgruppen*struktur von Verbrechen angeht, so haben sie bezüglich eines Vergleichs zwischen registriertem und vermutetem tatsächlichem Verbrechen, abgesehen von nicht unerheblichen Unterschieden, auch solche Strukturen erkennen lassen, die der registrierten Kriminalität entsprechen. Aus der Reihe der Befragungen über die Opfereigenschaft zeigten sich in drei US-amerikanischen Untersuchungen (*Biderman* u.a. 1967; Ennis 1967; *Reiss* o. J. [1967])zum Teil sogar direkte Parallelen zur registrierten Kriminalität.

Allerdings ist fraglich, ob sich aus diesen Befunden schließen läßt, daß im Bereich des vermuteten tatsächlichen Verbrechens eine ähnliche Verbrechensverteilung besteht, wie sie aus dem Bereich registrierten Verbrechens bekannt ist. Abgesehen von den vielfältigen methodischen Implikationen (s. o. § 16) ließe sich vielmehr annehmen, daß Bestätigungen von Daten oder Tendenzen der Kriminalstatistiken durch die Dunkelfeldforschung nicht für eine Wirklichkeitsnähe ersterer sprechen muß, weil der Erhebungsvorgang im Bereich der Dunkelfeldforschung aus einer gleichartigen Wirksamkeit unterschiedlicher Toleranz gegenüber Straftaten resultieren könnte. Schon deshalb erscheinen Aussagen der Dunkelfeldforschung zur Makrostruktur von Verbrechen nur dann sinnvoll, wenn sie den sozialen Reaktionsprozeß und eine Differenzierung nach Deliktsgruppen zugrundelegen (vgl. *Le Blanc* 1971).

a) In den genannten US-amerikanischen Untersuchungen zur Opfereigenschaft ergab sich, daß schwere Delikte eher angezeigt werden als leichte, und zwar auch innerhalb derselben Deliktsgruppe. Zwei dieser Erhebungen, die sich auf Washington sowie auf Boston und Chicago bezogen, haben bezüglich der schweren Delikte allerdings einen höheren Anteil nicht bekannt gewordener Straftaten erbracht als die dritte dieser Untersuchungen, die auch Flächengebiete einbezog.

b) In der Opferbefragung von *Ennis* (1967) ergab sich für die Kriminalitätsbelastungsziffer (= auf 1.000 Einwohner der Bevölkerung) der sieben sogenannten »Index-Crimes« der Uniform-Crime Reports für keines dieser Delikte ein Verhältnis von mehr als 1 : 4.

§ 46 *Registrierte und vermutete tatsächliche Kriminalität*

Die Untersuchung in hoch und mittelschwer belasteten Stadtgebieten Washingtons (vgl. *Biderman* 1967) hat betreffend die Deliktsziffer je 1.000 Einwohner im Alter von über 18 Jahren zum Verhältnis von polizeilich registrierten Zahlen zu Opferangaben für die Delikte Mord, Notzucht, Raub, schwere tätliche Angriffe ein Verhältnis von 7 : 28, für Einbruchsdiebstahl ein Verhältnis von 7 : 35, für einfachen Diebstahl ein solches von etwa 8 : 75 und für alle diese Delikte einschließlich Autodiebstahl zusammen von etwa 24 : 155 ergeben. – In der Befragung von *Sparks* u. a. (1977) wurde ein Verhältnis von 1 : 11 errechnet (zu Befunden aus Japan s. die Übersicht von *Reuband* 1979).

α) Nach der Dunkelfelduntersuchung auf die Opfereigenschaft von *Schwind* u.a. (1975, 218), die innerhalb der Bundesrepublik Deutschland durchgeführt wurde, ist ein Achtel der angegebenen Diebstahlsdelikte der Polizei bekannt geworden, wobei von dem übrigen Anteil allerdings etwa die Hälfte Bagatelldelikte gewesen sind.

Aus Opferbefragungen von Einzelpersonen wird sich im übrigen schon deshalb eine rechnerische Projektion auf eine Gesamtkriminalität kaum vornehmen lassen, weil im Bereich der Eigentums- und Vermögenskriminalität etwa ein Drittel der registrierten Delikte von Unternehmen oder Organisationen zur Anzeige gebracht werden.

β) Bezüglich Gewaltdelikten ergab sich bei Opferbefragungen ein Dunkelfeld von 1 : 14 (*Stephan* 1976, 231) beziehungsweise von etwa 1 : 7 (*Wolf* 1975, 89) oder gar nur von etwa 1 : 3 (vgl. *Dodge* u.a. 1976, 22). – Eine gewisse Gegenläufigkeit bei Drogenkriminalität wurde insoweit festgestellt, als Delikte mit höchsten kriminalstatistisch ausgewiesenen Aufklärungsquoten zugleich das größte Dunkelfeld hatten, während andererseits Delikte mit geringen polizeilichen Aufklärungsquoten verhältnismäßig geringe Ausmaße des Dunkelfeldes aufwiesen (vgl. *Kreuzer* 1975, 382 ff.).

3. a) Bezüglich der *Tätergruppen*struktur haben Dunkelfeldforschungen nahezu einheitlich das Ergebnis erbracht, daß vermutete tatsächliche Straffälligkeit männlicher Jugendlicher im Bagatellbereich, das heißt namentlich bei leichteren Eigentumsdelikten, bei Sachbeschädigung und wohl auch bei einzelnen als Sexualdelikte subsumierten Verhaltensweisen, normal und geradezu ubiquitär ist. Hingegen ist die Verbrechensbelastung registrierter jugendlicher Straftäter gegenüber nicht-registrierten Jugendlichen nach Quantität und Qualität um ein Mehrfaches größer gewesen (vgl. *Elmhorn* 1965; *Gold* 1970; *McClintock* 1970; *Quensel* 1971; zur Interpretation s. auch u. § 53 II. 2.).

Im einzelnen ergab sich aus verschiedenen US-amerikanischen (vgl. z.B. *Monahan* 1960; *Dentler/Monroe* 1961; *Empey/Erickson* 1966) und skandinavischen (vgl. *Christie* u.a. 1965; *Elmhorn* 1965; *Anttila/Jaakola* 1966; *Werner* 1971a, 1971b) Täterbefragungen, daß ein relativ geringer Anteil der Befragten, der in den skandinavischen Untersuchungen überwiegend mit nur 10 % angegeben wird, im Anschluß an die Tat mit der Polizei in Berührung gekommen sei. Dieser Anteil hat tendenziell die Verübung von wesentlich mehr sowie von schweren Straftaten angegeben als die übrigen Probanden. Zugleich wurden Anhaltspunkte dafür geliefert, daß das Risiko, entdeckt zu werden, mit der Zahl an begangenen Delikten ansteige (vgl. die Nachweise bei *Sveri* 1970, 19 ff.; *Werner* 1971a, 1971b; kritisch *McClintock/Avison* 1968, 120 – 125, 158 – 160).

α) Fraglich wären Normalität und Ubiquität demgemäß dann, wenn die Merkmale der Wiederholung und der Häufigkeit der Deliktsbegehung sowie diejenigen einer gewissen Schwere oder besonderen Qualität der Delikte einbezogen werden (vgl. *Short/Nye* 1974 [1957]; *Quensel* u.a. 1970; *Stephan* 1972b, 115 ff.; ders. 1976).

Letzteres gilt jedoch nicht zum Beispiel für die Befragung von *Wallerstein/Whyle* (1947, hier zit. nach *Clinard* 1957, 165 f.). Deren Ergebnisse deuten, zumindest bei einzelnen Delikten, auch hinsichtlich der Schwere auf eine Verzerrung im Bereich registrierten Verbrechens hin. 64 % der männlichen und 29 % der weiblichen Befragten gaben zumindest ein schweres Delikt (»felony«) zu. Allerdings liegen keine Informationen über die Ausfallziffer der Untersuchung vor, die auf postalischem Wege durchgeführt wurde. Zudem dürften Auswahl und Formulierung der erfragten Delikte dem entsprechend der sozialen Schicht unterschiedlichen Verständnis der Befragten nicht Rechnung getragen haben. – Auch die Ergebnisse der Untersuchung von *Gipser* (1975) entsprechen dem mitgeteilten Trend nicht; allerdings führte die Autorin kein anonymes standardisiertes Einzelinterview durch (s. hierzu aber o. § 16 II. 2. a)).

Die Untersuchung von *Schwind* u.a. (1975) ergab einschlägige Besonderheiten zumindest insoweit, als nach dem 18. Lebensjahr noch eine erhebliche Belastung auch mit als schwerer eingestuften Delikten festgestellt wurde.

β) Der Befund einer Normalität und Ubiquität von Verbrechen bei Jugendlichen ist deshalb nicht sonderlich überraschend, weil der Anteil der registrierten vorbelasteten und vorbestraften Personen an der Gesamtbevölkerung – nach dem Kriterium justizförmiger Schuldfeststellung, also einschließlich der Rechtsfolgen gemäß §§ 45, 47 JGG – bei männlichen Personen bis zum 24. Lebensjahr etwa ein Drittel, bei weiblichen Personen allerdings nur etwa 4,1 % betragen soll (vgl. ähnlich *Schwarz* 1962, 333; *Steinert* 1973, 9; vgl. auch *Kaiser* 1976, 166). – Verschiedentlich wird eine Bestraftenquote in der Gesamtbevölkerung von 12 % – 13 % vermutet (vgl. *Brauneck* 1974, 89).

Die Erfassung von 10.000 Jungen des Geburtsjahrgangs 1945 in Philadelphia ergab, daß am 18. Geburtstag nahezu 35 % in dieser oder jener Weise polizeilich registriert worden waren (vgl. *Wolfgang* u.a. 1972, 73).

Betreffend die strukturelle Verteilung hatte bereits *Quetelet* den Begriff des »penchant au crime« als einen statistisch gewonnenen Mittelwert herausgestellt, der die Wahrscheinlichkeit anzeige, mit der eine Person, etwa auch als Angehöriger einer Altersgruppe oder eines Berufsstandes, eine Straftat begehe; dieser Durchschnittswert war auf einen »homme moyen« als den Durchschnittstyp bezogen (*Quetelet* 1835, 294 ff.).

b) α) Hinsichtlich der Altersverteilung haben Opferbefragungen Anhaltspunkte dafür gegeben, daß besonders Jugendliche in hohem Ausmaß von Angehörigen ihrer eigenen Altersgruppe angegriffen und verletzt werden (vgl. *Stephan* 1976, 80).

Abweichungen von der altersmäßigen Verteilung der wegen Vermögensdelikten Verurteilten ergaben sich zum Beispiel bei der Altersverteilung von Dieben in Selbstbedienungslä-

399

den (s. *Stephani* 1968, 24 – 26, 56); allerdings könnte es sich hierbei um eine Auswirkung von Besonderheiten der Tatumstände beim Warenhausdiebstahl handeln.

β) Hinsichtlich der Geschlechtsverteilung ergab sich in Dunkelfelduntersuchungen tendenziell eine höhere Verbrechensbelastung weiblicher Personen, als sie für registrierte Kriminalität berechnet wird (vgl. *Quensel* u.a. 1970; *Schwind* u.a. 1975). Ferner wurden Unterschiede nach Anzahl und Art zugegebener Delikte zwischen Jungen und Mädchen erhoben (vgl. *Remschmidt* u.a. 1975, 142 ff.).

c) Für die Relevanz des Merkmals der Zugehörigkeit zur Unterschicht hat die Dunkelfeldforschung unterschiedliche Ergebnisse erbracht. Nach einzelnen der Untersuchungen scheint sich die in den Kriminalstatistiken vorliegende Überrepräsentierung der Unterschicht dann zu beheben, wenn als Indikator für kriminelles Verhalten erfragtes kriminelles Verhalten eingesetzt wird (vgl. *Porterfield* 1946; *Short/Nye* 1974 [1957], 62 f.; *Dentler/Monroe* 1961; *Akers* 1964; *Arnold* 1965; *Christie* u.a. 1965; *Voss* 1965; *Vaz* 1969; *Le Blanc* 1971, 135 f. sowie die Sekundäranalyse von *Box* 1971, 90 f.). Andere der Befragungen haben hingegen Hinweise für eine Überrepräsentierung der sozio-ökonomischen Unterschichten zumindest hinsichtlich Schwere und Häufigkeit der Delikte auch innerhalb der nicht-registrierten Kriminalität ergeben (vgl. *Reiss/Rhodes* 1961; *Clark/Wenninger* 1962; *Douglas* u.a. 1966; *Gold* 1970; *McDonald* 1969; *Olofsson* 1971; *Quensel* 1971). Relativ einheitlich jedoch zeigte sich eine schichtspezifische Verteilung bestimmter Deliktsformen (vgl. *Quensel* u.a. 1970; s. aber auch *Schöch* 1976).

Der Unterschied in den Ergebnissen hinsichtlich der Schichtbelastung könnte mit der Verschiedenartigkeit des methodischen Vorgehens in einem bestimmten Verhältnis stehen (vgl. hierzu *Hood/Sparks* 1970, 61; *Gold* 1970, 13 f.). Untersuchungen durch Befragungsgespräch scheinen eher Schichtunterschiede ergeben zu haben als solche, bei denen die Befragten den Fragebogen selbst ausfüllten.

d) Nach *Ennis* (1967) waren Schwarze nahezu doppelt so häufig wie Weiße Opfer von schweren Gewalttaten, aber nur wenig mehr Opfer von Vermögensdelikten. Entgegengesetzt verhielt es sich bei höherem Einkommen: Der wohlhabende Schwarze war nicht viel häufiger Opfer eines Gewaltdelikts, aber erheblich häufiger Opfer eines Vermögensdelikts (*Ennis* 1967, 32 f.). Dabei wurde der deutlich höhere Teil der Delikte intrarassisch begangen; ferner waren, soweit es sich um interrassische Kriminalität handelte, Schwarze häufiger Opfer von Weißen als umgekehrt. Bezogen auf alle erfragten Delikte waren Täter und Opfer in 88 % Weiße und in 81 % Schwarze, während in 12 % die Täter Schwarze und die Opfer Weiße und in 19 % die Täter Weiße und die Opfer Schwarze waren (*Ennis* 1967, 36). – Die Ergebnisse auch dieser Untersuchung lassen die weitreichende Bedeutung des Verhaltens des Opfers bezüglich der Ausfilterung der Straftäter im Verlauf des sozialen Reaktionsprozesses erkennen (s. hierzu o. § 27).

Erstes Kapitel Kriminalitätsinterne Zusammenhänge

§ 47 Einzelne Tatgruppierungen

I. Allgemeine Kriminalität

1. Die Gesamtzahl der nach der PolSt registrierten Verbrechen und Vergehen stieg seit 1963 ständig an (Grundzahl 1976 = 3.063.271); auch die Straftatenziffer als die entsprechende Verhältnisgröße zeigt eine kontinuierliche Zunahme. Diese Entwicklung wird, zumindest hinsichtlich ihres Ausmaßes, zu einem erheblichen Teil von der Diebstahlskriminalität bestimmt.

Auch die Gesamtzahl der aufgeklärten Verbrechen und Vergehen Allgemeiner Kriminalität stieg seit 1963, mit Ausnahme des Jahres 1965, ständig an (Grundzahl 1976 = 1.404.889; hiervon wären allerdings teilweise die Delikte der Wirtschaftskriminalität [s. u. III.] in Abzug zu bringen). – Die Aufklärungsquote hingegen sank in den Berichtsjahren kontinuierlich; 1976 betrug sie 45,9 %. Allerdings sind entsprechende Gesamtzahlen, für sich allein genommen, wenig aufschlußreich. Dies gilt wiederum schon wegen des überragenden Einflusses der Diebstahlskriminalität, die mit ihrer relativ geringen Aufklärungsquote die Gesamtaufklärungsquote erheblich sinken läßt. Dadurch wird die für eine Großzahl von Deliktsbereichen zu verzeichnende relativ hohe Aufklärungsquote verzerrt.

Im einzelnen dürfte der Umstand, daß die Gesamtaufklärungsquote 1970 (erstmals) unter 50 % lag, auch mit dem Anstieg namentlich des Diebstahls unter erschwerenden Umständen (§ 243 StGB) zusammenhängen; dessen Aufklärungsquote betrug in den Jahren 1970 und 1976 nur 24,8 % und 19,8 %.

Tabelle 23 gibt einen Überblick zur Entwicklung des Verhältnisses von polizeilich registrierten und aufgeklärten Verbrechen und Vergehen der Allgemeinen Kriminalität einschließlich getrennter Angaben zum Diebstahl.

a) Inwieweit aus einem Ansteigen von registrierter Allgemeiner Kriminalität generell auf eine Zunahme vermuteter tatsächlicher Kriminalität in einer Gesellschaft geschlossen werden könnte, erscheint fraglich. Entsprechende Folgerungen gehen davon aus, daß unter anderem mit erhöhten Aktivitäten der Gesellschaft im ökonomischen Bereich, mit gesteigerter Anonymität der Interaktion und ver-

§ 47 *Einzelne Tatgruppierungen*

Tabelle 23: Straftatenziffer und Aufklärungsquote der Allgemeinen Kriminalität sowie des Diebstahls (Quelle: PolSt)

Jahr	Straftaten				Aufklärung	
	insgesamt		Diebstahl*		insgesamt	Diebstahl*
	Ziffer	Prozent-veränderung gegenüber dem Vorjahr	Ziffer	Prozent-anteil an insgesamt	in Prozent	in Prozent
1963	2 914	./.	1 638	56,2	55,5	34,2
1964	2 998	+ 2,8	1 707	56,9	55,0	34,4
1965	3 031	+ 1,1	1 753	57,8	53,2	32,9
1966	3 213	+ 6,0	1 911	59,5	53,0	34,2
1967	3 465	+ 7,8	2 075	59,8	52,2	34,0
1968	3 588	+ 3,6	2 174	60,6	·51,8	34,3
1969	3 645	+ 1,6	2 236	61,4	51,2	34,8
1970	3 924	+ 7,7	2 520	64,2	48,3	33,3
1973	4 131	− 1,0	27 041	65,5	46,9	31,1
1974	4 419	+ 7,0	28 991	65,6	45,6	29,6
1975	4 721	+ 6,8	30 881	65,4	44,8	28,8
1976	4 980	+ 5,5	32 311	64,9	45,9	29,7

* (§§ 242 – 244, 247, 248a – 248c StGB)

mehrten Austauschprozessen auch die Wahrscheinlichkeit der Begehung von Straftaten ansteige (vgl. *Sack* 1972, 323). Es handelt sich um spezielle Ausgestaltungen der allgemeinen Auffassung, daß die Begehungshäufigkeit von Kriminalität mit sozialer Stabilität innerhalb einer Gesellschaft zusammenhänge, wobei höher industrialisierte Gesellschaften ein größeres Maß an sozialem Wandel zeigten (s. aber auch o. § 46 I. 2. a)).

Als Beispiel für erheblichen sozialen Wandel sei die Ausbreitung des Sachversicherungswesens erwähnt, die vermutlich nicht nur für das Verhältnis zwischen tatsächlicher und ausgewiesener Kriminalität, sondern auch für das Ausmaß tatsächlicher Kriminalität für sich allein genommen bedeutsam ist. Der allgemeine Befund einer unterschiedlichen Begehungsbereitschaft gegenüber einer Privatperson oder einem Betrieb als Opfer (vgl. zur »Neutralisierungs«-Theorie o. § 24 I. 1. a) α)) könnte möglicherweise sinngemäß für die Zunahme von Sachversicherungen auch für Eigentumsdelikte gegenüber jedwedem Privatmann bedeutsam werden oder bereits sein, sofern der Täter annimmt, der Bestohlene sei versichert. Hierdurch könnte eine langfristige Änderung der Einstellung gegenüber Eigentumsdelikten eintreten, und zwar auch seitens der (potentiell) Bestohlenen, soweit sie versichert sind und sich noch im Rahmen der Versicherungsabrede verhalten (vgl. zum Verhältnis der Anteile des Diebstahls gegenüber Privatpersonen bzw. anonymen Personen *Kürzinger* 1972, 59).

b) Es ist jedoch nicht auszuschließen, daß allein die Intensivierung reaktiver Kontrollaktivitäten einen überproportionalen Anstieg bedingt (vgl. *Herold* 1974 c). Dies gilt teilweise trotz der Tatsache, daß der Anstieg registrierten Allgemeinen Verbrechens nach dem Zweiten Weltkrieg täterstrukturell weitgehend auf einem Anstieg des Anteils jüngerer Altersgruppen an der Verbrechensbelastung beruht; der Anteil weiblicher Personen ist international vergleichsweise konstant geblieben (vgl. auch *Cremer* 1974).

2. Verschiedentlich wird die Auffassung vertreten, der Einsatz von *Gewalt* im sozialen Zusammenleben habe im allgemeinen und speziell im *Bereich des Verbrechens* seit Ende des Zweiten Weltkrieges zugenommen; gelegentlich wird vermutet, es handele sich bei dieser (angeblichen) Entwicklung um eine Folge- oder Komplementärerscheinung der Überwindung »großer Kriege« innerhalb Europas (vgl. *Schreiber* 1973, 434). Demgegenüber lassen sich entsprechende Aussagen anhand bestehender Kriminalstatistiken kaum verläßlich stützen (s. allgemein o. § 17 V.). – Im übrigen blieb bei kriminalstatistischer Betrachtungsweise die Zuwachsquote der Gewaltdelikte bisher überwiegend unter derjenigen der Eigentumskriminalität (vgl. auch *Kürzinger* 1972, 57); die quantitative Bedeutung von Gewaltdelikten im Vergleich zu anderen Delikten ist ohnehin vergleichsweise gering (s. aber zur Dunkelfeldforschung o. § 46 II. 2. b); zur phänomenologischen Entwicklung im Bereich der Geiselnahmen s. *Bauer* 1977, 91 – 105).

Während die Entwicklung im (west-)europäischen Ausland überwiegend derjenigen in der Bundesrepublik Deutschland ähnlich zu sein scheint, zeigt sich in den USA ausweislich der UCR seit 1960 ein Ausmaß des Anstiegs der Gewaltdelikte und namentlich des Raubes, das die übrigen Index-Straftaten übertrifft.

Fraglich bleibt, ob die Gewaltanwendung oder aber die Sensibilität der Gesellschaft gegenüber Gewalt gewachsen ist; im letzteren Falle wäre die Anzeigeschwelle gesenkt und die Definitionsbereitschaft verstärkt worden (vgl. o. § 27 II. 1. sowie o. § 46 I. 1. b)). So besteht bei Gewalttaten eine erhebliche Diskrepanz zwischen Tatverdächtigen- und Verurteiltenziffern; auch wurde bereits für die Jahre 1965 bis 1970 errechnet, daß die Anklagequoten, bezogen auf die Zahl ermittelte Gewalttäter, gesunken seien. Soweit eine tatsächliche Steigerung von Gewaltkriminalität nach Umfang und Begehungsweise vermutet wird, werden als wesentliche Faktoren zunehmende Isolierung sowie hohe Wohndichte bei Fehlen eines sozialen Gleichgewichts als relevant angenommen. Zumindest hinsichtlich der Altersgruppen komme es darauf an, inwieweit die moderne Großstadt über ein zwischen Jugendlichen und Heranwachsenden einerseits und Erwachsenengesellschaft andererseits vermittelndes soziales Gleichgewicht verfüge.

a) α) Der Anteil der Mord- und Totschlagsdelikte (§§ 211 – 213 StGB) an der Gesamtkriminalität ist verschwindend gering. So belief sich die absolute Zahl der nach der PolSt registrierten einschlägigen Delikte im Jahre 1975 auf 2.908, wovon jedoch allein 2.046 Fälle auf Versuch entfielen; die Häufigkeitsziffer betrug 4,7.

Die Täterziffer belief sich auf 6,0, im Unterschied zur Gesamt-Täterziffer von 2.110. Allerdings sind die Ziffern für diese Delikte insbesondere seit 1969 erheblich angestiegen (s. zum Ausland *Bschor/Venedey* 1971, 278); jedoch hatten die Häufigkeits- und Täterziffer bereits im Jahre 1972 Werte von 4,4 und 5,7 erreicht.

β) Seit Jahren besteht eine erhebliche Diskrepanz zwischen den Zahlen der Tatverdächtigen (1975 = 2.991) und denjenigen der Verurteilten (1975 = 727). Dies beruht zum einen auf der polizeilichen Tendenz einer Überbewertung der Tatschwere, wie sie sich insbesondere bei der Kategorie versuchte Tötung niederschlägt. Auch steht fest, daß ein Teil der Fälle deshalb nicht zur Verurteilung gelangt, weil der Tatverdächtige Selbstmord verübt hat (s. o. § 5 I. 4. b)). Ferner läßt sich vermuten, daß ein erheblicher Anteil der in der PolSt als vollendete vorsätzliche Mord- und Totschlagsdelikte registrierten Fälle durch die Gerichte anders beurteilt wird, zum Beispiel als Körperverletzung mit Todesfolge.

Ein mögliches Anzeichen dafür könnte sich daraus ergeben, daß die Häufigkeitsziffern der PolSt für den Zeitraum zwischen 1963 und 1970 ein Sinken der Anteile an Körperverletzung mit Todesfolge um 40 % und von fahrlässiger Tötung um 33 % aufwiesen; diese Entwicklung mag allerdings auch mit erhöhten Möglichkeiten zur Rettung des Lebens des Opfers zusammenhängen.

Unstreitig ergibt sich auch für die Verurteiltenziffern ein Anstieg der Mord- und Totschlagsdelikte im Zeitraum von 1951 bis 1976 (s. Tab. 24).

γ) Ob die Entwicklung des Anstiegs von registrierten Mord- und Totschlagsdelikten auf einen tatsächlichen Anstieg schließen läßt, bleibt fraglich. Zum einen mag der (überwiegende) Anteil versuchter Tathandlungen teilweise deshalb angestiegen sein, weil die Bewertungsvorstellungen sich verschärft haben. Zum anderen mögen Erste Hilfe und medizinische Möglichkeiten nach Umfang und Qualität zugenommen haben, so daß das Opfer gerettet und eine Aussage von dem Opfer erlangt werden konnte. Auch mag die Ermittlung in den Bereichen des Selbstmordes und tödlicher Unfälle in Wohn- oder Arbeitsbereich sorgfältiger geworden sein. – Täterstrukturell ist die vergleichsweise hohe Belastung von Ausländern zu berücksichtigen.

b) Die *Notzucht* steht zwischen Gewalt- und Sexualdelikten; wegen des Elementes der Nötigung wird sie überwiegend der Gewaltkriminalität zugeordnet.

Die Häufigkeit registrierter Fälle von Notzucht ist in den vergangenen Jahrzehnten, entsprechend anderen Gewaltdelikten, aber im Unterschied zu anderen Sexualdelikten, angestiegen. – Allerdings liegen, bezogen auf das Jahr 1976, die Anteile des Versuchs bei den insgesamt 6.979 polizeilich registrierten Fällen von Vergewaltigung bei 49,8 %; bei den als »überfallartig (Einzeltäter)« registrierten 2.213 Fällen beträgt dieser Anteil 67,0 %; bei den als »überfallartig (durch Gruppen)« registrierten 185 Fällen lautet die entsprechende Zahl 42,7 % (PolSt 1976, 53).

Tabelle 24: Verurteiltenzahlen bei Mord (§ 211 StGB) und Totschlag (§§ 212, 213 StGB)
(Quelle: StrafSt)

Jahr	Jugendliche		Heranwachsende		Erwachsene	
	§ 211	§§ 212, 213	§ 211	§§ 212, 213	§ 211	§§ 212, 213
1951	4	2	14	16	92	119
1952	5	6	18	13	105	159
1953	13	./.	11	10	121	150
1954	4	3	11	5	80	122
1955	8	3	19	20	96	126
1956	6	3	12	7	77	112
1957	9	./.	13	9	75	139
1958	9	14.	23	12	82	121
1959/69	./.	./.	./.	./.	./.	./.
1970	19	7	26	22	181	238
1971	14	5	30	29	225	246
1972	21	10	29	29	175	314
1973	26	10	42	41	211	341
1974	37	14	42	47	284	406
1975	29	17	54	45	254	439
1976	33	22	53	42	274	493

Täterstrukturell wurde, wiederum für das Jahr 1976, errechnet, daß von den 5.435 Tatverdächtigen 5,9 % Jugendliche im Alter von 16 bis 18 Jahren, 14,9 % Heranwachsende, 18,3 % Erwachsene im Alter von 21 bis 25 Jahren und 46,8 % Erwachsene im Alter von 25 bis 40 Jahren waren (PolSt 1976, 54). – Ferner wird für die Delikte der Gewaltunzucht und der Notzucht hervorgehoben, daß der Anteil solcher registrierter Gruppen-Täter, die unteren sozialen Schichten angehören und die zugleich durch allgemeine soziale Auffälligkeiten und Konformitätsmängel gekennzeichnet seien, vergleichsweise besonders hoch liege (s. hierzu auch u. § 49 II. 1. b)).

c) α) Betreffend Raub, räuberische Erpressung und räuberischen Angriff auf Kraftfahrer beliefen sich die Häufigkeitszahlen in den Jahren 1971 bis 1976 auf 25,3, 30,5, 29,5, 30,8, 32,9 und 31,6. Unter den vollendeten 14.979 Taten lag die Schadenshöhe bei 18,8 % der Fälle unter 25 DM und bei knapp 42 % unter 100 DM, hingegen nur bei knapp 14 % bei 1.000 DM und mehr (PolSt 1976, 64).

Was die Art der Gewaltanwendung anbetrifft, so geschahen (nur) 10,4 % der Fälle unter Drohung mit einer Schußwaffe, und in 1 % der Fälle wurde geschossen (PolSt 1976, 59). Hinsichtlich des Tatortes wurden von den registrierten 19.466 Taten 6.054 auf Straßen, Wegen oder Plätzen begangen, 3.537 Taten waren ein Handtaschenraub und 1.386 Taten ein

Zechanschlußraub; 129 Taten betrafen Raubüberfälle auf Geld- und Werttransporte und 352 Taten wurden als räuberischer Angriff auf Kraftfahrer registriert (PolSt 1976, 59). – Bei den im Jahre 1976 registrierten 503 Raubüberfällen auf Geldinstitute und Poststellen handelte es sich nur zu etwa einem Drittel um versuchte Taten, während die Aufklärungsquote 63,2 % betrug (PolSt 1976, 59 f.; vgl. zum Bankraub auch *Würtenberger/Herren* 1970).

β) Die polizeilich registrierten Fälle von Erpressung waren im Jahre 1976 zu zwei Drittel Versuchshandlungen; in 56,7 % der Fälle handelte der Tatverdächtige allein (PolSt 1976, 111, 113). – Von dem Täter-Opfer-Verhältnis aus betrachtet sollen Fälle der Erpressung durch Ausnutzung der Kenntnis von einem Umstand im Bereich der Person des Opfers (»Schweigegeld-Erpressung«) deutlich überwiegen (vgl. zu weiteren Besonderheiten *Reinsberg* 1970; *Schima* 1973).

γ) Die Verurteiltenziffern für Raub *und* Erpressung haben bereits gegen Ende der 60er Jahre eine seit Einführung der Verurteiltenstatistik im Jahre 1882 zuvor nicht erlangte Höhe erreicht, die auch die vorübergehende Ziffer von 6,6 im Jahre 1921 übertraf. So beliefen sich die Verurteiltenziffern in den Jahren 1974 bis 1976 auf 9,2, 9,3 und 10,3. Dabei lagen die Zahlen für Raub um ein Mehrfaches über denjenigen für Erpressung. – Zur Interpretation wird man auch davon auszugehen haben, daß das in der Bevölkerung gestiegene Empfinden zunehmender Bedrohung durch Verbrechen sich gerade bei diesen Delikten ausgewirkt und die Anzeigefreudigkeit der Opfer erhöht haben mag.

δ) Täterstrukturell ist der Anteil jüngerer Altersgruppen an den Delikten des Raubes und der Erpressung seit den 60er Jahren außergewöhnlich angestiegen. Die Verurteiltenziffer für Raub und Erpressung bei Jugendlichen belief sich im Jahre 1966 noch auf 14,6 %, in den Jahren 1974 bis 1976 hingegen auf 36,0 %, 33,9 % und 35,4 %; diese Entwicklung hatte, bei männlichen Jugendlichen allein genommen, ein noch stärkeres Ausmaß. Bei Heranwachsenden insgesamt betrug die Verurteiltenziffer in den Jahren 1974 bis 1976 sogar 44,4 %, 43,5 % und 49,3 %.

Möglicherweise beruht diese Entwicklung auf einem höheren Ausmaß des allgemeinen Anpassungsdrucks der Majorität der Erwachsenengesellschaft auf Jugendliche, das heißt die Kriminalität Jugendlicher mag sich derjenigen Erwachsener in dem Ausmaß angleichen, in dem Jugendliche zur Übernahme von Verhaltensmustern Erwachsener veranlaßt werden (vgl. hierzu *Kürzinger* 1972, 62).

ε) Als Versuch einer Tattypologie zum Raub haben *McClintock/Gibson* (1961) – in wenig konsistenter Weise – fünf Gruppen von Raubdelikten unterschieden: Raub gegenüber Personen, die im Rahmen ihrer Berufsausübung mit Geld oder Waren betraut waren; Raub in der offenen Folge eines plötzlichen Angriffs; Raub aus privaten Gründen; Raub nach vorhergehender Beziehung von kurzer Dauer zwischen Täter und Opfer (namentlich aus sexuellen Absichten); Raub in Fällen früherer Beziehung von einer gewissen Dauer zwischen Täter und Opfer.

3. a) α) Im Verhältnis von einfachem zu schwerem Diebstahl war die Zahl der Fälle zwischen 1955 und 1970 bei ersterem um 105,2 %, bei letzterem hingegen um 374,0 % angestiegen (PolSt 1970, 36).

Nach der PolSt (1976, 11) betrugen die Anteile an der Gesamtzahl der erfaßten Fälle für *Diebstahl ohne* erschwerende Umstände 30,4 %, für *Diebstahl unter* erschwerenden Umständen 34,5 % (für Betrug 7,8 % und für Unterschlagung 1,1 %). Die Aufklärungsquoten lauteten, in der gleichen Folge, 40,9 %, 19,8 % (95,6 % und 84,1 %); demgemäß waren die Anteile der aufgeklärten Fälle dieser Delikte an allen aufgeklärten Fällen, in der gleichen Folge, 27,1 %, 16,3 % (16,3 % und 2,1 %).

Zu ergänzen ist, daß die vergleichsweise noch hohe Aufklärungsquote bei Diebstahl *ohne* erschwerende Umstände nicht unerheblich auf dem Anteil des entsprechenden Warenhausdiebstahls und dessen außergewöhnlich hoher Aufklärungsquote beruht (s. o. § 27 III. 1.).

Die Verurteiltenziffern wegen einfachen Diebstahls (§ 242 StGB) betrugen in den Jahren 1973 bis 1975 – bei Insgesamtziffern für alle Verurteilungen außer solchen wegen Straßenverkehrsdelikten von 7.455, 7.747 und 7.423 – 199,8, 201,4 und 208,3; die entsprechenden Ziffern für schweren Diebstahl (§§ 243, 244 StGB) betrugen 77,3, 75,7 und 76,1 (und diejenigen für Unterschlagung 13,2, 13,9 und 12,8) (StatJb 1977, 317).

Zur Interpretation der Entwicklung des zahlenmäßigen Verhältnisses innerhalb der Diebstahlskategorien seit den Jahren 1974/75 sind die gesetzlichen Änderungen zu beachten: Während die Alternativen des § 243 StGB, entgegen seitheriger Selbständigkeit, nur noch Regelfälle möglicher Strafschärfung darstellen, enthält der neugefaßte § 244 StGB einzelne Alternativen als eigenständige Tatbestandsverwirklichungen. Vor allem aber hat § 248a StGB den Diebstahl (§§ 242, 243 StGB) und die Unterschlagung (§ 246 StGB) geringwertiger Sachen zu Antragsdelikten erklärt. Da damit die Verfolgung insoweit ausdrücklich vom Geschädigten, und das heißt auch von dessen Status, abhängt, sind rechtsstaatliche Bedenken ausgelöst worden. Diese formellrechtliche Regelung hat entgegen der bereits im Jahre 1968 in der DDR für einen in gewisser Weise ähnlichen Problembereich eingeführten materiellrechtlichen Lösung zugleich den Nachteil, daß sie den Zweck der Entlastung der Behörden gerade in den zahlenmäßig erheblichen Bereichen von Anzeigen durch das Warenhaus sowie solchen zwecks Erlangung der Versicherungsprämie nicht erreicht. Das bedeutet, daß auch weiterhin zahlreiche solcher Opfer, deren Schaden nicht ohnehin erstattet wird, nicht auf intensivere Verfolgung hoffen können. – Allerdings hatte (auch) die erwähnte Neuregelung in der DDR, nach welcher bei Schäden bis zu 50 DM oder nicht wesentlich darüber sowie unter den Voraussetzungen einer Ersttat eine – kriminalstatistisch nicht registrierte – »Verfehlung« vorliegt, nur ein vergleichsweise geringes Sinken der kriminalstatistischen Zahlen des einschlägigen Deliktsbereichs in den Jahren 1968 bis 1970 zur Folge (StatJb-DDR).

β) Zur Interpretation des außergewöhnlichen Anstiegs der Diebstahlskriminalität nach Ende des Zweiten Weltkrieges bieten sich Faktoren des allgemeinen sozialen Wandels in den Bereichen der technischen und wirtschaftlichen Entwicklung an. So mag ein wesentlicher Teil des Anstiegs der Diebstahlskriminalität als (bloße) Folgeerscheinung der Kraftfahrzeugentwicklung einerseits und der Entfaltung konsumwirksamer Werbungsmethoden durch Warenhäuser und Selbstbedienungsläden andererseits verstanden werden; auf die Bedeutung der Entwicklung des Sachversicherungswesens (s. o. 1.a)) wurde bereits hingewiesen. Dabei ist

§ 47 Einzelne Tatgruppierungen

jedoch jeweils die vergleichsweise niedrige Schadenshöhe eines Großteils der Diebstahlsdelikte zu berücksichtigen. Was im einzelnen den Diebstahl *ohne* erschwerende Umstände angeht, so liegt nach der PolSt (1976, 79) bei 23 % der Straftaten der Schaden unter 25 DM und bei 28,5 % der Straftaten zwischen 25 bis unter 100 DM.

Ein vergleichsweise hoher Anteil entfällt auf solche Taten, die den Diebstahl aus und an Kraftfahrzeugen sowie den Fahrrad- und Fahrradgebrauchsdiebstahl, den Kraftwagen- und Kraftwagengebrauchsdiebstahl und den Moped- und Motorraddiebstahl sowie den Moped- und Motorradgebrauchsdiebstahl betreffen. Dabei handelt es sich um Erscheinungsformen des Diebstahls, die zumindest in Zusammenhang mit der Verkehrsentwicklung stehen (s. hierzu auch u. § 51 I. 1. a)). – Ausweislich der PolSt 1977 (S. 75, 93) zum Beispiel entfielen 27,2 % der Diebstähle auf solche »aus, von und an Kraftfahrzeugen«; nimmt man die Diebstähle von Mopeds, Krafträdern und Fahrrädern hinzu, so erhöht sich der Anteil auf 46,7 %.

Die Reihenfolge der einzelnen in der PolSt unterschiedenen Diebstahlsarten ändert sich erheblich und verhält sich teilweise nahezu spiegelbildlich, wenn das Kriterium der Häufigkeit amtlich bekanntgewordener Straftaten mit dem Kriterium der Höhe der Aufklärungsquote ausgetauscht wird. Dabei rangieren die im Zusammenhang mit der Verkehrsentwicklung stehenden Diebstahlsarten bei Zugrundelegung des ersteren Kriteriums überwiegend in der oberen, bei Zugrundelegung des letzteren Kriteriums hingegen überwiegend in der unteren Hälfte (vgl. hierzu die Schaubilder bei *Rangol* 1971a, 225 f.). Zu ergänzen ist allerdings, daß namentlich in diesem Bereich die Tendenzen der juristischen Subsumtion durch die Polizei etwa bei der Abgrenzung zwischen Diebstahl an einem Kraftfahrzeug und Sachbeschädigung zu berücksichtigen sind; nach *Wehner* (1966, 339) handelt es sich in der Mehrzahl der Fälle des Diebstahls an Kraftfahrzeugen um Sachbeschädigungen (z.B. betreffend Antenne, Stoßstange, Radkappe), ohne daß die Polizei dem Geschädigten die Behauptung widerlegen könnte, daß ein Diebstahl vorliege. Für den Geschädigten aber ist die Aufrechterhaltung seiner Behauptung wegen des Versicherungsschutzes von maßgeblicher Bedeutung; auch soll die Latenz der Betrügereien von Autobesitzern (z.B. die von Eigentümern des Personenkraftwagens abmontierte beschädigte Stoßstange nebst Anzeige wegen Diebstahls) gegenüber Versicherungsgesellschaften vergleichsweise hoch sein (*Wehner* 1966, 341). Ferner werde jeder einfache Diebstahl eines Kraftfahrzeuges in der Anzeige – meist nicht widerlegbar – zum schweren Diebstahl.

γ) In Übereinstimmung mit dem außergewöhnlich raschen Anstieg des polizeilich erfaßten Warenhausdiebstahls (s. o. § 28 III. 1.) macht dieser nunmehr einen beträchtlichen Anteil registrierter Kriminalität insgesamt aus (in den Jahren 1970 bzw. 1977 = 6,1 % bzw. 7,99 % aller in der PolSt als bekanntgeworden registrierten Straftaten sowie 9,5 % bzw. 12,2 % der in der PolSt als bekanntgeworden registrierten Diebstahlsdelikte).

Was die Höhe des Diebstahlsschadens angeht, so blieb er bezüglich der im Jahre 1970 in Hamburg bei der Polizei angezeigten Taten bei über einem Drittel unter 10 DM, während er bei mehr als dreiviertel der Taten nicht mehr als 50 DM betrug und nicht einmal in über elf Taten einen Schaden von mehr als 100 DM verursachte (vgl. *Kucklick/Otto* 1973, 27). Gemäß den im Jahre 1977 polizeilich registrierten Fällen des Warenhausdiebstahls ohne erschwerende Umstände betrug der Schaden in 57,9 % weniger als 25 DM; deutlich höher war der Schaden demgegenüber bei dem allerdings vergleichsweise geringen Anteil von Waren-

Einzelne Tatgruppierungen § 47

hausdiebstahl unter erschwerenden Umständen. – Nach der schweizerischen Untersuchung von *Stephani* (1968, 39 f.) lag bei 91 % der Täter der Deliktsbetrag unter 30 Franken.

b) δ) Der Anteil der nach der PolSt registrierten Fälle von *Betrug* ist seit 1953 relativ erheblich gesunken, nämlich von 14,8 % auf 7,8 % im Jahre 1976, wobei die Anteile zwischenzeitlich noch niedriger lagen (s. aber speziell zur Wirtschaftskriminalität u. III.). Demgegenüber ist die Aufklärungsquote bei Betrug, die im Jahre 1976 zum Beispiel 95,6 % betrug (PolSt 1976, 23), vergleichsweise hoch.

β) Die Verurteiltenziffern für Betrug *und* Untreue (§§ 263 – 266 StGB) lagen in den Jahren 1973 bis 1975 insgesamt bei 59,0, 65,0, 65,9; für Jugendliche lauteten sie 28,8, 31,6, 32,0, für Heranwachsende 86,0, 90,4, 95,8 und für Erwachsene 59,9, 66,3, 67,0.

c) α) Nach der Täterstruktur kulminieren einfacher und schwerer Diebstahl (schon) bei den 16- bis 17jährigen. Betrug und Unterschlagung hingegen haben im Hinblick auf die altersmäßige Verteilung eine vergleichsweise spätere Belastungsspitze bei den 21- bis 24jährigen; mit zunehmendem Alter sinkt die Häufigkeit nur allmählich ab. Speziellere Untreuehandlungen, die eine besondere Verfügungsmacht oder zumindest -stellung voraussetzen, kulminieren in manchen Jahren erst bei den 25- bis 30jährigen und sinken gleichfalls allmählich ab.

β) Der relative Anteil weiblicher Personen an den Vermögensdelikten Allgemeiner Kriminalität ist, ausweislich der StrafSt, höher als der relative Anteil männlicher Personen. So beliefen sich in den Jahren 1974 bis 1976 die Verurteiltenziffern für Allgemeine Kriminalität insgesamt auf 262,4, 268,0 und 290,9 bei den weiblichen und auf 1.353,2, 1.279,9 und 1.345,6 bei den männlichen Personen, während die Verurteiltenziffern bei Diebstahl und Unterschlagung (§§ 242 – 248c StGB) bei den weiblichen Personen 153,7, 164,6 und 179,4, bei den männlichen Personen hingegen (nur) 457,9, 457,2 und 487,6 betrugen.

Im einzelnen scheint die hohe Beteiligung weiblicher Personen am einfachen Diebstahl der Annahme zu widersprechen, wonach Vermögenskriminalität weiblicher Personen derjenigen der Jugendlichen entgegengesetzt sei (vgl. auch *Brauneck* 1970, 2). Allerdings soll der Diebstahl ohne erschwerende Umstände bei weiblichen Personen der Art nach von derjenigen der männlichen Jugendlichen verschieden sein, da er sich überwiegend gegen ihnen bekannte Personen richte, während der Diebstahl männlicher Jugendlicher überwiegend gegenüber fremden Personen begangen werde. Dies trifft aber jedenfalls für den Ladendiebstahl nicht zu.

γ) Betreffend speziell den Warenhausdiebstahl sind täterstrukturell nach den Zahlen der PolSt im Vergleich zur sonstigen Kriminalitätsbelastung erheblich überrepräsentiert (männliche) Kinder und Jugendliche im Alter von 14 bis unter 16 Jahren einerseits sowie ältere und dabei vor allem weibliche Personen andererseits. – Nach der Geschlechtsstruktur hat sich seit Ende der 60er Jahre zunehmend eine Verringerung des zuvor überwiegenden Anteils weiblicher Personen ergeben. Während in Hamburg im Jahre 1970 nur noch 48,7 % der Tatverdächtigen gegenüber 54,8 % im Jahre 1969 weiblichen Geschlechts waren (vgl. PolSt Hamb 1970, 30), reduzierten sich die in der PolSt registrierten Anteile weiblicher Tatverdächtiger im Bundesgebiet (einschließlich Berlin [West]) in den Jahren 1971 bis 1977 über 50,1 %, 49 %, 46,4 %, 45,8 %, 46,0 % auf 44,8 %. – Innerhalb der Gesamtheit weiblicher Tatverdächtiger allerdings beträgt der Anteil der Fälle von Warenhausdiebstahl nach den Zahlen der PolSt für das Jahr 1977 nahezu 40 %, während der entsprechende Anteil bei männlichen Tatverdächtigen 10,7 % ausmacht.

Über den Anteil des Verkaufspersonals an der Zahl der Tatverdächtigen liegen zureichende Zahlenangaben bisher nicht vor; diesbezügliche Schätzungen des Dunkelfeldes, die auf Inventurdifferenzen beruhen, bleiben in der Regel unter 50 %.

4. Hinsichtlich des Anstiegs ausgewiesener Rauschgiftkriminalität insbesondere seit Ende der 60er Jahre ist zu bedenken, daß eine Identifizierung von Rauschgiftdelikten spezifische Kenntnisse über solche Umstände voraussetzt, in deren Rahmen Rauschgift konsumiert wird. Solche Kenntnisse aber konnten die Behörden, gemäß allgemeiner Erfahrung, nur mit einer gewissen zeitlichen Verspätung gegenüber der tatsächlichen Entwicklung erhalten, so daß schon aus diesem Grunde von einer Erhöhung registrierter Kriminalität nicht ohne weiteres auf eine entsprechende tatsächliche Zunahme auch seit Ende der 60er Jahre geschlossen werden kann (s. auch o. § 46 I. 1.).

Täterstrukturell entfielen zu Beginn der 70er Jahre etwa zwei Drittel der polizeilich erfaßten Rauschgiftdelikte auf Jugendliche und Heranwachsende; unter den wegen dieser Delikte im Jahre 1974 Verurteilten machten Jugendliche und Heranwachsende zusammen 60,3 % aus (StrafSt 1974, Tab. 7). In den folgenden Jahren hat sich eine Verlagerung der relativen Anteile zulasten Erwachsener ergeben. – *Innerhalb* der Altersgruppen Jugendlicher und Heranwachsender betrug der Anteil der Rauschgiftdelikte im Jahre 1974 bei den Tatverdächtigen 5,1 % (vgl. PolSt 1974, 31 f.) und unter den Aburteilungen 2,8 % (vgl. StrafSt 1974, Tab. 7); in den folgenden Jahren ist auch insoweit ein Rückgang eingetreten.

Hinsichtlich des Sozialstatus wurde vorübergehend berichtet, daß Drogendelinquente im Gegensatz zu sonstigen jugendlichen Delinquenten überwiegend aus mittleren sozialen Schichten stammten. Demgegenüber wird aus jüngerer Zeit mitgeteilt, daß mit zunehmender Verschiebung des Drogenproblems von der Quantität auf den Konsum »harter« Drogen (s. o. § 5. II. 3.) auch hinsichtlich sozialstruktureller Variablen delinquenter Drogenkonsumenten eine Tendenz zur Angleichung an allgemeine Befunde über wiederholt überführte jugendliche Straftäter zu verzeichnen sei (vgl. *Schulz* 1974; *Kreuzer* 1975, 110 ff.).

II. Straßenverkehrskriminalität

1. a) Die registrierte Straßenverkehrskriminalität erscheint im Mittel– und Bagatellbereich mehr Folge der jeweiligen Verfolgungsintensität einschlägiger Behörden und weniger ein (tendenzielles) Spiegelbild des tatsächlichen, strafrechtlich relevanten Fehlverhaltens im Straßenverkehr zu sein. Dies beruht insbesondere auf dem Fehlen privater Anzeigen, soweit es sich um Verkehrsdelikte ohne eingetretenen Unfallschaden handelt.

Als empirische Primärerfahrung gilt, daß die Höchstbelastung der Unfallhäufigkeit jeweils am Beginn der Lern- und Fahrpraxis liegt, während mit zunehmender Fahrroutine die relative Unfallhäufigkeit ständig geringer wird; mittlere Altersgruppen mit den absolut gesehen höchsten Fahrleistungen haben eine relativ geringere Unfallhäufigkeit.

b) Üblicherweise werden zwei Deliktsgruppen unterschieden, nämlich *vorsätzliche* Delikte wie Fahren ohne Führerschein oder trotz Entziehung des Führerscheins, Verkehrsunfallflucht und Trunkenheit am Steuer einerseits und *fahrlässige* Delikte wie Körperverletzung, Tötung und Verkehrsgefährdungen andererseits. – Hinsichtlich des Schadens überragt die (registrierte) Verkehrskriminalität die (registrierte) Allgemeine Kriminalität um ein Mehrfaches. Bezüglich der Personenschäden ist dies offensichtlich (s. hierzu Tab. 25); dabei ist zudem der vergleichsweise hohe Anteil Getöteter und Verletzter durch Verkehrsunfälle an den Gesamtzahlen registrierter Getöteter und Verletzter hervorzuheben. Was die Unfall- nebst Unfallfolgekosten angeht, so sollen sie schon in den 60er Jahren zwischen 6 bis 16 Milliarden DM jährlich betragen haben (vgl. *Kaiser* 1970, 340 m.w.N.).

c) Am Beispiel der Verkehrskriminalität wird deutlich, daß der soziale Wandel und im speziellen die Entwicklung der Technik innerhalb eines vergleichsweise kurzen Zeitraums eine erhebliche Veränderung der Straftäterpopulation herbeizuführen vermag. Dabei tritt bei der Verkehrskriminalität problemerhöhend hinzu, daß jeder Verkehrsteilnehmer potentiell ein Verkehrsstraftäter ist. So bestehen Bedenken gegenüber den Voraussetzungen von bestimmten Tatbeständen des Straßenverkehrsrechts insofern, als eine tatsächliche Einhaltung mitunter nicht mehr möglich ist (zur legislatorischen Definition von einschlägigen Rechtsfolgen s. o. § 45 III. 4.). Ferner geht es ganz überwiegend auf Verkehrsdelikte zurück, daß mehr als die Hälfte aller strafrichterlichen Verurteilungen fahrlässiges Verhalten betreffen. Von seiten der Polizei wird gar vorgetragen, daß »nur 1 Promille aller Verkehrsverstöße ... auf vorsätzlichem Schädigungsverhalten« beruhe, und daß »alles andere ... in den großen Bereich des menschlichen Fehlverhaltens« gehöre *(Herold* 1974b, 71). Die ständigen »Konfrontationen mit dem achtbaren Bürger am Volant des Kraftfahrzeuges« *(Herold* 1974b, 71), gefördert durch das Ordnungswidrigkeitengesetz, seien auch der sozialen Einschätzung der Polizei abträglich. – Hieraus mag zugleich die partielle Diskrepanz erkennbar werden, die zwischen allgemeinen gesellschaftlichen Erwartungen wie Leistung und Konkurrenz einerseits und dem (strafrechtlich) erwarteten Verkehrsverhalten andererseits besteht.

2. Befunde aus polizeilichen Sonderkontrollen lassen darauf schließen, daß nicht mehr als 5 % der Kraftfahrzeugführer unter Alkoholbeeinflussung am fließenden Verkehr teilnehmen, und daß bei etwa 0,5 % eine strafbare Trunkenheit am Steuer vorliegt (vgl. hierzu und zum folgenden *Kaiser* 1976, 329). – Allerdings beziehen sich diese Befunde auf Kontrollen auf Bundes- und Bundesfernstraßen, weniger hingegen auf solche auf Landes- und Kreisstraßen oder innerhalb bewohnter Gebiete.

§ 47 Einzelne Tatgruppierungen

Tabelle 25: *Straßenverkehrsunfälle und dabei Verunglückte sowie Kraftfahrzeugbestand (Quelle: WiSta 1978, 183)*

Jahr	Straßenverkehrsunfälle			Verunglückte			Kraftfahrzeugbestand
	insgesamt	davon mit Personenschaden	nur Sachschaden	insgesamt	Getötete	Verletzte	
	Anzahl						1 000
1953	473 000	251 618	221 000	326 606	11 449	315 157	4 343
1954	524 000	267 925	256 000	347 032	12 071	334 961	5 288
1955	603 000	296 071	307 000	383 951	12 791	371 160	6 301
1956	664 000	307 012	357 000	396 572	13 427	383 145	7 277
1957	679 000	299 866	379 000	389 145	13 004	376 141	8 043
1958	752 000	296 697	455 000	384 693	12 169	372 524	8 688
1959	844 000	327 595	516 000	433 649	13 822	419 827	8 318
1960	990 000	349 315	641 000	469 366	14 406	454 960	10 217
1961	1 030 000	339 547	690 000	462 470	14 543	447 927	10 940
1962	1 079 000	321 257	758 000	442 933	14 445	428 488	11 506
1963	1 115 000	314 642	800 000	438 811	14 513	424 298	12 215
1964	1 089 000	328 668	760 000	462 666	16 494	446 172	12 850
1965	1 099 000	316 361	783 000	449 243	15 753	433 490	13 575
1966	1 167 000	332 622	834 000	473 700	16 868	456 832	14 445
1967	1 144 000	335 552	808 000	479 132	17 084	462 048	15 000
1968	1 181 000	339 704	841 000	485 354	16 636	468 718	15 500
1969	1 214 000	338 921	875 000	489 033	16 646	472 387	16 500
1970	1 393 000	377 610	1 015 000	550 988	19 193	531 795	18 000
1971	1 339 000	369 177	969 000	536 812	18 753	518 059	19 300
1972	1 381 000	378 775	1 002 000	547 338	18 811	528 527	20 500
1973	1 324 000	353 725	970 000	504 548	16 302	488 246	21 700
1974	1 229 000	331 000	898 000	461 756	14 614	447 142	22 173
1975	1 265 000	337 732	927 000	472 667	14 870	457 797	22 935
1976	1 417 000	359 694	1 058 000	495 401	14 820	480 581	24 169
1977[1]	1 522 000	378 929	1 143 000	523 035	14 941	508 094	25 530
	Zu- (+) bzw. Abnahme (−) gegenüber dem Vorjahr in %						
1954	+10,8	+ 6,5	+15,8	+ 6,3	+ 5,4	+ 6,3	+21,8
1955	+15,1	+10,5	+19,9	+10,6	+ 6,0	+10,8	+19,2
1956	+10,1	+ 3,7	+16,3	+ 3,3	+ 5,0	+ 3,2	+15,5
1957	+ 2,3	− 2,3	+ 6,2	− 1,9	− 3,2	− 1,8	+10,5
1958	+10,8	− 1,1	+20,1	− 1,1	− 6,4	− 1,0	+ 8,0
1959	+12,2	+10,4	+13,4	+12,7	+13,6	+12,7	+ 7,3
1960	+17,3	+ 6,6	+24,2	+ 8,2	+ 4,2	+ 8,4	+ 9,6
1961	+ 4,0	− 2,8	+ 7,6	− 1,5	+ 1,0	− 1,5	+ 7,1
1962	+ 4,8	− 5,4	+ 9,9	− 4,2	− 0,7	− 4,3	+ 5,2
1963	+ 3,3	− 2,1	+ 5,5	− 0,9	+ 0,5	− 1,0	+ 6,2
1964	− 2,3	+ 4,5	− 5,0	+ 5,4	+13,6	+ 5,2	+ 5,2
1965	+ 0,9	− 3,7	+ 3,0	− 2,9	− 4,5	− 2,8	+ 5,6

Einzelne Tatgruppierungen § 47

(Fortsetzung Tabelle 25

Jahr	Straßenverkehrsunfälle			Verunglückte			Kraft-fahr-zeug-bestand
	ins-gesamt	davon mit Per-sonen-schaden	nur Sach-schaden	ins-gesamt	Ge-tötete	Ver-letzte	
			Anzahl				1 000
1966	+ 6,2	+ 5,1	+ 6,5	+ 5,4	+ 7,1	+ 5,4	+ 6,4
1967	− 2,0	+ 0,9	− 3,1	+ 1,1	+ 1,3	+ 1,1	+ 3,8
1968	+ 3,2	+ 1,2	+ 4,1	+ 1,3	− 2,6	+ 1,4	+ 3,3
1969	+ 2,8	− 0,2	+ 4,0	+ 0,8	+ 0,1	+ 0,8	+ 6,5
1970	+14,7	+11,4	+16,0	+12,7	+15,3	+12,6	+ 9,1
1971	− 3,9	− 2,2	− 4,5	− 2,6	− 2,3	− 2,6	+ 7,2
1972	+ 3,1	+ 2,6	+ 3,4	+ 2,0	+ 0,3	+ 2,0	+ 6,2
1973	− 4,1	− 6,6	− 3,2	− 7,8	−13,3	− 7,6	+ 5,9
1974	− 7,2	− 6,4	− 7,4	− 8,5	−10,4	− 8,4	+ 2,2
1975	+ 2,9	+ 2,1	+ 3,2	+ 2,4	+ 1,8	+ 2,4	+ 3,4
1976	+12,0	+ 6,5	+14,1	+ 4,8	− 0,3	+ 5,0	+ 5,4
1977[1]	+ 7,4	+ 5,3	+ 8,0	+ 5,6	+ 0,8	+ 5,7	+ 5,6

[1] Vorläufiges Ergebnis.

Tabelle 26: *Relative Unfallhäufigkeit und Verunglücktenziffern (in Anlehnung an WiSta 1972, 194; 1975, 209; 1978, 185)*

Jahr	Verunglückte						Relative Unfallhäufigkeit (Unfälle mit Personen-schaden je 1 000 Kfz)
	je 1 000 Unfälle mit Personenschaden			je 100 000 Einwohner			
	insgesamt	Getötete	Verletzte	insgesamt	Getötete	Verletzte	
1963	1 395	46,1	1 349	762	25,2	737	25,8
1964	1 408	50,2	1 358	795	28,3	766	25,6
1965	1 420	49,8	1 370	761	26,7	735	23,3
1966	1 424	50,7	1 373	794	28,3	766	23,0
1967	1 428	50,9	1 377	800	28,5	772	22,4
1968	1 429	49,0	1 380	806	27,6	779	21,9
1969	1 443	49,1	1 394	804	27,4	776	20,5
1970	1 459	50,8	1 408	908	31,6	877	21,0
1971	1 454	50,7	1 403	876	30,6	845	19,1
1972	1 445	49,7	1 395	887	30,5	857	18,5
1973	1 426	46,1	1 380	814	26,3	788	16,3
1974	1 395	44,1	1 350	743	23,5	720	14,9
1975	1 400	43,9	1 356	764	24,0	740	14,7
1976	1 377	41,2	1 336	805	24,1	781	14,9
1977	1 380	39,4	1 341	852	24,3	828	14,8

3. Die Angaben der StrVunf geben keine Straftaten, sondern Unfälle wieder; gleichwohl haben sie eine Indizfunktion für Straßenverkehrsdelikte. Die Daten scheinen von derjenigen Verfolgungsstrategie geprägt zu sein, solche Unfälle, die nach dem eingetretenen Schaden als vergleichsweise schwer beurteilt werden, und das heißt namentlich solche mit Personenschaden, weniger selektiv zu registrieren als zum Beispiel solche mit vergleichsweise geringfügigem Sachschaden. Von der Gesamtzahl der registrierten Unfälle her betrachtet sind diejenigen mit nur Sachschaden dominierend.

Den Verlauf der absoluten Zahlen der Straßenverkehrsunfälle sowie der jährlichen Zuwachs- und Abnahmequoten jeweils gegenüber dem Vorjahr und der dabei Verunglückten sowie des Kraftfahrzeugbestandes in den Jahren 1954 bis 1977 gibt Tab. 25 wieder (vgl. auch Tab. 26 sowie Schaubild 5a).

Zur Interpretation des in den Jahren 1973 und 1974 für alle Kategorien einheitlich, am deutlichsten jedoch für Verunglückte und dabei insbesondere für Getötete verzeichnete erhebliche Sinken kommt der Verminderung der Verkehrsdichte in Zusammenhang mit der Ölkrise wesentliche Bedeutung zu; daneben werden auch gesetzliche Änderungen betreffend zulässige Höchstgeschwindigkeiten (außerhalb geschlossener Orte) sich ausgewirkt haben (vgl. hierzu WiSta 1975, 207 f.).

a) Soweit die absolute Zahl des Kraftfahrzeugbestandes vom Jahre 1954 an und auch über die Jahre 1972 und 1974 hinweg kontinuierlich angestiegen ist, läßt dies eine jährlich zugleich angestiegene Verkehrsdichte vermuten, wozu allerdings auch eine (geschätzte) Zahl gefahrener Kilometer einzubeziehen wäre. Es veranlaßt die Frage, wie sich das Verhältnis dieser Entwicklung zu derjenigen der Unfälle mit Personenschaden gestaltet. Die so umschriebene relative Unfallhäufigkeit (Unfallindex) ist seit dem Jahre 1955 kontinuierlich gesunken. Diese Entwicklung war in der Bundesrepublik Deutschland im Jahre 1970, für das eine gewisse einheitliche Kulmination von Unfall- und Verunglücktenbelastung berechnet wurde (s. o. Tab. 25), unterbrochen worden. Vom Jahre 1971 an sank sie jedoch wieder, so daß die Kontinuität insoweit gewahrt ist, wenngleich die Ziffern für die Jahre 1976 und 1977 über derjenigen für das Jahr 1975 liegen (WiSta 1978, 185).

b) α) Was das Verhältnis zwischen den Zahlen der Verunglückten je Unfall anbetrifft, das heißt die *Schwere von Unfällen mit Personenschaden*, so besteht eine parallele Bewegung zwischen Verunglückten insgesamt und Verletzten, die durch den dominierenden Anteil letzterer gegenüber den Getöteten bedingt ist.

β) Was die Gesamtbelastung der Bevölkerung (je 100.000 Einwohner) mit Verunglückten angeht (s. Tab. 26), so zeigt sich wiederum ein paralleler Verlauf zwischen Verunglückten insgesamt und Verletzten, der auf den dominierenden Zahlen Verletzter gegenüber Getöteten beruht.

c) Eine Interpretation der Zahlen für »Unfallursachen«, die auf Eintragungen der Polizei zurückgehen, ist schon wegen der Eintragung sämtlicher Ursachen, für deren Annahme Anhaltspunkte bestehen, nur eingeschränkt möglich. Auch sind die hierbei erfaßten Faktoren

Einzelne Tatgruppierungen § 47

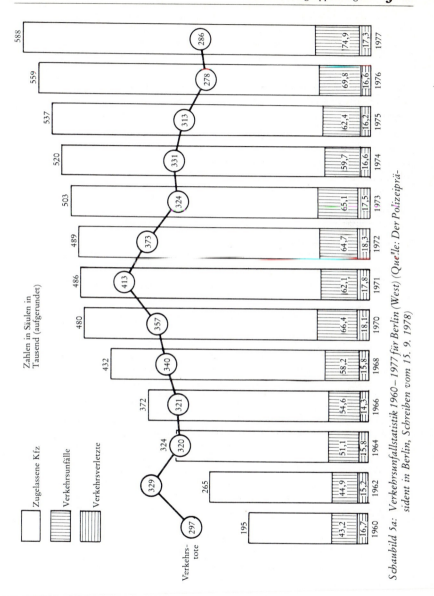

Schaubild 5a: Verkehrsunfallstatistik 1960–1977 für Berlin (West) (Quelle: Der Polizeipräsident in Berlin, Schreiben vom 15. 9. 1978)

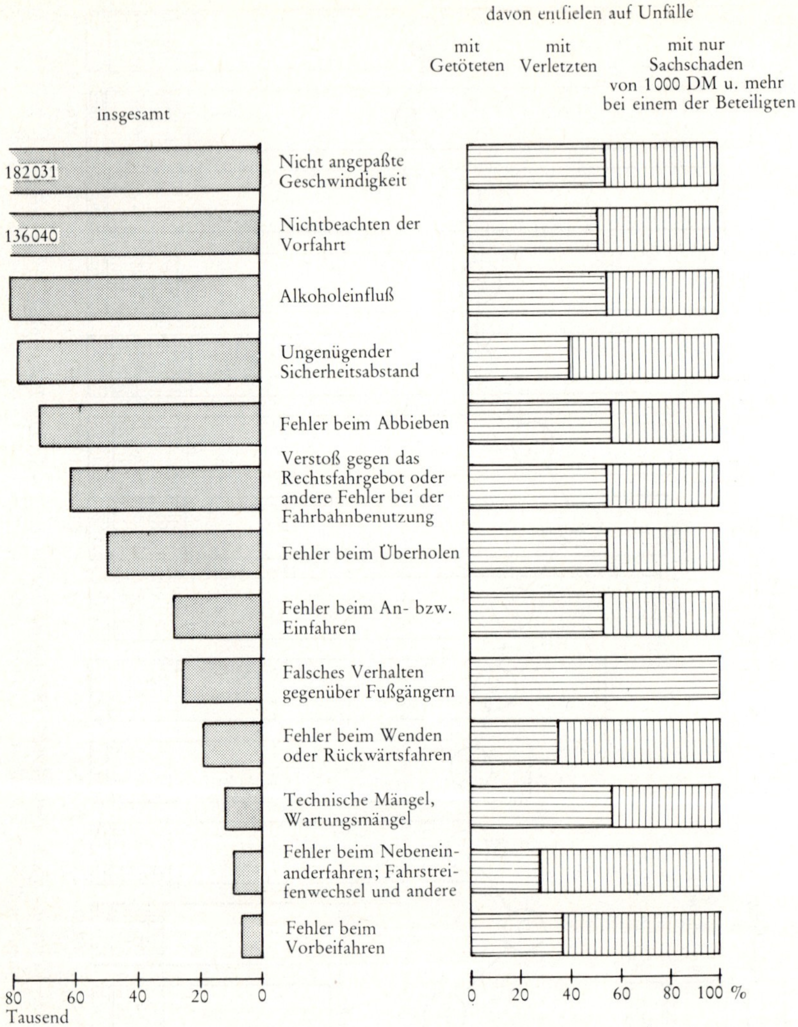

§ 47 *Einzelne Tatgruppierungen*

davon entfielen auf Unfälle

| insgesamt | | mit Getöteten | mit Verletzten | mit nur Sachschaden von 1000 DM u. mehr bei einem der Beteiligten |

182 031	Nicht angepaßte Geschwindigkeit	
136 040	Nichtbeachten der Vorfahrt	
	Alkoholeinfluß	
	Ungenügender Sicherheitsabstand	
	Fehler beim Abbieben	
	Verstoß gegen das Rechtsfahrgebot oder andere Fehler bei der Fahrbahnbenutzung	
	Fehler beim Überholen	
	Fehler beim An- bzw. Einfahren	
	Falsches Verhalten gegenüber Fußgängern	
	Fehler beim Wenden oder Rückwärtsfahren	
	Technische Mängel, Wartungsmängel	
	Fehler beim Nebeneinanderfahren; Fahrstreifenwechsel und andere	
	Fehler beim Vorbeifahren	

80 60 40 20 0   0 20 40 60 80 100 %
Tausend

Schaubild 6: Fahrzeugführern zugerechnete Ursachen bei Straßenverkehrsunfällen 1976 (Quelle: StrVunf 1976 13)

allein kaum geeignet, Zusammenhänge der steigenden, sinkenden oder stagnierenden Entwicklung von Straßenverkehrsunfällen zu untersuchen.

α) Betreffend Unfälle mit Personenschaden wurden im Jahre 1976 je Unfall im Durchschnitt 1,6 »Ursachen« registriert (vgl. hierzu und zum folgenden StrVunf 1976, 10). In 80 % der Unfälle wurden als »Unfallursachen« falsches Verhalten der Fahrzeugführer und in 10 % ein solches von Fußgängern registriert. Der erstere Anteil setzt sich unter anderem aus den »Unfallursachen« nichtangepaßte Geschwindigkeit zu 18 %, Nichtbeachten der Vorfahrt zu 12 %, falsches Abbiegen, Wenden, Rückwärtsfahren, Ein- und Anfahren zu 10 % und mangelnde Verkehrstüchtigkeit der Fahrzeugführer zu 8,8 % zusammen; der zuletzt genannte Anteil bestand zu 8,0 % aus der »Unfallursache« Alkoholeinfluß.

β) Ergänzend sei erwähnt, daß innerhalb der in Betracht kommenden »Ursachen«-Kategorien die registrierten Anteile der »Ursachen« aus der Kategorie »mangelnde Verkehrstüchtigkeit der Fahrzeugführer« bei Unfällen mit Getöteten relativ deutlich höher sind als bei Unfällen mit Personenschaden insgesamt sowie bei solchen (nur) mit Sachschaden. Ähnliches gilt aus der Kategorie »Fehler von Fahrzeugführern beim Fahren und Parken« sowie für die »Ursache« »nichtangepaßte Geschwindigkeit«. Hierzu geben die Zahlen der Jahre 1969 bis 1976 einen gewissen Aufschluß (vgl. Tab. 27); sie lassen zugleich betreffend die Entwicklung der relativen Zahlen der von der Polizei ermittelten »Ursache« »Alkoholeinfluß« erkennen, daß hier keineswegs eine einheitlich ansteigende Tendenz zu verzeichnen ist.

4. Ausweislich der Angaben des VZR ergibt sich betreffend die Beziehung der Sanktionshäufigkeit zum Kraftfahrzeugbestand (Sanktionsindex) eine Schwierigkeit einheitlicher Berechnung deshalb, weil die veröffentlichten Zahlen im Verlauf der zurückliegenden Jahre unterschiedlich differenziert wurden und sich nicht immer erkennen läßt, zu welchem Anteil es sich um die Eintragung von Sanktionen oder aber von anderen Entscheidungen der zuständigen Behörden handelt.

Eine Aufstellung des Sanktionsindex aufgrund der im VZR eingetragenen *Bußgeldentscheidungen insgesamt* – bezogen auf den Kraftfahrzeugbestand nach den (zur Berechnung nur bedingt geeigneten) Zahlen der StrVunf (vgl. jeweils Tabellenteil 3.2.) – zeigt für den Zeitraum seit 1970 eher einen geringfügigen Anstieg denn ein Sinken. Hieraus läßt sich zunächst nur schließen, daß die auf den Straßenverkehr bezogene Kontrollintensität, verglichen mit dem angestiegenen Kraftfahrzeugbestand, nicht abgenommen hat. In den Jahren 1969 bis 1976 lauteten die Zahlen dieses Sanktionsindex 21,68, 16,03, 16,13, 15,55, 16,66, 15,12, 15,67, 15,70 (s. aber auch u. 5. b)).

5. Innerhalb der Gesamtzahl strafrechtlicher *Verurteilungen* standen diejenigen wegen Straßenverkehrsdelikten bis zum Jahre 1966 hinter denjenigen wegen Allgemeiner Kriminalität zurück. Nach einem diesbezüglichen Ein- und Überho-

§ 47 *Einzelne Tatgruppierungen*

Tabelle 27: Prozentanteile einzelner »Unfallursachen« der Fahrzeugführer bei Straßenverkehrsunfällen in den Jahren 1969 – 1974 (Quelle: StVunf 1969 bis 1976, jeweils S. 11 f.)

»Unfallursache«	Jahr	Straßenverkehrsunfälle		
		mit Personenschaden	mit Getöteten	mit nur Sachschaden (von 1 000,– DM und mehr bei einem Beteiligten)
Mangelnde Verkehrstüchtigkeit der Fahrzeugführer	1969	9,5	13,5	10,5
	1970	9,6	12,8	10,6
	1971	10,0	12,8	11,0
	1972	10,3	13,9	10,7
	1973	9,4	12,7	9,6
	1974	10,1	13,5	10,5
	1975	9,4	12,2	9,4
	1976	8,8	12,1	7,8
Alkoholeinfluß	1969	8,5	11,6	9,7
	1970	8,6	11,3	9,9
	1971	9,0	11,2	10,3
	1972	9,3	12,1	10,0
	1973	8,5	11,0	9,0
	1974	9,1	11,9	9,8
	1975	8,5	10,5	8,7
	1976	8,0	10,4	7,3
Übermüdung	1969	0,8	1,4	0,7
	1970	0,7	0,9	0,6
	1971	0,7	1,0	0,6
	1972	0,7	1,1	0,5
	1973	0,6	1,2	0,5
	1974	0,6	1,1	0,5
	1975	0,6	1,0	0,4
	1976	0,5	0,9	0,4
Sonstige körperliche oder geistige Mängel	1969	0,3	0,6	0,1
	1970	0,2	0,5	0,1
	1971	0,3	0,6	0,1
	1972	0,3	0,6	0,1
	1973	0,3	0,6	0,1
	1974	0,3	0,7	0,2
	1975	0,3	0,7	0,1
	1976	0,3	0,7	0,1

Einzelne Tatgruppierungen § 47

(Fortsetzung Tabelle 27)

»Unfallursache«	Jahr	Straßenverkehrsunfälle		
		mit Personen-schaden	mit Getöteten	mit nur Sachschaden (von 1 000,– DM und mehr bei einem Beteiligten)
Nicht angepaßte Geschwindigkeit	1969	18,3	22,5	19,1
	1970	18,6	22,7	18,7
	1971	18,6	23,7	18,2
	1972	18,7	24,9	18,1
	1973	17,9	23,4	17,6
	1974	16,7	22,6	16,7
	1975	17,0	22,9	16,7
	1976	17,6	22,9	17,4

Tabelle 28: Verurteiltenziffer bei Verbrechen und Vergehen (Quelle: StatJb)

Jahr	Verurteilte		
	insgesamt	Allgemeine Kriminalität	Straßenverkehrsdelikte*
	je 100 000 Einwohner		in Prozent d. Verurt. insgesamt
1963	1 249	682	567	45,4
1964	1 282	685	569	46,5
1965	1 234	630	604	49,0
1966	1 303	634	669	51,3
1967	1 348	657	691	51,3
1968	1 392	698	695	49,9
1969	1 310	705	605	46,2
1970	1 346	701,5	644,5	47,9
1971	1 401	753,1	647,9	46,2
1972	1 431	747,3	683,7	47,8
1973	1 434,3	745,5	688,8	48,0
1974	1 418,7	774,7	644,0	45,4
1975	1 343,1	742,3	600,8	44,7
1976	1 411,1	784,5	626,7	44,4

* §§ 142, 315b, 315c, 316; §§ 220, 230 und 330a StGB in Verbindung mit einem Verkehrsunfall, sowie nach dem StVG. Bis zum Jahre 1964: §§ 142, 315a, 316 Abs. 2 StGB usw.

len in den Jahren 1966 und 1967 zeigte sich bereits 1968, wenngleich nur geringfügig, wieder das ursprüngliche Verhältnis, das sich anschließend, nach vollzogener gesetzlicher Änderung durch Inkrafttreten des neuen Ordnungswidrigkeitenrechts am 1.1.1969, verfestigte. Inzwischen liegt der Anteil der Verurteilungen wegen Straßenverkehrsdelikten an allen jährlichen strafgerichtlichen Verurteilungen unter der Zahl des Jahres 1963 (s. Tab. 28).

a) α) Innerhalb der strafgerichtlichen Verurteilungen wegen Straßenverkehrsdelikten entfällt seit 1970 der größte Anteil auf Gefährdung des Straßenverkehrs (§§ 315b und c, 316 StGB). Die diesbezügliche Verurteiltenziffer betrug in den Jahren 1973 bis 1976 insgesamt 280,5, 274,8, 271,5 und 285,0; soweit die Taten in Trunkenheit begangen wurden, betrug sie 272,2, 266,8, 264,5 und 277,9.

Der nächsthohe Anteil betrifft fahrlässige Körperverletzung in Verbindung mit einem Verkehrsunfall (§ 230 StGB). Lagen die Verurteiltenziffern bis zum Jahre 1969 noch über denjenigen für die vorgenannte Deliktsgruppe und im Jahre 1973 immerhin noch bei 213,6, so sind sie in den Jahren 1974 bis 1976 auf 186,9, 159,2 und 158,1 gesunken, wobei die in Trunkenheit begangenen Taten Anteile von 24,8, 24,1 und (erneut) 24,1 ausmachten.

Auch der Anteil der Vergehen gegen das StVG ist seit dem Jahre 1969 erheblich zurückgegangen, was vorzugsweise in unmittelbarem und mittelbarem Zusammenhang mit der Neuregelung des Ordnungswidrigkeitenrechts steht. Allerdings ist diese Tatgruppe auch weiterhin stärker vertreten als Verkehrsunfallflucht (§ 142 StGB) ohne Personenschaden, die die viertgrößte Häufigkeit zeigt.

β) Gesondert betrachtet ist der Anteil der Verurteilungen wegen Straßenverkehrsdelikten in Trunkenheit von 32,9 % im Jahre 1967 über 48,9 % im Jahre 1974 auf 52,0 % im Jahre 1976 angestiegen. Diese Entwicklung beruht vermutlich nicht nur oder nicht so sehr auf einer höheren Begehungsrate, sondern zu wesentlichem Anteil auf erhöhter und veränderter Kontroll- und Verfolgungsstrategie, und zwar nicht zuletzt bezüglich der erstgenannten Deliktsgruppe der Gefährdung des Straßenverkehrs.

Was im einzelnen den Anteil der in Trunkenheit begangenen Delikte an der fahrlässigen Körperverletzung im Straßenverkehr anbetrifft, so hat er sich von 11,2 % im Jahre 1967 auf 15,2 % im Jahre 1976 erhöht.

b) Der nach den strafrechtlichen Verurteilungen wegen Straftaten im Straßenverkehr – und unter Zugrundelegung des Kraftfahrzeugbestandes nach den (zur Berechnung nur bedingt geeigneten) Zahlen der StVunf (vgl. jeweils Tabellenteil 3.2.) – errechnete Sanktionsindex ergibt ein kontinuierliches Sinken der *relativen Häufigkeit strafgerichtlicher* Verurteilungen wegen Straßenverkehrsdelikten. Die Zahlen lauteten in den Jahren 1968 bis 1976: 47,6, 57,7, 58,4, 59,9, 62,1, 64,6, 69,8, 77,1, 77,8 (s. aber auch o. 4).

III. Wirtschaftskriminalität

1. a) Definitionen des Begriffs Wirtschaftskriminalität sind, soweit sie strafrechtsdogmatisch orientiert sind, tatobjekt- beziehungsweise rechtsgutbezogen und zu einer eindeutigen Abgrenzung gegenüber Allgemeiner Kriminalität kaum geeignet; zudem beruhen sie, was den Schaden angeht, wesentlich auf Bewertungen (vgl. *Berckhauer* 1975, 817 f.; *Tiedemann* 1976a, 236 f.). Seitens der Strafrechtspraxis scheint dem Bemühen um Definition von Wirtschaftskriminalität eher eine kriminaltaktische und an der Ermittlungs- und Verfolgungsstrategie orientierte Bedeutung beigemessen zu werden (vgl. *Tiedemann* 1976b, 49).

b) α) Wirtschaftskriminalität ist in der Regel durch *Anonymität* oder zumindest *personale Distanz zwischen Täter und Opfer* gekennzeichnet. Dominierend sind solche Delikte, die von einer juristischen Person, einer anonymen Gruppe oder einer bürokratischen Organisation, und zwar überwiegend gegenüber einem entsprechenden Opfer, begangen werden; ähnlich verhält es sich zum Beispiel bei Subventionserschleichung oder Steuerdelikten, wenn der Staat oder die öffentliche Verwaltung das Opfer ist.

Zweifelhaft ist, ob das Kriterium eines Vertrauensmißbrauchs, wie vielfach angenommen wird (vgl. *Zirpins/Terstegen* 1963, 34; *Geerds* 1968, 358; einschränkend *Mannheim* 1974, 571), zur Charakterisierung von Wirtschaftskriminalität geeignet ist. Abgesehen davon, daß dieses Merkmal wenig bestimmt ist und eine unverhältnismäßig weite Ausdehnung erlaubt, scheinen in vielen Kategorien wirtschaftlicher Beziehungen die Geschäftspartner von vornherein und anhaltend Mißtrauen gegeneinander zu hegen (*Berckhauer* 1975, 817).

β) Der wohl überwiegende Teil von Wirtschaftskriminalität ist zugleich Berufskriminalität, ohne daß sich letztere in ersterer erschöpft. Unter Berufskriminalität wird die Gesamtheit solcher Straftaten verstanden, die im Rahmen der beruflichen Tätigkeit und Rolle, das heißt in Ausübung des Berufs oder aus einer beruflichen Stellung heraus, begangen werden (vgl. *Geis/Meier* 1977; *Middendorff* 1959, 51 f.; *Brauneck* 1970, 69; *Clarke* 1978). Die Tathandlungen werden unter Verletzung allgemeiner Erwartungen vorgenommen, die an die jeweilige Berufsausübung geknüpft werden (s. auch o. § 27 IV. 1. a); vgl. auch *Quinney* 1977, 286).

Hingegen kommt es für den Begriff Berufskriminalität nicht darauf an, ob der Täter seinen Lebensunterhalt regelmäßig und jedenfalls überwiegend durch die Begehung von Straftaten bestreitet (vgl. hierzu die *täter-*, nicht aber *tatorientierten* Begriffe wie »Berufsverbrecher« oder »berufsmäßige Verbrechensbegehung«).

c) Im Unterschied zu einer umfangreichen Palette von Meinungen über Erscheinungsformen, Struktur und Bedeutung von Wirtschaftskriminalität liegen systematisch erhobene empirische Befunde in der Bundesrepublik Deutschland bisher kaum vor; hingegen besteht eine Vielzahl wirtschaftskriminalistischer Darstellungen. Die kriminologische Forschung über Wirtschaftskriminalität ist erheblichen Schwierigkeiten und Hindernissen bei der Beschaffung und Erschließung von Informations- oder Datenquellen ausgesetzt. Dies beruht (auch hier) darauf, daß gesetzlicher Geheimnisschutz dem Außenstehenden einen Einblick in wesentliche Bereiche wirtschaftlicher Vorgänge verwehrt. Daher sind Untersuchungen in diesem Bereich von Verbrechen, mehr als in anderen, auf Informationen solcher Personen angewiesen, die in den jeweiligen Wirtschaftszweigen tätig sind.

2. Wenngleich sich Formen der Wirtschaftskriminalität in jeder Gesellschaft finden, und zwar unabhängig von der Eigenschaft als Agrarstaat oder als moderner Industriestaat sowie von dem Prinzip der Wettbewerbs– oder aber demjenigen der Planwirtschaft, so sind die allgemeinen Einflüsse des Entwicklungsstadiums und der Gesellschafts- und Sozialstruktur auf Unterschiede des Verbrechens nach Durchführungsmodus und Ausmaß im Bereich der Wirtschaftskriminalität in besonderer Prägnanz zu verzeichnen (vgl. auch *Aubert* 1967; wegen geschichtlicher Überlieferungen über einschlägige Deliktstypen s. *Geerds* 1968, 234 f.). Dabei ist jeweils zu berücksichtigen, ob und gegebenenfalls inwieweit ein Wandel der wirtschaftlichen und sozialen Umstände zugleich die Verletzbarkeit und Sensibilität gegenüber Wirtschaftskriminalität gesteigert haben könnte.

a) α) Es hat den Anschein, als ob Wirtschaftskriminalität in Zusammenhang mit der *Entwicklung* moderner Technologie unter Verbesserung solcher *technischer Mittel*, die wirtschaftskriminelle Manipulationen erleichtern, ständig zunehme. Dies betrifft auch Bereiche von vergleichsweise geringfügigem Ausmaß des Schadens, wie sie selbst in kleineren Handwerksbetrieben oder Geschäften des Einzelhandels üblich sind.

So wurde es vielfach nahezu zur Regel, durch Manipulationen betreffend die Berechnung von Arbeitszeit oder -material einen zusätzlichen Gewinn zu erzielen (»Profitkriminalität«). Dabei ist die Straftat, etwa als Betrug zu verstehen, wegen der Voraussetzung auch der subjektiven Schädigungsabsicht oftmals nicht nachweisbar. Dies gilt um so mehr, als das Opfer solche Manipulationen überwiegend für erwartungsgemäß hält und nicht als Straftat empfindet. Erwähnt seien als Beispiele etwa die Durchführung von nicht notwendig gewesenen Arbeiten, das (noch) entbehrliche Einsetzen von Ersatzstücken oder der Verkauf von »Ladenhütern« als neue Ware.

β) Betreffend finanz- und steuerpsychologische Zusammenhänge geht man davon aus, die *Steuermentalität* beruhe zum einen auf der allgemeinen Einstellung zu Staat und Behörden, zum anderen auf der konkreten Steuerbelastung, wobei zwischen objektiver (= Summe der Lasten) und subjektiver (= individuelles Belastungsempfinden) Belastung unterschieden wird *(Hansmeyer/Mackscheidt* 1977). Der Steuerwiderstand habe äußerst unterschiedliche Intensitätsausprägungen, wobei das Spektrum von bloßer Unlust bis zu massiver Ablehnung reiche, zumal die Nichterfüllung der Steuerpflicht moralisch weitgehend indifferent sei. Sofern eine kompromißlose Ablehnung besteht, könne selbst eine extrem ausgebaute steuerstrafrechtliche Kontrolle nur eine vergleichsweise geringe Normeinhaltung erreichen. Inwieweit sich daraus folgern läßt, eine vergleichsweise geringe Kontroll- und Eingriffsintensität des Staates sei generell geeignet, die Steuermentalität zu verbessern, ist fraglich. Es handelt sich hierbei um einen speziellen Anwendungsfall der allgemeinen Frage, inwieweit auf eine Sanktionsandrohung, -verhängung und -vollstreckung verzichtet werden kann, wozu sich auch in diesem Deliktsbereich tatgruppen- und tätergruppenstrukturelle Unterschiede schon deshalb ergeben werden, weil erhebliche Verschiedenheiten hinsichtlich des Ausmaßes der sozialen Auswirkungen von formellen steuerstrafrechtlichen Sanktionen zu vermuten sind.

Nach einer entscheidungstheoretisch orientierten Annahme hingegen wird davon ausgegangen, die Täter handelten ausschließlich rational und nur zu dem Zweck, das Nettoeinkommen so groß wie möglich zu halten; aus diesem Grunde werde der Steuerwiderstand sinken, sofern eine Verschärfung des Strafmaßes und eine Erhöhung des Risikos, reaktiv erfaßt zu werden, geschaffen würden. – Hiervon zu unterscheiden ist die auf der Grundlage der *Lewin*schen Feldtheorie entwickelte Auffassung von *Graumann/Fröhlich* (1957, 426 – 428), wonach das Fehlen eines für die Steuerentrichtung valenten (Aufforderungs-)Faktors wesentlich sei.

γ) Eine *vergleichende Wirtschaftkriminologie* wird hinsichtlich einzubeziehender Deliktsgruppen zunächst danach zu unterscheiden haben, ob sie von der durch Wirtschaftsverfassung und -system bestimmten Wirtschaftsordnung abhängig sind oder nicht (vgl. hierzu und zum folgenden *Tiedemann* 1976a, 231). So sind Wettbewerbsdelikte wesensgemäß für eine Marktwirtschaft. Subventionsdelikte und die Erschleichung von Steuervorteilen hingegen setzen die Existenz staatlicher Eingriffe und Gewährungen voraus. Kreditbetrug sowie Kredit- und Mietwucher wie besonders auch Konkursdelikte sollen »charakteristisch für die in westlichen Wirtschaftssystemen schwankenden Konjunkturlagen« (*Tiedemann* 1976a, 231) sein. Von der jeweiligen Wirtschaftsordnung relativ unabhängig, allerdings von dem jeweiligen eher technischen Verfahren des Rechnungs- und Zahlungswesens abhängig, sind hingegen etwa der Computermißbrauch sowie der Scheck- und Kreditbetrug.

Trotz unterschiedlicher staatlicher Ausgestaltung der Wettbewerbsordnungen stellen jedoch auch Wettbewerbsdelikte einen Gegenstand Vergleichender Wirtschaftskriminologie dar, wobei in verschiedenen Staaten »vorgegebene Gemeinsamkeiten und bis zur Identität der betroffenen Branchen reichende Parallelen« (*Tiedemann* 1976a, 233) bestehen sollen. Hierzu werden Industriespionage, Wirtschaftskorruption, irreführende Werbung sowie, namentlich im Submissionswesen, kartellstrafrechtlich relevante Preisabsprachen (vgl. *Tiedemann* 1976a, 233 f. m.w.N.) zu zählen sein. – In der DDR werden Wirtschafts- beziehungsweise Funktionärskriminalität in erster Linie als Angriff gegen die Leitungstätigkeit des sozialistischen Staates verstanden, während in der Bundesrepublik Deutschland der Schutz natürlicher und juristischer Personen als Wirtschaftssubjekte vor unangemessener Machtunterwerfung durch andere Wirtschaftssubjekte im Vordergrund steht. In beiden Fällen aber entscheidet das Wirtschafts(straf-)recht über die Güterverteilung des erarbeiteten Sozialproduktes durch Eingrenzung von Machtsphären (*Berckhauer* 1975).

b) α) Die statistische Erfassung von formell sanktionierten Wirtschaftsstraftaten betrifft zu erheblichem Anteil Bußgeldentscheidungen.

Was im einzelnen die Verteilung der im GZR (nichtveröffentlichte Statistik; s. aber auch u. § 52 I. 1. c)) für das Jahr 1977 eingetragenen 26.624 Bußgeldentscheidungen gegen natürliche Personen angeht, so entfielen davon 25.147 auf das stehende Gewerbe, 546 auf das Reisegewerbe, 133 auf den Marktverkehr und 798 auf sonstige wirtschaftliche Unternehmen. An ge-

§ 47 *Einzelne Tatgruppierungen*

ahndeten Ordnungswidrigkeiten lagen solche aus dem Gewerbebereich der Gastwirtschaft mit 4.548 Bußgeldentscheidungen an der Spitze, gefolgt von dem Gewerbebereich Güterbeförderung mit 2.549, Hoch- und Tiefbau mit 2.027 und Nahrungsmitteleinzelhandel mit 1.649.

β) Nach den Daten der »Bundesweiten Erfassung. . .« (vgl. *Berckhauer* 1977, 1019 ff.; s. auch o. § 17 I. 2.a)) werden etwa drei viertel aller Fälle unter dem Mantel einer Einzelfirma (einschließlich stiller Gesellschaft) oder einer handelsrechtlichen Gesellschaft, hiervon besonders als GmbH, OHG und KG, begangen. Überrepräsentiert belastet, verglichen mit ihrem Anteil am Wirtschaftsgeschehen, sind vor allem das Bank- und Kreditwesen (um das Vierfache), das Bau- und Immobilienwesen (um das Dreifache) und das Transport- und Reisewesen.

γ) Der Anteil aller Aburteilungen wegen Wirtschaftsstraftaten an Aburteilungen insgesamt (also einschließlich Straßenverkehrskriminalität) beträgt nur zwischen etwa 3 % und 5 % (vgl. *Kaiser* 1976, 296; vgl. auch *Heinz* 1977, 200); bei Einbeziehung des Betruges wird ein Anteil an den Verurteilten von 7 % angenommen (vgl. *Berckhauer* 1975a, 138). – Eine Schwierigkeit für verläßliche Angaben ergibt sich daraus, daß die StrafSt nur bestimmte Wirtschaftsstraftaten registriert, während sie bei anderen Straftaten, wie zum Beispiel bei Betrug, keine Trennung nach Wirtschaftsstraftaten und Allgemeiner Kriminalität vornimmt.

Erwähnt sei, daß die absolute Zahl der Aburteilungen wegen Straftaten gegen die AO in den vergangenen Jahren angestiegen ist; in den Jahren 1974 und 1976 betrug sie insgesamt 15.681 und 17.515 (vgl. hierzu aber auch o. § 23 II. 2. a)).

3. a) Der Schaden von Wirtschaftskriminalität erschöpft sich keineswegs im Bereich des Vermögens, wenngleich sich einschlägige Untersuchungen meistens auf diesen Schadensbereich beschränken (s. u. b)).

Was Schäden an Leben und Gesundheit angeht, so sei zum Beispiel nur die Produktion gefährlich ausgestatteter Kraftfahrzeuge erwähnt, die solche Schäden bei Straßenverkehrsteilnehmern bedingt. Ferner seien Herstellung und Vertrieb solcher Arznei- und Nahrungsmittel genannt, die die Gesundheit und das Leben von Konsumenten oder von deren Nachkommen beeinträchtigen (können). Weiterhin sei die Gefährdung von Menschenleben durch Umweltverschmutzung angeführt. – So verwundert die Ansicht nicht, nach der durch Wirtschaftskriminalität mehr Menschen getötet und verletzt werden, als durch Mord und Totschlag im Sinne der Tatbestände Allgemeiner Kriminalität.

Nahezu regelmäßig wird angenommen, Wirtschaftskriminalität führe auch zu immateriellem Schaden. Allerdings ist weder eine – über allgemein anerkannte Phänomene von Nachahmungskriminalität hinausgehende und von dieser qualitativ zu unterscheidende – »Sog- und Spiralwirkung« (vgl. *Zirpins/Terstegen* 1963, 32, 98; *Tiedemann* 1972, C 21) noch eine Ausuferung von Mißtrauen, ein Herabsinken öffentlicher Moral oder gar eine soziale Desorganisation (vgl. hierzu o. § 7 II. 2., aber auch § 4 III. und § 9 II. 2.; s. auch *Schneider* 1972, 463) empirisch nachgewiesen. Dies läßt aber kaum auf eine Unrichtigkeit der genannten Annahmen schließen, zumal sich entsprechende Annahmen vermutlich in wesentlichen Teilen einer empirischen Überprüfung entziehen.

b) Für den Bereich des Vermögensschadens durch Wirtschaftskriminalität ist anhaltend umstritten, ob sich der Schaden verläßlich nachweisen oder schätzen oder aber nur höchst vage vermuten läßt. Dabei bereitet schon die abstrakte Bestimmung einzubeziehender Schäden Schwierigkeiten.

So ließen sich im Sinne einer erhöhten »Sozialisierung des Schadens« durch Wirtschaftskriminalität neben den unmittelbaren Schäden auch solche Schäden in Ansatz bringen, die sich daraus ergeben, daß geschädigte Betriebe geringere Steuern aufbringen, oder gar, im Falle der Auflösung, keine Steuern mehr zahlen. Ferner könnten solche Schäden einbezogen werden, die daraus folgen, daß Ware ins Ausland verbracht und also der Volkswirtschaft entzogen wird.

Nach Schätzungen soll der Vermögensschaden durch Wirtschaftskriminalität im Bundesgebiet jährlich bei zwischen 10 und 60 Milliarden DM liegen (vgl. *Zybon* 1972, 9).

Was das Ausmaß an Steuerhinterziehung angeht, so war bereits für das Jahr 1960 geschätzt worden (vgl. *Tiedemann* 1970, 38), daß die Steuern insgesamt um nahezu ein Drittel gesenkt werden könnten, falls alle Steuerpflichtigen ihre Steuern gesetzmäßig entrichten würden (vgl. auch die Schätzung von ggf. zu senkenden Steuern für die USA von etwa 40 % bei *Dästner* u.a. 1972, 50 Fußn. 36). – Andererseits wird vermutet, daß etwa 25 % der (west-)deutschen Wirtschaft ausgeschaltet würde, wenn der Staat zwecks Eintreibung fälliger Steuerschulden mehr Konkursanträge stellen würde.

α) Nach der »Bundesweiten Erfassung . . .« (*Berckhauer* 1977) betrug der Schaden durch Wirtschaftskriminalität, bezogen allein auf die erfaßten vergleichsweise schweren Wirtschaftsstraftaten (s. o. § 17, I. 2. a)), die etwa 15 % aller registrierten Wirtschaftsstraftaten ausmachten, etwa 4 Milliarden DM. Hiervon wurde die Hälfte der Fälle zur Anklage gebracht, wobei knapp zwei Drittel der Fälle einen Schaden bis zu 100.000 DM und das weitere Drittel einen Schaden über 100.000 DM betraf. Im Durchschnitt entfiel auf ein Verfahren ein Schaden von ca. 1,17 Millionen DM.

Die Auswertung von 206 Steuerstrafakten einer Staatsanwaltschaft Süddeutschlands aus den Jahren 1972 bis 1974 ergab eine durchschnittliche Hinterziehungssumme je Fall von 249.243 DM (*Mönch* 1979, 66).

β) Soweit man sich bei Berechnungen über den Schaden von Wirtschaftskriminalität auf den Ausschnitt an rechtskräftigen Verurteilungen stützt, so bleiben die Zahlen bei weitem unter der angenommenen faktischen Schadenshöhe. Dies mag teilweise damit zusammenhängen, daß sich Gerichte möglicherweise mit dem Nachweis eines Teilbetrages zufriedengeben, wenn aufgrund dessen verurteilt werden kann (*Tiedemann* 1975, hier zit. nach *Schaffmeister* 1976, 300). Aber auch eine Anlehnung an staatsanwaltschaftliche Ermittlungsverfahren bleibt von den angenommenen faktischen Schäden weit entfernt, weil im übrigen das Steuergeheimnis und andere Geheimhaltungsnormen entgegenstehen und ferner weil auch innerhalb der staatsanwaltschaftlichen Ermittlungsverfahren nur Teilbeträge ermittelt werden. – Gegen eine Hochrechnung aufgrund polizeistatistischer Daten ist eingewendet worden, daß zum Beispiel für den Bereich der Steuer- und Abgabedelikte keine Daten zur Einbeziehung vorliegen, und daß zudem die Schadenstabelle der PolSt die obere Kategorie (»Schäden über 100.000 DM«) offen läßt; auf diese aber komme es im Bereich der Wirtschaftskriminalität nach den Schätzungen besonders an.

γ) Aus der Steuerstrafsachenstatistik, der die im Bundesgebiet rechtskräftig abgeschlossenen Straf- und Bußgeldverfahren zugrundeliegen, wird für die Jahre 1972 und 1973 an hinterzogenen oder schuldhaft verkürzten Steuern über Summen von 134 Millionen DM und von 229 Millionen DM (= 117 bzw. 154 Millionen DM Besitz- und Verkehrssteuern und 17 bzw. 75 Millionen Zölle und Verbrauchssteuern berichtet; nach der Betriebsprüfungsstatistik hätten sich für die in den einzelnen Bundesländern rechtskräftig gewordenen Mehrergebnisse der steuerlichen Betriebsprüfung für die Jahre 1972 und 1973 insgesamt 2.485 Milliarden und 3.039 Milliarden DM ergeben (vgl. *Mönch* 1979, 64 f. m. N.).

§ 48 Einzelne Tätergruppierungen

I. Alter

Will man die Anteile einzelner Altersgruppen an der Gesamtheit registrierter Straftäter auf den verschiedenen Stufen des sozialen Reaktionsprozesses berechnen, so erlauben die statistisch ausgewiesenen Daten hierzu nur eine relativ grobe Orientierung (s. hierzu auch schon o. § 17 V.). Zum einen wird die Aufgliederung nach Altersgruppen in verschiedenen Statistiken unterschiedlich und teilweise unzureichend gehandhabt. So würde zum Beispiel eine pauschale Durchschnittsberechnung ohne Berücksichtigung der unterschiedlichen Jahrgangszahlen zwischen Jugendlichen, Heranwachsenden und Erwachsenen von vornherein zu verfehlten Ergenissen führen.

Nicht zuletzt führt die technische Aneinanderreihung von Verhältnisziffern gemäß den gesetzlichen Altersstufen zu Verzerrungen im Sinne der Prinzipien der deskriptiven Statistik, und zwar mit der Tendenz, die Kriminalitätsbelastung der altersmäßigen Majorität geringer und diejenige der Jugendlichen und Heranwachsenden höher erscheinen zu lassen, als es der tatsächlichen Belastung entspricht. Dem ließe sich nur durch die getrennte Berechnung der Belastung der einzelnen Jahrgänge abhelfen.

Innerhalb vielfältiger Einschränkungen lassen sich gewisse Regelmäßigkeiten im Verhältnis von altersmäßiger Lebensentwicklung und Ausmaß sowie Art der Kriminalität verfolgen, wozu etwa auch die bevorzugte Begehung bestimmter Straftaten (Prädilektionsdelikte) bei bestimmten Altersgruppen zählt (zur Problematik des Verhältnisses von Lebensalter und »Reifealter« nach Jugendstrafrecht s. o. § 25 II. 2., 3.).

So ließe sich bei biologischer Betrachtungsweise ein mit dem Reifegrad einhergehendes Nachlassen strafrechtlich relevanter Verhaltensweisen vermuten. Dem könnte aus eher sozialpsychologischer Sicht die Vorstellung nahestehen, mit zunehmendem Alter werde die

Konfliktlösungsstrategie Straffälligkeit durch diejenige von Apathie oder Rückzugsverhalten ersetzt(s. o. § 6. II. 4. a)). Zum anderen ließe sich annehmen, mit zunehmenden Alter werde ein sozial eher integrierter Status attraktiver, wobei das Interesse, einen solchen Status zu erreichen und zu erhalten, einen Konformitätsdruck ausübe (vgl. *Clinard/Quinney* 1973, 136; s. auch u. § 56 III. 2. b)).

1. a) Gegenüber der Einbeziehung von Kindern in die *kriminal*statistische Betrachtungsweise bestehen insofern Bedenken, als nach geltendem Recht – anders zum Beispiel in Großbritannien – Strafmündigkeit mit dem Alter von 14 Jahren eintritt (s. o. § 25 I. 1, 2.). Im übrigen haben entwicklungspsychologische, pädagogische und soziologische Erkenntnisse wahrscheinlich werden lassen, daß wesentliche Unterschiede zwischen der Delinquenz von Kindern gegenüber derjenigen von Erwachsenen bestehen. Entwicklungspsychologisch wird teilweise auch angenommen, vor dem 10. und 11. Lebensjahr ergebe sich keine Internalisierung moralischer Haltungen im Sinne einer Einsicht in das Einhalten bestimmter gesellschaftlicher Normen. Die überwiegende Zahl der Sachbeschädigungen durch Kinder zum Beispiel seien in den Kategorien Sport und Abenteuersuche anzusiedeln, die ein harmloses, normales kindliches Verhalten bezeichneten (vgl. hierzu *Pongratz* u.a. 1974, 10). Insgesamt betrachtet folge die Delinquenz von Kindern, etwa auch im Hinblick auf den außergewöhnlich hohen Anteil gemeinschaftlicher Tatbegehung (vgl. *Spittler* 1968, 27 ff.; *Traulsen* 1974b, 599) und teilweise auch hinsichtlich des Rückfallintervalls, anderen Verläufen als die Kriminalität Jugendlicher und insbesondere als diejenige Erwachsener.

b) Bezüglich der Größenordnung der Kriminalität von Kindern sind bei der Interpretation statistischer Daten – es besteht als Quelle im wesentlichen nur die PolSt – spezielle Möglichkeiten der Verzerrung gegeben. Dies gilt neben Fragen der unterschiedlichen informellen und formellen Verfolgungsintensität zum Beispiel auch im Hinblick auf die Tatsache der Mehrfachzählung (s. o. § 17 II. 3. a)), zumal die Diskrepanz namentlich bei Eigentumsdelikten am größten sein soll, Diebstahlsdelikte aber mehr als vier Fünftel der Kinderdelinquenz ausmachen.

α) Verschiedentlich wird vermutet, eine vergleichsweise umfangreiche Kriminalität (namentlich von Jungen) werde statistisch nur unzureichend erfaßt (vgl. *Brauneck* 1970, 21; *Traulsen* 1974, 24 m.N.; zu Norwegen s. *Sveri* 1960). – In einer Untersuchung über den Zeitraum von 1956 bis 1965 hinweg, die als Totalerhebung alle Polizeimeldungen über Kinder (bis zum 14. Lebensjahr) einer nordwestdeutschen Großstadt und ihres Umlandes einbezogen hat und von den Autoren als in etwa repräsentativ für die Kinderdelinquenz in der Bundesrepublik Deutschland eingestuft wird, ergaben sich 2.019 delinquente Handlungen, die von 1.291 Kindern begangen worden waren. Von den 1.063 erfaßten Personen (davon 88,3 % Jungen und 11,7 % Mädchen, die bis zum Abschluß der Untersuchung (im Jahre 1965) das 11. Lebensjahr vollendet hatten und auf die 1.688 delinquente Handlungen entfielen, waren 76 % bis zum 14. Lebensjahr mit nur einer Handlung polizeilich gemeldet, 13 % mit zwei und 11 % mit drei und mehr Handlungen. Das Alter bei der Ersttat betrug in Jahren unter 6 = 1 %, 7 = 4 %, 8 = 9 %, 9 = 12 %, 10 = 13 %, 11 = 16 %, 12 = 21 % und 13 = 23 % (*Pongratz* u. a. 1974, 13).

β) Der Anteil der Kinder unter den Tatverdächtigen beträgt seit Jahren gleichbleibend um 7,0 %. Deliktsstrukturell liegen die höchsten relativen Anteile im Vergleich zu anderen Altersgruppen bei Brandstiftung mit 28,5 %, Diebstahl insgesamt mit 23,7 % – darunter ohne erschwerende Umstände mit 14 % und unter erschwerenden Umständen mit 9,7 % –, Erpressung mit 14 %, Sachbeschädigung mit 13,6 % und Raub (einschließlich räuberische Erpressung und räuberischer Angriff auf Kraftfahrer) mit 7,7 % (PolSt 1976, 29). Die relativen Anteile einzelner Delikte innerhalb der polizeilich registrierten männlichen tatverdächtigen Kinder betrugen im Jahre 1976 für Diebstahl insgesamt 80,1 % – darunter ohne erschwerende Umstände 57,7 % und unter erschwerenden Umständen 22,4 % – , für Sachbeschädigung 12,1 % und für Brandstiftung 4,2 %; die relativen Anteile der weiblichen tatverdächtigen Kinder beliefen sich, in gleicher Folge, auf 83,3 % – 76,6 % und 6,7 % –, 5,8 % und 3,0 % (PolSt 1976, 31).

γ) Die Kriminalitätsbelastungsziffer der Kinder ist regional unterschiedlich hoch, wobei sich namentlich die auch bei anderen Altersgruppen geläufigen Diskrepanzen zwischen Stadt- und Flächenstaaten bestätigen (vgl. im einzelnen *Hellmer* 1972a, 582).

2. a) Der Kriminalität der Jugendlichen (und Heranwachsenden) wird üblicherweise ein besonderes Interesse entgegengebracht, dessen Ausmaß bisweilen über deren tatsächlicher Bedeutung liegt. Bei der Interpretation kriminalstatistischer Zahlen ist, neben Unterschieden in der informellen und formellen Verfolgungsstrategie, die Tatsache der Mehrfachzählung (s. o. § 17 II. 3. a), III. 2.) zu berücksichtigen, zumal die Diskrepanz zwischen Einzelpersonen und Tatverdächtigen namentlich bei Jugendlichen und zugleich bei Eigentumsdelikten am größten sein soll.

Ausweislich der PolSt ergab sich vom Jahre 1955 an zunächst ein deutlicher Anstieg, während die Entwicklung in den 70er Jahren weniger einheitlich verlief. Von den polizeilich ermittelten Tatverdächtigen entfielen im Jahre 1976 auf Jugendliche 14,1 % und auf Heranwachsende 26,6 %, während sie (am 31.12.1975, vgl. StatJb 1977, 60) nur 4,6 % und 4,2 % der Bevölkerung ausmachten.

Die Verurteiltenziffern der Jugendlichen sind vom Jahre 1955 an gleichfalls erheblich gestiegen, im Unterschied zu den Zahlen der PolSt seit 1958 jedoch schwankend gewesen und ab 1962 geringfügig gesunken; seit 1966 wurde wieder ein (einheitlicher) Anstieg verzeichnet, wobei die Verurteiltenziffern dieser Altersgruppe eine zuvor – und selbst während der Wirtschaftskrise zwischen 1928 und 1934 – nicht erreichte Höhe eingenommen haben; zugleich überstieg die Verurteiltenziffer für Heranwachsende erstmals (seit 1963) diejenige für die (21 – 25jährigen) Jungerwachsenen. In der Folgezeit ergaben sich Schwankungen, wobei die Verurteiltenziffern in den Jahren 1973 bis 1975 für Jugendliche 1.687,7, 1.677,3 und 1.582,4 – und für Heranwachsende 3.602,1, 3.426,1 und 3.292,6 – betrugen. Für das Jahr 1975 stellten die Altersgruppen der Jugendlichen insgesamt 8,8 % – und diejenige der Heranwachsenden 12,7 % – aller Aburteilungen, während am 31.12.1975 (vgl. StatJb 1977, 60) erstere nur 5,8 % und letztere nur 5,3 % – an der strafmündigen Bevölkerung ausmachten.

Einzelne Tätergruppierungen § 48

Die genannte Entwicklung registrierter Jugendkriminalität ist nicht auf die Bundesrepublik Deutschland beschränkt. Vielmehr werden entsprechende Tendenzen, bei aller Einschränkung hinsichtlich der Möglichkeiten eines Vergleichs, sowohl zum Beispiel in den USA als auch in westlichen wie östlichen Nachbarländern beobachtet (vgl. schon *Connor* 1970).

Vorbehaltlich der methodischen Implikationen eines Vergleichs scheint die anteilsmäßig höhere Belastung der Nichterwachsenen in der DDR (vgl. *Lekschas* 1965, 26; *Buchholz* u.a. 1971, 323 f.) ausgeprägter zu sein als in der Bundesrepublik Deutschland (vgl. auch Materialen 1972, 220 f.; s. ferner, auch zur Erklärung, *Hellmer* 1972b). Für das Jahr 1969 zum Beispiel waren in der DDR am höchsten belastet die 16- bis unter 18 Jährigen, als nächstes folgten, dicht darauf, die 18- bis unter 21 Jährigen, sodann mit geringem Abstand die 21- bis unter 25 Jährigen; erst mit großem Abstand folgten danach die 25- bis unter 35 Jährigen und schließlich mit wiederum geringem Abstand die 14- bis unter 16 Jährigen (vgl. *Harrland* 1970, 412).

α) Bei deliktsstruktureller Betrachtungsweise ergibt sich, nach den Zahlen für 1976, daß die Anteile jugendlicher Tatverdächtiger im Vergleich zu anderen Altersgruppen am höchsten beim Diebstahl mit 48,9 % – davon ohne erschwerende Umstände 19,6 % und unter erschwerenden Umständen 29,3 % –, bei der Sachbeschädigung mit 21 %, bei Raub, räuberischer Erpressung und räuberischem Angriff auf Kraftfahrer mit 20,8 %, bei Erpressung mit 16,8 % und bei gefährlicher und schwerer Körperverletzung mit 11,5 % sind (PolSt 1976, 29). – Hinsichtlich der wegen Rauschgiftdelikten polizeilich ermittelten Personen war gegen Ende der 60er Jahre eine zunehmende Verlagerung auf jüngere Jahrgänge zu verzeichnen, wobei der Anteil der Erwachsenen von 92,4 % (1966) über 52,3 % (1969) auf 32,7 % (1970) sank, und derjenige der Jugendlichen (in den entsprechenden Jahren) von 3,2 % über 17 % auf 27,5 % anstieg. Nach den Zahlen für die Jahre 1976 und 1977 hingegen beliefen sich die Anteile für Jugendliche nur noch auf 10,7 % und 10,5 % (PolSt 1976, 29; 1977, 31).

β) Innerhalb der jugendlichen *männlichen* Tatverdächtigen waren die relativen Anteile der Deliktsgruppen am höchsten bei Diebstahl mit 72,3 % – darunter ohne erschwerende Umstände mit 38,3 % und unter erschwerenden Umständen mit 34,0 % –, bei Sachbeschädigung mit 9,6 %, bei gefährlicher und schwerer Körperverletzung mit 4,3 % und bei (vorsätzlicher leichter) Körperverletzung mit 3,2 %, und bei den jugendlichen *weiblichen* Tatverdächtigen bei Diebstahl mit 68,9 % – davon ohne erschwerende Umstände 62,1 % und unter erschwerenden Umständen 6,8 % –, bei Betrug mit 9,5 %, bei Rauschgiftdelikten mit 4,3 % und bei Sachbeschädigung mit 2,8 % (PolSt 1976, 31).

b) α) Zur Erklärung des Anstiegs der registrierten Jugendkriminalität seit Ende des Zweiten Weltkriegs hat *Wilkins* (1960) von »delinquent generations« gesprochen. Er stellte eine höhere Delinquenzbelastung bestimmter Jahrgänge britischer Jugendlicher in Zusammenhang mit sozialen Unregelmäßigkeiten im Kleinkindalter (z.B. Trennung von der elterlichen Bezugsperson, Wohnortwechsel usw.) fest.

429

§ 48 Einzelne Tätergruppierungen

Zur Interpretation dieser Überlegung ist die Besonderheit zu beachten, daß – im Unterschied zu anderen Staaten – die relative Delinquenzbelastung in England und Wales bei der Altersgruppe der 13- bis 14jährigen am höchsten ist; hierfür wiederum dürfte es von Bedeutung sein, daß in den genannten Ländern die Strafmündigkeitsgrenze unter 14 Jahren liegt (s. auch o. 1. a)).

Die Theorie *Wilkins'* ist insbesondere durch die Analyse von *McClintock/Avison* (1968) in Frage gestellt worden, wonach ». . . the younger generation of today – that is those who were born after the end of the Second World War – have a higher incidence of crime than the so-called delinquent generation . . .« (1968, 180; ferner kritisch schon *Mannheim* 1974, 825 f.). Darüber hinaus hat *Rose* (1968) das methodische Vorgehen *Wilkins'* in Zweifel gezogen.

Nach den vorliegenden kriminalstatistischen Angaben läßt sich die Theorie (auch) für die Bundesrepublik Deutschland nicht zureichend stützen. Insbesondere ergibt sich ausweislich der PolSt etwa ab 1964 für die »nachrückenden« Jahrgänge ein kontinuierlicher Anstieg.

β) *Kaufmann* (1965) hat die Hypothese aufgestellt, daß es sich bei dem Anstieg der Jugendkriminalität, zumindest hinsichtlich einzelner, zahlenmäßig besonders ins Gewicht fallender Straftaten und unter Ausnahme der Sittlichkeitsdelikte (lediglich) um eine »Ablaufbeschleunigung« (1965, 27 ff.) des Schwerpunktes der Kriminalität von der jeweils älteren auf die jüngere Altersgruppe handelte; das Quantum der Kriminalität könne dabei gleichgeblieben sein.

Hiergegen könnte bezüglich des Begehungsaspekts einzuwenden sein, daß entsprechende Prozesse nur in Ausnahmefällen mehr oder weniger plötzlich auftreten. Unabhängig von der Frage des Verhältnisses von Begehung und Kontrolle (s. auch u. ε)) bestätigen die statistischen Angaben jedoch zumindest bei einem Vergleich der Vorkriegszeit und der Nachkriegszeit und für einzelne Deliktsbereiche eine Vorverlagerung der Altersspitzen.

γ) Nach *Schelsky* (1957, 39 ff.) soll die Gegensätzlichkeit von alter statischer und neuer dynamischer Gesellschaft sowie die Existenz von zwei weitgehend gegensätzlich strukturierten »sozialen Verhaltenshorizonten« (1957, 40), nämlich der Intimgemeinschaft der Familie einerseits und der feindlichen Umwelt andererseits, von Bedeutung für soziale Strukturkonflikte sein. In Zusammenhang damit werden als Faktoren auch eine verminderte Erziehungsfähigkeit sowie ein Autoritätsverlust der Eltern genannt (*Schelsky* 1957, 165 ff.; vgl. auch *Schaffstein* 1965, 65 f.). Hierbei handelt es sich unter anderem um einen Ausdruck der allgemeinen Tendenz, informelle Sozialisations- und Kontrollbemühungen zu vernachlässigen und an deren Stelle formelles behördliches Vorgehen treten zu lassen, das naturgemäß zum einen weniger abgestuft und am Einzelfall orientiert sein kann und das zum anderen sozial abträgliche Auswirkungen allein durch die Tatsache und das Bekanntwerden der behördlichen Tätigkeit auslöst. Ferner mag auch makrostrukturell die Tendenz der Entpflichtung der Vaterperson im Bereich der Kindeserziehung relevant sein (s. hierzu u. § 58 I. 3. b), 4. a)), wie sie etwa auch auf Grund behördeninterner Handlungsnormen der Jugendämter und Vormundschafts- oder Familiengerichte (vgl. hierzu *Simitis* u.a. 1977) vorherrscht.

δ) Andererseits wird vermutet, die Altersgruppe Jugendlicher werde den Erwartungen der Erwachsenengesellschaft und Gruppenkonflikten im Arbeits- und Sozialbereich einschließlich des Ringens um soziale Wertschätzung ohne Vorbereitung des Übergangs aus familiären Bezügen und ohne vermittelnde Normenverinnerlichung ausgesetzt. In der Anonymität der modernen Industriegesellschaft bedinge der Mangel an verbindlichen Verhaltensmaßstäben und Rollen in der Phase des »Nicht-mehr-Kindseins« und des »Noch-nicht-Erwachsenseins« eine Erhöhung (auch) strafrechtlicher Konflikte; es handelt sich hierbei um eine Form Sozialer Desorganisation (s. o. § 7). Dies führe zu Unsicherheit und Imitationsversuchen, die auch als Hedonismus(s. auch o. § 6. II. 4. c)) interpretiert werden. – Der relativ erhebliche Anteil von Gewaltdelikten Jugendlicher sei in Verbindung mit der Gruppendeliquenz zu sehen (z.B. Rockertum, Vandalismus, Gruppennotzucht), soweit Gewaltdelikte Minderjähriger überwiegend gemeinschaftlich und häufiger miteinander begangen werden (s. auch u. § 49 II. 1.) als andere Straftaten.

Ergänzend sei auf die kulturkritischen Überlegungen *Hellmers* (1978, bes. S. 95 ff.) hingewiesen. – Zur weiteren Orientierung enthält die vergleichende Darstellung von *Toby* (1967) umfangreiche Einzelangaben.

ε) Der Anstieg von Jugendkriminalität und insbesondere der Kriminalitätsbelastung von Jugendlichen im Alter von 15 und 16 Jahren steht nach *Christie* (1970, 11) in Übereinstimmung mit dem allgemeinen Wandel der Situation der Jugend in der hochindustrialisierten Gesellschaft. So seien Jugendliche in früheren Jahrzehnten im Arbeitsbereich zu umfangreichen, aber kleineren (Hilfs-)Tätigkeiten eingesetzt worden, die zunehmend mehr von der Technik geleistet würden, so daß Jugendliche derzeit insoweit für die Gesellschaft weniger funktional seien. Hierin liege möglicherweise auch ein Grund für die Verlängerung der Schulzeiten und für die Erweiterung der Schulausbildungen in der modernen Industriegesellschaft, da man die Jugendlichen beschäftigen müsse, bis sie als Erwachsene in den allgemeinen Arbeitsprozeß eintreten könnten. Da Jugendliche insoweit außerhalb der gesellschaftlichen Funktionszuteilung gehalten werden sollen, würden sie, ähnlich wie Erwachsene ohne regelmäßige Berufstätigkeit bei Fehlen wirtschaftlicher Ressourcen, sich zur Einweisung in Strafanstalten besonders empfehlen. Hierin bestätige sich erneut, daß gerade die am wenigsten gefährlichen Mitglieder der Gesellschaft verhältnismäßig häufig in Strafanstalten untergebracht werden.

Ferner meint *Christie* (1970, 13), man solle das Konzept von Jugend abschaffen und Personen der einschlägigen Altersgruppen ebenso behandeln wie Erwachsene. Da dies jedoch zum Nachteil von Industriegesellschaft und Majorität der Erwachsenengesellschaft sein würde, bestünden wenig Chancen zur Verwirklichung einer solchen Reform.

c) α) Daneben besteht die Vermutung, daß die höheren Zahlen und Anteile registrierter Jugendkriminalität lediglich Ergebnis veränderter Verfolgungsintensität sein könnten (*Hess* 1969, 70 Fußn. 9; *Kaiser* 1976, 204, 206). Einerseits mag sich eine aufgrund gewachsener Dichte und Anonymität gestiegene Empfindlichkeit und Verletzbarkeit bei gesunkener informeller Kontrolle und sozialer Toleranz etwa auch im Anzeigeverhalten gerade gegenüber Jugendlichen niederschlagen, und zwar nicht zuletzt im Bereich der Gewaltanwendung. Andererseits wird auf verbesserte Verfolgungstechniken und eine verfeinerte Kontrollpraxis hingewiesen (vgl. *Herold* 1974c, 27 f.); hierzu sind einheitliche Angaben, auch bezüglich der Erledigungsstrategie durch die Staatsanwaltschaft, schon im Hinblick auf regionale Unterschiede kaum möglich (s. Tab. 5, 5a).

β) Verschiedentlich wird angenommen, die Neigung zur Anzeigeerstattung gegenüber Jugendlichen sei zwar geringer als gegenüber Erwachsenen (vgl. *Seelig/Bellavic* 1963, 206), die Überführbarkeit sei bei Jugendlichen jedoch vergleichsweise leichter und die Anklage häufiger (s. hierzu anders *McClintock* 1969, 159) als gegenüber Erwachsenen (vgl. *Steffen* 1976, 199 ff.; *Blankenburg* u.a. 1978, 186 ff.; *Kaiser* 1977a, 88 f.). – Im einzelnen sind nach der Untersuchung von *Steffen* (1976) über die polizeiliche Ermittlungstätigkeit altersmäßig junge Tatverdächtige aussage- und geständnisbereiter als ältere Tatverdächtige, wobei die höhere soziale Sichtbarkeit des Verhaltens jüngerer Personen im allgemeinen wie auch im Bereich der Delinquenz im besonderen und ferner eine geringere Gleichstellung wie auch Erfahrung gegenüber den ermittelnden Behördenvertretern von Bedeutung sein dürfte. Jedenfalls soll bei jüngeren Tatverdächtigen, gegenüber denen polizeilich ermittelt wird, die Wahrscheinlichkeit, gerichtlich abgeurteilt zu werden, größer sein als bei älteren Tatverdächtigen *(Steffen* 1976, 209, 212).

Nach den Daten von *McClintock/Avison* (1968, 159) hingegen wurden seitens der Strafverfolgungsbehörden innerhalb der Straftaten bevorzugt die jüngeren Jahrgänge der ermittelten Täter frühzeitig aus dem Verfolgungsgang ausgeschieden. Je geringer das Alter, desto höher soll die Chance sein, auch im Falle eines »indictable offence« mit einer Art von formeller Verwarnung davonzukommen, eine Chance, die ab dem 50. Lebensjahr wieder ansteige. Die Autoren betonen (*McClintock/Avison* 1968, 160), die Polizei in England zögere vor allem bei Beteiligung Jugendlicher, bis sie einen Vorfall zum Beispiel aus dem Sexualbereich als anklagewürdiges Delikt einstufe. – Andererseits wird gerade für frühere Epochen angenommen, gegenüber Jugendlichen sei nur in den eindeutigsten, als besonders verfolgungswürdig beurteilten Fällen Anklage erhoben worden; dem habe eine vergleichsweise niedrige Freispruchquote im Verfahren gegenüber Jugendlichen entsprochen (vgl. *Kerner* 1973b, 130 f.).

γ) Für die Annahme veränderter Verfolgungsintensität ließe sich auf eine gestiegene Anzeigebereitschaft etwa beim Warenhausdiebstahl verweisen (eher verneinend *Brauneck* 1970, 20), und ferner auf die Einführung der obligatorischen Bewährungshilfe bei Aussetzung der Vollstreckung der Jugendstrafe zur Bewährung (s. o. § 35 IV.4.) mit der Folge einer zusätzlichen formellen Kontrollfunktion. Auch könnte sich der Rückgang der polizeilichen Aufklärungsquote gerade beim Diebstahl unter erschwerenden Umständen im Ergebnis in einer vergleichsweise intensiveren und erfolgreicheren Ermittlung gegenüber Minderjährigen wegen Diebstahls ohne erschwerende Umstände auswirken.

3. Die relative Belastung der alternden Menschen liegt unter ihrem Bevölkerungsanteil; die Anteile der 60jährigen und älteren an den Verurteilten nach Al-

tersgruppen betrugen in den Jahren 1971 und 1972 je 3,4, in den Jahren 1973 und 1974 je 3,5 und in den Jahren 1975 und 1976 je 3,9 (RPflSt 1976, 30). Trotz des Anstiegs des absoluten Anteils an Verurteilungen steigt die Verurteiltenziffer nur geringfügig; dies erklärt sich aufgrund der ständigen Zunahme des Bevölkerungsanteils insbesondere der 60jährigen und älteren, einer Verschiebung in der Bevölkerungsstruktur, die durch medizinische, hygienische sowie wirtschaftliche Entwicklungen bedingt sein mag. Die Verurteiltenziffern stiegen in den Jahren 1971 bis 1976 von 191 über 197, 201 und 200 auf 208 und 220 an (RPflSt 1976, 30).

Während Rollen- und Statuskonflikte im Leistungs-, Sozial- und Freizeitbereich alternder Menschen in prinzipiell ähnlicher Weise wie bei Jugendlichen bestehen (s. o. 2. b) δ)), scheinen unterschiedliche Ausprägungen von Variablen der Interessen und Werte sowie vitaler Ressourcen, statistisch betrachtet, zu anderen Bewältigungsstrategien zu disponieren.

4. Im Vergleich zu dem bevorzugten Interesse an der Verbrechensbelastung der altersmäßigen Randgruppen (s. o. 1. – 3.) steht die Beschäftigung mit der Verbrechensbelastung der altersmäßigen Majorität in der Regel zurück. Zugleich wird nicht immer berücksichtigt, daß sich die Verbrechensbelastung der altersmäßigen Randgruppen deliktsstrukturell im wesentlichen in Allgemeiner Kriminalität erschöpft, während die Verbrechensbelastung der Majorität insofern unterschiedlich gefächert auftritt. Dies betrifft schon die Verschiebung der Anteile Heranwachsender und Jungerwachsener bei den Verurteilungen wegen Straßenverkehrsdelikten, und es gilt nicht minder für die altersgruppenstrukturell unterschiedliche Belastung mit Ordnngswidrigkeiten und Wirtschaftsstraftaten.

a) Im Bereich *Allgemeiner Kriminalität* und *Straßenverkehrskriminalität* ergibt sich bei einem Vergleich zwischen Altersgruppenanteil und Verurteiltenanteil, daß von der Altersstufe der 16- bis 18jährigen an der Verurteiltenanteil den Bevölkerungsanteil übertrifft. Von der Altersstufe der 40jährigen und älteren an tritt hingegen der Verurteiltenanteil gegenüber dem Altersgruppenanteil zurück. Das bedeutet, daß die Altersgruppen der 16jährigen bis zu den unter 40jährigen überrepräsentiert sind. – Unterschiede ergeben sich im übrigen in der Verteilung zwischen Allgemeiner Kriminalität einerseits und Straßenverkehrskriminalität andererseits (s. Schaubilder 7, 8).

b) Unterschiedlich ist die Verurteilung bei solchen Kriminalitätsbereichen, die normrelevanten Situationen jüngerer Altersgruppen weniger nahekommen. Dies gilt zum Beispiel für die altersmäßige Verurteilung der Verurteilungen wegen Steuer- und Zollzuwiderhandlungen (AO; s. auch hierzu Schaubild 8). – Noch deutlicher zeigt sich die Abhängigkeit der altersmäßigen Kriminalitätsbelastung von der Deliktsstruktur bei den Bußgeldentscheidungen gegenüber natürlichen Personen, wie sie im GZR registriert sind; von den für das Jahr 1977 registrierten 26.383 Eintragungen mit Angaben zum Geburtsdatum entfielen gemäß (nicht veröffentlichter) amtlicher Übersicht 0,6 % auf die 14- bis 21 Jährigen, 3,1 % auf die

§ 48 *Einzelne Tätergruppierungen*

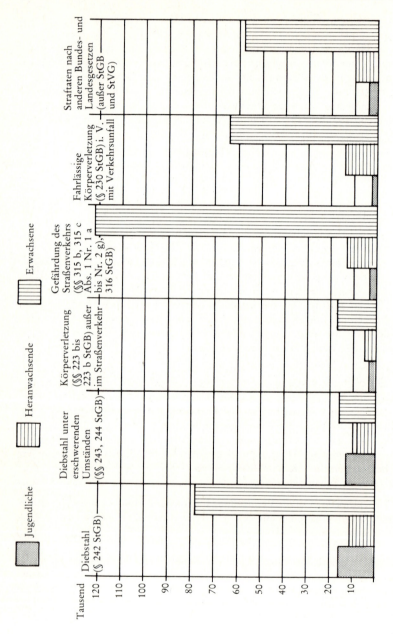

Schaubild 7: Verurteilte nach einzelnen Deliktsgruppen im Jahre 1976 (Quelle: StatJb 1978, 328 330)

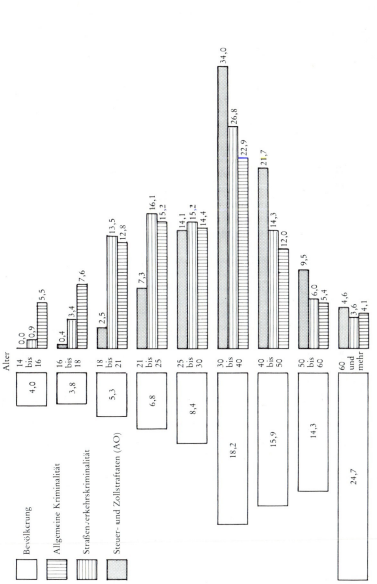

Schaubild 8: Altersgruppenanteile an der Bevölkerung und an einzelnen Deliktsgruppen im Jahre 1976 (Quelle: StatJb 1959, 330; StrafSt 1976, 24, 25)

21- bis 25 Jährigen, 9,5 % auf die 25- bis 30 Jährigen, 14,8 % auf die 30- bis 35 Jährigen, 20,7 % auf die 35- bis 40 Jährigen, 16,5 % auf die 40- bis 45 Jährigen und 34,0 % auf die 45- Jährigen und Älteren.

II. Geschlecht

1. Hinsichtlich der Geschlechtsverteilung von Verbrechen ergibt sich insgesamt, daß der Anteil von Verbrechen weiblicher Personen gegenüber demjenigen männlicher Personen erheblich zurücksteht. Diese Differenz scheint sich seit Jahrzehnten kontinuierlich vergrößert, in der jüngsten Zeit jedoch verkleinert zu haben.

a) Auf je 100 Verurteilte wegen Verbrechens und Vergehens im Deutschen Reich entfielen auf Frauen in den Jahren 1882/83 20 %, 1892/93 18,4 %, 1902/03 16,3 %, 1912/13 16,0 %, 1922/23 17,2 %, 1932/33 11,6 %, das heißt es ist von Jahrzehnt zu Jahrzehnt ein Sinken zu verzeichnen gewesen, abgesehen von einem vorübergehenden Anstieg während der Inflationszeit (vgl. *Exner* 1949, 139). – Erhebliche Unterschiede im Anteil der Kriminalität weiblicher Personen wurden beim Vergleich verschiedener Staaten des Auslands berechnet (vgl. *Roesner* 1933, 592; *Hacker* 1931, 274 ff.).

Ausweislich der PolSt betrug der Anteil weiblicher Personen an den strafmündigen Tatverdächtigen in den Jahren 1969 und 1970 = 16,1 % und 15,4 %, und bei Erwachsenen 12,6 % und 12,7 %; in den Jahren 1976 und 1977 hingegen lauteten die entsprechenden Zahlen 17,5 % und 17,6 %, und (bei Erwachsenen) jeweils 13,5 % (PolSt 1977, 27). – Nach der StrafSt waren die Anteile der Verurteilten in den Jahren 1967 bis 1969 – in dieser Reihenfolge – 11,3 %, 11,7 % und 12,8 %, wobei der Anstieg namentlich zwischen 1968 und 1969 nicht ohne Berücksichtigung des Absinkens der Verurteilungen wegen Straßenverkehrsdelikten interpretiert werden kann; unabhängig davon jedoch stiegen die Anteile in den Jahren 1974 bis 1976 auf 13,5 %, 14,2 % und 14,8 % (StatJb 1978, 327) an; abzüglich der Vergehen im Straßenverkehr betrugen sie 18,0 %, 19,2 % und 19,7 %.

b) Deliktsstrukturell ist bemerkenswert, daß nach der PolSt beim Diebstahl ohne erschwerende Umstände der Anteil weiblicher Täter bei den Minderjährigen im Vergleich zu ihrer Beteiligung an Straftaten insgesamt überdurchschnittlich ist; bei Erwachsenen über 25 Jahren übertrifft dieser relative Anteil sogar erheblich denjenigen der männlichen Tatverdächtigen (PolSt 1977, 78). Auch bei einzelnen anderen Delikten findet sich eine gewisse Überhöhung des Anteils weiblicher Täter (PolSt 1977, 30 ff.). Dies entspricht zum Teil dem Umstand, daß weibliche Personen in einem anderen Ausmaß oder gar ausschließlich in einschlägig normrelevante Situationen kommen; von spezifisch weiblichen Delikten läßt sich jedoch zumindest insoweit kaum sprechen.

Die Quote der Verurteilungen weiblicher Personen wegen Straftaten im Straßenverkehr ist geringer als diejenige bei Allgemeiner Kriminalität. Im Jahre 1965 zum Beispiel waren weibliche Personen mit nur 6,4 % an den Verurteilungen wegen Straßenverkehrsdelikten beteiligt, während der Anteil der weiblichen Führerscheininhaber im gleichen Jahr 20,7 % betrug (StatJb 1967, 343); im Jahre 1976 lautete die Quote der weiblichen Personen an den Verurteilungen wegen Straßenverkehrsstraftaten 8,6 % (RPflSt 1976, 12). – Besonders niedrig scheint der Anteil weiblicher Personen an den Trunkenheitsdelikten im Straßenverkehr zu sein.

Einzelne Tätergruppierungen § 48

Nach Einzelbefunden sollen die Zahlen über tatsächlich gefahrene Kilometer bei weiblichen Verkehrsteilnehmern vergleichsweise niedrig sein; ferner würde zum Beispiel die Art der Beteiligung – etwa nach Zeit oder Strecke – zu berücksichtigen sein (vgl. zusammenfassend schon *Schultz* 1975, 499 f., 506 f. jeweils m.N.).

2. Einen Überblick zur Alters- und Geschlechtsverteilung gibt das Schaubild 9; es beschränkt sich auf die Verurteiltenziffern für die Jahre 1974 bis 1976, getrennt nach Allgemeiner Kriminalität und Straßenverkehrskriminalität. Ergänzend vermittelt das Schaubild 10 einen Eindruck von der Alters- und Geschlechtsverteilung, gleichfalls aufgrund der Verurteiltenziffern, bei Verbrechen und Vergehen für das Jahr 1976, und zwar wiederum getrennt nach Allgemeiner Kriminalität und Straßenverkehrskriminalität.

a) Bei einer Gesamtbetrachtung der Altersverteilung der Kriminalität männlicher Personen nach den Verurteiltenziffern (s. Schaubild 9, 10) fällt ein deutlicher Anstieg der Kriminalitätsbelastung von den Jugendlichen zu den Heranwachsenden auf. Dem schließt sich zur Altersgruppe der Jungerwachsenen hin ein Abstieg an, dem – bei Einhaltung einer gewissen Höhe – sodann ein relativ steiler Abstieg zur Altersgruppe der 25- bis 30 Jährigen folgt, während über die höheren Altersgruppen ein geringfügiges, gleichmäßiges Sinken zu verzeichnen ist. Dieser Verlauf ist im zeitlichen Längsschnitt während Jahrzehnten relativ konstant geblieben; allerdings hatte sich innerhalb der genannten Kulminationsstrecke die sich unterschiedlich scharf abhebende eigentliche Kulminationsspitze ab 1963 vorübergehend von der Altersstufe der Heranwachsenden zugunsten derjenigen der Jungerwachsenen verschoben, eine Veränderung, die vermutlich wesentlich durch die Straßenverkehrskriminalität bedingt gewesen ist und die sich bereits Anfang der 70er Jahre zurückentwickelt hatte. – Als eine allgemeine Tendenz läßt sich eine Ausdehnung der meistbelasteten Jahrgänge nach beiden Seiten, das heißt sowohl zu den Jugendlichen als auch zu den 25- bis 30 Jährigen hin feststellen. Für beide Entwicklungsformen – bezüglich der Ausdehnung betrifft es namentlich die zuletzt genannte Richtung – ist dabei vorrangig wiederum auf die anteilmäßige Verteilung der Verkehrsdelinquenz hinzuweisen.

α) Der Prozentanteil der Kinder, Jugendlichen und Heranwachsenden (männlichen Geschlechts) an der Gesamtzahl der im Jahre 1977 polizeilich ermittelten Tatverdächtigen betrug 6,0, 12,7 und 11,1 (PolSt 1977, 31). Die Verurteiltenanteile der männlichen Jugendlichen und Heranwachsenden an allen Verurteilungen beliefen sich im Jahr 1976 auf 8,1 und 11,7 % (StatJb 1978, 327).

β) Bei den alternden Personen männlichen Geschlechts ist unter anderem die Sexualkriminalität innerhalb der mit wenigen Ausnahmen (z.B. Betrug, Beleidigung) sehr niedrigen Gesamtkriminalität und dabei besonders die Unzucht mit Kindern überrepräsentiert. In der Literatur wird darauf hingewiesen, daß es sich insoweit um spezifische Folgen etwa hirnorganischer Veränderungen im Verlauf des Alterseintritts handeln könne; auch könnten soziale Deprivationen von Einfluß auf die einschlägige Deliktsbegehung sein. – Aus Einzeluntersuchungen wird von einem unverhältnismäßig großen Anteil der genannten Deliktsgruppe und dabei jeweils vorzugsweise der Unzucht mit Kindern auch für die Kriminalität der Schwerkriegsbeschädigten (vgl. *Meyer* 1950, 36 ff.) sowie der Heimkehrer aus Kriegsgefangenschaft (vgl. *Keller* 1953) berichtet, wobei *Gerchow* (1953) diesbezüglich für letztere Gruppe von einer verfehlten Erwartungsvorstellung spricht.

§ 48 Einzelne Tätergruppierungen

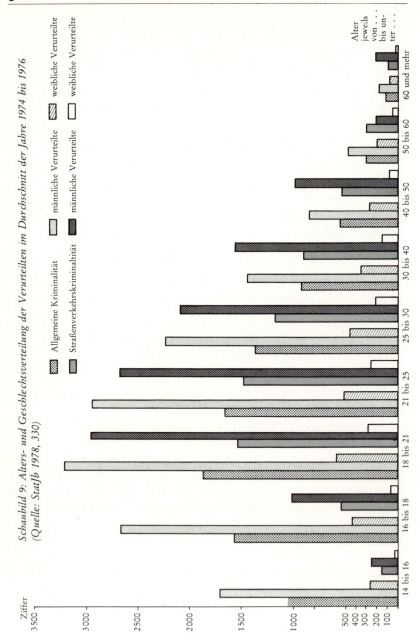

Schaubild 9: Alters- und Geschlechtsverteilung der Verurteilten im Durchschnitt der Jahre 1974 bis 1976 (Quelle: StatJb 1978, 330)

Einzelne Tätergruppierungen § 48

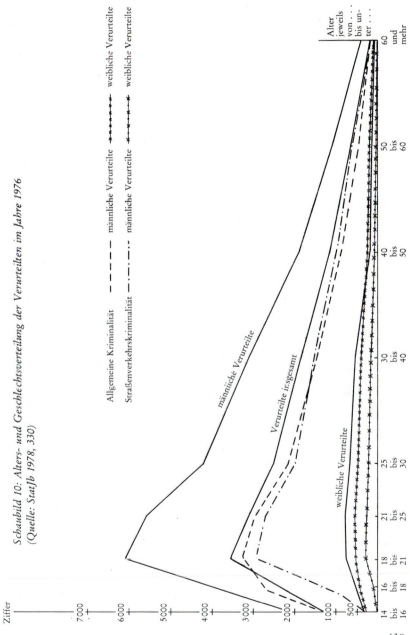

Schaubild 10: Alters- und Geschlechtsverteilung der Verurteilten im Jahre 1976
(Quelle: StatJb 1978, 330)

b) Bei einer Gesamtbetrachtung der Altersverteilung der Kriminalität weiblicher Personen nach den Verurteiltenziffern (s. Schaubilder 9, 10) ergibt sich, daß die Häufigkeitsverteilung über die einzelnen Altersgruppen – im Unterschied zur Kriminalität männlicher Personen – gleichmäßiger verläuft. Zwar zeigt sich ebenfalls bei den Heranwachsenden und auch bei den Jungerwachsenen ein gewisser Anstieg, der jedoch weniger steil ist. Ferner ergibt sich für die höheren Altersgruppen – wiederum im Unterschied zur Kriminalität männlicher Personen – eine gewisse Konstanz in der Belastung.

Bei den Kindern, Jugendlichen und Heranwachsenden weiblichen Geschlechts weist die PolSt seit Ende der 60er Jahre einen Anstieg der Prozent-Anteile an der Gesamtkriminalität aus. Diese betrugen noch im Jahre 1968 0,8, 1,4 und 1,0, im Jahre 1977 hingegen 1,2, 2,3 und 1,8 (PolSt 1977, 31). Nach den Verurteiltenziffern ist seit Mitte der 60er Jahre bei weiblichen Jugendlichen wie Heranwachsenden ein Anstieg zu verzeichnen. Die Prozent-Anteile an allen Verurteilungen beliefen sich im Jahre 1967 auf 0,7 und 0,9, im Jahre 1976 hingegen auf 1,2 und 1,4 (StatJb 1978, 330).

3. a) α) Zur Erklärung des geringeren Anteils der von weiblichen Personen gegenüber der von männlichen Personen begangenen registrierten Straftaten ist zum einen vermutet worden, daß das Dunkelfeld bei überwiegend von weiblichen Personen begangenen Straftaten unverhältnismäßig hoch sei.

Als Ausgangspunkt hierfür wird vorzugsweise auf Abtreibungsdelikte sowie auf den Warenhaus- beziehungsweise den Ladendiebstahl (s. hierzu o. § 28 III.) verwiesen. Es bestehen allerdings erhebliche und vielfältige Bedenken dagegen, hieraus auf andere Delikte schließen zu wollen. Zudem wird übersehen, daß das vermutete Dunkelfeld bei der Abtreibung auch die in dieser oder jener Form beteiligten männlichen Personen einer Entdeckung und Verfolgung entzieht (vgl. hierzu auch *Mannheim* 1974, 834). Bezüglich des Warenhausdiebstahls hingegen scheint eine Überrepräsentierung weiblicher Täter besonders im (höheren) Erwachsenenalter vorzuliegen (vgl. *Rangol* 1971b, 347, 350; PolSt 1977, 78).

β) Zum anderen wird gelegentlich vermutet, daß weibliche Personen aufgrund typischer Vertrauensberufe oder auch als Ehefrau günstigere Tarnungsmöglichkeiten bei der Begehung auch schwerer Delikte hätten (zur phänomenologischen Mehrbelastung mit Delikten im sozialen Nahraum s. *Brauneck* 1974).

Als Hinweis für angeblich »typisch weibliche« Eigenschaften der Heimlichkeit und Hinterhältigkeit wird bisweilen angeführt, daß bei der Begehung von Mord mittels Gift der ausgewiesene Anteil männlicher und weiblicher Täter etwa gleich ist, während weibliche Täter bei Mordtaten im übrigen viel weniger beteiligt sind.

b) Nach anderer Auffassung komme es zur Erklärung der Diskrepanz zwischen der Kriminalitätsbelastung männlicher und weiblicher Personen wesentlich auf das Verhältnis von legislatorischer Erfassung von Verhalten und geschlechtsbezogener Rollenverteilung einschließlich normrelevanter Situationen an. Dabei finden sich Anhaltspunkte für eine gewisse Parallelität zwischen der strafrechtlichen Erfassung von Verhalten weiblicher Personen und allgemeinen, weiblichen

Einzelne Tätergruppierungen § 48

Personen entgegengebrachten Erwartungen (vgl. *Bertrand* 1967; vgl. auch dies. 1969).

So machte schon *Exner* (1949, 9) auf Unterschiede im Verhaltensbereich aufmerksam, die sich aus der Rollenverteilung ergeben. Wenn jährlich etwa drei Mal so viel Männer vom Blitz getroffen werden als Frauen, so würde hier kein unmittelbarer Zusammenhang mit dem Geschlechtsunterschied, sondern mit der unterschiedlichen beruflichen Tätigkeit vermutet, derzufolge männliche und weibliche Personen in unterschiedlichem Maße dem Blitz ausgesetzt seien. – Umgekehrt ließe sich argumentieren, daß die Straftatbegehung weiblichen Personen keine soziale Anerkennung vermitteln könne (vgl. *Brauneck* 1970, 18), im Unterschied etwa zur Prostitution, oder auch zu psychosomatischen oder vegetativen Erkrankungen, die weiblichen Personen (angeblich) eine soziale Rolle gewähren würden.

α) Gemäß der vorherrschenden Rollenerwartung sind Wohnung und Familie die den weiblichen Personen zugeschriebene Domäne. Strafrechtliche Erfassung von Verhalten aber orientiert sich vorzugsweise an demjenigen sozialen Verhalten, das die Öffentlichkeit berührt, und weniger an solchem der privaten Sphäre.

In diesem Zusammenhang sei erwähnt, daß bei solchen Delikten, die im sozialen Fernraum begangen werden, die gemeinschaftliche Tatbegehung vergleichsweise häufig ist, weibliche Personen hingegen vergleichsweise seltener als männliche Personen gemeinschaftlich oder in der Gruppe Straftaten zu begehen scheinen. Ferner nimmt die relative Verbrechensbelastung weiblicher Personen in höherem Alter zu (s. auch Schaubilder 9, 10), in Lebensphasen also, in denen Kinder und Haushalt zugunsten von Verhalten und Geschehnissen außerhalb der privaten Sphäre an Bedeutung verlieren; desgleichen läßt sich auf die erhöhte Verbrechensbelastung weiblicher Personen in Zeiten des Krieges verweisen (s. u. § 52 II.2.b), c) β)).

β) Was das stetige Sinken der Quote der von weiblichen Personen begangenen Straftaten in früheren Jahrzehnten angeht (s.o. § 48 II. 1. a.), so soll auch dies sich aus der genannten Domäne der Frau in Haushalt und Familie erklären lassen, sofern man nämlich der Auffassung folgt, der zunehmend gesunkene Anteil habe sich aus der Abnahme von Diebstahlsdelikten zur Überwindung unmittelbarer Not ergeben (vgl. *Brauneck* 1970, 18 f.). Soweit jedoch der in jüngerer Zeit zu verzeichnende Anstieg der Quote weiblicher Personen an der Verbrechensbelastung wesentlich auf die Diebstahlskriminalität zurückgeht, so läßt sich neben Problemen relativer Armut (s. u. § 51 I. 2. a)) auf geschlechts- beziehungsweise einschlägig rollenstrukturell unterschiedliche Auswirkungen der Arbeitslosigkeit verweisen. – In Norwegen soll die Verhältniszahl weiblicher registrierter Straftäter gegenüber männlichen bis zum Jahre 1884 bei etwas über 20 %, im Jahre 1958 hingegen bei 4 % gelegen haben, während im Jahre 1970 absolut fünfmal so viele Frauen bestraft worden seien als im Jahre 1958. *Christie* (1970, 10) interpretiert diesen Verlauf als einen Spiegel der Betätigung von Frauen in der norwegischen Gesellschaft insofern, als geradezu eine Parallele zu dem Anteil von registrierten erwerbstätigen Frauen bestehe. Wenn der Anteil erwerbstätiger Frauen steigt, so werde auch derjenige registrierter weiblicher Straftäter ansteigen.

c) Was den Einwand einer geringeren Verfolgungsintensität gegenüber weiblichen Personen angeht, so sind die Befunde für die informelle wie auch für die formelle soziale Reaktion auf der Stufe der Polizei und der Staatsanwaltschaft widersprüchlich (vgl. *Gibbons* 1977; *Blankenburg* u.a. 1978, 196 ff.). Allerdings wird aus kriminalstatistischen Angaben zum Verhältnis von ermittelten und angeklagten Tätern beiderlei Geschlechts gelegentlich geschlossen, der Einwand sei für die staatsanwaltschaftliche Tätigkeit widerlegt. Vermutlich wird auch bei dieser Fragestellung die Deliktsstruktur zumindest mit zu berücksichtigen sein.

Von wesentlicher Bedeutung für die gerichtliche Ahndung von Straftaten weiblicher Personen soll die Art und Schwere des Delikts sein, wobei dessen Einschätzung als »unweiblich« angeblich zu einer schärferen Sanktionierung führe als bei vergleichbaren Delikten männlicher Täter (s. auch hierzu § 42 II. 2. b)).

Die Quote gerichtlich in Strafanstalten eingewiesener Personen aus der Gesamtzahl Verurteilter wie auch die Dauer des Anstaltsaufenthaltes (vgl. *Einsele* 1968, 29 f.) hingegen ist bei den weiblichen Personen erheblich geringer als bei männlichen Personen. In ähnlicher Tendenz scheinen weibliche Verurteilte bezüglich Geldstrafen im unteren Bereich der Tagessatzhöhe überrepräsentiert zu sein.

III. Strafrechtliche Vorbelastungen

1. Aussagekräftige Befunde über die nach der strafrechtlichen Sanktionierung (einschließlich derjenigen durch Bußgeldbehörden, s. o. § 24 II. 2.) gebildete Kategorie der Vorbelasteten sind schon wegen mangelnder Übereinstimmung in der begrifflichen Abgrenzung kaum möglich. In der Literatur nämlich wurde und wird überwiegend an dem Begriff des Rückfalltäters festgehalten, und zwar der Zielvorstellung folgend, es handele sich dabei um eine tatrelevante und nicht um eine *konviktologische* Bezeichnung. Hingegen wird der Begriff Vorbelasteter eher dem in Frage stehenden Phänomen gerecht, da er sich lediglich an der Tatsache strafrechtlicher Sanktionierung orientiert.

Im übrigen wird der Begriff Rückfalltäter in unterschiedlicher Bedeutung verwandt. Im weiteren Sinne wird jede strafrechtliche Belastung (oder Straffälligkeit) als Rückfall bezeichnet, während der – dem Lateinischen re-cadere entlehnte – Begriff des Rezidivisten die anhaltende Straftatbegehung bei vergleichsweise kurzen Intervallen in der Straffälligkeit ausdrücken soll. Zu letzterer Kategorie wiederum wurden herkömmlicherweise drei verschiedene Unterbegriffe verwandt, nämlich »Berufsverbrecher« (vgl. etwa *Goededke* 1962; *Weidermann* 1969), »Gewohnheitsverbrecher«, »Hang-« oder »Zustandsverbrecher« und schließlich »Gemeinlästige« (oder »sozial Hilflose«). Dabei wurden und werden die Begriffsbestimmungen »Gewohnheits-«, »Hang-« oder »Zustandsverbrecher« mit der Begründung vertreten, es handele sich um Personen, bei denen wegen der Häufigkeit strafrechtlicher Belastungen (oder von Straffälligkeit) auf eine soziale Immanenz von Verbrechen in ihrem Lebenslauf zu schließen sei; an empirisch abgesicherten Anhaltspunkten über personale oder soziale Merkmale, die unter dem Begehungsaspekt auf diesen Begriffsbestimmungen entsprechende Kategorien hindeuten würden, fehlt es. Ähnliches gilt für Merkmale betreffend die Kategorie »Berufsverbrecher«, womit ein Mensch definiert wird, der »aus planmäßig fortgesetzter, gleichartiger verbrecherischer Tätigkeit ganz oder teilweise seinen Lebensunterhalt zieht« (*Exner* 1949, 212); hierbei bestehen Überschneidungen zum Begriff des Organisierten Verbrechens (s. u. § 49 V.). – Wenig Übereinstimmung liegt auch hinsichtlich des Begriffs der »reisenden« oder »überörtlichen« Täter vor, wobei es sich um eine besondere Form von »Berufsverbrechern« handeln soll; mangels gesetzlicher Definition unterliegt der Begriff weitgehend subjektiven, örtlich verschiedenen Beurteilunsgrundlagen, so daß bei der Interpretation von registrieten Daten ein differenzierendes Vorgehen geboten ist (vgl. auch *Hellmer* 1972, 37).

a) Vielfach wird die Auffassung vertreten, eine Einteilung von Personen in einmalig oder nur selten strafrechtlich Vorbelastete einerseits und in vielfach Vorbelastete andererseits sei für die kriminologische Betrachtungsweise ebenso wie für die strafrechtliche Beurteilung eher relevant als eine Einteilung in unbelastete und vorbelastete Personen. Der gelegentlich einmal Vorbelastete nämlich stehe dem Unbelasteten in vielerlei Hinsicht näher als dem Mehrfachbelasteten, »besonders, wenn dessen Leben durch wiederholte Verbüßung mehrerer Freiheitsstrafen in seinem sozialen Zuschnitt zunehmend verändert wird, in vielen Fällen vermutlich aber schon früher« (*Brauneck* 1970, 35); auf Interdependenzen zwischen Vorstrafenbelastung, einer Disposition der strafrechtlichen Erfassung zu tendenziell schwererer Bewertung neuer Taten (s. o. § 24 IV. 2.) und Arbeitslosigkeit (s. auch u. § 51 III. 3.) hat *K.F. Schumann* (1974a, 126) hingewiesen.

b) Nach statistischen Berechnungen zur registrierten strafrechtlichen Belastung geht man allgemein davon aus, daß erneute Belastungen um so seltener werden, je länger die (letzte) Sanktionierung zurückliege (vgl. *Grassberger* 1946, 69). Ferner wird im Sinne von Regelmäßigkeiten folgendes berichtet (vgl. schon *von Mayr* 1917, 889 ff.; *Exner* 1949, 267): Zum einen sei die Gefahr, als rückfällig registriert zu werden, wesentlich größer als diejenige, erstmalig als straffällig registriert zu werden. Zum anderen steige die Gefahr, als rückfällig registriert zu werden, mit der Zahl der Vorstrafen an. Endlich sei das Rückfallintervall um so kürzer, je mehr Vorstrafen eine Person bereits aufzuweisen hat. – Nicht zu übersehen ist, daß diese drei Regeln zumindest auch auf eine unterschiedliche Verfolgungsintensität hindeuten (s. auch o. § 29 I. 2. a), 3. b), II. 2., 3., § 30 I. 1. b), 3. b), § 42 I., II.).

2. Was kriminalstatistische Angaben über (mehrfach) durch gerichtliche Verurteilung Vorbelastete angeht, so lassen sie sich tat- und tätergruppenstrukturell am ehesten im Vergleich mit Erstbelasteten darstellen; maßgeblich für die Daten sind dabei jeweils – unter entsprechenden rechtlichen und organisatorischen Einschränkungen – die Angaben der StrafSt.

In der Literatur wird anstelle der Bezeichnung Erstbelasteter häufig der Ausdruck Ersttäter verwandt. Dies scheint insofern bedenklich, als es sich weder darum handelt, daß die betreffende Person tatsächlich zum ersten Mal eine Straftat begeht, noch daß sie (im Zusammenhang mit einer begangenen Straftat) erstmals von der Polizei registriert wurde.

Nähere Aufschlüsse über das Verhältnis von Erstbelasteten und Vorbelasteten ließen sich erst durch eine Analyse der Anteile der einzelnen Jahrgänge oder zumindest der einzelnen Altersgruppen bei gleichzeitiger Unterteilung nach dem Geschlecht erzielen. Geeignete Angaben hierfür enthielt die RKrSt: Danach bestehen Anhaltspunkte dafür, daß der Anteil

Vorbelasteter innerhalb der Gesamtgruppe der Verurteilten bei den Jugendlichen vergleichsweise gering war – bei den 14- bis 16 Jährigen betrug er etwa ein Fünfzehntel –, alsdann stetig anstieg und bei den 25- bis 30 Jährigen etwa gleich hoch war wie derjenige der Erstbelasteten; dem folgte ein ebenso langsames wie anhaltendes Absinken, so daß das Verhältnis bei 60- bis 70 Jährigen etwa 1 : 2 und bei den über 70 Jährigen etwa 1 : 3 betrug (vgl. schon *Roesner* 1936, 1017). – Die Art der Straftaten, deretwegen die Vorbelastungen ergingen (vgl. *Kersting* 1971), ist in der StrafSt seither, sofern überhaupt geschehen, eher pauschal aufgeführt.

a) Der Anteil der Vorbelasteten innerhalb jugendlicher und heranwachsender Verurteilter ist seit Beginn der 50er Jahre angestiegen (seit dem Jahre 1968 werden in der StrafSt jedoch nur noch die Anteile der nach Jugendstrafrecht bzw. Allgemeinem Strafrecht insgesamt Verurteilten ausgewiesen, und zwar ohne nähere Unterteilung nach den Altersgruppen Jugendlicher und Heranwachsender). In den Jahren 1970 bis 1976 ist der Anteil der Vorbelasteten innerhalb derjenigen nach *Jugendstrafrecht* Verurteilten insgesamt, bei denen Angaben über frühere Verurteilungen vorliegen, vorübergehend – nämlich in den Jahren 1972 bis 1974 – gesunken, in jüngster Vergangenheit jedoch erneut angestiegen (s. Tab. 29). Die vorübergehende Unterbrechung der langfristigen Tendenz dürfte durch das Inkrafttreten des BZRG am 1.1.1972 bedingt sein (§ 60 BZRG; s. ferner u. § 41 I.). – Bei den *weiblichen* Verurteilten hingegen zeigte sich, vom Jahre 1973 abgesehen, ein stetiger Anstieg.

Im Jahre 1976 betrugen die Anteile der Vorbelasteten unter den wegen Diebstahls und Unterschlagung Verurteilten 33,8 % – und zwar bei den männlichen Personen 37,4 % und bei den weiblichen Personen 12,6 % –, bei den wegen Raub und Erpressung Verurteilten 51,3 % – und zwar bei den männlichen Personen 52,5 % und bei den weiblichen Personen 25 % –, und bei den wegen Straßenverkehrsstraftaten Verurteilten 22,7 % – und zwar bei den männlichen Personen 23,9 % und bei den weiblichen Personen 6,3 % –. Vergleichsweise hoch sind die Anteile Vorbelasteter regelmäßig bei den wegen Gewaltdelikten wie Notzucht oder gefährlicher Körperverletzung Verurteilten.

b) Auch der Anteil der Vorbelasteten unter den nach *Allgemeinem Strafrecht* Verurteilten zeigte seit Ende des zweiten Weltkrieges ein ständiges Ansteigen. In den Jahren von 1970 bis 1976 ist der genannte Anteil bei denjenigen Verurteilten, bei denen Angaben über frühere Verurteilungen vorlagen, in den Jahren 1972 und 1973 ganz außergewöhnlich gesunken, während die Anteile in den folgenden Jahren wieder angestiegen sind (s. Tab. 30). Das Sinken von 1971 auf 1972 und auch noch von 1972 auf 1973 dürfte durch das Inkrafttreten des BZRG am 1.1.1972 bedingt sein (§§ 71, 60 BZRG; s. ferner u. § 41 II.). – Gewisse Unterschiede zeigten sich auch bei den nach Allgemeinem Strafrecht Verurteilten hinsichtlich des Geschlechts.

Im Jahre 1976 betrugen die Anteile der Vorbelasteten unter den wegen Diebstahls und Unterschlagung Verurteilten 43,5 % – und zwar bei den männlichen

Einzelne Tätergruppierungen § 48

Tabelle 29: *Vorbelastungen bei nach Jugendstrafrecht Verurteilten (Quelle: StrafSt)*

Jahr	Angaben über frühere Verurteilungen					
	Angaben absolut			Anteile Vorbelasteter in % von Angaben absolut		
	i.	m.	w.	i.	m.	w.
1970	80047	70562	9485	28,0	30,9	7,0
1971	91008	80686	10322	28,2	30,8	7,6
1972	92950	82208	10742	27,8	30,3	8,8
1973	90198	79941	10257	27,8	30,3	8,7
1974	93017	82355	10662	27,6	29,9	9,8
1976	99304	88025	11279	32,1	34,3	14,4

Tabelle 30: *Vorbelastungen bei nach Allgemeinem Strafrecht Verurteilten (Quelle: StrafSt)*

Jahr	Angaben über Vorbelastungen					
	Angaben absolut			Anteile Vorbelasteter in % von Angaben absolut		
	i.	m.	w.	i.	m.	w.
1970	482555	417984	64571	45,6	49,2	22,9
1971	546671	466405	70266	45,4	48,8	22,2
1972	554097	481912	72185	36,3	39,3	16,4
1973	553369	479004	74365	32,5	35,3	14,0
1974	555862	479544	76318	34,1	37,1	15,3
1976	556916	471973	84943	37,9	41,3	19,1

Tabelle 31: *Häufigkeit der Vorbelastungen unter den vorbelasteten Verurteilten 1976 (Quelle: StrafSt 1976, 96 f.)*

Zahl der Vorbelastungen	nach allgem. Strafr. Verurt.			nach Jugendstrafr. Verurt.		
	m.	w.	i.	m.	w.	i.
1 mal	35,5	54,4	37,0	49,0	68,2	50,0
2 mal	19,6	20,0	19,6	24,6	18,8	24,3
3 und 4 mal	20,5	15,9	20,1	20,0	10,7	19,8
5 mal und mehr	24,4	9,6	23,3	6,3	2,3	6,1

445

§ 48 *Einzelne Tätergruppierungen*

Personen 43,7 % und bei den weiblichen Personen 20,8 % –, bei den wegen Raub und Erpressung Verurteilten 73,4 % – und zwar bei den männlichen Personen 75,1 % und bei den weiblichen Personen 47,1 % –, und bei den wegen Straßenverkehrsstraftaten Verurteilten 29,3 % – und zwar bei den männlichen Personen 31,2 % und bei den weiblichen Personen 9,4 % –.

c) α) Was die *Häufigkeit der Vorbelastungen* unter den Vorbelasteten der nach *Jugendstrafrecht* Verurteilten angeht, so ergibt sich, im Unterschied zur Verteilung der nach Allgemeinem Strafrecht Verurteilten (s. u. β)), ein Sinken der Quoten mit zunehmender Häufigkeit der Vorbelastung (s. Tab. 31). – Im einzelnen beliefen sich die Anteile der fünf Mal und mehr Vorbelasteten bei den wegen Raub und Erpressung Verurteilten deutlich höher als bei den Verurteilten insgesamt, nämlich auf 9,0 %.

β) Was die *Häufigkeit der Vorbelastungen* unter den Vorbelasteten der nach *Allgemeinem Strafrecht* Verurteilten angeht, so fällt auf, daß der Insgesamtanteil (sowie der Anteil männlicher Personen) der fünfmal und mehr Vorbelasteten an zweiter Stelle – nach den nur einmal Vorbelasteten – steht (s. Tab. 31); für weibliche Verurteilte hingegen zeigt sich ein gleichmäßiges Sinken mit zunehmender Häufigkeit der Vorbelastung, insoweit in etwa ähnlich der Verteilung bei nach Jugendstrafrecht Verurteilten (s. o. α). – Im einzelnen beliefen sich die Anteile der fünf Mal und mehr Vorbelasteten bei den wegen Diebstahls und Unterschlagung Verurteilten auf 30,8 % – und zwar bei männlichen Personen auf 35,6 % und bei weiblichen Personen auf 7,7 % –, bei wegen Raub und Erpressung Verurteilten auf 38,5 % – und zwar bei männlichen Personen auf 39,4 % und bei weiblichen Personen auf 18,0 % –, und bei wegen Straßenverkehrsdelikten Verurteilten auf 13,8 % – und zwar bei männlichen Personen auf 14,0 % und bei weiblichen Personen auf 5,0 % –.

γ) Generell ergab sich regelmäßig ein überdurchschnittlich hoher Anteil der (mehrfach) Vorbelasteten bei den Gewalt- und speziell auch bei den Tötungsdelikten, wobei jedoch zu berücksichtigen ist, daß die absoluten Zahlen an Verurteilungen wegen dieser Straftaten relativ klein sind; zudem sind die den Vorbelastungen zugrundeliegenden Straftaten zu einem Anteil nicht einschlägig schwer, woraus sich die Auffassung von der Eskalation der Schwere der Straftaten im Längsschnitt ergibt (s. u. § 56 II.1.).

3. a) Das seit Ende des Zweiten Weltkrieges zu verzeichnende tatsächliche Ansteigen der Quote Vorbelasteter entspricht früheren Verläufen des Verhältnisses zwischen Erstbestraften und Vorbestraften, wie sie etwa für die Jahre 1885 bis 1910 sowie 1925 bis 1933 verzeichnet wurden; der Anteil der Vorbestraften in den letzten fünf Jahren vor Beginn des Zweiten Weltkrieges (1934 – 1938) betrug 42 %, 40 %, 41 %, 39 % und 40 % (vgl. *Exner* 1949, 266). Auch sind die früheren Abläufe ebenso wie die Entwicklung in der jüngeren Vergangenheit wesentlich von

der Diebstahlskriminalität getragen (gewesen). Gleichwohl scheint der Anstieg der Vorbelasteten seit Ende des Zweiten Weltkrieges sich von ähnlichen für frühere Zeiträume berichteten Verläufen zu unterscheiden.

α) Zur Interpretation der genannten Verläufe in früheren Zeiträumen wurde angenommen, daß bei ansteigender oder überhöhter Gesamtkriminalität der verhältnismäßige Anteil Vorbestrafter sinke oder gering sei; die wirtschaftlichen und sozialen Bedingungen, die zu hoher Gesamtkriminalität führten, ließen vorzugsweise bisher Nichtbelastete zu Straftätern werden. Nach einer gewissen »Normalisierung« (vgl. *Exner* 1949, 266, 270) gleiche sich dies wieder aus; hingegen befinde sich innerhalb der verurteilten Diebe eine Gruppe, die an den Schwankungen der anderen Gruppen nicht teilnehme und in ihrer Deliktsbegehung von der Wirtschaftslage unabhängig sei.

β) Demgegenüber ist der Zeitraum seit Ende des Zweiten Weltkrieges bis in die Gegenwart hinein von zunehmendem Anstieg sowohl der registrierten Gesamtkriminalität als auch der Vorbelastetenquote gekennzeichnet.

Zur Interpretation dieses Verlaufs läßt sich unter anderem eine Tendenz zur Kompression in der strafrechtlichen Erfassung von Personen als Straftäter nennen. Diese findet ihren Ausdruck zum Beispiel in der Schaffung des § 112a Abs. 1 Nr. 2 StPO (s. o. § 40 III. 1.) und des § 48 StGB (s. o. § 24 IV.2.) ebenso wie in einer reaktiven Überselektion (vgl. *Herold* 1974c, 28), soweit Vorbelastete Bedingungen geschaffen haben, die den Hintergrund für die Erwartung erneuten kriminellen Verhaltens und intensivierter reaktiver Verfolgungs- und Sanktionsstrategien bilden (vgl. näher o. die Verweise unter 1. b) a.E.).

b) Was die erwähnten Diskrepanzen hinsichtlich der Geschlechtsverteilung angeht, so war Ähnliches bereits für die Jahre 1935/36 berechnet worden; nach *Exner* (1949, 145 f.) soll dies darauf beruht haben, daß der Kreis potentieller und von Umwelteinflüssen abhängiger Verurteilter bei weiblichen Personen größer sei, so daß sich eine breitere Streuung von Einzelpersonen innerhalb der weiblichen Verurteiltengruppe ergebe als innerhalb der männlichen Verurteiltengruppe. – Demgegenüber ist auch hinsichtlich der erwähnten Diskrepanzen zumindest für die jüngere Vergangenheit davon auszugehen, daß die allgemeinen rollenstrukturellen Unterschiede in den Bereichen der strafrechtlichen Erfassung von Verhalten und der Vornahme dieses Verhaltens (s.o. § 48 II.3.) relevant sind.

4. Was Angaben des VZR zur Frage der einschlägig Vorbelasteten anbetrifft, so waren in den Jahren 1965 bis 1973 die Zahlen von Personen mit bis zu zwei Eintragungen wegen Verurteilungen oder Bußgeldentscheidungen um 61,4 %, diejenigen von »Mehrfachtätern« (= drei bis sechs dieser Eintragungen) um 82,7 % und diejenigen von »Vielfachtätern« (= sieben und mehr dieser Eintragungen) um 58,6 % angestiegen (KBA 1974, V. 4). Nach den Zahlen für 1973 umfaßten die drei Kategorien, in der genannten Folge, jedoch noch 90,4 %, 9,1 % und 0,5 % des Bestandes dieser Eintragungen. Im Jahre 1977 hingegen beliefen sich die entsprechenden Anteile auf 78,5 %, 11,7 % und 1,9 % (KBA 1978, R 2). Hieraus ergibt sich eine erhebliche Tendenz zur wiederholten Belastung bei bereits einschlägig sanktionierten Personen.

§ 49 Tätergemeinschaften

I. Allgemeines

1. Darstellungen über Tätergemeinschaften finden sich bereits im 15. Jahrhundert mit dem »Liber Vagatorum« als einer Beschreibung von Gruppen gewohnheitsmäßiger Straftäter. Wesentlich später erschien die Untersuchung *Avé-Lallemants* (1914 [1858 – 1862]) gleichfalls über Berufs- oder gewohnheitsmäßige Straftäter (s. hierzu *Lindesmith/Levin* 1937, 660 f.; ferner *Radzinowicz* 1961, 33), die sich, unbeschadet der breiten kriminalistischen Inhalte, auch als Vorläufer von Forschungen zur delinquenten Subkultur (s.o. § 6 II. 4. c), e)) bezeichnen läßt. – Diese Arbeit stellt zugleich den Beginn der Untersuchungen zur *Gaunersprache* dar, die sich als Konkretisierung von Verhaltensmustern und sozialen Teilsystemen in der kulturellen Dimension der Sprache verstehen läßt.

Wesentlich ist die Erkenntnis, daß eine ausgebildete Gaunersprache, soweit sie den Charakter einer Geheimsprache hat, nicht nur zur Tarnung verwandt wird, um von Außenstehenden nicht verstanden zu werden, sondern auch zu Gesprächen innerhalb der eigenen Gruppe (vgl. aus jüngerer Zeit *Bondeson* 1968; zum Argot jugendlicher Delinquenten s. *Selling/Stein* 1934; *Lerman* 1967). – Schon *Lombroso* (1894 [1887] 391) meinte, im Gegensatz zur Dialektvielfalt in Italien hätten »... die Diebe aus Calabrien dasselbe Wörterbuch wie die der Lombardei«.

2. Die Formen gemeinschaftlicher Tatbegehung lassen sich nach dem Ausmaß unterscheiden, in dem in der jeweiligen Gemeinschaft deren soziale Normen in strukturierter Weise anstelle anderer (sozialer) Normen treten, die das Verhalten der jeweiligen Mitglieder der Gemeinschaften als Individuen bestimmen würden. Als am wenigsten gemeinschaftsabhängig werden diejenigen Taten anzusehen sein, in denen es sich um ein eher zufällig zustandegekommenes Zusammenwirken von Tätern in einer *Spontan- oder Gelegenheitsgruppe* (vgl. *Engel* 1967; ferner *Michard* u.a. 1963; *Philipp* 1964, 214 f.) handelt; allerdings ist insbesondere bei diesem Kriterium zu beachten, daß die Dynamik etwa der Masse eine individuelle Verhaltenskontrolle weitgehend unterbindet. Anders verhält es sich bereits bei solchen Delikten, zu deren Begehung eine halborganisierte Gruppe zusammengestellt wurde; überwiegend gemeinschaftsunterworfen sind solche Taten, die von *organisierten Gruppen* begangen werden.

Die Strafrechtsdogmatik weicht in ihren Bewertungen gelegentlich nicht unerheblich von gruppen-soziologischen Kriterien ab. So ist zum Beispiel eine Gruppe von »Hausbesetzern« als »kriminelle Vereinigung« beurteilt worden (BGH NJW 1975, 985).

3. Verschiedentlich wird angenommen, die Prognose für zukünftige Legalbewährung sei um so günstiger, je mehr die bisher begangenen Taten gemeinschaftsgetragen gewesen seien. Diese Auffassung läßt sich zum einen nicht ohne Diffe-

renzierung nach Altersgruppen und nach der Struktur sowohl der Taten als auch der Gemeinschaften vertreten, wobei jeweils das Ausmaß der Abhängigkeit von der Situation bei Tatbegehung zu berücksichtigen ist. Zum anderen kommt der Rolle des jeweiligen Täters innerhalb der Tätergemeinschaft eine wesentliche Bedeutung zu.

Für letzteres liegen bezüglich jugendlicher Tätergemeinschaften in den Bereichen der aggressiven Sexualdelinquenz und des »Rockerwesens« empirische Anhaltspunkte für Parallelen zwischen dem Ausmaß der Orientierung an Normen und Interessen der Tätergemeinschaft und der Erwartungsverletzung hinsichtlich allgemeiner sozialer Normen im Leistungs-, Sozial- und Freizeitbereich vor (vgl. *Kaiser* 1959; *Philipp* 1964; *Rasch* 1968; *Kreuzer* 1970; *Robert/Lascoumes* 1974).

4. Soweit Tatbestände die gemeinschaftliche Tatbegehung voraussetzen (z.B. schwerer Hausfriedensbruch, § 124 StGB; Landfriedensbruch, § 125 StGB), betreffen sie nur einzelne, vergleichsweise seltene Deliktskonstellationen. Umfassende Angaben über das Ausmaß solcher registrierter Delikte, die von einer Gemeinschaft von Tätern begangen werden, enthalten die Kriminalstatistiken in der Regel nicht (s.o. § 17 V. 4.). Darüberhinaus stimmen die strafrechtsdogmatischen Abgrenzungen (z.B. Anstifter, Gehilfe, mittelbarer Täter, Mittäter) mit kriminologischen Einteilungen und Fragestellungen nicht überein.

Nach den Angaben von *Ritter* (1960, 37) aus einer Stichprobe von 1.057 staatsanwaltschaftlichen Ermittlungsfällen wurden in 85 % = ein Angeklagter, in etwa 10 % = zwei, in etwa 3 % = drei und in 2 % = vier und mehr Angeklagte verfolgt. – Zu beachten hierbei ist jedoch, daß solche Angaben deshalb nur bedingt geeignet sind, Aufschluß über Verurteilungen infolge gemeinschaftlicher Tatbegehung zu geben, weil es nicht selten zu Verfahrensabtrennungen gegen einzelne Straftäter kommt.

a) Bezüglich Jugendlicher sind für den Anteil gemeinschaftlich begangener Straftaten in zahlreichen Einzeluntersuchungen des In- und Auslandes deutlich unterschiedliche Zahlen berechnet worden. Die Diskrepanzen beruhen vermutlich vor allem auf tat- und täterstrukturellen und regionalen Unterschieden des jeweiligen Untersuchungsmaterials.

Während verschiedentlich angegeben wurde, die in der Gruppe begangenen Jugendstraftaten machten nicht mehr als 40 % aus (vgl. *Hennig* 1965, 736; *Kaiser* 1966; *Meyer-Wentrup* 1966), haben andere Autoren Zahlen von 50 % (vgl. *Suttinger* 1966, 419) bis 80 % (vgl. *Caldwell/Black* 1971, 118; *Beulke* 1974, 120) genannt.

b) Nach Einzeluntersuchungen ist die gemeinschaftliche Tatbegehung bei weiblichen Personen seltener als bei männlichen Personen (vgl. *Brauneck* 1970, 18 m.w.N.). Gemeinschaftliche Tatbegehung findet sich allgemein weit häufiger bei Taten im sozialen Fernraum gegenüber persönlich unbekannten oder anonymen Opfern.

II. Situativ bestimmte Tätergemeinschaften

1. Für den Bereich schwerer, unter Gewaltanwendung begangener Vermögens- (vgl. *Sveri* 1965) und Sexualdelikte (vgl. *Rasch* 1968; *Friebel* u.a. 1970;

§ 49 Tätergemeinschaften

Geis/Chappell 1971, 431 ff.) durch Jugendliche wird angenommen, sie würden häufiger gemeinsam als allein begangen, und zwar namentlich in großstädtischen Bezirken. Die in den einzelnen Untersuchungen mitgeteilten Anteile jugendlicher Gemeinschaftstäter divergieren indes untereinander erheblich, was auch von den jeweils einbezogenen Altersgruppen abhängen mag. Dabei ist zu beachten, daß die Anteile möglicherweise überhöht sind, soweit nämlich die Wahrscheinlichkeit einer formellen sozialen Reaktion bei Gruppendelinquenz höher ist als bei Alleintäterschaft (vgl. *Erickson* 1973).

a) Eine spezielle Erscheinungsform jugendlicher Tatgenossenschaft bilden die Aggressionsdelikte von »Halbstarken« der 50er Jahre (vgl. *Kaiser* 1959) oder von »Rockern« seit den 60er Jahren (vgl. *Kreuzer* 1972), die in ähnlicher Ausgestaltung und etwa zu gleicher Zeit in nahezu allen industrialisierten Gesellschaften auftraten. Neben den Rockergruppen, die teilweise Bandeneigenschaften aufweisen (s.u. III.), sind Erscheinungen des Vandalismus (vgl. *Mader/Sluga* 1969) als sinnlos anmutendes, bewußtes Beschädigen und Zerstören fremden Eigentums zu nennen.

b) Zur Erklärung der Steigerung der Gruppennotzucht wird anhaltend Problemen der Gruppendynamik Bedeutung beigemessen. Zugleich ist für die (registrierten) Täter eine vergleichsweise erhöhte Belastung mit Merkmalen geringer sozialer Wertschätzung bezüglich der Herkunftsfamilie und des eigenen Leistungs- und Sozialverhaltens beobachtet worden (*Rasch* 1968). Im Hinblick auf Besonderheiten des Täter-Opfer-Verhältnisses sind zur Interpretation dieser Daten die allgemeinen Selektionsmechanismen informeller und formeller reaktiver strafrechtlicher sozialer Kontrolle erhöht zu berücksichtigen.

2. Von dem Verhalten einer *Masse* von Personen läßt sich dann sprechen, wenn das Weggehen oder Hinzukommen einzelner innerhalb einer Menge einen bestimmten Geschehensablauf, der alle Anwesenden angeht, nicht mehr erkennbar beeinflußt (vgl. *Sighele* 1901; *Le Bon* 1904 [1895]; s. auch *Hofstätter* 1957, 24). Ein solcher Geschehensablauf folge, ohne vorherige Organisation, auf ein bestimmtes Ereignis hin, das Auslöser von Veränderungen im Verhalten und in den Reaktionsweisen der Menge sei. Dabei werden Schnelligkeit, Gemeinsamkeit und Manipulierbarkeit emotionaler Bewegungen bei weitgehendem Ausschluß rationaler oder denklogischer Steuerung betont (vgl. *Geiger* 1926; *Hofstätter* 1957).

Es läßt sich vermuten, daß die Masse dem Individuum, gemäß Mechanismen des sozialen Zwangs, eigene Gesetzmäßigkeiten des Geschehensablaufs auferlegt, wobei eine Identifizierung allenfalls zwischen dem einzelnen und dem Aggregat vorzuliegen scheint; anders verhält es sich in Fällen der Suggestion und Identifizierung der einzelnen Elemente der Menge mit einer Führerfigur oder aber untereinander. Die sozialpsychologische Bedeutung der Masse nimmt tendenziell mit steigendem Umfang zu. – Neben den Beiträgen zu Revolutionen werden Beziehungen zum Genozid (s. hierzu allgemein *Bauer* 1966) wie auch zu Ausschreitungen gegenüber Einzelnen etwa im Sinne einer Lynchjustiz angeführt; schließlich sind sogenannte Krawalle zu nennen.

Tätergemeinschaften § 49

III. Banden Jugendlicher und Heranwachsender

1. Was die Untersuchungen über US-amerikanische Banden Jugendlicher angeht, so scheinen deren Mitglieder, im Unterschied zu Spontan- oder Gelegenheitsgruppen, in der Regel stärker kriminell gefährdet und gefährlicher zu sein. Bei den Delikten lassen sich unterscheiden solche, die mit der Bandenrivalität zusammenhängen und in der Regel Gewaltdelikte sind, wobei es im Rahmen der Kriege unter den Gangs auch zu Toten kommt (vgl. *Salisbury* 1962, 36 ff.), von anderen, die sich nach außen, das heißt gegen Dritte richten. Unter den letzteren finden sich häufig gezielte Körperverletzungen, etwa bei Begehung eines Raubes, oder auch nur aus Freude an der Gewalttätigkeit; bisweilen kommt es auch zu brutalen, sinnlosen Morden (vgl. *Staub* 1965, 198; vgl. auch *Middendorff* 1956, 52 ff.; »thrill-killers«). Auch von Sittlichkeitsdelikten mit gemeinschaftlicher Unzucht und hemmungsloser Promiskuität (*Thrasher* 1927, 236 ff.) und auch von wiederholten gemeinschaftlichen Vergewaltigungen wird in US-amerikanischen Untersuchungen berichtet. Neben diesen Aggressionsdelikten kommt es in den Banden häufig zu Vermögensdelikten und dabei insbesondere zu Diebstahl, Einbruchdiebstahl und Raub.

In jüngerer Zeit sind Banden auch durch Rauschgiftkriminalität aufgefallen; im Gegensatz zu den herkömmlichen Bandenformen sollen diese sich durch eine starke Anonymität beziehungsweise den Rückzug aus der Öffentlichkeit (»retreatist-gangs«) auszeichnen (vgl. *Salisbury* 1962, 27 f., 33 ff.; anders *Hardman* 1967, 21).

a) Die Banden unterteilen sich meist in den Führer, die Mitglieder mit speziellen Aufgaben beziehungsweise höherer Stellung und die Mitläufer. Die dem bandeninternen Normensystem entsprechenden Sanktionen reichen von einfachen Strafen und Verweisen bis zum Ausschluß (vgl. *Thrasher* 1927, 291 ff.), im Extrem auch bis zur Tötung. Dem Zusammenhalt der Bande dienen ferner Traditionen, zum Beispiel abenteuerliche Namen, bestimmte Aufnahmezeremonien und Prüfungen, Riten, Schlupfwinkel, Geheimsprache, besondere Bezeichnungen und so weiter (vgl. *Staub* 1965, 190 ff.). – Insgesamt betrachtet soll die Anzahl der durch subkulturelle Normen einschlägig gebundenen oder gar zur Delinquenz gezwungenen Gruppenmitglieder relativ gering sein. Andererseits erscheint es als gesichert, daß die delinquente Handlung unmittelbar Bedeutung für den Status innerhalb der Gruppe und die Sicherung der Zugehörigkeit zur Gruppe haben kann (vgl. *Short/Strodtbeck* 1965, 185 ff.; *Yablonsky* 1969 [1959]; vgl. auch *Vaz* 1971; s. ferner die Nachweise bei *Hood/Sparks* 1970, 90 – 112; aus der Dunkelfeldforschung weiterhin *Gold* 1970, 118 f.).

b) Die besonderen Eigenschaften der Bande sollen darin bestehen, daß sie auf Dauer gerichtet und stark strukturiert ist und sich durch enge Solidarität, eigene Moral, Gruppenbewußtsein, örtliche Zusammengehörigkeit und eine feste Beziehung zur Kriminalität auszeichnet (vgl. *Thrasher* 1927, 45 ff.). Bei zahlenmäßig größeren Banden sollen sich bisweilen massenpsychologische Phänomene der exzessiven Gefühlssteigerung und des Machtrausches einstellen (vgl. auch *Middendorff* 1956, 50 f.).

§ 49 Tätergemeinschaften

Die Banden sollen sich meist aus ursprünglich lockeren oder spontanen Gruppen entwickeln, in denen man etwa »Indianer« oder »Krieg« spielte, wobei sich die jeweilige Gruppenstruktur verfestigte (vgl. *Thrasher* 1927, 45 ff.; *Yablonsky* 1962, 124 f.). Manchmal bilde auch eine Paar- oder Dreier-Gruppe Kernbestand und Ausgangspunkt (*Thrasher* 1927, 26 ff.; vgl. hierzu auch *Middendorff* 1956, 41 f.; *Staub* 1965, 187 ff.). Je fester die Struktur und die affektiven Beziehungen sind und je mehr gefährdete Jugendliche der Bande angehören, desto direkter sei der Weg in die Delinquenz, wobei der auslösende Faktor verschieden sein kann. Sehr selten seien jugendliche Banden, die von Anfang an gezielt zur kriminellen Betätigung gebildet werden (vgl. *Staub* 1965, 189).

α) Nach *Thrasher* (1927, 319 ff.) bewegten sich die Mitgliederzahlen der US-amerikanischen Banden (Gangs) zwischen 3 und 500, in zwei Fällen betrugen sie sogar 2.000. Die typische »gang« in Chicago bestand aus 6 bis 20 Jungen. Das bevorzugte Alter liege zwischen 11 und 18 Jahren; gemischte Banden aus Jugendlichen und Erwachsenen oder jugendliche Banden im Milieu US-amerikanischen Erwachsenen-Gangs seien selten (*Cloward/Ohlin* 1960, 24; vgl. aber auch *Thrasher* 1927, 325; *Staub* 1965, 180). Die Mitglieder der Banden Jugendlicher sollen, in homogener Weise, meist zu den sozio-ökonomisch unteren (und mittleren) Schichten gehören, und einen räumlich umgrenzten Entstehungsbereich aufweisen. – Allerdings wird unterschieden zwischen denjenigen Banden, die in stabil institutionalisierter Umweltstruktur entstehen, und den conflict-gangs in desorganisierten Slum-Gebieten (vgl. *Cloward/Ohlin* 1960, 24 f.; vgl. ferner die violent-gangs bei *Yablonsky* 1962, 149 ff.).

β) Hinsichtlich des Geschlechts fand *Thrasher* (1927) unter 880 Banden in Chicago nur etwa sechs reine Mädchen-Banden, von denen nur eine delinquente Aktivitäten entfaltete. Jedoch finden sich Mädchen bisweilen als »Hilfspersonal« für männliche Banden. Vollwertige Mitglieder können Mädchen in Jugend-Banden nur dann werden, wenn sie männliche Rollen übernehmen, dann allerdings gelegentlich an führender Stelle (vgl. hierzu auch *Middendorff* 1956, 46; *Robert/Lascoumes* 1974). Sexuelle Beziehungen innerhalb der Gangs sollen schon wegen der sonst existentiellen Gefährdung für die Bande ohne tiefere Bindung sein (*Thrasher* 1927, 221 ff.; vgl. auch *Robert/Lascoumes* 1974).

2. Innerhalb der Vielgestaltigkeit von Rockergruppen kommt der Gruppensituation dann weniger eine deliktsauslösende Bedeutung (vgl. *Kreuzer* 1972, 151)zu, wenn es sich um wiederholte, planmäßige Tatbegehungen aus einer Überlegenheit der Gruppe heraus handelt. Hierzu sollen, neben symbolhafter Kleidung und der Ausrüstung mit Tatbegehungsinstrumenten (z.B. Schlagring, Messer, Totschläger; vgl. auch *Cohen* 1972), bei der Tatausführung selbst Elemente des Quälens nicht fehlen (vgl. *Kaiser* 1977a, 109 ff. m.N.).

Nach Auswertungen der Hamburger »Rockerkartei« ergab sich ein Anteil von 39 % an Ungelernten (vgl. *Gehrken* 1969, 99), der auf der Ebene der Verurteilten 62 % (vgl. *Kreuzer* 1970, 348) betrug.

IV. Terroristische Tätergemeinschaften

1. a) Die Straftaten terroristischer Tätergemeinschaften sind von der Begehungsweise her dadurch charakterisiert, daß es sich in der Regel um organisierte, langfri-

stig geplante Taten handelt, wobei zunehmend moderne Formen der Technik und damit verbundene Möglichkeiten räumlicher Mobilität und grenzüberschreitender Aktivität verwandt werden. Von der Deliktsstruktur her betrachtet sind sie dadurch gekennzeichnet, daß es sich ganz überwiegend um Gewaltdelikte handelt, die meistens Individualrechtsgüter verletzen. Ein drittes Merkmal ergibt sich aus der Art des Opferkreises, da sich unter den Opfern terroristischer Tätergemeinschaften zu einem vergleichweise erheblichen Anteil Repräsentanten des politischen und wirtschaftlichen Systems befinden; hierzu zählen auch Fälle (der Geiselnahme oder Flugzeugentführung zum Zwecke) der Erpressung oder versuchten Erpressung solcher Repräsentanten. – Nicht abschließend geklärt ist, inwieweit solche Verbrechen terroristischer Tätergemeinschaften, die anscheinend keine Funktion im Sinne eines Angriffs gegen Repräsentanten des Systems erfüllen, nach Vorstellung der Täter gleichwohl solchen Intentionen folgen (vgl. hierzu *Schmidtchen* 1978, 49).

Die beiden erstgenannten Merkmale entsprechen, jedes für sich genommen, allgemeinen Begehungsstrukturen von Verbrechen. In ihrer Kombination sind sie jedoch nur beim Organisierten Verbrechen (s. u. V.) geläufig. Eine Besonderheit, die möglicherweise spezifische kriminologische Bedeutung hat, gewinnen die beiden erstgenannten Merkmale jedoch in ihrer Kombination mit dem dritten Merkmal. Aus diesem Grunde erscheint es angezeigt, zur Erklärung des Phänomens terroristischer Tätergemeinschaften von dem Status eines vergleichsweise großen Ausschnitts des Opferkreises als Repräsentanten des politischen und wirtschaftlichen Systems auszugehen. Dieser Status läßt die Annahme zu, daß die einschlägigen Verletzungen allgemeiner Straftatbestände sich, zumindest mittelbar und abgesehen von anderen Zwecken, gegen das politische und wirtschaftliche System richten.

Im Unterschied hierzu wird unter politischen Straftaten, die sich gegen den Bestand oder die Verfassungsordnung des Staates richten, die Verletzung von besonderen Straftatbeständen des politischen Strafrechts verstanden, obgleich auch hierbei gewaltsame Verletzungen von Individualrechtsgütern, wie sie in allgemeinen Straftatbeständen geschützt sind, tatbestandsmäßig miterfaßt sind (z.B. Hochverrat).

b) Als ein viertes Merkmal der Verbrechensbegehung terroristischer Tätergemeinschaften tritt das Bestreben hinzu, mit der Tatbegehung die Aufmerksamkeit der Öffentlichkeit und der Repräsentanten des politischen und wirtschaftlichen System zu gewinnen und bestimmte Reaktionen zu veranlassen; ähnliche Intentionen sind – mikrostrukturell – zwar bei bestimmten, in Alleintäterschaft begangenen Deliktskonstellationen auf dem Hintergrund von Geltungsbedürftigkeit oder aber von überhöhtem Schuldgefühl geläufig, nicht jedoch bei Tätergemeinschaften und nicht in der Kombination mit den vorgenannten Merkmalen. Im einzelnen erscheint das terroristische Verbrechen jedenfalls auch als Mittel, um über bestimmte politische Auffassungen und über die Existenz von Gruppen zu informieren, die diese Auffassungen vertreten. Zugleich sollen die Staatsgewalten zu

Entscheidungen veranlaßt werden, von denen die terroristischen Gemeinschaftstäter sich langfristig strategische Vorteile zur Verwirklichung der von ihnen vertretenen Auffassungen versprechen.

Zur Erreichung der angestrebten Publizität bedienen sich terroristische Tätergemeinschaften einschlägiger Medien. Dabei wird ihnen ein Ausmaß an Interesse der Öffentlichkeit entgegengebracht, das ohne eine bereits zuvor und latent vorhandene Wahrnehmungsbereitschaft (s. allgemein u. § 50 II.1.b)) nicht zu erklären ist. Möglicherweise erleichtern diese Medienvermittlungen den Ablauf von Mechanismen einer speziellen Sündenbock-Funktion (s. allgemein o. § 10 II.), wobei Identifizierung und Projektion bezüglich derjenigen stattfände, die einer übergeordneten staatlichen Autorität die Anerkennung versagt haben.

2. a) Im Bemühen um Erklärung von Angriffen gegen das politische und wirtschaftliche System fragt sich, ob die Herausbildung terroristischer Tätergemeinschaften in Zusammenhang mit einer Diskrepanz zwischen allgemein anerkannten Zielen und Zugangswegen zur Erreichung dieser Ziele stehen könnte (vgl. allgemein *Merton* 1968, 168 ff., s. noch o. § 6 II. 4. a)). Hierbei mag als Ziel die aktive Beteiligung am politischen Geschehen angenommen werden, wie sie in einer Demokratie allgemein als erwünscht gilt. Eine Diskrepanz zu diesem Ziel und der Verwirklichung mag insofern vorliegen, als etwa im Streben nach politisch-nationaler Unabhängigkeit oder Autonomie (z.B. Ulster, Korsika, baskische Provinz, Palästina) legale politische Betätigung als unergiebig erscheint. – Bei terroristischen Tätergemeinschaften mit allgemeinen Angriffszielen gegen das politische und wirtschaftliche System hingegen mag sich eine Diskrepanz ergeben, wenn die staatliche Definitionsmacht die allgemeinen Zugangswege politischer Betätigung unter den Kategorien Radikalismus und Extremismus für bestimmte Einstellungen und für bestimmte Personen gesperrt hält, wodurch die Betroffenen mit den Mechanismen der »self-fullfiling prophecy« konfrontiert werden mögen. Eine gemeinsame Erfahrung hierin mag die Grundlage für die Tolerierung und Unterstützung durch Kontaktgruppen (z.B. auch sogenannte »Sympathisanten«) festigen; solche Kontaktgruppen sind im übrigen auch bei anderen Tätergemeinschaften geläufig. Wesentlich bei diesem interaktionistischen Geschehen ist, daß sich die subjektive Realität der beteiligten Gruppen zunehmend verschiebt und auseinanderstrebt, so daß die Interpretation von Handlungen der jeweils anderen Seite als Polemik erscheint. Zudem mag die unterschiedliche Art der Reaktion auch in diesem Bereich strafrechtlicher Erfassung von Verhalten die Stärkung des kollektiven Elements sowie die Aufnahme krimineller Karrieren fördern oder gar steuern.

b) Aus der Angriffsrichtung von Verbrechen terroristischer Gemeinschaftstäter gegen das politische und wirtschaftliche System ergibt sich, daß es sich insoweit um eine besondere Form des *Interaktionismus* zwischen staatlicher Kontrolle und den hier gemeinten Verbrechen handelt, die gegen Repräsentanten dieser Kontrolle gerichtet sind; dabei erscheint es wenig weiterführend, Attribute wie Idealismus oder Fanatismus nur bei Vertretern einer der beiden Richtungen erkennen zu wollen. Diesem Interaktionismus entspricht auf den Ebenen legislatorischer und reaktiver Zusammenhänge von Verbrechen und Verfolgung, daß das Parlament ebenso wie Strafverfolgungsbehörden und Strafgerichte in ihrer Eigenschaft als Repräsentanten des herrschenden politischen Systems selbst zum Angriffsziel der Täter gehören.

Hiernach verwundert nicht, wenn bezüglich der Motivation der Täter weder überprüft wird, ob sie »Gewissens-« oder »Überzeugungstäter« sind, noch, ob sie zumindest gemäß ihrem politischen Gewissen oder ihrer politischen Überzeugung gehandelt haben; auch wird seitens einzelner Institutionen pauschal selbst eine politische Motivation überhaupt verneint. Verletzungen allgemeiner Straftatbestände durch terroristische Tätergemeinschaften scheinen vergleichsweise schärfer geahndet zu werden, und zwar mit der Begründung einer besonderen Gefährlichkeit. – Andererseits ist im Sinne der besonderen interaktionistischen Komponente anzuführen, daß terroristische Gemeinschaftstäter vielfach die Auffassung vertreten, sie befänden sich in einem Krieg, und daß sie sich demgemäß weigern, die dem Beschuldigten im Strafverfahren zugewiesene Rolle, Träger von Erwartungsverletzungen zu sein (s. hierzu auch o. § 30 I. 2. c)), zu übernehmen (vgl. hierzu auch den Hinweis von *Stratenwerth* 1979, 911).

3. a) Was im einzelnen terroristische Tätergemeinschaften wie »Rote Armee Fraktion« oder »Bewegung 2. Juni« anbetrifft, so treten zu den eingangs angeführten Merkmalen andere Besonderheiten hinzu. Der Täterkreis hat sich zu überwiegendem Anteil aus Personen zusammengesetzt, die in akademischer Ausbildung standen oder eine solche absolviert hatten und, unter entwicklungspsychologischem Aspekt, (noch) Jungerwachsene waren. Ferner war der Anteil weiblicher Personen, in Übereinstimmung mit Rollenerwartungen innerhalb der umschriebenen Kategorie von Jungakademikern, vergleichsweise hoch; das gleiche gilt für den Anteil derjenigen Täter, deren Eltern bereits Akademiker waren und/oder dem »gehobenen Bürgertum« angehörten (vgl. auch *Laqueur* 1977, 118 f., 160). Während diese zusätzlichen Merkmale zum Beispiel in Bereichen der gemeinschaftlich begangenen Wirtschafts- oder speziell Steuerkriminalität nicht ganz selten sein mögen, sind sie in der Kombination mit den drei erstgenannten Merkmalen bei anderen Tätergemeinschaften nicht bekannt. – Wenig geklärt ist, inwieweit die hier gemeinten terroristischen Tätergemeinschaften gewissermaßen von Anfang an auch solche Mitglieder mitumfaßten, wie sie als Zugehörige anderer Tätergemeinschaften üblicherweise beschrieben werden.

Den hier genannten terroristischen Tätergemeinschaften war das Ziel der Beteiligung am politischen Geschehen durch bestimmte außenpolitische Ereignisse und sozialstrukturelle Entwicklungen erhöht verbindlich erschienen. Zugleich gewannen für diese zunächst überwiegend akademisch orientierten terroristischen Gemeinschaftstäter die Diskrepanzen zwischen gesellschaftlicher Erwartung und Zugangswegen erhöhte Bedeutung hinsichtlich des Ziels beruflicher Tätigkeit im öffentlichen Dienst und im Staatssektor (oder auch im Privatsektor) der Wirtschaft, und zwar gemäß der oben erwähnten Tendenz einer Gleichschaltung von Gesellschaftskritik mit Gesellschaftsfeindlichkeit (vgl. auch *Eckert* 1978, 130). Schließlich lag bei ihnen, soweit sie der gesellschaftlichen Randgruppe der Studenten mit der diesen zugeschriebenen »totalen Rolle« (vgl. *Allerbeck* 1971, 185 ff.) zugehörten, der im interaktionistischen Prozeß genommene Weg in das kriminelle Kollektiv möglicherweise aus allgemeinen Zusammenhängen sozialer Integration besonders nahe (s. aber zum Begriff einer Monoperçeptose *De Boor* 1978, 133 ff.). Übergriffe gegenüber als Radikale erfaßten Studenten repräsentierten nach *Eckert* 1978, 121) das »allgegenwärtige Gewaltverhältnis in der Bundesrepublik«. Bezüglich der Strafbemessung wird für Einzelfälle von einer Ausschöpfung des Strafrahmens zu 80 % beziehungsweise 90 % der Höchststrafe berichtet (vgl. *Schünemann* 1978a, 79 f.; zur allgemeinen Praxis s. demgegenüber o. § 42 II. 2. c)).

Was die in der Nachfolge der genannten und anderer früherer Gruppen stehenden terroristischen Tätergemeinschaften anbetrifft, so waren deren Straftaten zunächst vorzugsweise von dem Ziel bestimmt, inhaftierte Terroristen zu befreien, wobei sie teilweise mit ausländischen Terroristenorganisationen zusammenarbeiteten, um deren Unterstützung für eigene Befreiungsaktionen zu gewinnen (vgl. *Horchem* 1976). Hinsichtlich Struktur, totaler Ausrichtung an Kampfregeln gegenüber dem staatlichen Sicherheitsapparat und Zurückdrängung gesellschaftspolitischer Ziele heben sie sich teilweise wesentlich von den früheren Gruppen ab und weisen unter anderem Eigenschaften von Banden (s. o. III.) auf. Insofern hat sich eine Wandlung des Phänomens von kriminologischen Besonderheiten zu allgemeinen kriminologischen Erscheinungen hin ergeben.

b) Anders verhält es sich bei solchen terroristischen Tätergemeinschaften, die als »neonazistisch« bezeichnet werden und überwiegend eine sozio-ökonomisch tiefer stehende Herkunft haben (vgl. auch *Laqueur* 1977, 119); allerdings weisen auch sie als zusätzliches Merkmal eine altersmäßige Zugehörigkeit zu den Jungerwachsenen auf. Hier mögen politische Auffassungen intergenerationell tradiert worden sein. Dabei scheint, ähnlich den Befunden zum Austragungsmodus interkultureller Konfrontation bei Einwanderern (s. u. § 50 III. 3. a) β), 4. b) γ)), ein Unterschied danach zu bestehen, ob es sich um die im Zeitraum (oder in den ersten Jahren nach Ende) der NS-Herrschaft herangewachsene Generation oder aber um eine zweite Generation handelt. Von der Altersstruktur dieser terroristischen Tätergemeinschaften her betrachtet stehen Zugehörige einer zweiten Generation im Vordergrund, wobei allerdings auch solche Personen, die vor Beginn der NS-Herrschaft geboren wurden, maßgebend beteiligt zu sein scheinen.

V. Organisiertes Verbrechen

1. a) Mit dem Begriff des Organisierten Verbrechens wird eine strukturierte Form geschäftsmäßiger, bürokratischer Deliktsbegehung bezeichnet, wie sie unter dem Begriff »Verbrechenssyndikat« (vgl. *Reckless* 1964, 81) geläufig ist. Dieses Phänomen, das vom Professionellen Verbrechen kaum eindeutig abgrenzbar ist und gelegentlich als »Verbrechens-Industrie« (vgl. *Mack/Kerner* 1975) bezeichnet wird, findet sich gegenwärtig vor allem in den USA.

Tätergemeinschaften § 49

Während aus der jüngeren europäischen Geschichte ähnliche Erscheinungen schon in den Gauner- und Räuberbanden des Mittelalters und sodann im Gaunerwesen des 19. Jahrhunderts (vgl. *Radbruch/Gwinner* 1951, 279 ff.; *Seelig/Bellavic* 1963, 70; s. auch o. I. 1.) gesehen werden können, sei für die Geschichte innerhalb der USA selbst auf die Gruppierung der »Desperados« hingewiesen.

Der wirtschaftliche Erfolg (s. zum theoretischen Verständnis auch *Kunz* 1976) wie auch die Resistenz gegenüber strafrechtlicher Erfassung liegt beim Organisierten Verbrechen wesentlich in seiner Funktion begründet, das gesellschaftliche Bedürfnis nach Verhaltensweisen zu befriedigen, die offiziellen moralischen und rechtlichen Verbotsnormen unterliegen. Während eine rigide Ausschaltung einschlägiger verbotener Verhaltensweisen zum Beispiel in den Bereichen des Alkoholkonsums, des Wettspiels oder des kommerzialisierten Sexualverhaltens zu Erschütterungen der sozialen Stabilität und Formen sozialer Desorganisation führen könnte, sorgt das Organisierte Verbrechen insoweit für eine elastische Bedürfniskontrolle.

b) Einblicke in Art und Ausmaß der Organisation sowie der wirtschaftlichen Verflechtungen sind nur beschränkt möglich, da gerade das Organisierte Verbrechen nach Möglichkeit jede Transparenz meidet (kritisch zu spekulativen Aussagen *Morris/Hawkins* 1970, 202 – 235). Zugleich verfügt die Organisation über rigide Binnennormen und -sanktionen, die etwa bei Aussagen eines Mitgliedes vor der Polizei die Tötung desselben verlangen und nach sich ziehen (vgl. aber auch *Kerner* 1973a, 226, 230 m.N.). Aus diesem Grunde sind Aussagen von – etwa gefaßten – Mitgliedern kaum einmal zu erlangen, wobei einmal davon abgesehen wird, daß die Mitglieder entsprechend der strengen Hierarchie um so weniger in die tatsächlichen personellen Strukturen der Organisationen eingeweiht sind, je weiter sie am unteren Ende der Hierarchie stehen.

2. Eine unmittelbare Verbindung und teilweise Identität mit dem Organisierten Verbrechen in den USA besteht seitens der sizilianischen Mafia (vgl. hierzu *Hess* 1970 m.w.N.), soweit deren Mitglieder seit Ende des 19. Jahrhunderts ihre einschlägigen Aktivitäten nach den USA verlagerten. Allerdings wandelten sich die Erscheinungsformen schon insoweit, als die Schwerpunkte der Aktivität nunmehr in Großstädten lagen und sozialstrukturelle Gegebenheiten, die Wesensmerkmale der sizialianischen Mafia (vgl. *Hess* 1970) – wie auch der »Ehrenwerten Gesellschaft« (vgl. *Hobsbawm* 1962, 70 ff.) in Süditalien – sind, nicht vorlagen.

Die nach den USA ausgewanderten Mafiosi gelangten im Zusammenhang mit der im Jahre 1919 eingeführten Prohibition zu durchschlagendem Erfolg, indem sie illegal Alkohol vertrieben. Im Zuge zunehmender Organisation entstand in Chicago die Cosa Nostra als modifizierte Fortentwicklung der sizilianischen Mafia. Die Bewegung verlegte ihre Aktivitäten, nachdem im Jahre 1933 die Prohibition aufgehoben worden war, verstärkt auf Glücksspiel, Prostitution, Rauschgifthandel, Geldverleih sowie »racketeering« (finanzielle Forderungen an Geschäftsleute unter dem Vorwand, diese zu schützen; vgl. *Peterson* 1959, 584 ff.; *Taft/England* 1964, 184 ff.). Im einzelnen wird insbesondere das – als überwiegend illegal bezeichnete – Glücksspiel der Buchmacherei (»gambling«) als besonders gewinnträchtig genannt, wobei von einzelnen Autoren von einem Gesamtumsatz der Mafia allein in diesem Geschäftszweig von etwa 7 Milliarden Dollar gesprochen wird (vgl. *Johnson* 1962, 402). Zugleich kaufte sich die Organisation in legale Geschäftsunternehmen ein oder gründete solche, wobei es sich um einen Nahtbereich zwischen Organisiertem Verbrechen und Weiße-Kragen-Kriminalität handelt. Ferner gelangte das Organisierte Verbrechen zunehmend auch zu politischem Einfluß, indem es der Organisation gelang, ihr verpflichtete oder von ihr abhängige Personen in öffentliche Ämter einzusetzen. Neben dem Einfluß auf einzelne Gewerkschaftsorganisationen (vgl. z.B. *Kennedy* 1969) wird berichtet (vgl. *Johnson* 1962, 412 ff., 420 ff.), die Organisation kontrolliere Institutionen der Gesetzgebung, der Justiz und der Verwaltung. Letzteres sei insofern erleichtert, als in den USA Personen in bestimmten Teilen solcher öffentlicher Ämter wie der Staatsanwaltschaft und auch der Richterschaft jeweils nur befristet gewählt werden.

3. Innerhalb Europas hat sich, von Strukturen der eher an Großstädten orientierten »neuen Mafia« (vgl. *Hess* 1970) abgesehen, das Organisierte Verbrechen bis zur Gegenwart jedenfalls nicht in Form ähnlich dauerhafter und streng hierarchisch aufgebauter Syndikate entfaltet, wie es in den USA der Fall ist (u.a. zu Großbritannien s. *Cressey* 1972). Dies mag wesentlich zum Beispiel darauf beruhen, daß das als besonders einträglich beschriebene Glücksspiel in europäischen Ländern weithin legal ist, so daß das Organisierte Verbrechen insoweit nicht funktional im Sinne einer Bedürfnisbefriedigung wirken könnte. Auch innerhalb Europas hingegen ist das grenz- oder auch kontinentüberschreitende Vorgehen und insbesondere das Prinzip der Tatbegehung je nach Bedarf und Nachfrage durch Abnehmer geschäftsmäßig organisiert. Gerade wegen des zuletzt genannten Prinzips, dem eine ständige Änderung der Angriffsobjekte und demgemäß auch der Tatausführung entsprechen muß (vgl. etwa *Kerner* 1973a; *Bundeskriminalamt* 1975), scheint es sich eher um in der Zusammensetzung wechselnde Gruppierungen zu handeln.

Hinsichtlich der Angriffsobjekte wird von Reise- und Euroschecks, Wertpapieren, Rauschgift, Schmuck, Gemälden und Antiquitäten, Pelzen sowie Kraftfahrzeugen von höherer Güte berichtet.

VI. Staatsführungen als Tätergemeinschaften

1. Tätergemeinschaften in Gestalt von Staatsführungen finden sich vorzugsweise in totalitären Regierungssystemen. Sie richten sich in der Regel gegen ethnische Minderheiten und/oder gegen Anhänger bestimmter politischer, kultureller oder religiöser Überzeugungen; ihre Handlungen reichen bis hin zum Genocid (s. hierzu Nachw. bei *Schneider* 1975a, 204 ff.). Vielfach bedienen sie sich der Technik der physischen und kognitiven Distanzierung und Denaturierung der Opferkategorie, und zwar im Rahmen bestimmter sozialpathologischer Vorstellungen (s.o. § 4 II.). Dabei ist auf der Ebene legislatorischer Zusammenhänge von Ver-

brechen ein erheblicher Anteil der einschlägigen Verhaltensweisen während des Zeitraums der jeweiligen totalitären Herrschaft und innerhalb deren Herrschaftsgebietes legal. Bezüglich des verbleibenden Teils wiederum läßt sich nur zu einem vermutlich geringen Anteil von registriertem oder auch nur bekanntgewordenem Verbrechen sprechen.

Unter der Herrschaft *Stalin*s sind, nach Berichten, gemäß dessen Prinzipien der bürokratisch-terroristischen und totalitären Diktatur, seit Beginn der »Revolution von oben« im Jahre 1928 und namentlich in den Jahren der Vernichtung tatsächlicher oder mutmaßlicher Gegener zwischen 1935 und 1938 mehrere *Millionen* Menschen *getötet* worden. Durch nationalsozialistische Gewaltverbrechen unter *Hitler* in den Jahren 1933 bis 1945 (vgl. *Hanack* 1967; *Jäger* 1962; ders. 1975; *Blau* 1967; *Rückerl* 1971; *Schünemann* 1978; *Kruse* 1978) sind allein mehrere *Millionen* Juden *umgebracht* worden. – Was die Zurückhaltung in der Verfolgungs- und Stigmatisierungsbereitschaft gegenüber NS-Gewaltverbrechen (innerhalb der Bundesrpublik Deutschland) anbetrifft (*Rückerl* 1979; *Oppitz* 1979), so mag diese auch mit einer geringeren Eignung dieses Verbrechensbereichs für bestimmte Funktionen strafrechtlicher Sanktionierung (s. o. § 10, insbes. III.) zusammenhängen.

Jäger (1975, 460) kommt auf Grund einer typologischen Analyse der Beteiligung an nationalsozialistischen Verbrechen zu dem Ergebnis, daß diese, zumindest soweit sie Gegenstand strafgerichtlicher Verfahren waren, nicht überwiegend als Folge von Zwang und Terror erscheinen. – Im einzelnen unterscheidet er nach befehlslosen oder Exzeßtaten (Ungedeckte Taten, Willkürakte, Aktionsexzesse, Willfährigkeitstaten, Pogrombeteiligung, Eigenmächtige Befehle), Initativtaten (Freiwillige Beteiligung, Selbständige Einzeltaten, Eigene Befehlsgewalt, Initiative nach oben, Kooperatives Verhalten, Persönliche Aktivität, Ausführungsverhalten) und Befehlstaten (Überzeugungstaten, Automatischer Gehorsam, Kriminelle Nebenmotive, Opportunismus und Gruppenanpassung, Konfliktsituationen).

Auch in der Gegenwart findet sich eine Vielzahl von Beispielen für (Massen-)Verbrechen durch Staatsführungen (vgl. hierzu *Lopez-Rey* 1978, besonders 14 f.).

2. Eine andere Kategorie von Verbrechen durch Staatsführungen stellen die Kriegsverbrechen dar. In diesem Bereich wird das allgemeine Problem der Definitionsmacht von Verbrechen deutlich. Im einzelnen hat zum Beispiel das »Internationale Militärtribunal in Nürnberg« neben Kriegsverbrechen auch Verbrechen gegen die Menschlichkeit geahndet. Es wurden 23 führende Angehörige der NSDAP, Staatsmänner und hochgestellte Personen des Militärs aus dem Dritten Reich unter Anklage gestellt; ferner wurden sechs Gruppen als »verbrecherische Organisationen« eingestuft. – Neben dem Prozeß gegen die »Hauptkriegsverbrecher« fanden zahlreiche weitere Kriegsverbrecherprozesse vor Militärgerichten der Besatzungsmächte in den Ländern des früheren Kriegsgegners statt.

3. Ferner bietet der Bereich staatlicher Geheimdienste ein Feld von Verbrechen, die durch Staatsorgane beziehungsweise im Auftrag von Staatsführungen begangen werden. Hierbei widerstreitet das Geheimhaltungsinteresse der Behörden in besonderem Maße der wissenschaftlichen Bestandsaufnahme über das (vermutete tatsächliche oder registrierte) Verbrechen.

Zweites Kapitel   Kriminalitätsexterne Zusammenhänge

§ 50 Kriminalitätsbelastung und kulturelle Gegebenheiten

Der Begriff »Kultur« umfaßt nach allgemeinem Sprachgebrauch die Gesamtheit der geistigen und künstlerischen Lebensäußerungen einer Gemeinschaft einschließlich Erziehung und Bildung. Nach anderer Auffassung wird ein immaterieller Kulturbegriff von einem materiellen Kulturbegriff unterschieden, wobei letzterem die wirtschaftlichen und sozialen Bedingungen (Zivilisation) zugrunde liegen. – Nach einer soziologischen Definition ist Kultur die Gesamtheit der Lebensformen, Leitvorstellungen und der gesellschaftlich herausgebildeten Lebensbedingungen einer Bevölkerung in einem nach Raum und Zeit abgrenzbaren Bereich. Ferner ließe sich eine Definition dergestalt vornehmen, daß kulturelle Bedingungen nur in bezug auf normative, situationsunabhängig geregelte Verhaltensweisen verstanden werden (vgl. *Sack* 1971a, 266). – Bei mikrostruktureller Betrachtungsweise des Verhältnisses von Person, Gesellschaft und Kultur erweist sich der Zusammenhang im Prozeß der Enkulturation, in dem der einzelne durch den sozialen Vorgang des Lernens Inhalte der Kultur übernimmt.

I. Zivilisation, Bildung, Religion

1. a) *Tarde* (1898, 173) meinte, zunehmende Bildung habe nahezu regelmäßig eine Minderung der rohen und blutigen Kriminalität bewirkt (s. zum Frankreich des 18. Jahrhunderts auch Foucault 1976, 96 f. m.w.N.). *Lombroso* (1902, 38) sprach von einer allmählichen Verdrängung der »atavistischen« durch eine »evolutive« Kriminalität. Verbreitet ist schließlich die Annahme, es finde eine Ersetzung der Gewaltkriminalität durch eine Kriminalität der List statt; hierunter wären aus empirischer Sicht alle diejenigen Delikte zusammenzufassen, deren Kern die Täuschung von Personen und/oder Behörden ist.

α) Unstreitig ist der genannte Wandel jedenfalls auch durch eine Veränderung wirtschaftlicher Gegebenheiten bedingt (s. u. § 51). – Erwähnt sei in diesem Zusammenhang, daß zum Beispiel in der Constitutio Criminalis Carolinae (1532) mehrere ausführliche Artikel zu den Deliktsgruppen Diebstahl und Raub enthalten waren, während diejenigen des Betruges und der Untreue begrifflich noch nicht erfaßt waren.

β) Inwieweit die Tendenz des Wandels von Gewaltdelikten zu Intelligenzdelikten eher eine Folge zunehmender Demokratisierung sein mag, bleibt offen. Immerhin fällt auf, daß im Bereich der Wirtschafts- und darunter namentlich der Berufskriminalität die Täterkreise eher den (oberen oder) mittleren sozialen Schichten zugehören, jeweils im Vergleich zu Allgemeiner Kriminalität.

Auch insofern bedarf der Anstieg registrierter Gewaltkriminalität nach Ende des Zweiten Weltkrieges (s. o. § 47 I. 2.) sorgfältiger Interpretation, nicht zuletzt im Hinblick auf etwaige positive Funktionen (s. o. §§ 9 ff.).

b) *Hall* (1901, 332) sah den Kriminalitätsanstieg in den *zivilisierteren Ländern* primär als Folge umfassender legislatorischer Kriminalisierung, die ihrerseits wegen der wachsenden Komplexität des gesellschaftlichen Lebens notwendig sei. Dabei werde der Kriminalitätsanstieg zum Produkt wachsender Bildung, mitmenschlicher Rücksichtnahme sowie genereller Statusverbesserung von Minderheiten. Demnach sei die Zunahme von Kriminalität der Preis, den die Gesellschaft für den sozialen Fortschritt zahle (vgl. auch *Biderman* 1966, 115; *Hood/Sparks* 1970, 45).

2. Die Untersuchungen zum Verhältnis von Umfang und Struktur registrierter Kriminalität und *Bildungsniveau* betrafen namentlich im 19. Jahrhundert die von politischen Interessen umkämpfte Fragestellung danach, ob das Streben nach Gleichheit auf allen Gebieten des sozialen Lebens einschließlich einer höheren Volksbildung soziale Bedürfnisse eher vermehre als verringere. Dabei wurde überwiegend zwischen Schulbildung im Sinne von Elementarunterricht einerseits und einer religiös-sittlich–moralischen Bildung andererseits unterschieden.

a) Während der Bildung im zuletzt genannten Sinne überwiegend eine verbrechenshemmende Bedeutung zuerkannt wurde, erbrachten die Untersuchungen bezüglich des Schulbildungsniveaus keine einheitliche Aussage. Es fanden sich sowohl Ergebnisse, nach denen Gebiete mit einem durchschnittlich weniger hohen Bildungsniveau eine höhere Kriminalitätsbelastung aufwiesen als bildungspolitisch eher führende Gebiete, als auch – und zwar überwiegend – Ergebnisse mit umgekehrter Tendenz (vgl. *Russell* 1847; *Nelson* 1848; *Quetelet* 1869, *von Oettingen* 1882, 602 f.). – Ähnlich uneinheitlich waren die Befunde für das Verhältnis von Bildungsniveau und Kriminalitätsstruktur.

b) Eine allgemein verbesserte Schulbildung ohne Anstieg von sonstigen sozialen Erwartungen und Anforderungen ist kaum vorstellbar, so daß eine bessere Schulbildung insofern neutralisiert werden mag. Soweit andererseits innerhalb eines bestimmten Gebietes das Verhältnis zwischen Personengruppen unterschiedlichen Bildungsniveaus und Kriminalitätsumfang und -struktur untersucht wurde, so ist methodisch kaum auszuschließen, daß sich die Personengruppen auch nach anderen Variablen unterschieden haben. Schon aus diesem Grunde ergibt sich, daß aus solchen Befunden Aussagen über eine unmittelbare Beziehung zwischen Kriminalitätsbelastung und Bildungsniveau nicht hergeleitet werden können (zum Analphabetentum s. *Exner* 1949, 91 f.).

§ 50 *Kriminalitätsbelastung und kulturelle Gegebenheiten*

3. a) Untersuchungen über das Verhältnis von Kriminalitätsbelastung und *Religion* begegneten in besonderem Maße methodischen Schwierigkeiten (vgl. *Mannheim* 1974, 685 ff.). Sie bezogen sich seltener auf das Kriterium der Religiosität, das unterschiedlich als verbrechenshemmender (vgl. *Exner* 1949, 88) oder aber als verbrechensfördernder (vgl. *Nagel* 1960) Faktor vermutet wurde. Vielmehr orientierten sich die Untersuchungen überwiegend – und nicht nur im Sinne von Indikatoren für Religiosität – an Kriterien der Religionszugehörigkeit oder auch der Häufigkeit des Kirchgangs und betrafen damit zumindest auch die Institutionen der Kirche.

Im übrigen läßt die Fragestellung nach dem Verhältnis von Kriminalitätsbelastung und Religionszugehörigkeit die Probleme eines monofaktoriellen Vorgehens besonders deutlich erkennen, da gerade hierbei Faktoren unterschiedlicher informeller und semiformeller Kontrolle oder aber schützender sozialer Eingebundenheit und zugleich die Verflechtung mit Faktoren aus dem wirtschaftlichen, ökologischen und beruflichen Bereich, des Ausbildungs- und Bildungsniveaus, des Alters sowie ethnischer Zugehörigkeit hervorstechen, wozu als Beispiel nur auf die Berufsgliederung bei Juden hingewiesen sei (vgl. *Wassermann* 1907/08 b, 525 f.).

b) Hiernach ist die (insbesondere) in der Geschichte der Kriminologie zeitweise vorherrschend gewesene Auffassung, mit zunehmender Abwendung von der Kirche gehe ein Anstieg von Kriminalität einher, ohne differenzierende Untersuchungen kaum vertretbar. Zudem liegen empirische Anhaltspunkte vor, die diese Auffassung in Frage stellen (vgl. *Nagel* 1975, 33 f. m.N.).

Eine andere Fragestellung betrifft der allgemeine Befund (vgl. *Elster* 1936, 489 ff.; *van Bemmelen* 1958, 304 ff.; zusammenfassend auch *Seelig/Bellavic* 1963, 231 – 233), daß Zugehörige verschiedener Konfessionen innerhalb eines Staates nach Umfang und Struktur unterschiedliche Formen von Kriminalität aufwiesen. Dabei war in den meisten Staaten und insbesondere auch in den Niederlanden die Kriminalitätsbelastung von Katholiken höher als diejenige von Protestanten; für Juden wurde meist eine vergleichsweise geringe Belastung berechnet (s. hierzu noch u. III. 2. b)). – Auch innerhalb Deutschlands waren Katholiken im Vergleich zu Protestanten mit Kriminalität insgesamt als auch – von einzelnen Ausnahmen abgesehen – nach den einzelnen Deliktsgruppen stets höher belastet (vgl. *Exner* 1949, 89 f. m.w.N.).

Nach den Erläuterungen der RKrSt sei diese Verteilung »... zum guten Teil auf Verbreitung des Katholizismus in den kulturell weniger entwickelten, von einer teilweise slavischen Bevölkerung bewohnten östlichen Grenzgebieten des Reiches zurückzuführen, welche die höchsten Verurteilungsziffern aufweisen« (hier zit. nach *Exner* 1949, 89).

In jüngerer Zeit hat *Hellmer* (1972, 79) aufgrund der Angaben der PolSt für die Bundesrepublik Deutschland bei gebietspolitischer Aufgliederung vermutet, die Katholiken hätten in der Epoche der Wohlstandsgesellschaft teilweise ihre Rolle mit den Protestanten vertauscht.

II. Verbrechensdarstellung in Massenmedien

1. a) Bei Untersuchungen über Zusammenhänge von Darstellungen des Verbrechens in Massenmedien und vermuteter tatsächlicher oder registrierter Kriminalität kommt zunächst der Frage danach Bedeutung zu, welche Sendungen oder Veröffentlichungen einbezogen werden. So könnten etwa Dokumentationen von Zeitereignissen wie »Nachrichten« ebenso einschlägige Relevanz haben wie eher künstlerische Darstellungen. Unabhängig von der Frage der Darstellungskategorie bestehen erhöhte Schwierigkeiten der Bildung von Vergleichsgruppen; es dürfte äußerst schwierig sein, eine Kontrollgruppe daran zu hindern, einschlägige Darstellungen in Massenmedien zu verfolgen.

b) Die Frage nach etwaigen Einflüssen von Verbrechensdarstellungen in Massenmedien richtet sich auf Umstände sozialer Wahrnehmung. Hiernach besteht seitens der Konsumenten eine Einflußbegrenzung insoweit, als sie dahin tendieren, neue Informationen mit ihren bisherigen Einstellungen zu vereinbaren. Dies wirkt sich dahingehend aus, daß zum einen von allen wahrnehmbarenn Darstellungen in Massenmedien selektiv solche Inhalte aufgenommen oder überhaupt wahrgenommen werden, die bisherigen Einstellungen einigermaßen konform sind; zum anderen wird das Wahrgenommene im Sinne einer einstellungskonformen Informationsverarbeitung selektiv interpretiert, wobei es auf einen objektivierbaren Inhalt gelegentlich nicht so sehr ankommt.

α) Wesentlich für die Frage nach Einflüssen durch Massenmedien auf Begehung von Verbrechen ist dabei, daß Darstellungen aufgrund der beiden genannten Mechanismen sozialer Wahrnehmung in erster Linie (nur) eine Katalysatorfunktion zukommt. Andererseits wird, zumindest in Bereichen weniger gefestigter Einstellungen oder vager und unklarer Vorstellungen, der mehr oder weniger überzeugend erscheinenden Informationsausstreuung durch solche Personen, die als Fachleute für solche Bereiche gelten, ein Einfluß im Sinne einer »Meinungsführung« zukommen.

β) In diesem Zusammenhang ist bedeutsam, daß Einstellungen wie auch das Wissens- und Meinungsgefüge schichtenspezifisch ist, so daß auch Wahrnehmung und Katalysatorfunktion als schichtsspezifisch ablaufend zu vermuten sind. Die erwähnten Komponenten mögen sowohl für den Begehungs- wie auch für den informellen und formellen Reaktionsprozeß relevant sein.

Im einzelnen liegen bezüglich der Einschätzung der Verbrechensentwicklung als gefährlich und des Gefühls einer Bedrohung durch Verbrechen Anhaltspunkte für ein Ansteigen entsprechend dem Alter und mit Sinken von Bildungsniveau und Sozialstatus vor (s. noch o § 27 II. 4.).

c) Zum anderen sind in diesem Zusammenhang Fragen der *Sofort-* oder aber der *Dauerbeeinflussung* von Bedeutung. Hierzu ist anzunehmen, daß eine Sofortbeeinflussung eher bei Jugendlichen, und dabei auch nur bei einem vergleichsweise geringen Anteil von Personen mit bestimmten Prädispositionen, geschieht. Hingegen wird eine Dauerbeeinflussung bei den verschiedensten Konsumentengruppen vorhanden sein, wobei sich Anhaltspunkte über Zusammenhänge der Einflußentfaltung aber weniger betreffend das einzelne Individium und eher von der statistischen Zahl her ergeben dürften. – Gerade im Sinne einer Dauerbeeinflussung sei darauf hingewiesen, daß schichtenspezifische Einstellungen sowie Wissens- und Meinungsgefüge (s. o. b) β)) durch Einflüsse von Medien mitgestaltet worden sein werden.

2. a) Zur Frage möglicher Einflußmechanismen speziell von Gewaltdarstellungen in Massenmedien und insbesondere im Fernsehen auf die Begehung von Verbrechen werden verschiedene Theorien vertreten (vgl. schon *Feshbach* 1961; *Berkowitz/Rawlings* 1963; ferner *Berkowitz* u.a. 1974). Man spricht von Katharsis-, Inhibitions-, Stimulations- und Habitualisierungswirkung.

α) Einerseits wird angenommen, Darstellungen von Aggressions- und Brutalitätsszenen hätten deshalb keine Auswirkung, weil die dargebotenen Inhalte innerhalb der Bezugsgruppe und nicht zuletzt bei sozial positiven Interaktionen korrigiert würden. Andererseits trete durch die Konfrontation mit einschlägigen Darstellungen eine Gewöhnung ein, so daß etwaige aggressive Reaktionen nicht mehr eintreten würden. – Nach anderen Überlegungen sollen einschlägigen Darstellungen positive Funktionen zukommen. Zum einen wird davon ausgegangen, Hemmungen des Konsumenten gegenüber der Begehung entsprechender Straftaten würden in der Konfrontation mit solchen Szenen verstärkt. Weitergehend ist die Vorstellung, Brutalität und Aggression in Darstellungen von Massenmedien seien notwendig, damit der Konsument seine Aggressionsüberschüsse abreagieren könne, das heißt einschlägige Darstellungen wirkten als Ventil für angestautes Aggressionspotential.

β) Diesen Vorstellungen stehen lerntheoretische Überlegungen gegenüber, wonach auch Darstellungen in Massenmedien, vermittelt durch sogenannte »Modellpersonen«, Lernprozesse auslösen würden. Dabei gelte das Fernsehen als vergleichsweise sehr glaubwürdig; für Kinder genieße es zudem eine gewisse Autorität. Soweit von Fernsehdarstellungen aggressives Verhalten erlernt sei, könne es in besonderen Situationen verwirklicht werden. Vertreter dieser Überlegungen gehen überwiegend davon aus, daß Aggressionen ebenso wie andere Verhaltensweisen durch Nachahmung oder durch Erfolg gelernt würden, das heißt daß die Aggressivität eines Menschen einerseits durch Beobachtung aggressiver Handlungen, andererseits dadurch, daß er mit seinen Aggressionen Erfolg habe, entstehen und ansteigen könne. Aggresiv-Sein sei demgemäß kein angeborener Grundtrieb, sondern etwas Erlerntes.

Ähnlich meinte schon *Exner* (1949, 93) betreffend sogenannte »Schundliteratur«, obgleich es beim Einzelfall nicht immer leicht sein werde, zwischen post und propter zu unterscheiden, sei es doch »den Jugendgerichten immer wieder vorgekommen, daß die unmittelbare Anregung zu einem räuberischen Überfall, die Methode eines raffinierten Einbruchs, der Name einer jugendlichen Verbrecherbande, ja der Wortlaut eines Erpresserbriefes nachweisbar aus der Lektüre eines derartigen Schriftchens oder aus dem Besuch eines Lichtspiels herzuleiten war«.

b) Bisherige einschlägige Untersuchungen über Zusammenhänge zwischen der Darstellung von (Gewalt-)Verbrechen in Massenmedien und dabei besonders des

Fernsehens und der Begehung von Verbrechen (vgl. *Larsen* 1968; *Kellner/Horn* 1971; *Halloran* u.a. 1972; *Selg* 1972; *Schmidt-Mummendey/Fröhlich* 1973; *Silbermann* u.a. 1974; *Sommer/Grobe* 1974; *Kunczik* 1975) haben tatsächlich einen vergleichsweise begrenzten Einfluß ergeben.

α) Hinsichtlich einschlägiger Auswirkungen auf Kinder (vgl. hierzu und zum folgenden *Heinrichs* 1972, 115 ff.) wird als Ergebnis aus Untersuchungen in den USA berichtet, es bestehe eine zuverlässige und sozial bedeutende Beziehung zwischen dem Grad an Brutalität, den ein Kind im Fernsehen sieht, und dem Grad seiner Aggressionen in seiner eigenen Verhaltensweise. Nach einer anderen gleichfalls US-amerikanischen Untersuchung sollen Kinder im Alter von 3 bis 5 Jahren unmittelbar im Anschluß an aggressive Fernsehsendungen eine aggressive Spielweise gezeigt haben. – In tendenziellem Unterschied hierzu wird gelegentlich angenommen, es bestehe bei Schulkindern ein Einfluß konzentrierter Brutalität in Fernsehsendungen auf größere Tolerierung von Gewalt im Alltag.

β) Bei den vorgenannten Forschungen handelte es sich ganz überwiegend um Experimente in gestellter Atmosphäre und bei zahlenmäßig vergleichsweise geringen und zudem nicht repräsentativen Probandengruppen. Personale und situative (Umgebungs-)Merkmale wurden kaum zureichend einbezogen, während sich ein Schluß auf einen linearen Zusammenhang zwischen Darstellung und Wirkung ohnehin verbietet. Schließlich wurde nicht anschließende Verbrechensbegehung, sondern anschließende Aggression gemessen.

3. Im Unterschied zu den vorgenannten Überlegungen wird der Darstellung von Verbrechen in Massenmedien auch Bedeutung für die Angst vor Verbrechen und für die informelle und formelle Anzeige- und Verfolgungsbereitschaft beigemessen.

a) α) Die Kriminalitätsfurcht erscheint als eine eingebildete Angst, soweit sie auf der Gleichsetzung mit Furcht vor Gewaltkriminalität und dabei insbesondere vor Tötungs- und Notzuchtdelikten beruht, zumal gerade die beiden letzteren Deliktsgruppen weniger von Fremden als aus einem bereits vorhanden gewesenen Täter-Opfer-Verhältnis heraus begangen werden (s. u. § 55 I. 3., II.). – Die Annahme, die Kriminalitätsfurcht beruhe (auch) auf Berichten der Massenmedien, wird unter anderem mit Anhaltspunkten dafür begründet, daß es sich um eine Furcht mehr vor einer Kriminalitätsentwicklung im sozialen Fernraum als im eigenen Nachbarschafts- oder Wohngebiet handelt (vgl. *Stephan* 1976, 127).

β) Nach *Arzt* (1978, 175 f.) hingegen folgt die Kriminalitätsfurcht eher aus einer Gleichsetzung allgemeiner Unsicherheit betreffend die Verletzung von anderen sozialen Normen im Sinne von Ordnungs- und Anstandsstörungen; der Bereich dieser Normen, wozu sich auch Bagatellstraftaten zählen ließen, sei weithin von einem Verlust der informellen Kontrolle gekennzeichnet, während die formelle Kontrolle sich nur zurückhaltend in diesen Bereich ausdehne.

γ) Was im einzelnen die Fahndungssendung XY anbetrifft, so ist streitig, ob sie eher als Unterhaltungssendung oder aber als verbrechensrelevant einzuordnen ist. Den berichteten Ermittlungserfolgen steht – neben der möglichen Verdächtigung unschuldiger Dritter (sowie etwaigen kriminogenen Elementen durch Vermittlung von Begehungstechniken) – das Bewußtsein der Erfolglosigkeit in einer Vielzahl von Fällen gegenüber.

b) Untersuchungen haben belegt, daß die Darstellung von Verbrechen in Tageszeitungen und im Fernsehen geeignet ist, Vorstellungen über Ausmaß, Art und Entwicklung des Verbrechens zu verbreiten, die von Befunden kriminologischer Untersuchungen abweichen. Dies betrifft vorzugsweise die Tendenz, Kriminalität als bedrohlicher und schwerer zu beurteilen, als es der tatsächlichen statistischen Verteilung entspricht (vgl. *Schneider* 1977b, 131; *Reuband* 1978), wobei den Konsumenten gelegentlich eine »Welt des Verbrechens« suggeriert wird, die einer etwa objektivierbaren Wirklichkeit kaum entspricht.

Möglicherweise gelingt eine Negativdarstellung mit gleichzeitigem Appell an Angst und Furcht leichter als eine Positivdarstellung (vgl. *Schmidtchen* 1970, 28 ff.); dies ist deshalb bemerkenswert, weil ersteres zugleich Abwehrmechanismen mit Auswirkungen auf den Kontrollaspekt auslöst.

III. Ethnische und minderheitenbezogene Zusammenhänge

1. a) Zum internationalen Vergleich unterschiedlicher Kriminalitätsbelastung und -struktur verschiedener Nationalitäten, Volksstämme und ethnischer Gruppen liegt eine Vielzahl von Untersuchungen vor *(Hacker* 1936; ferner zur Übersicht *von Hentig* 1947; *Exner* 1949, 37 ff.; vgl. auch schon *Aschaffenburg* 1923, 32 ff.). Aussagen zu diesem Fragenbereich bedürfen in besonderem Maße der detaillierten und dem ständigen sozialen Wandel Rechnung tragenden Berücksichtigung unterschiedlicher Zusammenhänge zwischen strafrechtlicher Erfassung von Verhalten und der Entstehung dieses Verhaltens.

b) α) Was die Verhältnisse innerhalb des Deutschen Reiches anging, so ist für die Pfalz, soweit Angaben vorliegen, stets eine besonders hohe Kriminalitätsbelastung ausgewiesen worden, und zwar namentlich in den Industriebezirken Pirmasens, Kaiserslautern und Ludwigshafen. Als einer unter zahlreichen Erklärungsversuchen nahm *Exner* (1949, 47) hierzu an, es handle sich bei der Bevölkerung der Pfalz um einen besonderen Volkscharakter insofern, als die Pfalz seit der Römerzeit besonders viele Invasionen erlebt habe, und als jeweils fremde Volksbestandteile verblieben seien. Auch seien der sprunghafte Anstieg der Industrie und die hohe Bevölkerungsdichte mancher Bezirke von Bedeutung.

In Bayern wurden, im Vergleich zu Sachsen, in den Jahren 1925 bis 1928 (nach RKrSt 1928, 16) wesentlich höhere Verurteilungsziffern bei Körperverletzungsdelikten, Hausfriedensbruch und Sachbeschädigung registriert. Hierzu wurde vermutet, daß sich Bayern und Sachsen infolge von Charakter- und Temperamentsunterschieden zum Beispiel in der Erregung höchst unterschiedlich verhielten, und zwar unabhängig davon, ob sie unter Alkoholeinfluß stünden oder nicht. Tatsächlich kann die Tatsache, daß die drei angeführten Delikte unverhältnismäßig häufig unter Alkoholeinfluß begangen werden, die genannte Differenz allenfalls teilweise erklären (s. auch u. § 52 I. 1. a)).

β) Die geringste Kriminalitätsbelastung zeigte die Bevölkerung des Nordwestens Deutschlands. Während die diesbezügliche günstige Situation unter anderem mit besonderen äußeren Lebensbedingungen, der Agrarwirtschaft und der Siedlungsweise im Nordwesten zusammenhängen mochte, vermutete *Exner* (1949, 51) zugrundeliegende Besonderheiten im Charakter der Bevölkerung als der »nordischen« und »nordisch-fälischen Rasse«.

Erwähnt sei in diesem Zusammenhang das in der nationalsozialistischen Ideologie vertretene Ziel des »Aufnordens«.

γ) Schließlich bestehen Anhaltspunkte für die Annahme, daß die vormals unter deutschem Recht lebenden slawischen Bevölkerungsgruppen des Ostens, und darunter vor allem Polen, in jener Zeit eine über dem Reichsdurchschnitt liegende Kriminalitätsbelastung hatten (vgl. hierzu und zum folgenden *Exner* 1949, 46). Ferner scheint zum Beispiel Ostpreussen, berechnet für das Jahr 1933 – und auch ohne Polen – überdurchschnittlich belastet gewesen zu sein. Inwieweit für diese Erscheinungen jedoch das »slawische Element« und ein diesem zugeschriebener »Volkscharakter« (vgl. *Exner* 1949, 45 ff.) oder der Umstand relevant gewesen sein mag, daß es sich bei der Bevölkerung dortiger Gebiete um ein »Völkergemisch« mit »Blutsmischung« (*Exner* 1949, 45 f.) gehandelt habe, erscheint fraglich. Zugleich nämlich handelte es sich bei den genannten Bevölkerungsgruppen um gesellschaftliche Minderheiten (s. u. 2.), die zudem, insgesamt betrachtet, einen niedrigeren wirtschaftlichen und kulturellen Lebensstandard als die übrige dortige Bevölkerung hatten; auch mögen sie schon wegen ihrer nationalen Herkunft einer erhöhten strafrechtlichen sozialen Kontrolle ausgesetzt gewesen sein.

c) *Grassberger* (1946, 184) hat in einer Untersuchung über männliche Bestrafte in Österreich errechnet, daß die in Kärnten, Steiermark und Burgenland Geborenen eine erhöhte Kriminalitätsbelastung auch dann zeigten, wenn sie in ein anderes Land umgezogen waren (vgl. zu weiteren Hinweisen für Österreich *Seelig/Bellavic* 1963, 213; für Sardinien *Aschaffenburg* 1923, 39 f.).

2. Bezüglich gesellschaftlicher Minderheiten bereitet eine Abgrenzung kultureller Faktoren von möglichen anderen Faktoren Schwierigkeiten. Die Frage ist jeweils, ob sich kriminelle Verhaltensweisen auf spezifische kulturelle Normen, Werte oder Einstellungen zurückführen lassen, oder ob diese wiederum nicht lediglich Ausfluß von spezifisch wirtschaftlichen oder sozialen Bedingungen sind. So wäre es zum Beispiel nicht vertretbar, generell Randgruppen- oder Minderheitenkriminalität von kulturellen Faktoren herzuleiten, soweit diesen Gruppen Unterprivilegierung und Mangel an gesellschaftlicher Wertschätzung anhaftet. Zur Überprüfung kultureller Faktoren wäre es daher unumgänglich, solche außerkulturellen Faktoren nach Möglichkeit auszuschalten, indem Gruppen mit gleichen sozio-ökonomischen, aber unterschiedlichen kulturellen Bedingungen miteinander verglichen werden.

Forschungen über Umfang und Struktur von Kriminalität *gegenüber* gesellschaftlichen Minderheiten wurden verhältnismäßig selten durchgeführt. Ebenso wie Verbrechen durch Staatsführungen (s. o. § 49 VI.) kriminologisch kaum untersucht wurden, fällt auf, daß zum Beispiel Phänomene wie Lynchakte von Weissen gegenüber Schwarzen in den USA in der dortigen kriminologischen Literatur kaum behandelt wurden und werden. – Für Europa, den Vorderen Orient und die USA liegen Anhaltspunkte dafür vor, daß die vermutete tatsächliche Kriminalität der Majorität gegenüber bestimmten und vorzugsweise ethnischen Minderheiten höher ist als umgekehrt (vgl. hierzu *Mannheim* 1974, 677 f.).

a) α) In den USA hat sich regelmäßig eine deutlich überhöhte Kriminalitätsbelastung von *Schwarzen* im Vergleich zu Weißen ergeben (vgl. schon *Fehlinger* 1906, 112; *von Hentig*

1947, 158 ff.; s. kritisch aber schon *Sellin* 1928, 52 ff.). I Iinsichtlich der Tatgruppenstruktur soll die Belastung Schwarzer bei Körperverletzungsdelikten und, diesen folgend, bei Tötungsdelikten besonders hoch sein, während sie bei Betrug, Urkundenfälschung und Münzfälschung etwa derjenigen der Weißen entsprochen haben soll. Bezüglich der Tätergruppenstruktur sollen die Unterschiede in der Belastung bei den weiblichen Tätern größer gewesen sein als bei den männlichen. Im übrigen sollen Anhaltspunkte dafür vorliegen, daß die Kriminalitätsbelastung von Schwarzen in Gebieten mit einem vergleichsweise sehr hohen Anteil Schwarzer an der Gesamtbevölkerung vergleichsweise niedrig sei. Andererseits haben Analysen zur Verteilung innerhalb des Verhältnisses von Täter und Opfer, die aufgrund (polizeilich) registrierter Fälle über einzelne Delikte durchgeführt wurden (vgl. *Wolfgang* 1967a, 179 f.; *Amir* 1971, 43 f.), eine deutliche Überrepräsentierung der *intra* rassischen Kriminalität ergeben; im übrigen zeigten sie erhebliche Divergenzen zu den Ergebnissen von *Ennis* (vgl. 1967, 30 – 36; s. o. § 46 II. 3. d)), wozu auf die generelle Problematik der Vergleichbarkeit von Daten der Dunkelfeldforschung mit solchen registrierter Kriminalität hinzuweisen ist (s. z.B. o. § 16 II. 1. d)). – Unter dem Aspekt allgemeiner geographischer Verteilung (s. allgemein u. § 52 I. 1.) sollen Schwarze in den Nordstaaten stärker belastet gewesen sein als in den Südstaaten.

β) Zur Erklärung der Mehrbelastung Schwarzer wird allgemein angenommen, daß das Ausmaß der Mehrbelastung nur zum Teil durch unterschiedliche Verfolgungsintensität bedingt sei, das heißt daß eine gewisse Mehrbelastung auch tatsächlich vorhanden sei; ähnlich eingeschränkt wird die Bedeutung statistischer Mängel hinsichtlich der terminologischen Abgrenzung beurteilt. Im übrigen werden weniger kulturelle Merkmale im engeren Sinne als relevant vermutet. Vielmehr wurde der wirtschaftlichen Unterprivilegierung einschließlich der schnelleren Entlassung am Arbeitsplatz, dem durchschnittlich tiefer liegenden Sterbealter mit der Folge eines im Vergleich zu den Weißen relativ größeren Anteils der – generell meistbelasteten – Altersgruppen sowie physiologischen und psychischen Auswirkungen des Wechsels von Afrika nach Nordamerika vor mehreren Generationen Bedeutung beigemessen. In Zusammenhang mit letzterem werden allerdings auch allgemeine Anpassungsprobleme und Integrationsversagungen erörtert.

b) Für *Juden* wurde ganz überwiegend von einer Unterbelastung mit Kriminalität berichtet (vgl. zusammenfassend *Mannheim* 1974, 681 f.). Hinsichtlich der Tatgruppenstruktur wurde die Belastung bei den Delikten gegen die Person als besonders niedrig festgestellt, während sie zum Beispiel bei Betrug, betrügerischem Bankrott, Fälschung und Veruntreuung relativ hoch sei (vgl. *Bonger* 1969 [1943], 51 – 66 m.w.N.; *Mannheim* 1974, 682 m.w.N.).

α) Zur Erklärung dieser Kriminalitätsbelastung und -struktur werden aufgrund zahlreicher historischer Anhaltspunkte allgemeine Faktoren des erzieherischen und sozio-ökonomischen Status und dabei vor allem des Berufs als unmittelbar relevant angesehen. Einen gewissen Aufschluß über die geschichtlichen Hintergründe der Berufsstruktur von Juden einschließlich der isolierenden Maßnahmen ihnen gegenüber, die mitunter zu Kontaktaufnahme oder -erhaltung mit Straftätern geradezu zwangen, vermittelt die Darstellung von *Radbruch/Gwinner* (1951, 139 ff.). Ferner dürften auch Fragen unterschiedlicher Verfolgungsintensität einzubeziehen sein (zur selektiven und strengeren Strafverfolgung gegenüber Juden im Nationalsozialismus s. *Roesner* 1937a, 42 ff.).

β) Innerhalb des Staates Israel scheint sich nach vorläufigen Zahlen eine Veränderung der Kriminalitätsstruktur des Inhalts ergeben zu haben, daß die Delikte gegen die Person we-

Kriminalitätsbelastung und kulturelle Gegebenheiten § 50

sentlich anstiegen (vgl. *Shoham* 1962, 211; s. zur Orientierung auch *Reifen* 1975), welche Entwicklung auch auf einer kulturell getragenen Tendenz der aus Afrika kommenden Einwanderer zu gewalttätiger Konfliktlösung beruhe (vgl. u. 3. b)). Ferner ließen die offiziellen Kriminalstatistiken Israels für die Jahre 1949 bis 1958, in welchen Zahlen für Juden und Nicht-Juden getrennt angegeben wurden, keine deutlichen Unterschiede zwischen Delikten gegen die Person und solchen gegen das Eigentum erkennen (vgl. *Mannheim* 1974, 683 ff. m.N.). Zur Erklärung dessen wurde unter anderem auf Veränderungen der Berufsstruktur von Juden innerhalb Israels im Vergleich zur Situation als ethnische Minderheiten im Ausland hingewiesen.

3. a) Untersuchungen über Kriminalitätsumfang und -struktur bei *Einwanderern* wurden zu Beginn des 20. Jahrhunderts insbesondere in den USA als demjenigen Staat durchgeführt, der in großem Maße Enwanderer aufnahm. Dabei waren der Tendenz zur Einwanderungsbeschränkung entsprechend solche kriminologischen (wie auch psychiatrischen) Forschungsergebnisse erwünscht, nach welchen Einwanderern mit einschlägigen Auffälligkeiten wie Straffälligkeit (oder Psychosen) erhöht belastet seien (vgl. hierzu *Elliott* 1952, 288 f.; zur Psychiatrie *Mezey* 1960, 245 ff.). Mit der graduellen Minderung der (Massen-)Einwanderung (insbesondere aus Europa) verlor das Problem in der US-Kriminologie an Bedeutung, während später, wiederum entsprechend der politischen Aktualität, Untersuchungen hierzu insbesondere aus Israel bekannt wurden (vgl. *Shoham* 1962).
Die entsprechenden Forschungen wurden teilweise auf dem theoretischen Hintergrund eines Kulturkonflikts durchgeführt (s. o. § 6 II. 4. b)). Zugleich wurde hinsichtlich der Dimension sozialer Stabilität angenommen, eine vergleichsweise geringe Kriminalitätsbelastung isolierter und homogener, gewissermaßen »ungestört« sich entwickelnder Gesellschaften steige in der Folge von Einwanderungen erheblich an. Ebenso soll bezüglich der Einwanderer selbst beobachtet worden sein, daß die Kriminalitätsbelastung im Innern von geschlossenen (Einwanderer-)Ansiedlungen geringer sei als an deren – fremde Elemente tangierenden – äußeren Grenzen.

α) Untersuchungen in den USA ergaben (jedoch), daß die Kriminalitätsbelastung der Einwanderer unter derjenigen der Einheimischen lag (vgl. besonders *Sellin* 1938). Wenngleich dieser Befund teilweise mit der strengen Einwanderungsgesetzgebung und dem Ausschluß »asozialer« Personen von der Einwanderung, das heißt mit einer »positiven Auslese« erklärt werden konnte, so blieb er um so beachtlicher, als bei Einwanderern eine Überrepräsentierung etwa der Anteile an jungen, ledigen, vermögenslosen Personen männlichen Geschlechts mit geringem Ausbildungsniveau und geringen beruflichen Fähigkeiten, das heißt solcher Kategorien vorzuliegen schien, die generell eine höhere Kriminalitätsbelastung zeigen als andere.
Besonderheiten ergaben sich hinsichtlich der Deliktsart in Verbindung mit dem Herkunftsland (vgl. *Elliott* 1952, 294; *Sellin* 1938, 75 – 77; *Mannheim* 1974, 647 ff.). – Dies könnte allerdings auch damit zusammenhängen, daß die Auswanderer die einen Herkunftslandes eine besonders ungünstige »Auslese« innerhalb ihres eigenen Herkunftslandes dargestellt haben mögen, während dies bei Einwanderern eines anderen Herkunftslandes nicht der Fall gewesen sein mag. Darüber hinaus haben die entsprechenden US-amerikanischen Statistiken (oftmals) lediglich die der Einwanderung unmittelbar vorhergegangene Nationalität vermerkt, so daß zu einem gewissen Anteil möglicherweise verschiedene ethnische Gruppen innerhalb derselben Kategorie gezählt worden sind (vgl. *Mannheim* 1974, 649 unter Hinweis auf *Stoffelt*). – Im einzelnen wurde (im Rahmen deliktorientierter Verlaufsun-

tersuchungen, s. auch u. § 56 II.) bezüglich einer Änderung in der Struktur des Verhältnisses von Täter und Opfer bei wiederholten Tötungsdelikten auf die Bedeutung hingewiesen, die dem mit der Einwanderung einhergehenden Wechsel vom Land in die Stadt zukomme (vgl. *Mannheim* 1974, 650 mit Hinweis auf *Thomas/Znaniecki*).

β) Bezüglich derjenigen Einwanderer, die als Kinder in die USA kamen, ergab sich eine höhere Kriminalitätsbelastung als bei denjenigen, die als Erwachsene einwanderten. Diese Tendenz zeigte sich wesentlich verstärkt bei den in den USA geborenen Kindern von Einwanderern, wenngleich deren Kriminalitätsbelastung (immer noch) niedriger war als diejenige der Kinder von Einheimischen. – Diese Entwicklung wurde allgemein mit einer allmählichen Annäherung an die Wirtskultur erklärt, wobei im letztgenannten Fall die zweite Generation bereits erheblich mehr angenähert sei als die erste Generation (vgl. *Wood* 1947, 504; vgl. aber auch *König* 1963a, 41). Dieser Erklärung könnte es entsprechen, daß bei jüdischen und chinesischen Einwanderern, die in erheblicher kultureller Kohäsion und Abschirmung fortlebten, ein Anstieg in der zweiten Generation nicht stattgefunden haben soll.

Abgesehen hiervon wurde über Verschiebungen hinsichtlich der Deliktsart (vgl. *Exner* 1949, 40 f. mit Hinweis auf *Stoffelt*) sowie über Unterschiede in der Sanktionsschwere berichtet; im einzelnen wurden für die Söhne von Einwanderern aus Süd- und Osteuropa mehr als doppelt soviele Verurteilungen zu Freiheitsstrafen als für die Söhne der Einwanderer aus Nord- und Westeuropa berechnet.

γ) Für die dritte Generation wird angenommen, die Annäherung an die Verbrechensbelastung der Wirtskultur sei zur Angleichung geworden.

b) Bezüglich des Staates Israel, für den sich im Rahmen der Einwanderung Kulturkonflikte auch zwischen Juden schon aus Unterschieden des Herkunftslandes, der Sprache, der Ausbildung und Erziehung ergaben, waren die Kriminalitätsanteile der – nach Herkunftsländern getrennten – Einwanderergruppen gleichfalls sehr unterschiedlich. Dabei wurden als Anteile auf je 1.000 Einwanderer des Herkunfts-Erdteils für Afrika 13, für Asien 10 und für Europa und Amerika je 5 errechnet (*Shoham* 1962, 211). Eine Unterteilung nach der Tatgruppenstruktur ergab – in der genannten Folge der Herkunfts-Erdteile, wobei Europa und Amerika zusammengefaßt wurden – an Belastungen bei Delikten gegen die Person 30, 27 und 26, bei Vermögensdelikten 27, 26 und 25, bei Brandstiftung und Beschädigung von Eigentum 10, 9 und 6 und bei Fälschung und Unterschlagung 1, 1 und 2 (vgl. *Shoham* 1962, 211; vgl. auch *Mannheim* 1974, 684; s. neuerdings *Reifen* 1975; s. ferner o. 2. b) β)).

4. Bezüglich der Kriminalitätsbelastung *Nichtdeutscher* innerhalb der Bundesrepublik Deutschland bereitet es gewisse Schwierigkeiten, zu ermitteln, auf welche Personengruppen welche Anteile entfallen; dabei ist zu vermuten, daß sich einzelne Kategorien Nichtdeutscher – zum Beispiel Touristen, Arbeitnehmer, Mitglieder von Stationierungsstreitkräften und deren Angehörigen, international tätige berufsmäßige Straftäter – nach der kriminellen Auffälligkeit teilweise erheblich unterscheiden. Ein Vergleich zwischen der Kriminalitätsbelastung der Einheimischen und der Nichtdeutschen ist ferner nur bei Anpassung der Daten der Einheimischen an die Alters- und Geschlechtsverteilung der Nichtdeutschen möglich.

Der Prozent-Anteil der Nichtdeutschen unter den nach der PolSt als Tatverdächtige erfaßten Personen ist in der Bundesrepublik Deutschland von 2 % im Jahre 1958, unbeschadet von Schwankungen, über 6,6 % und 8,3 % in den Jahren

1968 und 1969 auf 12,3 % aller tatverdächtigen Personen im Jahre 1975 angestiegen; der Anteil der Nichtdeutschen – außer Touristen, Angehörige der Stationierungsstreitkräfte und Illegale – an der Wohnbevölkerung betrug demgegenüber im Jahre 1976 nur 6,4 % (PolSt 1976, 41). Nach Straftaten unterteilt ist der Anteil nichtdeutscher Tatverdächtiger (gemäß Zahlen für das Jahr 1975) vergleichsweise hoch bei Notzucht (29,8 %), vollendetem Mord und Totschlag (23,2 %), gefährlicher und schwerer Körperverletzung (18,8 %); die diesbezüglichen Anteile der nichtdeutschen Arbeitnehmer sowie der Mitglieder von Stationierungsstreitkräften und deren Angehörigen beliefen sich auf 19,9 % und 5,6 %, 16,8 % und 1,9 %, 14,5 % und 1,3 %.

Nach der (nichtveröffentlichten) amtlichen Übersicht der im GZR für 1977 registrierten 26.624 Bußgeldentscheidungen gegen natürliche Personen ergeben sich im Bereich des stehenden Gewerbes bei 25.147 Entscheidungen 21.897 gegen Deutsche und 3.250 gegen Nichtdeutsche, das heißt der Anteil letzterer beträgt circa 15 %. Innerhalb der Nichtdeutschen entfielen 1.596 auf Staatsangehörige von (anderen) EG-Ländern, während 221 Jugoslawen, 218 Griechen und 209 Türken darunter waren. Der Anteil der Bußgeldentscheidungen gegenüber Nichtdeutschen war vergleichsweise höher bei den Entscheidungen durch Bundesbehörden; hier entfielen an Bußgeldentscheidungen 4.593 auf Deutsche und 1.116 auf Angehörige von (anderen) EG-Ländern, das heißt der Anteil letzterer betrug 24 %.

a) Die relative Verbrechensbelastung der nichtdeutschen Arbeitnehmer (nach der PolSt wie auch nach der StrafSt) insgesamt ist erheblich niedriger als diejenige der Einheimischen (zur betriebsjustitiellen Belastung s. jedoch *Kaiser/Metzger-Pregizer* 1976, 143 ff.; generell höher ist der offiziell registrierte Anteil in Frankreich, s. *Robert* u.a. 1970), während sich bei einzelnen Deliktsgruppen und bei der Altersgruppe Jugendlicher ein differenzierteres Bild zeigt.

α) Die nichtdeutschen Arbeitnehmer sind, mit Ausnahme der Spanier, bei den vorsätzlichen Tötungs- und Körperverletzungsdelikten, bei Notzucht und unzüchtigen Handlungen mit Kindern sowie bei Erregung öffentlichen Ärgernisses besonders und zum Teil deutlich höher belastet als eine vergleichbare Bevölkerungsgruppe der Einheimischen. Dies gilt in erster Linie für Türken, aber auch – bei nach der jeweiligen Deliktsart unterschiedlicher Reihenfolge – für Griechen und Italiener.

Dabei ist namentlich für den Bereich der Tötungs- und Körperverletzungsdelikte hervorzuheben, daß ein erheblicher Anteil dieser Straftaten intrakulturell begangen wird (vgl. *Zimmermann* 1966, 625; *Nann* 1967). Bezüglich der genannten Sittlichkeitsdelikte scheint die informelle und formelle soziale Reaktion in der Bundesrepublik Deutschland generell schärfer und intensiver zu sein als in den jeweiligen Herkunftsländern.

Demgegenüber herrscht bei den Diebstahls- und Betrugshandlungen eine vergleichsweise höhere Deliktsbelastung der Deutschen vor; eine Ausnahme bilden hier teilweise die Jugoslawen. Andererseits werden einzelne bei Nichtdeutschen überrepräsentierte Straftaten wie zum Beispiel Falschgeld- und Rauschgiftdelikte, abgesehen von Türken, weniger von nichtdeutschen Arbeitnehmern als von anderen nichtdeutschen Gruppen begangen.

β) Nach der Staatsangehörigkeit unterteilt findet sich die vergleichsweise stärkste Verbrechensbelastung bei Türken und, als nächstes, bei Jugoslawen; dem folgen Italiener. Demgegenüber liegen Griechen eher in der Mitte, während Spanier am wenigsten als Straftäter registriert werden.

γ) Nach einer mittels polizeistatistischer Zahlen einzelner westdeutscher Großstädte vorgenommenen Vergleichsberechnung (*Albrecht* u.a. 1978) der Belastung der Personen im Alter unter 21 Jahren in den Jahren 1973 bis 1977 hat sich ergeben, daß nach den Gesamtzahlen auch hier die Ausländer weniger belastet sind. Bei den Altersgruppen der Jugendlichen und Heranwachsenden hingegen, das heißt ohne die Altersgruppe der Kinder, wurde eine deutliche Mehrbelastung der Ausländer berechnet. Dies betraf insbesondere die Jugendlichen, bei denen zugleich deliktsstrukturell, und zwar insbesondere betreffend die Belastung mit Diebstahlskategorien, eine Art von Anpassung an die Deliktsstruktur der Jugendkriminalität von Deutschen sich abzuzeichnen scheint. – Zur Erklärung wird, neben einer spezifischen sozialen Mängellage (*Albrecht* u.a. 1978, 278) der ausländischen Bevölkerungsgruppe (s.u. b)), unter anderem auf die Arbeitslosenquote jugendlicher Ausländer hingewiesen, die nach Anhaltspunkten erheblich über derjenigen jugendlicher Deutscher liege (zum Faktor Arbeitslosigkeit allgemein s.u. § 51 III. 3.).

b) α) Bei der Interpretation des vergleichsweise niedrigen Gesamtumfangs der Verbrechensbelastung nichtdeutscher Arbeitnehmer ist zunächst die Funktion der Anwerbungskommissionen insofern zu berücksichtigen, als solche Personen, die bereits im Herkunftsland als straffällig registriert wurden, von einer Vermittlung zurückgestellt werden; inwieweit die nach Herkunftsländern unterschiedliche diesbezügliche Kontrollintensität das Gefälle der Verbrechensbelastung begründet, ist nicht geklärt. Ferner mögen die Verhältniszahlen für ausländische Arbeitnehmer dadurch verzerrt sein, daß illegal Eingereiste und nicht gemeldete Personen zwar bei dem Anteil der Straftäter, nicht aber bei demjenigen der Bevölkerung mitgezählt werden. – Auch ist zu berücksichtigen, daß die als straffällig registrierten nichtdeutschen Arbeitnehmer gemäß ausländerpolizeilichen Bestimmungen in das Herkunftsland abgeschoben werden, so daß die Belastung mit registrierter Rückfallkriminalität weitgehend entfällt; zugleich begründet diese Praxis möglicherweise eine spezifische Abschreckungswirkung gegenüber den übrigen nichtdeutschen Arbeitnehmern. Ferner wäre zu überprüfen, inwieweit die Anzeigebereitschaft von Delikten nichtdeutscher Arbeitnehmer vergleichsweise geringer ist, soweit es sich um intrakulturell begangene Delikte handelt; entsprechendes gilt für die Bereitschaft der Polizei, eine Anzeige aufzunehmen (s.o. § 29 I. 2. a)). – Auch mag es sein, daß zum Beispiel im Bereich der Kriminalität am Arbeitsplatz Arbeitnehmer eher entlassen, aber weniger bei der Polizei angezeigt werden als deutsche Arbeitnehmer.

β) Zur Erklärung der deliktsstrukturellen Besonderheiten bei nichtdeutschen Arbeitnehmern als Tätern wird zunächst davon auszugehen sein, daß es sich ganz überwiegend um Angehörige sozio-ökonomisch unterer Gruppen handelt. Eine unmittelbare Bedeutung kulturell bedingter unterschiedlicher Normvorstellungen scheint nicht die Regel, sondern allenfalls und am ehesten bezüglich Tötung, Körperverletzung, Notzucht, Abtreibung, Glücksspiel, Wilderei und einzelnen Verkehrsdelikten gegeben zu sein; jedenfalls sind die meisten der in der Bundesrepublik Deutschland von nichtdeutschen Arbeitnehmern begangenen Delikte auch in deren Heimatländern unter Strafe gestellt. – Ein Hinweis auf kulturelle Einflüsse ergibt sich aus der unterschiedlichen Kriminalitätsrate einzelner Nationalitäten sowie aus Besonderheiten hinsichtlich der Art der Tatbegehung. Allerdings mögen dabei auch unterschiedliche situative Gegegebenheiten von Bedeutung sein, so zum Beispiel im Bereich der Sexualdelikte oder auch bei Urkundenfälschung im Bereich von Paßdelikten.

Andererseits muß sich die individuelle Transformation von (Kultur-)Konflikten nicht (allein) in strafrechtlich erfaßtem Verhalten ausdrücken, sondern sie mag in anderen Bahnen verlaufen. Phänomene einer etwa höheren Anfälligkeit nichtdeutscher Arbeitnehmer zum Beispiel gegenüber Unfällen und Krankheiten (vgl. *Kaiser* 1976, 246; eher verneinend für beides *Borris* 1973, 110 f.) könnten eine Reaktion auf überfordernde Leistungserwartungen darstellen, die in Verhaltensunsicherheit und erhöhter Disposition für bestimmte Krankheiten besteht (zu psychischen Erkrankungen s. *Brauneck* 1974, 173).

γ) Hinsichtlich des Verlaufs entsprechend dem Aufenthalt im Gastland wurde beobachtet, daß die kriminelle Auffälligkeit nichtdeutscher Arbeitnehmer in der ersten Phase gering ist, und es sich hinsichtlich der Straftaten neben Paßdelikten um weniger schwerwiegende (Vermögens-)Delikte handeln soll (vgl. *Gräff* 1967, 484 ff.); im Unterschied hierzu sind Krankheiten und Betriebsunfälle nichtdeutscher Arbeitnehmer zu Beginn des Aufenthaltes im Gastland am höchsten (vgl. *Borris* 1973, 95). Mit zunehmender Dauer des Aufenthaltes und stärkerer Integrierung sowie der Intensivierung sozialer Kontakte mit Einheimischen scheint es, als ob die Delinquenzrate ». . . stagniert oder gar ansteigt und sich zum Teil jener der Majoritätsgruppe anpaßt« (*Kaiser* 1976, 246 f.). Falls gegen Ende des Aufenthaltes hin wieder ein Sinken festgestellt werden sollte, würde es sich um einen U-kurvenförmigen Verlauf handeln. – Am deutlichsten wird man sozialstrukturelle und sozialisationsbezogene Faktoren bei denjenigen Personen nachweisen können, die im Kleinkindalter nach Deutschland kamen oder gar erst hier geboren sind (zweite Generation; s. sinngleich betreffend Einwanderer o. 3. a)). Bei diesen nämlich mag eine Identifizierung mit der Herkunftskultur nebst Akzeptierung der Rolle als Außenseiter innerhalb der deutschen Wirtskultur weniger möglich sein, wobei entsprechende Identifizierungsprobleme namentlich im Jugendlichenalter mit allgemeinen Normen phasenspezifischer Normenverunsicherung kumulieren mögen (s. auch o. § 48 I. 2.).

§ 51 Kriminalitätsbelastung und wirtschaftliche Gegebenheiten

I. Allgemeines

1. a) Nach statistischen Anhaltspunkten hängt die Struktur von Erscheinungen der Kriminalität wesentlich vom Grad ökonomischer Differenziertheit und technologischer Entwicklung einer Gesellschaft und weniger zum Beispiel von deren politischer Verfassung ab. Dabei können auch als positiv betrachtete Faktoren aus Wirtschaft oder Technik solche als schädigend bewertete Verhaltensweisen ermöglichen und hervorbringen, die einer Strafbewehrung bedürftig erscheinen.

So weitet sich in Parallelität zur industriellen Entwicklung die Komplexität und Anonymität wirtschaftlicher Beziehungen und Abläufe einschließlich solcher – der Wirtschaftsstruktur immanenter und äußerlich unauffälliger – Handlungsweisen im Wirtschaftsleben aus, die als nicht mehr akzeptierbar angesehen und unter dem Begriff Wirtschaftskriminalität (s. o. § 47 III.) zusammengefaßt werden.

Ferner führt die technische und industrielle Entwicklung zum Beispiel zu einer Ausweitung der Automobilproduktion und damit verbunden zu einem Anstieg der Verkehrsdichte und einer zunehmend umfassender werdenden (auch strafrechtlichen) Reglementierung, derzufolge die absoluten Zahlen für Verstöße gegen verkehrsstrafrechtliche Vorschriften ansteigen. Die Kraftfahrzeugentwicklung beeinflußt ferner in außergewöhnlich nachhaltiger Weise die tat- und tätergruppenbezogene Struktur auch herkömmlicher Straftaten (s. z.B. o. § 47 I. 3. a) β)).

Allerdings zeigt gerade die Entwicklung des Straßenverkehrs, daß solche Erscheinungen auf politischen Entscheidungen beruhen, zum Beispiel des Inhalts, aus ökonomischen und ideellen Gründen dem Individualverkehr vor dem Massenverkehr den Vorzug zu geben. Insoweit können Ausmaß und Struktur von Straßenverkehrskriminalität von der Wirtschafts- und Gesellschaftsstruktur abgeleitet werden, wofür Technik zwar eine notwendige, nicht aber eine hinreichende Bedingung darstellt.

b) Soweit das methodische Vorgehen Wirtschafts- (und Verkehrs-)indizes zugrundelegt, so impliziert dies Grenzen der Aussagemöglichkeit schon insofern, als die Daten entsprechender (Statistiken oder) Indizes in der Regel bereits erhebliche Fehlerquellen aufweisen mögen, wobei etwaige Bereinigungen der Datenaufbereitung der Gefahr zusätzlicher oder anderer Fehlerquellen begegnen. Eine weitere kaum überwindbare Implikation besteht in derjenigen allgemeinen, für den Bereich wirtschaftlicher Bedingungen jedoch erhöhten Problematik (kriminal-)statistischer Untersuchungen (s. o. § 17 IV. 1. b)), derzufolge die Festlegung des zur Untersuchung verwendeten Zeitraums das Ergebnis zu bestimmen oder zumindest zu beeinflussen vermag; jeweils wird zu prüfen sein, inwieweit das Ergebnis über vermutete Wirkungszusammenhänge und -entfaltungen unterschiedlich oder gar entgegengesetzt ausfallen könnte, wenn ein anderes Wirkungsintervall festgesetzt würde. Hinsichtlich etwaiger Spätwirkungen – im Gegensatz zu Sofortwirkungen – wäre zu überprüfen, inwieweit sie möglicherweise erst dann eintreten, wenn der ökonomische Zyklus bereits eine andere Wendung genommen hat; ohne eine solche Prüfung könnte die Interpretation gegebenenfalls zu einer Verkennung tatsächlicher Wirkungszusammenhänge gelangen.

2. a) Was den Begriff der Wohlstandskriminalität – etwa im Gegensatz zum Begriff der Notkriminalität – angeht, so bestehen Bedenken gegenüber dessen Geeignetheit. Zum einen geht eine besonders günstige Wirtschaftsentwicklung meist mit einem hohen Maß an sozialem Wandel und einem entsprechend geringeren Maß an sozialer Stabilität einher (s. o. 1. a); s. auch u. II. 1.). Zum anderen ist in Gesellschaften mit besonders günstiger Wirtschaftsentwicklung wie auch in industriell hoch entwickelten Gebieten die relative Armut in der Regel vergleichsweise ausgeprägt.

Soweit zwischen physischen und sozialen Bedürfnissen unterschieden wird, gilt für physische Bedürfnisse wegen deren organischer Bedingtheit eine gleichmäßige Befriedigung als angezeigt. Soziale Bedürfnisse hingegen seien nicht in einer den körperlichen Bedingungen entsprechenden Art begrenzt, sondern könnten ein unbeschränktes Ausmaß annehmen, und zwar je nach der Ausgestaltung sozialer Ordnung und Kontrolle.

Jedenfalls wird davon auszugehen sein, daß sich Begriffe wie Armut oder Wohlstand, von Fällen physischer Not mangels Befriedigung existenzbedrohender Bedürfnisse abgesehen, nicht als Konstante begreifen lassen. Vielmehr sind sie von dem ständigen Wandel der Bedürfnisstruktur abhängig. Ihre kriminologisch etwa relevanten Auswirkungen sind bedingt durch kulturelle Ziele und soziale Erwartungen einerseits und Möglichkeiten zu deren Verwirklichung andererseits (vgl. *Merton* 1968, 186 ff., 193 ff.; s. noch o. § 6 II. 4. a)). Dabei mag es sein, daß bei günstiger Wirtschaftsentwicklung nebst absolut steigendem Lebensstandard die Verbrechensbelastung mit zunehmender Öffnung der Schere wirtschaftlicher Verhältnisse in den sozio-ökonomischen Extremgruppen der Gesellschaft ansteigt (s. auch u. II. 2.).

b) Die Vermutung einer spezifischen Wohlstandskriminalität, die ihre Bedingungszusammenhänge im Wohlstand selbst finde, verfügt über eine gewisse Plausibilität. Da eine Koinzidenz, nicht aber eine Korrelation zwischen Kriminalität und Wohlstand als belegt erscheint, würde man jedoch eher von einer Kriminalität trotz, nicht aber von einer solchen wegen Wohlstands sprechen (vgl. *Schüler-Springorum/Sieverts* 1970, 36 f.). – Was den Begriff der Begehrlichkeitskriminalität (vgl., im Anschluß an *Bonger, Bauer* 1957, 100 ff.; *Mergen* 1978, 117) angeht, so sollen damit zunehmende Konsummöglichkeiten in deren als kriminogen gedachten Auswirkungen (vor allem) auf (Eigentums-)Kriminalität bezeichnet werden. Dabei fragt es sich, ob den in Frage stehenden sozialen Bedürfnissen durch diesen Begriff in adäquater Weise Rechnung getragen wird.

II. Einzelne allgemeine Befunde und Erklärungsversuche

1. Seit der ersten Hälfte des 19. Jahrhunderts wurde vielfach angenommen, daß Kriminalität nach ihrem Umfang mit der Entwicklung von Wirtschaft (und Zivilisation) ansteige, nach ihrer Schwere jedoch, insbesondere soweit es Delikte gegen die Person betrifft, abnehme (vgl. *Julius* 1828, CXXIII; zurückhaltend jedoch *Mittermaier* 1829, 154 ff., 355 ff.; ders. 1830, 191 ff.). Diese Auffassung wurde teilweise in Verbindung mit Beobachtungen bezüglich Zivilisation und Bildung (s.o. § 50 I. 1., 2.) und des Nord-Süd-Gefälles (s.u. § 52 I. 1.) vertreten.

a) In England wurde, zeitlich entsprechend der gegen Ende des 18. Jahrhunderts einsetzenden Massenarmut, ein erheblicher Anstieg ausgewiesener Kriminalität registriert. So verwundert es nicht, daß in England verschiedene Untersuchungen über das Verhältnis von wirtschaftlicher Not und Verbrechen veröffentlicht wurden (vgl. die Nachweise bei *Mechler* 1970, 55 ff.).

Im einzelnen wurde ein enges Verhältnis zwischen den Kosten für Nahrungsmittel und der Zahl von Straftaten hervorgehoben (vgl. zu ähnlichen Beobachtungen *Mittermaier* 1829, 359). – Ferner ist die Arbeit von *Engels* (1845) über die »Lage der arbeitenden Klasse in England« zu erwähnen, in der auf einen Zusammenhang zwischen zunehmender Proletarisierung und Verbrechen hingewiesen wird (*Engels* 1972 [1845], 356 ff.); verschiedentlich ist eingewandt worden, die Studie habe Fehlerquellen der zugrundeliegenden Kriminalstatistiken nur unzureichend berücksichtigt.

b) Fragestellungen des Verhältnisses von wirtschaftlichen Bedingungen und Verbrechen waren auch von sozialistisch orientierten Autoren Italiens (*Colajanni* 1901) sowie innerhalb der »Lyoner Schule« (*Lacassagne/Martin* 1901) untersucht worden.

Allerdings wurde von anderen französischen Autoren verschiedentlich die Ansicht vertreten, wirtschaftliche Verhältnisse seien eine abhängige Variable, die der unabhängigen Variable der Instabilität in den Lebensverhältnissen zugeordnet sei.

Vielfach wurden die plötzlichen Änderungen in den wirtschaftlichen Verhältnissen, und zwar insbesondere bei extremen Ausprägungen, als kriminologisch relevant angesehen. Weder durch Armut an sich werde die Rechtlichkeit des Menschen erschüttert, noch durch die ungleichartige, durch lange Gewohnheit bestätigte Verteilung der Güter, sondern durch plötzlichen Wechsel. Nicht der Kapitalismus habe Verbrechensgrundlagen geschaffen, sondern nur die moralische Krise, die den Übergang von der handwerklichen zur kapitalistischen Produktionsweise begleitet habe.

c) Die umfassendste Erörterung der Bedeutung ökonomischer Zusammenhänge für Verbrechen legte *Bonger* (1905) vor. Er versuchte, unter Berücksichtigung der jeweiligen Produktionsarten, Kriminalität als eine ausschließlich ökonomisch bedingte Erscheinung darzustellen. – Hieraus ergaben sich erhebliche Unterschiede zu der Position *van Kans* (1903), der seinerseits eine Bestandsaufnahme von Beiträgen zu ökonomischen Zusammenhängen von Kriminalität vornahm.

Van Kan hielt die Parallelen, die man bei einem Vergleich der Eigentumskriminalität mit den Schwankungen der ökonomischen Situation feststellte, für eher oberflächliche Wellenbewegungen, die über tiefer liegende, für längere Zeit konstant bleibende Verbrechensbedingungen nichts aussagten und nur die plötzliche und augenfällige Veränderlichkeit des ökonomischen Faktors hervorheben würden.

2. a) Befunde des In- wie des Auslandes zum *zeitlichen Querschnitt* haben ergeben, daß wirtschaftlich wohlhabende Länder oder Gebiete mit vergleichsweise hoher Entwicklung von Industrie eine höhere registrierte Eigentumskriminalität aufweisen als wirtschaftlich arme Länder oder Gebiete. Dies gilt sowohl für den Vergleich innerhalb eines Staates als auch zwischen verschiedenen Staaten.

Im einzelnen hatte bereits *Guerry* (1833) dargelegt, daß Diebstahl und Betrug gerade in den ärmsten Départements am seltensten vorkommen. – Als eine unter mehreren Interpretationen sei erwähnt, daß in diesen Departements zugleich eine geringere Arbeitslosigkeit bestanden haben könnte als in reicheren Bezirken, zumal Wohlstand, insgesamt betrachtet, mit vergleichsweise höherer wirtschaftlicher Not einzelner Bevölkerungsgruppen, als sie in wirtschaftlich insgesamt ärmeren Gebieten besteht, durchaus vereinbar ist (vgl. neuerdings auch *Hess/Mechler* 1973). – Ferner sind Variablen unterschiedlicher Begehungsmöglichkeiten zu bedenken.

b) In jüngerer Zeit hat für die Bundesrepublik Deutschland *Hellmer* (1972) auf Grund von Angaben der PolSt gleichfalls ein proportionales Verhältnis zwischen Wirtschaftskraft und registrierter Kriminalität errechnet; als Ausnahmen zeigte sich für Schleswig-Holstein bei geringer Wirtschaftskraft eine hohe, und für Baden-Württemberg bei hoher Wirtschaftskraft eine niedrige Kriminalität. Erwartungsgemäß war der Befund im wesentlichen durch Diebstahlskriminalität bestimmt, wobei eine nach dem Angriffsobjekt unterschiedliche Verteilung dahingehend vorlag, daß in wirtschaftlich reichen Ländern Kraftfahrzeug- und Ladendiebstahl, in wirtschaftlich ärmeren Ländern hingegen Fahrrad- und Automatendiebstahl häufiger war.

c) Eine abschließende Beurteilung des Verhältnisses von Kriminalität insgesamt oder Kriminalität bestimmter Deliktsbereiche einerseits und Ländern oder Gebieten mit unterschiedlichen wirtschaftlichen Gegebenheiten andererseits ist mangels umfangreicher Vergleichsanalysen unter Einbeziehung auch solcher Länder nicht möglich, in denen absolute wirtschaftliche Armut breiter Gruppen der Bevölkerung herrscht oder in denen Straftaten zum Zwecke des Erwerbs die einzige Alternative zum Verhungern darstellen (vgl. zur Problematik *Mannheim* 1974, 699 ff. m.w.N.). Jedenfalls scheint für die kriminologische Untersuchung die wirtschaftliche Situation einzelner Bevölkerungsgruppen und das (sozio-)ökonomische Gefälle innerhalb verschiedener Gruppen der Gesellschaft relevanter zu sein als das wirtschaftliche Niveau eines Landes oder Gebietes insgesamt.

Nach einem Gutachten der Kommission für wirtschaftlichen und sozialen Wandel in der Bundesrepublik Deutschland lag im Jahre 1969 bei 2,6 % aller Personen »absolute Armut« und bei 9,3 % »milde relative Unterversorgung« vor; ohne Anstaltsinsassen wird der Anteil der Haushalte, bei dem »milde relative Unterversorgung« vorlag, mit 7 % angegeben (*Bundesminister für Arbeit und Sozialordnung* 1977, 194).

3. a) Nach der Analyse *Ferris* (1896 [1882], 142) zum *zeitlichen Längsschnitt* sind in Frankreich in dem Zeitraum von 1826 bis 1878 die Kriminalitätsraten nahezu aller Deliktskategorien bei erheblichen Verbesserungen in den wirtschaftlichen Bedingungen aller sozialer Gruppen beachtlich angestiegen. Zu berücksichtigen ist, daß während dieses Zeitraums Regierungsform und Sozialstruktur durch Kriege, Revolutionen und andere Umstände erheblichen Wandlungen unterlagen, so daß der genannte Anstieg auch mit der Änderung anderer Bedingungen als solcher wirtschaftlicher Art zusammenhängen kann (vgl. hierzu *Mannheim* 1974, 692). Ferner wäre zu überprüfen, ob die wirtschaftlichen Bedingungen etwa unterster sozio-ökonomischer Gruppen sich bei relativer Betrachtungsweise teilweise verschlechtert haben (vgl. o. I. 2. a)).

b) Innerhalb Deutschlands zeigten die Verurteiltenziffern für Vermögensdelikte im Zeitraum von 1882 bis nach der Jahrhundertwende einen Anstieg, sodann jedoch bis zum Jahre 1932 eine durchschnittlich etwa gleichbleibende Höhe, zugleich allerdings erhebliche deliktstypische Änderungen. Die Gesamtentwicklung wird auch von der im Jahre 1924 eingeführten Möglichkeit beeinflußt worden sein, Verfahren wegen Bagatelldelikten durch Einstellung zu erledigen (*Emminger-Reform*).

Soweit die Verurteilungen wegen Diebstahls zurückgegangen sind, soll diese Entwicklung auf die wirtschaftliche Besserstellung breiter Gruppen der Bevölkerung wie auch auf die Sozialversicherungsgesetzgebung und Reformen im Bereich des Arbeitsschutzes zurückzuführen sein (vgl. *Exner* 1949, 68, 108 f.); diese Entwicklung habe eine Vielzahl von Menschen vor schwerster Not bewahrt. Für den Anstieg der Verurteilungen wegen Betrugs und Urkundenfälschung um das Dreifache seien eine erhöhte wirtschaftliche Betätigung einschließlich des bargeldlosen Zahlungsverkehrs sowie der Aufbau der Sozialversicherung mit entsprechenden Versuchungen zu Urkundenfälschung oder Versicherungsbetrug maßgebend gewesen.

Hinsichtlich der Entwicklung von Delikten gegen die Person wurde weniger eine unmittelbare Beziehung zu wirtschaftlichen Bedingungen, sondern eher ein komplexes Verhältnis angenommen (vgl. *Mannheim* 1974, 688 ff.). Im einzelnen ergab sich innerhalb Deutschlands zwischen 1882 und 1914 eine Zunahme von 40 % der Delikte gegen die Person, wobei sich vorsätzliche Körperletzung – als der innerhalb dieser Deliktsgruppe häufigste Tatbestand – bis zur Jahrundertwende verdoppelt hat; ein ähnlich starker Anstieg zeigte sich bei den Sittlichkeitsdelikten wie auch bei der Nötigung (vgl. zusammenfassend *Exner* 1949, 67).

α) Was im einzelnen das Verhältnis der Bewegung von Getreidepreis und Kriminalität im zeitlichen Längsschnitt anbetrifft, so hatte *von Mayr* (1917, 950) für die Entwicklung von Roggenpreis und Vermögenskriminalität zwischen 1835 und 1861 in Bayern belegt, daß jeder Sechser, um den das Getreide im Preis gestiegen beziehungsweise gesunken ist, einen Diebstahl auf je 100.000 Einwohner mehr beziehungsweise weniger zur Folge hatte (»Sechser-Gesetz«). Ferner ist für das Deutsche Reich für die Jahre 1882 bis 1896 eine gewisse Parallele von beachtlicher Regelmäßigkeit zwischen der Kurve der Preisbewegung und derjenigen der Verurteilungsziffer betreffend Diebstahl festgestellt worden, wobei letztere bisweilen um ein oder zwei Jahre »nachhinkte« (vgl. hierzu *Exner* 1949, 70). Wegen des zahlenmäßig dominierenden Ausmaßes des Diebstahls gilt die Berechnung, wenngleich modifiziert, auch für Vermögenskriminalität insgesamt; sie gilt jedoch nicht für bestimmte andere, auch wirtschaftsbedingte Vermögensdelikte allgemein. – Als Erklärung für die genannte Parallele zwischen Getreidepreis und Verurteilungsziffer wegen Diebstahls wurde ausgeführt, daß der Brotpreis die Lebenshaltungskosten eines Arbeitnehmers wesentlich beeinflusse, zumal dieser den sechsten Teil des gesamten Einkommens für Brot ausgebe; demgemäß würden sich schon geringfügige Preisschwankungen empfindlich auswirken. Andererseits wurde angenommen, daß maßgebend für die Parallele die Variable Arbeitslosigkeit sei, weil eine Teuerung des Brotes im Zuge allgemeiner Teuerungen (auch von Industrieerzeugnissen) nicht ohne Auswirkungen auf den Beschäftigungsgrad der Arbeitnehmer und auf Arbeitslosigkeit geblieben sein könnte (*Exner* 1949, 70).

Vom Jahre 1897 an ließ sich eine entsprechende Parallelität der Kurven zwischen Getreide- und Brotpreis einerseits und Kriminalität andererseits nicht mehr einwandfrei nachweisen (vgl. aber *Woytinsky* 1929, 665), und zwar weder im Deutschen Reich noch in England und Frankreich. – Dies wurde nicht zuletzt mit einer aufgrund der Verbesserung der allgemeinen Einkommensverhältnisse eingetretenen geringeren Anfälligkeit des einzelnen Haushaltes bei geringfügigen Preisschwankungen erklärt.

Vom Jahre 1919 an ist eine Parallelität der genannten Kurven in keiner Weise mehr festzustellen. Vielmehr setzte sich die Entwicklungstendenz, und zwar auch nach der Inflationszeit, im Sinne einer geradezu gegenläufigen Entwicklung der Kurven fort, wobei insbesondere in den Jahren 1927 und 1928 eine Brotteuerung und zugleich ein Sinken der Diebstahlskurve registriert wurden. In ähnlicher Gegenläufigkeit stiegen in den Jahren 1929 und 1930 trotz günstigeren Getreidepreises die Ziffern der wegen Diebstahls Verurteilten an.

β) Hiernach scheint es, als ob das erörterte Vorgehen, zumindest für die spätere Zeit, zu linear war, um den komplexen Zusammenhang zwischen wirtschaftlichen Verhältnissen und Diebstahlskriminalität aufklären zu können. Zumindest innerhalb hochentwickelter Wirtschaftssysteme wird kaum ein einziges Konsumgut, losgelöst von der Gesamtheit des Angebots und der Nachfrage, als genauer Index für die ökonomischen Bedingungen einer bestimmten Bevölkerung eines Landes gelten können. Zudem blieben Fragen wechselnder Verfolgungsintensität ungeklärt.

Inwieweit die diesbezüglichen Aussagen *von Mayr*'s für den von ihm zugrunde gelegten Zeitraum gültig gewesen sein könnten, bleibt allerdings offen, zumal die Parallele so eindeutig und anhaltend war, daß der Einwand des Zufalls nicht von vornherein überzeugend ist.

Im übrigen ergab sich aber auch bezüglich des seit 1926 errechneten Lebenshaltungsindex ein teilweise gegenläufiges Verhältnis zur registrierten Diebstahlskriminalität.

Soweit andererseits die Entwicklung des Reallohnes mit der Entwicklung von Kriminalität verglichen wurde, so bestehen erhöhte methodische Schwierigkeiten schon wegen der regional und nach Arbeitsgebiet unterschiedlichen Lohnfestsetzung (vgl. hierzu *Renger* 1933). Auch können Mängellagen dann bestehen, wenn ein (nur) relatives Zurückbleiben des Reallohnes der einen Arbeitnehmergruppe gegenüber einer anderen oder gegenüber dem Realeinkommen sozio-ökonomisch anderer gesellschaftlicher Gruppen eintritt.

c) Nähere Untersuchungen zum Verhältnis der Längsschnitt-Entwicklung wirtschaftlicher Gegebenheiten und strafrechtlich erfaßtem Verhalten innerhalb der Bundesrepublik Deutschland liegen seither nicht vor. Hierzu bedarf es neben einer Differenzierung innerhalb der üblicherweise zusammengefaßten Tatgruppierungen und der für diese vorliegenden Zahlen (s. o. § 47) vertiefter Vorarbeiten zur Einbeziehung ökonomischer und soziologischer Kategorien von gesellschaftlichen Strukturen, Interdependenzen und Normensystemen.

III. Konjunkturschwankungen, Inflation und Arbeitslosigkeit

Was Untersuchungen über vergleichweise kurzzeitige wirtschaftliche Einflüsse anbetrifft, so sind bei ihnen die Probleme der Bemessung des Wirkungsintervalles beziehungsweise der Zeitlücke (zwischen intervenierender Variable und Wirkung) erhöht (vgl. hierzu *Vold* 1958, 178 f.). Dieser Umstand grenzt die Aussagemöglichkeiten von vornherein ein. – Er ist auch bei der Interpretation des folgenden Ausspruchs zu berücksichtigen, den ein englischer Richter im Jahre 1848 getan haben soll (sinngemäß zit. nach *Van Bemmelen* 1958, 178): »Die Bank von England hat den Diskont erhöht, es müssen daher Vorkehrungen getroffen werden, um in den Gefängnissen . . . Platz für Neuankömmlinge zu schaffen!«

1. a) Bei Konjunkturschwankungen wurde, betreffend Tatgruppen – insbesondere bei sporadischem Auftreten – ein direkter Einfluß des Inhalts auf registrierte Kriminalität berechnet, daß die Diebstahlskriminalität bei wirtschaftlicher Depression (und Not breiter sozialer Gruppen) anstieg (vgl. *Exner* 1949, 77) und bei wirtschaftlichem Wachstum sank; bei anderen Tatgruppen wie insbesondere bei Betrug wurde eher eine umgekehrte Tendenz beobachtet (vgl. aber auch *Gleitze* 1941, 61).

Bezüglich der Delikte gegen die Person ist die Annahme eines Sinkens in Zeiten der Teuerung aufgrund geringerer Möglichkeiten zum Kauf von Alkohol und von reichhaltiger Nahrung – körperliche Stärke und leibliche Sattheit als angeblicher kriminogener Faktor bei Gewaltdelikten – nicht bestätigt; vielmehr ist die Ziffer der Verurteilungen wegen Körperverletzungen auch in Zeiten der Teuerung – selbst wenn diese plötzlich eintraten wie zum Beispiel im Jahre 1891 – gestiegen und hatte sich im Jahre 1892 verdoppelt (vgl. aber auch Sauer 1933, 192; zum anglo-amerikanischen Bereich s. *Mannheim* 1974, 704 m.N.).

b) α) Bezüglich der Tätergruppen wurde überwiegend angenommen, daß in Zeiten wirtschaftlicher Krisen sowohl der Anteil der Erstbestraften gegenüber demjenigen der Vorbestraften als auch, innerhalb des Anteils der Erstbestraften, der Anteil der außerhalb entsprechender Krisenzeiten (vermutlich) rechtstreuen Personen ansteige; allerdings waren genauere statistische Angaben hierzu oftmals nicht vorhanden (vgl. hierzu und zum folgenden *Mannheim* 1974, 705).

Falls ein Anstieg der Verurteiltenziffern (nur) auf einem Anstieg des Anteils solcher Erstbestrafter beruhte, die außerhalb entsprechender Krisenzeiten (vermutlich) rechtstreu sind, so wäre dies auch aus einem anderen Grund für die kriminalstatistische Interpretation von Bedeutung. Dieser Anteil nämlich wäre mit einer gewissen Wahrscheinlichkeit überdurchschnittlich häufig nur wegen eines einzigen strafrechtlich relevanten Verhaltens oder Ereignisses und nicht wegen einer – in strafrechtsdogmatischer Konkurrenz stehenden – Menge solchen Verhaltens oder solcher Ereignisse verurteilt worden, welcher Unterschied sich aus der Verurteiltenstatistik allerdings nicht hätte erkennen lassen (vgl. auch o. § 17 III. 2.).

Hingegen waren die Anteile der wegen Rückfalldiebstahls Verurteilten mit mehr als sechs gleichartigen Vorstrafen von den Schwankungen der Konjunktur nicht oder kaum beeinflußt, das heißt auch in Jahren wirtschaftlichen Aufschwungs zeigte sich insoweit eine nicht unterbrochene Steigerung, woraus geschlossen wird, daß die genannten wirtschaftlichen Faktoren für diese Tätergruppe insoweit keine entscheidende Bedeutung gehabt hätten.

β) Die Aufgliederung der wegen Betrugs (und Unterschlagung) Verurteilten nach Alter und Beruf hat zwei verschiedene und untereinander in etwa abgrenzbare Kategorien ergeben, deren Anteile je nach der wirtschaftlichen Situation zu variieren schienen. Hinsichtlich des Alters sollen bei Betrug ältere Personen vorwiegend in Zeiten wirtschaftlicher Krisen und jüngere Personen vorwiegend in Zeiten des Aufschwunges straffällig geworden sein (vgl. *Exner* 1949, 78 m.w.N.; *Gleitze* 1941); hinsichtlich des Berufs soll es sich in Zeiten wirtschaftlicher Krisen vor allem um selbständige Geschäftsleute, in Zeiten des wirtschaftlichen Aufschwunges hingegen, das heißt bei erweiterten Begehungsmöglichkeiten, vor allem um Arbeitnehmer und Angestellte gehandelt haben.

2. Während der (deutschen) *Inflation* (1920 – 1924) zeigte sich ein erheblicher Anstieg der Verurteiltenziffern insgesamt; die für das Jahr 1923 registrierte Zahl ist die höchste innerhalb sämtlicher Berichtsjahre der RKrSt und auch der StrafSt. Im einzelnen stiegen Vermögensdelikte um das Zweieinhalbfache, während Delikte gegen die Person und dabei insbesondere Körperverletzung und Nötigung um die Hälfte abnahmen; auch Sittlichkeitsdelikte sanken. Die Ziffern für Abtreibung und Amtsdelikte stiegen etwa um das Doppelte. Zum anderen ergab sich eine durchgreifende Wandlung der Tatgruppenstruktur, und zwar sowohl der Tatgruppen untereinander als auch innerhalb der Tatgruppen. Da während dieser Epoche in Vermögensbereichen nahezu ausnahmslos nur Sachwerte zählten, ist unmittelbar verständlich, daß solche Delikte, die dem Warenerwerb dienten, anstiegen, und andere, die dem Gelderwerb dienten, abnahmen.

Bemerkenswert ist dabei das Ausmaß dieser Wandlung, indem zum Beispiel die Delikte des einfachen und schweren Diebstahls um das Dreifache und das Delikt der Hehlerei um das Sechsfache zunahmen. Demgegenüber erreichte das Delikt des Betrugs – trotz steigender Tendenz – einen relativen Tiefstand; so beliefen sich zum Beispiel die Verurteiltenziffern für den Versicherungsbetrug in den Jahren 1913, 1923 und 1933 – in entsprechender Reihenfolge auf – 30, 3 und 96 (vgl. *Exner* 1949, 83).

Unmittelbar im Anschluß an die Stabilisierung, nämlich bereits im Jahre 1925, zeigte die ausgewiesene Kriminalität bezüglich nahezu aller Delikte wieder die Tendenz zur Struktur aus der Zeit vor dem Ersten Weltkrieg.

3. a) Was im einzelnen das Verhältnis von *Arbeitslosigkeit* und Kriminalität anbetrifft, so ergaben sich in früheren Untersuchungen methodische Schwierigkeiten schon bezüglich des Grades der Vollständigkeit und Differenziertheit derjenigen statistischen Datenquellen, die die Angaben über Arbeitslosigkeit sowie über Arbeitslosenunterstützung und sonstige Bedingungen enthielten. Auf der Ebene der Interpretation wäre es regelmäßig notwendig gewesen, den Einfluß wirtschaftlicher Faktoren etwa gegenüber dem Einfluß ungewohnter Freizeit abzugrenzen.

Die Untersuchungen zeigten eine nach Gebieten sowie nach der Alters- und Geschlechtsgruppenstruktur unterschiedliche Auswirkung von Arbeitslosigkeit auf Kriminalität.

α) Nach *Loewe* (1914, 17 ff.), der ausschnitthaft jeweils zwei »Kernjahre« aus den schlechtesten Perioden überprüfte, wurde die weibliche Diebstahlskriminalität von den Krisenjahren wesentlich weniger betroffen als die männliche, während in Krisenzeiten die Diebstähle bei den Verheirateten erheblich stärker zunahmen als bei den Ledigen. Ersteres wurde damit zu erklären versucht, daß in Krisenzeiten eine größere Nachfrage nach weiblichen – weil billigeren – Arbeitskräften bestanden habe. Letzteres wurde gelegentlich zur Unterstützung der Annahme herangezogen, daß es bei einem statistisch nicht unerheblichen Anteil von sozial stärker eingebundenen Personen außerhalb von Krisenzeiten nicht zu registrierten Diebstahlsdelikten gekommen wäre.

β) Nach einer Vergleichsanalyse von *Exner* (1949, 80 f.) für das Deutsche Reich insbesondere für die Jahre von 1930 an ergab sich eine direkte Korrelation zwischen der Zahl der Arbeitslosen und derjenigen der Verurteilungen wegen Diebstahls, wobei (zumindest zeitweise) ein Anstieg oder Abstieg der Arbeitslosenzahl um eine Million einen Anstieg oder Abstieg der Verurteilungen wegen Diebstahls um 10.000 zur Folge gehabt habe.

Betreffend der Altersgruppe Jugendlicher sollen nach *Seibert* (1937, 29) unter den in München in den Jahren 1932 und 1935 abgeurteilten Jugendlichen 31 % und 10 % arbeitslos gewesen sein, während die Verurteiltenzahlen innerhalb dieser Jahre gestiegen seien. Demnach, so wurde gefolgert, habe die Arbeitslosigkeit – bei Berücksichtigung relativer Zahlen – keinen zentralen Einfluß auf Jugendkriminalität gehabt; der Rückgang sei »das Werk nationalsozialistischer Jugenderziehung« (*Seibert* 1937, 30).

b) Auch für die Gegenwart ist zu berücksichtigen, daß die Arbeitslosen-Zahlen der Bundesanstalt für Arbeit schon deshalb nicht das tatsächliche Bild wiedergeben, weil für Arbeitslose kein Registrierungszwang besteht. Meldet sich jemand mangels Anspruch auf Arbeitslosenunterstützung nicht beim Arbeitsamt (vor allem Jugendliche nach abgeschlossener Schul- und Berufsausbildung vor ihrer ersten Arbeitsstelle), so wird seine Situation in der offiziellen Statistik nicht berücksichtigt. Andererseits müssen offiziell registrierte Arbeitslose durchaus nicht immer in wirtschaftlicher Not und Belastung leben. Die Statistik gibt nur Auskunft über die registrierte Arbeitslosigkeit, sie läßt aber weder die tatsächliche Arbeitslosenquote noch die tatsächliche wirtschaftliche Situation der Betroffenen erkennen. – Ferner bestehen unterschiedliche Erfassungsformen zwischen den Kriminalstatistiken und der Arbeitslosenstatistik (z.B. bei der Altersabgrenzung).

Allgemein wird, auch aus der Sicht der Vergleichenden Kriminologie, ein Zusammenhang zwischen Arbeitslosigkeit und Kriminalität angenommen. Dieser wird jedoch als komplex und kaum in dem Sinne vermutet, daß kriminelles Verhalten (nur) ein Ersatz für die weggefallene Erwerbssicherung durch legale Beschäftigung sei. Insbesondere mag bei einzelnen Personengruppen eine bereits eingetretene Arbeitslosigkeit ein illegales Verhalten mitbedingen, bei anderen jedoch eine erst drohende Arbeitslosigkeit zu erhöhter Normkonformität führen. Auch mag ein paralleler Anstieg zwischen registrierter Arbeitslosigkeit und registrierter (Diebstahls-)Kriminalität auf höherer Sensibilisierung und entsprechend höherer Anzeigebereitschaft der Bevölkerung beruhen; auf der Ebene der formellen Reaktion mag Arbeitslosigkeit zu härterer Sanktionsbemessung führen (*McClintock* 1976, 80; s. auch o. § 48 III. 1. a)).

α) Im einzelnen werden für die USA, Kanada und Großbritannien, den Zeitraum nach dem Zweiten Weltkrieg betreffend, Arbeitslosigkeit, Bruttosozialprodukt und Lebenshaltungskosten als die Faktoren genannt, die etwa 90 % der Streuung in den Kriminalstatistiken erklären sollen (*Brenner* 1976, 50), wobei Arbeitslosigkeit der stärkste Faktor sein soll (s. zur Lage im Nordosten Englands aber auch *McClintock* 1976, 80); eine engere Beziehung soll zwischen Arbeitslosigkeit und Eigentumskriminalität als zu Gewalt- und anderen Formen von Kriminalität bestehen (vgl. *Cormack* 1976, 98). – Straffällig gewordene Arbeitslose waren, im Vergleich zu der Quote unter der jeweiligen Bevölkerung, überrepräsentiert (*McClintock* 1976, 72 f.); die Mehrheit straffällig gewordener Arbeitsloser kam aus sozio-ökonomisch unterprivilegierten Gebieten.

Für das Verhältnis bezüglich Jugendlicher sind Angaben aus dem Ausland weniger eindeutig (vgl. *Glaser/Rice* 1962, 163 ff.; *Cloward/Ohlin* 1960, 84 Fußn. 6; *Gibbs* 1966).

β) Die Untersuchung von *Martens* (1978) bezüglich des Verhältnisses für den Zeitraum von 1971 bis 1976 innerhalb der Bundesrepublik Deutschland ergab, daß Arbeitslose sämtlicher Altersgruppen überproportional häufig an der Gesamtkriminalität beteiligt sind. Im einzelnen lag der Anteil erwachsener Arbeitsloser an einfachem Diebstahl, Sachbeschädigung und Notzuchtdelikten deutlich, an schwerem Diebstahl sowie Tötungs- und Raubdelikten sogar erheblich über dem Durchschnitt (*Martens* 1978, 134 ff., 177). – Arbeitslose Jugendliche und Heranwachsende waren häufiger mit Vermögens- und Eigentumsdelikten registriert als die berufstätigen Personen ihrer Altersgruppen, bei den Rauschgiftdelikten waren sie sogar deutlich überrepräsentiert. – Hingegen befanden sich unter den Tätern von Aggressionsdelikten nur vergleichsweise wenig Arbeitslose; bezüglich dieser Deliktsgruppe, so folgerte der Verfasser, wirke sich Arbeitslosigkeit kriminalitätshemmend aus.

Auch nach anderen Untersuchungen aus jüngerer Zeit innerhalb der Bundesrepublik Deutschland (vgl. zum Beispiel *Schwind* u.a. 1978) ist zwar ein deutlicher allgemeiner Zusammenhang zwischen Arbeitslosigkeit und Kriminalität zu erkennen; hingegen ist die Frage nach den bedingenden Variablen weithin ungeklärt. So ist nicht auszuschließen, daß Arbeitslosigkeit ihrerseits nur eine Folgewirkung von bisher möglicherweise nicht offen liegenden – Variablen ist, die sie mit Kriminalität gemeinsam hat, ohne daß Arbeitslosigkeit insoweit eine unabhängige Variable wäre.

§ 52 Kriminalitätsbelastung und räumliche sowie zeitliche Gegebenheiten

I. Geographisch und ökologisch verschiedene Gebiete

1. a) Hinsichtlich der allgemeinen räumlichen Verteilung von Ausmaß, Struktur und Entwicklungsverläufen registrierter Kriminalität wurden im Ausland wie auch innerhalb Deutschlands gewisse Regelmäßigkeiten festgestellt.

α) Was das Ausmaß anbetrifft, so ergab sich im Ausland verschiedentlich ein Anstieg der Kriminalität von Süden nach Norden hin. Dem entsprach ein Anstieg von Bevölkerungsdichte und -konzentration in der Siedlungsstruktur sowie, bezogen zumindest auf Frankreich und Italien, im Zivilisationsgrad (s. hierzu auch o. § 50 I. 1.) und in der wirtschaftlichen Entwicklung (s.o. § 51 II.).

Betreffend die Tatgruppenstruktur ergab sich nach einem schon von *Guerry* und *Quetelet* für Frankreich erhobenen Befund, daß, zumindest relativ betrachtet, im Norden Bereicherungskriminalität und im Süden Delikte gegen die Person überwogen (vgl. zur Problematik *Sauer* 1950, 488 ff., *Middendorff* 1977, 242 ff.). Demgegenüber beruhte das vorgenannte. Nord-Süd-Gefälle im wesentlichen auf dem dominierenden Anteil der Vermögensdelikte und dabei insbesondere des Diebstahls innerhalb der Allgemeinen Kriminalität. – Im einzelnen wurden innerhalb Italiens als Relativzahlen bei Tötungsdelikten für Neapel 10,5, Palermo 9,1, hingegen für Mailand 2,4, Bologna 2,4 und Venedig 1,1 genannt (vgl. *Allesio*, zit. nach *Exner* 1949, 43 unter Hinweis auf *Roesner*).

β) In gewisser Unterschiedlichkeit zu den vorgenannten Tendenzen wurde für das Deutsche Reich wiederholt berechnet, daß die Gebiete Ostpreußen, Rheinpfalz und Bayern stets die höchsten, der Nordwesten und insbesondere Oldenburg, Westfalen, Hannover, Hessen-Nassau, Lippe die geringsten Verurteilungsziffern aufwiesen. – Diese Ergebnisse wurden verschiedentlich mit der angeblich höchsten Alkoholproduktion (Schnaps, Wein, Bier) in den meistbelasteten Gebieten sowie mit der »kühlen« Mentalität der Nordwestdeutschen in Zusammenhang gebracht.

γ) Speziellere Befunde und Hinweise auch zur unterschiedlichen Verfolgungsintensität erbrachten die Untersuchungen von *Seuffert* (1906) aufgrund der Kriminalstatistik von 1898 und von *Roesner* (1937b) aufgrund der Kriminalstatistik von 1933, welch letztere allerdings lediglich nach dem Gerichtsort der OLG-Bezirke und nicht nach dem Tatort untergliedert ist. Die höchsten Belastungen ergaben sich nach *Roesner* für (die OLG-Bezirke) Zweibrücken, Nürnberg, Hamburg und München (ohne München Stadt), und die geringsten für (die OLG-Bezirke) Oldenburg, Kassel und Celle (vgl. zur Gegenwart aber *Hellmer* 1972, 24 f.).

b) Hinsichtlich der geographischen Verteilung von Ausmaß, Struktur und Entwicklungsverläufen registrierter Kriminalität bestehen auch in der Gegenwart (innerhalb der Bundesrepublik Deutschland) erhebliche Unterschiede.

Im Bereich Allgemeiner Kriminalität nimmt der Gesamtumfang vom Süden nach Norden hin zu; dies gilt für die Bundesländer, zumindest nach der Häufigkeitsziffer, auch bei Außerachtlassung der Stadtstaaten, nicht jedoch innerhalb der

Bundesländer (PolSt 1977, 19; vgl. *Hellmer* 1972). – Die Reihenfolge der Bundesländer im Ausmaß der Kriminalitätsbelastung ist teilweise unterschiedlich danach, ob die Kriminalitätsbelastungsziffer oder aber die Häufigkeitsziffer zugrundegelegt wird (vgl. RPflSt 1976, 11); für entsprechende Verschiebungen zwischen Häufigkeitsziffer und Kriminalitätsbelastungsziffer kommt unter anderem der unterschiedlichen Aufklärungsquote (s. o. § 29 I. 3.) Bedeutung zu. Länder mit sehr geringer Kriminalitätsbelastungsziffer sind – gemäß Zahlen für das Jahr 1976 – Niedersachsen (1.752), Nordrhein-Westfalen (1.950), Saarland (2.028) und Rheinland-Pfalz (2.058); Länder mit besonders hoher Kriminalitätsbelastungsziffer – wie Häufigkeitsziffer – sind die Stadtstaaten.

Auch für die DDR hat sich eine geringere Belastung des Südens ergeben, obgleich der Süden dichter bevölkert ist; bereits nach Angaben der RKrSt hatte zum Beispiel Sachsen stets eine vergleichsweise niedrige Kriminalitätsbelastung. Gemäß der Häufigkeitsziffer (in der DDR »Kriminalitätsziffer« genannt) ergab sich im Durchschnittswert der Jahre 1967 bis 1969 folgende Reihenfolge in der Belastung von Bezirken: Berlin (Ost) = 912, Frankfurt/Oder = 857 und Rostock = 748, während die geringsten Belastungen in den Bezirken Karl-Marx-Stadt = 517, Erfurt = 538, Suhl = 548 und Dresden = 560 lagen (vgl. StatJb DDR 1970, 480).

α) Deliktsstrukturell geht die nach der Häufigkeitsziffer deutlichere Mehrbelastung der nördlichen gegenüber den südlichen Bundesländern erwartungsgemäß (s.o.a)) mit einem entsprechenden Überwiegen des Anteils der *Bereicherungsdelikte* und darunter in erster Linie der Diebstahlsdelikte an der Allgemeinen Kriminalität insgesamt einher; dies betrifft vorrangig die Stadtstaaten, gilt aber auch im übrigen, und zwar namentlich bei Diebstahl unter erschwerenden Umständen (PolSt 1977, 82, 88). Demgegenüber ist die Belastung mit Betrugs- und mit Erpressungsdelikten nach Anteil wie Häufigkeitsziffer bisweilen gerade in solchen – auch süddeutschen – Bundesländern (und Gebieten) höher, die durch Diebstahlsdelikte nur verhältnismäßig gering belastet sind (PolSt 1977, 108, 123). – Nach den Verurteiltenziffern für Diebstahl und Unterschlagung im Jahre 1976 ergab sich eine der Häufigkeitsziffer weithin entsprechende Reihenfolge (RPflSt 1976, 17 ff.): Bremen 500,9, Berlin (West) 464,7, Niedersachsen 363,5, Hamburg 362,3, Schleswig-Holstein 352,5, Nordrhein-Westfalen 348,5, Hessen 306,8, Bayern 284,4, Saarland 283,3, Baden-Württemberg 267,3 und Rheinland-Pfalz 266,5.

Bezüglich *Gewaltdelikten* zeigt sich bei Mord und Totschlag sowohl nach der Häufigkeitsziffer als auch dem Anteil an der Allgemeinen Kriminalität insgesamt teilweise eine relative Mehrbelastung der südlichen gegenüber den nördlichen Ländern (PolSt 1977, 53). Die Verteilung der Häufigkeitsziffer bei gefährlicher und schwerer Körperverletzung sowie Vergiftung (PolSt 1977, 73) und bei räuberischer Erpressung und räuberischem Angriff auf Kraftfahrer (PolSt 1977, 68) weist hingegen eine deutliche Mehrbelastung der Stadtstaaten auf und entspricht eher derjenigen der Diebstahlsdelikte, und zwar besonders derjenigen des Diebstahls unter erschwerenden Umständen; besonders auffällig ist die unterschiedliche Belastung gerade auch zwischen den Stadtstaaten bei (vorsätzlicher leichter)

Körperverletzung, wobei die Häufigkeitsziffern im Jahre 1977 in Berlin (West) 672,1, in Bremen 224,5 und in Hamburg 155,8 betrugen (PolSt 1977, 74). – Nach den Verurteiltenziffern für Raub und Erpressung im Jahre 1976 (RPflSt 1976, 17 ff.) ergab sich eine der Häufigkeitsziffer in etwa ähnliche Reihenfolge: Berlin (West) 22,3, Hamburg 19,3, Saarland 15,5, Bremen 14,0, Schleswig-Holstein 10,9, Baden-Württemberg 10,1, Nordrhein-Westfalen 10,0, Bayern 9,0, Rheinland-Pfalz 8,9, Niedersachsen 8,6 und Hessen 7,9.

Das üblicherweise als zwischen Gewalt- und Sexualstraftaten eingeordnete Delikt der Vergewaltigung ist nach der Häufigkeitsziffer, von einer deutlich höheren Belastung der Stadtstaaten abgesehen, regional nahezu gleichmäßig verteilt, wobei die geringste Belastung in Bayern vorliegt (PolSt 1977, 60).

β) Bezüglich der Kriminalitätsstruktur nach Tätergruppen ist, ausweislich der Angaben der PolSt, die anteilmäßige Kriminalitätsbelastung der Nichterwachsenen (einschließlich Kinder) in den nördlichen Bundesländern eindeutig höher als in den südlichen Bundesländern, wobei das Saarland eine Ausnahme darstellt; das gleiche gilt, mit Ausnahme von Bremen, im Verhältnis der Flächenstaaten zu den Stadtstaaten. Im einzelnen betrug der Anteil der Nichterwachsenen (einschließlich Kinder) unter den Tatverdächtigen (PolSt 1977, 37) im Jahre 1977 in Schleswig-Holstein 40,1, in Nordrhein-Westfalen 39,5, in Niedersachsen 39,0, im Saarland 37,7, in Bremen 36,0, in Rheinland-Pfalz 34,8, in Baden-Württemberg 34,1, in Hessen 32,6, in Hamburg 32,0, in Bayern 30,7 und in Berlin (West) 28,0.

Die anteilmäßige Belastung der Nichterwachsenen unter den Verurteilten hingegen ist in den südlichen Bundesländern, mit Ausnahme von Bayern, höher als in den nördlichen, während es sich im Verhältnis von Flächenstaaten zu Stadtstaaten noch ausgeprägter verhält als bezüglich der Kriminalitätsbelastungsziffer. Die Anteile betrugen im Jahre 1976 (vgl. StatJb 1978, 327) in Rheinland-Pfalz 27,3, in Baden-Württemberg 25,5, im Saarland 24,8, in Niedersachsen 24,4, in Nordrhein-Westfalen 22,7, in Bayern 22,0, in Schleswig-Holstein 20,9, in Hessen 20,0, in Berlin (West) 14,5, in Bremen 13,1 und in Hamburg 9,8.

c) Was die räumliche Verteilung der für das Jahr 1977 im *GZR* eingetragenen *Bußgeldentscheidungen* anbetrifft, so ergibt sich zwischen den Bundesländern ein erhebliches Gefälle. Von den 20.235 von Landesbehörden getroffenen Bußgeldentscheidungen gegen natürliche Personen entfielen 2.513 auf Baden-Württemberg, 3.403 auf Bayern, 1.924 auf Berlin (West), 140 auf Bremen, 305 auf Hamburg, 1.568 auf Hessen, 1.653 auf Niedersachsen, 7.374 auf Nordrhein-Westfalen, 566 auf Rheinland-Pfalz, 79 auf das Saarland und 710 auf Schleswig-Holstein. Diese Verteilung ist allerdings schon insofern nur bedingt auf die regionale Begehungshäufigkeit von einschlägigen Ordnungswidrigkeiten beziehbar, als die Mitteilungspflicht an das GZR nicht einheitlich befolgt wurde; dies mag zum Teil mit Anlaufschwierigkeiten des erst ab 1.1.1975 eingerichteten Registers zusammenhängen.

2. Umfangreiche Untersuchungen über die Kriminalitätsbelastung im Verhältnis von Stadt und Land ergaben als allgemeinen Befund, wenngleich nicht ohne beachtliche Ausnahmen (vgl. daher *von Hentig* 1961, 274 ff.; s. dazu *Hellmer* 1972a, 585 Fußn. 16), einen stufenmäßigen Anstieg der relativen Kriminalitätsbelastung von ländlichen Gebieten über kleinere zu mittleren Städten bis hin zu Großstädten.

Im Zuge der Entwicklung moderner Verkehrsmittel hat die Frage an Bedeutung gewonnen, inwieweit die Befunde danach divergieren, ob es sich um Daten des Tatortes oder aber des Täterwohnsitzes handelt (vgl. *Mannheim* 1974, 658; *Schwind* u.a. 1978). – Angaben zur Tatortverteilung dienen wesentlich auch kriminalistischen und allgemeinen polizeilichen Zwecken, wobei die kriminalistische Verwendung einschlägiger Daten etwa zum vorbeugenden Polizeieinsatz (vgl. *Herold* 1968, 204) auf die Anziehungskraft bestimmter Räume für Kriminalität abstellt.

a) Der allgemeine Befund eines stufenmäßigen Anstiegs zeigt sich betreffend die Tatgruppenstruktur als von der zahlenmäßig dominierenden Diebstahlskriminalität weithin unabhängig, wenngleich diese in Ballungsgebieten überrepräsentiert häufig registriert wird. Allerdings war die relative Mehrbelastung der Großstadt am geringsten bei vorsätzlichen Delikten gegen Leib und Leben (vgl. auch *Brauneck* 1970a, 15); speziell bei der gefährlichen Körperverletzung war das Verhältnis demjenigen bei Vermögensdelikten entgegengesetzt (vgl. *von Mayr* 1917, 727). – Der eingangs genannte allgemeine Befund ergab sich bezüglich der Tätergruppenstruktur (ferner) für weibliche Personen, für Jugendliche und für Vorbestrafte (vgl. *Exner* 1949, 235 f.), wobei die Kriminalität weiblicher Personen, ähnlich der Jugendkriminalität, in der Stadt relativ höher anstieg als diejenige männlicher Personen.

Nach der Kriminalitätsbelastungsziffer ist neben Jugendlichen auch bei Kindern das Gefälle wesentlich höher als bei Erwachsenen, wobei als eine dominierende Variable der Umfang der Diebstahlsdelikte erscheint.

α) Zur Erklärung dieser Unterschiede werden, hinsichtlich des Begehungsaspekts, im wesentlichen drei verschiedene Erklärungsmöglichkeiten vorgetragen.

Zum einen wird auf den spezifischen Charakter städtischen Lebens (Urbanismus) einschließlich der mit der Einwohnerzahl ansteigenden Anonymität (auch von Täter und Opfer) und rückläufigem Identitätsbewußtsein (s. *Hellmer* 1978, 2 f., 15 ff.) sowie größeren Versuchungen und Gelegenheiten zur Tatbegehung hingewiesen. Dies betreffe auch die Bedingungen zur Ausprägung von Anzahl und Intensität von Konflikten bis hin zur Anomie, von (kriminellen) Subkulturen sowie von – auf dem Lande wesentlich seltenerer – gemeinschaftlicher Tatbegehung (vgl. *Brauneck* 1970, 16, 55). – Unter dem Aspekt des Urbanismus bestehen in der Forschung Bedenken gegenüber der formal-statistischen Abstufung nach Gemeindegrößen, da es durchaus Klein- und Mittelstädte mit urbanem Charakter gibt; hieraus mögen sich die außerhalb der Tendenz liegenden höheren Kriminalitätsraten einzelner Mittel- oder Kleinstädte teilweise erklären lassen. Die Erscheinung der Verstädterung legt eine Einteilung nach mehr oder weniger urbanisierten Regionen nahe (*Szabo* 1974 [1963], 106).

Bei einer Einteilung nach Kriterien der Gemeindestruktur oder sozio-ökonomischen Faktoren würden sich die Ausnahmen von der allgemeinen Tendenz möglicherweise weitgehend verlieren. – Letzteres wird nicht zuletzt nach derjenigen (marxistischen) Überlegung angenommen, die das hier gemeinte Gefälle als Folge unterschiedlichen Ausmaßes von Entfremdung versteht.

Zum anderen wird der Zuwanderung aus ländlichen Gebieten in die Stadt (Urbanisierung) eine kriminogene Bedeutung zugeschrieben, wobei allerdings die Auffassungen darüber durchaus geteilt sind, inwieweit Personen, die vom Land in die Stadt ziehen, eher geneigt seien, Straftaten zu begehen, als die Zurückbleibenden (s. auch *Clinard* 1974, 46 ff.). Vermutlich läßt sich diese Frage nicht ohne Einbeziehung anderer Faktoren zu Anlaß und Umständen der Umsiedlung wie auch der Aufnahme durch die ansässige Bevölkerung klären.

Ein dritter Erklärungsversuch schließlich stellt auf den Faktor räumlicher Mobilität schlechthin ab. Dieser Faktor wird unter anderem als Ausdruck allgemeiner Instabilität und mangelnder Anpassung vermutet (vgl. hierzu kritisch *Mannheim* 1974, 645 f. m.w.N.).

β) Die genannten Verteilungen werden wesentlich jedenfalls auch von unterschiedlichen Ausprägungen informeller und formeller strafrechtlicher sozialer Kontrolle zwischen Stadt und Land getragen sein (vgl. hierzu bereits *Roesner* 1938, 584, 588; für die DDR s. *Buchholz* u.a. 1971, 204 ff.).

Hierzu wird üblicherweise angenommen, daß der Unterschied in der Kriminalitätshäufigkeit zwischen Stadt und Land zum Teil auch durch die größere Polizeidichte in der Stadt und eine dadurch gegebene größere Anzeigemöglichkeit bedingt sei beziehungsweise noch erhöht werde, wobei allerdings der größeren Anzeigemöglichkeit in der Stadt eine teilweise geringere Anzeigebereitschaft der städtischen Bevölkerung gegenüberstehe (s. aber auch o. § 27 II. 2. a)).

b) Die Ausnahmen von dem genannten Regelverhältnis beziehen sich im wesentlichen auf den stufenmäßigen Anstieg und – häufig damit zusammenhängend – auf die Tatgruppenstruktur. Sie sind nur teilweise mit Unterschieden der jeweils zugrundegelegten Unterteilungen nach der Größenordnung im zeitlichen Längs- und/oder Querschnitt zu erklären. Wegen verschiedener deliktsstruktureller Besonderheiten läßt sich annehmen, daß sie zumindest auch Funktion unterschiedlicher sozialer Reaktion sind.

α) Im einzelnen fanden sich Beispiele einer direkten Umkehrung des Gefälles insgesamt oder aber begrenzt auf die Kategorien Landgebiet und Kleinstadt (und Mittelstadt) – nicht aber (Mittel- und) Großstadt – einerseits oder aber nur zwischen Landgebiet und Großstadt andererseits (vgl. z.B. *Wassermann* 1907/08a, 155, 157 ff.; *von Hentig* 1961, 274 ff.). Ähnlich wurde für die Stadt Wien (vgl. *Grassberger* 1946, 167) und für niederländische Großstädte eine im Verhältnis zum übrigen Staatsgebiet geringere Kriminalitätsbelastung berechnet (vgl. *Burchardt* 1936, 668; *van Bemmelen* 1958, 114 ff.; vgl. neuerdings auch *Kerner* 1973a, 143 ff. [148]; betreffend niederländische Großstädte galt dieser als Ausnahme mitgeteilte Befund jedoch nicht (oder zumindest nicht einheitlich) für weibliche und für jugendliche Straftäter.

Aus jüngerer Zeit ist nach den Zahlen der PolSt eine Mehrbelastung auch bei zuvor als Ausnahme erwähnten deutschen Großstädten zu verzeichnen (vgl. *Hellmer* 1972, 42 f.). Im übrigen ist, bezogen auf die Bevölkerungsdichte, eine Zunahme der Kriminalitätsbelastung nur im statistischen Trend zu erkennen, ohne daß eine direkte Parallele bestünde; vielmehr wiesen verschiedene Mittelstädte eine höhere Belastung auf als Großstädte. Insofern ist die Bedeutung der Variable Bevölkerungsdichte eingeschränkt. Nach der Häufigkeitsziffer ergibt sich für das Jahr 1977 folgende Reihenfolge der meistbelasteten Großstädte ab etwa 100.000 Einwohner: Frankfurt a.M. = 12.212, Bremen = 10.867, Oldenburg = 10.812, Berlin (West) = 10.539, Hamburg = 10.412, Bremerhaven = 9.985, Freiburg i.B. = 9.929 (PolSt 1977, 19). – Bezüglich der Deliktsstruktur innerhalb der Großstädte ergeben sich Unterschiede der Tötungs- und Körperverletzungskriminalität sowie bei Sittlichkeitsdelikten, wofür weniger die Bevölkerungskonzentration allein als vielmehr andere Faktoren relevant zu sein scheinen. Demgegenüber folgt die Bereicherungskriminalität, zumindest in der generellen Tendenz, sozialen Verdichtungen gemäß Industrialisierung und Kommerzialisierung (*Kerner* 1973a, 143).

β) Ausnahmen von dem Regelverhältnis ergaben sich nach der Tatgruppenstruktur auch insofern, als für einzelne Gewaltdelikte und für mehrere Sexualdelikte eine im Vergleich zur Großstadt höhere Belastung der Mittelstadt und gelegentlich auch der Kleinstadt und des Landes registriert wurde (vgl. *Szabo* 1960, 120 f.; aus jüngerer Zeit *Hellmer* 1972, 48); die Brandstiftung schließlich wurde und wird auf dem Land häufiger registriert als in der Stadt (*Hellmer* 1972, 32).

3. a) Bei den ökologischen Untersuchungen über die Kriminalitätsbelastung verschiedener Stadtgebiete standen frühzeitig sozialpolitische Bestrebungen sowie Fragen der städtischen Bauplanung im Vordergrund (vgl. schon *Parent-Duchatelet* 1837; vgl. im übrigen *Levin/Lindesmith* 1937; *Morris* 1958). Dabei ist auch für andere Erscheinungsformen negativ sanktionierten abweichenden Verhaltens sowie für bestimmte Krankheiten wie zum Beispiel Tuberkulose eine Konzentrierung in bestimmten Stadtgebieten beobachtet worden (s. *Morris* 1958). – Dies haben in jüngerer Zeit ökologische Untersuchungen der Sozialpsychiatrie über die räumliche Verteilung von registrierten psychopathologischen Auffälligkeiten und insbesondere Geisteskrankheiten bestätigt.

Praxisorientierte Impule waren auch für die ökologischen Untersuchungen der »Chikago-Schule« maßgebend. Diese Forschungen ergaben, daß innerhalb größerer Städte typische unterprivilegierte Zonen mit deutlich erhöhter Kriminalitätsziffer und der Existenz von Banden zu verzeichnen waren (*Thrasher* 1927; *Shaw/McKay* 1942). Trotz erheblicher Auswechslung der Bevölkerung auch insichtlich der ethnischen Zugehörigkeit innerhalb dieser Gebiete (»interstitial areas«) infolge der Einwanderungsbewegungen hielt sich dieser Befund über Jahrzehnte hinweg (vgl. hierzu aber die Interpretation *Exners* 1949, 42 f.). Die unterschiedliche Kriminalitätsbelastung ließ sich auch nicht durch die Bevölkerungsdichte erklären (vgl. *Morris* 1958, 77). – In jüngerer Zeit fanden sich in Europa teilweise ähnliche Ergebnisse (vgl. *Spencer* u.a. 1964).

α) Die Aussagekraft der mitgeteilten Befunde ist in verschiedenen Analysen und Forschungen angezweifelt worden (vgl. *Robinson* 1950; *Morris* 1958; *Uematsu* 1962; *Stanciu* 1968; *Gordon* 1967; *Opp* 1968b; *Lambert* 1970). Insbesondere ist die Notwendigkeit differenzierter Fragestellungen deutlich geworden, zum Beispiel bezüglich des Verhältnisses von Wohnort und Tatort (s. o. 2. c)) sowie von einzelnen Deliktbereichen untereinander und hinsichtlich der Verteilung innerhalb einzelner Gebiete.

Darüber hinaus scheint die Einbeziehung weiterer Variablen unerläßlich. Dies gilt schon insofern, als sich die Frage stellt, ob zukünftige Straftäter auf Gebiete mit hoher Deliktsrate angewiesen sind (vgl. auch o. 2. a)α)) beziehungsweise ob sie sich absichtlich in solche Gebiete begeben, oder aber ob die entsprechende räumliche und soziale Umgebung einen selbständigen Einfluß auf die Deliktbegehung hat. – Tatsächlich verhält es sich vielfach dergestalt, daß diejenigen Personen, die in die genannten Gebiete ziehen, bereits zuvor zu einer sozio-ökonomisch unteren Randgruppe gehört hatten.

β) Wesentliche Bedeutung wird – namentlich in der anglo-amerikanischen Kriminologie – auch in diesem Zusammenhang den *sozio-ökonomischen Faktoren* beigemessen (vgl. *Elliott* 1952, 373; *Warner/Lunt* 1941, 374 ff.; *Burt* 1969 [1925], 66 ff.), wozu neben tatsächlicher beruflicher Tätigkeit, Realeinkommen und Ausbildungsabschluß die sozialen Gegebenheiten in Familie, Verwandtschaft und Nachbarschaft sowie im Umgang mit semi-formellen und formellen Institutionen strafrechtlicher sozialer Kontrolle zählen. Verschiedentlich werden Eigenschaften der Kontakt- oder Bezugsgruppen sowie die Ausgestaltung der Rollenerwartung betont, zumal einzelne Untersuchungen von einer anhaltenden Verbrechensrate bestimmter Bewohnergruppen auch im Falle der Umsiedlung aus innerstädtischen unterprivilegierten Gebieten in neuerrichtete Wohnzentren in Außenbezirken berichtet haben. Anhaltend wird der städtebaulichen Ausgestaltung Bedeutung zuerkannt (vgl. *Jeffery* 1971; *Newman* 1973; *Kube* 1978).

b) α) In einer Jahresübersicht 1967 für Nürnberg berechnete *Herold* (1968, 224), daß die Kriminalitätsdichte der Innenstadt das sechzigfache derjenigen der Randgebiete betrug; dabei wurde als Innenstadt nicht die Stadtmitte, sondern der Raum gewählt, der bei größter Bevölkerungsentleerung die höchste Konzentration wirtschaftlicher, kultureller und administrativer Funktionen aufwies (*Herold* 1968, 235 Fußn. 18). Von den in diesem Zeitraum ermittelten Tätern hatten über 80 % ihren Wohnsitz in der Stadt oder in deren näherem Umkreis, etwa 5 % wohnten in einer Entfernung von 30 bis 100 km, während 11,7 % aus größeren Entfernungen kamen (*Herold* 1968, 233 f.). Aufschlußreich ist, daß die in der Stadt gelegenen Täterwohnsitze gleichmäßig gestreut waren. Dieser Befund hat das Ausmaß einer Relevanz spezifischer ökologischer Faktoren für kriminologische Zusammenhänge in Frage gestellt.

β) Nach einer Auswertung der polizeilich registrierten Kriminalitätsraten von Berlin (West) für das Jahr 1970 (vgl. *Hellmer* 1972 a) weist der Innenstadtbezirk Charlottenburg die höchste Häufigkeitsziffer auf, gefolgt von Kreuzberg und Tiergarten; am Ende der Bezirke rangieren Steglitz und Tempelhof. Beim Diebstahl steht dementsprechend Charlottenburg allein an der Spitze; es folgen die Bezirke Neukölln und Kreuzberg bei einfachem Diebstahl und Tiergarten und Zehlendorf bei schwerem Diebstahl. Für Körperverletzung liegen die höchsten Zahlen hingegen bei Kreuzberg und Wedding, die geringsten bei Zehlendorf (*Hellmer* 1972 a, 581). Hieraus ergeben sich Anhaltspunkte für eine positive Korrelation der registrierten Kriminalitätsraten und der *Wohn*bevölkerung bei Körperverletzungsdelikten, weniger hingegen bei Diebstahl. Die mit Diebstahl meistbelasteten Bezirke dürften aber in

Kriminalitätsbelastung und räumliche sowie zeitliche Gegebenheiten   § 52

Bezug auf den zeitweiligen Aufenthalt von Personen die höchsten Dichtewerte haben; eine Ausnahme ergibt sich für den schweren Diebstahl in Zehlendorf, wozu die relativ große Wohlhabenheit (vgl. *Hellmer* 1972 a, 588) ebenso wie eine vermutlich relativ hohe Sensibilität und Anzeigebereitschaft der Bevölkerung eine Erklärung ermöglichen.

Hiernach läßt sich, insgesamt betrachtet, nur von einem tendenziellen Zusammenhang zwischen Bevölkerungsdichte und Kriminalitätsbelastung ausgehen. Dies entspricht auch den Ergebnissen einer kriminalökologischen Untersuchung in Köln (vgl. *Opp* 1968b, 86 ff.), die sich um Überprüfung der Hypothese einschlägig belasteter Zonen (s. o. a)) bemüht hatte.

γ) In einer Untersuchung in Bochum (*Schwind* u.a. 1978), die neben kriminalstatistischen Daten der Polizei teilweise auch Daten einer (Dunkelfeld-)Opferbefragung einbezog und sich jeweils auf die Delikte Diebstahl (ohne und unter erschwerende[n] Umstände[n]), Raub und Körperverletzung beschränkte, hatten 78,6 % der Tatverdächtigen ihren Wohnsitz in Bochum, während 13,8 % aus bestimmten anderen Teilen Nordrhein-Westfalens nach Bochum gekommen waren; 6 % waren ohne festen Wohnsitz. Die Tatorte der von außerhalb gekommenen Tatverdächtigen verteilten sich eher gleichmäßig auf das Stadtgebiet von Bochum (*Schwind* u.a. 1978, 128 ff.). Hinsichtlich der Konzentrierung der Kriminalitätsbelastung in bestimmten Stadtgebieten ergab sich keine tendenziell zu den Außengebieten hin abnehmende ringförmige Abstufung, sondern eine Verteilung auf mehrere räumliche Schwerpunkte, welches Ergebnis möglicherweise mit der Eingemeindung vormals selbständiger Stadtgebiete zusammenhänge (*Schwind* u.a. 1978, 76). Die meistbelasteten Gebietsteile waren durch eine »ungünstige Sozialstruktur« gekennzeichnet, wozu unter anderem eine als schlecht beurteilte Baustruktur, eine Überrepräsentierung von Unterschichtangehörigen und ein vergleichsweise hoher Anteil älterer Menschen zählten (*Schwind* u.a. 1978, 236 ff.). – Bezüglich Einbruchdiebstahl sind 66,2 % der Taten innerhalb einer Entfernung von weniger als 2 km vom Wohnsitz der Tatverdächtigen begangen worden (*Schwind* u.a. 1978, 179); hierbei ist allerdings zu berücksichtigen, daß die »Nahbereich«-Begehung zu höheren Anteilen zur Aufklärung führen wird als die »Fernbereich«-Begehung.

4. Bisher läßt sich kaum abschließend feststellen, ob und in welchem Ausmaß die Polizei- beziehungsweise die Justizdichte (Zahl des Polizei- und Justizpersonals auf 100.000 Einwohner beziehungsweise strafmündige Einwohner) eine Funktion der Häufigkeitsziffer sowie der übrigen Verhältnisziffern der (Allgemeinen) Kriminalität ist (so *Hellmer* 1972, 55), oder aber ob es sich umgekehrt verhält.

Bezüglich der Polizeidichte, berechnet nach Polizeibeamten in den Bereichen von Prävention und Aufklärung, hatte zum Beispiel für das Jahr 1968 Berlin (West) mit 524,8 die höchste Ziffer; an zweiter Stelle folgte Hamburg mit (nur) 404,4. Zum Vergleich betrugen die entsprechenden Ziffern für München 289,8 und für Köln 206,9, während die Ziffer für das Bundesgebiet insgesamt 178,3 betrug (vgl. *Hellmer* 1972, 304, 314, 326).

a) Schon die verwendeten Statistiken über die Polizeidichte sind insofern wenig ergiebig, als sie in erster Linie den quantitativ bedeutsameren (und möglicherweise erheblich variierenden) Anteil desjenigen polizeilichen Personals widerspiegeln, das mit der Regelung des Straßenverkehrs beschäftigt ist. Sie können daher nicht als Indikator für die Personalkapazität der Strafverfolgungstätigkeit bei der Polizei schlechthin dienen.

α) Bezüglich der Polizeidichte lassen sich aus Anhaltspunkten zur Präventionswirkung bei einzelnen Delikten oder bei Intensivprogrammen (vgl. *Herold* 1971) keine unmittelbaren und auch kaum mittelbare Belege für die genannten unterschiedlichen Auffassungen zum interdependenten Verhältnis zwischen tatsächlicher und registrierter Kriminalität einerseits und Polizeidichte andererseits finden. Die registrierte Kriminalität nimmt in Gebieten mit hoher wie mit niedriger Polizeidichte zu; diese Zunahme geschieht in Gebieten mit hoher Polizeidichte nicht langsamer, sondern eher rascher als in Gebieten mit niedriger Polizeidichte. Andererseits steigt die Polizeidichte in der Regel entsprechend zunehmender Einwohnerdichte an; als Ausnahmetendenzen haben Bayern und Schleswig-Holstein im Verhältnis zur Einwohnerzahl eine relativ hohe und Nordrhein-Westfalen und Baden-Württemberg eine relativ niedrige Polizeidichte (vgl. *Hellmer* 1972, 55).

Es mag einleuchtend sein, daß bei hoher Polizeidichte die Quote derjenigen Fälle ansteigt, die der Polizei aus eigener Wahrnehmung bekannt werden. Wenngleich ebenso die Aufnahmebereitschaft (s. o. § 29 I. 2. a)) und Bearbeitungskapazität für Anzeigen steigen dürfte, so besagt dies noch nichts dazu, ob und inwieweit dies die Anzeigebereitschaft beeinflussen könnte.

β) Hingegen scheint eine positive Auswirkung der Polizeidichte und speziell der Polizeibelastung (= Zahl der Straftaten auf einen Polizeibeamten) auf die Aufklärungstätigkeit der Polizei kaum bestreitbar zu sein (vgl. aber *Hellmer* 1972, 66); soweit Gebiete mit einer geringen Polizeibelastung häufig eine relativ hohe Aufklärungsquote und Gebiete mit hoher Polizeibelastung häufig nur eine geringe Aufklärungsquote haben, so läßt dies bezüglich der Effektivität der Aufklärungstätigkeit, neben Faktoren der Einwohnerdichte und der Quote an Diebstahlskriminalität, die Wirkungsweise zusätzlicher Faktoren vermuten.

b) *Blankenburg* (1973, 185 ff.) untersuchte das Verhältnis von Unterschieden in der Differenz zwischen Häufigkeits- und Verurteiltenziffer und der Arbeitsbelastung (= Zahl der Ermittlungsverfahren, Anklagen und Strafbefehle im Jahr je Staats- bzw. Amtsanwalt). Dabei ergab sich ein Zusammenhang zwischen Belastung der genannten Beamten und Einstellungsquote nur im Bereich der hohen Belastungen, während bei niedriger Belastung sowohl Staats- und Amtsanwaltschaften mit hoher als auch solche mit niedriger Anklagequote gefunden wurden; hohe Belastung und hohe Anklagequote jedoch schlossen sich aus.

II. Einzelne Zeiteinheiten

Die Kriminalitätsverteilung nach einzelnen Zeiteinheiten zeigt ein teilweise erheblich unterschiedliches Bild je nachdem, welche Tatgruppierungen untersucht werden. Auch bezüglich zeitlicher Faktoren betrifft der Schwerpunkt bisher vorliegender Befunde den Bereich Allgemeiner Kriminalität.

1. Frühere Untersuchungen des zeitlichen Längsschnitts bezogen sich auf die Kriminalitätsbelastung ein und desselben Gebietes zu unterschiedlichen *Jahreszeiten* oder unterschiedlichen klimatischen Verhältnissen, während Untersuchungen des zeitlichen Querschnitts die Kriminalitätsbelastung in Gebieten unterschiedli-

cher klimatischer Verhältnisse zur gleichen Jahreszeit betrafen. Keine der Untersuchungen hat einen Beleg über unmittelbare Zusammenhänge zwischen Jahreszeit oder klimatischen Verhältnissen einerseits und Umfang und Struktur von Kriminalität insgesamt sowie bei einzelnen Tat- und Tätergruppen andererseits erbracht, wobei sich allerdings allgemeine methodische Mängel der kriminalstatistischen Untersuchung (s. o. § 17 IV. 1. b)) aufgrund der hier erörterten Fragestellung in besonderem Maße ausgewirkt haben könnten (vgl. zur Einführung *Middendorff* 1977).

a) α) In den früheren Längsschnittuntersuchungen ist als vergleichsweise einheitliche Tendenz (zu Ausnahmen s. *Cohen, J.* 1941, 32 ff.; *Wolfgang* 1958, 96 ff.) berechnet worden, daß die warme Jahreszeit mit den verschiedensten Delikten gegen die Person, die kalte Jahreszeit mit den verschiedensten Vermögensdelikten (bei ausnahmsweise einheitlichem Verlauf von Diebstahl und Betrug) stärker belastet waren.

Im Sinne einer *physikalischen Einflußnahme* soll die Verkürzung des Tageslichtes die Deliktbegehungsmöglichkeiten der (»lichtscheuen«) Diebe begünstigen. Allerdings sind gerade beim schweren Diebstahl die jahreszeitlichen Schwankungen geringer gewesen als beim einfachen Diebstahl, während die genannte Erklärung am ehesten den Einbruchdiebstahl betreffen könnte. Zum anderen ließe sich eine entsprechende Begünstigung kaum für den Betrug ausmachen, und dennoch lag der Höhepunkt für dieses Delikt gleichfalls im Dezember. – Von der Hitze wurde angenommen, daß sie, bedeutsam für Gewaltverbrechen, die Erregbarkeit, Vitalität und Sexualität steigere.

Unter dem Aspekt *sozialer oder wirtschaftlicher* Veränderungen (in der Folge veränderter Licht- und Wärmeverhältnisse) wurde darauf hingewiesen, daß im Winter die Lebenshaltungskosten höher liegen, während zur gleichen Zeit die Erwerbsmöglichkeiten begrenzter seien; hierbei wurde eine gewisse Parallele zwischen Saisonschwankung der Arbeitslosenzahl und Vermögenskriminalität erwähnt. Demgegenüber seien die Lebensbedingungen im Sommerhalbjahr günstiger, während bei besserer körperlicher Ernährung zugleich die Voraussetzung für die Zunahme der Delikte gegen die Person gegeben sei (s. aber o. § 51 III. 1. a)).

Ferner wurde analog periodischer Vorgängen im Tier- und Pflanzenbereich eine *physiologische Beeinflussung* des menschlichen Verhaltens durch Jahreszeitenwechsel im Wege eines psychophysischen Zusammenhangs vermutet, wobei von einer Zunahme des sexuellen Bedürfnisses gesprochen wurde, das bereits zu Beginn des Frühsommers wieder absinke. Diese Überlegung erlaubte eine Erklärung in der Kurve der Sittlichkeitsdelikte gewissermaßen »verfrüht« einsetzenden Anstiegs.

β) Nach neueren Daten der PolSt (1976, Tab. 8 Bl. 1 – 5) ergeben sich bei der Längsschnittbetrachtung eindeutige Tendenzen der genannten Art nur bei den Sexualdelikten; bei Körperverletzungsdelikten und Tötungsdelikten ebenso wie bei einfachem und schwerem Diebstahl sind die Daten uneinheitlich. Allerdings mögen tatsächliche Unterschiede in der Anzeigehäufigkeit durch die gleichbleibende Arbeitskapazität der Polizei teilweise ausgeglichen werden. – Unterschiedlich sind die Zahlen auch für die einzelnen Bundesländer. So weisen die ansonsten am höchsten belasteten Stadtstaaten Bremen, Hamburg und Berlin (West) in den Sommermonaten Juni, Juli, August und September die geringsten Belastungen des Jahres auf (*Hellmer* 1972, 44).

Dies könnte darauf zurückzuführen sein, daß sich diese Städte in der Sommerferienzeit leeren; Gebiete mit hoher polizeilich registrierter Sommerkriminalität scheinen überwiegend (Sommer-)Feriengebiete und (Sommer-)Durchgangsverkehrsländer zu sein (vgl. *Hellmer* 1972, 44, 45 Fußn. 10).

b) Innerhalb der Querschnittsuntersuchungen wurden Anhaltspunkte dafür ermittelt, daß Delikte gegen die Person unter heißem Klima, Delikte gegen das Eigentum hingegen unter kaltem Klima häufiger seien. Verschiedentlich wurde eine Korrelation zwischen Durchschnittstemperatur, Feuchtigkeitsgrad und Kriminalitätsbelastung vermutet. Hinsichtlich der Tatgruppenstruktur wurden Zusammenhänge jeweils zwischen Wetterlage, Reizklima, Föhn, Trockenheit oder Regen und bestimmten Delikten angenommen (vgl. zusammenfassend *Exner* 1949, 57; s. ferner *Sauer* 1950, 489 f.).

2. Bei der Überprüfung der Kriminalitätsbelastung nach Wochentagen ergaben sich zeitliche Regelmäßigkeiten. Dabei waren die Tage des Wochenendes, also Samstag und Sonntag, sowie, seit Einführung der Fünf-Tage-Woche, auch der Freitag mehr belastet; entsprechende Ergebnisse zeigten sich bei Fest- und Feiertagen (vgl. etwa die Nachweise bei *Middendorff* 1977, 249 – 251).

Wegen dieses Verlaufs wurde auf den – unmittelbar wie mittelbar beeinflussenden – Alkoholkonsum, verbunden mit der wöchentlichen Lohnzahlung, sowie auf Fragen der Freizeitgestaltung hingewiesen. – Hierzu ist aufschlußreich, daß in den norwegischen Städten, bei Alkoholausschankverbot für die Zeit von Samstagnachmittag bis Montag früh, der Sonntag die geringste Kriminalitätsbelastung gehabt haben soll, während nach in den norwegischen Landgemeinden der mitgeteilte Schwerpunkt am Wochenende bestätigt haben soll (vgl. hierzu *Seelig/Bellavic* 1963, 218).

3. Betreffend die Begehung nach Tageszeiten liegt eine Vielzahl von Einzelbefunden vor (vgl. etwa berichtend *Middendorff* 1977, 251 – 253).

In einer Untersuchung in Nürnberg ist für ein Berichtsjahr (1.10.1966 – 30.9.1967) als Hauptbelastungszeit in kriminalitätsreichen Stadtgebieten die Nachtzeit zwischen 23.00 Uhr und 2.00 Uhr ermittelt worden (vgl. *Herold* 1968, 231, 229); für Gebiete mit geringer Kriminalitätsdichte ergab sich nicht eine Konzentrierung auf die Nachtzeit, sondern eine Verteilung der Hauptbelastungszeiten auf alle Tagesstunden.

Würde hingegen zum Beispiel der Ladendiebstahl in die Gruppe der untersuchten Delikte aufgenommen worden sein, so würden die Hauptbelastungszeiten auch der kriminalitätsreichen Stadtgebiete möglicherweise nicht mehr eindeutig in der Nacht liegen, da sich auch für die Tageszeit höhere Werte ergeben würden.

III. Kriegsverhältnisse

1.a) Einen speziellen Anwendungsfall des Verhältnisses von sozialer Desorganisation (s. o. § 7) und Kriminalität stellt der zeitlich abrupte Einbruch in die soziale

Stabilität durch Kriegsverhältnisse dar. Dies betrifft neben allgemeinen kulturellen, wirtschaftlichen und räumlichen Faktoren auch spezielle politische Auswirkungen von Kriegsereignissen für die gesellschaftliche Ordnung einschließlich der strafrechtlichen Erfassung von Verhalten. Dabei zeigt sich in spektakulärer Weise, daß die Entscheidung darüber, inwieweit identisches Verhalten zu positiven oder negativen Sanktionen Anlaß gibt, weniger aus dem Verhalten selbst und eher aus der Bewertung politischer Faktoren unter Hervorhebung des Täter-Opfer-Verhältnisses geschieht.

Hiernach ist auch verständlich, wenn zur Interpretation von Kriminalitätsdaten für die Zeit nach Kriegen, neben wirtschaftlichen Besonderheiten wie Warenknappheit, Geldentwertung und Schwarzhandel, auf Erscheinungen der Schwächung von Sanktions- und Normgeltung (vgl. *Brauneck* 1965) hingewiesen wird.

b) Entsprechend dem Ausmaß und der Schnelligkeit von Normwandel und -verletzung einerseits und Schadenseintritt andererseits, wie es für Kriegsverhältnisse kennzeichnend ist, ließe sich diesbezüglich ein zentraler Bereich kriminologischer Forschung vermuten. Tatsächlich findet sich eine solche Vermutung in der kriminologischen Forschungspolitik und -praxis mitnichten bestätigt. Dies mag teilweise an vielfältigen und speziellen methodischen Erschwernissen empirischer Forschung während und nach dem Ende von Kriegsverhältnissen beruhen. Es läßt jedenfalls aber, und zwar namentlich im Hinblick auf den qualitativ und quantitativ erheblichen Bereich legalisierter Gewalt, die Problematik des Verhältnisses von strafrechtlichem Verbrechensbegriff (in seiner Formaldefinition) und kriminologischem Forschungsgegenstand (s. o. § 1 III.) hervortreten.

2. Die meisten der früheren Untersuchungen haben sich auf jeweils nur einen Krieg bezogen. Die Analyse verschiedener Untersuchungen zum Zwecke des Vergleichs der Art von Veränderungen bei zwei oder mehreren Kriegen waren mit dem Problem konfrontiert, daß sich äußere Gegebenheiten zwischen Kriegen verändert hatten. Soweit es sich um den internationalen Vergleich handelte, ergaben sich zudem Unterschiede danach, ob es sich um Kriegsbeteiligte beziehungsweise um neutrale Staaten, um besetzte beziehungsweise nichtbesetzte Staaten und/oder um Sieger- beziehungsweise Verliererstaaten handelte. Schließlich sind Kriminalstatistiken während und nach Kriegen oftmals mit zusätzlichen Mängeln versehen gewesen oder nicht veröffentlicht worden.

Im einzelnen käme es zum Beispiel darauf an, ob männliche Heranwachsende und Jungerwachsene, das heißt Angehörige der Altersgruppe mit der höchsten Kriminalitätsbelastung, eingerückt und der ordentlichen Strafgerichtsbarkeit entzogen waren. In diesem Fall würden deren Straftaten in den allgemeinen Kriminalstatistiken nicht ausgewiesen werden. Zum anderen wäre zu berücksichtigen, ob ein Anteil der Bevölkerung deportiert worden oder »in den Untergrund gegangen« war und inwieweit es sich um herkömmliche Allgemeine Kriminalität oder um solche Delikte handelte, die im Rahmen von Widerstandsaktivitäten begangen wurden.

a) Nach einem der wenigen allgemeinen Befunde zeigten Kriegszeiten nach Kriminalitätsumfang und - struktur verschiedene Phasen, wobei die strukturellen

Veränderungen neben den Deliktstypen vor allem auch Alter und Geschlecht betrafen.

Überwiegend wurde bezüglich des Ersten und Zweiten Weltkrieges für eine *erste Phase* nach Kriegsbeginn von einem Sinken der Kriminalität berichtet. Dies wurde in Zusammenhang mit allgemeinem Enthusiasmus und einer Welle patriotischer Gefühle gesehen oder aber auf die Reduzierung oder Beseitigung von Arbeitslosigkeit, Änderungen in der Bevölkerungsstruktur und allgemeine Verbesserungen wirtschaftlicher Verhältnisse und beruflicher Möglichkeiten zurückgeführt *(von Hentig* 1947, 341 f.; *Renger* 1933, 60; vgl. aber auch *Middendorff* 1971). Jedenfalls im Zweiten Weltkrieg soll das anfängliche Sinken weder Frauen noch Kinder betroffen (anders für den Ersten Weltkrieg im Deutschen Reich, vgl. *Mannheim* 1974, 715) und sich nicht in allen Ländern gezeigt haben. – Was einen als *zweite Phase* einige Monate nach Kriegsbeginn berechneten Anstieg von Kriminalität angeht, so sind, jedenfalls für den Ersten Weltkrieg, in erhöhter Form Unterschiede nach der Art der Kriegsbeteiligung oder Nicht-Beteiligung einerseits und wirtschaftlicher Situation zum Beispiel infolge von Blockaden andererseits errechnet worden. So zeigten für die Jahre 1914 bis 1923 solche Staaten, die neutral geblieben waren, aber von der Wirtschaftsblockade mehr oder weniger mitbetroffen wurden, insbesondere bei der Vermögenskriminalität eine ähnliche Entwicklung, wie sie im Deutschen Reich stattfand. – Für die *unmittelbare Nachkriegszeit* schließlich überwogen die Unterschiede zwischen den verschiedenen Staaten, wobei die Bedeutung der wirtschaftlichen Situation – unabhängig von der Frage einer aktiven Kriegsbeteiligung – zunahm. Im einzelnen soll in England (während des Ersten Weltkrieges die Verurteiltenziffer bei allen Deliktsarten gesunken sein und) im Jahre 1921 ein Teil der Strafanstalten wegen mangelnder Belegung geschlossen worden sein; zur gleichen Zeit mußte im deutschen Bereich in den Strafanstalten aus Platzmangel Strafaufschub gewährt werden (vgl. zu den Zahlenangaben *Exner* 1927, 207).

b) Als ein anderer allgemeiner Befund kann die Veränderung der Kriminalitätsstruktur nach Tätergruppen gelten, wenngleich es auch diesbezüglich an hinreichenden Ergebnissen fehlt.

So ist im Verhältnis von Erstbestraften und Vorbestraften (und speziell mehrfach Vorbestraften) die Quote der (männlichen) Vorbestraften in einigen am Krieg beteiligten Staaten gesunken (vgl. zusammenfassend *Mannheim* 1974, 716 f. m.w.N.). Allerdings sind die Befunde, jedenfalls für den Zweiten Weltkrieg, teilweise gegensätzlich. Auch mag die Erklärung für ein Sinken des Anteils der Rezidivisten, daß nämlich Arbeitsplätze ohne Schwierigkeiten erhältlich gewesen seien, eine vordergründige sein.

Ferner wurde, besonders für den Zweiten Weltkrieg, ein rascher und erheblicher Anstieg der Jugendkriminalität, der vielfach das Doppelte und mehr der vorherigen Belastung betrug, sowie der Kriminalität weiblicher Personen, beobachtet (vgl. zusammenfassend *Mannheim* 1974, 717 ff.); dem folgte verschiedentlich bereits gegen Ende oder mit Ende des Krieges ein rasches und nahezu entsprechend umfangreiches Sinken. – Zur Erklärung des Anstiegs der Jugendkriminalität ließen sich geringere Kontrollmöglichkeiten in Familie und Schule infolge der Kriegsumstände nennen. Auch sollen für die Zeit des Ersten Weltkrieges wirtschaftliche Verbesserungen für Nichterwachsene beiderlei Geschlechts aufgrund ungewohnt hoher Löhne, die sie verschiedentlich erhielten, zu einem Anlaß für Verwahrlosung geworden sein (vgl. *Exner* 1949, 63). – Für den Anstieg der Kriminalität weiblicher Personen sollen sowohl familiäre Instabilität (auch im Bereich der Familien-«Atmosphäre») im

Anschluß an vorschnelle Eheschließungen als auch, in Zusammenhang mit der zunehmenden Verknappung von Verbrauchsgütern und bezüglich des Anstiegs von Vermögensdelikten, die erweiterte familiäre Verantwortung verheirateter Frauen durch die zusätzliche Übernahme der Rolle des Mannes Bedeutung gehabt haben.

c) α) Was speziellere Angaben für Deutschland anbetrifft, so ergab sich tatgruppenstrukturell während des Ersten Weltkrieges insgesamt ein stetiger Anstieg der Diebstahlskriminalität; ähnliches gilt für die Hehlerei, während Gewalt- und Sittlichkeitsdelikte sanken. In der Zeit unmittelbar nach Ende des Ersten Weltkrieges (s. hierzu *Seelig/Bellavic* 1963, 222) sind Diebstahl und Hehlerei weiterhin ganz außergewöhnlich angestiegen, wobei die Verurteilungsziffern im Jahre 1920 nahezu 800 % des Friedensdurchschnitts betrugen; allerdings dürften für diesen Anstieg nicht so sehr allgemeinen Folgen des Krieges einschließlich Wiedereingliederungsproblemen als vielmehr der besonderen Entwicklung der Währungssituation bis hin zur Inflation (s. o. § 51 III. 2.) die entscheidende Bedeutung zugekommen sein. Ab 1919 ergab sich ferner eine ständige Zunahme der Delikte gegen Leib und Leben.

Betreffend die Zeit nach Ende des Zweiten Weltkrieges, für die es an zureichenden kriminalstatistischen Unterlagen fehlt, wurde bezüglich der Tatgruppenstruktur ein erheblicher Anstieg der Diebstahlsziffer, und zwar besonders beim schweren Diebstahl, ermittelt (vgl. *Bader* 1949, 132). Ferner soll sich, in Wiederholung von Erfahrungen aus der Zeit nach dem Ersten Weltkrieg, eine gewisse Verrohung (der Kriminalität) gezeigt haben, indem zum Beispiel besonders Raub, Mord und Notzucht angestiegen, Intelligenzdelikte wie etwa Betrug hingegen gesunken sein sollen.

β) Tätergruppenstrukturell setzte der Kriminalitätsanstieg einer zweiten Phase (s. o. 2. a)) des Ersten Weltkrieges zuerst bei den Jugendlichen mit einem Anstieg der Verurteilungen wegen Diebstahls bereits im Jahre 1915 um 30 % ein. Im Jahre 1916 folgte eine entsprechende Zunahme der Zahlen der weiblichen Täter; bereits im Jahre 1917 hatten sich die Verurteilungszahlen weiblicher Personen bei Diebstahl verdoppelt und bei Hehlerei verdreifacht (vgl. auch *von Koppenfels* 1926, 33 ff.). Die Belastung der Männer im Alter von über 50 Jahren war zunächst geringer, aber ab 1916 lagen auch bei ihnen die Verurteiltenziffern insbesondere bei Diebstahl und Hehlerei über dem Vorkriegsstand.

Während des Zweiten Weltkrieges soll die Jugendkriminalität nach Schätzungen – hinreichende kriminalstatistische Unterlagen bestehen nicht (vgl. aber *Blau* 1952) – in den Jahren zwischen 1939 und 1943 um 140 % angestiegen sein; zur Erklärung wurde auf kriegsbedingte Erweiterungen deutschen Territoriums sowie auf veränderte Kontrollstrategien gegenüber Straftätern hingewiesen (vgl. hierzu *Mannheim* 1974, 720). Für die Zeit nach dem Zweiten Weltkrieg wies *Bader* (1949, 154 ff.) auf einen Anstieg der Kriminalität weiblicher Personen nicht nur bei Vermögensdelikten, sondern auch bei Aggressionsdelikten hin.

Zweiter Titel Einzelbereich

§ 53 Probleme der Interpretation von Befunden

I. Allgemeines

1.a) α) Untersuchungen über mikrostrukturelle Zusammenhänge des Verbrechens sind seither überwiegend an der als Straftäter erfaßten Person (unter Einbeziehung von deren Sozialbereich) durchgeführt worden. Dazu wurden meistenteils solche Personen ausgewählt, die (mehrfach) vorbestraft und Gefangene waren, wobei die Ergebnisse mitunter verallgemeinernd auf »Kriminelle« schlechthin übertragen wurden. Die Untersuchungen waren unverhältnismäßig häufig an dem Konzept prinzipieller Unterschiede zwischen »Kriminellen« und »Nichtkriminellen« (s. o. § 4 II.) orientiert; soweit im Sinne eines gedachten Kontinuums deliktischer Intensität nach Verdünnungsformen differenziert wurde, diente dies als Bestätigung dieses Verständnisses.

Die Verbreitung von Forschungen entsprechend dem zuletzt genannten Konzept war teilweise gefördert worden durch die von *Darwin* im Rahmen eines Systems stammesgeschichtlicher Entwicklung der Organismen erarbeiteten Kriterien der Milieutheorie (Veränderlichkeit der Wesen), der Anlagetheorie (Vererbbarkeit, unter Hervorhebung der ererbten Eigenschaften, die sich durch Androhung in keiner Weise abschrecken lassen) sowie der Theorie der Überproduktion. *Darwin* hatte entdeckt, daß die Ausstattung der Lebewesen unregelmäßig schwankt, was, nach späterer Beobachtung, durch Mutation geschehe, und daß je nach Umwelt die eine oder andere Art am besten geeignet sein dürfte zu überleben und die zukünftigen Formen bestimmt. Dies bedeutete zugleich, daß die Lebewesen von Anfang an für ihre Umweltverhältnisse ungeeignet sein können, wenn auch vielleicht für andere, zum Beispiel frühere Umstände geeignet.

Nach *Virchow* (1854, referiert bei *Ackerknecht* 1957, 26, 72) bestehe allerdings qualitativ kein Unterschied zwischen »pathologischen« und »gewöhnlichen vitalen Erscheinungen«. Erstere seien »nicht heterolog im engen Sinne des Wortes, sie sind vitale Erscheinungen, die zur falschen Zeit auftreten (heterochron) oder am unrechten Platz (heterotop)«. – Ähnlich hat später *Durkheim* innerhalb der Analyse abweichenden Verhaltens geäußert: »... das Verbrechen als soziale Krankheit hinzustellen, hieße zuzugeben, daß die Krankheit nicht etwas Zufälliges ist, sondern im Gegenteil in gewissen Fällen der Grundanlage der Lebewesen entspricht; das würde jeden Unterschied zwischen der Physiologie und Pathologie verwischen«. Nach *Durkheim* ist jede soziologische wie auch jede biologische Erscheinung imstande, »je nach Umständen verschiedene Formen anzunehmen, wobei sie doch im Wesen dieselbe bleibt« (*Durkheim* 1976 [1895], 147).

β) Ein allgemeingültiger Nachweis überzufälliger Unterschiede zwischen mehrfach als Straftäter erfaßten Personen und nicht als Straftäter erfaßten Personen ist bisher nicht erzielt worden und nach begründeter Annahme auch nicht erzielbar. Demgegenüber sind allenfalls bei einzelnen Tat- und Tätergruppen gewisse Gleichförmigkeiten zu erwarten, so daß die Interpretation von Befunden schon deshalb stets nur in Verbindung mit den Auswahlkriterien der jeweils untersuchten Personen möglich ist. Ferner lassen die einzelnen Strafrechtsnormen wie insbesondere deren Gesamtheit die Subsumtion einer Unendlichen von auch heterogenen Verhaltensweisen zu, wobei die juristische Wertung, es liege ein Verbrechen vor, »höchst verschiedenartige Vorgänge umfaßt, die weder in Hinsicht auf die Tat noch in Hinsicht auf den Täter biologische, soziologische oder psychologische Einheiten bilden« (*Naucke* 1964, 30). Zudem ist zu berücksichtigen, daß die Deliktsbegehung nur einen Bruchteil allen negativ und positiv auffälligen und allen unauffälligen Sozialverhaltens ausmacht.

Bezüglich Merkmalen der Person meinte schon *Exner* (1949, 134), die Hypothese dazu, es gebe gewisse körperliche und geistige Anzeichen, durch welche Straftäter sich von anderen Personen unterscheiden, als auch dazu, es gebe Personen, die aufgrund ererbter Anlagen Verbrecher werden müßten, seien von einem grundlegenden Mißverständnis gekennzeichnet; der Begriff des Verbrechens nämlich »... entstammt der Wertwelt des Menschen, sein Inhalt wechselt nach Völkern und Zeiten«. Dem steht nicht entgegen, daß, wie *Leferenz* (1973, 935) hervorhebt, »bestimmte Merkmale (und Strukturen) von entscheidender Bedeutung für den kriminellen Lebensweg sein können«, wobei etwa an die monotrope Rückfälligkeit konstitutionell erregbarer Persönlichkeiten zu denken sei. Weitergehend ist demgegenüber die bezüglich des Verlaufsaspektes (s. u. § 56) geäußerte Auffassung (*Leferenz* 1973, 935 unter Hinweis auf *Engel*), daß »dem deliktologischen Verlauf ... grundsätzlich ein psychologisches Korrelat« entspreche.

γ) Nach dem gegenwärtigen Wissensstand entsprechen die Informationen bezüglich verurteilter Jugendlicher wie auch bezüglich verurteilter weiblicher Personen tendenziell weithin den aus Untersuchungen über strafrechtlich verurteilte Personen im allgemeinen berichteten Ergebnissen.

Bezüglich Jugendlicher werden nahezu ausnahmslos genannt Unregelmäßigkeiten oder Störungen der Herkunftsfamilie, Mangel oder wiederholter Wechsel der Erziehungspersonen und der Pflegestelle im Kindes- und Jugendalter, intellektuelle Minderbegabung, Zurückbleiben in der Schule, berufliches Scheitern, intergenerationeller Abstieg und niedriger sozio-ökonomischer Status. – Bei weiblichen verurteilten Personen wird überwiegend berichtet, die personalen und sozialen Verhältnisse seien besonders ungünstig (vgl. für Jugendliche *Herrfahrdt* 1971; *Memminger* 1970; vgl. im übrigen *Gilbert* 1972, 325 ff.; *Brauneck* 1970, 19). Ent-

gegen vormaliger Annahme beruhe dies nicht auf einer größeren »Umweltempfindlichkeit« weiblicher Personen (s. auch o. § 48 III. 3. b)), sondern darauf, daß weibliche verurteilte Straftäter einen vergleichsweise kleineren und darum erhöht selektierten Teil darstellten.

b) Untersuchungen über die Person des Opfers einer Straftat begannen mit *von Hentigs* (1967 [1948], 404 – 438) – namentlich soziologisch und biologisch ausgerichteten – und *Mendelsohns* (1956, 105 ff.) – nach der Zurechenbarkeit der Tat bewertenden – Opfereinteilungen. Diese hatten für die kriminologische Forschung eine stimulierende Bedeutung, zumal es sich bei den angeführten Merkmalen teilweise um solche handelte, die nur in der Tatsituation vorliegen, ohne ständige Auffälligkeiten des Opfers zu sein. Allerdings war das Quellenmaterial dieser und späterer Untersuchungen, die sich mit Opfer-Merkmalen befaßten, vielfach aus methodischen Gründen nur wenig geeignet; dies gilt insbesondere für die ausschließliche Verwendung von Gerichtsakten.

Generelle Aussagen über spezifische Opfereigenschaften lassen sich bisher und nach begründeter Annahme auch in Zukunft nicht machen. Einen gewissen Aufschluß über opferanfällige Zusammenhangsgruppen könnten sich bei Untersuchungen von Rückfall-Opfern im Längsschnitt (s. betreffend Gewaltdelikte *Ziegenhagen* 1976) und hinsichtlich des Zeitpunktes vor, während und nach der Tatbegehung (vgl. schon *DeBray* 1959) ergeben.

2.a) Soweit Untersuchungen zur Mikrostruktur des Verbrechens sich (allein) mit denjenigen Personen beschäftigen, die als Straftäter beziehungsweise als Opfer einer Straftat erfaßt sind, vermögen sie nur zu einem Ausschnitt einer vermuteten »Verbrechenswirklichkeit« Aussagen zu machen (»Konviktologie« im materiellen Sinn, vgl. *Eisenberg* 1969, 1556 Fußn. 29). Das Problem erschöpft sich nicht in einer quantitativen Beschränkung, sondern es betrifft zugleich die Frage danach, inwieweit die Aussagefähigkeit der Ergebnisse auch innerhalb dieser Grenzen von der mangelnden Repräsentativität der Informationsträger beeinträchtigt ist (vgl. ähnlich *Cohen* 1955, 170 f.). Dabei bedeutet die Abkehr von der Ursachen- und die Hinwendung zur Zusammenhangsforschung vielfach lediglich eine multifaktoriell angelegte Variante zu dem linear gedachten Zugangsweg über Befunde von Anlage und Umwelt bei der (Persönlichkeits-)Untersuchung.

α) Im einzelnen ist zu fragen, ob gefundene Gleichförmigkeiten tatsächlich und allein für Zusammenhänge kriminellen Verhaltens stehen. Diese Frage erscheint insofern berechtigt, als seither kein Nachweis für das prozeßhafte Geschehen vorgelegt werden konnte, dessen Verlauf dazu führen soll, daß Personen, die festgestellte Merkmalszusammenhänge (s. z.B. u. § 59 III.) aufweisen, eher oder mehr Straftaten begehen als andere.

Auf der Ebene der Theorien zeigt sich hierbei einmal mehr ein in deren beschränkter Reichweite liegender Erklärungsmangel. Entweder sind sie zu wenig verallgemeinungsfähig, weil zu sehr konkret-ausschnitthaft, oder sie bleiben zu allgemein, weil sie zu wenig konkret und zu wenig durch Befunde angefüllt sind. Ferner sind Theorien in der Regel in ganz bestimmten kulturellen, geographischen Zusammenhängen entwickelt worden, so daß sie, selbst wenn sie sich insoweit haben bestätigen lassen, kaum ohne weiteres übertragbar, sondern vielmehr zunächst nur im Bereich ihrer spezifischen Entstehungsbedingungen als relevant anzusehen sind.

Wenngleich es wahrscheinlich sein mag, daß Personen mit bestimmten abweichenden Merkmalszusammenhängen sich abweichend verhalten, so bleibt offen, aufgrund welcher Umstände es sich um diejenige Form der Abweichung handeln soll, die in (wiederholter) Straffälligkeit besteht.

So äußern *Buchholz* u.a. (1971, 87), als »Ursache« von Kriminalität seien »immer Erscheinungen gemeint, von denen die Kriminalität nur eine neben anderen möglichen und von dieser die extremste mögliche negative Wirkung ist.«.

β) Jedenfalls ist nicht von vornherein auszuschließen, daß entsprechende Befunde – zumindest auch – in mehr oder weniger engem Zusammenhang mit Kriterien des unterschiedlich intensiven sozialen Reaktionsprozesses stehen oder gar mit diesen identisch sind. Bei einer solchen »differential-diagnostischen« Betrachtungsweise besteht das methodische Problem zunächst darin, das Verhältnis zwischen Relevanzen der Zusammenhänge der Deliktentstehung und solchen des sozialen Reaktionsprozesses abzuklären. Das gleiche Problem stellt sich, wenngleich bei unterschiedlichem Inhalt, bezüglich der Befunde über das Opfer und insbesondere derjenigen, die das Verhältnis zwischen Täter und Opfer betreffen.

Schließlich ist im Hinblick auf den bescheidenen Wissensstand sowohl über Merkmale oder Syndrome (s. u. § 59 III.), die in einer Beziehung zu Straffälligkeit stehen, als auch und insbesondere über »kriminogene« Zusammenhänge ungeklärt, inwieweit es sich dabei etwa nur um besonders auffällige und allgemein abweichende Merkmale oder Zusammenhänge handelt, die mit der Deliktsentstehung und möglicherweise ferner mit Kriterien des speziellen kriminalrechtlichen sozialen Reaktionsprozesses wenig oder nicht in Beziehung stehen. Sie als solche zu erkennen, könnte hingegen bei einer Untersuchung auch nicht überführter Straftäter, die über solche besonders auffälligen Merkmale nicht verfügen, möglich sein.

Der Schwierigkeitsgrad der aufgezeigten Problematik ist deshalb erhöht, weil die kriminologische Forschung, im Unterschied zu der diesbezüglich ansonsten weithin ähnlichen Situation der Medizin, in diesem Bereich auf mittelbare Erhebungen angewiesen ist, da sie den Straftäter und das Opfer kaum einmal im Zeitpunkt der Tatbegehung zu untersuchen vermag, sondern sich insoweit auf Rekonstruktionen beschränken muß. Zudem ist ein Vergleich verurteilter Straftäter mit mutmaßlichen Straftätern, die nicht entdeckt oder nicht verurteilt wurden, nur im Rahmen von Feld- oder von Dunkelfeldforschungen möglich. Hierbei ist auch aus technischen Gründen von ungleichen Voraussetzungen schon deshalb auszugehen, weil letztere Gruppen sich einer intensiveren Untersuchung schwerlich stellen werden.

b) α) Weiterhin besteht eine Schwierigkeit der Interpretation insofern, als ungeklärt ist, ob und inwieweit es sich bei bestimmten Merkmalen und Merkmalszusammenhängen, etwa soweit sie das Sozialverhalten und den Leistungs- oder Sozialbereich im engeren Sinne betreffen, um sekundäre Merkmale oder um Abweichungsverstärkungen (»deviation amplifying systems«, *Wilkins* 1964, 85) beziehungsweise um sekundäre Abweichungen (*Lemert* 1967, 40 ff.) handelt. Das gleiche gilt speziell für das Problem der Folgen kürzerer oder längerer Institutionalisierung, das sich vornehmlich auf Einweisungen in Fürsorgeerziehungsheime und/oder Strafanstalten bezieht.

Die Fragen nach entsprechenden Folgen zum Beispiel im Sinne der Vollzugseinwirkungen (»prisonization«, s. u. § 37 II.) sind empirisch weithin ungeklärt, wenngleich Erfahrungssätze von Praktikern der Kriminalpädagogik und -therapie zu bejahenden Antworten neigen. Grundsätzlich werden auch hier Allgemeinaussagen ohne Berücksichtigung unterschiedlicher Persönlichkeitsstrukturen der jeweils verurteilten Straftäter kaum zulässig sein.

β) Entsprechendes gilt für Fragen im Bereich von sozialen oder psychischen Tat- oder Spätschäden des Opfers. – So ist zum Beispiel bezüglich Sittlichkeitsdelikten gegenüber Kindern und Jugendlichen (vgl. die unterschiedlichen Angaben etwa bei *Wyss* 1963; *Friedemann* 1965) unbestritten, daß bei einzelnen Opfern das Sittlichkeitsdelikt zu einem über lange Zeit oder nach langer Zeit sich auswirkenden Schaden führt. Jedoch läßt schon die vermutete Häufigkeit namentlich nicht entdeckter Sittlichkeitsdelikte gewisse Zweifel an der Regelmäßigkeit des Eintritts entsprechender Spätschäden aufkommen, da solche andernfalls weitverbreitet sein müßten. Dies wiederum stärkt die Vermutung, daß bisweilen nicht so sehr die bloße Straftat, sondern die Ereignisse und Erlebnisse im Rahmen des sozialen Reaktionsprozesses von nachhaltigem schädlichen Einfluß sind (s. zur Problematik *Lempp* 1968, 2265 ff. [2266] m. Hinweis auf *Rennert; Prahm* 1974, 197).

Im einzelnen wird »psychische Traumatisierung durch exhibitionistische Akte« als nur gering bewertet (vgl. *Scharfenberg/Schirmer* 1974, aufgrund einer Befragung von 903 [14 – 21jährigen] Jugendlichen in Berlin). – Aber auch betreffend Unzucht mit Kindern werden tiefgreifende und nachhaltige Störungen der Persönlichkeitsentwicklung nur selten angenommen. Allerdings wird es hierzu auf die jeweiligen Umstände des Einzelfalles wie Dauer der einschlägigen kriminellen Betätigung, Ausmaß der Beteiligung des Kindes und so weiter ankommen.

Was die Beteiligung des kindlichen Opfers am sozialen Reaktionsprozeß angeht, so bedeuten etwaige Vernehmungen oder gar Konfrontationen mit dem Täter eine erneute – und nunmehr jedenfalls problematisierte – Auseinandersetzung mit der Tat. Auch hier mag eine erhöhte Abträglichkeit dann eintreten, wenn die sexuellen Beziehungen mit dem Täter zeitlich nicht nur vorübergehend, sondern von Dauer waren oder gar sich über einen bestimmten Entwicklungsabschnitt hin erstreckten.

Nach *Lempp* (1968, 2268) bestehe »kein Zweifel darüber, daß die derzeitige Prozeßordnung eine seelische Schädigung des Kindes, die durch das Sexualdelikt an diesem Kind nicht hervorgerufen wurde, erst bewirkt« (vgl. ferner *Störzer* 1974, und sodann zu verfahrensrechtlichen Neuregelungen ders. 1978). – Aus einer Untersuchung von 500 Fällen polizeilicher Vernehmung von Kindern betreffend an ihnen begangene Sexualdelikte (*Arntzen* 1971) wurde berichtet, daß die Vernehmungen und sonstige einschlägige Abläufe nicht schädlich, sondern vielmehr »lösend« und »heilend« wirkten; anders sei es nur dann, wenn bestimmte Begleitumstände der Vernehmung bestünden, die aber mit der Vernehmung an sich nichts zu tun hätten. Hingegen soll die Gegenüberstellung mit und Befragung durch den Täter äußerst schädigend sein; dies sei bei der bloßen Anwesenheit des Täters hingegen nicht der Fall.

Hiernach ist nicht auszuschließen, daß zumindest mit zunehmender Dauer des formellen sozialen Reaktionsprozesses und Häufigkeit der Zeugenvernehmung schädigende psychische Nebenwirkungen entstehen; auch sollen Zeugenaussagen kindlicher und jugendlicher Personen im Ablauf der Ermittlungen mit zunehmendem Lebensalter zwar ansteigen, wobei die Zuverlässigkeit dieser Aussagen aber abnehmen soll (vgl. hierzu *Maisch* 1972, 106 f.).

c) Gelegentlich werden Untersuchungen über – als zugrundeliegend vermutete – Systemzusammenhänge für ergiebiger gehalten. Dabei ist allerdings zu bedenken, daß auch eine solche Vorgehensweise nur eine verhältnismäßig geringe Zahl relevanter Fakten einbeziehen kann, da schon bei wenigen berücksichtigten Fakten die Anzahl der möglichen Beziehungen unüberschaubare Ausmaße annimmt (vgl. *Wilkins* 1968, 152). Auch kann ein Systemzusammenhang nur angenommen werden, wenn eine gewisse Eigenstruktur vorliegt. Eine entsprechende Voraussetzung aber würde bei einem willkürlichen Ausschnitt sozialen Verhaltens kaum zu erfüllen sein; tatsächlich stellt der Katalog kriminalisierten Verhaltens nur einen Ausschnitt negativ sanktionierten abweichenden Verhaltens dar, während der Gesamtkomplex der strafrechtlichen sozialen Kontrolle vermutlich nur einen Anteil aus der Gesamtheit von Straftätern erfaßt. Andererseits läßt sich im Sinne einer Eigenstruktur daran denken, die legislatorische und reaktive strafrechtliche Erfassung von Verhalten aus der Faktizität der tragenden kultur-, sozial- und wirtschaftspolitischen Bedingungen und Funktionen heraus zu interpretieren.

II. Hinweise der Dunkelfeldforschung

1. Soweit Befunde aus der Dunkelfeldforschung über personale und auch soziale Merkmale des Täters vorliegen, ist zu berücksichtigen, daß eine nicht entdeckte Straftat in ihren Auswirkungen auf den personalen und auch sozialen Bereich eine andere Qualität hat als ein verfolgtes Delikt. Eine abgeurteilte Straftat hat eine eigene soziale Realität, wie sich daraus ergibt, daß die Vorstellung vom Straftäter als »dem Anderen« wohl kaum von der Tatbegehung per se ableitbar, sondern Folge sozialer Reaktion ist. Daher bestehen methodische Bedenken gegenüber dem gelegentlich zu beobachtenden Vorgehen, Befunde aus der Dunkelfeldforschung im Wege der Addition mit solchen über den verurteilten Straftäter integrieren zu wollen. – Im übrigen liegen Befunde über mutmaßliche Straftäter vorzugsweise nur für Jugendliche vor, da einschlägige Dunkelfelduntersuchungen durch Befragun-

gen auf die Tätereigenschaft kaum einmal bei erwachsenen Personen durchgeführt wurden.

a) α) Tendenziell wiesen die nach Häufigkeit und Schwere der Straftaten mehr belastet erscheinenden Befragten (s. o. § 46 II. 3. a)) einen niedrigeren sozio-ökonomischen Status (s. auch o. § 46 II. 3. c)) und eher soziale Auffälligkeiten auf als die übrigen Probanden.

β) Zum Verhältnis von psychischen Faktoren und selbst berichteten Straftaten ergab sich, in gewisser Gegensätzlichkeit, eine Bestätigung für eine Beziehung zwischen Straffälligkeit und Extraversion (*Hindelang* 1971; s. auch *Hindelang/Weis* 1972) hier sowie zwischen Straffälligkeit und Neurotizismus sowie Aggressivität (*Amelang/Wantoch* 1971; vgl. zu anderen psychologischen Fragestellungen auch *Amelang/Rodel* 1970) dort (s. im übrigen die Untersuchung von *Remschmidt* u.a. 1975).

b) Hinsichtlich des Verhältnisses von Täter und Opfer haben Dunkelfelduntersuchungen Anregungen zu dem Aspekt der Affinität und Identität gegeben (vgl. z.B. *Amelang/Wantoch* 1971, 388); die Ergebnisse von *Werner* (zusammenfassend 1971, 140) scheinen zu bestätigen, daß – jeweils nach den Angaben der Befragten – diejenigen, die viele Straftaten begangen haben, auch öfter als andere Befragte Opfer von Straftaten geworden sind (s. ähnlich *Sparks* u.a. 1977).

2. Die mitgeteilten Befunde werden, namentlich betreffend das Verhältnis von sozio-ökonomischem Status und Verbrechensbelastung, vielfach als Bestätigung von Befunden über (mehrfach) vorbestrafte und gefangene Personen beziehungsweise von behördeninternen Handlungsnormen (s. u. § 42) interpretiert. Demgegenüber ist zu beachten, daß die quantitativ und/oder qualitativ ansteigende Entwicklung zumindest bei einzelnen Tätergruppen nicht losgelöst von etwaigen Verschiedenheiten in der Entdeckungsresistenz sowie der informellen und formellen sozialen Reaktion (vgl. *Mann* u.a. 1976, 83, 85) sowie von zum Teil relativ früh einsetzenden Stigmatisierungen betrachtet werden kann (vgl. *Farrington* 1977, 112 ff; *Farrington* u.a. 1978, 277 ff.; vgl. auch *Schüler-Springorum* 1977, 436).

a) α) Schon nach der Dunkelfelduntersuchung von *Gold* (1970) zum Beispiel wiesen diejenigen (jugendlichen) Befragten, die überführt wurden, eine deutlich höhere Folgekriminalität auf als diejenigen, die sich diesem Eingriff entziehen konnten, und zwar bei zunächst gleichbleibender Delinquenzbelastung beider Gruppen. – Ferner ergab sich die unterschiedliche Belastung nach Häufigkeit und Schwere der Straftaten auch in Untersuchungen, zu denen die Schichtvariable in beiden Probandengruppen konstant gehalten wurde (vgl. z.B. *Sumpter* 1972, 284 f.; *Amelang/Wantoch* 1971). Zudem enthielten verschiedene derjenigen Untersuchungen, die keine Belastung gemäß unterschiedlichem sozio-ökonomischen Status erbrachten, Anhaltspunkte dafür, daß die erfragte delinquente Belastung am größten bei denjenigen Personen war, deren Beziehung zu den Eltern weniger gut war beziehungsweise bei denen es an Aufsicht und Disziplin fehlte oder ein »gespanntes« Verhältnis zu den Eltern bestand (vgl. z.B. *Short/Nye* 1974 [1957], 66 m.N.; *Dentler/Monroe* 1961).

β) Soweit auf Befunde hingewiesen wird, nach denen Kontakte mit der Polizei sich nur für etwa die Hälfte junger Straftäter nachteilig ausgewirkt haben (vgl. z.B. *Wolfgang* u.a.

Probleme der Interpretation von Befunen § 53

1972; s. dazu auch o. § 29 I. 3. b) γ)), so käme es im einzelnen auf eine Prüfung dessen an, inwieweit bei der übrigen Hälfte die Kontakte mit der Polizei, etwa in der informellen Interaktionsstruktur, unterschiedlich ausgestaltet waren (s. aber auch u. § 56 I. 2. sowie III. 2.). – Ähnlich mag auch derjenige Befund aus einer Verbindung von Dunkelfeld- und Aktenuntersuchung zu relativieren sein, demzufolge zurückliegende Gerichtsverhandlungen der beste Prädiktor für zukünftige Gerichtsverhandlungen sind (vgl. *Erickson* 1972, 388 ff.). Soweit sich dabei als zweitbester Prädiktor Einschätzungen zukünftiger Straftaten, und zwar ein besserer Prädiktor auch als eine Kombination von berichteten Straftaten und solchen Einschätzungen, erwiesen, so stehen dieser Annahme die Bedenken bezüglich Möglichkeiten der Erfassung von vermuteter tatsächlicher Straffälligkeit gegenüber, wie sie aus Anhaltspunkten für selektiv wirkende Kriterien strafrechtlicher sozialer Kontrolle (s. hierzu o. § 29 I. 2. a), 3. b), II. 2., 3., § 30 I. 1. b), 3. b), § 42 I., II.) abgeleitet werden.

b) Bei der Prüfung der Frage, inwieweit unterschiedliche Verlaufsformen der Legalbewährung Folge von unterschiedlichen Abläufen außerstrafrechtlicher Kontrolle sein könnten, kommt neben den Erziehungsberechtigten auch der Schule als einer richtungweisenden semiformellen Institution strafrechtlicher und außerstrafrechtlicher sozialer Kontrolle innerhalb der interaktionistisch gedachten Entwicklung eine wesentliche Bedeutung zu (vgl. *Ferguson* 1971; *Council of Europe* 1972). Dies gilt umsomehr, als es sich bei unterschiedlichen Abläufen auch um solche handeln mag, die zeitlich vor einem ersten Rechtsbruch liegen.

α) Nach *Quensel* (1971, 255) bildet die Schichtzugehörigkeit allein und zu allererst keine delinquenzfördernde Eigenschaft, sondern in erster Linie mache die Sozialisationsbelastung, und zwar namentlich die Schulleistung, delinquentes Verhalten wahrscheinlich (vgl. auch schon die Nachweise bei *Hood/Sparks* 1970, 62 f.). Soweit bei Gymnasiasten schulischer Mißerfolg relativ häufig vorkommt und dennoch die Delinquenzbelastung nicht höher liegt als bei den Lehrlingen, lasse sich dies damit erklären, daß in der Mittelschicht einerseits kompensierende Sozialisationsmöglichkeiten zur Verfügung stehen, und andererseits sozialisationsbehindernde Eingriffe von Kontrollinstanzen unwahrscheinlicher seien. Ein schulisches Defizit scheine nur dann kriminalitätsfördernd und eingriffsindizierend zu sein, wenn, gemessen am schichtmäßig vorgegebenen Erfolgsziel, Mißerfolge vorliegen und wenn zusätzlich eine schichtmäßige Abwärtsmobilität zu verzeichnen ist, die nicht durch alternative Sozialisationsmöglichkeiten abgefangen wird (vgl. ähnlich *Quensel* 1971, 255). Schließlich zeige sich ein Zusammenhang zu peer-Gruppen-Normen darin, daß gerade bei den Schulversagern unter den Gymnasiasten hohe Delinquenzwerte gemessen wurden und sich bei ihnen der Einfluß dieser subkulturellen Normen als stärker erwies als derjenige offizieller Schichtnormen (*Quensel* 1971, 255).

β) Nach der Untersuchung von *Brusten* (1974, 29, 44), die sich auf Schüler im Alter von zwischen 13 bis 17 Jahren aus unterschiedlichen Schulkategorien sowie auf Klassen- und Fachlehrer bezog, blieb die »objektive« Schichtzugehörigkeit der Schüler, gemessen nach den Kriterien »Beruf des Vaters« oder »Schulbildung der Eltern«, anscheinend ohne deutlichen Einfluß auf die delinquente Gesamtbelastung der Befragten. Deliktstrukturell hingegen ergaben sich schichtspezifische Unterschiede, wobei Schüler aus höheren sozialen Schichten häufiger sogenannte »Fluchtdelikte« (z.B. »von Zuhause weglaufen«, Haschisch rauchen, »Schule schwänzen«), Schüler aus unteren sozialen Schichten hingegen häufiger Eigentums- und Gewaltdelikte angegeben haben (vgl. näher *Brusten/Hurrelmann* 1975). Dies könnte der Gegenüberstellung von »Mittelschicht-Streuner« im Unterschied zum »Unterschicht-Rowdy«, möglicherweise auch US-amerikanischen Befunden über hedonistische Zusammenhänge (s. o. § 6 II. 4. c)), entsprechen. Allerdings läßt sich einwenden, diese Ergebnisse seien (auch) dadurch bedingt, daß die altersungleichen Probandengruppen in der Auswertung als insoweit einheitlich behandelt worden seien.

Nach *Brusten* (1974) ergab sich zwischen der von Lehrern vorgenommenen Typisierung als »kriminell gefährdet« und der von den jeweiligen Schülern selbst berichteten Delinquenzbelastung eine hohe Korrelation. In den Fällen einer Diskrepanz oder Fehleinschätzung sollen Kinder aus höheren sozialen Schichten von ihren Lehrern auch bei hoher Delinquenzbelastung eher als »ungefährdet« typisiert worden sein, während Kinder aus unteren sozialen Schichten selbst bei niedriger Delinquenzbelastung eher der Gefahr begegneten, als »relativ stark gefährdet« (vgl. *Brusten* 1974, 36 f.) eingestuft zu werden. Hierzu sei allerdings angemerkt, daß das diesbezügliche Zahlenmaterial solche Aussagen kaum trägt, und zum anderen, daß Kinder und Jugendliche aus höheren Schichten angeblich ohnehin tendenziell mehr Delikte zugeben als Kinder aus unteren sozialen Schichten (s. o. § 16 II. 1. b)). – Im übrigen läßt sich die Frage der Priorität von Devianz oder aber Rollenzuweisung aufgrund von Angaben über selbstberichtete Delinquenz nur begrenzt überprüfen (s. aber *Lösel* 1974), weil diese Angaben auf einer unterschiedlichen Toleranzschwelle beruhen mögen, die ihrerseits von einer etwaigen Rollenzuweisung durch Lehrer geprägt sein mag.

c) Eine von *Haferkamp* u.a. (1975) als Feldforschung durchgeführte Untersuchung, die sich auf drei als kriminell bezeichnete Gruppen (Rocker, Typen [= Drogenkonsumenten], Einsacker [= Ladendiebe]) und eine als nichtkriminell (= normale) bezeichnete Gruppe bezog, zeigte in den Ergebnissen eine erhebliche Ähnlichkeit zu Befunden solcher Vergleichsuntersuchungen, die in positivistischem Verständnis an verurteilten Straftätern vorgenommen wurden. – Innerhalb dieser Untersuchung hatte sich jedoch betreffend die Auswahl von Gruppen ein weiteres Mal ergeben, daß die Auswahlkriterien dieses und jenes Ergebnis bereits vorwegnehmen beziehungsweise nicht mehr zulassen (s. allgemein § 19 II. 2.). So lautete eine These der Untersuchung, daß bestimmte Ziele wie etwa Teilhabe an Besitz und Macht bei Außerachtlassung herrschender Situationsdefinitionen zu Straffälligkeit, bei Beachtung herrschender Situationsdefinitionen hingegen zu Konformität führten. Soweit die als kriminell bezeichneten Gruppen danach ausgewählt wurden, daß die genannten Ziele vorlagen und die herrschenden Situationsdefinitionen nicht beachtet wurden, während die als nichtkriminell bezeichnete Gruppe danach ausgewählt wurde, daß die genannten Ziele gleichfalls vorlagen, herrschende Situationsdefinition jedoch beachtet wurden, konnte eine Widerlegung der mitgeteilten These nicht mehr möglich sein. – Zudem war der Zugang zu den verschiedenen Gruppen ein selektiv bewertender. Dies gilt neben den mitgeteilten Bezeichnungen für die einzelnen Gruppen besonders auch für die Art und Weise, in der die Untersucher im Feld einschlägig definierte Gruppen zu finden trachteten. Schon hiernach überrascht die vorgenannte Tendenz der Ergebnisse nicht allzusehr.

Erstes Kapitel   Straftatbezogene Zusammenhänge

§ 54 Tatsituation

I. Allgemeines

Eine systematische Analyse der Zusammenhänge des als Straftat erfaßten Verhaltens wird eine Untersuchung der Tatsituation einzubeziehen haben. Dieser Bereich findet sich in der Kriminologie nur vergleichsweise spärlich behandelt, wofür schon *Exner* (1949, 256) als Grund annahm, daß der »medizinisch eingestellte Kriminologe vor allem der Persönlichkeit selbst, ihrer Herkunft und Entwicklung sein Augenmerk schenkt«. Auch wurde und wird vielfach der Planung oder auch einer Inkubation des Verbrechens eine – statistisch betrachtet – wohl überhöhte Bedeutung beigemessen; diesbezüglich sei erwähnt, daß betreffend den in der kirchlichen Dogmatik (fort-)entwickelten Begriff der delectatio morosa (= [etwa]: verweilendes Wohlgefallen) als der gedanklich-emotionalen Vorstellung von dem Verbrechen als gegenwärtiges diese Vorstellung als eine Sünde von der gleichen Art und Schwere bewertet wurde wie dasjenige Geschehen, auf das es sich bezieht.

1. Der Begriff der Tatsituation umfaßt die zur Zeit des Entschlusses und der Ausführung des Verbrechens vorhandenen äußeren und psychischen Elemente.

Hierzu ergeben sich unterschiedliche Fragestellungen danach, ob die Zeitpunkte des Entschlusses und der Ausführung identisch sind oder nicht. Gegebenenfalls werden jeweils unterschiedliche Tatsituationen zu untersuchen sein. – Was die Kategorien äußerer und psychischer Elemente angeht, so ist hierbei in erster Linie danach zu trennen, ob die jeweiligen Faktoren von Dauer oder aber nur zeitlich vorübergehend waren oder sind, das heißt ob ihnen zugleich strukturelle oder nur situative Relevanz zukommt.

Ferner kommt es sowohl bei dem Entschluß wie auch bei der Ausführung von Verbrechen – und auch bei dazwischen liegenden Etappen des Ablaufs bis zur Tatausführung hin – insbesondere auf eine Abgrenzung danach an, welche Faktoren vom Täter absichtlich oder planmäßig herbeigeführt oder zumindest einkalkuliert wurden und welche anderen vom Täter unabhängig, etwa durch Zufall, eingetreten sind.

2. Bezüglich regelmäßig wiederkehrender psychischer Faktoren der Tatsituation steht der Alkoholeinfluß deutlich an der Spitze. Dies gilt für Straßenverkehrskriminalität (s. z.B. o. § 47 II. 3.) ebenso wie für Allgemeine Kriminalität, und bei letzterer in graduell höherem Ausmaß besonders für Körperverletzungsdelikte.

Trunkenheit oder auch Ermüdungserscheinungen als Ausschnitte psychischer Elemente der Tatsituation werden von der Praxis, insbesondere im Bereich der Straßenverkehrskriminalität, regelmäßig berücksichtigt.

Andererseits gilt der Alkoholeinfluß prinzipiell gleichfalls nur als einer unter zahlreichen tatbegehungsrelevanten Faktoren, was schon daraus folgen soll, daß ständig eine Vielzahl von Menschen Alkohol konsumiere und unter Alkoholeinfluß stehe, ohne straffällig zu werden (vgl. auch *Wieser* 1968).

3. Beispiele für deliktsträchtige äußere Tatsituationen sind etwa Zwangslagen oder auch Gelegenheiten.

Zu ersteren zählen absolute oder relative wirtschaftliche Not (s. hierzu o. § 51 I. 2. a)) oder auch bestimmte Konfliktsituationen beim Meineid oder in interpersonalen oder -familiären Dauerkonflikten. Zwischen Zwangslagen und unterschiedlichen Gelegenheiten mögen solche Umstände einzuordnen sein, die dazu führen oder führten, daß auf dem Land die Kindestötungen, in der Stadt aber die Abtreibungen wesentlich häufiger (gewesen) sind (vgl. hierzu *Exner* 1949, 261 f.). In der Stadt finde die Schwangere eher helfende oder einschlägig dienstleistende Personen, was auf dem Land weniger der Fall sei, so daß das Kind auf dem Land häufiger ausgetragen und alsdann getötet werde. – Als Beispiel für besondere Gelegenheiten mag das Warenangebot im Kaufhaus gelten.

II. Hinweise zur Tragweite

1. Eine zentrale wissenschaftliche Bedeutung der Untersuchung der Tatsituation liegt im Bereich normrelevanter Situationen (s. hierzu o. § 26 IV. 3.). So haben bestimmte Delikte (z.B. Kindestötung, Eidesdelikte oder Beamtendelikte) von der legislatorischen Definition her eine Tatsituation zur Voraussetzung, wie sie nur bei bestimmten Adressatengruppen, und zwar aufgrund außerpersonaler Umstände, vorkommen. Zu untersuchen bleibt, in welchem Ausmaß ähnliches, wenngleich weniger transparent und ohne Ausschließlichkeit, für quantitativ gewichtigere Delikte wie zum Beispiel auch den Diebstahl vorliegt.

2.a) Die Untersuchung der Tatsituation richtet sich ferner wesentlich nicht nur auf Fragen der Alleintäterschaft, sondern auch auf solche von Gruppentäterphänomenen. Als Beispiel für die Bedeutung der Variable der Gruppentätereigenschaft sei aus dem Bereich Allgemeiner Kriminalität nur auf Gewaltdelikte hingewiesen.

b) Die Bedeutung der Tatsituation ergibt sich schließlich auch aus Fragen der sozialen Tangierungspunkte oder -strecken zwischen Täter und Opfer (s. u. § 55). Dabei lassen sich von der Untersuchung des Angriffsobjektes her Unterschiede hinsichtlich personaler und sozialer Faktoren im Täterbereich wie auch hinsichtlich von Umständen der Tatsituation erschließen (bezüglich [nicht-fahrlässige] Tötungsdelikte s. *Rasch* 1975, 391 – 394).

§ 55 Verhältnis zwischen verurteiltem Straftäter und registriertem Opfer

I. Allgemeines

Die seitherigen Überlegungen und Forschungsansätze zur Erfassung des Verhältnisses zwischen Täter und Opfer sind äußerst heterogen. Als Anhaltspunkte sind zum Beispiel die Unterscheidung zwischen der Deliktsbegehung im sozialen Nahraum oder aber im sozialen Fernraum (*Abels* 1966; 1970, 82 ff.) sowie die Überprüfung nach dem Grad der sozialen Tangierungsstrecken oder -punkte (*Eisenberg* 1971b, 78 f.; s. weiterhin *Schneider* 1975a, 99 ff.; *Wolfgang/Singer* 1978, 379 ff.; zu verschiedenen Formen bipersonaler Beziehungen s. *Graumann* 1972) zu nennen.

1. Empirische Daten liegen seither ganz überwiegend nur für Tötungs-, Sittlichkeits- und Betrugsdelikte und auch für die Kindesmißhandlung (vgl. *Mergen* 1978, 316 ff.; *Amelunxen* 1970, 73 ff.) vor; teilweise beschränkte man sich – insbesondere in den romanischen oder romanisch beeinflußten Ländern – auf den Aspekt des »kriminellen Paars« (vgl. *Silvestri/Gragnani* 1968). Dieser Befund mag unter anderem auch darin begründet sein, daß die genannten Delikte wegen der gegenständlichen Aktivität bei der Tatbegehung besondere Anhaltspunkte zur Betrachtung des Verhältnisses bieten. – Als Indiz für die allgemeine Tendenz zur Ausweitung sei darauf hingewiesen, daß *Fattah* (1970, 97 ff.), im Unterschied zu früheren Beiträgen, auch Vermögensdelikte mit sozialer Distanz sowie Straßenverkehrsdelikte einbezieht.

2. Eine Differenzierung nach der Täter- und Opfergruppenstruktur fehlt bisher weitgehend. So mag bei jugendlichen und heranwachsenden Tätern, und zwar möglicherweise selbst bei gleichen Delikten, etwa die Ausgestaltung des Kontaktes zwischen Täter und Opfer tendenziell anders sein als bei Erwachsenen (s. zur Affinität u. III.).

3. a) Schwierigkeiten beim Verhältnis zwischen Täter und Opfer bereiten Versuche zur Operationalisierung von Begriffen wie Tatbeitrag oder Provokation (vgl. auch »victim precipitation«, s. u. III. 3.). Dabei wird der Forscher eine Sub-

sumtion unter diese Begriffe in methodisch korrekter Weise kaum einmal vornehmen können. Aus diesem Grunde dürften bisherige Befunde zu den genannten oder ähnlichen Kriterien hinsichtlich ihrer Verläßlichkeit von vornherein eingeschränkt sein.

b) Hinsichtlich der »Tatbeteiligung« des Opfers überwiegen bei Tötungs- und Gewalt- sowie Sittlichkeitsdelikten die »an der Tat beteiligten« Opfer gegenüber den »Nicht-Beteiligten«.

Hierzu sei unter anderem die Sichtweise eines Wechselspiels von Signalreiz – als Auslöser eines Triebes – und der Reaktionsform auf diesen Reiz hingewiesen, wobei das Opfer als Träger von Signalreizen erscheint (vgl. *Mergen* 1973, 319). Wenngleich hierbei ein Bezug zunächst nur für Sexualdelikte bestehen mag, könnte dieser Sichtweise bei ethologischer Vertiefung eine breitere Relevanz zukommen.

α) Das Verbrechen ergibt sich insoweit, insbesondere bei Sittlichkeitsdelikten, aus einer kontinuierlichen Steigerung eines – bisweilen einverständlichen – gegenseitigen Verhaltens im Zeitpunkt der Überschreitung der normativ gesetzten Schwelle.

Bei der Notzucht (vgl. hierzu *Amir* 1971; *McDonald* 1971) beispielsweise wird der Anteil der Widerstand leistenden Opfer dann größer sein, wenn es sich um Kollektiv-Täter handelt (vgl. *Rasch* 1968, 102 ff.). – Nach *Matthes* (1967, 156 f.) soll bei Sexualstraftaten an Kindern knapp die Hälfte der untersuchten Mädchen gegenüber der Unzuchtshandlung ambivalent gewesen sein.

β) Ähnliches wird sich, wenngleich aus anderen Gründen, auch für einzelne Fälle von Kindesmißhandlung sagen lassen können, soweit der Erziehungsberechtigte wegen des gesellschaftlich vorherrschenden Verständnisses vom Kind als Objekt in der konkreten Situation überfordert ist.

Generell wird man annehmen können, daß Kindesmißhandlung durch physische Beeinträchtigung zwar dominierend mit niedrigerem Status und/oder (Aus-)Bildungsniveau der Eltern zusammenhängt, daß hingegen die Kindesmißhandlung durch psychische Beeinträchtigung eine eher gleichmäßige Verteilung über unterschiedliche soziale Gruppen aufweisen mag.

II. Ausgestaltung

1. a) Unter dem Aspekt (formaler) sozialer Verbindung zwischen Täter und Opfer zeigt sich eine deutliche Diskrepanz zwischen Tötungs-, Gewalt- und Sittlichkeitsdelikten einerseits und Betrug andererseits. Während bei letzterem Delikt der überwiegende Teil der Opfer den Täter vor Tatbegehung nicht kannte, verhält es sich bei ersteren Delikten etwa umgekehrt. Dabei hebt sich namentlich bei Tötungs- (vgl. für Mord *Rangol* 1969, 284 ff., 291) und Sittlichkeitsdelikten – und bei ersteren insbesondere gegenüber Kindern (vgl. für 1968 den Hinweis in Krim.

1969, 557 f.), und zwar begangen überwiegend durch die leibliche Mutter (*Rasch* 1975, 374, 382, 386; vgl. auch *Trube-Becker* 1974) – die hohe Zahl der Täter aus engstem sozialem Kreis heraus (vgl. auch *Schafer* 1977). Dies soll nach *von Hentig* (1962, 418) und *Böker/Häfner* (1973) auch für Mord und Gewalttaten Geisteskranker gelten, wozu jedoch darauf hinzuweisen ist, daß die psychiatrische Systematik zumindest international nicht einheitlich ist.

Soweit Täter-Opfer-Verhältnisse mit personalem Engagement und vordeliktische sowie deliktische Kontaktverhältnisse überprüft werden, kommt der Frage besondere Bedeutung zu, ob die jeweilige Ausprägung intersubjektiv und/oder subjektiv beiderseitig gleich oder aber unterschiedlich ist (vgl. *Eisenberg* 1971b, 178 f.).

b)α) Bei Mord wie bei Totschlag sollen Täter und Opfer häufiger, als es zum Beispiel bei Vermögensdelikten der Fall sein soll, der gleichen sozialen Schicht angehören. – Bei der Mordkriminalität treten weibliche Personen als Opfer etwa in gleichem Ausmaß in Erscheinung wie männliche Personen. Allerdings dürfte der Anteil volljähriger weiblicher getöteter Opfer bei »materiellen« Motiven nur nahezu ein Drittel der volljährigen männlichen getöteten Opfer ausmachen (vgl. auch *Rangol* 1969, 284).

Nach den Angaben der Mordstatistik 1959 und 1963 waren 69 von 223 Opfern mit ihren Tätern verwandt, verheiratet oder verschwägert, 86 waren ihren Tätern bekannt (einschließlich Geliebte usw.); die restlichen 92 Opfer waren dem Täter unbekannt (vgl. *Rangol* 1969, 286). Von den 13 getöteten Opfern im Alter unter 14 Jahren wurden 8 von ihren Eltern getötet (vgl. *Rangol* 1969, 284 f.).

β) Die Untersuchung von *Rasch* (1975) umfaßte sämtliche Tötungsverbrechen, die in einem Zeitraum von 18 Jahren (1950 – 1967) im Gebiet der Stadt Hamburg beobachtet wurden. Die Gesamtzahl der Opfer betrug 385. Bei 93 % aufgeklärter Fälle betrug die Zahl ermittelter Täter 359. Bei Unterteilung des Untersuchungszeitraumes in drei Phasen von je sechs Jahren wurde ein kontinuierlicher Anstieg der Zahl von Tötungsverbrechen festgestellt, wobei bezüglich der Täter wie auch der Opfer männliche Personen mehr belastet waren. Zur Charakterisierung der Fälle wurde ein solches Konzept der Tötungssituation verwandt, das auf eine Erfassung der speziellen Vorgeschichte des Verbrechens und im Sinne der Dynamik der Entwicklung ausgerichtet ist. Darüber hinaus wurden die Tötungssituationen kategorisiert nach der institutionellen und der sozialen Rolle des Täters und der Beziehung zwischen Täter und Opfer in ihrer institutionellen Bedeutung. Dabei haben sich die Anteile dieser Kategorien dergestalt geändert, daß innerfamiliäre Verzweiflungstaten zugunsten solcher Taten abnahmen, die als Brutalisierung der oberflächlichen sozialen Beziehungen eingeordnet wurden, sowie zugunsten solcher anderen Taten, bei denen akuter Alkoholeinfluß, Alkoholismus oder Bereicherungskriminalität wesentliche Tatelemente waren. Diese Wandlung einer Qualität von Tötungsverbrechen mag bestätigt sein durch einzelne zusätzliche Befunde. So verringerte sich der Anteil der Kinder, die Opfer waren, im Alter von unter 15 Jahren von 37 % über 23 % auf 18 % (*Rasch* 1975, 368 f.); zugleich nahm der Anteil an Fällen, in denen Täter und Opfer sich weniger als 24 Stunden kannten, von 4,6 % über 8,2 % auf 14,8 % (*Rasch* 1975, 383) zu (s. auch o. § 5 I. 4.).

γ) Nach *Steigleder* (1968) steht bei der Gruppe der Affekttäter das Tatobjekt in enger Beziehung zum Täter und ist nicht austauschbar; ferner bleibe in den meisten dieser Fälle eine Subjektbeziehung zum Opfer erhalten. Bei den Gruppen der Triebtäter und der rationalen Täter hingegen sei das Tatobjekt grundsätzlich austauschbar.

Nach der Untersuchung von *Dotzauer/Jarosch* (1971, 207) war in 35,7 % der untersuchten Mordfälle der Täter dem Opfer unbekannt. Die Autoren sehen, im Vergleich zu früheren Auswertungen, einen erheblichen Wandel darin, daß eine Hinwendung zur Anonymität zu bemerken sei (s. zur Tötungssituation ferner auch *Staak* 1972; zu geringer Häufigkeit einer Täter-Opfer-Beziehung bei Tötungsdelikten *Cormier* u.a. 1972, 335 ff.).

δ) In einer Analyse sämtlicher in Baden-Württemberg in den Jahren 1970 und 1971 gefällter Urteile über vorsätzliche Tötungsdelikte trennte *Sessar* (1974, 890) die Beziehungen nach solchen zwischen Ehepartnern, Verwandten und engen Freunden einerseits (48 % der Fälle) und solchen zwischen Bekannten und Fremden andererseits (52 %). Unterschiede wurden unter anderem gefunden in dem Anteil weiblicher Täter (16 % in der 1. Gruppe gegenüber 3 % in der 2. Gruppe), weiblicher Opfer (65 gegenüber 21 %) und in der Vorstrafenbelastung der Täter (35 % gegenüber 74 %); unter den belasteten Tätern der 1. Gruppe hatten nur 31 % Vorstrafen wegen eines Gewaltdelikts gegenüber 60 % aus der 2. Gruppe. Hinsichtlich der Sanktionierung wurden 29 % aller erwachsenen, nicht geisteskranken Täter der 1. Gruppe zu lebenslanger Freiheitsstrafe verurteilt gegenüber 76 % der Täter der 2. Gruppe.

ε) Nach unveröffentlichten, in den Jahren 1971/72 im Rahmen eines Tübinger Forschungsprojekts durchgeführten Teiluntersuchungen des Verfassers über 35 wegen Mordes zu lebenslanger Freiheitsstrafe verurteilten Gefangenen (der Strafanstalt Bruchsal) ergab sich der Eindruck, daß nur bei absolut drei von diesen 35 Personen eine (vollständige) »soziale Unauffälligkeit« im Zeitraum vor der Tatbegehung vorlag. Ausschließlich bei diesen drei Personen schien es hinsichtlich der Tatmotivation, als daß die Tat zur Beseitigung einer Person begangen wurde, die diese »soziale Unauffälligkeit« zu beenden in der Lage gewesen wäre, das heißt daß die Tat zur Wahrung der »sozialen Unauffälligkeit« geschah. – Aus psychiatrischer Sicht soll die Tat in solchen oder ähnlichen Fällen zur Wahrung der eigenen Wertvorstellungen des Täters geschehen, die dieser selbst zuvor durch bestimmte Verhaltensweisen durchbrochen habe, das heißt es gehe um die Beseitigung eines Zeugen des eigenen Versagens (*Lempp*, mündl. Mitteilung 1976; s. ders. 1977).

2.a) Eine besondere Situation ergibt sich bei »symbiotischen« Verhältnissen zwischen Straftätern, in welchen die kriminelle Betätigung einseitig oder beiderseitig sein kann. Sie sind zum Beispiel dem Bereich des Organisierten Verbrechens zugeordnet und betreffen dabei besondere Formen der Wirtschafts- und Profikriminalität wie solche des Mißbrauchs öffentlicher Positionen; ferner finden sie sich unter anderem im Bereich des kommerzialisierten Sexualverhaltens.

Aber auch Unzuchtsdelikte Erwachsener gegenüber Kindern mögen dann auf »symbiotischen« Verhältnissen beruhen, wenn zwischen Täter und Opfer eine partnerschaftliche Beziehung insofern besteht, als das Kind in dem Erwachsenen primär oder jedenfalls auch eine elterliche Ersatzperson oder einen Freund hat.

b) Neben der Bedeutung einer intensiven bipersonalen Beziehung für Verbrechen gegenüber einem der Partner oder einem Dritten (vgl. auch *Gundolf* 1968) soll der dritten Person, das heißt einer anderen Person als die Partner es sind, für zahlreiche Deliktsbereiche eine die Provokation zur Tatbegehung steigernde Bedeutung zukommen (vgl. auch *Schneider* 1975a m. Hinweis auf *Carich*). Erst durch sie werde »die originäre Konflikthaftigkeit jeder Zweierverbindung zur *Solidarität* umstrukturiert« (*Litt* 1926, hier zit. nach *Kisker* 1969, 87). Es handelt sich hierbei um Fragestellungen der Intersubjektivität personaler Verhältnisse.

III. Merkmalsähnlichkeiten

Unter dem Aspekt des Vorliegens gleicher Merkmale bei Täter und Opfer kommt der Zugehörigkeit zu gleichen gesellschaftlichen Gruppen des Alters oder des sozio-ökonomischen Status eine vorherrrschende Rolle zu. So werden weite Bereiche gerade auch Allgemeiner Kriminalität, und zwar insbesondere Delikte gegen Leib und Leben sowie Sexualdelikte, als Erscheinung innerhalb gleicher sozialer Schichten interpretiert.

1. Im einzelnen ist betreffend »Rocker« auf die Möglichkeit einer Relevanz einer gewissen Affinität zum Beispiel zwischen »Rockern« und deren »Feinden« in rollen- und schichtspezifischer Hinsicht für die Auswahl von Opfern hingewiesen worden (vgl. *Kreuzer* 1972, 152 f.).

Hinsichtlich anderer Merkmale fand *Wolfgang* (1975, 136 f.), daß bei 588 Tötungsdelikten in 44 % Täter und Opfer – und in 9 % allein das Opfer – im Zeitpunkt der Tatbegehung Alkoholeinfluß aufwiesen. Bei den in den Jahren 1962 bis 1967 in Hamburg begangenen nichtfahrlässigen Tötungsdelikten fand *Rasch* (1975, 378), daß 62,9 % der Täter und 57,8 % der Opfer unter Alkoholeinfluß standen.

Bei den von *Amir* (1967, 493 ff.; s. aber auch 1971, 99) untersuchten Notzuchtshandlungen lag in 21,2 % der Fälle im Zeitpunkt der Tatbegehung Alkoholeinfluß bei Täter und Opfer – und in 9,6 % allein beim Opfer – vor. – Hierzu und mit Relevanz für Kriterien der Erledigung der Notzuchtsverbrechen durch die Strafverfolgungsbehörden wäre allerdings auf empirische Anhaltspunkte dazu hinzuweisen, daß die Quote der Tatverdächtigen, die verurteilt werden, dann vergleichsweise höher sein mag, wenn zwischen Täter und Opfer bereits vor der Tat ein Kontaktverhältnis bestand und wenn die Tat in einer eher geschlossenen Räumlichkeit stattfand, als wenn diese Umstände nicht vorliegen.

2. *Schafer* (1977, 84) fand unter anderem eine »räumliche Affinität« zum Deliktsort insoweit, als bei den von ihm untersuchten (vorzugsweise Kapital-)Delikten Täter und Opfer in etwa der gleichen Entfernung vom Tatort wohnten, und zwar unabhängig von dessen Größe sowie davon, ob sich der Wohnort (des Täters und/oder des Opfers) mit dem Tatort deckte. *Normandeau* (1972, 80 f.) hingegen konnte für den Raub keine ähnlich auffällige, sondern eher eine auch in anderen Bereichen sozialen Verhaltens beobachtete Beziehung der drei Orte (»ökologische Triangel«) feststellen. Hinsichtlich der Sittlichkeitsdelikte wiederholt sich die Beobachtung des überwiegenden Anteils solcher Opfer, die an dem Geschehen oder

zumindest dem Vorspann dazu ähnlich interessiert sind wie die Täter (s. o. II. 3.).
Als weiteres gemeinsames Merkmal wird für zahlreiche Delikte die soziale Isolierung im Sinne des Fehlens dauerhafter und tragfähiger sozialer Beziehungen genannt. Bei Betrug (vgl. *Lenz* 1961) wird häufig von einer Affinität in Form der Gewinnsucht berichtet; hierzu sei an das von *Ellenberger* (1954, 106, 109 f.) als »blinder Fleck« bezeichnete Phänomen einer punktuellen Sperre der Wahrnehmung und Situationsbewältigung erinnert.

3. Schließlich waren nach *Wolfgang* (1975, 262 ff.) die Opfer von Gewaltdelikten, die als erste die Ebene physischer Gewalt betreten hatten (»precipitated« i.e.S.), in zurückliegender Zeit insgesamt gesehen häufiger mit dem Gesetz in Konflikt gekommen als die Täter (72 % und 54 %; vgl. ähnlich *Schafer* 1977); *Normandeau* (1972, 82 f.) hingegen stellte in einer Untersuchung über Raubtaten (in Philadelphia) fest, daß nur 8 % der Opfer, aber 84 % der Täter in Zusammenhang mit früheren Straftaten bereits polizeilich registriert waren. – Die umgekehrte Verlaufsform, wobei eine Person zunächst Opfer war und dann Täter wurde (*von Hentig* 1962, 508 f.; *Friedemann* 1965), mag generell seltener sein. In diesem Zusammenhang sei zugleich auf Fragen einer Sog- und/oder Spiralwirkung im Wirtschaftskampf hingewiesen, soweit sie (ursprüngliche) Opfer der Wirtschafts- oder der Profitkriminalität erfaßt (s. o. § 47 III. 3.).

§ 56 Verlaufsorientierte Untersuchungen

I. Delinquenz von Kindern (und Jugendlichen) und Verlaufsformen

1.a) Unabhängig von wesensmäßigen Verschiedenheiten zwischen Kinderdelinquenz und der Delinquenz Jugendlicher und Erwachsener (s. o. § 48 I. 1. a)) wird vielfach angenommen, zwischen registrierter Kinderdelinquenz und Straffälligkeit in späteren Altersphasen bestehe ein Zusammenhang. Tatsächlich liegen Anhaltspunkte dafür vor, daß die als Kinder wegen Straftaten polizeilich registrierten Personen bis zum Alter von 25 Jahren zu einem höheren Anteil strafgerichtlich verurteilt werden, als es dem Durchschnitt entspricht (vgl. *Traulsen* 1974b, 598). Jedoch wird überwiegend die Auffassung vertreten, zwischen dem altersmäßigen *Zeitpunkt* des Beginns erster strafgerichtlich relevanter Auffälligkeiten von Kindern (vgl. *Spittler* 1968, 13, 47; *Traulsen* 1974b, 597 f.) und der *Art* der delinquenten Eingangs- oder Ersthandlung einerseits und der späteren kriminellen Auffälligkeit andererseits bestünden keine Beziehungen. Allerdings sind diese Annahmen deshalb wenig aussagekräftig, weil bisher kaum einmal nach entwicklungsorientierten Formen von Delinquenz, und zwar losgelöst von Straftatbeständen, geforscht wurde.

b) Zugleich liegen Anhaltspunkte dafür vor, daß Kinder, die häufiger mit delinquenten Handlungen im Kindesalter auffielen, auch gefährdeter hinsichtlich späterer krimineller Handlungen im Jugendalter sind (vgl. *Pongratz* u.a. 1974).

Nach der Untersuchung von *Traulsen* (1974a, 26) über die Legalentwicklung von 223 delinquierenden Kindern des Geburtsjahrganges 1941 bis zum Alter von 25 beziehungsweise 26 Jahren, die anhand der Akten der Polizei und der Jugendwohlfahrtsbehörden sowie von Auszügen aus Strafregistern und gerichtlichen Erziehungskarteien durchgeführt wurde, ergaben sich als Merkmale der – später straffällig gewordenen – delinquenten Kinder gegenüber den – später nicht straffällig gewordenen – delinquenten Kindern eine längere Dauer der delinquenten Phase, eine gewisse Schwere der Taten, eine Verschiedenartigkeit der Taten (polytrop), eine geringere Dauer der Straffreiheit nach dem letzten Kinderdelikt. Gleichwohl gab es auch Probanden, die trotz erheblicher Gesetzesverstöße in der Kindheit sich nach dem 24. Lebensjahr straffrei hielten. So äußert *Traulsen* (1974a, 27), bei der Kinderdelinquenz sei der Grad der Wahrscheinlichkeit späterer Straffälligkeit nicht groß genug, als daß er im Einzelfall einen gewichtigen Hinweis für die Prognose geben könnte.

Auch nach *Pongratz* u.a. (1974) hat die Häufigkeit der Delikte im Kindesalter nur eine eingeschränkte prognostische Bedeutung; 72 % der im Jugendalter wieder straffällig gewordenen Personen waren bis zum 14. Lebensjahr nur einmal wegen einer Straftat registriert worden, während nur 16 % der im Jugendalter straffällig gewordenen Personen bereits als Kinder dreimal oder häufiger straffällig geworden waren. Zudem ergab ein Vergleich der absolut 394 Jugendlichen, deren Legalbewährung bis mindestens zum 21. Lebensjahr weiter verfolgt wurde, daß 207 = 52,5 % als Jugendliche *nicht* wieder strafrechtlich auffällig geworden sind gegenüber 187 = 47,5 %, die im Jugendalter mit delinquenten Handlungen erneut der Polizei bekannt geworden sind.

2. Ungeklärt bleibt, ob der aufgezeigte Zusammenhang im Sinne stärkerer Verhaltensstörungen von Kindern oder aber von Auswirkungen einer Stigmatisierung zu sehen ist. Dabei ist die Frage nach Auswahlprozessen bei der Registrierung von Kindern wegen Straftaten von derjenigen nach einer Auswirkung des Inhalts zu unterscheiden, daß die Betroffenen erst aufgrund der Registrierung und sich daran anschließender Maßnahmen in die Rolle des Außenseiters gedrängt werden.

a) Die Untersuchung von *Pongratz* u.a. (1974, 19) hat ergeben, daß ein großer Teil der (auch mehrfach) wegen Straftaten aufgefallenen Kinder trotz der Berührung mit den Behörden strafrechtlicher Verfolgung nicht wieder einschlägig auffällig geworden ist. Hierzu ließe sich einerseits annehmen, daß in diesen Fällen negative Einwirkungen durch diese Behördenkontakte auf das spätere Sozialverhalten vermieden werden konnten (vgl. auch *Wolfgang* u.a. 1972, 252); andererseits mag die behördliche Kontrolle den einzelnen Täter auch von weiteren kindlichen Taten abgehalten haben (*Traulsen* 1974a, 25).

b) Relevant könnte die Einbeziehung solcher Merkmale wie Problemlösungskapazität und -technik, Verletzbarkeit, Empfänglichkeit und Kompensationschancen sein. Was das zu berücksichtigende Verhältnis von tatsächlicher und registrierter Delinquenz angeht, so liessen sich auch und gerade bei Kindern mehrere Verlaufsformen vorstellen. Zum einen mag es delinquente Dunkelfeld-Karrieren wegen fehlender früher Sozialkontrolle geben, die bei Einsetzen einer solchen abgebrochen werden; zum anderen wäre an Delinquenzkarrieren zu denken, die nur teilweise registriert sind und bleiben, und schließlich mag es Delinquenzkarrieren geben, die infolge früher Reaktion auf strafrechtlich relevante Auffälligkeiten sich erst entwickeln.

c) Nach *Brauneck* (1970, 81) kann die behördliche Behandlung straffälliger Kinder, Jugendlicher und Erwachsener mit dazu beitragen, ihnen vor sich selbst und vor anderen die Rolle des Kriminellen zuzuschreiben. Zwar sei die Tätigkeit von Polizei- und Jugendbehörden einschließlich des Jugendgerichts gegenwärtig auf das erzieherische Wohl der Kinder und Jugendlichen ausgerichtet. Um jedoch die dafür als notwendig erachteten erzieherischen Maßnahmen rechtlich begründen und durchführen zu lassen, würden einschlägige Behörden die betroffenen Kinder oder Jugendlichen häufig in einem negativen Bild darstellen; solche Berichte aber würden oft von anderen Behörden ungeprüft übernommen. Zudem gelte anhaltend die Begegnung von Kindern und Jugendlichen mit der Polizei, dem Jugendgericht und besonders mit der öffentlichen Erziehung in der Bevölkerung und auch bei den Betroffenen als »Zeichen ihrer Außenseiterrolle, in der sie dann mehr und mehr geprägt werden können«, während solche Begegnungen bei Kindern und Jugendlichen außerhalb unterer sozialer Schichten selten stattfinden oder jedenfalls selten zu Maßnahmen führen würden.

3. Namentlich bezüglich der Delinquenz Jugendlicher wird weithin ein Erfahrungssatz unterstellt, wonach, statistisch gesehen, die Zahl späterer Verurteilungen um so größer sei, je jünger ein Täter bei seiner Erstbestrafung ist. Dabei wird auch von prognostisch besonders ungünstiger »Frühkriminalität« gesprochen (vgl. *Frey* 1951a). Hingegen kann ein solcher Erfahrungssatz allenfalls eingeschränkt anerkannt werden, da von den jugendlichen Straftätern, soweit es sich bei der ersten Straftat um ein Vermögensdelikt handelte, nur etwa 50 % bis 60 % überhaupt rückfällig werden, welche Anteile, soweit es sich bei der ersten Straftat

um Sittlichkeits- oder Tätlichkeitsdelikte handelte, niedriger liegen. Zudem geschehen die Rückfälle meistens noch innerhalb der Jugendphase, während nur viel weniger Täter noch als Erwachsene rückfällig werden (vgl. die Nachweise o. § 25 II. a.A., § 42 III. 2. a)β), bes. *Brauneck* 1961, 23, 32 ff.).

Unabhängig hiervon werden vielfach strukturelle Unterschiede als in Zusammenhang mit dem Beginn der Straffälligkeit in der Jugend oder aber im Erwachsenenalter stehend angenommen (*Göppinger* 1976, 234, 239 f.; *Schneider* 1977c, 24; vgl. auch *Yoshimasu* 1975, 696, 699).

II. Tatorientierte Untersuchungen

Bezüglich Untersuchungen, die Tatverläufe oder Täterlaufbahnen zum Ausgangspunkt oder Bestandteil ihrer Einteilungen wählen, ist im Hinblick auf die Tragweite der Aussagen auf die beachtliche Zahl der Erstbestraften hinzuweisen. Unabhängig von der tatsächlichen Begehung ist die Wahrscheinlichkeit der *Verurteilung* wegen des gleichen Deliktstyps, der der ersten Verurteilung zugrunde gelegen hat, unterschiedlich hoch (vgl. die Nachweise bei *Hood/Sparks* 1970, 139 ff.; zur Stabilität bezüglich polizeilicher Registrierungen s. aber auch *Peterson* u.a. 1962, 44 ff.).

1. Zum Bereich der tatorientierten Forschungen zählen die überwiegend prognostisch ausgerichteten Arbeiten von *Yoshimasu* (1966a, 184; 1966b, 677) und seines Schülerkreises, die bevorzugt auch polytrope Verläufe berücksichtigen. Ähnliches gilt insoweit für die Entwicklung von (mathematischen) Modellen zur Berechnung von Regelmäßigkeiten zunehmender Schwere der Delikte entsprechend der ansteigenden Zahl von Verurteilungen (vgl. *Kudrjawzew* 1968, 158 unter Hinweis auf *Awrilez*) sowie für die Suche von *Engel* (1966; 1968, 167 ff.; 1973, 8 ff.) nach bestimmten Eigenrhythmen und Regelmäßigkeiten der Rückfallintervalle, und zwar (auch) unabhängig von der Vollzugsgestaltung (s. hierzu auch *Sluga* 1972).

2. Die Berechnungen zum Verhältnis von gleichartigen (homotrop) und ungleichartigen (polytrop) Straftaten im Deliktsverlauf sind überwiegend ohne Einbeziehung des Kontrollaspekts durchgeführt worden.

a) Nach früheren Untersuchungen soll die erste Tat in der ganz überwiegenden Zahl der Fälle, besonders bei Diebstahls- (*Wend* 1936, 43 f.) und Sittlichkeitsdelikten (*Rattenhuber* 1939, 28), die Richtung der späteren kriminellen Entwicklung anzeigen.

Ferner soll nach der Untersuchung von *Wend* (1936), die anhand von Straflisten vielfach verurteilter Personen durchgeführt wurde, ein völlig homotroper Verlauf bei wegen Diebstahls und wegen Betrugs Verurteilten vorgelegen haben. Im einzelnen berichtet der Autor von folgenden, sich wiederholenden Verbindungen: Diebstahl, Hehlerei, mit geringfügigen Delikten; schwerer Diebstahl mit Gewaltverbrechen, aber nur selten mit Betrug; Betrug, Urkundenfälschung sowie Unterschlagung, auch Glücksspiel und Steuerdelikte; Betteldelikte sowie Diebstahl, Hausierhandel, ferner Gewalt- und Sexualdelikte sowie Beleidigung (häufig unter Alkohol); Sittlichkeitsdelikte, bei *keinem* der 50 Fälle von Sittlichkeitsdelikten homotrop, mit Ausnahme von absolut einem Fall stets auch Vermögensdelikte (*Wend* 1936, 32); Raub, fast immer auch Diebstahl, aber nur selten Gewaltdelikte; Münzdelikte regelmäßig zusammen mit Betrug.

β) *McClintock* fand in einer Untersuchung über in London begangene Gewaltdelikte nur ein Fünftel an einschlägig Rückfälligen (1963, 115) und insgesamt weniger als 4 % mit drei oder mehr einschlägigen Vorstrafen (1963, 117), während innerhalb der wegen anderer Delikte, das heißt nicht wegen Gewaltdelikte, bereits Registrierten 16 % fünf und mehr solcher (anderer) Delikte begangen hatten (1963, 107 f.). Ferner ergaben sich nach der Untersuchung von *Robin* (1964, bes. S. 63, 65 ff.) über die kriminelle Entwicklung von Angehörigen aus 27 Banden schwarzer Jugendlicher in Philadelphia nur geringe Anhaltspunkte für konstante Muster eines einzelnen Deliktstyps.

γ) Eine andere Unterscheidung betrifft die Frage, ob ungleichartige Delikte gleichzeitig auftreten oder sich ablösen (Parallel- oder Wandlungserscheinung). Im Sinne einer sich ablösenden Entwicklung findet sich der Diebstahl fast immer im ersten Entwicklungsabschnitt, dagegen Sittlichkeits-, Gewalt- und Betteldelikte, Beleidigungen sowie auch Hausierhandel überwiegend im zweiten Entwicklungsabschnitt.

III. Interaktionistisch orientierte Untersuchungen

1. Die interaktionistisch orientierten Verlaufsuntersuchungen sind überwiegend rollentheoretisch stimuliert (vgl. hierzu schon *Shaw* 1931). Zu Beginn des interdepent gedachten Verlaufs stehe die Erfahrung eines solchen anfänglichen normverletzenden Verhaltens, das zum Beispiel als Zufallsgeschehen oder als »Probehandeln« bezeichnet wird (vgl. *Becker, H.S.* 1973). Es sei nicht so, daß »abweichende Motive« zu »abweichendem Verhalten« führen, sondern das »abweichende Verhalten« bereite umgekehrt nach und nach eine »abweichende Motivation« vor, wobei die betroffene Person zunehmend aus bisherigen sozialen Bindungen und Erwartungen gelöst werde.

Im einzelnen soll sich die delinquente Rollenkarriere damit verfestigen, daß sich eine Person als delinquent definiere und in ihren sozialen Kontakten zum Außenseiter werde. Dem sollen sich Eingrenzungen gegenüber ansonsten üblichen oder »normalen« Bindungen in Sozialisation und Persönlichkeitsentwicklung anschließen. Nach Ausfällen zunächst im schulischen Bereich soll im Konflikt zwischen Abweisung und Abstempelung durch Sozialisations- und/oder Kontrollinstitutionen einerseits und einer Verfestigung bestimmter delinquenter Techniken zur Problembewältigung andererseits die Aufnahme delinquenter Rollen geschehen.

Die rollentheoretisch orientierten Verlaufsuntersuchungen nehmen einerseits an, daß sich entfaltungshindernde Faktoren und Institutionalisierungsfolgen mit Kontroll- oder Selektionsmerkmalen potenzieren könnten (vgl. *Quensel* 1970; ders. 1971; *Hess* 1972b). Andererseits werden Stigmatisierungsprozesse keineswegs als irreparable Verfestigungen verstanden. Vielmehr entscheidet sich in jeder Etappe einer kriminellen Karriere von neuem deren Fortgang oder Abbruch.

2. Bezüglich des anfänglichen normverletzenden Verhaltens ist wesentlich, daß der Eintritt normrelevanter Situationen (s. o. § 26 IV. 3.) gesellschaftsstrukturell unterschiedlich verteilt ist. Insbesondere ist der Situationsablauf vor und bei Deliktsbegehung bei Kindern, Jugendlichen, Heranwachsenden und auch bei Erwachsenen keineswegs regelmäßig von einer erkennbaren Planung bestimmt. Die kriminelle Handlung ist vielmehr häufig Bestandteil eines umfassenderen Geschehens, und nicht etwa eine inhaltlich losgelöste Handlungseinheit. – Namentlich unter Alkoholeinfluß sind Übergänge von legalem Verhalten zu Probehandeln, von Risikoerlebnis bis zu illegalem Verhalten häufig durchaus fließend.

Ob sich im nachhinein »kriminogene« Eigenschaften oder Zustände tatsächlich einstellen, wird nur insofern in Zweifel gezogen, als angenommen wird, es handele sich um scheinbar faktoriell fixierte deviante Karrieren, die definitionstheoretisch erklärt werden könnten.

a) Nach *Farrington* (1977, 112 ff.) entwickelten Jugendliche eine mehr feindselige Einstellung gegenüber der Polizei, nachdem sie erstmals überführt worden waren. Es sei zu vermuten, daß diese Einstellung eine intervenierende Variable in dem Wechselverhältnis von erster Überführung und Delinquenz sei, und zwar dergestalt, daß die erste Überführung zu einer erhöhten Feindseligkeit gegenüber der Polizei führe, welche Feindseligkeit umgekehrt das delinquente Verhalten erhöhe. – Zugleich ergaben sich Anhaltspunkte dafür, daß die Auswirkungen der frühen ersten Überführung, die sich in einer Erweiterung des abweichenden Verhaltens zeigten, nach einigen Jahren gewissermaßen verbraucht seien (*Farrington* u.a. 1978).

b) Bezüglich des altersmäßig weiteren Verlaufs hat *Hess* (1972b, 264) Besonderheiten bei sozio-ökonomisch erhöht unterprivilegierten Personen hervorgehoben. Während in der Mittelschicht oder auch in der Arbeiterschaft der Jugendliche und Jungerwachsene im Verlauf seiner Entwicklung neue Positionen einnehme und Rollen ausfülle, die ihn zu einem bestimmten »normalen« und »legalen« Verhalten (auch) verpflichteten, seien solche Elemente bei den Jugendlichen und Jungerwachsenen eines (von *Hess* untersuchten) »Armenghettos« nicht vorhanden gewesen. Zudem sei auch der von den Primärgruppen ausgehende Konformitätsdruck zu gesetzestreuem Verhalten weniger verpflichtend gewesen, als es in anderen gesellschaftlichen Gruppen der Fall sei. Insbesondere führe Delinquenz nicht zum Bruch mit der eigenen Familie, und Vorstrafen beeinflußten nur selten die Beziehungen zum Sexualpartner, zur Ehefrau oder zur Schwiegerfamilie. Anders verhalte es sich jenseits des Altersabschnitts des Jungerwachsenen, wenn nämlich eine berufliche und familiäre Rolle eine gewisse Anerkennung gewähre, so daß ein allmählicher Rückgang von Straffälligkeit eintrete. – Zusammenfassend meint *Hess*, sozial Deklassierte seien wegen ökonomischer Notlage und milieubedingter schwächerer informeller sozialer Kontrolle zumindest für Eigentums- und Gewaltkriminalität in gewisser Weise prädisponiert; zudem würden eine schärfere formelle Überwachung, eine größere Anzeigebereitschaft und eine besondere

Härte der Strafsanktionen wesentlich dazu beitragen, »sie in die kriminelle Rolle zu drängen und dort festzuhalten ...« (*Hess* 1972b, 267).

3. a) *Gibbons* (1965; [1968]) hat eine Typologie der »role-career« (»Rollen-Laufbahn«) entwickelt, in deren Mittelpunkt das Ausmaß steht, in dem kriminelles Verhalten einer bestimmten Richtung einen Teil der Lebensentwicklung ausmacht (zur Typologie im allgemeinen s. o. § 20). Der Autor definiert die Typen, deren Zahl sich von zunächst 8 beziehungsweise 14 (*Gibbons/Garrity* 1962, 28) über 15 (*Gibbons* 1965, 97 – 125) und 20 (*Gibbons* 1968, 245 – 433) auf 23 (*Gibbons* 1977, 266) erhöht hat, aufgrund folgender 4 beziehungsweise 5 Dimensionen: Deliktsgruppe, die jedoch von der Strafrechtssystematik abweichend bestimmt sein kann; Wechselwirkungssituation bei der Tatbegehung, das heißt die Frage nach dem Ablauf sozialer Geschehnisse einschließlich der Rollenverteilung und des Verhältnisses zum Opfer bei der Straftat; Selbstkonzept und -verständnis, wobei insbesondere auch die Frage der Einschätzung der eigenen Person (als Straftäter oder als Nichtstraftäter) berücksichtigt wird; Einstellungen beziehungsweise Einstellungsmuster; Rollen-Karriere.

Die einzelnen »role-careers« sind: Im Rahmen der Eigentums- und Vermögensdelikte 1) »Professioneller« Dieb; 2) »Professioneller« Schwerverbrecher; 3) »Halbprofessioneller« Eigentumstäter; 4) Amateur-Ladendieb; 5) Naiver Scheckfälscher; 6) Autodieb; 7) Einmaliger Eigentumstäter. Innerhalb respektabler Bürger 8) White-collar-Täter; 9) Unterschlagungstäter; 10) Täter, der berufsmäßige Taten zwar außerhalb des, aber unmittelbar an der Grenze zum Erlaubten begeht. Innerhalb der Tötungs- und Gewaltdelikte 11) Täter mit einmaliger Tat gegen eine Person; 12) »Psychopathische« Gewalttäter. Innerhalb der Sexualdelikte 13) Täter der Unzucht mit Minderjährigen; 14) Aggressive Notzüchter; 15) Gewalttätige Sexualstraftäter; 16) Inzest-Täter; 17) Nicht-gewalttätige-Sexualstraftäter; 18) Männliche Homosexuelle. Innerhalb sonstiger Bereiche 19) Täter des Organisierten Verbrechens; 20) Rauschgiftsüchtige; 21) Alkoholiker; 22) »Folk crime« Straftäter; 23) Andere Straftäter.

Zu jedem der Typen beschreibt *Gibbons* (1977, 255 – 260) »typische« Merkmale, wozu er den Rahmen von 4 »Hintergrund«-Dimensionen wählt. Diese sind: Sozio-ökonomische Schicht; Herkunfts- und Prokreationsfamilie; Verbindung zu gleichen Bezugsgruppen; Kontakte mit Organen der formellen sozialen Kontrolle.

Der typologische Ansatz von *Gibbons* erhebt nicht den Anspruch, alle Möglichkeiten kriminellen Verhaltens sowie alle Straftäter zu erfassen. Inhaltlich wie systematisch handelt es sich um den Versuch, zwischen extremen Typologien, die entweder nur zwei Typen oder aber eine Unzahl von Typen enthalten oder andererseits allein auf personale oder soziale Merkmale oder auf Straftatbestände abheben, einen verbindenden Mittelweg zu beschreiten. Aus diesem Bemühen ergeben sich zugleich zwei Einwände. Zum einen ist die Voraussetzung zur empirischen Überprüfung, wie *Gibbons* (1977, 248 f., 254) selbst erkennen läßt, kaum zureichend erfüllt. Zum anderen scheint die Anlehnung an Tattypen in einer Weise dominierend zu sein, die sowohl zur Wiedergabe von Einzelcharakteristiken als auch zur zumindest teilweisen Übernahme der Mängel einer Tattypologie führt.

Verlaufsorientierte Untersuchungen § 56

b) *Clinard/Quinney* (1973) haben auf der Grundlage von fünf Variablen mit jeweils drei Ausprägungsgraden eine Typologie von Systemen kriminellen Verhaltens entwickelt. Die Variablen lauten: Gesetzes-Aspekte ausgewählter Straftaten; Kriminelle Laufbahn; Ausmaß der Gruppenunterstützung des Verhaltens; Entsprechung zwischen kriminellem Verhalten und legitimen Verhaltensmustern; gesellschaftliche Reaktion und Gesetzesanwendung. – Die hier letztgenannte Variable hatten die Autoren zunächst (1967, 14 ff.) nicht aufgenommen.

Die Verhaltenssysteme sind: Gewalttätigkeit gegen Personen; Gelegentliches Eigentumsdelikt; Berufsverbrechen; Politisches Verbrechen; Verstöße gegen die öffentliche Ordnung; Konventionelles Verbrechen; Organisiertes Verbrechen; Berufsmäßiges Verbrechen.

Dabei bleibt die Funktion der fünf Variablen einschließlich ihrer jeweils drei Ausprägungen für die Entwicklung der Typen insofern ungeklärt, als nicht belegt ist, warum die Merkmalskombinationen zu nur 8 Verhaltenssystemen führen; rechnerisch ist die Zahl möglicher Kombinationen ungleich größer.

Der besondere Vorzug der Typologie von *Clinard/Quinney* liegt darin, daß sie als eine der fünf Variablen Art und Folgen des sozialen Reaktionsprozesses einbezogen haben. Damit haben sie die komplexe Problematik der Integration von Informationen über Fragen der unterschiedlichen Begehung wie auch Verfolgung von Delikten zu erfassen versucht. Dem entspricht teilweise auch die dritte Variable insofern, als sie für Begehungserleichterung wie auch Sichtbarkeit der Begehung von Bedeutung ist (vgl. aber *Shoham/Rahav* 1973, 257 ff.).

Zweites Kapitel   Straftäterbezogene Zusammenhänge

§ 57 Untersuchungen über den verurteilten Straftäter nach einzelnen Tatgruppen

I. Mord und Totschlag

Eine von der justizmäßigen Beurteilung losgelöste Abgrenzung der »Mörder« von den »Totschlägern« ist allenfalls unter Verwendung von Auswertungen »unausgelesener« polizeilicher Fälle (*Harnisch* 1973, 13 f.) möglich. Regelmäßig wäre zu überprüfen, inwieweit einschlägige Ereignisse im Zuge des sozialen Reaktionsprozesses erst in definierender Weise als Mord oder Totschlag subsumiert werden, beziehungsweise inwieweit sie weder als Mord noch als Totschlag subsumiert werden (zum Täter-Opfer-Verhältnis s.o. § 55 II.1.).

Nach *Siol* (1973) ergab sich durch Urteilsanalysen, daß nach den gerichtlichen Feststellungen »Totschläger« häufiger als »Mörder« bei Tatbegehung unter Alkoholeinfluß stünden und häufiger vermindert zurechnungsfähig, aber seltener vorbestraft gewesen seien.

Hervorzuheben ist, daß eine Vergleichsuntersuchung über Tötungsdelikte zwischen den USA und der UdSSR zu tendenziell gleichen Ergebnissen gelangte, wobei besonders auch die niedrige Schulbildung der betreffenden Tätergruppe in der UdSSR sowie der hohe Anteil von akuter Alkoholintoxikation zu erwähnen ist (vgl. *Connor* 1973, 111 ff.).

1. Betreffend die sozialstrukturelle Verteilung derjenigen Personen, die wegen Mordes verurteilt worden waren, ergab sich eine deutliche Überrepräsentierung von Angehörigen aus unteren sozio-ökonomischen Gruppen und insbesondere von ungelernten Arbeitern. Hierin mag sich in umgekehrter Weise die – allgemein auf wegen Mordes verurteilte Personen bezogene – These *Ohms* (1959) von dem krisenfesten und stets nur geringen Anteil freier Berufe, Angestellter und Kaufleute unter den Mördern bestätigen.

Im einzelnen wird von hohen Anteilen solcher zu lebenslanger Freiheitsstrafe Verurteilter berichtet, bei denen Schulabbruch, fehlende Berufsausbildung, Beschäftigungslosigkeit, auf legalem Wege kaum mehr ausgleichbare Schulden, übermäßiger Alkoholkonsum sowie fehlende Bindungen und dabei Konflikte zu Bezugspersonen vorlagen (vgl. zu statistischen Angaben betreffend die Jahre 1959–1963 die »Mordstatistik«, herausgegeben vom Statistischen Bundesamt; s. auch *Rangol* 1969, 276 ff.). – Dem entspricht es, daß im Bereich des Raubmordes die Höhe des beabsichtigten Gewinns nicht ganz selten unter 100 DM liegt, und daß es sich beim Tathergang, namentlich unter Alkoholeinfluß, häufig um eine Eskalation bei unvorhergesehenem Widerstand des Opfers handelt.

Die gewisse Konstanz der mitgeteilten Befunde über Jahrzehnte hinweg ist um so auffälliger, als die legislatorische Definition von Mord während des genannten Zeitraums geändert wurde. Hieraus mag sich ein Hinweis für die Annahme ergeben, daß die Zuschreibung »Mörder« auch von personalen oder sozialen Merkmalen abhängt, die von der Tat unabhängig sind.

2.a)α) Was psychische Merkmale von Mördern angeht, so sollen Egozentrizität, Mangel »an Gemüt und Gefühlen« sowie Verstellungsfähigkeit besonders häufig sein, ferner auch Erregbarkeit und eine »sexuelle Anomalie« (vgl. *Brückner* 1971, 82 ff., 89 f.; über »Gefühlskälte« bei weiblichen Mördern berichtet *Trube-Becker* 1974). – Hinsichtlich der psychischen Leistungsfähigkeit stellte *Waldo* (1970) bei einer »Mörder-Gruppe« einen niedrigeren IQ als bei einer gleichfalls einsitzenden »Nicht-Mörder«-Gruppe fest.

β) *Palmer* (1960) sieht aufgrund von Vergleichsuntersuchungen von Mördern und deren Brüdern die Hypothese bestätigt, wonach Kindheits- und Jugendzeit Frustrationen bei den Mördern größer seien als bei ihren Brüdern.

Hinsichtlich einzelner Verhaltensformen wie Phobien, Zwänge, Wahnvorstellungen und dauerndes Bettnässen berichtete er von statistisch hochsignifikanten Unterschieden, und bezüglich Stottern, anhaltendem Nachtwandeln sowie anhaltendem Alpträumen von statistisch signifikanten Unterschieden. Im Bereich körperlicher Mißbildungen hat *Palmer* hinsichtlich angeborener physischer Defekte gleichfalls einen statistisch signifikanten Unterschied mitgeteilt, während bezüglich erworbener physischer Defekte eine gleichsinnige, jedoch statistisch nicht signifikante Überrepräsentierung vorgelegen habe. – Im Leistungsbereich hätten die Mörder statistisch signifikant später gelernt und beim Lesenlernen mehr Schwierigkeiten gezeigt als ihre Brüder.

γ) Was die Unterteilung *Steigleders* (1968) in Affekttäter, Triebtäter und rationale Täter angeht, so sollen die der ersten Gruppe Zugerechneten bei Tatbegehung überwiegend unter 30 Jahre alt gewesen sein. Bei der Gruppe der Triebtäter bestehe ein hoher Grad an Egoismus und ein kaum ausgebildeter Altruismus; die Täter seien bei Tatbegehung zu einem Fünftel über 30 Jahre alt gewesen. – Bei der Gruppe der rationalen Täter bestehe eine starke Egozentrizität bei deutlicher Gefühls- und Gemütsarmut. Die Probanden sollen eitel, selbstsüchtig, arrogant, bisweilen aber auch höchst unsicher und/oder autistisch bis narzißtisch gewesen sein. Es könne auch eine introvertierte Ichbezogenheit mit Tendenzen zum Selbstmitleid vorliegen. Gefühlsgetragene interpersonale Beziehungen sollen bei ihnen, sofern sie überhaupt einmal vorliegen, mehr als Objektbeziehungen bestehen. Die Intelligenz liege meist über dem Durchschnitt. Eine Internalisierung ethischer oder moralischer Grundsätze fehle hingegen weitgehend.

b) α) Bei der Untersuchung von *Häfner/Böker* (1972; vgl. auch *Böker/Häfner* 1973) über die Häufigkeit, mit der Geisteskranke Gewalttaten und dabei besonders Mord und Totschlag begehen, konnte ein Vergleich zwischen der einschlägigen Gefährlichkeit Geisteskranker einerseits und »Nicht-Geisteskranker« andererseits mangels genauer Zahlen über die Prävalenz von Geisteskranken in der Bevölkerung nur durch Rückschlüsse anhand der Inzidenz (= erstmaliges Auftreten oder Bekanntwerden Geisteskranker) vorgenommen werden. Dies schränkte die Aussagen der Untersuchung schon deshalb ein, weil ein – der Schätzung unterliegender, jedenfalls aber unterschiedlich großer – Anteil Schwachsinniger,

Schizophrener und Depressiver, sofern nicht ein besonderer Anlaß besteht, niemals eingewiesen oder offiziell nach den jeweiligen Kategorien registriert wird; Epilepsien werden häufig ambulant mit Hilfe von Psychopharmaka behandelt.

β) Eine Vergleichsuntersuchung zwischen jeweils eingewiesenen Geisteskranken mit Gewalttaten und solchen ohne Gewalttaten (vgl. *Häfner/Böker* 1972; *Böker/Häfner* 1973) zeigte keine Unterschiede hinsichtlich der sozialen und genetischen Heredität, auch nicht zum Beispiel bezüglich des Merkmals »broken-home«. Hingegen ergab sich ein Unterschied insofern, als besonders häufig eine kriminelle oder süchtige Belastung in der Familie der Gewalttäter gefunden wurde.

Hinsichtlich der persönlichen Vorgeschichte überwog bei den Gewalttätern ein soziopathisches Verhalten sowie Alkoholmißbrauch; der (System-)Wahn, besonders als Eifersuchts- und als direkter Verfolgungswahn, war wesentlich häufiger bei den Gewalttätern als bei den »Nicht-Gewalttätern« anzutreffen. Schulausbildung, Beruf und Personenstand sowie die Beziehungen zwischen Eltern und Kindern wiesen keinen wesentlichen Unterschied auf; hingegen hatten von den Gewalttätern 46 % gegenüber 21 % der »Nicht-Gewalttäter« ein »schlechtes Verhältnis« zu dem Ehepartner. – In diesem Zusammenhang sei erwähnt, daß bezüglich des Verhältnisses zwischen Täter und Opfer das Opfer nur in 9 % aller Taten fremd war; etwa 7 % der Taten waren gegen Autoritätspersonen gerichtet, circa 34 % gegen Eltern und Kinder, 22 % gegen Ehe- und/oder Intimpartner und 23 % gegen Bekannte oder Freunde. Bei Oligophrenen waren 39 % Bekannte; allerdings war diese Tätergruppe auch seltener verheiratet.

Vorstrafen hatten 35 % der Gewalttäter, aber nur 4 % der »Nicht-Gewalttäter«. Dabei handelte es sich bei den Vortaten der Gewalttäter in (absolut) 17 = 3 % der Vortaten bereits um eine Tötung.

Entgegen allgemeiner Annahme waren 60 % der Gewalttäter bereits 1 bis 10 Jahre lang vor der Tat »krank« gewesen, und es konnte insoweit auch keine Verschlimmerung vor der Tat festgestellt werden.

Allerdings besteht hierbei die Möglichkeit von Verleumdungstendenzen seitens naher Angehöriger. 50 % der Gewalttäter waren gegenüber einem wesentlich geringeren Anteil der »Nicht-Gewalttäter« im letzten halben Jahr vor der Tat als bedrohlich, aggressiv und auffällig geschildert worden, das heißt ihre Tat kam »nicht überraschend«. – Hinsichtlich der Motivation beziehungsweise des Motiv-Bündels lag bei 19 % kein Motiv vor. Bei den Depressiven waren die Taten meist vorgeplant gewesen, bei den Schizophrenen nahezu zur Hälfte der Fälle, bei den Oligophrenen selten. Im einzelnen lag bei den Depressiven, und zwar besonders bei den weiblichen Personen, als Motiv häufig die »Erlösung« vor; 38 % der Frauen und 6 % der Männer »nahmen die Familie mit in den Tod«. Die Oligophrenen näherten sich vom Motiv her den »Normalen« an.

3. Was die Vorstrafen von Mördern oder Totschlägern angeht, so finden sich zwei extreme Aussagen. Zum einen soll es sich bei dem Mörder um eine vielfach vorbestrafte Person handeln, die am Ende einer »kriminellen Karriere« auch vor einer Bluttat nicht zurückschrecke. Zum anderen soll der Mörder, bis er die Mordtat begeht, ein unbestrafter Mensch sein. – Die letztere Vorstellung ist empirisch weithin widerlegt, da mit ziemlicher Regelmäßigkeit etwa die Hälfte der wegen

Mordes verurteilten Personen bereits vorbestraft waren. (Zudem wäre zu erwägen, inwieweit diese Hälfte wie auch die übrige, bisher unauffällige Hälfte, bereits im Dunkelfeld Straftaten oder »kriminelle Karrieren« hinter sich hat.) Die Frage, ob der Anteil der Mörder ohne Vorstrafen entsprechend steigendem Alter bei Tatbegehung des Mordes sinke, ist von *Wolfgang* (1975, 182) verneint, von *Waldo* (1970, 60 ff.) hingegen bejaht worden.

a) Der überwiegende Teil der in der Bundesrepublik Deutschland wegen Mordes zu lebenslanger Freiheitsstrafe verurteilten Gefangenen ist vorbestraft. Innerhalb dieser Gruppe wiederum findet sich ein erheblicher Anteil mit mehreren Vorstrafen.

Soweit statistische Angaben mitunter ein diesbezüglich günstigeres Bild vermitteln, mag dies damit zusammenhängen, daß die Angaben sich auf wegen Mordes im allgemeinen Abgeurteilte beziehen; so wäre zu überprüfen, inwieweit die wegen Beihilfe oder Versuchs Abgeurteilten, die gemäß den Prinzipien der StrafSt in gleicher Weise unter den wegen Mordes Abgeurteilten erscheinen, etwa weniger belastet sind als die zu lebenslanger Freiheitsstrafe verurteilten Personen. Ferner wird von den wegen Mordes abgeurteilten Personen ein Teil wegen Unzurechnungsfähigkeit nicht verurteilt; auch wird von denjenigen Verurteilten, denen verminderte Zurechnungsfähigkeit zuerkannt wird, nur ein Teil in Strafanstalten eingewiesen.

b) α) In der Untersuchung von *Wolfgang* (1975, 175) lag bei 35,6 % der Täter – darunter bei 46,8 % der Weißen und bei 31,9 % der Schwarzen – eine vorherige Inhaftierung nicht vor. Allerdings ist diese Untersuchung mit den meisten der übrigen Forschungen, die von Verurteilungs- oder Strafanstaltsakten ausgehen, insoweit nicht vergleichbar, als *Wolfgang* seinen Erhebungen polizeiliche Registrierungen zugrundelegte (1979, 168).

Auch soweit andere Untersuchungen aus dem anglo-amerikanischen Bereich teilweise Anteile von deutlich über 50 % solcher wegen Mordes Verurteilter ermittelten, die zuvor keine Vorstrafe gehabt hatten (vgl. die Wiedergabe bei *Waldo* 1970), mag überwiegend bereits die Art der Probandenauswahl diese Ergebnisse bestimmt haben.

β) *Waldo* (1970) verglich 621 wegen Tötungsdelikten einsitzende Personen mit einer Vergleichsgruppe von wegen anderer Delikte einsitzenden Personen nach der Zahl früherer Inhaftierungen, wobei er für die erstere Gruppe eine niedrigere Belastung als für die letztere feststellte. Allerdings ergab sich bei einer Aufteilung der »Mörder-Gruppe« in vier Untergruppen – Mord ersten Grades, Mord zweiten Grades, Totschlag, »fahrlässige Tötung« (involuntary negligent) – eine proportionale Beziehung zwischen der Schwere des Tötungsdelikts und der Anzahl früherer Inhaftierungen.

Im einzelnen hatten 62 % der »Mörder-Gruppe« und 38 % der »Nicht-Mörder-Gruppe« keine früheren Inhaftierungen. Hinsichtlich dieses Ergebnisses ist zu bedenken, daß bei den Kapitaldelikten häufig schon beim ersten Delikt auf eine langfristige Inhaftierung erkannt wird, während bei anderen Delikten in der Regel zunächst einige Deliktsbegehungen bekannt geworden sein müssen, bis es zu einer längerfristigen freiheitsentziehenden Sanktion kommt.

Ferner hatten aus der »Mörder-Gruppe« 17 % 3 und mehr Inhaftierungen gegenüber 35 %

§ 57 *Untersuchungen über den verurteilten Straftäter nach einzelnen Tatgruppen*

aus der letzteren Gruppe. (Diese Unterschiede ließen sich weder nach der Variable Weiße oder Schwarze noch nach denjenigen des Lebensalters oder des IQ erklären.) Was dieses Ergebnis angeht, so läßt es sich im Sinne der These des Anstiegs der Schwere mit der Zahl der Delikte auch hinsichtlich derjenigen Untergruppe mit der schwersten Mordart nicht erklären, weil auch bei derjenigen weniger frühere Inhaftierungen vorlagen als bei der »Nicht-Mörder-Gruppe«. Hingegen ließe sich innerhalb der »Mörder-Gruppe« eine solche Erklärung vertreten; als entgegenstehende Möglichkeit der Interpretation ließe sich generell vermuten, daß entsprechend der Zahl der Vorstrafen das zur Verurteilung anstehende Tötungsdelikt als schwereres oder leichteres eingeordnet wird.

c) Nach der Untersuchung von *Anttila/Westling* (1965) war nahezu die Hälfte der wegen Raubmordes oder Totschlags zu lebenslanger Freiheitsstrafe verurteilten männlichen Personen mit einer Freiheitsstrafe vorbestraft, aber nur nahezu ein Drittel der wegen Mordes im engeren Sinne Verurteilten (1965, 17). Der Anteil der wegen Gewaltverbrechen Vorbestraften war bei den wegen Totschlags Verurteilten besonders hoch. – Absolut 19 der männlichen Probanden waren vor derjenigen Straftat, deretwegen sie zu lebenslanger Freiheitsstrafe verurteilt wurden, wegen Tötungsverbrechen zu zeitiger Freiheitsstrafe verurteilt worden, und zwar in sechs Fällen wegen vollendeten Totschlags und in den übrigen Fällen wegen versuchter oder fahrlässiger Tötung. Bemerkenswerte Ähnlichkeiten zwischen dem neuen und dem früheren Tötungsdelikt sollen nicht festzustellen gewesen sein (1965, 18).

Vom Begehungsaspekt her würden diese Befunde dahingehend zu interpretieren sein, daß etwa eine Neigung zu besonders gewalttätigen Handlungen vorliegt; vom Kontrollaspekt her würde es dahingehend zu interpretieren sein, daß die Gerichte bei mit solchen Vorstrafen belasteten und wegen Totschlags verurteilten Personen eher auf eine lebenslange Freiheitsstrafe erkennen. Zudem begingen die wegen Totschlags Verurteilten aber auch nach der Entlassung häufiger Gewaltverbrechen und wiesen auch im übrigen eine höhere Rückfälligkeit auf als andere Gruppen innerhalb der gesamten Untersuchungseinheit; insoweit gewinnt die Interpretation vom Begehungsaspekt her mehr Gewicht.

4. Was die Legalbewährung von Mördern oder Totschlägern angeht, so liegen einzelne Befunde aus dem Ausland vor (vgl. neben den im folgenden zitierten Arbeiten *Waldo* 1970, 60 ff.; *Heilbrun* u.a. 1978, 108 ff.; vgl. auch *von Hentig* 1955, 119 ff.); sie ergänzen die zur Legalbewährung nach Entlassung aus lebenslanger Freiheitsstrafe vorliegenden Anhaltspunkte (s. o. § 36 II. 2. c)).

a) Es wird berichtet (*National Council on Crime ...* 1964, 107), daß von 342 zur Probe entlassenen Personen, die wegen Mordes 1. Grades in Kalifornien verurteilt worden waren, zwischen 1945 und 1954 insgesamt 10,8 % Bewährungsauflagen verletzten oder erneut straffällig wurden, wobei jedoch nur absolut einem Entlassenen erneut ein Tötungsdelikt zur Last gelegt wurde. – Ferner wird mitgeteilt (*Giardini/Farrow* 1967, 185 f.), daß in Ohio zwischen 1945 und 1965 von 273 Personen, die wegen Mordes 1. Grades verurteilt worden waren, nach der Entlassung keiner wegen eines Tötungsdeliktes und 15 wegen Verletzung von Auflagen registriert wurden.

b) Nach einer Untersuchung von *Stanton* (1969, 149 ff.) im Staat New York (USA) an 63 zwischen 1930 und 1961 bedingt entlassenen Mördern 1. Grades ergab sich, daß absolut 3 bis Ende 1961 erneut in die Strafanstalt eingewiesen wurden. Eine von diesen drei Personen hatte einen Einbruchdiebstahl begangen, während die beiden anderen Bewährungsauflagen verletzt hatten. Hierzu wird mitgeteilt, daß es sich bei den 63 bedingt entlassenen Personen um eine Auswahl »günstig beurteilter Fälle« gehandelt habe. – Zum Vergleich ist wesentlich, daß zwischen Januar 1956 und dem Ende des Jahres 1961 insgesamt 514 Personen bedingt entlassen wurden, die wegen Mordes 2. Grades verurteilt worden waren. Von diesen wurden bis zum 31.12.1962 insgesamt 115 delinquent, und zwar davon 17 wegen Verbrechens (»felony«) und 33 wegen Vergehens (»misdemeanour«) oder Übertretungen (»lesser offences«), während es sich bei 65 um Verletzungen der Bewährungsauflagen handelte. Bei den 17 wegen Verbrechens erneut Verurteilten handelte es sich in zwei Fällen um Mord 1. Grades.

Demnach ist die Legalbewährung der wegen Mordes 2. Grades verurteilten und entlassenen Personen schlechter gewesen als diejenige der wegen Mordes 1. Grades verurteilten und entlassenen Personen. Allerdings dürfte hierbei das Lebensalter eine erhebliche Rolle gespielt haben.

c) Nach *Sheppard* (1971, 60 ff.) waren von 119 Personen, die wegen Mordes 1. Grades in Kanada verurteilt worden und zwischen 1920 und 1947 bedingt entlassen worden waren, bis April 1968 und abgesehen von 19 verstorbenen oder ausgewanderten Personen, eine Person erneut wegen eines nach der Entlassung begangenen Mordes verurteilt worden, während 11 Personen wegen anderer Straftaten oder wegen Verstößen gegen Auflagen erneut in die Strafanstalt eingewiesen worden waren und 89 Personen unauffällig geblieben waren.

II. Verkehrsstraftaten

1. a) Bei der Untersuchung von Verkehrsstraftätern gewinnen die Merkmale Fahrerfahrung und Verkehrseinstellung, insbesondere unter dem Gesichtspunkt der Unfallhäufigkeit, eine besondere Bedeutung. Darüber hinaus dürfte die Problematik der Divergenz zwischen »Tatzeit-« und »Untersuchungs-« oder »Testzeit-Persönlichkeit« (s. o. § 19 I. 2. a)) umso schwerer wiegen, als die Verkehrsgefährlichkeit, insgesamt betrachtet, mehr mit situativen als mit konstanten Bedingungen in Zusammenhang steht. Der Faktor des Lebensalters und des Geschlechts scheint eine nicht mindere Bedeutung zu haben als im Bereich Allgemeiner Kriminalität (zur Verteilung s. o. § 48 I., II.).

b) Im einzelnen hat die Verkehrsmedizin und -psychologie eine Fülle differenzierter Beiträge zur Diagnostik namentlich der im Verkehr häufig und gefährlich auffälligen Personen vorgelegt; wegen der hohen Selektion der Probanden lassen sich erhobene Daten jedoch kaum verallgemeinern. Es wird angenommen, daß es eine spezifische Straftäterpersönlichkeit im Bereich der Straßenverkehrsstraftaten ebensowenig gibt wie in den Bereichen von Allgemeiner Kriminalität und von Wirtschaftskriminalität. Gleichwohl wird teilweise an der Annahme einer Abhängigkeit des Verhaltens im Straßenverkehr von Merkmalen auch in der Person des Verkehrsteilnehmers festgehalten. Gelegentlich hat man die Fähigkeit zum weitgehend unfallfreien Fahren beziehungsweise die Tendenz des einzelnen Fahrers, Unfälle herbeizuführen oder in Unfälle verwickelt zu werden, als weitgehend abhängig von der Intaktheit der »sozialstrukturellen Persönlichkeit« bezeichnet, ohne allerdings deren Relevanz auch zur Abwendung formeller Registrierung hinreichend Rechnung zu tragen. Dabei schließt die Vielfalt der berichteten Persönlichkeitszüge (vgl. etwa *Böcher* 1968, 242 ff.) eine einheitliche Systematik seither aus. – Die Einteilung in Alkoholtäter und »Nicht-Alkoholtäter« ist zwar verhältnismäßig eindeutig, jedoch, für sich allein genommen, wenig differenziert.

2. Entsprechend der Tradition Allgemeiner Kriminologie wird der Frage nach den Vorstrafen eine vorrangige Bedeutung beigemessen. Dabei geht man zum einen davon aus, daß sich die Gesamtgruppe der Verkehrsstraftäter generell danach unterscheide, ob zugleich Normverletzungen im Bereich Allgemeiner Kriminalität vorliegen oder nicht.

Tatsächlich haben verschiedene Untersuchungen Ergebnisse zu der Annahme geliefert, daß solche Personen, die wegen Delikten Allgemeiner Kriminalität mehrfach verurteilt sind, mehr Verkehrsunfälle verursachen als »Nicht-Straftäter« der Allgemeinen Kriminalität (vgl. *Heegner* 1961, 168 ff.; *Mayer* 1968, 117 ff., 125).

Bei derjenigen Teilgruppe, bei der dies nicht der Fall ist, soll die Begehung der Verkehrsdelikte wesentlich mehr als bei der auch im Bereich Allgemeiner Kriminalität belasteten Teilgruppe mit Merkmalen des Verkehrsflusses im Sinne einer Überforderung der Verkehrsteilnehmer und der Fahrerfahrung (s. hierzu o. § 47 II. 1. a)) zusammenhängen.

Umgekehrt vermag die Tatsache, wegen Delikten aus dem Bereich Allgemeiner Kriminalität (mehrfach) verurteilt zu sein, keinen hinreichenden Indikator für Verkehrsgefährlichkeit abzugeben. Vielmehr haben die einzelnen Untersuchungen jeweils einen – nach der zugrundeliegenden Straftäterpopulation differierenden – Anteil von etwa einem Drittel solcher wegen Allgemeiner Kriminalität verurteilter Straftäter ergeben, die nicht wegen Verkehrsdelikten verurteilt waren.

a) Im Unterschied zu der Fragestellung nach Vorbelastungen von Verkehrsstraftätern mit Delikten Allgemeiner Kriminalität überhaupt bemüht sich eine differenzierende Betrachtungsweise um Zusammenhänge nach der Deliktsart der Vorbelastungen. Hierzu hat sich ergeben, daß die Quote der Vorbelastungen der Verkehrsstraftäter wegen Delikten Allgemeiner Kriminalität je nach der Art des Straßenverkehrsdelikts unterschiedlich ist; dabei sollen die Vorbelastungen von Tätern fahrlässiger Körperverletzung und fahrlässiger Tötung (jeweils im Straßenverkehr) über diejenigen von Tätern der Verkehrsgefährdung, der Unfallflucht und des Fahrens ohne Führerschein, der Trunkenheitsdelikte im Straßenverkehr bis zum Fahren trotz entzogener Fahrerlaubnis von 20 % bis 80 % »ziemlich kontinuierlich« (*Kaiser* 1976, 317) ansteigen. – Demgegenüber scheint die Vorbelastungsquote mit Verkehrsdelikten eher uneinheitlich zu sein und weniger Gleichförmigkeiten aufzuweisen, abgesehen von einem gewissen Anteil einschlägiger Vorbelastungen bei Trunkenheitstätern.

α) Im einzelnen ergab sich in der Untersuchung von *Moser* (1975), die sich auf 1.708 »Vielfachtäter« (= sieben und mehr Eintragungen im VZR) bezog, daß von dieser Personengruppe nahezu jeder zweite auch wegen Allgemeiner Kriminalität vorbestraft war. Im einzelnen seien wegen Allgemeiner Kriminalität bestrafte Personen namentlich bei besonders schweren Verkehrsdelikten übermäßig stark beteiligt. – Nach zusätzlichen (kriminalstatistischen) Berechnungen (*Moser* 1978) waren 43,7 % der Täter, die in Trunkenheit eine fahrlässige Tötung, Körperverletzung oder Unfallflucht begangen haben, vorbestraft; von den Tätern, die diese Delikte ohne Trunkenheit begangen haben, waren nur 25,4 % vorbestraft.

β) Bei der Tübinger Jungtäter-Vergleichsuntersuchung (s. hierzu noch u. § 59 I. 3. a)) ergab sich, daß die Gruppe der H-Probanden (n = 200) mehr als siebenmal häufiger Verurteilungen wegen Verkehrsvergehen (ohne Übertretungen und Ordnungswidrigkeiten) aufwies als die Gruppe der V-Probanden. Dabei enthielten von den 367 Verurteilungen der H-Probanden wegen Verkehrsvergehen 72 % das Delikt Fahren ohne Führerschein (*Göppinger* 1976, 443).

γ) Nach den Berechnungen von *Buikhuisen* u.a. (1976, 10 m.N.) bestand eine vergleichsweise sehr hohe Beziehung zwischen Unfallflucht und früheren Verurteilungen wegen Allgemeiner Kriminalität (oder Verkehrsdelikten).

b) Hiernach scheint sich die Annahme zu bestätigen, daß wegen Unfallflucht, Fahren ohne Führerschein und vor allem wegen Trunkenheitsdelikten verurteilte Verkehrsstraftäter eine Annäherung an »anomische Syndrome« (s. u. § 59 III.) als Ausdruck zeigen. Allerdings ist auch hierzu eine differenzierende Interpretation unter Berücksichtigung intervenierender Variablen schon insofern angezeigt, als gerade bei Trunkenheitsdelinquenten regelmäßig solche Personen überrepräsentiert sind, die unteren sozialen Schichten zugehören. Dies dürfte zugleich die Unfallflucht betreffen, da bei diesem Delikt die Alkoholbeeinflussung erhöhte Relevanz zu haben scheint (vgl. *Brettel* u.a. 1973; *Staak/Mittmeyer* 1973, 311).

III. Wirtschaftsstraftaten

1.a) Wenngleich die sozio-ökonomische Zuordnung der Wirtschaftsstraftäter auf eine quantitativ kleinere Gruppe aus der Gesamtbevölkerung hinweisen mag, so wird auch hier eine Homogenität der Täter zumindest insofern kaum anzunehmen sein, als die Strafbestimmungen und Tatbegehungsformen innerhalb der Wirtschaftskriminalität äußerst heterogen sind. Mehr noch als bei Straftätern Allgemeiner Kriminalität ist davon auszugehen, daß die bisher vorliegenden Informationen keine repräsentative Bedeutung haben, sondern von einer erhöht selektiven Probandenauswahl stammen. Der größte Teil der kriminologischen Annahmen oder Erkenntnisse hierzu beruht auf wenigen, kaum repräsentativen Fällen aus dem polizeilichen oder auch staatsanwaltschaftlichen Informationsmaterial, während kriminologische Unterlagen kaum vorliegen.

So mag etwa die Beobachtung, der Weiße-Kragen-Straftäter sei der potentielle und tatsächlich gefährlichste Typ des Kriminellen (vgl. auch *Cortés/Gatti* 1972, 213 f. unter Verwendung psychoanalytischer Kategorien, s. weiterhin *von zur Mühlen* 1973, 27 ff.), gegenüber Einwänden hinsichtlich unzulänglicher methodischer Grundlagen kaum zu verteidigen sein.

b) Allgemein wird angenommen, daß Weiße-Kragen-Täter über eine hohe Anpassungsfähigkeit und – möglicherweise demgemäß – über ein hohes berufliches Prestige, eine hohe soziale Stellung sowie förmliche positive Sanktionen (z.B. Titel, Ehrungen und Auszeichnungen) verfügen sollen; meist seien sie verheiratet. Was die Stellung der Tat im Lebenslängsschnitt angeht, so sollen sie – im Unterschied zu herkömmlicher Allgemeiner Kriminalität – meist im Alter von etwa 40 Jahren am meisten mit Straffälligkeit belastet sein (*Kaiser* 1976, 291; vgl. für die DDR auch *Orschekowski* u.a. 1974, 69; für Konkursverbrechen *Neubauer* 1963, 80; *Thelen* 1970, 46). – Über die Zahl der Vorstrafen liegen unterschiedliche Befunde vor; vergleichsweise geringe Vorbestraften-Anteile nennen *Clinard/Quinney* (1973, 191 f.).

2. Von Vertretern der Institutionen formeller sozialer Reaktion wird gelegentlich über die Beobachtung einer Mobilität von Tätern Allgemeiner Kriminalität hin zur Wirtschaftskriminalität berichtet. Dabei ist fraglich, inwieweit dies auf selektiver Verfolgung beruhen könnte, das heißt inwieweit Wirtschaftsstraftäter danach bevorzugt verfolgt werden, ob deren Tat oder Status dem Bild vom Straftäter der herkömmlichen Allgemeinen Kriminalität entsprechen (vgl. auch in diesem Zusammenhang die Abgrenzung *Schneiders* [1977c] zwischen Berufsverbrecher und Intensivtäter); zumindest scheint eine entsprechende Tendenz durch Besonderheiten der Verfahrensstruktur (s. hierzu o. § 27 IV. 3.) bedingt zu sein (betreffend Steuerstraftäter s. *Mönch* 1979, 72 f.). So wurde bezüglich registrierter Weiße-Kragen-Täter wiederholt von vertikaler sozialer Mobilität berichtet, wobei die Betreffenden kaufmännisch nur unzureichend ausgebildet gewesen seien (s.N. bei *Brauneck* 1974, 122 f.).

a) Was den Vergleich von Weiße-Kragen-Tätern mit Straftätern Allgemeiner Kriminalität angeht, so mögen Ähnlichkeiten subkultureller Zugehörigkeit bestehen, wenngleich sich die jeweiligen Subkulturen insbesondere schichtsstrukturell erheblich unterscheiden und teilweise polar gegenüberstehen.

So verliert etwa ein Weiße-Kragen-Täter, der Wirtschaftsstrafgesetze verletzt, unter bestimmten Geschäftsleuten möglicherweise ebensowenig an Ansehen, wie es bei einem Angehörigen einer Randgruppe aus der Unterschicht bei Verletzung einer mittelschichttypischen Norm Allgemeiner Kriminalität der Fall ist (vgl. *Kaiser* 1976, 306 m.N.).

b) Teilweise belegt ist die Annahme, beide Kategorien von Straftätern stimmten in ihrer Wertorientierung weitgehend überein.

So hatte *Sutherland* (1949, 217 ff.) im Vergleich von Ergebnissen seiner Untersuchung über den »Berufsdieb« mit Ergebnissen aus der Untersuchung über Wirtschaftsstraftaten bei 70 der größten Industrie- und Handelsgesellschaften der USA gefunden, daß Weiße-Kragen-Täter und »Berufsdiebe« in einheitlicher Weise die Tätigkeit der staatlichen Gewalten, das heißt auch der Institutionen legislatorischer und reaktiver Erfassung von Verhalten, als für sich nicht verbindlich ansahen und verachteten. Ein Unterschied zwischen beiden Kategorien von Straftätern bestehe darin, daß erstere ein größeres Interesse an sozialem Status und Ansehen besitzen und sich selbst nicht als Kriminelle sehen würden (vgl. hierzu auch die Hinweise *Clinards* [1952] zum »Schwarzen-Markt«-Täter).

Ferner sollen beide Kategorien von Straftätern Neutralisierungs- und Rechtfertigungstechniken (vgl. hierzu *Sykes/Matza* 1974 [1957], s. hierzu o. § 24 I. 1.

a) α)) für ihr straffälliges Verhalten aufweisen (vgl. hierzu etwa *Cressey* [1953] in einer Untersuchung über die Vorgeschichte des Delikts der Veruntreuung; s. ferner *Clinard/Quinney* 1973); dies entspreche der beiderseits vorhandenen Tendenz zur Tatwiederholung.

c) Nach einem Befund aus der DDR (vgl. *Wendel* 1972, 8) sei typisch für Wirtschaftsstraftäter »eine Überschätzung der eigenen Fähigkeiten, eine unkritische Selbstüberhebung und damit verbunden eine Überschätzung der Realisierungschancen«. So komme es, verbunden mit einem Hoffen auf glückliche Umstände, zu der Vorstellung, daß »mein Betrieb« immer den Plan erfüllen müsse, selbst dann, wenn eine rationale Einschätzung der Betriebssituation einen derartigen Schluß nicht mehr zulasse. – Hierzu wird es Ähnlichkeiten in Befunden über solche Personen geben, die wegen Delikten Allgemeiner Kriminalität verurteilt wurden, zum Beispiel betreffend Befunde über mangelnde Planungsfähigkeit oder den Versuch der Zielerreichung mit inadäquatem Aufwand; dies ließe möglicherweise zugleich vermuten, daß die genannten Befunde nicht (nur) mit ökonomischer und psychischer Unterprivilegierung korrelieren.

§ 58 Untersuchungen über den verurteilten Straftäter nach einzelnen Bezugsdisziplinen

I. Soziologisch und sozialpsychologisch orientierte Untersuchungen

1. Soziale Merkmale in bezug auf den Straftäter wurden zumindest seit der ersten Hälfte des 19. Jahrhunderts untersucht. Die Tendenz der schon damals erhobenen Befunde ist ganz überwiegend (s. jedoch u. 2. b)) bis in die Gegenwart hinein bestätigt worden, wenngleich sich entsprechend dem sozialen Wandel Verschiebungen ergeben haben und im übrigen zunehmend Differenzierungen erreicht wurden.

a) α) Zur Veranschaulichung sei auf Befunde und Interpretationen von *Clay* (1839a; 1839b) hingewiesen, die dieser vorzugsweise betreffend Strafgefangene mitgeteilt hat. Hiernach seien bei Gefangenen ohne (Elementar- und religiöse) Bildung (s. auch Tab. 32) – neben Alkoholeinfluß – Armut, Müßiggang, Versuchung (»temptation«) (*Clay* 1839a, 99) und Unbedachtsamkeit (»improvidence«) (*Clay* 1839b, 445) besonders häufig festzustellende Faktoren. Diese beruhten ihrerseits jedoch auf tieferliegenden Faktoren wie elterliche Unbildung, Vernachlässigung oder Laster (»vice«), Mangel an religiöser Erziehung, welche Grundlage von Verdorbenheit (»depravity«) und Elend seien, wobei letztere zu Straffälligkeit führten (*Clay* 1839b, 445).

β) Daneben sei auf eine vom Sozialdarwinismus getragene Strömung hingewiesen, die gemäß der Grundannahme, die Menschen seien von Natur aus (sozial) ungleich (s. hierzu auch o. § 10 III. 1. b)), von einer sozialen Minderwertigkeit der Straftäter ausging. Die Auffälligkeiten der Straftäter seien, in qualitativ gleicher Weise, gewissermaßen als Verdünnungsformen in den unteren sozialen Schichten vorhanden (vgl. *Näcke* 1897, 93 ff.). Der Verbrecher weise Elemente der Entartung auf, die in diesen sozialen Gruppen häufig seien,

§ 58 *Untersuchungen über den verurteilten Straftäter nach einzelnen Bezugsdisziplinen*

und die, durch die sozialen Lebensbedingungen erworben und vererbt, bei ihm bisweilen in potenzierter Gestalt auftreten würden (vgl. *Baer* 1893, 411). – Ähnlich wurde im angloamerikanischen Bereich argumentiert, daß Gewohnheitsverbrecher sich aus den »dangerous classes« rekrutierten, die arbeitsscheu seien und das soziale Stigma des Mißerfolgs an sich tragen (s. N. bei *Schneider* 1977a, 29).

Tab. 32: Degree of Education as related to Causes of Offence (aus: *Clay* 1839a, 98)

Degree of Education	Causes of Offence								Total
	Drinking	Uncertain	Idleness an Bad Company	Temptation	Want	Confirmed Bad Habits	Weak Intellects	Combination of Workmen	
1. Unable to read	139	215	49	5	59	72	7	8	554
2. Barely capable of reading	57	92	12	4	24	32	1	—	222
3. Can read the Testament	46	61	5	2	19	21	—	155	
4. Can read fluenty	14	14	1	1	3	4	—	1	38
5. Can read well and write a little	71	50	6	3	17	5	—	—	152
6. Can read and write well	4	3	—	1	—	—	—	8	
Total	331	435	73	16	122	134	8	10	1129

γ) In Zusammenhang mit solchen Familien, die durch eine Häufung sozial ungünstiger Faktoren gekennzeichnet sind (in der anglo-amerikanischen Literatur als »multi-problem-families« bezeichnet), wurde angenommen, die Defizite beruhten zwar zum Teil auf »Ausstattungsmängeln«, die sich durch soziale Auslese in der untersten Schicht und hier in gewissen Familien konzentriert hätten. Hinzu sollen die Folgen der schweren Vernachlässigung treten, die sich sozial vererbe (*Brauneck* 1970, 59 f., 64; zur Drei-Generationen-Hypothese betreffend ein »soziales Erbe« s. auch *Sveri* 1970, 24 unter Hinweis auf *Jonsson*); ferner soll es vergleichsweise eher zu »reaktiven Aggressionen« kommen. Allerdings bezieht sich dieser partiell lineare Zusammenhang nicht auf Verbrechen selbst, sondern nur auf verbrechensträchtige ungünstige Faktoren bei einer bestimmten Kategorie von Familien (s. im übrigen das spätere Konzept der »lower-class-culture« bei *Miller* 1974 [1958]; s. noch o. § 6 II. 4. d)).

δ) Eine hiervon unterschiedliche Position nahm die »Lyoner Schule« ein, nach deren insoweit einheitlicher Grundauffassung der sozialen Umgebung eine ausschlaggebende Bedeutung für die Verbrechensbegehung zukomme. – So interpretierte *Lacassagne*, auf der Grundlage des sozialwissenschaftlichen Materialismus, die personenbezogenen Merkmale von Straftätern, ohne deren einschlägige Relevanz zu bezweifeln, als ein Produkt der sozialen Umgebung einschließlich der Bedingungen zur Befriedigung unmittelbarer Alltagsbedürfnisse.

Er verstand das Milieu als den Nährboden für das Verbrechen, und den Straftäter als ein Wesen, das bedeutungslos sei bis zu dem Tage, an welchem es den Nährboden finde, der es keimen lasse (*Lacassagne* 1885, hier zit. nach *Hering* 1966, 99; s. dazu aber auch o. § 53 I. 1. a) α)).

Die Bedeutung *Tarde*s liegt unter anderem in dem Aufzeigen sozial- und speziell lernpsychologischer Zusammenhänge des Verbrechens (s. hierzu auch u. 2. a)).

ε) Die Überrepräsentierung der sozio-ökonomischen Unterschicht innerhalb der (mehrfach) zu Freiheitsstrafe verurteilten Personen gehört zu den wenigen Merkmalen, die gewissermaßen zeitüberdauernd festgestellt wurden. Allerdings ist dieses Ergebnis, für sich allein genommen, schon deshalb unzureichend, weil gleichfalls empirische Anhaltspunkte dafür vorliegen, daß trotz ökonomischer Deprivationen Resistenzen gegenüber der Verbrechensbegehung bestehen und andererseits auch bei ökonomischer Besserstellung eine höhere Verbrechensbelastung vorhanden sein kann (vgl. *McCord* u.a. 1959, 167; *Wilson* 1962; *Glueck/Glueck* 1968, 3 ff.). Im übrigen handelt es sich bei den aus der sozio-ökonomischen Unterschicht stammenden mehrfach zu Freiheitsstrafe verurteilten Straftätern nur um einen geringen Bruchteil der Gesamtheit von Personen, die der sozio-ökonomischen Unterschicht zugerechnet werden (s. o. § 5 III. 2. b)).

b) α) Oftmals wurde und wird von Sozialisations*defiziten* des verurteilten Straftäters gesprochen. Dies erweckt insofern Bedenken, als zumindest in dieser Allgemeinheit ein zur Überprüfung geeigneter Maßstab für das Fehlen von Sozialisationsdefiziten kaum vorhanden sein dürfte. Hierfür könnte jedenfalls nur ein der jeweiligen sozialen Herkunftsgruppe entsprechendes Instrumentarium geeignet sein. Darüber hinaus ist jedoch fraglich, ob sich daraus eine Erklärung für die erwähnte Überrepräsentierung der sozio-ökonomischen Unterschicht ergeben könnte. Nach *Schneider* (1973, 577) soll die Vermutung naheliegen, daß Sozialisationsdefizite in allen Schichten gleichermaßen vorhanden seien.

β) Nicht weniger häufig wird Vorstellungen einer *unterschiedlichen* Sozialisation Bedeutung beigemessen. Diese gehen hinsichtlich der Fähigkeit oder Bereitschaft des einzelnen, sich entsprechend den vorherrschenden Erwartungen zu verhalten, von mehreren Alternativen aus. Entweder könne die Normübernahme unrichtig oder unvollständig stattgefunden haben, oder aber sie habe zwar vollständig stattgefunden, aber mit solchen Inhalten, die von gesamtgesellschaftlichen Erwartungen abweichen.

Die Vorstellungen einer unterschiedlichen Sozialisation beruhen, soweit sie den Entwicklungs- und Prägungsprozeß des Menschen betreffen, weitgehend auf lerntheoretischen Elementen. Soweit sie zur Verletzung sozialer einschließlich strafrechtlicher Normen Stellung nehmen, überschneiden sie sich teilweise mit Kulturkonflikstheorien (s. o. § 6 II. 6. b)).

Während das Konzept unterschiedlicher Sozialisation für Straftäter, die bereits mehrfach vorbestraft sind oder für solche, die sozialen Randgruppen angehören, plausibel erscheint (vgl. neuerdings die Vergleichsuntersuchung von *Dolde* 1978), fehlt es daran bezüglich solcher Personen, die nur einmal oder nur selten straffällig werden und/oder die sich im übrigen gemäß allgemein anerkannten gesellschaftlichen Normen verhalten. Im übrigen ist fraglich, ob es überhaupt Personen gibt, die faktisch nur einmal oder nur sehr selten straffällig werden, und ferner, sollte dies der Fall sein, inwieweit eine solche Diskrepanz in der Verbrechensbelastung deshalb eintritt, weil eine unterschiedliche oder unterschiedlich ausgestaltete soziale Reaktion eintritt. Bei beiden zuletzt genannten Alternativen bestünde für die Annahme einer dominierenden Relevanz unterschiedlicher Sozialisation für die Begehung von Verbrechen kein Anhalt.

Inhaltlich bestehen Schwierigkeiten der Bestimmung dessen, worin relevante Unterschiede der Sozialisation bestehen könnten. Dabei ergibt sich regelmäßig eine Diskrepanz zwischen den Sozialisationszielen und -normen innerhalb unterschiedlicher gesellschaftlicher Gruppen, so daß jede Form von Sozialisation inhaltlich relativ ist. – Einzelne der einschlägigen Theorien zur unterschiedlichen Sozialisation sind sowohl retrospektiv als auch, im Sinne eines Bestandes an Norminternalisierung oder Über-Ich-Bildung, statisch angelegt.

2. a) Eine lerntheoretisch orientierte Stellungnahme zum Verhältnis von sozialpsychologischen Merkmalen zu Verbrechen findet sich bereits bei *Tarde* (1895), und zwar insbesondere in dessen Theorie der Imitation (s. auch o. 1. a) δ)). – Im Rahmen seiner Darlegungen über den Typus des berufsmäßigen Kriminellen, der, ähnlich einer handwerklichen Laufbahn, als Straftäter arbeite, führte er als besondere Merkmale dieses Typus Tätowierungen und dessen Sprache (Argot) an.

b) Die kriminologische Bedeutung marginaler Gruppen (*König* 1963a, 39), das heißt solcher Gruppen, die sich am unteren als auch am oberen Ende der Hierarchie sozialer Gruppen befinden, stellte *Sutherland* (1974 [1940]) heraus. Nunmehr konnte der Rückgriff auf Faktoren unterer sozio-ökonomischer Gruppen prinzipiell nicht mehr als hinreichend zur Erklärung kriminellen Verhaltens akzeptiert werden. In Fortführung von Überlegungen *Tardes* zur Imitation hat *Sutherland* vorgetragen, kriminelles Verhalten werde in Kommunikationsprozessen zu anderen gleichgesinnten Personen erlernt (»differential association«). Der Prozeß des Lernens kriminellen Verhaltens soll alle Mechanismen einbeziehen, die bei jedem anderen Lernen auch auftreten.

α) *Sutherland* (1974 [1940], 187 ff.) geht davon aus, daß jede Schicht ihren eigenen »Sitten und Unsitten« folge, und daß die unteren sozialen Schichten nur aus der Sicht höherer sozialer Schichten besonders mit Kriminalität belastet seien. Er versuchte, dem rückfälligen, sozial benachteiligten Straftäter aus der (unteren) Unterschicht (»Blaue-Kragen-Kriminalität«), entgegen der unterschiedlichen gesellschaftlichen Position, solche Personen gegenüber zu stellen, die als ehrbare Angehörige der Oberschicht Straftaten begehen (»Weiße-Kragen-Kriminalität«). Der »Weiße-Kragen-Täter« verfüge, beruhend auch auf der Berufsausbildung und im Unterschied zum »Blaue-Kragen-Täter«, über Ansehen und hohen sozialen Status. Im einzelnen subsumierte *Sutherland* unter den – täter- und nicht tatorientierten – Begriff »Weiße-Kragen-Kriminalität« solche Unredlichkeiten von Kaufleuten und anderen Berufstätigen oberer Schichten, die sie unter Ausnutzung ihrer beruflichen und gesellschaftlichen Stellung begehen; er bezog auch eher als unfair beurteilte Praktiken ein, die sich – wenngleich unter Ausnutzung geschickter strafrechtlicher Interpretationsmöglichkeiten – noch innerhalb des Legalverhaltens hielten. – Der Begriff »Weiße-Kragen-Kriminalität« erscheint ersetzungsbedürftig, weil infolge der technologischen Entwicklung in quantitativ zunehmend bedeutsamer Weise Personen aus den mittleren und unteren Schichten, von der Arbeitskleidung wie insbesondere von der Durchführung der Arbeitshandlungen her, Delikte zu begehen vermögen, die unter dem genannten Begriff einzuordnen wären (kritisch schon *Vold* 1958, 243 – 261; ferner *Tiedemann* 1972; *Kaiser* 1976, 292; *Clarke* 1978). Demgegenüber hatte *Sutherland* solche Straftaten bezeichnen wollen, die typischerweise von Angehörigen der Oberschicht begangen werden und in der Regel nur von diesen, und zwar wegen ihres Status, begangen werden können. Dies mag überwiegend gleichbedeutend sein mit besonderer Eindringlichkeit der Delikte einerseits und besonderer Sozialschädlichkeit andererseits.

β) Die Theorie *Sutherland*s soll allein das delinquente Verhalten erklären, nicht jedoch die Assoziation, das heißt etwa die Frage, warum bei einer Person im Unterschied zu einer anderen eine bestimmte Assoziation stattfindet. Tendenziell sollen solche Personen Straftäter werden, die in einem relativ häufigen Kontakt mit einer kriminellen Kultur beziehungsweise mit deren Zugehörigen stehen. Allerdings sei es auch möglich, daß »nicht-kriminelle« Personen delinquente Verhaltensmuster übermitteln, und umgekehrt.

γ) Die Theorie *Sutherland*s ist vielfältigen Einwänden ausgesetzt (vgl. bei *Sutherland/Cressey* 1974, 78 – 87; ferner z.B. *Radzinowicz* 1966, 80 ff.). Übereinstimmung besteht darin, daß die im einzelnen genannten Bedingungen weder ausschließlich noch notwendig zur Verbrechensbegehung führen. Darüber hinaus wären, wie *Sutherland* selbst betont, die sozio-ökonomischen Variablen der Möglichkeiten zur Begehung einzelner Delikte sowie der Intensität der Bedürfnisse einzubeziehen. Ein weiteres Bedenken betrifft die Schwierigkeiten einer empirischen Überprüfung der Theorie (vgl. hierzu aus neuerer Zeit *Opp* 1968a, 142 ff.). So ist es ausgeschlossen, sämtliche Kontakte dieser oder jener Richtung zu ermitteln, ganz abgesehen von der Frage nach deren Häufigkeit und Intensität. Ferner besteht die allgemeine Frage nach den auslösenden Faktoren, das heißt danach, ob der zukünftige Delinquent den delinquenten Kontakt sucht, oder aber, ob er ihm nicht entgehen kann.

c) Nach der Theorie der differentiellen Identifikation (*Glaser* 1956, 440 ff.), die eine Variante der Theorie *Sutherland*s ist, steht Delinquenz in Abhängigkeit zu Identifizierungspersonen oder -gruppen, die dem Delinquenten die Tatbegehung vertretbar erscheinen lassen. Hiernach bedarf es keiner unmittelbaren Kommunikation, vielmehr läßt die Theorie auch die Möglichkeit der Identifizierung mit kriminellem Verhalten zum Beispiel in Massenmedien gelten.

Auch bei dieser Theorie bleibt offen, warum eine Person im Unterschied zu einer anderen eine bestimmte Identifikation wählt, und ferner, warum sie eine solche beibehält oder aber ablegt.

d) Die Theorie der inneren Kontrolle (vgl. *Reiss* 1951a, 196 ff.) beruht auf der Annahme, die Primärgruppe habe darin versagt, zur Internalisierung von anerkannten Wertvorstellungen, Normen und Regeln beizutragen. – Auf ähnlichen Überlegungen ist die Halt-Theorie (vgl. *Reckless* 1961, 8 ff.; s. kritisch *Gibbons* 1977, 243 f.) begründet, die ihrerseits eng mit Fragen des Selbstkonzepts (s. u. II. 1. e)) verbunden ist. Nach *Reckless* stehen innerer und äußerer Halt in einem Ergänzungsverhältnis dergestalt, daß der innere Halt um so stärker sein muß, je schwächer der äußere Halt ist, wenn kriminogene Einflüsse abgewehrt werden sollen.

Gegen diese Theorien läßt sich einwenden, daß bei der Vermittlung durch dieselbe Primärgruppe nicht selten die eine Person ein Straftäter wird und die andere nicht. Jedoch könnte diesem Einwand begegnet werden, wenn nachgewiesen werden könnte, daß das Verhalten der Tradierenden gegenüber beiden Personen tatsächlich nicht gleich war.

3. Im einzelnen ist häufig eine Überrepräsentierung solcher Merkmale festgestellt worden, die unter die Kategorien der funktional oder aber strukturell unvollständigen *Herkunftsfamilie* oder auch der mangelnden Kontinuität und Stabilität der Familie zu zählen sind (vgl. *Glueck/Glueck* 1968 [1950]; dies. 1968a; dies. 1970; *McCord* u.a. 1959; *Brauneck* 1961, 57 ff., 141 ff.; *Robins* 1966; *Feger* 1968, 126 ff., 131 ff.; 140 ff.; ferner zusammenfassend *Schneider* 1966, 160 ff.).

a) Dabei bereiten Definition und Feststellung der Indikatoren einer funktional unvollständigen (oder einer gestörten) Familie verschiedentlich erhebliche Schwierigkeiten insoweit, als die Übergänge fließend sind und es sich um »weiche« Einzelmerkmale wie zum Beispiel »Familienatmosphäre« oder ähnliches handelt. Zudem sind die Merkmale nicht konstant, sondern änderungsfähig, wobei die Notwendigkeit retrospektiver Erhebungen entsprechend den einzelnen Entwicklungsphasen (s. o. § 19 II. 1.) die Schwierigkeiten der Einordnung erhöht.

b) Nach einer Vielzahl von Befunden ist der Anteil mehrfach (zu Freiheitsstrafe) verurteilter Straftäter mit strukturell unvollständiger Herkunftsfamilie überdurchschnittlich groß (vgl. zu der Zeit vor dem Zweiten Weltkrieg *Exner* 1949, 226 ff.; ferner *Fuhlendorf* 1960, 66 ff., 72 ff.; zum Ausland s. *Wooton* 1960 [1959], 118 ff.). Dabei sind allerdings im einzelnen, sowohl hinsichtlich nicht-ehelich Geborener (vgl. hierzu *Nährlich* 1951; *May* 1973, 227 ff.) und Verwaister als auch bezüglich Scheidung der Eltern, abschließende Aussagen insofern erschwert, als die üblicherweise zugrundegelegten formalen Kriterien oftmals zu global sind und ohne Unterteilung des Längsschnittverlaufs angewendet werden (kritisch daher *West/Farrington* 1973, 69 ff.), und als zudem umfassende Vergleichsinformationen nicht ohne weiteres zu erlangen sind.

Zu unterscheiden wäre etwa das Zusammenleben eines ledigen Elternteils mit dem Kind, ohne daß jemals ein zweiter Elternteil zugegen war, von derjenigen Konstellation, in der ein zweiter Elternteil zunächst zugegen war, sodann jedoch verstorben ist; wiederum anders verhält es sich, wenn ein Elternteil zunächst mit dem nicht-ehelichen Kind zusammenlebt, und sodann heiratet.

α) Nach der Untersuchung von *Traulsen* (1974a, 25) zur Kinderdelinquenz wurden die nicht-ehelich Geborenen nicht signifikant häufiger straffällig als die ehelich Geborenen; sie standen vom Zeitpunkt der Geburt an unter Amtsvormundschaft, und darüber hinaus wurden überdurchschnittlich viele von ihnen durch das Jugendamt betreut.

Im einzelnen waren 11,7 % der Probanden nicht-ehelich geboren. Der Anteil der nicht-ehelich geborenen Probanden innerhalb derjenigen Probanden, die vom Jugendamt erzieherisch betreut wurden, betrug 17,1 %, und der Anteil innerhalb der Fürsorgezöglinge sogar 24,4 %; hingegen betrug der Anteil der straffällig gewordenen Probanden (nur) 14,7 %. Wenn also ein bestimmtes Merkmal, so folgert die Autorin (*Traulsen* 1974a, 25), bei der Auswahl einer sozial auffälligen Gruppe von Bedeutung gewesen ist, so dürfe aus dem gehäuften Auftreten dieses Merkmals innerhalb der ausgewählten Gruppe nicht der Schluß gezogen werden, dieses Merkmal sei ursächlich für die soziale Auffälligkeit.

β) Bezüglich der Überrepräsentierung von mehrfach (zu Freiheitsstrafe) verurteilten Straftätern aus geschiedenen Ehen besteht wegen der im Vergleich zur Mittel- und Oberschicht offenbar erheblich größeren Scheidungshäufigkeit in der Unterschicht der Einwand, das Merkmal der Scheidung der Eltern sei eine abhängige Variable von der Schichtzugehörigkeit, und insoweit werde allein das Merkmal der Zugehörigkeit zur Unterschicht bestätigt (vgl. insbesondere für die USA *Goode* 1976 [1961], 531 ff.).

Im übrigen komme es in Fällen der Scheidung wesentlich darauf an, ob das Kind bei demjenigen Elternteil verbleiben konnte, der seine Bezugsperson war (s. u. 4. a)), und ob einem Willen des Kindes gefolgt wurde.

Unter den straffälligen Jugendlichen soll der Anteil derjenigen mit einem Stiefvater größer gewesen sein als derjenige mit einer Stiefmutter, obwohl statistisch mehr verwitwete oder geschiedene Männer als Frauen eine neue Ehe eingingen demgemäß Stiefmütter häufiger gewesen seien als Stiefväter (vgl. hierzu, wenngleich kritisch, *Exner* 1949, 227 m.N.).

Desgleichen ist wesentlich, ob im Anschluß an die Auflösung der Ehe der Eltern ein häufiger Wechsel der Unterbringung des Kindes eintrat oder nicht (s. u. 4. b)).

4. Regelmäßig wird auf die Bedeutung des Erziehungsverhaltens hingewiesen. Dabei soll es, entsprechend allgemeinen erziehungspsychologischen Erkenntnissen, von zweitrangiger Bedeutung sein, ob die Erziehung »mild« oder »streng« ist; wesentlicher sei demgegenüber die Konsequenz in der Erziehung (vgl. auch *Glueck/Glueck* 1968 [1950]).

Gelegentlich wird geäußert, der (später [zu Freiheitsstrafe]) Verurteilte habe die Unebenheit der Erziehung selbst veranlaßt. Eine solche Aussage ist nicht ohne weiteres bereits dann vertretbar, wenn etwa festgestellt werden sollte, daß die Erziehung von Geschwistern durch dieselben Eltern ausgewogen war. Vielmehr handelt es sich auch hier um einen Anwendungsfall des interaktionistischen Grundproblems der Erfassung auslösender Faktoren.

a) Was die Frage nach dem Inhalt des Erziehungsverhaltens angeht, so läßt sie sich nicht ohne subjektive Ausrichtung beantworten. Die Tätigkeit des Erziehens ist zwangsläufig fremdbestimmt und sollte als Identifikationsangebot durch Zuwendung, das heißt mehr als ein Bereitsein und weniger als ein Tun, verstanden werden. Vorrangiger Erziehungsmechanismus ist das Modellernen im Umgang mit einer Identifikationsperson, welcher Vorgang eine emotionale Beziehung zwischen der lernenden und der Modellperson voraussetzt.

Was die Primärbindung und die Qualität Beziehungsperson angeht, so wird angenommen, diese Begriffe seien von den biologischen Verhältnissen zu unterscheiden. Hiernach wäre das Vorliegen nicht geschlechtsabhängig, sondern von sozialpsychologischen Faktoren geprägt, zumal die Tatsache der Geburt – zumindest vom Kind her betrachtet – »kein Anlaß zur Zuwendung« (vgl. *Lempp* 1963, 1661; s. aus psychoanalytischer Sicht aber *Bowlby* 1951) sei.

Aus entwicklungspsychologischer Sicht wird teilweise davon ausgegangen, vom Beginn der Latenzphase (etwa im Alter von 5 1/2 Jahren) an bestehe meist ein zunehmendes Bedürfnis des Kindes, sich bevorzugt dem gleichgeschlechtlichen Elternteil zuzuwenden, das in der Vorpubertät zu einer Bindungsdominanz führe. Dem entspricht es, daß Untersuchungen über männliche jugendliche Delinquente zu dem Ergebnis kamen, Beeinträchtigungen hätten sich daraus ergeben, daß die Betroffenen frühzeitig auf die (väterliche) Identifizierungsperson verzichten mußten (vgl. *Andry* 1960, 120 ff.; *Little* 1965, 419 ff.; *Bencivenni* u.a. 1978). Auch sollen schon von diesem Entwicklungsabschnitt an unter den Kindern, die von ihren Müttern bei Erziehungsberatungsstellen als erziehungsschwierig »vorgestellt« werden, die Jungen gegenüber den Mädchen überwiegen (vgl. *Brauneck* 1970, 20).

b) Regelmäßig wird ein außergewöhnlich hoher Anteil solcher Probanden genannt, bei denen in der (Klein-)Kindheit ein häufiger Wechsel der Erziehungsstellen in Gestalt von Pflegefamilien oder Heimen vorlag; dies läßt erneut die Bedeutung von emotional getragener und kontinuierlichen Zuwendung erkennen. Allerdings würde jeweils zu untersuchen sein, in welchem Lebensalter, an welcher Stelle und in welcher Intensität Einwirkungen auf das Kind ausgingen, und ob und gegebenenfalls welche Schäden vor der Aufnahme in ein Heim oder bei Pflegeeltern bereits eingetreten waren.

5.a) Innerhalb des Schulbereichs sind die verschiedenen Formen des unregelmäßigen Schulbesuchs (vgl. schon *Exner* 1949, 230 f.; s. ferner *Kraatz* 1970), Schulmißerfolge (vgl. die Übersicht bei *Fuhlendorf* 1960, 92 ff.; s. ferner *Schneider* 1975, 110 ff.) sowie vorzeitiger Schulabgang (vgl. *Glueck/Glueck* 1968 [1950], 136; *Brauneck* 1961, 104 f.; für die UdSSR *Galperin* 1968, 244 sowie *Sacharov* 1973, 14) als überrepräsentiert festgestellt worden.

Untersuchungen über den verurteilten Straftäter nach einzelnen Bezugsdisziplinen § 58

Im einzelnen wird dabei zwischen niedrigem Schulabschluß und Schulstörungen zumindest insofern zu differenzieren sein, als bei ersterer Kategorie eine niedrige Intelligenz eine intervenierende Variable sein könnte; auch wurde wiederholt von einem überrepräsentierten Anteil an Legasthenikern unter Strafgefangenen berichtet. Ferner wird jeweils das Interesse der Erziehungsperson(en) am Schulbesuch und ebenso die Schichtzugehörigkeit der Erziehungsperson(en) von Bedeutung für Zusammenhänge zwischen Schulstörung und Schulschwäche sein.

α) Auch für den Lehrer gilt, daß soziale Wahrnehmung (und die Beurteilung des Schülerverhaltens) von bestimmten Beurteilungstendenzen und Einstellungen geprägt ist, welche wiederum auf subjektiven Annahmen des Lehrers über Zusammenhänge von Persönlichkeits- und Verhaltensmerkmalen beruhen (*Erlemeier/Tismer* 1973). Hierzu wird allgemein angenommen, daß gegenüber solchen Schülern, die den schulischen Leistungsstandards nicht entsprechen, Erwartungen bestehen mögen, sie würden auch in solchen Verhaltensbereichen von Normen abweichen, die mit Schule oder Leistungserbringung nicht zusammenhängen (vgl. *Höhn* 1976, 104, 220).

Hierfür mögen auch Fragen des Selbstbildes oder des Bedarfs an Erfolgserlebnissen seitens des Lehrers sowie des Bemühens eine Rolle spielen, die gedankliche Möglichkeit zu versperren, Mißerfolge des Schülers könnten auf Eignungsmängeln des Lehrers beruhen.

In diesem Zusammenhang sei die Möglichkeit unterschiedlicher Zugangstendenz zwischen Eltern oder Verwandten einerseits und Lehrern andererseits erwähnt (vgl. *Lösel* 1974), womit die Aussage *Wests* (1969, 42) in Frage gestellt wird, daß manche Jungen zu Hause »Engel« und außerhalb »Teufel« seien oder umgekehrt. Auch ist zu besorgen, daß Stigmatisierungen in der Schule mit allgemeinen Interessen der Bestandserhaltung und Zweckerreichung begründet werden könnten.

β) Hiernach mag es sein, daß auch ein erster Rechtsbruch dann nur als sekundäres Verlaufsereignis erscheint, wenn er sich als Reaktion auf eine durch den Lehrer vorgenommene Rollenzuweisung darstellen würde (vgl. auch *Frease*, 1972, 133 ff.; *Lösel* 1974). Ein negativ sanktionierter Verlauf wäre – unter allgemeinen Stabilisierungsaspekten (s. o. § 10) – nicht nur erwartet, sondern auch veranlaßt. Möglicherweise hätte der Lehrer gemäß behördeninternen Handlungsnormen unter anderem nachgerade die Aufgabe oder das Ziel zu verfolgen, im Interesse gesellschaftlicher Funktionen negativer Sanktionierung den Ausschluß bestimmter Schüler zu erreichen.

Andererseits bleibt offen, inwieweit Lehrer in selektiver Wahrnehmung und Strukturierung Zusammenhänge zwischen Delinquenz und einzelnen Variablen fördern und herstellen, oder aber solche auch gültig zu diagnostizieren vermögen (vgl. *West/Farrington* 1973, 98 ff.; s. zur Prognose durch Lehrer auch o. § 21 III. 4. b)).

b) Ferner sind Abbruch und Wechsel der Berufsausbildung, sofern eine solche begonnen wurde, als überrepräsentiert festgestellt worden (vgl. *Brauneck* 1961,

111; *Klapdor* 1967, 122 f.). Allerdings ist das Verhältnis von beruflicher Nichtausbildung und Straffälligkeit durchaus ambivalent (vgl. z.B. *Weidermann* 1969). Nach überwiegender Auffassung nämlich steigt bei Personen, die wegen Vermögensdelikten verurteilt sind, der Anteil derjenigen mit abgeschlossener Berufsausbildung mit zunehmender Schadenshöhe kontinuierlich an (vgl. *Jung* 1970,159 ff.; vgl. für [vormals] Zuchthausinsassen *Kühling* 1964, 166, 169); diese Tendenz mag sich im Bereich der Wirtschaftskriminalität intensivieren. Manche Autoren vermuten hierbei Zusammenhänge zwischen krimineller und allgemeiner Energie, die auch im Berufsleben zum Ausdruck kommen würden.

6.a) Bezüglich der Berufstätigkeit als zentralem Teil des Leistungsbereichs sind Ausprägungen mangelnder Stetigkeit wie unregelmäßiges Erscheinen am Arbeitsplatz und häufiger Arbeitsstellenwechsel festgestellt worden. Sie gelten als Faktoren mangelnder Stabilität im Arbeitsbereich. Dabei mögen sie nicht geringe Bedeutung auch für den Kontrollaspekt haben, soweit als Selektionskriterium das Ausmaß von Leistungserbringung gilt. – Im übrigen kommt es für die Untersuchung der Berufstätigkeit vermutlich weniger auf die formale Berufsposition (z.B. Hilfsarbeiter), sondern mehr auf die tatsächliche Berufsfunktion und das Leistungsverhalten des Probanden darin an.

Zur Ermöglichung weiterreichender Aussagen scheint die Erfassung der Ausprägungen der einzelnen Merkmale und von deren jeweiliger Qualität erforderlich; hierzu ist etwa der Versuch zur Messung einer (negativen) Arbeitseinstellung zu zählen. Im übrigen ist davon auszugehen, daß Unterschiede in Arbeitseinstellung und -verhalten zwischen Zugehörigen unterschiedlicher sozio-ökonomischer und spezieller berufsmäßiger Gruppen nicht losgelöst von der durchaus abgestuften Verfügungsmöglichkeit über Arbeitsbedingungen und -gestaltung zu interpretieren sind, weshalb diese bei der Erklärung von einschlägigen Zusammenhängen mit Straffälligkeit zu berücksichtigen sind.

b) Bezüglich des Sozialbereichs im engeren Sinne wird häufig von einer mangelnden oder zumindest überdurchschnittlich reduzierten Bindungsfähigkeit berichtet. Derartige Aussagen sind in besonderem Maße unergiebig, soweit sie nicht im interaktionären Zusammenhang und unter Zugrundelegung von Zeiträumen und Entwicklungsphasen, die in Heimen beziehungsweise in anderer Form von Freiheitsentziehung durchlebt wurden, erörtert werden.

c) Der Freizeitbereich scheint bei vordergründiger Betrachtungsweise, im Unterschied zum Leistungsbereich, nicht durch Fremd-, sondern durch Selbstbestimmtheit gekennzeichnet zu sein. Tatsächlich jedoch mögen nicht nur breite Formen des passiven Freizeitverhaltens fremdbestimmt sein, sondern dies kann auch bei Lerntätigkeit des einzelnen (Erwerbstätigen) der Fall sein, soweit ihr während der Freizeit Rechnung getragen wird.

Bei mehrfach (zu Freiheitsstrafe) verurteilten Personen wurden einzelne Ausprägungen aus dem Freizeitbereich und insbesondere der Freizeitgestaltung beobachtet (s. *Göppinger* 1976, 228 – 231; bezüglich Jugendlicher *Nissen* 1972).

II. Psychologisch und psychiatrisch orientierte Untersuchungen

1. Bereits gegen Ende des 18. und zu Beginn des 19. Jahrhunderts fanden sich Beiträge der *Psychologie* zur Erklärung von Verbrechen. Systematische psychologische Untersuchungen des Verbrechens gingen jedoch erst mit der Entwicklung verfeinerter psychologischer Untersuchungsmethoden und Testverfahren einher.

a) Umfangreiche Sekundäranalysen aus den USA (vgl. *Schuessler/Cressey* 1950; *Waldo/Dinitz* 1967) über Durchführung und Ergebnisse einer Auswahl von psychologischen Testverfahren erbrachten keinen generellen Nachweis überzufälliger Unterschiede zwischen verurteilten Straftätern und strafrechtlich nicht verurteilten Personen. Allerdings sind die Ergebnisse beider Analysen, je nach Auswahl und Interpretation, unterschiedlich abgestuft (vgl. zur Verschiedenartigkeit der Befunde auch *Quay* 1965).

Auch mag gefragt werden, ob nicht lediglich eine mangelnde Eignung der verwandten psychologischen Testverfahren vorliegt (s. z.B. zum CPI und zum *Jesness-Inventory* die Analyse von *Sparks* 1968); allerdings meint *Mott* (1969), mit dem *Jesness-Inventory* eine hinreichende Trennung delinquenter von »nicht-delinquenten« Jugendlichen erzielt zu haben.

b) Tiefenpsychologische Ansätze versuchen, auf der Grundlage des Gewichts unbewußter Erlebnisinhalte, Straffälligkeit aus den Grundtrieben Sexualität und Aggressivität oder aus Qualitäten wie Angst und Haß oder aber aus bestimmten Hemmungsmechanismen heraus zu verstehen (vgl. *Jenkins/Hewitt* 1944). Dazu zählt zum Beispiel auch die Vorstellung von der Tatbegehung aus Schuldbewußtsein zum Zweck der Straferlangung (*Freud* 1973b, 389 ff.), wozu schon *Reik* im Rahmen seiner ausführlichen Darstellung (1971 [1925], 101) hervorhob, daß sich die Eindrücke und Erfahrungen nur auf solche Personen beziehen, die über ein Schuldgefühl verfügen (vgl. hierzu ferner *Moser* 1970b, 400 f.). Dies soll zumindest tendenziell weniger bei Straftätern aus unteren sozialen Schichten der Fall sein; vermutlich wird man bei dem »Verbrecher aus Schuldgefühl« weniger einen definierten oder definierbaren Typus als vielmehr verstärkende psychische Mechanismen anzunehmen haben (*Jäger* 1974, 133).

Wesentlich ist, daß die Psychoanalyse zunächst gerade nicht von einer prinzipiellen Unterscheidbarkeit eines »Kriminellen« von einem »Nichtkriminellen« ausgeht. Vielmehr wird eine grundlegende Ähnlichkeit der Persönlichkeitsstruktur etwa des aggressiven Straftäters und des ebenso aggressiven Polizeibeamten angenommen, wobei den einzigen Unterschied der Rollen- und Situationszusammenhang darstelle, in welchem beide sich aggressiv verhielten. Hiermit aber sind soziologische und außerhalb der Persönlichkeitsstruktur liegende Faktoren anerkannt (vgl. auch *Sack* 1974a, 331).

α) Es werden im wesentlichen zwei Arten von Straftätern unterschieden, und zwar der »Neurotiker« sowie, mit deutlicher Überrepräsentierung in untersten sozialen Schichten, die Persönlichkeit mit »asozialem Charakter« (in der US-Literatur häufig als »Psychopath« oder auch als »Soziopath« bezeichnet.

Ersterer soll, unter dem Druck eines überanstrengten Gewissens, das die Persönlichkeitsentfaltung nach innen und außen hemme, Handlungen begehen, die er selbst ablehne, die aber emotional entlastend für ihn wirkten. Demgegenüber soll bei letzterem gerade das Fehlen eines zureichend funktionsfähigen Gewissens im Sinne einer inneren Kontrollinstanz ausschlaggebend sein, wozu bloße »Gewissensinseln« nicht zureichend seien; kennzeichnend sei eine »Illoyalität auch Nahestehenden gegenüber« (*Brauneck* 1970, 87). Das Erlernen der Beherrschung instinktiver Impulse und Triebe im Rahmen des (frühkindlichen) Sozialisationsprozesses sei bei ihm nicht gelungen. Soweit ein überwiegendes Vertrauen in die personale Umgebung – »und damit in sich selbst« (*Brauneck* 1970a, 85) – fehle, lerne das Kind nicht, Aggressionen und Selbsthaß, die sich als Reaktion auf erzieherische Versagungen einstellen, »in seine Gewalt zu bringen« (*Brauneck* 1970, 85). Es sei daher auch nicht genügend motiviert, »Frustrationen zu ertragen, die der Aufbau des Ich nach den Forderungen des Über-Ich mit sich bringen würde« (*Brauneck* 1970, 85). Dementsprechend wird nicht selten – in schichtabhängiger Interpretation – von einer mangelnden Entwicklung eines »starken, mit autonomem Gewissen ausgestatteten Ich« beziehungsweise der »senkundären Ich-Funktionen« gesprochen. Dieses Defizit soll sich bei mangelnder emotionaler Verwurzelung des Kindes in seiner Familie beziehungsweise im Anschluß an Störungen der Objektbeziehungen in sehr früher Kindheit (vgl. *Spitz* 1969, 307 ff.) ergeben.

β) Zuverlässige Angaben über die Häufigkeit der genannten Auffälligkeiten, bei deren Vorliegen mitunter von einer »kriminogenen Charakterstruktur« als einer »schweren Krankheit« gesprochen wird, sind nicht vorhanden. Es ist davon auszugehen, daß nicht alle »Neurotiker« straffällig werden, während die Zahl solcher Straftäter, die nur über eine äußerst punktuelle oder verkümmerte Gewissensinstanz verfügen, nicht besonders ins Gewicht zu fallen scheint. Vielmehr dürfte der Großteil der Straftäter bezüglich der genannten Auffälligkeiten von »normaler« Struktur sein. Aus psychoanalytischer Sicht soll demgemäß zwischen den idealtypischen und untereinander polaren Formen eines Straftäters als unbewußten neurotischen Konflikten und eines Straftäters mit erheblichen Gewissenslücken eine Unendliche von Mischformen bestehen, und zwar auch dergestalt, daß »Teile des Über-Ichs selbst ... an kriminellen Normen orientiert sein können« (*Moser* 1970b, 401).

γ) Nach Auffassung *Mosers* (1970a) führe die Beeinträchtigung der Sozialisationsfähigkeit der Familie durch sozialstrukturellen Druck und die Kumulation von in der Persönlichkeitsstruktur deformierten Menschen zu einer erhöhten kriminellen Belastung. Diese werde bereits in frühester Kindheit vorbereitet, da Reifung und Entfaltung schon auf Seiten der Eltern beeinträchtigt seien. Es handele sich um einen anhaltenden, durch die Ungleichheit ökonomischer Chancen sowie durch psychischen und sozialen Druck auf unterprivilegierte Familien gestützten Kumulationsprozeß. – Nicht zu verkennen ist, daß *Mosers* Erklärung sich hierbei der Bewältigungsform des Ritualismus (vgl. *Merton* 1968; s. o. § 6 II. 4. a)) annähert.

c) Eine erhebliche Bedeutung für die Begehung von Verbrechen wurde vorübergehend dem in Anlehnung an *Freud*sche Aussagen entwickelten Frustrations-Aggressions-Konzept beigemessen (vgl. *Dollard* u.a. 1970 [1939], 128 f.).

Hiernach wurde angenommen, Straftäter würden – im Vergleich zu Nichtstraftätern – ein durchschnittlich höheres Maß an erlittenen Frustrationen beziehungsweise eine niedrige Frustrationstoleranz aufweisen.

Nach dem genannten Konzept wird aggressives Verhalten stets als Folge von Frustrationen verstanden. Demgegenüber ist Aggression nicht eine invariable Antwort auf Frustration, während andererseits Aggressionshandlungen nicht notwendigerweise durch Frustration ausgelöst sind (vgl. *Berkowitz* 1962, 29 f., 135 ff.; ferner die Beiträge bei *Megargee/Hokanson* 1970).

Anzeichen für eine Mehrbelastung verurteilter Straftäter durch Aggressionstendenzen sind bisher nicht hinreichend bestätigt worden.

Gerade hier werden Ergebnisse, die etwa bei jugendlichen oder heranwachsenden Probanden erzielt wurden, nicht verallgemeinert werden können. Auch scheinen erhebliche Unterschiede zu bestehen (vgl. *Grünberger* u.a. 1970). Ferner sei auf die Problematik der Validierung der jeweils verwandten Tests verwiesen.

d) Nach dem (ursprünglichen) *Eysenck*schen (1977 [1964]) Modell von Extraversion-Intraversion und emotionaler Stabilität – Instabilität weisen Straftäter höhere Werte an Extraversion und emotionaler Instabilität (»neurotisch«) auf als »Nicht-Straftäter« (vgl. neuerdings auch *Eysenck/Eysenck* 1971, 49 ff.); ferner sei die Konditionalisierbarkeit von Delinquenten vergleichsweise niedrig. In einer Überprüfung dieser Aussagen (vgl. *Buikhuisen/Hemmel* 1972) an je zwei unterschiedlichen Samples von Straftätern (Trunkenheitsfahrer n = 105, Vermögensstraftätern n = 50) und von Nichtstraftätern (n = 102, n = 46) konnte zwar die erstere Aussage bestätigt werden; hingegen konnte weder die Annahme, es sei schwieriger, konditionierte Antworten bei extrovertierten Probanden zu erhalten, noch die Theorie *Eysenck*s über das Verhältnis von Straffälligkeit und Konditionalisierbarkeit bestätigt werden.

e) Verbreitet wurde ferner der Ausgestaltung des Selbstkonzepts Bedeutung beigemessen (*Reckless* u.a. 1956; *Scarpitti* u.a. 1960). Dabei bemühte man sich um eine Differenzierung von Selbst-Akzeptierung und Selbst-Wert (s. aber auch *Tangri/Schwartz* 1967, 182 ff.; zum Sinken des Selbstwertes bei langfristiger Freiheitsstrafe s. *Banister* u.a. 1973); hinzu treten Fragen körperlicher Selbstwertkonflikte in der Genese von Straftaten Jugendlicher (vgl. *Stutte* 1957).

Nach neueren Befunden scheint die globale Aussage, (jugendliche) Delinquente hätten ein anderes negatives Selbstkonzept als jugendliche »Nicht-Straftäter«, in Frage gestellt zu sein (vgl. *Deusinger* 1973, 112; *Marshall* 1973, 227 ff., der sie als für eine Teilgruppe geeignet hält). Jedoch sind in Testuntersuchungen bei Personen, die wiederholt in Strafanstalten einsaßen, defizitäre Strukturen hinsichtlich des Selbstwertgefühls, des Selbstbewußtseins sowie des Selbsterlebens ermittelt worden (vgl. auch *Rasch* 1971, 117 f.).

f) Weiterhin ist die vielfach geäußerte Vermutung einer – innerhalb des normalpsychologischen Bereichs – niedrigen Intelligenz verurteilter Straftäter generell nicht bestätigt worden (s. aber bezüglich Jugendlicher *Witter* 1961); allerdings dürfte zum Beispiel beim Hawie der Verbalteil ein wenig niedriger sein (vgl. die Nachweise bei *Prentice/Kelly* 1963, 327 ff.; *Göppinger* 1976, 187).

2.a) Im Bereich der *psychiatrisch* orientierten Untersuchungen sind verschiedentlich bei einem erheblichen Anteil von – namentlich jugendlichen – Straftätern frühkindliche Hirnschäden festgestellt worden (*Lempp* 1958; 1964, jeweils m.w.N.); jedoch sind die Auswirkungen dieser – hinsichtlich ihrer Abgrenzbarkeit gegenüber anderen Auffälligkeiten während der Entwicklung umstrittenen – Schäden nicht abschließend geklärt. Bei frühkindlichen Hirnschäden besteht hinsichtlich der Prüfung einer konkreten Relevanz für Straffälligkeit die Aufgabe, das Verhältnis zwischen anlagebedingter körperlicher Auffälligkeit und den jeweiligen Reaktionen der Gesellschaft sowie der betreffenden einzelnen auf diese Reaktionen zu untersuchen.

Entgegen einer vielfach verbreiteten Vorstellung scheinen an Schizophrenie erkrankte Personen innerhalb der verurteilten und eingewiesenen Straftäter zumindest nicht überrepräsentiert zu sein (vgl. *Wiersma* 1966, 169 ff.; *Böker/Häfner* 1973, 93 f.; *A. Schmidt* 1970, 161 ff.), und zwar auch nicht innerhalb der – von ihnen allerdings relativ häufig begangenen – Kapitaldelikte (s. zur Problematik o. § 57 I. 2. b)); dies mag eher bei Epilepsie der Fall sein (*Bochnik* u.a. 1965; *Peters/Gross* 1973, 94 f.).

b) *Pritchard* hatte im Jahre 1835 den Begriff des »moralischen Irreseins« (»moral insanity«) bezüglich Gemütswerten und sittlichen Verpflichtungen geprägt, wobei »moral« noch allgemein im Sinne von seelisch und im Unterschied zu intellektuell verstanden wurde; zu insoweit ähnlichen Ergebnissen oder Folgerungen kam *Despine* (1868, vgl. zu beiden berichtend *Ellis* 1895, 36, 251; s. hierzu ferner *Bleuler* 1896). – Später konnte *Healy* (1915, 782 f.) in einer Reihenuntersuchung an 1.000 Rückfalltätern bei keinem einzigen Probanden eine »moral insanity« feststellen.

c) Eine Überrepräsentierung Schwachsinniger unter strafrechtlich verurteilten Personen ist wiederholt festgestellt worden (vgl. *Exner* 1949, 163 f. m.w.N.; *Horn* 1961, 565 ff.). Allerdings ist hierbei die Vermutung besonders naheliegend, daß bei ihnen die Wahrscheilichkeit des Entdeckt- und Überführtwerdens überdurchschnittlich groß ist.

d) Psychopathische Persönlichkeiten im Sinne der klassischen Psychatrie (vgl. *Schneider* 1950 [1923]; ders. 1958; s. auch *Birnbaum* 1926) stellen nach inzwischen wohl überwiegenden Ergebnissen (vgl. *Baan* 1958, 252; *Göppinger* 1976, 153 ff.) nur einen sehr geringen prozentualen Anteil innerhalb der mehrfach verurteilten Straftäter (s. aber auch *Häfner* 1961; *Petrilowitsch/Baer* 1967, 557 ff., 617 ff.; ferner *Kallwass* 1969) dar.

e) Die Behauptung einer häufigen kriminellen Entwicklung als Folge einer abnormen Erlebnisreaktion ist nicht unbestritten. Ein (einmaliges) Delikt als abnorme Erlebnisreaktion soll nach *Göppinger* (1976, 164 f.) nur extrem selten zu einer kriminellen Entwicklung führen.

3.a) Dem Alkoholeinfluß kommt eine erhebliche Bedeutung insbesondere im Zusammenhang mit der Rückfälligkeit verurteilter Straftäter zu. Das Verhältnis scheint dergestalt zu sein, daß die Zahl der Personen mit ständigem Alkoholkonsum innerhalb der ausgewiesenen Rückfälligen mit der Zahl ausgewiesener Rückfälle steigt (*Grigsby* 1963, 304 f.; *Andenaes* 1968, 105). Die Kriminalitätsbelastung chronischer Alkoholiker soll nicht unter 30 % liegen (vgl. *Wieser* 1964, 47). – Eine spezielle Bedeutung kommt dem bloßen Alkoholeinfluß im Zeitpunkt der Tatbegehung zu (s. auch o. § 54 I. 2.); dies gilt nicht zuletzt für Verkehrsstraftaten und dabei insbesondere für die Schwere bei Unfallfolgen. Selbst für jugendliche und heranwachsende Straftäter ergab sich in einer Reihenuntersuchung in Hamburg für die Jahre 1968 und 1969, daß nahezu jeder zweite Täter bei Tatbegehung unter Alkoholeinfluß stand (vgl. *Struck* 1970, 109).

Bezüglich kriminologischer Aktenanalysen (s. o. § 19 III. 1.) ist zu berücksichtigen, daß die Kontrolle dieses Merkmals in der Regel nur dann intensiv vorgenommen wurde, wenn es für die vorgesehene Sanktionierung darauf angekommen ist.

b) Inwieweit der Suchtmitteleinfluß einen linearen oder gar kausalen Zusammenhang zum Verbrechen aufweist, ist bisher wenig geklärt (vgl. hierzu *Grupp* 1971a, 74 ff.; *Bean* 1971, 80 ff.; *Le Blanc* 1972). Dies gilt sowohl für den unmittelbaren Einfluß als auch für Nachwirkungen, und ferner selbst für Gewalt- und Sexualdelikte. Hierzu sei auf die für Hongkong berichteten Verhältnisse hingewiesen, wonach bei einem außergewöhnlich hohen Anteil an Opium- und Heroinsüchtigen die Rate der Gewaltkriminalität sehr niedrig ist (vgl. *Hess* 1965); allerdings ist diesbezüglich die Problematik interkultureller Vergleiche hervorzuheben.

Hinweisen über Gewaltdelikte bei unmittelbarem Einfluß von Kokain und LSD fehlt es an zureichenden Belegen; das gleiche gilt hinsichtlich der bei Heroin, Preludin, Meskalin und wohl auch Haschisch vermuteten aggressiven kriminellen Entladungshäufigkeit (vgl. etwa Hinweise bei *Drapkin/Landau* 1966, 376 ff.). Wie *Bean* (1971, 80 ff.) aufgezeigt hat, ist eine Differenzierung der Straftäter nach dem längsschnittlichen Verhältnis von Suchtmitteleinfluß oder Drogenabhängigkeit einerseits und Delikten beziehungsweise Deliktsbereichen andererseits angezeigt. Ob und in welchem Ausmaß der Suchtmittelgebrauch seinerseits die Begehung von Straftaten schlechthin und Verwahrlosungserscheinungen vorbereitet und fördert, oder aber es sich schon bei dem Gebrauch eher um eine austauschbare Ersatzbetätigung anstelle anderer sozial auffälliger oder krimineller Verhaltensweisen handelt, ist abschließend nicht geklärt; allerdings betrifft dies nicht die mittelbare oder unmittelbare Beschaffungskriminalität.

III. Biologisch und medizinisch orientierte Untersuchungen

1. Die *Legalmedizin* hatte für Untersuchungen über das Verhältnis zwischen Merkmalen der Person und Verbrechen nur eine mittelbare Bedeutung insofern, als sie sich mit physischen oder psychischen Auffälligkeiten der Persönlichkeit befaßte und dadurch zu Grundlagen für eine biologische und psychopathologische Untersuchung des Straftäters auch außerhalb gutachtlicher Tätigkeit beitrug.

Die Entwicklung der Legalmedizin wurde seit dem 15. und 16. Jahrhundert durch die Festlegung des Prinzips der Erforschung der materiellen Wahrheit in den Halsgerichtsordnungen gefördert. So sah etwa die peinliche Gerichtsordnung *Karls V.* (CCC von 1532) in mehreren Fällen wie zum Beispiel beim Verdacht der Kindestötung (Art. 36) und des Totschlags (Art. 147, 149) die Beiziehung von Sachverständigen vor. Die ersten gerichtsmedizinischen Abhandlungen stammen vom Ende des 16. und Anfang des 17. Jahrhunderts (s. N. bei *Seelig/Bellavic* 1963, 41 f.).

2. Als Begründer der Kriminalanthropologie und besonders der Phrenologie wird *Gall* (1810 – 1820) bezeichnet werden können; gelegentlich wird er auch als Begründer der modernen Kriminalpsychologie genannt. Ferner ist die Untersuchung *Lauvergnes* (1841) über die »physische, moralische und intellektuelle Natur des Verbrechers« (*Ellis* 1895, 35 f.) zu nennen. *Lucas* (1847) sprach von der tiefen Verwurzelung krankhafter verbrecherischer Tendenzen im Organismus sowie von einer kriminellen Neigung, die vom Augenblick der Geburt an vorhanden und vererblich sei (s. hierzu *Wolfgang* 1972, 245). An *Lauvergne* anknüpfend sah *Morel* (1857) das Verbrechen als bestimmte Form erblicher Entartung beim einzelnen oder auch seiner Familie im Sinne einer körperlichen Degenerierung des Verbrechers an (vgl. hierzu *Wolfgang* 1972, 242). *Wilson* (1869, hier zit. nach *Ellis* 1895, 38 f.) untersuchte 464 Schädel von als Straftäter ausgewiesenen Personen, und teilte hierzu mit, Gewohnheitsdiebe hätten ganz deutlich Zeichen mangelhafter Schädelentwicklung – besonders der vorderen Teile – aufgewiesen.

a) α) *Lombroso* untersuchte, beeinflußt von den Forschungen *Darwins* (s. o. § 53 I. 1. a)α)) und vom naturwissenschaftlichen Materialismus, zunächst straffällige Soldaten und später Gefangene sowie – zum Vergleich und wohl als einer der ersten – Personen aus anderen Bevölkerungsgruppen und beschrieb einen von Geburt an zum Verbrecher prädestinierten Menschentypus, den »uomo delinquente« (1876). Diese Vorausbestimmung sei wegen angeborener seelischer Anomalien, die körperlich bedingt seien, auch dann nicht abwendbar, wenn er unter günstigen sozialen Lebensbedingungen aufwachse (vgl. *Kurella* 1893, 2).

Körperliche Stigmata (wie etwa geringe Körperbehaarung, fliehende Stirn, Lemuren-Fortsatz des Unterkiefers) verstand er nicht als Ursachen, sondern als Indikatoren für erbbiologische Degeneration oder Atavismus. – Als seelische Merkmale nannte er zum Beispiel herabgesetze Schmerzempfindlichkeit, Grausamkeit, Leichtsinn, Arbeitsscheu, Hemmungslosigkeit, vorzeitiges Erwachen des Geschlechtstriebes, Eitelkeit.
Lombrosos Forschungsergebnisse wurden wenig später aufgrund gleichfalls empirischer Untersuchungen an verurteilten Straftätern in Frage gestellt. *Baer* (1893, bes. S. 408 ff.) zum Beispiel fand aufgrund umfangreicher Forschungen, daß sich die Insassen der Strafanstalten durch keine der genannten Merkmale einheitlich von der »nicht-kriminellen Bevölkerung« unterschieden. Er folgerte daraus, daß es den geborenen Verbrecher als morphologische Abart des Menschen nicht gebe (vgl. ferner *Bleuler* 1896).

In späteren Veröffentlichungen betonte *Lombroso* (1902 [1899]), daß das Verbrechen nicht immer zwingende Folge einer Naturanlage sei. Hierzu nahm er, beeinflußt von *Ferri*, eine dahingehende Einschränkung vor, daß der von ihm dargestellte Verbrechertypus nur etwa $1/3$ der Gesamtheit der Straftäter ausmache, im übrigen aber hinzutretende äußere Anlässe des Verbrechens gegeben seien.

Bezüglich des Unterrichts in Strafanstalten meinte er, daß die große Zahl der Rückfälligen mit Schulbildung nicht anders erklärt werden könne, als durch die Einführung von Gefängnisschulen: »Den Verbrecher unterrichten, heißt ihn im Schlechten vervollkommnen« (*Lombroso* 1902, 267, 101).

β) *Lombroso* gilt als Begründer der »Positivistischen Schule«, deren Hauptvertreter ferner *Ferri* und *Garofalo* sind. Sie zeichnet sich überwiegend durch die anthropologische Grundannahme eines prinzipiellen Unterschiedes zwischen »Kriminellen« und »Nicht-Kriminellen« aus, und zwar auf dem Hintergrund eines im Prinzip strengen Determinismus. – Wie bereits erörtert (s. o. § 1 I. 1.), setzte sich erstmals innerhalb der Positivistischen Schule ein Verständnis von Kriminologie als einem eigenständigen Wissenschaftsgebiet durch.

b) Die Methode des – mehr oder weniger exakt naturwissenschaftlichen – Gruppenvergleichs wurde in der Folgezeit auch in den Reihenuntersuchungen von Gefangenen und Kontrollpersonen durch *Goring* (1972 [1913]) und *Hooton* (1939) verwandt, die sich über einen Zeitraum von 8 beziehungsweise 12 Jahren erstreckten (zu multifaktoriellen Untersuchungen auf der Basis des Gruppenvergleichs s. u. § 59).

α) *Goring* nahm an 3.000 englischen »Schwerverbrechern« mit mindestens dreijähriger Zuchthausstrafe umfangreiche Untersuchungen über körperliche Eigenschaften und auch die Intelligenz sowie Paralleluntersuchungen hierzu an »Nichtkriminellen« verschiedenster sozialer Gruppen (Studenten, Soldaten, Krankenhausinsassen) vor. Er konnte, entgegen *Lombroso*, kein spezifisches körperliches Merkmal der Gefangenen gegenüber Nichtgefangenen feststellen, und zwar auch nicht bei Herkunft aus demselben Berufsbereich. Hingegen waren tendenziell regelmäßig die Gefangenen gegenüber der Allgemein-Bevölkerung – und zwar auch gegenüber »Nichtkriminellen« aus der Unterschicht einschließlich der Gruppe der ungelernten Arbeiter – nach Größe und Gewicht körperlich »inferior«, das heißt kleiner und leichter, sowie gehäuft schwachsinnig. Wegen Diebstahls Verurteilte entsprachen am wenigsten, wegen Betrugs Verurteilte am ehesten der Vergleichsgruppe. Zur Erklärung dieser Befunde nahm *Goring* einen erbbiologisch bedingten sozialen Ausleseverhältnis an. In der sozio-ökonomisch untersten sozialen Gruppe fänden sich durch soziale Auslese eine Vielzahl negativer Faktoren, auch ohne daß sie ursächlich miteinander verbunden seien. Der im sozialen Konkurrenzkampf Unterlegene werde leichter kriminell. – Zum Befund der »Inferiorität« selbst gegenüber dem Durchschnitt der unteren sozio-ökonomischen Gruppen, aus der die meisten Gefangenen stammen, ist darauf hinzuweisen, daß es sich um eine Extremgruppe von als »Schwerverbrecher« beurteilten Personen handelte.

β) Die (quantitativ) noch umfassendere Vergleichsuntersuchung von *Hooton*, die wegen kaum übersehbarer methodischer Mängel in besonderem Maße kritisiert worden ist, ergab eine körperliche Unterlegenheit der als Straftäter bezeichneten Gruppe gegenüber der als Nicht-Straftäter bezeichneten Gruppe. Nach Meinung *Hootons* beruhte diese »Inferiorität«, die mit einer psychischen Unterlegenheit verbunden sei, weitgehend auf Vererbung.

c) Hiernach gilt weiterhin, was *Aschaffenburg* (1923, 200) betreffend die seitherigen Untersuchungen im Anschluß an *Lombroso* ausgeführt hatte: »So oft ein neues Gebiet kriminalanthropologischer Untersuchungen in Angriff genommen wurde, wiederholte sich dasselbe Spiel. Zuerst tritt die Behauptung auf, eine bestimmte Form der Abweichung sei für den

Verbrecher charakteristisch; dann wird der Nachweis geführt, daß sich die gleichen Erscheinungen auch beim Nichtkriminellen finden, und endlich bleibt das Ergebnis, daß jedenfalls die Regelwidrigkeiten etwas häufiger bei Verbrechern zu finden sind«.

3. Bei den *erbbiologischen* Untersuchungen über Verbrechen sind solche über Stammbäume, über Familien, über adoptierte Kinder sowie über Zwillinge von Straftätern zu unterscheiden. Dabei betreffen die ersteren Forschungsrichtungen allein Fragen der erblichen Belastung, während die letztgenannte Vorgehensweise nähere erbbiologische Aussagen anstrebte.

a) Soweit Untersuchungen von *Stammbäumen* (z.B. *Mönkemöller* 1907/08; *Goddard* 1914 [1912] gehäuft Straffälligkeit ermittelten, so ließen sie Aussagen zur Fragen der Vererbung schon deshalb nicht zu, weil sie in der Regel in monolinearer Weise die Abkömmlinge nur als Nachkommen jeweils des einen Elternteils betrachteten und den Erbeinfluß des jeweiligen Partners unberücksichtigt ließen. Zudem wurden die verschiedensten Formen negativ sanktionierten abweichenden Verhaltens zusammengefaßt, die ihrerseits zum Beispiel als Umweltfaktoren für Straffälligkeit bedeutsam sein können.

b) Die Vorgehensweise der Forschungen über *Familien* von Straftätern (s. hierzu *Stumpfl* 1935) konzentrierte sich auf die Vorstellung einer komplexen »erblichen Belastung«. Man begann entweder mit der Untersuchung von Straftätern und suchte bei deren Vorfahren etwaige »erbliche Belastungen«, wozu man Geisteskrankheit, Psychopathie, Trunksucht und Straffälligkeit zählte. Oder man ging von entsprechenden »erblich belasteten« Personen aus und untersuchte, ob in deren Nachkommenschaft Verbrechen gehäuft vorkamen.

Was im einzelnen den Faktor Geisteskrankheit anbetrifft, so ergab sich, mit Ausnahme der genuinen Epilepsie, kein Zusammenhang mit Straffälligkeit (vgl. zusammenfassen m.w.N. *Exner* 1949, 119 f.). Bezüglich Psychopathie soll sich hingegen ein deutlicher Zusammenhang, insbesondere mit einer Häufung von Straffälligkeit der Kinder bei Psychopathien der Eltern, herausgestellt haben. Was das Vorliegen von Trunksucht – der Eltern von Straftätern – angeht, so ergab sich ein Unterschied zwischen »Rückfälligen« und »Nichtrückfälligen«.

Bezüglich des Faktors Straffälligkeit der Eltern von Straftätern zeigte sich wiederum eine deutliche Beziehung, soweit die Straftäter »Rückfällige« waren, während die Beziehung bei den »Nichtrückfälligen« wesentlich geringer war; ähnliches ergab sich, soweit die Untersuchungen nach dem Kriterium der Frühkriminalität differenzierten (vgl. die Übersicht bei *Exner* 1949, 120; neuerdings ebenso, insbesondere betreffend Väter und Söhne, *Osborn/West* 1979, 121, 124, allerdings eher im Sinne sozialer Belastung).

Hinsichtlich der Ergebnisse der Familienforschung von Straftätern ist unter anderem zu bedenken, daß Straffälligkeit nicht mit »erblicher Belastung« in ursächlichem Zusammenhang stehen muß, sondern das, abgesehen von sonstigen negativen Umwelteinflüssen, eine unterschiedlich intensive informelle wie formelle strafrechtliche soziale Kontrolle bei Bekanntsein belastender Merkmale und speziell vorausgegangener strafrechtlicher Verurteilungen entstehen kann.

c) Ausgehend von der Annahme einer kriminellen Erbanlage wurde die Sozial- und Legalanamnese nach *Adoption* von Kindern solcher biologischer Elternteile untersucht, die als kriminell bezeichnet waren (vgl. die Nachweise bei *Rosenthal*, 1975, 12 ff. m.w.N.). Dabei hat sich in einer Untersuchung in Iowa (USA), neben Anhaltspunkten für eine erbliche Beeinflussung, auch ergeben, daß die Verbrechensbelastung der Adoptivväter straffällig gewordener Adoptierter doppelt so groß war als diejenige der Adoptivväter von nichtstraffällig gewordenen Adoptierten; möglicherweise seien Kinder von als kriminell bezeichneten Eltern eher in ein »kriminelles Milieu« hinein adoptiert worden.

Zur Interpretation von Ergebnissen entsprechender Untersuchungen ist zu berücksichtigen, daß gegenüber dem adoptierten Kind krimineller Eltern eine selektive Wahrnehmung und eine einschlägige Erwartungseinstellung kaum zu verhindern sind.

d) Die *Zwillingsforschung* geht von dem Unterschied zwischen eineiigen (= erbgleichen [und gleichgeschlechtlichen]) und zweieiigen Zwillingen aus; letztere verhalten sich hinsichtlich des Erbgutes zueinander wie andere Geschwister. Überprüft wurde, ob erbgleiche Zwillinge betreffend Straffälligkeit eine Konkordanz aufwiesen, das heißt ob im Falle der Straffälligkeit des einen auch der andere straffällig war, und ob erbungleiche Zwillinge verhältnismäßig häufiger eine Diskonkordanz zeigten. Sollte dies der Fall sein, so sei nachgewiesen, daß nicht die Umgebung, sondern die Erbanlage ursächlich für Straffälligkeit sei.

α) Aus der Reihe der früheren Zwillingsforschungen sind für Deutschland diejenigen von *Lange* (1929), *Stumpfl* (1936) und *Kranz* (1936) zu erwähnen. Diese Untersuchungen ergaben, wenngleich in unterschiedlicher Ausprägung, eine hohe Konkordanz eineiiger und eine hohe Diskordanz zweieiiger Zwillinge. Allerdings verhielten sich auch erbgleiche Personen, insgesamt betrachtet, zu etwa einem Drittel der Fälle diskordant. Diese Verschiedenheiten waren nur durch Unterschiede in äußeren Einflüssen erklärbar. Damit aber war zugleich anzunehmen, daß die Erbanlage jedenfalls nicht die alleinige Ursache von Straffälligkeit sein konnte. – Japanische Untersuchungen aus den 40er Jahren ergaben vergleichsweise niedrige Konkordanzraten sowohl der eineiigen als auch der zweieiigen Zwillingspaare (vgl. zusammenfassend *Yoshimasu* 1975, 691 f., 694 f.).

Spätere verlaufsorientierte japanische Untersuchungen (s. hierzu auch o. § 56 II. 1. a.A.), die das Kriterium der Bestrafung zugrunde legten und nach Beginn, Deliktsart und Rückfallhäufigkeit und -intervall differenzierten, kamen zu teils konkordanten, teils diskonkordanten Befunden (s. zusammenfassend *Yoshimasu* 1975, 699 – 704 mit Schaubildern). – Eine Untersuchung über sämtliche in den Jahren 1881 bis 1910 auf den dänischen Inseln geborenen Zwillinge ergab bezüglich Freiheitsstrafen nur Konkordanzen von 35,8 % bei den männlichen eineiigen Zwillingen und von 12,3 % bei den männlichen zweieiigen Zwillingen (*Hurwitz/Christiansen* 1968, 117; s. kritisch *Dalgard/Kringlen* 1976, 213 ff.).

β) Die Ergebnisse der vorgenannten früheren Zwillingsforschung begegnen allgemeinen methodischen Bedenken. So war schon die Diagnose der Eineiigkeit oder aber Zweieiigkeit nicht immer zuverlässig (s. hierzu *Yoshimasu* 1975, 693 f.). Ferner wurde kaum hinreichend festgestellt, inwieweit Umwelteinflüsse der einzelnen Zwillinge beider Kategorien unterschiedlich sind. Dies ist auch insofern bedeutsam, als die Binnenbeziehung zwischen eineiigen Zwillingen in der Regel eher kooperativ, zwischen zweieiigen Zwillingen – wie bei Geschwistern im übrigen – eher auch rivalisierend sein soll (*Christiansen* 1973, 31). – Ferner bestätigte die vorgenannte dänische Untersuchung die Annahme, daß kriminelle Konkordanz bei eineiigen Zwillingen in hohem Maße auch von der Umgebung der Zwillinge abhänge. So bestanden zum Beispiel hinsichtlich der räumlichen Mobilität zwischen den kriminellen und »nichtkriminellen« eineiigen Zwillingen signifikante Unterschiede, während

Unterschiede bei den zweieiigen Zwillingen eher zufällig erschienen. Ferner waren unter den einiigen Zwillingen bei den Kriminellen signifikant weniger ohne räumliche Mobilität als bei den Nichtkriminellen (vgl. *Christiansen* 1973, 36, 43).

γ) Schließlich bestehen Schwierigkeiten bei der Feststellung von Konkordanz beziehungsweise Diskondordanz im Hinblick auf das Dunkelfeld sowie darauf, daß nicht gleiches tatsächliches Verhalten, sondern die gleiche Bewertung von Verhalten zum Ausgangspunkt der Überprüfung genommen wird. Zur Veranschaulichung sei erwähnt, daß *Stumpfl* (1936, 18, 20) bestimmte Bagatelldelikte ausschied, im übrigen jedoch – selbst in Kenntnis gegenteiliger Umstände – an den Angaben des Strafregisters festhielt; *Lange* (1929, 66 f.) hingegen bezog auch nicht-bestrafte Delikte mit ein, während *Kranz* (1936, 24) Angaben des Strafregisters korrigierte (hinsichtlich der Bewertung des Verhaltens s. *Seelig/Bellavic* 1963, 187 f.). Die Problematik erhöht sich im Hinblick auf die jeweils gebotene Differenzierung nach Beginn und Häufigkeit des Vorliegens des jeweiligen Konkordanzkriteriums.

δ) Gleichwohl sind die Ergebnisse der Zwillingsforschung im Hinblick auf die regelmäßigen Unterschiede zwischen einiigen und zweieiigen Zwillingen insofern auch für die Gegenwart bedeutsam, als sie zwar keine Aussagen über die Erbanlage, wohl aber über die Wirkung identischer Anlage zulassen könnten.

4.a) Bezüglich Krankheiten und körperlichen Auffälligkeiten fehlt es an eindeutigen Nachweisen einer Mehrbelastung verurteilter Straftäter.

b) Untersuchungen zur Körperkonstitution von Straftätern im Vergleich zu »Nichtstraftätern« wurden unter anderem von *Goring* (1972 [1913]) sowie *Hooton* (1939) vorgenommen (s. o. § 58 III. 2. b)). Speziellere konstitutionsbiologische Forschungen *Kretschmers* 1977 [1921] fanden in Deutschland zunächst weiten Anklang, während ähnliche, allerdings auf *jugendliche* Verurteilte bezogene Untersuchungen *Sheldons* (1949) und von *Glueck/Glueck* 1968 [1950] in den USA eher vereinzelt blieben (für die Zeit nach dem Zweiten Weltkrieg s. *de Landecho* 1964; *Bochnik* u.a. 1965, 37 ff.; vgl. ferner *Cortés/Gatti* 1972).

c) Auch über Beziehungen zwischen blutchemischen Vorgängen beziehungsweise endokrinen Störungen und der Verlaufsentwicklung zum Straftäter wurden Untersuchungen durchgeführt.

So hatte *Di Tullio* (1971, 177 f. m.N.) bereits im Jahre 1923 endokrine Typen in Beziehung zu besonderen Verbrechensrichtungen dargestellt (vgl. hierzu auch *Kinberg* 1935, 320; ferner *Niceforo* 1949, 52 – 80 der von einer »endocrinologia criminale« spricht; s. auch *Montagu* 1974 [1941], 240 ff.). – Ferner wurde der Frage einer kriminologischen Bedeutung der Hypoglykämie (erniedrigter Blutzuckerspiegel) nachgegangen (vgl. *Stutte* 1965; *Cabanis* 1968).

Bis in die Gegenwart hinein finden kriminologische Untersuchungen zur Chromosomenanomalie XYY statt (*Siebner/Pufke* 1968; *Pfeiffer* 1970; *Haberlandt* 1970; *Fox* 1971; *Klein-Vogler/Haberlandt* 1974); auch deren Bedeutung erschöpft sich, soweit ersichtlich, eher auf Einzelfälle, ohne verallgemeinerungsfähige Ergebnisse erkennen zu lassen.

§ 59 Multifaktorielle Untersuchungen über den verurteilten Straftäter

Gegen Ende des 19. Jahrhunderts regte *von Liszt* eine mehrdimensionale Betrachtungsweise an, wobei es insbesondere um eine Verknüpfung von Erkenntnissen der »Positivistischen Schule« Italiens und der eher soziologischen »Lyoner Schule« ging. Nach *von Liszt* ist »das Verbrechen das Produkt aus der Eigenart des Täters im Augenblick der Tat und aus den ihn in diesem Augenblick umgebenden äußeren Verhältnissen« (1905c, 290); dabei komme bei der Majorität der Straftaten den sozialen Merkmalen ein ungleich bedeutenderer Einfluß zu als den Merkmalen der Person des Straftäters.

Auch bei *Ferri* finden sich mehrdimensional orientierte Bemühungen, so etwa zur Differenzierung verschiedener Gruppen von Straftätern (1896, 85 ff.); allerdings blieben für ihn biologische Faktoren gegenüber sozialen Merkmalen dominant. *Ferri* hielt an der Lehre fest, der Straftäter stelle durch seine – ererbten oder erworbenen – Eigenschaften eine besondere Varietät der menschlichen Art dar.

Von Liszt gründete zusammen mit *Prins* und *van Hamel* im Jahre 1889 die Internationale Kriminalistische Vereinigung (IKV), die gemäß den Schlagworten »Anlage und Umwelt« in Europa oder »multifaktorieller Ansatz« in den USA die mikrostrukturelle kriminologische Forschung anhaltend beeinflußte (vgl. hierzu *Burt* 1969 [1925], 599 ff.; s. aus jüngerer Zeit auch die Darstellung bei *Kaufmann, H.* 1971, 249 – 258). Allerdings wurden und werden prinzipielle methodische Bedenken gegenüber diesem multifaktoriellen Vorgehen erhoben (s. o. § 12 I. 4.).

I. Allgemeine Untersuchungen

1.a) *Healy/Bronner* (1936) untersuchten 153 delinquente und 145 nicht-delinquente Jugendliche aus 133 Familien, wobei sie insbesondere überprüften, warum von mehreren Geschwistern eines delinquent wurde und ein anderes nicht. Sie bezogen die Variablen Krankheit, psychopathologische Auffälligkeiten, Intelligenz, Persönlichkeitszüge, Einstellung zur Schule sowie gefühlsmäßige Beziehungen zur (Herkunfts-) Familie ein und kamen zu dem Ergebnis, daß die delinquenten und die »nicht-delinquenten« Jugendlichen sich am stärksten hinsichtlich emotionaler Konflikte unterschieden, wobei 91 % der Delinquenten gegenüber 13 % der »Nichtdelinquenten« in nicht geringen Ausprägungen unzufrieden und unglücklich oder mit emotionalen Störungen belastet waren.

b) α) Vergleichsuntersuchungen betreffend jugendliche »Kriminelle« und »Nichtkriminelle« (genauer: in Strafvollzugsanstalten einsitzende Straftäter und nicht in Strafvollzugsanstalten einsitzende Personen) führten ferner *Glueck/Glueck* (1968 [1950], 14 ff.) durch. Sie hatten 500 delinquente und 500 »nicht-delinquente« männliche Personen ausgewählt, die einheitlich aus unterprivilegierten Wohngebieten stammten sowie bei der ersten Untersuchung zwischen 9 und 17 Jahren alt waren und auch hinsichtlich Intelligenz und ethnischer oder »rassischer« Zugehörigkeit übereinstimmten. Die Erhebungen bezogen sich namentlich auf die Bereiche soziale Gegebenheiten (Familie, Schule, Gemeinde), medizinische Zusammenhänge sowie psychologische Bedingungen (Intelligenz, Persönlichkeitsstruktur, Temperament), wobei zunächst von einer Zahl von 420 Faktoren ausgegangen wurde; die Durchführung der Erhebungen wurde von Sozialarbeitern, Anthropologen, Psychiatern und Psychologen vorgenommen. Hinsichtlich der Vielzahl von Ergebnissen haben die Autoren insbesondere Faktoren der Betreuung, Erziehung und Zuwendung in den ersten Lebensjahren hervorgehoben (s. auch o. § 58 I. 3., 4.).

Nachuntersuchungen wurden vorgenommen, als die Probanden 25 beziehungsweise 31 Jahre alt waren (s. u. II. 1. c)).

β) Im Anschluß an die Veröffentlichung der Forschungsmethoden und -ergebnisse wandte *Rubin* (1951, 108) ein, es sei zu vermuten, daß statt der erzielten Ergebnisse Unterschiede hinsichtlich der ethnischen und ökologischen Verhältnisse festgestellt worden wären, wenn solche nicht von vornherein durch die paarqualifizierenden Parameter ausgeschlossen worden wären. – Ferner stellte sich später heraus (*Glueck/Glueck* 1968, 49 f.), daß 37 der 500 »Nichtdelinquenten« vor Erreichen des 17. Lebensjahres wegen delinquenten Verhaltens amtlich registriert waren. Von diesen hatten 16 einmal und 6 mehrfach Straftaten im engeren Sinne begangen.

2.a) Aus der Reihe anderer multifaktorieller Untersuchungen aus den USA sind diejenigen von *McCord u.a. (1959; s. auch McCord/McCord 1960)* und von *Robins* (1966) zu erwähnen, die in ihrer Eigenschaft als Nachuntersuchungen zugleich verlaufsorientiert sind (s. hierzu speziell o. § 56 II., III.).

b) In der Untersuchung von *Rosenquist/Megargee* (1969) bestanden die Probandengruppen aus je 500 delinquenten und nicht-delinquenten heranwachsenden Personen aus drei unterschiedlichen kulturellen Gruppen. Bei diesen Gruppen handelte es sich um »Anglos«, das heißt Weiße, die in San Antonio/Texas lebten, um »Latins«, das heißt Mexiko-Amerikaner, die in San Antonio lebten, und um Mexikaner, das heißt mexikanische Bürger, die in Monterrey lebten. Die Untersuchung sollte Aufschluß darüber erbringen, welches Verhältnis zwischen Kulturmustern der »Armen« und denjenigen jugendlicher Delinquenten bestehe, und ob sich die Hypothese von der Jugenddelinquenz oder besser von den Jugenddelinquenten als einem universellen Phänomen, das unabhängig von dem kulturellen Hintergrund bestehe, überprüfen lasse. Neben Erhebungen über soziale Daten wurden, nicht zuletzt zur Schaffung einer soziologischen Inter- und Intra-Gruppenvergleichbarkeit, auch medizinische Untersuchungen durchgeführt sowie psychologische Testverfahren angewandt.

Was die Ergebnisse anbetrifft, so zeigte sich hinsichtlich der Sozialdaten bei den Delinquenten im Vergleich zu den »Nicht-delinquenten« generell eine größere familiäre Instabilität sowie ein geringes Ausbildungsniveau, und zwar letzteres auch bereits bei den Eltern. Der sozio-ökonomische Status war bei den Vätern der Delinquenten deutlich niedriger als bei denjenigen der Nicht-delinquenten; umgekehrt verhielt es sich insoweit jedoch bei der Gruppe der »Latins«. Die medizinische Untersuchung ergab verhältnismäßig wenig Unterschiede, während die psychologischen Tests offenbar ebenso kulturspezifische wie delinquenzspezifische Verschiedenheiten auswiesen.

Hinsichtlich der zweiten Forschungsfrage wurde eine gewisse Bestätigung insoweit erzielt, als einzelne Verhaltensmuster im Zusammenhang mit Delinquenz transkulturell generalisierbar sein sollen.

3. a) *Göppinger* hat berichtet (1970, 89 f.), daß er im Rahmen einer Vergleichsuntersuchung von Personen im Alter von zwischen 20 und 30 Jahren, von denen die eine Gruppe Gefangene waren, bestimmte »kriminovalente« Konstellationen von Einzelfaktoren *nur* bei den H-Probanden, wenngleich keineswegs bei allen, nicht aber den V-Probanden festgestellt habe. Innerhalb dieser Konstellationen soll eine erhöhte Relevanz in der Kombination folgender Faktoren bestehen: Vernachlässigung des Arbeits- und Leistungsbereichs und familiärer und sonstiger sozialer Pflichten sowie inadäquat hohe (materielle) Ansprüche. Bei zahlreichen Probanden aus der Vergleichsgruppe seien bestimmte Faktorenkombinationen beobachtet worden, aus denen sich kriminoresistente Konstellationen ergeben hätten, die bei wiederholt straffälligen H-Probanden bisher *nie* gefunden worden seien.

α) Im einzelnen bietet der Faktor der inadäquat hohen (materiellen) Ansprüche definitorische Schwierigkeiten (vgl. auch *Scheller* 1971) insofern, als er wohl nicht auf den Bevölkerungsdurchschnitt, sondern auf die Bedingungen bei Personen abstellt, die im Arbeits- und Sozialbereich unangepaßt sind, so daß der Einwand der Tautologie naheliegt (vgl. aber auch *Kahn* 1971, 63 ff.). Auch andere Faktoren aus den Untersuchungen *Göppingers* (1970) sind einer Operationalisierung nur schwer zugänglich, will man nicht auf zahlreiche Nuancen, die insbesondere im Zusammenwirken der Einzelfaktoren relevant werden, von vornherein verzichten. *Leferenz* (1972, 974) hat eingewandt, die beiden zentralen Faktoren seien zwar zeitüberdauernd, »scheinen (jedoch) nur wenig mehr ... als ... asozial ... beziehungsweise . . . sozial (auszusagen)«. *Kaiser* (1976, 83) hat dem hinzugefügt, daß sich die Einzelfaktoren dieser Konstellation im wesentlichen offenbar auf die unterschiedliche Wertorientierung zurückführen ließen, weshalb »die Analyse derjenigen Träger und Mechanismen« naheliege, »welche die Normen der herrschenden Rechts- und Sozialordnung auf die junge Generation übertragen sollen«.

Ferner bestehen Bedenken hinsichtlich der Möglichkeit polarisierender Elemente sowie der Abhängigkeit einzelner Vairablen innerhalb dieser Konstellationen. Andererseits bescheiden sich diese Konstellationen in einer Beschreibung, die querschnittmäßig den Erwachsenenstatus erfaßt; ein Beitrag zur Genese ist nicht intendiert. Daher hat *Leferenz* (1972, 974) gemeint, daß man von der Ursachenforschung als einer entscheidenden kriminologischen Aufgabe hierdurch jedenfalls nicht befreit werde.

β) Nicht zuletzt aber scheinen in der genannten Untersuchung die Variablen der sozio-ökonomischen Zugehörigkeit nicht eingehalten worden zu sein, so daß beobachtete Unterschiede zwischen beiden Probandengruppen etwa betreffend Interessen- und Wertsysteme oder längerfristige Planung im Sinne eines Verhaltensmusters der »aufgeschobenen Belohnung« (vgl. schon *Schneider/Lysgaard* 1953) erwartungsgemäß waren. – Es handelt sich um das allgemeine Problem, bei der Auswahl von Vergleichsgruppen nach Möglichkeit zu gewährleisten, daß tatsächliche oder vermeintliche Beziehungen zwischen Variablen darauf überprüft werden können, ob etwa intervenierende Variablen bestehen. Hierzu ist Voraussetzung, daß solche Variablen, die intervenierende sein könnten, das heißt hier etwa die

Schichtzugehörigkeit, in den Gruppen in den erhobenen Ausprägungen jeweils in einer Anzahl vorliegen, die zu der genannten Überprüfung erforderlich ist.

Was schließlich das Zufallsauswahlverfahren betreffend die Vergleichsgruppe dieser Untersuchung anhand von Einwohnermeldekarteien anbetrifft, so könnte die Grundgesamtheit wie auch die Stichprobe insofern Mängel der Repräsentativität aufweisen, als Personen mit hoher räumlicher Mobilität von vornherein ausgeschlossen blieben. Dies wiederum beeinträchtigt die Aussagekraft von Einzelbefunden, die etwa das (vorausgegangene) häufige Wechseln des Wohnortes bei der Gruppe der H-Probanden betreffen oder mit diesem zusammenhängen.

b) Aus der sozialistischen (Jugend-)Kriminologie zählt *Minkowskij* (1968, 347), vorbehaltlich definitorischer Schwierigkeiten, in gewisser Ähnlichkeit zu den Feststellungen *Göppingers* (s. o. a)), zu den »unmittelbaren Ursachen der Verbrechensbegehung« (bezüglich inkonsequenter Erziehung durch die Eltern) als Beispiele unter anderem »unmäßige Befriedigung materieller Ansprüche und Anforderungen, Befreiung von jedweden Verpflichtungen«. Mit Bezug auf die Altersgruppe der 18 bis 24 Jährigen berichtet er von einer »(Konsum)-Einstellung zum Leben, Achtlosigkeit gegenüber den Ansprüchen und Anforderungen der Gesellschaft, einer verzerrten Vorstellung von ihren Verpflichtungen gegenüber der Gesellschaft« (1968, 362).

c) Bezüglich der Ergebnisse der (multifaktoriell angelegten) »Cambridge-Untersuchung über delinquente Entwicklung« (s. noch u. II. 2.) sprechen *West/Farrington* (1977) von einer Konstellation von Eigenschaften, unter denen Aggressivität, unregelmäßiges Arbeitsverhalten, Maßlosigkeit in der Verfolgung unmittelbaren Vergnügens und Mangel herkömmlicher sozialer Schranken am meisten hervorragen.

II. Untersuchungen zur Verlaufsentwicklung

1.a) *McCord* u.a. (1959; s. auch *McCord/McCord* 1960) führten eine Nachuntersuchung über die Probanden der Cambridge-Somerville-Youth Study (*Powers/Witmer* 1951) durch, wobei sie sich über eine erneute Effektivitätsanalyse hinaus bezüglich verbliebener 253 Personen der Behandlungsgruppe (1959, 63, 20 Fußn. 1) auch mit Merkmalszusammenhängen der Delinquenz befaßten. Zum Vergleich wurde eine entsprechende Zahl von Probanden aus der Kontrollgruppe ausgewählt (1959, 203 ff.), wenngleich die Untersucher sich mit der Behandlungsgruppe intensiver befaßten, weil bezüglich dieser Probanden mehr Informationen vorlagen. Sie fanden unter anderem als besonders relevant die häusliche Atmosphäre einschließlich der Person und Rolle der Eltern sowie die Konsistenz oder Konsequenz der Disziplin in der Erziehung, wogegen sie beispielsweise die Tatsache des »broken home« als weniger schwerwiegend feststellten (1959, 172 a.E.).

b) Eine Kombination von Nachuntersuchung und Vergleichsuntersuchung stellt die Arbeit von *Robins* (1966) dar. Die Autorin verglich den sozialen und psychiatrischen Verlauf von 524 Patienten einer Kinderklinik mit dem Verlauf von 100 »normalen« Schulkindern, wobei die Merkmale Alter, Geschlecht, Nachbarschaft, »Rasse« und Intelligenz gleichgehalten wurden. Dabei lag zwischen der ersten und letzten Untersuchung ein Zeitraum von 30 Jahren. Die Untersuchung sollte Aufschluß darüber geben, inwieweit Wurzeln antisozialer

Verhaltensweisen mit psychiatrischen Kriterien in Zusammenhang stehen beziehungsweise mit entsprechenden Methoden erfaßbar sind.

Hinsichtlich der Ergebnisse wurde unter anderem eine erhebliche Konstanz und Kontinuität »antisozialer Symptome« bei den devianten Probanden festgestellt (1966, 292 f.). Ferner wurde das Ausmaß der Stigmatisierung durch die soziale Kontrolle sehr zurückhaltend beurteilt (vgl. 1966, 202 – 220, 305).

c) *Glueck/Glueck* haben zu mehreren ihrer Forschungen Nachuntersuchungen durchgeführt (1975 [1930]; 1937; 1943; ferner 1934; 1940), und darunter auch zwei Vergleichs-Nachuntersuchungen über das Sample der ursprünglich je 500 jugendlichen »Kriminellen« beziehungsweise »Nichtkriminellen« (s. o. I. 1. b)). Dabei wurde der Altersunterschied innerhalb des Samples dadurch ausgeglichen, daß bei allen Probanden zugewartet wurde, bis sie 25 beziehungsweise 31 Jahre alt waren (1968, 45 f., 48). Demgemäß erstreckten sich die Vergleichs-Nachuntersuchungen über einen Zeitraum von zwischen 14 (Minimum) und 22 (Maximum) Jahren. Dabei konnten 438 der Delinquenten und 442 der »Nichtdelinquenten« einbezogen werden.

Hinsichtlich der Ergebnisse betonten die Autoren unter anderem eine festgestellte Kontinuität von negativen Merkmalsausprägungen der familiären Situation zwischen Herkunfts- und Prokreationsfamilie (1968, 80 ff.) sowie eine bei nahezu 45 % der Delinquenten bis zum Alter von 31 Jahren (noch) vorliegende »Unreife« (1968, 128 f.).

2. Die »Cambridge-Untersuchung über delinquente Entwicklung« (*West* 1969; *West/Farrington* 1973; dies. 1977) stellt eine verlaufsbegleitende prospektive Längsschnittuntersuchung dar. Sie wurde an 411 Probanden aus der »working class« Londons durchgeführt, beginnend in der Altersphase von acht Jahren und endend im Alter von 24 Jahren.

Im einzelnen wurden zwei Kohorten ausgewählt, und zwar 231 Kinder, die zwischen dem 1.9.1952 und dem 31.8.1953 geboren waren, und ferner 157 Kinder, die zwischen dem 1.9.1953 und dem 31.8.1954 geboren waren.

Die Untersuchung beabsichtigte nicht, neue Hypothesen etwa unter Zugrundelegung erdachter Möglichkeiten über die Relevanz bestimmter Merkmale oder Merkmalszusammenhänge aufzustellen und zu überprüfen. Vielmehr sollte versucht werden, zu der sich teilweise widersprechenden Vielzahl von behaupteten Zusammenhängen zwischen individuellen, sozio-ökonomischen, kontrollierenden und sonstigen Merkmalen mittels empirischer Daten Stellung zu nehmen.

Das wohl wichtigste Ergebnis der Untersuchung war, daß traditionelle kriminologische Befunde über Hintergrund und Eigenschaften von Straftätern bestätigt wurden; sie sollen vielfach auch schon im Alter von zehn Jahren vorgelegen haben.

Als besonders wesentliche Hintergrundfaktoren erschienen den Verfassern »niedriges Familieneinkommen«, »großeFamilie«, »elterliche Straffälligkeit«, »niedrige Intelligenz« und »poor parental behaviour« (*West/Ferrington* 1973, 190). Prognostisch besonders bedeutsam sei ferner ein solches Verhalten in der Grundschule, das von Lehrern und Klassenkameraden als störend bezeichnet wurde (*West/Farrington* 1977, 157).

III. Zum Erklärungsgehalt anomischer Syndrome

1. Aus der Fülle von Untersuchungsergebnissen über Auffälligkeiten verurteilter Personen wird gelegentlich auf ein anomisches Syndrom (*West/Farrington* 1973, 199) geschlossen. Wiederholte Straffälligkeit treffe mit »Fehlverhalten« in anderen Bereichen wie Arbeit, Sozialbereich und Freizeit zusammen und gehe mit einer mehr oder weniger totalen sozialen Desintegration einher. Hierzu wird betont, daß die zugrundeliegenden Einzelmerkmale im zeitlichen Längsschnitt, zumindest seit Anfang des 20. Jahrhunderts, und auch im zeitlichen Querschnitt, konstant erhoben worden seien, und zwar tendenziell gleich in Gesellschaften westlicher Prägung wie in sozialistisch oder kommunistisch orientierten Gesellschaften (vgl. zum letzteren bezüglich der Straffälligkeit Jugendlicher *Gutjahr* 1965; *Hollander* 1969, 148 ff. *Materialien* 1972, 203, 221, 223; ferner *Auerbach* 1966, 53 ff., 67; ders. 1967; *Connor* 1970; *Dettenborn/Fröhlich* 1974).

So wird aus der sozialistischen Kriminologie mitgeteilt (*Buchholz* u.a. 1971, 209 f.), »daß Straftaten häufig und konzentriert bei Menschen mit einem geringen Kulturniveau anzutreffen sind. Dabei verstehen wir unter ... Kulturniveau... die Gesamtheit der materiellen und geistigen Güter und Werte ...«.

2.a) Andererseits gilt als gesichert, daß anomische Syndrome nicht nur bei als Straftäter verurteilten Personen, sondern auch bei solchen Personengruppen vorliegen, die nach anderen Kategorien negativ sanktionierten abweichenden Verhaltens registriert worden sind (s. hierzu im einzelnen o. § 5). Umgekehrt betrifft die Erfassung der Straftäter herkömmlicher Delikte Allgemeiner Kriminalität weitgehend Personen, die auch in anderen Verhaltensbereichen als negativ auffällig gelten. Demgemäß ist die Vermutung nicht ausgeräumt, daß es sich um solche einheitliche anomische Syndrome handelt, die sich bei einer Vielfalt negativ sanktionierter Verhaltensweisen und auch außerhalb des Bereichs des Verbrechens finden. Das würde die allgemein verbreitete Annahme präzisieren, nach der sich eine reduzierte Einhaltung sozialer Normen schlechthin sowohl bei (mehrfach) Vorbestraften als auch bei solchen Personen abzuzeichnen scheine, die gemäß anderen – erhöhter und zugleich formeller sozialer Kontrolle unterliegenden – Definitionen negativ sanktionierten abweichenden Verhaltens auffällig sind.

b) Zudem werden gerade in diesem Zusammenhang erneut die Implikationen für Repräsentativität und Validität kriminologischer Forschungen zum Einzelbereich von Straftäter und Opfer einer Straftat deutlich, die aus Existenz und Ausgestaltung des sozialen Reaktionsprozesses folgen. Sie führen ferner zu der Frage danach, ob oder inwieweit die Indikatoren von Syndromen der Fehlanpassung oder diese Syndrome in ihrer Gesamtheit sich auf Mechanismen sozialer Kontrolle oder auf Erscheinungen negativ sanktionierten einschließlich kriminellen Verhaltens beziehen. Ersteres würde im Hinblick auf die erwähnte Konstanz der Befunde im zeitlichen Längsschnitt und auch Querschnitt voraussetzen, daß vermeintlich unterschiedliche soziale Kontrollmechanismen und -konzepte im Ergebnis gleichartig wirken, was wiederum die Existenz solcher Kontrollverfahren vermuten ließe, die (positiv) funktional für gesellschaftliche Stabilisierung (s. o. § 10 III.) sind.

3. Hiernach muß ein anomisches Syndrom – sei es als Erfassungs- oder als Verhaltenskriterium – nicht spezifisch für Straffälligkeit sein. Die verschiedenen Formen des negativ sanktionierten abweichenden Verhaltens, bei denen gleichfalls anomische Dyndrome zu finden sind, dürften mehr Unterschiede als Gemeinsamkeiten haben (vgl. auch *Goffman* 1975, 172). Darüber hinaus aber wird selbst für die Kategorie verurteilter Straftäter nicht selten angenommen, daß sich innerhalb derselben eher (und größere) Unterschiede als Gemeinsamkeiten finden ließen (s. hierzu *Centro Nazionale di Prevenzione e Difesa Sociale* 1969).

Demgegenüber wäre es naheliegender, unterschiedliche Merkmalsbündel anzunehmen, wie sie sich bei tatsituations- und verlaufsorientierter Betrachtung, und zwar unter Berücksichtigung von Unterschieden nach Tatgruppen und im Opferbereich, ergeben könnten; hierbei würden sich im Ausgangspunkt gewisse Ähnlichkeiten zur Entwicklung von Strukturprognosetafeln (s. hierzu o. § 21 III. 5.) finden. Die Einbeziehung auch von Deliktsarten wäre dabei schon deshalb notwendig, weil es sich bei solchen Merkmalsbündeln nicht um per se vorhandene Seinsformen, sondern um Kombinationen von strafrechtlicher Erfassung und strafrechtlich Erfaßtem handeln würde.

Literatur

Abbiateci, A. u.a.; Crimes et criminalité en France sous l'ancien régime 17e et 18e siècles. Paris 1971
Abel, P.; Zusammenarbeit zwischen Bewährungshilfe und Strafvollzug. In: BewHi 17 (1970)
Abels, D. M.; Kriminologische und psychodiagnostische Prognosemöglichkeiten bei jugendlichen Kriminellen. BewHi 13 (1966)
Abels, D. M.; Wege ins Verbrechen. Versuch einer Motivationsanalyse kriminellen Verhaltens. Stuttgart 1970
Ackerknecht, E. H.; Rudolf Virchow. Stuttgart 1957
Ahlheim, R. u.a. (Autorenkollektiv); Gefesselte Jugend Fürsorgeerziehung im Kapitalismus. Frankfurt a.M. 1971
Ahrens, W.; Die Einstellung in der Hauptverhandlung gemäß §§ 153 II, 153 a II StPO; Göttingen 1978
Akademie für Staats- und Rechtswissenschaft der DDR, Institut für Staats- und Rechtstheorie an der Akademie der Wissenschaften der DDR (Hrsg.); Wörterbuch zum sozialistischen Staat. Berlin 1974
Akers, R.; Socio-Economic Status and Delinquent Behavior: A Retest. In: JRes 1 (1964)
Akers, R. L.; N. S. Hayner, W. Gruninger; Homosexual and Drug Behavior in Prison: A Test of the Functional and Importation Models of the Inmate System. In: SP 21 (1973/74)
Akman, D. D., A. Normandeau; Towards the Measurement of Criminality in Canada: A Replication Study. In: A Crim 1 (1968)
Albrecht, G.; Die »Erklärung« von Devianz durch die »Theorie« des symbolischen Interaktionismus – Neue Perspektiven und alte Fehler; In: *Albrecht, G.* u.a. 1973
Albrecht, G., H. Daheim, F. Sack (Hrsg.); Soziologie. Sprache. Bezug zur Praxis. Verhältnis zu anderen Wissenschaften. René König zum 65. Geburtstag. Opladen 1973
Albrecht, H.-J.; Statistische Angaben über die Geldstrafe in der Bundesrepublik Deutschland; in: *Jescheck/Grebing* 1978
Albrecht, P.-A.; Die soziale Reintegration »Lebenslänglicher« im Spannungsverhältnis von Recht und Gnade. In: MschrKrim 56 (1973)
Albrecht, P.-A.: Zur sozialen Situation entlassener »Lebenslänglicher«. In: MschrKrim 60 (1977 a)
Albrecht, P.-A.; Zur sozialen Situation entlassener »Lebenslänglicher«. Göttingen 1977 b
Albrecht, P.-A., C. Pfeiffer, K. Zapka; Reaktionen sozialer Kontrollinstanzen auf Kriminalität junger Ausländer in der Bundesrepublik. In: MschrKrim 61 (1978)
Alexander, F., H. Staub, Der Verbrecher und seine Richter. Ein psychoanalytischer Einblick in die Welt der Paragraphen (1929). In: *Moser, T.* (Hrsg.); Psychoanalyse und Justiz. Frankfurt a.M. 1971
Allerbeck, K.R.; Eine sozialstrukturelle Erklärung von Studentenbewegungen in hochentwickelten Industriegesellschaften. In: *Allerbeck, K. R., L. Rosenmayr* (Hrsg.); Aufstand der Jugend? Neue Aspekte der Jugendsoziologie. München 1971
Van Alstyne, D.J., M. R. Gottfredson; A Multidimensional Contingency Table Analysis of Parole Outcome. In: JRes 15 (1978)

Amelang, M., G. Rodel; Persönlichkeits- und Einstellungskorrelate krimineller Verhaltensweisen. In: PsychR 21 (1970)
Amelang, M., H. Wantoch; Untersuchung zur selbstberichteten Delinquenz. II.: Faktoren begangener und erlittener Straftaten. In: MschrKrim 54 (1971)
Amelung, K.; Rechtsgüterschutz und Schutz der Gesellschaft. Untersuchungen zum Inhalt und zum Anwendungsbereich eines Strafrechtsprinzips auf dogmengeschichtlicher Grundlage. Zugleich ein Beitrag zur Lehre von der »Sozialschädlichkeit« des Verbrechens. Frankfurt a.M. 1972
Amelunxen, C.; Das Opfer der Straftat. Hamburg 1970
Amir, M.; Victim Precipitated Forcible Rape. In: JCrim 58 (1967)
Amir, M.; Patterns in Forcible Rape. Chicago, London 1971
Ancel, M; La défense nouvelle. Paris 1. Aufl. 1954; deutsch 2. Aufl.: Die Neue Sozialverteidigung (La défense sociale nouvelle). Eine Bewegung humanistischer Kriminalpolitik. Stuttgart 1970
Andenaes, J.; The General Preventive Effects of Punishment. In: University of Pennsylvania Law Review 114 (1966)
Andenaes, J.; Rückfallkriminalität in Skandinavien. In: KrimGegfr 8 (1968)
Andenaes, J., A. Bratholm, N. Christie; Inntrykk fra kriminologi og strafferett i Sovjetunionen, Rapport fra en studietur. In: Nord TKrim 56 (1968)
Andry, R. G; Delinquency and Parental Pathology. A Study in Forensic and Clinical Psychology. London 1960
Anttila, I.; Conservative and Radical Criminal Policy in the Nordic Countries. In: *Christie* 1971
Anttila, I., R. Jaakola; Unrecorded Criminality in Finland. Helsinki 1966
Anttila, J., A. Westling; A Study in the Pardoning of and Recidivism among Criminals Sentenced to Life Imprisonment. In: Scandinavian Studies in Criminology, Vol. 1. Oslo, London 1965
Appelius, H.; Die Behandlung jugendlicher Verbrecher und verwahrloster Kinder. Bericht der von der I.C.V. gewählten Kommission. Berlin 1892
Arbeitskreis Deutscher und schweizerischer Strafrechtslehrer; Entwurf eines Gesetzes gegen Ladendiebstahl. Recht und Staat Heft 439. Tübingen 1974
Arbeitskreis Deutscher und schweizerischer Strafrechtslehrer; Entwurf eines Gesetzes zur Regelung der Betriebsjustiz. Recht und Staat Heft 447/448. Tübingen 1975
Arbeitskreis Junger Kriminologen (Hrsg.); Kritische Kriminologie. Positionen, Kontroversen und Perspektiven. München 1974.
Arndt, H.; Die Struktur der differenzierten Vollzugsschule Adelsheim. In: ZblJugR 63 (1976)
Arndt, K.; Kriminologische Untersuchungen zum Jugendarrest. Diss. jur. Göttingen 1970
Arnold, W. R.; Continuities in Research: Scaling Delinquent Behavior. In: SP 13 (1965)
Arntzen, F.; Werden Kinder durch polizeiliche Vernehmungen geschädigt? In: UJ 23 (1971)
Arzt, G.; Ursachen und Folgen der Kriminalitätsfurcht. In: Juristische Blätter 100 (1978)
Asbrock, B.; Plädoyer für ein Jungtäterrecht. Zur kriminalrechtlichen Behandlung junger Volljähriger. In: ZRP 10 (1977)
Aschaffenburg, G.; Das Verbrechen und seine Bekämpfung. 3. Aufl. Heidelberg 1923
Atchley, R.C., M. P. McCabe; Socialization in Correctional Communities: A Replication. In: ASR 33 (1968)
Atteslander, P.; Methoden Der empirischen Sozialforschung. 3. Aufl. Berlin, New York 1974

Atthowe, J. M.; Verhaltensinnovation und Verhaltensstabilisierung. In: Gruppendynamik 4 (1973)
Aubert, V.; Einige soziale Funktionen der Gesetzgebung. In: *Hirsch, E.E., M. Rehbinder* 1967
Auerbach, L.; Stand, Entwicklung und Ursachen der mitteldeutschen Jugendkriminalität. Jahrbuch für Ostrecht, Bd. VII (1966)
Avé-Lallemant, F.C. B.; Das deutsche Gaunertum in seiner sozialpolitischen, literarischen und linguistischen Ausbildung zu seinem heutigen Bestande (1858), neu herausgegeben von *M. Bauer.* München, Berlin 1914
Baan, P.; Zur Behandlung und Resozialisierung psychisch gestörter Delinquenten. In *Ehrhardt, H., D. Ploog, H. Stutte* (Hrsg.); Psychiatrie und Gesellschaft. Bern. Stuttgart 1958
Babst, D. W., D. M. Gottfredson, K. B. Ballard; Comparison of Multiple Regression and Configural Analysis Techniques for Developing Base Expectancy Tables. In: JRes 5 (1968)
Bachmann, R.; Unbestimmte Jugendstrafe und reformatio in peius. In: NJW 26 (1973)
Bader, K. S.; Soziologie der Deutschen Nachkriegskriminalität. Tübingen 1949
Bader, K.S.; Aufgaben, Methoden und Grenzen einer historischen Kriminologie. In: SchweizZfStr 71 (1956)
Baer, A.; Der Verbrecher in anthropologischer Beziehung. Leipzig 1893
Bailey, W. C.; Correctional Outcome. An Evaluation of 100 Reports. In: JCrim 57 (1966)
Bailey, W. C., R. P. Lott; Crime, Punishment and Personality: An Examination of the Deterrent Question. In: JCrim 67 (1976)
Ball, H. V.; G. E. Simpson; K. Ikeda; Law and Social Change; Sumner Reconsidered. In: AJS 67 (1962)
Ballard, K. B., D. M. Gottfredson; Predictive Attribute Analysis and Prediction of Parole Performance. Institute for the Study of Crime and Delinquency. Report Nr. 3. Vacaville 1963
Bals, C.; Halbstarke unter sich. Köln, Berlin 1962
Baltes, P. B., K. Wender, F. Steigerwald; Diskriminanzanalytische Untersuchungen mit dem MMPI Saarbrücken zum Problem der Delinquenz männlicher Jugendlicher. In: ZexPsych 15 (1968)
Bandini, T., V. Gatti; »La Communità terapeutica nelle carceri« In: Quaderni 12 (1970)
Banister, P.A., F. V. Smith, K. J. Heskin, N. Bolton; Psychological correlates of Long-Term Imprisonments. In: BritJCrim 13 (1973)
Banks, C., R. Sapsford; Problems in the Comparison of Homicide Figures. In: Centre international de criminologie comparée (Hrsg.); IVth International Seminar in Comparative Clinical Criminology. Montréal 1975, hier zit. nach *Kaiser* 1976, 267
Barasch, R.; Das Haus Kieferngrund – Eine Alternative zur Untersuchungshaft. In: Deutsche Vereinigung für Jugendgerichte und Jugendgerichtshilfen e.V. (Hrsg.); Jugendgerichtsbarkeit und Sozialarbeit. Hamburg 1975
Basaglia, F.; Die Institutionen der Gewalt. In: *Basaglia, F.* (Hrsg.); Die negierte Institution oder Die Gemeinschaft der Ausgeschlossenen (L'istituzione negata. Rapporto de un ospedale psichiatrico, 1968, deutsch). Frankfurt a.M. 1973
Bauer, F.; Das Verbrechen und die Gesellschaft. München, Basel 1957
Bauer, F.; Genocidium. In: *Sieverts* 1966
Bauer, G.; Gewaltkriminalität. In: *Sieverts/Schneider* 1977
Bauman, Z.; Modern Times, Modern Marxism. In: *Berger, P. L.* (Hrsg.); Marxism and Sociology, Views from Eastern Europe. New York 1969

Baumann, J.; Über die notwendigen Veränderungen im Bereich des Vermögensschutzes. In: JZ 27 (1972 a)
Baumann, J.; Strafrecht Allgemeiner Teil. 8. Überarbeitete Aufl. Bielefeld 1977
Baumann, J., K. Tiedemann (Hrsg.); Einheit und Vielfalt des Strafrechts, Festschrift für Karl Peters zum 70. Geburtstag. Tübingen 1974
Baurmann, M., M. Hofferbert; Bürgerliche und marxistische Kriminologie. In: *Arbeitskreis Junger Kriminologen* 1974
Bavcon, L., B. Skaberne, K. Vodopivec; Die Kriminalität in der sozialistischen Gesellschaft. Erwiderung auf Lekschas' Kritik. In: Revija za kriminalistiko in kriminologijo 19 (1968)
Bavcon, L., M. Kobal, L. Milčinski, K. Vodopivec, B. Udermann; Socialna patologija. Ljubljana 1969 (mit engl. Zusammenfassung)
Bean, P.; Social Aspects of Drug Abuse: A Study of London Drug Offenders. In: JCrim 62 (1971)
Beccaria, C.; Abhandlungen über Verbrechen und Strafen (Dei delitti e delle pene, 1764). Leipzig 1798
Becker, H.S.; Social Problems, A Modern Approach. New York u.a. 1966
Becker, H.S.; Dialogue with Howard S. Becker; An Interview .. by Julius Debro. In: JssCrim 5 (1970)
Becker, H. S.; Außenseiter. Zur Soziologie abweichenden Verhaltens (Outsiders: Studies in the Sociologiy of Deviance, 1963; deutsch). Frankfurt a. M. 1973
Becker, H. S., B. Geer; Latent Culture: A Note on the Theoriy of Latent Social Roles. In: Adminstrative Science Quaterly 5 (1960)
Becker, P.; Victimologische und präventive Aspekte in der Polizeilichen Kriminalstatistik. In: Krim 27 (1973)
Bedau, H. A.; Deterrence and the Death Penalty: A Reconsideration. In: JCrim 61 (1970)
Beker, J., D. S. Heyman; A Critical Appraisal of the California Differential Treatment Typology of Adolescent Offenders. In: Crim 10 (1972 – 1973)
Bellon, R.; Anwendungsbereich und Wirksamkeit der bestimmten Jugendstrafe. Köln u.a. 1966
Van Bemmelen, J. M.; Criminologie, Leerboek der Misdaadkunde, 4. Aufl. Zwolle 1958
Bencivenni, A. u.a.; Dissocialità adolescenziale e carenze della figura paterna nell'età di latenza. In: QuadCrim 20 (1978)
Bend, E., M. Vogelfanger; A New look at Mill's Critique. In: *Rosenberg u.a.* 1971
Bentham, J.; An Introduction to the Principles of Morals and Legislation. Oxford 1879 (1780)
Bentham, J.; A Fragment of Government. Oxford 1891 (1776)
Berckhauer, F.-H.; Wirtschaftskriminalität in Deutschland. Ein Systemvergleich zwischen der Deutschen Demokratischen Republik und der Bundesrepublik Deutschland. In: ZStW 87 (1975)
Berckhauer, F. H.; Kriminologie der Wirtschaftsdelinquenz. In: *Jung, H.* (Hrsg.): Fälle zum Wahlfach Kriminologie, Jugendstrafrecht, Strafvollzug. München 1975a
Berckhauer, F. H.; Die Erledigung von Wirtschaftsstraftaten durch Staatsanwaltschaften und Gerichte. In: ZStW 89 (1977)
Berger, P.L., T. Luckmann; Die gesellschaftliche Konstruktion der Wirklichkeit (The Social Construction of Reality, 1966, deutsch); Frankfurt a. M. 1969
Berger, T.; Die konstante Repression. Überlegungen zur Geschichte des Strafvollzuges am Beispiel Preußens (1850 – 1881). In: KrimJ 5 (1973)
Berk, B. B.; Organizational Goals and Inmate Organization. In: AJS (1966)

Literatur

Berk, R. A., H. Brackman, S. Lesser; A Measure of Justice. An Empirical Study of Changes in the Californian Penal Code 1955 – 1971. New York u.a. 1977
Berkowitz, L.; Aggression: A Social Psychological Analysis. New York u.a. 1962
Berkowitz, L., E. Rawlings; Effects of Film Violence on Inhibitions Against Subsequent Aggression. In: JAbnPsych 66 (1963)
Berkowitz, L., N. Walker; Laws and Moral Judgments. In: Sociometry 30 (1967)
Berkowitz, L., R. D. Parke, J.-P. Leyens, S. G. West; Reachions of Juvenile Delinquents to »Justified« and »Less Justified« Movie Violence. In: JRes 11 (1974)
Berntsen, K., K. O. Christiansen; A Resocialisation Experiment with Short-Term Offenders. In: Scandinavian Studies in Criminology. Bd. 1 Oslo 1965
Bertrand, M.-A.; The Myth of Sexual Equality Before the Law. In: Centre de Psychologie et Pédagogie (Hrsg.); 5th Research Conference on Delinquency and Criminality. Montreal 1967
Bertrand, M.-A.; Self-Image and Delinqueny. A Contribution to the Study of Female Criminality and Woman's Image. In: ACrim 2 (1969)
Beulke, W.; Vermögenskriminalität Jugendlicher und Heranwachsender. Göttingen 1974
Biderman, A. D.; Social Indicators and Goals. In: *Bauer, R. A.* (Hrsg.); Social Indicators. Cambridge/Mass., London 1966
Biderman, A.D.; Surveys of Population Samples for Estimating Crime Incidence. In: Annals 374 (1967)
Biderman, A. D., A. J. Reiss; On Exploring the »Dark Figure« of Crime. In: Annals 374 (1967)
Biderman, A. D. u.a.; Report on a Pilot Study in the District of Columbia on Victimization and Attitudes toward Law Enforcement. The Bureau of Social Science Research. The President's Commission on Law Enforcement and Administration of Justice, Field Surveys, No. 1. Washington 1967
Biermann, G.; Katamnesenprobleme in der Kinderpsychiatrie. In *Biermann, G.* (Hrsg.); Handbuch der Kinderpsychotherapie, Bd. 2. München, Basel 1969
Bierstedt, R.; The Social Order. 4. Aufl. New York u.a. 1974
Bindzus, D., R. M. Carter; Bewährung in Freiheit. Probation in den USA. In: BewHi 15 (1968)
Binnewies, R. W.; Kriminologische Untersuchungen an Sicherungsverwahrten. Diss. jur. Göttingen 1970
Birnbaum, K.; Die psychopathischen Verbrecher. 2. Aufl., Leipzig 1926
Black, D. J., A. J. Reiss; Patterns of Behaviour in Police and Citizen Transactions. In: The President's Commission on Law Enforcement and Administration.of Justice, Studies in Crime and Law Enforcement in Major Metropolitan Areas, Field Surveys III, Vol 2, Washington 1967
Black, D.; M. Mileski (Hrsg.); The Social Organization of Law. New York, London 1973
Blankenburg, E.; Die Selektivität rechtlicher Sanktionen. Eine empirische Untersuchung von Ladendiebstählen. In: KZfSS 21 (1969)
Blankenburg, E.; Die Staatsanwaltschaft im Prozeß sozialer Kontrolle. In: KrimJ 5 (1973)
Blankenburg, E.; Die Staatsanwaltschaft im System der Strafverfolgung. In: ZRP 11 (1978)
Blankenburg, E. u.a.; Die Schichtverteilung der (Eigentums- und Vermögens-)Kriminalität: Eine Willkür der Instanzen?. In: KrimJ 7 (1975)
Blankenburg, E., K. Sessar, W. Steffen; Die Staatsanwaltschaft im Prozeß strafrechtlicher Sozialkontrolle. Berlin 1978

563

Blasius, D.; Bürgerliche Gesellschaft und Kriminalität. Zur Sozialgeschichte Preußens im Vormärz. Göttingen 1976
Blau, D.; Die Kriminalität in Deutschland während des Zweiten Weltkrieges. In: ZStW 64 (1952)
Blau, G.; Zur Kriminologie der nationalsozialistischen Gewaltverbrechen. In *Mergen, A., H. Schäfer* (Hrsg.); Kriminologische Wegzeichen 1967
Blau, G.; Aufgaben und Grenzen der Kriminalpädagogik. In: *Busch/Edel* 1969
Blau, G.; Kustodiale und antikustodiale Tendenzen in der amerikanischen Kriminalpolitik. In: GA 1976
Blau, G.; Die Wechselbeziehungen zwischen Strafurteil und Strafvollzug. In: MschrKrim 60 (1977)
Blei, H.; Die »Verteidigung der Rechtsordnung« in §§ 14 Abs. 1, 23 Abs. 3 StGB i.d.F. des 1. StrRG. In: JA 2 (1970)
Blei, H.; Strafrecht I.; Allgemeiner Teil; 17. Aufl. München 1977
Bleuler, E.; Der geborene Verbrecher. München 1896
Bloch, H. A., G. Geis; Man, Crime and Society; 2. Aufl., New York 1970
Bloom, D. M., C. E. Reasons; Ideology and Crime: A Study in the Sociology of Knowledge. In: IntJCrimPen 6 (1978)
Blum, P., P. MacHugh; Die gesellschaftliche Zuschreibung von Motiven (1971). In: *Lüderssen/Sack* 1975a
Blumenberg, F.-J.; Jugendliche in der Untersuchungshaft. In: ZfStrV 27 (1978)
Bochnik, H. J., H. Legewie, P. Otto, G. Wüster; Tat, Täter, Zurechnungsfähigkeit; Multifaktorielle Analysen psychiatrisch-kriminologischer Erfahrungen. Stuttgart 1965
Böcher, W.; Verkehrsmedizin und Psychologie. In: *Wagner, K., H.-J. Wagner* (Hrsg.); Handbuch der Verkehrsmedizin. Berlin u.a. 1968
Böhm, A.; Rückfall und Bewährung nach verbüßter Jugendstrafe. In: *Deimling, G.* (Hrsg.); Sozialisation und Rehabilitation sozial Gefährdeter und Behinderter. Neuwied, Berlin 1973
Böhm, A.; Sonderprobleme des Vollzuges bei Jugendlichen und Jungtätern. In: KrimGegfr 11 (1974)
Böhm, A.; Einführung in das Jugendstrafrecht. München 1977
Böhme, K., H. Bühe, H. Schlutow; Sozialtherapie für Frauen. Bericht für das erste Projekt in Lübeck. In: MschrKrim 61 (1978)
Böker, W., H. Häfner; Gewalttaten Geistesgestörter. Eine psychiatrisch-epidemiologische Untersuchung in der Bundesrepublik Deutschland. Berlin, Heidelberg, New York 1973
Börjeson, B.; Om påföljders verkningar. Stockholm 1966, Nachdruck Göteborg 1968a
Börjeson, B.; Type of Treatment in Relation to Type of Offender. In: *Council of Europe* (Hrsg.); Collected Studies in Criminological Research, Vol. 3. Strasbourg 1968b
Bösch, H., P. Bickel, A. Uchtenhagen; Familiäre Verhältnisse von Drogenabhängigen und ihre Beziehung zur aktuellen Situation. In: Sozialpsychiatrie 14 (1979)
Bolton, N., F. V. Smith, K. J. Heskin, P. A. Banister; Psychological Correlates of Long-Term Imprisonment. In: BritJCrim 16 (1976)
Bondeson, U.; Argot Knowledge as an Indicator of Criminal Socialization. In: *Christie, N., K. Waaben, K. Sveri, P. Törnudd* (Hrsg); Scandinavian Studies in Criminology, Bd. 2. Oslo, London 1968
Bonger, W. A.; Criminalité et conditions économiques. Amsterdam 1905
Bonger, W. A.; Race and Crime. Montclair/New Yersey 1969 (Nachdruck von 1943)
Bonnet, E. F. P.; Criminologia y psicopathologia forense; la criminologia pertenece a la me-

dicina. In: Zacchia 45 (1970) S. 437 – 457, hier zit. nach der Besprechung von *Maurer, A.* In: Zentralblatt für die gesamte Rechtsmedizin und ihre Grenzgebiete 3 (1971), 248
De Boor, W.; Terrorismus: Der »Wahn« der Gesunden. In: *Schwind, H.-D.* (Hrsg.); Ursachen des Terrorismus in der Bundesrepublik Deutschland. Berlin, New York 1978
Bordua, D. J.; A Critique of Sociological Interpretations of Gang Delinquency. In: *Wolfgang u.a.* 1962
Borris, M.; Ausländische Arbeiter in einer Großstadt. Eine empirische Untersuchung am Beispiel Frankfurt. Frankfurt a.M. 1973
Bowlby, J.; Maternal Care and Mental Health. Genf 1951
Box, S.; Deviance, Reality and Society. Guildford, London 1971
Brauer, H., C. Frey, M. Amelang; Zur empirischen Validität von *K. D. Opps* Modell der Entstehung abweichenden Verhaltens. In: MschrKrim 58 (1975)
Brauneck, A.-E.; Die Entwicklung jugendlicher Straftäter. Hamburger Rechtsstudien Heft 49. Hamburg 1961
Brauneck, A.-E.; Zur sozialpsychologischen Bedeutung des Kriminalitätsumfangs. In: *Kaufmann, H.* u.a. (Hrsg.); Erinnerungsgabe für Max Grünhut. Marburg 1965
Brauneck, A.-E.; Vervielfältigte Vorlesungsskripten. Allgemeine Kriminologie, Hamburg 1970
Brauneck, A.-E.; Allgemeine Kriminologie. Reinbek bei Hamburg 1974
De Bray, L.; Quelques observations sur les victimes des delits de vol. Revue de Droit Pénal et de Criminologie 1959
Breland, M.; Motivlose Taten. In: Krim 27 (1973)
Breland, M; Präventive Kriminalitätsbekämpfung. Ein lerntheoretisches Konzept der Prävention im sozialen Rechtsstaat, dargestellt am Beispiel der Wirtschaftsstraftaten gegen Gemeineigentum. Diss. jur. Gießen 1974
Brenner, H.; Time-Series Analysis-Effects of the Economy on Criminal Behavior and the Adminstration of Criminal Justice. In: UNSDRI 1976
Bresser, P.H.; Noch immer: Die Problematik des § 105 JGG. Volljährigkeit der Heranwachsenden setzt neue Maßstäbe der Beurteilung. In: Festschrift für Schaffstein, 1975
Brettel, H.-F., J. Gerchow, R. Grosspietzsch; Über die Alkoholbeeinflussung bei der Unfallflucht. In: BlAlk 10 (1973)
Breuning, A.; Bewährungshilfe, Praktische Arbeit und Probleme der Bewährungshilfe an Hand einer soziologischen Untersuchung in Baden-Württemberg. Diss. Tübingen 1960
Briggs, P. F., R. D. Wirt; Prediction. In: *Quay, H. C.* (Hrsg.); Juvenile Delinquency, Research and Theory. 2. Aufl. Princeton u. a. 1967
Brückner, C.; Der Gewohnheitsverbrecher und die Verwahrung in der Schweiz gemäß Art. 42 StGB. Basel, Stuttgart 1971
Brückner, G.; Untersuchungen über die Rückfallprognose bei chronischen Vermögensverbrechern. In: MschrKrim 41 (1958)
Brückner, G.; Zur Kriminologie des Mordes. Hamburg 1961
Brunner, R.; Jugendgerichtsgesetz, Kommentar. 5. Aufl. Berlin, New York 1978
Bruns, H.-J.; Strafzumessung, Gesamtdarstellung, Köln u.a., 2. Aufl. 1974
Brusten, M.; Soziale Schichtung, selbstberichtete Delinquenz und Prozesse der Stigmatisierung in der Schule. In: KrimJ 6 (1974)
Brusten, M.; Der »labeling approach« in seiner Beziehung zur Praxis der Bewährungshilfe und Führungsaufsicht. In: BewHi 25 (1978)
Brusten, M., K. Hurrelmann; Abweichendes Verhalten in der Schule. Eine Untersuchung zu Prozessen der Stigmatisierung. München 1973
Bschor, F.; W. Venedey; Zur Entwicklung der Gewaltkriminalität. In: MschrKrim 54 (1971)

Buchholz, E., U. Dähn; Strafe – wozu?. Berlin 1968
Buchholz, E., D. Seidel; Wirtschaftliche Fehlentscheidung oder Straftat? Die vorbeugende Bekämpfung der Straftaten gegen die Volkswirtschaft als gesamtgesellschaftliche Aufgabe. Berlin 1971
Buchholz, E., R. Hartmann, J. Lekschas, G. Stiller; Sozialistische Kriminologie. Ihre theoretische und methodologische Grundlegung. Berlin 1971
Buikhuisen, W.; Der Strafvollzug an alkoholisierten Verkehrstätern in den Niederlanden; *Automobil-Club der Schweiz* (Hrsg.); Der Strafvollzug an Verkehrsdelinquenten. Bern 1971
Buikhuisen, W., J.J. Hemmel; Crime and Conditioning. In: BritJCrim 12 (1972)
Buikhuisen, W., R. W. Jongman; A Legalitic Classification of Juvenile Delinquents. In: BritJCrim 10 (1970)
Buikhuisen, W., H. Klette, I. D. Brown; Hit – and Run Offenses: A Summary of the Literature. In: AbstrCrim 16 (1976)
Bullock, H.A.; Significance of the Racial Factor in the Length of Prison Sentences. In: JCrim 52 (1961)
Bundeskriminalamt Wiesbaden (Hrsg.); Grundfragen der Wirtschaftskriminalität. Arbeitstagung des BKA vom 27.5. – 1.6.1963. Wiesbaden 1963
Bundeskriminalamt Wiesbaden (Hrsg.); BKA-Kriminologentreffen am 12. OKKT. 1973 in Wiesbaden. Wiesbaden 1974
Bundeskriminalamt Wiesbaden (Hrsg.); Organisiertes Verbrechen. Arbeitstagung des BKA vom 21.10. – 25. 10.1974. Wiesbaden 1975
Bundesminister für Arbeit und Sozialordnung; Wirtschaftlicher und sozialer Wandel in der Bundesrepublik Deutschland, Gutachten der Kommission für wirtschaftlichen und sozialen Wandel. Göttingen 1977
Bundesministerium für Jugend, Familie und Gesundheit (Hrsg.); Diskussionsentwurf eines Jugendhilfegesetzes (DE). Bonn-Bad Godesberg 1973
Bundesministerium für Jugend usw. (Hrsg.); Referentenentwurf eines Jugendhilfegesetzes (RE). Bonn-Bad Godesberg 1974
Bundesministerium der Justiz (Hrsg.); Entwurf eines Gesetzes über den Vollzug der Freiheitsstrafe und der freiheitsentziehenden Maßregeln der Besserung und Sicherung – Strafvollzugsgesetz (RE-StVollzG) –. Wuppertal 1972
Bundeszusammenschluß für Straffälligenhilfe (Hrsg.); Sozialtherapie und sozialtherapeutische Anstalt. Bonn-Bad Godesberg 1973
Bundeszusammenschluß für Straffälligenhilfe (Hrsg.); Sozialtherapeutische Anstalten-Konzepte und Erfahrungen –. 2. Aufl. Bonn-Bad Godesberg 1977
Burchardt, H.; Stadt und Land, Tatorts-Kriminalität. In: *Elster/Lingemann* 1936
Burgess, E. W.; Factors Determining Success or Failure on Parole. In: *Bryce, A. A. u.a.* (Hrsg.); The Working of the Indeterminate-Sentence Law and the Parole System in Illinois. Springfield/Ill. 1928
Burt, C.; The Young Delinquent. 4. Aufl. London 1969 (1925)
Busch, A.; Jugendstrafvollzug. Unveröffentlicher Vortrag, gehalten in Hechingen im 4. Quartal 1969
Busch, M., G. Edel (Hrsg.); Erziehung zur Freiheit durch Freiheitsentzug. Internationale Probleme des Strafvollzugs an jungen Menschen. Neuwied, Berlin 1969
Cabanis, D.; Zur Problematik des § 330a StGB bei Delinquenten mit Blutzuckermangel-Syndrom. In: DZ gerichtl Med 62 (1968)
Caldwell, R. G., J. Black; Juvenile Delinquency. New York 1971

Calliess, R.-P.; Strafvollzug. Institution im Wandel. Eine empirische Erhebung zur Lage im Männer-Erwachsenen-Strafvollzug. Stuttgart 1970
Calliess, R. P.; Theorie der Strafe im demokratischen und sozialen Rechtsstaat. Frankfurt a. M. 1974
Carter, R. M., D. Glaser, L. T. Wilkins (Hrsg.); Correctional Institutions. 2. Aufl. New York u.a. 1977
Centro Nazionale Di Prevenzione e Difesa Sociale, Sezione criminologica (Hrsg.); Recidivismo e Giovani Adulti. Roma 1969
Chambliss, W. J.; The Law of Vagrancy. 1969. In: *Chambliss, W. J.* 1969a
Chambliss, W. J. (Hrsg.); Crime and the Legal Process. New York u.a. 1969a
Chambliss, W. J.; A Sociological Analysis of the Law of Vagrancy. 1969b. In: *Quinney* 1969
Chambliss, W. J., M. Mankoff (Hrsg.); Whose Law? What order? A Conflict Approach to Criminology. New York u.a. 1976
Chapman, D.; Sociology and the Stereotype of the Criminal. London 1968
Christ, H.; Psychoanalytische Gruppenbehandlung im Jugendgefängnis. Stuttgart 1978
Christiansen, K. O.; Mobility and Crime among Twins. In: IntJCrimPen 1 (1973)
Christiansen, K. O.; Kriminologie (Grundlagen). In: *Sieverts/Schneider* 1977
Christiansen, K. O., S. G. Jensen; Crime in Denmark- A Statistical History. In: JCrim 63 (1972)
Christiansen, K.O., B. Kutschinski, B. Karpatschof; Method of Using an Index of Crime of the Kind Devised by Sellin and Wolfgang. In: Council of Europe (Hrsg.); The Index of Crime. Some further Studies. Strasbourg 1970
Christie, N.; The Delinquent Stereotype and Stigmatization; Referat VII. Internationaler Kongreß für Kriminologie. Madrid 1970
Christie, N., J. Andenaes, S. Skirbekk; A Study of Self-Reported Crime. In: *Christiansen, K. O.* (Hrsg.); Scandinavian Studies in Criminology, Vol. I. Oslo 1965
Cicourel, A. V.; Methode und Messung in der Soziologie. (deutsch). Frankfurt a.M. 1970 (Original 1964)
Cicourel, A. V.; The Social Organization of Juvenile Justice. Neuausgabe. London 1976 (1968)
Clark, J. P., E. P. Wenninger; Socio-Economic Class and Area as Correlates of Illegal Behavior among Juveniles. In: ASR 27 (1962)
Clarke, M. J.; White Collar Crime, Occupational Crime, and Legitimacy. In: IntJCrimPen 6 (1978)
Clay, J.; Annual Report, Presented to the Visiting Justices at the October Sessions 1838. In: JStatSoc 2 (1839a)
Clay, J.; Social and Moral Statistics of Criminal Offenders. In: JStatSoc 2 (1839b)
Clemmer, D.; The Prison Community. New York u.a. 1958 (Nachdruck von 1940)
Clinard, M. B.; The Black-Market. A Study of White Collar Crime. New York 1952
Clinard, M. B. (Hrsg.); Anomie and Deviant Behavior; A Discussion and Critique. New York, London 1964
Clinard, M. B.; Sociology of Deviant Behavior. 4. Aufl. New York u.a. 1974 (1. Aufl. 1957)
Clinard, M. B.; Comparative Crime Victimization Surveys: Some Problems and Results. In: IntJCrimPen 6 (1978)
Clinard, M. B., R. Quinney; Criminal Behavior Systems; A Typology. 2. Aufl. New York u.a. 1973
Cline, H. F., S. Wheeler; The Determinants of Normative Patterns in Penal Institutions. In: Scandinavian Studies in Criminology, Vol. 2. Oslo, London 1968

Cloward, R. A.; Illegitime Mittel, Anomie und abweichendes Verhalten (Illegitimate Means, Anomie and Deviant Behavior 1959, deutsch). In: *Sack/König* 1974
Cloward, R. A., L. E. Ohlin; Delinquency and Opportunity, A Theory of Delinquent Gangs. Glencoe 1960
Coché, E., J. Coché; Die therapeutische Gemeinschaft. Eine neuartige Behandlungsform für psychisch gestörte Jugendliche. In: Gruppenpsychotherapie und Gruppendynamik 5 (1971)
Cohen, A. K.; Kriminelle Jugend. Zur Soziologie jugendlichen Bandenwesens (Delinquent Boys. The Culture of the Gang 1955, deutsch). Reinbek bei Hamburg 1961
Cohen, A. K.; Abweichung und Kontrolle. 4. Aufl. München 1975
Cohen, A. K.; The Concept of Criminal Organization. In: BritJCrim 17 (1977)
Cohen, A. K., J. F. Short; Zur Erforschung delinquenter Subkulturen. In: *Sack/König* 1974 (Original 1958)
Cohen, B.; The Police Internal System of Justice in New York City. In: JCrim 63 (1972)
Cohen, J.; The Geography of Crime. In: Annals 217 (1941)
Colajanni, N.; Le socialisme et sa propagande en rapport avec la criminalité nach *Rijnberic;* 5 ème Congrès International d'Anthropologie criminelle, I. Tome: Rapports. Amsterdam 1901
Colin, M., U. Eisenberg, R. Taylor; Aspects of the Prison Community. In: *Council of Europe* (Hrsg.); Strasbourg 1970
Connor, W. D.; Juvenile Delinquency in the USSR: Some Quantitative and Qualitative Indicators. In: ASR 35 (1970)
Connor, W. D.; Criminal Homicide, USSR/USA: Reflections on Soviet Data in Comparative Framework. In: JCrim 64 (1973)
Cormack, M.; The Association between Crime and Unemployment: a Pilot Study in Scotland. In: *UNSDRI* 1976
Cormier, B. M. u.a.; The Psychodynamics of Homicide Committed in a Semi-Specific Relationship. In: CanadJ 14 (1972)
Cornil, P.; Diskussionsbeitrag. In: *Council of Europe* (Hrsg.); Sixième Conférence de Directeurs d'Instituts de Recherches Crimimologiques 1968. Strasbourg 1969
Cortés, J. B., F. M. Gatti; Delinquency and Crime. A Biopsychosocial Approach. Empirical, Theoretical, and Practical Aspects of Criminal Behavior. New York, London 1972
Coser, L. A.; Einige Funktionen abweichenden Verhaltens und normativer Flexibilität (Some Functions of Deviant Behavior and Normative Flexibility 1962, deutsch). In: *Sack/König* 1974
Coser, L. A.; Continuities in the Study of Social Conflict. New York 1970
Council of Europe (Hrsg.); The Role of the School in the Prevention of Juvenile Delinquency. Strasbourg 1972
Council of Europe (Hrsg.); Methods of Forecasting Trends in Criminality. Strasbourg 1974
Council of Europe (Hrsg.); Alternative Penal Measures to Imprisonment. Strasbourg 1976
Cramer, P.; Überlegungen zur Neugestaltung des Sanktionsrechts im Verkehrsbereich. In: DAR 44 (1975)
Cremer, C. G.; Untersuchungen zur Kriminalität der Frau. Versuch einer Phänomenologie und einer Diskussion der wichtigsten ätiologischen Ansätze. Lübeck 1974
Cremerius, J.; Die Beurteilung des Behandlungserfolges in der Psychotherapie. Berlin u.a. 1962
Cressey, D. R.; Application and Verification of the Differential Association Theory. In: JCrim 43 (1952)

Cressey, D. R.; Other People's Money. Glencoe/Ill. 1953
Cressey, D. R.; Criminal Organization: Its Elementary Forms. New York u.a. 1972
Cressey, D. R.; Sources of Resistance to Innovation in Corrections. In: *Carter u.a.* 1977
Cressey, D. R., D. A. Ward (Hrsg); Delinquency, Crime, and Social Process. New York u.a. 1969
Cross, H. J., J. J. Tracy; Personality Factors in Delinquent Boys: Differences between Blacks and Whites. In: JRes 8 (1971)
Dahl, T. S.; The Emergence of the Norwegian Child Welfare Law; Scandinavian Studies in Criminology Vol. 5. Oslo, London 1974
Dahrendorf, R.; Über den Ursprung der Ungleichheit unter den Menschen. 2. Aufl. Tübingen 1966
Dalgard, O. S., E. Kringlen; A Norwegian Twin Study of Criminality. In: BritJCrim 16 (1976)
Dallinger, W., K. Lackner; Jugendgerichtsgesetz. 2. Aufl. München, Berlin 1965
Dästner, C. u.a.; Kriminalität in der Bundesrepublik. Ausmaß und Reaktion. Göttingen 1972
Däumling, A. M.; die psychologische Situation der Aufsichtsbeamten im Justizvollzug des Landes Nordrhein-Westfalen 1969. In: *Däumling, A. M., K. Possehl;* Selbstbild und Fremdbild der Aufsichtsbeamten im Strafvollzug. Stuttgart 1970
Davidovic, D.; Criteria for Project Selection in Criminological Research. Landesbericht Jugoslawien, VI. Internationaler Kongreß der Kriminologie, Sektion 3, vervielf. Exemplar. Madrid 1970
Debuyst. C. u.a. (Hrsg.); La criminologie clinique. Brüssel 1968
Deimling, G.; Theorie und Praxis des Jugendstrafvollzugs in pädagogischer Sicht; dargestellt am Beispiel des Landes Nordrhein-Westfalen. Erfahrungen, empirische Untersuchungen, Folgerungen und Vorschläge. Neuwied, Berlin 1969
Deimling, G.; Unterricht und berufsfördernde Maßnahmen als soziale Integrationshilfen im Jugend- und Erwachsenenstrafvollzug. In: *Deimling, G* (Hrsg.); Sozialisation und Rehabilitation sozial Gefährdeter und Behinderter. Neuwied, Berlin 1973
Dentler, R. A., L. J. Monroe; Social Correlates of Early Adolescent Theft. In: ASR 26 (1961)
Dettenborn, H., H. H. Fröhlich; Psychologische Probleme der Täterpersönlichkeit. 2. Aufl. Berlin 1974
Deusinger, J. M.; Untersuchungen zum Selbstkonzept von Strafgefangenen. In: PsychR 24 (1973)
Deutsch, S. J.; Deterrence Effectiveness Measurement. In: Crim 16 (1978)
Deutscher Bundestag; 5. Wahlperiode, Sonderausschuß für die Strafrechtsreform, Protokoll 7. Sitzung 1966, Aufl. 5
Deutsche Vereinigung für Jugendpsychiatrie; Arbeitstagung der Deutschen Vereinigung für Jugendpsychiatrie. In: UJ 6 (1954)
Deutsche Vereinigung für Jugendgerichte und Jugendgerichtshilfen (Hrsg.); Die Rechtsbrüche der 18- bis 21-jährigen Heranwachsenden. Ihre Kriminologie und ihre Behandlung. Köln, Berlin 1959
Deutsche Vereinigung für Jugendgerichte und Jugendgerichtshilfen e.V. *München;* Denkschrift über die kriminalrechtliche Behandlung junger Volljähriger. Göttingen 1977
Diamond, S.; The Rule of Law versus the Order of Custom. In: *Black, D., M. Mileski* (Hrsg.); The Social Organization of Law. New York, London 1973
Dinitz, S., R. R. Dynes, A. C. Clarke (Hrsg.); Deviance Studies in the Process of Stigmatization and Societal Reaction. New York u.a. 1969

Dippelhofer, J.: Herbstliche Tage in Holland. Eine Studientagung der Europäischen Akademie Otzenhausen. In: BewHi 20 (1973)
Dodge, R. W., H. Lentzner, F. Schenk; Crime in the United States; A Report on the National Crime Survey. In: *Skogan, W. G.* (Hrsg.): Sample Surveys of the Victim of Crime. Cambridge/Mass. 1976
Dölling, D.; Die Zweiteilung der Hauptverhandlung. Göttingen 1978
Dolan, T. J.; The Case for Double Jeopardy; Black and Poor. In: IntJCrimPen 1 (1973)
Dolde, G.; Sozialisation und kriminelle Karriere. München 1978
Dollard, J. u.a.; Frustration und Aggression. Weinheim u.a. 1970
Dotzauer, G., K. Jarosch; Tötungsdelikte. Wiesbaden 1971
Douglas, J. W., B. M. Ross, W. A. Hammond, D. G. Mulligan; Delinquency and Social Class. In: BritJCrim 6 (1966)
Drapkin, I., S. F. Landau; Drug Offenders in Israel: A Survey. In: BritJCrim 6 (1966)
Dror, Y.; Law and Social Change; in: *Simon, R. J.* (Hrsg.) The Sociology of Law. Interdisciplinary Readings. San Francisco 1968
Dührssen, A., E. Jorswieck; Eine empirisch-statistische Untersuchung zur Leistungsfähigkeit psychoanalytischer Behandlung. In: Der Nervenarzt 36 (1965)
Dunham, H. W.; City Core and Suburban Fringe: Distribution Pattern of Mental Illness. In: *Plog, S. C., R. B. Edgerton* (Hrsg.); Changing Perspectives in Mental Illness. New York u.a. 1969
Dürkop, M.; Der Angeklagte. München 1977
Durkheim, E.; Der Selbstmord. Neuwied und Berlin 1973 (Le Suicide 1897, deutsch)
Durkheim, E.; Die Regeln der soziologischen Methode. 4. Aufl. Neuwied und Berlin 1976 (Les Règles de la méthode sociologique 1895, deutsch)
Durkheim, E.; Über die Teilung der sozialen Arbeit (De la division du travail social 1893, deutsch) Frankfurt a. M. 1977
Eberhard, K.; Merkmalssyndrome der Verwahrlosung. Dimensionierung der Verwahrlosung. In: Praxis der Kinderpsychologie und Kinderpsychiatrie 18 (1969)
Eberhard, K., G. Kohlmetz; Verwahrlosung und Gesellschaft. Göttingen 1973
Eckert, R.; Terrorismus als Karriere. In: *Geissler, H.* (Hrsg.); Der Weg in die Gewalt. Geistige und gesellschaftliche Ursachen des Terrorismus und seine Folgen. München, Wien 1978
Eibl-Eibesfeldt, I.; Die KO-Buschmann-Gesellschaft. Gruppenbindung und Aggressionskontrolle. München 1972
Eickmeyer, H.; Die strafrechtliche Behandlung der Heranwachsenden nach § 105 des Jugendgerichtsgesetzes; Kriminologische Untersuchungen. Heft 12. Bonn 1963
Eidt, H.-H.; Das »Youth Center Research Project« in Stockton/California – Ein Versuch wirkungsvoller Behandlungsforschung. In: MschrKrim 55 (1972)
Einsele, H.; Zur Straffälligkeit der Frau. In: MschrKrim 51 (1968)
Einsele, H.; Die sozialtherapeutische Anstalt. In: *A. Kaufmann* 1971
Einsele, H.; Besonderheiten der weiblichen Kriminalität und des Frauenstrafvollzugs. In: ZfStrV 20 (1971/72)
Einsele, H.; Bespr. von *Heffernan* 1972. In: MschrKrm 56 (1973)
Einsele, H.; Die Strafvollzugsreform aus der Sicht des Praktikers. In: KrimGegfr 11 (1974)
Einsele, H.; Weibliche Kriminalität und Frauenstrafvollzug. In: *Sieverts/Schneider* 1975
Eisenberg, U.; Zum Behandlungskonzept der Sozialtherapeutischen Anstalten. In: NJW 22 (1969)

Eisenberg, U.; Die Sozialtherapeutische Anstalt im zukünftigen deutschen Strafrecht – Vorbilder in Europa – Empfehlungen. Ein Beitrag zur Problematik stationärer Kriminaltherapie. In: KrimGegfr 9 (1970)
Eisenberg, U.; Zur Prognoseforschung in der Kriminologie. In: Der Medizinische Sachverständige 67 (1971a)
Eisenberg, U.; Zum Opferbereich in der Kriminologie. In: GA 1971b)
Eisenberg, U.; Research Priorities in Criminology. In: *Kaiser, G., T. Würtenberger* (Hrsg.); Criminological Research Trends in Western Germany. Berlin u.a. 1972a
Eisenberg, U.; Einführung in Probleme der Kriminologie. München 1972 b
Eisenberg, U.; Über sozialtherapeutische Behandlung von Gefangenen. In: ZStW 86 (1974)
Eisenhardt, T.; Die Wirkung der kurzen Haft auf Jugendliche. Frankfurt a. M. 1977
Ellenberger, H.; Rélations psychologiques entre le criminel et sa victime. In: Rev CrimPol 1954
Elliott, M. A.; Crime in Modern Society. New York 1952
Elliott, M. A.; F. E. Merrill; Social Disorganization. 4. Aufl. New York 1961 (1934)
Ellis, H.; Verbrecher und Verbrechen. Leipzig 1895
Elmering, H.; Die Kriminologische Frühprognose, Überprüfung der Glueck'schen fünfpunktigen sozialen Prognosetafel an Hand von hundert mit Jugendstrafe bestraften Jugendlichen. Hamburg 1969
Elmhorn, K.; Study in Self-Reported Delinquency among School-Children in Stockholm. In: *Christiansen, K. O.* (Hrsg.); Scandinavian Studies in Criminology, Vol. 1 Oslo 1965
Elster, A.; Religion, Konfession, Weltanschauung. In: *Elster/Lingemann* 1936
Elster, A., H. Lingemann (Hrsg.); Handwörterbuch der Kriminologie und der anderen Hilfswissenschaften. 2. Bde. Berlin, Leipzig 1933 und 1936
Empey, L. T., M. L. Erickson; Hidden Delinquency and Social Status. In: SF 44 (1966)
Endruweit, G.; Diskussionsbemerkung. In: KrimJ 4 (1972)
Endruweit, G.; Analogik als Selektionsmechanismus bei der Definition von Abweichung und Kriminalität. In: ZStW 85 (1973)
Engel, S. W.; Verlaufsformen delinquenten Handelns und ihre Beeinflußbarkeit. In: KrimGegfr 7 (1966)
Engel, S. W.; Jugendliche Banden. In: ZblJugR 54 (1967)
Engel, S. W.; Das prognostische Quartett. MschrKrim 51 (1968)
Engel, S. W.; Zur Metamorphose des Rechtsbrechers, Grundlagen einer Behandlungslehre. Stuttgart 1973
Engell, R.; Bisherige Erfahrungen mit der Sozialtherapie von Delinquenten in Baden-Württemberg. In: *Ehrhardt, H. E.* (Hrsg.); Perspektiven der heutigen Psychiatrie. Frankfurt a. M. 1972
Engels, F.; Die Lage der arbeitenden Klasse in England. Nach eigener Anschauung und authentischen Quellen (1845). In: *Marx, K., F. Engels;* Werke, Bd. 2. Berlin 1972
Engisch; K.; Die Lehre von der Willensfreiheit in der strafrechtsphilosophischen Doktrin der Gegenwart. 2. Aufl. Berlin 1965
England, R. W.; A Theory of Middle Class Juvenile Delinquency. In: JCrim 50 (1960)
Engler, G.; Zum Bild des Strafrechts in der öffentlichen Meinung. Göttingen 1973
Ennis, P. H., Criminal Victimization in the United States. A Report of a National Survey. National Opinion Research Center. The President's Commission on Law Enforcement and Administration of Justice, Field Surveys, No. 2. Washington 1967
Erbs, G., M. Kohlhaas; Strafrechtliche Nebengesetze; Registerband; Stand: 1. Juli 1978. München 1978

Erickson, M. L.; The Changing Relationship Between Official and Self-Reported Measures of Delinquency: An Exploratory-Predictive Study. In: JCrim 63 (1972)
Erickson, M. L.; Group Violations and Official Delinquency: The Group Hazard Hypothesis. In: Crim 11 (1973)
Erlemeier, N., K.-G. Tismer; Einstellungen und Erwartungen bei Lehrern und ihre Auswirkungen auf die Beurteilung und das Verhalten von Schülern. In: *Nickel, H., E. Langhorst* (Hrsg.): Brennpunkte der pädagogischen Psychologie. Bern, Stuttgart 1973
Erler, A.; E. Kaufmann; Handwörterbuch zur deutschen Rechtsgeschichte (HRG); I. Band. Berlin 1971
Eser, A.; Resozialisierung in der Krise? Gedanken zum Sozialisationsziel des Strafvollzuges. In: *Baumann/Tiedemann* 1974
Eser, A., K. F. Schumann (Hrsg.); Forschung im Konflikt mit Recht und Ethik. Stuttgart 1976
Esser, J.; Vorverständnis und Methodenwahl in der Rechtsfindung. Frankfurt a. M. 1970
Etzioni, A.; Soziologie der Organisationen; 3. Aufl., München 1971 (Übersetzung von: »Modern Organizations«; Englewood Cliffs, N. J.)
Evan, W. M.; Law as an Instrument of Social Change. In: *Gouldner, A. W., S. M. Miller* (Hrsg.); Applied Sociology. Opportunities and Problems. New York 1965
Exner, F.; Krieg und Kriminalität in Österreich. Wien 1927
Exner, F; Mord und Todesstrafe in Sachsen 1855 – 1927. In: MschrKrim 20 (1929)
Exner, F.; Studien über die Strafzumessungspraxis der deutschen Gerichte. Leipzig 1931
Exner, F.; Kriminologie. 3. Aufl. Berlin u. a. 1949 (1. Aufl. 1939)
Eynon, T.G., H. A. Allen, W. C. Reckless; Measuring Impact of a Juvenile Correctional Institution by Perceptions of Inmates and Staff. In: JRes 8 (1971)
Eysenck, B. G., H. J. Eysenck; Crime and Perosnality: Item Analysis of Questinonnaire Responses. In: BritJCrim 11 (1971)
Eysenck, H. J.; Kriminalität und Persönlichkeit. Wien 1977. 1. Aufl. London 1964
Fabelje; in: Die »Probleme der Bekämpfung der Wirtschaftskriminalität«. In: Krim 28 (1974)
Faine, J. R.; A Self-Consistency Approach to Prisonization. In: Sociological Quarterly 14 (1973)
Farrington, D. P.; The Effect of Public Labeling. In: BritJCrim 17 (1977)
Farrington, D. P., S. G. Osborn, D. J. West; The Persistence of Labeling. In: BritJCrim 18 (1978)
Fattah, E. A.; La rôle de la victime dans la détermination du délit. In: CanadJ 12 (1970)
Feest, J.; Die Situation des Verdachts. In: *Feest/Lautmann* 1971 (1971b)
Feest, J.; Tagungsbericht, Bericht über das Kolloquim »Kriminologische Forschung in Deutschland und die empirischen Untersuchungen am Max-Planck-Institut. In: ZStW 83 (1971d)
Feest, J.; Betriebsjustiz: Organisation, Anzeigebereitschaft und Sanktionsverhalten der formellen betrieblichen Sanktionsorgane. In: ZStW 85 (1973)
Feest, J., R. Lautmann; (Hrsg.); Die Polizei. Opladen 1971
Feest, J., G. Metzger-Pregizer; Betriebskriminalität und Betriebsjustiz. In: KrimJ 4 (1972)
Feger, G.; Die unvollständige Familie und ihr Einfluß auf die Jugendkriminalität. In: *T. Würtenberger* (Hrsg.); Familie und Jugendkriminalität, Band I. Stuttgart 1969
Fehlinger, H; Die Kriminalität der Neger in den Vereinigten Staaten von Nordamerika. In: ArchKrim 24 (1906)

Von Ferber, Ch.; Bemerkungen zum Verhältnis der Gesellschaftswissenschaften zur Sozialpolitik. In: *Bracher, R. D., C. Dawson, W. Geiger, R. Smend* (Hrsg.); Die moderne Demokratie und ihr Recht, Festschrift für G. Leibholz, 65. Geburtstag. Tübingen 1966
Ferdinand, T. N; Typologies of Delinquency. New York 1966
Ferguson, Th.; Schulzeit und Delinquenz. In: *Heintz, P.* (Hrsg.); Soziologie der Schule; Sonderheft 4 der KZfSS, 8. Aufl. 1971
Ferracuti, F., M. E. Wolfgang; Clinical versus Sociological Criminology: Separation or Integration. In: Excerpta criminologia 4 (1964)
Ferri, E.; Das Verbrechen als soziale Erscheinung, Grundzüge der Kriminal-sociologie (Sociologia Criminale 1881, deutsch). Leipzig 1896
Feshbach, S.; The Stimulating Versus Cathartic Effects of a Vicarious Aggressive Activity. In: JAbnPsych 63 (1961)
Von Feuerbach, P. J. A.; Aktenmäßige Darstellung merkwürdiger Verbrechen. Aalen 1970 (Nachdruck der 3. Aufl. 1849; 1. Aufl.; Merkwürdige Kriminalrechtsfälle 1808/1811)
Foucault, M.; Überwachen und Strafen. Die Geburt des Gefängnisses. Frankfurt a. M. 1976
Fox, R. G.; The XYY Offender: A Modern Myth? In: JCrim 62 (1971)
Frank, R. u.a. (Hrsg.); Der Pitaval der Gegenwart, Almanach interessanter Straffälle. Tübingen 1907 ff.
Frease, D. E.; The Schools, Self Concept and Juvenile Delinquency. In: BritJCrim 12 (1972)
Fréchette, M.; Le Criminel et l'Autre. In: ACrim 3 (1970)
Freud, S.; Die Zukunft einer Illusion. In: *Freud, S.* (Hrsg.); Das Unbewußte – Schriften zur Psychoanalyse. Frankfurt a. M. 1960
Freud, S.; Totem und Tabu. Gesammelte Werke. 9. Band, 5. Aufl. Frankfurt a. M. 1973a (1944)
Freud, S.; Einige Charaktertypen aus der psychoanalytischen Arbeit. Gesammelte Werke. 10. Band, 6. Aufl. Frankfurt a. M. 1973b (1946)
Frey, E.; Der frühkriminelle Rückfallsverbrecher. Basel 1951a
Frey, E.; Kriminologie: Programm und Wirklichkeit. In: Schweiz ZfStr 66 (1951b)
Friday, P. C., D. M. Peterson; Shock of Imprisonment: Comparative Analysis of Short-Term Incarceration as a Treatment Technique. In: CanadJ 15 (1973)
Friebel, W., K. Manecke, W. Orschekowski u.a. (Hrsg.); Gewalt- und Sexualkriminalität. Erscheinungsformen, Ursachen, Bekämpfung. Berlin 1970
Friedemann, A.; Spätschäden bei Kindern und Jugendlichen. In: BeitrSexForsch 33 (1965)
Friedrichs, H.-J.; Die Situation des Jugendstrafvollzuges in Nordrhein-Westfalen. Diss. Jur. Köln 1975
Fromm, E.; Zur Psychologie des Verbrechers und der strafenden Gesellschaft (1931). In: Analytische Sozialpsychologie und Gesellschaftstheorie. Frankfurt a. M. 1970
Fry, L. J.: The Impact of Formal Inmate Structure on Opposition to Staff and Treatment Goals. In: BritJCrim 16 (1976)
Fuchs, G.; Statistische Gesichtspunkte zur Erfolgsbeurteilung. In: Der Medizinische Sachverständige 65 (1969)
Fuhlendorf, H.; Die Jugendkriminalität nach dem Kriege. Eine vergleichende Darstellung an Hand des hierzu veröffentlichten Schrifttums. Diss. Jur. Hamburg 1961
Fuller, R. C., Morals and the Criminal Law. In: JCrim 32 (1942)
Gall, F. J.; Anatomie et physiologie du système nerveux en général et du cerveau en particulier avec des observations sur la possibilité de reconnâitre plusieurs dispositions intellectuelles et morales de l'homme et des animaux par la configuration de leurs têtes; 4 Bde, Paris 1810 – 1820

Galperin, I. M.; Über die strafrechtliche Verantwortlichkeit der Recidivisten... In: *Nikiforow, B. S.* (Hrsg.); Die Effektivität strafrechtlicher Maßnahmen im Kampf gegen die Kriminalität. Moskau 1968 (russ.)
Galtung, J.; The Social Functions of a Prison. In: SP 6 (1958)
Garabedian, P. G.; Social Roles in a Correctional Community. In: JCrim 55 (1964)
Garabedian, P. G.; Social Roles and Processes of Socialization in the Prison Community (1963). In:*Johnston, N., L. Savitz, M. E. Wolfgang* (Hrsg.); The Sociology of Punishment and Correction. 2. Aufl. New York 1970
Garfinkel, H.; Studies in Ethnomethodology. Englewood Cliffs N. J. 1967
Garfinkel, H.; Bedingungen für den Erfolg von Degradierungszeremonien (Conditions of successful degradation ceremonies 1956, deutsch). In: Gruppendynamik 5 (1974)
Garofalo, R.; La Criminologie. 5. Aufl. Paris 1905 (Criminologia 1885)
Garrity, D. L.; The Prison as a Rehabilitation Agency. In: *Cressey, D. R.* (Hrsg.); The Prison. Studies in Institutional Organization and Change. New York 1961
Geerds, F.; Die Kriminalität als soziale und als wissenschaftliche Problematik. Recht und Staat, Heft 315. Tübingen 1965
Geerds, F.; Kriminalphänomenologie, Ihre Aufgaben und Möglichkeiten. In: *Geerds, F., W. Naucke* (Hrsg.); Beiträge zur gesamten Strafrechtswissenschaft, Festschrift für Hellmuth Mayer zum 70. Geburtstag am 1. Mai 1965. Berlin 1966
Geerds, F.; Probleme der Wirtschaftskriminalität und ihrer Bekämpfung. In: Krim 22 (1968)
Geerds, F.; »Gaunertum«. In: *Erler, A., E. Kaufmann* (Hrsg.); (Handwörterbuch zur deutschen Rechtsgeschichte, Bd. I. Berlin) 1971
Geerds, F.; Über mögliche Reaktionen auf Ladendiebstähle. In: DRiZ 54 (1976)
Gehrken, K.-G.; Die Randständigen – eine Herausforderung der Jugendhilfe. In: UJ 21 (1969)
Geiger, T.; Die Masse und ihre Aktion. Ein Beitrag zur Soziologie der Revolutionen. Stuttgart 1926 (Nachdruck 1967)
Geiger, T.; Vorstudien zur Soziologie des Rechts. 2. Aufl. Neuwied 1970
Geis, G., D. Chappell; Forcible Rape by Multiple Offenders. In: AbstrCrim 11 (1971)
Geis, G., R. F. Meier; Introduction. In: *Geis, G.; R. F. Meier* (Hrsg.); White-Collar Crime. Offenses in Business Politics and the Professions; rev. ed.; London, New York 1977
Gemmer, K.-H.; Diskussionsbemerkung. In: Bundeskriminalamt Wiesbaden 1974
Genser-Dittmann, U.; Ungeregelte Lebensführung als Strafzumessungsgrund?. In: KrimJ 7 (1975)
Gerchow, J.; Untersuchungen über die kriminologische Bedeutung der Kontaktstörungen bei Heimkehrern aus Kriegsgefangenschaft. In: MschrKrim 36 (1953)
Gerecke, F.; Zur Frage der Rückfallprognose. In: MschrKrim 30 (1939)
Giallombardo, R.; Society of Women: A Study of a Women's Prison. New York u.a. 1966
Giallombardo, R.; The Social World of Imprisoned Girls. A Comparative Study of Institutions for Juvenile Delinquents. New York u.a. 1974
Giardini, G. I., R. G. Farrow; The Paroling of Capital Offenders. In: *Sellin, T.* (ed): Capital Punishment. New York 1967
Gibbons, D. C.; Changing the Lawbreaker. Englewood Cliffs/ N. J. 1965
Gibbons, D. C.; Society, Crime and Criminal Careers. An Introduction to Criminology. 3. Aufl. Englewood Cliffs/New Jersey 1977; 1. Auflage 1968
Gibbons, D. C., D. L. Garrity; Definition and Analysis of Certain Criminal Types. In: JCrim 53 (1962)

Gibbs, C.; The Effect of the Imprisonment of Women upon their Children. In: BritJCrim 11 (1971)
Gibbs, J. P.; Crime, Unemployment and Status Integration. In: BritJCrim 6 (1966)
Gibbs, J. P.; Issues in Defining Deviant Behavior. In: *Scott, R. A., J. D. Douglas* (Hrsg.); Theoretical Perspectives on Deviance. New York, London 1972
Gibson, H. G.; Besprechung von *Belson u.a.* 69. In: BritJCrim 9 (1969)
Gilbert, J.; Delinquent (Approved School) and Non-Delinquent (Secondary-Modern School) Girls; Some Conclusions from a Comparative Study in England and Wales. In: BritJCrim 12 (1972)
Gipser, D.; Mädchenkriminalität. Soziale Bedingungen abweichenden Verhaltens. München 1975
Glaser, D.; Criminality Theories and Behavioral Images. In: AJS 61 (1956)
Glaser, D.; The Effectiveness of a Prison and Parole System. Indianapolis/New York 1964
Glaser, D., K. Rice; Crime, Age, and Employment. In: *Wolfgang u.a.* 1962
Gleitze, B.; Die Konjunkturkriminalität; Eine statistische Untersuchung über die konjunkturellen und demographischen Einflüsse auf die Kriminalitätsentwicklung. Stuttgart, Berlin 1941
Glueck, S., E. Glueck; Later Criminal Careers. New York, London 1937
Glueck, S., E. Glueck; Juvenile Delinquents Grown Up. New York, London 1940
Glueck, S., E. Glueck; Criminal Careers in Retrospect. New York 1943
Glueck, S., E. Glueck; Predicting Delinquency and Crime. Cambridge/Masss. 1959
Glueck, S., E. Glueck; Five Hundred Criminal Careers. New York 1965 (Erstauflage 1930)
Glueck, S., E. Glueck; Unraveling Juvenile Delinquency, 5. Aufl., Cambridge/Mass. 1968 (1. Aufl. 1950)
Glueck, S., E. Glueck; Delinquents and Nondelinquents in Perspective. Cambridge/Mass. 1968a
Glueck, S., E. Glueck; Toward a Typology of Juvenile Offenders, Implications for Therapy and Prevention. New York, London 1970
Glueck, S. E. Glueck; Five Hundred Delinquent Women. New York 1971 (Nachdruck von 1934)
Glueck, S., E. Glueck; One Thousand Juvenile Delinquents. Cambridge/Mass. 1974
Goddard, H. H.; Die Familie Kallikak. Langensalza 1914 (Orig. New York 1912)
Goedecke, W.; Berufs- und Gewohnheitsverbrecher. Eine Untersuchung zur allgemeinen Charakteristik dieser Tätergruppe. In: Schriftenreihe des Bundeskriminalamtes. Wiesbaden 1962
Goemann, M.; Das Schicksal der Lebenslänglichen. Erhebungen zur Lebenssituation und zur Sozialprognose von begnadigten Langzeitgefangenen. Berlin, New York 1977
Göppinger, H.; Probleme interdisziplinärer Forschung in der Kriminologie. In: Tübinger Festschrift für Eduard Kern. Tübingen 1968
Göppinger, H.; Neuere Ergebnisse der kriminologischen Forschung in Tübingen. In: KrimGegfr 9 (1970)
Göppinger, H.; Kriminologie. 3. Aufl. München 1976
Goffman, E.; Asyle. Über die soziale Situation psychiatrischer Patienten und anderer Insassen (Asylums. . . . 1961). Frankfurt a. M. 1973
Goffman, E.; Stigma. Über Techniken der Bewältigung beschädigter Indentität. Frankfurt a. M. 1975
Gold, M.; Undetected Delinquent Behavior. In: JRes 3 (1966)
Gold, M.; Delinquent Behavior in an American City. Belmont/Cal. 1970

Goode, W. J.; Family Disorganization. In: *Merton, R. K., R. Nisbet* (Hrsg.); Contemporary Social Problems. 4. Aufl. New York u.a. 1976 (1961)
Gordon, R. A.; Issues in the Ecological Study of Delinquency. In: ASR 32 (1967)
Goring, C.; The English Convict, A Statistical Study. Montclair/N. J. 1972 (1913)
Gottfredson, D. M., K. B. Ballard; The Validity of Two Parole Prediction Scales. An Eight Year Follow Up Study. Vacaville 1965
Gouldner, A. W.; Cosmopolitans and Locals: Toward an Analysis of Latent Social Roles. In: Administration Science Quarterly 2 (1957), Teile I und II
Gouldner, A. W., S. M. Miller (Hrsg.); Applied Sociology. Opportunities and Problems. New York, London 1965
Gove, W. R.; Societal Reaction as an Explanation of Mental Illness: An Evaluation. In: ASR 35 (1970)
Gräff, G.; Die Kriminalität der Gastarbeiter im Landgerichtsbezirk München I in den Jahren 1960 – 1963. Diss. Jur. München 1967
Gramatica, F.; Grundlagen der défense sociale (Gesellschaftsschutz). 1. und 2. Teil. Hamburg 1965
Grassberger, R.; Die Lösung kriminalpolitischer Probleme durch die Mechanische Statistik. Wien 1946
Graumann, C.-F.; »Social Perception«, Die Motivation der Wahrnehmung in neueren amerikanischen Untersuchungen (Sammelreferat). In: ZexPsych 3 (1955/56)
Graumann, C.-F.; Interaktion und Kommunikation; in: *Graumann, C.-F.* (Hrsg.); Handbuch der Psychologie, 7. Bd., Sozialpsychologie, 2. Halbbd; Forschungsbereiche; Göttingen 1972
Graumann, C.F., W. D. Fröhlich; Ansätze zu einer psychologischen Analyse des sogenannten Steuerwiderstandes. In: Finanzarchiv 17 (1956/57)
Grebing, G.; Probleme der Tagessatz – Geldstrafe. In: ZStW 88 (1976)
Grebing, G.; Die Geldstrafe im deutschen Recht nach Einführung des Tagessatzsystems. In: *Jescheck/Grebing* 1978
Green, E.; Judicial Attitudes in Sentencing. A Study of the Factors Underlying the Sentencing Practice of the Criminal Court of Philadelphia. London 1961
Green, E.; Race, Social Status and Criminal Arrests. In: ASR 35 (1970)
Grethlein, G.; Jugendarrest, Jugendstrafe und Bewährung. Ist eine Koppelung zulässig und nützlich?. In: NJW 10 (1957)
Grethlein, G.; Nochmals: Jugendarrest und Bewährung. In: NJW 15 (1962)
Grethlein, G.; Problematik des Verschlechterungsverbotes im Hinblick auf die besonderen Maßnahmen des Jugendrechts. Neuwied, Berlin 1963
Grigsby, S. E.; The Raiford Study: Alcohol and Crime. In: JCrim 54 (1963)
Grosskelwing, G.; Prognosetafeln in der Bewährung. Ein Beitrag zur sozialen Prognose bei jungen Kriminellen. Diss. Jur. Göttingen 1963
Grossmann, H.-P.; Stereotype Urteile von Strafgefangenen über Delinquente. In: Psychologische Beiträge 11 (1969)
Grünberger, J. u.a.; Psychologische Untersuchung des Aggressionspotentials bei erstverurteilten Strafgefangenen. In: Wiener Zeitschrift für Nervenheilkunde 28 (1970)
Grunau, T.; Kritische Überlegungen zum Strafvollzugsgesetz. In: JR 1977
Grupp, S. E.; Prior Criminal Record and Adult Marihuana Arrest Dispositions. In: JCrim 62 (1971)
Grupp, S. E. (Hrsg.); Theory of Punishment; Indiana University Press, Bloomington/London 1971b

Grusky, O.; Organizational Goals and the Behavior of Informal Leaders. In: AJS 65 (1959)
Grygier, T.; The Concept of »Social Progression«. In: *Grygier, T., H. Jones, J. C. Spencer* (Hrsg.): Criminology in Transition. Essays in Honour of H. Mannheim. London 1965
Grygier, T.; The Effect of Social Action: Current Prediction Methods and Two New Models. BritJCrim 6 (1966)
Gündisch, J.; Strafen und Sicherungsmaßnahmen in Haftanstalten. In: *Rollmann* 1967
Guerry, A. M.; Essai sur la statistique morale de la France Paris 1833
Guerry, A. M.; La statistique morale de l'Angleterre comparée avec la statistique morale de la France. Paris 1864
Gütt, F. B.; Die Bewährung bedingt verurteilter Jugendlicher und Heranwachsender. Diss. Jur. Hamburg 1964
Guilford, J. P.; Persönlichkeit, Logik, Methodik und Ergebnisse ihrer quantitativen Erforschung (Personality 1959, deutsch). 2./3. Aufl. Weinheim/Bergstr. 1965
Gundolf, H.; Die Frau als Katalysator fes Verbrechens. In: GrKrim 4, (1968)
Gusfield, J. R.; Symbolic Crusade. Urbana/Ill. 1963
Gutjahr, W.; Elterliches Versagen und Jugendkriminalität. In: Jugendkriminalität und ihre Bekämpfung in der sozialistischen Gesellschaft. Berlin 1965
Haag, F.; Wohnungslose Familien in Notunterkünften. Soziales Bezugsfeld und Verhaltensstrategien München 1971
Haag, K.; Rationale Strafzumessung. Ein entscheidungstheoretisches Modell der strafrichterlichen Entscheidung. Köln u.a. 1970
Van den Haag, E.; On Deterrence and the Death Penalty. In: JCrim 60 (1969)
Haaser, A.; Resozialisierung jugendlicher Strafentlassener in Wohnkollektiven. In: Nachrichtendienst des Deutschen Vereins für öffentliche und private Fürsorge 51 (1971)
Haberlandt, W. F.; Cytogenetische Untersuchung einer auslesefreien Population von Kriminellen und einer vergleichbaren Kontrollserie. In: KrimGegfr 9 (1970)
Habermas, J.; Eine Polemik (1964): Gegen einen positivistisch halbierten Rationalismus. In: *Habermas, J.;* Zur Logik der Sozialwissenschaften. Materialien 2. Aufl. Frankfurt a. M. 1970
Hacker, E.; Internationale Kriminalstatistik. In: MschrKrim 22 (1931)
Hacker, M. E.; Statistique comparée de la criminalité. In: Revue internationale de Droit Pénal (1936)
Hacker, F.; Aggression. Die Brutalisierung der modernen Welt. Wien u.a. 1971
Häfner, H.; Psychopathen. Daseinsanalytische Untersuchungen zur Struktur und Verlaufsgestalt von Psychopathien. Berlin u.a. 1961
Häfner, H., W. Böker; Geistesgestörte Gewalttäter in der BR. Eine epidemiologische Untersuchung. In : Der Nervenarzt 43 (1972)
Häfner, H., H. Reimann, H. Immich, H. Martini; Inzidenz seelischer Erkrankungen in Mannheim 1965 (Vorläufige Mitteilung der bisher angefallenen Ergebnisse). In: Sozialpsychiatrie 4 (1969)
Händel, K.; Offenlegung von Untersuchungsmethoden. In: Krim 4 (1976)
Haesler, W. T.; Frauen im Gefängnis. In: ZfStrV 15 (1966)
Haferkamp, H.; Kriminelle Karrieren, Handlungstheorie, Teilnehmende Beobachtung und Soziologie krimineller Prozesse. Reinbek bei Hamburg 1975
Haferkamp, H., G. Meier; Sozialarbeit als Instanz sozialer Kontrolle. In: KrimJ 4 (1972)
Haffke, B.; Tiefenpsychologie und Generalprävention. Eine strafrechtstheoretische Untersuchung. Aarau und Frankfurt a. M. 1976
Hagan, J. L.; The Labelling Perspective, the Delinquent, and the Police: A Review of the Li-

terature. In: CanadJ 14 (1972)
Hall, A. C.; Crime in its Relation to Social Progress. New York 1901
Hall, J.; Theft, Law and Society. 2. Aufl. Indianapolis 1952 (1. Aufl. 1935)
Halloran, J. D., R. C. Brown, D. C. Chaney; Fernsehen und Kriminalität; (Television and Delinquency, deutsch). Berlin 1972
Hanack, E.-W.; Zur Problematik der gerechten Bestrafung nationalsozialistischer Gewaltverbrecher. Tübingen 1967
Hanack, E.- W.; Das juristische Konzept der sozialtherapeutischen Anstalt und der sonstigen Maßregeln im neuen Strafrecht der Bundesrepublik. In: KrimGegfr 16 (1972)
Hansmeyer, K. H., K. Mackscheidt; Finanzpsychologie. In: *Neumark, F.* (Hrsg.); Handbuch der Finanzwissenschaft. 3. Aufl. Bd. 1. Tübingen 1977
Harbordt, S.; Die Subkultur des Gefängnisses. Eine soziologische Studie zur Resozialisierung. 2. Aufl. Stuttgart 1972
Hardman, D. G.; Historical Perspectives of Gang Research. In: JRes 4 (1967)
Harnisch, G.; Tötungsdelikte in Hamburg (1961 – 1970). In: GrKrim 10 (1973)
Harris, C. M., S. D. Moitra; Improved Statistical Techniques for the Measurement of Recidivism. In: JRes 15 (1978)
Harrland, H., u.a.; Kriminalstatistik, Leitfaden. Berlin 1968
Harrland, H.; Zentrale Leitung und komplexe Kriminalitätsverhütung und -bekämpfung. In: NJ 24 (1970)
Harrland, H.; Die Kriminalität in der DDR im Jahre 1969. In: NJ 24 (1970a)
Hart, H.; Predicting Parole Success. In: JCrim 14 (1923)
Hartman, C.; Flucht aus dem Gefängnis. Stuttgart 1977
Hartmann, K.; Theoretische und empirische Beiträge zur Verwahrlosungsforschung. Berlin u.a. 1970
Hartmann, K., K. Eberhard; Legalprognosetest für dissoziale Jugendliche (LDJ). Göttingen 1972
Hartmann, K., W. Engelmann; Eine faktorenanalytische Untersuchung von Labilitätskriterien »erziehungsschwieriger« männlicher Minderjähriger. In: Praxis der Kinderpsychologie und Kinderpsychiatrie 15 (1966)
Hashimoto, K. u.a.; A Study on Prisoners Serving Life Sentence (Report 2). In: The Research and Training Institute, The Ministry of Justice (Hrsg.): Bulletin of the Criminological Research Department. Japan 1970
Hassemer, W.; Strafzumessung, Strafvollzug und die »Gesamte Strafrechtswissenschaft«. In: *Kaufmann* 1971
Hassemer, W.; Dogmatische, kriminalpolitische und verfassungsrechtliche Bedenken gegen die Kostentragungspflicht des verurteilten Angeklagten. In: ZStW 85 (1973a)
Hassemer, W.; Theorie und Soziologie des Verbrechens. Ansätze zu einer praxisorientierten Rechtsgutlehre. Frankfurt a. M. 1973b
Hassemer, W.; Strafrechtsdogmatik und Kriminalpolitik. Reinbek b. Hamburg 1974
Hathaway, S. R., E. D. Monachesi (Hrsg.); Analyzing and Predicting Juvenile Delinquency with MMPI. Minneapolis 1953
Hathaway, S. R., E. D. Monachesi; Adolescent Personality and Behavior MMPI Patterns of Normal, Delinquent, Dropout, and Other Outcomes. Minneapolis 1963
Healy, W.; The Individual Delinquent. Boston 1915
Healy, W., A. F. Bronner; New Light on Delinquency and its Treatment. New Haven 1936
Heegner, F.; Untersuchungen zur Verkehrsdelikt-Belastung bei mehrfach rückfälligen Straftätern; Diss. Jur. München 1961

Heffernan, E.; Making it in Prison, the Square, the Cool, and the Life. New York u.a. 1972
Heilbrun, A. B., L. C. Heilbrun, K. L. Heilbrun; Impulsive and Premeditated Homicide: An Analysis of Subsequent Parole Risk of the Murderer. In: JCrim 69 (1978)
Heinrichs, H.; Zur Wirkung von Gewaltdarstellungen im Fernsehen auf Kinder. In: Vorgänge 12 (1972)
Heinz, W.; Die neue Polizeiliche Kriminalstatistik auf EDV-Basis, Terminologie, Gliederung und Zählweise. In: Krim 26 (1972a)
Heinz, W.; Entwicklung, Aufgaben und Probleme der Kriminalstatistik. In: ZStW 84 (1972b)
Heinz, W.; Zur Korrektur der Tatverdächtigenzahlen in der Polizeilichen Kriminalstatistik. In: Krim 30 (1976)
Heinz, W.; Die Bekämpfung der Wirtschaftskriminalität mit strafrechtlichen Mitteln – unter besonderer Berücksichtigung des 1. WiKG. In: GA 1977
Heinz, W.; Straf(rest)aussetzung, Bewährungshilfe und Rückfall. Ergebnisse und Probleme kriminologischer Dokumentenanalysen. In: BewHi 24 (1977a)
Heinz, W.; Die Strafrechtspflegestatistik in der DDR, Entwicklung und Stand im Vergleich mit der Bundesrepublik. In: Jahrbuch für Ostrecht 18 (1977b)
Hellmer, J.; Der Gewohnheitsverbrecher und die Sicherungsverwahrung 1934 – 1945. Berlin 1961
Hellmer, J.; Kriminalitätsatlas der Bundesrepublik Deutschland und West-Berlins – Ein Beitrag zur Kriminalitätsgeographie –. In: *Bundeskriminalamt Wiesbaden* (Hrsg.); Schriftenreihe des Bundeskriminalamtes. Wiesbaden 1972
Hellmer, J.; Kriminalität in Berlin. In: *Lüttger u.a.* (Hrsg.); Festschrift für Ernst Heinitz zum 70. Geburtstag. Berlin 1972a
Hellmer, J.; Zur Kriminalität in beiden Teilen Deutschlands. In: *Schroeder, F.-C.* u.a.; Festschrift für R. Maurach. Karlsruhe 1972b
Hellmer, J.; Hat sich das Jugendstrafrecht bewährt? Versuch einer Zusammenstellung von Gesichtspunkten zur Beantwortung dieser Frage. In: ZblJugR 60 (1973)
Hellmer, J.; Identität und Kriminalität. In: *Warda u.a.* 1976
Hellmer, J.; Jugendkriminalität; 4. Aufl. Frankfurt a. M. 1978
Hellmer, J.; Identitätstheorie und Gemeindekriminalität. In: ArchKrim 161 (1978a)
Hellmer, J.; Identitätsbewußtsein und Wiedergutmachungsgedanke. In: JZ 34 (1979)
Hennig, W.; Kriminelle Gruppen Jugendlicher. In: NJ 19 (1965)
Von Hentig, H.; Remarks on the Interaction of Perpetrator and Victim. In: JCrim 31 (1940)
Von Hentig, H.; Crime: Causes and Conditions. New York, London 1947
Von Hentig, H.; Die Strafe, Bd. II. Die modernen Erscheinungsformen. Berlin u.a. 1955
Von Hentig, H.; Das Verbrechen, 3 Bände, Berlin u.a. 1961, 1962, 1963
Von Hentig, H.; Die unbekannte Straftat. Berlin u.a. 1964
Von Hentig, H.; The Criminal and his Victim. 1967 (New Haven 1948)
Hering, H.-H.; Der Weg der Kriminologie zur selbständigen Wissenschaft. Hamburg 1966
Herold, H.; Kriminalgeographie. Ermittlung und Untersuchung der Beziehungen zwischen Raum und Kriminalität. In: GKrim 4 (1968)
Herold, H.; Kriminalistische Fehlschlüsse. Eine Erwiderung zu *Häring* »Kriminalitätsrückgang durch automatisch gesteuerten Polizeieinsatz« in der »Kriminalistik« 1971, S. 2 ff. In: Krim 25 (1971)
Herold, H.; Kriminologisch-kriminalistische Forschung im Bundeskriminalamt. In: BKA 1974 (1974a)
Herold, H.; Pressemitteilung, hier zit. nach *Der Tagesspiegel,* Ausgabe vom 1.8.1974b

Herold, H.; Gesellschaftliche Aspekte der Kriminalitätsbekämpfung. In: Recht und Politik 10 (1974c)
Herren, R.; Gibt es Morde ohne Motiv? In: Krim 14 (1960)
Herrfahrdt, R.; Zur Kriminalität weiblicher Minderjähriger. Diss. Jur. Göttingen 1971
Herrmann, J.; Die Reform der deutschen Hauptverhandlung nach dem Vorbild des anglo-amerikanischen Strafverfahrens. Bonn 1971
Herrmann, T.; Lehrbuch der empirischen Persönlichkeitsforschung. Göttingen 1969
Herzenson, A. A.; Aus der Geschichte der sowjetischen Strafrechtswissenschaft. Sowjetische Justiz 1967, Heft 10 (russ.)
Hess, A. G.; Chasing the Dragon. A Report on Drug Addiction in Hong-Kong. Amsterdam 1965
Hess, A. G.; The American Juvenile Court: Then and Now. In: *Mergen, A.* (Hrsg.); Kriminologische Wegzeichen, Festschrift für Hans von Hentig. Hamburg 1967
Hess, A. G.; Bildliche Darstellungen als Quelle der historischen Kriminologie: Methodologische Betrachtungen. In: *Busch/Edel* 1969
Hess, H.; Mafia, Zentrale Herrschaft und lokale Gegenmacht. Tübingen 1970
Hess, H.; Die Lazarusschicht. Vorbemerkungen zum Problem der Armut. In: KrimJ 4 (1972a)
Hess, H.; Kriminelle Karrieren Jugendlicher in einem Armenghetto. In: KrimJ 4 (1972b)
Hess, H.; Repressives Verbrechen. In: KrimJ 8 (1976)
Hess, H., A. Mechler; Ghetto ohne Mauern. Ein Bericht aus der Unterschicht. Frankfurt a. M. 1973
Hess, H. u. a. (Hrsg.); Sexualität und soziale Kontrolle; Festschrift für H. Leferenz. Heidelberg 1978
Hindelang, M. J.; Extroversion, Neuroticism, and Self-Reported Delinquent Involvement. In: JRes 8 (1971)
Hindelang, M. J., J. G. Weis; Personality and Self-Reported Delinquency: An Application of Cluster-Analysis. In: Crim 10 (1972)
Hink, U.; Die kriminogene Wirkung der Untersuchungshaft. In: Krim 21 (1967)
Hinrichsen, K.; Einführung in das Jugendkriminalrecht. Ein Grundriß für Ausbildung und Praxis im Jugendwohlfahrts- und Justizdienst. Berlin u.a. 1957
Von Hippel, R.; Die geschichtliche Entwicklung der Freiheitsstrafe. In: *Bumke, E.* (Hrsg.); Deutsches Gefängniswesen, Ein Handbuch. Berlin 1928
Hirsch, E. E.; M. Rehbinder (Hrsg.); Studien und Materialien zur Rechtssoziologie. KZfSS-Sonderheft 11. Köln, Opladen 1967
Hirschi, T., H. C. Selvin; Delinquency Research. An Appraisal of Analytic Methods. New York 1967
Hitzig, E., W. Häring (Hrsg.); Der Neue Pitaval, Eine Sammlung der interessantesten Criminalgeschichten aller Länder aus älterer und neuerer Zeit. Leipzig 1842 ff.
Hobbes, T.; Leviathan. In: Rowohlts Klassiker 187 – 189. Leck/Schleswig 1965 (1651)
Hobsbawm, E. J.; Sozialrebellen, Archaische Sozialbewegungen im 19. und 20. Jahrhundert (Primitive Rebels. Studies in Archaic Forms of Social Movement in the 19th and 20th Centuries, deutsch). Neuwied, Berlin 1962 (Ausgabe 1971)
Hochheimer, W.; Zur Psychologie von strafender Gesellschaft. In: KrimJ 2 (1969)
Höbbel, D.; Bewährung des statistischen Prognoseverfahrens im Jugendstrafrecht. Göttingen 1968

Hoebbel, E. A.; Das Recht der Naturvölker. Eine vergleichende Untersuchung rechtlicher Abläufe. Olten, Freiburg 1968 (Übersetzung von: The Law of Primitive Man. Cambridge 1954)
Höfer, K.; Kriminalisierung und Sozialisierung am Rechenschieber. Eine kritische Betrachtung der Rückfallquotenberechnung. In: JZ 31 (1976)
Höhmann, P.; Probleme soziologisch angeleiteter Praxis. Dargestellt am Beispiel der Obdachlosigkeit. In: *Albrecht* u.a. 1973
Höhn, E.; Der schlechte Schüler. Sozialpsychologische Untersuchungen über das Bild des Schulversagers. 7. Aufl. München 1976 (1967)
Hofmann, T., H. Pönitz, R. Herz; Jugend im Gefängnis. Reform im Jugendstrafvollzug. München 1975
Hofstätter, P. R.; Gruppendynamik, Kritik der Massenpsychologie. Hamburg 1957
Hogarth, J.; Sentencing as a Human Process. Toronto 1971
Hohmeier, J.; Soziale Verhaltenstypen bei Insassen von Strafanstalten. In: MschrKrim 54 (1971a)
Hohmeier, J.; Die Strafvollzugsanstalt als Organisation. In: *A. Kaufmann* 1971
Hohmeier, J.; Aufsicht und Resozialisierung. Empirische Untersuchung der Einstellungen von Aufsichtsbeamten und Insassen im Strafvollzug. Stuttgart 1973
Holbach, P. H. T, d'; Système de la nature, ou des lois de monde physique et du monde morale. Amsterdam 1770; dt. *F.-G. Voigt,* Berlin 1960
Hollander, P.; A Converging Social Problem: Juvenile Delinquency in the Soviet Union and the United States. In: BritJCrim 9 (1969)
Holle, R.; Die Kriminalität in der Bundesrepublik Deutschland im Vergleich zu Österreich, Frankreich, den Niederlanden, Dänemark, Schweden, England und Wales und Italien 1955 – 1964. In: Schriftenreihe des Bundeskriminalamtes. Wiesbaden 1968/2
Hollingshead, A. B, F. C. Redlich; Social Class and Mental Illness: A Community Study. New York 1958
Holzkamp, K.; Kritische Psychologie, Vorbereitende Arbeiten. Frankfurt a. M. 1972
Home Office, Report of the Advisory Council on the Penal System; The Regime for Long-Term Prisoners in Conditions of Maximum Security. London 1968
Hommel, K. F.; Principis cura leges; Leipzig 1765; dt.: von *R. Polley;* Des Fürsten höchste Sorgfalt: Die Gesetze. Karlsruhe 1975
Hood, R., R. Sparks; Kriminalität, Verbrechen, Rechtsprechung, Strafvollzug. München 1970
Hooton, E. A.; The American Criminal. Cambridge/Mass. 1939
Hoppe, H.-G.; Veränderung der Gnadenpraxis für Lebenslängliche? In: Der Gemeindetag. Zeitschrift für die gemeindliche Selbstverwaltung 23 (1970)
Hoppensack, H.-C.; Über die Strafanstalt und ihre Wirkung auf Einstellung und Verhalten von Gefangenen, unter anderem dargestellt an Hand einer Untersuchung der Strafanstalten Bremen-Oslebshausen im Jahre 1965. Göttingen 1969
Horchem, M. J.; Die Innere Sicherheit der Bundesrepublik Deutschland. In: Beiträge zur Konfliktforschung Heft 4, 1976
Horn, K.; Gibt es einen Aggressionstrieb? In: Psyche 26 (1972)
Horn, W.; Bedingungsfaktoren und Begleiterscheinungen wiederholter Straffälligkeit. In: ZexPsych 8 (1961)
Houchon, G.; Ricerca sulle strutture sociali penitentiari e sulla cultura carceraria. In: QuadCrim 11 (1969)

Houchon, G.; Priorities in Criminological Research, What should be the relevant criteria? Generalbericht, VI. Internationaler Kongreß für Kriminologie, vervielf. Exemplar. Madrid 1970

Howard, W.; Über Gefängnisse und Zuchthäuser (The State of the Prisons in England and Wales, Ausz. dt.). Leipzig 1780

Hurwitz, S.; Criminology. London, Kopenhagen 1952

Hurwitz, S., K. O. Christiansen; Kriminologie, Bd. 1. Kopenhagen 1968

Iben, G., Randgruppen der Gesellschaft. Untersuchungen über Sozialstatus und Erziehungsverhalten obdachloser Familien. München 1971

Irwin, J., D. R. Cressey; Thieves, Convicts, and the Inmate Culture. In: *Becker,* H. (Hrsg.); The Other Side, Perspectives on Deviance. New York, London 1964

Jacta, M.; Berühmte Strafprozesse, Deutschland, 3. Bd. München 1963, 1967, 1972

Jäger, H.; Verbrechen unter totalitärer Herrschaft. Studien zur nationalsozialistischen Gewaltkriminalität. Olten, Freiburg i. B. 1962

Jäger, H.; Strafrecht und psychoanalytische Theorie; in: *Roxin, C. u.a.* (Hrsg.); Grundfragen der gesamten Strafrechtswissenschaft, Festschrift für Heinrich Henkel zum 70. Geburtstag am 12. Sept. 1973. Berlin, New York 1974

Jäger, H.; Verbrechen unter totalitärer Herrschaft. In: *Sieverts/Schneider* 1975

Jakobs, G.; Schuld und Prävention; Recht und Staat Heft 452/453. Tübingen 1976

Jeffery, C. R.; The Structure of American Criminological Thinking. In: JCrim 46 (1955)

Jeffery, C. R.; Crime, Law and Social Structure. In: JCrim 47 (1956)

Jeffery, C. R.; Crime Prevention through Environmental Design. Beverly Hills, London 1971

Jeffery, C. R.; The Historical Development of Criminology. In: *Mannheim* 1972

Jenkins, R. L., L. Hewitt; Types of Personality Structure Encountered in Child Guidance Clinics. In: American Jornal of Orthopsychiatry 14 (1944); hier zit. nach *Glueck/ Glueck* 1970, S. 8 – 13

Jepsen, M. J.; Recherches prospectives sur la volume et la structure de la criminalité. In: *Conseil de l'Europe* (Hrsg.). Études relatives à la recherche criminologique, Vol. IV. Strasbourg 1969

Jescheck, H.-H.; Die Bedeutung der Öffentlichkeit für die moderne Kriminalpolitik. In: ZStW 71 (1959)

Jescheck, H.-H.; Lehrbuch des Strafrechts, Allgemeiner Teil. 3. Aufl. Berlin 1978

Jescheck, H.-H., G. Grebing (Hrsg.); Die Geldstrafe im deutschen und ausländischen Recht. Baden-Baden 1978

Jescheck, H.-H., O. Triffterer (Hrsg.); Ist die lebenslange Freiheitsstrafe verfassungswidrig? Dokumentation über die mündliche Verhandlung vor dem Bundesverfassungsgericht am 22. und 23. März 1977. Baden-Baden 1978

Jesness, C. F.; The Preston Typology Study: An Experiment with Differential Treatment in an Institution. In: JRes 8 (1971)

Jessen, J. L.; Behandlungsresultaten in de Van der Hoeven-Kliniek. Nederlands Tijdschrift voor Criminologie 11 (1969)

Johnson; E.; Organized Crime: Challenge to the American Legal System (I.). In: JCrim 53 (1962)

Johnston, N., L. Savitz, M. E. Wolfgang (Hrsg.); The Sociology of Punishment and Correction. New York, London 1962

Jones, M.; Social Psychiatry in Practice, The Idea of the Therapeutic Community. Harmondsworth 1968

Julius, N. H.; Vorlesungen über die Gefängnis-Kunde oder über die Verbesserung der Gefängnisse und sittliche Besserung der Gefangenen, entlassenen Sträflinge usw., gehalten im Frühling 1827 zu Berlin. Berlin 1828
Jung, F.; Kriminologische Untersuchungen an Vermögensverbrechern. Göttingen 1970
Kaefer, K. B. u. a.; Prognose der Verurteiltenzahl in Nordrhein-Westfalen. In: BewHi 23 (1976)
Kahn, R. M.; The Delinquent's Ability to Use Information to modify his Goals. In: BritJ-Crim 11 (1971)
Kaiser, G.; Randalierende Jugend. Eine soziologische und kriminologische Studie über die sogenannten »Halbstarken«. Heidelberg 1959
Kaiser, G.; Entwicklung und Stand der Jugendkriminalität in Deutschland. In: KrimGegfr 7 (1966)
Kaiser, G.; Zum Stand der Behandlungs- und Sanktionsforschung in der Jugendkriminologie, dargestellt am Beispiel des Jugendarrestes. In: MschrKrim 52 (1969)
Kaiser, G.; Verkehrsdelinquenz und Generalprävention. Untersuchungen zur Kriminologie der Verkehrsdelikte und zum Verkehrsstrafrecht. Tübingen 1970
Kaiser, G.; Praxis der Strafzumessung und der Sanktion im Verkehrsrecht. In: BlAlk 9 (1972)
Kaiser, G.; Kriminologie. Eine Einführung in die Grundlagen. 3. Aufl. Heidelberg, Karlsruhe 1976
Kaiser, G.; Jugendkriminalität. Weinheim 1977a
Kaiser, G.; Gesellschaft, Jugend und Recht. System, Träger und Handlungsstile der Jugendkontrolle. Weinheim, Basel 1977b
Kaiser, G., H.-J. Kerner, H. Schöch; Strafvollzug. Eine Einführung in die Grundlagen. 2. Aufl. Karlsruhe, Heidelberg 1977
Kaiser, G., G. Metzger-Pregizer (Hrsg.); Betriebsjustiz. Untersuchungen über die soziale Kontrolle abweichenden Verhaltens in Industriebetrieben. Berlin 1976
Kallwass, W.; Der Psychopath. Kriminologische und strafrechtliche Probleme. Berlin u.a. 1969
Kalveram, K. T.; Über Faktorenanalyse. Kritik eines theoretischen Konzepts und seine mathematische Neuformulierung. In: AfPsych 122 (1970)
Van Kan, J.; Les causes économiques de la criminalité. Paris 1903
Karen, R. L., R. C. Bower; A Behavioral Analysis of a Social Control Agency: Synanon. In: JRes 5 (1968)
Kaufmann, A. (Hrsg.); Die Strafvollzugsreform. Eine kritische Bestandsaufnahme. Karlsruhe 1971
Kaufmann, H.; Steigt die Jugendkriminalität wirklich? Bonn 1965
Kaufmann, H.; Kriminologie, Bd. I Entstehungszusammenhänge des Verbrechens. Stuttgart u.a. 1971
Kaufmann, H.; Kriminologie zum Zwecke der Gesellschaftskritik? In: JZ 27 (1972)
Kaufmann, H.; Jugendstrafrechtsreform de lege lata?. In: *Stratenwerth,* G. u.a. (Hrsg.); Festschrift für H. Welzel. Berlin 1974
Kaufmann, H.; Strafvollzugsreform und Klassifikation. In: *Warda u.a.* 1976
Kaufmann, H.; Kriminologie III, Strafvollzug und Sozialtherapie. Stuttgart u.a. 1977
Kaupen, W., T. Rasehorn; Das Verhältnis der Bevölkerung der Bundesrepublik zur Rechtspflege – Ergebnis einer repräsentativen Umfrage. In: NJW 24 (1971)
Keckeisen, W.; Die gesellschaftliche Definition abweichenden Verhaltens. Perspektiven und Grenzen des Labeling Approach. München 1974

Keller, G.; Kriegsgefangenschaft und Heimkehr. Kriminalität und strafrechtliche Beurteilung der Heimkehrer. Diss. Jur. Freiburg 1953
Kellner, H., I. Horn; Gewalt im Fernsehen, Literaturbericht über Medienwirkungsforschung. Schriftenreihe des ZDF, Heft 8, Mainz 1971 (Nachdruck 1977)
Kelly, D. H., Winslow, R. W.; Seriousness of Delinquent Behavior: An Alternative Perspective. In: BritJCrim 10 (1970)
Kempf, W. F.; Zur Bewertung der Faktorenanalyse als psychologische Methode. In: PsychBeitr 14 (1972)
Kennedy, R. F.; The Respectables. In: *Cressey/Ward* 1969
Kerner, H.-J.; Professionelles und organisiertes Verbrechen. Versuch einer Bestandsaufnahme und Bericht über neuere Entwicklungstendenzen in der Bundesrepublik Deutschland und den Niederlanden. In: Schriftenreihe des Bundeskriminalamts. Wiesbaden 1973a
Kerner, H.-J.; Verbrechenswirklichkeit und Strafverfolgung. Erwägungen zum Aussagewert der Kriminalstatistik. München 1973b
Kerner, H.-J.; Kriminologische Gesichtspunkte bei der Reform der lebenslangen Freiheitsstrafe. In: KrimGegfr 11 (1974)
Kerner, H.-J.; Vollzugsstab und Insassen des Strafvollzugs. Strafvollzug als Prozeß. In: *Kaiser u.a.* 1977
Kerner, H.-J.; Strukturen von »Erfolg« und »Mißerfolg« der Bewährungshilfe. Eine Analyse anhand offizieller Daten. In: BewHi 24 (1977a)
Kerner, H.-J.; Untersuchungshaft und Strafurteil. In: *Stree, W. u.a.* (Hrsg.); Gedächtnisschrift für Horst Schröder; München 1978
Kersting, M.; Die Straffälligkeit Vorbestrafter in der Bundesrepublik Deutschland in den Jahren 1950 – 1961. Diss. Jur. Hamburg 1971
Kinberg, O.; Basic Problems of Criminology; Copenhagen 1935
Kisker, K. P.; Phänomenologie der Intersubjektivität. In: *Graumann, C.-F.* (Hrsg.) Handbuch der Psychologie, 7. Bd.; Sozialpsychologie, 1. Halbbd.: Theorien und Methoden. Göttingen 1969
Klapdor, M.; Die Rückfälligkeit junger Strafgefangener, zugleich ein Beitrag zur Prognoseforschung. Göttingen 1967
Klein-Vogler, U., W. F. Haberlandt; Kriminalität und chromosomale Konstitution. In: MschrKrim 57 (1974)
Kleining, G., H. Moore; Soziale Selbsteinstufung (SSE), Ein Instrument zur Messung sozialer Schichten. In: KZfSS 20 (1968)
Klingemann, H., L.G. Leky, H. Marquardt, J. Noldt; Prüfung der kulturellen Übertragungstheorie und der strukturellfunktionalen Theorie als Erklärungsansätze für die Insassensubkultur im Jugendstrafvollzug. In: KrimJ 10 (1978)
Von Klitzing, G.; Die Lebensbewährung der aus dem Jugendstrafvollzug Ausgenommenen. Diss. Jur. Göttingen 1964
Klockars, C. B.; A Theory of Probation Supervision. In: JCrim 63 (1972)
Klosterkemper, B. G.; Erfolg und Mißerfolg ambulanter Maßnahmen und des Dauerarrestes. Diss. Jur. Gießen 1971
Knaus, J.; Das Problem der kurzfristigen Freiheitsstrafe. Zürich 1973
Koch, B.; Das System des Stufenstrafvollzugs in Deutschland unter Berücksichtigung seiner Entwicklungsgeschichte. Diss. Jur. Freiburg im Breisgau 1972
König, R. (Hrsg.); Soziologie. Das Fischer-Lexikon, Bd. 10. Frankfurt a.M. 1958

König, R.; Zur Frage der Marginalität in der Alltags-Moral der fortgeschrittenen Industriegesellschaften. In: Bundeskriminalamt Wiesbaden (Hrsg.); Grundfragen der Wirtschaftskriminalität 1963a
König, R.; Sittlichkeitsdelikte und Probleme der Gestaltung des Sexuallebens in der Gegenwartsgesellschaft. In: *Bauer, F. u.a.* (Hrsg.); Sexualität und Verbrechen. Beiträge zur Strafrechtsreform; Frankfurt a.M. 1963b
König, R.; Soziologische Orientierungen. Köln, Berlin 1965
König, R.; Das Recht im Zusammenhang der sozialen Normensysteme. In: *Hirsch Rehbinder* 1967
König, R.; Einige Bemerkungen über die Bedeutung der empirischen Forschung in der Soziologie. In: *König, R.* (Hrsg.); Handbuch der empirischen Sozialforschung, II. Band. Stuttgart 1969
König, R.; Beobachtung und Experiment in der Sozialforschung. In: *König, R.* (Hrsg.); Praktische Sozialforschung 2. Beobachtung und Experiment in der Sozialforschung. 8. Aufl. Köln 1972
König, R. (Hrsg.); Handbuch der empirischen Sozialforschung; 3. Aufl. Stuttgart 1973
König, R.; Die Beobachtung. In: *König, R.* 1973a
König, R.; Theorie und Praxis in der Kriminalsoziologie. In: *Sack/König* 1974
Körner, H.; Sexualkriminalität im Alter. Stuttgart 1977
Kohlrausch, E.; Sicherungshaft; Eine Besinnung auf den Streitstand. In: ZStW 44 (1924)
Kohnle, E.; Die Kriminalität entlassener Fürsorgezöglinge und die Möglichkeit einer Erfolgsprognose. In: Kriminalistische Abhandlungen 33, Leipzig 1938
Von Koppenfels, S.; Die Kriminalität der Frau im Kriege. Leipzig 1926
Korth, J.; Vertrauensvollzug – ein neues Strafvollzugskonzept. Göttingen 1976
Kraatz, P.; Delinquentes Verhalten von Hilfsschülern. Diss. Jur. Hamburg 1970
Kranz, H.; Lebensschicksale krimineller Zwillinge. Berlin 1936
Kraus, R.; Die Zueinanderordnung weltanschaulicher und pädagogischer Heimdifferenzierungskriterien in der Jugendhilfepraxis. In: RdJ 24 (1976)
Krause, D.; Anordnung und Vollzug der Untersuchungshaft bei Jugendlichen. Diss. Jur. Kiel 1971
Krauss, D.; Die strafrechtliche Problematik kriminologischer Ziele und Methoden. Frankfurt a. M. 1971
Krauss, D.; Der Strafrichter als Kriminologe. Maschinenschriftliche Fassung eines Referats, gehalten auf einer Tagung der Deutschen Richterakademie in Trier im Januar 1975
Krebs, A.; Über Methoden in der neueren Geschichte des Strafvollzugs, dargestellt am Beispiel der Thüringischen Landesstrafanstalt Untermaßfeld in den Jahren 1923 – 1933. In: ZfStrV 16 (1967)
Krebs, A.; Mütter mit Kindern in Jugendstrafanstalten für Frauen. Zu § 70 des Entwurfs eines Gesetzes über den Vollzug von Freiheitsstrafen. In: UJ 24 (1975)
Kremer, H.; Reformpolitische Kritik an der Etablierung von sozialtherapeutischen Anstalten und Ergebnisse einer Gegenstrategie. In: Gruppendynamik 7 (1976)
Kretschmer, E.; Körperbau und Charakter; 26. Aufl.; Berlin u.a. 1977 (1. Aufl. 1921)
Kreuzer, A.; Rocker-Gruppen-Kriminalität. Betrachtungen zur deutschen Variante eines internationalen Jugend-Phänomens. In: MschrKrim 53 (1970)
Kreuzer, A.; Rocker – als Gegenstand kriminologischen Bemühens –. In: MschrKrim 55 (1972)
Kreuzer, A.; Drogen und Delinquenz. Eine jugendkriminologisch-empirische Untersuchung der Erscheinungsformen und Zusammenhänge. Wiesbaden 1975

Kreuzer, A.; Kriminologische Aspekte zur Debatte um die lebenslange Freiheitsstrafe. In: ZRP 10 (1977)
Kreuzer, A.; Junge Volljährige im Kriminalrecht – aus juristisch-kriminologisch-kriminalpolitischer Sicht. In: MschrKrim 61 (1978)
Kriegsmann, N. H.; Einführung in die Gefängniskunde. Heidelberg 1912
Krümpelmann, J.; Probleme der Untersuchungshaft im deutschen und ausländischen Recht. In: ZStW 82 (1970)
Krümpelmann, J.; Aktuelle Probleme des Haftrechts in empirischer und verfahrensrechtlicher Sicht. In: KrimGegfr 12 (1976)
Kruse, F.; Zweierlei Maß für NS-Täter? Über die Tendenz schichtenspezifischer Privilegierungen in Urteilen gegen nationalsozialistische Gewaltverbrecher. In: KritJ 11 (1978)
Kube, E.; Städtebau, Architektur und Kriminalität. In: Deutsche Polizei 1978
Kucklick, W., J. Otto; Diebstahl aus Warenhäusern und Selbstbedienungsläden in der Hamburger Innenstadt. Eine kriminologische Untersuchung von 3.622 Fällen und 3.815 Tätern aus dem Jahre 1970. Hamburg (Landeskriminalamt) 1973
Kudrjawzew, W. N.; Kausalität in der Kriminologie. Moskau 1968 (russ.)
Kudrjawzew, W. N.; Justice pénale et efficacité de la lutte contre la criminalité. Referat VII. Internationaler Kongreß für Kriminologie. Belgrad 1973
Kühling, P.; Studie über Zuchthausgefangene. In: MschrKrim 47 (1964)
Kühne, H. H.; Strafverfahrensrecht als Kommunikationsproblem. Heidelberg 1978
Künkeler, H.; Strafvollzug an Lebenslänglichen. Fragen der Begnadigung- Empfehlungen der Strafvollzugskommission. In: ZfStrV 21 (1972)
Kürzinger, J.; Asozialität und Kriminalität. Eine kriminologische Untersuchung an zwei Gruppen vom Asozialen. Diss. Jur. Tübingen 1970
Kürzinger, J.; Entwicklungstendenzen der Kriminalität. In: Vorgänge 12 (1972)
Kürzinger, J.; Deliktsfragebogen und schichtenspezifisches Kriminalitätsvorverständnis Jugendlicher und Jungerwachsener. In: RdJ 21 (1973)
Kürzinger, J.; Die Kritik des Strafrechts aus der Sicht moderner kriminologischer Richtungen. In: ZStW 86 (1974)
Kürzinger, J.; Private Strafanzeige und polizeiliche Reaktion. Berlin 1978
Kuhn, T. S.; Die Struktur wissenschaftlicher Revolutionen (The Structure of Scientific Revolutions 1962, deutsch). Frankfurt a. M. 1973
Kunczik, M.; Gewalt im Fernsehen. Eine Analyse der potentiell kriminogenen Effekte. Köln, Wien 1975
Kunkel, E.; Die Ungeeignetheit des Kraftfahrers bei den Regeltatbeständen. § 69 StGB aus medizinisch-psychologischer Sicht. In: DAR 47 (1978)
Kunkel, E., E. Menken; Zur Notwendigkeit neuer Maßnahmen gegen die Trunkenheit im Straßenverkehr. In: BlAlk 15 (1978)
Kunz, H. J.; Die Ökonomik individueller und organisierter Kriminalität. Köln u.a. 1976
Kunz, K.-L.; Das Absehen von der Strafverfolgung bei Bagatelldelinquenz. Empirische Untersuchung der Entscheidungspraxis zu §§ 153, 153a StPO. In: KrimJ 11 (1979)
Kurella, H.; Naturgeschichte des Verbrechens. Stuttgart 1893
Kussnezow, F. T., V. Podymow, I. V. Smarow; Die Effektivität der Tätigkeit der Vollzugsanstalten; Moskau 1968 (russ.), hier zit. nach der Besprechung von *Fridieff, M.,* In: RevScCrim 24 (1969) S. 517 f.
Kutschinsky, B.; Eroticism without Censorship; Sociological Investigations on the Production and Consumption of Pornographic Literature in Denmark. In: IntJCrim Pen 1 (1973)

Lacassagne, J. A., E. Martin; Des résultats positifs et indiscutables que l'application des lois; 5ème Congrès International d'Anthropologie Criminelle, I. Tome: Rapports. Amsterdam 1901
Lackner, K.; Strafgesetzbuch mit Erläuterungen. 12. Aufl. München 1978
Lambert, J. R.; Crime, Police, and Race Relations, A Study in Birmingham. London u.a. 1970
La Mettrie, J. O. de; L'homme machine. Leyde 1748; dt. *M. Brahn:* Der Mensch eine Maschine. Leipzig 1909
De Landecho; C. M.; Körperbau, Charakter und Kriminalität. Bonn 1964
Lange, J.; Verbrechen als Schicksal. Studien an kriminellen Zwillingen. Leipzig 1929
Lange, P.; Rückfälligkeit nach Jugendstrafe. Diss. Jur. Göttingen 1973
Lange, R.; Das juridisch-forensisch-kriminologische Grenzgebiet. Vom Standpunkt des Juristen. In: *Frankl. V., E. von Gebsattel., J. H. Schultz* (Hrsg.); Handbuch der Neurosenlehre und Psychotherapie. Bd. 5. München, Berlin 1961
Lange, R.; Das Rätsel Kriminalität. Was wissen wir vom Verbrechen. Frankfurt a. M., Berlin 1970
Lanhers, Y.; Crimes et criminels au XIVe siècle. In: Revue historique 92 (1968)
Laqueur, V.; Terrorismus. Kronberg/Ts. 1977
Larsen, O. N. (Hrsg.); Violence and the Mass Media. New York u.a. 1968
Lautmann, R.; Soziologie vor den Toren der Jurisprudenz. Stuttgart u.a. 1971
O'Leary, V.; Some Direcitions vor Citizen Involvement in Corrections. Annals 1969
Le Blanc, M.; La réaction sociale à la délinquance juvénile: une analyse stigmatique. In: ACrim 4 (1971)
Le Blanc, M.; La délinquance en milieu aisé: un groupe culture d'adeptes de la drogue. In: ACrim 5 (1972)
Le Bon, G.; Psychologie des foules. 8. ed. Paris 1904 (1895) (dt. Psychologie der Massen. Stuttgart 1951)
Leferenz, H.; Literaturbericht, Kriminologie (Teil I). In: ZStW 84 (1972)
Leferenz, H.; Die Kriminalprognose. In: *Göppinger, H., H. Witter* (Hrsg.); Handbuch der forensischen Psychiatrie II. Berlin u.a. 1972a
Leferenz, H.; Literaturbericht, Kriminologie (Teil II). In: ZStW 85 (1973)
Leferenz, H.; BKA-Forschung von außen gesehen (Möglichkeiten der Zusammenarbeit im Bereich der kriminologischen Forschung). In: *BKA* 1974
Lehner, H.-J.; Prestige und Solidarität in der Haft. In: *Steinert* 1973
Lekschas, J.; Die Bewegung der Jugendkriminalität in Deutschland und ihre Ursachen. In: Institut für Strafrecht der Humboldt-Universität zu Berlin (Hrsg.); Jugendkriminalität und ihre Bekämpfung in der sozialistischen Gesellschaft. Berlin 1965
Lekschas, J.; Neue Probleme der sozialistischen Kriminologie. Berlin 1967
Lemert, E. M; Social Pathology. A Systematic Approach to the Theory of Sociopathic Behavior. New York u.a. 1951
Lemert, E. M.; Human Deviance, Social Problems, and Social Control. Englewood Cliffs/N. J. 1967
Lempp, R.; Frühkindliche Hirnschädigung und Reifungskriminalität. In: KrimGegfr 3 (1958)
Lempp, R.; Frühkindliche Hirnschädigung und Neurose. Stuttgart 1964
Lempp, R.; Das Wohl des Kindes in §§ 1666 und 1671 BGB. In: NJW 16 (1963)
Lempp, R.; Seelische Schädigung von Kindern als Opfer von gewaltlosen Sittlichkeitsdelikten. In: NJW 21 (1968)

Lempp, R.; Das Problem der Strafmündigkeit aus kinder- und jugendpsychatirscher Sicht. In: *Nissen/Schmitz* 1973
Lempp, R.; Jugendliche Mörder. Bern u.a. 1977
Lenk, K.; Problemgeschichtliche Einleitung. In: *Lenk, K.* (Hrsg.); Ideologie. 6. Aufl. Darmstadt und Neuwied 1972
Lenski, G. E., J. C. Leggett; Caste, Class and Deference in the Research Interview. In: AJS 65 (1959/60)
Lenz, E.; Der Betrogene. Hamburg 1961
Lerman, P.; Argot, Symbolic Deviance and Subcultural Delinquency. In: ASR 32 (1967)
Lerman, P.; Besprechung von *Dinitz, S./ W. C. Reckless* (Hrsg.); Critical Issues in the Study of Crime: A Book of Readings. Boston/Mass. 1968. In: ASR 34 (1969)
Lerman, P.; Community Treatment and Social Control. A Critical Analysis of Juvenile Correctional Policy. Chicago usw.: The Univ. of Chicago Pr. 1975
Levin, Y.; The Treatment of Juvenile Delinquency in England during the Early Nineteenth Century. In: JCrim 31 (1940)
Levin, Y., A. Lindesmith; English Ecology and Criminology of the Past Century. In: JCrim 27 (1937)
Levy, L., L. Rowitz; The Spatial Distribution of Treated Mental Disorders in Chicago. In: Sozialpsychiatrie 5 (1970)
Levy, L., L. Rowitz; Ecological Attributes of High and Low Rate Mental Hospital Utilization Areas in Chicago. In: Sozialpsychiatrie 6 (1971)
Lewrenz, H., H. J. Bochnik, u.a.; Die Strafzumessungspraxis bei Verkehrsdelikten in der Bundesrepublik Deutschland. Schriftenreihe der Dt. Akademie für Verkehrswissenschaft Bd. 6. Hamburg 1968
Lindesmith, A., Y. Levin; The Lombrosian Myth in Criminology. In: AJS 42 (1937)
Linsky, A. S.; Who shall be excluded: The Influence of Personal Attributes in Community, Reaction to the Mentally Ill. In: Sozialpsychiatrie 5 (1970)
Von Linstow, B.; Berechenbares Strafmaß. Eine neue Methode der Strafzumessung am Beispiel wichtiger Verkehrsdelikte. Berlin 1974
Lipton, D., R. Martinson, J. Wilks; The Effectivness of Correctional Treatment. A Survey of Treatment Evaluation Studies. New York u.a. 1975
Von Liszt, F.; Strafrechtliche Aufsätze und Vorträge. 2 Bände. Berlin 1905
Von Liszt, F.; Der Zweckgedanke im Strafrecht (1882) 1905a. In: *Von Liszt* 1905, Bd. 1
Von Liszt, F.; Die psychologischen Grundlagen der Kriminalpolitik (1896) 1905b. In: *von Liszt* 1905, Bd. 2
Von Liszt, F.; Die Aufgaben und die Methode der Strafrechtswissenschaft (1899) 1905 c. In: *Von Liszt* 1905, Bd. 2
Von Liszt, F.; Die Kriminalität der Jugendlichen (1900) 1905d. In: *von Liszt* 1905, Bd. 2
Littauer, J., J. Kjaergaard; Invalidepensionens resocialiserende betydning for strafuegnede kriminelle karakterafvigere. In: NordTKrim 59 (1971)
Little, A.; Parental Deprivation, Separation and Crime; A Test on Adolescent Recidivists. In: BritJCrim 5 (1965)
Lösel, F.; Lehrerurteil, implizite Devianztheorie und selbstberichtete Delinquenz. In: KrimJ 6 (1974)
Loewe, A.; Arbeitslosigkeit und Kriminalität. Eine kriminologische Untersuchung. Berlin 1914

Lombroso, C.; Der Verbrecher (homo delinquens) in anthropologischer, ärztlicher und juristischer Beziehung, Bd. 1 (deutsch), Hamburg 1894 (1887); Bd. 2 (deutsch), Hamburg 1890
Lombroso, C.; Die Ursachen und die Bekämpfung des Verbrechens (übersetzt von *H. Kurella und E. Jentsch*). Berlin 1902 (1899)
Loos, E.; Die offene und halboffene Anstalt im Erwachsenenstraf- und Maßregelvollzug. Stuttgart 1970
Lopez-Rey, M.; Crime, an Analytical Appraisal. London 1970
Lopez-Rey, M.; Crime and Human Rights. In: FedProb 37 (1978)
Lotz, L.; Der gefährliche Gewohnheitsverbrecher. Leipzig 1939
Lüderssen, K.; Strafrecht und Dunkelziffer. In: Recht und Staat, Heft 412. Tübingen 1972
Lüderssen, K., F. Sack (Hrsg.); Seminar: Abweichendes Verhalten I., Die selektiven Normen der Gesellschaft. Frankfurt a. M. 1975
Lüderssen, K., F. Sack (Hrsg.); Seminar: Abweichendes Verhalten II, Die gesellschaftliche Reaktion auf Kriminalität. Bd. 1 und 2. Frankfurt a. M. 1975a
Lüderssen, K., K. F. Schumann, M. Weiss (Hrsg.); Gewerkschaften und Strafvollzug. Frankfurt a. M. 1978
Luhmann, N.; Rechtssoziologie; 2 Bde.. Reinbek bei Hamburg 1972
Luhmann, N.; Legitimation durch Verfahren. 2.A. Neuwied, Berlin 1975
Lunden, W. A.; Statistics on Delinquents and Delinquency. Springfield/Ill. 1964
MacIver, R. M.; The Prevention and Control of Delinquency. 2. Aufl. New York 1967
Mack, J. L.; The MMPI and Recidivism. In: JAbnPsych 74 (1969)
Mack, J. A., H.-J. Kerner; The Crime Industry. Farnborough 1975
Maćkowiak, P., S. Ziembiński; Social Aspects of Sources of Criminality and of its Prevention and Control. In: IntRevCrimPol 29 (1971)
Mac Naughton-Smith, P.; The Strategy of Research in Criminology. 5th Research Conference on Delinquency and Criminality. Montreal 1967
MacNaughton-Smith, P.; Vorstellungen der Bevölkerung über kriminalisierbare Situationen. In: KrimJ 6 (1974)
Mader, R.; W. Sluga; Vandalismus bei Jugendlichen. In: Krim 23 (1969)
Mätzler, A.; »Nur« Vermißtensachen; Zwei Vermißtenfälle aus der täglichen Praxis. In: Krim 23 (1969)
Maisch, H.; Jugendschutz im Strafverfahren aus psychologischer Sicht. In: MschrKrim 55 (1972)
Maisch, H.; Methodische Aspekte psychologisch-psychiatrischer Täterbegutachtung – Strafprozeß. In: MschrKrim 56 (1973)
Malinowski, B.; Sitte und Verbrechen bei den Naturvölkern. Bern 1948 (Übersetzung von: Crime and Custom in Savage Society; 3. A. London 1940)
Mandel, N. G. u.a.; Recidivism Studied and Defined. In: JCrim 56 (1965)
Mandel, N. G., A. J. Barron; The MMPI and Criminal Recidivism. In: JCrim 57 (1966)
Mandeville, B.; Die Bienenfabel (The Fable of the Bees: or, Private Veces, Public Benefits 1714, deutsch). Berlin 1957
Mann, F., C. J. Friedman, A. S. Friedman; Characteristics of Self-Reported Violent Offenders versus Court Identified Violent Offenders. In: IntJCrim Pen 4 (1976)
Mann, J.; The Outcome of Evaluative Research. In: *Weiss* 1972
Mannheim, H.; Pioneers in Criminology; 2. Aufl. London 1972 (London 1960)
Mannheim, H.; Vergleichende Kriminologie. Ein Lehrbuch in zwei Bänden. Stuttgart 1974
Mannheim, H.; Rückfall und Prognose. In: *Sieverts/Schneider* 1975

Mannheim, H., L. T. Wilkins; Prediction Methods in Relation to Borstal Training. London 1955
Mansilla, H. C. F.; Systembedürfnis und Anpassung. Zur Kritik sozialistischer Verhaltenssteuerung. Frankfurt a. M. 1973
Marcus, B.; Correlates of Attitudes to Group Work. In: BritJCrim 9 (1969)
Marquardt, H.; Dogmatische und kriminologische Aspekte des Vikariierens von Strafe und Maßregel. Berlin 1972
Marshall, T. F.; An Investigation of the Delinquency Self-Concept Theory of *Reckless* and *Dinitz.* In: BritJCrim 13 (1973)
Martens, U.; Wirtschaftliche Krise, Arbeitslosigkeit und Kriminalitätsbewegung. Eine empirische Studie über die Auswirkungen der wirtschaftlichen Rezession auf das sozialabweichende Verhalten der Bevölkerung am Beispiel der Stadt Mannheim. Wiesbaden 1978
Martin, J. P., D. Webster; The Social Consequences of Conviction. London 1971
Marx, K.; Verhandlungen des 6. rheinischen Landtags. Debatten über das Holzdiebstahlgesetz. In: *Marx, K.; F. Engels* 1956; Werke, Bd. 1 (1839 – 1844). 1. A. Berlin 1956
Marx, K.; In: *Marx, K., F. Engels;* Werke, Bd. 26, Erster Teil. Berlin 1973
Masterman, M.; The Nature of a Paradigm. In: *Lakatos, I., A. Musgrave* (Hrsg.); Criticism and the Growth of Knowledge. Cambridge 1974 (1970)
Materialien zum Bericht zur Lage der Nation 1972, Drucksache VI/3080. In: Verhandlungen des Deutschen Bundestages, 6. Wahlperiode, Anlagen zu den stenographischen Berichten, Bd. 157. Bonn 1972
Mathiesen, T.; The Defences of the Weak. A Sociological Study of a Norwegian Correctional Institution. London 1965
Mathiesen, T.; Resistance to Change in Correctional Institutions. In: Council of Europe (Hrsg.); Collective Studies in Criminological Research, Bd. 1. Strasbourg 1967
Mathiesen, T.; The Politics of Abolition; Essays in Political Action Theory. In: Scandinavian Studies in Criminology, Vol. 4, Oslo 1974
Matthes, I.; Erfahrungen bei der Bearbeitung von Fällen, in denen Kinder Opfer waren. In: Polizei-Institut Hiltrup (Hrsg.); Kinder als Opfer von Verbrechen. Hiltrup 1967
Matza, D.; Delinquency and Drift. New York u.a. 1964
Matza, D., G. M. Sykes; Juvenile Delinquency and Subterranean Values. In: ASR 26 (1961)
Matzke, M.; Gefangenenarbeit im Jugendstrafvollzug; Unveröffrl. Manuskript. Berlin 1979
May, D.; Illegitimacy and Juvenile Court Involvement. In: IntJCrimPen 1 (1973)
Mayer, K.; Über die Rückfälligkeit bei Verkehrsdelinquenten. In: KrimGegfr 8 (1968)
Mayntz, R., K. Holm, P. Hübner; Einführung in die Methoden der empirischen Soziologie. 4. Aufl. Opladen 1974
Von Mayr, G.; Handbuch des Öffentlichen Rechts. Einleitungsband. Siebente Abteilung. Moralstatistik mit Einschluß der Kriminalstatistik (Sozialstatistik I. Teil). Tübingen 1917
McClintock, F. H.; The Dark Figure. Report. In: Council of Europe (Hrsg.); Sixth European Conference of Directors of Criminological Research Institutes, Strasbourg, 19th – 21st November 1968. Strasbourg 1969
McClintock, F. H.; The Dark Figure. In: Council of Europe (Hrsg.); Collective Studies in Criminological Research, Bd. 5. Strasbourg 1970
McClintock, F. H.; Unemployment and Criminality. In: Unsdri 1976
McClintock, F. H.; The Beeson Report: Delinquency and Unemployment in the North-East of England. In: Unsdri 1976
McClintock, F. H.; La violence à l'intérieur de la famille. In: RevScCrim 1978
McClintock, F. H., u.a.; Crimes of Violence. London 1963

McClintock, F. H., N. H. Avison; Crime in England and Wales. London 1968
McClintock, F. H., E. Gibson; Robbery in London. London 1961
McCord, W.; The Personality of Social Deviants. In: *Norbeck, E. u.a.* (Hrsg.); The Study of Personality. An Interdisciplinary Appraisal. New York u.a. 1968
McCord, W., J. McCord; Origins of Alcoholism. Standford/Cal. 1960
McCord, W., J. McCord, I. K. Zolas. Origins of Crime. A New Evaluation of the Cambridge Youth Study. New York, London 1959
McDonald, J. M.; Rape, Offenders and their Victims. Springfield/Ill. 1971
McDonald, L.; Social Class and Delinquency. London 1969
McDonald, W. F.; Criminal Justice and the Victim: An Introduction. In: *McDonald, W. F.* (Hrsg.); Criminal Justice and the Victim. Beverly Hills/London 1976
McPheters, L. R.; Criminal Behavior and the Gains from Crime. In: Crim 14 (1976)
Mead, G. H.; The Psychology of Punitive Justice. In: AJS 23 (1918)
Mechler, A.; Studien zur Geschichte der Kriminalsoziologie. Göttingen 1970
Mechler, A.; Der Verbrecher als Sündenbock der Gesellschaft. In: ZRP 4 (1971)
Meehl, P. E.; Clinical versus Statistical Prediction. A Theoretical Analysis and a Review of the Evidence. Minneapolis 1963 (Nachdruck von 1954)
Megargee, E. I., J. E. Hokanson (Hrsg.); The Dynamics of Aggression. Individual, Groups and International Analyses. New York u.a. 1970
Melnikova, E.; Delinquency Prevention in the Soviet Union. In: IntJOff Ther 12 (1968)
Memminger, I.; Untersuchungen zur weiblichen Frühkriminalität. Diss. Jur. Göttingen 1970
Mendelsohn, B.; Une nouvelle branche de la science bio-psycho-sociale, la Victimologie. In: RevCrimPol 10 (1956)
Mergen, A.; Die Wissenschaft vom Verbrechen. Hamburg 1961
Mergen, A.; Opferstruktur und -verhaltensweisen als Auslöser für sexuelle Reaktionen. In: Krim 27 (1973)
Mergen, A.; Die Kriminologie; Eine systematische Darstellung; 2. A. München 1978
Merton, R. K.; Anomie, Anomia, and Social Interaction: Contexts of Deviant Behavior. In: Clinard 1964
Merton, R. K.; Die Eigendynamik gesellschaftlicher Voraussagen. In: *Topitsch, E.* (Hrsg.); Logik der Sozialwissenschaften. Köln, Berlin 1965
Merton, R. K.; Social Theory and Social Structure. 3. Aufl. New York 1968 (1. Aufl. 1949)
Merton, R. K.; Social Problems and Social Theory. In: *Merton, R. K., R. Nisbet* (Hrsg.); Contemporary Social Problems. 3. Aufl. New York u.a. 1971
Messinger, S. L.; Issues in the Study of the Social System of Prison Inmates. In: IssCrim 4 (1969)
Metzger-Pregizer, G.; Betriebsjustiz und Betriebskriminalität. In: ZRP 7 (1974)
Meurer, D.; Gehalt und Erklärungswert funktionaler Kriminalitätstheorien. In: *Warda* u.a. 1976
Meyer, F.; Rückfallprognose bei unbestimmt verurteilten Jugendlichen. In: Kriminologische Untersuchungen Heft 6, herausgegeben von *H. von Weber.* Bonn 1956
Meyer, Kl.; Strafaussetzung, Bewährung, Bewährungshilfe; Ein Beitrag zur kriminologischen Situation der Strafaussetzung zur Bewährung in der Bundesrepublik und in West-Berlin. Bonn 1963

Meyer, K.; Die unbestraften Verbrechen. Eine Untersuchung über die sog. Dunkelziffer in der deutschen Kriminalstatistik; Kriminalistische Abhandlungen, herausg. von *Franz Exner,* Heft XLVII. Leipzig 1941
Meyer, W.; Die Kriminalität der Schwerkriegsbeschädigten im Landgerichtsbezirk Bonn. Bonn 1950
Meyer-Wentrup, H.-E.; Die erneute Straffälligkeit nach Jugendstrafe. Eine katamnestische Untersuchung der Jugendlichen und Heranwachsenden, die in den Jahren 1954 – 1957 in Hamburg zu Jugendstrafe verurteilt sind oder gegen die ein Schuldspruch verhängt ist. Diss. Jur. Hamburg 1966
Mezey, A. G.; Psychiatric Aspects of Human Migrations. In: IntJSocPsychiatr 5 (1960)
Michard, H. u.a.; La délinquance des jeunes en groupe. Vaucresson 1963
Middendorff, W.; Jugendkriminologie; Studien und Erfahrungen. Ratingen 1956
Middendorff, W.; Soziologie des Verbrechens. Erscheinungen und Wandlungen des asozialen Verhaltens. Düsseldorf, Köln 1959
Middendorff, W.; Soldat und Verbrechen, Historisch-kriminologische Bemerkungen. In: MschrKrim 54 (1971)
Middendorff, W.; Menschenraub, Flugzeugentführungen, Geiselnahme, Kidnapping. Historische und moderne Erscheinungsformen. Bielefeld 1972
Middendorff, W.; Natürliche Umwelt. In: *Sieverts/Schneider* 1977
Miehe, O.; Die Bedeutung der Tat im Jugendstrafrecht. Zugleich ein Beitrag zur verfassungsrechtlichen Kritik der jugendrichterlichen Zumessung; Göttinger Rechtswissenschaftliche Studien Bd. 53. Göttingen 1964
Miehe, O.; Rückfall und Bewährung nach Jugendstraf- und Jugendarrestvollzug. In: RdJ 17 (1969)
Miller J., L. E. Ohlin; The New Corrections: The Case of Massachusetts. In: *Rosenheim, M. K.* (Hrsg.); Pursuing Justice for the Child. Chicago, London 1976
Miller, W. B.; Die Kultur der Unterschicht als ein Entstehungsmilieu für Bandendelinquenz (Original 1958). In: *Sack/König* 1974
Mills, C. W.; The Professional Ideology of Social Pathologists (1943). In: *Rosenberg u.a.* 1971
Milutinovic, M.; Main Trends in Contemporary Criminology; VII. Intern. Kongreß für Kriminologie. Belgrad 1973
Minkowskij, G. M.; Straftaten Heranwachsender und Jugendlicher. In: Allunionsinstitut (Hrsg.); Kriminologie, 2. Aufl., Kap. 15. Moskau 1968 (russ.)
Minkowkij, G. M.; Maßnahmen zur Vorbeugung der Jugendkriminalität. In: NJ 26 (1972)
Mintz, J.; What is »Success« in Psychotherapy? In: JAbnPsych 80 (1972)
Mintz, R.; Interview with Ian Taylor, Paul Walton, and Jack Young. In: IssCrim 9 (1974)
Mitscherlich, A., M. Mitscherlich; Die Unfähigkeit zu trauern. Grundlagen kollektiven Verhaltens. München 1967
Mittermaier, K. J. A.; Der französische Compte général de l'administration de la justice criminelle pendant l'année 1827. In: Hitzigs Annalen 3 (1829)
Mittermaier, K. J. A.; Beiträge zur Criminalstatistik mit vergleichenden Bemerkungen über die Verhältnisse der Verbrechen und der Criminaljustiz in Frankreich, England, in den Niederlanden, der Schweiz, Bayern, Baden und Lippe-Detmold. In: Hitzigs Annalen 7, 8 (1830)
Mittermaier, W.; Gefängniskunde. Ein Lehrbuch für Studium und Praxis. Berlin, Frankfurt a. M. 1954
Möller, H.; Abschied von der Jugendgerichtshilfe? In: ZblJugR 61 (1974)

Möller, R.; Preis und Auswirkungen des Jugendarrestes. In: ZfStrV 21 (1972)
Mönch, K.-H.; Steuerkriminalität und Sanktionswahrscheinlichkeit. In: KrimJ 11 (1979)
Mönkemöller; Eine Vagabundenfamilie. In: MschrKrim 4 (1907/08)
Moers, K.-J.; Das Freizeitproblem im deutschen Erwachsenenstrafvollzug. Stuttgart 1969
Monahan, T. P.; On the Incidence of Delinquency. In: SF 39 (1960)
Montagu, A.; Das Verbrechen unter dem Aspekt der Biologie. In: *Sack/König* 1974
Moroney, M. J.; Einführung in die Statistik; Teil 2; Besondere Verfahren und Techniken (Facts From Figures 1951, deutsch). München, Wien 1971
Morris, N., F. Hawkins; The Honest Politician's Guide to Crime Control. Chicago, London 1970
Morris, N., F. Zimring; Deterrence and Corrections. Annals 381(1969)
Morris, P.; Prisoners and their Families. London 1965
Morris, T.; The Criminal Area. A Study in Social Ecology. London 1958 (Nachdruck 1971)
Morus, T.; Utopia (1516)In: *Heinisch, K. J.* (Hrsg.); Der utopische Staat. Reinbek bei Hamburg 1960
Moser, L.; Das Bild des Vielfachtäters im Straßenverkehr. Bundesanstalt für Straßenwesen; vervielf. Manuskript vom 5. September 1975
Moser, L.; Psychologische Betrachtung des Alkoholproblems in der Statistik »Rechtspflege«. In: BlAlk 15 (1978)
Moser, T.; Jugendkriminalität und Gesellschaftsstruktur. Zum Verhältnis von soziologischen, psychologischen und psychoanalytischen Theorien des Verbrechens. Frankfurt a. M. 1970a
Moser, T.; Psychoanalytische Kriminologie. In: KritJ (1970b)
Moser, T.; Repressive Kriminalpsychiatrie. Vom Elend einer Wissenschaft. Eine Streitschrift. Frankfurt a. M. 1971a
Moser, T.; Psychoanalyse und Justiz. In: ZRP 4 (1971b)
Mostar, G. H., R. A. Stemmle (Hrsg.); Der Neue Pitaval. München u.a. 1963 ff.
Mott, J.; The Jesness-Inventory: Application to Approved School Boys; Home Office, Studies in the Causes of Delinquency and Treatment of Offenders. London 1969
Mounsey, S. C.; Resistance to the Use of Volunteers in a Probation Setting: Some Practical Issues Discussed. In: CanadJ 15 (1973)
Mückenberger, H.; Die Praxis der heilerzieherischen Behandlung nach § 10 Abs. 2 Jugendgerichtsgesetz. In: MschrKrim 54 (1971)
Von zur Muehlen, R. A. H.; Computer-Kriminalität. Gefahren und Abwehrmaßnahmen. Neuwied, Berlin 1973
Müller, E.; Zum Erziehungserfolg der Jugendstrafe von unbestimmter Dauer. Köln u.a. 1969
Mueller, G. O. W.; The Function of Criminology in Criminal Justice Administration. In: AbstrCrim 9 (1969)
Mueller, G. O. W.; Unveröffentl. Vortrag, gehalten am 30.5.72 in Hechingen
Müller-Dietz, H., T. Würtenberger; Hauptprobleme der künftigen Strafvollzugsgesetzgebung. Bad Godesberg 1969
Munkwitz, W.; Verwahrlosung. In: *Sieverts/Schneider* 1975
Murphy, F. J., M. M. Shirley, H. L. Wittmer; The Incidence of Hidden Delinquency. In: American Journal of Orthopsychiatry 16 (1946)
Näcke, P.; Über Kriminalpsychologie. In: ZStW 17 (1897)

Naegeli, E.; Die Gesellschaft und die Kriminellen – Ausstoßung des Sündenbocks. In: *Bitter, W.* (Hrsg.); Verbrechen – Schuld oder Schicksal? Zur Reform des Strafwesens. Stuttgart 1969
Nährlich, W.; Die Kriminalität der unehelich Geborenen. Bonn 1951
Nagel, W. H.; Criminality and Religion. In: Tijdschrift voor Strafrecht 69 (1960)
Nagel, W. H.; Pönitiäre Behandlung und die gußeiserne Tautologie. In: *Busch/Edel* 1969
Nagel, W. H.; Religion. In: *Sieverts/Schneider* 1975
Nann, E.; Kriminalität der italienischen Gastarbeiter im Spiegel der Ausländerkriminalität. Hamburg 1967
National Council on Crime and Delinquency (NCCD), Board of Trustees; Policy Statement on Capital Punishment. In: CrimDel 10 (1964).
Naucke, W.; Zur Lehre vom strafbaren Betrug. Ein Beitrag zum Verhältnis von Strafrechtsdogmatik und Kriminologie. In: *Mayer, H.* (Hrsg.); Kriminologische Forschungen, Bd. 3. Berlin 1964
Naucke, W.; Über die juristische Relevanz der Sozialwissenschaften. Frankfurt a. M. 1972
Naucke, W.; Empfiehlt es sich, in bestimmten Bereichen der kleinen Eigentums- und Vermögenskriminalität, insbesondere der Ladendiebstahlskriminalität, die strafrechtlichen Sanktionen durch andere, zum Beispiel zivilrechtliche Sanktionen abzulösen, gegebenenfalls durch welche? Gutachten D für den 51. Deutschen Juristentag, 1976
Naucke, W. u.a. (Hrsg.): Rechtssoziologie und Rechtspraxis. Neuwied 1970
Neidhardt, F. u.a. (Hrsg.); Aggressivität und Gewalt in unserer Gesellschaft; 2. Aufl. München 1974
Nelson, F.; Statistics of Crime in England and Wales, for the Years 1834 – 1844. In: JStatSoc 11 (1848)
Nerlich, H.; Die kriminalpolitischen Auswirkungen der Strafaussetzung zur Bewährung nach § 20 JGG bei Jugendlichen und Heranwachsenden. Eine kriminologische Arbeit. Heidelberg 1966
Neu, A.; Ökonomische Probleme des Strafvollzugs in der Bundesrepublik Deutschland. Tübingen 1971
Neu, A.; Die finanziellen Auswirkungen des Alternativ-Entwurfs. In:*Baumann, J.* (Hrsg.); Die Reform des Strafvollzugs. München 1974
Neubauer, U.; Konkursdelikte im Landgerichtsbezirk Düsseldorf. Diss. Jur. Bonn 1963
Neuhoff, F. J.; Die Kriminalität bei der Deutschen Bundespost im Bezirk der Oberpostdirektion Köln in den Jahren 1947 – 1954. Diss. Jur. Bonn 1957
Newman, O.; Architectural Design for Crime Prevention. Washington D. C. 1973
Niceforo, A.; Criminologia; 2. Aufl., 2. Band. Milano 1949
Nissen, B.; Beruf, Freizeit und Jugendkriminalität. Diss. Jur. Hamburg 1972
Nissen, G., H. Schmitz (Hrsg.); Strafmündigkeit. Juristische, jugendpsychiatrische und theologische Aspekte. Neuwied, Berlin 1973
Noll, P.; Gesetzgebungslehre. Reinbek bei Hamburg 1973
Nolte, C.; Die Rückfälligkeit Jugendlicher und Heranwachsender nach der Verbüßung von Jugendarrest. Diss. Jur. Göttingen 1978
Normandeau, A.; Violence and Robbery: A Case Study. In: ACrim 5 (1972)
Normandeau, A., D. Szabo; Synthèse des travaux, Premier Symposium International de Recherche de Criminologie Comparée. In: ACrim 3 (1970)

Van Nuland, J.; Les enfants de détenus. In: Revue de droit pénal et de criminologie 1969 – 1970

Von Oettingen, A.; Die Moralstatistik in ihrer Bedeutung für eine Socialethik. 3. Aufl. Erlangen 1882

Ohm, A.; Haltungsstile Lebenslänglicher. Kriminologische Untersuchungen im Zuchthaus. Berlin 1959

Ohm, A.; Persönlichkeitswandlung unter Freiheitsentzug. Auswirkungen von Strafen und Maßnahmen. Berlin 1964

Del Olmo, R.; Sentencing Practices in Caracas: Venezuela's Penal Courts. In: IntJCrimPen 1 (1973)

Olofsson, B.; Vad var det vi sa! Om kriminellt och konformt beteende bland skolpojkar. Stockholm 1971

Opp, K. D.; Kriminalität und Gesellschaftsstruktur. Eine kritische Analyse soziologischer Theorien abweichenden Verhaltens. Neuwied, Berlin 1968a

Opp, K. D.; Zur Erklärung delinquenten Verhaltens von Kindern und Jugendlichen. Eine ökologische Analyse . . . München 1968b

Opp, K.-D.; Das Problem der Dunkelziffer bei der Prüfung von Theorien abweichenden Verhaltens und eine Methode zu ihrer Eliminierung bei ökologischen Untersuchungen. In: KZfSS 21 (1969)

Opp, K.-D.; Soziologie im Recht. Reinbek bei Hamburg 1973

Opp, K.-D.; Abweichendes Verhalten und Gesellschaftsstruktur. Darmstadt, Neuwied 1974

Opp, K.-D.; Soziologie der Wirtschaftskriminalität. München 1975

Opp, K.-D., R. Peuckert; Ideologie und Fakten in der Rechtsprechung. Eine soziologische Untersuchung über das Urteil im Strafprozeß. München 1971

Oppitz, U.-D.; Strafverfahren und Strafvollstreckung bei NS – Gewaltverbrechen. Ulm 1979

Orschekowski, W. u.a.; Kriminalitätsvorbeugung und -bekämpfung im Betrieb. Berlin 1974

Osborn, S. G., D. J. West; Conviction records of fathers and sons compared. BritJCrim 19 (1979)

Ossenbühl, F.; Die Kontrolle von Tatsachenfeststellungen und Prognoseentscheidungen durch das Bundesverfassungsgericht. In: *Starck, C. u.a.* (Hrsg.). Bundesverfassungsgericht und Grundgesetz. Tübingen 1976

Outerbridge, W. R.; The Tyranny of Treatment . . .? In: CanadJ 10 (1968)

Palmer, S.; A Study of Murder. New York 1960

Palmer, T. B.; California's Community Treatment Program for Delinquent Adolescents. In: JRes 8 (1971)

Panton, J. H.; The Identification of Habitual Criminalism with the MMPI. Journal of Clinical Psychology 18 (1962), hier zit. nach Exerpta criminologica 2 (1962) Nr. 1637

Parent-Duchatelet, A. J. B.; De la prostitution dans la ville de Paris. Considérée sous le Rapport de L'Hygiène Publique, de la Morale et de l'Administration. Brüssel, London 1837

Payer, W.; § 14 StGB in der Fassung des Ersten Gesetzes zur Reform des Strafrechts. Eine rechtsdogmatische und kriminalpolitische Untersuchung. Tübingen 1971

Peters, D.; Die Genese richterlicher Urteilsbildung und die Schichtverteilung der Kriminalität. In: KrimJ 2 (1970)

Peters, D.; Richter im Dienst der Macht. Zur gesellschaftlichen Verteilung der Kriminalität. Stuttgart 1973

Peters, D., H. Peters; Theorielosigkeit und politische Botmäßigkeit. Destruktives und Konstruktives zur deutschen Kriminologie. In: KrimJ 4 (1972)
Peters, H.; Sozialarbeit im gesellschaftspolitischen Kontext. Zur wissenschaftlichen Begründung fürsorgerischen Handelns. In: Soziale Welt 23 (1972)
Peters, K.; Die Grundlagen der Behandlung junger Rechtsbrecher. In: MschrKrim 49 (1966)
Peters, K.; Die prozeßrechtliche Stellung des psychologischen Sachverständigen. In: *Undeutsch, U.* (Hrsg.); Handbuch der Psychologie, Bd. 11, Forensische Psychologie. Göttingen 1967
Peters, K.; Strafprozeßlehre. Zugleich ein Beitrag zur Rollenproblematik im Strafprozeß. In: *Conrad, H. u.a.* (Hrsg.); Gedächtnisschrift für Hans Peters; Berlin u.a. 1967a
Peters, K.; Die ethischen Voraussetzungen des Resozialisierungs- und Erziehungsvollzugs. In: *Lüttger, H.* (Hrsg.); Festschrift für E. Heinitz zum 70. Geburtstag. Berlin 1972
Peters, U. H., W. L. Gross; Die Häufigkeit von Epilepsie unter Gefängnisinsassen. In: MschrKrim 56 (1973)
Peterson, R. A., D. J. Pittmann, P. O'Neal; Stabilities in Deviance. A Study of Assaultive and Non-Assaultive Offenders. In: JCrim 53 (1962)
Peterson, V. W.; Rackets in America. In: JCrim 49 (1959)
Petrilowitsch, N., E. Baer; Psychopathie 1945 – 1966. In: FortschrNeurPsychiatr 35 (1967)
Pfeiffer, A.; Probleme der Jugendgerichtshilfe in Bayern. In: ZBlJugR 64 (1977)
Pfeiffer, C.; Arbeit als Konzept der Resozialisierung. In: BewHi 25 (1978)
Pfeiffer, R. A.; Die kriminologische Bedeutung der Chromosomenanomalien. In: KrimGegfr 9 (1970)
Pfohl, R.; Jugendrichterliche Ermahnungen. Anwendungsbereich und spätere Straffälligkeit. Göttingen 1973
Philipp, E.; Über kriminelle Jugendgruppen. In: MschrKrim 47 (1964)
Philippson, M.; Die Paradoxie der sozialen Kontrolle und die Normalität des Verbrechens (The Paradox of Social Control and the Normality of Crime 1971, deutsch). In: *Lüderssen/Sack* 1975
Piecha, W.; Die Lebensbewährung der als »unerziehbar« entlassenen Fürsorgezöglinge. Göttingen 1959
Pilgram, A., H. Steinert; Ansätze zur politisch-ökonomischen Analyse der Strafrechtsreform in Österreich. In: KrimJ 7 (1975)
Piliavin, I., S. Briar; Police Encounters with Juveniles. In: AJS 70 (1964)
Pinatel, J.; Criminologie. Traité de droit pénal et de criminologie. Bd. 3. 2. Aufl. Paris 1970
De Pitaval, F. G.; Causes célèbres et intéressantes, avec les jugemens qui les ont decidées. La Haye 1737 ff.
Plack, A.; Die Gesellschaft und das Böse. Eine Kritik der herrschenden Moral. 10. Aufl. München 1971
Plack, A. (Hrsg.); Der Mythos vom Aggressionstrieb. München 1973
Platt, A. M.; The Child Savers. The Invention of Delinquency. 2. A. Chicago, London 1972
Ploeger, A.; Die therapeutische Gemeinschaft in der Psychotherapie und Sozialpsychiatrie, Theorie und Praxis. Stuttgart 1972
Pongratz, L., H.-O. Hübner; Lebensbewährung nach öffentlicher Erziehung. Eine Hamburger Untersuchung über das Schicksal aus der Fürsorge-Erziehung und der Freiwilligen Erziehungshilfe entlassener Jugendlicher. Darmstadt u.a. 1959
Pongratz, L., M. Schäfer, D.-T. Weisse; Zusammenhänge zwischen Kinderdelinquenz und Jugendkriminalität. In: KrimJ 6 (1974)
Pontell, H. N.; Deterrence. Theory versus Practice. In: Crim 16 (1978)

Popitz, H.; Der Begriff der sozialen Rolle als Element der soziologischen Theorie. In: Recht und Staat, Heft 331. Tübingen 1967
Popitz, H.; Prozesse der Machtbildung. In: Recht und Staat, Heft 362/363. Tübingen 1968
Popitz, H.; Über die Präventivwirkung des Nichtwissens. In: Recht und Staat, Heft 350. Tübingen 1968a
Popper, K. R.; Logik der Forschung. 5. Aufl. Tübingen 1973
Porterfield, A.; Youth in Trouble. Austin/Texas 1946
Potrykus, G.; Kommentar zum Jugendgerichtsgesetz; 4. A. Darmstadt u.a. 1955
Potrykus, G.; Jugendgerichtliche Zweifelsfragen. In: NJW 20 (1967)
Poveda, T.; The Image of the Criminal: A Critique of Crime and Delinquency Theories. In: IssCrim 5 (1970)
Powers, E., H. Witmer; The Cambridge-Somerville Youth Study. An Experiment in the Prevention of Delinquency. New York 1951
Prahm, H.; Psychosoziale Aspekte von Sexualdelikten an Kindern. In: MschrKrim 57 (1974)
Prentice N. M., F. J. Kelly; Intelligence and Delinquency. A Reconsideration. In: JSoc-Psych 60 (1963)
Pribilla, W.; Methodik der Erfolgsbeurteilung von Heilmaßnahmen. Der Medizinische Sachverständige 65 (1969)
Quay, H. C.; Personality and Delinquency. In: *Quay, H. C.* (Hrsg.). Juvenile delinquency. Princeton 1965
Quensel, S.; Kurzfristige Freiheitsstrafen? Möglichkeiten einer rationalen Kriminalpolitik. In: *Mergen, A.* (Hrsg.); Kriminologische Wegzeichen, Festschrift für Hans von Hentig zum 80. Geburtstag am 9. Juni 1967. Hamburg 1967
Quensel, S.; Wie wird man kriminell? Verlaufsmodell einer fehlgeschlagenen Interaktion zwischen Delinquenten und Sanktionsinstanz. In: KritJ 3 (1970)
Quensel, S.; Strategie des kontrollierten Wandels: Zusammenarbeit zwischen Strafvollzug und Wissenschaft. In: KrimJ 2 (1970b)
Quensel, S.; Delinquenzbelastung und soziale Schicht bei nichtbestraften männlichen Jugendlichen; Untersuchungen mit einem Delinquenzbelastungsbogen. In: MschrKrim 54 (1971)
Quensel, S.; Der Anstaltsinsasse als Objekt von Strafjustiz und Behandlungseifer: Einige subjektive Bedingungen für ein Scheitern der Resozialisierungsreform. In: Lebendiges Strafrecht, Festgabe zum 65. Geburtstag von Hans Schultz, hrsg. von *Walder, H., S. Trechsel.* Bern 1977
Quensel, S., E. Quensel; Probleme im geschlossenen Vollzug. In: *A. Kaufmann* 1971
Quensel, S., E. Quensel; Gruppendynamische Behandlungsmethoden im Jugendstrafvollzug, Ergebnisse eines Forschungsprojektes. In: Praxis der Kinderpsychologie und der Kinderpsychiatrie 24 (1975)
Quensel, S. u.a.; Delinquenzbelastungsskalen für männliche Jugendliche. In: KZfSS 22 (1970)
Quetelet, A.; Sur l'homme et le développement des ses facultés, ou essai de physique sociale. Brüssel 1869 1. Aufl. 1835 (deutsch: Soziale Physik oder Abhandlung über die Entwicklung der Fähigkeiten des Menschen; Bd. 1 Jena 1914; Bd. 2 Jena 1921)
Quinney, R. (Hrsg.); Crime and Justice in Society. Boston 1969
Quinney, R.; The Social Reality of Crime. Boston 1970
Quinney, R.; Critique of Legal Order. Crime Control in Capitalist Society. Boston 1974
Quinney, R.; The Study of White-Collar-Crime. Towards a Reorientation in Theory and Research. In: *Geis/Meier* 1977

Rabow, J.; Research and Rehabilitation: The Conflict of Scientific and Treatment Roles in Corrections. In: JRes 1 (1964)
Rabow, J., A. Elias; Organizational Boundaries, Inmate Roles and Rehabilitation. In: JRes 6 (1969)
Radbruch, G., H. Gwinner; Geschichte des Verbrechens. Versuch einer Historischen Kriminologie. Stuttgart 1951
Radzinowicz, L.; A History of English Criminal Law and its Administration from 1750, 4 Bde. London 1948, 1956, 1968
Radzinowicz, L.; Strafrecht und Kriminologie (unter besonderer Berücksichtigung heutiger Strömungen in der Bundesrepublik Deutschland). In: *Bundeskriminalamt Wiesbaden* (Hrsg.); Strafrechtspflege und Strafrechtsreform, Arbeitstagung im BKA vom 20. bis 25. März 1961. Wiesbaden 1961
Radzinowicz, L.; In Search of Criminology. London 1961a
Radzinowicz, L.; Ideology and Crime. New York 1966
Ramm, A.-J.; Die Lebensbewährung Heranwachsender nach Verbüßung einer kurzzeitigen Gefängnisstrafe. Diss. Jur. Göttingen 1968
Rangol, A.-J.; Mordstatistik. In: MschrKrim 52 (1969)
Rangol, A.-J.; Der Diebstahl im Rahmen der Gesamtkriminalität. In: WiSta 1971a
Rangol, A.-J.; Geschlecht und Alter der Diebe und ihre Bestrafung. In: WiSta 1971b
Rasch, W.; Schuldfähigkeit. In: *Ponsold, A.* (Hrsg.); Lehrbuch der gerichtlichen Medizin. Stuttgart 1967
Rasch, W.; Gruppennotzuchtsdelikte Jugendlicher und Heranwachsender. In: BeitrSexForsch 43 (1968)
Rasch, W.; Epochenabhängiger Merkmalswandel von Tötungsverbrechen. In: BeitrGerichtlMed 27 (1970)
Rasch, W.; Ansätze zum Modernen Behandlungsvollzug. In: Loccumer Protokolle 12/1971, Strafen und Bestraftsein. Loccum 1971
Rasch, W.; Tötungsdelikte, nicht-fahrlässige. In: *Sieverts/Schneider* 1975
Rasch, W. (Hrsg.); Forensische Sozialtherapie; Erfahrungen in Düren. Karlsruhe, Heidelberg 1977
Rasch, W.; Gutachten betreffend die Frage nach Haftschäden durch den Vollzug der lebenslangen Freiheitsstrafe. In: *Jescheck/Triffterer* 1978
Rasch, W., K.-P. Kühl; Psychologische Befunde und Rückfälligkeit nach Aufenthalt in der sozialtherapeutischen Modellanstalt Düren. In: BewHi 25 (1978)
Rasehorn, T.; Die Soziologie als Kritiker und Anreger der Justiz. In: DRiZ 51 (1973)
Rattenhuber, F.; Der gefährliche Sittlichkeitsverbrecher. Leipzig 1939
Rebmann, K.; Aktuelle Probleme und neue Tendenzen im Deutschen Verkehrsstrafrecht. In: DAR 47 (1978)
Reckless, W. C.; Halttheorie. In: MschrKrim 44 (1961)
Reckless, W. C.; Die Kriminalität in den USA und ihre Behandlung. (The Crime Problem, 1961, Ausz. deutsch) Berlin 1964
Reckless, W. C., S. Dinitz, E. Murray; Self Concept as an Insulator Against Delinquency. In: ASR 21 (1956)
Redhardt, R.; Prostitution. In: *Sieverts/Schneider* 1977
Rehn, G.; Wie geht es weiter? Bericht über das zweite Treffen der »Arbeitsgemeinschaft Sozialtherapeutische Anstalten im Justizvollzug.« In: MschrKrim 60 (1977)
Rehn, G., P. Jürgensen; Beitrag der Bewährungshilfe zur Senkung der Rückfälligkeit. In: KrimJ 11 (1979)

Reifen, D.; Kulturelle Umorientierung und kriminelles Verhalten bei jüdischen und arabischen Jugendlichen in Israel. Diss. soz. wiss. Heidelberg 1975
Reik, T.; Geständniszwang und Strafbedürfnis (1925). In: *Moser, T.* (Hrsg.); Psychoanalyse und Justiz. Frankfurt a. M. 1971
Reiman, H., H. Häfner; Psychische Erkrankungen alter Menschen in Mannheim. Eine Untersuchung der »Konsultations-Inzidenz«. In: Sozialpsychiatrie 7 (1972)
Reinert, R.; Strafvollzug in einem halboffenen Gefängnis. Das Ziel der Strafanstalt. Göttingen 1972
Reinsberg, D.; Die Erpressung. Eine kriminologische, kriminalistische und strafrechtliche Untersuchung. Diss. Jur. Frankfurt a. M. 1970
Reiss, A. J.; Delinquency as the Failure of Personal and Social Controls. In: ASR 16 (1951a)
Reiss, A. J.; Unraveling Juvenile Delinquency. II. An Appraisal of the Research Methods. In: AJS 57 (1951b)
Reiss, A. J.; Measurement of the Nature and Amount of Crime. The University of Michigan. The President's Commission on Law Enforcement and Administration of Justice, Field Surveys III. Vol. 1, o. J. (1967)
Reiss, A. J., A. L. Rhodes; The Distribution of Juvenile Delinquency in the Social Class Structure. In: ASR 25 (1961)
Reiwald, P.; Die Gesellschaft und ihre Verbrecher. Neuausgabe. Frankfurt a. M. 1973 (1948)
Remschmidt, H., W. Merschmann, R. Walter; Zum Dunkelfeld kindlicher Delinquenz. Eine Erhebung an 483 Probanden. In: MschrKrim 58 (1975) (Teil II. s. *Walter, R.* u.a. 1975)
Renger, E.; Kriminalität, Preis und Lohn. Eine Kriminalstatistische Untersuchung für Sachsen von 1882 – 1929. Leipzig 1933
Reuband, K.-H.; Die Polizeipressestelle als Vermittlungsinstanz zwischen Kriminalitätsgeschehen und Kriminalitätsberichterstattung. In: KrimJ 10 (1978)
Reuband, K.-H.; Viktimisierung und Anzeigebereitschaft in Japan. In: MschrKrim 62 (1979)
Richter, W.; Zur Bedeutung der Herkunft des Richters für die Entscheidungsbildung. Berlin 1973
Riedel, H.; Jugendgerichtsgesetz; Kommentar. Loseblattsammlung. München 1965
Riedel, H.; Jugendwohlfahrtsgesetz, Kommentar. 4. Aufl. Berlin 1965a
Rietzsch; Die Anordnung der Sicherungsverwahrung. In: *Freisler, R.; Schlegelberger* (Hrsg.); Dringende Fragen der Sicherungsverwahrung. Berlin 1938
Ringel, E.; Selbstmord. In: *Sieverts/Schneider* 1975
Ritter, K.-L.; Der praktische Gang der Strafrechtspflege. Bonn 1960
Robert, P.; Les recherches »coût du crime«. In: Revue de droit pénal et de criminologie 1976
Robert, P.; Representations of Deviance. In: IntJCrimPen 6 (1978)
Robert, P., P. Bismuth, T. Lambert; La criminalité des immigrants en France. In: Annales Internationales de Criminologie 9 (1970)
Robert, P., P. Lascoumes; Les bandes d'adolescents. 2. Aufl. Paris 1974
Robin, G. D.; Gang Member Delinquency: Its Extent, Sequence and Typology. In: JCrim 55 (1964)
Robins, L. N.; Deviant Children Grown Up. A Sociological and Psychiatric Study of Sociopathic Personality. Baltimore 1966
Robinson, S.; Can Delinquency be Measured? New York 1936
Robinson, W. S.; Ecological Correlations and the Behavior of Individuals. In: ASR 15 (1950)

599

Roebuck, J.; Criminal Typology. Springfield/Ill. 1965
Röhl, K. F.; Übr die lebenslange Freiheitsstrafe. Kriminologische Forschungen, Bd. 6, Berlin 1969
Röhr, D.; Prostitution. Eine empirische Untersuchung über abweichendes Sexualverhalten und soziale Diskriminierung. Frankfurt a. M. 1972
Roesner, E.; Die englische Polizeistatistik für das Jahr 1927. In: ArchKrim 85 (1929)
Roesner, E.; In: *Elster/Lingemann* 1933
Roesner, E.; Kriminalstatistik, Polizeistatistik. In: *Elster/Lingemann* 1936
Roesner, E.; Kriminalstatistische Umschau. In: MschrKrim 28 (1937a)
Roesner, E.; Die örtliche Verteilung der Kriminalität im Deutschen Reich. In: MschrKrim 28 (1937b)
Roesner, E.; Kriminalstatistische Umschau. In: MschrKrim 29 (1938)
Rohnfelder, D.; Die Bewährungshilfe. Eine kriminalpädagogische und kriminalpolitische Untersuchung der Gegebenheiten und Möglichkeiten. Diss. Jur. Frankfurt a. M. 1974
Rolinski, K.; Prägnanztendenz im Strafurteil. Kriminologische Schriftenreihe, Bd. 37. Hamburg 1969
Rollmann, D. (Hrsg.); Strafvollzug in Deutschland. Situation und Reform. Frankfurt a. M., Hamburg 1967
Rose, G.; Early Identification of Delinquents. In: BritJCrim 7 (1967)
Rose, G. N. G.; The Artificial Delinquent Generation. In: JCrim 59 (1968)
Rose, G. N. G.; The Merits of an Index of the Kind devised by *Sellin* and *Wolfgang.* In: *Council of Europe* (Hrsg.); The Index of Crime. Some further Studies. Strasbourg 1970
Rosenberg, G., I. Gerver, F. W. Howton (Hrsg.); Mass Society in Crisis. Social Problems and Social Pathology. 2. Aufl. New York, London 1971
Rosenow, E., W. Stöver; Unsere Täterzahlen stimmen nicht. Erste Erfahrungen mit einer Täterkartei. In: Krim 24 (1970)
Rosenow, U.; Bandenkriminalität Minderjähriger in Bremen während der Zeit von 1954 – 1960. Diss. Jur. Hamburg 1962
Rosenquist, C. M., E. I. Megargee; Delinquency in Three Cultures. Austin, London 1969
Rosenthal, D.; Heredity in Criminality; Criminal Justice and Behavior, Vol. 2, 1975
Rosenthal, R., R. L. Rosnow (Hrsg.); Artifact in Behavioral Research. London 1969
Ross, H. L.; Folk Crime Revisited. In: Crim 11 (1973)
Rossi, R. H. u.a.; The Seriousness of Crimes: Normative Structure and Individual Differences. In: ASR 39 (1974)
Roth, J. A.; Prosecutor Perceptions of Crime Seriousness. In: JCrim 69 (1978)
Rottleuthner, H.; Zur Soziologie richterlichen Handelns (II.). In: KritJ 4 (1971)
Roxin, C.; »Schuld« und »Verantwortung« als strafrechtliche Systemkategorien. In: *Roxin, C.* in Vbg. m. *Bruns, H.-J., H. Jäger* (Hrsg); Festschrift für H. Henkel. Berlin, New York 1974
Roxin, G.; Prävention und Strafzumessung. In: *Frisch, W., W. Schmid* (Hrsg.); Festschrift für Hans-Jürgen Bruns zum 70. Geburtstag. Köln u.a. 1978
Rubin, S.; Unraveling Juvenile Delinquency. Illusions in a Research Project Using Matched Pairs. In: AJS 57 (1951)
Rubington, E., M. S. Weinberg (Hrsg.); The Study of Social Problems. 5 Perspectives. New York 1971
Rückerl, A. (Hrsg.); NS-Prozesse. Nach 25 Jahren Strafverfolgung: Möglichkeiten-Grenzen-Ergebnisse. Karlsruhe 1971

Rückerl, A.; Die Strafverfolgung von NS – Verbrechen 1945 – 1978. Karlsruhe 1979
Rühmkorf, E.; Forschung und Praxis im Strafvollzug. In: KrimJ 5 (1973)
Rüther, W.; Selektion und Zuschreibung im Strafvollzug. Zur Praxis der Auswahlanstalten im Vollzug des Landes Nordrhein-Westfalen (NRW). In: KrimJ 10 (1978)
Rüther, W., W. Neufeind; Offener Vollzug und Rückfallkriminalität. In: MschrKrim 61 (1978)
Ruge, B.; Bedingte Entlassung und Bewährungshilfe. Diss. Jur. Hamburg 1966
Rusche, G., O. Kirchheimer; Sozialstruktur und Strafvollzug (Punishment and Social Structure 1939, deutsch). Frankfurt a. M., Köln 1974
Russell, W.; Abstracts of the »Statistics of Crime in England an Wales«, from 1839 – 1843. In: JStatSoc 10 (1847)
Sacharow, A. B.; Die Persönlichkeit des Täters und die Ursachen der Kriminalität in der UdSSR (O Ličnosti prestupnika i pričinach prestupnosti v SSSR 1961, deutsch) Berlin 1963
Sacharow, A. B.; Système social de prévention de crimes; Referat, VII. Internationaler Kongreß für Kriminologie. Belgrad 1973
Sack, F.; Die West-Ost-Wanderung der Kriminalität. In: GrKrim 4 (1968)
Sack, F.; Probleme der Kriminalsoziologie. In: König, R. (Hrsg.), Handbuch der empirischen Sozialforschung. II. Bd. Stuttgart 1969
Sack, F.; Die Idee der Subkultur. Eine Berührung zwischen Anthropologie und Soziologie. In: KZfSS 23 (1971)
Sack, F.; Definition von Kriminalität als politisches Handeln; der Labeling Approach. In: KrimJ 4 (1972)
Sack, F.; Neue Perspektiven in der Kriminologie, 1974 a. In: *Sack/König* 1974
Sack, F.; Abweichendes Verhalten. In: Herder-Verlag (Hrsg.); Die moderne Gesellschaft; 2. Aufl. Freiburg 1974 b
Sack, F.; Zur Definition der Gewalt – am Beispiel der Jugend. In: *Neidhardt, F. u.a.* 1974 c
Sack, F., R. König (Hrsg.); Kriminalsoziologie. 2. Aufl. Frankfurt a. M. 1974
Sagel-Grande, I.; Literaturbericht, Niederlande. In: ZStW 86 (1974)
Salisbury, H. E.; Die zerrüttete Generation (The shook-up Generation; 1958, deutsch). Reinbek bei Hamburg 1962
Sandhu, H. S.; The Impact of Short-Term Institutionalization on Prison Inmates. In: BritJCrim 4 (1963 – 1964)
Sarbin, T. R., R. Taft, D. E. Bailey; Clinical Inference and Cognitive Theory. New York 1960
Sarfert, E. C.; Die Kriminalität in einem Betrieb der Automobilindustrie einer Großstadt Süddeutschlands in den Jahren 1958 – 1967. Diss. Jur. Bonn 1972
Sarstedt, W.; Auswahl und Leitung des Sachverständigen im Strafprozeß (§§ 73, 78 StPO). In: NJW 21 (1968)
Sauer, W.; Kriminalsoziologie. Zugleich eine systematische Einführung in die Weiterentwicklung und in die Hilfswissenschaften des Strafrechts. Berlin, Leipzig 1933
Sauer, W.; Kriminologie als reine und angewandte Wissenschaft. Berlin 1950
Sawer, G.; Law in Society. Oxford 1965
Sawyer, J.; Measurement and Prediction, Clinical and Statistical. In: Psychological Bulletin 66 (1966)
Scarpitti, F. R., E. Murray, S. Dinitz, W. C. Reckless; The »Good« Boy in an High Delinquency Area: Four Years Later. In: ASR 25 (1960)

Schachert, D. G.; Kriminologische Untersuchungen an entlassenen Sicherungsverwahrten. Diss. Jur. Göttingen 1963

Schafer, S.; The Victim and Correctional Theory. Integrating Victim Reparation with Offender Rehabilitation. In: *Mc Donald* 1976

Schafer, S.; The Victim and his Criminal. New York 1968, 2. Aufl. 1977

Schaffmeister, D.; Diskussionsbericht von der Tagung für Rechtsvergleichung, München 1975, über Erscheinungsformen der Wirtschaftskriminalität und Möglichkeiten ihrer strafrechtlichen Bekämpfung. In: ZStW 88 (1976)

Schaffmeister, D.; Kriminalität und Strafrechtsanwendung in den Niederlanden. In: ZStW 90 (1978)

Schaffstein, F.; Die Heranwachsenden vor den Jugendgerichten. Erfahrungen und Forderungen. In: *DVJJ* 1959

Schaffstein, F.; Die Jugendkriminalität in der industriellen Wohlstandsgesellschaft. In: MschrKrim 48 (1965)

Schaffstein, F.; Rückfall und Rückfallprognose bei jungen Straffälligen. In: KrimGegfr 8 (1968)

Schaffstein, F.; Zur Problematik der Jugendarrests. In: ZStW 82 (1970)

Schaffstein, F.; Jugendstrafrecht. Eine systematische Darstellung; 6. neubearb. Aufl., Stuttgart u.a. 1977

Schaffstein, F.; Das vereinfachte Jugendverfahren. In: MschrKrim 61 (1978)

Schalt, T.; Der Freispruch im Jugendstrafvollzug. Karlsruhe 1977

Scharfenberg, J., S. Schirmer; Zur Frage der psychischen Traumatisierung durch exhibitionistische Akte. Erste Ergebnisse einer Untersuchung. In: *Szewczyk, H.* (Hrsg.); Kriminalität und Persönlichkeit; 2. Aufl. Jena 1974

Scheller, R.; Methodische Überlegungen zur Messung des Anspruchniveaus. In: Psychologische Beiträge 13 (1971)

Schelsky, H.; Die skeptische Generation. Eine Soziologie der deutschen Jugend. 2. Aufl. Düsseldorf, Köln 1957

Schelsky, H.; Nutzen und Gefahren der sozialwissenschaftlichen Ausbildung von Juristen. In: JZ 29 (1974)

Scheu, W.; Verhaltensweisen deutscher Strafgefangener heute. Beobachtungen und Gedanken. Göttingen 1971

Scheuch, E. K.; Entwicklungsrichtungen bei der Analyse sozialwissenschaftlicher Daten. In: *König, R.* 1973

Schiedt, R.; Ein Beitrag zum Problem der Rückfallprognose. Diss. Jur. München 1936

Schima, K.; Erpressung und Nötigung; Eine kriminologische Studie. Wien, New York 1973

Schindhelm, M.; Der Sellin-Wolfgang-Index, Ein ergänzendes Maß der Strafrechtspflegestatistik. Eine Replikationsstudie. Stuttgart 1972

Schittar, L.; Die Ideologie der therapeutischen Gemeinschaft. In: *Basaglia, F.* (Hrsg.); Die negierte Institution oder Die Gemeinschaft der Ausgeschlossenen (L'istituzione negata. Rapporto da un ospedale psichiatrico, 1968, deutsch). Frankfurt a. M. 1973

Schmidhäuser, E.; Freikaufverfahren mit Strafcharakter im Strafprozeß? In: JZ 28 (1973)

Schmidt, A.; Probleme der Kriminalität geisteskranker Täter. Berlin 1970

Schmidt, E.; Richter und Sachverständiger in ihrem Zusammenwirken bei kriminologischen Problemen. In: *Kranz, H. u.a.* (Hrsg.); Psychopathologie heute. Stuttgart 1962

Schmidt, E.; Einführung in die Geschichte der deutschen Strafrechtspflege. 3. Aufl. Göttingen 1965

Schmidtchen, G.; Manipulation – Freiheit negativ. Neuwied, Berlin 1970

Schmidtchen, G.; Bewaffnete Heilslehren. In: *Geissler, H.* (Hrsg.); Der Weg in die Gewalt. Geistige und gesellschaftliche Ursachen des Terrorismus und seine Folgen. München, Wien 1978
Schmidt-Mummendey, A., W. Fröhlich; Aggressives Verhalten und Massenmedien – Probleme und experimentelle Ergebnisse –. In: *Löffler, M.* (Hrsg.); Die Darstellung der Gewalt in den Massenmedien. München 1973
Schmitt, G.; Die Behandlung von Jugendlichen und Erwachsenen in der Sozialtherapeutischen Anstalt (SthA). In: ZfStrV 27 (1978)
Schmitt, G., F. Steigerwald; Zur Diagnostik von jugendlichen Straftätern mit Hilfe einer neuen MMPI-Skala (Dz). In: *Nass, G.* (Hrsg.). Kriminalität vorbeugen und behandeln. Köln u.a. 1971
Schmitt, R.; Das Strafverfahren zweiter Klasse. In: ZStW 89 (1977)
Schneemann, A.; Beobachtungen zum Jugendarrestvollzug und der Bewährung entlassener Dauerarrestanten. Diss. Jur. Göttingen 1970
Schneider, H. J.; Ehe und Familie. In: *Sieverts, R.* 1966
Schneider, H.J.; Wirtschaftskriminalität in kriminologischer und strafrechtlicher Sicht. In: JZ 27 (1972)
Schneider, H.J.; Die gegenwartige Lage der deutschsprachigen Kriminologie Kritischer Überblick über ihre Grundprobleme und Hauptrichtungen. In: JZ 28 (1973)
Schneider, H. J.; Schule. In: *Sieverts, R., H. J. Schneider* 1975
Schneider, H. J.; Victimologie. Wissenschaft vom Verbrechensopfer. Tübingen 1975 a
Schneider, H. J.; Kriminologie. Standpunkte und Probleme. 2. Aufl. Berlin, New York 1977a
Schneider, H. J.; Kriminalitätsdarstellung im Fernsehen und kriminelle Wirklichkeit – Bericht über die Ergebnisse einer empirisch kriminologischen Teamforschung. Opladen 1977b
Schneider, H. J.; Berufsverbrecher und gefährliche Intensivtäter – ihre kriminelle Karriere, ihre Persönlichkeitsmerkmale, ihre Reaktionen und die Reaktion auf ihr kriminelles Verhalten; Schriftenreihe der Polizei-Führungsakademie 1977c (Heft 4)
Schneider, K.; Die psychopathischen Persönlichkeiten. 9. Aufl. Wien 1950 (1. Aufl. 1923)
Schneider, K.; »Der Psychopath« in heutiger Sicht. In: Fortschr NeurPsychiatr 26 (1958)
Schneider, L., S. Lysgaard; The Deferred Gratification Pattern. A Preliminary Study. In: ASR 18 (1953)
Schöch, H.; Ist Kriminalität normal? Probleme und Ergebnisse der Dunkelfeldforschung. In: KrimGegfr 12 (1976)
Schrag, C.; Leadership among Prison Inmates. In: AJS 60 (1954)
Schrag, C.; Besprechung von Hathaway/Monachesi 1953. In: ASR 19 (1954a)
Schrag, C.; Some Foundations for a Theory of Correction. In: *Cressey, D. R.* (Hrsg.); The Prison. Studies in Institutional Organization and Change. New York 1961
Schreiber, H.-L.; Verfahrensrecht und Verfahrenswirklichkeit. In: ZStW 88 (1976)
Schreiber, M.; Eskalation der Gewalt. In: Krim 27 (1973)
Schubert, D., V. May, Bankraub in der Bundesrepublik Deutschland. Band I. Stuttgart 1972
Schüler-Springorum, H.; Denkschrift über die Reform des Jugendgerichtsgesetzes im Rahmen der großen Strafrechtsreform. In: MschrKrim 47 (1964)

Schüler-Springorum, H.; Strafvollzug im Übergang. Studien zum Stand der Vollzugsrechtslehre. Göttingen 1969
Schüler-Springorum, H.; Was stimmt nicht mit dem Strafvollzug? Hamburg 1970
Schüler-Springorum, H.; Prügel und Pranger. In: *Roxin, C.* in Vbg. m. *Bruns, H.-J., H. Jäger* (Hrsg.); Festschrift für H. Henkel. Berlin, New York 1974
Schüler-Springorum, H.; Der Kommissionsentwurf eines Strafvollzugsgesetzes – Wandlungen und Alternativen. In: KrimGegfr 11 (1974a)
Schüler-Springorum, H.; A Critical Comparison of the British Detention Centres and the German »Jugendarrest« System. In: JCrim 3 (1975)
Schüler-Springorum, H.; Hauptprobleme einer gesetzlichen Regelung des Jugendstrafvollzugs. In: Festschrift für Thomas Würtenberger zum 70. Geburtstag am 7.10.1977, herausgegeben von *Herren, R. u.a.;* Berlin 1977
Schüler-Springorum, H., R. Sieverts; Sozial auffällige Jugendliche. 3. A. München 1970
Schünemann, B.; Ungelöste Rechtsprobleme der Bestrafung nationalsozialistischer Gewaltverbrechen. In: *Frisch, W., W. Schmid* (Hrsg.); Festschrift für Hans-Jürgen Bruns zum 70. Geburtstag. Köln u.a. 1978
Schünemann, B.; Politisch motivierte Kriminalität. In: Schriftenreihe des Instituts für Konfliktforschung, Heft 4. Politisch motivierte Kriminalität – echte Kriminalität? Basel u.a. 1978a
Schünemann, H.-W.; Bewährungshilfe bei Jugendlichen und Heranwachsenden. Göttingen 1971
Schuessler, K. F.; The Deterrent Influence of the Death Penalty. In: *Grupp* (Hrsg.) 1971
Schuessler, K. F., D. R. Cressey; Personality Characteristics of Criminals. In: AJS 55 (1950)
Schultz, H.; Von der dreifachen Bedeutung der Dunkelziffer. In: *Roxin, C.* in Verb. mit *Bruns, H.-J., H. Jäger* (Hrsg.); Grundfragen der gesamten Strafrechtswissenschaft, Festschrift für Heinrich Henkel zum 70 Geburtstag am 12. Sept. 1973. Berlin, New York 1974
Schultz, H.; Verkehrsdelikte. In: *Sieverts/Schneider* 1975 (1968)
Schulz, P.; Drogenszene; Ursachen und Folgen. Frankfurt a.M. 1974
Schumann, C.; Kriminalität durch Fürsorge? Eine Überprüfung der Labeling-Theorie an der Arbeit des Jugendamtes. In: KrimJ 6 (1974)
Schumann, K. F.; Gegenstand und Erkenntnisinteressen einer konflikttheoretischen Kriminologie. In: *Arbeitskreis Junger Kriminologen* 1974
Schumann, K. F.; Ungleichheiten in der Strafverfolgung. In: Recht und Politik 10 (1974 a)
Schumann, K. F.; Was geht die Gewerkschaften der Strafvollzug an? Ein Tagungsbericht. In: KrimJ 7 (1975)
Schumann, K. F., G. Winter; Zur Analyse des Strafverfahrens. In: KrimJ 3 (1971)
Schumann, K. F., G. Winter; Zur Analyse der Hauptverhandlung im Strafprozeß; in: *Friedrichs, G.* (Hrsg.); Teilnehmende Beobachtung abweichenden Verhaltens. Stuttgart 1973
Schur, E. M.; Crimes Without Victims: Deviant Behavior and Public Policy – Abortion, Homosexuality, Drug Addiction. Englewood Cliffs. N. J. 1965
Schur, E. M.; Labeling deviant behavior. New York u.a. 1971
Schur, E. M.; Radical Nonintervention, Rethinking the Delinquency Problem. Englewood Cliffs, N. J. 1973
Schwaab, F.; Die soziale Prognose bei rückfälligen Vermögensverbrechen. In: Kriminalistische Abhandlungen. Leipzig 1939
Schwartz, B.; The Effect in Philadelphia of Pennsylvania's Increased Penalties for Rape and Attempted Rape. In: JCrim 59 (1968)

Schwartz, B.; Pre-Institutional vs. Situational Influence in a Correctional Community. In: JCrim 62 (1971)
Schwartz, B.; Peer versus Authority Effects in a Correctional Community. In: Crim 11 (1973)
Schwartz, R. D., J. C. Miller; Legal Evolution and Societal Compleity. In: AJS 70 (1964)
Schwartz, R. D., S. Orleans; On Legal Sanctions. In: University of Chicago Law Review 34 (1967)
Schwarz, (o. A.); Straffälligkeit nach dem Alter. In: WiSta 1962
Schwenck, H.-G.; Wehrstrafrecht im System des Wehrrechts und in der gerichtlichen Praxis. Ein Leitfaden. Frankfurt a. M. 1973
Schwind, H. D., u.a.; Dunkelfeldforschung in Göttingen 1973/74. Eine Opferbefragung zur Aufhellung des Dunkelfeldes und zur Erforschung der Bestimmungsgründe für die Unterlassung von Strafanzeigen; BKA-Forschungsreihe 2. Wiesbaden 1975
Schwind, H. D., W. Ahlborn, R. Weiss; Empirische Kriminalgeographie. Bestandsaufnahme und Weiterführung am Beispiel von Bochum. BKA-Forschungsreihe Bd. 8. Wiesbaden 1978
Scott, J. S., E. W. Vaz; A Perspective on Middle-Class Delinquency. In: The Canadian Journal of Economics and Political Science 29 (1963)
Scott, P.; Approved School Success Rates. In: BritJCrim 4 (1964)
Scull, A.; Decarceration. Community Treatment and the Deviant – A Radical View. Englewood Cliffs/N. J. 1977
Sealy, A. P., C. Banks; Social Maturity, Training, Experience and Recidivism amongst British Borstal Boys. In: BritJCrim 11 (1971)
Seelig, E., H. Bellavic; Lehrbuch der Kriminologie. 3. Aufl. Darmstadt 1963
Seelig, E., K. Weindler; Die Typen der Kriminellen. Berlin, München 1949
Seibert, K.; Die Jugendkriminalität Münchens in den Jahren 1932 und 1935. Leipzig 1937
Selg, H.; Über Gewaltdarstellung in Massenmedien – Eine psychologische Stellungnahme und Erwiderung auf den fernseheigenen Bericht zum Thema »Gewalt im Fernsehen«. In: *Steffen, R.* (Hrsg.); Über massenmediale Gewaltdarstellungen, Schriftenreihe der Bundesprüfstelle für jugendgefährdende Schriften, Heft 3. Bonn-Beuel 1972
Sellin, T.; The Negro Criminal. A Statistical Note. In: Annals 140 (1928)
Sellin, T.; Culture Conflict and Crime (A Report of the Subcommitee on Delinquency of the Commitee on Personality and Culture). Bulletin 41, Social Science Research Council. New York 1938
Sellin, T.; The Inevitable End of Capital Punishment. In: *Sellin, T.* (Hrsg.); Capital Punishment. New York u.a. 1967
Sellin, T., M. E. Wolfgang; The Measurement of Delinquency. New York u.a. 1964
Selling, L. S., S. P. Stein; Vocabulary and Argot of Delinquent Boys. In: AJS 39 (1934)
Sessar, K.; Das erste Symposium über Viktimologie. Jerusalem, 2. – 6. Sept. 1973. In: ZStW 86 (1974)
Sessar, K.; Empirische Untersuchungen zur Funktion und Tätigkeit der Staatsanwaltschaft. In: ZStW 87 (1975)
Seuffert, H.; Die Bewegung im Strafrecht während der letzten dreißig Jahre. Dresden 1901
Seuffert, H.; Untersuchungen über die örtliche Verteilung der Verbrechen im Deutschen Reiche, aus den nachgelassenen Papieren des Verfassers zusammengestellt und ergänzt von *E. Friedeberg,* Breslau 1906
Shaw, C. R.; The Natural History of a Delinquent Career. Chicago, London 1931

Shaw, C. R., H. D. McKay; Juvenile Delinquency and Urban Areas. A Study of Rates of Delinquency in Relation to Differential Characteristics of Local Communities in American Cities. Chicago, London 1942 (Nachdruck 1972)
Sheldon, W.; Varieties of Delinquent Youth. New York 1949
Sheppard, C.; Towards a Better Understanding of the Violent Offender. In: CanadJ 13 (1971)
Shoham, S.; The Application of the Culture-Conflict Hypothesis to the Criminality of Immigrants in Israel. In: JCrim 53 (1962)
Shoham, S.; G. Rahav; The Classification of Prisoners in Israel. In: AbstrCrim 13 (1973)
Short, J. F., F. J. Nye; Erfragtes Verhalten als Indikator für abweichendes Verhalten. In: Sack/König 1974 (1957)
Short, J. F., F. L. Strodtbeck; Group Process and Gang Delinquency. Chicago,London 1965
Short, J. F., F. L. Strodtbeck; Why Gangs Fight. In:*Short, J. F.* (Hrsg.); Gang Delinquency and Delinquent Subcultures. New York u.a. 1968
Siebner, H., S. Pufke; Das 47. XYY-Syndrom mit Berücksichtigung seiner Mosaikform. In: DMedWochschr 93/H. 45 (1968)
Siegel, L. J., S. A. Rathus, C. A. Ruppert; Values and Delinquent Youth: An Empirical Re-Examination of Theories of Delinquency. In: BritJCrim 13 (1973)
Sieverts, R.; Die kriminalrechtliche Behandlung von jungen Rechtsbrechern (über 18 Jahren) in der Bundesrepublik Deutschland. In: Arbeiten zur Rechtsvergleichung, Schriftenreihe der Gesellschaft für Rechtsvergleichung, Hamburg. Heft 2. Frankfurt a. M., Berlin 1958
Sieverts, R. (Hrsg.); Handwörterbuch der Kriminologie, 1. Bd., 2. Aufl. Berlin 1966
Sieverts, R.; Zur Geschichte der Reformversuche im Freiheitsstrafvollzug. In:*Rollmann, D.* (Hrsg.); Strafvollzug in Deutschland. Situation und Reform. Frankfurt a. M. 1967
Sieverts, R., H. J. Schneider (Hrsg.); Handwörterbuch der Kriminologie, 2. Band, 2. Aufl. Berlin, New York 1977, nebst Ergänzungsband, 3. Band, 2. Aufl. Berlin, New York 1975
Sighele, S.; La foule criminelle. Essai de psychologie collective. 2. Aufl. Paris 1901
Silbermann, A. u.a.; Aggression und Fernsehen. Gefährdet das Fernsehen unsere Kinder? Tübingen 1974
Silbermann, M.; Toward a Theory of Criminal Deterrence. In: ASR 41 (1976)
Silvestri, C. M., M. C. Gragnani; Appunti in tema di vittimologia. Giornale di Medicina Legale Infortunistica e Tossicologia, Suppl. Nr. 4, 1968
Simitis, S. u.a.; Das Kindeswohl in der vormundschaftlichen Praxis. Eine interdisziplinäre Untersuchung. Vorläufiger Schlußbericht; Deutsche Forschungsgemeinschaft o. J. (1977)
Siol, J.; Mordmerkmale in kriminologischer und kriminalpolitischer Sicht. Eine Untersuchung anhand von Gerichtsurteilen. Göttingen 1973
Skolnick, J. H.; Justice without Trial. New York 1975
Sluga, W.; Sonderanstalt Mittersteig. Vervielf. Bericht über den Vortrag, gehalten in Tübingen am 23. März 1972
Sluga, W., J. Grünberger, H. Schultes; Geronto-Psychiatrie im Strafvollzug. In: MschrKrim 56 (1973)
Smith, G. W., L. T. Wilkins; Sound and Alarm, The Problem of Bias. In: JRes 5 (1968)
Sohns, E.-O.; Die Gefangenenarbeit im Jugendstrafvollzug. Einstellung und Verhalten der Gefangenen, dargestellt an Hand einer Untersuchung in der Jugendstrafanstalt Hameln. Göttingen 1973
Sommer, A., H. Grobe; Aggressiv durch Fernsehen? Überlegungen zur Medienerziehung von Kindern und Jugendlichen. Neuwied, Berlin 1974

Sparks, R. F.; Types of Treatment for Types of Offenders. In: *Council of Europe* (Hrsg.); Collected Studies in Criminological Research. Vol. 3. Strasbourg 1968
Sparks, R. F., H. G. Genn, D. J. Dodd; Surveying Victim. A Study of Criminal Victimisation, Perceptions of Crime, and Attitudes to Criminal Justice. Chichester 1977
Specht, F.; Sozialpsychiatrische Gegenwartsprobleme der Jugendverwahrlosung. Stuttgart 1967
Spencer, J., J. Tuxford, N. Dennis; Stress and Release in an Urban Estate, A Study in Action Research. London 1964
Spittler, E.; Die Kriminalität Strafunmündiger. Diss. Jur. Gießen 1968
Spitz, R. A.; Vom Säugling zum Kleinkind. Naturgeschichte der Mutter-Kind-Beziehungen im ersten Lebensjahr. 2. Aufl. Stuttgart 1969
Staak, M; Tötungssituationen in heterosexuellen und homosexuellen flüchtigen Partnerschaften. In: ZfRechtsmedizin 71 (1972)
Staak, M., H.-J. Mittmeyer; Verkehrsunfallflucht und Alkoholisierung. In: Blalk 10 (1973)
Staff, C.; Zur Einführung in die Kriminologie. Unveröff. Manuskript. Frankfurt a. M. o.J.
Stanciu, V. V.; La criminalité à Paris. Paris 1968
Stanfield, R. E., B. Maher; Clinical and Actuarial Predictions of Juvenile Delinquency. In: *Wheeler, S.* (Hrsg.); Controlling Delinquents. New York u.a. 1968
Stanton, J. M.; Murderers on Parole. In: CrimDel 15 (1969)
Statistisches Bundesamt Wiesbaden (Hrsg.); Wirtschaft und Statistik 1968 und 1972. Stuttgart, Mainz 1968, 1972
Staub, S.; Ursachen und Erscheinungsformen bei der Bildung jugendlicher Banden. Zürich 1965
Steenhuis, D. W.; Rijden onder invloed (Alkohol am Steuer); Diss. Jur. Assen 1972, hier zit. nach der Besprechung von *Sagel-Grande* 1974, 288.
Steffen, W.; Analyse polizeilicher Ermittlungstätigkeit aus der Sicht des späteren Strafverfahrens. Schriftenreihe BKA. Wiesbaden 1976
Steierer, F.; Untersuchungen über die Nichtrückfälligkeit von Strafgegangenen. In: MschrKrim 51 (1968)
Steigleder, E.; Mörder und Totschläger. Die forensisch-medizinische Beurteilung von nicht geisteskranken Tätern als psychopathologisches Problem. Stuttgart 1968
Steiner, G.; Die Computer als Führungsmittel. In: Krim 27 (1973)
Steinert, H.; Die Strategien sozialen Handelns, Zur Soziologie der Persönlichkeit und der Sozialisation. München 1972
Steinert, H.; Statusmangement und Kriminalisierung; In: *Steinert* 1973
Steinert, H. (Hrsg.); Der Prozeß der Kriminalisierung. Untersuchungen zur Kriminalsoziologie. München 1973
Steinert, H., H. Treiber; Versuch, die These von der strafrechtlichen Ausrottungspolitik im Spätmittelalter »auszurotten«. In: KrimJ 10 (1978)
Steinhagen, H.; Die informelle Sozialstruktur einer Gefangenengemeinschaft. Göttingen 1976
Steinhilper, G.; Sexualität und Sicherungsverwahrung; Diss. Jur. Heidelberg 1971
Steller, M., H. Berbalk; Ein Programm zur psychologischen Ausbildung von Vollzugsbediensteten – Grundlagen, Durchführung und Erfahrungen –. In: MschrKrim 57 (1974)
Stenner, D.; Die kurzfristige Freiheitsstrafe und die Möglichkeiten zu ihrem Ersatz durch andere Sanktionen. Hamburg 1970
Stephan, E.; Schulbildung, Lebensalter und das Verständnis von Deliktsdefinitionen. In: KrimJ 4 (1972a)

Stephan, E.; Dunkelfeld und registrierte Kriminalität. In: KrimJ 4 (1972b)
Stephan, E.; Die Stuttgarter Opferbefragung. E. kriminologisch-viktimologische Analyse zur Erforschung d. Dunkelfeldes unter bes. Berücksichtigung d. Einstellung d. Bevölkerung zur Kriminalität. BKA-Forschungsreihe Nr. 3. Wiesbaden 1976
Stephani, R.; Die Wegnahme von Waren in Selbstbedienungsgeschäften durch Kunden. Eine kriminologische Untersuchung von 1481 Tätern. Bern, Stuttgart 1968
Sternberg, D.; Synanon House – A Consideration of its Implications for American Correction. In: JCrim 54 (1963)
Störzer, U.; Die Vernehmung kindlicher und jugendlicher Opfer eines Sexualdelikts im Ausland; Diss. Jur., Heidelberg 1974
Störzer, U.; Sittlichkeitsprozeß und junges Opfer. Gedanken zu den neuen Vorschriften zum Schutze kindlicher und jugendlicher Zeugen im Strafverfahren (§ 172 Nr. 4 GVG, §§ 241a, 247 S. 2 StPO). In: *Hess u.a.* 1978
Stratenwerth, G.; Ansätze zum Modernen Behandlungsvollzug. In: Loccumer Protokolle 12/1971, Strafen und Bestraftsein. Loccum 1971
Stratenwerth, G.; Tatschuld und Strafzumessung; Recht und Staat 406/407. Tübingen 1972
Stratenwerth, G.; Strafrecht, Allgemeiner Teil I., Die Straftat; 2., neubearb. Aufl.; Köln u.a. 1976
Stratenwerth, G.; Strafrecht und Sozialtherapie. In: *Kaufmann, A. u.a.* (Hrsg.); Festschrift für Paul Bockelmann. München 1979
Stratenwerth, G., u.a. (Hrsg.); Festschrift für Hans Welzel zum 70. Geburtstag. Berlin. New York 1974
Stree, W.; Urteilsanmerkung. In: JZ 19 (1964)
Street, D., R. D. Vinter, C. Perrow; Organization for Treatment. A Comparative Study of Institutions for Delinquents. New York, London 1966 (Nachdruck 1968)
Streit, J.; Zu einigen Grundfragen der sozialistischen Kriminologie. In: NJ 22 (1968)
Strotzka, H.; Gesundheit für Millionen: Sozialpsychiatrie heute. Wien, Hamburg 1972
Struck, P., Jugenddelinquenz und Alkohol; Diss. Jur. Hamburg 1970
Stümper, A.; Der motivlose Täter. In: Krim 22 (1968)
Stumpfl, F.; Erbanlage und Verbrechen. Berlin 1935
Stumpfl, F.; Die Ursprünge des Verbrechens. Leipzig 1936
Stumpfl, F.; Asozialität: In: *Sieverts* 1966
Stutte, H.; Reife und Strafmündigkeit der Jugendlichen. In: BlWohlf 100 (1953)
Stutte, H.; Körperliche Selbstwertkonflikte als Verbrechensursache bei Jugendlichen. In: MschrKrim 40 (1957)
Stutte, H.; Das Blutzuckermangel-Syndrom in seiner forensischen Bedeutung. In: MschrKrim 48 (1965)
Süssmilch, J. P.; Die göttliche Ordnung in den Veränderungen des menschlichen Geschlechts, aus der Geburt, Tod und Fortpflanzung desselben erwiesen (1741). Faksimile-Ausgabe Berlin 1977
Sullivan, C. E., M. Q. Grant, J. D. Grant; The Development of Interpersonal Maturity. Applications to Delinquency. In: Psychiatry 20 (1957)
Sumner, W. G.; Folkways. A Study of the Sociological Importance of Usage, Manners, Customs, Mores, and Morals. New York 1959 (1906)
Sumpter, G. R.; The Youthful Offender; A Descriptive Analysis. In: CanadJ 14 (1972)
Sutherland, E. H.; White Collar Crime; 1. Aufl. New York u.a. 1949
Sutherland, E. H.; The Professional Thief. By a Professional Thief. Chicago/Ill. 1950 (1937)
Sutherland, E. H.; The Sexual Psychopath Laws. In: JCrim 40 (1950)

Sutherland, E. H.; The Diffusion of Sexual Psychopath Laws. In: *Quinney* 1969
Sutherland, E. H.; White-collar Kriminalität (White-collar Criminality 1940, deutsch). In: *Sack/König* 1974
Sutherland, E. H., D. R. Cressey; Criminology. 9. Aufl. Philadelphia u.a. 1974
Suttinger, G.; Persönlichkeit und Strafvollzug. In: MschrKrim 43 (1960)
Suttinger, G.; Jugendkriminalität. In: *Sieverts* 1966
Sveri, K.; Kriminaliteit og alder. Uppsala 1960
Sveri, K.; Group Activity. In: *Christiansen, K. O.* (Hrsg.); Scandinavian Studies in Criminology, Bd. 1. Oslo, London 1965
Sveri, K.; Diskussionsbeitrag. In: *Council of Europe* (Hrsg.); Sixth Conference of Directors of Criminal Research Institutes 1968. Strasbourg 1969
Sveri, K.; Skandinavische Kriminologie. In: KrimGegfr 9 (1970)
Sveri, K.; Die kriminologische Zusammenarbeit innerhalb des Tätigkeitsbereiches des Europarates. In: Revue intern. de droit pénal 42 (1971)
Sydow, K.-H.; Erfolg und Mißerfolg der Strafaussetzung zur Bewährung. Bonn 1963
Sykes, G. M.; The Society of Captives. A Study of a Maximum Security Prison. Princeton N. J. 1958
Sykes, G. M., D. Matza; Techniken der Neutralisierung: Eine Theorie der Delinquenz. In: *Sack/König* 1974 (1957)
Sykes, G. M., S. L. Messinger; The Inmate Social System (1960). In: *Johnston, N., L. Savitz, M. E. Wolfgang* (Hrsg.); The Sociology of Punishment and Correction. 2. Aufl. New York 1970
Szabo, D.; Crimes et Villes. Paris 1960
Szabo, D.; Criminologie appliquée et politique gouvernementale: perspectives d'avenir et conditions de collaboration. In: RevScCrim 27 (1972)
Szabo, D.; Evaluation des systèmes de politique criminelle; Referat VII. Intern. Kongreß für Kriminologie. Belgrad 1973
Szabo, D.; Urbanisierung und Kriminalität (Urbanization et criminalité, 1963, deutsch). In: *Sack/König* 1974
Szasz, T. S.; The Psychiatrist as Double Agent. In: Trans-action 4 (1967)
Taft, D. R.; Criminology. Third Edition. New York 1956
Taft, D. R., R. W. England; Criminology. 4. A. New York 1964
Tajfel, H.; Social and Cultural Factors in Perception. In: *Lindzey, G., E. Aronson* (Hrsg.); The Handbook of Social Psychology, Vol. 3. 2. Aufl. Reading/Mass. u.a. 1969
Takagi, P., J. Robison; The Parole Violator: An Organizational Reject. In: JRes 6 (1969)
Takagi, P., T. Platt; Behind the Gilded Ghetto: An Analysis of Race, Class and Crime in Chinatown. In: Crime and Social Justice 9 (1978)
Tangri, S. S., M. Schwartz; Delinquency Research and the Self-Concept Variable. In: JCrim 58 (1967)
Tarde, G.; Les lois de l'imitation. 2. Aufl. Paris 1895 (1890)
Tarde, G.; La criminalité comparée; 4. Aufl., Paris 1898
Tarde, G.; La criminalité et les phénomènes économiques; 5ème Congrès International d'Anthropologie Criminelle, I. Tome: Rapports; Amsterdam 1901
Tausch, A.-M., I. Langer; Soziales Verhalten von Richtern gegenüber Angeklagten. Merkmale, Auswirkungen sowie Änderung durch ein Selbst-Training. In: Zf Entwicklungspsychologie und Pädagogische Psychologie 3 (1971)
Taylor, I., P. Walton, J. Young; The New Criminology: for a Social Theory of Deviance. London, Boston 1973

Taylor, I., P. Walton, J. Young (Hrsg.). Critical Criminology. London 1975
Teevan, J. J.; Deterrent Effects of Punishment. The Canadian Case. In: CanadJ 14 (1972)
Terstegen, O.; Mitteilung. Der Spiegel Nr. 26, 30 Jg., 21.6.1976
Thelen, H.; Konkursdelikte im Landgerichtsbezirk Koblenz 1969 – 1959. Diss. Jur. Bonn 1970
Thole, E.; Die Klassifizierung der Gefangenen im Erwachsenenvollzug des Landes Nordrhein-Westfalen. In: MschrKrim 58 (1975)
Thompson, E. P.; Whigs and Hunters. The Origin of the Black Act. London 1975
Thole, E.; Suizide im Gefängnis. In: ZfStrV 25 (1976)
Thornberry, T. B.; Race, Socioeconomic Status and Sentencing in the Juvenile Justice System. In: JCrim 64 (1973)
Thrasher, F. M.; The Gang, A Study of 1313 Gangs in Chicago. Chicago 1927
Tiedemann, K.; Die Gesetzgebungskompetenz für Ordnungswidrigkeiten. In: Archiv des öffentlichen Rechts 89 (1964)
Tiedemann, K.; Wirtschaftsstrafrecht als Aufgabe. In: *Tiedemann, K.* (Hrsg.); Die Verbrechen in der Wirtschaft. Neue Aufgaben für Strafjustiz und Strafrechtsreform; 1. Aufl. Karlsruhe 1970
Tiedemann, K.; Welche strafrechtlichen Mittel empfehlen sich für eine wirksamere Bekämpfung der Wirtschaftskriminalität?. In: *Verhandlungen des 49. deutschen Juristentages,* Düsseldorf 1972; Bd. I.; München 1972
Tiedemann, K.; Die Fortentwicklung der Methoden und Mittel des Strafrechts unter besonderer Berücksichtigung der Entwicklung der Strafgesetzgebung. In: ZStW 86 (1974)
Tiedemann, K.; Erscheinungsformen der Wirtschaftskriminalität und Möglichkeiten ihrer strafrechtlichen Bekämpfung. In: ZStW 88 (1976a)
Tiedemann, K.; Ziele und Probleme wirtschaftskriminologischer Forschung. In: *Warda, G. u.a.* (Hrsg.); 1976b
Toby, J.; The Differential Impact of Family Disorganization. In: ASR 22 (1957)
Toby, J.; Hoodlum or Businessman; An American Dilemma. In: *Sklare, M.* (Hrsg.); The Jews. Social Patterns of an American Group. Glencoe/Ill. 1958
Toby, J.; Affluence and Adolescent Crime. In: The President's Commission on Law Enforcement and Administration of Justice. Task Force Report: Juvenile Delinquency and Youth Crime, App. H. New York 1967
Törnudd, M. D.; Prévision de la tendance de la criminalité. In: *Conseil de l'Europe* (Hrsg.); Etudes Relatives à la Recherche Criminologique, Vol. IV. Strasbourg 1969
Traulsen, M.; Wie sind Gesetzesverstöße bei strafunmündigen Kindern zu beurteilen? In: KrimJ 6 (1974a)
Traulsen, M.; Die Bedeutung der Kinderdelinquenz für die Kriminalität der Strafunmündigen. In: NJW 27 (1974b)
Traulsen, M.; Prävention bei delinquenten Kindern. In: MschrKrim 61 (1978)
Tröndle, H.; Die Geldstrafe in der Praxis und Probleme ihrer Durchsetzung unter besonderer Berücksichtigung des Tagessatzsystems. In: ZStW 86 (1974)
Trube-Becker, E.; Frauen als Mörder. München 1974
Di Tullio, B.; Principi di criminologia generale e clinica e psicopatologia sociale. Rom 1971
Turk, A. T.; Criminality and Legal Order. Chicago 1969
Tyler, G.; Organized Crime in America. A Book of Readings. Ann Arbor 1962
Uematsu, T.; The Delinquent Area in Tokyo. In: Annales Internationales de Criminologie 1 (1962)
Uhlitz, O.; Strafvollzugsreform: beste Absicht – wenig Aussicht. In: ZRP 4 (1971)

Ullrich, H.; Der Bericht der JGH, Vordruck oder freie Fassung. In: ZBlJugR 57 (1970)
Ullrich, W.; Das Schicksal der Lebenslänglichen. Ergebnisse einer Untersuchung, zugleich ein Beitrag zur Strafrechtsreform. In: MschrKrim 48 (1965)
Unkovic, C. M., J. L. Albini; The Lifer Speaks for Himself. An Analysis of the Assumed Homogenity of Life-Fermers. In: CrimDel 15 (1969)
Unkovic, C. M., W. J. Ducsay; Configurational Analysis. In: JCrim 60 (1969)
UNSDRI (Hrsg.); Economic Crises and Crime. Correlations between the State of Economy, Deviance and the Control of Deviance. Rome 1976 (Publication No. 15)
Von Uslar, W.; Vorläufige Mitteilung über die Anwendung von Sozialtests bei der Reifebeurteilung (§ 3 JGG). In: MschrKrim 53 (1970)
Uusitalo, P.; Recidivism after Release from Closed and Open Penal Institutions. In: BritJCrim 12 (1972)
Vaz, E. W. (Hrsg.); Middle-Class Juvenile Delinquency. New York u.a. 1967
Vaz, E. W.; Juvenile Delinquency in the Middle-Class Youth Culture. In: *Cressey/Ward* 1969
Vaz, E. W.; Explorations in the Institutionalization of Juvenile Delinquency. In: JCrim 62 (1971)
Velde, H.; Die Taterkartei, Auswertungsmöglichkeiten und Versuch einer Analyse. In: Krim 24 (1970)
Veverka, M.; Sociologicky Časopis 5 (1969), zit. nach *Weis* 1970, S. 821
Villmow, B.; Schwereeinschätzung von Delikten. Schicht- und altersspezifische Einstellungen sowie Einstellungen von Tätern und Opfern bei 14- bis 25jährigen männlichen Probanden einer südbadischen Kleinstadt. Berlin 1977
Vodopivec, K.; Relationship betweeen Scientific Research and Criminal Policy. Generalbericht, VI. Internationler Kongreß für Kriminologie, vervielf. Exemplar. Madrid 1970
Vodopivec, K.; Probleme des Strafvollzugs; Unveröffentlichter Vortrag, gehalten in Tübingen, Juni 1972
Vöcking, J.; Die oberlandesgerichtliche Kontrolle der Untersuchungshaft gemäß § 121 StPO; Diss. Jur. Mainz 1977
Vogt, H.-G.; Strafaussetzung zur Bewährung und Bewährungshilfe bei Jugendlichen und Heranwachsenden. Diss. Jur. Göttingen 1972
Vold, G.; Theoretical Criminology. New York 1958
Voss, H. L.; Socio-Economic Status and Reported Delinquency Behavior. In: SP 13 (1965)
Wachter, W.; Untersuchungen über Erfolg und Mißerfolg der Erziehung durch die Jugendstrafe von unbestimmter Dauer. Diss. Jur. Heidelberg 1966
Wadler, A.; Moralstatistik. In: *Zahn, F.* (Hrsg.); Die Statistik in Deutschland nach ihren heutigen Stand, I. Band. München, Berlin 1911
Wagnitz, H.; Historische Nachrichten und Bemerkungen über die merkwürdigsten Zuchthäuser in Deutschland, 1791; hier zit. nach *Sieverts* 1967, S. 47
Waldmann, P.; Zielkonflikte in einer Strafanstalt. Stuttgart 1968
Waldmann, P.; Zur Gewichtung von Straftaten durch die Polizei im Ermittlungsverfahren; In: MschrKrim 61 (1978)
Waldmann, P.; Die Dienstschicht als Primitivgruppe. Zwischenbericht über eine empirische Untersuchung zur Organisationsstruktur der Schutzpolizei. In: Krim 32 (1978a)
Waldo, G. P.; The »Criminality Level« of Incarcerated Murderers and Non-Murderers. In: JCrimG 61 (1970)
Waldo, G. P., S. Dinitz; Personality Attributes of the Criminal: An Analysis of Research Studies, 1950 – 65. In: JRes 4 (1967)

Walker, N., M. Argyle; Does the Law affect Moral Judgements. In: BritJCrim 4 (1963 – 1964)
Wallerstein, J. S., C. J. Whyle; Our Law-Abiding Law-Breakers. Probation 25 (1947); hier zitiert nach *Clinard* 1957, 165 f
Ward, D. A., G. G. Kassebaum; Women's Prison, Sex and Social Structure. Chicago 1965
Ward, D. A., G. G. Kassebaum; On Biting the Hand That Feeds: Some Implications of Sociological Evaluations of Correctional Effectiveness. In: *Weiss* 1972
Warda, G. u.a. (Hrsg.); Festschrift für Richard Lange zum 70. Geburtstag. Berlin, New York 1976
Warkentien, H., E. Osterhaus; Untersuchungen über Gewalttäter unter Alkoholeinfluß und deren Belastung mit Vorstrafen und Vorgängen ähnlicher Deliktsarten. In: Krim 23 (1969)
Warner, S. B.; Factors Determining Parole from the Massachusetts Reformatory. In: JCrim 14 (1923)
Warner, W. L., P. S. Lunt; The Social Life of a Modern Community. New Haven 1941 (Nachdruck 1949)
Warren, M. Q.; The Case for Differential Treatment of Delinquents. In: Annals 1969
Warren, M. Q.; Correctional Treatment in Community Settings. In: VI. Congreso International de Criminologia, Vol. I.; Madrid 1973 (1970)
Wassermann, R.; Kriminalitätsgeographie und Strafzumessung. In: MschrKrim 41907/08a)
Wassermann, R.; Sächsische Kriminalstatistik (1882 – 1907). In: MschrKrim 4 (1907/08b)
Wassermann, R.; Die Entwicklungsphasen der kriminalstatistischen Forschung. Leipzig 1927
Wassermann, R.; Zur Soziologie des Gerichtsverfahrens. In: *Naucke u.a.* 1970
Von Weber, H.; Kriminalsoziologische Einzelforschungen. Ergebnisse und Aufgaben. Jena 1939
Von Weber, H.; Die Aufgaben der Kriminalphänomenologie und ihre Methoden. In: MschrKrim 50 (1967a)
Von Weber, H.; Kriminalsoziologie. In: *Sieverts,* R. (Hrsg.). HwbKrim, Bd. II. 1967b
Wehler, H.-U.; Einleitung. In: *Wehler, H.-U.* (Hrsg.); Soziologie und Psychoanalyse. Stuttgart u.a. 1972
Wehner, B.; Die Latenz der Straftaten. (Die nicht entdeckte Kriminalität); Schriftenreihe des Bundeskriminalamts Wiesbaden 1957
Wehner, B.; Analyse der Kriminalitätsentwicklung. In: Polizei 57 (1966)
Weidermann, O.; Berufsmäßige Tatbegehung. Hamburg 1969
Weis, K.; Zur Kontrolle und Bewährung *Glueck*'scher Prognosetafeln. In: ZStW 82 (1970)
Weis, K., R. Müller-Bagehl.; Private Strafanzeigen. In: KrimJ 3 (1971)
Weiss, C. H. (Hrsg.); Evaluating Actions Programs: Readings in Social Action and Education. Boston 1972
Weiss, M.; Die Theorie der richterlichen Entscheidungstätigkeit in den Vereinigten Staaten. Frankfurt a.M. 1971
Weitbrecht, H. J.; Psychiatrie im Grundriss. 3. Aufl. Berlin u.a. 1973
Wellford, C.; Factors Associated with Adoption of the Inmate Code: A Study of Normative Socialization. In: JCrim 58 (1967)
Wellford, C. F.; Contact and Commitment in a Correctional Community. In: BritJCrim 13 (1973)
Wend, J. Untersuchungen an Straflisten vielfach rückfälliger Verbrecher; Krim. Abhandlungen Nr. 23. Leipzig 1936

Wendel, E.; Zum Tatbestand der Falschmeldung und Vorteilserschleichung aus der Sicht des Wirtschaftsstrafrechts. In: NJ 26 (1972)
Werkentin, F.; Besprechung von *Buchholz* u.a. 1971. In: KritJ 6 (1973)
Werkentin, F., M. Hofferbert, M. Baurmann; Kriminologie als Polizeiwissenschaft oder: Wie alt ist die neue Kriminologie? In: KritJ 5 (1972)
Werner, B.; Den faktiska brottsligheten. In: NordTKrim 59 (1971a)
Werner, B.; Sozialgruppsförderling vid självdeklarerad brottslighet. In: NordTKrim 59 (1971b)
West, D. J.; Present Conduct and Future Delinquency. First Report of the Cambridge Study in Delinquent Development. London 1969
West, D. J., D. P. Farrington; Who Becomes Delinquent? Second Report of the Cambridge Study in Delinquent Development. London 1973
West, D. J., D. P. Farrington; The Delinquent Way of Life. Third Report of the Cambridge Study in Delinquent Development. London 1977
Wheeler, S.; Socialization in Correctional Communities. In: ASR 26 (1961)
Wheeler, S. u.a.; Agents of Delinquency Control. A Comparative Analysis. In: *Wheeler, S.* (Hrsg.); Controlling Delinquents. New York 1968
White, S.; The Effect of Social Inquiry Reports on Sentencing Decisions; in: BritJCrim 12 (1972)
Whyte, W. F.; Street Corner Society. 2. Aufl. Chicago, London 1964 (1943)
Wieland, G.; Sozialwissenschaftliche Forschung und gesetzgeberische Praxis, Weinheim, Basel 1978
Wiersma, D.; Crime and Schizophrenics. In: AbstrCrim 6 (1966)
Wiesbrock, W.; Probleme des offenen Jugendstrafvollzuges und seine Bewährung. Diss. Jur. Göttingen 1971
Wieser, S.; Die Persönlichkeit des Alkoholtäters. In: KrimGegfr 6 (1964)
Wieser, S.; Über das Trinkverhalten der allgemeinen Bevölkerung und Stereotype des Abstinenten und Trinkers: In: FortschrNeurPsychiatr 36 (1968)
Wieser, S.; Devianz und informelle Sanktionen bei psychisch Kranken. In: *Petrilowitsch, N., H. Flegel* (Hrsg.); Sozialpsychiatrie, Social Psychiatry. I. Allg. Teil – General Section. Bern, New York 1969
Wilkins, L. T.; Delinquent Generations. A Home Office Research Unit Report. London 1960
Wilkins, L. T.; Social Deviance: Social Policy, Action and Research. London 1964
Wilkins, L. T.; The Concept of Cause in Criminology. In: IssCrim 4 (1968/1969)
Wilkins, L. T., P. McNaughton-Smith; New Prediction and Classification Methods in Criminology. In: JRes 1 (1964)
Wilson, H.; Delinquency and Child Neglect. London 1962
Wilson, J. M., J. D. Snodgrass; The Prison Code in a Therapeutic Community. In: JCrim 60 (1969)
Wirth, L.; Ideological Aspects of Social Disorganization. In: ASR 5 (1940)
Witter, H.; Intelligenz und Jugendkriminalität. In: gerichtl.Med. 51 (1961)
Wittig, K.; Die Praxis der Strafaussetzung zur Bewährung bei Erwachsenen. Diss. Jur. Göttingen 1969
Wolf, P.; Crime and Development – an International Comparison of Crime Rates. In: Scandinavian Studies in Criminology Vol. III., Oslo u.a. 1971

Wolf, P.; Victimization Research and Means Other than Crime Statistics to provide Data on Criminality; In: *Council of Europe* (Hrsg.); Means of Improving Information on Crime; Strasbourg 1975
Wolff, J.; Die benachteiligende Funktion der Untersuchungshaft; KrimJ 7 (1975)
Wolfgang, M. E.; Quantitative Analysis of Adjustment to the Prison Community. In: JCrim 51 (1961)
Wolfgang, M. E.; The Culture of Youth; Washington D. C., U. S. Office of Juvenile Delinquency and Youth Development 1967a
Wolfgang, M. E.; Analytical Categories for Research on Victimization. In: *Mergen, A., H. Schäfer* (Hrsg); Kriminologische Wegzeichen. Festschrift für Hans von Hentig. Hamburg 1967b
Wolfgang, M. E.; On Devising a Crime Index. In: *Council of Europe* (Hrsg.); The Index of Crime. Some further Studies. Strasbourg 1970
Wolfgang, M. E.; Cesare Lombroso; In: *Mannheim* 1972
Wolfgang, M. E.; Patterns in Criminal Homicide. Montclair/N. J. 1975 (1958)
Wolfgang, M. E., L. Savitz, N. Johnston (Hrsg.); The Sociology of Crime and Delinquency. New York u.a. 1962
Wolfgang, M. E., R. Figlio, T. Sellin; Delinquency in a Birth Cohort. Chicago, London 1972
Wolfgang, M. E., S. I. Singer; Victim Categories of Crime. In: JCrim 69 (1978)
Wood, A.; Minority-Group Criminality and Cultural Integration. In: JCrim 37 (1947)
Wooton, B.; Social Science and Social Pathology. London 1960 (1959)
Woytinski, W.; Kriminalität und Lebensmittelpreise. Neues zu einem alten Problem. In: ZStW 49 (1929)
Würtenberger, T.; Versuch einer Typisierung jugendlicher Rechtsbrecher. In: *Schneider, F.* (Hrsg.); Jugendkriminalität, Vorträge des Internationalen Kongresses über Probleme der Jugendkriminalität. Salzburg 1952
Würtenberger, T., R. Herren; Bankraub in der Bundesrepublik. In: Krim 24 (1970)
Wulff, E.; Psychopathie? – Soziopathie? In: Das Argument 14 (1972)
Wyss, R.; Zur Frage der Spätschäden bei kindlichen Opfern von Sittlichkeitsdelikten. In: SchweizZfStr. 79 (1963)
Yablonsky, L.; The Violent Gang. New York 1962
Yablonsky, L.; The Tunnel Back-Synanon. 2. Aufl. New York, London 1965
Yablonsky, L.; The Delinquent Gang as a Near-Group (1959). In: *Dinitz/Dynes/Clarke* 1969
Yoshimasu, S.; Some Considerations on Criminal life Curves. In: AbstrCrim 6 (1966a)
Yoshimasu, S.; Criminal Life Curves of Monozygotic Twin-Pairs. In: AbstrCrim 6 (1966b)
Yoshimasu, S.; Zwillingsforschung; in: *Sieverts/Schneider* 1975
Zeisel, H.; Empirische Rechtsforschung – ein natürlicher Zweig der Jurisprudenz. In: JZ 29 (1974)
Ziegenhagen, E. A.; The Recidivist Victim of Violent Crime. In: Vict 1 (1976)
Zimmermann, H. G.; Die Kriminalität der ausländischen Arbeiter. Versuch einer Analyse. In: Krim 20 (1966)
Zimring, F., G. Hawkins; Deterrence and Marginal Groups. In: JRes 5 (1968)
Zimring, F. E.; G. J. Hawkins; Deterrence. The Legal Threat in Crime Control. Chicago, London 1973
Zipf, H.; Die Strafmaßrevision. Eine strafrechtsdogmatische Untersuchung über den systematischen Aufbau der Strafzumessung und ihrer Revisibilität im Erwachsenen- und Jugendstrafrecht. München 1969

Zipf, H.; Kriminalpolitik. Eine Einführung in die Grundlagen. Karlsruhe 1973
Zipf, H.; Probleme der Neuregelung der Geldstrafe in Deutschland. In: ZStW 86 (1974a)
Zipf, H.; Kriminalpolitische Überlegungen zum Legalitätsprinzip. In: *Baumann, J./K. Tiedemann* 1974b
Zirbeck, R.; Die Untersuchungshaft bei Jugendlichen und Heranwachsenden. Göttingen 1973
Zirpins, W., O. Terstegen; Wirtschaftskriminalität. Erscheinungsformen und ihre Bekämpfung. Lübeck 1963
Zugehör, H.; Die Strafaussetzung zur Bewährung in der Praxis. Diss. Jur. Bonn 1964
Zybon, A.; Wirtschaftskriminalität als gesamtwirtschaftliches Problem. München 1972

Gesetzesverzeichnis
Die kursiv gesetzten Zahlen bezeichnen die Paragraphen beziehungsweise die Artikel.

I. Gesetze

AO
30: 193
    Abs. 4 Nr. 5: 193
197: 151
386: 192
    Abs. 4: 193
395: 151
398: 151
399: 192
    Abs. 1: 244
400: 192, 244
404 Abs. 3: 151

BGB
812: 337
822: 337
1666: 41

BSeuchenG
38: 326

BSHG
25: 33
72: 308

BZRG
1: 99
3: 120
4: 154, 347
    Nr. 1: 239, 346
    Nr. 2: 346
    Nr. 3: 325
    Nr. 4: 346
5 Abs. 2: 241, 346
8: 347
12 Abs. 2: 346
14: 347
    Abs. 1 Nr. 4: 299
15 Abs. 1 Nr. 5: 347
28: 346 f.

30 Abs. 1: 347
    Abs. 2: 347
    Abs. 2 Nr. 1: 325
    Abs. 2 Nr. 2: 347
    Abs. 2 Nr. 3: 347
    Abs. 2 Nr. 4: 347
    Abs. 2 Nr. 5a: 239, 325
31: 347
32 Abs. 1 Nr. 1b: 299
36 Abs. 1: 347
37: 348
39: 347
    Abs. 1: 347 f.
    Abs. 2: 347
    Abs. 4: 348
40 Abs. 1 Satz 1: 348
43: 348
    Abs. 2 Satz 1: 348
    Abs. 3: 348
44: 348
    Abs. 2 Nr. 1c): 347
    Abs. 2 Nr. 1f): 347
    Abs. 2 Nr. 2c): 347
46: 348
49: 157
    Abs. 1: 348
50: 348
51 Abs. 1 Nr. 1: 347
    Abs. 1 Nr. 2: 348
55: 120
56: 347
    Abs. 1 Nr. 2: 241
57: 347
58 Abs. 1 Satz 2: 347
    Abs. 1 Satz 3: 347
59: 347
60: 444
71: 444

DRiG
43: 215
45 Abs. 1 Satz 2: 215

EGStGB
5: 149
24 Nr. 36a: 347
293: 248
295: 338
315: 247
326 Abs. 4: 347

EGGVG
23: 289

EGWStG
5: 256

GaststättenG
15: 326

GeschmMG
14 Abs. 3 Satz 1: 327

GewO
34: 326
35: 326
58: 326
149: 99
    Abs. 2 Nr. 3: 348
150 Abs. 1: 348

GG
2: 313
    Abs. 1: 237
    Abs. 1 Satz 2: 343
3: 158
4: 313
6: 237
12: 313
    Abs. 1 Satz 1: 326
13 Abs. 1: 315
74 Nr. 1: 148
101: 216
    Abs. 1 Satz 2: 199
103 Abs. 1: 226
    Abs. 2: 153, 264
104: 344 f.

GVG
24: 204
25: 204
28: 204
31: 223
74: 204
74c Abs. 1 Satz 1 Nr. 6: 199
78a Abs. 1 Satz 2 Nr. 2: 289
171a: 163
172: 163
194: 215
197: 215

JGG
1: 161
    Abs. 2: 161 f.
2: 159, 165, 167
3: 146, 161, 168, 225, 228, 258, 313
    Satz 1: 161, 346
    Satz 2: 161
5 Abs. 2: 168, 253
7: 161
8 Abs. 1: 169
    Abs. 2: 169 f.
    Abs. 2 Satz 1: 170
9: 384
    Nr. 1: 168, 267
    Nr. 2: 168, 315, 317
10: 168, 223, 267, 312 f., 315
    Abs. 1 Satz 1: 313
    Abs. 1 Satz 2: 313
    Abs. 1 Satz 3: 313
    Abs. 1 Satz 3 Nr. 2: 317
    Abs. 1 Satz 3 Nr. 3: 312
    Abs. 1 Satz 3 Nr. 4: 312
    Abs. 1 Satz 3 Nr. 6: 312
    Abs. 2 Satz 1: 313
11 Abs. 2: 313
    Abs. 3: 241, 254 f., 316
    Abs. 3 Satz 1: 313
12: 168, 315, 317, 319
    Satz 2: 315
13: 314
    Abs. 1: 170, 241, 314
    Abs. 2 Nr. 2: 267
    Abs. 3: 241, 314
15: 241 f., 267, 312, 314
    Abs. 1 Satz 1 Nr. 1: 241

Abs. 1 Satz 1 Nr. 2: 241
Abs. 1 Nr. 3: 298
Abs. 2: 239
Abs. 2 Nr. 1: 241 f.
Abs. 3: 254
Abs. 3 Satz 1: 241
Abs. 3 Satz 2: 241
Abs. 3 Satz 3: 241
16: 253
    Abs. 1: 252, 254
    Abs. 2: 252
    Abs. 3 Satz 1: 252
    Abs. 4: 256
    Abs. 4 Satz 1: 259
17: 258
    Abs. 2: 168, 258, 378
    Abs. 2, 1. Altern.: 257
    Abs. 2, 2. Altern.: 258
18: 169
    Abs. 1: 172, 253
    Abs. 1 Satz 1: 259 f.
    Abs. 1 Satz 2: 260, 274
    Abs. 1 Satz 3: 168
    Abs. 2: 169, 258
19: 257, 260
    Abs. 1: 173, 260, 378
    Abs. 2 Satz 2: 260
    Abs. 2 Satz 3: 260
    Abs. 3: 267
20 (alte Fassung): 367
21 Abs. 1: 374
    Abs. 1 Satz 1: 173, 265
    Abs. 2: 265, 374
22 Abs. 1: 266
    Abs. 2 Satz 2: 266
23: 170, 242, 267
    Abs. 1: 241 f.
    Abs. 1 Satz 1: 267
    Abs. 1 Satz 2: 267
    Abs. 1 Satz 4: 268
    Abs. 2: 267
24 Abs. 1 Satz 1: 373
    Abs. 2 Satz 1: 372
    Abs. 2 Satz 2: 372
    Abs. 2 Satz 3: 372
25: 170, 372
26 Abs. 1: 268
27: 170, 241, 264, 374, 390

28: 265, 267
29: 170, 267
    Satz 2: 267
30: 264
    Abs. 1 Satz 1: 264
    Abs. 1 Satz 2: 264
31: 171, 264, 334
    Abs. 2: 172
    Abs. 2 Satz 1: 171
    Abs. 3: 171 f.
32 Satz 1: 170
    Satz 2: 170
33 Abs. 1: 163
34 Abs. 2 Satz 1: 223
35: 223
37: 173, 198, 223
38: 164, 226, 238
    Abs. 1: 224
    Abs. 2: 224
    Abs. 2 Satz 6: 225
    Abs. 3: 224
43: 164 f.
    Abs. 1: 224
    Abs. 1 Satz 1: 164, 225
    Abs. 1 Satz 2: 165, 225
    Abs. 1 Satz 3: 164, 225
    Abs. 3: 384
    Abs. 3 Satz 2: 228
44: 164
45: 152, 204, 241 f., 312, 318, 399
    Abs. 1 Satz 1: 152, 241, 312, 314
    Abs. 2: 152
47: 165, 241 f., 318, 399
    Abs. 1: 164
    Abs. 1 Nr. 1: 241, 312
    Abs. 2 Satz 2: 164
48: 163
    Abs. 1: 165, 217
    Abs. 3: 165
50: 165
    Abs. 1: 165
    Abs. 3: 164, 224
51: 165
    Abs. 1 Satz 1: 165
    Abs. 2: 166
52: 172, 230
52a Abs. 1 Satz 1: 172
    Abs. 1 Satz 2: 172, 230

Abs. 1 Satz 3: 172
JAbs1 4 172
Abs. 2 Satz 1: 172
Abs. 2 Satz 2: 172
53: 318
54 Abs. 2: 166
55: 167
Abs. 1: 167
Abs. 1 Satz 2: 317
Abs. 2 Satz 1: 167
56 Abs. 1: 168
57 Abs. 1 Satz 1: 266, 296
Abs. 1 Satz 2: 296
59 Abs. 1 Satz 1: 266
Abs. 1 Satz 2: 266
65: 313
66: 172
71: 165
Abs. 1: 316
Abs. 1 Satz 1: 312
Abs. 2: 238
Abs. 2 Satz 1: 172, 316
72: 230
Abs. 3: 238, 317
73: 164
Abs. 1: 228
Abs. 1 Satz 1: 172, 228
Abs. 3: 228
74: 166
76: 152, 165
Satz 1: 152
77: 152
78: 152, 165
Abs. 1 Satz 2: 152
Abs. 2 Satz 1: 165
Abs. 3: 165
79: 164
Abs. 1: 163, 384
80 Abs. 1: 165
Abs. 1 Satz 2: 152, 165
Abs. 3: 165
81: 164 f.
82 Abs. 1: 224
83: 224
86: 224, 252
87 Abs. 3: 224, 256
Abs. 3 Satz 1: 256
Abs. 3 Satz 2: 252

Abs. 4: 252
88: 167, 224, 266 f., 374
Abs. 1: 173, 266
Abs. 2: 266
Abs. 3 Satz 1: 267
Abs. 5: 242, 268
Abs. 5 Satz 1: 267
Abs. 5 Satz 2: 242
89: 224, 267, 374
Abs. 1: 167, 173, 267
Abs. 2: 167, 267
Abs. 3: 242, 267 f.
Abs. 4: 267
90: 255
Abs. 1: 255
Abs. 2 Satz 2: 224
Abs. 2 Satz 3: 253
91: 261
Abs. 1: 173
Abs. 2 Satz 2: 261
Abs. 2 Satz 3: 261
Abs. 3: 261, 379
Abs. 4: 173
92: 261, 287 f.
Abs. 1: 261
Abs. 2: 164
Abs. 2 Satz 1: 164, 261
93: Abs. 1: 238
Abs. 2: 237 f.
Abs. 3: 224, 238
97: 347
Abs. 1: 173
100: 347
102: 163
105: 162 f.
Abs. 1: 164, 228
Abs. 1 Nr. 1: 162 f., 225
Abs. 1 Nr. 2: 162
Abs. 2: 171 f.
Abs. 3: 260, 274
106: 162
107: 163, 224
Abs. 1: 164
108: 163
109: 165
Abs. 1: 164, 224
Abs. 1 Satz 1: 163, 230
Abs. 1 Satz 4: 163, 217

Abs. 2: 164, 238, 241, 384
Abs. 2 Satz 1: 163 f.
110 Abs. 2: 237
112a: 162
 Nr. 2: 316
 Nr. 3: 312
112b: 316
114: 164, 261 f.
115 Abs. 1: 255
115 Abs. 2: 255

JÖSchG
1: 318
11: 71
12: 318

JWG
5 Abs. 1 Nr. 7: 308
8: 308
13: 223
55: 41, 315
56: 316
57: 316
58 Abs. 1 Satz 4: 315
 Abs. 2: 316
60: 316
61 Abs. 1: 316
 Abs. 2: 316
62: 41
64: 41, 317 ff.
67: Abs. 4: 318
69: 319
71: 319
72: 319
73: 319
75: 323
 Abs. 2 Satz 1: 323
81: 317

KO
239: 211

MRK
6 Abs. 2: 237

OWiG
1 Abs. 1: 239
12 Abs. 1: 149

Abs. 2: 145
17 Abs. 4: 337
22: 337
30: 145
 Abs. 1: 239
 Abs. 3: 337
 Abs. 5: 337
35 Abs. 1: 241
 Abs. 2: 241
46 Abs. 1: 149, 241
47 Abs. 1: 241
53 Abs. 1: 150
56: 239
 Abs. 2 Satz 1: 239
78 Abs. 3: 149
98: 149, 241
 Abs. 1: 149
101: 250
118: 149

PatG
49 Abs. 3 Satz 1: 327

StGB
1: 264
10: 159
11 Abs. 1 Nr. 8: 337
12: 6
17 Satz 2: 153
19: 161
20: 145 f., 161 f., 229, 313, 344
20a (alte Fassung): 154, 335
21: 153, 161, 229, 258, 344
23 (alte Fassung): 341
27 (alte Fassung): 244
30 (alte Fassung): 250
38: 153
 Abs. 1: 271
 Abs. 2: 247, 271
40: 153, 244
 Abs. 1 Satz 2: 247
 Abs. 2: 244
 Abs. 2 Satz 2: 246
 Abs. 3: 246
 Abs. 4: 245
41: 245
42: 245
 Satz 1: 245

Gesetzesverzeichnis

42e	(alte Fassung): 335		Abs. 3: 298
42m	(alte Fassung): 341	*56c:*	244, 298
43:	247		Abs. 1 Satz 1: 267
	Satz 1: 247		Abs. 1 Satz 2: 298
	Satz 2: 247		Abs. 2: 339
	Satz 3: 271		Abs. 2 Nr. 5: 242, 244
44:	156, 339 f., 342		Abs. 4: 298
	Abs. 1 Satz 2: 340	*56d:*	298
	Abs. 1 Satz 3: 341		Abs. 1: 373
	Abs. 3 Satz 3: 339		Abs. 1 Satz 1: 298
	Abs. 4 Satz 2: 340		Abs. 2: 298
45	Abs. 1: 326		Abs. 3: 372
	Abs. 2: 326		Abs. 4: 372
	Abs. 5: 326		Abs. 5: 372
45a	Abs. 2: 326	*56e:*	325
45b:	326	*56f*	Abs. 1 Nr. 1: 298
46:	326, 337		Abs. 1 Nr. 3: 298
	Abs. 1 Satz 1: 156, 247, 292, 296		Abs. 2: 298
	Abs. 1 Satz 2: 357	*56g:*	297
	Abs. 2 Satz 2: 157		Abs. 1 Satz 1: 299
47:	155, 247, 256, 296	*57:*	248, 297
	Abs. 1: 141, 271		Abs. 1: 297, 374
	Abs. 2: 271		Abs. 2: 297, 374
48:	146, 154, 205, 447		Abs. 3: 244, 297
	Abs. 1 Satz 1 Nr. 1: 154		Abs. 3 Satz 1: 297 f.
	Abs. 1 Satz 2: 154		Abs. 3 Satz 2: 298
49:	344	*57d*	Abs. 2: 336
	Abs. 1: 153	*59:*	325
	Abs. 2: 153		Abs. 1 Satz 1 Nr. 3: 141, 325
50:	153	*59a*	Abs. 2: 325
51	Abs. 1 Satz 1: 155, 230	*60:*	151, 155, 325
	Abs. 1 Satz 2: 156, 230	*62:*	147, 344
	Abs. 5: 156	*63:*	147, 161
52:	155, 171		Abs. 1: 344 f.
52a	Abs. 1 Satz 1: 230		Abs. 2: 344
53:	155, 171	*64:*	147, 345
54	Abs. 2 Satz 2: 271		Abs. 1: 345
55:	172		Abs. 2: 345
56:	265, 297, 374	*65:*	146 f., 327, 332
	Abs. 1: 296		Abs. 1: 147, 333
	Abs. 1 Satz 1: 265		Abs. 1 Satz 1 Nr. 1: 327
	Abs. 2: 296, 374		Abs. 1 Satz 1 Nr. 2: 327
	Abs. 3: 141, 169, 271, 296		Abs. 2: 147, 154, 327, 333
56a:	266, 297		Abs. 2 Nr. 3: 327, 345
56b:	244, 297, 325		Abs. 3: 147, 327, 344
	Abs. 1 Satz 2: 298	*66:*	147, 333
	Abs. 2 Nr. 1: 244, 298		Abs. 1: 334
	Abs. 2 Nr. 2: 242, 245, 298		Abs. 1 Nr. 3: 334, 345

	Abs. 2: 334	*125:*	449
67	Abs. 1: 71, 147 f., 335	*129a*	Abs. 7: 338
	Abs. 2: 148	*132a*	Abs. 4: 337
	Abs. 3: 148	*142:*	108, 419 f.
	Abs. 4: 148	*142*	(alte Fassung): 419
67b	Abs. 1 Satz 1: 345	*145a:*	339
	Abs. 2: 338	*145c:*	326
67c:	327, 334, 345	*150:*	337
	Abs. 1: 336	*153:*	205
	Abs. 1 Satz 2: 338	*163:*	205
67d	Abs. 1: 345	*164:*	326
67e:	327, 336, 345	*165*	Abs. 1: 326
	Abs. 2: 346		Abs. 2: 326
68:	147, 338	*170d:*	183
	Abs. 1: 338	*173:*	205
	Abs. 1 Nr. 1: 339	*180a:*	36
	Abs. 1 Nr. 2: 338	*181b:*	338
	Abs. 2: 338	*181a:*	36
68b:	338	*184b:*	36, 205
	Abs. 1: 339	*185:*	154
	Abs. 2 Satz 1: 339	*186:*	154
	Abs. 3: 339	*200:*	326
68f	Abs. 2: 338	*211:*	149, 153 f., 205, 262, 272, 286,
69:	339 ff.		403, 405
	Abs. 2: 340	*212:*	403, 405
69a	Abs. 1 Satz 2: 341	*213:*	153, 403, 405
70:	147, 326	*217:*	153
70a:	374	*220:*	419
71:	147	*222:*	205, 262, 286
72	Abs. 1: 147	*223:*	154, 262, 286, 434
73:	245, 336	*223a:*	344
	Abs. 1 Satz 2: 337	*223b*	Abs. 1: 183, 434
	Abs. 3: 337	*224:*	154
73a	Abs. 1: 337	*228:*	338
74:	245, 337	*230:*	108, 419 f., 434
	Abs. 2 Nr. 1: 337	*233:*	262, 286
	Abs. 2 Nr. 2: 338	*235*	Abs. 2 Satz 2: 153
	Abs. 4: 337	*239c:*	338
74a:	337	*242:*	71, 154, 205 f., 262, 270, 286, 402,
74b:	337		407, 409, 434
74c:	337	*243:*	401, 407, 434
74d:	338		Abs. 1: 270
77:	185		Abs. 1 Satz 2 Nr. 1: 236, 262, 286, 344
77d:	185		
92b	Satz 1 Nr. 2: 337		Abs. 1 Satz 2 Nr. 6: 262, 286
101a:	Satz 1 Nr. 2: 337	*244:*	154, 206, 402, 407, 434
103	Abs. 2 Satz 1: 326		Abs. 1: 270
124:	449		Abs. 1 Nr. 1: 262, 286

	Abs. 1 Nr. 3: 262
245:	338
245a:	205
246:	154, 205, 352, 407
247:	153, 402
248a:	402
248c:	402, 409
249:	205
	Abs. 2: 153
250	Abs. 2: 153
256:	205, 338
257:	205
257	(alte Fassung): 251
258:	250
262:	205, 338
263:	99, 205, 210, 409
264	Abs. 5 Satz 2: 337
265a:	205
266:	205, 409
	Abs. 2: 153
267	Abs. 3: 153
276:	205
281:	205
283a	Satz 2 Nr. 2: 141
285b	Satz 1: 337
302a	(alte Fassung): 211
	Abs. 1: 141
302f	(alte Fassung): 211
303:	205
315:	107, 339
	Abs. 3 Nr. 2: 149
315a	(alte Fassung): 419
315b:	107 f. 419, 434
315c:	108, 419
	Abs. 1 Nr. 1a: 108, 434
	Abs. 1 Nr. 2g: 434
316:	108, 419 f.
	Abs. 2 (alte Fassung): 419
325:	338
325a	Nr. 2: 337
330a:	419
330c:	205
336:	355

StPO

29:	216
38:	228
72:	227
73	Abs. 1 Satz 1: 227
78:	228
80	Abs. 1: 228
81:	155
83	Abs. 1: 228
93:	227
94:	156
111a:	156, 340
112	Abs. 1 Satz 1: 230 f.
	Abs. 1 Satz 2: 230
	Abs. 2 Nr. 1: 230 f., 236
	Abs. 2 Nr. 2: 230 f., 236
	Abs. 2 Nr. 3: 230, 236
	Abs. 3: 342, 344
112a:	342
	Abs. 1 Nr. 1: 343 f.
	Abs. 1 Satz 2: 343
	Abs. 1 Satz 1 Nr. 2: 343 f., 447
	Abs. 2: 343
	Abs. 3: 343
	Abs. 4 (alte Fassung): 343
116	Abs. 1 Satz 2 Nr. 1: 231
	Abs. 1 Satz 2 Nr. 4: 231
119:	237
	Abs. 1 Satz 1: 237
	Abs. 1 Satz 2: 237
	Abs. 3: 237
121:	237
126a:	155
127	Abs. 2: 155
132a:	326
136	Abs. 1 Satz 2: 158
147:	226
152	Abs. 2: 150 f., 199, 231
153:	150, 204, 208, 212, 353
153a:	150 f., 242, 325, 353
	Abs. 1: 244
	Abs. 1 Satz 1 Nr. 1: 242
	Abs. 1 Satz 1 Nr. 2: 242, 244
	Abs. 1 Satz 1 Nr. 3: 325
	Abs. 1 Satz 1 Nr. 4: 242, 244
	Abs. 2: 244
153b:	151
154:	151
154a:	151
160	Abs. 1: 150, 198, 208, 231
	Abs. 2: 205
	Abs. 3: 205

	Abs. 3 Satz 1: 224	*462a:*	289
163:	150	*463:*	289
170	Abs. 2: 150, 204, 208, 210	*465:*	166
171:	150		Abs. 1: 228
172:	150		Abs. 1 Satz 2: 155
203:	215		Abs. 2 Satz 1: 228
220:	228		
222a:	216	**StVG**	
222b:	216	*4:*	340
238	Abs. 1: 215		Abs. 2: 340
244	Abs. 2: 227 f.		Abs. 3: 340
	Abs. 4: 228	*21:*	340
245:	228	*23:*	149
250:	226	*24:*	149
260	Abs. 2: 326	*25:*	99, 339, 342,
	Abs. 4 Satz 4: 266, 296		Abs. 1 Satz 2: 340
261:	127, 226 f.	*28:*	348
262:	215		
264:	224	**StVollzG**	
267:	166	*2:*	72, 292
268a:	296		Satz 1: 290, 292
	Abs. 1: 266		Satz 2: 292, 295, 376, 380
305a:	296	*3:*	285, 292
331:	296		Abs. 1: 293
	Abs. 1: 167		Abs. 2: 293
338	Nr. 1: 216		Abs. 3: 293
358	Abs. 2 Satz 1: 167	*4:*	292
374:	152		Abs. 1: 293
376:	152		Abs. 2 Satz 2: 289
407:	163, 204, 246	*5*	Abs. 3: 284
408:	204	*6:*	293
	Abs. 2: 384		Abs. 3: 293
449:	276	*7:*	293
451:	247		Abs. 2 Nr. 2: 295
	Abs. 1: 223	*9*	Abs. 1 Satz 1: 148
452	Satz 2: 273		Abs. 2: 327
453:	276	*10:*	277, 292
457:	230	*11:*	294
459:	247		Abs. 1 Nr. 1: 281, 295
459a:	245		Abs. 1 Nr. 2: 295
459c	Abs. 1: 247	*13:*	294, 295
	Abs. 2: 247	*15*	Abs. 2: 296
	Abs. 3: 250		Abs. 3: 295
459d:	245, 247		Abs. 4: 295
459e	Abs. 1: 247	*17:*	280
	Abs. 2: 247 f.	*20*	Abs. 1 Satz 1: 294
	Abs. 4: 248	*23:*	295
459f:	247	*24:*	295

35: 295
37 Abs. 3: 282
38 Abs. 1 Satz 1: 283
    Abs. 1 Satz 2: 283
    Abs. 2: 283
43 Abs. 1 Satz 2: 285
44: 285
45: 286
46: 285
51: 286
    Abs. 1: 286
53 Abs. 1: 285
54: 285
56: 285 f.
66: 286
71: 286
    Satz 2: 286
75: 286
76: 286
78: 286
80: 277
81 Abs. 1: 294
85: 289
88: 289
91: 281
101: 285
102 Abs. 1: 288
103 Abs. 1 Nr. 2: 289
    Abs. 1 Nr. 8: 289
    Abs. 1 Nr. 9: 289
109: 289
115: 284
    Abs. 1: 289
116: 289
118: 289
124: 327
125: 309
126: 295
128: 327
129: 336
134: 336
136: 344
138: 344, 346
139: 277
140 Abs. 2: 277
142: 277
143: 277
    Abs. 3: 277

147: 296
152: 269
    Abs. 2: 269
    Abs. 3: 269
155: 292
    Abs. 2: 280
156 Abs. 2 Satz 2: 280
157: 285
158 Abs. 2 Satz 1: 285
160: 292, 294
176: 261
177: 237
178: 261
191: 286
193: 286
194 Nr. 5: 286
198: 277
    Abs. 2 Nr. 1: 282
    Abs. 3: 277, 286
199 Abs. 2 Nr. 1: 285
200: 285
201: 277
    Nr. 2: 277, 280
    Nr. 3: 280

StVZO
3: 340
13: 348
15b: 340

UrhG
111 Satz 1: 327

UWG
4: 211
23 Abs. 1: 327

WiStG
8: 337

WStG
9 Abs. 1: 256
10: 256
14 Abs. 1: 257

WZG
30 Abs. 2 Satz 1: 327

II. Verordnungen

BwVollzO
1: 256
3: 257
    Abs. 1: 256
    Abs. 2: 256
10: 257

DSVollzO
Nr. 13: 282

DVollzO
185 Abs. 5: 289

JAVollzO
1 Abs. 2: 255
6 Abs. 1: 255
    Abs. 2 Satz 1: 255
    Abs. 2 Satz 2: 255

RiStBV
Nr. 18: 205
Nr. 175 Abs. 3: 204

StVollstrO
4 Abs. 1: 247
22 Abs. 1: 346
53 Abs. 1: 346

StVollzVergO
1: 286

UVollzO
79: 238

WehrdisziplinarO
21 Abs. 2: 194

III. Gesetzesentwürfe

AE-StGB
2: 145
41 Abs. 1: 298
42: 298
    Abs. 2 Nr. 8: 251

48 Abs. 2 Nr. 2: 273
49: 245
    Abs. 2 Satz 2: 246
52: 247
55: 339
59 Abs. 1 Satz 3: 158
64: 155
70 Abs. 1: 335
    Abs. 3: 335
    Abs. 4: 336

AE-StVollzG
2: 290
    Abs. 1: 292
3 Abs. 2 Satz 1: 294
7 Abs. 1 Nr. 4: 296
9: 295
16: 282, 284
17: 295
19: 295
22: 280, 284
45: 293
53: 293
64: 308
66: 296
67: 296
69: 309
    Abs. 3: 296
82 Abs. 2: 281
96: 310
101: 285
105 Abs. 3: 285

DE-JHilfeG
49: 383

KE-StVollzG
68a: 309

RE-JHilfeG
55 Abs. 2: 384

Namensverzeichnis

A

Abbiateci, A.   81, 559
Abel, P.   377, 559
Abels, D. M.   509, 559
Ackerknecht, E. H.   498, 559
Adorno, T. W.   13
Ahlborn, W.   605
Ahlheim, R.   51, 559
Ahrens, W.   220, 559
Akers, R.   302, 400, 559
Akman, D. D.   114, 559
Albini, J. L.   308, 611
Albrecht, G.   60, 72, 559, 581
Albrecht, H.-J.   249, 353, 559
Albrecht, P.-A.   274, 472, 559
Alexander, F.   68, 559
Allen, H. A.   572
Allerbeck, K. R.   456, 559
Allesio   484
Van Alstyne, D. J.   133, 559
Amelang, M.   504, 560, 565
Amelung, K.   176, 560
Amelunxen, C.   509, 560
Amir, M.   468, 510, 513, 560
Ancel, M.   391, 560
Andenaes, J.   31 f., 100, 359, 362, 545, 560, 567
Andry, R. G.   538, 560
Anttila, I.   274 f., 365, 398, 526, 560
Appelius, H.   159, 560
Argyle, M.   360, 612
Arndt, H.   262, 560
Arndt, K.   376, 560
Arnold, W. R.   400, 560
Arntzen, F.   503, 560
Aronson, E.   609
Arzt, G.   185, 465, 560
Asbrock, B.   384, 560
Aschaffenburg, G.   125, 466 f., 547, 560
Atchley, R. C.   305, 560
Atteslander, P.   117, 179, 560
Atthowe, J. M.   309, 561
Aubert, V.   178, 360, 422, 561
Auerbach, L.   556, 561
Avé-Lallemant, F. C. B.   448, 561
Avison, N. H.   109, 399, 430, 432, 591
Awrilez   517

B

Baan, P.   544, 561
Babst, D. W.   132, 561
Bachmann, R.   167, 561
Bader, K. S.   81 f., 497, 561
Baer, A.   532, 561
Baer, E.   82, 544, 546, 596
Bailey, D. E.   601
Bailey, W. C.   361, 368, 561
Ball, H. V.   136, 561
Ballard, K. B.   132, 561, 576
Bals, C.   52, 561
Baltes, P. B.   132, 561
Bandini, T.   332, 561
Banister, P. A.   304, 543, 561, 564
Banks, C.   34, 385, 561, 605
Barasch, R.   238, 561
Barron, A. J.   131, 589
Basaglia, F.   332, 561, 602
Bauer, F.   450, 475, 561, 585
Bauer, G.   403, 561
Bauer, M.   561
Bauer, R. A.   563
Bauman, Z.   48, 561
Baumann, J.   149, 154, 562, 572, 594, 615
Baurmann, M.   47, 292, 562, 613
Bavcon, L.   31, 57, 71, 562
Bean, P.   545, 562
Beccaria, C.   3, 562
Becker, H. S.   46, 57, 59, 178, 301, 518, 562, 582

Becker, P. 103, 562
Bedau, H. A. 361, 562
Beker, J. 385 f., 562
Bellavic, H. 109, 249, 432, 457, 462, 467, 494, 497, 546, 550, 605
Bellon, R. 378, 562
Belson 575
Van Bemmelen, J. M. 462, 480, 488, 562
Bencivenni, A. 538, 562
Bend, E. 28, 562
Bentham, J. 3, 562
Berbalk, H. 282, 607
Berckhauer, F. H. 99, 141, 199, 210, 421, 423 ff., 562
Berger, P. L. 59, 561 f.
Berger, T. 275, 562
Berk, B. B. 137, 302, 562
Berk, R. A. 137, 563
Berkowitz, L. 360, 464, 543, 563
Berntsen, K. 365, 379, 563
Bertrand, M.-A. 441, 563
Beulke, W. 449, 563
Bickel, P. 564
Biderman, A. D. 97, 189, 397 f., 461, 563
Biermann, G. 368, 563
Bierstedt, R. 136, 563
Bindzus, D. 381, 563
Binnewies, R. W. 335, 563
Birnbaum, K. 544, 563
Bismuth, P. 599
Bitter, W. 594
Black, D. 563, 569
Black, D. J. 200, 202, 563
Black, J. 449, 566
Blankenburg, E. 96, 185, 192, 196, 204 f., 207, 210, 432, 441, 492, 563
Blasius, D. 178, 564
Blau, D. 497, 564
Blau, G. 17, 98, 290, 292, 369, 390, 459, 564
Blei, H. 141, 564
Bleuler, E. 544, 546, 564
Bloch, H. A. 564
Bloom, D. M. 564
Blum, A. F. 59, 126, 564
Blumenberg, F. J. 238, 564
Bochnik, H. J. 544, 550, 564, 588
Bockelmann, P. 608

Böcher, W. 527, 564
Böhm, A. 261 f., 264, 375, 564
Böhme, K. 330, 564
Böker, W. 40, 511, 523 f., 544, 564, 577
Börjeson, B. 371, 378, 564
Bösch, H. 39, 564
Bolton, N. 561, 564
Bondeson, U. 448, 564
Bonger, W. A. 468, 475, 476, 564
Bonnet, E. F. P. 4, 564
De Boor, W. 456, 565
Bordua, D. J. 53, 565
Borris, M. 473, 565
Bower, R. C. 332, 583
Bowlby, J. 538, 565
Box, S. 400, 565
Bracher, R. D. 573
Brackmann, H. 563
Bratholm, A. 560
Brauer, H. 361, 565
Brauneck, A. E. 8, 17, 357, 399, 409, 421, 427, 432, 440 f., 443, 449, 473, 487, 495, 499, 516 f., 530, 532, 536, 538 f., 542, 565
DeBray, L. 500, 565
Breland, M. 126, 363, 565
Brenner, H. 483, 565
Brettel, H.-F. 529, 565
Bresser, P. H. 384, 565
Breuning, A. 381, 565
Briar, S. 202, 596
Briggs, P. F. 131, 565
Bronner, A. F. 551, 578
Brown, J. D. 566
Brown, R. C. 578
Brückner, C. 335, 523, 565
Brückner, G. 129, 565
Brunner, R. 167, 169 f., 241, 258, 264, 312, 565
Bruns, H.-J. 359, 565, 600, 604
Brusten, M. 95, 338, 505 f., 565
Bryce, A. A. 566
Bschor, F. 404, 565
Buchholz, E. 28 f., 30, 57, 203, 429, 488, 501, 556, 566, 613
Bühe, H. 564
Buikhuisen, W. 124, 379, 529, 543, 566
Bullock, H. A. 222, 566
Bumke, E. 580

630

Burchardt, H. 488, 566
Burgess, E. W. 55, 129, 566
Burt, C. 490, 551, 566
Busch, A. 261, 566
Busch, M. 564, 566, 580, 594

C

Cabanis, D. 550, 566
Caldwell, R. G. 449, 566
Calliess, R.-P. 216, 281, 283, 289, 567
Carich 513
Carter, R. M. 381, 563, 567, 569
Chambliss, W. J. 47, 178, 567
Chaney, D. C. 578
Chapman, D. 57, 72, 365, 567
Chappell, D. 150, 571
Christ, H. 263, 567
Christiansen, K. O. 4, 8, 78, 112, 114, 365, 379, 549 f., 563, 567, 571, 582, 609
Christie, N. 398, 400, 431, 441, 560, 564, 567
Chruschtschow, N. S. 31
Cicourel, A. V. 59, 567
Clark, J. P. 400, 567
Clarke, A. C. 569, 614
Clarke, M. J. 421, 535, 567
Clay, J. 531 f., 567
Clemmer, D. 300, 303, 567
Clinard, M. B. 5, 32, 51, 399, 427, 488, 521, 530 f., 567, 612
Cline, H. F. 302, 567
Cloward, R. A. 48, 50, 53 f., 386, 483, 568
Coché, E. 332, 568
Coché, J. 332, 568
Cohen, A. K. 50, 52, 55, 59, 349, 500, 568
Cohen, B. 196, 452, 568
Cohen, J. 493, 568
Colajanni, N. 476, 568
Colin, M. 330, 385, 568
Connor, W. D. 429, 522, 556, 568
Conrad, H. 596
Cormack, M. 483, 568
Cormier, B. M. 512, 568
Cornil, P. 97, 568
Cortés, J. B. 529, 550, 568

Coser, L. A. 63, 73 f., 568
Cramer, P. 272, 392, 568
Cremer, C. G. 403, 568
Cremerius, J. 368 ,568
Cressey, D. R. 1, 2, 11, 145, 151, 175, 177, 300 f., 333, 388, 458, 530, 535, 541, 568, 574, 582, 584, 603 f., 609, 611
Cross, H. J. 386, 569

D

Dähn, U. 28, 566
Dästner, C. 425, 569
Däumling, A. M. 282, 569
Daheim, H. 559
Dahl, T. S. 173, 569
Dahrendorf, R. 46, 569
Dalgard, O. S. 549, 569
Dallinger, W. 167, 169 f., 226, 242, 253, 258, 264, 569
Darwin, C. 77, 498, 546
Davidovic, D. 83, 569
Dawson, C. 573
Debuyst, C. 119, 569
Deimling, G. 261 f., 564, 569
Dennis, N. 607
Dentler, R. A. 398, 400, 504, 569
Despine, P. 544
Dettenborn, H. 556, 569
Densinger, J. M. 543, 569
Deutsch, S. J. 361, 569
Diamond, S. 176, 569
Dinitz, S. 333, 541, 569, 588, 590, 598, 601, 611, 614
Dippelhofer, J. 373, 570
Dodd, D. J. 607
Dodge, R. W. 398, 570
Dölling, D. 217, 570
Dolan, T. J. 200, 570
Dolde, G. 534, 570
Dollard, J. 542, 570
Dotzauer, G. 396, 512, 570
Douglas, J. D. 575
Douglas, J. W. 400, 570
Drapkin, I. 545, 570
Dror, Y. 136, 570
Ducsay, W. J. 132, 611

Dührssen, A. 368, 570
Dürkop, M. 216, 570
Dunham, H. W. 40, 570
Durkheim, E. 34 f., 56, 66 f., 73 f., 498 f., 570
Dynes, R. R. 569, 614

E

Eberhard, K. 14, 41, 318, 570, 578
Eckert, R. 456, 570
Edel, G. 564, 566, 580, 594
Edgerton, R. B. 570
Ehrhardt, H. 561, 571
Eibl-Eibesfeldt, I. 70, 570
Eickmeyer, H. 163, 570
Eidt, H.-H. 370, 570
Einsele, H. 280, 300 f., 327, 329, 442, 570
Eisenberg, U. 2, 15, 91, 190, 330, 332, 356, 385, 500, 509, 511 f., 568, 570 f.
Eisenhardt, T. 255, 376, 571
Elias, A. 385, 598
Ellenberger, H. 11, 514, 571
Elliott, M. A. 55, 469, 490, 571
Ellis, H. 544, 546, 571
Elmering, H. 130, 571
Elmhorn, K. 398, 571
Elster, A. 462, 566, 571, 600
Emminger 478
Empey, L. T. 398, 571
Endruweit, G. 43, 58, 351 f., 571
Engel, S. W. 448, 499, 517, 571
Engell, R. 382, 571
Engelmann, W. 41, 578
Engels, F. 476, 571, 590
Engisch, K. 145, 571
England, R. W. 52, 457, 571, 609
Engler, G. 186, 188, 571
Ennis, P. H. 97, 187 f., 397, 400, 468, 571
Erbs, G. 149, 571
Erickson, M. L. 94, 97, 398, 450, 504, 571 f.
Erlemeier, N. 539, 571
Erler, A. 572, 574
Eser, A. 23, 290, 572
Esser, J. 212, 572
Etzioni, A. 143, 572

Evan, W. M. 136, 572
Exner, F. 1, 11, 34, 93, 106, 126, 153, 175, 211, 353, 361, 436, 441 ff., 446 f., 461 f., 464, 466 f., 470, 478 ff., 482, 484, 487, 489, 494, 496, 499, 507 f., 536 ff., 544, 548, 572, 592
Eynon, T. G. 368, 572
Eysenck, B. G. 543, 572
Eysenck, H. J. 543, 572

F

Fabelje 199, 572
Faine, J. R. 303, 572
Farrington, D. P. 121, 504, 519, 536, 539, 554 ff., 572, 613
Farrow, R. G. 526, 574
Fattah, E. A. 509, 572
Feest, J. 195, 202, 572
Feger, G. 536, 572
Fehlinger, H. 467, 572
Von Ferber, Ch. 39, 573
Ferdinand, T. N. 125, 573
Ferguson, Th. 505, 573
Ferracuti, F. 119, 573
Ferri, E. 7, 93, 394, 478, 546 f., 551, 573
Feshbach, S. 464, 573
Von Feuerbach, P. J. A. 81, 573
Figlio, R. 614
Flegel, H. 613
Foucault, M. 67, 573
Fox, R. G. 550, 573
Frank, R. 81, 579
Frankl, V. 587
Frease, D. E. 539, 573
Fréchette, M. 55, 573
Freisler, R. 599
Freud, S. 46, 68, 541 f., 573
Frey, C. 565
Frey, E. 9, 129, 160, 357, 516, 573
Friday, P. C. 272, 573
Fridieff, M. 586
Friebel, W. 30, 449, 573
Friedeberg, E. 605
Friedemann, A. 502, 514, 573
Friedman, A. S. 589
Friedman, C. J. 589

Friedrichs, G. 604
Friedrichs, H.-J. 261, 573
Frisch, W. 600, 604
Fröhlich, H. H. 556, 569
Fröhlich, W. 465, 603
Fröhlich, W. D. 423, 576
Fromm, E. 70, 573
Fry, L. J. 299, 573
Fuchs, G. 368, 573
Fuhlendorf, H. 536, 538, 573
Fuller, R. C. 176, 573

G

Gall, F. J. 546, 573
Galperin, I. M. 538, 574
Galtung, J. 299, 574
Garabedian, P. G. 301, 305, 574
Garfinkel, H. 59, 212, 355, 574
Garofalo, R. 1, 6, 547, 574
Garrity, D. L. 304, 520, 574
Gatti, F. M. 529, 550, 568
Gatti, V. 332, 561
Von Gebsattel, E. 587
Geer, B. 301, 562
Geerds, F. 16, 109, 124, 178, 197, 421, 422, 574
Gehrken, K.-G. 452, 574
Geiger, T. 213, 450, 574
Geiger, W. 573
Geis, G. 421, 450, 574, 564, 597
Geissler, H. 570, 603
Gemmer, K.-H. 107 f., 574
Genn, H. G. 607
Genser-Dittmann, U. 222, 574
Gerchow, J. 437, 565, 574
Gerecke, F. 129, 574
Gerver, J. 600
Giallombardo, R. 92, 300 f., 574
Giardini, G. J. 526, 574
Gibbons, D. C. 53, 386, 441, 520, 536, 574
Gibbs, C. 380, 575
Gibbs, J. P. 57, 483, 575
Gibson, E. 124, 200, 406, 591
Gibson, H. G. 118, 579
Gilbert, J. 499, 575

Gipser, D. 399, 575
Glaser, D. 311, 366, 379, 483, 535, 575
Glaser, M. D. 567
Gleitze, B. 481, 575
Glueck, E. 129 f., 280, 369, 533, 536 ff., 550 ff., 555, 571, 575, 582, 612
Glueck, S. 129 f., 280, 369, 533, 536 ff., 550 ff., 555, 571, 575, 582, 612
Goddard, H. H. 548, 575
Goedecke, W. 442, 575
Goemann, M. 306, 575
Göppinger, H. 2, 10, 28, 203, 357, 517, 529, 541, 543 f., 553 f., 575, 587
Goffman, E. 59, 352, 557, 575
Gold, M. 95, 398, 400, 451, 504, 575
Goode, W. J. 537, 576
Gordon, R. A. 489, 576
Goring, C. 547, 550, 576
Gottfredson, D. M. 132, 561, 576
Gottfredson, M. R. 133, 559
Gouldner, A. W. 301, 572, 576
Gove, W. R. 39, 576
Gräff, G. 473, 576
Gragnani, M. C. 509, 606
Gramatica, F. 391, 576
Grant, J. D. 608
Grant, M. Q. 608
Grassberger, R. 443, 467, 488, 576
Graumann, C.-F. 84, 128, 423, 509, 576, 584
Grebing, G. 246, 559, 576, 582
Green, E. 220, 222, 231, 576
Grethlein, G. 167, 170, 576
Grigsby, S. E. 545, 576
Grobe, H. 465, 606
Gross, W. L. 544, 596
Grosskelwing, G. 129, 576
Grossmann, H.-P. 300, 576
Grosspietzsch, R. 565
Grünberger, J. 543, 576, 606
Grunau, T. 295, 576
Gruninger, W. 559
Grupp, S. E. 360, 545, 576, 604
Grusky, O. 302, 576
Grygier, T. 357, 577
Gündisch, J. 289, 577
Guerry, A. M. 34, 98, 394, 477, 484, 577
Gütt, F. B. 381, 577

Guilford, J. P. 117, 577
Gundolf, H. 513, 577
Gusfield, J. R. 139, 577
Gutjahr, W. 556, 577
Gwinner, H. 81, 457, 468, 598

H

Van den Haag, E. 361, 577
Haag, F. 43, 577
Haag, K. 158, 577
Haaser, A. 309, 577
Haberlandt, W. F. 550, 577, 584
Habermas, J. 79, 577
Hacker, E. 436, 577
Hacker, F. 70, 577
Hacker, M. E. 466, 577
Häfner, H. 40, 511, 523 f., 544, 564, 577, 599
Händel, K. 227, 577
Häring, 579
Häring, W. 81, 580
Haesler, W. T. 277, 577
Haferkamp, H. 117, 121, 318, 506, 577
Haffke, B. 69 f., 577
Hagan, J. L. 200, 577
Hall, A. C. 461, 578
Hall, J. 178, 578
Halloran, J. D. 465, 578
Van Hamel 551
Hammond, W. A. 570
Hanack, E.-W. 147, 459, 578
Hansmeyer, K.-H. 422, 578
Harbordt, S. 300 f., 304, 578
Hardman, D. G. 578
Harnisch, G. 522, 578
Harris, C. M. 371, 578
Harrland, H. 32, 100, 429, 578
Hart, H. 129, 578
Hart, H. L. A. 58
Hartmann, C. 578
Hartmann, K. 41 f., 578
Hartmann, R. 28, 203, 566
Hashimoto, K. 308, 578
Hassemer, W. 136, 176, 228, 292, 578
Hathaway, S. R. 131 f., 578
Hawkins, F. 457, 593

Hawkins, G. 363 f., 614
Hayner, N. S. 559
Healy, W. 544, 551, 578
Heegner, F. 528, 578
Heffernan, E. 300 f., 570, 578
Hegel, G. W. F. 276
Heilbrun, A. B. 526, 579
Heilbrun, K. L. 579
Heilbrun, L. C. 579
Heinrichs, H. 465, 579
Heinisch, K. J. 593
Heinitz, E. 579, 596
Heintz, P. 573
Heinz, W. 100 ff., 110, 297, 375, 424, 579
Hellmer, J. 34, 55 f., 107, 111, 201, 262, 335 f., 392, 428 f., 443, 462, 477, 484 f., 487 ff., 490 ff., 493 f., 579
Hemmel, J. J. 543, 566
Henkel, H. 600, 604
Hennig, E. 449, 579
Von Hentig, H. 2, 109, 126, 275, 466 f., 487 f., 496, 500, 511, 514, 526, 579 f., 597
Hering, H.-H. 22, 533, 579
Herold, H. 63, 138, 187, 202, 217, 403, 411, 432, 447, 487, 490, 492, 494, 579 f.
Herrfahrdt, R. 499, 580
Herren, R. 126, 406, 580, 604, 614
Herrmann, J. 151, 580
Herrmann, T. 117, 518
Herz, R. 581
Herzenson, A. A. 30, 396, 580
Heskin, K. J. 561, 564
Hess, A. G. 365, 545, 580
Hess, H. 33, 38, 47, 49, 431, 457 f., 477, 518 ff., 580, 608
Hewitt, L. 541, 582
Heyman, D. S. 385 f., 562
Hindelang, M. J. 504, 580
Hink, U. 238, 580
Hinrichsen, K. 169, 580
Von Hippel, R. 275, 580
Hirsch, E. E. 580, 585
Hirschi, T. 130, 580
Hitler, A. 459
Hitzig, E. 81, 580
Hobbes, T. 46, 63, 580
Hobsbawm, E. J. 457, 580
Hochheimer, W. 69, 580

Höbbel, D. 129, 134, 357, 580
Hoebbel, E. A. 176, 581
Höfer, K. 377, 581
Höhmann, P. 43, 581
Höhn, E. 539, 581
Hofferbert, M. 47, 292, 562, 613
Hofmann, T. 263, 581
Hofstätter, P. R. 450, 581
Hogarth, J. 221, 581
Hohmeier, J. 281 f., 299 ff., 581
Hokanson, J. E. 543, 591
D'Holbach, P. H. T. 49, 76, 581
Hollander, P. 556, 581
Holle, R. 100, 581
Hollingshead, A. B. 40, 581
Holm, K. 590
Holzkamp, K. 79, 581
Hommel, K. F. 3, 581
Hood, R. 94, 96, 125, 133, 199, 208, 220, 359, 369, 379, 400, 451, 461, 505, 517, 581
Hooton, E. A. 547, 550, 581
Hoppe, H.-G. 273, 581
Hoppensack, H.-C. 299 ff., 303 ff., 581
Horchem, M. J. 456, 581
Horn, J. 465, 584
Horn, K. 71, 581
Horn, W. 544, 581
Houchon, G. 15, 299, 581 f.
Howard, W. 276, 582
Howton, F. W. 600
Hübner, H. O. 318, 369, 596
Hübner, P. 590
Hurrelmann, K. 505, 565
Hurwitz, S. 7, 549, 582

I

Iben, G. 43, 582
Ikeda, K. 561
Immich, H. 577
Irwin, J. 300 f., 582

J

Jaakola, R. 398, 560
Jacta, M. 81, 582
Jäger, H. 69, 459, 541, 582, 600, 604
Jakobs, G. 145, 582
Jarosch, K. 396, 512, 570
Jeffery, C. R. 3, 4, 78, 176, 490, 582
Jenkins, R. L. 541, 582
Jensen, S. G. 112, 567
Jepsen, M. J. 112, 582
Jescheck, H.-H., 17, 155 f., 249 f., 272 f., 296 f., 326, 338 f., 344 f., 359, 559, 576, 582, 598
Jesness, C. F. 369, 385 f., 541, 582
Jessen, J. L. 370, 382, 582
Johnson, E. 458, 582
Johnston, N. 574, 582, 609, 614
Jones, H. 577
Jones, M. 332, 582
Jongman, R. W. 124, 566
Jonsson 532
Jorswieck, E. 368, 570
Jürgensen, P. 375, 379, 598
Julius, N. H. 34, 276, 476, 583
Jung, F. 540, 583
Jung, H. 562

K

Kaefer, K. B. 112, 583
Kahn, R. M. 553, 583
Kaiser, G. 2, 14, 33, 52, 74, 80, 90, 116, 174, 187, 190, 192, 253, 362 f., 369, 375, 390, 399, 411, 424, 431 f., 449 f., 452, 471, 473, 528, 530, 535, 553, 571, 583 f.
Kallwass, W. 544, 583
Kalveram, K. T. 85, 583
Van Kan, J. 476 f., 583
Kant, J. 276
Karen, R. L. 332, 583
Karl V. 546
Karlsröm 187
Karpatschof, B. 567
Kassebaum, G. G. 300 f., 382, 612
Kaufmann, A. 570, 578, 583, 597, 608
Kaufmann, E. 572, 574
Kaufmann, H. 9, 173, 195, 223, 269, 330, 332, 430, 551, 565, 583
Kaupen, W. 216, 583
Keckeisen, W. 57, 583

Keller, G.   437, 584
Kellner, H.   465, 584
Kelly, D. H.   115, 584
Kelly, F. J.   543, 597
Kempf, W. F.   85, 584
Kennedy, R. F.   458, 584
Kerner, H. J.   108, 111, 205, 232, 274, 295, 375, 393 f., 396, 432, 456 ff., 488 f., 583 f., 589
Kersting, M.   444, 584
Kinberg, O.   550, 584
Kirchheimer, O.   275 f., 283, 601
Kisker, K. P.   513, 584
Kjaergaard, J.   391, 588
Klapdor, M.   129, 377, 540, 584
Kleining, G.   33, 584
Klein-Vogler, U.   550, 584
Klette, H.   566
Klingemann, H.   301, 584
Von Klitzing, G.   129, 164, 584
Klockars, C. B.   372, 584
Klosterkemper, B. G.   376, 584
Knaus, J.   379, 584
Kobal, M.   562
Koch, B.   276, 584
König, R.   55, 74, 78, 84, 177, 181 f., 186, 191, 201, 470, 534, 568, 584 f., 592 f., 601, 609
Körner, H.   585
Kohlhaas, M.   149, 571
Kohlmetz, G.   14, 570
Kohlrausch, E.   147, 585
Kohnle, E.   129, 585
Von Koppenfels, S.   497, 585
Korth, J.   302, 585
Koslowskij   30
Kraatz, P.   538, 585
Kranz, H.   549 f., 585, 602
Kraus, R.   320, 585
Krause, D.   230, 238, 585
Krauss, D.   5, 80, 146, 585
Krebs, A.   276 f., 585
Kremer, H.   310, 330, 585
Kretschmer, E.   550, 585
Kreuzer, A.   44, 272, 384, 398, 410, 449 f., 452, 513, 585 f.
Kriegsmann, N. H.   276, 586
Kringlen, E.   549, 569

Krümpelmann, J.   231, 236 f., 343 f., 586
Kruse, F.   459, 586
Kucklick, W.   408, 586
Kudrjawzew, W. N.   31, 57, 134, 387, 396, 517, 586
Kühl, K.-P.   382, 598
Kühling, P.   540, 586
Kühne, H. H.   217, 586
Künkeler, H.   274, 586
Kürzinger, J.   8, 14, 42, 95, 185, 188 f., 200, 402 f., 406, 586
Kuhn, T. S.   21, 80, 586
Kunczik, M.   465, 586
Kunkel, E.   342, 392, 586
Kunz, H. J.   62, 290, 457, 586
Kunz, K.-L.   204, 209, 353, 586
Kupke, R.   249
Kurella, H.   546, 586
Kussnezow, F. T.   311, 586
Kutschinski, B.   144, 567, 586

L

Lacassagne, J. A.   476, 533, 587
Lackner, K.   167, 169 ff., 226, 242, 253, 258, 264, 334, 569, 587
Lakatos, J.   590
Lambert, J. R.   489, 587
Lambert, T.   599
De la Mettrie, J. O.   76, 587
Landau, S. F.   545, 570
De Landecho, C. M.   550, 587
Lange, J.   549 f., 587
Lange, P.   378, 587
Lange, R.   7, 587, 612
Langer, J.   216, 609
Langhorst, E.   572
Lanhers, Y.   81, 587
Laqueur, V.   455 f., 587
Larsen, O. N.   465, 587
Lascoumes, P.   449, 452, 599
Lautmann, R.   81, 572, 587
Lauvergne   546
O'Leary, V.   386, 587
Le Blanc, M.   94, 220, 352, 397, 400, 545, 587
Le Bon, G.   450, 587

Leferenz, H.   1, 10 ff., 21, 119, 128, 134, 366, 499, 553, 580, 587
Legewie, H.   564
Leggett, J. C.   122, 588
Lehner, H. J.   300 f., 587
Lekschas, J.   9, 429, 566, 587
Leky, L. G.   584
Lemert, E. M.   29, 502, 587
Lempp, R.   161, 502, 512, 538, 544, 587 f.
Lenk, K.   49, 588
Lenski, G. E.   122, 588
Lentzner, H.   570
Lenz, E.   514, 588
Lerman, P.   365, 386, 448, 588
Lesser, S.   563
Levin, Y.   448, 489, 588
Levy, L.   40, 588
Lewin   423
Lewrenz, H.   221, 588
Leyens, J.-P.   563
Liebknecht   214
Lindesmith, A.   448, 489, 588
Lindzey, G.   609
Lingemann, H.   566, 571, 600
Linsky, A. S.   39, 588
Von Linstow, B.   158, 588
Lipton, D.   381, 588
Von Liszt, F.   29, 125 f., 159, 276, 551, 588
Litt   513
Littauer, J.   391, 588
Little, A.   538, 588
Löffler, M.   603
Lösel, F.   506, 539, 588
Loewe, A.   482, 588
Lombroso, C.   77, 82, 448, 460, 546 f., 589
Loos, E.   292, 589
Lopez-Rey, M.   395, 459, 589
Lott, R. P.   361, 561
Lotz, L.   335, 589
Lucas   546
Luckmann, T.   59, 562
Lüderssen, K.   18, 25, 283, 589, 596
Lüttger, H.   579, 596
Luhmann, N.   212, 589
Lunden, W. A.   42, 589
Lunt, P. S.   490, 612

Lysgaard, S.   553, 603

M

Mac Hugh, P.   59, 564
Mac Iver, R. M.   129, 131, 589
Mack, J. A.   456, 589
Mack, J. L.   131, 589
Maćkowiak, P.   31, 373, 589
Mackscheidt, K.   422, 578
Mac Naughton-Smith, P.   15, 97, 133, 589, 613
Mader, R.   450, 589
Mätzler, A.   396, 589
Maher, B.   134, 607
Maisch, H.   229, 503, 589
Malinowski, B.   176, 589
Mandel, N. G.   131, 589
Mandeville, B.   63, 589
Manecke, K.   573
Mankoff, M.   47, 567
Mann, F.   504, 589
Mann, J.   382, 504, 589
Mannheim, H.   3, 7, 9, 15, 26, 86, 100, 123, 129, 133, 357, 421, 430, 440, 462, 467 ff., 470, 477 f., 487 f., 496 f., 582, 589 f., 614
Mansilla, H. C. F.   31, 590
Marcus, B.   295, 590
Marquardt, H.   148, 584, 590
Marshall, T. F.   543, 590
Martens, U.   483, 590
Martin, E.   476, 587
Martin, J. P.   380, 590
Martini, H.   577
Martinson, R.   588
Marx, K.   63, 178, 571, 590
Masterman, M.   80, 590
Mathiesen, T.   299, 309, 388 f., 590
Matthes, I.   510, 590
Matza, D.   145, 160, 530, 590, 609
Matzke, M.   262, 277, 590
Maurach, R.   579
Maurer, A.   565
May, D.   536, 590
May, V.   202, 603
Mayer, H.   594

Mayer, K.   528, 590
Mayntz, R.   117, 129, 590
Von Mayr, G.   443, 478 f., 487, 590
McCabe, M. P.   305, 560
McClintock, F. H.   93, 109, 124, 200, 394, 398 f., 406, 431 f., 483, 518, 590 f.
McCord, J.   552, 554, 591
McCord, W.   58, 533, 536, 552, 554, 591
McDonald, J. M.   510, 591
McDonald, L.   94, 591
McDonald, W. F.   2, 392, 400, 591, 602
McHugh, P.   126
McKay, H. D.   489, 606
McPheters, L. R.   62, 591
Mead, G. H.   66, 591
Mechler, A.   22, 69, 98, 476 f., 580, 591
Meehl, P. E.   134, 591
Megargee, E. I.   543, 552, 591, 600
Meier, G.   318, 577
Meier, R. F.   421, 574, 597
Melnikova, E.   30, 591
Memminger, J.   499, 591
Mendelsohn, B.   2 f., 126, 500, 591
Menken, E.   342, 392, 586
Mergen, A.   7, 475, 509 f., 564, 580, 591, 597, 614
Merrill, F. E.   55, 571
Merschmann, W.   599
Merton, R. K.   48, 50 f., 352, 357 f., 454, 475, 542, 576, 591
Messinger, S. L.   300 f., 591, 609
Metzger-Pregizer, G.   195, 471, 572, 583, 591
Meurer, D.   67, 591
Meyer, F.   253, 591
Meyer, K.   396, 592
Meyer, Klaus   381, 592
Meyer, W.   129, 437, 592
Meyer-Wentrup, H.-E.   160, 367, 381, 449, 592
Mezey, A. G.   469, 592
Michard, H.   448, 592
Middendorff, W.   81, 421, 451 f., 484, 493 f., 496, 592
Miehe, O.   169, 317, 378, 592
Milczinski, L.   562
Mileski, M.   563, 569
Miller, J.   390, 592

Miller, J. C.   4, 605
Miller, S. M.   572, 576
Miller, W. B.   50, 53, 532, 592
Mills, C. W.   28, 592
Milutinovic, M.   5, 592
Minkowskij, G. M.   28, 554, 592
Mintz, J.   368, 592
Mintz, R.   309, 368, 592
Mitscherlich, A.   68 ff., 592
Mitscherlich, M.   68 ff., 592
Mittermaier, K. J. A.   34, 185, 476, 592
Mittermaier, W.   275 f., 593
Mittmeyer, H.-J.   529, 607
Möller, H.   225, 593
Möller, R.   255, 593
Mönch, K.-H.   192 f., 426, 530, 593
Mönkemöller   548, 593
Moers, K.-J.   283 f., 593
Moitra, S. D.   371, 578
Monachesi, E. D.   131 f., 578
Monahan, T. P.   398, 593
Monroe, L. J.   398, 400, 504, 569
Montagu, A.   550, 593
Montesquieu, C.   3
Moore, H.   33, 584
Morel   546
Moroney, M. J.   86, 593
Morris, N.   90, 359 ff., 380, 457, 593
Morris, T.   489
Morus, T.   3, 593
Moser, L.   528, 593
Moser, T.   13, 69, 230, 541 f., 559, 593, 599
Mostar, G. H.   81, 593
Mott, J.   541, 593
Mounsey, S. C.   373, 593
Mückenberger, H.   313, 593
Von zur Muehlen, R. A. H.   529, 593
Mueller, G. O. W.   3, 73, 593
Müller, E.   367, 377, 593
Müller-Bagehl, R.   189, 612
Müller-Dietz, H.   281, 594
Mulligan, D. G.   570
Munkwitz, W.   41 f., 594
Murphy, F. J.   93, 594
Murray, E.   598, 601
Musgrave, A.   590

N

Näcke, P. 531, 594
Naegeli, E. 69, 594
Nährlich, W. 536, 594
Nagel, W. H. 174, 462, 594
Nann, E. 471, 594
Nass, G. 603
Naucke, W. 109, 197, 212, 220, 228, 499, 594, 612
O'Neal, P. 596
Neidhardt, F. 594, 601
Nelson, F. 461, 594
Nerlich, H. 367, 381, 594
Neu, A. 62, 387, 594
Neubauer, U. 530, 594
Neuhoff, F. J. 196, 594
Neufeind, W. 277, 379, 601
Neumark, F. 578
Newman, O. 490, 594
Newton, I. 77
Niceforo, A. 550, 594
Nickel, H. 572
Nikiforow, B. S. 574
Nisbet, R. 576, 591
Nissen, B. 541, 594
Nissen, G. 588, 594
Noll, P. 54, 136, 140, 142, 179 f., 213, 223, 361, 594
Noldt, J. 584
Nolte, C. 252, 376, 595
Norbeck, E. 591
Normandeau, A. 5, 114, 116, 222, 514, 559, 595
Van Nuland, J. 380, 595
Nye, F. J. 399 f., 504, 606

O

Von Oettingen, A. 461, 595
Ogburn 86
Ohlin, L. E. 48, 50, 53 f., 387, 390, 452, 483, 568, 592
Ohm, A. 305, 522, 595
Del Olmo, R. 220, 595
Olofsson, B. 400, 595

Opp, K.-D. 36, 51, 53, 89, 137, 220, 396, 489, 491, 535, 565, 595
Oppitz, U.-D. 459, 595
Orleans, S. 363, 605
Orschekowski, W. 530, 573, 595
Osborn, S. G. 548, 572, 595
Ossenbühl, F. 142, 595
Osterhaus, E. 205, 612
Otto, J. 408, 586
Otto, P. 564
Outerbridge, W. R. 332, 595

P

Palmer, S. 595
Palmer, T. B. 385, 523, 595
Panum, J. H. 131, 595
Parent-Duchatelet, A. J. B. 489, 595
Park, R. 55
Parke, R. D. 563
Payer, W. 249, 595
Perrow, C. 608
Peters, D. 8, 12, 214, 220 ff., 595 f.
Peters, H. 8, 12 f., 596
Peters, K. 228, 263, 290, 596
Peters, U. H. 544, 596
Petersen, D. M. 272, 573
Peterson, R. A. 517 f., 596
Peterson, V. W. 457, 596
Petrilowitsch, N. 544, 596, 613
Peuckert, R. 220, 595
Pfeiffer, A. 163, 596
Pfeiffer, C. 386, 559, 596
Pfeiffer, R. A. 550, 596
Pfohl, R. 152, 596
Philipp, E. 448 f., 596
Phillipson, M. 67, 596
Piecha, W. 317, 323, 376, 596
Pilgram, A. 179, 596
Piliavin, I. 202, 596
Pinatel, J. 6 f., 13, 119, 596
De Pitaval, F. G. 81, 596
Pittmann, D. J. 596
Plack, A. 69, 71, 596
Platt, A. M. 173, 596
Platt, T. 194, 609
Ploeger, A. 332, 596

Plog, S. C. 570
Ploog, D. 561
Pönitz, H. 581
Pongratz, L. 318, 369, 427, 515 f., 596
Podymow, V. 586
Pontell, H. N. 361, 596
Ponsold, A. 598
Popitz, H. 4, 25, 49, 139, 597
Popper, K. R. 79, 597
Porterfield, A. 93, 400, 597
Possehl, K. 569
Potrykus, G. 167, 597
Poveda, T. 82, 597
Powers, E. 554, 597
Prahm, H. 502, 597
Prentice, N. M. 543, 597
Pribilla, W. 368, 597
Prins 551
Pritchard, J. C. 544
Pufke, S. 550, 606

Q

Quay, H. C. 541, 565, 597
Quensel, E. 263, 332, 597
Quensel, S. 59, 263, 272, 292, 332, 398 ff., 505, 518, 597
Quetelet, A. 77, 93, 394, 399, 461, 484, 597
Quinney, R. 12, 46 f., 421, 427, 521, 530 f., 567, 597, 609

R

Rabow, J. 91, 385, 598
Radbruch, G. 81, 457, 468, 598
Radzinowicz, L. 10, 22, 67, 81, 448, 535, 598
Rahav, G. 521, 606
Ramm, A.-J. 379, 598
Rangol, A.-J. 197, 200, 408, 440, 510 f., 522, 598
Rasch, W. 34, 229, 307 f., 330, 332, 382, 396, 449 f., 509 ff., 513, 543, 598
Rasehorn, T. 216 f., 583, 598
Rathus, S. A. 606

Rattenhuber, F. 517, 598
Rawlings, E. 464, 563
Reasons, C. E. 564
Rebmann, K. 341, 392, 598
Reckless, W. C. 456, 536, 543, 572, 588, 590, 598, 601
Redhardt, R. 36, 38, 598
Redlich, F. C. 40, 581
Rehbinder, M. 580, 585
Rehn, G. 330, 375, 379, 598
Reifen, D. 469 f., 599
Reik, I. 541, 599
Reimann, H. 40, 577, 599
Reinert, R. 292, 299, 305, 599
Reinsberg, D. 406, 599
Reiss, A. J. 97, 130, 189, 200, 202, 397, 400, 536, 563, 599
Reiwald, P. 69, 599
Remschmidt, H. 400, 504, 599
Renger, E. 479, 496, 599
Rennert 502
Reuband, K.-H. 398, 466, 599
Rhodes, A. L. 400, 599
Rice, K. 483, 575
Richter, W. 213, 599
Riedel, H. 169, 317, 599
Rietzsch 147, 599
Rijnberic 568
Ringel, E. 35 f., 238, 599
Ritter, K.-L. 205, 449, 599
Robert, P. 25, 62, 449, 452, 471, 599
Robin, G. D. 518, 599
Robins, L. N. 160, 536, 552, 554, 599
Robinson, S. 93, 599
Robinson, W. S. 87, 489, 599
Robison, J. 369, 609
Rodel, G. 504, 560
Roebuck, J. 124, 600
Röhl, K. F. 273 f., 307, 600
Röhr, D. 37, 600
Roesner, E. 98 f., 436, 444, 468, 484, 488, 600
Rohnfelder, D. 381, 600
Rolinski, K. 221, 353, 600
Rollmann, D. 577, 600, 606
Rose, G. 131, 600
Rose, G. N. G. 114 f., 430, 600
Rosenberg, G. 562, 592, 600

Rosenheim, M. K. 592
Rosenmayr, L. 559
Rosenow, E. 103, 600
Rosenow, U. 52, 600
Rosenquist, C. M. 552, 600
Rosenthal, D. 548, 600
Rosenthal, R. 84, 548, 600
Rosnow, R. L. 84, 600
Ross, B. M. 570
Ross, H. L. 175, 600
Rossi, R. H. 115, 600
Roth, J. A. 115, 600
Rottleuthner, H. 212, 216, 600
Rousseau, J.-J. 3
Rowitz, L. 40, 588
Roxin, C. 145, 156, 582, 600, 604
Rubin, S. 552, 600
Rubington, E. 25, 600
Rückerl, A. 459, 601
Rühmkorf, E. 389, 601
Rüther, W. 269, 277, 365, 379, 601
Ruge, B. 367, 601
Ruppert, C. A. 606
Rusche, G. 275 f., 283, 601
Russell, W. 461, 601

S

Sacharow, A. B. 30, 538, 601
Sack, F. 3, 7, 9 ff., 13, 39 f., 44, 50 f., 53, 57 f., 60, 82, 175, 180, 182, 186, 212, 216, 395, 402, 460, 541, 559, 568, 585, 589, 592 f., 596, 601, 606, 609
Sagel-Grande, I. 601, 607
Salisbury, H. E. 451, 601
Sandhu, H. S. 379, 601
Sapsford, R. 34, 561
Sarbin, T. R. 134, 601
Sarfert, E. C. 195, 601
Sarstedt, W. 228, 601
Sauer, W. 110, 484, 494, 601
Savitz, L. 574, 582, 609, 614
Sawer, G. 213, 601
Sawrassow 396
Sawyer, J. 134, 601
Scarpitti, F. R. 543, 601
Schachert, D. G. 335, 602
Schäfer, H. 564, 614
Schäfer, M. 596
Schafer, S. 392, 511, 514, 602
Schaffmeister, D. 145, 271, 425, 602
Schaffstein, F. 159 ff.,163, 165 ff., 169 f., 172, 238, 253, 258 f., 264 f., 267, 317 f., 366, 375 ff., 378, 381, 430, 565, 602
Schalt, T. 264, 379, 602
Scharfenberg, J. 502, 602
Scheller, R. 553, 602
Schelsky, H. 20, 430, 602
Schenk, F. 570
Scheu, W. 285, 299 f., 303, 602
Scheuch, E. K. 87, 602
Schiedt, R. 129, 602
Schima, K. 406, 602
Schindhelm, M. 114, 602
Schirmer, S. 502, 602
Schittar, L. 332, 602
Schlegelberger 599
Schlutow, H. 564
Schmid, W. 600, 604
Schmidhäuser, E. 150, 602
Schmidt, A. 544, 602
Schmidt, E. 229, 275 f., 602
Schmidtchen, G. 55, 453, 466, 602 f.
Schmidt-Mummendey, A. 465, 603
Schmitt, G. 132, 332, 603
Schmitt, R. 151, 204, 603
Schmitz, H. 588, 594
Schneemann, A. 376, 603
Schneider, F. 614
Schneider, H. J. 2, 9, 11, 29, 33, 424, 458, 466, 509, 513, 517, 530, 532 f., 536, 538, 561, 570, 582, 589, 592, 594, 598 f., 603 f., 606, 614
Schneider, K. 60, 544, 603
Schneider, S. 553, 603
Schöch, H. 400, 583
Schrag, C. 131, 300, 603
Schreiber, H. L. 58, 215, 603
Schreiber, M. 403, 603
Schröder, F.-C. 579
Schröder, H. 584
Schubert, D. 202, 603
Schüler-Springorum, H. 186, 256, 261, 282, 295, 379, 384, 475, 504, 603 f.
Schünemann, B. 456, 459, 604

Schünemann, H.-W. 381, 604
Schuessler, K. F. 333, 361, 541, 604
Schultes, H. 606
Schultz, H. 25, 437, 597, 604
Schultz, J. H. 587
Schulz, P. 410, 604
Schumann, C. 318, 351, 604
Schumann, K. F. 23, 48 f., 220 f., 283, 443, 572, 589, 604
Schur, E. M. 4, 59, 174 f., 604
Schwaab, F. 129, 604
Schwandner 147
Schwartz, B. 299, 303, 362, 604 f.
Schwartz, M. 543, 609
Schwartz, R. D. 4, 363, 605
Schwarz, 399, 605
Schwenck, H.-G. 256, 605
Schwind, H. D. 188 f., 399 f., 483, 487, 491, 565, 605
Scott, J. S. 52, 605
Scott, P. 366, 605
Scott, R. A. 575
Scull, A. 381, 605
Sealy, A. P. 385, 605
Seelig, E. 109, 125, 249, 432, 457, 462, 467, 494, 497, 546, 550, 605
Seibert, K. 482, 605
Seidel, D. 30, 566
Selg, H. 465, 605
Sellin, T. 26, 50 f., 113 ff., 362, 468 f., 574, 600, 605, 614
Selling, L. S. 448, 605
Selvin, H. C. 130, 580
Sessar, K. 204 f., 207, 209, 352, 512, 563, 605
Seuffert, H. 175, 186, 484, 605
Shaw, C. R. 489, 518, 605 f.
Sheldon, W. 550, 606
Sheppard, C. 274, 527, 606
Shirley, M. M. 594
Shoham, S. 469 f., 521, 606
Short, J. F. 52, 399 f., 451, 504, 568, 606
Siebner, H. 550, 606
Siegel, L. J. 52, 606
Sieverts, R. 163, 275, 475, 561, 570, 582, 589, 592, 594, 598 f., 603 f., 606, 608 f., 611 f., 614
Sighele, S. 450, 606

Silbermann, A. 360, 465, 606
Silbermann, M. 360, 606
Silvestri, C. M. 509, 606
Simitis, S. 430, 606
Simon, R. J. 570
Simpson, G. E. 561
Singer, S. I. 509, 614
Siol, J. 522, 606
Skaberne, B. 562
Skirbekk, S. 567
Sklare, M. 610
Skogan, W. G. 570
Skolnick, J. 199, 202, 606
Sluga, W. 307, 311, 450, 517, 589, 606
Smarow, I. V. 586
Smend, R. 573
Smith, F. V. 561, 564
Smith, G. W. 120, 606
Snodgrass, J. D. 332, 613
Sohns, E.-O. 262, 606
Sokrates 73
Sommer, A. 465, 606
Sparks, R. 94, 96, 125, 133, 199, 208, 220, 359, 369, 379, 398, 400, 451, 461, 504 f., 517, 541, 581, 607
Specht, F. 41, 607
Spencer, J. 489, 607
Spencer, J. C. 577
Spittler, E. 427, 515, 607
Spitz, R. A. 542, 607
Staak, M. 512, 529, 607
Staff, C. 76, 607
Stalin 459
Stanciu, V. V. 489, 607
Stanfield, R. E. 134, 607
Stanton, J. M. 274, 526, 607
Starck, C. 595
Staub, H. 68, 559
Staub, S. 451 f., 607
Steenhuis, D. W. 379, 392, 607
Steffen, R. 605
Steffen, W. 205, 210, 432, 563, 607
Steierer, F. 379, 607
Steigerwald, F. 132, 561, 603
Steigleder, E. 512, 523, 607
Stein, S. P. 448, 605
Steiner, G. 362, 607

Steinert, H.   6, 48, 179, 275, 293, 399, 587, 596, 607
Steinhagen, H.   302, 607
Steinhilper, G.   335, 607
Steller, M.   282, 607
Stemmle, R. A.   81, 593
Stenner, D.   379, 607
Stephan, E.   95, 188, 398 f., 465, 607 f.
Stephani, R.   196, 400, 409, 608
Sternberg, D.   332, 608
Stiller, G.   566
Störzer, U.   502, 608
Stöver, W.   103, 600
Stoffelt,   469 f.
Stooss   146
Stratenwerth, G.   157, 174, 212, 290 f., 328, 455, 583, 608
Stree, W.   251, 584, 608
Street, D.   302, 608
Streit, J.   31, 57, 608
Strodtbeck, F. L.   451, 606
Strotzka, H.   33, 608
Struck, P.   545, 608
Stümper, A.   126, 608
Stumpfl, F.   42, 548 ff., 608
Stutte, H.   161, 543, 550, 561, 608
Süssmilch, J. P.   98, 608
Sullivan, C. E.   385, 608
Sumner, W. G.   136, 176, 608
Sumpter, G. R.   504, 608
Sutherland, E. H.   1, 11, 151, 175, 177 f., 395, 530, 534 f., 608 f.
Suttinger, G.   110, 381, 449, 609
Sveri, K.   5, 61, 97, 187, 399, 427, 532, 564, 609
Sydow, K. H.   297, 367, 381, 449, 609
Sykes, G. M.   145, 300, 302, 530, 590, 609
Szabo, D.   5, 11 f., 17, 92, 381 f., 487, 489, 595, 609
Szasz, T. S.   230, 609
Szewczyk, H.   602

T

Taft, D. R.   50 ff., 457, 601, 609
Tajfel, H.   84, 128, 609
Takagi, P.   194, 369, 609

Tangri, S. S.   543, 609
Tarde, G.   460, 533 f., 609
Tausch, A.-M.   216, 609
Taylor, I.   47, 592, 609 f.
Taylor, R.   568
Teevan, J. J.   359, 610
Terstegen, O.   191 f., 421, 424, 610, 615
Thelen, H.   530, 610
Thole, E.   238, 269, 610
Thomas   470
Thompson, E. P.   178, 610
Thornberry, T. B.   222, 610
Thrasher, F. M.   55, 451 f., 489, 610
Tiedemann, K.   16, 31, 139 f., 145, 148 f., 192, 199, 248, 272, 421, 423 ff., 535, 562, 572, 610, 615
Tismer, K.-G.   539, 572
Toby, J.   431, 610
Törnudd, M. D.   112, 564, 610
Tracy, J. J.   386, 569
Traulsen, M.   198, 376, 427, 515 f., 537, 610
Trechsel, S.   597
Treiber, H.   48, 275, 607
Triffterer, O.   273, 582, 598
Tröndle, H.   247, 249, 610
Trube-Becker, E.   511, 523, 610
Di Tullio, B.   119, 550, 610
Turk, A. T.   46 f., 610
Tuxford, J.   607
Tyler, G.   610

U

Uchtenhagen, A.   564
Udermann, W.   562
Uematsu, T.   489, 610
Uhlitz, O.   379, 610
Ullrich, H.   225, 611
Ullrich, W.   274, 611
Undeutsch, U.   596
Unkovic, C. M.   132, 308, 611
Von Uslar, W.   161, 611
Uusitalo, P.   380, 611

V

Vaz, E. W. 52, 400, 451, 605, 611
Velde, H. 103, 611
Venedey, W. 404, 565
Veverka, M. 131, 611
Villmow, B. 115, 611
Vinter, R. D. 608
Virchow, R. 498
Vodopivec, K. 4, 10, 395, 562, 611
Vöcking, J. 236, 611
Vogelfanger, M. 28, 562
Vogt, H.-G. 367, 381, 611
Vold, G. 480, 535, 611
Voss, H. L. 400, 611

W

Waaben, K. 564
Wachter, W. 311, 377, 611
Wadler, A. 98, 611
Wagner, H.-J. 564
Wagner, K. 564
Wagnitz, H. 276, 611
Walder, H. 597
Waldmann, P. 202, 283, 611
Waldo, G. P. 274, 333, 523 ff., 526, 541, 611
Walker, N. 360, 612, 563
Wallerstein, J. S. 399, 612
Walter, R. 599
Walton, P. 592, 609 f.
Wantoch, H. 504, 560
Ward, D. A. 2, 300 f., 382, 569, 584, 611 f.
Warda, G. 579, 583, 592, 610, 612
Warkentien, H. 205, 612
Warner, S. B. 129, 490, 612
Warner, W. L. 490, 612
Warren, M. Q. 385, 612
Wassermann, R. 77, 462, 488, 612
Wassermann, R. 215, 612
Von Weber, H. 109, 113, 396, 591, 612
Webster, D. 380, 590
Wehler, H.-U. 68, 612
Wehner, B. 396, 408, 612

Weidermann, O. 442, 540, 612
Weinberg, M. S. 25, 600
Weindler, K. 125, 605
Weis, J. G. 504, 580
Weis, K. 189, 504, 611 f.
Weiss, C. H. 589, 612
Weiss, M. 213, 589, 612
Weiss, R. 605
Weisse, D.-T. 596
Weitbrecht, H. J. 60, 117, 612
Wellford, C. F. 305, 612
Welzel, H. 608
Wend, J. 517 f., 612
Wendel, E. 531, 613
Wender, K. 561
Wenninger, E. P. 400, 567
Werkentin, F. 30, 47, 613
Werner, B. 398 f., 504, 613
West, D. J. 121, 536, 539, 548, 554 ff., 572, 595, 613
West, S. G. 563
Westling, A. 274 f., 526, 560
Wheeler, S. 220, 302, 304, 567, 613
White, S. 220, 613
Whyle, C. J. 399, 612
Whyte, W. F. 55, 613
Wieland, G. 89, 142, 613
Wiersma, D. 544, 613
Wiesbrock, W. 261, 379, 613
Wieser, S. 39, 508, 545, 613
Wilkins, L. T. 78, 120, 129, 133, 357, 429 f., 502 f., 567, 590, 606, 613
Wilks, J. 588
Wilson 546
Wilson, H. 533, 613
Wilson, J. M. 332, 613
Winslow, R. W. 115, 584
Winter, G. 220 f., 604
Wirt, D. 131, 565
Wirth, L. 55, 613
Witmer, H. 554, 597
Witter, H. 543, 587, 613
Wittig, K. 297, 367, 381, 613
Wittmer, H. L. 594
Wolf, P. 395, 398, 613 f.
Wolff, J. 231, 614
Wolfgang, M. E. 113 ff., 119, 203, 222, 308, 399, 468, 493, 504, 509, 513 f., 516,

524 f., 546, 565, 573 ff., 582, 600, 605, 609, 614
Wood, A. 470, 614
Wooton, B. 536, 614
Woytinski, W. 479, 614
Würtenberger, T. 125, 281, 406, 571 f., 594, 614
Wüster, G. 564
Wulff, E. 49, 614
Whyle, C. J. 399, 612
Wyss, R. 502, 614

Y

Yablonsky, L. 55, 332, 451 f., 614
Yoshimasu, S. 517, 549, 614
Young, J. 592, 609 f.

Z

Zahn, F. 611
Zapka, K. 559
Zeisel, H. 17, 215, 237, 311, 614
Ziegenhagen, E. A. 500, 614
Ziembiński, S. 31, 373, 589
Zimmermann, H. G. 471, 614
Zimring, F. 90, 359 ff., 363 f., 593, 614
Zipf, H. 5, 16, 67, 141, 147, 150, 157, 169, 211 f., 217, 245, 325, 614 f.
Zirbeck, R. 230, 238, 615
Zirpins, W. 191, 421, 424, 615
Znaniecki, 470
Zolas, I. K. 591
Zugehör, H. 381, 615
Zybon, A. 425, 615

Stichwortverzeichnis

A

Abführung des Mehrerlöses 337
Abgeurteilte 104 f.
Ablaufbeschleunigung, s. Kriminalität
Abnorme Erlebnisreaktion, s. Erlebnisreaktion
– Verstandesanlagen, s. Schwachsinn
Abschreckung 359 f., 362 f., 472
Abschen
– von Strafe 151, 155, 325, 341
– bei Nichterwachsenen 159
– von der Strafverfolgung 152, 242
– im Jugendstrafrecht 164, 241, 312
absolute
– Armut, s. dort
– Strafe, s. dort
Absorption, s. Strafvollzug, Reformbestrebungen
Abstempelung, s. Stigmatisierung, auch »Labeling«
Abstieg, intergenerationeller 498
Abtreibung 109, 139, 393, 440, 473, 481, 508
Abwälzung der Leistungserbringung 239, 241 f., 248, 250 f.
Abwehrmechanismen, -strategien
– in der Kontrolle 466
– von Strafgefangenen 380, 388
Abweichendes Verhalten, negativ sanktioniertes 2 f., (25), 32 – 45, 181, 489, 548, 556 f.
Abweichung, sekundäre 58 f., 171, (502, 539)
Adoption 548 f.
Affektdelikte, auch -täter 364, 512, 523
Affinität
– von Täter und Opfer 504, (511), 513 f.
– von Werten, Interessen 49
Afrika 468 – 470

Aggression, aggressiv, Aggressivität 42, 68 f., 71, 300, 310, 464 f., 504, 524, 532, 541 – 543, 545, 554
– extrapunitive 182
– intrapunitive 182
Aggressions-
– ableitung, verdeckte (Bezugsrahmen der –) 68 – 71 f.
– delikte (s. auch Gewaltdelikte) 186, 450 f., 483, 497
– stau 69
– täter 382
Agrarwirtschaft 466
Ahndungsfunktion, s. Zuchtmittel
Akkumulation (kapitalistische) 47
Akten, auch -analyse 117, 120 – 122, 335, 355, 377 f., 545
– der Bewährungshilfe 120 – 122
– von Fürsorgeerziehungsanstalten 121 f., 164
– des Jugendamts 120 – 122, 225
– der Jugendgerichtshilfe 120 – 122, 164
– von (Jugend-, Erwachsenen-) Strafanstalten 120 – 122, 164
– über Strafverfahren 120 – 122, 273
– vormundschaftsgerichtliche 121 f., 164
Akteneinsicht
– des Sachverständigen 228
– des Verteidigers 226
Aktionismus 19
Aktionsforschung 19
Alkohol
einfluß 342, 411, 417 f., 466, (480, 484), 508, 511, 518 f., 522, 531, 544 f.
– ismus, auch Alkoholiker 30, 34, 36, 38, 42, 44 f., 511, 520, 545, 548
– konsum 52, 494, 522
– mißbrauch 524

647

- Sonderkontrollen, s. Polizeiliche –
- am Steuer, s. Trunkenheit
- straftäter (im Straßenverkehr), s. Trunkenheits-
- bei Täter und Opfer 513
- verbot, s. Prohibition

Alleintäter 450, 453, 508
Allgemeine Kriminalität 27, 51, 60, 69, 96, 109, 111, 136, 159, 181, 184 f., 190 f., 201, 206, 208, 216, 272, 401 f., 419, 424, 433, 436 – 439, 461, 484 f., 495, 508, 513, 527 – 531, 556
Alltagstheorien (s. auch Verständnisebenen; s. auch Handlungsnormen, behördeninterne) 351
Alternativen
- funktionale 25, 143 f., 390
- grundsätzliche 142

Alter zur Zeit der Tat, s. Tatzeit
Alters-
- gruppen, auch altersbezogener Status (s. auch – und Kriminalität) 36, 50, 55, 60, 95, 115, 162, 181 f., 185, 188, 202, 209, 217, 222, 277, 284, 291, 399, 403, 449, 262 f., 468, 481, 513
  - alternde Menschen 181 f., 189, 277, 491
  - Jugend, Heranwachsende 52, 55, 95, 110, 159, 162, 173, 181 f., 202, 221, 243, 262, 277, 519
  - Jungerwachsene 182, 221, 277, 519
  - Kinder 95
- kriminalität 432 f., 437, 440
- Sexualdelikte 437
- struktur der Strafgefangenen, s. Strafgefangene
- verteilung der Kriminalität 426 – 440

Amnestien 109
Amts-
- delikte, auch Beamten- 481, 508
- fähigkeit, Verlust der – 326

Analphabetentum 30, 461
Androhungsfunktion, s. Strafandrohung
Angehörige, s. Familie
Angeklagtenquote 165, 206, 213, 215 f., 217, 222, 226, 229
Angewandte Kriminologie, s. dort

Angleichung
- bei Immigranten, s. dort
- sgrundsatz, s. Strafvollzug

Angriff schwerer tätlicher 398
Angriffsobjekt 509
Angst 541
- vor Freiheitsentzug 363
- vor Verbrechen 465 f.

Anklage 151 f., 164, 204, 207, 209, 225
- bedürftigkeit 205
- fähigkeit 205, 209, 211
- quote 207 f., 211, 218, 403

Anlage und Umwelt (489), 500, 551
Anomie 48, 50, 53, 56, 487
- theorie 48, 50 f., 53

anomische
- Störung 34
- Syndrome 529, 456 f.

anonyme Befragung, s. dort
Anonymität 35, 118, 138, 174, 186, 196, 215, 245, 309, 401, 421, 431, 474, 512
Anordnungen, vorläufige, s. dort
Anpassung, auch Mangel an – 310, 376, 472, 488, 553, 557
- sbereitschaft 352
- sdruck 406
- sfähigkeit 352, 529

Ansatz, multifaktorieller (auch Mehrfaktoren–), s. dort
Ansehen (soziales) s. Soziale Wertschätzung
Anspruchsniveau (materielles), inadäquat hohes 553, (554)
Anstalten, s. Strafvollzugs-
- Entziehungs-, s. dort
- psychiatrische, s. dort
- sozialtherapeutische, s. dort

Antinomie der Strafzwecke (s. Disfunktionalität; s. Jugendstrafe, Zweckdivergenz)
Antisozialität 7, 554 f.
Antragsdelikte 109, 407
Anwendungsregeln, s. Handlungsnormen, behördeninterne
Anwerbungskommission 472
Anwesenheit des Angeklagten in der jugendgerichtlichen Hauptverhandlung 165 f.

Anzeige, s. Strafanzeige
Apathie 43, 427
Arbeit (s. auch Strafgefangene; s. auch Strafvollzug)
»–,gemeinnützige« 247, (248), 251
– nach Entlassung, s. dort
– geber 314
– nehmer 479, 481
– ungelernter 213, 222, (452), 522, 547
Arbeits-
– amt 482
– auflagen, s. Auflagen
– bedingungen 540
– bereich (s. auch Leistungs-)
– Einzelbereich 111, 213, 221, (225), 238, 252, 310, 369, 387, 404, 431, 540, (547), 553, 556
– gesamtgesellschaftliche Funktion 65, 71 f., 181
– einstellung 162, 540
– kolonie, offene 380
– kräfte, Mangel an 178, 276, 482
– kreis junger Kriminologen 2
– lose Gruppen 231, 482 f.
– **losen-**
– quote 472
– Statistik 482
– versicherung, -unterstützung 482
– zahl 493
– losigkeit 231, 441, 443, 477, 479, 482 f., 496, (522)
– platz 310 f., 373
– Mangel, auch Anspruch auf – 49, (311)
– scheu 33, 41 f., 311, 318, 532, 546
– schutz (sachen) 100, 478
– stellenwechsel, s. Wechsel, häufiger
– teilung, auch -teilige Gesellschaft 48, 56, 179, 186
– unfälle (s. auch Unfall, Unfälle) 139
– unwillige 275
– verhalten 311, 540
– vermittlungssachen 100
arbiträres Vorgehen, s. Forschung, Beliebigkeit
area approach, s. Chicago-Schule
Armut (auch Arme, Verarmung, Pauperismus, s. auch Not) 33 f., 43, 318,
475 f., 519, 531, (552)
– absolute – 477
– Massen- 477
– relative – 47, 441, 475
Arrest
– **Jugend-**, 167, 169 f., 172, 241, 243, 252 – 256, 259, 313, 315, 317, 386
– Absehen von der Restvollstreckung 256
– anstalten 255
– Beuge- 254 f.
– Dauer- 167, 252, 254 – 256, 259, 376
– Freizeit- 252, 254 f.
– Häufigkeit 254
– Heranwachsende 254 f.
– Höchstmaß 172
– Jugendliche 254 f.
– Kurz- 252, 254 f.
– Ungeeignetheit 253, 255, 376
– Vollstreckung 252, 254
– Vorbelastete, strafrechtlich 253 f.
– Zugänge 253 – 255
– **Straf-** 256 f.
– dauer 256
– vollzug 256 f.
– Strafvollzugs-, s. dort
Artefakt 35, 84
Arzneimittel 424
Asien 470
Asozialer, Asozialität (auch asoziales Verhalten) 7, 33, 42, 380, 469, (542), 553
Assoziation, differentielle, s. dort
Assoziationsanalyse 132 f.
Atavismus, atavistisch 460, 546
Atmosphäre, s. Familie
Auferlegung bestimmter Pflichten 241, 312
Auffälligkeiten, psychopathologische, s. Krankheit, psychische
Aufgabe der Kriminologie, s. Kriminologie
»aufgeklärter Fall« 102, (107), 401
Aufklärung (Epoche) 159, 276
Aufklärung von Straftaten 184, 291 f., 204 f., 491 f.
– spflicht, auch Verletzung der – 224, 228, 355

- squote 102, 106, 189, 197, 199, 201 f., 398, 401 f., 407 – 409, 432, 492
Auflagen (auch Bewährungs-)
- im **Erwachsenenstrafrecht** 242, 244, 296 f., 325, 372, 526
- vermögensbezogene 242, 244 f.
- im **Jugendstrafrecht** (s. auch Geldauflage) 170, 241 – 243, 267, 312, 372
- Arbeits- 386
- nichtvermögensbezogenes – 314
- vermögensbezogene – 241 f.
- ordnungsbehördliche – 182

Aufsichts-
- beamte, auch -dienst, s. Strafvollzug, Bedienstete; s. auch Gefängnisgesellschaft
- pflichtiger 161

Auftragsforschung s. Forschung
Ausbildung (s. auch Jugendstrafvollzug, Strafvollzug)
- berufliche, s. Berufsschulische, s. Schul –

Ausbildungs-
- abschluß 58, 490
- niveau 188, 462, 469, 510, 552

Ausfallquote 94
Ausländer (s. auch Kriminalität) 470 – 473
ausländische Arbeitnehmer 471 – 473
- Kinder von – 397, 473
- zweite Generation 473

Aussageverweigerung des Beschuldigten 352, (432),
Aussetzung zur Bewährung, s. Freiheits-, Jugendstrafe
Austauschbarkeit von Rechtsfolgen, s. Rechtsfolgen
Auswertung, auch -sinstrumente, -sverfahren 83 – 85, 120

Außen-
- beschäftigung, s. Strafvollzug
- kontakte, s. Strafvollzug
- seiter s. Randgruppe

Autonomie der Kriminologie, s. Kriminologie, Eigenständigkeit
Autonomwerdung von strafrechtlichen Normen, s. strafrechtliche Normen
Autoritätsverlust 430

B

Baden-Württemberg (auch Baden) 98, 114, 207, 318, 321, 477, 486, 492, 512
Bagatellkriminalität, auch -delikt, auch -bereich 95 f., 155, 257, 398, 410, 465, 550
Banden 452, 456 f.
- Jugendlicher (delinquente) 52, 55, 116, 180, 386, (450), 451 f., 489, 464, 518
- führer, s. Führerrolle
Ballungsräume, auch -gebiete 207, 487
Bank- und Kreditwesen 424
Bankraub 202
Bankrott, betrügerischer 211, 468
Bayern 98, 110, 159, 207 f., 236, 318, 321, 344, 466, 478, 484, 486, 492
Beamtendelikte, s. Amtsbedingte Entlassung, s. Freiheits-, Jugendstrafe
Bedrohtsein (Gefühl des –) 188, 463
Bedrohung 176, 406
Bedürfnisse 24, 461, 475
Bedürfnisstruktur 475
Befangenheit
- der Praxis, auch praktische – 12, (92)
- des Probanden 92
- psychische – 51
- des Richters 216
Befragung 94, 96, 117
- anonyme – 94 f., 113
- sergebnisse 95
- sgespräch 94, 400
- ssituation (118), 122
Befreiungsaktionen 456
Befriedigung
- intrapsychische 69
- soziale 52
- unmittelbare, spontane 53
Begehrlichkeitskriminalität 475
Begnadigung, s. Gnadenentscheidung
Begrenzungsfunktion, s. Limitierungs-
Begründungspflicht 142
Begünstigung 205
Behandlung (von Straftätern; s. auch Sozialtherapie) 92, 119, 328, 364, 369, 371 f.

- Erfolg
  - Dauer - 367
  - Sofort - 367
  - Zusammenhänge des - 368
- Erfolgs-
  - berechnung 367, (368), 386
  - beurteilung 369
  - chance 365
  - kriterium (auch Miß-) 129, 366 f., 375, 382
  - messung 89, 368, 370
  - prüfung 368 f.
  - quote 386
  - ziel 138
- heilerzieherische - 313
- Kontinuität der - 372
- kriminalpädagogische - 263
- Leidensdruck 329
- medizinische - 119
- Nach- 372
- psychiatrische - 119
- im (herkömmlichen) Strafvollzug 282, 284, 291
- **Behandlungs-**
- ablauf 92, 329
- bedürftigkeit 329
- durchführung 91
- **fähigkeit** (auch -eignung)
  - Proband (301), 329
  - Therapeut 329
- formen
- forschung (s. auch praxisbegleitende -) 14, 91
- gruppe 91
- methoden (s. auch Behandlung; s. auch Sozialtherapie) 238, 263, 331, 370, 382, 386
- orientiert 372
- programm 370
- projekte 376, 381
- strategie 91
- verfahren, s. -methoden
- vollzug 380
- willigkeit 329
- ziel (s. Strafvollzug, Vollzugsziele) 301
Behördeninterne Handlungsnormen, s. Handlungsnormen
Behördenscheu 185, 231

»Bekanntgewordener Fall« 101
Bekräftigungs- und Entlastungsfunktion 66 - 68, 72
Belästigung der Allgemeinheit 149
Beleidigung 437, 518
Beliebigkeit in der Forschung, s. Forschung
Belohnungsaufschub 553
Bemessung jugendstrafrechtlicher Rechtsfolgen, s. Rechtsfolgen
Beobachtung 94, 117, 119, 184
- szeit, s. Entlassung, Zeitraum seit -
Beratungsgeheimnis 215
Bereicherungskriminalität 484 f., 489, 511
Berichtspflicht der Praxis 90
Berichtszeit (Registrierung), s. Statistik, Kriminal-
Berlin (West) 65, 208, 314 f., 318, 321, 415, 486, 490 f., 493
Beruf (s. auch Arbeit; s. auch Leistungsbereich)
- gesamtgesellschaftliche Funktion 3
- licher Status 188, 468, 490, (519, 529)
- manueller - 210
- Vertrauens- 440
Berufs-
- ausbildung 16, 37 f., (110), 262, 319, 330, 365, 373, 388, 470, 482, 522, 535, 539 f.
- dieb 520, 530
- kraftfahrer 339, 341
- kriminalität 48, 70, 190, 361, 363, 394, 421, 461
- Begriff 190
- struktur 468 f., 481, (540)
- tätigkeit 431, 490, 540
- verbrechertum, -verbrecher, auch -mäßige Verbrechensbegehung 175, 300, 421, 442, 448, 456, 470, 520 f., 530, 534
- verbot 326
Berufungsverfahren im Jugendstrafrecht 165
Beschaffungskriminalität 346
Beschleunigung (des Verfahrens) 165 f., 319
Beschreibung 77, 82
Beschuldigte, Anzahl 211

Beschwerdemacht 209, 230
Beseitigung des Strafmakels, s. dort
Besitzordnung 70
Besserung(sgedanke) 275, 328
Bestechung 175
Bestimmtheitserfordernis (auch Mangel an –, auch Unbestimmtheit) 153, 173, 257, 289, 298, 313, 336, (339)
Bestrafungsmotive, unbewußte, s. Schuldgefühl
Betreuung
– in der Kindheit 552
– von Straftätern 372 f.
  – Kontinuität der – 372
  »–sfälle« 198
– sperson(en) 186
Betrieb
– als Opfer, s. dort
– als Täter, s. Organisationsdelikte
Betriebs-
– justiz 194 f.
– prüfer (-prüfung) 192, 426
– prüfungsstatistik 426
– unfälle, s. Unfälle
Betrug, auch -sdelikte, auch Betrügen 41, 99, 103, 182, 187, 205, 207 – 210, 352, 407 – 409, 422, 429, 437, 460, 468, 471, 477 f., 481, 485, 493, 497, 509 f., 514, 517 f., 547
– Kredit- 423
– Scheck- 423
Bettler, Bettelei 275, (517 f.)
Bevölkerungsdichte (auch Wohn-) 403, (431), 466, 484, 488 f., 491 (f.)
Bewährung (s. auch Freiheits-, Jugendstrafe)
– nach Entlassung, s. dort
– Lebens-, s. dort
– Legal-, s. dort
– Sozial-, s. dort
Bewährungshilfe, auch -helfer 62 – 64, 120, 265, 308, 311, 366 f., 369, 372 f., 379 f., 383
– Doppelfunktion der – 372
– ehrenamtliche – 373
– nach Erwachsenenstrafrecht 298, 347, 374

– bei Jugendlichen 173, 265, 267 f., 313, 374
– Personalknappheit 373
– statistik, s. Statistik
– Verschwiegenheit 372
Beweggründe, s. Motive, Motivation
Beweis
– führungspflicht 142
– schwierigkeiten 205, 209
– würdigung 352
Bewertungsvorstellungen (gesellschaftliche) 394, 404
Bewußtmachung (kim Jugendstrafrecht) 241, 252
Bewußtsein (gesellschaftliches) 66, 176, 395
– smachung (von Normen) 66
Bezugs-
– gruppen 39, 41, 51 f., 61, 72, 86, 88, (95), 193, 225 f., 291, 301, 303, 352, 363 f., 371, 464, 490, 520
– personen 39, 225, 310, 331, 358, 372, 429, 522, 537 f.
– rahmen, kriminologischer 13, 23 – 26, 227
– wissenschaften, -disziplinen (der Kriminologie) 1, 8 – 11, 14, 21 f., (85)
Bildmaterial 81 f.
Bildung, auch -sniveau 87, 95, 122, 460 – 463, 510
– Elementar- 461 f., 531 (f)
– religiös-sittlich-moralische – 461, 531
Bindung
– an Beruf, Familie 72
– fehlende, auch mangelnde, reduzierte 522, 540
– Primär- 538
– soziale – 39
»blinder Fleck« 514
Blutalkohol, s. Alkohol
Blutzuckerspiegel, erniedrigter 550
Brandstifung 428, 470, 489
Brauchtum 73, 176 f., 364, 394
Bremen 318, 321, 486, 493
»Brücke« 386
Brutalität 464 f., (511)

Bürokratisierung (gesellschaftlichen Zusammenlebens) 186
Bundes-
– länder, Verteilung nach -n, 201, 218, 243, 278, 354, 387, 484 – 486
– post 196
– wehr (s. auch Soldaten) 194
– zentralregister, s. Zentralregister
Bußgeld
– bescheid 192
– entscheidungen 99, 240, 417, 433, 447, 471, 486
– verfahren 190, 239, 426

C

Cambridge-Untersuchung über delinquente Entwicklung 554 f.
Chicago-Schule 55, 489
Chinesen 470
Chromosomen-Aberration, s. XYY
Clearing-Zentrale 9
code pénal 159
Community Treatment Project 385
conduct norms 7
Constitutio Criminalis Carolina 147, 159, 275, 460, 546
»De Corridor« 385
Cosa Nostra 457 f.
crimen naturale 6

D

Dänemark (auch dänisch) 114 f., 144, 330, 362, 549
Dauer
– arrest, s. Arrest
– delikt 170
– konflikt 508
DDR 31 – 33, 57, 100, 194, 390, 407, 423, 428, 485
Debilität, s. Schwachsinn
Defekt 28 f., 213
– persönlichkeit 28, 213, 333
défense sociale 391

Definition der Kriminologie, s. Kriminologie
Defizit (s. auch Sozialisations-) 45, 71
deformiert 542
Degenerierung, Degeneration 546
delectatio morosa 507
delinquency (auch juvenile –) 7, 42, 95, 203
delinquent generations 429 f.
»Denkzettel«-Funktion 252, 256
Demokratie 454
Demokratisierung 460
Denaturierung 458
Depression, wirtschaftliche, s. dort
Depressive (psychisch) 524
– Abläufe 328
– Phase 305
Deprivation 437, 533
Desintegration (s. auch Soziale –) 43, 72
Desorganisation (s. auch Soziale –) 43, 176
Desperados 457
deterministisches Modell 134, (547)
Deutsche Kriminologische Gesellschaft 1
Deutsches Reich 436, 466, 479, 482, 484, 496
Devianz, s. abweichendes Verhalten
»deviation amplifying systems« 502
Dichotomisierung
– von Verbrechen 6
– von Erkenntnisperspektiven 21
Dieb(e) 275, 318, 520
– Berufs-, s. dort
Diebstahlskriminalität, auch -delikte 3, 41, 58, 71, 103, 109 f., 124 f., 175, 178, 182, 187, 189, 197, 201, 203, 205, 207, 209 f., 214, 262, 271, 286, 318, 343, 398, 401 f., 407 f., 427 f., 441, 444, 446 f., 451, 460, 471 f., 477 – 480, 482 – 485, 487, 490, 492 f., 497, 508, 517 f., 547
– Einbruchs- 208, 210, 222, 236, 344, 362, 394, 398, 451, 526
– ohne erschwerende Umstände (auch einfache –) 113, 163, 398, 406 – 409, 428 f., 434, 481, 483, 490 f., 493
– unter erschwerenden Umständen (auch schwere –) 163, 401, 406 f., 409, 428 f.,

432, 434, 481, 483, 485, 490 f., 493, 497
- Fahrrad- 362, 408, 477
- Holz- 178
- Kameraden- 195
- Kfz- 210, 305, 362, 408, 477
- Motorrad- 408
- Schadenshöhe 407 f.
- Warenhaus- 196 f., 204, 208 – 210, 399 f., 407 – 410, 432, 440, 477
  - Schadenshöhe 408 f.

differentielle Assoziation 534 f.
- Identifikation 535 f.
- Gelegenheit (auch unterschiedliche –) 48, 50, 53 f.

Disfunktionalität der Strafzwecke (s. auch dort; s. auch Konflikt der –) 292

Diskrepanzen in der Gesetzgebung
- offene – 140 f.
- verdeckte – 140

Diskriminierung, s. Soziale –

Dissozialität 40, 160

Distanz (auch -ierung)
- kognitive – 458
- kritische – 12, 15
- in der Lehre 20
- normative – 25, 49, 143, 223
- personale – 421
- physische – 458
- progressive – 35
- richterliche – 216, 223
- soziale – 189, 295, 329
- zu sozialer Wirklichkeit 355
- sozialstrukturelle – 189

Disziplinarmaßnahmen 149

Disziplinierung 166
- sfunktion, 42, 216, 317, (459)

Diversion, ideologische 30

Dokumentenanalyse 94, 117

Dominanz innerhalb des Forschungsablaufs 22, 85

Doppelfunktion
- des Bewährungshelfers, s. dort
- des Erziehungsbeistands, s. dort
- der JGH, s. dort

Doppelbestrafung 147, 170

dringender Tatverdacht, s Tatverdacht

Drogen
- konsum (s. auch Suchtmittel-) 38 f., 410, 545
  - Einstiegsfunktion (38 f., 545)
- Kriminalität 16, 393, 398
- Mißbrauch 2
- Sucht 36, 303

Dunkelfeld, -ziffer 60, 62, 70, 88, 93, 175, 192, 196, 212, 296, 410, 440, 491, 516, 524, 550
- Begriff 93
- **forschungen, -untersuchungen** 93 – 97, 115 f., 118, 121, 187, 199, 397, 501, 503 – 506
- Informantenbefragung 94, 96
- Opferbefragung 94, 96 f., 187 – 190, 199, 397 – 399, 491
- Täterbefragung 94 – 97, 396 – 400, 503 – 506

Funktion (positive) 25 f., 37, (212)

Dynamik der Gesellschaft 82

E

Eastern Penitentiary, s. Strafvollzugsanstalt

Eckvergütung, s. Strafvollzug, Arbeitsentgelt

Effektivität, s. Erfolgs-

Effizienz
- prinzip 143
- der Strafvollzugsgestaltung 376

Egoismus 63, 523

Egozentrizität 523

Ehe, s. auch Familie
- nicht-ehelich Geborene 536 f.
- frau 440, 497
- partner, Verhältnis zu 524
- scheidung, auch Geschiedene 36, 536 f.
- schließung 497

ehrenamtlicher Bewährungshelfer, s. dort

Ehrgefühl, -losigkeit 253, 255

Eidesdelikte 205, 508

Eigenständigkeit, s. Kriminologie

Eigentum 3, 450
- sozialistisches – 31
- skriminalität, auch -sdelikte 103, 163,

654

174, 178, 195, 200, 222, 335, 390, 392, 398, 402 f., 427 f., 475 – 477, 483, 494, 505, 519 – 521
Einbruch, s. Diebstahl
Eingriffsintensität 422
»einheitliche Maßnahme« 171 f.
Einheitlichkeit von (freiheitsentziehenden) Rechtsfolgen im Jugendstrafrecht 170 – 172
Einheitsstrafe 155, 171
Einkommen (auch Durchschnitts-) 87, 556
einmalig Vorbelastete, s. dort
Einspruch
– im | Ordnungswidrigkeitenverfahren 149
– im Strafbefehlsverfahren 204
Einstellung
– von Richtern 220
– von Strafanstaltsgefangenen 300, 302, 304
– des Strafverfahrens 104, 109, 150, 199, 203 – 211
  – wegen Geringfügigkeit 150, 204, 207 f., 210, 212
  – wegen Mangels an hinreichenden tatsächlichen Anhaltspunkten 150, 208, 210
– squote 205, 207, 492
Einstweilige Unterbringung im Erziehungsheim 316 f.
Einwanderer, Einwanderung, s. Immigrant, Immigration
Einweisungs-
– abteilung, s. Strafvollzugsanstalt
– quote 217 f., 390
Einzel
– bereich, auch -erscheinung (des Verbrechens, der Kriminologie) 1, 4, 9, 24, 27, 45, 67, 74, 77 f., 82 f., 86 – 89, 110, 117 – 134, 185, (349), 357, 453, 551
– fall (Analyse), -darstellung 83
– (fall)hilfe 308
– haft, s. Strafvollzug, Unterbringung
– richter, s. Richter
Einziehung 245, 337 f.
Eltern 152, 166, 182, 317, (429), 430, 510, (531), 539, 542, 548, 552, 554

– Kind-Beziehung 504
– Straffälligkeit 556
emotionale
– Konflikte 551
– Stabilität, Instabilität 543
– Störungen 551
– Unreife 332
Emotionen
– der Bevölkerung 176
– der Gesetzgebungsorgane 179
– der Masse 450
Empfindlichkeit, öffentliche, s. Sensibilität, gesellschaftliche
empirisches Vorgehen, s. erfahrungswissenschaftliches –
Empirismus 76
– naiver – 78
endokrine Störungen 550
England (s. auch Großbritannien) 98, 129, 363, 430, 432, 476, 479, 483, 496
englisches Progressivsystem, s. Strafvollzug
Enkulturation 460
Entartung 531, 546
Entdeckungs-
– immunität 394
– resistenz (s. auch Strafverfolgungs-) 356, 504, 529, (544)
– wahrscheinlichkeit 184, 290, 356 f.
Entfremdung 31, 47 f., 56, 488
Entkriminalisierung 33, 109, 144, 176, 185, 291
Entlassung
– am Arbeitsplatz 195
– aus dem Strafvollzug (auch Entlassene –) 202 f., 284, 308 – 311, 368 f., 371, 377, 379 f., 388
  – »Adaptations-Syndrom« 310
  – Gefangenengewerkschaft, s. dort
  – gnadenweise, s. Gnadenentscheidung
  – aus dem Jugendstrafvollzug (225), 274, 311
  – aus lebenslanger Freiheitsstrafe, s. Freiheitsstrafe
  – Schulden (284, 286), 309 f.
  – sprognose, s. Prognose
  – Tilgungspläne 309 f.
  – Todesfälle 311

655

- Überbrückungsgeld 310
- Übergangsvollzug 295 f.
- Zeitraum seit – 377 – 379

Entlastungsfunktion, s. Bekräftigungs- und –

Entstigmatisierung 60 f.

Entweichung 292

Entwicklung
- geistige – 162
- sittliche – 162

Entwicklungs-
- phasen 264, 367, 378, 536, 540
- prozeß 533
- rückstände 161
- stadium der Gesellschaft 422
- stand 259
- tendenzen der Kriminalität, s. dort

Entziehung
- der Fahrerlaubnis 156, 221, 245, 339 – 342, 347, 363, 379, 392, 411, 528
- Dauer der Sperre 341 f.
- Deliktsstruktur 342
- Fahren trotz – 528
- Ungeeignetheit zum Führen von Kraftfahrzeugen 340 f.

Entziehungs-
- anstalt (Unterbringung in –) 345 f.
- Aussetzung der Vollstreckung zur Bewährung 346
- Häufigkeit 346
- kur 313, 345
- versuche 36

Epilepsie 524, 544, 548

Erbbiologie (524, 546), 547, 548 – 550

erbliche Belastung 547 – 550

erfahrungswissenschaftliches Vorgehen (auch empirisches, auch – in Forschung) 1, 5 f., 22, 30, 76

Erfolg, s. Behandlung; s. Wirksamkeit

Erforderlichkeit, Grundsatz 14

Erhebungs-
- bogen 84
- instrumente 83 f.
- **quellen**
  - Dunkelfeldforschung 94, 96
  - Einzelbereich 117
  - Gesamtbereich (98)

- der Historischen Kriminologie 81
- situation 84
- **verfahren** (auch -methoden) 84
  - Dunkelfeldforschung 94
  - Einzelbereich 117
  - Gesamtbereich 105 – 107

Erinnerungslücken (auch -abneigung, -verfälschung)
- in der Dunkelfeldforschung 96 f.
- bei Forschern 85
- bei (verurteilten) Straftätern (122)

Erkenntnis
- fortschritt 79 – 82
- gesicherte, s. Wissen, -s
- interesse 88
- perspektiven 21 f.
- wandel 79 – 82
- zuwachs 13

Erkennungsdienst 352

Erklärung, auch Erklären 77, 79, 81

Erkrankungen, s. Krankheit

Erlebnisreaktion, abnorme 544

Erledigungspraxis der Staatsanwaltschaft, s. Staats-

Ermahnung 152, 312, 314

Ermittlung(en)
- des Gerichts 215 f., 224
- der Jugendgerichtshilfe 224 – 226
- der Polizei, der Staatsanwaltschaft 93, 101, 111, 198 f., 432
- Nach- 204

Ermittlungs-
- bericht der Jugendgerichtshilfe (s. auch dort) 120, 225 f.
- ergebnis, polizeiliches 102 f.
- verfahren 99, 103 f., 107, 184, 205, 210, 425

Eröffnungsbeschluß 165, 215 f.

Erpressung 163, 175, 205, 406, 428, 444, 446, 453, 485 f.
- Schweigegeld- 406

Ersatzfreiheitsstrafe, s. Freiheitsstrafe

Erschleichung von Steuervorteilen 423

Erstbestrafter 125, 272, 307, 443 f., 448, 496

»erste Straftat«, auch erster Rechtsbruch 61, 171, 505, 517, 539

Ersttäter 125, 443

Ertragsprüfung (auch -forschung; s. auch Erfolg; Wirksamkeit) 91 f.
Erwartungsverletzung (Verständnisebene der –) 24 f., 27 – 45, 71, 332
Erziehung, erzieherisch 165 f., 168 f., 171 – 173, 223, 237 f., 241, 252 f., 255 – 260, 263 – 265, 267, 275 f., 312 f., 315, 318, 328, 364 f., 430, 460, 470, 552
– **Ersatz-**, öffentliche – 317, 516
– Funktionen 360, 377
– Konsequenz in der – 537, 554
– religiöse – 319 f., 531
– Wirksamkeit, s. dort
Erziehungs-
– bedürftigkeit, auch -bedürfnis 169
– **beistandschaft, -sbeistand** 168, 170, 173, 243, 315 f.
 – Doppelfunktion 316
 – Häufigkeit 316
– beratungsstelle 538
– berechtigte 164, 166, 224, 313, 315, (319), 505, 510, 539
– fähigkeit 430
– gedanke (im Jugendstrafrecht) 152, 165 f., 168 f., 171 – 173, 238, 346
– hilfe durch den Disziplinarvorgesetzten 316
– institutionen 58
– karteien, gerichtliche 515
– mängel 264
– maßnahmen 40, 161, (516)
– maßregeln 166 f., 172, 243, 259, 262, 312, 346
– person 499
– register 93, 120, 241, 347
– verfahren, formloses, richterliches 152
– verhalten 537 f.
– ziel 41
– zweck der Jugendstrafe, s. dort
Essentialismus 8
état dangereux 6 f., 119
Ethik, auch ethisch 135, 149, 360
ethnische Gruppen (auch Rasse; s. auch Kriminalität) 50, 55, 185, 190, 200, 203, 222, 385, 458, 462, 466, 551 f., 554
ethnomethodologisch 59
Etikettenschwindel 147, 383

Etikettierung, s. Stigmatisierung, s. auch »Labeling«
Evidenz, evident 86, 89, 128
exhibitionistisch 502
Experiment 90, 94, 117
Exploration 117 f., 127
– ssituation 122
explorative Untersuchung 82
ex post – Beurteilung (s. auch retrospektiv) 171
Extraversion, Intraversion 504, 543
Extremismus 454

F

Fachsprache, juristische 213, 217
Fahndungssendung XY 465
Fahren ohne Führerschein, s. Führerschein
Fahr
– erfahrung 527 f.
– erflucht, s. Straßenverkehrsunfallflucht
– erlaubnis, Entziehung, s. dort
– erische Leistungsfähigkeit 392
– erlaubnis, Entziehung der –, s. dort
– lässige Körperverletzung, s. dort
– lässige Tötung, s. dort
– lässigkeit, auch -delikt 146, 153, 252,
– leistung 411
– praxis 410
– routine 410
– verbot 99, 156, 245, 292, 339 – 342
 – Voraussetzungen 339
 – Grundsatz der Opfergleichheit 339 f.
Fallsammlungen 81
Fälschung 468, 470
Falschgelddelikte 472
Falsifizierung 79 f., 91
Familie (auch familiär)
– »broken home« 524, 554
– gestörte – 45, 536
– Herkunfts- 45, 450, 498, 520, (524), 536, 548, 551, 555
– Instabilität 496, 552
– Prokreations- 520, 555
– Stabilität 16, 34, 536

- **unvollständige** 35, 536
  - funktional 45, 536
  - strukturell 45, 536
- Zerrüttung 37
- Zusammenhalt 34, 194

Familien
- atmosphäre 496, 536
- bereich 82, 213, 221, 490, 496, (519), 551
  - gesamtgesellschaftliche Funktion 3, 71 f., 181, 441
- betreuung 335, 344
- erziehung, s. Fürsorgeerziehung
- stand 36

Fanatismus 454
Feindseligkeit 308, 519
Feld
- forschung, auch -untersuchung 117 – 119, 121, 501, 506
- theorie 423

Ferienzeit 494
Fernsehen, s. Massenmedien
Finanzamt, -behörden 192 f., 211, 244
Flächenstaaten (auch -gebiete) 397, 428, 486
Flucht
- »-delikte« 505
- gefahr, s. Untersuchungshaft
- »Tendenzen« 328

Fluktuation der Gefangenen, s. Strafvollzug
Forensische Psychiatrie 428
Forscherpsychologie, auch Forschungs- 28, 79 f.
Forschung, kriminologische
- Auftrags- 19
- Ausgangspunkt (Verbrechen) 5 – 8
- Beliebigkeit 26, 80
- Einflußnahme 17 – 19
- empirische, s. erfahrungswissenschaftliches Vorgehen
- Grundlagen- 15
- integrierte kriminologische – 10
- interdisziplinäre – 10, 22, 85
- **kriminalstatistische** – 1, 98 – 111, 113
  - dynamische – 105, 394
  - statische – 105 f., 393
- multidisziplinäre – 10

- praxisbegleitende – 89 – 92, 331, 336, 381, 386
- täterorientierte – 1, 13

Forschungs-
- behinderung, auch -hindernisse 23, 421
- förderung 9 f., 23
- fragen 15, 23, 82 f., 86
- gegenstand 2 – 6, 8 f., 11, 15, 78, 84, 86, 88, 495
- gruppe (auch -team, auch Forscher-, s. auch Machtverhältnisse) 10, 84 f.
- methoden (s. auch Erhebungsinstrumente, -verfahren) 15, 86
- politik 495
- problem 15, 23, 82
- prozeß 79 f., 82 – 86
- strategie 15
- Vergleichs-, s. dort

Fortsetzungszusammenhang, auch fortgesetzte Tat 102, 105, 155, 170
Fragebogen 94
Frankreich 98 f., 237, 330, 479, 484
Frauen (s. weibliche Personen)
- erwerbstätige 441
freiberufliche Tätigkeit (s. auch Selbständige) 191, 522
freie Beweiswürdigung, s. Beweiswürdigung
Freigang, s. Strafvollzug
Freiheitsrecht, persönliches 343
Freiheitsstrafe 67, 147 f., 155, 164, 217, 221 f., 232, 244 f., 247, 262, 266, 268 – 299, 340, 376, 387, 470, 533, 536, 541, 549
- Alternativen zur – 390, 392
- **Aussetzung der Vollstreckung zur Bewährung** 169, 232, 237
  - des Restes 244, 294, 297
    - Häufigkeit 197
    - Widerruf 298 f.
  - **vor Strafantritt** 244 f., 270 f., 296 f., 325, 340 f., 363, 367, 381, 390
    - Häufigkeit 296 f.
    - Widerruf (s. auch Gründe des) 298 f., 381
- einheitliche 268
- **Ersatz-** 247 – 250, 271
- Aussetzung des Restes 248, 379 f.

- Häufigkeit 149 f.
- Widerruf 379 f.
- Zu- und Abgänge 249 f.
- Höchstmaß 271, 456
- Kompression 271
- kurze, kurzzeitige 155, 247, 255, 261, 271 f., 281, 379, 390
- lebenslange 268, 271 f., 305 – 308, 348, 512, 522, 525 f.
  - Dauer (tatsächliche) 273 – 275, 305 – 307
  - Gnadengesuch, auch – kriterien, auch – weg 273 f., 306 f.
- Mindestmaß 154, 147, 271,
- Reduzierung der Verhängungshäufigkeit 389 f.
- strafvollzug, s. Strafvollzug

Freispruch (auch -squote) 104, 152, 217, 221, 238, 432

Freizeit
- arrest, s. Arrest
- bereich, auch -gestaltung 17, 238, 290, 310, 330, 369, 371, 387, 449, 482, 494, 540 f., 556

Fremdeinschätzung 26, 81, 97

Friedens-
- durchschnitt 109
- sicherung 137

frühkindlich 70, 542
- e Hirnschäden, s. dort

Früh-
- kriminalität, auch -kriminelle 160, 203, 253, 357, 516, 548
- prognose, s. dort

Frustration(en) 523, 542 f.
- Aggression 542 f.
- sfähigkeit 322, (543)

Führer
- rolle, auch Meinungs-, Gruppen- 215, 451, 463
- schein, Sicherstellung des – (s. auch Entziehung der Fahrerlaubnis) 156
- Fahren ohne – 411, 528 f.
- inhaber 436

Führungs-
- aufsicht 147, 308, 338 f.
- zeugnis 325, 346 – 348

Fürsorgeerziehung 41, 160, 167 – 170, 243, 253, 262, 317 – 324, 347, 376, 502, 537
- Einweisungsgründe 41, 318
- endgültige – 318, 321
- als Familienerziehung 319, 322
- Geschlechtsverteilung 321, 323
- **als Heimerziehung** 319, 322
- Differenzierung 319 f.
- Interessenlagen 320
- Konfessionsstruktur 320
- Kosten 320, 322
- interne Sanktionierung 320
- Wechsel der Heime 324
- unbestimmte Dauer 317
- »unerziehbar« 317, 323
- vorläufige – 318, 321

Funktionen strafrechtlicher Sanktionierung, auch – des Verbrechens 11, 24 f., 33, (53), 62 – 75, 88(f.), 176, (192, 539)

Furcht
- vor Rechtsfolgen 363
- vor Verbrechen 465 f.

G

gang, s. Banden
Gastarbeiter, s. ausländische Arbeitnehmer
Gaunertum, auch -sprache 178, 448, (457)
Geburt, von – an 546
Geburtenzahl 109
Gefährdete (Personen) 276
Gefährdung, s. Straßenverkehrs-
- »-sfälle« 198
gefährliche Person, auch -r Verbrecher 146 f., 334 f., 344 f., (455), 529
Gefährlichkeit, auch Sozial- 6, 115, 146 f., 154, 269, 277, (455), 463
- sprognose 147
Gefängnis, s. Jugendstrafvollzug, Strafvollzug
- gesellschaft 293, 295
  - Isolierung
    - Bedienstete (280), 284 f.
    - Strafgefangene 276, 305

659

- **Normensysteme**
  - Bedienstete 260, 299, 301 f., 307
  - Strafgefangene 299 – 302
- **Rollen**
  - Bedienstete, s. Strafvollzug, Bedienstete
  - Strafgefangene 300 f., 304 f., (308), 389
- **Subkultur der Strafgefangenen** 300 f.,
  - kulturelle Übertragung 301 – 303
  - »endemische« Reaktion 302 f.
- **Verhältnis zwischen Bediensteten und Strafgefangenen**
  - Anpassung, auch (Schein-) der Strafgefangenen 276, 304
  - Arrangement 293
  - Konformität 304 f.
  - Opposition, eingeschränkte 299
  - U-förmiger Verlauf, s. dort
  - Zensurbereitschaft der Strafgefangenen 293, 299

Gefangene s. Strafgefangene
Gefühlskälte 523
Gegenstand der Kriminologie, s. Kriminologie
Geheim
- dienst 459
- nisschutz 192, 422, (425), 459
- sprache 448, 451

Gehemmtheit 328
Geiselnahme 403, 453
Geisteskrankheit, s. Krankheit, psychische
Geld
- auflage
  - im Erwachsenenstrafrecht 244, 298
  - im Jugendstrafrecht 242 f., 254, 313 – 315
- ausgeben 41
- buße 99, 149, 239 f., 245, 250, 309, 337
- nbemessung 353 f.
- fälscher 361
- strafe 67, 155, 163, 237, 244 – 251, 269, 272, 325, 340, 363, 392, 442
  - Abwälzung der Leistungserbringung, s. dort
  - Anonymität 245
  - Aussetzung, keine 247 f.
- Ersatzfreiheitsstrafe, s. Freiheitsstrafe
- kriminogene Bedeutung 251
- Laufzeit- 245
- Nettoeinkommen 246
- Tagessatz 244 – 247, 442
- Unterhaltspflicht 246, 250
- Wesen 244, 250

Gelegenheit, differentielle, s. dort
- zur Tatbegehung 487, 508
- sgruppen 448, 451
- staten, s. auch Täter 125, 257

geltungsbedürftige Persönlichkeit, s. auch pseudologische – 453
gemeingefährliche
- Täter 335
- Taten 205, 343

Gemeinlästige, auch gemeinlästig 42, 182, 257, 335, 338, 442
gemeinnützige
- Arbeit, s. Arbeit
- Leistungen 325

Gemeinschaft
- delinquente, s. Täter-
- problemlösende, therapeutische, s. Sozialtherapie
- liche Tatbegehung, s. dort

Gemüt, Mangel an 523, (544)
Generalprävention, s. Prävention
Genozid 450, 458
Gerechtigkeit (auch – im Einzelfall) 158, 212 f., 259 f.
Gericht, s. Strafgericht
- smedizin 4, 76, 545 f.
- ssprache, s. Sprachgebrauch

Geringfügigkeit, s. Einstellung wegen –
Gesamtbereich, auch -erscheinung (des Verbrechens, der Kriminologie) 1, 9, 15, 17, 22, 24, 27, 45, 67, 77 f., 86 – 89, 93 – 116, 184, (349), 357, 393, 397
Gesamtstrafbildung 155, 172, 271
Geschäftsanfall (auch -gang) 89, 100, 108
Geschichte
- des Jugendstrafrechts 159 f.
- des Jugendstrafvollzugs, s. dort
- der Kriminologie, s. dort
- des Strafvollzugs, s. dort

Geschlechtsgruppen, auch -status 51, 188, 217, 220, 288, 527, 538

Stichwortverzeichnis

Geschwindigkeitsbeschränkung 392
Gesellschaft
- für die gesamte Kriminologie 1 f.
- liche Stabilisierung, auch Stabilisierung des Gesellschaftssystems (leitende Vorstellung) 25 – 73, 177, 283, (459)
- sgerichte 194
- sschutz 16, 175, (391)
- strafende, s. Psychologie der –
Gesetzes-
- anwendung 17, (115)
- einheit 115
Gesetzgebung 16 f., 115, 135, 137 f., 160, 176 – 178, 358
gesetzlicher Vertreter 164, 166, 224
»Gesinnung« 157
Geständnis, auch bereitschaft, auch geständig 152, 209, 352 f., 432
Getötete, s. Straßenverkehrsunfälle, Tötungskriminalität
Getreidepreis 478 f.
Gewalt
- anwendung 403, 432, 449, 465, 469
- Begriff 182
- darstellung, s. Massenmedien
- kriminalität, auch -delikte 34, 69, 182, 198, 203, 343, 394, 400, 403 – 406, 431, 444, 451, 453, 459 – 461, 465, 480, 483, 485, 489, 493, 497, 505, 508, 510 f., 514, 517 – 520, 523 f., 526, 545
- physische – 182 f.
- psychische – 182 f.
- tätigkeit, auch -täter 37, 41, 205, 318, 335, 451, 520 f., 523 f.
- unzucht, s. Sexualdelinquenz, aggressive; s. Notzucht
Gewerbe 326, 348, 423 f.
- rechtssachen 100, 352
- zentralregister 240, 348, 353, 423, 433, 471, 486
Gewerkschaften (s. auch Strafgefangenen) 283, 458
Gewicht der Straftaten, s. Schwere
Gewissen 145, 455, 542
- stäter 455
Gewohnheitsverbrecher (auch gefährlicher –), auch gewohnheitsmäßiger Verbrecher 154, 335, 442, 448, 532, (546)
Giftmord 440, (485)
Glaubwürdigkeit 97, 209
Gleichheit 211 f.
-. sgrundsatz 158, 179
gleichzeitige
- Aburteilung (Jugendstrafrecht) 170
- Anordnung von Rechtsfolgen (Jugendstrafrecht) 170
Glücksspiel 457 f., 473, 517
Gnadenentscheidung 267, 273, 297, 306, 374
Grauziffer 93
grenzüberschreitend 453, 458
Griechen 471 f.
Großbritannien, s. auch England 330, 427, 458, 483
Großstadt 403, 472, 488 f.
Gruppe(n)
- delikte, -delinquenz 110, 170, 431, 448 – 450
- diskussion 117
- ethnische, s. dort
- formelle – 52
- informelle – 52
- kriminalität, auch -delikte 34, 69, 182
- normen 179
- notzucht, s. Notzucht
- organisierte – 52
- Primär- 519, 536
- täter 52, 405, 508
Gültigkeit (Validität, auch Validierung) 83 f., 94, 114, 129 f., 161 f., 274, 306 f., 355, 393, 543, 557
Gütekriterium (22, 80), 83 f.
Gutachter, s. Sachverständiger
Gymnasium, Gymnasiast 41, 505

H

Häufigkeit
- der Deliktsbegehung 70, (399 f.), 501
- szahl (auch -sziffer) 106 f.
häuslich-familiärer Bereich 186, 554
Haft
- befehl (s. auch Untersuchungshaft) 198, 316

661

- Aussetzung des Vollzuges 231
- verlauf, s. Gefängnisgesellschaft; Strafvollzug

Halbstarke 450
Haltlosigkeit, haltlos 334
Halttheorie (s. auch Selbstkonzept) 536
Hamburg 103, 196 f., 207 f., 316, 486, 491, 493, 511
Handlungs-
- einheit, natürliche 155
- **normen, behördeninterne** (s. auch Institutionalisierungen) (13), 72, 135, 144, (177), 199, 215, 226, 229, 292, 349 – 354, 428, 504, 539
  - formelle 349 f.
  - materielle 350 – 354
    - Internalisierung 355
    - Wahrnehmungseinschränkung 355 – 358
- weise, individuelle 36

Hang
- zu Rauschmitteln 345 f.
- täter 327, 334, 442

Haschisch 505, 545
Haß, auch Selbst- 541 f.
Haupt-
- strafrecht 148, 152, 327
- **verhandlung** 151, 161, 204, 214, 266, 350, 352
  - Jugendstrafverfahren 165 f., 226
  - Konsensbemühen 216
  - Rollenstruktur 214 – 217
  - Zweiteilung 217, (391)

Hausfriedensbruch 182, 466
- schwerer – 449

Haushalt
- öffentlicher – 65
- privater – 441, 478 f.
- ung 97, 187

Hausierhandel 518
HAWIE (Hamburg-Wechsler-Intelligenz-Test) 543
Hedonismus, hedonistisch 52, 431, 506
Hehlerei 205, 517
Heim, auch Erziehungs- (s. auch Fürsorgeerziehung) 37, 152, 238, 316 f., 540
- kehrer (aus Kriegsgefangenschaft) 437
- kind, s. Kind

- unterbringung 45, 316

Hemmungs-
- losigkeit 546
- mechanismen 541

Heranwachsende
- Begriff 162
- **Anwendung des Jugendstrafrechts**
  - formelles – 163
  - materielles – 162 – 164, 272 f.

Herkunfts-
- familie, s. Familie
- gruppe 533
- land 469 – 472

Heroin 38, 545
Herrschaft 12, 328
- sordnung 70
- totalitäre – 459

Herumstrolchen 41, 318
Hessen 486
Heterogenität des Verständnisses (auch – der Befunde) 2, 19, 21 – 23, 142
Hexen (-prozesse) 81
hierarchische Organisation
- von Behörden 280 f., 349
- des Organisierten Verbrechens 457 f.

Highfields-Projekt 384
Hilfe (für den Straftäter) 365, 372
Hilflose 442
Hilfsbedürftige 28
hinreichender Tatverdacht, s. Tatverdacht
hirnorganische Veränderungen 437
Hirnschäden, frühkindliche 544
Hochverrat 453
holistischer Anspruch 21, 80
»homme moyen« 399
Homosexualität 303
homotrop 517 f.
Hospitalisierung 40
Hypoglykämie, s. Blutzuckerspiegel, erniedrigter

I

Ich-Schwäche 307, 332, (542)
Idealbild 28
Idealkonkurrenz (s. auch Tateinheit) 102, 171

Identifikation, Identifizierung
- mit dem Anderen 55 f., (487)
- differentielle, s. dort
- des Forschers 92
- mit der Führerfigur 450
- Gefangene untereinander 303
- mit der Gesellschaft 68 f.
- mit der Herkunftskultur 473
- kriminalistische – 410
- mit der Masse 450
- mit Prestigeträgern 138
- des Sachverständigen 229 f.
- mit dem Straftäter 68 f., 454

Identifizierungsperson 535, 538 f.

Identität 59
- der Anlage 550
- von Forscher und Forschungsobjekt 180
- bei Meßinstrumenten 368
- positiv-rechtliche – 66
- soziale – 59, 301, 303
- zwischen Täter und Opfer 504
- von Verhaltensweisen 57, 95
- von Werten, auch Interessen 49

Identitäts-
- bewußtsein 56, 487
- theorien 55 f.
- wandel 59

Ideologie
- gesellschaftlicher Gruppen 13
- nationalsozialistische – 467, (482)
- von Richtern 213

ideologische Kontrolle 72

IKV (Internationale Kriminalistische Vereinigung) 159, 391, 551

Imitation (391), 424, 431, 464, 534

Immigrant, Immigration (s. auch Kriminalität) 51, 456, 469 f., 489
- Kinder von – 470
- zweite Generation 470
- Angleichung 470

Immunisierung 80

Immunität, institutionelle 41

Impulsivität 42, 328

Indes der Kriminalität, s Schwere-Index

Individual
- ität des Einzelfalles 350, (352)
- isierung, auch individualisierend 13,

145, 179 f., 202, 365
- prävention, s. Prävention

Induktion 76

Industrialisierung, auch industrialisiert, industriell 178, (181 f.), 390, 395, 402, 466, 474 f., 477, 489

Industriegesellschaft 186, 359, 431, 450

Inferiorität (auch inferior) 547

Inflation(szeit) 437, 481, 497

Information (auch Informiertheit) 359 – 361
- svermittlung 395, (463)

Inhaltsanalyse 117

Inkubation(szeit) 507

innere Kontrolle, Theorie der 536

Innovation, auch innovatorisch 50, 136, 349

Innung, berufsständische 192

insanity, moral 544

Insassen, s. Strafgefangene, s. Gefängnisgesellschaft

Insassenkultur, s. Gefängnisgesellschaft, s. Subkultur

Instinktverhalten, instinktiv 70, 542

Institution, totale, s. dort

Institutionalisierung wirtschaftlicher Aktivitäten 191

Institutionalisierungen (strafrechtlicher Erfassung, auch institutionalisierte Normen; s. auch Handlungsnormen, behördeninterne)13, 20, 29, 58, 73, 121, 212 f.

Integration, auch Integrierung, s. Soziale

integrierende Funktion strafrechtlicher Sanktionierung, – des Verbrechens 67

integriertes kriminologisches Wissen (s. auch Forschung, s. auch Kriminologie) 9 f.

Integrierung von Kriminalstatistiken 107

intellektuelle Minderbegabung (s. auch Schwachsinn) 499, (543)

Intelligenz 539, 543, 547, 551 f., 554 f.
- delikte 460, 497
- quotient 523
- soziale – 60

Interaktion 199 f., 226, 464
- ismus 2, 22, 154, 454 f.

interaktionistisch 2, 13, 124, 369, 454 – 456, 505, 518 – 521, 538, 540
interdisziplinär, s. Forschung, s. auch Kriminologie
Interesse(n), s. auch Wert- und -konflikt
– divergierende – 66
– des Forschers 85
– gruppen 139, 177, 350
– identität 31, 283
– konflikt, s. Wert und –
– kumulierung 350
– der Öffentlichkeit 454
– Partikular- 25, 137 – 140
interkulturelle(r) Vergleich, auch -barkeit 369, 545
interkulturell, »interrassisch« 400, 471, 525,
Internalisierung, auch Verinnerlichung 4, 355, 427, 523, 536
internationaler Vergleich (auch Kriminalitätsvergleich) 5, 87, 100, 466, 495
interpersonales Reife-Niveau, s. Reife
interstitial area 489
intrakulturell, auch »intrarassisch« 400, 471 f.
intranationaler Vergleich 87
Inzest 186
Inzidenz 39, 523
Isolierung (soziale; auch isoliert, isolierend; s. auch Gefängnisgesellschaft) 12 f., 32, 97, 122, 179, 181, 276, (280), 284 f., 305, 3P8, 328, 344, 371, (391), 403, 468 f., 514,
Israel 468 – 470
Italien 194, 330, 448, 457, 476, 478
Italiener 471 f.

J

Jahreszeiten 492 – 494
Jesness-Inventory 541
J-Kurve 4, 382
Juden 81, 459, 462, 468 – 470
Jugend
– amt 160, 198, 308, 315 f., 318, 384, 430, (515 f.), 537
– arbeitslosigkeit 482 f.

– arrest, s. Arrest
– delikte, auch -delinquenz, s. -kriminalität
– **gericht** 152, 160 f., 163, 172, 223, 313, 315
– sbewegung 160, 261
– shelfer 166, 173, 223 f., 226
– **shilfe** 120, 152, 164, 223 – 226, 238, 355, 484
  – Arbeitsbelastung 224
  – bericht, s. Ermittlungs-
  – Betreuung 224 f., 238
  – Doppelfunktion 224 f.
  – Ermittlungen, s. dort
  – »Gerichtsgeher« 226
  – »matching« 225
  – Überwachung durch – 224
– **hilferecht** 365, 380, 383
– kriminalität, -delinquenz (s. auch Kriminalität) 51 f., 55, 107, 113, 180, 428 – 432, 472, 482, 496 f., 552
– kriminalpolizei 198
– **liche**
  – Begriff 163
  – Strafmündigkeit (s. auch dort) 161
  – »psychologische Richtlinien« 162
– recht 173, 224
– richter, s. Richter
– schöffen 223
– schutzstellen 198
– staatsanwalt, s. Staatsanwaltschaft
– strafanstalt 164, 261
– **strafe** 161, 167 – 172, 232, 243, 254, 257 – 268, 317 f., 334, 346, 376 – 379, 387 – 390
  – Aussetzung zur Bewährung
    – **des Restes** 242, 266 f., 367
    – Widerruf (s. auch –, Gründe des –) 268, 377 – 379
    – **vor Strafantritt** 167, 241 f., 260, 264 – 266, 367, 390
    – Widerruf (s. auch –, Gründe des –) 268, 381
    – **der Verhängung** 167, 170, 232, 241, 264 f., 346, 381, 390
    – Widerruf 381
  – **bestimmte Dauer** 167 – 169, 172, 243, 265 – 267, 377

– Höchstmaß 167, 172, 252
– Mindestmaß 167, 172, 252, 259
– **unbestimmte Dauer** 167 f., 172, 243, 252, 267, 377
– Höchstmaß 167, 172, 260
– Mindestmaß 167, (252), 259 f., 267
– **Voraussetzungen** 161, 257 f.
– schädliche Neigungen, s. dort
– Schwere der Schuld 258 f., 265, 381
– Zweckdivergenz 258, 263
– **strafrecht** 110, 155, 159 f., 162 – 164, 170, 173, 258, 265, 346, 365, 373, 444 f.
– **strafverfahren** 149, 152, 233 – 235, 241
– vereinfachtes – 152, 165
– **strafvollzug** (s. auch Gefängnisgesellschaft; Entlassung; Strafvollzug) 164, 172, 238, (302 f.), 384
– Alltag 259
– Ausbildung 261 f.
– Ausbildung 261 f.
– Bedienstete 173
– Deliktsstruktur 262
– Erzieher 260
– Erziehungszweck 258 f., 261, 263
– Fluktuation der Jugendstrafgefangenen 259
– Freigang 262, 264
– Geschichte 261
– Häufigkeit 233 – 235
– Intervall der Wiedereinweisung 263
– Jugendlager 261
– Leiter 260
– offener – 379
– reibungsloser – 259
– Scheinanpassung 260
– Struktur der Jugendstrafgefangenen 262 f.
– Stufen- 263 f.
– Unterricht 238
– Wohngruppensystem 261,
– verfehlung 162
Jugoslawen 471 f.
Jungerwachsene, s. Kriminalität
Jungtäterrecht 384
Justizdichte 491
Justizvollzugsanstalt, s. Strafvollzugs

K

Kalfaktor 300
Kammern, berufsständische 191
Kanada 114, 483, 527
Kapitalverbrechen, auch -delikte 98, 377, 514, 525, 544
Karriere, kriminelle 59, 61, 454, 516(f.), 518 – 520, 524
Karrieremodell 38
Katholiken 462
Kaufhausdiebstahl, s. Diebstahl, Warenhaus-
Kausal- (s. auch Ursache)
– beziehung, -erklärung 77, (545)
– hypothese 82
Kind 71, 101, 182, 277, 397, 430, 441, 464 f., 470, 486
– und Gewaltdarstellungen 465
– Heim- 397
– Klein- 429, 473, 538
– **als Opfer** 502, 509 – 511
– Schul- 465
– Strafunmündigkeit 161
– »ungeratenes« – 275
– als Zeuge 502 f.
Kinder-
– delinquenz (s. auch Kriminalität) 427 f., 515 f., 537
– zahl 43, (556)
Kindes-
– mißhandlung 509 f.
– tötung 508, 546
Kirche, Kirchgang, auch -gänger 86, 462
Klassen-
– gesellschaft 30, 47, 214
– justiz 48, 214
– kampf 29 f.
– recht 48, 214
Klassifikation, Klassifizierung, s. Strafgefangenen-
»Klassische Schule« 1, 3, 14
Kleinkind, s. Kind
klimatische Verhältnisse 492 – 494
Klinische Kriminologie, s. Kriminologie
körperliche
– Integrität 182, (186)

- Merkmale 546 f., 550
- Unversehrtheit (Rechtsgut) 49

Körperverletzung(sdelikt[e]) (139), 186, 189, 201, 203, 222, 262, 286, 343, 429, 434, 451, 466, 468, 471, 473, 478, 480 f., 486, 489 – 491, 493, 508
- fahrlässige – 108, 163, 411, 420, 434, 528
- gefährliche – 344, 429, 434, 444, 471, 485
- schwere – 429, 471, 485
- mit Todesfolge 396, 404

kognitive Strukturen 25, 44, 69
Kohäsion von Gruppen 194, 470,
Kokain 545
Kollegialgericht, s. Gericht
Kollektiv (auch kollektiv) 31 f.
- täter 510

kollektives Ich 69
Kommunikation 217, 535
- sbarrieren 329, (331)

Kompensationschancen 516
Kompetenzgrenzen
- zur Feststellung von Straftaten 299
- des Jugendgerichtshelfers 225
- der Kriminologie, des kriminologischen Forschers 16, 88, 111
- des Sachverständigen, s. dort

Komplementärerscheinung 403
Komplexität
- des Einzelfalles 350, 368
- generalpräventiver Zusammenhänge 359
- gesellschaftliche – 4, 174, 461
- strafrechtlicher Sanktionierung 69
- des Verbrechens 8
- der Wirtschaftsstruktur 474

Kompression (strafrechtlicher Sanktionierung) 271, 447
Konflikt (s. auch Wert- und Interessenkonflikt) 13, 42, 48, 57, 66, 74, 139
- austragung 186, 469
- bewältigung 331, 433
  - Kompromiß als – 54
- fähigkeit 48, 177
- innergesellschaftlicher – 138
- macht 23
- modell 177

- situationen 395, 508
- der Strafzwecke (s. auch dort, s. auch Disfunktionalität der –) 156
- Struktur 13
- tat, auch -täter 257, (511)
- Verständnisebene des – 24, 46 – 61, 191
- zustand 46

Konformität (auch -smängel, auch -sdruck) 49 f., 72, 304, 349, 352, 405, 427, 506, 519
Konjunkturschwankungen 480 f.
Konkurrenz (soziale) 46, 177, 411, 547
Konkurrenzen
- kriminologische (Deliktsschwerpunkt) 104 f., (110)
- strafrechtliche – 102, 105, 110, 114, 393
- von Strafrecht
  - und Landesrecht 344
  - und Zivilrecht 327

Konkursdelikte 99, 423
Konsens 216
Konstanz
- von Merkmalen betreffend den Straftäter 82, 555 – 557
- registrierter Kriminalität 185, 394
- zwischen registrierter und vermuteter tatsächlicher Kriminalität 93, 116

Konstellationen, kriminoresistente, – valente 553 f.
Konstitutionsbiologie 550
Konstruktion von Wirklichkeit, s. Strukturierung von –
Konsum
- orientierung, auch -möglichkeiten 213, 475, (554)
- zwang, auch -druck (s. auch zwanghaft) 17

Kontaminationstheorie 30
Kontroll-
- druck, s. -intensität
- gruppe 91
- intensität, auch -intensivierung, auch -druck 4, 109, 310, 382, 395, 403
- macht 422

konviktologisch 291, 442, 500
Konzeptualisierung 23, 83 – 86
Korrelation 77 f., 85 – 87
- Schein- 85

Korrelations-
- hypothese 82
- koeffizient 86

Kosten
- Absehen von Auferlegung im Jugendstrafverfahren 166
- der Gesetzesverwirklichung 138
- -Nutzen-Analyse 194
- des Strafvollzugs, s. dort
- des Verbrechens 62

Kraftfahrer, alternde 392
Kraftfahrzeug 339, 424
- benutzung, unbefugte 187
- bestand 362, 412 – 414, 417, 420
- diebstahl, s. Diebstahl
- entwicklung 407, 474
- produktion 474

krankhaft, Krankhaftigkeit 229, 332 f.
Krankheit, auch Erkrankung
- körperliche 473, 550 f.
- psychische (auch Geistes-; auch
  - Störungen; auch psychopathologische Erscheinungen) 2, 32 – 34, 36, 39 f., 119, 131, 306, 489, 511, 523 f., (542), 548, 551
- psychosomatische – 441
- vegetative – 441

Krankheits-
- begriff, juristischer 229
- wert 33

Krawalle 450

Kredit
- betrug 423
- subventions-Delikte 192

Krieg(e) (s. auch Kriminalität)
- Welt-
  - Erster – 481, 496 f.
  - Zweiter – 99, 403, 407, 430, 444, 446 f., 461, 483, 496 f.

Kriegs-
- beschädigte 437
- gefangenschaft, s. Heimkehrer aus –
- phasen 496
- verbrechen 459
- wirtschaftsordnung 175
- zeit
  - Nach- 430, 496
  - Vor- 430

Kriminal-
- phänomenologie 16, 109, 124
- politik 4, 11 f., 14 – 19, 22, 24 f., 28, 46 f., 80, 89 f., 138, 142, 154, 180, 396
- prognose, s. Prognose
- statistik, s. Statistik
- therapie (s. auch Behandlung, Behandlungs-, Sozialtherapie) 330 f.

kriminalbiologisch (im Jugendstrafverfahren) 228

Kriminalfälle, s. Fallsammlungen
Kriminalistik und Kriminologie 4, 16
Kriminalität (auch Verbrechen; s. auch -sbelastung)
- Ablaufbeschleunigung 430
- Allgemeine, s. dort
- **Altersgruppen** 36, 40, 106 f., 403, 405, 426 – 436, 438 f.
  - alternde Menschen 60, 103, 181, (409), 432 f., 435, 437
  - Heranwachsende und Jugendliche 51 f., 86, 95, 103, 159, 181, 207 f., 398, 405 f., 409 f., 426, 428 – 435, 437, 440, 444, 449 f., 472, 483, 487 f., 495 – 497
  - Jungerwachsene (408), 428, 437, 440, 495,
  - Kinder 95, (400), 409, 427 f., 433, 437, 470, 472 f., 486 f., 496
- Ausländer 404, 470 – 473
- Berufsgruppen (399), 468 f., 481
- Bildungsniveau 460 f.
- DDR (und UdSSR) 31, 485
- Entwicklungstendenzen 393, 460, 465
- ethnische Gruppen 200, 203, 466 – 469
- **Geschlechtsgruppen** 106 f., 436 – 442, 444
  - männliche Personen 51, 103, 400, 406, 409, 436 – 442, 446 f., 449, 468
  - weibliche Personen 51 f., 103, 400, 403, 409, 436 – 442, 444, 447, 449, 468, 482, 487 f., 496 f.
- Immigranten 86, 469 f.
- Krieg 494 – 497
- Minderheiten 467 – 469
- räumliche Kriterien, s. räumliche Verteilung
- Religionszugehörigkeit 86, 462

667

- **sozio-ökonomische Kriterien** (s. auch – Gruppen, auch – Status)   203, 400, 533
  - mittlere und obere Gruppen   52, 92, 410
  - untere Gruppen   57, 71, 181, 343, 400, 405, 533
- **tatsächliche (vermutete)** –   393 – 396, 401 f., 467
  - Tätergruppenstruktur   398 – 400
  - Tatgruppenstruktur   397 f.
  - Überwindung der –, s. Sozialpathologie
  - wirtschaftliche Gegebenheiten   474 – 483
  - zeitliche Einheiten   492 – 497
  - Zivilisation   460 f.
- **Kriminalitäts-** (auch Verbrechens-, auch Delinquenz-)
  - bekämpfung s. Verbrechens-
  - belastung   (188), 426, 466 f., 485, 489, 491 f.
  - sziffer   106 f.
  - geographie (s. auch räumliche Verteilung)   36
  - prognose, s. Prognose
- **»kriminelles Paar«** (s. auch Verhältnis zwischen Täter und Opfer)   509
- **kriminogene Merkmale** (tatbegehungsfördernde, auch – Faktoren, – Variable)   11, 30 f., 56 f., (91 f.), 251,, 465, 475, 480, 488, 519, (536), 542
- **Kriminologie**
  - angewandte –   5, 11 f., 46, 79, 123
  - anthropologische –   1, 546 f.
  - Aufgabe   5, 12 – 20
  - Ausbildung und Lehre   (10), 19 f.
  - Begriffsbestimmung   1 f.
  - Bezugswissenschaften, s. dort
  - Eigenständigkeit   1, 8 – 11, 78, 547
  - Gegenstand   1 – 11
  - Geschichte   1, 21 f., 93, 462
  - Historische –   22, 81
  - integrierende, auch integrierte –   10
  - interdisziplinäre, auch multi-, pluridisziplinäre –   8, 10
  - Internationale –   5, 15
  - Klinische –   13, 28, 119
  - Kritische –   12
- als Legitimationswissenschaft, s. Legitimation
- Lehre, s. Ausbildung
- Marxistische – s. Sozialistische (Offizielle) –
- Politische –   12, 47, (495) –
- Positivistische –   1
- Seinswissenschaftliche –   1, 6
- Sozialistische (Offizielle) –   28 – 32, 47, 56, 554
- Sozialwissenschaftliche –   1
- Vergleichende – (s. auch Internationale –)   5, 15, 423, 482

Krisen, s. auch wirtschaftliche –   395
Kristallisationstheorie   176
Kultur   460 – 473, 495, 556
- Begriff   460
- konflikts-Theorie   50 – 52, 469 f., 534

Kumulation von Rechtsfolgen   172, 340
kurzzeitige Freiheitsstrafe, s. Freiheitsstrafe

L

»Labeling«   24, 57 – 61, 221
Labilität   42
- emotionale –   307, 328

Ladendiebstahl, s. Warenhausdiebstahl
Längsschnittbetrachtung   79, 85
- der Generalprävention   90
- im Einzelbereich   82, 88, 108, 118, 120, 158, 555 – 557
- im Gesamtbereich   116, 394, 446, 478 – 480, 488, 492 f.
- der normativen Definition   33
- des strafrechtlichen Verbrechensbegriffs (auch delinquency)   5, 42, 174
- des Straftäters   82, 108, 306, 530, 536, 555 – 557
- des Verständnisses   80

Laiensprache   95
Landesjustizverwaltung   269, 272, 277, 280, 387
Landfriedensbruch   449
Landstreicher, auch -ei   178, 231, 275
Laufbahn, kriminelle, s. Karriere
Leben (Rechtsgut)   49

Stichwortverzeichnis

Leben, Delikte gegen das –, s. Tötungsdelikte
Lebens-
- alter (s. auch Altersgruppen, auch -status) 273, 306 – 308, 382, 426, 525, 527, 530, 538
- bedingungen 532, 546
- bewährung 369
- entwicklung 426, 520
- führung 222, 267, 298, 311 – 313, 372
- haltungskosten 479, 483, 493
- längsschnitt, s. Längsschnittbetrachtung 158, 171, 181
- lauf 442
- mittelschutzrecht 99 f.
- planung 161, 213, 363, 531, 553
- standard 31, 467, 475
- stil 203
- weg, krimineller 499

Ledige(r) 36, 482
Legal-
- bewährung, auch -verhalten (s. auch Rückfälligkeit) 67, 154, 168, 173, 216, 253, 262, 265, 268 f., 284, 290 f., 296, 310, 328, 333, 364 – 366, 377, 386, 388, 448, 505, 515, 535
  - nach Entlassung aus
    - Freiheitsstrafe 311
    - lebenslanger 274
    - Jugendstrafe 274, 311
    - im Vergleich zur Haftdauer 275
- itätsprinzip 150 f., 200
- kriterium 92, 368 f.
- medizin, s. Gerichtsmedizin

Legasthenie (532), 539
Legitimation, Legitimierung
- behördlicher (auch strafrechtlicher) Tätigkeit 13 f., 126, 146, 154, 351
- der Einbuße an Normanerkennung 181 f.
- des Begriffs Generalprävention 360
- der Kriminologie, des Kriminologen 13 f., 80
- politische – 80
- der Selektion 47
- strafgerichtlicher Tätigkeit 154, 212 f., 216, 230

- strafrechtlicher Sanktionierung (auch – des Eingriffs) 71 f., 146, 168, 291, 358
- von Strafrechtsnormen 74
- sozialer Ungleichheit 71 f., 191, 214, 216, 385, (459)
- des Verbrechens 71 f.
- durch Verfahren 212

Legitimationswissenschaft 13
Lehrer 164, 182, 315, 539, 556
- prognose (auch -beurteilung) von Delinquenz (s. auch Schule) 131 f., 506, 539

Lehreschwänzen 41
Lehrherr 152, 164, 224 f., 315
Lehrstelle 312
Leibeigenschaft 178
Leichtsinn 546
Leistungs-
- bereich (s. auch Arbeitsbereich) 16 f., 82, 290, 310 f., 369, 371, 449, 502, 523, 540, 553
- erwartung 473, (539 f.)
- gesellschaft 3

leitende Vorstellung 20, 23 – 26, 227
Lernprozesse, lerntheoretisch 464, 533 f.
Liberalisierung des Sanktionensystems 70
Limitierungsfunktion der Schuld 145, 147, 156 f., 169
linearer Zusammenhang (gedachter –) 89, (180), 368, 370, 479, 545, 548
Lohnzahlung 494
Lügen 41
- skalen 97

Lynchjustiz (auch -akte) 450, 467
Lyoner Schule 119, 476, 532, 551

M

Macht
- ausstattung (auch -mittel) 75, 181 f., 220 f., (261), 506
- ausübung 291
- behördliche 355
- Beschwerde-, s. dort
- kämpfe 176
- politische – 12

669

- position - 369
- rausch 451
- träger 71, 351
- unterwerfung 423
- **verhältnisse** 48, 50, 332
  - innerhalb einer Forschergruppe 22, 85
  - innerhalb der Strafgefangenengruppen (299 f.), 389

Mädchenkriminalität, s. weibliche Personen

Mafia (s. auch Cosa Nostra) 457 f.

Majorität(sgruppen) 26, 28, 44, 69 f., 139, 173, 178, 181 f., 192, 406, 426, 428, 431

Makrobereich (auch makrostrukturell), s. Gesamtbereich

Marburger Programm 159, 276

marginale
- Persönlichkeit 74
- Gruppen 534

Marihuana, s. auch Haschisch 38, 178

Marxismus-Leninismus, auch marxistisch 29 - 31, 47 f., 51, 214, 488

Masse 448, 450
- nerscheinung, Kriminalität als - 174
- **nmedien** 178, 217, 362, 395, 454, 463 - 466, 535
  - Dauer-, Sofortbeeinflussung 463 f.
  - Gewaltdarstellung 464 f.
  - Katalysator-Funktion 463
- npsychologisch (450), 451
- nuntersuchung, -nphänomen 86 f.

Maßregeln der Besserung und Sicherung 99, 104, 146 - 148

»**matching**« 92, 329, 371 f.

materialistisches Verständnis 47, 76 f., 533, 546

mechanische Notwendigkeit, auch Regelmäßigkeit 76, 394

Medien, s. Massen-

medizinische Entwicklung (404), 433
- Methoden 117, (545 f.), 548), 549, (551 f.)

Mehrebenenanalyse, -konzept, -system 72, 86, 351

Mehrfachtäter, s. Vorbelastete

Mehrfachzählung 103 - 105, 107, 110, 427 f.

Mehrfaktorenansatz, s. multifaktorieller -

Meineid 508

Merkmale
- Aggregat-, Global- 87 f.
- Individual- 87 f.

Messung
- der Schwere, s. Schwere-Index
- eingetretener Wirkungen 89

metadisziplinär 9

metaempirisch 17

Methoden
- der Bezugswissenschaften 9
- der Kriminologie (s. näher Erhebungsinstrumente, -verfahren; auch Behandlungsmethoden) 5, 9

Mikrobereich (auch mikrostrukturell), s. Einzelbereich

Milderungsvorschriften 153
- bei Heranwachsenden 62

Minderbegabung, intellektuelle, s. dort

Minderheiten (auch Minoritäten) 25 f., 44, 51, 55, 69, 72, 139, 173, 178, 181, 202 f., 231, 291, 350, 391, 458, 461, 467

»**Minderwertiger**« 28, (531)

Mißbrauch öffentlicher Position 513

Mißtrauen 328

»**Mittelfeld**« 127, 328, 358, 365

MMPI 131 f.

Mobilität (s. auch Soziale -)
- Bevölkerung 56
- räumliche - 488, 549, 554
- Tatverläufe (s. auch dort) 530

»**mobilization for youth**«-Projekt 386

»**moderne Schule**« 160

Mörder 522 - 527

Monat (s. auch Jahreszeiten) 101, 109

monofaktoriell 77, 462

Monopolisierung von Strafrechtsnormen, s. strafrechtliche Normen

monotrop 499

Moralstatistik 98

Mord 97, 149, 201, 222, 236, 272, 274, 308, 396 f., 403 - 405, 440, 451, 471, 485, 497, 511 f., 522 - 527

Motivation, auch Motiv
- des Forschers (s. auch Forscherpsycholo-

gie) 85
- der Tatbegehung 70, 76, 118 f., 126, 146, 155, 162, 258, 351, 455, 512, (518), 524
motivlose Taten 126, 524
multidisziplinär 330
multifaktorieller Ansatz, Mehrfaktoren – 78, 500, 551 – 557
- »Anti-Theorie« 78
multivariate Verfahren 85
Müßiggang 531

N

Nachahmung, s. Imitation
Nachbarn, nachbarschaftlicher Bereich 186, 225, 465, 490
Nachbarschaftszentren 386
Nachbetreuung, s. Betreuung
Nachermittlungen, s. Ermittlungen
Nachkriegszeit, s. Krieg
Nachtatverhalten 156 – 158
Nachuntersuchung 121, 552, 554 f.
Nahrung, reichhaltige 480, (493)
- -smittel 424, 476
naiver Empirismus, s. Empirismus
natürliches Recht 148
narzistisch 69, 523
naturwissenschaftliches Vorgehen 1, 6, 76 f., 158, (350, 546)
Neben-
- folgen 326 f., 346
- strafe 339, 346
- strafrecht 148, 152, 190, 205, 327, 337
- wirkung (von Straftatbeständen) 144
Neigungen, schädliche, s. schädliche –
neonazistisch (s. auch Ideologie) 456
Nervosität 328
Neurose, auch Neurotiker 40, 542
neurotische Deformierung 332
Neurotizismus 504
neutrale
- Betrachtungsweise in der Gesetzgebung 137, 139
- Einheit (Gruppe) 139
- Sanktion, s. Sanktion

Neutralisierung
- Forschungsablauf 84
- von Verbrechen (auch – von Straftaten) 59, 145, 402, 530
Nicht-
- anzeige, s. Strafanzeige
- geltung (von Strafrechtsnormen) 25
- kriminalisierung 176
- seßhafte (Asoziale) 42
- -Weiße 203
Niederlande 193, 271, 330, 379, 390, 462, 488
Niedersachsen 207, 261, 272 f., 321, 485 f.
Nikotin, auch Nikotinismus 38
Nötigung 478, 481
Nordrhein-Westfalen, s. auch Westfalen 103, 207 f., 236, 249, 261, 315, 318, 485 f., 491 f.
Nord-Süd-Gefälle, s. räumliche Verteilung
Normadressat 360, 363, 508
Normalität des Verbrechens 66 f., 88, 96, 398 f.
Normalverteilung, glockenförmige 4
Norm, auch -ensysteme
- druck 143
- einhaltung 382, 422
- flexibilität 145
- geltung 66, 150, 212, 495
- konformes Verhalten, auch Normkonformität 49, 56, 73, 483
- losigkeit (auch Mangel an Normorientiertheit) 35, 50
- ökonomische – 135
- opathie 49
- relevante Situation, auch -r Bereich 181, 352, 433, 436, 440, 508, 519
- soziale – 135 f., 177, 179, (213 f.), 351, (359), 360, 448, 465, 480
- verbindlichkeit 135 f.
- verunsicherung 473
Norwegen 494
Not-
- kriminalität 475
- materielle, – auch physische – 34, 475 – 477, 480, 482,
- unmittelbare, auch absolute – 441, 478
- wendiges Verhalten 76

671

- zucht 186, 362, 398, 404 f., 444, 465, 471, 473, 483, 486, 497, 510, 513
  - Gruppen- 110, 431, 450, (451)
  - Versuch 404
NS-Herrschaft (s. auch Ideologie) 456, (459), 468
Nutzen
- sozialer – 62 f.
- wirtschaftlicher – 62 f.

O

Obdachlose, auch Obdachlosigkeit 42 f.
Objektivität, objektiv 30, 80, 84, 143, 146
öffentliche Meinung 17, 137 f., 177, 202, 209, 217, 295
Öffentlichkeit der Hauptverhandlung
- Ausschluß bei
  - Heranwachsenden 163
  - Jugendlichen 165
- Reformerwägungen 217
ökologisch, Ökologie 111, 489, 552
Ökonomie, ökonomisch, s. Wirtschaft, wirtschaftlich
Österreich 98, 109, 179, 193, 330, 467
offene (auch halboffene) Anstalten, s. Strafvollzugs-
Offizialdelikt 109
Oligophrenie 524
Operationalisierung (auch operationelle Definition) 23, 83, 553
Opfer (s. auch Viktimologie) 2 f., 46, 56, 62, 97, 102, 114, 174, 177, 187, 190, 199, 391, 400, 404, 422, 453, 458, 500, 557
- anfälligkeit 3
- anonymes – (402), 421, 449
- befragung, s. Dunkelfeld
- eigenschaft, primäre, sekundäre 54, 115
- merkmale 453, 458
- als juristische Person (auch Verband, Betrieb) 174, (398), 402, 421
- als natürliche Person 174
- Registrierung 102
- Rückfall- 500
- Signalreiz 510
- situation 188, 190
- Spätschäden, s. dort

- in der Strafverfolgung 2, 150, 184, 187, 189, 192, 220, 350, 391 f., 400, 406 f., 502
- Tatbeitrag, auch -beteiligung 509 f.
- Verhältnis zwischen Täter und – 2, 95, 110, 125, 128, 174, 185, 189, 391 f., 406, 421, 450, 453, 465, 468, 470, 495, 500, 509 – 514, 520, 522
  - Affinität, s. dort
  - Alkohol, s. dort
  - Identität, s. dort
  - deliktisches Kontaktverhältnis 511
  - Provokation 513
  - soziale Tangierung 509
  - soziale Verbindung 510 – 513, 524
  - symbiotische Verhältnisse 513
Opportunitätsprinzip
- »betriebliches« – 194
- formelles – 150
Ordnungs-
- behörden 192
- geld 149
- widrigkeiten 141, 149, 190, 192, 239 – 241, 411, 420, 423, 433, 486
- recht 148 – 150, 155, 250, 325
- Jugendliche 149
Organisations-
- delikte, auch -kriminalität 190 f., 210, (421), 456 – 458
- fähigkeit 48, 177
- wert (auch -sicherheit) 49
Organisiertes Verbrechen 290, 443, 453, 456 – 458, 513, 520 f.
Orientierungslosigkeit 35, 181
Originalität (individuelle) 74
Ostpreußen 484

P

»Paar, kriminelles«, s. dort
»Paaren«, s. »matching«
Paradigmawechsel 21, 80
Parlament, auch Parlamentarier 139, 141 f., 455
Paßdelikte 473
Passivität, auch passiv 43, 334
Pauperismus, s. Armut
peer-group (auch -Gruppe) 385, 505

Pennsylvanisches System, s. Strafvollzug
Persönlichkeit
– des Heranwachsenden (Gesamtwürdigung) 162, 164
– im Jugendstrafverfahren 164 f., 264
– des Straftäters 118 f., 156, 229, 347, 365, 369, 372, 551 f.
Persönlichkeits-
– entwicklung (s. auch dort) 518, (542)
– störung 332 f.
– untersuchung (14), 229, 269, 284 f., 368, 391, 545, 551
  – Untersuchungszeit- 527
Personendelikte, Delikte gegen die – 187, 200, 468 – 470, 478, 480 f., 484, 494
Pfalz 466
Pflichten, Verpflichtungen 553 f.
Phobien 523
physiologisch 76, 82
Planung, auch planerisch, planmäßig, s. Lebens-, s. Tatbegehung
Plastizität 160, 331, (533)
plea bargaining 151
Pluralismus 54
Polarisierung(stechnik) 28, (553)
Polen 467
politische Delikte 109, 453, 521
Polizei 65, 100 – 104, 114 – 116, 150, 187 – 190, 198 – 203, 394, 411, 441
– behörden, besonders 192
– belastung 492
– dichte 488, 491 f.
– betreffend Jugendliche (und Kinder) 173, 198
– »Kontakte« 203
– Schutz- (auch Streife) 63, 65, 202
– weibliche – 198
polizeiliche Kriminalstatistik, s. Statistik
– Sonderkontrollen 411
– r Schlußbericht 199, 204
polytrop 515, 517 f.
positive
– Funktionen strafrechtlicher Sanktionierung des Verbrechens, s. Funktionen
– Sanktion, s. dort
positivistische Schule (auch -s Verständnis) 1, 77, 121, 124, 506, 547, 551
Prädelinquenz 6, 95

Prädilektionsdelikte 426
Prävalenz 33, 39, 523
Prävention (auch präventiv) 4, 11, 29, 62, 146, 180, 270
– General- 17, 71, 89, 90, 138, 141, 155 – 157, 169, 326, 359 – 364, 380, 387
– Spezial-, Individual- 17, 71, 89, 138, 155 – 157, 268, 271 f., 292, 326, 376 f., 380, 383, 387
Präventions-
– bedürftigkeit 147, 157
– zugänglichkeit 147
Prangerjustiz 4
praxisbegleitende Forschung, auch
– Untersuchung, s. Forschung
»Preston typology study« 386
Preußen 98 f., 159
Prioritätenfolge
– außerjustieller sozialer Regelungssysteme 194
– in der Forschung 15 f.
– in der Gesetzgebung 137 f.
– des Individuums gegenüber der Gruppe 175
– der Strafzumessungskriterien 157
Prisonisierung, Prisonisation, s. Strafvollzug
Privatklagedelikte 109, 152
Probehandeln 518 f.
Problembewältigung (s. auch Konflikt-) 518
problemlösende Gemeinschaft, s. Sozialtherapie
problemlösendes Verhalten 40, (516)
Professionelles Verbrechen, s. berufsmäßiges –
Profit-
– kriminalität 191, 422, 513 f.
– streben 29
Prognose, prognostisch 4, 77, 79, 147, 338, 343, 345, 356 – 358, 364, 369, 448, 515 – 517, 556
– Anwendungsbereich 127
– Behandlungs- 127
– Einzelbereich 126 – 134, 365
– Erwachsenenstrafrecht 147, 156, 269, 274 f., 296 f., 325 – 327
– Entlassungs- 127, 297, 327, 336

673

- Früh- 127, 129, (130), 357 f., (515)
- Gefährlichkeits-, s. dort
- Gesamtbereich 111 f., 394 – 396
- im Jugendstrafrecht 166, 168, 265 – 267
- Klassifikations- 127
- methoden
  - intuitive – 127, 133
  - klinische – 127 f., 133, 357
  - kombinierte – 133
  - statistische – 123, 127 – 133
  - Struktur– 132, 557
- negative – 357 f.
- Rückfall- 129, 257
- »Soziale -tafel« 130
- tabellen, -tafeln 128 f., 356
- Treffsicherheit, auch -sprüfung 112, 127, 133 f., 356 – 358
- Urteils- 127
- bei Verkehrsstraftaten 339, 341

Progression, s. Soziale –
Prohibition 175, 457
Projektion auf den Straftäter 68 – 70, 454
Promiskuität 451
Prophylaxe (auch Verhütung) 4, 29, 62
prospektive Untersuchung 129, 555
Prostitution, auch Prostituierte 34, 36 – 38, 44 f., 441, 457
Protest (sozialer) 12
Protestanten 462
provokatives Verhalten 90
»Provo«–Projekt 384
Prügelei 181, 186
pseudologische Persönlichkeit 60
Psychiatrische Anstalt, auch –s Krankenhaus 39, 45, 161, 344 – 346, 348
- Unterbringung in – 344 f.
psychische Krankheit, s. Krankheit
Psychoanalyse (auch Tiefenpsychologie) 9, 13, 68, 131, 263, (529), 541
Psychologie der strafenden Gesellschaft (s. auch Aggressionsableitung) 68, 70, (82)
psychologische Testverfahren 117, 122, 127, 161, 333, 357, 368, 386, 541, 543, 552
Psychopath, auch Psychopathie 229, (520), 542), 544, (548)
psychopathologische Erscheinungen, auch – Auffälligkeiten, s. Krankheit

Psychosen (s. auch Krankheit, psychische) 40, 469
Psychotherapie (s. auch Behandlung, Behandlungs-, Sozialtherapie) 328, 331, 344
Publizität 75, 363, 454
Punktstrafe 156
Punktwertverfahren 115

Q

Quälen 452
Quellen-Variabilität 84
Querschnittsbetrachtung 79
- im Einzelbereich 88, 553, 556
- der Generalprävention 90
- im Gesamtbereich 116, 477 f., 488, 492, 494
- der normativen Definiton 33
- des strafrechtlichen Verbrechensbegriffs (auch delinquency) 5, 42, 174
- des einzelnen Straftäters 82, 553, 556
- des Verständisses 80

R

»racketeering« 457
Radikalismus 454, (456)
räuberische Erpressung 405, 428 f., 485
räuberischer Angriff auf Kraftfahrer 405 f., 428 f., 485
räumliche Mobilität 45, 453, 488
räumliche Verteilung (unterschiedliche) 40, 45, 51
- Aufklärungsquote 201
- Bewährungshilfe-Praxis 367
- Fürsorgeerziehung, auch -sheime 320 – 324
- Gnadenpraxis 273 f.
- in der Beurteilung Heranwachsender (§ 105 JGG) 163
- innerstädtische – 489 – 491
- der Kontrollstrategie und -intensität 369
- der Kriminalitätsbelastung (auch -sziffer) 51, 428

Stichwortverzeichnis

- Nord-Süd-Gefälle 207, 468, 476, 484 – 486
- der staatsanwaltschaftlichen Erledigungsstrategie 207 f., 432
- Stadt-Land-Gefälle 207, 487 – 489
- Anordnung von Zuchtmitteln 314 f.

Randgruppe 28, 43, 45, 50, 310, 433, 467, 490, 516, 518, 530, 534

Rassendiskriminierung 361

Raub 116, 124, 163, 198, 205, 222, 398, 403, 405 f., 428 f., 444, 446, 451, 460, 483, 486, 491, 497, 514, 518
- Bank- 406
- Handtaschen- 405
- mord (s. auch dort) 522, 526
- Schadenshöhe 405
- überfall 394
- Zechanschluß- 406

Rausch
- giftdelikte, auch -kriminalität (s. auch Drogen-, Beschaffungskriminalität) 343, 410, 429, (457), 472, 483, 520
- mittelkonsum, s. Drogen-, Suchtmittel-

Reaktionsbereitschaft, s. Strafverfolgungs-

Realeinkommen 490

Realität, s. Strukturierung von
- subjektive – 454

Realitäts-
- ferne 83
- verfälschung, -verlust 69
- verzicht 146

Realkonkurrenz, s. Tatmehrheit

Reallohn 479

Rebellion 50

rechtliches Gehör 226

»rechtschaffener« Lebenswandel 173
- Mensch 173, 346, 377

Rechts-
- beugung 355
- bewußtsein 359
- folgen (strafrechtliche) 135, 149, 217, 359, 365
  - Bemessung 217 – 220, 337, 364 f.
    - Bußgeldsachen 353 f.
    - Ausländer (Gewerbeangelegenheiten) 353
  - Opfermerkmale 220
  - Richtermerkmale 220 f.

- Schwarze 222
- Tätermerkmale 220 f., (331), 442, 520
- Vorstrafen (Art, Zahl) 525 f.
- im **Erwachsenenstrafrecht** 152 f., 155 f., 171
- freiheitsentziehende 268 – 299, 327, 336
- betreffend das Vermögen 242 – 251
- 242 – 251
- nichtfreiheitsentziehende – 325 – 327, 337 – 342
- freiheitsentziehende – 170, 172 f., 179, 252 – 299, 316 – 324, 327 – 336, 342 – 346, 525
- im **Jugendstrafrecht** 159, 163, 167 f., 170 – 172, 222, 226, 241 – 243, 312 – 324
  - Bemessung 168 – 172
  - freiheitsentziehende – 170, 172 f., 243, 252 – 268, 316 – 324, 386
  - nichtfreiheitsentziehende 243, 312 – 316, 337 – 342
  - betreffend das Vermögen 241 – 243
  - betreffend Teilnahme am Straßenverkehr 339 – 342
  - betreffend das Vermögen 65, 239 – 251
- gut 6, 177
- mittel im Jugendstrafrecht 166 – 168
- sicherheit 179, 260, 313, 350
- staatliche Grundsätze 165, 319
- treue 363

Rechtsprechungsmonopol 194

Reduktion
- von Aussagen 83
- zwischen Gesamt- und Einzelbereich 86
- komplexer Verhältnisse 48, 350
- sprinzip 145 f., 154

reformatio in peius im Jugendstrafrecht 167 f.

Regelungs-
- bedürftigkeit 137 f.
- problem, auch -bereich 137 – 139, 142, 360

675

- strategie 136
- systeme, außerjustizielle, s. Soziale –
regionale Verteilung, auch – Unterschiede, s. räumliche
Reglementierung (s. auch Strafvollzug) 35, 42
Reife (auch Reifung)
- alter 426
- entwicklung (auch -grad) 162, 225, 426
- Erwachsenen- 162
- geistige – 159 f., 258
- niveau, Interpersonales 307
- sittliche – 160 f., 258
- stufen 121
- Un- 555
- Verantwortungs- 161
- zustand 163, (542)
Reihenuntersuchung 83, 87, 547
reisende Täter 443
Reizbarkeit, kriminelle 394
Rekonstruktion 35, 501
Relativität
- sozialer Normen 177
- von Strafrechtsnormen 6, 124
- von Verbrechen 57
Religion (-szugehörigkeit; s. auch Kriminalität) 35 f., 462
Repräsentativität. 87, 89, 93, 119 f., 500, 554, 557
Repression, auch repressiv 32, 67, 70 f., 173, 188, 190, 239, 326, 383
Resignation 43, 305
Resistenz (s. auch Entdeckungs-, Verfolgungs-) 36, 386, 529, 533, (553 f.)
»Re-Sozialisierung«, auch »re-sozialisierend« 24, 43, 154, 221, 237, 268, 271, 290 – 292, 298, 301 f., 305, 336, 344, 365, 368, 377, 379 – 381, 388 f.
Ressourcen
- gesellschaftlicher Gruppen 177
- des Straftäters 184, 431
retrospektiv 25, 90, 92, 112, 121, 129 f., 536
Revisionsverfahren im Jugendstrafrecht 165
Revolution 450, 459, 478
Rezidivist (s. auch Rückfalltäter) 125, 131, 442, 496

Rheinland-Pfalz 207, 321, 484 – 486
Richter
- einstellung 220
- Einzel- 204
- gesetzlicher – 199
- Handlungskriterien 213
- herkunft 213
- homogenität 213
- ideologien 213
- **Jugend-** 173, 216, 220, 223, 259, 266, 315
- Vollstreckungsleiter 224, 260, 267
- Vollzugsleiter 224, 256
- Persönlichkeit des – 212 f., 216, 220 f.
- Rollenidentität 230
- schaft 213 f.
Risikofaktoren, -situationen 291, (519)
Ritualismus, rituell, Riten 50, 212, 349, 451, 542
Rocker (-delinquenz) 44, 343, 431, 449 f., 452, 513
Rolle
- delinquente –, auch kriminelle – 238, 516, 518, 520
- innerhalb der Gefängnisgesellschaft, s. dort
- des Kriminologen (auch des Forschers) 9, 26, 92
Rollen-
- anpassung 71
- erfüllung, auch -bewältigung 71, 349
- erwartungen 32, 39, 52, 238, 490
- konflikt 433
- theorie 350, 518
- übernahme 497
- verhalten 82, 186, (431)
- vernichtung 71, 216
- zuweisung 505, 539
Rote Armee Fraktion 455
Rückfälligkeit, Rückfälliger 55, 71, 116, 303, 311, 357, 364 f., 365 f., 370 f., 376, 378, 443, 472, 526, 544, 547 f.
- Jugendliche 160, 253, 376
Rückfall 291, 382
- berechnung 205
- diebstahl 481
- einschlägiger – 274 f., 518, (524)
- nach Freiheitsstrafe 379 f.

- gefährdung, -gefahr 311, 364
- häufigkeit 203, 366, 549
- Heranwachsende 376, (379)
- intervalle 120, 203, 311, 357, 366, 427, 442 f., (515), 517, 549
- nach Jugendarrest 375 f.
- nach Jugendstrafe 377 – 379
- opfer 500
- prognose 257
- quote (357), 376 – 379
- risiko 365
- schwere 366, 376
- täter 125, 154, 442
- vorschrift, allgemeine 154
- wahrscheinlichkeit 222, 370 f., 392

Rückzug (retreatism) 50, 54, 427
Rudimenttheorie 30

S

Saarland 103, 201, 316, 318, 321, 485 f.
Sachbeschädigung 95, 187, 189, 205, 398, 408, 427 – 429, 466, 483
Sachsen 98, 361, 466
Sachversicherung, s. Versicherungswesen
Sachverständiger 204, 227 – 230, 297, 327, 545 f.
- Befundtatsachen 227, 229
- Erfahrungssätze 227, 229
- Funktionsverständnis 229
- im Jugendstrafverfahren 228
- Kompetenzgrenzen 229
- Schlußfolgerungen 227, 229
- Zusatztatsachen 227

Sachverständigenkommission 143
Sättigung (-sprozeß), kriminelle(r) 144, 395
Sanktion
- neutrale – 39, 152, 365 f.
- positive – 67, 73, 391, 495, 529

Sanktions-
- androhung 423
- art 67, 360, 364
- bemessung 483
- durchführung 359
- forschung 14, 91
- geltung 495

- häufigkeit 361
- index 417, 420
- schwere 67, 195, 360 f., 365
- sensibilität 67
- verhängung 423
- verteilung 4
- verzicht 4, 25, 150, 195, 291, 366, 423
- vollstreckung 423
- wahrscheinlichkeit 361, 363

Sanktionierungs-
- rate 150, 212
- schwere 203, 375, 470
- strategie 17, 369 f.
- wahrscheinlichkeit 62, 360

Schaden (auch Schädigung)
- immaterieller 62
- durch Kriminalität 114, 138 f., 176
- materieller – 62
- Personen- 114, 138 f.
- Vermögens- 114, 138, 203

Schadens-
- begriff, relativer 150, 204, 209
- höhe 205, 210 f., 405, 407 f., 540

schädliche Neigungen 169 f., 256, 258, 262, 264 f., 381, 390
Schädlichkeit von Verhalten (s. auch Sozial-) 176
Scheidung, s. Ehe-
Schicht, auch -zugehörigkeit, s. sozio-ökonomische Gruppen, auch -r Status
Schizophrenie 524, 544
Schleswig-Holstein 103, 110, 207, 321, 475, 486, 492
Schlüsselzahl (Registrierung) 103 f.
Schuld 146, 152 f., 156
- ausgleich 71, 156, 258
- ausschließungsgrund 161
- fähigkeit (s. auch Zurechnungsfähigkeit) 2, 145, 229 f.
  - Grad der – im Jugendstrafrecht 258
  - verminderte – 153, 161, 229 f., 258, 272, 344, 525
- gefühl 69 – 71
  - Straftaten aus – 69, 453, 541
- geringe – 150 f., 212
- prinzip 140, 145 – 147, 154, 180, 326

- unfähig 145 f., 344 f.
- vorwurf 154

Schulden (s. auch Entlassung) 522
- tilgung 373

Schule 152, 161, 224 f., 491, 505, 539, 551
- Sonder-, s. dort

Schul-
- abbruch 522, (538)
- abschluß (538) f.
- ausbildung 16, (110), 330, 365, 372, 431, 482
- bereich (auch schulischer –) 32, 45, 373, 518, (539)
- bericht 355
- bildung 461, 522, 547
- defizite 505
- mißerfolg, auch Zurückbleiben 499, 505, 538
- niveau 95
- pflichtverletzung (auch -schwänzen) 33, 41, 71, 505
- störungen 539, (556)

Schutz-
- aufsicht 160
- bedürfnis der Allgemeinheit 140, 292, 336 f.
- maßnahmen, auch -vorrichtungen 62 f., 140
- polizei, s. Polizei

Schwachsinn 544, 523, 544, 547
Schwangerschaftsabbruch 73
Schwarze
- arrests 231
- Kriminalitätsbelastung 200, (385), 400, 467 f.
- als Opfer 400, 467
- Rechtsfolgen, Bemessung, s. dort

Schwarzer-Markt-Täter 530
Schweden 330, 378
Schweiz 146 f., 237, 335
Schwere
- -index 113 – 116
- der Kriminalität 113 – 116, 476
- der Schuld (s. auch Jugendstrafe, Voraussetzungen) 169
- der Tat, auch des Delikts 70, 163, 168 f., 184, 203, 208, 222, 236, 257, 350, 366,

378, 397 f., 400, 404, 442, 504, (515), 517, 525
- der Vorstrafen 203, 205, 446

Schwergewicht bei mehreren Straftaten 170 f.

Schwerpunktstaatsanwaltschaft, s. Staatsanwaltschaft

»Sechser-Gesetz« 478
Segmentierung (der Gesellschaft) 186
Sekundäre Abweichung, s. Abweichung
Selbständige (s. auch freiberufliche Tätigkeit) 481

Selbst-
- anzeige 151
- bedienungsladen, Diebstahl aus –, s. Warenhaus-
- beschädigung 396
- bestätigung 69
- bestrafung 69
- bewußtsein 543
- bild 59, 303, 385, 539
- einschätzung 26, 80 f., 97
- hilfe 37, 373
- justiz 4
- konzept 520, 536, 543
- mord 2, 34 – 36, 40, 44 f., 200, 238, 307, 396, 404
- »-reinigung« der Wirtschaft 193
- sucht 63, 65, (523)
- verwirklichung 44
- wertgefühl 262, 304 f., (543)

Selektion
- im Forschungsablauf 84
- Funktion der – 150
- der Informationsauswahl 221, 225 f., (463)
- der Interpretation 463, (539)
- in der (strafrechtlichen) Erfassung von Verhalten 24, 47, 57, 60, 108, 111, 150, 152, 202, 209, 211 – 213, 221, 231, 280, 350, (365), 369, 386, 450, 468, 500, 527, 529 f.
- Kriterien (s. näher Handlungsnormen, behördeninterne; Institutionalisierungen; Rechtfolgen, Bemessung; Staatsanwaltschaft, Erledigungsstrategie; Strafzumessungskriterien, Strafanzeige)

196, 202, (518), 540
– in der Wahrnehmung 539, 549
self-corrector 365
self-fulfilling prophecy 59, 166, 265, 357, 380, 454
Sensibilität (auch Sensibilisierung), gesellschaftliche 155, 182, 394, 403, 431, 483, 491
Serientäter 334
Seßhafte (Asoziale) 42
Sexual-
– **delikte, -kriminalität,** auch Sittlichkeitsdelikte 69, 125, 182, 186, 190, 195, 222, 228, 343, 398, 404, 430, 437, 449, 451, 473, 478, 481, 489, 493, 497, 502, 509 f., 513 f., 517 f., 545
  – aggressive – 190, 194, 205, 449, 520
  – Psychopathengesetze 1/8
– straftäter, auch Sittlichkeits- 382, 520
– verhalten, auch -betätigung 41, 52, (541)
Sicherheit und Ordnung, s. Strafvollzug
Sicherungs-
– bedürfnis, auch -interessen (der Allgemeinheit) 260, 267, 276, 295, 333 f., 336 f., 342, 345
– **verwahrung, -verwahrte** 71, 147, 328, 333 – 336, 348
  – Aussetzung der Vollstreckung zur Bewährung 336
  – Erheblichkeit der Taten 334 f.
  – Prognose 334
– vorkehrungen am Arbeitsplatz, mangelnde 49
Sichtbarkeit, s. Soziale –
Siedlungsweise, -struktur 466, 484
Signifikanz, signifikant 85 f.
»**Silverlake**«**-Projekt** 384
Sitte 73, 136, 176 f., 364, 394
sittliche Reife, s. Reife
Sittlichkeit (auch sittliche Normen) 135, 148, (544)
Sittlichkeitsdelikte, s. Sexualdelikte
Situation
– der Tat, s. Tatsituation
– des Verdachts, s. dort
Situationsverhalten (s. auch Tatsituation) 180 f., 214, (452)

Skalen (auch Skalierung) 83, 113, 157, 366
– Delinquenz- 132
– Intervall- 113 f.
– Verhältnis- 113 f.
Skandinavien 398
Slaven, slavisch 462, 467
Sog- und/oder Spiralwirkung 191, 424, 514
Soldaten 109, 256 f.
Solidarität
– von Banden Jugendlicher 451
– gesellschaftlicher Majorität 26, 66 f., 69
– von Strafgefangenen 299
– mit dem Straftäter 194
Sonderkontrollen, s. Polizeiliche –
Sonderschule, -besuch, -schüler 43, 397
Sozial-
– arbeit, auch -arbeiter 13 f., 55
– bereich 290, 310, 369, 371, 431, 449, 502, 540, 553, 556
– bewährung (s. auch Bewährung) 262, 265, 310, 323, 376
– darwinismus 531 f.
Soziale
– Anerkennung 238, 310, 441, 519
– Auslese 532, 547 f.
– Desintegration 34, 58, 556
– Desorganisation 24, 51, 55 – 57, 424, 431, (452), 457, 492
– Diskriminierung 34, 365
– Distanz, s. dort
– Erwünschtheit 96
– Immanenz 442
– Instabilität (s. auch Stabilität) 488
– Integration, auch Integrierung (31), 35, 181, 386, 456, 473
– Kontrolle, s. Sozialkontrolle
– Mißachtung 67, 310
– Mobilität 52, 530
– Motivation 363
– »Prognose - Tafel«, s. dort
– Progression (negative) 45, 58, 357
– Realität 392, 503
– Regelungssysteme 194 – 197, 212
– Resonanz 212
– Sichtbarkeit (auch sichtbar) 37, 45 f., 109, 159, 168, 186, 190 f., 352, 394, 432, 457, 521

679

- **Stabilität**
  - im Einzelbereich 213, 369
  - im Gesamtbereich, auch Stabilität der Gesellschaft, – des Sozialsystems 56, 66, 82, 112, 395, 402, 457, 469, 475(f.), 494 f.
- Tangierung (zwischen Täter und Opfer) 185, 190
- Verachtung (s. auch Verachtete) 189, 202, 210
- Wahrnehmung 17, 84, 89, 128, 211, 225, 355, 454, 463, 539
  - behördliche 355 – 358
- Wertschätzung, auch -s Ansehen 44, 52, 71 f., 191, 352, 431, 450, 467, (530), 535

Sozialer
- Fernraum 449, 465, 509
- Fortschritt 461
- Herkunftsbereich (s. auch -familie) 28
- Nahraum, auch -bereich 185, 189, 350, 440, 509
- Reaktionsprozeß, s. Strafanzeige, Strafverfolgung
- Status (s. auch sozio-ökonomischer –) 26, 58, 72, 185, 188 f., 200, 203, 216, 352, 463, 529 f., 535
- Wandel 13, 32, 46 f., 51, 55 f., 73 – 75, 82, (106), 116, 121, 129, 136 f., 143, 181, 185, 290, 395, 402, 407, 411, 466, 475, 477, 531

Soziales
- Ansehen, s. Wertschätzung
- Erbe 532, (524)
- Gleichgewicht 403

Sozial-
- gefährlichkeit, s. Gefährlichkeit
- hilfe 33

Sozialisation 4, 45, 48, 50, 55, 272, 301, 333, 365, 385, 518
- differentielle – auch unterschiedliche – 533 f.
- kompensierende – 505
- primäre – 138
- sekundäre – 138

Sozialisations-
- belastung 505
- defizit 291, 533
- fähigkeit 542
- mängel 291
- prozeß 333, 542
- vermittlung 45
- ziele 290, 385, 534

Sozialistische Kriminologie, s. Kriminologie

Sozial-
- kontrolle (Begriff) 4
- **pathologie** 20, 25, 27 – 32, 43, 67 f., 70 f.
  - individualisierende Ausgestaltung 27, 29
  - interaktionistische Ausgestaltung 25, 27 f., 391, 458
  - Überwindung von Verbrechen 17, 27, 29 – 32, 396
- politik 14, 16, 29, 180, 333, 489
- prestige 269
- produkt (auch Brutto-) 423, 483
- prognose, s. Prognose
- schädlichkeit, -schädlich, auch -schädigend 16, 60, 89, 138, 140, 149, 182, 216, 535
- struktur, auch -strukturell 178, 191, 275, 395, 422, 473, 527, 542
- therapeutische Anstalten, auch Einrichtungen (s. auch Behandlung) 147 f., 154, 327 – 333, 335, 388
- **therapie** (s. auch Behandlung, Behandlungs-)
  - Alibi 328
  - Aussetzung der Vollstreckung zur Bewährung 327
  - bauliche, räumliche Ausgestaltung 330, 333
  - Gewaltausübung (janusköpfige) 332
  - Jugendliche 333
  - Jungtäter 333
  - Konzept 330, 332 f.
  - »matching« 329
  - methoden 329 f.
  - Mitverantwortung 329 f.
  - Organisationsstruktur 329, 333
  - Supervision s. dort
  - Therapeuten 329
  - therapeutische Gemeinschaft, auch problemlösende – 216, 332, 382

- Wesen 328
- Wirksamkeit, s. dort
- wissenschaftliche Forschung, auch Methoden 79, 90, 94

sozio-ökonomische Gruppen (auch -r Status, auch Schichtzugehörigkeit) 32, 41, 43, 45, 48 – 50, 55, 60, 71, 95, 110, 115, 122, 162, 188, 191, 222, 267 f., (285), 290, 309, 353, 399, 463 f., 467 f., 477, 479, 511, 513, 520, 539 f., 552 – 554
- mittlere und obere Gruppen 36, 40 f., 43, 48, 52, 95, 138, 182, 189, 191 f., 200, 209 f., 213, 217, 221, 272, 352, 362, 285, 455, 461, 475, 506, (510), 519, 529, 535, 537
- untere Gruppen 13, 28, 36 f., 40 f., 45, 47 f., 50, 57, 181 f., 189, 200, 202, 209 f., 213 f., 217, 221, 231, 283, 331, 343, 352, 385, 397, 400, 452, 456, 473, 475, 478, 483, 490 f., 498, 504, 506, 510, 519, 522, 530 – 535, 537, 541, 547, 556,

Soziopathie, auch soziopathisch 49, 524, 542

Spätschäden des Opfers, seelische 502

Spanier 471 f.

Spekulation 76, 79

Spezialprävention, s. Prävention

Spielraumtheorie 156

Spielregeln, geschäftliche 191

Spontan-
- gruppen 448, 451 f.
- handlung, -verhalten 134, 180 f.

Sprache, sprachliches Verständnis 95, 470

Sprachgebräuche
- juristische (auch richterliche) 95, 97, 212 f., 350
- von Straftätern 448, 534

Staatsanwaltschaft (auch Amts-) 63 f., 93, 100 f., 108 f., 111, 150 f., 161, 164, 192 f., 198 f., 203 – 211, 214, 273, 441, 492
- Belastung 492
- **Erledigungs-**
  - praxis (99), 150 f., 203, 211, (441 f.),
  - statistik 207
  - **strategie** 207 – 211, 432
  - nach altersmäßigem Status 209

- nach der Behördenstruktur 207, 211
- nach der Deliktsstruktur 207 – 211
- gegenüber Jugendlichen 207 f.
- nach räumlicher Verteilung, s. dort
- nach sozio-ökonomischem Status 209 f.
- nach Vorstrafen 205, 207 – 210
- Jugend- 152, 161, 164 f., 173, 198, 223, 241
- Schwerpunkt-, auch Wirtschaftsabteilungen 198 f.

Staatsführungen als Tätergemeinschaften 290, 458 f., 467

Staatsschutzdelikte 101

Stabilisierung
- behördlicher Tätigkeit 13
- der politischen Macht 12
- des Sozialismus 30
- der Sozialstruktur (s. auch Gesellschaftliche –) 71 – 73, 177, 283, 539

Stabilität der Gesellschaft, s. Soziale Stabilität (Gesamtbereich)

Stadt-Land-Gefälle, s. räumliche Verteilung

Stadtstaaten 207, 428, 484 – 486

Stadtstreicher 231

städtebauliche Planung, Ausgestaltung 489 f.

Stammbäume 548

standardisierte Verfahren 84

Statistik
- Bewährungshilfe- 99, 375, 381
- **Kriminalstatistiken,** auch kriminalstatistisch 35, 81, 87, 90, 94 – 97, 107, 109 – 111, 113, 136, 150, 393, 396, 403, 442, 449, 482, 495
- Anfänge 98
- Aussagemöglichkeiten 393
- Berichtszeit (99), 101, 105
- Berichtsraum, auch -jahr 101, 103 – 106, 110
- Dynamisierung 108
- als Nachweis des Geschäftsanfalls 393
- longitudinale – 108
- öffentliche Jugendhilfe- 99, 107

681

- Polizeiliche - 98 f., 101 - 104, 106 f., 110, 113, 116
- Reichs- 98
- Strafverfolgungs- 99, 102, 104 f., 107
- Strafvollzugs- 98 f.
- Straßenverkehrsunfall- 99, 107

Status, sozio-ökonomischer, s. sozio-ökonomische Gruppen (auch -r Status)

Stellenwerttheorie 156

Stereotyp, Stereotypisierung 28, 71, 318, 355

Steuer
- geheimnis 193, 424
- hinterziehung 141, 425 f.
- kriminalität, auch -delikte 97, 99, 104, 141, 151, 193, 211, 361, 363, 421, 425, (433), 435, 455, 517
- mentalität 422
- strafstatistik 426
- straftäter 363
- verkürzung 151, 426
- widerstand 422 f.

Stiefmutter, -vater 537

Stigmatisierung, stigmatisiert, auch stigmatisierend 28, 57 – 61, 70, 108, 150, 165, 271, 346, 371, 390 f., 459, 504, 516, 518 f., (532), 539, 546, 555

Stimmrecht, Verlust des 326

Störer, störendes Element 27 – 29

Straf-
- akten, s. Akten
- androhung 359 – 361
- anstalt, s. Strafvollzugsanstalt
- antrag (s. auch Antragsdelikte) 2, 136, 151, 185, 187
- anzeige 136, 187, 195, 200, 408
  - durch Banken 192
  - durch Behörden 192
  - **Bereitschaft**
    - zur Aufnahme 199 f., 209, 472, (488), 492
    - zur Erstattung 2, 82, (114), 185, 187, 189, 200, 394, 519
  - erstatter, auch -erstattung 2, 185, 187, 189, 200, 209, 394
    - ethnischer Status 200, 472

- sozio-ökonomischer Status 189, 200
- Unternehmen, auch Organisationen 398, 407, (432)
- Häufigkeit 90, 190, 493
- Nichterstattung 187 – 189
- pflicht von Behörden 192 f.
- private - 185 f., 188, 190, 193, 410
- situation 200
- verhalten 184, 432
- arrest, s. Arrest
- art 6, 146, 153
- aussetzung zur Bewährung, s. Freiheits-, Jugendstrafe
- bedürftigkeit, auch -bedürfnis 5, 155
- **befehl** 163 f., 192, 204, 209, 352
  - Bemessung (s. auch Rechtsfolgen, Bemessung; Strafzumessung) 212, 456
  - »jugendgerichtlicher« - 384
  - Verfahren 163 f., 204, 207

Strafe
- Absehen von -, s. dort
- absolute - 153
- Höchst- 153, 158, (169)
- Lebens- und Leibes- 27 f.
- Mindest- 153, 158

Straf-
- entlassung, s. Entlassung
- fälligenhilfe 309
- fälligkeit, (vermutete) tatsächliche 500, 505
- freiheit 151

Strafgefangene (s. auch Jugendstrafvollzug, Strafvollzug, Gefängnisgesellschaft, Entlassung) 28, 71 – 73, 82, 498
- Altersstruktur 287
- Angehörige 380
- Arbeit, s. Strafvollzug
- Deliktsstruktur 286
- destruktive - 380
- finanzielle Probleme (s. auch Entlassung) 284, 286
- fixierte - 380
- Gefährlichkeit 269, 289, 294
- Gemeinschaft (auch Gesellschaft; s. auch Gefängnisgesellschaft) 294, 299 f., 302 f., 308, 389
- sunfähigkeit 269, 294

Stichwortverzeichnis

- Gewerkschaften 309
- Klassifizierung, Klassifikation 123, 269, 276, 294, 370
- Langstrafigkeit 377 f.
- Solidarität 299
- Vorbestrafte 288
- weibliche - 280, 300 f.
- Ziffer 243

Strafgericht (auch -sbarkeit) 63 f., 100 f., 106, 109, 111, 211, 455
- Kollegial - 204, 214 f.
  - Anonymität 215
  - Rollenstruktur 214 f.
- rechtsschöpferische Tätigkeit 213
- Vorsitzender 215 f.

Straf-
makel, Beseitigung des - 325, 347
- milderung 153
  - bei Heranwachsenden (auch Nichterwachsenen) 159
- mündigkeit 149 - 161, 427
- rahmen des allgemeinen Strafrechts 153 - 155, 158, 168, 171, 353, 456
- **rechtliche Normen**
  - Autonomwerdung 136
  - Entstehung 3, 175 - 178
  - Monopolisierung 136, 212 f.
  - Nebenwirkung von -, s. dort
  - Relativität 6 f.
  - Subjektivität 7
- rest, Aussetzung zur Bewährung, s. Freiheits-, Jugendstrafe
- schärfung 153 f.
- **tat**
  - »erste«, s. dort
  - letzte vor Einweisung 269
- tatenziffer, s. Häufigkeitszahl
- theorie, absolute 276
- übel 250
- unmündige (s. auch Kinder) 101, 161, 198
- verfahrensökonomie 163 f.

Strafverfolgung, Absehen von, s. dort
Strafverfolgungs-
- behörden (Personalbestand), auch -anfall 64 f., 100, 107
- bereitschaft 174, 181, 459, 465

- intensität (s. auch -strategie) 90, 94, 109, 191, 200, 202, 230, 334, 350, 352, 394, 410, 427, 431 f., 441, 468
- interesse 350
- macht des Opfers 350
- resistenz (s. auch Überführungs-) 386
- statistik, s. Statistik
- **strategie** (auch unterschiedliche -) 96, 350 - 352, 414, 421
  - nach Altersgruppen 350, 431 f.
  - nach Anpassung 352
  - nach geschlechtsbezogenen Merkmalen 350, 441 f.
  - nach (strafrechtlichen) Vorbelastungen 351 f.

Strafverlangen 68
Strafvollstreckung 87, 156
- Auswahl- und Einweisungsanstalten, s. Strafvollzugsanstalten
- Klassifizierung von Strafgefangenen, s. Strafgefangene

Strafvollstreckungs-
- arrest 289
- kammer 289
- kosten 62
- maßnahmen 224
- plan 269
- verfahren 149

Strafvollzug (s. auch Jugend-; s. auch Strafgefangene, Gefängnisgesellschaft, Entlassung)
- Angleichungsgrundsatz 293
- **Arbeits-**
  - bedingungen 277
  - betriebe 281 f.
  - **entgelt** 237, 283, 285 f., 387
    - Eckvergütung 285
    - Leistungszulagen 283, 286
  - organisation 281
- Auburn'sches System 255, 276
- **Ausbildungs-**
  - bedingungen 277, 283, 388
  - hilfe 285 f.
- **Außen-**
  - beschäftigung 281
  - kontakte 295 f.
- **Bedienstete** 277, 293, 329
  - allgemeiner Vollzugsdienst (auch Auf-

683

sichtsbeamte) 73, 280 – 282, 292 f., 295, 299 f., 302 f., 329, 389
- Anstaltsleiter 280, 300
- Konflikte (280), 295, (329)
- nebenamtliche Tätigkeit 280, 284 f.
- Rollenverständnis 282
- Sozialdienst 280, 292
- Verwaltung 280 f.
- Werkdienst 280, 282 f., 292
- **Behandlungs-** 282, 284, 291
- gruppen 295
- plan 293
- Berufsausbildung 282 f.
- Disziplinierungsmaßnahmen 281, 288 f.
- Englisches Progressivsystem 276
- Funktuation der Strafgefangenen 283, 288, 299, 308
- Freigang 295
- Freizeitgestaltung 284 f., 305
- Geschichte 275 f.
- Häufigkeit 233 – 235
- halboffener – 292
- Hausgeld 286, 289
- Klassifizierung, s. Strafgefangene
- Kleidung, Anstalts- 294
- Kosten (269), 380, 387 f., 390
- lebenslanger – 305 – 307
- Mit-, auch Selbstverantwortung (der Strafgefangenen) 292, 294, (329 f.)
- offener – 277, 292, 296
- Pennsylvanisches System 276
- Prisonisation 303 – 308
- Rechtsgrundlage 276 f.
- Rechtsschutz der Strafgefangenen 289
- Reformbestrebungen 73, 388 f.
  - Absorption 389
- Reglementierung 291 – 293
- religiöse Veranstaltungen 285, 330 f.
- Scheinanpassung 276
- Sicherheit und Ordnung 281, 292 f.
- Sicherheitsmaßnahmen 281
- Soziale Hilfe 286
- soziale Sicherung (Teil-Ausschluß) 286
- Stufen- 276, 294
- Taschengeld 286
- Übergangsvollzug 296

- Unterbringung, gemeinsame, getrennte 280
- Unterricht 283, 549
- Urlaub 294 f.
- Wohngruppen 295
Strafvollzugs-
- alltag 284
- **anstalt** (s. auch Anstalten) 12, 237, 301, 502
- Anzahl 277 f.
- Auswahl- und Einweisungsanstalten 269
- bauliche Ausgestaltung 276, 283, (387 f.)
- Eastern Penitentiary 276
- offene, auch halboffene 277, 292, 296, 301, 305
- Population 82
- Trennung nach Geschlecht 277
- ausgestaltung, Grundsätze 293
- dauer 283, 290, 303 – 307
- lockerungen 294
- plan 284, 293 f.
- **ziel** 276 f., 301
- konflikte 292 f.
- Leben in sozialer Verantwortung 290
- Methodenwandel 291
- Pluralität 292
- »Re-Sozialisierung«, s. dort
- Widerspruch zwischen Konzepten 292
strafwürdig 16, 350
Strafzumessung (s. auch Rechtsfolgenbemessung) 146 f., 155 – 157, 244, 246, 292, 326, 340, 363
- skriterien 157. f.
Strafzwecke (s. auch Disfunktionalität der –, Konflikt der –) 156, 188
Straßenverkehrs-
- dichte 414, 474
- entwicklung 408
- fluß 528
- gefährdung 108, 411, 420, 434, 528
- gefährlichkeit 527
- kriminalität, auch -delikte 16, 44, 48, 51, 70, 99, 101, 107 – 109, 163, 174, 176, 184, 190, 192, 207, 221, 240, (245), 262, 271, 286, 339, 342, 392, 407, 410 – 420,

433, 435 – 439, 444, 446, 473 f., 508 f., 527 – 529
– medizin 527
– psychologie 527
– recht 360
– schulung 392
– sicherheit 340 f.
– strafrecht 359, 362 f.
– straftäter 379, 527 – 529
– überforderung 528
– überwachung 190
– **unfall** 3, 139, 190, 396, 411, 415, 420, 527, 545
  – flucht 108, 411, 420, 528 f.
  – Häufigkeit 410, 412 – 414, 527 f.
  – relative – 411, 413 f.
  – kosten 411
  – **Personenschaden** 411 – 419
    – Getötete 411 – 419
    – Verletzte 411 – 419
  – Sachschaden 412 f., 417 f.
  – ursachen 414, 416, 417 – 419
  – Verunglückte 411 – 419
Streife, s. Schutzpolizei
Streik 73
Strukturprognose s. Prognosemethoden
strukturell-funktionale Zusammenhänge 11, 24 – 26, 50 f.
Strukturierung (auch Konstruktion) **von Wirklichkeit** 59, 79
Subkultur 52, 180, 487
– Begriff 179
– delinquente –, auch kriminelle – 177, 301 f., 448, 451
– theorie, auch -konzept 50, 52 f., 179 f.
Submissionswesen R23
Subsidiaritätsprinzip 143, 290
Subsumtionspraxis, auch -tendenzen 200, 204, 221, 272, 351, 408
Subventions-
– delikte, auch -kriminalität 97, 363, 423
– erschleichung 421
– wesen 193
Suchtmittelkonsum, auch -einfluß (s. auch Drogen-, Alkohol-, Rauschmittel-) 38 f., 44 f., 545
Süd-Nord-Wanderung 395

Sündenbock-Funktion (s. auch Aggressionsableitung) 69, 454
»Suffolk«-Projekt 392
Suggestion 450
Supervision 329, 372
Symbolik der Sanktionierung 67
symbolische Bedeutung von Regelungsproblemen 139
Syndikat, s. Verbrechenssystemneutral 116
Systeme kriminellen Verhaltens 521

T

Tabu(isierung) 9, 12 f., 35, 39, 70, 73, 97
Täter, auch Straftäter
– Allein-, s. dort
– befragung 94, 96 f.
– Behandlung, s. Behandlung, s. Sozialtherapie
– Erst-, s. dort
– Gelegenheits-, s. dort
– gemeinschaften 290, 448 – 459
– gruppe(n) 426 – 459
– Intensiv- 530
– kartei en 103
– klassifizierung, -klassifikation, s. Strafgefangene
– Konflikt-, s. dort
– Opfer-Beziehung, s. Opfer, Verhältnis
– orientiertes Konzept 1, 15, 24, 125
– persönlichkeit, s. dort, auch -suntersuchung
– rationale – (bei Tötungsdelikten) 512, 523
– Serien-, s. dort
– typen, s. Typologien
– überörtliche – s. dort
– Überzeugungs-, s. dort
– ziffer, s. Tatverdächtigenziffer
Tages
– ablauf, auch -lauf 119
– satz, s. Geldstrafe
– zeiten 494
Tarnung(smöglichkeiten) 440, 448
Taschendieb 361

685

Tat
- aufklärung, s. Aufklärung
- begehung
  - gemeinschaftliche, auch gemeinsame 103, 105, 110, 427, 441, 449, (451), 487
  - planmäßige – (geplante –) 452 f., 519, 524
- einheit 102, 105, 155
- mehrheit 102, 105, 155, 170 f.
- motiv, s. Motivation
- objekt, Austauschbarkeit des – 512
- opfer, s. Opfer
- ort 101, 405, 484, 487, 490, 514
- schuld (s. auch (Schuld; Zurechnungs[un]fähigkeit) 147, 154, 258, 296
- vergeltung, s. Vergeltung
- schwere, s. Schwere der Tat
- situation, auch -situativ 118, 158, 170, 180, 252, 449 f., 507 – 509, 511 f., (541), 557
- typologie, s. dort
- verdacht
  - dringender – 101, 230
  - hinreichender – 151, 209, 312
  - Kriterien des – 202
  - Situation des – 202, 231
- verdächtiger 3 f., 106 f.
- verläufe 517 f., 525
- zeit 99, 101, 105, 107, (117), 118, 161, 163, 225, 545
  - im Jugendstrafrecht 161 – 163, 225
  - persönlichkeit 118 f., 527

Täuschung 60, 460

Technik, auch technische Entwicklung 407, 411, (422), 431, 453, 474, 535

temibilità 7

Temperament 552

Terrorismus 452 – 456

Testverfahren, psychologische, s. dort

Teuerung 480

Theorien, s. Verständnisebenen, s. Vorverständnis
- mittlerer Reichweite 21

Therapie, s. Behandlung, s. Sozialtherapie

therapeutische Gemeinschaft, s. Sozialtherapie

Tilgung
- der Geldstrafe 251
- im Zentralregister (auch getilgt) 157, 347 f.

Tilgungspläne bei Entlassung, s. dort

Todes-
- fälle (101), 311
- strafe 359, 361 f.
- trieb, auch -instinkt 35
- ursachen(statistik) 396

Tötung
- fahrlässige – 163, 396, 404, 411, 525 f., 528
- versuchte – 403 f.

Tötungskriminalität, -delikte 34, 110, 198, 200, 205, 262, 286, 308, 343, 446, 465, 468, 470 f., 473, 483 f., 489, 493, 509 – 512, (513), 520

Toleranz, auch -grenze, -schwelle 43, 66, 96 f., 191, 203, 212, 352, 395, 397, 432, 454, 465

totale Institution 290, 302, 305

Totschläger 522 – 527

Totschlag 272, 396, 403 – 405, 471, 485, 511, 522 – 527, 546

Transparenz, s. Sichtbarkeit

Treffsicherheit, auch -sprüfung, s. Prognose

Trieb 68, 70, 542
- störungen, sexuelle 229
- täter 512, 523

Trugschluß (auch ökologischer –) 86 f.

Trunkenheit (auch Alkohol) am Steuer 272, 342, 379, 411, 508

Trunkenheits-
- delikte, -verkehrsstraftaten 108, 359, 392, 420, 436, 528 f.
- täter, -verkehrsstraftäter 342, 363, 379, 528, 543

Trunksucht, s. Alkoholismus

Türken 471 f.

Typologie
- kriminologische – 123 – 126
- soziale 125
- Täter- 124 f.
- Tat-, Delikts- 124, 406, 520

U

Ubiquität (des Verbrechens) 37, 88, 398 f.
Über-
- brückungsgeld, s. Entlassung
- führung (strafrechtliche) 184, 201, 356 f., 519
  - sresistenz 356, 457, 529, (544)
- gangsvollzug s. Entlassung
- »kriminalisierung« 174 f.
- maßverbot, s. Verhältnismäßigkeitsgrundsatz
- örtliche Täter 443
- und Unterordnung 182, 328
- windung von Verbrechen (s. Sozialpathologie)
- zeugung, auch -sbildung, richterliche 127, 227, 352
- zeugungstäter 455

UdSSR 30 f., 33, 100, 522
U-förmiger Verlauf, auch U-Kurve 255, 304 f., 308, 473
Umgebungsprogramme 386
Umwelt
- empfindlichkeit 500
- schutzrecht, auch -delikte 99, 137
- verschmutzung 424

Unbedachtsamkeit 531
Unbewußtes 68, 70
»unerziehbar«, s. Fürsorgeerziehung
Unfall (Unfälle, s. auch Straßenverkehrs-) 3, 40, 396, 473
- Betriebs- 473
- tödliche - 396, 404

Ungehorsam gegenüber der Verwaltungsbehörde 149
Ungelernter, s. Arbeiter
Ungleichheit
- ökonomische - 47
- soziale - 72, 213, 216, 531, 542

Uniform Crime Reports 100, 397, 403
universell 32, 116
Unrechtsbewußtsein 145
Unregelmäßigkeit (Schul-, Arbeitsbereich) 41, 538, 540, 554
Unschuldsvermutung 217, 237

Unsicherheit (auch Verunsicherung) der Gesellschaft, von Gruppen 44, 50, 60, 181, 431, 465
Unter-
- bringung, einstweilige, s. dort
- drückte 49
- haltspflichtverletzung 42
- lassungsdelikt 110, 145
- priviligierung 467 f., 519, 531, 542
- sagung der Berufsausübung, s. Berufsverbot
- scheidungsvermögen (von Recht und Unrecht) (159), 160
- schicht-Kultur 53
- schlagung, auch -schlagen 41, 99, 187, 204 f., 208, 210, 214, 352, 407, 409, 444, 446, 470, 481, 485, 517, 520
- sucher-Variabilität 84
- suchung, s. Erhebungs, Forschung(s)

Untersuchungshaft 155 f., 172 f., 225, 230 – 238, 290, 342 – 344, 390
- Anrechnung 155 f., 172, 230
- Dauer 236 – 238,
- Deliktsstruktur 136
- Einweisungshäufigkeit 232, 237
- gefangene 233, 235, 237 f.
- gefangenenquotient 231
- **Gründe**
  - Flucht, -gefahr 230 – 232, 236, 342 f.
  - Schwere der Tat 230, 342 – 344
  - Verdunkelungsgefahr 230, 232, 236, 342 f.
  - Wiederholungsgefahr 230, 342 – 344
- Heranwachsende 230 – 235, 237 f.
- Jugendliche 230, 235, 237 f.
- Komplementärfunktion 232
- Vollzug 237 f.
- weibliche Personen 231

Untersuchungszeit-Persönlichkeit, s. dort
Unterversorgung 477 f.
Untreue 99, 205, 409, 460
Unzucht mit Kindern (s. auch Opfer) 186, 437, 471, 502, 510, 513
Unzufriedenheit 308, 551
uomo delinquente 546, (551)
Urbanisierung 488
Urbanismus, auch urban 186, 487

Urkundenfälschung 205, 468, 473, 478, 517
Urlaub, s. Strafvollzug
Ursache, auch ursächlicher Zusammenhang (s. auch kausal) 366
Urteils-
– bekanntgabe 326 f.
– gründe, Mitteilung im Jugendstrafrecht 166
– prognose, s. Prognose
USA 86, 100, 114, 129, 151, 180, 187 f., 199, 203, 231, 363, 365, 384, 386, 390, 397 f., 403, 425, 428, 451, 456, 465, 467, 469 f., 483, 522, 526, 542, 548, 552
Utilitarismus 3
Utopie, utopisch 3

V

Vagantengesetzgebung 178
Validität, s. Gültigkeit
Vandalismus 51, 431, 450
Van der Hoeven-Kliniek 382
Variabilität der Befunde (s. auch Quellen-, Untersucher-Variabilität) 84
Vater, Straffälligkeit des 382, 548
Verachtete, Sozial- 33, (519)
Verantwortlichkeit, strafrechtliche (s. auch Reife, Schuld, Strafmündigkeit, Zurechnungs[un]fähigkeit) 2, 160, 346
Verbandsdelikte, auch -kriminalität, s. Organisations-
Verbandsjustiz 194
Verbindung
– jugendstrafrechtlicher Rechtsfolgen 169 f.
– von Strafsachen gegen Jugendliche (163)
Verbotsirrtum 153
Verbrechen
– Organisiertes, s. dort
– politisches – s. dort
– repressives – 47
– Typologien, s. dort
– Verfolgung, s. Strafverfolgung
– Vorbeugung, s. dort
– Vorfeld, s. dort

Verbrechens-
– **begriff**
– Funktion 5
– kriminologischer – 6
– materieller – 6
– strafrechtlicher – 5 f., 11, 391, 495
– bekämpfung 32, 63, 343
– fördernd, s. kriminogen
– index, s. Schwere-Index
– industrie 456
– opfer, s. Opfer
– prognose, s. Prognose
– syndikat 456 f.
Verbrecher (auch Täter)
– Berufs-, s. dort
– geborener – 546
– Gelegenheits-, s. dort
– Gewohnheits-, s. dort
– Hang-, s. dort
– homotrop, s. dort
– Konflikt-, s. dort
– polytrop, s. dort
– Rückfall-, s. Rückfalltäter
– Situations-, s. Tatsituation
– Typeneinteilung, s. Typologie
– Überzeugungs-, s. dort
– Zustands-, s. dort
Verdacht, s. Tat-
vereinfachtes Jugendverfahren, s. Jugendstrafverfahren
Vereinsamung (s. auch Isolierung) 186
Verelendung (psychische) 47
Verfälschung (von Angaben) 120
– des Sachverhalts 353
Verfall 245, 337
Verfolgung, s. Straf-
Vergabestellen 192 f.
Vergeltung(scharakter) 146, 149, 223, 239, 258, 260, 267, 276, 292
Vergewaltigung, s. Notzucht
Vergiftung 396, 485
Vergleich (auch – suntersuchung)
– Behandlungsforschung 91
– Einzelbereich 34, 87, 93, 121, 546 f., 551 – 555
– Gesamtbereich 34, 87, 90, 95

- interkultureller – (auch von Gesellschaftssystemen) 5, 33, 43, 113, 115 f.
- kriminalstatistische Forschung 105 f.

Vergleichs-
- gruppe (s. auch Zufalls-) 370 f., 463, 546 f., 551 – 555
- material 88

Verhältnismäßigkeit(sgrundsatz) 14, 147, 168, 290, 313, 337, 339, 341, 343 f.

Verhältnis zwischen Täter und Opfer (s. Opfer)

Verhalten, abweichendes, s. dort

Verhaltens-
- alternativen 180
- kontrolle, s. Sozialkontrolle
- therapie, s. Behandlungsverfahren
- störung 516
- unsicherheit 473
- zwang (auch zwanghaft) 17

verheiratet 308, 482, 497, 530

Verifizierung 79 f.

Verkehrskriminalität, -delinquenz, -delikte, s. Straßenverkehrs-

verlaufsbegleitende Forschungen 121

Verlaufs-
- formen, kriminelle 121, 125, 469 f., (505)
  - interaktionistische –, s. dort
  - bei Jugendlichen 160, 516 f.
  - bei Kindern 515 f.
  - tatorientierte – 517 f.
- forschung (betreffend den Täter) 108, 550
- orientierte Betrachtungsweise, auch -Untersuchung 42, 515 – 521, 549, 552, 557

Verletzbarkeit, gesellschaftliche 432

Verlust der Amtsfähigkeit, s. dort

Vermißtenfälle 396

Vermögensdelikte, auch -kriminalität 44, 50, 103, 187, 200, 335, 337, 343, 390, 398 – 400, 449, 451, 470, 473, 478 f., 481, 483 f., 493, 496 f., 509, 516, 518, 520, 540

Vermögenstäter 129, 335, 382, 543

Vernachlässigung 531, 553

Verrohung 497

Versicherungswesen (auch Sach-), auch -prämien, -leistungen 62 f., 187, 402, 407(f.)

Verständnis der Kriminologie 1 – 5

Verständnisebenen (zum Wesen des Verbrechens) 21 f., 23 – 26, 227

Versuch (Registrierung) 101 f., 105

Verteidiger (s. auch Akteneinsicht)
- Jugend- 173, 226

Verteidigung der Rechtsordnung 141, 155, 169, 271, 296, 325

Verträglichkeit (inhaltliche) **von Normen** 135 f., 360

Vertrauen
- zum Jugendgerichtshelfer 224
- in den Bestand der Ordnung 66

Vertrauensmißbrauch 421

Verunglückte, s. Straßenverkehrsunfall

Veruntreuung 352, 468, 530

Verurteiltenstatistik, s. Statistik, Strafverfolgungs-

Verwahrlosung (auch Verwahrloste; auch verwahrlost) 34, 40 – 42, 160, 202, 253, 262, 315, 317 f., 376, 545
- Begriff 40 f., 257, 317, 383
- sexuelle – 318
- »-ställe« 198

Verwaiste 536

Verwarnung
- im Jugendstrafrecht 243, 254, 314 f.
- mit Strafvorbehalt 325, 347

Verwarnungsgeld 239

Verwitwete 36

Vielfachtäter, s. Vorbelastete (strafrechtlich)

vikariierendes System 71, 148, 335

Viktimologie (s. auch Opfer) 3

Volkscharakter 466 f.

Vollstreckung, s. Strafvollstreckung

Vollzugs-, s. Strafvollzugs-

Voraussage, s. Prognose

Vorbelastete (strafrechtlich), auch Vorbelastung 45, 60, 125, 157, 205, 208 – 210, 222, 230 f., 263, 269, 277, 280, 288, 295, 297, 307, 334, 343, 351, 357, 366, 375, 377, 382, 399, 442 – 447, 480, 487, 496, 504, 519, 524 – 530
- einmalig 443, 520

- mehrmals, vielfach (auch Häufigkeit) 357, 443, 445 f., 498, 524 f., 528 – 530, 534, 557
- Straßenverkehrsdelikte
  - Mehrfachtäter 447
  - Vielfachtäter 447
- Vorbestraften-Vereine 194
- Vorbeugung, vorbeugend (s. auch Prävention) 62, 359, 487
- Vorfeld des Verbrechens 6
- vorläufige Anordnungen 165, 312, 316
- Vorleben (des Straftäters) 157
- Vormundschaftsgericht (auch -gerichtlich, auch -richter) 152, 160 f., 167, 198, 223, 316, 318 f., 384, 430
  - liche Maßnahmen 161
- Vorsatz 146, 153
- Vorverständnis 20, 22 f., 29

W

- Wählbarkeit, Verlust der – 326
- Wahlfachgruppe »Kriminologie, Jugendstrafrecht, Strafvollzug« 19 f.
- Wahn, System- 524
  - vorstellungen 523
- Wahrheit
  - materielle – 212, 545
  - serforschung 142, 146, 227
- Wahrnehmung (s. auch Soziale –; s. auch Selektion in der –) von Straftaten 184, 190, (514)
- Wahrscheinlichkeitsaussage 77, 79
- Warenhausdiebstahl, s. Diebstahl
- Warenknappheit 495, 497
- Warn(ungs)effekt durch Verurteilung 154, 265
- Wechsel (häufiger)
  - Arbeitsstelle 41, 311 f., 540
  - Erziehungsperson 499
  - Heime 324, 538
  - Pflegefamilien 538
  - Pflegestelle 499
  - Unterbringung 537
- Weglaufen von Zuhause 505
- weibliche Personen (s. auch Kriminalität)
  - Anteil an Gesamtkriminalität 436 – 441
- Banden Jugendlicher 452
- spezifische Delikte 436, (440)
- Deliktsgruppen 436
- Dunkelfeld 400, 440
- Führerscheininhaber 436
- Kriminalität während Kriegsverhältnissen 496 f.
- Rollenerwartung 440 f.
- Strafzumessung 442
- Strafverfolgungsintensität 441 f.
- Untersuchungshaft 231
- Verurteilte 499 f.
- Vorbelastete 444 – 446
- Weisungen 168, 170, 338 f., 372
- Erwachsenenstrafrecht 244, 296, 298, 325
- Jugendstrafrecht 168, 170, 243, 267, 312 f., 315, 317
- Weiße-Kragen-Kriminalität (s. auch Wirtschaftskriminalität) 191, 395, 458, 535
- Weiße-Kragen-Täter 520, 529 f.
- Weiterbildung 387
- Werbung, strafbare 211
- wertfreie Vorgehensweise 81
- Wert- und Interessenkonflikt 24, 46 – 54, 57, 291
- Wert- und Interessensysteme 290 f., 373, (536), 553
- Wertschätzung, soziale, s. dort
- Westfalen 466, 484
- West-Ost-Wanderung 395
- Wettbewerbsdelikte 423
- White-Collar-Kriminalität, s. Weiße-Kragen-Kriminalität
- Widerruf der Strafaussetzung
  - Gründe
    - Auflagenverstoß 367, 377, 381, 527
    - neue Straftat 367, 372, 377, 381, 527
  - Widerrufsquote 375, (377), 381
- Widerstand
  - in der Gesetzgebung 138
  - während Kriegsverhältnissen 495
  - gegen Reformbemühungen 68
  - im Strafvollzug (389)
- Wieder-
  - aufnahme in der Strafvollzugsanstalt 309

- **gutmachung**
  - Erwachsenenstrafverfahren 242, 298, 325
  - Gesetzeszweck 175
  - informelle – 187, 305
  - Jugendstrafverfahren 241 f., 314 f.
- **gutmachungsvertrag** 392
- **holungstäter** (s. auch Vorbelastete, Rückfalltäter, Rezidivist) 125, 197, (399), 531

Wilderei 473
Willensfreiheit 3, 145, 391
Willensschwäche, willensschwach 42, 334
Wirksamkeit
- außerjustitieller sozialer Regelung 194
- behördenbezogene – 282, 349 – 358, 383
- der Bewährungshilfe 372, 375
- erzieherischer Bemühungen (auch von Erziehungsmaßregeln) 169, 317
- strafrechtlicher Normen, der Gesetzgebung (auch Un-) 143 f., 180
- der Verbrechensbekämpfung 343

wirtschaftliche –
- Entwicklung (auch -er Forschritt) 63, 407, 433, 474 – 476, 484
- Krisenerscheinung, auch -zeiten 189, 480 – 483
- Verbesserung 496
- r Nutzen (als leitende Vorstellung) 62 – 65, (177, 245)

Wirtschafts-
- blockade 496
- indizes 474
- kraft 477
- **kriminalität, -straftaten, -delikte** 51, 97, 99 – 101, 140, 145, 174, 184, 190 – 193, 199, 202, 204, 210, 250, 290, 401, 421 – 426, 433, 455, 461, 474, 513 f., 527, 529 – 531, 530, 540
- Faktoren 30, 474 – 483
  - Wirkungsintervall 475, 480
  - Schaden 421, 424 – 426
- lage (auch -situation) 109, 195, 311, 447, 479
- strafrecht 192, 210, (530)
- straftäter 272, 363, 529 – 531
- unrecht 65, 138 f., 144

- wachstum 179, 480(f.)
Wirtskultur 470, 473
Wissen, gesichertes (auch verläßliches) 18, 77, 80
- sdominanz, auch -smonopol 177
Wissenschaftsfortschritt 13
wissenssoziologisch 28, 79
Wochenende 494
Wochentage 494
Wohl des Jugendlichen 258
Wohl des Kindes (516, 537)
Wohlstand (auch wirtschaftliches Wohlergehen, wohlhabend: gesellschaftsbezogen) 50, 63, 462, 475 – 477
- skriminalität 475
Wohn-
- bereich 32, 369, (383), 404, (441)
- dichte, s. Bevölkerungsdichte
- gebiete, unterprivilegierte 483, (487), 488 – 490, 551
- ortwechsel 429
- sitz des Täters 487, 490 f., (514)
- sitzlose Gruppen 231
- ungsnot, auch unzureichende Wohnverhältnisse (auch Wohnungsbedürftige) 17, 30, 49, 23
Wucher 99, 211, 423

X

XYY-Chromosomenanomalie 550

Z

»**Zeitgeist**« 18
Zelle 261
Zensurbereitschaft der Strafgefangenen, s. Gefängnisgesellschaft
Zentralregister 93, 120, 155, 239, 241, 299, 325, 346 – 348, 444
Ziele, kulturelle 50, (454 f.)
zielloses Verhalten 41
Zivilisation, zivilisiert 63, 182, 460 f., 476, 484
Zollbehörden 211
Zolldelikte 104, 211, 433, 435

»Zuchthäusler« 268 f., (540)
Zuchthaus 268, 275
Zuchtmittel 166 – 168, 170, 172, 241, 243, 259, 264, 346
– Ahndungscharakter 241, 312, 314
Zueignungsabsicht 58
Zufall, zufällige Ereignisse 59, 134, 518
Zufalls-
– beziehung 85
– Stichprobe, auch -verfahren, -verteilung 86, 370, 382, 554
Zuhälter-Vereine 194
Zukunftsangst 213
Zukunftsplanung, s. Lebens-
Zurechnungs(un)fähigkeit (s. auch Schuld[un]fähigkeit) 2, 525
Zuschreibung (von Straftaten) 57
– skriterien, s. Selektions-

Zustandsverbrecher 442
Zuverlässigkeit (Reliabilität), auch zuverlässig 83 f., 114, 123, 162, 307, 355, 393
Zuwendung 538, 552
Zwänge 523
zwanghaft (s. auch Konsumzwang, Verhaltens-) 50
Zwangs-
– geld 149
– lage 508
Zweispurigkeit 146, 172
zweite Generation, s. Immigration, s. ausländische Arbeitnehmer
Zweiteilung der Hauptverhandlung, s. Hauptverhandlung
Zwillingsforschung 549 f.